॥ श्रीः ॥

चौखम्बा सुरभारती ग्रन्थमाला
568

शाबरमन्त्रसागर

लेखक
श्री एस० एन० खण्डेलवाल

चौखम्बा सुरभारती प्रकाशन
वाराणसी

शाबरमन्त्रसागर (पूर्वभाग)–एस. नए. खण्डेलवाल

ISBN : 978-93-82443-95-7

प्रकाशक :

चौखम्बा सुरभारती प्रकाशन

(भारतीय संस्कृति एवं साहित्य के प्रकाशक तथा वितरक)

के-37/117 गोपाल मन्दिर लेन, पोस्ट बॉक्स न. 1129

वाराणसी-221001

दूरभाष : +91 542 2335263, 2335264

e-mail : chaukhambasurbharatiprakashan@gmail.com

website : www.chaukhamba.co.in
www.chaukhambabooks.co.in

@chaukhambabooks

@chaukhambabooks

संस्करण : 2025

₹ 750.00

वितरक :

चौखम्बा पब्लिशिंग हाउस

4697/2 ग्राउण्ड फ्लोर, गली न. 21-ए

अंसारी रोड़, दरियागंज

नई दिल्ली-110002

दूरभाष : +91 11 23286537, 41530947 (मो.) +91 9811104365

e-mail : chaukhambapublishinghouse@gmail.com

*

अन्य प्राप्तिस्थान :

चौखम्बा संस्कृत प्रतिष्ठान

4360/4, अंसारी रोड दरियागंज

नई दिल्ली-110002

*

मुद्रक : ए.के. लिथोग्राफर, दिल्ली

निवेदन

शाबर तन्त्र को प्राचीन मान्यतानुसार शिव द्वारा उपदिष्ट कहा गया है। कालान्तर में इसका वर्त्तमान में जो प्रचलित रूप प्राप्त होता है, उसे नाथ पन्थ के महायोगी गोरक्षनाथ द्वारा प्रवर्त्तित कहा गया है; फिर भी इसका कोई साक्ष्य नहीं उपलब्ध होता; क्योंकि गोरक्षनाथ द्वारा प्रणीत 'सिद्धसिद्धान्तपद्धति' आदि में कहीं भी इसका उल्लेख नहीं मिलता। गोरखनाथ के काल-परिमाण का भी यथार्थ इतिवृत्त नहीं प्राप्त होता। यहाँ तक कि कृष्ण-गोरक्ष संवाद में इनको कृष्ण का समकालीन कहा गया है। इससे यह धारण बलवती होती है कि शंकराचार्य की तरह गोरक्षनाथ की गद्दी पर भी जो आसीन होते थे, उनकी पदवी भी 'गोरक्षनाथ' कही जाती थी। अत: हो सकता है कि आदि गोरक्षनाथ के किसी उत्तराधिकारी गोरक्षपीठासीन सिद्ध द्वारा शाबर तन्त्र का अद्यतन रूप में प्रवर्त्तन किया गया हो। इस विन्दु पर स्वनामधन्य विद्वान डॉ. पं. ब्रह्मगोपाल भादुड़ी जी के विशाल शोधग्रन्थ 'गोरखनाथ के हिन्दी साहित्य में तन्त्र का प्रभाव' में विशेष विचार किया गया है। अस्तु; विभिन्न वनांचलों तथा ग्राम्य अंचलों में यह आज भी पूर्ण रूप से प्रचलित है। असम, बंगाल-प्रभृति तन्त्रमार्गीगण के मुख्य स्थानों में तथा छत्तीसगढ़ के अंचलों में इसका विशेष प्रचलन देखा जाता है।

यह 'अनमिल आखर' रूप है अर्थात् इनके मन्त्रों का कोई अर्थ विदित नहीं होता; जबकि तन्त्रजगत् में मन्त्रार्थ-ज्ञान का विशेष महत्त्व है। तन्त्र से इसका यही भेद है। लगता है कि यह विज्ञान केवल शब्द के स्पन्दनों पर आधारित-सा है। वे स्पन्दन सूक्ष्म जगत् में अपना लक्ष्य निर्धारित करके कार्यसिद्धि करते हैं। दूसरा मूलभूत सिद्धान्त यह है कि इसका जप भी नहीं किया जाता अर्थात् जैसे मन्त्रविज्ञान में जपसंख्या-प्रभृति का नियम है, उसी प्रकार इसे जपादि से सिद्ध नहीं किया जाता; क्योंकि यह स्वयंसिद्ध होता है। लेकिन इस ग्रन्थ में इसका जो प्रारूप दिया गया है, उसमें इसे जपादि अनेक प्रक्रिया से सिद्ध करने का विधान है; इससे अध्येता के मन में यह सन्देह उत्पन्न होना स्वाभाविक है कि जिसके सम्बन्ध में 'अनमिल आखर अरथ न जापू' कहा गया है, उसके साथ ऐसा विधान क्यों? इसका समाधान यह है कि पूर्वकाल में इसे सिद्ध गुरु जाग्रत् शब्दरूप में प्रदान करते थे। शिवचतैन्य से ओतप्रोत गुरु के प्रत्येक वाक्य में शक्ति होती है; फलस्वरूप वह वाक्य स्वयंसिद्ध होता है। अत: उनके द्वारा प्रदत्त शाबर मन्त्र भी वास्तव में शक्तीकृत होता था तथा उसे जप कर सिद्ध करने की आवश्यकता नहीं होती थी। यही कारण है कि 'अरथ न जापू' विशेषण इसके साथ चरितार्थ होता था।

विडम्बना यह है कि वर्त्तमान में ऐसे गुरुगण शायद ही कहीं हों। ऐसी स्थिति में इन मन्त्रों को प्रक्रियाओं तथा जपादि से सिद्ध करने की विवशता आ गयी है। इसी कारण परम्परागत शाबरमन्त्रज्ञों ने इसके साथ मन्त्रजागृतिरूप तन्त्रोक्त विधान सम्मिलित कर दिया है। यह परिवर्त्तन कालपरिवर्त्तन-जनित है। यही युगपरम्परा, कालपरम्परा-प्रभृति परिवर्त्तन का मूल कारण है। शाबर मन्त्र भी इससे अछूते नहीं रह गये हैं। यही संक्षेप में निवेदन करना है।

इसकी उपयोगिता के सम्बन्ध में जनश्रुति यही है कि यद्यपि ये अत्यन्त प्रभावकारी होते हैं तथापि इस क्षेत्र में मेरा अपना अनुभव कुछ भी नहीं है। अत: विज्ञ पाठकगण इसको अनुशीलनादि कसौटी पर कस कर इसकी उपादेयता का स्वयं आकलन करें।

इस प्रयास में इस ग्रन्थ के द्वितीय खण्ड में मुस्लिम तथा जैनतन्त्रों के प्रयोगों का भी प्रस्तुतीकरण किया जायेगा। कई कार्य में इनके प्रभाव की सराहना अनुभवी लोग करते हैं। जैनतन्त्रों के लिये कर्नाटक तथा राजस्थान के तन्त्रविदों ने अच्छा संकलन प्रदान किया है तथा मुस्लिम तन्त्र-हेतु अजमेर शरीफ, देवाशरीफ-प्रभृति मुस्लिम दरगाहों पर एकत्र होने वाले फकीरों से तथा आमिल लोगों से अनेक उपयोगी प्रयोग मिले हैं। इन सबका संयोजन द्वितीय खण्ड में प्रस्तुत होगा।

रामनवमी, २०१३ ई०
वाराणसी

निवेदक
एस० एन० खण्डेलवाल

विषयानुक्रम

।। श्रीः ।।

शाबरमन्त्रसागर

हनुमान साठिका

दोहा

बीर बखानौं पवनसुत, जनत सकल जहान।
धन्य-धन्य अंजनि-तनय, शंकर हर हनुमान ॥

चौपाई

जय जय जय हनुमान अखण्डी।
जय जय महाबीर बजरंगी ॥
जय कपीस जय पवन कुमारा।
जय जग-बंधन सील-अगारा ॥
जय-उद्योग अमर अविकारी।
अरि-मरदन जय जय गिरधारी ॥
अंजनि-उदर जन्म तुम लीना।
जय जयकार देवतन कीना ॥
बाजे दुंदुभि गगन गंभीरा।
सुर-मन हरष-असुर-मन पीरा ॥
कपि के डर गढ़ लंक सकाने।
छूटे बंदी देव, सब जाने ॥
रिषय-समूह निकट चलि आये।
पवन तनय-के पद पर सिर नाये ॥
बार-बार स्तुति करि नाना।
निरमल नाम धरा हनुमाना ॥
सकल रिषय मिलि अस मत ठाना।
दीन बताय लाल फल खाना ॥
सुत वचन कपि अति हरषाने।
रवि-रथ गहे लाल फल जाने ॥

रथ-समेत रवि कीन अहारा।
सोर भयउ तहँ अति भयकारा॥
बिनु तमारि सुन-मुनि अकुलाने।
तब कपीस-कै स्तुति ठाने॥
सकल लोक वृतांत सुनावा।
चतुरानन तब रवि ढंगिलावा॥
कहा बहोरि सुनहु बल-सीला।
रामचन्द्र करिहैं बहु लीला॥
तब तुम तिनकर करब सहाई।
अबहिं रहहु कानन-महँ जाई॥
अस कहि विधि निज लोक सिधारा।
मिले सखा-संग पवन-कुमारा॥
खेलहिं खेल महातरु तोरी।
गली करत परवत मैं फोरी॥
जेहि गिरि चरण देत कपिराई।
बल सो चमकि रसातल जाई॥
कपि सुग्रीव बालि-की त्रासा।
निरभय रहेउ राम मग-आसा॥
मिले राम लै पवन-कुमारा।
अति आनन्द समीरदुलारा॥
मनि मुन्दरी रघुपति सौं पाई।
सीता खोज चले कपिराई॥
सतयोजन जननिधि बिस्तारा।
अगम-अपार देव-मुनि हारा॥
बिन श्रम गोखुर सरिस कपीसा।
नांधि गयी कपि कहि जगदीसा॥
सीता चरण शीश तिन नायौ।
अजर-अमर की आशिष दायो॥
'अजर-अमर गुन निधि सुत होहू।
करहूँ बहुत रघुनायक छोहू॥'
रहे दनुज उपवन-रखवारी।
एक-तें एक महा भट-भारी॥
तिन्हें मारि उपवन करि खीसा।
दह्यो लंक कांप्यौ दशसीसा॥

सिया बोध दे पुनि फिर आयो।
रामचन्द्र के पद सिर नायो॥
मेरु विशाल आनि पल माँही।
बाँध्यो सिन्धु निमिष इक माँही॥
भये फन्नीस शक्ति-बस जबहीं।
राम विलाप कीन बहु तबहीं॥
भवन समेत सुखेनहिं लाये।
भूरि सजीवनि कहं तब धाये॥
मग-मंह कालिनेमि कंह मारा।
अमित सुभट निशिचर संहारा॥
आनि सजीवन शैल-समेता।
धर दीन्हयौ जहँ कृपानिकेता॥
फन पति केर शोक हरि लीन्हो।
बरषि सुमन, सुमन जय जय कीन्हो॥
अहिरावण हरि अनुज-समेता।
लै गो जहाँ पाताल-निकेता॥
तहाँ रहे देवी स्थाना।
दीन्ह चहै बलि काढ़ि कृपाना॥
पवन-तनय तंह कीन्ह गोहारी।
कटक-समेत निशाचर मारी॥
रिच्छ कीसपति जहाँ बहारी।
राम-लखन कीन्हेउ यक ठौरी॥
सब देवन-कै बन्दि छोड़ाई।
सोई कीरति नारद मुनि गाई॥
अच्छ कुमार दनुज बलवाना।
स्वामी केतु कंह सब जग जाना॥
कुम्भकर्ण रावण-कै भाई।
ताहि निपात कीन्ह कपिराई॥
मेघनाद संग्रामहिं मारा।
पवन-तनय सम को बरियारा॥
मुरहा-तनय नरांतक नामा।
पल-मँह ताहि हता हनुमाना॥
जहँ लगि नाम दनुज कर पावा।
शम्भु-तनय तहँ मारि खसावा॥

जय मारुत-सुत जन अनुकूला ।
नाम कृसान शोक सम तूला ॥
जेहि जीवन-कँह संकट होई ।
रवि-समान तम-संकट खोई ॥
बन्दि परे सुमिरै हनुमाना ।
गदा-चक्र लै चलु बलवाना ॥
जम-कँह मारि बाम दिसि दीन्हा ।
मृत्युहिं बाँधि हाल बहु कीन्हा ॥
सो भुजबल का कीन कृपाला ।
अछत तुम्हार मोरि यह हाला ॥
आरति-हरन नाम हनुमाना ।
सारद-सुरपति कीन्ह बखाना ॥
रहै न संकट एक रती-को ।
ध्यान धरै हनुमान यती को ॥
धावहु देखि दीनता मोरी ।
मेटहु बन्दि कहहुँ कर जोरी ॥
कपिपति बेगि अनुग्रह करहु ।
आतुर आइ दास-दुःख हरहु ॥
राम-शपथ मैं तुमहिं धरावा ।
जो न गुहार लागि सिव-जावा ॥
बिरद तुम्हारि सकल जग जाना ।
भव-भय-भंजन तुम हनुमाना ॥
यंहि बन्धन-करि के तिल बाता ।
नाम तुम्हार जगत सुख दाता ॥
करहु कृपा जय जय जग-स्वामी ।
बार अनेक नमामि-नमामि ॥
भौमवार करि होम विधाना ।
धूप-दीप-नैवेद्य सजाना ॥
मंगल-दायक को लौ लावै ।
सुर-नर-मुनि तुरतहिं फल पावै ॥
जयति-जयति जय-जय-जग-स्वामी ।
समरथ सब जग अन्तरयामी ॥
अंजनि-तनय नाम हनुमाना ।
सो तुलसी कँह कृपानिधाना ॥

दोहा

जय कपीस सुग्रीव तुम, जय अंगद जय हनुमान।
राम-लखन सीता सहित, सदा करो कल्यान॥
जो यह साठिक पढ़इ नित, तुलसी कहैं बिचारि।
पड़ै न संकट ताहि कौ, साखि हैं त्रिपुरारि॥

सवैया

आरत बन पुकारत हौं कपिनाथ सुनो विनती मम भारी।
अंगद औ नल-नील महाबलि देव सदा बल की बलिहारी॥
जाम्बवन्त सुग्रीव पवन-सुत दिबिद मयंद महा भटभारी।
दुःख दोष हरो तुलसी जन-को श्री द्वादश बीरन की बलिहारी॥

यह पाठ सरल भाषा में तुलसीदास जी के द्वारा व्यक्त हुआ है, हनुमान साठिका का नित्य पाठ करने से भव-बन्धन का भंजन और साधक का कल्याण होता है, इसका साठ बार प्रतिदिन पाठ करने से साठ दिनों में इसकी सिद्धि होती है।

सर्वार्थसाधक मन्त्र

गुरु सठ गुरु सठ गुरु हैं वीर, गुरु साहब सुमरौं बड़ी भाँत सिंगी टोरों बन कहौं, मन नाऊँ करतार सकल गुरु की हर भजे, घट्टा पकर उठ जाग, चेत सम्भार श्री परमहंस।

सुरक्षा कवच मन्त्र

ओम् नमो आदेश गुरुन को ईश्वर वाचा अजरी बजरी बाड़ा बज्जरी मैं बज्जरी बाँधा दशौ दुवार छुवा और के घालों तो पलट हनुमन्त वीर उसी को मारे पहली चौकी गनपती, दूजी चौकी हनुमन्त तीजी चौकी में भैरों, चौथी चौकी देत रक्षाकरन को आवें श्री नरसिंहदेवजी शब्द साँचा पिण्ड काँचा, चले मन्त्र ईश्वरो वाचा।

साधक कहीं भी जाय, रात में सोते समय इस मन्त्र को पढ़कर अपने आसन के चारो ओर रेखा खींच दें, अथवा जल की पतली धारा में रेखा बना ले, फिर उसके भीतर निश्चिन्त होकर बैठे, अथवा सोये तो आक्रमणकारी उस रेखा को लाँघने का साहस नहीं कर पायेगा। भले ही, वह दूर खड़ा साधक को देखता रहे, परन्तु उसके शरीर का स्पर्श नहीं कर सकेगा। इस प्रकार यह मन्त्र प्रत्येक स्थान पर साधक के लिए सुरक्षा कवच बनकर उसे आपदाओं के स्पर्श से मुक्त रखता है।

स्थान-दोष के निवारण हेतु मन्त्र की प्रयोग-विधि इस प्रकार है—सबसे पहले गिनती करें कि उस मकान में देहरी से लेकर, भीतर कोठरी, कमरों तक कुल कितने

दरवाजे-चौखट हैं। जितनी संख्या निकले, गिनकर उतनी ही लोहे की कीलें (बिरंजी) ले लें, साथ ही एक मुट्ठी काले उड़द भी ले लें। फिर मन्त्र पढ़कर ५-५ बार कीलों और उड़द को अलग-अलग फूँक मारकर सिद्ध कर लें। एक बार मन्त्र पढ़कर फूँक मारे, यह एक फूँक हुई। इस प्रकार पाँच फूँक कीलों पर और पाँच फूँक उड़द पर डालें। उसके बाद हाथ में कीलें, उड़द और हथौड़ी लेकर मकाने में प्रवेश करें।

सबसे पहले आखिरी कमरे में मन्त्र पढ़ते हुए जायँ और मन्त्र पढ़कर उड़द के ५-७ दाने वहाँ बिखेर दें, फिर उस कमरे से बाहर आकर उसकी चौखट (देहरी) पर एक कील यही मन्त्र पढ़ते हुए ठोंक दें। यही क्रिया सब कमरों में करें। क्रमशः भीतर (सबसे अन्दर वाले) के कमरे से बाहर की ओर आते हुए, एक-एक कमरे को शुद्ध करें। सबसे अन्त में मुख्य द्वार (प्रवेश-द्वार) पर आयें और उस पर भी कील जड़ दें।

ध्यान रहे कि कमरा, कोठरी, आँगन, देहलीज, बरामदा जैसे सभी स्थानों पर (भण्डार-घर, रसोई, शयन-कक्ष आदि) मन्त्र सिद्ध 'उड़द' के दाने बिखेरें और प्रत्येक द्वार की देहरी (चौखट) पर कील ठोकें। घर में प्रवेश के समय से लेकर सारी क्रिया सम्पन्न करते हुए बाहर आने तक बराबर मन्त्र का 'अभंग पाठ' करते रहें। इस बीच किसी से बोले नहीं।

वीर मन्त्र

अय हनुमान बारा वर्ष का ज्वान हाथ में लड्डू मुख में पान हाँक मारत आय बाबा हनुमान मेरी भक्ति गुरु की शक्ति फुरो मन्त्र ईश्वरो वाचा।

शत्रुञ्जय मन्त्र

हाथ में बसें हनुमान, भैरों बसे लिलार, जो हनुमन्त को टीका करे, मोहे जग संसार जो आवै छाती पाँव धरै, बजरंग वीर रक्षा करें महम्मदा बीर छातीं टोर जुगुनियाँ बीर सिर फोर उगुनिया बीर मार मार भास्वन्त करे भैरों बीर की आन फिरती रहे बजरङ्ग बीर रक्षा करे जो हमारे ऊपर घात डाले, तो पलट हनुमान बीर उसी को मारे जल बाँधे थल बाँधे आर्या आसमान बाँधे कुदवा औ कलवा बाँधे चक चक्की आसमान बाँधे वाचा साहिब, साहिब के पूत धर्म नाती आसरा तुम्हारा है।

मनोव्याधि-नाशक मन्त्र

आगे दो झिलमिली पीछे दो नन्द रक्षा सीताराम की रखबारे हनुमन्त हनुमान हनुमन्ता आवत मूठ करौ चौखण्डा साँकर टोरो लोह की फारो बजर किवार अज्जर कीलें बज्जर कीलें ऐसे रोग हाथ से ढीलें मेरी भक्ति गुरु की शक्ति फुरो मन्त्र ईश्वरो वाचा।

इस मन्त्र को पढ़ते हुए रोगी पर जल छिड़का जाय, भभूति मली या छिड़की जाय, शरीर पर (रोग-विकार वाले स्थान पर) हाथ फेरा जाय, अथवा मन्त्र को पढ़ते हुए काले धागे में सात गाँठें लगाकर उसे रोगी को पहना दिया जाय, अथवा मन्त्र द्वारा सिद्ध की हुई भभूत और लौंग किसी ताबीज में रखकर रोगी को पहिना दिया जाय तो अवश्य ही लाभ होता है। मन्त्र एक ही है, उसको पढ़ते हुए ऊपर लिखी हुई कोई भी विधि अपनायी जा सकती है। प्रत्येक उपाय रोग-निवारण की पूर्ण क्षमता रखता है।

मूल मन्त्र

ॐ ह्रीं भ्रीं फट् स्वाहा परबत हंस स्वामी आत्मरक्षा सदा भवेत नौ नाथ चौरासी सिद्ध्या की दोहाई हाथ में भूत, पाँव में भूत, भभूत मेरा धारण माथे राखो अनाड़ की जोत सबको करो सिंगार गुरु की शक्ति मेरी भक्ति, फुरो मन्त्र ईश्वरो वा दोहाई भैरव की।

प्रेत-दर्शन मन्त्र

ॐ साल सलीता सोसल बाई कान पढ़ता धाई आई ॐ लं लं लं ठः ठः ठः।

दूध-वर्द्धक मन्त्र

कभी-कभी ऐसा होता है कि बच्चे को दूध पिलाने वाली स्त्री का दूध एकबारगी सूख जाता है। इसका परिणाम यह होता है कि उसका बच्चा भूखा रहता है। पेट न भरने से वह रोता-चिल्लाता है और रोज-रोज दुबला होता जाता है। बहुत से बच्चे सिवा माँ के दूध पीने के और कुछ नहीं पीते। ऐसी स्थिति में यदि माँ का दूध सूख गया, तो पोषण की समस्या उठ खड़ी होती है। ऐसी स्थिति में निम्नलिखित शाबर मन्त्र लाभकारी सिद्ध होता है—

ॐ दमुन्दनी शाह दुग्धं कुरु कुरु स्वाहा।

सर्वप्रथम, आरम्भ में बतायी गयी विधि से किसी शुभ मुहूर्त्त में इस मन्त्र को जपकर सिद्ध कर लें। बाद में भी हर दीवाली या उसी मुहूर्त्त में (प्रतिवर्ष) सिद्ध करते रहें। सिद्ध किया हुआ मन्त्र पढ़ते हुए उस स्त्री के ऊपर फूँक डालें या भभूत छिड़कें, जिसका दूध अकस्मात् सूख गया हो।

दूध या मट्ठा (एक कटोरी या गिलास भर) लेकर उसको इस मन्त्र के द्वारा २१ बार फूँककर डालकर शुद्ध करें और उस स्त्री को पिला दें। तीन दिनों तक यह प्रयोग (मन्त्रसिद्ध दूध पिलाने) करने से उस स्त्री का दूध उतर आयेगा। स्नावती स्त्रियों के प्रति उनके बच्चों के पोषण की भावना से किया गया मन्त्र-प्रयोग तुरन्त लाभ दिखाता है।

फूली-नाशक मन्त्र

१. ॐ हजार ज्वाला उज्जौर धः धः।

किसी रविवार या मङ्गलवार के दिन प्रातः रोगी और साधक दोनों स्नान करके शुद्ध कपड़े पहनकर आमने-सामने बैठें। साधक इस मन्त्र को बाईस बार पढ़ें और भूमि पर चाकू से हर बार मन्त्र की समाप्ति पर आड़ी-सीधी रेखायें खींचकर काटे हुए रोगी की आँख पर फूँक मारे। यह क्रिया लगातार इक्कीस दिनों तक की जाय तो रोगी की आँखें फूली-व्याधि से मुक्त हो जाती है।

२. उत्तर दिशि कूल कामाख्या, सुन योगी की वाचा इस्माइल योगी की दो बेटी एक के सिर पर चूल्हा, दूसरी काटै माड़ी फूला लोना चमारी दुहराय फूले काछा शब्द साँचा पिण्ड काँचा, फुरो मन्त्र ईश्वरो वाचा।

पूर्ववर्णित मन्त्र की भाँति ही इसे पढ़कर रोगी की आँखों और सिर पर फूँक मारना चाहिए।

३. शर्याति च सुकन्यां च, च्यवनं शक्रमश्विनौ।
एतेषां स्मरणमात्रेण, नेत्ररोगान् प्रणश्यति॥

रोगी को सामने बिठाकर यह मन्त्र पढ़ते हुए सात बार नेत्रों पर जल मारें (छीटें दें)। दोपहर को भोजनोपरान्त भी वही क्रिया करें। कम से कम ७ दिनों तक अथवा २१ दिनों तक लगातार यह क्रिया करते रहने से रोगी की आँखें फूली से मुक्त हो जाती हैं।

नेत्र-विकारनाशक मन्त्र

ॐ अंगाली, बंगाली अताल पताल गर्द मर्द अदार कटार फट् फट् उट कट् ॐ हुँ हुँ ठः ठः।

अर्श-नाशक मन्त्र

ॐ छाई छूई छलक छलाई आहुम आहुम क्लं क्लां क्लीं हूँ।

पहले किसी रवि या मङ्गल के दिन इस मन्त्र को एकान्त शुद्ध स्थान में १०८ बार जपें, फिर इसी को जपते हुए १०८ बार आहुति देकर हवन करें। इस प्रकार मन्त्र सिद्ध हो जायेगा।

मन्त्र सिद्ध हो जाने पर कहीं भी किसी भी अर्शरोगी पर इसका प्रयोग किया जा सकता है। प्रयोग के लिए रवि या मङ्गल का दिन होना चाहिए। एक लोटा ताजा पानी लें। उसे २१ बार मन्त्र पढ़ते हुए फूँक कर रोगी को दे दें। वह शौच के समय उसी जल का प्रयोग करे। इस प्रकार लगातार रवि या मङ्गल के दिन (७ दिनों तक) यह प्रयोग करने से मन्त्रसिद्ध जल से मलद्वार धोने पर अर्श-रोग मिट जाता है।

चेचक-निवारक मन्त्र

ॐ घट घट बैठी शीतला, फैरत आवै हाथ।
ॐ श्रीं श्रीं श्रीं शब्द साँचा, फुरो वाचा॥

पूर्ववर्णित नियम के अनुसार दीपावली या ग्रहण के दिन इस मन्त्र को १०८ बार जपें, फिर १०८ आहुति देकर हवन करें। इस प्रकार मन्त्र सिद्ध हो जायेगा। इसके बाद यदि कोई चेचक-रोगी मिलता है तो उसके शरीर पर सात बार मन्त्र पढ़ते हुए हाथ फेरें। वैसे यह प्रयोग रवि या मङ्गल को करना चाहिए; शुक्रवार को भी प्रारम्भ किया जा सकता है। आपत्ति-काल में किसी भी दिन प्रयोग कर सकते हैं। तीन दिन लगातार यह मन्त्र पढ़कर रोगी के शरीर पर हाथ फेरने से शीतला शान्त हो जाती है।

व्रणादि-निवारक मन्त्र

ॐ नमो बने बिआई बनरी, जहाँ-जहाँ हनुमन्त। आँखपीड़ा कखावर गिहिया, थनैलाई चारिउ जाई। भस्मन्तन गुरु की शक्ति मेरी भक्ति, फुरो मन्त्र ईश्वरो वाचा।

किसी शुभ मङ्गलवार अथवा दीपावली की रात्रि में अथवा सूर्य या चन्द्रग्रहण के समय इस मन्त्र को पढ़ते हुए आम की लकड़ी की आग में १०८ हवन करें। उत्तम तो यह होगा कि पहले १०८ बार इसे जप लें, फिर १०८ आहुतियों से हवन करें। इस प्रकार यह परम शक्तिशाली बन जाता है। बाद में प्रतिवर्ष ऐसे ही किसी शुभ तिथि या मुहूर्त्त में इसे पुनः सिद्ध करके जागृत कर लेना चाहिए।

व्रणादि-नाशक अन्य मन्त्र

पूर्वोक्त मन्त्र के अलावा एक मन्त्र और ऐसा है, जो पाठ में सरल और साधना में सजह-साध्य है। यह मन्त्र भी अनेक प्रकार के ग्रन्थि-रोग, गुल्म, फोड़ा, गिल्टी, बद, बाघी, स्तन-व्रण आदि के निवारण में पूर्ण। सक्षम है। इसे सिद्ध कर लेने से सही समय पर बहुत बड़ी सहायता मिलती है। मन्त्र इस प्रकार है—

ॐ बनरा गाँठि बानरी तो डाँटे हनुमान कण्ठ। बिलारी बाघी थनैली कर्णमूल सम जाई। श्री राम चन्द्र की बानी पानी पथ होई जाइ।

जो विधि इसके पहले वाले मन्त्र की है, ठीक उसी प्रकार इसे भी सिद्ध किया जा सकता है। किसी भी प्रकार का व्रण-दोष अथवा गुल्म-विकार हो तो इस मन्त्र को २१ बार पढ़ते हुए चुटकी में ली हुई भस्म रोगी के शरीर पर (घाव-पीड़ा वाले स्थान पर) छिड़कते हुए फूँक मारें। यह क्रिया तीन से सात दिन तक आवश्यकतानुसार नित्य की जानी चाहिए। यह प्रयोग व्रणदोष को समाप्त कर देता है।

अर्श-नाशक अन्य मन्त्र

अर्श अर्थात् बवासीर के निवारण का एक मन्त्र ऊपर कहा गया है। उसके अतिरिक्त भी कई मन्त्र हैं, उसमें एक सहज-साध्य मन्त्र यहाँ प्रस्तुत है। साधक-जन इसके प्रयोग से स्वयं को तथा अन्य किसी भी रोगी को कष्टमुक्त कर सकते हैं—

ॐ काका करता क्रोरी करता ॐ करता से होय। यरसना दश हंस प्रकटे खूनी वादी बवासीर न होय। मन्त्र जानके न बतावे द्वादश ब्रह्महत्या का दोष होय। लाख जप करे तो उसके वश में न होय। शुद्ध साँचा, पिण्ड काँचा तो हनुमान का मन्त्र साँचा फुरो मन्त्र ईश्वरो वाचा।

किसी शुभ मुहूर्त्त में इस मन्त्र का जप करें और दैनिक रूप से नियमित जप करते रहें। जब एक लाख जप पूरा हो जाय, तो मन्त्र सिद्ध हो जाता है।

मन्त्र सिद्ध हो जाने पर आवश्यकतानुसार रोगी को इस मन्त्र से सिद्ध किया हुआ जल दे दें। जल को सात बार मन्त्र पढ़ते हुए फूँक देना चाहिए। ऐसा मन्त्राभिषिक्त जल यदि बवासीर का रोगी व्यक्ति शौर्च-कर्म में प्रयोग करे (आवदस्त के रूप में इस्तेमाल करें) तो वह हर प्रकार की बवासीर से मुक्त हो जाता है। साथ ही साधक को जीवन भर इस रोग से मुक्ति मिल जाती है।

बिच्छू विष-नाशक मन्त्र

बिच्छू कीड़े की रूपरेखा, भयंकरता और उसके दाहक विष के प्रभाव से सभी परिचित हैं। यह कीड़ा यदि किसी को डङ्क मार दे, तो वह व्यक्ति दर्द, चिलक, झन्नाहट, जलन और तनाव से बुरी तरह तड़पने लगता है। बिच्छू का विष शमन करने वाले दो शाबर मन्त्र इस प्रकार हैं—

१. **कारो बिछिया कङ्गनहारो, हरी सोंठ सोने को नारो, मारो डङ्क फाटिगै देह, विष बिखरो सारी देह। उतर उतर बिछिया राजा, रामचन्द्र की दोहाई।**
२. **परबत पर सुरही गाय, कारी गाय की चमरी पूँछी ते करे गोबरी बिछी बिछाय, बिछी तोरे कर अठारह जाति, छ कारी छ पीयरी छ भूमाधारी छ रतन पवारी छ कुं हुँ कुं हुँ छारि उतरु बिजी हाड़-हाड़ पोर-पोर ते कस मारे नीलकण्ठ मर मारे महादेव की दुहाई गौरा पार्वती की दुहाई अनीत टेहरी शहार बन जाय उतरहि बीछी हनुमन्त की आज्ञा, दुहाई हनुमन्त की।**

सबसे पहले इन मन्त्रों को (दोनों को अथवा दोनों में से एक को) सिद्ध कर लें। बिना सिद्ध किये किसी मन्त्र का समुचित प्रभाव दृष्टिगत नहीं होता। इन मन्त्रों को सिद्ध करने का विधान यह है कि किसी शुभ मङ्गलवार का दिन निश्चित करें। यदि निकट ही तो दीपावली की रात्रि या सूर्यग्रहण अथवा चन्द्रग्रहण का समय निश्चित करें। समय निश्चित हो जाने के बाद उस दिन उसी समय पर स्नान करके एकान्त शुद्ध स्थान में बैठकर इन मन्त्रों को १०८ दाने की माला पर ५,७,९ या ११ माला जप लें। जप पूरा हो चुकने पर हवन सामग्री से या लोबान से १०८ बार यही मन्त्र पढ़ते हुए हवन करें। यदि इतना सामर्थ्य नहीं है तो पूर्ण श्रद्धा-आस्था और पवित्रता के साथ

एकाग्रचित्त होकर ५१ बार मन्त्र जप लें और २१ बार आहुति देकर हवन कर लें। इस क्रिया से मन्त्र सिद्ध हो जाता है।

किसी शुभ रविवार या मङ्गलवार के दिन (पुष्य नक्षत्र हो तो अति उत्तम) ओंगा (अपामार्ग, लटजीरा, चिरचिरा) अथवा मदार (आक) की टहनी तोड़ लायें। उसे धोकर यही मन्त्र पढ़ते हुए लोबान के धुएं से सेंककर कहीं सुरक्षित रख दें। जब कभी किसी को बिच्छू की पीड़ा हो तो वही टहनी लाकर दंशित स्थान पर फेरते हुए मन्त्र पढ़ें। इस प्रकार ७,९,११ बार मन्त्र पढ़कर लकड़ी फेरते रहने से बिच्छू का विष उतर जाता है। यदि कभी ऐसी स्थिति आ जाय कि मन्त्र-सिद्ध लकड़ी नहीं मिल रही हो तो यों ही मन्त्र पढ़ते हुए नीम की सींक में या तुरन्त ही ओंगा-मदार की लकड़ी लाकर उसे जहरीले स्थान पर फेरते रहें। थोड़ी देर में ही विष उतर जायेगा।

हाँ, अन्य सभी मन्त्रों की तरह इसमें आवश्यक है कि प्रतिवर्ष इस मन्त्र को दीपावली की रात्रि या अन्य किसी शुभ मुहूर्त्त में पुनः सिद्ध करके सशक्त कर लिया जाता है।

चूहा-विष-नाशक मन्त्र

ॐ गेरिठः।

पूर्ववर्णित 'बिच्छू-मन्त्र' की भाँति इसे सिद्ध कर लें, फिर आवश्यकतानुसार (यदि किसी को चूहे ने काट लिया है तो) रोगी के शरीर पर इस मन्त्र के द्वारा फूँकी गयी भस्म छिड़कें। उसे आराम मिल जायेगा। भस्म फूँकने की विधि यह है कि मन्त्र पढ़ते हुए कहीं की शुद्ध मिट्टी, हवन-कुण्ड की राख या शुद्ध चूल्हे की राख ले लें। उसमें से एक चुटकी भस्म उठाते हुए सात बार मन्त्र पढ़कर उसे फूँकें। बाद में मन्त्र पढ़ते हुए ही रोगी के शरीर पर मल दें या छिड़क दें।

चूहा भगाने का मन्त्र

पीत पीताम्बर मूसा गाँधी ले जावहु हनुमन्त तु बाँधी ए हनुमन्त लङ्का के राउ एहि कोणे पैसेहु एहि कोणे जाहु।

सर्वप्रथम किसी शुभ। मुहूर्त्त में इसे १०८ बार पढ़कर १०८ बार ही हवन करें। ऐसा करने से मन्त्र सिद्ध हो जाता है।

बाद में जब कभी आवश्यकता पड़े—घर, खेत, खलिहान जैसे स्थानों में चूहों का उत्पाद बढ़ रहा हो और उन्हें भगाने की समस्या हो तो इस मन्त्र का प्रयोग करना चाहिए।

प्रयोग के लिए किसी रविवार या मङ्गलवार के दिन स्नान करके इस मन्त्र को

२१ बार पढ़ लें, फिर पाँच गाँठ हल्दी और थोड़ा-सा अक्षत हाथ में लेकर मन्त्र पढ़ते हुए पाँच बार फूंकें और उस स्थान पर जहाँ चूहों का उत्पात होता हो, छिड़क दें। यह तान्त्रिक प्रयोग चूहों को कुछ ऐसा भयभीत, भ्रमित कर देगा कि वे वह स्थान छोड़कर भाग जायेंगे।

कीड़े-मकोड़ों का विष-निवारक मन्त्र

१. ॐ ह्रां ह्रीं ह्रुं ॐ स्वाहा, ॐ गरुड़ सं हुं फट्।

२. ॐ नमो भगवते विष्णवे सर सर हन हन हुं फट् स्वाहा।

इन मन्त्रों को पहले किसी शुभ मुहूर्त्त (रवि-मङ्गल) के दिन १० बार जप कर सिद्ध कर लें और हवन भी करें। तदुपरान्त आवश्यकता पड़ने पर मन्त्र पढ़कर फूंक मारते हुए भभूत छिड़कें, रोगी विष-मुक्त हो जायेगा।

प्रेतबाधा-नाशक मन्त्र

बाँधो भूत जहाँ तु उपजो छाड़ों गिरे पर्वत चढ़ाइ सर्ग दुहेली तु जभि झिलमिलाहि हुङ्कारे हनुमन्त पचारै सीमा जारि जारि भस्म करैं, जौं चापें सीउ।

सबसे पहले दीपावली अथवा ऐसे ही किसी अन्य शुभ अवसर पर एकान्त में इसे १०८ बार जपकर हवन द्वारा सिद्ध कर लेना चाहिए। सिद्ध किया हुआ मन्त्र साल भर प्रभावी रहता है। बाद में भी इसे प्रतिवर्ष एक बार सिद्ध करते रहना चाहिए। इसके प्रयोग की विधियाँ इस प्रकार हैं—

१. जब कभी कोई प्रेतबाधा-ग्रस्त रोगी साधक के पास लाया जाय तो उसे बिठाकर आम की लकड़ी की आग में लोबान द्वारा आहुति देकर यह मन्त्र पढ़ते हुए ७ या २१ बार हवन करना चाहिए। रोगी को ऐसी स्थिति में बिठाना चाहिए कि धुआँ उसके शरीर को छूता-लपेटता रहे।

२. रोगी को सामने बिठाकर एक लोटे में जल लें और उस पर सात बार यह मन्त्र पढ़कर फूँक मारें। तदुपरान्त मन्त्र पढ़ते हुए ही वह उस रोगी पर सात बार छिड़कें।

३. रोगी को सामने बिठा लें और मोरपंख से उसके शरीर को सिर से पैर तक यह मन्त्र पढ़ते हुए सहलाएं। यह क्रिया सात बार करनी चाहिए।

विशेष ध्यान देने की बात यह है कि ये सभी प्रयोग रवि या मङ्गल के दिन अधिक प्रभावशाली रहते हैं। वैसे आकस्मिक आपदा की स्थिति में रोगी की दशा को देखते हुए कभी भी प्रयोग किया जा सकता है।

सर्प-निवारक मन्त्र

ॐ नमो आदेश गुरु को जैसे के लेहु रामचन्द्र कबूत ओसइ करहु राध

बिनि कबूत पवनसुत हनुमन्त धाव हन हन रावन कूट मिरावन श्रवइ अण्ड खेतहि श्रवइ अण्ड अण्ड बिहण्ड खेतहि श्रवइ वाजं गर्भ हि श्रवइ स्त्री चीलहि श्रावहि शाप हर हर जम्बीर हर जम्बीर हर हर हर।

पहले किसी दीपावली, ग्रहण जैसे पर्व के अवसर पर इसे १०८ बार जपकर २१ बार पढ़ते हुए हवन द्वारा सिद्ध कर लें। तदुपरान्त प्रयोग में लायें।

जिस स्थान में सर्प होने की संभावना हो, वहाँ मिट्टी का एक छोटा-सा ढेला इसी मन्त्र को पढ़ते हुए सात बार फूँककर उस बिल, छेद या दरार के मुख पर रख देना चाहिए। साँप भाग जायेगा।

समस्त उपद्रव नाशक मन्त्र

ॐ नमो आदेश गुरु का धरती में बैठ्या लोहे का पिण्ड राख लगाता गुरु गोरखनाथ आवन्ता जावन्ता धावन्ता हाँक दे धार-धार मार-मार शब्द साँचा, फुरौ वाचा।

किसी शुभ रवि या मङ्गल के दिन अथवा अन्य किसी अति शुभ मुहूर्त में प्रातःकाल स्नानादि से निवृत्त होकर शुद्ध स्थान पर मृगचर्म के आसन पर बैठकर पूर्व की ओर मुँह करके यह मन्त्र १०८ बार पढ़ें। तत्पश्चात आम की लकड़ी की आग में इसी मन्त्र को १०८ बार पढ़ते हुए खीर की आहुति देकर हवन करें। इसके प्रभाव से कलह, विद्वेष, दुर्घटनाएं आदि समाप्त होकर वातावरण शान्तिमय हो जाता है।

अभिचार-प्रभावनाशक मन्त्र

ॐ आहूता मन्दरश्म यजाज्वल्यं जम जम जम ॐ गाहि गाहि गाहि।

किसी भी रवि या मङ्गल के दिन इस मन्त्र को १०८ बार एकान्त में शुद्ध होकर जप लें और लोबान की आहुतियाँ देकर १०८ बार मन्त्र पढ़ते हुए ही हवन करें। इस तरह यह मन्त्र सिद्ध हो जायेगा। इसके बाद जब कभी आवश्यकता पड़े, कोई व्यक्ति जादू-टोना, अभिचार मूठ या कृत्या चलाव से परेशान हो तो उसे सामने बिठाकर अग्नि में धतूरे के बीजों की (हवन-सामग्री की भाँति) आहुति देते हुए सात बार यह मन्त्र पढ़ें। हवनकुण्ड का धुआँ रोगी को लगता रहे—ऐसी व्यवस्था कर लें, प्रतिदिन ७ या २१ बार धतूरे के बीजों की आहुति दें। यह क्रिया लगातर ७ दिनों तक चलती रहे। इसके प्रभाव से सारे उपद्रव समाप्त हो जाते हैं। बुद्धि की भ्रष्टता, अस्वाभाविक चेष्टाएँ, उन्मत्तता, प्रलाप आदि सारे दोष मिट जाते हैं। ध्यान रहे कि अभिचार क्रियाएँ कई तरह से की जाती हैं—व्यक्ति पर पानी, भभूत या अन्य कोई वस्तु छिड़क कर, खाने-पीने की वस्तु में कोई तान्त्रिक प्रभाव उत्पन्न करके, अभिचारित पदार्थ या जल पिलाकर, मन्त्र द्वारा फूँककर, पहिनने के कपड़ों में ऐसा ही कुछ करके—व्यक्ति को

असामान्य, रोगी, विक्षिप्त बना दिया जाता है। उपर्युक्त मन्त्र के प्रभाव से यह समस्त बाधाएं शान्त हो जाती हैं।

परन्तु सावधानी के लिए यह भी देखा लेना चाहिए कि उस व्यक्ति के निवास स्थान में या आस-पास कोई प्रयोग तो नहीं किया गया? यदि ऐसा हो तो उसे दबा देना चाहिए। मकान में, दीवाल में, दरवाजे या चौखट में गड़ी हुई कील, काँटा, सिन्दूर, काजल, खून का धब्बा, किसी पक्षी का पंख, चोंच, किसी जीव की हड्डी या अन्य कोई वीभत्स वस्तु दीख पड़े तो उसे हटाकर गाँव के बाहर किसी नाले-गड्ढे में फेंक देना चाहिए। मन्त्र का पाठ हर स्थिति में आवश्यक रहता है।

व्यापारवर्द्धक मन्त्र

ॐ श्रीं श्रीं श्रीं परमां सिद्धिं श्रीं श्रीं श्रीं।

त्रयोदशी तिथि अर्थात् प्रदोष के दिन साधक उपवास रखे। उपवास की स्थिति में नाममात्र का फलाहार ही लेना चाहिए। सायंकाल (प्रदोषबेला में) शिवजी का पूजन करना चाहिए। पूजन के उपरान्त यह मन्त्र ३ या ५ माला जपना चाहिए। तत्पश्चात अष्टगन्ध में असगन्ध के फूल मिलाकर यह मन्त्र पढ़ते हुए १०८ आहुतियाँ दी जायँ। यह एक दिन का कार्यक्रम है लगातार सात प्रदोषवारों तक (एक-एक करके सात प्रदोषदिनों में) यह साधना की जाय। इसके प्रभाव से व्यापार के सारे अवरोध, विघ्न और दुष्प्रभाव समाप्त होकर बड़ी तीव्र गति से लाभ होने लगता है।

आत्म-रक्षाकारी मन्त्र

ॐ नमो बज्र का कोठा जिसमें पिण्ड हमारा पैठा।

दीपावली या ग्रहण के दिन इसे ११ माला जप लें। फिर हवन सामग्री से १०८ बार जपते हुए हवन करें। बस, मन्त्र सिद्ध हो जायेगा। इसके बाद जब कभी आवश्यकता पड़े, अपने इष्टदेव अथवा हनुमानजी का ध्यान करते हुए इसे ५-७ बार पढ़ लें। अवश्य ही सङ्कट दूर हो जायेगा।

आकर्षणमन्त्र

१. ॐ कं हां हूँ।

'आकर्षण' का अर्थ है—किसी का तन-मन अपनी ओर बुलाना, खींचना, अनुकूल बनाना।

यह सर्वविदित तथ्य है कि जो व्यक्ति साधक के प्रति आकर्षित हो जाता है, वह उसका समर्थन करने लगता है। सहायता, सहयोग पाने के लिए लोग आकर्षण का प्रयोग करते हैं। वैसे अनैतिक लाभ के लिए भी कुछ लोग ऐसे प्रयोग कर डालते

हैं। अस्तु, आकर्षण मन्त्र सिद्ध कर लेने पर किसी भी व्यक्ति से मनोनुकूल कार्य कराया जा सकता है, उससे लाभ प्राप्त किया जा सकता है।

दीपावली या ग्रहण के अवसर पर उपर्युक्त मन्त्र ११ माला (११००) जप का १०८ बार हवन करने मात्र से यह सिद्ध हो जाता है। फिर आवश्यकता पड़ने पर कभी भी इसे मन ही मन ११ बार जपें, वह व्यक्ति अनुकूल हो जायेगा।

२. ॐ स्त्रीं स्त्रीं फट्।

जिस प्रकार अन्य मंत्रों को सिद्ध करने का विधान है, वैसे ही इस मन्त्र को भी शुभ पर्व के दिन (दीपावली अथवा ग्रहण) इसे ११०० बार जपकर १०८ बार आहुति दें। इसके बाद भी प्रतिवर्ष दीपावली की रात्रि में इसे पुनः सिद्ध करते रहें। यह भी आवश्यक है कि मन्त्र-जप के दिन पूर्ण रूप से तन-मन का संयम बरतना चाहिए। अपवित्रता, काम, क्रोध, अहंकार, दुर्भावना और भक्ष्याभक्ष्य का सेवन—यह सब साधनाकाल में त्याज्य होते हैं। वैसे तो सात्त्विक जीवन ही साधना को सफल बनाता है, अतः आध्यात्मिक साधना के पथ पर चलने वालों को, तन्त्र-मन्त्र के उपासकों को सदैव ही सुचितापूर्ण तन-मन से रहना चाहिए।

उपर्युक्त मन्त्र को सिद्ध कर लेने के बाद जब कभी आवश्यकता पढ़े किसी व्यक्ति विशेष को अपने अनुकूल बनाना हो, तो उसके पास जाकर या वह पास आवे, तो मन ही मन मन्त्र का जाप आरम्भ कर देना चाहिए, इसका अदृश्य प्रभाव उसके मानसिक-सम्वेश को साधक के अनुकूल कर देता है।

३. ॐ नमः आदि पुरुषाय....आकर्षण कुरु कुरु स्वाहा।

किसी शुभ मुहूर्त्त में गोरोचन और कृष्ण धर्तुर (कला-धतूरा) का रस निकाल कर स्याही बनायें। कनेर की जड़ की लेखनी तैयार करें और भोजपत्र पर इसी कलम व स्याही से उक्त मन्त्र को लिखें। रिक्त स्थान पर उस व्यक्ति का नाम लिखें, जिसे बुलाना हो। फिर कत्था की लकड़ी जलायें और उसकी लपटों में वह भोजपत्र डाल दें, साथ ही मन्त्र भी पढ़ते रहें। तीन या पाँच रवि या मङ्गलवार को यह प्रयोग करने से वह व्यक्ति लौट आता है।

४. ॐ झां झां झां, हां हां हां हैं हैं हैं।

इस मन्त्र को ५०० की संख्या में जपें, फिर १०८ बार आहुति देकर हवन करें। इस प्रकार यह मन्त्र सिद्ध हो जायेगा। सिद्ध हो जाने पर आवश्यकतानुसार अभीष्ट व्यक्ति के नाम, रूप का चिन्तन, चित्र-दर्शन करते हुए ५ माला जपने से वह व्यक्ति वशीभूत (आकर्षित) सम्मोहित हो जाता है। परन्तु यह तथ्य ध्यान में रखना चाहिए कि जप का समय उत्तम हो। किसी गुरु-पुष्य योग में, दीपावली की रात्रि में, ग्रहण

के समय अथवा ऐसे ही किसी विशिष्ट शुभ और सशक्त योग, बेला में मन्त्र-जप का प्रारम्भ करना चाहिए। सिद्धि-प्राप्ति के लिए आस्था, सुचिता, संयम और नियम-पालन अपरिहार्य है। इनके अभाव में सिद्धिप्राप्ति की कल्पना ही व्यर्थ है। हाँ, साधना में स्थान, समय, उपादान, मन्त्र, आसन, हवन-सामग्री आदि का जहाँ जैसा निर्देश किया गया हो, वैसा ही करना चाहिए।

वशीकरण-मन्त्र (मातृका शावर मन्त्र)

ॐ नं नां निं नीं नुं नूं नें नैं नों नौं नं नः (...) आकर्षय ह्रीं स्वाहा।

दीपावली की रात्रि में इसे ११०० जपकर १०८ बार आहुति देते हुए सिद्ध कर लें। बाद में उदुम्बर काष्ठ (गूलर की लकड़ी) की ६ अंगुल लम्बी कील बनाएं। उस पर गेरू से अभीष्ट व्यक्ति का नाम लिखकर ७ बार मन्त्र द्वारा फूँक मारें, फिर मन्त्र पढ़ते हुए ही उस कील को उस व्यक्ति (स्त्री या पुरुष) के किसी भी घर की किसी भी दीवार में गाढ़ दें। यह क्रिया वशीकरण का प्रभाव उत्पन्न करेगी और अभीष्ट व्यक्ति साधक के वश में हो जायेगा। ध्यान रहे कि मन्त्र जपते समय रिक्त स्थानों की पूर्ति उस व्यक्ति के नाम से ही की जाती है, जिसे वशीकृत करना हो।

रोग-दोषनाशक मन्त्र

१. ॐ श्रीं ह्रीं फट् स्वाहा।

अर्क अर्थात् मदार (आक) और एरण्ड (रेंड़ी) के वृक्ष को रवि या मङ्गल के दिन प्रातः सूर्योदय के पूर्व खोदकर उनकी जड़ निकालें। जड़ निकालने से पूर्व साधक को स्नान करके शुद्ध कपड़े अवश्य पहन लेना चाहिए। जड़ खोदते समय व्यक्ति ऐसे ढंग से बैठे कि उसका मुँह पूर्व या उत्तर की ओर हो। जड़ें निकाल कर घर लायें। उन्हें धोकर साफ करें, फिर लाल नये कपड़े पर रखें और उन पर सिन्दूर चढ़ायें। धूप, दीप और लौबान की धूनी भी दें। तत्पश्चात् उपर्युक्त मन्त्र को २१ बार पढ़कर उन जड़ों पर जल छिड़कें या सिन्दूर ही चढ़ाते रहें या हाथ फेरते रहें। दोनों जड़ों को २१-२१ बार मन्त्र द्वारा सिद्ध करके रोगी अथवा व्याधिग्रस्त व्यक्ति को दिखायें। ध्यान रहे कि जड़ों को बाँयें हाथ से उठाकर ही रोगी को दिखाना चाहिए। जड़ों को उठाने और रोगी को दिखाने के बाद उन्हें कहीं रखें नहीं, बल्कि पहले से तैयार किये गये गड्ढे में डालकर (गाढ़कर) मिट्टी से पाट दें। वह गड्ढा आँगन अथवा घर के किसी भी कोने में बनाया जा सकता है।

इस प्रकार यह मन्त्र विधिवत् प्रयोग करने से (आक और एरण्ड की जड़ों को अभिमान्त्रित करके जमीन में गाढ़ देने से) उस व्यक्ति और घर का रोग-दोष दूर हो जाता है।

रोग-दोषनाशक मन्त्र

२. ॐ ह्रीं स्वाहा।

यह केवल शनिवार के दिन किया जा सकता है। शनिवार के दिन मिट्टी के ६४ दीपक कुम्हार के यहाँ से लें। उन्हें चाक पर रखकर चाक को सात बार उल्टी दिशा में घुमायें। फिर चाक रोककर दीपक (मिट्टी की दीवाली) उस पर से उतार लें और घर ले आयें। सन्ध्या समय उसमें घी की बत्तियाँ डालकर जलायें और रोगी को ऐसे ढंग से जमीन या बिस्तर पर बिठायें कि उसका मुख उत्तर की ओर रहे। उन सभी दीपकों को (जलते हुए) थाली में रखकर रोगी की आरती उतारें और पहले से तैयार एक कटोरे में रखा दूध, भात, शक्कर रोगी के हाथों से स्पर्श कराकर दीपकों सहित घर के बाहर कहीं चालू रास्ते में या चौराहे पर रख दें। इस क्रिया से रोगी का रोग और घर का दोष सब समाप्त हो जाते हैं।

ध्यान रहे कि उपर्युक्त मन्त्र का प्रयोग भात और दीपकों को चौराहे पर रखते समय किया जाता है। सात बार मन्त्र पढ़कर भात वाला बर्तन रखें और प्रत्येक दीपक रखते समय एक बार मन्त्र जपें।

जादू-टोना-निवारक मन्त्र

ॐ काकलक कमाल बज्र पर्वत लङ्क अलक पलङ्का, पलक फलीक यती की वाचा गुरु की सोचा सत्यों।

नये वस्त्र का एक टुकड़ा लेकर रेंडी के तेल में तर करें, फिर उसे जलावें। एक थाली में पानी भरकर रखें, फिर उस जलते वस्त्र को ऐसे ढंग से हाथ में थामें (सहारे के लिए कोई लकड़ी या चिमटी ले लें) कि वह जल रहा हो और उसका तेल-पानी टपक रहा हो। यह क्रिया आरम्भ करने से लेकर कपड़ा जलते रहने तक उपर्युक्त मन्त्र पढ़ते रहें। जब तेल टपकना बन्द हो जाय तो कपड़े को उसी पानी में बुझा दें और लगातार २१ बार मन्त्र पढ़कर रोगी पर फूँक मारें। इस क्रिया से वह व्यक्ति समस्त प्रकार के जादू-टोनों के दुष्प्रभाव से मुक्त हो जाता है।

चुड़ैल, प्रेतिनी डाकिनी-निवारक मन्त्र

बैर बैर चुड़ैल पिशाचिनी बैर निवासी। कहूँ तुझे सुनु सर्वनासी मेरी गांसी। वर बैल करे तूँ कितना गुमान। काहे नहीं छोड़ती यह जन स्थान। जो चाहे तू देखना आपन मान। पल में भाग कैलाश लै अपनो सान। आदेस देवी कामरू कामाक्षा माई। आदेस हाड़ी चण्डी की दुहाई।

कुआर सुदी दशमी के दिन विजयादशमी पर्व माना जाता है। उसी दिन इस मन्त्र

को नहा-धोकर, एकान्त-शुद्ध स्थान में बैठकर १०८ बार जपना चाहिए, फिर २१ बार लोबान की आहुति से हवन करना चाहिए। इस क्रिया से यह मन्त्र सिद्ध हो जाता है। कोई भी मन्त्र हो, जब तक वह सिद्ध न किया जाय—फलदायी नहीं होता।

उपर्युक्त मन्त्र को विधिवत् सिद्ध कर लेने के बाद जब कभी भी आवश्यकता पड़े—कोई व्यक्ति भूतबाधा से ग्रस्त हो, चुड़ैल-प्रेतिनी की बाधा से व्याकुल हो तो उसे सामने बिठाकर यह मन्त्र पढ़ते हुए उस पर फूँक मारना चाहिए। ऐसा लगातार २१ बार करें। हर बार मन्त्र की समाप्ति पर रोगी के शरीर पर फूँक मारें और चुटकी (भस्म या साफ मिट्टी) डालें। यह क्रिया २१ बार करें। इसके प्रभाव से रोगी व्याधि-मुक्त होकर चैतन्य हो जायेगा।

भूत-प्रेत झाड़ने का मन्त्र

सूत्र बनावें बन बीच आनन्दकन्द रघुबीर। लखे सिय सम्मुख मँह होय धीर मतिधीर। तेही समय लखन तहँ आये। पूछहिं राम लखन बुलाये। बोले हरि कवन कारण तुम भाई। इत आवन बहु विलम्ब लगाई। लखन बोले गयऊँ दूर पहारा। देखेउ तहाँ भूतदल झारा। तहाँ एकौ मानुज न दिखाये। निज आश्रम को छोड़ पराये। इतना हरि सुन वान चलायेऊ। भागे भूत आनन्द गिरि भयेऊ। '....' के अङ्ग नहीं भूत नहीं भार। राम के नाम से भयो समुद्र पार। आदेश श्री सीताराम की दोहाई।

यदि किसी व्यक्ति, बालक अथवा स्त्री को भूत की बाधा ने ग्रस रखा हो, वह अपनी स्वाभाविक मन:स्थिति में न रहकर बाबला जैसा हो गया हो, पागलों की तरह अस्त-व्यस्त हो, उन्मत्तों जैसा आचरण कर रहा हो, विक्षिप्तों की तरह अनर्गल प्रलाप अथवा कार्य कर रहा हो, ऐसे प्रेतबाधा-ग्रस्त रोगी को सामने बिठाकर यह मन्त्र पढ़ते हुए फूँक मारें। लगातार तीन बार मन्त्र पढ़ने और फूँक मारने से वह व्यक्ति (रोगी) क्लेशमुक्त हो जाता है।

यहाँ ध्यान देने की बात है कि यह मन्त्र भी दशहरे (विजया दशमी) अथवा रामनवमी के दिन २१ बार पढ़कर और ७ बार लोबान की आहुति से हवन करके सिद्ध कर लेना चाहिए।

बाद में जब कभी प्रयोग का अवसर आये, रोगी को सामने बिठाकर इसे पढ़ते हुए उस पर फूँक मारें। इस मन्त्र की तेरहवीं पंक्ति में...के स्थान पर रोगी का नाम लेना चाहिए।

दैवी-आपदा निवारक मन्त्र

शेख फरिद का कामरीं निसि अस अँधियारी तानौं को टालिये अनल ओला जल विष।

किसी भी शुभ अवसर पर इसे १०८ बार जपकर २१ बार लोबान की आहुति देकर सिद्ध कर लें। फिर जब कभी किसी प्राकृतिक प्रकोप की आशंका हो, इस मन्त्र को पढ़कर ताली बजायें। सात बार अथवा ११ या २१ बार ऐसा ही करें। इस क्रिया और मन्त्र के प्रभाव से उक्त आपदाओं का वेग, भय और उत्पात शान्त हो जायेगा। कम-से-कम साधक तो अवश्य ही सुरक्षित रहेगा। घने जङ्गल ऊसर-बियावन मैदान आदि में यदि कोई व्यक्ति अकेला पड़ गया हो और उक्त बाधायें उसे घेर रही हों तो वह इस मन्त्र का जप करके स्वयं ही रक्षा सर सकता है। सामूहिक सुरक्षा ही इसके द्वारा की जा सकती है। यही नहीं; पर्वतारोहण, समुद्र-यात्रा, कृषि-कर्म, खान-खुदाई और ऐसे ही अन्य कार्यों, प्रसङ्गों के बीच भी यह मन्त्र सुरक्षा प्रदान करता है।

शिरोपीड़ा-निवारक मन्त्र

ॐ नमः आज्ञा गुरु को केश में कपाल, कपाल में भेजा बसै, भेजा में कीड़ा-कीड़ा, करें न पीड़ा, कंचन की छेनी, रूपे का हथौड़ा, पिता ईश्वर गाड़ इनको श्रापे को महादेव तोड़े शब्द सांचा, पिण्ड कांचा, फुरो मन्त्र ईश्वरो वाचा।

किसी भी रवि, मंगल या अन्य किसी शुभ दिन में इस मन्त्र को १०८ बार पढ़कर और २१ बार लोबान की आहुति देकर सिद्ध कर लें। बाद में, जब कभी किसी को शिरोपीड़ा हो, उसे सामने बिठा लें। फिर यह मन्त्र पढ़ते हुए थोड़ी सी राख जमीन पर बिछायें और मन्त्र पढ़ते हुए ही एक-एक करके सात बार उसे काटें (उस पर उँगली से आड़ी-सीधी रेखाएँ खींचें)। इसके बाद मन्त्र पढ़ते हुए रोगी के सिर पर (माथे में) सात बार फूँक मारें। इस क्रिया से रोगी की शिरोपीड़ा शान्त हो जायेगी। यदि कष्ट अधिक हो तो दिन में दो या तीन बार यह प्रयोग करें। वैसे, रवि या मङ्गल के दिन किया गया प्रयोग विशेष लाभकारी होता है।

आधासीसी-निवारक मन्त्र

१. ॐ नमः आधासीसी टारी हुं हुं हुङ्कारी दुपहरी प्राचानी अँखियाँ मूँद मुख पाला डारी ... को पीर रहे तो दोहाई गौरी की आदेश फुरो ॐ ठं ठं स्वाहा।

रोगी को सामने बिठायें। सेंधे नमक का टुकड़ा तथा पानी और एक पत्थर की सिल (पीढ़ा) पास रख लें। मन्त्र को पढ़कर रोगी के माथे पर (पीढ़ा वाले भाग पर) फूँक मारें। यह क्रिया २१ बार करें। तदुपरान्त पत्थर पर पानी डालकर नमक का टुकड़ा घिसें। मन्त्र बराबर पढ़ते रहें। नमक घिस जाने पर उसका लेप चन्दन की तरह रोगी के माथे पर लगा दें। यह प्रयोग आधासीसी की पीड़ा को दूर कर देता है। मन्त्र

में जहाँ '....' लिखा है, वहाँ रोगी का नाम उच्चारण करना चाहिए। यह नियम ऐसे सभी मन्त्रों पर लागू होता है, जहाँ '....' अथवा 'अमुक' या 'देवदत्त' शब्द का प्रयोग किया गया है।

एक मन्त्र और भी है, उसको भी इसी प्रकार प्रयोग करना चाहिए। मन्त्र निम्नवत् है—

२. कौन मरता कुड़ूम करता वाटका घाटका हाँक देता पवन सुनिया योगी यती अचल अचल।

३. शंकर शंकर खोजा जाई, शंकर बैठे जंगल जाई। भूत बैताल जोगिनि नचाय, सब देवन की जय जय मनाय। ब्रह्मा विष्णु पूजे जाय, अमकपारी दर्द पीड़ा छुड़ाय।

विजयादशमी अथवा दशहरें के दिन इस मन्त्र को शुद्ध होकर ११०० बार जप लें। फिर २१ बार धूप या लोबान की आहुति दें, साथ ही मन्त्र भी पढ़ते रहें। इस क्रिया से मन्त्र सिद्ध हो जाता है।

बाद में जब कभी आवश्यकता पड़े, रोगी को सामने बिठायें और उसके सिर पर मन्त्र पढ़ते हुए पानी की धारा छोड़ें। यह क्रिया १३९ बार की जाय अर्थात् मन्त्र पढ़ते हुए उसके सिर पर पानी डाला जाय। पानी पहले ही लोटे में रख लें। परन्तु ध्यान रहे कि लोटा बड़ा हो और उसे आधा ही भरा जाय, सिर पर पानी थोड़ा-थोड़ा डालें, ताकि १३९ बार प्रयोग के बाद भी थोड़ा जल लोटे में बचा रहे। उस बचे हुए जल को रोगी का उतारा देकर रास्ते में कहीं चौराहे पर फेंक देना चाहिए।

देहपीड़ा-निवारक मन्त्र

हुक्म सश्कर कर उन दर दर रोहिनी लगक सूद (....रोगी का नाम....)

हल्दी की तीन गाँठ लें। प्रत्येक गाँठ से जमीन पर उपर्युक्त मन्त्र लिखें। हर बार मन्त्र लिखने पर रोगी के शरीर पर फूँक मारें। तीन बार पूरे हो जाने पर उन तीनों गाँठों के भार के बराबर चीनी या मिश्री तोल कर ले लें और उसे आस-पास के छोटे-छोटे बालकों में वितरित कर दें। यह प्रयोग घीर के प्रत्येक अङ्ग को, सर्वांग को पीड़ामुक्त कर देता है।

ऋतुपीड़ा-निवारक मन्त्र

ॐ नमो आदेश देवी मनसा माई बड़ी-बड़ी अदरख, पतली-पतली रेश बड़े विष के जल फाँसी दे, शेष गुरु का वचन व जाये-खाली पिया पंचमुण्ड के बाद पद ठैले। विषहरी राई की दुहाई फिरै।

एक गाँठ अदरख लायें। यह मन्त्र तीन बार पढ़कर उस पर फूँक मारें। इसके

बाद पीड़ित स्त्री को खिलायें। इस मन्त्राभिषिक अदरख के सेवन से उस रुग्णा का ऋतुकष्ट (मासिक धर्मसम्बन्धी पीड़ा) दूर हो जायेगा।

रजोविकार-नाशक मन्त्र

ॐ रि जय चामुण्डे घूम राम रमा तरुवर चढ़ि जाय, यह देखत '... रुग्णा का नाम ...' के सब रोग पराय, ॐ शिलं हुँ फट् स्वाहा....रोगिणी का नाम...रजदोष नशाय।

कटेली (कण्टकारी-भटकटैया) का फल या जड़ ले आयें। केले की फली भी लायें। किसी रवि या मङ्गल के दिन उन दोनों को इस मन्त्र द्वारा ३-३ बार शुद्ध करें, फिर रोगिणी को थोड़ी मात्रा में (केले की समूची फली, परन्तु भटकटैया केवल ३ माशा—चवन्नी भर) खिला दें। इस प्रकोप से उसका रजोकष्ट दूर हो जायेगा। रवि से प्रारम्भ करके मङ्गल तक तीन-तीन दिन में दो बार यह प्रयोग किया जा सकता है। मन्त्र में जहाँ स्थान रिक्त हैं '....नाम....' वहाँ रोगिणी का नाम उच्चारण कर चाहिए।

मिर्गी-मूर्च्छानाशक मन्त्र

ॐ हलाहल सरगत मंडिया पुरिया श्रीराम जी फूँकें मिर्गी बाई सूखे सुख होई ॐ ठः ठः स्वाहा।

किसी रविवार को अथवा मङ्गलवार के दिन नहा-धोकर इस मन्त्र को २१ बार जपें। फिर भोजपत्र पर अनार की लकड़ी (कलम) और अष्टगन्ध (स्याही) से लिखें। उसे लोबान के धुएँ में सेंक कर किसी कपड़े या ताबीज के सहारे रोगी के गले में बाँध दें। इस प्रयोग से मिर्गी रोग नष्ट हो जाता है।

धरण-सुधार मन्त्र

ॐ नाड़ी नाड़ी नवासी नाड़ी बहत्तर कोण चले आगे टिके न कोण चले नाड़ी रक्षा करे यती हनुमान की आन।

रविवार अथवा मङ्गलवार के दिन एक ऐसा बाँस का टुकड़ा लें, जिसमें नौ गाँठ हों। उस बाँस के एक सिरे से दूसरे सिरे तक सभी नौ गाँठों पर १-१ बार यह मन्त्र पढ़कर फूँक मारे। इसके बाद रोगी को लिटा दें और बाँस को उसकी नाभि पर रखकर बाँस के दोनों सिरों में सात बार मन्त्र पढ़कर फूँक मारें। इस प्रयोग से उसकी आँत, नस, धरन सब यथास्थान आ जायेगी।

आँखों का दर्द दूर करने का मन्त्र

ॐ नमः झिलमिल करे गरल भरी तलैया, पश्चिम गिरि से आई करन भलैया। तहँ आय बैठेउ वीर हनुमन्ता, न पीड़े न पाकै नहीं फहन्ता। यती हनुमन्ता राखें होड़ा।

किसी रवि या मङ्गल से प्रारम्भ करके सात दिनों तक यह प्रयोग करें। नीम की ताजी टहनी तोड़कर उनकी पत्तियों से यह मन्त्र ७ बार पढ़कर रोगी की आँखों पर फेरते हुए झाड़ा देना चाहिए। इस क्रिया से ७ दिनों में नेत्रों की पीड़ा तथा अन्य विकार नष्ट हो जाते हैं।

रतौंधी-नाशक मन्त्र

ॐ भाट भाटिनी निकली कहे चलि आई उस पार भाटिनी बोली—हम बिआइब, उसकी छाली बिआइब, हम उपसमाछी पर मुण्डा मुण्डा अण्डा सोहिल तारा तारा अजयपाल राजा उतर रहे पार अजयपाल पानी भरत रहे मसकदार यह देख बाबा बोलाउ गोड़िया मला उजार तैके हम अधोखी जाय रतौंधी ईश्वर महादेव की दुहाई उतर जाय।

किसी भी रवि या मङ्गल के दिन इसका प्रयोग आरम्भ करना चाहिए। रोगी को सामने बिठायें और यह मन्त्र पढ़ते हुए (लगातार २१ बार) उस पर फूँक मारें। इस तरह २१ दिनों तक यह प्रयोग करते रहने से रोगी का तिमिर-रोग नष्ट हो जाता है और वह स्वाभाविक रूप में देखने लगता है।

अजीर्ण-निवारक मन्त्र

अगस्त्यं कुम्भकर्णं च शनिं च बड़वानलम्।
भोजनं पाचनार्थाय स्मरेत् भीमं च पंचकम्॥

भोजन करने के पश्चात् बाँयाँ हाथ पेट पर फेरते हुए यह मन्त्र तीन बार पढ़ना चाहिए। इस प्रयोग से भोजन की पाचन-शक्ति सुधर जाती है और थोड़े समय में अजीर्णादि उदर-विकार शान्त हो जाते हैं।

उदर-पीड़ानाशक मन्त्र

ॐ नून तूं सिन्धू नून सिंधुवाया, नून मन्त्र महादेव रचाया। महेश के आदेश गुरु मोहि सिखाया, गुरु ज्ञान से हम देउँ पीर न गाया। आदेश देवी कामरू कामाक्षा माई। आदेश हाड़ी रानी चण्डी की दोहाई।

सेधा नमक की डली को दाहिने हाथ से केवल तीन उँगलियों से पकड़ कर उठायें। फिर यह मन्त्र तीन बार पढ़कर उसे फूँके। वह मन्त्र द्वारा शोधित नमक रोगी को खिलाया जाय तो पेट का दर्द दूर हो जाता है।

वायुगोला-नाशक मन्त्र

ॐ नमो काली कंकालिनी, नदी पार बसे इस्माइल जोगी, लोहें का कछौटा काटि काटि लोहे का गोला काटि-काटि हो शब्द साँचा, फुरो मन्त्र ईश्वरो वाचा।

मङ्गलवार के दिन रोगी को सामने बिठायें, फिर मन्त्र पढ़कर चाकू से रोगी के पेट का स्पर्श कर धरती पर एक रेखा खींच दें। इस प्रकार २१ बार मन्त्र पढ़कर भूमि पर आड़ी-तिरछी रेखायें एक-दूसरे को काटती हुई बनायें। लगातार ७ दिनों तक यह प्रयोग करने से पेट की वायु, वायुगोला तथा उससे उत्पन्न अन्य विकार नष्ट हो जाते हैं।

पीलिया रोग-निवारक मन्त्र

ॐ नमो आदेश गुरु को, श्रीराम सर साधा, लक्ष्मण साधा बाण काला पीला राता नीला धोला पीला-पीला चारों गिरि जहिं नो श्री रामचन्द्रजी रहे नाम। हमारी भक्ति गुरु की शक्ति। फुरो मन्त्र ईश्वरो वाचा।

पीतल के कटोरे में पानी भरकर रोगी को सामने बिठायें। यह प्रयोग शनिवार से आरम्भ करना चाहिए। एक शनिवार को प्रारम्भ करके सातवें शनिवार तक नित्य करें। इसके लिए नियम यह है कि रोगी के शरीर को स्पर्श कराते हुए एक सुई के द्वारा झाड़कर उसे पानी में डुबो दें। मन्त्र को पढ़ते हुए झाड़ने की क्रिया की जाती है। प्रतिदिन सात बार मन्त्र पढ़कर हर बार सुई से झारें। यह नियम ४९ दिनों तक (सात सप्ताह—शनि से शनि तक) निभाना चाहिए।

कंखवार (कखौरी) नाशक मन्त्र

ॐ नमः काँखबाई की भरी तलाई। तँह बैठे हनुमन्ता आई। पाके न फूटे न पिराय चलैं चछैवाल इति सहाय गुरु गोरखनाथ सहाय।

किसी भी रविवार या मङ्गलवार के दिन रोगी को सामने बैठाकर नीम की टहनी से झाड़ते हुए यह मन्त्र पढ़ना चाहिए। प्रतिदिन २१ बार मन्त्र पढ़ें और उसी के साथ नीम का टहनी से झारा देते रहें। तीन दिनों तक लगातार यह प्रयोग करें। इससे कँखवार (काँखबाई—काँख का फोड़ा) शान्त हो जाता है।

कण्ठगाँठ का मन्त्र

ओम नमो कण्ठवेल तुम दुम दुम वालो। सिर पर जड़ी बजर का तालो। बढ़ती बेल कूं तुरत घटाये। तनिक बची, उसको सुखाये, घट गई बेल, बढ़े ना रोग। पाके फूटे पीड़ा करे तो गुरु गोरखनाथ की दुहाई।

किसी भी रविवार से अथवा मङ्गलवार से अगले रवि या मङ्गल तक प्रतिदिन यह मन्त्र पढ़ते हुए मोर्छल (मोरपंख से बनाई गई झाड़ू) से रोगी को सिर से पैर तक झारें। प्रतिदिन सात बार झारना चाहिए। हर बार मन्त्र पढ़ते हुए ही मोर्छल फेरें। सात दिन तक यह क्रिया की जाय तो कण्ठबेल की व्याधि दूर हो जाती है।

दन्तपीड़ा-निवारक मन्त्र

१. आग बाँधौं, अगिया बैताल बाँधौं, सौ जाल विकराल बाँधौं, लोहा लोहा बाँधौं बजर अस लोप बजर घन दाँत पिराय तो महादेव की आन।

किसी भी रवि या मङ्गलवार के दिन यह प्रयोग आरम्भ करें। मन्त्र पढ़ते हुए रोगी के चेहरे पर दाँतों पर नीम की लकड़ी से झारा दें। प्रतिदिन २१ बार झाड़ें। सात दिनों में दन्तपीड़ा दूर हो जायेगी।

२. काहे रिसियाये हम तो अकेला, तुम हो बत्तीस बार हमजोला, हम लावें तुम बैठे खाव, अन्तकाल में संगहि जाव।

यदि कोई व्यक्ति वह चाहे रोगी हो अथवा नीरोग, सुबह उठने पर मुँह धोते समय इस मन्त्र को पढ़ते हुए चुल्लू में जल लेकर कुल्ला करे तो वह समस्त प्रकार की दन्त-व्याधियों से मुक्त रहता है। प्रतिदिन सात बार मन्त्रसिद्ध जल से कुल्ला करना चाहिए। दाँतों की पीड़ा दूर होकर उनका हिलना भी मिट जाता है और दाँत अपनी जगह मजबूती से जमे रहते हैं।

दाढ़-पीड़ानाशक मन्त्र

१. ॐ नमो आदेश कामरू देस कामाख्या देवी जहाँ बसै इस्माइल जोगी। इस्माइल जोगी ने पाली गाय, नित दिन चरने वन में जाय, वन में घास पात को खाय, गोबर ते कीड़ा उपजाय, सात सूत सुतियाल। पुच्छि पुच्छ-याला देह पीला मुँह काला, वह अन्न कीड़ा दन्त गलावे मसूढ़ गलावे दाढ़ मसूढ़ करे पीड़ा तो गुरु गोरखनाथ की दुहाई फिरे।

छोटी-छोटी तीन कीलें (बिरंजी जैसी) लेकर यह मन्त्र सात बार फूंकें। उसके बाद कहीं लकड़ी में उन तीनों कीलों को ठोक दें। दाढ़ की पीड़ा दूर हो जायेगी। यहाँ यह ध्यान रखने की बात है कि तीनों कीलों को (प्रत्येक को अलग-अलग) सात बात मन्त्र द्वारा फूँक कर उन्हें सिद्ध कर लेना चाहिए। इस प्रकार कुल २१ बार मन्त्र पढ़ा जायेगा। लकड़ी में कीलें ठोकते समय भी मन्त्र का जप करते रहना चाहिए।

२. ॐ नमो आदेस गुरु को सवारी में शीशी, शीशी में मींच माची में सूढ़ा मसूढ़ा में पीड़ा कीड़ा मरै, पीड़ा टरै फुरो मन्त्र ईश्वरो वाचा।

इसमें भी दो कीलें लाकर उन्हें रविवार या मङ्गलवार के दिन यही मन्त्र सात-सात बार पढ़कर झारें। कीलों को मन्त्र द्वारा सिद्ध कर चुकने पर इनमें से एक कील को किसी कुएं में (मन्त्र पढ़ते हुए) ही डाल दें। दूसरी कील को खटाई के पानी अथवा नमकीन पानी से भिगोकर (धोकर) मन्त्र पढते हुए ही किसी नीम के पेड़ में ठोक दें। यह क्रिया अपने प्रभाव से दाढ़-मसूढ़ों की सारी व्याधि समाप्त कर देती है।

जले घाव का मन्त्र

ॐ नमो आदेस कामरू देस कामाख्या देवी जले तेल रेल तेल महातारे '...रोगी का नाम...' लहर वीर पल में टारे मन्त्र पढ़े नरसिंह देव कुटिया

में बैठ के जलन एक पल में जाय खाय सागर को नीर नौन में '....' स्थान पर रोगी का नाम लें।

किसी रविवार या मङ्गलवार के दिन तेली (तेल-विक्रेता) के पास जाकर उससे तेल (मोल या मांगकर जैसे भी मिले) लायें। ध्यान रहे कि उसके तेल की बात (याचना) केवल एक बार ही करें (दुबारा न माँगें)। तेल सरसों का (कडुवा) तेल होना चाहिए। तेल लाकर उसके पात्र को तीन बार उपर्युक्त मन्त्र पढ़ते हुए फूँकें। उसके बाद जिसके घाव को ठीक करना हो, उसे सामने बिठायें और मन्त्र पढ़ते हुए उसके घाव पर फूँक मारकर वही मन्त्र-सिद्ध तेल चुपड़ दें। इस तरह प्रतिदिन तीन बार घाव पर तेल लगायें। यह प्रयोग उसके जले हुए घाव को थोड़े ही समय में भर देगा।

फोड़ा-फुन्सी का मन्त्र

ॐ महतिल हलमिआ विभूतीप्रद हन ॐ ठः ठः ।

मङ्गलवार के दिन सूरज निकलने के पहले ही साधक नहाकर चौराहे की थोड़ी-सी धूल से आयें। यह मन्त्र पढ़कर उस धूल पर फूँक मारें। इस प्रकार वह धूल मन्त्र द्वारा प्रभावित हो जायेगी। इसके बाद रोगी को बुलाकर सामने बिठायें और मन्त्र पढ़ते हुए ही थोड़ी-सी धूल उसके फोड़े वाले स्थान पर लगा दें। इस प्रयोग से फोड़ा अपेक्षाकृत कम समय में ही अच्छा हो जायेगा।

पेट की पीड़ा का मन्त्र

पेट व्यथा पेट व्यथा, तुम हो बलवीर तेरे दर्द से पशु मनुष्य नहीं स्थिर पेट पीर ले वो पल में निकार दो फेंक सात समुद्र पार, आज्ञा कामरू कामाक्षा होई आज्ञा हाड़ी दासी चण्डी दोहाई।

अतिसार-निवारक मन्त्र

ॐ नमो कामरू देस कामाक्षा देवी, तहाँ क्षीरसागर के बीच उपजा पानी अरे रक्त पेचिश तोर कौन ठिकाना '....' के उदर खोंचा जो रहा चलाय, नरसिंह बर से क्षण में चला जाये '....' अङ्ग नहीं, रोग नहीं पीर गुरु ने बाँध दिया जंजीर, आज्ञा हाड़ी दासी की, दोहाई चण्डी की।

(रिक्त स्थान में रोगी का नाम पढ़ना चाहिए।)

रविवार या मङ्गलवार के दिन आपातकाल में तो कभी, किसी भी दिन) पीपल के पेड़ के पास जायें। उसके तीन पत्ते मन्त्र पढ़ते हुए तोड़ें। उन्हें घर लाकर रोगी को सामने बिठायें और प्रत्येक पत्ते को क्रमशः दोना जैसा बनाते हुए उसमें थोड़ा-सा जल लें। मन्त्र पढ़कर तीन बार उसे फूँके, फिर वही जल रोगी को पिला दें। इस प्रकार

एक-एक करके तीन पत्तों के दोनों नायें, उनमें जल भरें, प्रत्येक दोने का जल तीन बार मन्त्र द्वारा फूँकें और रोगी को पिलायें।

यह प्रयोग हर तरह के अतिसार, पेचिश, आँव और ऐसे ही अन्य उदरविकारों को शान्त कर देता है।

जूड़ी-शीत-निवारक मन्त्र

ॐ नमो कामरू देस, कामाक्षा देवी तहाँ बसे इस्माइल जोगी इस्माइल जोगी के तीन बेटा एक तोड़े, एक पिछोड़े एक शीत तिजारी गोड़े।

रोगी को अपने सामने खड़ा करें। फिर उसके जिस अङ्ग में (अथवा सारे शरीर में, जहाँ भी) शीत, (जूड़ी-सर्दी) अधिक मालूम हो, वहाँ (अथवा सारे शरीर पर) यह मन्त्र पढ़कर फूँक मारना चाहिए। यह क्रिया २१ बार की जाती है। इसके प्रभाव से शीत (जूड़ी) की लहर समाप्त हो जाती है।

बुखार दूर करने का मन्त्र

१. ॐ भैरव भूतनाये विकरालकाये अग्निवर्णाधाये सर्व ज्वर बन्ध मोघय त्र्यम्बकेति हुं।

रविवार या मङ्गलवार के दिन प्रात: उठकर स्नान करें, फिर 'सहदेवी' पौधे के पास जाकर उसकी जड़ खोद लायें, बीच में किसी से बोले नहीं। घर आकर उस जड़ को मन्त्र पढ़ते हुए धोयें, फिर तीन बार मन्त्र पढ़कर उस पर फूँक मारें। इस प्रकार मन्त्रसिद्ध की गयी वह सहदेवी की जड़ रोगी की दाहिनी भुजा पर मन्त्र पढ़ते हुए ही किसी कपड़े या धागे के सहारे बाँध दें। इस प्रयोग से लगभग सभी प्रकार के ज्वर दूर हो जाते हैं।

२. श्रीकृष्णः बलभद्रश्च, प्रद्युम्न अनिरुद्धकः।
तस्य स्मरणमात्रेण ज्वरो याति दशो दिशः॥

टोना, जादू नजर दूर करने का मन्त्र

ॐ नमो कामरू देस कामाक्षा देवी को आदेस नजर काटौं बजर काटौं मुहूर्त्त में देकर पाय रक्षा करे जय दुर्गा माय नरसिंह ओना टोना बहाय '....' का रोग सागर पार चला जाय आज्ञा हाड़ी दासी, चण्डी की दोहाई।

रोगी को सामने बिठायें और तीन बार यह मन्त्र पढ़ते हुए उसके शरीर पर किसी लकड़ी से झारें। यह क्रिया दिन में तीन बार करें। तीन दिनों तक ऐसा ही करते रहने से रोगी चैतन्य हो जाता है। जादू, टोना नजर, जैसे उपद्रवों का दुष्प्रभाव इस मन्त्र से समाप्त हो जाता है। '....' स्थान पर रोगी का नाम लें।

शरीरपीड़ा-नाशक मन्त्र

उस पार से आती बुढ़िया छुतारी तिसकै काँधें पै सरके पिटारी कौन कौन शर वाण सु शर कु पौरा शर समान '....' के अङ्ग की कथा तन पीर लौटि गिरै उसके कलेजे तीर, आज्ञा पिता ईश्वर महादेव की दुहाई फुरो मन्त्र ईश्वरो वाचा।

रोगी को सामने बिठायें। पास ही किसी कटोरी में सेंधे नमक का छोटा-सा टुकड़ा रख लें। बाँयें हाथ की अनामिका अंगुली से मन्त्र पढ़ते हुए नमक के उस टुकड़े पर फेरें। ऐसा तीन बार करें। फिर वह मन्त्र-सिद्ध नमक रोगी को खिलाएं। इस क्रिया से शरीर की पीड़ा मिट जाती है। परन्तु ध्यान रहे कि यह तांत्रिक प्रयोग है, अतः नमक की मात्रा थोड़ी ही रहनी चाहिए। अधिक मात्रा में खाया गया नमक गला सुखाता है, प्यास बढ़ाता है और तब रोगी को बेचैनी हो जाती है। '....' के स्थान पर रोगी का नाम पढ़ें।

मोच की पीड़ा दूर करने का मन्त्र

ॐ नमो आदेस श्रीराम को देऊँ मचक उड़ाई, उसके तन से तुरत पीर भागि जाई, ना रही रोग पीर फूँक से सब हुई पानी, '...' की कथा छोड़ भाग तूँ मचकानी, पिता ईश्वर महादेव की दुहाई आदेश सियाराम लखन गुसाईं।

एक कटोरी में थोड़ा-सा सरसों का तेल (कडुवा तेल) लेकर उसे आग पर गरम कर लें। फिर यह मन्त्र ३१ बार पढ़कर उस पर फूँक मारते रहें। यह मन्त्र-सिद्ध तेल मोच की पीड़ा दूर करने में रामबाण है। रोगी को सामने बिठाकर लिटाकर यह मन्त्राभिषिक्त तेल उसके मोच-दर्द वाले स्थान पर मलना चाहिए। प्रतिदिन २-३ बार ऐसा करने से ३ दिन में मोच ठीक हो जाती हैं। '....' स्थान पर रोगी का नाम लें।

बवासीर-नाशक मन्त्र

१. ॐ नमो आदेस कामरू कामाक्षा देवी को भीतर बहर बोलूँ सुन देकर मन तूँ काहे जलावत केहि कारण रसहित पर तूँ डूमर में विख्यात रहे ना ऊपर '...' के गात नरसिंह देव तोसे बोले बानी अब झट से हो जा तूँ पानी आज्ञा हाड़ी दासी, फुरो मन्त्र चण्डी उवाच।

इस मन्त्र को पढ़ते हुए रोगी को तीन बार प्रतिदिन झारें। यह क्रिया १५ दिन लगातार की जाय। प्रतिदिन प्रातः-सायं रोगी को ३-३ बार मन्त्र पढ़कर झारते रहें। इसके प्रभाव से बवासीर नष्ट हो जाती है। '....' के स्थान पर रोगी का नाम लें।

२. ईसा ईसा ईसा काँच कपूर चोर के शीशा अलिफ अक्षर जाने नहिं कोई खूनी वादी दोनों न होई, दुहाई तख्त सुलेमान बादशाह की।

एक लोटे में ताजा शुद्ध जल लें। यह मन्त्र पढ़कर उस पर फूँक मारें। ऐसा तीन बार करें वह जल रोगी को दे दें। वह उसे शौच-क्रिया में इस्तेमाल करें। तो चालीस दिनों में लाभ होगा।

३. ॐ छद छुह छलक छलाई हुं हुं क्लं क्लां क्लीं हुं।

ऊपर लिखी गई विधि के अनुसार इसमें भी एक लोटा जल को सात बार यह मन्त्र पढ़कर सिद्ध कर लें, फिर वह जल रोगी को दे दें। ऐसे मन्त्रसिद्ध जल को शौच-क्रिया में नित्य प्रयोग करने से बवासीर नष्ट हो जाता है।

शिरोपीड़ा निवारक मन्त्र

१. हजार घर घालै, एक घर खाय, आगे चले तो पीछे जाय, फुरो मन्त्र ईश्वरो वाचा।

रोगी को सामने बिठायें। उसका माथा पकड़कर यह मन्त्र पढें और फूँक मारें। इस प्रकार सात बार करें। यह मन्त्रप्रयोग प्रतिदिन सुबह-शाम तीन दिन तक किया जाये तो सिर-दर्द समाप्त हो जाता है।

२. लंङ्का में बैठके माथ हिलावें हनुमन्त, सों देखि राक्षसगण पराय दूरन्त, बैठीं सीता देवी अशोकवन में, देखि हनुमान को आनन्द भई मन में, गई उर विषाद देवी स्थिर दरसाय इसी में '...' के सिर व्यथा पराय '...' के नहीं कछु पीर, नहीं कछु भीर देस कामाख्या हाड़ी दासी चण्डी की दोहाई।

शिरोपीड़ा से आक्रान्त व्यक्ति को ऐसे ढङ्ग से बिठायें कि उसका मुख दक्षिण की ओर हो, फिर उसका माथा पकड़कर मन्त्र पढ़ते हुए फूँक मारें। इस प्रकार २१ बार मन्त्र पढ़कर झारने (फूँक मारने) से सिर-दर्द मिट जाता है। (.....रिक्त स्थान पर रोगी का नाम लें।)

कटिपीड़ा-निवारक मन्त्र

चलता आवै, उछलता जाये, भस्म करन्ता उह उह जाये, सिद्ध गुरु की आन, मन्त्र साँचा पिण्ड काँचा। फुरो मन्त्र ईश्वरो वाचा।

प्रयोगविधि—यह प्रयोग कुछ जटिल और समय-साध्य है। इसलिए उत्तम होगा कि मन्त्र-साधक व्यक्ति पहले से ही इसकी सामग्री की व्यवस्था कर रखे। महीने का शुक्ल पक्ष जब चल रहा हो, किसी रविवार या मङ्गलवार के दिन कुंवारी कन्या के हाथ से काते गये सूत (धागे) के १०१ तार लेकर उन्हें एक में मिला लें (रस्सीनुमा बाँट लें)। तारों को मिलाते समय मन्त्र पढ़ते रहे और मिला चुकने के बाद ११ बार मन्त्र पढ़कर धागे पर फूँक मारें। हर मन्त्र की समाप्ति पर एक फूँक देनी चाहिए। ऐसा मन्त्र-सिद्ध धागा कहीं पवित्र-स्थान में रख दें। जब कभी आवश्यकता हो तो मन्त्र पढ़ते

हुए रोगी की कमर में बाँध दें और तीन बार मन्त्र द्वारा कमर पर फूँक भी मारें। इस प्रयोग से रोगी की कटिपीड़ा दूर हो जायेगी।

कान के रोगों का मन्त्र

ॐ कनक पर्वत पहाड़ धन्धुवार धार घुस लेकर डार डार पात पात झार-झार मार हुं हुङ्कार ॐ क्लीं क्रीं स्वाहा।

रवि या मङ्गल के दिन कहीं से साँप की बाँबी की मिट्टी लाकर रख दें। जब आवश्यकता हो, उसमें से थोड़ी-सी मिट्टी लेकर उसे २१ बार यह मन्त्र पढ़कर फूंकें और बाद में थोड़ी-सी मिट्टी पानी में सानकर (लगातार मन्त्र पढ़ते हुए) रोगी के कानों पर चुपड़ दें। कष्ट दूर हो जायेगा।

शत्रु-दमन मन्त्र

ॐ नमो हनुमन्त बलवन्त माता अंजनी पुत्र हल हलन्त आओ चढ़न्त, आओ गढ़ किल्ला तोरन्त आओ लङ्का जाल बाल भस्म करि आओ, ले लाँगू लंगूर ते लपटाय सुमिरते पटका ओचन्द्री चन्द्रावली भवानी मिल गावै मङ्गलचार जीत राम लक्ष्मण हनुमान जी आओ जी तुम जाओ सात पान का बीड़ा चाबत, मस्त सिन्दूर चढ़ो आओ, मन्दोदरी के सिंहासन डुलन्ता आओ यहँ आओ हनुमान माया जाग तें नृसिंह माया आगे भैरों किलकिलाय ऊपर हनुमन्त गाजैं, दुर्जन को मार दुष्ट को मार सँहार, राजा हमारे सत्त गुरु हम सत्त गुरु के बालक मेरी भक्ति गुरु की शक्ति फुरो मन्त्र ईश्वरो वाचा।

सर्वप्रथम किसी शुभ मङ्गलवार के दिन नहा-धोकर एकान्त पवित्र स्थान में हनुमानजी का चित्र रखें और उनकी पूजा करें। तत्पश्चात् इस मन्त्र का एक माला जप करें। यह क्रम दैनिक पूजा के रूप में २१ दिनों तक चलना चाहिए। इस अवधि में साधक पूर्ण संयम, पवित्रता, ब्रह्मचर्य और निष्ठापूर्वक रहे। उसे हर तरह से स्वयं को सात्त्विक विचारों में लीन और हनुमन्त-चिन्तन में मग्न रखना चाहिए। पूजा में प्रतिदिन सात लड्डू और सात पान के बीड़े नैवेद्य रूप में अर्पित करना चाहिए। मूर्त्ति या चित्र पर सिंदूर-लेप और पूजा में धूप-दीप का प्रयोग अवश्य करना चाहिए। इस प्रकार २१ दिनों तक (और हो सके तो ४१ दिनों तक) प्रतिदिन नियम-निष्ठा के साथ १ माला (१०८ दानों का) जप करते रहें। अवधि पूरी हो जाने पर यही मन्त्र पढ़कर २१ बार आहुति देते हुए हवन करें। इस प्रकार यह मन्त्र सिद्ध हो जायेगा।

मन्त्र सिद्ध हो जाने पर यदि कभी आवश्यकता पड़े तो शत्रु के दमन हेतु इसका प्रयोग किया जा सकता है। प्रयोग का नियम इस प्रकार है--

कहीं एकान्त में भूमि पर एक मानवाकृति बनायें। उसे शत्रु का चित्र मानकर उसे

बन्धन में करने के लिए मोम की चार कीलें बनाकर चित्र के चारो ओर जमा दें। ध्यान रहे कि चित्र बनाने से लेकर अन्त तक साधक मन ही मन उक्त मन्त्र का जप करता रहे। चित्र बन जाने और उस पर मोम की कीलें लगा चुकने के पश्चात् हनुमानजी की पूजा करें और नैवेद्य में खीर अर्पित करें। इसके पश्चात् चित्र की छाती में शत्रु का नाम लिखें और मन्त्र पढ़ते हुए उसके सिर पर जूते से दो बार प्रहार करें। चित्र के चारो ओर 'बीज-मन्त्र' भी लिखना चाहिए। यह प्रयोग शत्रु को तन-मन-से शिथिल करके पंगु बना देता है। बीजमन्त्र है—

ॐ श्री हनुमते नमः।

चौर्य-सूचनादायक शाबर मन्त्र

१. उद्द मुद्द जल जलाल पकड़ चोटी पर पछाड़ भेज कुन्दाल्या व मुद्दा या कहार या कहार।

होली, दीपावली और ग्रहण जैसे शुभ अवसर पर इस मन्त्र को १००० या १०,००० जपकर १०८ बार लोबान की आहुति से हवन करें। इस क्रिया से मन्त्र सिद्ध हो जाता है।

बाद में जब कभी आवश्यकता पड़े तो चोरी वाले स्थान पर जाकर मन्त्र पढ़ते हुए उसका निरीक्षण करें। फिर रात में किसी जलाशय नदी के तट पर जाकर किसी साफ जगह पर बैठकर २१ बार मन्त्र पढें और रात में वहीं सो जायँ। स्वप्न में चोर और माल का ठिकाना मालूम हो जायेगा। यदि एक रात में पता न चले तो क्रमशः १-१ रात (कुल एक सप्ताह) यहीं क्रिया करें। स्वप्न में आभास मिल जायेगा कि चोर कौन है, कैसा है और उसने चोरी करके सामान कहाँ छिपा रखा है।

२. ॐ नाहरसिंह वीर हरे कपड़े। ॐ नाहर सिंह वीर चावल चुपड़े। सरसों के फक फक करें, शाह को छोड़े चोर को पकड़े, आदेश गुरु को।

यह साधना कुछ जटिल है, परन्तु असम्भव नहीं। करने वाले कर सकते हैं। इसका विधान यह है कि पहले किसी शुभ मुहूर्त्त में मन्त्र की भाँति इसे १००० की संख्या में जपकर सिद्ध कर लें। बाद में पुराना चौकोर सिक्का (यह अब दुर्लभप्रायः है) लायें। उसमें कहीं गड्ढा, दरार और छेद न हो। उसे दूध से धोकर लोबान के धुँए में मन्त्र पढ़ते हुए शोधित करें। यह सारी क्रिया किसी रविवार या मङ्गलवार के दिन होनी चाहिए। उसी दिन २५ तोला चावल लेकर पानी से, फिर गोमूत्र से धोयें और सुखा लें। यह चावल कहीं पवित्र स्थान में सुरक्षित रख दें।

चोरी की घटना होने पर शनिवार के दिन सबेरे घर के कहीं एकान्त-स्थान में थोड़ी जगह लीपकर उस पर सफेद नया वस्त्र बिछा देना चाहिए। उस कपड़े पर चावलों

की पोटली रख दें और लोबान-गूगल की धूनी के (धुएँ से) उन्हें शोषित करें। इस सारी क्रिया में उपर्युक्त मन्त्र निरन्तर पढ़ते रहें। इसके बाद उन लोगों को, जिन पर चोरी का सन्देह हो—एक-एक तोला चावल देकर वहीं चबाने के लिए कहें। यह मन्त्र-सिद्ध चावल चोर के मुँह से रक्तस्राव कराने लगता है।

चोरी-सूचक कटोरी मन्त्र

१. ॐ नमो नाहर सिंह वीर जब-जब तू चाले, पवन चाले, पानी चाले, काया थम वै माया परा करे वीर या नाथ की पूजा पाइ टले गोरखनाथ की आज्ञा मेरे नौ नाथ, चौरासी सिद्ध की आज्ञा।

सर्वप्रथम इसे भी होली, दीपावली या ग्रहण पर जप कर सिद्ध कर लें। और एक छटाँक चावल भी धोकर इसी मन्त्र को १०८ बार पढ़ते हुए सिद्ध कर रख लें। यदि कभी चोरी की घटना हो तो संदिग्ध व्यक्तियों को बुलाकर बिठायें, फिर कटोरी को दूध से धोकर (काँसे की छोटी कटोरी पहले दीपावली की रात्रि में बनवा लें और उसे भी १०८ बार उक्त मन्त्र पढ़कर सिद्ध कर रखें) चौरस जगह पर रखकर वहीं मन्त्र पढ़ते हुए उस पर वही मन्त्र-सिद्ध चावल छिड़कते रहें। इस प्रयोग से कटोरी अपने आप सरकने लगेगी और उस व्यक्ति के पास जागर ठहरेगी, जिसने चोरी की होगी। कटोरी हल्के डेढ़ तोला भर हो और उसका मुँह पर्याप्त चौड़ा (लगभग ४ अंगुल चौड़ा) होना चाहिए। एल्यूमिनियम की छोटी कटोरी के आकार में बनवाने से विशेष सुविधा रहती है।

कटोरी का एक और मन्त्र भी है। उसकी भी विधि लगभग यही है; परन्तु उसमें चावलों की जगह उड़द के दाने प्रयुक्त होते हैं। कटोरी का निर्माण दीपावली की रात्रि को एकान्त में हो। मन्त्र की जपसंख्या १०८ या १००८ या १००० रहे। कटोरी को १०८ बार जपकर सिद्ध कर लिया जाय और उसे लौबान गूगल की धुनी दी जाय। उड़द या चावल जो भी प्रयुक्त हों, उन्हें भी पहले मन्त्र द्वारा सिद्ध कर लिया जाय—यह विधान सभी प्रकार के कटोरी-मन्त्रों के प्रयोगों में अनिवार्य हैं।

२. ॐ सत्तरह सै पीर, चौंसठ से जोगिनी बावन से वीर, बहत्तर सै भरों, तैरह सै तन्त्र, चौदह सै मन्त्र, अठारह सै परवच, सत्तरह सै पहाड़, नौ सै नद्दी, निन्यानवे सै नाला, हनुमन्त जती गोरख वाला, काँसी की कटोरी, चार अंगुल चौड़ी कहो वीर, कहाँ सों चलाई, गिरनारी पर्वत सों चलाई, अठारा भार बानासपती चली, लोनी चमारी की वाचा फुरी, कहाँ कहाँ फुरी, चोर के जाय, चण्डाल के जाय, कहाँ कहाँ लावै, चोर के लावे, गढ़ा धन जाइ बतावे, चल चल रे हनुमन्त वीर, जहाँ हो चले, जहाँ है रहै, न चले तो गंगा जमुना उल्टी बहैं, शब्द साँचा

पिण्ड काँचा, मेरी भक्ति, गुरु की शक्ति फुरो मन्त्र ईश्वरो वाचा, सत्य नाम आदेश गुरु का।

चोरी सूचक मन्त्र

१. ॐ इन्द्रियाग्नि बन्ध बन्ध ॐ स्वाहा।

सर्वप्रथम इस मन्त्र को होली, दीपावली या ग्रहण जैसे पर्व के दिन १००० मन्त्र जपकर सिद्ध करें। १०८ बार लोबान की आहुति भी दें।

बाद में चोरी की घटना होने पर किसी रविवार या शनिवार के दिन संदिग्ध लोगों के नाम भोजपत्र के टुकड़ों पर लाल चन्दन से लिखें। उन टुकड़ों पर मन्त्र पढ़कर फूँक मारें। कुल १०८ बार फूँक मारना चाहिए। तदुपरान्त सामने रखी आग में एक-एक टुकड़ा डालते जाएँ, साथ ही उनमें लिखे नाम को भी पढ़ते जाएँ।

इस प्रयोग की मान्यता है कि निर्दोष व्यक्तियों के नाम वाले टुकड़े जल जायेंगे; परन्तु जिस व्यक्ति ने चोरी की है या उसमें सम्मिलित रहा है, उसके नाम वाला टुकड़ा नहीं जलेगा। इस प्रकार चोरी का रहस्य खुल जायेगा।

२. ॐ नमो इन्द्र अग्निमुख बन्धु उसारा अग्निमुख बन्धु स्वाहा।

किसी शुभ रविवार से,उत्तम होगा—रवि-पुष्ययोग के दिन से इस मन्त्र को नित्य स्नानोपरान्त शुद्ध स्थान-एकान्त में बैठकर २ माला (१०८ दाने की जपें। यह नियम २१ दिनों तक बराबर निभायें अर्थात् २१ दिनों में ४२ माला यह मन्त्र जप लें। मन्त्र जपने के पूर्व अपने इष्टदेवता की दैनिक-पूजा अवश्य कर लें। गूगल के धुएं से वातावरण शुद्ध और तान्त्रिक प्रभाव के अनुकूल हो जाता है। दैनिक-पूजा, गूगल से हवन और मीठी वस्तु (मिश्री, बताशा) का नैवेद्य (भोग-प्रसाद) चढ़ाने के बाद मन्त्र का जप आरम्भ करें, वैसे यदि २ माला की जगह ५-७ माला जपें तो और अधिक शक्ति प्राप्त होती है।

२१ दिन का जप पूरा हो चुकने पर कागज या भोजपत्र के २१ टुकड़े तैयार करें और उन्हें सामने रखकर जल छिड़कें, धूप दें, फिर १ माला मन्त्र जपें और सहेज कर कहीं सुरक्षित किसी धर्मग्रन्थ के बीच रख दें। बाद में जब भी चोरी का प्रसङ्ग आये, संदिग्ध व्यक्तियों के नाम (१ टुकड़े पर १ नाम) लिखें। सामने आग जलायें और प्रत्येक टुकड़े को २१ बार मन्त्र पढ़कर आग में डालें। सामान्य लोगों के नाम वाले पर्चे जल जायेंगे। नाम पढ़कर ही पर्चा आग में डालें। जिस व्यक्ति पर चोरी का आरोप वास्तविक रूप में होगा, उसके नाम का पर्चा नहीं जलेगा।।

चोरी-सूचक अन्य मन्त्र

ओम् ह्रीं चक्रेश्वरी चक्रधारिणी चक्र वेगि कोटि भ्रामी भ्रामी चौर ग्रहाणी स्वाहा।

पहले शुभ मुहूर्त्त (होली-दीपावली या ग्रहण) के दिन शुद्ध होकर यह मन्त्र १००० जपें। फिर २१ बार लोबान की आहुति दें। इस क्रिया से मन्त्र सिद्ध हो जाता है। बाद में जब कभी चोर पकड़ने का प्रसङ्ग उठे, तब थोड़े चावल लेकर धो लें। उन्हें सुखाकर यह मन्त्र पढ़ते हुए २१ बार फूँकें, फिर जिन लोगों के प्रति सन्देह हो कि चोरी में इनका हाथ हो सकता है, उन्हें बिठाकर मन्त्र पढ़ते हुए थोड़े-थोड़े चावल दें। चावल चबाने पर वास्तविक अपराधी (चोर) के मुख से खून टपकने लगेगा।

अन्य मन्त्र

ओम् नमो किष्किन्धा पर्वत पर कदली वन कौ फल दँढ ताल कुंज देवी नून प्रसाद अगल पावली यारी साध बूँटी चोर तेरे कुंजन का देवी तनी आज्ञा फुरो।

पूर्व मन्त्रों की भाँति होली-दीपावली पर १००० जप कर इसे सिद्ध करें। इक्कीस बार गूगल या लोबान की धूनी भी दें।

आवश्यकता पड़ने पर संदिग्ध लोगों के नाम मन्त्र पढ़ते हुए कागज के टुकड़ों पर लाल चन्दन से लिखें। फिर आटे की छोटी-छोटी गोलियों में (एक गोली में एक नाम) भर दें। सामने मिट्टी का कोरा (नया) घड़ा जल से भर कर रखें। फिर एक-एक गोली उठायें और फिर उस पर २१ बार मन्त्र पढ़कर फूँक मारने के बाद उसे घड़े में डाल दें। जो गोली पानी में डूबे नहीं (तैरती रहे), उसे निकाल कर खोलें। जिस व्यक्ति का नाम उसमें निकले वही चोर होगा।

अन्य कटोरी मन्त्र

ओम् चक्रेश्वरी चक्र वेगिनी चक्र वेगेन शं स्वं भ्रमय भ्रमय स्वाहा।

पहले शुभ मुहूर्त्त में इसे १००० की संख्या में जपकर गूगल की २१ आहुतियों से सिद्ध कर लें। तदुपरान्त धुले हुए चावल भी १०८ बार मन्त्र जपकर सिद्ध कर लें।

आवश्यकता पड़ने पर पूर्ववर्णित मन्त्रसिद्ध कटोरी को निकाल कर दूध से स्नान करायें, फिर चौरस जगह पर नया वस्त्र बिछाकर उस पर रख दें। मन्त्र पढ़कर गूगल की धूनी दें, तदुपरान्त मन्त्र पढ़ते हुए ही उपर्युक्त चावल (जो पहले से मन्त्र-सिद्ध किये रखे हैं) दो-दो दाने लेकर कटोरी पर मारें। थोड़ी देर में कटोरी चलायमान होकर चोरी गये माल की ओर सरकने लगेगी। यदि वहाँ कुछ लोग बैठे हैं और चोर भी उन्हीं में हैं, तो कटोरी चोर के पास जाकर या उसके शरीर से चिपक कर ठहर जायेगी।

रोजी-रोजगार-दायक मन्त्र

१. या गफूरो।

दिन भर पवित्रता से रहें। रात के पहले पहर में नहाकर साफ कपड़े पहिनकर एकान्त शुद्ध स्थान में बैठें और धूपबत्ती में लोबान मिलाकर सुलगा लें। फिर आसन पर बैठकर ईश्वर का ध्यान करते हुए उपर्युक्त मन्त्र एक बार पढ़ें। उसके बाद २१ बार नीचे लिखा मन्त्र पढ़े—

अल्लहुमसल्ल अलामुहम्मदिन अला अल मुहम्मदिन वबारिक वसल्लिम।

इस मन्त्र का २१ बार जप पूरा हो जाने पर प्रथम मन्त्र 'या गफूरो' का जप १००० बार करें, फिर २१ बार दूसरा मन्त्र पढ़ें। यही क्रिया नित्य रात में २१ दिनों तक करते रहें—एक बार प्रथम मन्त्र, फिर २१ बार दूसरा मन्त्र, फिर १००० बार प्रथम मन्त्र, फिर २१ बार दूसरा मन्त्र। यह एक दिन की साधना है। ऐसा २१ दिनों तक करें। रोजी के प्रयास में सफलता मिलेगी।

इसी विषय पर एक और मन्त्र इस प्रकार है—

२. या इशरा फील बहक्क या अल्लाहो।

उड़द का साफ आटा २५ तोले (५ छटांक) लायें, उसे भिगो दें, फिर गूँदकर एक रोटी बनायें। उसे बीच से मोड़कर (दो तह में करके) सफेद कपड़े में बाँध लें। फिर उसमें से नोंच-नोंचकर थोड़ा-थोड़ा आटा निकालें और झारबेरी के बराबर की गोलियाँ बना लें। गोलियों की संख्या १०१ होनी चाहिए। गोलियों को किसी नदीं के पानी में (बहते पानी में) प्रवाहित कर दें। ध्यान रहे कि आटा गूँदने से लेकर गोली प्रवाहित करने तक सारी क्रिया में मन्त्रजप होता रहना चाहिए। साथ ही यह भी उल्लेखनीय है कि प्रत्येक गोली को १०१ बार मन्त्र पढ़कर ही जल में प्रवाहित करें। इस क्रिया में कुछ अधिक समय लगता है, परन्तु प्रभाव भी अवश्य होता है। ४० दिनों तक यह साधना की जाय तो साधक के लिए कहीं न कहीं आजीविका (रोटी-रोटी) की व्यवस्था हो जाती है।

३. काली कङ्काली महाकाली मरे सुन्दर जिये काली चार वीर भैरूँ चौरासी तब तो पूजूँ पान मिठाई अब बोलो काली की दुहाई।

यह मन्त्र साधना की दृष्टि से अपेक्षाकृत सरल है और यदि कोई व्यक्ति पूर्ण संयम, पूर्ण आस्था के साथ इसका जप करे तो अवश्य ही लाभ उठा सकता है। प्रतिदिन सबेरे नित्य-क्रम से निवृत्त हो स्नान करें, फिर साफ-शुद्ध वस्त्र पहनकर आसन पर बैठे। मुँह पूर्व दिशा की ओर रहे और इस मन्त्र को अपने इष्टदेव का स्मरण करते हुए ४९ बार पढ़ें। यह क्रिया प्रतिदिन करते रहें। इसका जप हमेशा ७ × ७ = ४९ बार करना चाहिए। इसी प्रकार जप के दिनों की संख्या—७, १४, २१, २८, ३५, ४२ या ४९ दिन की होनी चाहिए। यह मन्त्र भी अद्‌भुत प्रभावशाली माना गया है।

अभिचार हटाने का मन्त्र

उलट वेद पलटन्त काया उतर आव बच्चा गुरु ने बुलाया वेग सत्त नाम, आदेस गुरु का।

अगर यह पता लग जाय कि किस चौराहे या रास्ते पर किये गये प्रयोग के प्रभाव से कोई व्यक्ति पीड़ित है तो उस पर अथवा आस-पास के किसी प्रमुख चौराहे पर रात्रि के समय शराब की बोतल साथ लेकर जायें। उपर्युक्त मन्त्र पढ़ते हुए वहाँ शराब की धारा छोड़े, शराब छिड़कें, फिर लौट आयें।

बाद में जब कभी किसी व्यक्ति पर से अभिचार का दुष्प्रभाव उतारना हो तो पुनः उसी चौराहे पर जायें और वहाँ से मिट्टी के सात छोटे टुकड़े (कङ्कड़ी) उठा लें। फिर २१ बार मन्त्र पढ़ते हुए उन कङ्कड़ियों पर फूँक मारें फिर एक-एक कङ्कड़ी मन्त्र पढ़ते हुए, एक-एक दिशा में फेंक दें। बाकी तीन कङ्कड़ी अपने साथ लेते आयें। इसके बाद रोगी को सामने बुलायें और सात बार मन्त्र पढ़कर एक कङ्कड़ी उसके शरीर पर मारें। इस प्रकार तीन कङ्कड़ियों को ७-७ बार मन्त्र-सिद्ध करके उस पर चलावें।

इस क्रिया से रोगी हर तरह के अभिचार-प्रभाव से मुक्त हो जायेगा। जादू-टोना, तन्त्र-मन्त्र, वीर सब इस प्रयोग से शान्त हो जाते हैं। जमीन पर यहीं मन्त्र सात बात पढ़कर हाथ से एक रेखा (गोल घेरा) खींच लें। वह स्थान समस्त प्रकार के भयजनित दुष्प्रभावों से मुक्त रहेगा।

प्रवास, यात्रा, अपरिचित स्थान में अथवा कहीं भी यदि रास्ते में सोना पड़े तो उक्त मन्त्र को ७ बार पढ़कर वहाँ भूमि पर रेखा कर लें। सुरक्षा के लिए वह रेखा लक्ष्मण-रेखा-जैसी शक्तिशाली हो जायेगी।

शारीरिक सुरक्षा का मन्त्र

छोटी मोटी पमन्त, बार को बार बाँधें पार को पार बाँधें, मरा घमा हाँण बाँधें जादू वीर बाँधें टोना टम्बर बाँधें, भेड़िया और वाघ बाँधें लाइल्लाह का कोट इल्लिाह की खाई मुहम्मद रसूलिल्लाह की चौकी हजरत अली की दुहाई।

पहले इस मन्त्र को किसी शुक्रवार के दिन नहा-धोकर लोबान की धूनी देकर एकान्त शुद्ध स्थान में बैठकर १०८ बार पढ़ लें। यह समय रात्रि का होना चाहिए, बाद में जब भी कहीं रात में सोना पड़े, वहाँ बैठकर मन्त्र पढ़ते हुए अपने दोनों घुटनों को ठोकें, फिर जमीन पर एक गोल घेरा बना दें। उसमें सोने से पूरी सुरक्षा रहेगी।

सर्वकार्यसिद्धि मन्त्र

ॐ ह्रीं महाकाल भैरवाय नमः।। ॐ ह्रीं महाविक्रालभैरवाय नमः।

इस मन्त्र का अनुष्ठान ग्रहण-काल में श्री भैरव-विषयक सभी नियमों का पालन करते हुए ११ माला जप व दशांश हवन, भोगादि देने से सिद्ध होगा। फिर प्रयोग के लिए किसी भी शनिवार की रात्रि को सवा मुट्ठी चावल, हल्दी व मीठा डालकर बनायें। प्रातः रविवार को इन मीठे चावलों को एक सौ बार अभिमन्त्रित करके छत पर या आँगन में रख दें, कुछ समय पश्चात् दो कौवे जब वह मीठा चावल खाने के समय आपस में लड़ेंगे तो उनमें से किसी का पंख गिरेगा। जब पंख गिरे तो उस समय आप उस पंख को उठाकर सुरक्षित रख लें और यात्रादि व किसी भी कठिन कार्यों के लिए अपने साथ में ले जायँ तो कार्य सिद्ध होगा। यदि पहले रविवार को इस तरह करने से पंख प्राप्त न हो तो पुनः विश्वासपूर्वक किसी अन्य रविवार को प्रयोग कर पंख प्राप्त कर लें।

सम्मानप्रद भैरवप्रयोग मन्त्र

ॐ काला भैरुँ कपिला केश कानो कुण्डल भगवा वेष। तिर पतर लियो हाथ, चौंसठ जोगनियाँ खेले पास, आस माई। पास माई, पास माई। सीस माई सामने-सामने गादी बैठे राजा, पीड़ो बैठे प्रजा मोहि, राजा को बनाऊँ कूकड़ा। प्रजा को बनाऊँ गुलाम शब्द साँचा, पिण्ड काँचा, राजगुरु का वचन जुग-जुग साँचा।

इस मन्त्र की साधना ११ दिन की है, श्री भैरव-विषयक सभी नियमों का पालन करते हुए भैरव जी की मूर्ति या चित्र के समक्ष गुग्गुल की धूप देकर भेंट रखकर प्रतिदिन २ माला का जप करें। ११वें दिन दशांश हवन, भोग में मद्य, मांस, लड्डू, दहीबड़े, नारियल, बाकला सवा पाव, रोट सवा पाव, लाल कनेर के फूल अर्पित करें तो यह मन्त्र सिद्ध होगा। इसकी सिद्धि से साधक को प्रत्येक स्थान पर मान-सम्मान की प्राप्ति होती है। किसी भी स्थान पर जायँ तो इसे जप कर जायें तथा सभा आदि में जप कर फूँक मार दें तो सभी जन साधक को इज्जत-सम्मान देते हैं।

भैरवसिद्धि मन्त्र

ॐ गुरु जी ! कालभैरूँ कपला केश, कानों मुन्दरा भगवा भेष, मार-मार काली-पुत्र, बारह कोस की मार, भूतां हाथ कलेजी। खूँहाँ गेडिया, जहाँ जाऊँ। भैरुँ साथ, बारह कोस की ऋद्धि ल्यावो, चौबीस कोस की सिद्धि ल्यावो, सूत्यो होय तो जगाय ल्यावो, बैठ्या होय, तो उठाव ल्यावो। अनन्त केसर को भारी ल्यावो। गौराँ पार्वती की बिछिया ल्यावो। गेले की रस्तान मोय, कुवें की पानिह्यारी मोय, हटा बैठ्या बणियाँ मोय, घर बैठी बणियानी मोय, राजा की रजवाड़ मोय, महलाँ बैठी राणी मोय, डाकिनी को, साकिनी को, भूतणी को, पलीतणी को। ओपरी को, पराई

को लाग कूँ। लपट कूँ, धूम कूँ, धमका कूँ। अलीया को, पलीया को, चौड़ को, चौगट को काचा को, कंलवा को, भूत को, पलींत को। जिन को, राक्षस को, बैरियाँ से बरी कर दे, नजराँ जड़ दे ताला।। इत्तां भैरव नहीं करे, तो पिता महादेव की जटा तोड़-तागड़ी करे, माता पार्वती का चीर फाड़ लँगोट करे चल-डाकिनी शकिनी चौडूँ मैला बाकरा। देस्यू मद की धार, भरी सभा में, द्यूँ आने में कहाँ लगाई थी बार, खप्पर में खाय, मुसाण में लोटे, ऐसे कुण काला भैरुँ की पूजा मेटे, राजा मेटे राज से जाय, प्रजा मेटे दूध-पूत से जाय, जोगी मेटे ध्यान से जाय, शब्द साचा, ब्रह्मवाचा। चलो मन्त्र, ईश्वरो वाचा।।

इस मन्त्र की साधना ४१ दिन की है, श्री भैरव-विषयक सभी नियमों का पालन करते हुए शनिवार को रात से साधना प्रारम्भ करें। भैरव मंदिर या त्रिकोण पत्थर को भैरव मानकर स्थापित करके उसके ऊपर तेल, सिन्दूर, पान चढ़ायें और नारियल रखें। प्रतिदिन साधना के समय सरसों के तेल का दीपक अखण्ड जलायें, छाड़-छड़ीला, कपूर-केशर लौंग की धूप दें, निश्चित समय पर मन्त्र की १ माला जप करें, अंतिम दिन दशांश हवन करें, भैरव जी जब दर्शन दें तब डरें नहीं, उनका स्वागत फूलों की माला पहना कर करें और लड्डू, बाटी-बाकला, पान-सुपारी, बकरे की कलेजी, शराब की बोतल समझ रख दें। इससे भैरव जी सिद्ध हो जाएंगे और साधक की सम्पूर्ण मनोकामनाएँ पूरी करेंगे। अगर दर्शन न हो तो मूर्ति के समक्ष सभी वस्तुएं अर्पण कर देवें और साधना के दिनों में काले कुत्ते को भैरवप्रिय वस्तुओं को खिलाने से भैरव जी शीघ्र प्रसन्न होते हैं।

अन्य भैरव मन्त्र

ॐ आद भैरव, जुगाद भैरव। भैरव है सब थाईं भैरों ब्रह्मा। भैरों विष्ण, भैरों ही भोला साईं। भैरों देवी, भैरों सब देवता। भैरों सिद्धि भैरों नाथ भैरों गुरु। भैरों पीर, भैरों ज्ञान, भैरों ध्यान, भैरों योग-वैराग, भैरों बिन होय, ना रक्षा, भैरों बिन बजे ना नाद। काल भैरव, विकराल भैरव। घोर भैरों, अघोर भैरों, भैरों की महिमा अपरम्पार। श्वेत वस्त्र, श्वेत जटाधारी। हत्थ में मुगदर श्वान की सवारी। सार की जंजीर, लोहे का कड़ा। जहाँ सिमरुँ, भैरों बाबा हाजिर खड़ा। चले मन्त्र, फुरे वाचा देखाँ, आद भैरो! तेरे इल्मी चोट का तमाशा।

इस मन्त्र की साधना ४१ दिन की है, भैरव-विषयक सभी नियमों का पालन करते हुए प्रतिदिन भैरव-मंदिर में १ माला का जप, हवन, दहीबड़े, मद्य, मांस का भोग देकर सिद्ध करें, फिर इस मन्त्र के प्रयोग से भैरव बाबा साधक की सम्पूर्ण इच्छाओं

को पूर्ण करते हैं। नित्य जप के समय सरसों के तेल का दीपक अखण्ड जलाना चाहिए।

अन्य भैरव मन्त्र

ॐ गुरु, ॐ गुरु, ॐ गुरु, ॐकार। ॐ गुरु भू मसान, ॐ गुरु सत्य गुरु, सत्य नाम काल-भैरव। कामरू जटा चार पहर खेले चौंपटा, बैठे नगर में, सुमरो तोय। दृष्टि बाँध दे, सब को मोय, हनुमान बसे हथेली, भैरव बसे कपाल। नरसिंह जी की मोहिनी, मोहे सकल संसार, भूत मोहूँ, प्रेत मोहूँ, जिन्न मोहूँ, मसान मोहूँ, घर का मोहूँ। बाहर का मोहूँ, ब्रह्म-राक्षस मोहूँ। कोढा मोहूँ, अघोरी मोहूँ, दूती मोहूँ। दुमनी मोहूँ, नगर मोहूँ, घेरा मोहूँ। जादू-टोना मोहूँ, डंकिनी-शंकिनी मोहूँ। रात का बटोही मोहूँ, बाट का बटोही मोहूँ, पनघट की पनिहारी मोहूँ, इन्द्र का इन्द्रासन मोहूँ, गद्दी बैठा राजा मोहूँ, गद्दी बैठ बणिया मोहूँ, आसन बैठा योगी मोहूँ, और को देखे जले-भुने, मोय-देख पायन परे, जो कोई काटे मेरा वाचा, अन्धा कर लूला कर, सिडीबोरा कर, अग्नि में जलाये, धरी को बताय दे, गढ़ी को बताय दे, हाथ को बताय दे, गाँव को बताय दे, खोंए को मिलाय दे, वाचा छोड़ कुवाचा चले, तो माता का चोखा दूध हराम करे। हनुमत की आण, गुरुन को प्रणाम। ब्रह्मा विष्णु साख भरे, उनको भी सलाम लोना चमारी की आण माता गौरा-पार्वती महादेव जी की आण, गुरु गोरख की आण, सीता रामचन्द्र की आण, मेरी भक्ति, गुरु की शक्ति। गुरु के वचन से चले। तो मन्त्र ईश्वरो वाचा।।

इस मन्त्र का अनुष्ठान ४१ दिन का है, साधक श्री भैरव-विषयक सभी नियमों का पालन करते हुए किसी भी शनिवार या रविवार से जप आरम्भ करें, भैरवमंदिर या किसी एकान्त स्थान में एक तीन कोने वाला पत्थर लेकर उसे भैरव मान कर स्थापित करे और सरसों के तेल में काला रंग मिला कर लेप करे। पान, नारियल का भेंट चढ़ाकर प्रतिदिन एक माला इस मन्त्र की जपे। जप के समय नित्य-अखण्ड दीपक सरसों के तेल का जलाये, जपांत में छाड़-छड़ीला, कपूर-केशर और लौंग की आहुति नित्य दे, भोग में मांस, मदिरा, लड्डू, दहीबड़े दे। जब भैरव देव दर्शन दें तो डरे नहीं; भक्ति-पूर्वक प्रणाम करके उन्हें भोग की सामग्री अर्पित करे और उनसे प्रार्थना कर मनवांछित वर प्राप्त करे।

अन्य भैरव मन्त्र

ॐ काली-कंकाली महाकाली के पुत्र कंकाल भैरव हुकुम हाजिर रहे। मेरा भेजा रक्षा करे आन बाँधूँ, बान बाँधूँ फूल में भेजूँ फूल में जायँ कोठे

जी पड़े थर-थर कांपे हल-हल-हले। गिरि-गिरि-परे। उठि-उठि-भगे। बक-बक-बके। मेरा भेजा सवा घड़ी। पहर-सवा, दिन-सवा। मास-सवा, सवा-बरस को बावला न करे। तो माता काली की शय्या पे पग धरे, वाचा चूके तो उमा सूखै, वाचा छोड़ कुवाचा करै। धोबी की नाँद चमार के कूँडे में पड़ै। मेरा भेजा बावला न करे तो रुद्र के नेत्र से आग की ज्वाला कढ़ै। सिर की जटा टूट भूमि में गिरे। माता पार्वती के चीर पे चोट पड़े। बिना हुकुम नहीं मारना हे काली के पुत्र कंकाल भैरव फुरे मन्त्र, ईश्वरो वाचा सत्य-नाम आदेश गुरु जी का।

इस मन्त्र की सिद्धि भी पूर्ववर्णित मन्त्र के विधि-विधानानुसार कर सिद्ध करें। इसके भी जप से श्री भैरव जी प्रकट होकर दर्शन देकर साधक की मनोकामनाएँ पूरी करते हैं।

खप्परसिद्धि मन्त्र

सत नमो आदेश, गुरु जी को आदेश ॐ गुरु जी, खप्पर धर्ती, खप्पर आकाश खप्पर तीन लोक में करे निवास पहिला खप्पर ॐकार का, दूसरा खप्पर सिद्धों का, तीसरा खप्पर धर्ती सारी, चौथा खप्पर की ज्योति प्रकाश, कौन खप्पर आटे-घाटे कौन खप्पर ब्रह्मा बाटे, कौन खप्पर खाय खीर कौन खप्पर उद्धारे शरीर चान्दी खप्पर आटे-घाटे, सोना खप्पर ब्रह्मा बाटे, जहरी खप्पर खाय खीर, मिट्टी खप्पर उद्धारे शरीर खप्पर में खाय मसान में लेटे काल भैरव की पूजा कौन मेटे। राजा मेटे 'राज' पाट से जाय योगी मेटे योग ध्यान से जाय प्रजा मेटे दूध-पूत से जाय काल भैरव कपले केश, गुरु का बालका करता फिरे अलेष-अलेष, काला, पीला, तोतला तीनों रहे पाताल, मस्तक बिन्दी सिन्दूर की, हनुमान भैरव योद्धा करें रक्षपाल, नाथ जी गुरु जी को आदेश। आदेश।

भैरवदण्डा मन्त्र

सत नमो आदेश गुरु जी को आदेश ॐगुरौ, ॐआद का धर्म अपार ब्रह्म जोगी भैरव नमो नमस्ते। दण्ड हा खप्पर काल भैरव गले माला रुण्ड-मुण्ड निर्भय जोगी जंगल फिरे श्मशान फिरे, फिरे सारे ब्रह्माण्ड। अनहद नाद घूघर बोल, गुरु शब्द गुरु ज्ञान, भरे संसार झरे संसार, फिरे जोगी अनभय काल। दण्ड-दण्ड-महादण्ड। प्रथम दण्ड काल भैरव हाथ भर खप्पर तेल सिन्दूर रक्षपाल दूसरा दण्ड अकाल भैरव हाथ भर खप्पर तेल सिन्दूर रक्षपाल तीसरा दण्ड लाल भैरव हाथ, भर खप्पर तेल सिन्दूर रक्षपाल चौथा दण्ड जल भैरव हाथ भर खप्पर तेल सिन्दूर रक्षपाल

पाँचवां दण्ड थल भैरव हाथ भर खप्पर तेल सिन्दूर रक्षपाल षष्ठ में दण्ड बाल-भैरव हाथ भर खप्पर तेल सिन्दूर रक्षपाल सातवाँ दण्ड आकाश भैरव हाथ भर खप्पर तेल सिन्दूर रक्षपाल आठवाँ दण्ड क्षेत्रपाल भैरव हाथ भर खप्पर तेल सिन्दूर रक्षपाल येता अष्ट-भैरव सदा रहो कृपाल दण्ड हमारा पिण्ड का प्राण वज्र हो काया कर रक्षा काली का पूत, आवे दण्ड जावे दण्ड सो काल भागे बारा कोस काल दण्ड शिर कंटक का फोड़ हम को रख, दुष्ट को भख एता भैरव दण्ड मन्त्र सम्पूर्ण भया श्रीनाथ जी गुरु जी को आदेश-आदेश।

इस मन्त्र की विधि किसी योग्य गुरु से प्राप्त करे।

भैरवज्योति जागरण मन्त्र

सत नमो आदेश गुरु जी आदेश ॐ गुरु जी, ॐ सुयत की ज्योत, पवन की बाती पी पी पीवे तेल जागे दिन-राती बैठी धर्ती खटा आकाश जोगन बैठी कंनजली के पास, पाँच महेश्वर आज्ञा करे तो भैरव ज्योत का भया प्रकाश श्रीनाथ जी गुरु जी को आदेश। आदेश।

श्री भैरव जी की ज्योति जगाते समय इस मन्त्र का जप करे।

सर्वार्थसाधक मन्त्र

ॐ अस्य श्री बटुक-भैरव-स्तोत्रस्य सप्त-ऋषिः ऋषय, मातृका-छन्दः श्री बटुक-भैरवो देवता ममेप्सितसिद्धयर्थं जपे विनियोगः।

ॐकाल-भैरों, बटुक-भैरों भूत-भैरों। महा-भैरव महा-भय विनाशनं देवता सर्व-सिद्धिर्भवेत्। शोक-दुःखक्षय-करं निरंजनं, निराकारं नारायणं, भक्ति-पूर्णं त्वं महेशं। सर्व-काम-सिद्धिर्भवेत्। काल-भैरव, भूषण-वाहनं काल-हन्तारूपं च, भैरव गुनी! महात्मनः-योगिनां महादेवस्वरूपं। सर्वं सिद्धयेत्। ॐकाल-भैरों, बटुक-भैरों भूत-भैरों! महा-भैरव महा-भय-विनाशनं देवता। सर्वसिद्धिर्भवेत्।।

ॐ त्वं ज्ञानं, त्वं ध्यानं, त्वं योगं, त्वं तत्त्वं, त्वं बीजं, महात्मानं त्वं शक्तिः, शक्ति-धारणं त्वं महादेव-स्वरूपं। सर्वसिद्धिर्भवेत्। ॐ काल-भैरो, बटुक-भैरो, भूत-भैरो। महा-भैरव महा-भयविनाशनं देवता। सर्वसिद्धिर्भवेत्।।

ॐ काल-भैरव! त्वं नागेश्वरं, नाग-हारं च त्वं, वन्दे परमेश्वरं। ब्रह्म-ज्ञानं, ब्रह्म-ध्यानं। ब्रह्म-योगं ब्रह्म-तत्वं, ब्रह्म-बीजं महात्मनः। ॐ काल-भैरव, बटुक-भैरव, भूत-भैरव! महा-भैरव, महा-भूतविनाशनं देवता। सर्वसिद्धि-र्भवेत्।।

त्रिशूल-चक्र-गदा-पाणिं शूल-पाणि पिनाक-धृक्। ॐ काल-भैरो, बटुक-भैरो भूत-भैरो ! महा-भैरव। महाभयविनाशनं देवता। सर्वसिद्धिर्भवेत्।।

ॐ काल-भैरव ! त्वं विना गन्धं विना धूपं, विना दीपं, सर्व-शत्रुविनाशनं। सर्वसिद्धिर्भवेत्।।

विभूति-भूति-नाशाय, दुष्ट-क्षय-कारकं महा-भैरवे नमः। सर्व-दुष्ट-विनाशनं सेवकं सर्वसिद्धिं कुरु। ॐकाल-भैरो बटुक-भैरो, भूत-भरो ! महा-भैरव महाभयविनाशनं देवता। सर्वसिद्धिर्भवेत्।।

ॐ काल-भैरव ! त्वं महा-ज्ञानी, महा-ध्यानी महा-योगी, महा-बली, तपेश्वर ! देहि मे सिद्धिं सर्वं। त्वं भैरवं भीम-नादं च नादनम्। ॐ काल-भैरो, बटुक-भैरो, भूत-भैरो ! महा-भैरव महा-भयविनाशनं देवता। सर्वसिद्धि-र्भवेत्।।

ॐ आं ह्रीं ह्रीं ह्रीं। अमुकं मारय-मारय उच्चाटय-उच्चाटय, मोहय-मोहय वशं कुरु-गुरु। सर्वार्थकस्य सिद्धिरूपं त्वं महा-काल ! कालभक्षणं महादेव स्वरूपं त्वं। सर्वं सिद्धयेत् ! ॐ काल-भैरो, बटुक-भैरो भूत-भैरो ! महा-भैरव, महा-भयविनाशनं देवता। सर्वसिद्धिर्भवेत्।। ॐ काल-भैरव ! त्वं गोविन्द, गोकुला नन्द। गोपालं, गोवर्धनं धारणं त्वं। वन्दे परमेश्वरं। नारायणं नमस्कृत्य, त्वं धाम-शिव-रूपं च। साधकं सर्वं सिद्धयेत्। ॐ काल-भैरो, बटुक-भैरो, भूतभैरो ! महा-भैरव महा-भयविनाशनं देवता। सर्वसिद्धिर्भवेत्।।

ॐ कालभैरव ! त्वं राम-लक्ष्मणं, त्वं श्रीपतिसुन्दरं, त्वं गरुड़वाहनं, त्वं शत्रु-हन्ता च। त्वं यमस्य रूपम्। सर्वकार्यसिद्धिं कुरु। ॐ कालभैरव, बटुक-भैरो, भूतभैरव ! महा-भैरव, महाभयविनाशनं देवता। सर्वसिद्धिर्भवेत्।

ॐ कालभैरव ! त्वं ब्रह्म-विष्णु-महेश्वरं त्वं जगत् कारणं, सृष्टि-स्थिति-संहार-कारकं रक्त-बीजं, महा-सैन्यं, महा-विद्या, महा-भयविनाशनम्। ॐ कालभैरो, बटुकभैरो, भूतभैरो ! महा-भैरव महा-भयविनाशनं देवता। सर्वसिद्धिर्भवेत्।। ॐ कालभैरव। त्वं आहार मद्य, मांसं च, सर्व-दुष्ट-विनाशनं, साधकं सर्वसिद्धिप्रदा।। ॐ आं ह्रीं ह्रीं ह्रीं अघोर-अघोर महा-अघोर सर्व-अघोर भैरव काल! ॐ कालभैरो, बटुक-भैरो, भूत-भैरो ! महा-भैरव महा-भयविनाशनं देवता। सर्वसिद्धिर्भवेत्।।

ॐ आं ह्रीं ह्रीं ह्रीं ॐ आं क्लीं क्लीं क्लीं। ॐ आं क्रीं क्रीं क्रीं। ॐ ह्रीं ह्रीं ह्रीं, रुं रुं रुं। क्रूं क्रूं क्रूं। मोहन ! सर्वसिद्धिं कुरु-कुरु। ॐ आं ह्रीं ह्रीं ह्रीं। अमुकं उच्चाटय-उच्चाटय। मारय-मारय। प्रूं प्रूं, प्रें प्रें, खं खं,

दुष्टान् हन-हन। अमुकं फट् स्वाहा। ॐ काल-भैरो। बटुक-भैरो, भूत-भैरो! महा-भैरव महाभय-विनाशनं देवता। सर्वसिद्धिर्भवेत्।।

ॐ बटुक-बटुक योगं च बटुक नाथ महेश्वरः। बटुकं वट-वृक्षे बटुकं प्रत्यक्षं सिद्ध्येत्। ॐ काल-भैरो, बटुक-भैरो भूत-भैरो! महा-भैरव महाभय-विनाशनं देवता। सर्वसिद्धिर्भवेत्।

ॐ काल-भैरव, श्मशान-भैरव, काल-रूप काल-भैरव! मेरो वैरी तेरो आहार रे। काढ़ि करेजा चखन करो कट-कट। ॐ काल-भैरो, बटुक-भैरो, भूत-भैरो। महा-भैरव महाभय-विनाशनं देवता। सर्वसिद्धिर्भवेत्।।

ॐ नमों हंकारीं वीर ज्वाला-मुखी! तूं दुष्टन बध करो। बिना अपराध जो मोहिं सतावे, तेकर करेजा छिदि परै मुख-वाट लोहू आवे। को जाने? चन्द्र, सूर्य जाने की आदि-पुरुष जाने, कामरूप कामाक्षा देवी। त्रि-वाच्या सत्य फुरो मन्त्र, ईश्वरो वाचा ॐ काल-भैरो, बटुक-भैरो भूत-भैरो। महा-भैरव, महा-भयविनाशनं देवता। सर्वसिद्धिर्भवेत्।।

ॐ काल-भैरव! त्वं डाकिनी शाकिनी, भूत-पिशाचश्च। सर्व-दुष्ट-निवारणं कुरु-कुरु, साधकानां रक्ष-रक्ष। देहि मे हृदये सर्वसिद्धिम्। त्व भैरव-भैरवीभ्यो, त्वं महा-भय-विनाशनं कुरु। ॐ काल-भैरव, बटुक-भैरो, भूत-भैरो! महा-भैरव महाभय-विनाशनं देवता। सर्वसिद्धिर्भवेत्।

ॐ आं ह्रीं। पच्छिम दिशा में सोने का मठ, सोने का किवाड़, सोने का ताला, सोने की कुंजी, सोने का घण्टा, सोने की साँकुली। पहली साँकुली अठारह कुल-नाग के बाँधों। दूसरी साँकुली अठारह कुल-जाति के बाँधों। तीसरी साँकुली वैरि-दुष्टन के बाँधों। चौथी साँकुली डाकिनी-शाकिनी के बाँधों। पाँचवीं साँकुली भूत-प्रेत के बाँधों। जरती अगिन बाँधों, जरता मसान बाँधों। जल बाँधों, थल बाँधों, बाँधों अम्मर ताई। जहाँ तहाँ जाई। जेहि बाँधि मगावों, तेहि का बाँधि लाओ। वाचा चूकै, उमा सूखै। श्री बावन वीर ले जाये, सात समुन्दर तीर। त्रिवाचा फुरो मन्त्र, ईश्वरी वाचा। ॐ काल-भैरो, बटुक-भैरो, भूत-भैरो। महा-भैरव, महाभय-विनाशनं देवता। सर्वसिद्धिर्भवेत्।।

ॐ आं ह्रीं। उत्तर दिशा में रूपे का मठ। रूपे का किवार, रूपे का ताला, रूपे की कुंजी रूपे का घण्टा, रूपे की साँकुली। पहिलि साँकुली अठारह कुल नाग बाँधों। दूसरी साँकुली अठारह कुल जाति को बाँधों। तीसरी साँकुली बैरि-दुश्मन को बाँधों। चौथी साँकुली डाकिनी-शाकिनी को बाँधों। पाँचवीं साँकुली भूत-प्रेत को बाँधों? जलत अगिन बाँधों, जलत

मसान बाँधों। जल बाँधों, थल बाँधों, बाँधों अम्मर ताई। जहाँ भेजूँ, तहाँ जाई। जेहिं बाँधि मँगावों तेहि का बाँधि लाओ, वाचा चूकै, उमा सूखें। श्री बावन वीर ले जाय, समुन्दर तीर, त्रिवाचा। फुरो मन्त्र, ईश्वरी वाचा। ॐ काल-भैरो, बटुक-भैरो, भूत-भरो! महा-भैरव। महाभयविनाशनं देवता, सर्वसिद्धिर्भवेत्।।

ॐ आं ह्रीं। पूरब दिशा में तामे का मठ, तामे का किवार, तामे का ताला, तामे की कुंजी, तामे का घण्टा, तामे की साँकुली। पहली साँकुली अठारह कुल-नाग को बाँधूँ, दूसरी साँकुली अठारह कुल-जाति को बाँधूँ, तीसरी साँकुली वैरि-दुष्टन को बाँधूँ। चौथी साँकुली डाकिनी-शाकिनी को बाँधूँ, पाँचवीं साँकुली भूत-प्रेत को बाँधूँ। जलत अगिन बाँधूँ, प्रेत को बाँधूँ। जलत अगिन बाँधूँ जलत मसान बाँधूँ। जल बाँधों थल बाँधों, बाँधों अम्मर ताई। जहाँ भेजूँ, तहाँ जाई। जेहिं बाँधि मगावों। वाचा चूके, उमा सूखै श्री बावन वीर ले जाये सात समुन्दर तीर। त्रिवाचा फुरो मन्त्र, ईश्वरो वाचा। ॐ काल-भैरो, बटुक-भैरो, भूत-भैरव। महा-भैरव महा-भयविनाशनं देवता। सर्वसिद्धिर्भवेत्।।

ॐ आं ह्रीं। दक्षिण दिशा में अस्थि का मठ, अस्थि का किवार, अस्थि का ताला, अस्थि की कुंजी, अस्थि का घण्टा, अस्थि की साँकुली। पहली साँकुली अठारह कुल-नाग को बाँधों, दूसरी साँकुली अठारह कुल जाति को बाँधों, तीसरी साँकुली वैरि-दुष्टन को बाँधों, चौधी साँकुली डाकिनी-शाकिनी को बाँधों। पाँचवीं साँकुली भूत-प्रेत को बाँधों। जलत अगिन बाँधों, जलत मसान बाँधों, जल बाँधों, थल बाँधों, बाँधों अम्मतरताई। जहाँ भेजूँ तहाँ जाई। जेहि बाँधि मगावों, तेहि का बाँधि लाओ। वाचा चूकै, उमा सूखै श्री बावन वीर ले जाय सात समन्दर तीर। त्रिवाचा फुरो मन्त्र, ईश्वरी वाचा ॐ काल-भैरो, बटुक-भैरो, भूत-भैरो। महा-भैरव महाभयविनाशनं देवता। सर्वसिद्धिर्भवेत्।।

ॐ काल-भैरव! त्वं आकाशं, त्वं पातालं। त्वं मृत्यु-लोकं। चतुर्भुजं, चतुर्मुखं। चतुर्बाहुं, शत्रु-हन्ता च त्वं भैरव! भक्ति पूर्णं कलेवरम्। ॐ काल-भैरो, बटुक-भैरो भूत-भैरो! महा-भैरो महा-भयविनाशनं देवता। सर्वसिद्धिर्भवेत्।।

ॐ काल-भैरव त्वं। वाचा चूकै उमा सूखै, दुश्मन मरे अपने घर में। दुहाई काल-भैरव की। जो मोर वचन झूठा होय, तो ब्रह्मा के कपाल फूटै शिव जी के तीनों नेत्र फूटै, मेरी भक्ति गुरु की शक्ति फुरो मन्त्र, ईश्वरी

वाचा ॐ काल-भैरव बटुक-भैरव, भूत-भैरव! महा-भैरव, महा-भय-विनाशनं देवता। सर्वसिद्धिर्भवेत्।।

ॐ काल-भैरव! त्वं ज्ञानी, त्वं ध्यानी त्वं योगी, त्वं जंगमं स्थावरं त्वं सेवित सर्व-काम-सिद्धिभवेत्। ॐ काल-भैरो, बटुक-भैरो, भूत-भैरो! महा-भैरव महा-भयविनाशनं देवता सर्वसिद्धिर्भवेत्।

ॐ काल-भैरव! तुम जहाँ जाहु। जहाँ दुश्मन बैठ होय, तो बैठे को मारो। चलत होय, तो चलते को मारो। सोवत होय, तो सोते को मारो। पूजा करत होय, तो पूजा में मारो। जहाँ होय, तहाँ मारो। व्याघ्र लै भैरव, दुष्ट को भक्षौ। सर्प ले भैरव! दुष्ट को डँसो। खड्ग से मारो, भैरव! दुष्ट को। शिर गिरैवान से मारो, दुष्टन करेजा फटै। त्रिशूल से मारो, शत्रु छिदि परै मुख वाट लोहू आवे। को जाने? चन्द्र सूरज जाने की आदि-पुरुष जाने। काम-रूप कामाक्षा देवी। त्रिवाचा सत्य फुरो मन्त्र, ईश्वरी वाचा। ॐ काल-भैरो, बटुक-भैरो, भूत-भैरो! महा-भैरव महा-भयविनाशनं देवता। सर्वसिद्धिर्भवेत्। ॐ काल-भैरव! त्वं वन्दे परमेश्वरं ब्रह्म-रूपं, प्रसन्नो भव। गुनि, महात्मानां महादेवस्वरूपं सर्वसिद्धिर्भवेत्। ॐ काल-भैरव! त्वं भूतस्य भूत-नाथश्च। भूतात्मा भूतभावनः। त्वं भैरव, सर्व-सिद्धिं कुरु-कुरु। ॐकाल-भैरो बटुक-भैरो, भूत-भैरो। महा-भैरव महा-भयविनाशनं देवता। सर्वसिद्धिर्भवेत्।

इस जंजीरे की सिद्धि के लिए किसी पर्वकाल में या ग्रहणकाल में श्री भैरव जी विषयक सभी नियमों का पालन करते हुए जप व हवन करें तथा इसका नित्य प्रतिदिन एक बार जप करने से साधक की सभी मनोकामनाएं भैरवकृपा से पूरी होती हैं।

कार्यसिद्धि भैरव मन्त्र

ॐ गुरु जी काल-भैरव। काली लट हाथ। फरसी साथ। नगरी करहुँ प्रवेश। नगरी की करो बकरी। राजा को करो बिलाई, जो कोई मेरा जोग भंग करै। बाबा कृष्ण नाथ की दुहाई।

इस मन्त्र की साधना होली-दीपावली या अमावस्या को श्री भैरव- विषयक सभी नियमों का पालन करते हुए ११ माला जप व दशांश हवन, भोगादि रखकर करें तो यह मन्त्र सिद्ध होगा। फिर जब किसी ग्राम या नगर में किसी विशेष काम से जाए तो उस नगर या गांव में प्रवेश करते ही २१ बार मन्त्र-जप कर फूँक मार कर प्रवेश करें, तो सभी कार्य अवश्य पूर्ण होंगे।

मनोकामनादाता भैरव मन्त्र

ॐ काली-कंकाली महाकाली के पुत्र कंकाल भैरुँ। हुकुम हाजिर रहे।

मेरा भेजा काल करे। मेरा भेजा रक्षा करे। आन बाँधूँ, वान बाँधूँ चलते-फिरते औसान बाँधूँ दसो सुर बाँधूँ, नौ नाड़ी बहत्तर कोठा बाँधूँ। फूल में भेजूँ, फूल में जाय। कोठे जो पड़े थर-थर काँपे। हल-हल हले, गिर-गिर पड़े। उठ-उठ भागे, बक-बक बके। मेरा भेजा सवा घड़ी, सवा पहर। सवा दिन, सावा मास, सवा बरस कूँ बावला न करे, तो माता काली की शय्या पर पग धरे। वाचा चूके, तो उमा सूखे। वाचा छोड़, कुवाचा करे तो धोबी की नांद चमार के कुण्ड में पड़े। मेरा भेजा बावला न करे। तो रुद्र के नेत्र की ज्वाला कढे। शिर को लटा टूटि भूमि में गिरे। माता पार्वती के चीर पर चोट पड़े। बिना हुकुम नहीं मारना हो तो काली के पुत्र कंकाल-भैरूँ। फुरो मन्त्र ईश्वरो वाचा।। सत्य नाम गुरु जी का।।

इस मन्त्र का अनुष्ठान दीपावली अथवा ग्रहणकाल में श्री भैरव जी विषयक नियमों का पालन करते हुए चौमुखा दीपक जलाए, त्रिकोण एक चौका लगाकर दक्षिण की ओर मुख करके बैठें। जप समय काली-कनेर के फूल, लड्डू, लौंग जोड़ा, मांस, मंदिरा और पुष्प-माला अपने समक्ष रखकर इस मन्त्र की ११ माला का जप करें एवं दशांश हवन करें तो यह मन्त्र सिद्ध हो जायेगा। आवश्यकता के वक्त श्री भैरव जी से प्रार्थना करें तो मनोकामनाएं पूर्ण होंगी।

भैरव नित्यपाठ मन्त्र

ॐ सत् नमो आदेश गुरु जी को आदेश। ॐ गुरु जी। तुम भैरों काली का पूत सदा रहे मतवाला, चढ़े तेल-सिन्दूर। गल फूलों की माला, जिस किसी पर संकट पड़े, जो सुमिरे तुम्हें उसकी रक्षा करें, तुम हो रक्ष-पालं। भरी-कटोरी तेल की, धन्य तुम्हारा प्रताप, काल-भैरो अकाल-भैरो। लाल-भैरो, जल-भैरो, थल-भैरो। बाल-भैरो, आकाश-भैरो, क्षेत्रपाल भैरो, सदा रहो कृपाल भैरो चोला-जाप सम्पूर्ण भया, नाथ जी, गुरु जी आदेश-आदेश-आदेश।।

इसका नित्य दिन जाप करने से जपकर्ता के ऊपर श्री भैरव जी की असीम कृपा बनी रहती है; परन्तु इस जप का लाभ सिर्फ उन्हीं को होगा, जिनके इष्ट श्री भैरव जी होंगे।

भैरव द्वादश नाममाला

काल-भैरो बटुक-भैरो ब्रह्म-भैरो प्रगामिनि नृसिंह-भैरो महा-प्रेतः दूध-भैरो प्रजन्ततः भूत-भैरो भद्र चंच कोट-भैरो महा धनम् रुद्र-भैरो महा-प्रेतः त्रिनेत्रे च जटा-धरम् वैताल-भैरो महाप्रेतः रक्तबीजम् महेश्वरः सम्बोध-भैरो महाऽऽकारम्। त्रिशूलरणधारणम्। भूत-प्रेत-पिशाचादि सर्व-शंका-निवारणम्।

इस पाठ का नित्य जाप करने से साधक का सर्व-बाधाओं का नाश होता है और श्री भैरव जी की कृपा साधक पर हमेश बनी रहती है।

भैरवसिद्धि प्रयोग

भैरों उचके भैरों कूदे भैरों सों मचावै। (मेरा कहना ना करे) तो कालिका का पूत न कहावै शब्द-साँचा फुरो मन्त्र ईश्वरो वाचा।।

इस मन्त्र के अनुष्ठान में श्री भैरव-विषयक सभी नियमों का पालन करते हुए होली की रात्रि में सफेद मिट्टी या लाल मिट्टी से चौका बनाकर एरण्ड की सूखी लकड़ी तेल का हवन करें। जब लौ प्रज्ज्वलित हो तब उसी प्रज्ज्वलित लौ को चमेली के फूलों की माला पहना दें। सिन्दूर, मद्य, मांस, दहीबड़े, लड्डू, लौंग, पान आदि चढ़ाकर गुग्गल से हवन करें और ११ माला इस मन्त्र को जपें तो यह मन्त्र सिद्ध हो जाएगा। फिर जब कोई कार्य सिद्ध करना हो तो जहाँ 'मेरा कहना ना करें लिखा है, उस स्थान पर 'मेरा' अमुक 'कार्य ना करें' कहें और श्री भैरव जी से प्रार्थना करें कि मेरा अमुक कार्य पूर्ण करें।

नित्य जप मन्त्र (भैरव हेतु)

सत नमो आदेश गुरु को आदेश ॐ गुरु जी चण्डी-चण्डी तो प्रचण्डी अलावला फिर नव-खण्डी। तीर बाँधूँ, तलवार बाँधूँ, बीस कोस पर बाँधूँ वीर, चक्र ऊपर चक्र चले, भैरो बली के आगे धरे, छल चले, बल चले, तब जानवा काल-भैरों। तेरा रूप। कौन भैंरों? आदि भैरो, युगादि भैरो, त्रिकाल भैरों, कामरु देश रोला मचावे, हिन्दू का जाया, मुसलमान का मुर्दा फाड़-फाड़ बगाया। जिस माता का दूध पिया, सो माता की रक्षा करना, अवधूत खप्पर में खाय। मसान में लेटे, काल-भैरों की पूजा कौन मेटे? राजा मेटे राज-पाट से जाय योगी मेटे, योग-ध्यान से जाय, प्रजा मेटे। दूध-पूत से जाय, लेना भैरों, लौंग सुपारी, कड़वा प्याला, भेंट तुम्हारी। हाँथ काती मोढ़े मढ़ा, जहाँ सिमरूँ तहाँ हाजिर खड़ा। श्रीनाथ जी, गुरु जी आदेश-आदेश।।

इस जंजीरे का नित्य जप करने से सभी कार्यों में सफलता मिलती है, इस जंजीरे का जप करते हुए झाड़ा करने से भूत-प्रेतादि बाधा से ग्रसित रोगी की बाधा दूर होती है। यह लाभ सिर्फ उन्हीं को होगा। जिस साधक के श्री भैरव जी इष्ट होंगे।

कालि का आप्तकाम मन्त्र

ॐ काली-काली। महाकाली।। इन्द्र की बेटी। ब्रह्मा की साली।। कूचे पान बजावे ताली। चल काली।। कलकत्ते वाली। आल बाँधूँ-ताल

बाँधूँ।। और बाँधूँ तलैया। शिव जी का मंदिर बाँधूँ।। हनुमान जी की दुहैया। शब्द साँचा।। पिण्ड काँचा। फुरे मन्त्र।। ईश्वरो वाचा।।

इस मन्त्र का अनुष्ठान ४१ दिन का है। साधक नदी किनारे एकांत स्थान में घी का दीपक जलाकर सुगंधित धूप सुलगाकर मौसमी फल व मिठाई भेंट रखकर हर रोज दो माला जप करें तो यह मन्त्र सिद्ध होगा। जप करते समय जब कालिका प्रत्यक्ष दर्शन दें तब उस समय एक पान उल्टा और एक पान सीधा (चिकना भाग ऊपर) रखकर उस पर कपूर जला दें तथा साधक अपने दाँयें हाथ की अनामिका अंगुली की कुछ बूँद धरती पर टपका दें। फिर माँ कालिका से तीन वचन ले लें कि बुलाने पर हाजिर होना पड़ेगा, जो काम कहा जाय करना होगा तथा मुझे वरदान दो, मैं सदा दुनिया की भलाई करूँ व सदा आपके नाम का गुणगान करूँ।

काली दर्शन प्रयोग मन्त्र

ॐ नमो आदेश गुरु को डण्ड-भुज-डण्ड प्रचण्ड नो खण्ड प्रगट देवी तुहि झुण्डन के झुण्ड खगर दिखा खप्पर लियां खड़ी कालका तागदड़े मस्तंग तिलक मागर दे मस्तंग चोला जरी का फागड़ दीफू गले फुल माल, जय-जय-जयन्त, जय आदि-शक्ति जय कालका खपर-धनी जय मचकुट छन्दनी देव जय-जय महिरा, जय मरदिनी, जय-जय चण्ड-मुण्ड, भण्डासुर खण्डनी। जय रक्त-बीज बिडाल-बिहण्डनी। जय निशुम्भ को दलनी। जय शिव राजेश्वरी। अमृत यज्ञ धागी-धृट। दृवड़-दृवड़नी, बड़ रवि-डर-डरनी, ॐ-ॐ-ॐ।।

इस मन्त्र का नित्य जो साधक १ माला जप धूप, दीप, नैवेद्य विधि आदि से करता है, उसको माँ जगदम्बा कालिका के प्रत्यक्ष दर्शन होते हैं। इस मन्त्र का जप एकाग्रचित हो गुरु जी की आज्ञा से करने पर शीघ्र सिद्धि मिलती है।

काली रहस्य सिद्धि मन्त्र

ॐ कालिका खड्ग खप्पड़ लिये ठाडी।। जोत तेरी है निराली। पीती भर-भर रक्त पियाली। करे भक्तों की रखवाली। न करे रक्षा तो महाबली भैरव की दुहाई।।

इस मन्त्र का नित्य जप करने से साधक की सभी समस्याओं का हल हो जाता है, इस मन्त्र को सिद्ध कर उच्चारण करते हुए अपनी छाती पर फूँक मारने से सभी ओर से रक्षा होती है। इस मन्त्र में अनेकों रहस्य सिमटे हुए हैं, जिनका अनुभव इस मन्त्र का नित्य जप कर प्राप्त करना चाहिये।

भद्रकाली विधान

ॐ सिंहादुत्थाय कोपाद् धधड्-धड्-धडा धावमाना भवानी शत्रुणां शस्त्र-

पाते ततड्-तड्-तडा त्रोटयन्ती शिरांसि तेषां रक्तं पिबन्ती घुघुट्-घुट्-घुटा घोटयन्ती पिशाचान् तृत्तास्तृप्ता हसन्ती खलल्-खल्-खला शाम्भवी वः पुनातु उग्रचण्डा प्रचण्डा च चण्डोग्रा चण्डनायका चण्डा चण्डवती चैव चण्ड-रूपातिचण्डिका।

इस मन्त्र का जप श्मशान या एकांत स्थान में रात्रि १२ बजे के बाद ४१ दिन में सवा लाख करें; धूप-दीप नैवेद्य, मांस, मदिरा, बलि आदि का प्रबंध करके जप करें। जप के समय साधक अपनी रक्षा हेतु 'रक्षा मंत्र' से घेरा बनाकर ही जप करें, जप का दशांश हवन, तर्पण करें तो भद्रकाली की साधक पर पूर्ण रूप से कृपा होती है। इस मन्त्र का जप गुरु के निर्देशानुसार ही करें।

काली ऋद्धि मन्त्र

ॐ काली काली-महाकाली मदे मांसे करे देवाली इन्द्र की बेटी ब्रह्मा की साली घोड़े की पीठ बजावे ताली चाम की कोथली हाड़ की जपमाली पताल की सर्पिणी उडु-मंडल की बिजुली जहाँ पठाऊँ तहाँ जाईह रिद्धि-सिद्धि ल्याहूँ दश कोश बाँएँ दश कोश दाहिने दश कोश आगे दश कोश पाछे मेरा वैरी तेरा भक्ष्य मैं दिया तरुसिले-चूसि ले क्रीं काली महाकाली फुरो मन्त्र अन्नूठ चण्डाली न फुरे, तो ब्रह्मा-विष्णु-महेश वाचा पावु पखा ले मेरी भक्ति गुरु की शक्ति फुरो मन्त्र ईश्वरो वाचा।

इस मन्त्र की साधना करने से साधक को ऋद्धि-सिद्धि की प्राप्ति होती है तथा शत्रुनाश के लिए भी प्रयोग किया जाता है।

कालिका रक्षा मन्त्र

ॐ काली-काली महाकाली, ज्यावे सीपी, वलके डाहोली दोनों हात से बजावे टाली, बाँएँ याट जा बसे, काल-भैरव उसका काट-काट कौन रखा कनकाला तोहू, म्हसासूर येऊ का उज्याला कर आला मछिन्द्र का सोटा, काल-भैरव का पाँव तुटा, दूरा लाजी लूखा, किया हाला सती सके का बाँधु, काल राखे गोरखनाथ सिंहनाथ फूरे अडबंगी बोले फूरो मन्त्र, ईश्वरी वाचा।

इस मन्त्र का ग्रहणकाल में पुस्तक में कही विधि के अनुसार जप कर सिद्ध करें। फिर आवश्यकता के समय २१ बार जप कर ताली बजाने से या रक्षा घेरा बनाने से सुरक्षा प्राप्त होती है।

अदृश्य विद्या

ॐ हुं फट्। काली काली मांसशोणितं खादय खादय। देवी मां। पश्यतु। मानुषेति। हुँ फट् स्वाहा।।

इस मन्त्र की साधना खतरनाक है, इस मन्त्र की साधना ४१ दिन की है। इस मन्त्र की साधना महाकाली के मन्दिर में करें, जप पूरा होने के बाद आक की रुई, शाल्मली की रुई, कपास की रुई और रेशम की बत्तियाँ बनाकर पाँच मुण्ड लेकर उनमें सुगन्धित तेल भरकर और वह बत्तियाँ उनमें डाल दें और उन्हें दीपक की भांति प्रज्ज्वलित कर दें। इनका अलग-अलग काजल एकत्र करें; फिर एक में मिलाकर इस मन्त्र द्वारा ४२०० बार अभिमन्त्रित कर काजल को नेत्रों में लगायें तो साधक अदृश्य हो जाता है।

भद्रकाली शाबर विधान

ॐ सिंहो दत्तो बिकोवा धड़ित धड़धड़ात ध्यायमान भवानी दैत्यनाम देह नाशनाम तोड़यान्ति सिरांसी रक्तां पिबन्ति पिशाचा त्रिहाप त्रिहाप हसन्ति खदत खद-खदात त्रिरोष मम भद्रकाली नौ नाथ चौरासी सिद्धन के बीच में बैठ कर काली मन्त्र स्वाहा।

इस मन्त्र का जप श्मशान या एकांत स्थान में रात्रि १२ बजे के बाद ४१ दिन में सवा लाख करें। धूप-दीप, नैवेद्य, मांस, मदिरा, बलि आदि का प्रबन्ध करके जप करें। जप के समय साधक अपने चारो ओर रक्षा का घेरा बनाकर जप करें एवं जप का दशांश हवन करें तो भद्र-काली साधक को दर्शन देती है।

बंगाली हाजरात मन्त्र

ॐ काली माता। काली माता। ओतो ते।।

इस मन्त्र का २१ दिन में इक्कीस हजार जप विधि-विधानसहित करने से यह मन्त्र सिद्ध होगा; फिर कपूर का काजल बनाकर उसमें कुछ बूँदे चमेली के सुगन्धित तेल की डालकर उस काजल को सम्भाल कर रखें। आवश्यकता के समय जिस दिन आकाश साफ हो तो सुबह आठ बजे से पहले किसी ११ वर्ष के बच्चे को आसन पर बिठा कर इस मन्त्र से गुड़ को २१ बार अभिमंत्रित कर उसे खिलायें, फिर उसके दाहिने हाँथ के अंगूठे पर काजल वाली स्याही लगा दें और बच्चे को उस काजल को ध्यान से देखने को कहें। जब लड़का उस अंगूठे पर ध्यान एकाग्रचित करेगा तो उसे एक मैदान दिखाई देगा और उसमें कुछ आकृतियाँ दिखाई देंगी। तब लड़का कहे कि भंगी हाजिर हो तो अंगूठे वाले मैदान में भंगी आ जायेगा, तो लड़का उसे झाड़ लगाने को कहे, जब झाड़ लगाकर खड़ा हो जाय तो लड़का कहे—भंगी साब आप जायँ और पानी छिड़काव करने वालों को भेजें, जब पानी छिड़काव करने वाला आकर खड़ा हो जाय तो उसे लड़का पानी छिड़कने को कहे। जब वह पानी छिड़ककर खड़ा हो जाय तो उसे लड़का आदेश करे कि आप जायँ और फर्श लगाने वाले को भेजें।

जब फर्श लगाने वाला आकर फर्श लगा दे और सिंहासन स्थापित कर दे तो उसे कहे—आप जायँ और मुंशी जी या पण्डित जी को बुलायें। जब वह मुंशी जी को साथ लेकर पधारें तो बालक उनसे निवेदन करे कि मैं कुछ प्रश्न पूछना चाहता हूँ, क्या आप इसके लिए तैयार हैं? तो वह जब हाँ में सिर हिलाये तो लड़का मुंशी को कहे कि मां कालिका जी को आदरसहित सिंहासन पर लायँ। जब माँ कालिका सिंहासन पर बिराजें तो लड़का माँ कालिका को ११ रुपये, फल-फूल, मिठाई, अगरबत्ती से उनकी पूजा कर जो प्रश्न मुंशी जी से पूछना चाहे, पूछे। मुंशी जी माँ कालिका से उत्तर पूछकर बालक को हाँ या ना में जवाब देंगे या बालक मुंशी जी से निवेदन करेगा कि मुझे इस भाषा में लिखकर उत्तर दो तो मुंशी स्लेट पर लिखकर भी उत्तर देगा। प्रश्नों का उत्तर प्राप्त करने के बाद माँ कालिका की सवारी को वापिस जाने का निवेदन करें। इस प्रयोग से साधक हर प्रकार के प्रश्नों के उत्तर प्राप्त कर सकता है। इस प्रयोग को सिद्ध करने वाला साधक कभी किसी से रुपया-पैसा न ले तथा गुरु से दीक्षा प्राप्त कर इस सिद्धि को सम्पन्न करे।

अन्य हाजरात मन्त्र

ॐ ह्रीं श्रीं क्लीं हाजरात-सिद्धि कुरु कुरु स्वाहा।

इस मंत्र का मंगलवार से जप आरम्भ कर २१ दिन में २१००० बार जप विधि-विधानसहित करें, फिर इस मंत्र का दशांश हवन चमेली के फूल और कपूर मिलाकर करें तो यह मन्त्र सिद्ध होगा। फिर पूर्व में वर्णित हाजरात की ही विधि से बालक द्वारा प्रश्न पूछ लें।

गृहरक्षा मन्त्र

ॐ काली-काली जप। निशा-रात-काली।। काली की माता। अढ़ाई आखर के भोर।। मैं हारौ, परची के घावो। अण्डा खसै, सवा भरि विय्या सोट, सम्हारि-सम्हारि क घाव।। उनठ बान्ह, बनठ बान्ह। देवता-देवी लकेसरी।। कासा के पेरी। तम्बोक बेड़ी बेड़ी-पर-बेड़ी। बारह बरस, ३६ युग के।। भाषा देत छियो। गुरु खोलो, तब न खुले राज।। हम ही खोली, तब ही खुले। दोहाई ईश्वर महादेव। गौरा-पर्वती के सत् वचन के प्रमाण के।।

इस मन्त्र का ग्रहणकाल में अनगिनत जप विधि-विधान से करें तो यह मंत्र सिद्ध होगा; फिर जरूरत के समय इस मन्त्र को जपते हुए घर के चारो ओर सात बार रेखा खींचने से घर अलाओं-बलाओं से सुरक्षित रहेगा।

काली रक्षा मन्त्र

ओम् काली काली महाकारी। इन्द्र की बेटी, ब्रह्मा की साली।। उड़ बैठी

पीपल की डाली। दोनों हाथ, बजावै ताली। जहाँ जाये वज्र की ताली।। वहाँ न आवे दुश्मन हाली।। दुहाई कामरु कामक्षा नैना योगिनी की। ईश्वर महादेव गौरा पार्वती की। दुहाई वीर मसान की।।

इस मन्त्र का दीपावली की रात्रि को या होली की रात्रि को १० माला जप करने से यह मन्त्र फलीभूत होता है, फिर इस मन्त्र का २१ बार जप करके ताली बजाने से सब प्रकार से रक्षा होती है।

रोड़का देवी मन्त्र

सोने की संगली रूपे की कड़ी ले माई कड़क कालका खड़ी गुरवन्ती-गुरदन्ती गुर के छूटे ढाई वाण फूटे लहू चले मसाण ढाईयाँ घड़ियाँ-दी औणी करिके औए ताँ रोड़का कहाए चले मन्त्र फुरे वाचा देखूँ रोड़का तेरे इल्म का तमाशा।

नदी के किनारे जहाँ श्मशान पड़ता हो, वहाँ उपरोक्त मन्त्र का नदी के किनारे बैठकर रात्रि में साधक २१ दिन तक नियमित मांस, मद्य तथा आटे का पेड़ा भोग के लिए रखकर जप करें तो माँ रोड़का काली साधक के अच्छे और बुरे कार्यों को सफल बनाती हैं। प्रत्येक दिन भोग की सामग्री बहते नदी-जल में प्रवाहित कर दिया करें।

काली साक्षात्कार मन्त्र

ॐ काली-काली महाकाली इन्द्र की बेटी ब्रह्मा की साली हरी-गोट, पीरी-सारी मायके को बाँध सासरे को बाँध औघट को बाँध गैल को बाँध बार-बार में से सोत-सोत में से बत्तीसउ दाँत में से ऐंच-खैंच के नल्याबे तो फेर महाकाली न कहावे, तीन पहर तीन घड़ी में, नीलो धुँआ। पीरी रज उड़ा के न आवे। तो कालभैरव की सेज पै पग धरै।।

इस मन्त्र का अनुष्ठान ४१ दिन का है, इस मन्त्र का १ माला नित्य प्रतिदिन जपना चाहिए। जप एकांत में करें, माँ काली की प्रतिमा या चित्र के सामने धरती पर गाय के गोबर से चौका लगाकर उस पर सिन्दूर का गोल बिन्दू लगायें, उस स्थान में शराब, नौ लौंग, बकरी की कलेजी, मुर्गी का अण्डा, फल-फूल, मिठाई रखें, सामने दीवार पर एक त्रिशूल की आकृति सिन्दूर से बनायें, उपरोक्त सामग्री त्रिशूल के नीचे रख उसकी पूजा करें, जपांत में शराब, मांस से दशांश हवन गुरु की आज्ञानुसार करें तो माँ काली साधक को प्रत्यक्ष दर्शन देकर कृतार्थ करती है।

काली पञ्चबाण

प्रथम बाण—**ॐ नमः काली कंकाली महाकाली मुख सुन्दर जिए ब्याली चार-वीर भैरो-चौरासी बीतती पूजूँ पान-ए-मिठाई अब बोलो काली की दुहांई।**

द्वितीय बाण—**ॐ काली-कंकाली महाकाली मुख सुन्दर जिए ज्वाला बीर-बीर भैरव चौरासी बता, तो पूजूँ पान मिठाई।**

तृतीय बाण—**ॐ काली-कंकाली महाकाली सकल सुन्दरी जीहा ब्हालो चार वीर भैरव चौरासी तदा तो पूजूँ पान-मिठाई अब बोलो काली की दुहाई।**

चतुर्थ बाण—**ॐ काली-कंकाली महाकाली सर्व सुन्दरी जिए ब्हाली चार-वीर भैरूँ चौरासी तण तो पूँजूँ पान-मिठाई अब राज बोलो काली की दोहाई।**

पंचम बाण—**ॐ नमः काली कंकाली महाकाली मुख सुन्दर जिए काली, चार-बीर भैरूँ चौरासी, तब राज तो पूँजूँ पान-मिठाई अब बोलो काली की दोहाई।**

इस मन्त्र का मन एकाग्रचित कर नित्य आजीवन ११ बार पूर्व की ओर मुख कर एक नियमित स्थान पर धूप-दीप आदि विधि-विधान से जप करें तो रोजगार की अतिशीघ्र प्राप्ति होती है।

गृहरक्षा काली मन्त्र

ॐ उतरा खण्ड की काली उत्तर को बाँध पूरब को बाँध पश्चिम को बाँध दक्खिन को बाँध आगा बाँध पीछा बाँध घर के चारो कोने बाँध मेरी बाँध न बँधे तो काली माई की फिरै दुहाई शब्द साँचा पिण्ड काचा फुरे मन्त्र ईश्वरो वाचा।

इस मन्त्र का अनुष्ठान २१ दिन का है। पुस्तक में कही विधि के अनुसार इस मन्त्र को सिद्ध करें। फिर एक मिट्टी का कसोरा (कुज्जा या पुरवा) लेकर उसकी पेदी (तली) में छोटा छिद्र करें। फिर उसमें शराब, दूध, गौमूत्र भरकर मंत्र का जाप करते हुए कसोरे को हाथ में लेकर घर के सात चक्कर लगायें। फिर चार निम्बू व चार बड़ी लम्बी कीलें लेकर घर के चारो कोनों में चारो निम्बुओं को धरती में दबाकर उनके ऊपर कीलें ठोक दें तो सदा से लिए अभिचार कर्मों से सुरक्षित रहेगा।

चोरी-निवारण मन्त्र

ॐ काली-करालिनी स्वाहा। ॐ काली-कपालिनी स्वाहा। ह्रीं ह्रीं ह्रीं ह्रीं चोर बंध ठं ठं ठं।

इस मन्त्र का ग्रहणकाल में पुस्तक में लिखी विधि-विधानानुसार अनगिनत जप करने से यह मन्त्र सिद्ध होता है, सिद्ध होने के बाद जब आपको कभी किसी वस्तु की चोरी हो जाने की आशंका हो तो भस्म या सफेद सरसों लेकर २१ बार अभिमंत्रित कर उक्त मंत्र जपते हुए उस स्थान को चारो ओर घेर दें तो चोर उस सुरक्षा रेखा को तोड़कर अन्दर नहीं जा पाएंगे।

रक्षामन्त्र

ॐ नमो काली-कंकाली। धरती-माता, आकाश पिता, रक्षा करें परमेश्वरी कालका दुहाई महादेव की। शब्दा सांचा पिण्ड कांचा। फूरे मन्त्र ईश्वरो वाचा।।

इस मन्त्र का ग्रहणकाल में विधि-विधान से अनगिनत जप करने से यह मंत्र सिद्ध होगा, फिर इस मन्त्र को जपते हुए अपने चारो ओर घेरा खींचने से सुरक्षा होती है।

स्वरक्षा मन्त्र

काया राख कालका तालू राख तालिका हृदय राख हणवन्त-वीर। पीठ राख हणवन्त-वीर। सीस राख चौख पीर पाँच पीर रक्षा करें। सवा भार लोहे का कोठा। ते माँ हमारा जीव। बैठा श्री भीम वैताली। श्री गुरु गोरख करै रखवारी, हमार डील ऊपर कोई इष्ट, कर कोई मुष्ट कर, छल कर, छिद्र करे, जाण कर-विजाण कर, सोई करे सोई मरे, गुरु की शक्ति मेरी भक्ति, चलो मन्त्र। फट् फट् स्वाहा।।

इस मन्त्र का अनुष्ठान २१ दिन का है, इसे विधि-विधानानुसार जप कर सिद्ध करें, फिर इस मन्त्र से एक मोटा सफेद धागा अभिमंत्रित कर जिस किसी को धारण करवायेंगे, वह सभी उपद्रवों से सुरक्षित रहेगा।

कार्यसिद्धिदायक कालीमन्त्र

काली घाटे। काली माँ।। पतित पावनी। काली माँ।। जवा फूले। स्थुरी जले।। सेई जवा फूल। में सिआ बेड़ाए।। देवीर अनुर्बले।। एहि होत।। करिवजा होइवे। ताहा काली धर्मेर।। चले काहार। आज्ञे राठे।। काली का। चंडीर आसे।।

यह भगवती कालिका का बंगला भाषा में शाबरी मंत्र है। इस मन्त्र का ग्रहण वाली रात्रि को विधिसहित माँ कालिका की पूजा कर जप करें तो यह मन्त्र सिद्ध होगा, फिर इस सिद्ध मन्त्र का कहीं भी सात बार जप कर दाँयें हाथ पर फूँक मारें और जो चाहें वह कार्य करें तो पूर्ण सफलता प्राप्त होती है।

हनुमत् सिद्धिमन्त्र

ॐ नमो देव लोक दिविख्या देवी। जहाँ बसे इस्माईल योगी।। छप्पन भैरों, हनुमन्त वीर। भूत-प्रेत दैत्य को मार भगावें।। पराई माया ल्यावें। लाडू पेड़ा बरफी सेव सिघाड़ा पाक बताशा।। मिश्री घेवर बालूसाई लोंग डोडा इलायची दाना।। तेल देवी काली के ऊपर। हनुमन्त गाजै।। एती वस्तु मैं चाहि लाव। न लावे तो तैंतीस कोट देवता लावें।। मिरची जावित्री

जायफल हरड़े जंगी-हरडे।। बादाम छुहारा मुफरें। रामवीर तो बतावैं बस्ती। लक्ष्मण वीर पकडावे हाथ।। भूत-प्रेत के चलावें हाथ। हनुमन्त वीर को सब कोउ गावै।। सौ कोसां का बस्ता लावे। न यावे तो एक लाख-अस्सी हजार पीर।। पैगम्बर लावें। शब्द सांचा, फुरे मन्त्र।। ईश्वरो वाचा।।

इस मन्त्र का जप किसी निर्जन (उजाड़) स्थान में, कोई अन्धा कुँआ के ऊपर बैठकर करें। सर्वप्रथम वहाँ से शुद्ध मिट्टी लेकर उसमें लाल रंग या सिन्दूर मिला कर हनुमान जी की प्रतिमा बनायें, फिर उस पर सिन्दूर का चोला चढ़ाकर मन्त्र में कही सामग्री उस प्रतिमा के समक्ष रखकर इस मन्त्र का २१ दिन तक प्रतिदिन रात्रि में २ माला जप करें तो रामदूत हनुमान स्वयं उपस्थित होकर साधक की इच्छा पूर्ण करते हैं या सैकड़ों मेघों की गर्जना के साथ आकाशवाणी करते हैं। उसे साधक ध्यान से सुने और उससे तीन वचन ले ले।

अन्य हनुमत् सिद्धि मन्त्र

अजरंग पहनूँ। बजरंग पहनूँ।। सब रंग रक्खू पास। दाँये चले भीमसेन।। बाँये हनुमन्त। आगे चले काजी साहब।। पीछे चले बलारद। आतर चौकी कच्छ कुरान।। आगे पीछे तूँ रहमान। धड़ खुदा, सिर राखे।। सुलेमान, लोहे का कोट।। ताँबे का ताला, करला हंसा बीरा।। करतल बसे समुद्र तीर। हाँक चले हनुमान की। निर्मल रहे शरीर।।

इस मन्त्र का अनुष्ठान २१ दिन का है, किसी भी मंगलवार की रात्रि को हनुमान जी विषयक सभी नियम मानते हुए साधक प्रतिदिन ११ माला जप करे तो हनुमान जी प्रत्यक्ष या अप्रत्यक्ष किसी भी रूप में दर्शन देकर उसकी समस्त अभिलाषायें पूरी करते हैं।

हनुमत् दर्शन मन्त्र

ॐ हनुमान पहलवान। वर्ष बारह का जवान।। हाथ में लड्डू मुख में पान। आओ-आओ बाबा हनुमान।। न आओ तो दुहाई महादेव। गौरा पार्वती की। शब्द सांचा पिण्ड कांचा। फुरे मन्त्र ईश्वरो वाचा।।

इस मन्त्र का अनुष्ठान मंगल या शनिवार से प्रारम्भ कर एक सौ बीस दिन करें, प्रतिदिन इस मन्त्र का ११ माला जप विधि-विधान से करना चाहिए, साधक ब्रह्मचर्य व्रत धारण कर हनुमान जी के मन्दिर में या किसी निर्जन स्थान में हनुमान जी की मूर्ति स्थापित कर सर्वप्रथम उस मूर्ति पर सिन्दूर में चमेली का खुशबूदार तेल मिलाकर चोला चढ़ाये। फिर उस प्रतिमा के आगे जनेऊ, खड़ाऊँ, लाल लंगोट, लाल चन्दन, सात लड्डू, नारियल, पेड़ा, लाल ध्वज, मौसमी फल आदि चढ़ावे तथा जप के समय

साधक लाल वस्त्र धारण करे। लाल आसन पर बैठकर लाल चन्दन की माला से जप करे तथा प्रत्येक मंगलवार को श्री हनुमान जी का व्रत रखे एवं प्रत्येक शनिवार व मंगलवार को छोटे बालकों को चने-गुड़ तथा लड्डुओं का वितरण करे। नियमों का पालन एवं मन एकाग्र कर जप करे तो श्री हनुमान जी साधक को दर्शन देकर उसे मनोवांछित वर प्रदान करते हैं।

वीर हनुमत् सिद्धि

१. गणा गणा कमरी गणा। पायामधई सोन्या।। सुवर्णाच्या वहाणा। वहाण गेली अग्नि।। निघाली, ओटयावर। होता कोल्हयासर दैत।। जाकती ज्योत जागत रहो। खेत देव दैत चले रे।। हनुमान बीर। सिध्यांशी।। गुरु छू।।

२. गणा ज गणपति सारजा सरस्वती।। सारजा सरस्वतीनं। काय केलं?।। डाग डुबला। डाग डुबल्याची।। कागज आणली। शिरी कुंकवाची।। चिरी ल्याली। ये अन्जनीच्या सुता।। रामाच्य दूता। आमचे काम सिद्ध।। करावे नाहीं करशील। तर राम-लक्ष्मणाची आण।। सीता जानकी ची आण।। सिध्यांशी गुरु छू।।

इस मन्त्र की साधना २१ दिन की है, साधक श्री बजरंग बली- विषयक सभी नियमों को मानते हुए आक के पौधे के नीचे किसी शुभ-दिन में ब्राह्म-मुहूर्त में उस पौधे की हल्दी, कुंकुम, अगरबत्ती, नारियल, कपूर आदि उपचारों से पूजा करे, फिर हाथ में जल लेकर मन्त्र एक को पढ़कर पौधे की जड़ पर छोड़े। इसी प्रकार इक्कीस बार करे। फिर 'मन्त्र दो' सभी यही क्रिया २१ बार करे, फिर गुरु-मन्त्र का जप ११ बार करे, यह पहले दिन की विधि हुई। यह सब क्रिया इक्कीस दिनों तक करे। तीसरे ही दिन से हनुमान जी की सिद्धि होने लगती है, इक्कीसवें दिन हनुमान जी सामने आकर खड़े हो जाएँगे।

जब 'हनुमान जी' प्रत्यक्ष हों, तब मन्त्र दो का उच्चारण करें, इससे हनुमान जी बोलने लगते हैं, तब साधक उनसे आशीर्वाद माँगकर आवश्यकता के समय आने का वचन ले लें। इक्कीसवें दिन मीठे भोजन का नैवेद्य देकर 'आक' का पौधा उखाड़ लें और उसकी जड़ का ताबीज बनाकर गले या कमर में धारण करें, जब आवश्यकता हो तब 'मन्त्र एक' को पढ़ने से हनुमान जी हाजिर हो जाते हैं और साधक की इच्छा पूरी करते हैं या दोनों 'मन्त्रों' को पढ़कर 'ताबीज' को कान से लगाएं तो कान में 'हनुमान जी' उत्तर तथा मार्ग-दर्शन देंगे।

शत्रुनिवारक हनुमत् मन्त्र

ॐ पूर्व-कपि-मुखाय पंचमुख-हनुमते टं टं टं टं टं सकल-शत्रुसंहरणाय स्वाहा।

श्री हनुमान जी विषयक समस्त नियमों का पालन करते हुए इस मन्त्र का जप साधक प्रतिदिन करे तो शत्रुभय दूर होता है।

हनुमान दर्शन मन्त्र

हनुमान जाग। किलकारी मार।। तूँ हुकारे। राम काज संवारे।। औढ़ सिंदूर सीता मइया का। तूँ प्रहरी राम द्वारे।। मैं बुलाऊँ, तूँ अब आ। राम गीत तूँ गाता आ।। नहीं आये हनुमाना। तो राजा राम।। सीता मइया की दुहाई। मन्त्र सांचा फुरै खुदाई।।

इस मन्त्र का अनुष्ठान ४० दिन का है, इसे कभी भी मंगलवार से हनुमान जी विषयक सभी नियमों का पालन करते हुए दो माला प्रतिदिन रात्रि को जप करें तो हनुमान जी किसी भी रूप में साधक को दर्शन देकर उसकी मन की इच्छा पूर्ण करते हैं।

विचित्र हनुमत् मन्त्र

ॐ नमो आदेश गुरु को। हो हनुमन वीर।। बसती नगरी, कल करता। जेहु कहु, जेहु चेतु।। जेहु मांगु, ओं जो न करें। जो न करावै। अंजनी का सीधा पाँव धरेगा। अंजनी का चूसा दूध हराम करेगा।। नेलती खेलती की वाचा चूके। गौतम रुखै।। सर का कमण्डला पानी सूखै। चलो मन्त्र, गौतमी वाचा।।

यह मन्त्र अत्यधिक भयप्रद है, अत: इसकी साधना गुरु के दिशा-निर्देशन में ही करें। इसकी सिद्धि से स्वयं देवता प्रत्यक्ष होकर अपनी कार्यविधि व्यक्त करता है इस मन्त्र के प्रयोगकर्ता को त्यागी होना चाहिये तथा किसी को भी दृष्टि भरकर नहीं देखना चाहिये।

सर्वसिद्धि हनुमत् मन्त्र

ॐ पीर बजरंगी। राम-लक्ष्मण के संगी।। जहाँ-जहाँ जायें। फतह के डंके बजायें।। दुहाई माता। अंजनी की आन।।

ग्रहणकाल में श्री हनुमान विषयक सभी नियमों का पालन करते हुए अनगिनत जप करने से यह मन्त्र सिद्ध होगा, फिर आवश्यकता के समय जब आपको किसी से अपना कोई कार्य करवाना हो तब कार्य प्रारम्भ करने से पहले या अभिलषित व्यक्ति के पास जाते समय इस मन्त्र को जपते हुए जायें तो कार्य की सिद्धि होगी।

हनुमत् कृपा मन्त्र

मा मुगनर बनर-कमर गासा नासे, स्वाहा।।

इस मन्त्र का अनुष्ठान २१ दिन का है, साधक श्री बजरंग बली विषयक सभी

नियमों का पालन करते हुए प्रतिदिन ११ माला का जप करें तो यह मन्त्र सिद्ध होगा, फिर इस सिद्धि में हनुमान जी दर्शन देकर साधक की मनोकामनाएँ पूरी करते हैं।

हनुमत् दर्शन मन्त्र

अरे-अरे अंजनी कुमारा! मार-मार। जाल-जाल।। कोट-कोट।। बन्द-बन्द।। पूर्व बन्द। पश्चिम बन्द।। उत्तर बन्द। दक्षिण बन्द।। आकाश बन्द। पाताल बन्द।। ताल के देव बन्द। शब्द सांचा।। पिण्ड कांचा। फुरो मन्त्र।। ईश्वरो वाचा।।

सर्वप्रथम इस मन्त्र को ग्रहणकाल में ११ माला जप कर सिद्ध कर लें, हनुमान जी विषयक सभी नियमों का पालन करते हुए हनुमान मन्दिर या उनकी प्रतिमा स्थापित कर प्रतिदिन यथाशक्ति पूजन तथा १० माला का जप एवं दशांश हवन करें। यह क्रिया नित्य करते रहने से कुछ ही दिनों में हनुमान जी प्रसन्न होकर साधक की मनोकामना पूर्ण करते हैं।

चोरबन्धक हनुमत् मन्त्र

ॐ नमो सत्तर सौ पीर। चौंसठ सौ योगिनी।। बावन सौ वीर। बहत्तर सौ वीर। बहत्तर सौ भैरों।। तेरह सौ तन्त्रा। चौदह सौ मन्त्रा।। अठारह सौ परबत। सत्तर सौ पहार।। नौ सौ नदी। निन्यानबे सौ नाला।। यति हनुमन्त। गोरखनाथ रखवाला।। काँसे की कटोरी। चार अंगुर चौड़ी।। कहौ वीर कहाँ से चलाई? गिरनार परवत से चलाई। अठारह भार वनस्पता।। चल लोना चमारिन। वाचा फूटे।। काली कुम्हारी चाक। ज्यों-ज्यों फिरै।। कहाँ-कहाँ जाय? चण्डाल के घर जाय।। तिहाँ लावे चोर को चण्डाल को, गड़ा-धन बताय।। चल-चल रे हनुमन्त वीर। जहाँ चले, वहाँ रहे।। न चले, तो गंगा-जमुना। उल्टी बहें, न चले, तो सीता।। माता की छाती, अंजनी मैय्या। के सिर पर पैर रखे, सत्।। के हनुमान होबे, तो चोर। के गाड़े धन के पास ठहरबे।। दुहाई रामचन्द्र के।।

इस मन्त्र की साधना २१ दिन की है। साधक श्री रामदूत हनुमान जी विषयक समस्त नियमों का पालन करते हुए १ माला जप व दशांश हवन करे तो यह मंत्र सिद्ध होगा। फिर प्रयोग करने के पहले ही काँसे की एक छोटी-सी चार अंगुल की कटोरी लेकर दीपावली को कटोरी की विधिवत् पूजनादि करे व एक पाव के लगभग काले उड़द को मन्त्र से शक्तिकृत कर किसी सुरक्षित स्थान पर रख ले। जब किसी का चोरी गया धन या चोर का पता करना हो तो उस कटोरी को चौक में रखकर, अभिमन्त्रित उड़दों का मन्त्र जपते हुए कटोरी पर फूँक मारे तो कटोरी चलने लगेगी। जब कटोरी रुके तो फिर उड़द फूँक मारे, इस तरह वह कटोरी वहीं जाकर रुकेगी, जहाँ धन होगा।

दन्तपीड़ा-निवारक हनुमत् मन्त्र

ॐ नमो आदेश। गुरु जी का।। बन में ब्याई अंजनी। जिन जाया हनुमन्त।। कीड़ा मकुड़ा माकड़ा। ये तीनों भस्मन्त।। गुरु की शक्ति। मेरी भक्ति।। फुरे मन्त्र। ईश्वरो वाचा।।

इस मन्त्र का ग्रहण के समय ११ माला जप हनुमान जी विषयक सभी नियमों का पालन करते हुए करें तो यह मन्त्र सिद्ध होगा। फिर आवश्यकता के समय नीम की डाली लेकर दर्द वाले स्थान पर छुआते हुए मन्त्र जपते हुए २१ बार झाड़ा करें तो उस व्यक्ति का दाँत/दाढ़ का दर्द कुछ ही क्षणों में दूर हो जायेगा तथा वह व्यक्ति सुख का अनुभव करेगा। तदनन्तर रोगी व्यक्ति से पीला प्रसाद बटवा दें।

वायुनाशक हनुमत् मन्त्र

पर्वत पर बाइल काग। कै अण्डे, कै बच्चे? सात अण्डा, सात बहिन।। कौन-कौन बहिन? दाँत-चमोकनी मुँह-चमोकनी। आँख-चमोकनी।। पैर-चमोकनी। हाथ-चमोकनी।। बाय-बाय री हरहुल्ला। आवेगा हनुमान बाबा।। मारेगा लोहे का सोटा।। भाग-भाग रे बहन चोद बाय, सात समन्दर पार हुई जाय।।

इस मन्त्र को ग्रहण-काल में श्री महावीर बजरंगी विषयक समस्त नियमों का पालन करते हुए ११ माला का जप करें तो यह मन्त्र सिद्ध होगा। फिर आवश्यकता के समय वायु-रोग से पीड़ित व्यक्ति का झाड़ा लोहे की वस्तु से करें तो पीड़ित व्यक्ति वायु-रोग से निदान पाएगा।

सर्वव्याधिनाशक हनुमत् मन्त्र

कौरव-पाण्डव कहाँ गए? बन में गए। बन में क्या करेंगे? बन कटवाएँगे बन कटा के क्या करेंगे? सहस्त्र मन कोयला करेंगे? सहस्त्र मन कोयले का क्या करेंगे? छप्पन-छुरी बनाएँगे। छप्पन-छुरी का क्या करेंगे? बाय को, चीस को, भड़क को, फुँसी को, फोड़े को, टोक को, नजर को, सिर-दर्द को काट-पीस के खारे समुन्दर में बहाएँगे। खारे समुन्दर में बहा के क्या करेंगे? बहोड़ (बहुर) के उल्टे न आवे ईश्वरो वाचा, पिण्ड कांचा मेरे गुरु का शब्द सांचा देखूँ बाबा हनुमान। तेरे शब्द का तमाशा।।

इस मन्त्र की साधना २१ दिन की है, साधक श्रीरामदूत हनुमान विषयक समस्त नियमों का पालन करते हुए १ माला का जप प्रतिदिन करे तो यह मन्त्र सिद्ध होगा; फिर आवश्यकता के समय मन्त्र में कहे समस्त रोग-दोष का झाड़ा करने से नाश होता है।

वाय रोगनाशक मन्त्र

ॐ नमो तडम। उतड भड तेल करे।। दीजे बाती तैल बरै। गलत-

सलत।। तू बाई रोग। निनाई रहै।। तो यति हनुमन्त। की दुहाई फिरै।। शब्द सांचा। पिण्ड काँचा।। फुरो मन्त्र ईश्वरो वाचा।।

इस मन्त्र को ग्रहणकाल, होली-दीपावली में श्री बजरंगी विषयक सभी नियमों का पालन करते हुए ११ माला का जप करने से यह मन्त्र सिद्ध होगा, फिर इस मन्त्र से वाय वाले रोगी का झाड़ा 'भस्म' से करे तो रोगी वाय-रोग से निदान पाये।

कर्णपीड़ाहारी हनुमत् मन्त्र

आसमीन नगोर। वन्ही कर्म न जायते।। दोहाई महावीर की। जो रहे कान की पीर।। अंजनी-पुत्र कुमार। वायु-पुत्र महाबल को मार।। ब्रह्मचारी हनुमन्तई। नमो-नमो।। दुहाई महावीर की। जो पीर मुण्ड की।।

इस मन्त्र की साधना दीपावली की रात्रि में श्री रामदूत हनुमान जी विषयक समस्त नियमों का ध्यान रखकर पाँच माला का जप करे तो यह मन्त्र सिद्ध होता है। फिर ज़ब कोई कान दर्द से पीड़ित व्यक्ति आये तो साँप के बिल की मिट्टी लेकर इस मन्त्र को जपते हुए २१ बार झाड़ा करे तो रोगी दर्द में आराम पाएगा।

अण्डवृद्धिनाशक, सर्पताड़क हनुमत् मन्त्र

ॐ नमो आदेश गुरु जी का। जैसे के लेहु रामचन्द्र।। कबूत ओसई करहु राध। बिनि कबूत पवनपूत।। हनुमन्त धाउ हर-हर। रावन कूट मिरावन श्रवइ।। अण्ड खेतहि श्रवइ अण्ड। अण्ड विहण्ड खेतहि श्रवइ।। वाजं गर्भ हिश्रवइ स्त्री। षीलहि श्रवइ शाप हर-हर। जंबीर हर जंबीर हर हर। शब्द सांचा।। पिण्ड काँचा। फुरो मन्त्र।। ईश्वरो वाचा।।

इस मन्त्र का अनुष्ठान ११ दिन का है। साधक श्री हनुमान जी विषयक समस्त नियमों का पालन करते हुए प्रतिदिन २ माला का जप करे तो यह मन्त्र सिद्ध होगा। फिर इस मन्त्र को जपते हुए अण्डकोश को हलके हाथ से मले तथा २१ बार जल को शक्तिकृत कर रोगी को पिलाए तो अण्डकोश-वृद्धि शान्त हो जाती है तथा मिट्टी के एक ढेले को २१ बार अभिमंत्रित कर साँप के बिल पर रखने से साँप निकल जाता है।

वायुहर हनुमत् मन्त्र

ॐ नमो आदेश गुरु जी का।। काली चिड़ी चिग-चिग करे। धोला आवे वाते आवे हरे।। यती हनुमान हाँक मारे।। मथवाई और वाई जाये भगाई। हवा हरे।। गुरु को शक्ति। मेरी भक्ति।। फुरो मन्त्र। ईश्वरो वाचा।।

होली या दीपावली की रात्रि को किसी कुएँ के ऊपर श्री हनुमान जी की प्रतिमा स्थापित कर हनुमान जी विषयक सभी नियमों का पालन करते हुए इस मन्त्र का अनगिनत जप करे तो यह मंत्र सिद्ध होगा। फिर आवश्यकता के समय पृथ्वी पर मन्त्र

का जप करते हुए २१ रेखाएँ सीधी खींचे। फिर रोगी को उन रेखाओं के पास बिठाकर इन रेखाओं के ऊपर रोगी के दोनों हाथ रखवा दे; पुनः इस मन्त्र से रोगी का २१ बार झाड़ा मोरपंख से या लोहे की वस्तु से करे। झाड़ा करते समय रोगी अचानक या अंजाने में आगे की ओर खिसक पड़ेगा तो उसकी मथवाय, वाय, हवादि रोग उस क्षण नष्ट हो जाएँगी और वहीं सुखी होगा।

दादनाशक हनुमान मन्त्र

ॐ हाथ वेगे चलाई। आदि-नाथ, पवन-पूत।। हनुमन्त कर मोरकत। मेरु चाल, मन्दिर चाल।। नव-ग्रह चाल, दोष-चाल। दिनाई चाल, डोरी चाल।। इन्द्रहि चाल, चाल-चाल। हनुमन्त बिना, सह-काल।। उठि विषि तरुवर चाल। हम हनुमन्ते मुगरे।। लिंगडा परोरे वर्ध छले। तरुयरी घानपरि हि।। यष अष्टोत्तर-शत व्याधि। लावरे विशालाव अहरो।। विष आह।।

इस मन्त्र को ग्रहणकाल या दीपावली में श्रीरामदूत हनुमान जी विषयक समस्त नियमों का पालन करते हुए ११ माला जप व दशांश हवन करने से यह मन्त्र सिद्ध होगा। फिर ताँबे के कलश में शुद्ध जल भर कर २१ बार शक्तिकृत कर दाद वाले व्यक्ति को पिलायें। यह क्रिया नित्य करें, जब तक दाद न दूर हो जाय।

आधाशीशी-विनाशक हनुमत् मन्त्र

ॐ कारी चिरई चौकही। राव तीरे बासा।। या किसी हाँक दे हनुमन्त वीर आधाशीश विनाशा।।

इस मन्त्र को ग्रहण-काल में पवन-पुत्र हनुमान विषयक सभी नियमों का पालन करते हुए ११ माला का जप करे तो यह मन्त्र सिद्ध होगा। फिर आधा-शीशी दर्द से पीड़ित व्यक्ति का उपलों की राख से झाड़ा करने से आधा-शीशी का दर्द दूर होता है।

कर्णपीड़ाहारी हनुमत् मन्त्र

वनरा गाँठि वनारी। तो डाँटे हनुमान, कंठ।। बिलारी, बाधी, थनैली। कर्णमूल, सम जाइ।। श्री रामचन्द्र की बानी। पानी पथ होइ जाइ।।

इस मन्त्र का अनुष्ठान सात दिन का है, साधक अंजनीपुत्र श्री बीर बजरंगी के समस्त नियमों का पालन करते हुए प्रतिदिन १ माला का जप करे तो यह मन्त्र सिद्ध होगा। फिर जब कान की पीड़ा से व्यथित व्यक्ति आवे तो मोरपंख और भस्म से २१ बार झाड़ा करने से तो रोगी व्यक्ति की पीड़ा दूर होती है और वह सुखी हो जाता है।

नकसीर-निवारक हनुमत् मन्त्र

ॐ नमो आदेश। गुरु जी का।। सार-सार। महा-सागरे बाँधूँ।। सात बार

फिर बाँधूँ। तीन बार लोहे की।। तार बाँधूँ। सार बाँधे। हनुमन्त वीर।। पाके न फूटे। तुरन्त सोखे।। आदेश। आदेश। आदेश।।

इस मन्त्र को ग्रहण-काल में ११ माला जप करें तो यह मन्त्र सिद्ध होगा, साधना में श्री हनुमान जी विषयक सभी नियमों का पालन करे एवं जब किसी व्यक्ति के नाक से रक्त गिर रहा हो तो राख लेकर इस मन्त्र को जपते हुए २१ बार नाक का झाड़ा करें। तत्काल ही नकसीर बन्द हो जाएगी और पीड़ित व्यक्ति सुख का अनुभव करेगा।

सर्वरोग-शमनक हनुमत् मन्त्र

पर्वत ऊपर पर्वत। पर्वत ऊपर स्फटिक शिला।। स्फटिक शिला पर अंजनी। जिन जाया हनुमन्त।। नेहला-टेहला-काँख की कखराई।। पीछे की आदटी। कान की कनफेट।। राल की बद। कष्ठ की कष्ठमाला।। घुटने का डहरु। दाढ़ की दढ़शूल।। पेट की ताप, तिल्ली किया। इतने को दूर करे।। भस्मंत न करे तो तुझे माता अंजनी का।। दूध पिया हराम। मेरी भक्ति गुरु की शक्ति।। फुरो मन्त्र, ईश्वरो वाचा। सत्यनाम आदेश गुरु जी का।।

जो साधक ब्रह्मचर्य व्रत धारण किया हो, वह इस मन्त्र का जप करते हुए रोगी का झाड़ा करे तो रोगी व्यक्ति तत्काल रोग से निदान पाता है।

आधाशीशी-हारी हनुमत् मन्त्र

बन में ब्याई अंजनी। कच्चे बन फल खाय।। हाँक मारी हनुमन्त ने। इस पिण्ड से आधा सीसी उतर जाय।।

इस मन्त्र को ग्रहण-काल में १० माला का जप श्री हनुमान जी विषयक सभी नियमों को ध्यान में रखते हुए करें तो यह मन्त्र सिद्ध होगा, फिर जब आपके पास कोई आधासीसी दर्द से पीड़ित व्यक्ति आये तो राख लेकर २१ बार इस मन्त्र का उच्चारण करते हुए झाड़ा करें तो वह शीघ्र ही आधासीसी दर्द से निजात पायेगा।

पसली रोगहारी हनुमत् मन्त्र

ॐ सत्य नाम आदेश गुरु जी का।। डंक खारी। खंखरा कहाँ गया? सवा लाख पर्वतो गया। सवा लाख पर्वतो जाय क्या करेगा? सवा भार को कोयला करेगा।। सवा भार कोयला कर क्या करेगा? हनुमन्त वीर नव चन्द्रहास खड्ग घड़ेगा।। नव चन्द्रहास खड्ग घड़ क्या करेगा? जात व ढोख पसली बाय काल कूट खारो समुद्र नखेगा। जगद्गुरु की शक्ति।। मेरी भक्ति। फुरो मन्त्र, ईश्वरो वाचा।।

इस मन्त्र का ग्रहण-काल में ११ माला जप श्री हनुमान जी विषयक सभी नियमों को ध्यान में रखकर करें तो यह मन्त्र सिद्ध होगा; फिर आवश्यकता के समय तिल

के तेल में असली सिन्दूर मिलाकर डिब्बा वाले बालक का झाड़ा करने से वह बालक शीघ्र ही इस रोग से निदान पाता है।

नेत्रपीड़ाहर हनुमत् मन्त्र

ॐ नमो। झल-मल।। जहर भरी तलाई।। अस्ताचल पर्वत ते आई।। तहाँ बैठा हनुमन्त जाई।। फूटे न पाकै करै न पीड़ा यती हनुमन्त राखै हीड़ा।। शब्द सांचा पिण्ड कांचा।। फुरो मन्त्र। ईश्वरों वाचा।।

इस मन्त्र का ग्रहण-काल में सात माला का जप हनुमान जी के विषयक सभी नियम मानते हुए करने से यह मन्त्र सिद्ध होता है। फिर आवश्यक समय में निम्बू की टहनी लेकर २१ बार रोगी के नेत्रों का झाड़ा मन्त्र जपते हुए करने से वह नेत्रपीड़ा से मुक्ति पाता है।

बवासीर-नाशक हनुमत् मन्त्र

ॐ काका कता। क्रोरी कर्ता।। ॐ करता से होय। यरसना दश हूँस प्रकटे।। खूँनी-बादी बवासीर न होय।। मन्त्र जान के न बताए, द्वादश ब्रह्म हत्या का पाप होय, लाख जप करे तो उसके वंश में न होय।। शब्द सांचा पिण्ड कांचा।। फुरे मन्त्र। ईश्वरो वाचा।।

इस मन्त्र का अनुष्ठान सात दिन का है, साधक श्री हनुमान जी के नियमों का पालन करते हुए प्रतिदिन १ माला जप करें तो वह मन्त्र सिद्ध होगा। फिर आवश्यकता के समय रात्रि का रखा हुआ पानी लेकर इस मन्त्र से २१ बार अभिमंत्रित करके गुदा-प्रक्षालन करें तो खूनी और बादी दोनों बवासीर ठीक हो जाती है।

बगली दर्द-नाशक हनुमत् मन्त्र

वात् वात्। अकाल वात्।। अन्ध वात्। कुन-कुने वात्।। कुट-कुटरे वात्। आभार प्रतिचक्रे शीघ्र फाट।। तौमार डांके। पवनपुत्र हनुमान कार आज्ञाय।। राजा श्री रामेर आज्ञाय।।

इस मन्त्र को होली की रात्रि या मंगल-पुष्य नक्षत्र में हनुमान जी विषयक सभी नियमों को मानते हुए सात माला जप करें तो यह मन्त्र सिद्ध होगा; फिर आवश्यक समय में २१ बार झाड़ा करने तथा शुद्ध पीली सरसों के तेल को लेकर २१ बार अभिमंत्रित कर दर्द वाले स्थान पर मर्दन करने से रोगी शीघ्र रोग से मुक्ति पायेगा। रोगी के ठीक हो जाने पर रोगी व्यक्ति से सात बालकों को मीठा भोजन तथा हनुमान जी को चोला व लंगोट चढ़वाना चाहिये।

उखड़ी नाभि निरोगीकरण मन्त्र

ॐ नमो नाड़ी-नाड़ी नौ से नाड़ी।। बहत्तर कोठा। चलै अगाड़ी।। डिगै न

कोठा। चले नाड़ी।। रक्षा करे यती। हनुमन्त की आन।। शब्द सांचा पिण्ड कांचा।। फुरे मन्त्र ईश्वरो वाचा।।

इस मन्त्र को ग्रहण-काल में श्री पवनतनय के सभी नियमों को मानते हुए ११ माला का जप करें तो मन्त्र सिद्ध होगा। फिर आवश्यकता के समय रोगी व्यक्ति जिसकी नाड़ी उखड़ी हो, उसे लिटा करके उसकी नाभि के ऊपर एक ऐसा बाँस का पोला, जिसमें कि नौ गाँठ हो, खड़ा कर दें और इस मन्त्र को जपते हुए २१ बार फूँक बाँस के छेद में जोर-जोर से मारे तो उखड़ी हुई नाभि ठीक हो जायेगी।

बाला मोचन हनुमत् मन्त्र

ॐ नमो वारा रे। तू सदा बलवन्ता।। बोला ने खोदे हनुमन्ता।। शब्द साँचा। पिण्ड काँचा।। फुरो मन्त्र। ईश्वरो वाचा।।

इस मन्त्र को होली–दीपावली या पर्व-काल में श्री हनुमान जी विषयक सभी नियमों का पालन करते हुए ११ माला का जप करने से यह मन्त्र सिद्ध होगा, फिर आवश्यकता के समय साँभर नमक की कंकड़ी को २१ बार शक्तिकृत कर बाला वाले स्थान पर २१ बार झाड़ा करें, जब तक पीड़ा न दूर हो तब तक रोज झाड़ा करें।

शिरःपीड़ानाशक हनुमत् मन्त्र

लंका में बैठ के। माथ हिलावे हनुमन्त।। सो देखि के राक्षसगण पराय दुरंत।। बैठी सीता देवी। अशोक वन में। देखि हनुमान को। आनन्द भई मन में।। गई उर विषाद देवी। स्थिर दरशाय।। 'अमुक' के सिर व्यथा पराय।। 'अमुक' के नहिं कछु। पीर नहिं कुछ भार।। आदेश कामाख्या हाड़ी। दासी चण्डी की दोहाई।।

इस मन्त्र का सात दिन का अनुष्ठान है। साधक श्री हनुमान जी विषयक सभी नियमों का पालन करते हुए प्रतिदिन १ माला का जप करें तो यह मन्त्र सिद्ध होगा और जब आवश्यकता हो तो रोगी व्यक्ति को दक्षिण की ओर मुख करके बैठा दें और उसके सिर को हाथ से पकड़ कर इस मन्त्र को जपते हुए राख द्वारा २१ बार झाड़ा करें तो उसका सिर-दर्द दूर होता है एवं वह सुख का अनुभव करता है।

(अमुक की जगह पीड़ित का नाम उच्चारण करें)

नेत्ररोग-नाशक हनुमत् मन्त्र

ॐ नमो वने बिआई। बानरी जहाँ जहाँ।। हनुमन्त। आँखि पीड़ा।। कषावरि गिहिया। लाइ चरिउ जाइ।। भस्मन्तन। गुरु की शक्ति।। मेरी भक्ति। फुरो मन्त्र।। ईश्वरो वाचा।।

इस मन्त्र को ग्रहण-काल में श्री हनुमान जी विषयक सभी नियमों को मानते हुए

१० माला का जप करें तो यह सिद्ध होगा। फिर जब आवश्यकता हो तब नेत्ररोग से पीड़ित व्यक्ति के आँख पर हाथ फेरते हुए २१ बार इस मन्त्र को जपते हुए फूँक मारें तो रोगी की व्यथा मिट जाएगी और वह सुखी होगा।

दन्तपीड़ा-निवारक हनुमत् मन्त्र

ॐ राई-राई। तू मेरी माँई।। धरती नी धूलि। मसानी छाई।। सान खवाई। सो हनुवन्त।। की दुहाई। मारा गुरु।। जपत जलत बाई। हालि मन्त्र गुरु खवाई।। मेरी भक्ति। गुरु की शक्ति।। फुरे मन्त्र। ईश्वरो वाचा।।

इस मन्त्र की साधना २१ दिन की है। श्री हनुमान जी विषयक समस्त नियमों का पालन करते हुए प्रतिदिन १ माला का जप करने से यह मन्त्र सिद्ध होता है। फिर जब दाँत के दर्द वाला कोई व्यक्ति आये तो इस मन्त्र को जपते हुए २१ बार झाड़ा करने से शीघ्र ही दाँतदर्द से पीड़ित व्यक्ति आराम पाता है।

स्त्री सर्व-रोगनाशक हनुमत् मन्त्र

हनुमान हठीले। लोहे की लाट।। वज्र का खीला। भूत को बाँध।। प्रेत को बाँध। मैली कुचमैली।। कूँख मैली, रक्त मैली। ऐसी चौदा मैली। पकड़ चोटी न निकाले। तो अंजनी का दूध। हराम करे। महादेव की जटा।। में आग लगे। ब्रह्मा के वचन से।। रामचन्द्र के वचन से। मेरे वचन से।। मेरे राजगुरु। के वचन से।। इसी वक्त भाग जा।।

इस मन्त्र का अनुष्ठान २१ दिन का है। साधक केशरीनन्दन बजरंग बली विषयक सभी नियमों का ध्यान रखकर प्रतिदिन १ माला का जप करें तो यह मन्त्र सिद्ध होगा, फिर आवश्यकता के समय रोगी व्यक्ति का झाड़ा लोहे की वस्तु से इस मन्त्र को जपते हुए करें तो रोगी रोग से निदान पायेगा।

सर्वशूलनाशक हनुमत् मन्त्र

ॐ नमो भगवते। चिन्तामणि हनुमान!। अंग-शूल, अति-शूल। कटि-शूल, कुक्षि-शूल।। गुद-शूल, मस्तक-शूल। सर्व-शूल, निर्मूलय।। निर्मूलय, कुरु-कुरु स्वाहा।।

ग्रहण-काल में केशरी-नन्दन हनुमान जी विषयक सभी नियमों का पालन करते हुए ११ माला जप व दशांश हवन करने से यह मन्त्र सिद्ध होगा। फिर आवश्यकता के समय शूलग्रस्त रोगी व्यक्ति को अभिमंत्रित जल पिलायें या भस्म अभिमन्त्रित कर खाने को दें अथवा एक निम्बू शक्तिकृत कर शूल-ग्रस्त भाग के ऊपर फिरायें बाद में उस निम्बू को नदी या तालाब में विसर्जित कर दें और इन तीनों प्रयोगों से रोगी की शूल-व्याधि नष्ट होती है, शूल रोग जब अच्छा हो जाय तब यथाशक्ति दान-पुण्य अवश्य करवाना चाहिये।

नजर झाड़ने का हनुमत् मन्त्र

हनुमान चलै। अवधेसरिका।। वृज-मण्डल। धूम मचाई।। टोना-टमर। डीठि-मूठि।। सबको खैचि बलाय। दुहाई छत्तीस।। कोटि देवता की। दोहाई लोना।। चमारिन की।।

इस मन्त्र का ग्रहण-काल में पवन पुत्र हनुमान जी विषयक सभी नियमों का पालन करते हुए १० माला का जप करें तो यह मन्त्र सिद्ध होगा, फिर आवश्यकता के समय मोरपंख से २१ बार झाड़ा करने से बालकों को लगी नजर दूर हो जाती है।

रोगहारी हनुमत् मन्त्र

ॐ नमो आदेश। गुरु जी का।। अहल बाँधूँ। जहल बाँधूँ।। अंबर तारा अस्सी। कोस की विद्या बाँधूँ।। बाँधूँ नदी की धारा। बाँधूँ तर्कशास्त्र का तीर। मस्तक बैठा। हनुमन्त वीर।। वीर हनुमन्त से। क्या-क्या चले?।। चौंसठ चक्र चलै। चौंसठ चक्र से। क्या-क्या चले? भूत चले। प्रेत चले।। राक्षस चले। ब्रह्मराक्षस चले।। जुड़ैल चले। सोखा तपोखा चले।। पर्वत औ धरणी चले। चौंसठ योगिनी चलै।। ताप-तिजारी चलै ! नव नाड़ि, बहत्तर।। कोठा माँहि सो निकाले। 'अमुक' को आराम करे।। न निकाले, तो राजा। रामचन्द्र की दुहाई।। मेरी भक्ति, गुरु की शक्ति। फुरे मन्त्र ईश्वरो वाचा।।

इस मन्त्र की साधना २१ दिन की है। साधक श्री हनुमान विषयक सभी नियमों को मानकर प्रतिदिन १ माला जप तथा दशांश हवन करें तो यह सिद्ध होगा। आवश्यकता के समय मोरपंख द्वारा रोगी का २१ बार झाड़ा करने से समस्त रोग-दोष दूर होते हैं।

दुर्बलता नाशक हनुमत् मन्त्र

तू है वीर बड़ा हनुमान। लाल लंगोटी मुख में पान। एर भगावे वैर भगावै। 'अमुक' में शक्ति जगावै। रहे इसकी काया दुर्बल तो माता। अंजनी की आन। दुहाई गौरा पार्वती को। दुहाई राम की। दुहाई सीता की। लै इसके पिण्ड की खबर। न रहै इस पे कोई कसर।।

इस मन्त्र की साधना २१ दिन की है। साधक श्री बजरंग बली के सभी नियमों का पालन करते हुए १ माला प्रतिदिन जपें तो यह मन्त्र सिद्ध होगा। आवश्यकता के समय इस मन्त्र को जपते हुए मोरपंख द्वारा २१ बार झाड़ा करें तो रोगी व्यक्ति की दुर्बलता दूर होती है एवं उसके सभी रोग-दोष दूर होते हैं।

सफलतादायक मन्त्र

ॐ नमो महादेवी सर्वकार्य सिद्धकरणी जो पाती पूरे ब्रह्मा, विष्णु, महेश

तीनों देवतन मेरी भक्ति गुरु की शक्ति श्री गुरु गोरखनाथ की दुहाई फुरो मंत्र ईश्वरो वाचा।

आर्थिक, व्यावसायिक या व्यापारिक दृष्टि से किसी भी प्रकार की सफलता एवं उन्नति के लिए इस मंत्र का प्रयोग किया जा सकता है। ३१ माला मंत्र जप करने पर यह मन्त्र सिद्ध हो जाता है। दीपावली की रात्रि को इस मन्त्र का प्रयोग किया जाता है। किसी भी प्रकार की माला का प्रयोग साधक कर सकता है। आसन किसी भी प्रकार का हो सकता है। यदि रात्रि में इस मन्त्र को सिद्ध किया जाय तो विशेष सफलता प्राप्त होती है।

कार्यसिद्धि मन्त्र

ॐ नमो काली कंकाली महाकाली के पूत कंकाली भैरव हुक्मे हाजिर रहे मेरा तुरन्त करे रक्षा करे आन बाँधूँ, बान बाँधूँ, चलते-फिरते को औसान बाँधूँ, दशों दशी मुखा बाँधूँ, नौ नाड़ी बहत्तर कोठा बाँधूँ, फुल में भेजूं फैल में जाय काठे जो पड़े थर-थर कांपे। हल हल हले गिर गिर पड़े उठ उठ भगे, बक बक बके मेरा भेजा सवा घड़ी पहर सवा दिन सवा मास सवा बरस का बावला न करे तो काली माता की सैया पर पांव धरे। वचन जो चूके समुद्र सूखे। बाचा छोड़ कुबाचा करे तो धोबी की नांट चमार के कुण्डे में पड़े। मेरा भेजा बावला न करे तो रुद्र के नेत्र से अग्नि ज्वाला कढ़ै। सिर की जटा टूटी भूमि पर गिरे। माता पार्वती के सिर पै चोट पड़े। बिना हुक्म नहीं मरना हो। काली कंकाल भैरव फुरो मन्त्र ईश्वरो वाचा।

यह मंत्र भी कार्यसिद्धि मंत्र कहा जाता है और विशेष रूप से प्रभावयुक्त है। यह भैरव मंत्र है। अतः साहसी और निडर व्यक्ति को ही इस प्रकार के मन्त्र का जाप करना चाहिए। दीपावली की रात्रि या ग्रहण की रात्रि में मन्त्र को सिद्ध किया जा सकता है। साधना के लिए एक त्रिकोण बनाना चाहिए और उसके सामने चौमुख दीपक लगाना चाहिए। साधक को शुद्ध वस्त्र पहनकर दक्षिण दिशा की ओर मुंह करके जप करना चाहिए। एक हजार मन्त्र जपने पर यह सिद्ध हो जाता है। यदि साधनाकाल में भैरव का भयंकर रूप दिखाई दे तो घबराइए नहीं; अपितु उनके सम्मान में धूप-दीप, नैवेद्य प्रस्तुत कर पूजा करें और यदि वह साक्षात् उपस्थित हों तो उनके गले में फूलों की माला पहना दें। उसके बाद साधक कभी भी इस मन्त्र की एक माला फेरकर अपना जो कार्य भैरव को कहेगा, वह कार्य अवश्य ही सिद्ध होगा।

धनदाता मन्त्र

ॐ नमो पदमावती पद्मालये लक्ष्मीदायिनी वांछाभूत प्रेत बिन्ध्यवासिनी

सर्व शत्रु संहारिणी दुर्जन मोहिनी ऋद्धि-सिद्धि वृद्धि कुरु कुरु स्वाहा। ॐ क्लीं श्रीं पद्मावत्यै नमः।

यह मन्त्र महत्त्वपूर्ण है, इस मन्त्र का जप अर्द्धरात्रि में किया जाता है। यह साधना २२ दिन की है और नित्य एक माला जप होना चाहिए। यदि शनिवार या रविवार से इस प्रयोग को प्रारम्भ किया जाय तो ज्यादा उचित रहता है। इससे व्यक्ति को लाल वस्त्र पहनने चाहिए और पूजा में प्रयुक्त सभी सामान को रंग लेना चाहिए।

दीपावली के दिन भी इस मन्त्र का प्रयोग किया जा सकता है और कहते हैं कि यदि दीपावली की रात्रि को इस मन्त्र को २१ माला फेरे तो उसके व्यापार में उन्नति एवं आर्थिक सफलता प्राप्त होती है।

जप अनुष्ठान पूरा हो जाय तो साधक को चाहिए कि वह नित्य इसकी एक माला फेरे। ऐसा करने पर उसके आगे के जीवन में निरन्तर उन्नति होती रहती है।

अन्नपूर्णा मन्त्र

ॐ नमो आदेश की श्री गुरु गजानन बीर बसे मसाऊ अब दो शुद्धि का वरदान जो जो माँगूं सो कान पाँच लड्डू सिर सिन्दूर हाटा बाटका, माटी मशान की सब ऋद्धि-सिद्धि हमारे पास पठेस शब्द सांचा फुरो मन्त्र ईश्वरो वाचा।

इसकी साधना किसी भी दिन की जा सकती है। साधना से पूर्व साधक को अपने घर में छः लड्डू निकालकर अलग रख देने चाहिए तथा उन लड्डुओं पर सिन्दूर लगाकर सामने रख देना चाहिए। इसके बाद उन लड्डुओं के सामने अन्नपूर्णा मन्त्र का एक हजार जप करें। जप के बाद लड्डू कलश में रखकर कुएं से पानी भर लें तथा शेष चार लड्डू कलश में रखकर कुएं से पानी लें तथा शेष चार लड्डू कुएं में वरुण देवता को समर्पित कर दें। कलश में जो लड्डू एवं जल हो उनको पूरे घर में छिड़क दें तथा जो छठा लड्डू अलग पड़ा था, उसे दक्षिण दिशा की तरफ फेंक दें। ऐसा करने पर व्यक्ति अन्नपूर्णा सिद्ध कर लेता है और उसके घर में धन-धान्य की कोई कमी नहीं आती।

मंत्र सिद्ध करने के बाद सप्ताह में एक दिन अन्नपूर्णा मन्त्र की माला अवश्य फेर लेनी चाहिए। यह मन्त्र परीक्षित है सिद्ध होने के बाद उस घर में चाहे कितने ही लोग भोजन करें, भोजन में कभी न्यूनता नहीं आती। इस मन्त्र को दीपावली की रात्रि को ही सिद्ध किया जा सकता है।

व्यापारवृद्धि मन्त्र

भंवर वीर तूं चेला मेरा, खोल दुकान कहा कर मेरा, उठे जो डूडी बिकै जो मा भंवर बीर खाली नहीं जाय।

व्यापार में बिक्री बढ़ाने का यह अद्‌भुत एवं अचूक मन्त्र है, इसका प्रयोग मात्र तीन रविवार के दिन ही किया जाता है। किसी भी रविवार को प्रात: उठकर अपने हाथ में काले उड़द लेकर इस मन्त्र का २१ बार जप करके उन उड़दों को व्यापार स्थल पर डाल दें। इस प्रकार केवल तीन रविवार करें अर्थात् यह प्रयोग केवल रविवार के दिन ही किया जा सकता है। ऐसा करने पर उसके व्यापार में उन्नति होती है और आश्चर्य जनक रूप से बिक्री बढ़ती है।

यदि दीपावली की रात्रि को दुकान पर बैठकर इस मन्त्र की २१ माला फेरें तो यह मन्त्र सिद्ध हो जाता है और तब उड़द को दुकान के सामने डाल दें। ऐसा करने पर बिक्री बढ़ जाती है और व्यापार में उन्नति होने लगती है।

मनोकामनासिद्धि मन्त्र

ह्रीं मातसे मनसे ॐ ॐ।

इस मन्त्र का दीपावली की रात्रि को दस हजार जप करने से मनोकामना पूरी होती है और साधक जो भी चाहता है, वह कार्य सिद्ध हो जाता है।

समस्त कामनासिद्धि मन्त्र

ॐ ह्रीं नमः।

इस मन्त्र का हर समय जप करते रहने से समस्त कामना पूरी हो जाती है। वह जीवन में जिस प्रकार से चाहता है, उसी प्रकार से कार्य हो जाता है।

त्वरित धनलाभ मन्त्र

यक्षाम कुबेराय वैश्रवणाय, धन-धान्याधिपतये धन-धान्यसमृद्धिं मे देहि दापय स्वाहा।

धन प्राप्ति के लिए यह कुबेर मन्त्र है। इस मन्त्र को १०८ बार जपने से तीन मास में ही लाभ होता है।

महालक्ष्मी मन्त्र (अक्षय भंडार)

ॐ श्रीं ह्रीं क्रीं ह्रीं श्रीं महालक्ष्म्यै नमः।

शुभ तिथि व शुभ दिन प्रात: जप करना प्रारम्भ कर दें। कम-से कम ११०० जप तो अवश्य करें।

महालक्ष्मी सिद्ध मन्त्र

श्री शुक्ले महाशुक्ले कमल दल निवासे श्री महालक्ष्मी नमो नमः। लक्ष्मी माई सबकी सवाई आवो चेतो करो भलाई न करो तो सात समुद्रों की दुहाई, ऋद्धि-सिद्धि न करे तो नौ नाथ चौरासी सिखों की दुहाई।

दुकानदार दुकान खोले तब महादेव का थड़ा अर्थात् दुकान की गद्दी पर बैठकर इस मन्त्र की प्रथम माला जप ले। फिर लेन-देन करें, धूप-दीप से लाभ हो, धन की वृद्धि हो, न्याय-नीति से कारोबार करे, दशांश दान-पुण्य में लगाये, सभी प्रकार के सुख-शांति को प्राप्त करता है। यदि पहले इस मन्त्र की ४१ दिन में सवा लाख जप दीप-धूप-पुष्प-फल-नैवेद्यादि विधान से करके फिर एक माला नित्य जप करे तो लक्षाधिपति, वैभव जीवन का अक्षय सुख प्राप्त करता है।

रविवार के दिन एक किलो काले उड़द अपने सामने रखकर सूर्योदय से सूर्यास्त तक इस मन्त्र का नियमित रूप से जप करने पर यह मन्त्र सिद्ध हो जाता है। जब यह मन्त्र सिद्ध हो जाये तब उन काले उड़दों को लेकर २१ बार मन्त्र पढ़कर दुकान में बिखेर दे, इस प्रकार तीन रविवार तक करने पर दुकान की बिक्री दुगुनी-तिगुनी हो जाती है। यह निश्चित है।

व्यापार वृद्धिकारक मन्त्र

ॐ हनुमन्त वीर, रखो हद थीर, करो यह काम, वैपार बढ़े, तंतर दूर हो, टूणा टूटे। ग्राहक बढ़े, कारज सिद्ध होय, न हो तो अंजनी की दुहाई।

होली की रात अपने सामने एक हाथ लम्बा सूती कपड़ा बिछा दें और उस पर काले तिल की ढेरी बना दें एवं उस पर एक दीया जला दें। इस दीये में किसी भी प्रकार का तेल भरा जा सकता है। फिर दीपक के सामने सात लौंग, सात इलायची तथा सात लाल मिर्चें रख दें और दीपक के तेल में एक सियार सिंगी डाल दें, जो कि तेल में डुबी रहे। इसके बाद साधक इस दीपक के सामने हाथ जोड़कर प्रार्थना करे कि यदि किसी ने मेरा व्यापार बाँध दिया हो तो वह दूर हो जाये और वापिस व्यापार दिन-दूना रात-चौगुना फैलने लग जाये। इसके बाद साधक वहीं पर बैठ उपर्युक्त लिखे मन्त्र का जप करे। जब एक घण्टे तक मंत्र जप हो जाये, तब दीया बुझा दें और दीपक, सियार-सिंगी, तेल तथा अन्य वस्तुओं के साथ ही वह पोटली में बाँध दें। उस पोटली को सड़क के उस स्थान पर रख दें, जहाँ पर दो सड़कें आकर मिलती हैं। यह पोटली रखने के बाद वापिस अपने घर लौट आयें और हाथ-पैर धो लें ऐसा करने पर व्यापार-सम्बन्धित बाधाएं अथवा दोष दूर हो जाता है और दूसरे दिन से ही उसे व्यापार में उन्नति कार अनुभव होने लगता है। यह अपने-आपमें श्रेष्ठ और सफल प्रयोग है।

व्यापार द्वारा धनप्राप्ति का मन्त्र

ॐ ह्रीं श्रीं क्रीं श्रीं कुबेराय अष्ट लक्ष्मी मम गृहे धनं पूरय पूरय नमः।

सामग्री– जलपात्र, घृत का दीपक, मन्त्रसद्धि प्राण-प्रतिष्ठायुक्त धातु-निर्मित

कुबेर यन्त्र, अगरबत्ती तथा किसमिस दाख। **माला**—स्फटिक की माला। **समय**—रात्रि का कोई भी समय। **आसन**—सफेद रंग का सूती आसन। **दिशा**—उत्तर दिशा। **जपसंख्या**—सवा लाख। **अवधि**—पाँच, ग्यारह या पन्द्रह दिन।

रात्रि को किसी भी समय स्नान कर सफेद वस्त्र बिछाकर उस पर कुबेरयन्त्र स्थापित कर दें और उसे जल से स्नान कराकर केसर, पुष्प आदि से पूजा करें तथा अगरबत्ती दीपक लगा लें। इसके बाद उपर्युक्त मन्त्र का जप करें। कुबेर यन्त्र के सामने चार दाने किसमिस का भोग लगा दें, जो दूसरे दिन बालकों में वितरित कर दें। इस प्रकार जब यह प्रयोग सम्पन्न हो जाय, तब उस कुबेर यन्त्र को अपनी दुकान के कार्यालय में स्थापित कर देना चाहिए, ऐसा करने से कुबेर सिद्ध हो जाते हैं और आश्चर्यजनक रूप से व्यापार में वृद्धि होने लगती है। इस प्रयोग से दरिद्रता का नाश होता है और यदि व्यापार नहीं चल रहा हो तो या सही प्रकार से बिक्री नहीं हो रही हो या उसमें किसी प्रकार की अड़चन आ रही हो तो इस प्रयोग से वह समाप्त हो जाती है।

व्यापार बन्धनिवारण मन्त्र

ॐ दक्षिण भैरवाय भूत-प्रेत बन्ध, तन्त्र-बन्ध, निग्रहनी, सर्व शत्रु संहारिणी कार्य सिद्ध कुरु कुरु स्वाहा।

सामग्री—गुलाल, गोरोचन, छारछबीला और कपूर काचरी। **माला**—कोई भी। **समय**—दिन या रात का कोई भी समय। **आसन**—कोई भी। **दिशा**—कोई भी। **जपसंख्या**—नित्य इक्कीस बार। **अवधि**—पाँच दिन।

उपर्युक्त चारो चीजों को बराबर मात्रा में लेकर उन्हें पीसकर मिलाकर मन्त्र का इक्कीस बार उच्चारण करते हुए यह मिला-जुला पाउडर दुकान के सामने बिखेर देना चाहिए। इस प्रकार पाँच दिन प्रयोग करने से व्यापार-बन्ध दूर हो जाता है।

व्यापार बाधानाशक मन्त्र

ॐ आकर्षय स्वाहा।

सामग्री—मन्त्रसिद्ध प्राण-प्रतिष्ठायुक्त सियारसिंगी, सौ ग्राम सिन्दूर, तेल का दीपक, लोबान, धूप। **माला**—हकीक माला। **समय**—दिन या रात का कोई भी समय। **आसन**—सफेद सूती आसन। **दिशा**—पश्चिम दिशा। **जपसंख्या**—दस हजार। **अवधि**—जो भी सम्भव हो।

यह प्रयोग किसी भी रविवार को प्रारम्भ किया जा सकता है। सामने सियारसिंगी रख दें और अपने दाहिने हाथ की सबसे छोड़ी अंगुली का रक्त थोड़ा-सा निकालकर

उस लगा दें तथा सियारसिंगी के नीचे सौ ग्राम सिन्दूर रख दें, उसके बाद हकीकमाला से उपर्युक्त मन्त्र का जप करें।

मन्त्रजप पूरा होने पर अपनी दुकान या प्रतिष्ठान के सामने इस सियारसिंगी को सिन्दूर के साथ गाड़ दें तो व्यापार में जो भी बाधा पहुंचेगी या वाणिज्य, व्यापार में कोई कष्ट दे रहा है, वह शान्त हो जायेगा और अपने वशीभूत होकर कार्य करेगा। जब तक वह सियारसिंगी दुकान के सामने गाड़ी रहेगी तब तक कोई बाधा नहीं आयेगी और न ही कोई दुकान को हानि पहुंचाने की चेष्टा करेगा।

गणपति मन्त्र

गं गणपतये नमः।

सामग्री—जलपात्र, लाल पुष्प, गणपति की मूर्ति या चित्र, सुगन्धित अगरबत्ती, शुद्ध घृत का दीपक। **माला**—मूंगे की या लाल रक्त चन्दन की माला। **समय**—दिन का कोई भी समय। **आसन**—लाल रंग का सूती या ऊनी आसन। **दिशा**—पूर्व। साधक पूर्व की तरह मुंह करके बैठे। **जपसंख्या**—सवा लाख। **अवधि**—पाँच, ग्यारह या इक्कीस दिन।

साधक किसी भी बुधवार से यह साधना प्रारम्भ कर सकता है। यह प्रयोग जीवन में कल्याण-कामना के लिए किया जाता है। घर में विवाह-कार्य सफलतापूर्वक सम्पन्न हो जाये, घर में सुख-शान्ति बनी रहे या किसी कार्य में विघ्न न आवे, इसके लिए यह प्रयोग किया जाता है। बुधवार के दिन प्रातः स्नान कर सामने गणपति की मूर्ति या चित्र स्थापित कर उसका सामान्य पूजन करें और इसके बाद मन्त्र का जप प्रारम्भ कर दें। जितने दिन में यह साधना सम्पन्न करनी हो, उसी अनुपात में नित्य-मन्त्र जप सम्पन्न करें। साधना समाप्त होने पर किसी ब्राह्मण-पुत्र या कुंवारी कन्या को भोजन कराकर उसे दक्षिणा, वस्त्र आदि भेंटस्वरूप प्रदान करें और गणपति का विग्रह या मूर्ति अपने पूजा-स्थान में या घर में स्थापित कर दें। ऐसा करने पर निकट भविष्य में होने वाला कोई विघ्न उपस्थित नहीं होता।

विजय गणपति मन्त्र

ॐ वर वरदाय विजय गणपतये नमः।

सामग्री—धातु से निर्मित मन्त्रसिद्ध प्राण-प्रतिष्ठायुक्त विजय गणपति की मूर्ति, जलपात्र, चन्दन, कनेर के पुष्प, अगरबत्ती, शुद्ध घृत दीपक आदि। **माला**—मूँगे की या रक्त चन्दन की माला। **समय**—दिन का कोई भी। **जपसंख्या**—सवा लाख। **अवधि**—पाँच दिन।

साधना किसी भी बुधवार से प्रारम्भ की जा सकती है, मुकदमें में सफलता प्राप्त

करने या किसी समस्या पर विजय प्राप्त करने के लिए यह अचूक प्रयोग है। किसी भी समस्या को सफलतापूर्वक सम्पन्न करने के लिए इस साधना को किया जाता है। इसके लिए विशेष मंत्रों से सिद्ध प्रतिष्ठायुक्त विजय गणपति के विग्रह को बुधवार के दिन प्रात:काल स्नान कराकर उस पर केशर लगावें तथा उसे रक्त चन्दन का तिलक करें, सामने गुड़ का भोग लगावें और इक्कीस पुष्पों से उसका पूजन करें। यथासम्भव ये पुष्प कनेर के हों तो ज्यादा उचित रहता है; पर यदि कनेर के पुष्प उपलब्ध न हों तो किसी भी प्रकार के लाल रंग के पुष्प प्रयोग में लिए जा सकते हैं। प्रत्येक पुष्प चढ़ाते समय जिस कार्य में विजय प्राप्त करनी है, उसको बोलकर पुष्प चढ़ावें। इसके बाद मन्त्रजप प्रारम्भ कर दें। पाँच दिनों तक सवा लाख मन्त्र जप पूरे हो जायें, तब छठे दिन कुंवारी कन्याओं को भोजन करावें और उसे यथोचित भेंट दें, ऐसा करने पर कुछ ही दिनों में व्यक्ति जिस कामना के लिए साधना करते हैं, वह कामना या विजय अवश्य ही होती है। यह प्रयोग अत्यन्त ही विलक्षण और श्रेष्ठ व सिद्ध है।

विशेष—दीपावली के दिन प्रात: व्यक्ति बिना स्नान किये, बिना दातुन किये, एक नारियल को पत्थर से बांधकर नदी या तालाब के जल में डुबो दे और डुबोते समय प्रार्थना करे कि शाम को मैं आपको लक्ष्मी के साथ लेने आऊँगा। फिर शाम को सूर्यास्त के बाद उस नारियल को जल से निकालकर ले आवे तथा लक्ष्मीपूजन के समय उसकी भी पूजा कर भण्डारगृह या संदूक में रख दे, तो पूरे वर्ष असाधारण रूप से धन प्राप्त होता रहता है।

धनद मन्त्र

१. ॐ लक्ष्मी वं, श्री कमला धरं स्वाहा।

इस मन्त्र की सिद्धि १ लाख बीस हजार मन्त्रजप से होती है। इसका शुभारम्भ वैशाख मास में स्वाती नक्षत्र में करें तो उत्तम रहेगा। जप के बाद हवन भी करें।

२. ॐ सच्चिदा एकी ब्रह्म ह्रीं सच्चिदीक्रीं ब्रह्म।

इस मन्त्र के १ लाख जप से लक्ष्मी की प्राप्ति होती है।

३. ॐ ह्रीं ह्रीं ह्रीं श्रीं श्रीं श्रीं क्रीं क्रीं क्रीं स्थिरां स्थिरां ॐ।

इसकी सिद्धि ११० मन्त्र नित्य जपने से ४१ दिनों में सम्पन्न होती है। माला मोती की और आसन काले मृग का होना चाहिए। साधना कांचनी वृक्ष के नीचे करनी चाहिए।

४. ॐ नमो ह्रीं श्रीं क्रीं श्रीं क्लीं क्लीं श्रीं लक्ष्मी मम गृहे धनं चिन्ता दूरं करोति स्वाहा।

प्रातः स्नानादि से निवृत्त होकर १ माला (१०८ मन्त्र) का नित्य जप करें तो लक्ष्मी की सिद्धि होती है।

५. ॐ नमो पद्मावती पद्मनतने लक्ष्मीदायिनी वांछ भूत प्रेत विन्ध्यवासिनी सर्व शत्रु संहारिणी दुर्जन मोहिनी ऋद्धि सिद्धि कुरु-कुरु स्वाहा। ॐ नमः क्लीं श्रीं पद्मावत्यै नमः।

इस मन्त्र को सिद्ध करने के लिए साधना के समय लाल वस्त्रों का प्रयोग करना चाहिए और पूजा में प्रयुक्त होने वाली सभी पूजन-सामग्री को रक्त वर्ण का बनाना चाहिये। इसकी साधना अर्द्धरात्रि के समय करनी पड़ती है। इसका शुभारम्भ शनिवार या रविवार से उपयुक्त रहता है। १०८ बार नित्यप्रति जप करें। छारछबीला, गोरोचन, कपूर, गूगल और कचरी को मिलाकर मटर के बराबर छोटी-छोटी गोलियाँ बना लें। जप के बाद नित्यप्रति १०८ आहुतियों का हवन करना चाहिए। इस साधना को २२ दिनों तक निरन्तर करना चाहिए। तभी लक्ष्मीजी की कृपा प्राप्त होती है।

६. ॐ नमो पद्मावती पद्मनेत्र बज्र बज्रांकुश प्रत्यक्षं भवति।

इस मन्त्र की सिद्धि के लिए लगातार २१ दिन तक साधना करनी होती है। इस साधना को आधी रात के समय करना आवश्यक है। साधना के समय मिट्टी का दीपक बनाकर जलायें। जप के लिए मिट्टी के मनकों की माला बनायें और नित्यप्रति १ माला अर्थात् १०८ मन्त्र को श्रद्धापूर्वक जप किये जायें तो लक्ष्मी देवी प्रसन्न होकर आशीर्वाद देती हैं।

७. ॐ नमः भगवते पद्मपद्मात्य ॐ पूर्वाय दक्षिणाय पश्चिमाय उत्तराय अन्न-पूर्ण स्थ सर्व जन वश्यं करोति स्वाहा।

प्रातःकाल स्नानादि सभी कार्यों से निवृत्त होकर १०८ मन्त्र का जप करें और अपनी दुकान अथवा कारखाने में चारों कोनों में १०-१० बार मन्त्र का उच्चारण करते हुए फूँक मारें। इससे व्यापार की परिस्थितियाँ अनुकूल हो जायेंगी और हानि के स्थान पर लाभ की दृष्टि होने लगेगी।

८. ॐ नमः काली कंकाली महाकाली मुख सुन्दर जिये व्याली चार बीर भैरों चौरासी बात तो पूजूं मानए मिठाई अब बोली काली की दुहाई।

इस मन्त्र को सिद्ध करने के बाद प्रातःकाल स्नान, पूजन, अर्चन आदि से निवृत्त होकर पूर्व की ओर मुख करके बैठें और सुविधा अनुसार ७,१४,२१,२८,३५,४२ अथवा ४९ मन्त्रों का जप करें। इस प्रक्रिया से थोड़े ही दिनों में नौकरी अथवा व्यापार के शुभारम्भ की व्यवस्था हो जायेगी।

९. ॐ नमः भगवती पद्मावती सर्वजन मोहिनी सर्वकार्य वरदायिनी मम विकट संकटहारिणी मम मनोरथ पूरणी मम शोक विनाशिनी नमः पद्मावत्यै नमः।

इस मन्त्र की सिद्धि करने के बाद मन्त्र का प्रयोग किया जाये तो नौकरी अथव व्यापार की व्यवस्था हो जायेगी। इसमें आने वाले विघ्न दूर हो जायेंगे। धूप-दीप आदि से पूजन करके प्रातः, दोपहर और सायंकाल तीनों संध्याओं में १-१ माला मन्त्र-जप करें। साधना-स्थल में अपने सामने (१) लिखकर रख लें। एकाग्रतापूर्वक की गयी साधना सफल होती है।

व्यापारवृद्धि का मन्त्र

१. भवंरवीर तू चेला मेरा खोल दुकान कहा कर मेरा उठै जो डंडी बिकै जो माल भंवरवीर नहि खाली जाय।

बिक्री बढ़ाने के लिए यह अनुभूत मन्त्र है। इसका प्रयोग केवल रविवार के दिन ही किया जाता है और ३ रविवार तक लगातार करने से सफलता मिलती है। प्रयोग इस प्रकार से है कि काले उड़द को २१ बार अभिमन्त्रित कर व्यापार स्थल में डालें। बिक्री में वृद्धि होगी।

२. ॐ श्रीं श्रीं श्रीं परमां सिद्धीं श्रीं श्रीं ॐ।

इसकी साधना सायंकाल को श्रेष्ठ मानी जाती है। प्रदोष व्रत करके १००० मन्त्र का जप करें। जप के बाद अष्टगंध और नागोरी के फूलों से १०८ मन्त्र की अग्नि में आहुतियाँ दें। इस प्रकार सात प्रदोष व्रत करने से व्यापार में वृद्धि होती है।

३. श्री शुक्ले महाशुक्ले कमल दल निवासे महालक्ष्म्यै नमो नमः लक्ष्मी माई सत्य की सवाई आवो माई करो भलाई ना करो तो सात समुद्र की दुहाई ऋद्धि सिद्धि खावोगी तो नौनाथ चौरासी की दुहाई।

व्यापार का दैनिक कार्य आरम्भ करने से पूर्व उपर्युक्त मन्त्र का १०८ बार जप करें तो हानि से सुरक्षा होती है और वृद्धि का लाभ भी प्राप्त होता है।

भविष्यवाणी-सिद्धि मन्त्र

गणेश देवि वाग देवी वाक्य सिद्धि कुरु कुरु स्वाहा।

शुभ मुहूर्त में प्रातः वेला में जप प्रारम्भ करें। जपसंख्या ११०० होनी चाहिये।

स्वप्नवाराही मन्त्र

ॐ नमो भगवती कुमार वाराही गुग्गल गुंध प्रिये सत्यवादिनी लोकवसा प्रचार रहस्य वाक्यानि मम स्वप्ने वद वद सत्यं ब्रूहि आगच्छ ह्लीं बौषट् नमः।

इस मन्त्र के १० हजार बार जपने से कार्य की सिद्धि होती है। शुक्रवार के दिन से पवित्र होकर अर्द्धरात्रि में सुन्दर कलश की स्थापना करके उसके ऊपर पान रखें। उसके ऊपर हल्दी से देवी की प्रतिमा बनाकर स्थापित करें। फिर 'वाराही नमः' इस मन्त्र से भक्तिपूर्वक प्राण-प्रतिष्ठा करके मोदक का निवेदन करें, फिर पूजा कर मन्त्रजप करें। देवी के समक्ष मस्तक झुकाकर एकासन से जप करें और देवी स्वप्न में शुभाशुभ कहती हैं, जिसके द्वारा याचक या साधक इच्छानुसार लाभ उठा सकता है। भक्ति के प्रसाद से प्रसाद साक्षात्कार भी सम्भव है।

सर्वकार्यसिद्धिदायक शाबर मन्त्र

पर्वत व्यायी अंजनी पुत्र पुत्र जने हनुमन्त रोठ लंगोट दरियाही भुजा लौंग सुपारी जायफल पान का बीड़ा कोने लिया या साहब जो लिया या किसको पूजा तेल हनुमान को पूजा सिन्दूर चढ़ाया किस अर्थ मूठा बंध वार बंध घोर बन्ध इष्ट बंध तुष्ट बंधमणी बंध मसाणी बन्धाकाली भैरों कलेजा बन्ध कालू देध दरवाजा बंध इतने को बबंध माता अंजनी पिण्ड कांच शब्द साचा फुरो मन्त्र ईश्वरो वाचा। वाचे से टले खारे समुद्र में गले, खारे समुद्र में टले, कुम्भी पाक नर्क में गले लोना चमारी के कुण्ड में गले।

चालीस दिनों तक नित्य रात को बारह बजे जंगल के चौराहे पर पानी से गोल चक्र बनाकर उसमें एक चौमुखा आटे का दीपक जलाकर पास में पानी डाल दे। दीपक के पास तेल, सिन्दूर, लौंग, सुपारी, जायफल रख दे। प्रतिदिन नयी सामग्री रखनी चाहिए। फिर वहीं पर बैठकर उपर्युक्त मन्त्र का १०१ बार जप करे। फिर घर जाकर ब्रह्मचर्य से रहना है, जमीन पर सोना है। इस प्रकार ४० दिन करना है। ४०वें दिन अवश्य ही सिद्धि मिलेगी। फिर कभी इस मन्त्र का प्रयोग करना हो तो मात्र सात बार पढ़कर जो भी कार्य कहा जायेगा, वह कार्य अवश्य ही पूरा होगा। वशीकरण, उच्चाटन, मारण, धन-व्यापार आदि समस्त कार्यों में चलेगा।

साक्षात्कार में सफलता प्राप्त करने का मन्त्र

ॐ ह्रीं वाग्वादिनी भगवती मम कार्य सिद्धि करि करि फट् स्वाहा।

सामग्री—स्फटिक मणिमाला (१०८ मनकों की)। माला—उपर्युक्त। **समय**—दिन का कोई भी समय। **आसन**—सफेद आसन। **दिशा**—पूर्व दिशा। **जपसंख्या**—इक्कीस बार प्रतिदिन। **अवधि**—ग्यारह दिन।

यह प्रयोग स्फटिक मणिमाला पर किया जाता है, सामने पीला वस्त्र बिछाकर उस पर १०८ मनकों की मन्त्रसिद्ध प्राण-प्रतिष्ठायुक्त स्फटिक मणिमाला रख दें और केसर से उसका पूजन करें। फिर सामने अगरबत्ती या दीपक लगा लें, यह दीपक शुद्ध

घी का हो। फिर उपर्युक्त मन्त्र का इक्कीस बार उच्चारण करें। इस प्रकार ११ दिन तक करने से वह माला 'विजयमाला' में परिवर्तित हो जाती है। जब किसी इण्टरव्यू या साक्षात्कार में जाय तो उस माला को कपड़े के शर्ट अथवा कुर्ते के नीचे पहनकर जाय, ऐसा करने पर उसे अवश्य ही साक्षात्कार में सफलता प्राप्त होती है।

विवादनाशक मन्त्र

या कबियों या मलियो रकियो ना नकियो।

सामग्री—कुंकुम, धूप, दीप, नैवेद्य, पुष्प, लोहे का टुकड़ा, थोड़ा-सा दूध। **माला**—हकीक माला। **समय**—रात्रि का कोई भी समय। **आसन**—लाल रंग का सूती आसन। **दिशा**—पश्चिम। **जपसंख्या**—दह हजार। **अवधि**—पाँच दिन या ग्यारह दिन।

यह मुसलमानी प्रयोग है और किसी भी शुक्रवार से इस प्रयोग को करना चाहिए। पहले कुंकुम से धरती पर गोल घेरा बना लेना चाहिए, फिर आसन बिछाकर बैठ जायें और सामने घी का दीपक लगा लें एवं उपर्युक्त मन्त्र का जप प्रारम्भ करें। उस दिन जप पूरा होने पर वह लोहे का टुकड़ा दूध में डाल दें और रातभर दूध में पड़ा रहने दें। दूसरे दिन फिर उसी प्रकार कुंकुम का घेरा बनाकर वह लोहे का टुकड़ा उसमें रखकर मन्त्रजप करें। जब दस हजार मन्त्रजप पूरा हो जाय तब उस लोहे के टुकड़े को किसी लकड़ी में ठोक दें। अपने विरोधी व्यक्ति का नाम लेकर उस पर लाल कपड़ा बाँध दें और वह दूध उस कपड़े पर डाल दें तथा वह लकड़ी का टुकड़ा दक्षिण दिशा की तरफ जाकर गाड़ दें। इस प्रकार करने पर सामने वाली पार्टी कमजोर होती जाती है और शीघ्र की मुकदमें में सफलता मिलती है। लोहे के टुकड़े को और जो नैवेद्य और पुष्प चढ़ाये जाते हैं, वे भी उसी लकड़ी के टुकड़े के साथ जमीन में गाड़ दें। इस प्रकार करने पर शीघ्र ही मुकदमें में सफलता मिलती है।

बन्धनमोक्ष मन्त्र

ॐ हनुमत वीर, वेग आवो अमुक बन्दी को बन्धन से छुड़ाओ। बेड़ी तोड़ो, ताला तोड़ो, सारे बन्धन तोड़ो, मोड़ो अमुक बंदी को बंध से छुड़ावो। मेरी भक्ति गुरु की शक्ति फुरो मन्त्र ईश्वरी वाचा।

सामग्री—गुड़ और आटा मिलाकर तवे पर पुआ बनावें, कुंकुम, पुष्प। **माला**—मूँगे की। **समय**—रात का कोई भी समय। **आसन**—लाल रंग का कोई भी आसन। **दिशा**—दक्षिण दिशा। **जपसंख्या**—सवा लाख।

जल में गुड़ भिगोकर उसके रस में गेहूँ का आटा मिलाकर पुआ बनावें। फिर उस पर बन्दी का नाम लिख दें। यह नाम कुंकुम से लिखें। रात्रि में प्रयोग करते समय

सामने थाली में वह पुआ रख दें और उस पर पुष्प चढ़ावें, फिर मन्त्रजप करें और मन्त्रजप पूरा होने पर पुआ रात्रि को ही रास्ते में रख दें और घर जायें। इस प्रकार नित्य करें। जब सवा लाख मन्त्रजप पूरा हो जाये तब किसी कन्या को पुए का ही भोजन करावें और उसे यथोचित द्रव्य आदि देकर सन्तुष्ट करें। इस प्रकार यह प्रयोग करने पर जल्दी ही बन्दी कैद से छूट जाता है और उस पर किसी भी प्रकार की विपत्ति नहीं आती।

रोजी प्राप्त करने का मन्त्र

या मुहम्मद दीन हजराफील भहक अल्लाह हो।

सामग्री—जलपात्र, तेल का दीपक, लोबान, धूप आदि। **माला**—मूँगे की। **समय**—दिन का कोई भी समय। **आसन**—किसी भी प्रकार का आसन। **दिशा**—पूर्व दिशा। **जपसंख्या**—नित्य ग्यारह सौ। **अवधि**—चालीस दिन।

यह मुसलमानी प्रयोग है तथा किसी भी शुक्रवार को प्रारम्भ किया जा सकता है। प्रात: उठकर व्यक्ति बिना किसी से बातचीत किये हुए सवा पाव उड़द के आटे की रोटी बनाये और उसे आंच पर अपने हाथों से सेके। इसके बाद रूमाल पर रोटी के चार टुकड़े करके रख दे। उसमें से एक टुकड़े के पुन: ग्यारह टुकड़ें बनाये और उसको सामने रखकर उपर्युक्त मन्त्र का जप पूरा करे। जब ग्यारह सौ मन्त्रजप पूरा हो जाय तो वे छोटे-छोटे टुकड़े नदी या तालाब में ले जाकर डाल दे, जिससे कि मछलियाँ उनको खा जायँ। शेष रोटी के जो तीन भाग बचेंगे, उनमें से एक कुत्ते को खिला दे और दूसरा भाग कौवे को खिला दे एवं तीसरा भाग रास्ते में फेंक दे। इस प्रकार चालीस दिन नित्य करे तो उसे मनोवांछित नौकरी या रोजी प्राप्त होती है और आगे जीवन में किसी प्रकार की कोई समस्या नहीं आती।

विवाह मन्त्र

यदि किसी कारण से लड़की का या खुद के लड़कों का विवाह सम्पन्न नहीं हो रहा हो अथवा सगाई या विवाह में बाधाएं आ रही हों, अथवा किसी-न-किसी प्रकार की अड़चन आ रही हो तो होली की रात्रि को लड़की स्वयं यह प्रयोग करे, जिसकी शादी होनी है अथवा उसके माता-पिता इस प्रयोग को सम्पन्न कर सकते हैं, जिससे विवाह बाधा का योग दूर हो सके और जल्दी ही उसका विवाह सम्पन्न हो सके।

होली के दिन ही एक मिट्टी का बर्तन अथवा हंड़िया या कुल्हड़ लेकर आ जाय और रात्रि को उसमें एक बिल्ली नाल, सात लाल मिर्च तथा सात नमक की डलिया रख दें और उसका मुँह लाल कपेड़े से बाँध दें। उसके बाद उस कुल्हड़ पर सात कुंकुम की बिंदियां लगावें तथा उपर्युक्त मन्त्र का जप एक घण्टे तक करें। इसमें किसी माला, आसन या पूजन आदि की आवश्यकता नहीं होती।

ॐ गौरी आवे शिवजी ब्यावै अमुक की विवाह तुरन्त सिद्ध करे, देर न करे, जो देर होय तो शिव त्रिशूल पड़ें।

यह मन्त्रजप एक घण्टे तक करना चाहिए, उसके बाद इस मिट्टी के पात्र को या कुल्हड़ को चुपचाप सड़क पर ले जाकर रख देना चाहिए और रखकर घर वापस लौट आना चाहिये। ऐसा करने पर विवाह से सम्बन्धित जो बाधाएं होती हैं या अड़चनें आ रही हैं, वे दूर हो जाती हैं तथा जल्द ही विवाह की सम्भावनाएं बन जाती हैं।

सर्वकार्यसिद्धि मन्त्र

१. ॐ परब्रह्म परमात्मने नमः। उत्पत्ति स्थिति प्रलय कराय ब्रह्म हरिराय त्रिगुणात्मने सर्व कौतुक निदर्शय दर्शय दत्तात्राय नमः मन्त्रसिद्धिं कुरु कुरु स्वाहा।

मन्त्र के प्रयोग से पूर्व इसको सिद्ध कर लेना चाहिए। यह सिद्धि २१ दिनों में एक लाख जप से होती है। यह साधना सिद्धि दीपावली या होली को आरम्भ करना चाहिए। इसके बाद कभी भी १०८ मन्त्रजप से किसी कार्य में सफलता प्राप्त की जा सकती है। इसका १०८ मन्त्र का दैनिक जप होते रहना चाहिए।

२. ॐ आं अं स्वाहा।

इस मन्त्र के प्रयोग से पहले इसे सिद्ध कर लेना चाहिए। सिद्धि के लिए १००८ मन्त्र नित्यप्रति जपें। यह साधना निरन्तर २१ दिन तक चलती रहनी चाहिए। जप की पूर्ति होने पर दशांश हवन करना चाहिए। साधना-काल में साधक को चाहिए कि वह पूर्ण ब्रह्मचर्य का पालन करे।

चोर पकड़ने का मन्त्र

१. ॐ नमो इन्द्राग्नि बन्ध बन्धय स्वाहा।

चोरी होने के बाद किन्हीं व्यक्तियों पर संदेह हो तो भोजपत्र पर उन व्यक्तियों के नाम लिखें और उपर्युक्त मन्त्र का उच्चारण करते हुए अग्नि में एक-एक आहुति डालते जायँ। यदि उन नामों में वास्तविक चोर का नाम होगा तो वह नहीं जलेगा, शेष सभी जल जायेंगे। यह प्रक्रिया रवि और शनिवार को ही करनी उपयुक्त रहती है।

इस साधना को दूसरी प्रकार से भी कर सकते हैं। भोजपत्र पर सभी सन्देहास्पद व्यक्तियों के नाम लिखें और उसे सफेद मुर्गी की एक टोकरे से ढांक दें। जिन व्यक्तियों पर संदेह हो, उनको एक-एक कर टोकरे पर हाथ रखने के लिए कहें। जब चोर का हाथ टोकरे पर पड़ेगा तो वह मुर्गी बोल उठेगी।

२. ॐ नमः किष्किन्धा गिरि पर कदली बन में फल-फूल दण्ड तल कुंज

देवी नून प्रसाद देवी अलग पावली पारम माघ बूटी चोर तेरे कुंज को देवी तेरी आज्ञा फुरो मन्त्र ईश्वरो वाचा।

जिन व्यक्तियों पर चोरी का सन्देह हो, उनके नाम अलग-अलग लिखकर अलग-अलग आटे की गोलियों में बन्द कर दें। प्रत्येक गोली को बन्द करते हुए उपर्युक्त मन्त्र का २१ बार उच्चारण करें। अब उन गोलियों को किसी जलाशय में डाल दें। न डूबने वाली गोली को खोलकर देखें। वही वास्तविक चोर होगा।

३. हुक्म मुद्दजल जलाल पकरी चोटीधर पद्दार के यकुद्दाक आव मुद्दा या हक यारो या हक यारो।

इस मन्त्र की साधना से चोर का नाम-पता इसमें सम्मिलित होने वालों के योजनाबद्ध षडयंत्र आदि का समस्त विवरण स्वप्न में दिखाई देने लगता है। यह साधना किसी कुएं के तट पर रात्रि के समय निरन्तर १६ दिन तक करनी पड़ती है। अपने इष्टदे‌व का ध्यान करके एकाग्रतापूर्वक नित्य १२१ मन्त्र का जप करना चाहिए।

४. ॐ नमो नरसिंह बीर ज्यूं ज्यूं तेरी चलै पवन चलै पानी चलै चोर चित्त जले थहराय चोर ही चाले कथ माया परू करे बीर या नाथ की पूजा मन्त्र टले तो गुरु गोरखनाथ की आज्ञा न चले तो चौरासी सिद्धमी आदेश मिटै।

इसे कटोरी चलावन मन्त्र की संज्ञा दी गयी है। सन्ध्या के समय १ कटोरी में चावल लें और उसे उपर्युक्त मन्त्र से १०८ बार अभिमन्त्रित करके किसी तुलसी कानन में सुरक्षित रूप से रख दें और उसकी सुरक्षा के लिए पूरी रात वहाँ रहकर जागते रहें। प्रात:काल संदेहास्पद व्यक्तियों को बुलाकर एक बारह वर्ष के लड़के के द्वारा इस कोटरी चलावन प्रक्रिया को सम्पन्न कराया जाये। कटोरी उसके हाथ में रखकर थोड़े से चावलों को १०८ बार अभिमन्त्रित करके उस पर मारें तो कटोरी चोर के पास ही जायेगी।

५. ॐ नमो ह्रां चक्रेश्वरी चकधारिणी चक्रबेगि कोटि भ्रामाभ्रामा चोर ग्राहिणी स्वाहा।

इस मन्त्र को सिद्ध करने के बाद ही इसका प्रयोग करना चाहिए। संदेहास्पद व्यक्तियों को बुला लें। थोड़े से चावलों को २१ बार उपर्युक्त मन्त्र से अभिमन्त्रित करके उनको खिलाते जायँ। जिस व्यक्ति ने चोरी की है, उसके मुख से रक्त की धारा प्रवाहित होने लगेगी।

ग्रह-दोषनिवारण मन्त्र

ब्रह्मा मुरारी त्रिपुरान्तकारी भानुशशी भूमिसुतो बुधश्च। गुरुश्च शुक्रः शनि राहु केतवः सर्वे ग्रहाः शान्तिकराः भवन्तु।

सामग्री—जलपात्र, घी का दीपक, नवग्रह यन्त्र, अगरबत्ती। **माला**—स्फटिक माला। **समय**—दिन या रात का कोई भी समय। **आसन**—सफेद रंग का सूती आसन। **दिशा**—पूर्व दिशा। **जपसंख्या**—इक्यावन हजार। **अवधि**—जो भी संभव हो।

किसी भी रविवार से यह प्रयोग प्रारम्भ करना चाहिए। सामने सफेद वस्त्र बिछाकर उस पर नवग्रह यन्त्र स्थापित कर लेना चाहिए, उस पर केसर का तिलक कर घी का दीपक लगाकर मन्त्र जप पूरा होने पर उस यन्त्र को अपने घर के पूजा स्थान में स्थापित कर देने से सभी प्रकार से ग्रह-दोष समाप्त हो जाते हैं।

देवता से बात करने का मन्त्र

ॐ ह्रीं विचित्रवीर्यं स्वप्ने इष्टं दर्शय नमः।

सामग्री—स्वप्नेश्वरी देवी का चित्र, जलपात्र, केसर, अक्षत, अगरबत्ती, दीपक आदि। **माला**—कार्यसिद्धि माला। **समय**—दिन या रात का कोई भी समय। **आसन**—सफेद रंग का सूती आसन। **दिशा**—पूर्व दिशा। **जपसंख्या**—इक्यावन हजार। **अवधि**—जो भी सम्भव हो।

सामने स्वप्नेश्वरी देवी का चित्र कांच के फ्रेम में मढ़वाकर उसकी सामान्य पूजा करें और अगरबत्ती व दीपक लगाकर किसी भी रविवार को मन्त्र प्रयोग प्रारम्भ करें। जब मन्त्र पूरा हो जाय तो जिस रात्रि को अपने इष्टदेवता से बात करनी हो उस रात्रि को एक बार उपर्युक्त मन्त्र का उच्चारण कर सो जायँ। सपने में इष्टदेवता से बातचीत हो सकती है।

पतिप्राप्ति मन्त्र

ॐ गौरीपति महादेवाय मन इच्छित वर शीघ्रातिशीघ्र प्राप्त्यर्थं गौर्यै नमः।

सामग्री—स्फटिक माला, लघु नारियल, मौली (कलावा), जलपात्र, घी का दीपक। **माला**—रुद्राक्ष की माला। **समय**—दिन या रात का कोई भी समय। **आसन**—सफेद रंग का सूती आसन। **दिशा**—पूर्व। **जपसंख्या**—सवा लाख। **अविधि**—जो भी सम्भव हो।

किसी पात्र में स्फटिक का शिवलिंग स्थापित कर सोमवार से पूजा प्रारम्भ करें और पास में लघु नारियल पर कलावा चढ़ाकर उसे गौरी मानकर स्फटिक शिवलिंग के बाँईं तरफ स्थापित कर दें और फिर उसकी विधि-विधान के साथ पूजा करें। सामने शुद्ध घृत का दीपक लगा लें। फिर मन्त्रजप प्रारम्भ कर दें। इस प्रकार नित्य मन्त्र जप करें और जब मन्त्र पूरा हो जाय तो ग्यारह कन्याओं को भोजन करा दें तथा उस

शिवलिंग एवं गौरी को पूजा-स्थान में स्थापित कर दें। शीघ्र ही उसे वह प्राप्ति हो जाती है और भविष्य में भी वह अखण्ड सौभाग्यवती बनी रहती है।

चोरभयरक्षा मन्त्र

ॐ करालिनी स्वाहा। ॐ कपालिनी स्वाहा। ह्रौं ह्रीं ह्रीं ह्रीं चोर बन्ध ठः ठः ठः।

१०८ मन्त्रजप से सिद्धि कर लें। फिर सात बार मन्त्र का उच्चारण करके अभिमन्त्रित मिट्टी द्वार पर गाड़ दें तो चोर-भय से रक्षा होती है।

बुद्धिवर्द्धक मन्त्र

१. ॐ नमो देवी कामाक्षा, त्रिशूल, रव, हस्त, पाधा, पाती, गरुड़ सर्व लखी तु प्रीतये, समांगन तत्त्व चिन्तामणि, नरसिंह, चल, चल, क्षीनकोटी-कात्थानी तालव प्रसाद के ओं हों ह्रीं क्रूं त्रिभवन चालिया, चालिया स्वाहा।

इस साधना का शुभारम्भ शुक्ल पक्ष रोहिणी नक्षत्र के दिन से करना चाहिए। अगले रोहिणी नक्षत्र के दिन तक मन्त्रजप करते रहना चाहिए। प्रातः स्नान आदि से निवृत्त होकर ४१ तुलसी के पत्तों को उपर्युक्त मन्त्र से १०८ बार अभिमन्त्रित करके खा लिया करें। इस साधना से बुद्धि का तीव्र विकास होता है।

२. ॐ सच्चिदा एकी ब्रह्म ह्रीं सच्चिदी क्रीं ब्रह्म।

इस मन्त्र के १ लाख जप से बुद्धि तीव्र होती है और विद्या की प्राप्ति होती है।

३. ॐ क्रीं क्रीं क्रीं।

इस मन्त्र का अनुष्ठान एक लाख जप का है। मन्त्र की सिद्धि होने पर बुद्धि तीव्र होती है और विद्या की उपलब्धि होती है।

विद्यामन्त्र

१. ॐ नमः श्रीं श्रीं अहं बद बद वाग्वादिनी भगवती सरस्वत्यै नमः स्वाहा विद्यां देहि मम ह्रीं सरस्वती स्वाहा।

सूर्य या चन्द्रग्रहण को १४४ मन्त्रजप करके साधना का शुभारम्भ करें। इसके बाद भी इसमें बाधा न आने पाये। नित्यप्रति १ माला का जप चलता रहे तो विद्या की प्राप्ति होती है।

२. ॐ नमः भगवती सरस्वती परमेश्वरी वाग्वादिनी मम विद्यां देहि भगवती हंसवाहिनी समारूढ़ा बुद्धि देहि-देहि प्रज्ञा देहि विद्यां देहि परमेश्वरी सरस्वती स्वाहा।

२१ दिन तक निरन्तर ब्रह्मचर्यपूर्वक नित्यप्रति १००० मन्त्र का जप करें तो विद्या का विकास होता है। इस अनुष्ठान का शुभारम्भ रविवार से करना चाहिए। अनुष्ठान में एक समय भोजन करना चाहिए और अस्वाद व्रत करना चाहिए।

३. ॐ ह्रीं ह्रीं ह्रीं सरस्वत्यै नमः।

मन्त्र के प्रयोग से पहले उसकी सिद्धि आवश्यक है। सिद्धि के लिए १०,००० मन्त्र का जप करना होता है। एक किलो शुद्ध घृत को चार किलो बकरी के दूध में मिलावें और इसमें केवड़े के फूल, सहजने की जड़ और सेंधा नमक डाल दें। इसे हल्की आग पर रख दें। जब दवाएं और दूध जल जायँ तो उतार लें। इस घृत में पुनः दूध और दवाएं डालें और हल्की आग पर रखें। इस प्रक्रिया को ३ बार अपनाएं। इसके सेवन से स्मृति-शक्ति की साधारण वृद्धि होती है। यहाँ तक कहा गया है कि इससे गूंगे को भी कण्ठ मिलता है।

वाक्सिद्धि मन्त्र

ॐ ह्रीं कामनी स्वाहा।

इसकी सिद्धि १३ हजार मन्त्र नित्यप्रति जपने से ३ मास में प्राप्त होती है। अनुष्ठान के दिनों में सात्त्विक आहार का होना आवश्यक है। सत्य बोले और सत्य व्यवहार ही करें, छल–कपट को निकट भी न आने दें। इससे वाक्-सिद्धि होती है। सिद्धि की स्थिरता के लिए नित्य १३ हजार मन्त्रजप करते ही रहना चाहिए; अन्यथा शक्ति के क्षीण होने की संभावना रहती है।

सहदेई सिद्धि मन्त्र

१. ॐ नमः भगवती मातंगी सर्व ब्रतेश्वरी सर्व मनमोहिनी सर्व लोक वश करणी सुख रजिनी महामाये लघु-लघु वाश्यं कुरु कुरु स्वाहा।

इस मन्त्र के सिद्ध होने पर विभिन्न प्रकार के कार्यों का सम्पादन किया जा सकता है। भगवती मातंगी के श्रद्धालु उपासक इसमें सरलता और सुविधा से सफलता प्राप्त कर सकते हैं। इसकी सिद्धि के लिए कृष्णाष्टमी का व्रत रखने के बाद प्रातःकाल सहदेई को उखाड़ लावें और उपर्युक्त मन्त्र की साधना में संलग्न हो जायँ। ईशान दिशा की ओर मुख करके बैठें और रात्रि में मातंगी देवी का धूप-दीप-नैवेद्य आदि से पूजन करके बत्तीस बार मन्त्र का जप करें। यह साधना निरन्तर १४ दिन तक होनी चाहिए। इसके पश्चात् सहदेई को बारीक पीसकर अपने पास सुरक्षित रख लें। यदि उसे बच्चे के गले में बांधा जाय तो दस्तों में लाभ होता है और ग्रहपीड़ा शान्त होती है। मासिक धर्म के समय यदि वन्ध्या स्त्री को यह चूर्ण खिला दिया जाय तो गर्भ की स्थापना रह सकती है। युद्धक्षेत्र में अथवा मुकदमें में इसे साथ रखें तो विजयश्री उसी के हाथ रहेगी। इसे जिसके माथे पर लगा दें, उसका वशीकरण हो जाता है।

अग्नि बुझाने का मन्त्र

१. ॐ नमो कोरा करवा जल-सा भरियां, ले गौरा के सिर पर धरियां, ईश्वर ले गौरा नहाय, जलती अग्नि शीतल हो जाय। शब्द सांचा पिण्ड कांचा फुरो मन्त्र ईश्वरो वाचा।

यह मन्त्र होली-दीपावली-ग्रहण में सिद्ध कर लेना चाहिए।

२. नमो अग्निरूपाय ह्रीं नमः।

इस मन्त्र को १०८ बार उच्चारण करके ग्रहण, होली व दीपावली को सिद्ध किया जाना चाहिए। फिर आवश्यकता पड़ने पर इसका प्रयोग करना चाहिए। किसी अग्निकाण्ड में इसके प्रयोग की आवश्यकता पड़े तो मन्त्र का उच्चारण करके सात अंजलि जल डालें। इससे अग्नि का वेग कम हो जाता है।

अकस्मात् अग्नि में जलने के भय से सुरक्षित रहने के लिए उपर्युक्त मन्त्र का उच्चारण करके रविवार को श्वेत कनेर की जड़ को दाँयीं भुजा में बांध देना चाहिए।

नजर झाड़ने का मन्त्र

१. गुरु चरण दिया मन, श्री हरि मोक्ष कारण, देव-दानव-दैत्यादि, खाई नरसिंह वरा आसी सब उड़ाई आलाली पालाली चोटी चोटी हंकारे फूंकारि उड़ाव मारी शलि लेकर पांव पांव टुकरियां जाए, अनुकार अगे, डाईनेर दृष्टि, पलायकरा अक्षा वीर नरा सिंह आज्ञा।

सूर्यग्रहण, चन्द्रग्रहण, दीपावली, होली में सिद्ध करके इस मन्त्र से झाड़ने का विधान है।

२. ॐ नमो सत्य आदेश गुरु को, ॐ नमो नजर जहाँ पर पीर न जानी, बोले छलसों अमृतवानी, कहो नजर कहा ते आई, यहाँ की ठौर तोहि कौन बताई, कौन जात तेरो कहाँ ठाह, किसको बेटी कहा तेरो नाम, कहाँ से उड़ी कहाँ को जाया, अब ही बसकर ले तेरी माया। मेरी बात सुनो चित लाय, जैसी होय सुनाऊं आय। तेलन, ममोलन, चुहड़ी, चमारी, कायथनी, खतरानी, कुम्हारी, महतरानी, राजा की रानी, जाको दोष ताही के शिर पड़े, जाहर पोर नजर से रक्षा करे, मेरी शक्ति, गुरु की शक्ति फुरो मन्त्र ईश्वरी वाचा।

यह सही तथ्य है कि बालक को, सुन्दर स्त्री को या किसी को भी नजर लग सकती है। नजर लगने पर वह बीमार हो जाता है। कुछ अच्छा नहीं लगता और वह दिनोंदिन शारीरिक रूप से कमजोर हो जाता है तथा कुछ समय बाद उसकी मृत्यु हो जाती है।

यह मन्त्र जप मंगलवार से प्रारम्भ कर शनिवार को समाप्त करना चाहिए तथा प्रतिदिन इसकी ५१ मालाएं फेरनी चाहिए। साधक को दक्षिण की तरफ मुँह कर तेल का दीपक जलाकर इस मन्त्र को सिद्ध करना चाहिए। शनिवार की शाम को जब मालाएं पूरी हो जायँ, तब एक किलो गेहूं उबालकर जंगल में फेंकने के बाद पीछे मुड़कर नहीं देखना चाहिए इस प्रकार से यह मन्त्र सिद्ध हो जाता है। सिद्ध होने पर मोरपंख से मात्र तीन बार इस मन्त्र को पढ़कर नजर झाड़ दें तो निश्चय ही उसकी नजर उतर जाती है और वह स्वस्थ हो जाता है।

दोषनाशक मन्त्र

ॐ श्रीं ह्रीं फट् स्वाहा।

शुभ मुहूर्त्त देखकर अरण्ड और आक की जड़ मंगायें और धूप-दीप तथा नैवेद्य आदि से पूजन करके उस पर सिन्दूर लगायें और ७ बार उपर्युक्त मन्त्र का उच्चारण करके बाँयें हाथ से उठाकर रोगी को दिखायें।

नवग्रह दोषनिवारण मन्त्र

सूर्य—**ॐ ह्रां ह्रीं ह्रं सः सूर्याय नमः।** ७ हजार जप करना चाहिए।
चन्द्रमा—**ॐ श्रां श्रीं श्रुं सः चन्द्रमसे नमः।** ११ हजार जप करना चाहिए।
मंगल—**ॐ क्रां क्रीं क्रुं सः भौमाय नमः।** १० हजार जप करना चाहिए।
बुध—**ॐ ब्रां ब्रीं ब्रौं सः बुधाय नमः।** ९ हजार जप करना चाहिए।
गुरु—**ॐ ग्रां ग्रीं ग्रौं सः गुरवे नमः।** १९ हजार मन्त्रजप करना चाहिए।
शुक्र—**ॐ द्रां द्रीं द्रौं सः शुक्राय नमः।** १६ हजार मन्त्रजप करना चाहिए।
शनि—**ॐ प्रां प्रीं प्रौं सः शनैश्चराय नमः।** २३ हजार मन्त्रजप करना चाहिए।
राहु—**ॐ छ्रां छ्रीं छ्रौं सः राहवे नमः।** १८ हजार मन्त्रजप करना चाहिए।
केतु—**ॐ स्त्रां स्त्रीं स्त्रौं सः केतवे नमः।** १७ हजार मन्त्रजप करना चाहिए।

भूत-प्रेत बाधा-निवारण मन्त्र

१. सूत्र बनावे वन बीच, आनन्द कन्द रघुवीर।
लखे सिय सन्मुख मंह, होय धीर मति धीर॥
तेहि समय लषण तंह आये।
पूछहिं राम लषण बुलाये॥
बोले हरि कवन कारण तुम भाई।
इत आवत बहु विलम्ब लगाई॥
लषण बोले गय्रउं दूरि पहारा।
देखेउ तहाँ भूत दल झारा॥

तहं एको मानुष न दिखाये।
निज आश्रम को छोड़ पराये॥
इतना सुन हरि बान चलायउ।
भागे भूत आनन्द गिरि भयउ॥
अमुक के अंगनहीं भूत नहीं भार।
राम के नाम से भई समुद्र पार॥
आदेश श्रीराम सीता की दोहाई।

उपर्युक्त मन्त्र का ३ बार उच्चारण करके फूँक मारें।

२. **उत्तर बिराजें पीर केदारनाथ नाम के राजा। हादिक शश पीर पुकार किये पूजा।। शशशीर मक्का मदीना के पीर। काहे आये हिन्द के मन्दीर।। अपना नाम रखो तो अमुक को जल्दी छोड़।**

पहले मन्त्र से लाभ होता न प्रतीत हो तो इस मन्त्र से ३ बार झाड़ें।

३. **ॐ नमः भवे भास्कराय आस्माक अमुक सर्व ग्रहणं पीड़ा नाशनं कुरु-कुरु स्वाहा।**

इस मन्त्र का प्रयोग करने से पहले इसकी सिद्धि कर लेना आवश्यक है। तभी इसका प्रयोग सफलतापूर्वक किया जा सकता है। सिद्धि के लिए १०८ मन्त्र का जप पर्याप्त माना जाता है। इस मन्त्र से १०८ आहुति देनी चाहिए। सामग्री इस प्रकार रहेगी—जौ, तिल, सफ़ेद सरसों, गेहूं, चावल, मूँग, चना, कुश, शमी, आम्र, डुम्बरक पत्ता और अशोक, धतूरा, दूर्वा, आक व ओंगा की जड़; इन सबको एक साथ मिला लें और इनमें दुग्ध, घृत, मधु और गौ-मूत्र मिश्रित कर लें। यह हवन संध्या के समय होना चाहिए। इससे भूत-उपद्रव शान्त होते हैं।

४. **ऐ सरसो पीला सफेद और काला।**
तू चलना-फिरना भाई-सा चाला॥
तोहरे बाण से गगन फट जाय।
ईश्वर महादेव के जटा कटाय॥
डाकिनी, योगिनी व भूतपिशाच।
काला, पीला, श्वेत, सुसांच॥
सब मार-काट करूं खेत खरिहान।
तेरे नजर से भागे भूत लै जान॥
आदेश देवी कामरू कामाक्षा माई।
आज्ञा हाड़ि दासी चण्डी दोहाई॥

थोड़ी-सी सरसों लेकर उपर्युक्त मन्त्र का ३ बार उच्चारण करके भूत-बाधा से ग्रस्त रोगी पर फूँकें और उसमें से थोड़ी-सी बचाकर अग्नि में डाल दें।

५. ॐ नमो भसाणं वरिसने भूत-प्रेतानां पलायनं कुरु कुरु स्वाहा।

इस मन्त्र का प्रयोग करने से पहले इसकी सिद्धि आवश्यक है। सिद्धि प्राप्त करने के लिए इसका १००० जप करना चाहिए। उसके बाद ही इसके प्रयोग का अधिकार प्राप्त होता है। भूत-ग्रस्त रोगी को ७ बार झाड़ना चाहिए।

६. जीरा जीरा महाजीरा जिरिया चलाय।
जिरिया की शक्ति से फलानी चलि जाय॥
जीये तो रमटले मोहे तो मशान टले।
हमरे जीरा मन्त्र से अमुक अंग भूत चले॥
जाय हुक्म पाडुआ पीर की दुहाई॥

उपर्युक्त मन्त्र से थोड़ा-सा जीरा को ७ बार अभिमन्त्रित कर रोगी के शरीर से स्पर्श करायें और उसे अग्नि में डाल दें। रोगी को इस स्थिति में बिठाना चाहिए कि उसका धुआं उसके मुख के सामने आने लगे। इस प्रयोग से भूत-बाधा की निवृत्ति होगी।

७. भूत सबको भई काहे आमन्द अपार।
जिसको गुमान से अमुको को भार॥
हमरे संइको पऊं करो सलाम हजार।
जाते होय भूत आवेश किनार॥
जितनी मेथी छोर बड़े और आदि से अन्त।
तिसके ध्रूम ग्रन्थ ते जल में भूत भगते॥
अमुक अंग भूत नहीं, यह मेथो के लाय।
उठी के आगे रत क्षण में जाय पराय॥
आदेश देवी कामरू कामाक्षा माई।
आज्ञा हाड़ि दासी चण्डी की दुहाई॥

थोड़ी-सी मेथी को ७ बार अभिमन्त्रित करके रोगी के शरीर से स्पर्श करायें और उसे अग्नि में डाल दें। रोगी को इस स्थिति में बिठाना चाहिए कि उसका धुआँ उसके मुख के सामने आने लगे। इस प्रयोग से भूत-बाधा की निवृत्ति होती है।

८. तह कुठठ इलाही का बान।
कूडूम की पत्ती चिरावन॥
भाग भाग अमुक अंग से भूत।
मारूं धुलावन कृष्ण वर पूत॥

आज्ञा कामरू कामाख्या हारि दासी चण्डी दोहाई।

एक मुट्ठी भर धूल लेकर उसे ३ बार अभिमन्त्रित करें और भूत-बाधा से ग्रस्त रोगी पर फेंके। इससे भूत-बाधा की निवृत्ति होती है।

९. ॐ नमः आदेश गुरु को हनुमंत बीर बीर बजरंगी वज्र धार डाकिनी शाकिनी भूत प्रेत जिन्न सबको अब मार मार, न मार तो निरंजनि निराकार की दोहाई।

इस मन्त्र के प्रयोग से पहले हनुमानजी की पूजा-उपासना करना आवश्यक होता है। इसका शुभारम्भ शनिवार से करना चाहिए। निरन्तर २१ दिन तक श्रद्धापूर्वक पूजा, उपासना व २२१ मन्त्र नित्यप्रति जप करने के पश्चात् किसी चौराहे की कंकड़ी लेकर उस कंकड़ी और उड़द को ७ बार अभिमन्त्रित करके रोगी को झाड़ा देना चाहिये।

१०. हल्दी गीरी बाण वाण को लिया हाथ उठाय।
हल्दी बाण से नीलगिरी पहाड़ थहराय॥
यह सब देख बोलत बीर हनुमान।
डाइन योगिनी भूत प्रेत मुंड काटौ तान॥
आज्ञा कामरू कामाक्षा माई।
आज्ञा हाड़ि की चण्डी की दुहाई॥

थोड़ी-सी हल्दी उसे ३ बार अभिमन्त्रित करके अग्नि में छोड़ें ताकि उसका धुआं रोगी के मुख की ओर जाए। इसे हल्दी बाण मन्त्र कहते हैं।

डाइन-चुडैल दोष की निवृत्ति का मन्त्र

बैर बैर चुड़ैल पिशाचनी बैर निवासी।
कहुं तुझे सुनु सवं नासी मेरी गांसी॥
वर बैल करे तूं कितना गुमान।
काहे नाहीं छोड़ती यह जान स्थान॥
यदि चाहै तूं रखना अपना मान।
पल में भाग कलाश लै अपनो प्रान॥
आदेश देवी कामरू कामाक्षा माई।
आदेश हाड़ि दासी चण्डी की दुहाई॥

डाइन, चुड़ैल व प्रेतनी आदि से प्रभावित रोगी को स्वस्थ करने के लिए २१ बार मन्त्र का उच्चारण करते हुए फूँक मारना चाहिए। स्मरण रहे कि इस मन्त्र का प्रयोग इसे सिद्ध करने के बाद ही करना उपयुक्त रहता है। दशहरे में १०८ बार मन्त्रजप से इसकी सिद्धि मानी जाती है।

टोने के प्रभाव को दूर करने का मन्त्र

१. ॐ नमो आदेश कामरू कामाख्या देवी लीनो सलोना योगिनो बांधे टोना आवो राखि में जादू कौन देश फिर पहले अफुल फुलवारी ज्यों-ज्यों आवै बास त्यों-त्यों अमुक आवे हमारे पास, मोहिनी देवी की दुहाई फिरै।

इस मन्त्र का श्रद्धापूर्वक उच्चारण करते हुए ७ बार झाड़ने से टोने के प्रभाव की निवृत्ति हो जाती है।

२. ॐ काकल्क कपाट बज्र परबत लंक अलक पलंका फलक फलीका यती की वाचा गुरु की सांचा सत्यों।

एक वस्त्र को एरण्ड के तेल में भिगोयें और उसे जला दें। इसके नीचे एक पात्र में जल भर कर रखें। तत्पश्चात् उस पलीते से तेल टपकाना आरम्भ करें और इस मन्त्र का उच्चारण करते हुए २१ बार फूँकें।

३. ॐ नमो आदेश गुरु की नोना चमारिन जगत् की चपली मोती हिलते चमके गम गम गम के पिण्ड में ज्यान बिजुयान करे तो उस टोना पर ऊपर परे। दुहाई तख्त सुलेमान बादशाह की।

मोरपंख के माध्यम से इस मन्त्र का उच्चारण करते हुए २१ बार झाड़े तो टोने का प्रभाव धूमिल हो जाता है।

क्रोध शान्ति का मन्त्र

ॐ शांत परशांते, सर्व क्रोध पशमनी स्वाहा।

एक पात्र में थोड़ा जल लेकर उसे इस मन्त्र से २१ बार अभिमन्त्रित करना चाहिए। फिर अभिमन्त्रित जल से ३ बार मुख पर छीटें मारने पर क्रोध शान्त हो जाता है।

आकर्षण मन्त्र

१. ॐ नमः देव आदिरूपाय अमुकस्य आकर्षणं कुरु कुरु स्वाहा।

गोरोचन में काले धतूरे का रस मिश्रित करके स्याही बनायें और सफेद कनेर की लेखनी से भोजपत्र पर नाम और मन्त्र को लिखें। यदि इस लिखे मन्त्र को अग्नि में तपाया जाय तो काफी दूरी पर निवास कर रहे व्यक्ति को भी आकर्षित किया जा सकता है। इस मन्त्र का प्रयोग करने से पूर्व १०,००० मन्त्रजप करके इसकी सिद्धि कर लेना आवश्यक है। इसके बिना इसका प्रयोग व्यर्थ होता है।

२. ॐ नमः भगवते रुद्राय संदृष्टि लंपिनाहर स्वाहा। कंसासुर की दुहाई।

इस मन्त्र की साधना मंगलवार से आरम्भ की जाती है। दस मंगल तक इसे करना

आवश्यक रहता है। नित्यप्रति १२० मन्त्र का जप करें। दशांश हवन और ब्राह्मणभोजन कराना चाहिए।

३. ॐ नमः ह्रीं ठं ठः स्वाहा।

इस मन्त्र के प्रयोग के पूर्व इसकी सिद्धि कर लेना आवश्यक होता है। सिद्धि दस हजार मन्त्र से होती है। जप का आरम्भ मंगलवार से करना उपयुक्त रहता है। सिद्धि के बाद जब मन्त्र का प्रयोग करना हो तो बिनौला, सरसो और चूहे की बांबी की मिट्टी को तीन बार अभिमन्त्रित करके जिस व्यक्ति पर प्रयोग करना हो, उसके वस्त्रों पर फेंकना चाहिये।

मोहिनी मन्त्र

१. ॐ नमः पद्मनी अंजन मेरा नाम इस नगरी में जाय मोहं। सर्वग्राम मोहूं राज करन्ता राज मोहूं फर्श पै बैठाय पंमोहूं। पनघट पनिहारी मोहूं इस नगरी के छत्तीस पवनिया मोहूं। जो काई मार मार करन्त आवे, उसे नरसिंह वीर बाम पद अंगूठा तर धरे और घेर लावे ! मेरी शक्ति गुरु की शक्ति फुरो मन्त्र ईश्वरो वाचा।

इस मन्त्र को सिद्ध करने के लिए शनि व रविवार को साधना आरम्भ करनी चाहिए। पहले विधि-विधान से नृसिंह भगवान् का पूजन करें और घृत, शक्कर, पान, सुपारी व गुग्गल से श्रद्धापूर्वक १०८ आहुतियाँ दें। इसके बाद रूई में अपामार्ग की लपट बत्ती बनाकर घी का दीपक जलायें और उससे काजल बनाकर उसे उपर्युक्त मन्त्र से ७ बार अभिमन्त्रित करके आँखों में लगायें तो सभी सम्पर्क में आने वाले व्यक्ति मोहित हो जाते हैं। इससे साधक हजारों को मोहित कर सकता है।

२. ॐ उड्डामरेश्वराय सर्व जगन्मोहनाय अं आं इं ईं उं ऊं ऋं ॠं हुं फट् स्वाहा।

इस मन्त्र के प्रयोग के पहले इसका १ लाख जप किया जाय तभी यह सिद्ध होता है। इस मन्त्र का उच्चारण करते हुए सिन्दूर, गोरोचन और कुंकुम को आंवले के रस में अच्छी तरह से घोटें। इसका जो व्यक्ति तिलक करता है, वह सभी को मोहित कर सकता है। इसके प्रयोग की दूसरी विधि यह है कि रविवार को सहदेई के रस में तुलसी के बीजों को घोटकर ७ बार मन्त्र का उच्चारण करके इसे अभिमन्त्रित करें। इस तिलक को जो भी लगाता है, वह हजारों को मोहित कर सकता है।

३. ॐ नमः भगवते कामदेवं यस्य-यस्य हृदयं भवामि यश्च-यश्च मम मुखं पश्यति तं तं मोहमयतु स्वाहा।

इस मन्त्र के सफल प्रयोग के लिए इसके ११ हजार मन्त्रों का जप करके इसे

सिद्ध कर लेना आवश्यक है। फिर इसके प्रयोग के लिए बिल्व पत्र को छाया में सुखायें और दूध में पीसें। इसे उपर्युक्त मन्त्र से इक्कीस बार अभिमन्त्रित करके जो तिलक लगता है, वह शीघ्र ही सभी को मोहित कर सकता है। इसकी दूसरी विधि के अनुसार कपूर और मनसिले को केले के रस में अच्छी तरह से घोटें। इसका तिलक करने से मन्त्र अपना प्रभाव दिखाता है।

ग्राम्य मोहिनी मन्त्र

तेल से तेल राजा प्रजा पाऊं मेल पोखरी पानी मसकौ आ लगाय योनि मेरे पाय लगाय हाथ खड्ग बिराज गले फूलों की माला जानि बिजानै गोरख जानै मेरी गति को कहै न कोय हाथ पछानों मुख धोऊं सुमिरौ निरंजन करदेव हनुमंत धूंनी हमारी पति राखे मोहिनी दोहनी दोनों बहिनी आवों मोहनी रावल चलै मुख बोले तो जीभ मोहूं आश मोहूं पास मोहूं सब संसाहे मोहूं निसरूं बन्दी देह ललाट, शब्द सांचा फुरो मन्त्र ईश्वरो वाचा।

दीपावली की रात्रि को सफेद तिलों के तेल की उल्टी घांनी निकलवावें। उस तेल को २१ बार उपर्युक्त मन्त्र से अभिमन्त्रित करें। इस अभिमन्त्रित तेल का जो भी व्यक्ति तिलक करता है, वह सभी को मोहित करने की क्षमता प्राप्त करता है।

पुष्पमोहिनी मन्त्र

ॐ नमो कामरू कामाख्या देवी जहाँ बसे इस्माइल योगी। योगी ने लगाई फुलवारी फूल लोढ़ै लोना चमारी, एक फूल हंसे दूजे फूल मुसुक्याय तीजे फूल में छोटे-बड़े नरसिंह आय, जो सूंघे इस फूल की बास, वह चल आवे हमारे पास। दुश्मन को जाई लिया फटै मेरी भक्ति गुरु शक्ति फुरो मन्त्र ईश्वरो वाचा।

इस मन्त्र से सुगन्धित पुष्प को अभिमन्त्रित करके जिस व्यक्ति को सुंघाया जाय, वह मोहित हो जाता है। इसके सफल प्रयोग के लिए इसे सिद्ध कर लेना आवश्यक है। सिद्धि की साधना रविवार को आरम्भ करके निरन्तर २१ दिन तक चलनी चाहिए और नित्यप्रति १०८ बार मन्त्रों का जप करके पूजन-सामग्री से भली प्रकार पूजन करके सुगन्धित पुष्पों को घृत में मिश्रित करके नित्य १०८ आहुति देनी चाहिये।

लौंग मोहिनी मन्त्र

ॐ नमः आदेश गुरु का लौंग लौंग तू मेरा भाई तुम्हारी शक्ति चलाई, पहली लौं राती-बाती, दूजा लौंग जीवन माती, तीजी लौंग अंग में राखे, चौथी लौंग दुई कर जोड़े, चारो लौंग जो मेरी खाय। अमुक झट मेरे पास आय। आदेश देवी कामरू कामाख्या की दुहाई फिरै।

उपर्युक्त मन्त्र से ४ लौंगों को ७ बार अभिमन्त्रित करके जिस व्यक्ति को भी खिलाया जाय, वह मोहित हो जाता है। इसके सफल प्रयोग के लिए इसे पहले सिद्ध कर लेना चाहिए। सिद्धि की साधना रविवार से आरम्भ करनी चाहिये और दीपक जलाकर निरन्तर २१ दिन तक नित्यप्रति २१ मन्त्रों का जप करना चाहिये। इस साधना में व्यवधान न हो, इसका ध्यान रखा जाना चाहिए।

मिठाई मोहिनी मन्त्र

ॐ नमो कामाख्या देवी की आदेश जल मोहूं थल मोहूं जंगल की हिरणी मोहूं, बाट चलन्ता बटोही मोहूं, दरबार बैठा राजा मोहूं, पलंग रानी मोहूं, मोहनी मेरी नाम मोहूं। जगत संसार तारा तरी ला तोतला तीनों बसे कपाल सिर चढ़े मातु के दुश्मन पामाल करूं, गात के मोहिनी देवी की दोहाई फिरै।

मिठाई को उपर्युक्त मन्त्र से इक्कीस बार अभिमन्त्रित करके जिस व्यक्ति को खिलायें, वह मोहित हो जाता है। इससे पूर्व इसे सिद्ध करने के लिए २१ दिन तक निरन्तर १४४१ मन्त्रों का जप करके गुग्गुल से यज्ञ करना चाहिए। इस साधना का प्रारम्भ शनिवार से होना आवश्यक है।

तेल मोहिनी मन्त्र

१. ॐ नमो मन मोहिनी रानी मोहिनी चला सैर को मस्तक धर तेल का दीप जल मोहूं, सब जगत मोहूं, और मोहूं मोहनी रानी जा शय्या बैठी मोहर दरबार गौरा पार्वती की दुहाई। लोनी चमारी की दुहाई फिरे नहीं हनुमन्त की आन।

मन्त्र के प्रयोग से पहले इसे सिद्ध कर लेना आवश्यक है। दीपावली की रात्रि को ३२० मन्त्र के जप से इसकी सिद्धि मानी जाती है। जिस व्यक्ति को अपनी ओर आकर्षित करना हो, उसके शरीर पर ७ बार मन्त्र का उच्चारण करते हुए अभिमन्त्रित तेल का छींटा दें तो निश्चित रूप से वह मोहित होता है। यदि किसी सभा को मोहित करना हो तो चमेली के तेल को अभिमन्त्रित करके बिन्दी लगानी चाहिये।

२. ॐ नमो मन मोहनी रानी सिंहासन बैठी मोह रही दरबार मेरी भक्ति गुरु की शक्ति दुहाई गौरा पार्वती बजरंगबली की आन नहीं तो लोना चमारी की आन लगे।

इस मन्त्र के प्रयोग की विधि उपर्युक्त मन्त्र की तरह ही है। अन्तर इतना ही है कि उसकी सिद्धि ३२० मन्त्र के जप से होती है और इस मन्त्र की सिद्धि केवल २०० मन्त्रजप से ही हो जाती है।

वशीकरण प्रयोग

ॐ वीर वैताल अमुक को मन फेर, मेरे वश में कर, चरणों में पड़े, कहियो करे, सा ताला तोडु हाजर होय, कहुं सो होय, ग्रं टं फट्।

होली की रात्रि को वशीकरण या सम्मोहन प्रयोग किया जा सकता है। यदि आप किसी को चाहते हैं और उससे भेंट नहीं हो पाती, वह आपका कहना नहीं मानता, फिर वह भले ही स्त्री या पुरुष हो, चाहे पति-पत्नी या प्रेमिका हो, इस प्रयोग को होली की रात्रि को सम्पन्न करने से निश्चय ही सामने वाले पर वशीकरण प्रयोग सम्पन्न होता है, उसके मन में तीव्र जिज्ञासा तथा छटपटाहट बनने लगती है और वह मिलने की कोशिश करता है। इस प्रकार से साधक का मनोवांछित कार्य सिद्ध हो जाता है।

होली की रात्रि को ऐसा प्रयोग करने वाला व्यक्ति एक मिट्टी की हंड़िया या कुल्हड़ मंगावे और उसके अन्दर वशीकरण मन्त्र रख दे। इसके साथ ही उस पात्र में एक साबुत हल्दी का टुकड़ा तथा सात काली मिर्च रख दे और फिर उस बर्तन पर लाल कपड़ा बांध दे और सामने बैठकर उपर्युक्त मन्त्र का एक घण्टे तक जप करता रहे।

जब एक घण्टा मन्त्रजप हो जाय, तब उस पात्र को स्वयं उठाकर या अपने घर के किसी सदस्य या नौकर से वह पात्र कहीं दूर या घर के बाहर जमीन में गाड़ दे और वापिस आकर हाथ-पैर धो ले।

ऐसा करने पर वशीकरण प्रयोग सिद्ध हो जाता है और उसी समय से सामने वाले के मन में ऐसी भावना बलवती होने लगती है कि वह हर हाल में मुझे मिलना ही है। उसके मन में छटपटाहट बढ़ती ही जाती है। उसके मन में क्रोध या अन्य किसी भी प्रकार का विचार होता है तो वह दूर हो जाता है और वापिस सम्बन्ध सामान्य तथा अनुकूल हो जाते हैं।

वशीकरण मन्त्र

१. ॐ नमो सर्व जीव वशङ्कराय कुरु-कुरु स्वाहा।

प्रयोग से पहले इसकी सिद्धि आवश्यक है। सिद्धि के लिए मन्त्र का एक लाख जप करना पड़ता है। तत्पश्चात् पुष्य नक्षत्र में पुनर्नवा की जड़ लाकर उसे सात बार अभिमन्त्रित करें और अपनी दाँयीं भुजा में बांध लें। इससे सब प्रकार का वशीकरण सम्भव है।

२. ॐ सुदर्शनाय हुं फट् स्वाहा।

प्रयोग से पहले एक लाख मन्त्रजप से इसकी सिद्धि कर लेनी चाहिए। यह प्रयोग करना हो तो हस्त नक्षत्र में बबूल की जड़ लायें और उसे तीन बार अभिमन्त्रित करके

दाँयीं भुजा में बांध लें। इसके प्रभाव से राजकीय कार्यालयों में सम्मान प्राप्त होता है। वहाँ कोई विवादग्रस्त कार्य रुके हुए हों तो उनका निपटारा जल्दी ही हो जाता है।

३. ॐ ताल तुम्बरी दह दह दरै झाल झाल आं आं आं हुं हुं हुं हें हें हें काल कमानी कोटा कमरिया ओं ठः ठः।

मन्त्र की सिद्धि प्राप्त करने के बाद राजहंस पक्षी का पंख और कोचनी का पुष्प लेकर खीर बनायें। खीर में प्रयुक्त हुआ दूध सफेद गाय का होना आवश्यक है। उपर्युक्त मन्त्र से १०८ आहुति दें और जिस व्यक्ति का वशीकरण करना हो, उसका निरन्तर ध्यान करते रहें। वह हाथ जोड़े हमारे सामने उपस्थित हो जाता है और हमारी इच्छा के अनुकूल हर कार्य करने के लिए प्रस्तुत रहता है।

४. ॐ नमो चामुण्ड जय जय वश्यमानाय जय-जय सर्व सत्वा नमः स्वाहा।

इसके प्रयोग से पहले इसको सिद्ध कर लेना चाहिए। सिद्धि के लिए १० हजार मन्त्र का जप करना चाहिए। प्रयोग की विधि यह है कि जिस व्यक्ति को वश में करना हो उसे एक पुष्प ७ बार अभिमन्त्रित करके दे दें। यह प्रयोग रविवार के दिन ही सफल होता है।

लवण वशीकरण मन्त्र

ॐ भगवती भग भाग दायिनी देवदन्तीं मम वश्यं कुरु कुरु स्वाहा।

इस मन्त्र का प्रयोग स्त्री को वशीकृत करने हेतु किया जाता है। (देवदन्ती के स्थान पर अभिलषित स्त्री का नाम बोलें) इस मन्त्र के द्वारा गुरुवार के दिन प्रसन्न मुद्रा में नमक लेकर इस मन्त्र से सात बार अभिमन्त्रित करें। फिर अभिलषित स्त्री को खाने में या पीने में मिला करके ग्रहण करवा दें। ऐसा करने से वह स्त्री अवश्य ही आकर्षित हो मोहित हो जाती है।

एरण्ड वशीकरण मन्त्र

ॐ नमो काल भैरव काली रात। काला आया आधी रात। चलै कतार बांधूं। तूं बावन वीर। पर नारी सो राखै सीर। छाती धरिके, वाको लाओ। सोती होय, जगा के लाओ। बैठी होय, उठा के लाओ। शब्द सांचा पिण्ड काचा। फुरे मन्त्र ईश्वरो वाचा। सत्य नाम आदेश गुरु का।

इस मन्त्र को याद कर लें और जब-जब किसी रविवार के दिन होली या दीपावली पड़े तो लाल रंग के एरण्ड के वृक्ष को उपर्युक्त मन्त्र पढ़ते हुए एक झटके से उखाड़ लें। वृक्ष को केवल बाँयें हाथ से ही उखाडें और फिर अपने निवास पर ले आयें। इसके छोटे-छोटे टुकड़े कर लें। एक टुकड़े को उपर्युक्त मन्त्र से २१ बार अभिमन्त्रित करके जिस स्त्री को छुवा देंगे, वही आपके पीछे लग जायेगी।

मृत्तिका वशीकरण मन्त्र

काला कलुवा चौसठ वीर ताल भागी तोर जहाँ को भेजूं वहीं को जाये मांस-मज्जा को शब्द बन जाये अपना मारा, आप दिखावे चलत बाण मारूं उलट मूठ मारूं मार मार कलुवा तेरी आस चार चौमुखा दीया मार बादी की छाती इतना काम मेरा न करे तो तुझे माता का दूध पिया हराम।

जिस स्त्री को वशीभूत करना हो उसके बाँयें पांव के नीचे की मिट्टी लेकर और इस मन्त्र से सात बार अभिमन्त्रित करके इच्छित के सिर पर डाल दें। वह स्त्री आकर्षित होकर आपके वशीभूत हो जायेगी।

दृष्टि मन्त्र

ऐं भगभुगे भगानि भगोदरि भगमाले भगयोनि भगनिपातिनि सर्वं भग-वशंकरी भगरूपे नित्यक्लिन्ने भगस्वरूपे सर्वं भगानि मे वशमानय वरदे रेते सुरेते भगक्लिन्ने क्लीं मदद्रवे क्लेदय द्रावय अमोघे भग विच्चे क्षुभ क्षोभय सर्व सत्वान् भगेश्वरि ऐं क्लीं जं ब्लूं भैं ब्लूं मौ ब्लूं हे हे क्लिन्ने सर्वाणि भगानि तस्मै स्वाहा।

इस मन्त्र का जप करते हुए यदि किसी स्त्री से नजर मिलाई जाय तो वह वशीभूत हो जाती है।

पान मन्त्र

श्री राम नाम रबेली अकनकबीरो। सुनिये नारी। बात हमारी। एक पान संग मंगाय। एक पान सेज सौं लावै। एक पान मुख बुलावै। हमको छोड़ और को देखै तो तेरा कलेजा मुहम्मद वीर चक्खे।

इस मन्त्र से २१ बार अभिमन्त्रित करके तीन बार पान खिलायें। पहला पान खाते ही वह स्त्री उसकी मित्र हो जायेगी। दूसरा पान खाने से वह आपके साथ यौन सम्बन्ध स्थापित कर लेगी। तीसरा पान खाने से वह किसी और की कल्पना भी नहीं करेगी।

पान वशीकरण मन्त्र

ॐ हरे पान हरियाले पान। चिकनी सुपारी, श्वेत खैर, दाहिने कर चूना, मोही लेय पान। हाथ में दे हाथ रस ले। ये पेट दे, पेट रस ले। श्री नरसिंह वीर थारी शक्ति, मेरी भक्ति। फुरो मन्त्र ईश्वर महादेव की वाचा।

इस मन्त्र से २१ बार अभिमन्त्रित करके पान का बीड़ा जिस स्त्री को खिला दिया जायेगा, वह स्त्री वशीभूत होकर प्राप्त हो जायेगी।

हवन वशीकरण मन्त्र

ॐ गणपति वीर बसै मासान जो, मैं मंगौ, सो तुम आनुपांच, लड्डुवा सिर

सिन्दूर, त्रिभुवन मांगे चम्पे के फूल, अष्ट कुलि नाग मोहु, जो नारी बहुत्तरि कोठा मोहुं, इन्द्र की बेटी सभा मोहुं, आवती आवती स्त्री मोहुं, जाता जाता पुरुष मोहुं, डांवा अंग बसे नरसिंह जीवने क्षेत्रपालायें, आवै मार मर करन्ता। सो जाई हमारे पाउ परन्ता। गुरु की शक्ति, हमारी भक्ति। चलो मन्त्र आदेश गुरु को।

वन में जाकर हवन के लिए समिधा एकत्र करें और बाजार से घृत, खांड़, गुग्गुल खरीदकर एकान्त स्थान में आकर हवन करें। एकत्र की गई वन की समिधा में खरीदी गई सामग्री से इस मन्त्र द्वारा ३५१ आहुतियाँ दें। इस हवन के प्रभाव से सभी जन वशीभूत होकर वैरभाव का त्याग कर देते हैं।

टीका वशीकरण मन्त्र

ॐ नमो आदेश गुरु को, राज मोहुं, प्रजा मोहुं, मोहुं ब्राह्मण बनियां, हनुमंत ब्राह्मण बनियां, हनुमंत रूप में जगत मोहुं, तो रामचन्द्र परमाणियां, गुरु की शक्ति, मेरी भक्ति, फुरो मन्त्र ईश्वरो वाचा।

शनिवार के दिन सिन्दूरी हनुमानजी की प्रतिमा का पूजन करें और मूर्ति को सिन्दूर का चोला चढ़ायें। इसके बाद एक माला का जप करें। यह जप २१ दिन तक करें। जब आवश्यकता हो, यह मन्त्र जपते हुए किसी चौराहे से मिट्टी उठा लें और भाल पर टीका लगाकर अभिलषित व्यक्ति के समक्ष जायँ तो वह अवश्य जी-हुजूरी करने लगेगा।

पंखुणी वशीकरण मन्त्र

ॐ नमो आदेश गुरु को, कांऊरू देश कामाक्षा देवी तहाँ ठै ठै इस्माइल जोगी, जोगी के आँगन फूल-क्यारी, फल चुन-चुन लावै लोना चमारी, फूल चल फूल-फूल बिगसे, फूल पर बीर नरसिंह बसे, जो नहीं फूल का विष, कबहुं न छोड़े मेरी आस। मेरी भक्ति, गुरु की शक्ति, फुरो मन्त्र ईश्वरो वाचा।

इस मन्त्र के द्वारा किसी पुष्प को अभिमन्त्रित करके जिस कामिनी की देह पर मारा (फेंका) जायेगा, वही मोहित हो जायेगी।

जय मन्त्र

ऐं सहवल्लरि क्लीं कर क्लीं काम पिशाच अमुकीं काम ग्राहय ग्राहय, स्वप्ने मम रूपे नखै-विदारय विदारय, द्रावय द्रावय, रद महेन बन्धय बन्धय श्रीं फट्।

रात्रि के मध्य काल में निर्वस्त्र होकर उत्तर दिशा की तरफ मुख करके इस मन्त्र

का पाठ करें। पाठ करते समय 'अमुकी' के स्थान पर अभिलषित स्त्री का नाम लें (इस जप-काल में पूर्ण कामुक होकर जप करें)। इस क्रिया के प्रभाव से शीघ्र ही चहेती स्त्री की प्राप्ति हो जाती है। इस कार्य को १५ दिन तक रात्रि में करना है। एक बार में १०८ बार जप करना चाहिये।

पुतली मोहन मन्त्र

बांधूं इन्द्र को, बांधूं तारा। बांधूं बांधूं लोहे का आरा। उठे इन्द्र न बोले बाबा। सूख साख धूनि हो जाये। तन ऊपर फेंकी, कड़े होय सूत। मैं तो बन्धन बांध्यो, सास ससुर जाया पूत। मन बांधूं, मन्त्र बांधूं विद्या के साथ। चार खूंट फिर आये फलानी फलाने के साथ।

यदि कामिनी को मोहित करना हो तो शनिवार के दिन उसके बायें पांव के नीचे की मिट्टी और यदि पुरुष को आकर्षित करना हो तो शनिवार के दिन ही पुरुष के दाहिने पांव के नीचे की मिट्टी लेकर एक प्रतिमा बनायें। जिस लिंग (स्त्री अथवा पुरुष) का आकर्षण करना हो, उसी की प्रतिमा बना करके अर्द्धरात्रि को एकान्त में वस्त्रहीन होकर उस प्रतिमा को धूप-दीप दिखाकर जप करते रहें। लगभग घण्टे भर बाद इस सूत से उस प्रतिमा को लपेटकर गुप्त कर लें और प्रभाव देखें।

सुपारी मोहन प्रयोग

ॐ नमो उर्वशी सुपारी। काम निगारी। राजा परजा खरी पियारी। मन्त्र पढ़ि लगाऊं तोहि। हिया, कलेजा लावै तोहि। जीवता चाहे पगतली। मूवा संग मसान। सो वश्य न होय तो यती हनुमंत की आन। शब्द सांचा। पिण्ड कांचा। फुरे मन्त्र ईश्वरो वाचा।

इस मन्त्र से सुपारी को शक्तिकृत करके जिसे चाहिए उसे खिलाया जाय, तो वह जीवन भर के लिए अपना दस बन जाता है। यह प्रयोग सूर्यग्रहण में अधिक लाभकारी होता है।

चिता की राख मोहन मन्त्र

ॐ नमो धूलि धूलि। विकट चाँदनी पर मारूं धूलि। धूलि लगे, बने दीवानी। घर तजे। बाहर तजे। ठाड़ा तजे भर्तार दिवानी। एक सठी बलवान। तूं नारसिंह वीर अमुक को उठाये लाव। न लाये तो हनुमान वीर की दुहाई। मेरी भक्ति गुरु की शक्ति। फुरे मन्त्र ईश्वरो वाचा।

शनिवार के दिन श्मशान में जाकर किसी स्त्री की चिता की रख ले आयें और इस मन्त्र से उसे फूंककर जिसके माथे पर लगायेंगे या जिसके सिर पर डालेंगे, वही प्राप्त होगी।

नमक मोहन प्रयोग

एक नमक रमता माता। दूसरा नमक विरह से आता। तीसरा नमक औरी बौरी। चौथा नमक रहै कर जोरी। यह नमक रहे कर जोरी। अमुक-अमुक को छोड़ दूसरे नहीं जाये। दुहाई पीर औलिया की। जो कहे सो सुने। जो मांगे सो देय। दुहाई गौरा पार्वती की। दुहाई कामाख्या देवी की। दुहाई गुरु गोरखनाथ की।

थोड़ा-सा नमक लेकर इस मन्त्र से सात बार अभिमन्त्रित करके खाने-पीने में मिलाकर खिलाने से वशीकरण हो जाता है।

सुपारी प्रयोग मन्त्र

पीर मैं नाथ। प्रीत मैं माथ। जिसे खिलाऊं, वह मेरे साथ। फुरे मन्त्र ईश्वरो वाचा।

एक अखण्डित सुपारी लेकर पर्व-काल में नदी पर जायें और जल में उतरकर इस मन्त्र की दश मालायें जप कर सुपारी को बिना चबाये निगल जायें। प्रात: मल-विसर्जन के समय यह सुपारी निकलेगी। इसे सहेज कर उठा लें और धोकर रख लें। इसके टुकड़े करके जिसे भी खिलाएंगे, उसे ही अपना दास पाएंगे।

टीका वशीकरण मन्त्र

माता अंजनी का हनुमान। मैं मनाऊं, तूं कहना मान।
पूजा दे, सिन्दूर चढ़ाऊं। अमुक रिझाऊं।
अमुक-अमुक को पाऊं। यह टीका तेरी शान का।
वह आवे, मैं जब लगाऊं। नहीं आवे तो राजा राम की दुहाई।
मेरा काम कर। नहीं आवे तो अंजनी की सेज पड़।

इस मन्त्र का प्रयोग करने से पहले हनुमानजी को पूजा दें आयें। इसके बाद यह मन्त्र जपते हुए टीका लगाकर अभिलषित के सम्मुख जायँ तो वह वश में होता है।

मिठाई मन्त्र

ॐ नमो आदेश कामाख्या देवी को। जल मोहूं। थल मोहूं। जंगल की हिरणी मोहूं। बाट चलता बटोही मोहूं। दरबार बैठा राजा मोहूं। मोहनी मेरा नाम। मोहूं जगत् संसार। तारा तरीला तोतला। तीनों बसे कपाल। सिर चढ़े मातु के दुश्मन करूं पमाल। मात मोहिनी देवी की दुहाई। फुरे मन्त्र खुदाई।

इस मन्त्र से मिठाई को अभिमन्त्रित करके जिसे चाहो खिलाओ और उसे ही अपना पाओ।

सौत पति का उच्चाटन मन्त्र

ॐ अंजनी पुत्र पवनसुत हनुमान वीर वैताल साथ लावे मेरी सौत (अमुक) से पति को छुड़ावे, उच्चाटन करे करावे मुझे वेग पति मिले, मेरा कारज सिद्ध न करे तो राजा राम की दुहाई।

सामग्री—जलपांत्र, सियारसिंगी, दो हकीक पत्थर, तेल कादीपक। **माला**—हकीक माला। **समय**—दिन या रात का कोई भी समय। **आसन**—नीले रंग का सूती आसन। **दिशा**—पश्चिम दिशा। **जपसंख्या**—पाँच हजार। **अवधि**—जो भी संभव हो।

यह प्रयोग तब किया जाता है जब पति किसी अन्य स्त्री के जाल में फंस गया हो और पत्नी की तरफ ध्यान नहीं दे रहा है तब उस पराई स्त्री के जाल से पति को मुक्त कर अपने प्रति प्रेम बढ़ाने के लिए यह प्रयोग किया जाता है। इस प्रयोग से पति और उसमें भयंकर लड़ाई हो जाती है और वे भविष्य में एक-दूसरे का मुँह भी देखना पसन्द नहीं करते। सामने सियारसिंगी रख दें और उसके सामने ही हकीक पत्थर रख दें। एक पत्थर पर पति का नाम लिखें और दूसरे पत्थर पर उस स्त्री का नाम लिख दें। फिर उपर्युक्त मन्त्र का मात्र पाँच हजार जप के बाद जिस हकीक पत्थर पर स्त्री का नाम लिखा है, वह पत्थर सुनसान स्थान पर जमीन में गाड़ दें और जिस पत्थर पर पति का नाम लिखा है, वह पत्थर सियारसिंगी के साथ अपने सन्दूक में रख दें। इस प्रकार करने से सौत से छुटकारा मिल जाता है, पति का उस स्त्री से भयंकर झगड़ा होता है और भविष्य में उनमें किसी प्रकार का कोई सम्बन्ध नहीं रहता।

परपुरुष उच्चाटन मन्त्र

ॐ अंजुनी पुत्र पवनसुत हनुमान वीर वैताल साथ लावे मेरी सौत। (अमुक) से पति को छुड़ावे। उच्चाटन करे करावे मुझे वेग पति मिले। मेरा कारज सिद्ध न करे तो राजा राम की दुहाई।

सामग्री—जलपात्र, सियारसिंगी, दो हकीक पत्थर, तेल का दीपक। **माला**—हकीक माला। **समय**—दिन या रात का कोई भी समय। **आसन**—नीले रंग का सूती आसन। **दिशा**—पश्चिम दिशा। **जपसंख्या**—पाँच हजार। **अवधि**—जो भी सम्भव हो।

पहले पाँच हजार मन्त्रजप करके इस मन्त्र को सिद्ध करना चाहिए। फिर सियार सिंगी के सामने दो हकीक पत्थर रख दें। एक पर उस स्त्री का नाम लिखें, दूसरे हकीक पत्थर पर नाम न लिखें, अपितु यह लिखें कि अमुक स्त्री से जिस पुरुष के भी सम्बन्ध हो, वह विच्छेद हो जाए। फिर दोनों हकीक पत्थर सियारसिंगी के सामने रखकर हकीक माला से पाँच हजार जप करें। मन्त्रजप पूरा होने पर सियारसिंगी के साथ उस हकीक पत्थर को, जिस पर स्त्री का नाम अंकित है, लाल कपड़े में बांधकर

संदूक में रख दें और वह दूसरा हकीक पत्थर जमीन में गाड़ दें। इस प्रकार करने से उस स्त्री के अन्य जितने भी पुरुषों से सम्बन्ध होंगे, वे सम्बन्ध खत्म हो जायेंगे और उनमें परस्पर लड़ाई-झगड़ा होगा। यह प्रयोग पति कर सकता है या प्रेमी कर सकता है। जिसे यह विश्वास हो कि मेरी प्रेमिका के सम्बन्ध अन्य पुरुषों से हैं।

मित्रविद्वेषण मन्त्र

ॐ नमो आदेश गुरु सत्य नाम को। बारहा सरसों। तेरहा राई। बाट की मीठी। मसान की छाई। पटक मारुकर जलवार। अमुक फुटेन देख अमुक द्वार। मेरी भक्ति गुरु की शक्ति। फुरो मन्त्र ईश्वरो वाचा।

थोड़ी पीली सरसों, थोड़ी राई, थोड़ी मेथी, आम तथा ढाक वृक्ष की सूखी लकड़ी ले आयें और फिर श्मशान में जाकर किसी चिता की राख लें आयें। अब आप हवन करने के लिए लकड़ियों से वेदी बनायें और शेष सामग्री को एकसार करके इस मन्त्र को पढ़ते हुए १०८ आहुतियाँ देवें तो दोनों मित्रों में परस्पर विद्वेष हो जायेगा।

स्त्री-पुरुष विद्वेषण मन्त्र

आक-ढाक दोनों बगराई। अमुका अमुकी ऐसे लरे जस कुकुर-बिलाई। आदेश गुरु सत्य नाम को।

सूखी हुई ढाक की टहनियाँ ले आयें और आक का ताजा पत्ता ले आयें। इस पत्ते के ऊपर काली स्याही से यह मन्त्र लिखें और आधी रात के समय एकान्त में ढाक की टहनियाँ जला करके यह मन्त्र पढ़ते हुए आक का पत्ता उसमें डाल दें। यदि १०८ पत्र डाल सकें तो प्रयोग शीघ्र प्रभावी होगा और इच्छित स्त्री-पुरुष में परस्पर मन-मुटाव हो जायेगा।

स्तम्भन मन्त्र

१. ॐ वं वं बं हं हं हं ग्रां ठः ठः।

इस मन्त्र को सिद्ध करने के बाद ही इसका प्रयोग करें। निगोही के बीज को २१ बार अभिमन्त्रित करके जिस व्यक्ति पर भी फेंका जाये, वह स्तम्भित हो जाता है। यदि इसका प्रयोग रविवार या मंगलवार को किया जाये तो इसका प्रभाव अधिक दिखाई देता है। एक हजार मन्त्रजप से सिद्धि मानी जाती है।

२. ॐ नमः दिगम्बराय अमुकस्य आसनं स्तम्भ कुरु कुरु स्वाहा।

इसकी साधना श्मशान भूमि में की जाती है। इस मन्त्र का १००८ बार जप करके नमक से आहुति दी जाये तो आसन स्तम्भित हो जाता है।

३. अफल अफल अफल दुश्मन के मुँहे कुलफ। मेरे हाथ कुंजी रुपया तोर कर दुश्मन का जर कर।

इस मन्त्र का प्रयोग मुकदमें में किया जा सकता है। इसके सफल प्रयोग के लिए शनिवार से प्रारम्भ करके निरन्तर ७ रात तक धूप, दीप और नैवेद्य से पूजन करके एक हजार बार हवन करें और अदालत में जाने से पूर्व १०८ बार मन्त्र का जप कर लें और विरोधी दल की ओर फूंकें तो विरोधी स्तम्भित हो जायेंगे। विरोध में कुछ भी न कह पायेंगे। यदि अपने प्रार्थनापत्र को इस उपर्युक्त मन्त्र से १०८ बार फूँका जाय तो कामना की पूर्ति होगी।

४. ॐ गाजुंहदरख्यां उन्मुख मुख मांसर धिल ताली आहुम्।

हस्त नक्षत्र में चर्चिका बीज को २१ बार अभिमन्त्रित करके सेवन किया जाये तो भूख स्तम्भित हो जाती है।

५. ॐ नमो सिद्धि रूपे मे देहि कुरु कुरु स्वाहा।

किसी भी ग्रहण में इस मन्त्र का ४ बार उच्चारण करके उपामार्ग के बीज की खीर बनाकर उसे १०८ बार अभिमन्त्रित करके सेवन करें तो भूख स्तम्भित हो जाती है।

६. ॐ नमो कोरा कराबा अल सो भरिया, ले गौरा के सिर धरिया। ईश्वर ढ़ाले गौरा नहा, जलती अगिया शीतल हो जाय।

किसी नये मिट्टी के पात्र में सात बार जल भरें और उसे सात बार ही अभिमन्त्रित करें। इस जल से जहाँ भी छींटा देंगे, वहाँ अग्नि स्तम्भित रहेगी अर्थात् जहाँ तक पानी का छींटा जायेगा, वह क्षेत्र अग्नि से सुरक्षित रहेगा।

७. ॐ ह्रीं महिषमर्द्दनी लह लह कठ कठ स्तम्भह स्तम्भह अग्नि स्वाहा।

खैर की लकड़ी को १०८ बार अभिमन्त्रित करके अग्नि में लेकर जायें तो शरीर अग्नि से सुरक्षित रहता है।

८. ॐ ह्रीं रक्ष रक्ष चामुण्डे अमुके मुखस्तम्भनं कुरु कुरु स्वाहा।

प्रयोग से पहले इस मन्त्र को सिद्ध कर लेना आवश्यक है। चामुण्डा का ध्यान करते हुए किसी देवी के मन्दिर में १ लाख मन्त्रजप करके इसे सिद्ध करें। फिर जब इस मन्त्र का प्रयोग करना हो तो ज्येष्ठी मधु (मुलहठी) की जड़ को ३ बार अभिमन्त्रित करके सभास्थल में फेंकें तो सारी सभा स्तम्भित हो जायेगी। कोई भी वक्ता का विरोध करने का साहस नहीं करेगा। यह प्रयोग पुष्य नक्षत्र रविवार को ही किया जाये तो अधिक प्रभावशाली रहता है।

९. ॐ नमः भगवते रुद्राय जल स्तम्भय स्तम्भय ठः ठः स्वाहा।

पद्म को बारीक पीसकर ७ बार अभिमन्त्रित करें और उसे पानी में छोड़ दें तो पानी स्तम्भित हो जाता है।

१०. ॐ ह्रीं रक्षक चामुण्डे कुरु कुरु, अमुक मुख स्तम्भ हो।

इस मन्त्र के प्रयोग से पहले इसकी सिद्धि आवश्यक है। चामुण्डा का ध्यान करते हुए १ लाख मन्त्र श्रद्धापूर्वक जप कर इसको सिद्ध करें। इसके बाद जब आवश्यकता हो, पलाश की जड़ ताड़ में लपेटकर ३ बार उसे अभिमन्त्रित करें और विरोधी के सामने जायें तो घोर शत्रुता को भूल जाता है और अनुकूल ढंग की बातें करने लगता है।

११. ॐ अहो कुम्भकण महा राक्षस निकषा गर्भ आज्ञापय स्वाहा।

प्रयोग से पहले इस मन्त्र की सिद्धि कर लें। कुम्भकर्ण का ध्यान करते हुए १००० मन्त्रजप से इसकी सिद्धि करें। युद्ध-क्षेत्र में जाने से पहले सफेद भुजा में बांधें तो युद्ध करते हुए यह धारणा बनायें कि उसका अपना शरीर कुम्भकर्ण जैसा पर्वताकार हो गया है और उसके विरोधी योद्धा उसके सामने क्षुद्र से प्राणी लगते हैं। उन्हें वह पल भर में मसल देगा। मन्त्र के प्रभाव से विरोधियों के शस्त्र स्तम्भित हो जाते हैं अथवा प्रभावहीन हो जाते हैं।

१२. हिमवत्तरे कुलकी दशी नाम राक्षसी एतेषां स्मरम् मात्रेन गर्भो भवति अक्षयः।

इस मन्त्र का ७ बार उच्चारण करते हुए गण्डा को बांधना चाहिए। इससे गर्भ की सुरक्षा में विशेष सहायता मिलती है।

१३. ॐ नमो आदेश गुरु को ॐ नमः आदेश अंग में बांधि राख, नर-सिंह यती मोसते बांधि राख, श्री गोरखनाथ कांखते बांधि राख, हपूलिका राजा सुण्डो से बांधि राख, दृढ़ासन देवी यह मन पवन काया को राख, थमे गर्भ औ बांधे घाव थांभै माता पार्वती यह गंडौं बांधू, ईश्वर यती, जब लग डांडो कट पर रहे ब लग गर्भ काया में रहे, फुरो मन्त्र ईश्वरो वाचा।

गर्भिणी स्त्री की कमर में डोरा बांधने का विधान यह है कि पहले स्त्री की पूरी लम्बाई अर्थात् चोटी से एड़ी तक ७ बार सूत नापें और कुंवारी कन्या से इसे कतवाकर ७ बार उपर्युक्त मन्त्र से अभिमन्त्रित करके ७ बच्चों से इसे गांठ लगवायें। इस विधि से बनाये गये गण्डा को जो भी स्त्री कमर में धारण करती है, उसका गर्भ स्तम्भित रहता है अर्थात् सुरक्षित रहता है।

१४. ॐ नमो गंगा डाकरे गोरख बलाय धीपर गोरख यती पूजा जाय, जयद्रथ पुत्र ईश्वर की माया।

इस मन्त्र द्वारा गर्भ की सुरक्षा का विधान यह है कि गण्डा बनाने के लिए कुंवारी कन्या द्वारा काते हुए सूत को १२ बार इस मन्त्र से अभिमन्त्रित करें। इसका यह प्रभाव

रहता है कि यदि गर्भ के गिरने की आशंका हो अथवा गिर रहा हो या रक्त प्रवाहित हो रहा हो तो भी इससे लाभ होता देखा गया है।

१५. ॐ नमो आदेश गुरु को जंभीर वीर ग्रधामा हरे अठोत्तर है गर्भ ही तीनों तने पाके न फूटे गिरे न पीरा करे। करे तो जंभीर बीर की दुहाई फुरो मन्त्र ईश्वरो वाचा।

इस मन्त्र द्वारा गर्भसुरक्षा का विधान यह है कि गर्भवती स्त्री की पूरी लम्बाई अर्थात् एड़ी से चोटी तक ६ बार सूत नापकर ६ कुंवारी कन्याओं से उसे कतवायें और ऐसा गण्डा बनाएं जिसमें ६ तार और ६ गांठें हों। इस गण्डे को १०८ बार अभिमन्त्रित करके गर्भवती स्त्री की कमर में बांध दें तो गर्भ स्तम्भित अर्थात् सुरक्षित रहेगा।

सर्पकीलन मन्त्र

बजरी बजरी बजर किवाड़ बजरी कीलुं आसपास मरे सांप होय खाक मेरा कीला पत्थर कील पत्थर फूटे न गेर कोला छुटे, मेरी भक्ति गुरु की शक्ति, फुरो मन्त्र ईश्वरो वाचा।

शिवरात्रि के दिन इसको जपना शुरू कर दें। इसको एक वर्ष तक बराबर अढ़ाई प्रहर तक जपें। सिद्ध होने पर अरने गोबर की राख ऊपर लेकर लिखे मन्त्र को सात बार पढ़ें और सर्प के ऊपर डाल दें तो सर्प का कीलन हो जायेगा।

मदारी पछाड़ने का मन्त्र

ॐ नमो गदाधारी हनुमान वीर स्वामी भास्कर का तेज वैरी का शरीर महर्षि चक्र मातृ कालिका चलाया चलो वैरी न कर वैरी न कर वैरी करी हो तेरे जीव को घात में न डरूं, तेरे गुरु पीर से मारूं, तुझे एक ही तीर से मारूं, मेरा मारा एकसक धूमें जैसे भुजंगी सर्प की लहर परे तोहि गीख मारुं बाण फेरे चले तो गुरु गोरखनाथ की आन।

उड़द के ७ दाने लेकर सात बार ऊपर के मन्त्र को पढ़कर मदारी को मारे तो मदारी पछाड़ खाकर जमीन पर गिर पड़ता है।

चोरबन्धन मन्त्र

ॐ नमो नारसिंह वीर ज्यूं ज्यूं चाले, पवन चाले चोर का चित चालै चोर के मुख में लोही चालै, काया थामै, माया परे करै, जो चोर के मुख लोही न चलावे तो गोरखनाथ की आज्ञा मेटे, नौ नाथ चौरासी सिद्ध की आज्ञा मेटे।

सवा पाव चावल तीन बार पानी में धोकर गोमूत्र में भिगोवें, पीछे सुखाकर धर लें, शनिवार के दिन प्रातःकाल धरती लीप, कपड़ा बिछाकर चावलों को उसके ऊपर

धरें और १०८ बार उपर्युक्त मन्त्र पढ़ें। हर बार मन्त्र पढ़कर चावलों को फूंकें, फिर वे चावल किसी डिब्बे में रख दें। फिर जिन-जिन पर चोरी का सन्देह हो, उनको कुछ दाने खिलावें तो जो चोर होगा, उसके मुँह से खून आना शुरू हो जायेगा।

भूत वशीकरण मन्त्र

ॐ श्रीं वं वं भुं भूतेश्वरि मम वश्यं कुरु कुरु स्वाहा।

भूत-प्रेत को वश में कर उससे मनचाहा कार्य कराने के कई प्रयोग है। शौच का बचा हुआ जल मूल नक्षत्र से प्रारम्भ करके बबूल के वृक्ष में डाला करें और फिर उस वृक्ष के नीचे बैठकर १०८ मन्त्र नित्य जपें। इस प्रकार छः महीने तक जपें। फिर पीछें एक दिन केवल मन्त्र जपें और जल नहीं डालें तो उस पेड़ पर से लगभग बीस भूत-प्रेत आकर पानी मांगने लगेंगे। उस वक्त तीन वचन लेवें कि याद करने पर आकर जो काम कहें वह करें। मुझे तकलीफ नहीं दें और रक्षा करें तथा असम्भव काम कहे तो भी करें। ऐसा वचन मिलने के बाद जल देवें तो वे सभी जीवन-पर्यन्त सेवा में रहेंगे।

इस प्रकार भूत-प्रेत वश में करने के बाद आप कहीं पर भी कोई भी काम उन्हें सौंपेंगे तो कुछ ही क्षणों में वे कार्य पूरा कर देंगे।

गर्भ-क्षरण निवारण मन्त्र

ॐ नमो आदेश गुरु को जल बाँधूं, थल बाँधूं, डाकिनी-शाकिनी भूत-प्रेत-पिशाच बांधूं, गिरता गर्भ बाधूं, बन्ध्या दोष बाँधूं, गुरु की शक्ति मेरी भक्ति फुरो मन्त्र ईश्वरो वाचा।

सामग्री—मूँगा रत्न, जलपात्र, केसर। **माला**—हकीक माला। **समय**—दिन या रात का कोई भी समय। **आसन**—लाल रंग का सूती आसन। **दिशा**—पूर्व दिशा। **जपसंख्या**—दस हजार। **अवधि**—पाँच दिन।

सामने किसी पात्र में मूँगा रत्न रखकर उसे जल से धोकर पोंछकर केसर या कुंकुम से तिलक करें। फिर दीपक, अगरबत्ती लगाकर मन्त्रजप प्रारम्भ करें। जब मन्त्र पूरा हो जाय, तो उस मूँगा रत्न को अंगूठी में जड़वाकर स्त्री के दाहिने हाथ की किसी अंगुली में पहना दें। अंगूठी सोने या चाँदी में बनाई जा सकती है। ऐसा करने पर गर्भ-क्षरण रुक जायेगा और उससे भली प्रकार सन्तान उत्पन्न हो जायेगी। यह प्रयोग पत्नी को करना चाहिए। यदि किसी को गर्भपात होता है या बार-बार गर्भ गिरने से संतान नहीं हो रही तो इस प्रयोग को करने से गर्भ-क्षरण रुक जाता है और उसके सही-सलामत संतान उत्पन्न हो जाती है।

नकसीरस्तम्भन मन्त्र

ॐ नमो गुरु की आज्ञा सा-सार महासागरे बांधूं सातवार फिर बांधूं तीन बार लोहे की सार बांधे हनुमन्त वीर पाके न फूटे तुरन्त फूटे तरत सोखे।

श्री हनुमान का उपासक इसे अधिक सफलता से प्रयुक्त कर सकता है। उपर्युक्त मन्त्र की सिद्धि करके आवश्यकता पड़ने पर भस्म से ७ बार रोगी को झाड़ना चाहिए।

चोर-भय रक्षामन्त्र

ॐ करालिनी स्वाहा। ॐ कपालिनी स्वाहा। ह्रीं ह्रीं ह्रीं ह्रीं चोर बंध ठः ठः ठः।

१०८ मन्त्रजप से सिद्धि कर लें। फिर सात बार मन्त्र का उच्चारण करके अभिमन्त्रित मिट्टी द्वार पर गाड़ दें तो चोर-भय से रक्षा होती है।

चोर अन्वेषण मन्त्र

१. ॐ नमो विश्वनाथ बन्दूं हाथ में लेई माटी तुलसी वदि के कटोरी पे साटी, यह मुस निज बल जाय तिसके बलते कटोरी आप चलाय चल कटोरी जहाँ चोर के तम धम विश्वनाथ बंदी केकरे गमन आदेश बड़े ईश्वर पिता धर्म की दुहाई आदेश सीता श्रीरामचन्द्र सोई।

यह कटोरी चलायन मन्त्र है। इसकी प्रक्रिया भी उपर्युक्त विधि के अनुसार ही है। अन्तर इतना ही है कि इसमें चूहे के बिल की मिट्टी को १०८ बार अभिमन्त्रित करके मारना पड़ता है।

२. ॐ काजू बिया बान लाजू हाले आसामन उसी का क्रुं क्रुंआ।

इस मन्त्र की सिद्धि दीपावली को स्वाति नक्षत्र में चिंचना वृक्ष के नीचे आसन लगाकर सायंकाल को की जाती है। श्रद्धापूर्वक पूजन-अर्चन करें और सवा हाथ की एक लकड़ी ले लें और १०८ मन्त्र का उच्चारण करके इसे सिद्ध कर लें। जब किसी चोर को पहचानना हो तो संदेहास्पद व्यक्तियों को एक साथ बिठाकर इस लकड़ी को ७ बार अभिमन्त्रित करके चलावें। यदि यह लकड़ी पहले पूर्ण रूप से सिद्ध हो चुकी है तो यह वास्तविक चोर के निकट चली जायेगी।

अग्नि और जल के भय से रक्षा का मन्त्र

शेख फरिद की कामरी निशि अस अंधियारी तानों को टालिये अनल ओला जल विष।

इस मन्त्र को पढ़कर ताली बजायें और अपने चारो ओर सुरक्षा की भावना करें तो अग्नि, जल और पत्थर के भय से रक्षा होती है।

अग्निबन्धन मन्त्र

अज्ञान बांधो, विज्ञान बांधो, घोणरा घाट आठ कोटि वैसंदर बांधो अस्त हमारा भाइ आन हि देखें झझके मोहिं देखे बुझाइ हनुवन्त बांधो, पाना

होइ जाय अग्नि भवेत के जसमत्ती हाथी होइ वैसंदर बांधो, नारायण साखि मोरी गुरु की शक्ति फुरो मन्त्र ईश्वरो वाचा।

इस मन्त्र को विधि-विधान से सिद्ध करने के उपरान्त १०८ बार उच्चारण से अग्निबन्धन होता है।

दृष्टि बन्धन मन्त्र

ॐ नमो चामुण्डी ठः ठः ठः स्वाहा।

पद्मनाल पर सूत लपेटकर १०८ बार उपर्युक्त मन्त्र का उच्चारण करें। फिर दर्शन करते समय उसे घुमायें। जो भी उसे देखेगा उसकी दृष्टि का बन्धन हो जायेगा। ध्यान रहे कि पद्मनाल पर लिपटा सूत कन्या द्वारा ही काता जाना चाहिए।

सर्पनिवारण मन्त्र

१. ॐ प्लः सर्पकुलाय स्वाहा। अशेषकुलसर्वकुलाय स्वाहा।

स्वच्छ मिट्टी के एक टुकड़े को सात बार अभिमन्त्रित करें। घर में जिस स्थान पर सर्प के रहने की संभावना रहती हो, वहाँ रख दें। सर्प स्वयमेव वह स्थान छोड़कर चला जायेगा।

२. ॐ नमो आदेश गुरु को जैसे के लेहु रामचन्द्र कबूत ओसई कस्हु राघ-बिनि कबूत पवन पूत हनुमंत धाउ हर-हर रावन कूट मिरावन श्रवइ अण्ड खेतहि श्रवइ अण्ड-अण्ड विहण्ड खेतहि श्रवइ वाजं गर्भहि श्रवइ स्त्रीपीलहि श्रवइ शाप हर हर जंबीर हर जंबीर हर हर हर।

मन्त्र को सिद्ध करने के बाद इसका प्रयोग करते समय मिट्टी के एक ढेले को अभिमन्त्रित करें और सांप के बिल पर रख दें। इसके प्रभाव से सर्प बिल में से निकल कर भाग जाता है।

मूषक-पलायन मन्त्र

पीत पीताम्बर मूशा गांधी। ले जाइहु हनुवन्त तु बांधा। ए हनुवंत लंका के राउ एहि कोणे पैसेहु एहि कोणे जाऊ।

इस मन्त्र के प्रयोग के लिए स्नानादि से निवृत्त होकर थोड़े से चावल और हल्दी की ५ गांठों को अभिमन्त्रित करें और जिस कमरे में चूहों का आना-जाना अधिक रहता हो, वहाँ इन्हें डाल दें। यदि खेत में चूहे उत्पात कर रहे हों तो वहाँ भी इसका उपयोग किया जा सकता है। इससे चूहे भाग जाते हैं।

टिड्डी-बन्धन मन्त्र

ॐ नमः आदेश कामाक्ष्या देवी को अज्ञ बाँधूं बज्र बांधूं, बांधू दासो दुआर

लोहे का कोड़ा हनुमन्त ठोंके गिरे धरती लागे घाव सब टिड्डी भस्मी हो जाय, बांधूं टिड्डा बांधूं नाला ऊपर ठोंकूं बज्र का ताला नीचे भैरों किलकिलाय, ऊपर हनुमान गाजैं हमारी सीवे में दाना-पानी खावे तो गुरु गोरखनाथ लजाव।

इस मन्त्र के प्रयोग से पूर्व इसकी सिद्धि आवश्यक हैं। सिद्धि के लिए होली में एक हजार मन्त्र का जप करना होता है। जब इसका प्रयोग करना हो तो थोड़े से चावल लेकर इस मन्त्र को ३ बार अभिमन्त्रित करें और खेत-खलिहान में चारो ओर फेंक दें। खेत के चारो कोनों में मन्त्र का उच्चारण करते हुए एक-एक कील गाड़ दें तो टिड्डी दल भाग जाता है। यदि उसके आने की संभावना हो तो उससे सुरक्षा रहती है और वह आने का साहस नहीं करता।

सर्पभय-निवारक मन्त्र

१. मुनिराजं आस्तीकं नमः।

घर में सर्प होने की जानकारी हो तो निरन्तर उसका भय लगा रहता है या कभी सर्प आमने-सामने आ जाए तो उपर्युक्त मन्त्र का उच्चारण करने से सर्प चुपके से दूसरे मार्ग पर चला जाएगा और मन्त्र उच्चारणकर्ता पर आक्रमण करने का प्रयत्न नहीं करेगा।

कभी रात्रि में पैदल यात्रा करनी हो या किसी वनीय क्षेत्र से गुजरना हो तो पुष्य नक्षत्र में उखाड़ी गई गिलोय के छोटे-छोटे टुकड़ों की माला को उपर्युक्त मन्त्र से सात बार अभिमन्त्रित करके गले में धारण कर लेना चाहिए। इससे सर्पभय से रक्षा होती है।

२. फकीर चले परदेश कुत्तक मन में भावे बाध बांधूं, बघाइन बांधूं, बाघ के सातों बच्चा बांधूं, सांपा चोरी बांधूं, दांत बंधाऊ, बाट बांधि दऊं दुहाई लोना चमारी की।

प्रयोग विधि पूर्व इसकी सिद्धि आवश्यक है, जो १०८ मन्त्र के जप से मंगलवार को होती है। फिर मार्ग में जहाँ भी सर्प या व्याघ्र मिले, उपर्युक्त मन्त्र का सात बार उच्चारण करके फूँक मारें। हिंसक पशु अपना मार्ग बदल देंगे।

बन्दूक-स्तम्भन मन्त्र

ॐ नमो आदेश गुरु का। जल बांधूं। जलवाइ बांधूं। बांधूं खाती ताई। सवा लाख अहेढ़ी बांधूं। गोली चले तो हनुमन्त यती की दुहाई। शब्द सांचा। पिण्ड कांचा। फुरो मन्त्र ईश्वरो वाचा।

आजकल कहीं पर भी, कभी भी, किसी को भी गोली मार देना एक आम बात बनकर रह गया है। इस समस्या से जूझने के लिए इस मन्त्र का प्रयोग करें। एक रंग वाली गाय का दूध लेकर इस मन्त्र से २१ बार अभिमन्त्रित करें और बंदूक, पिस्तौल

या तोप के मुख पर मार दें तो उसमें से गोली नहीं चलेगी और आप सही सलामत रहेंगे।

कड़ाही-स्तम्भन मन्त्र

ॐ नमो जल बांधूं। जलवाई बांधूं। बांधू कुआं खाई। नौ नौ गांव का वीर बुलाऊं। बांधे तेल कड़ाही। यती हनुमन्त की दुहाई। शब्द सांचा पिण्ड कांचा। फुरो मन्त्र ईश्वरो वाचा।

बीच राह से सात कंकड़ी लेकर कंकड़ी को सात बार इस मन्त्र से फूंकें और फिर कड़ाही पे मार दें तो उसके नीचे कितनी भी आग जलाएं; परन्तु कड़ाही गर्म नहीं होगी।

गर्भ-स्तम्भन मन्त्र

ॐ नमो आदेश गुरु को। जय, जय, जय, जय, जयकार। गोरख बैठा धोरू-वार। जब लग गोरख जाप जपै। जब लग राज विभीषण करै। गौरा कात्या कातना। ईश्वर बांध्या गंडा। राखु राखु श्री हनुमंत बजरंग। जो छिटका परता। अंडा दूध पूत। ईश्वर की माया। पड़ता गर्भ श्री गोरखनाथ जी रखाया। मेरी भक्ति। गुरु की शक्ति। फुरो मन्त्र ईश्वरो वाचा।

एक काले रंग का धागा लेकर २१ बार मन्त्र से शक्तिकृत करें। फिर गर्भवती की कमर में बंधवा दें तो गिरता हुआ गर्भ रुक जायेगा।

शस्त्र-स्तम्भन मन्त्र

ॐ नमो धार धार। अधर धार। बांधो सात बार। आनि बांधो तीन बार। कटै रोम न भीजै चीर। खांड़ा की धार को ले गया यती हनुमंत वीर। शब्द सांचा। पिण्ड कांचा। फुरो मन्त्र ईश्वरो वाचा।

चाकू के प्रहार से बचने के लिए यदि रास्ते में माटी उठाकर यह मन्त्र जपते हुए हमलावर के धारदार शस्त्र पर मारेंगे तो उससे घाव नहीं लगेगा।

वाद्ययन्त्र-स्तम्भन मन्त्र

ॐ नमो बादी आया। बांद करता कूं बेठाया। बड़ पीपल की छाया रहुरे। बादी बाद न कीजै। बांधूं तेरा कण्ठ और काया। बांधूं पूंगी और नाद। बांधूं योगी और साधु। बांधूं कण्ठ की पूंगी और मसान की बानी। अब तो रह रे पूंगी। सुजान तलै बांधे नरसिंह। ऊपर हनुमंत गाजै। मेरी बांधी पूंगी बाजै तो गुरु गुरुखनाथ लाजै। शब्द सांचा। पिण्ड कांचा। फुरो मन्त्र ईश्वरो वाचा।

उड़द के २१ दाने लेकर १०८ बार इस मन्त्र से शक्तिकृत करके पूंगी पर मारे तो पूंगी नहीं बजेगी।

दृष्टि-स्तम्भन मन्त्र

ॐ नमो काल भैरों घंघरा वाला। हाथ खड्‌ग, फूलों की माला। चौंसठ सौ योगिन, संग में चोला। देखो खोलि नजर का ताला। राजा परजा ध्यावैं तोहीं। सबकी दृष्टि बांधि दे मोहीं।। मैं पूजौं तुमको नित ध्याय। राजा परजा मेरे पाय लगाय।। भरी अथाई सुमिरौं तोहि। तेरा कीया सब कुछ होय। देखूं भैरों तेरे मन्त्र की शक्ति। चलै मन्त्र ईश्वरो वाचा।

रविवार के दिन श्मशान में जाकर एक चुटकी राख लायें। भैरोंजी का पूजन करें। आपके इष्ट ही यदि भैरों जी हों तो अधिक उत्तम रहेगा। यह मन्त्र जपते हुए २१ बार राख को फूंक मारें और कहीं पर भी सभा में जाकर पुन: इस मन्त्र को जपते हुए राख को वातावरण में फूंककर उड़ा दें तो सभी की दृष्टि बंध जाएगी।

जल-स्तम्भन मन्त्र

ॐ नमो काला भैरों। कालिका का पूत। पगों खड़ाऊं हाथ। गुरुजी चलौ मन प्रभात। आकतू अगुरूं भरा तेरो न्यौती। मैं जहाँ करूँ पूजो दिन सात। जो तू मनचीता कार्य कर दे मोहि। कुंकुम, कस्तूरी, केसर से पूजा करूं तुम्हारी। मोर मनचीत्यौ। मेरा कार्य करहु। गुरु गोरखनाथ की वाचा फुरै। शब्द सांचा। पिण्ड कांचा। फुरो मन्त्र ईश्वरो वाचा।

पुष्य नक्षत्रयुक्त रविवार से पहले शनिवार की शाम को सफेद आक को निमन्त्रण दे आवें और रविवार की प्रात: उसकी जड़ उखाड़ लायें। इस जड़ की खड़ाऊँ बनाकर इस मन्त्र से १०८ बार फूंकें और फिर पहनकर पानी के ऊपर चलें तो डूबेंगे नहीं।

मोच-स्तम्भन मन्त्र

ॐ नमो आदेश गुरु को। श्रीराम को मचक उड़ाई। इसके तन से तुरन्त पीर भागि जाई। न रहे रोग पीड़ा फूंक से हुई सब पानी। अमुक की व्यथा छोड़ भाग तूं मचकानी। न भागे पीड़ा तो महादेव की दुहाई। आदेश सिया राम लखन गुंसाई।

प्राय: पांव आदि में मोच आ जाती है। इसके कारण बहुत व्यथा होती है तथा चलना-फिरना कठिन हो जाता है। ऐसे रोगी की सेवा करने के लिए सरसों का तेल लेकर इस मन्त्र से अभिमन्त्रित करके मोच के ऊपर मालिश करें तो पीड़ा स्तम्भित होकर मोच ठीक हो जाती है।

घाव-स्तम्भन मन्त्र

ॐ नमो आदेश कामाख्या देवी का। काली बैठी लिये कटारी। जिसे देख दुष्ट भयकारी। कटारी गुण तोरे बलिहारी जाई। कटारी के बन्दन से घाव

सुखाई। अमुक की पीड़ा। माँ काली के वरदान से न रहे। विहड़वन बस लुकान। आज्ञा हाड़ी दासी चण्डी की दुहाई फिरै।

देह में लगे घाव को ठीक करने के लिए किसी कटोरे में जल लेकर उसे इस मन्त्र से शक्तिकृत करके रोगी को छीटें मारें तथा पिलायें तो घाव का रक्तस्राव रुक जाता है और पीड़ित व्यक्ति सुख की अनुभूति करता है।

चूहा-सूअर स्तम्भन मन्त्र

हनिवन्त धावति। उदरहि ल्यावे बांधि। अब खेत खाय सूअर। घरमा रहे मूस, खेत घर छांड़ि बाहर भूमि जाई। दोहाई हनुमान कै। जो अब खत महं सूअर, घर महं मूस जाई।

एक हल्दी का टुकड़ा लें, जिसमें पाँच गाठें हों। इसके साथ ही चावल ले लें। स्नान करें और फिर इस सामग्री को इस मन्त्र से अभिमन्त्रित करके सूअर-चूहे के आने वाले स्थान पर डाल दें तो सूअर तथा चूहे पुनः पदार्पण नहीं करते।

शैतान चढ़ाना

अल्प गुरु अल्प रहमान। अमुक की छाती ना चढ़ै तो माँ बहिन की सेज पै पग धरै। अली की दुहाई। अली की दुहाई। अली की दुहाई।।

शुक्रवार की रात्रि को किसी निर्जन स्थान पर पीली मिट्टी का गोल चौका लगाकर एक दीपक धरें, जिसमें तिल का तेल हो। बाती उत्तर की तरफ करके जला दें और स्वयं दक्षिण की तरफ मुख करके इस मन्त्र का जप करें। सत्रह हजार मन्त्र पूरे होने पर शत्रु के ऊपर शैतान चढ़ जायेगा। शत्रु ने यदि उचित समय पर उसका प्रबन्ध न किया तो कुछ ही दिनों में शत्रु की जीवनलीला समाप्त हो जायेगी।

नीबू-छेदन

बार बांधो, बार निकले। जा काट धारनी सूजाये। लय बहरना चौं हाथ से। तो काट दांत से। दुहाई भामहवा की।

इस प्रयोग के लिए एक स्थान का चुनाव करें और वहाँ पर चिकनी मिट्टी का चौका लगावें। जब चौका सूख जाय तो ऊपके ऊपर सफेद चादर बिछा दें और उसके ऊपर पश्चिम दिशा की तरफ मुख करके बैठें। सामने एक घी का दीपक जला लें। भोग के लिए हलवा तथा पूड़ी भी रखें। गांजे की चिलम, इत्र, मेवा, दो लौंग तथा नीबू भी सामने रख लें। अब आप इस मन्त्र का जप करें और जप के पश्चात् दीपक तथा नीबू के अलावा सारी सामग्री जल में प्रवाहित कर दें। यह प्रयोग ४० दिन तक करना चाहिये। चालीस दिन पूर्ण होने पर नीबू को १०८ बार इसी मन्त्र से फूंकें और

किसी कील से उसे छेद दें तो आपका शत्रु तड़पने लगेगा। यदि आपने कील आर-पार कर दी तो उसकी मृत्यु हो जायेगी।

प्रतिमा तापन

खंग मारै कालिका। भुजंग मारै भैरव। झपट के मारै दुर्गा। कहे अलमस्त। वो ही पस्त। जो मुझको सतायेगा।

श्मशान में जाकर किसी शनिवार की रात्रि को कोई जलती हुई चिता देखकर समस्त वस्त्र उतारकर उसके समक्ष बैठ जायें और इस मन्त्र का जप करें। सूर्योदय से पहले ही उस चिता को प्रणाम करें और उसका कोयला तथा राख लेकर आ जायँ।

अपने शत्रु के पांव तले की धूल लेकर उसमें राख मिलाकर पीली मिट्टी की शत्रु की प्रतिमा बनावें। इसे कोयला के ढेर पर रख दें। पुनः कोयलों से ढंककर उसे सुलगा दें और साथ-ही-साथ ऊपर बताए गये मन्त्र का जप करते रहें। जैसे-जैस प्रतिमा ताप पाएगी, वैसे-वैसे शत्रु ताप से पीड़ित होकर तड़पेगा। जैसे ही पूर्ण ताप पाकर प्रतिमा चटकेगी, शत्रु भी मृत्यु को प्राप्त हो जाएगा।

हवन द्वारा मारण

ॐ नमः काल भैरों। कालिका तीर मार। तोड़ वैरी का छाती। तोड़ हाथ। काल जो काढ़े बत्तीसी। यदि यह काज न करे। नोखरी योगिनी का तीर छूटे। मेरी भक्ति। गुरु की शक्ति। फुरे मन्त्र ईश्वरो वाचा।

काली कनेर के १०८ पुष्प, गुग्गुल के छोटे-छोटे १०८ टुकड़े लेकर किसी श्मशान में जाकर जलती हुई चिता के उत्तर की तरफ दक्षिणमुखी होकर खड़े हो जायँ और यह मन्त्र जपते हुए उपर्युक्त सामग्री से १०८ आहुति दें। इच्छा अवश्य ही पूर्ण होगी।

मूठ द्वारा मारण

ॐ नमो वीर तो हनुमन्त वीर। सूर्य का तेज, शत्रु की काया। अदोठ चक्र देवी कालिका चलाया। चल रे बादी न कर। बाद मैं करिहों तेरे जीव का घात। मैं न डरूं तेरे गुरु पीर सूं। मारूं ताने एक तीर सूं। मेरा मारा ऐसा घूमै। जैसा भुजंग की लहर परै। तोहि गिरता मारूं बाण। फेरि चलो तो यती हनुमन्त की आन। शब्द सांचा। पिण्ड कांचा। फुरो मन्त्र ईश्वरो वाचा।

शनिवार को दाहिने हाथ में उड़द लेकर इस मन्त्र से अभिमन्त्रित करके शत्रु को मार दें तो शत्रु पछाड़ खाकर गिर पड़ेगा।

मूठ चलाना

ॐ नमो वीर तो हनुमन्त वीर। भूरि मूठि चलावै तीर। मैं की रूख नाखी

तोड़ि। लोहु सोखि। मेरा वैरी तेरा भक्षिह। तोड़ि कलेजा चाख। सब धर्म की हाथई बजे धर्म की लाल में। बलि तुम्हारे कहाँ गये। भूरे बाल। उलटि पछाड़। न पछाड़े तो माता अंजनी की आन। शब्द सांचा। पिण्ड कांचा। फुरे मन्त्र ईश्वरो वाचा।

होली खेलने से पहले वाली अर्थात् पूर्णिमा की रात को नग्न होकर किसी निर्जन स्थान में इस मन्त्र की दस माला जप करें। इसके बाद थोड़े से उड़द लेकर इस मन्त्र से अभिमन्त्रित करके जिसे मारेंगे, वही पछाड़ खाकर गिर पड़ेगा।

मूठ फेंकना

ॐ नमो काला भैरों मसान वाला। चौंसठ योगिनी करै तमाशा। रक्त बाण। चल रे भैरों कालिया मसान। मैं कहूं तोसों समुझाय। सवा पहल में धुनि दिखाय। मूवा मुर्दा, मरघट बास। माता छोड़े पुत्र की आस। जलती लकड़ी धुकै मसान। भैरों मेरा बैरी तेरा खान सेली सिंगी रुद्रबाण। मेरे बैरी को नहीं मारो तो राजा रामचन्द्र लक्ष्मण यती की आन। शब्द सांचा। पिण्ड कांचा। फुरो मन्त्र ईश्वरो वाचा।

श्मशान जाते हुए मुर्दे की हांडी प्राप्त कर लें और ध्यान रखें कि मुर्दा कहाँ फूंका जा रहा है, रात्रि में वहाँ जाकर उस चिता की आग पर वह हांडी गरम करें। जब हांडी गरम हो जाय तो उसमें कुछ उड़द डाल दें। यह उड़द भुन जायेंगे। हांडी किसी साफ़ जगह पर उलटकर जले हुए उड़द अलग कर लें और फूले हुए उड़द अलग कर लें। जले हुए उड़द लेकर २१ बार मन्त्र से अभिमन्त्रित करें और फिर शत्रु को मारें। यह सारी क्रिया प्रातः बासी मुख ही करें।

कपालभग्न

इम्नामीन। सलाम मातिन।

इस मन्त्र का १०० जप प्रतिदिन करें और ४० दिन तक निरन्तर करें। इसके बाद कुम्हार के चाक की मिट्टी या शत्रु के पांव-तले की मिट्टी ले आयें। इस मिट्टी में थोड़ा-सा रंग मिला करके शत्रु की त्वचा वाला रंग बना लें और फिर मिट्टी की एक प्रतिमा बना लें। श्मशान से हड्डियाँ प्राप्त करके छोटी-छोटी एक माला बना लें। इस माला पर एक बार मन्त्र का जप करके प्रतिमा के सिर पर एक जूता मारें। इसके बाद फिर जप करें और फिर एक जूता मारें। यह क्रिया करते रहें। इससे शत्रु के सिर पर चोट लगेगी। यदि यह प्रयोग ४० दिन निरन्तर किया गया तो शत्रु का सिर फूट कर उसकी बोलो राम हो जायेगी।

निवेदन

ॐ नमो आदेश हनुमन्त का। फारि विदारि उदारि तने। हनुमान जू शत्रुन को तुम खावो। एक न छाड़हु द्रोहिन को। जग में जब द्रोहिन को तुम पावो। आदेश तने राजा राम का। मेरी भक्ति। गुरु की शक्ति। फुरो मन्त्र ईश्वरो वाचा।

जब शत्रु बहुत परेशान करने लगे तब इस मन्त्र का अनुष्ठान पूर्ण सावधानी के साथ करें। अनुष्ठान की पूर्ति होते-होते शत्रु शत्रुता छोड़ सुलह की स्वयं इच्छा करने लगेगा।

सर्पविष झाड़न मन्त्र

१. कोने में बैठे लखीन्दर, विहुला बंठी घर में। दोनों मिलि चरखा कातें, हाथ-पांव के भर में। बिहुला बोलत विषहर तो ही पहिचान। मोर स्वामी को डंस लिये थे प्राण।। अभी तोहीं करूं नमस्कार बारम्बार। तू हमरे घर भूल न आना इस बार।। जावो विषि वेगि झट से जाव। नहीं तो माय मनसा के माथा खाव।।

प्रयोग से पहले इस मन्त्र को सिद्ध कर लेना चाहिए, ताकि इसके झाड़ने से निश्चित रूप से सफलता ही प्राप्त हो। आवश्यकता पड़ने पर नीम की टहनी के द्वारा इस मन्त्र का २१ बार या १०८ बार उच्चारण करके झाड़ना चाहिए।

२. अरे विष तोरे कोरियारंगनि रेख रहेयो। जेहि पीवत महादेव के नील-कण्ठ भयो।। जावो रे विष मनसा देवी दूध झारी लियो। शीघ्र जावो विष देवी के गुहार भयो।। आज्ञा देवी मनसा माई। आज्ञा विष हरि राई की दुहाई फिरै।।

यदि प्रथम मन्त्र के झाड़े से कोई विशेष लाभ प्रतीत न हो रहा हो तो मनसा देवी का ध्यान करते हुए इस दूसरे मन्त्र से २१ या १०८ बार झाड़ें।

३. नदिया से आय रही विष लहरों के संग में। सो गरुड़ विलोकत ही पान कर बहू रंग में।। जावो बेगि विष लगावो मति देरी। आये देवी मनसा लिये दूध के झारी।। नहीं विष अमुक के अंगतनि को नाहीं। फूंक चोट से मनसा के दोनों हाथ उड़ाहीं।। आदेश देवी मनसा विषहरि राई की दुहाई।

यदि उपर्युक्त दो मन्त्रों से झाड़ने से कोई आशाजनक परिणाम दिखाई न दे रहा हो तो मनसा देवी का ध्यान करते हुए इस तीसरे मन्त्र के द्वारा २१ या १०८ बार झाड़ना चाहिए।

४. ॐ नमो आदेश मनसा देवी को फुड़िया मारे छूः हथिया कोने उठले

बदरिया। वही पवन में उड़ि जाय विषय तोरी सब गदरिया। स्थिर होवो विष घाव मुँह के पार में। नहीं विष नहीं विष 'अमुक' के शरीर में नहीं विषहरी राइ की दुहाई फिरै।

यदि उपर्युक्त तीनों मन्त्रों से झाड़ने से लाभ न हो रहा हो तो मनसा देवी से श्रद्धापूर्वक प्रार्थना करते हुए इस चौथे मन्त्र के द्वारा २१ या १०८ बार झाड़े और अमुक स्थान पर रोगी के नाम का उच्चार करे।

५. **सुग्रीव के बन्दन से विष उड़ि के पराय। बुढ़िया मांसी हांट वोटन को जाय।। मुँह में लिये और लिये अंचला पसार। उनकी कृपा सब विष जल होय छार।। 'अमुक' अंग नहीं विष नहीं भार। देवी विषहरी ने दिया विष टार।।**

यदि उपर्युक्त चार मन्त्र सफल प्रयोगकर्ता द्वारा प्रयुक्त किये जा रहे हैं तो लाभ होना ही चाहिए। यदि किसी कारणवश लाभ न दिखाई दे तो इस पंचम मन्त्र द्वारा २१ या १०८ बार झाड़ना चाहिए और अमुक के स्थान पर रोगी के नाम का उच्चारण करना चाहिए।

सर्पविषनिवारण मन्त्र

१. **खं खः।**

यह द्व्यक्षर मन्त्र है। जब कोई व्यक्ति किसी के सर्प काटने की सूचना दे तो किसी पात्र में जल डालकर उसे १०८ बार अभिमन्त्रित करें। सूचना देने वाले को उस जल को दे दें। इस अभिमन्त्रित जल के पीने से सर्प का विष उतर जायेगा।

२. **ॐ नमो भगवति वज्रमये हन हन। ॐ भक्ष भक्ष, ॐ खादय खादय। ॐ अरिरक्तं पिब कपालेन रक्ताक्षि रक्तपटे भस्माङ्गि भस्मलिप्तशरीरे वज्रायुधे वज्रकरांचिते पूर्वां दिशं बंध बंध। ॐ दक्षिणां दिशं बंध बंध। ॐ पश्चिमां दिशं बंध बंध। ॐ उत्तरां दिशं बंध बंध। ॐ नागान् बंध बंध। ॐ नागपत्नी बंध बंध। ॐ असुरान् बंध बंध ॐ यक्षराक्षसपिशाचान् बंध बंध। ॐ प्रेतभूतगंधर्वादयो ये केचिदुपद्रवास्तेभ्यो रक्ष रक्ष। ॐ ऊर्ध्वं रक्ष रक्ष। ॐ अधो रक्ष रक्ष। ॐ क्षुरिके बंध बंध। ॐ ज्वल महाबले घट घट। ॐ मोटि मोटि सटावलि वज्रांगि वज्रप्रकारे हूं फट् ह्रीं ह्रीं श्रीं फट् ह्रीं ह्रः फूं फें फः सर्वग्रहेभ्यः सर्वव्याधिभ्यः सर्वदुष्टोपद्रवेभ्यो ह्रीं अशेषेभ्यो रक्ष रक्ष विषं नाशय अमुकस्य सर्वांगानि रक्ष रक्ष हुं फट् स्वाहा।**

इस मन्त्र से जल को ३ बार अभिमन्त्रित करें और रोगी को पिला दें तो विष उतर जाता है।

३. ॐ हं सं। ॐ नालकांतिदंष्ट्रिणि भीमलोचने उग्ररूपे उग्रतारिणि छिलि किलि रक्तलोचने किलि किलि घोरनिःस्वने कुलु कुलु। ॐ तडिज्जिह्वे निर्मांसे जटामुंडे कट कट हन हन महोज्ज्वले चिलि चिलि मुंडमाला वारिणि स्फोटय मारय मारय स्थावरं विषं जंगमं विषं नाशय नाशय। ॐ महारौद्रि पाषाणमयि विषनाशिनि वनवासिनि पर्वतविचारिणिं कह कह। ॐ हस हस नम नम दह दह क्रुध क्रुध। ॐ नीलजीमूतवर्णे विस्फुर विस्फुर। ॐ घंटानादिनि ललज्जिह्वे महाकाये क्षं हुं आकर्ष आकर्ष विषंधन धनहेहर यं ज्वालामुखि वज्रिणि महाकाये अमुकस्य स्थावरजंगमविषं छिन्धि छिन्धि कटि सर्वविषनिवारिणि हुं फट्।

नीले रंग के पहाड़ के पत्थर का एक छोटा-सा टुकड़ा लेकर उसे ३ बार अभिमन्त्रित करें और जहाँ पर सर्प ने काटा हो, वहाँ पर चिपका दें। मन्त्र का निरन्तर उच्चारण करते रहें। इससे विष धीरे-धीरे उतरता रहेगा। जब विष पूर्ण रूप से उतर जाता है, तब पत्थर का टुकड़ा स्वयं ही हट जाता है। टुकड़े का हटना ही विष के उतरने का प्रमाण होता है।

४. ॐ तम हानि ऊदर महानी वासुन्धरो विश्व कृहाला हलोना व्ययहति ठः ठः।

गोधूम की जड़ को पानी में पीसें और १०८ बार इस मन्त्र का उच्चारण करते हुए रोगी को पिलायें तो विष की निवृत्ति होगी।

५. उत्तर दिश काली बदरिया। तेही बीच ठाढ़ काल मदरिया।। एक हाथ चक्रधारे एक हाथ गदा संभारें। चक्र के मारो सात खंडहो जाई।। गदा के मारे सात पताल चल जाई। ॐ हर हर वेगजाय विष महेश के आदेश।।

नीम की डाली के द्वारा भगवान् शिव का स्मरण करते हुए २१ बार मन्त्र पढ़कर रोगी को झाड़ें तो विष की निवृत्ति होती है।

६. राम तुलसी कृष्ण तुलसी बबूल तुलसी पत्ता। नाही जाने सब कोई सांपा लता।। यदि गिरे रस पिव रोगी के गात। सर्प विष तुरत ही भागि जात।। क्लीं क्लीं ह्रीं ह्रीं रां रां ठः ठः। नहीं विष अमुक अंग अबनाहीं।। माय मनसा देवी के दुहाई। आज्ञा विषहरि राई की दुहाई।।

तुलसी निश्चित रूप से एक विषनाशक औषधि है। यदि सर्प काटे रोगी को तुलसी का स्वरस तुरन्त पिला दिया जाय तो निश्चित रूप से लाभ होता है। इसके साथ ही एक ही सांस में कृष्णा तुलसी के ३ पत्ते तोड़ें और ३ बार मन्त्र का उच्चारण करते हुए सर्प के दंशित स्थान पर एक-एक करके लगा दें। यदि ये पत्ते शरीर से

चिपके रहते हैं तो समझना चाहिए कि शरीर में अभी विष शेष है। यदि पत्ते उखड़ जायँ तो इसे विष-निवृत्ति का प्रमाण मानना चाहिए।

७. ॐ गंगा गौरी दोउ रानी, ठोकर मार करो विष पानी। गंगा पीसे गौरी खाय, अठारह विषनिर्विष ह्वै जाय।। गुरु की भक्ति मेरी शक्ति, फुरो मन्त्र ईश्वरो वाचा।।

रविवार को इस मन्त्र से सात बार झाड़ें तो सभी प्रकार के विषों की निवृत्ति होती है।

८. ॐ सार झखार काले कोठा बारवाल पलाता दह-दह छः उजारा छः कारी छः पीरी अठारह जाति जाग-जाग शब्द वाचा फुरो साचा।

ढ़ाई मिर्च और गूया के फूलों को पीसकर इस मन्त्र से ३ बार अभिमन्त्रित करें और सर्पदंशित रोगी को पिला दें तो विष उतर जाता है।

९. ह्री ह्रीं जय चामुण्डे दुष्ट सर्पनाशनी विषघातनी घोर दंशने। कह-कह लह-लह दह-दह पच-पच पच मथ-मथ विषं नाशय स्फोटय विद्रावय किल-किल द्रुहि द्रुहि फट्-फट् अमुक विष नाशय ह्रीं ह्रूं ह्रीः फट् कालिके गोष्टेविचर मठ-मठ झा-झा शीं-शीं फट् स्वाहा।।

चामुण्डा देवी का ध्यान करते हुए इस मन्त्र को ३२ बार पढ़कर सर्पदंशित रोगी को झाड़ें तो लाभ होता है।

सर्प जलदर्शन मन्त्र

द्वितीय मंथन से समुद्र विष उपलाय। सो देखि देव दैत्य उर सोच अकुलाय। देव-गण बोले शिव सों होय कवन उपाय। अब कैसे बंचू तुम सब बोलो जुटि आय।। इतना वचन सुनि बोले देव महेश्वर। कहै अधीर होय अब हरि रक्षा कर।। हुए उपस्थित हरि स्मरण के करते ही। देखि शिव सन अस मधुरी बानी कही।। अपने कण्ठ में धरौ यह सब विष। तब तो होय समुद्र जल निर्विष।। हरि वचन सुन शिव कियो विष पान। उदरस्थ नाहीं कियो दियो कण्ठ स्थान।। तबते उनका नाम नीलकण्ठ कहाय। हरि हरि बोल विष जलमों दरसांय।।

मिट्टी का पवित्र पात्र लेकर उसमें जल भरकर ३ दल दूब घास के डालें। पात्र के ऊपर त्रिशूल का निशान बनायें और तीन बार उपर्युक्त मन्त्र का उच्चारण करते हुये रोगी को आदेश दें कि वह मन्त्रशक्ति पर श्रद्धा रखते हुये उस जल को देखे। मन्त्र के प्रभाव से रोगी को यह स्पष्ट रूप से दिखाई देगा कि उसे काटने वाला सर्प किस जाति का था।

पागल कुत्ता, सियार विषनाशक मन्त्र

दोहाई मनसा दे वीरदोहाई वीर माता विष रात नींद आवो आ सैर थने मर सार महामन्त्रे अमुकेर अंगेर अमुकेर विष में दो पेई काला से तर से दो।

एक साफ कांसे की थाली पीठ पर रखकर तीन बार मन्त्र पढ़ो। विष होगा तो थाली चिपक जाएगी। विष न होने पर थाली नहीं चिपकेगी। जब विष निकल जाएगा, थाली जमीन पर गिर जाएगी।

आधाशीशी-निवारक मन्त्र

ॐ नमो अधकपारी हूं हुंकारी पहर पचारा मुख मूंद पाटले डारी अमुका के शीशी रहे, मुख माहेश्वरी की आज्ञा फुरे ठं ठं स्वाहा।

शनिवार को रात्रि में खोये की बनी मिठाई में चने के बराबर कपूर को पीसकर मिला दें। किसी पात्र में ढंककर रख दें। प्रात: रविवार को सूर्योदय-पूर्व निम्न मन्त्र को सात बार पढ़कर सोये हुए रोगी को जगाकर खिला दें। आधाशीशी ठीक हो जायेगी।

कीड़ा झाड़ने का मन्त्र

नमो कीड़ा रे तू कुण्ड कुण्डला, लाल-लाल पूंछ मुंह काला। मैं तोय पूछूं कहां से आया, मास काटकर सबको खाया। जब तू जाकर भस्म हो जाए, श्री सतगुरु जी करे सहाय।

नीम की डाली लेकर जहाँ कीड़े पड़ गए हो, वहाँ ७ बार मन्त्र पढ़कर झाड़ दें, कीड़े झड़ जायेंगे। मन्त्र ग्रहण, होली, दीपावली पर सिद्ध करना आवश्यक है।

बिच्छू झाड़ने का मन्त्र

ॐ नमो आदेश गुरु को, कालो बिच्छू कांकरवाली, उत्तर बिच्छू पन कर टालो, उतरो तो उतारूं, चढ़ें तो मारूं, गरुड़मोरपंख हकालू, शब्द सांचा, पिण्ड काचा, फुरो मन्त्र ईश्वरो वाचा।

एक लाख मन्त्र जपने पर यह सिद्ध हो जाता है। जब यह मन्त्र सिद्ध हो जाय तो जिस व्यक्ति को बिच्छू ने काटा है, उसे सामने बिठाकर उस स्थान पर दोनों हाथों से तेजी से हाथ फेरते हुए मात्र तीन बार इस मन्त्र को पढ़ने से बिच्छू उतर जाता है और व्यक्ति हंसता हुआ घर जाता है।

सर्प झाड़ने का मन्त्र

ॐ नमो सर्पा रे तू भूलमथूला मुख तेरा बना कमल का फूला, रे सर्प्पा बांधूं तेरी दादी भुवा, जिनने तोको गोद खिलाया। सर्पा से सर्पा बाधूं तेरा

रतन कटोरा, में तोकू दूध पिलाया, सर्पा बीज, कीलनी बीज पान, मेरा कीला करे जो घाव, तेरी डाथ भस्म हो जाय, गुरु गोरख भी जाय जलाय, ॐ नमो आदेश गुरु को। मेरी भक्ति गुरु की शक्ति फुरो मन्त्र ईश्वरो वाचा।

इस मन्त्र का शिवरात्रि से आरम्भ कर दूसरे दिन शाम तक लगातार जप करने पर यह मन्त्र सिद्ध हो जाता है। इसमें गणना नहीं होती, मात्र शिवरात्रि से प्रारम्भ कर दूसरे दिन सूर्यास्त तक जितने भी मन्त्र जपा जाय वही सही है, पर आसन से नहीं उठना चाहिए। जब मन्त्र सिद्ध हो जाय तो जिस व्यक्ति को सर्प ने काटा हो उस व्यक्ति के उस स्थान पर इस मन्त्र को तीन बार पढ़कर बुहारी से झाड़ दें तो निश्चय ही सर्प-विष उतर जाता है और व्यक्ति स्वस्थ हो, घर लौटता है।

पागल कुत्ते के काटे का मन्त्र

१. ॐ कामरू देश कामाक्षादेवी जहां बसै इसमाइल जोगी। इसमाइल जोगी का झामरा कुत्ता सोना ड़ाढ़ रूपा का कूंडा, बन्दर नीचे रीक्ष बजावे सीता बैठी औषध बांटे कूकर का विष भाजे शब्द सांचा पिण्ड काचा फुरो मन्त्र ईश्वरो वाचा।

इस मन्त्र का उच्चारण करते हुए पागल कुत्ते ने जहाँ काटा हो, वहाँ पर झाड़ें तो विष उतर जाता है और किसी प्रकार का दर्द शेष नहीं रहता।

२. ॐ नमो आदेश गुरु को आदेश कारू देश का झाबरा कुत्ता हुकनबुके सुषपसुसे शब्द सांचा पिण्ड काचा फुरो मन्त्र ईश्वरो वाचा।

इस मन्त्र का उच्चारण करते हुए १०९ बार काटे हुए स्थान पर झाड़ें। शनिवार को ३ तोले चावल लेकर जल से भिगों दें और रविवार को उन्हें पीसकर दो गोली बना लें। उपचार करते समय रोगी का मुँह सूर्य की ओर होना चाहिए। मन्त्र का उच्चारण करते हुए चावल की गोली काटे स्थान पर फेरते रहें। विष के उतरने का प्रमाण यह है कि कुत्ते के काटे बाल गोली में से निकलते हैं। इसी तरह से दूसरी गोली को भी काटे स्थान पर फेरते रहें। उसमें से भी बाल निकलेंगे। इसी तरह से रविवार, सोमवार और मंगलवार ३ दिन झाड़ना चाहिए। रोगी को कुछ सावधानियां बरतनी चाहिए। उसे एक वर्ष तक जल में अथवा दर्पण में अपना मुँह नहीं देखना चाहिए। अचार-खटाई-तेल की बनी वस्तुएं और उड़द नहीं खाने चाहिए।

शिरःपीड़ा-निवारक मन्त्र

१. हजार घर घालै एक घर खाय, आगे चले तो पीछे जाय, फुरो मन्त्र ईश्वरो वाचा।

रोगी के मस्तक को हाथ में पकड़ें और उपर्युक्त मन्त्र का उच्चारण करते हुए सात बार फूंकें तो दर्द दूर हो जाता है।

२. लंका में बैठ के माथ हिलावे हनुमन्त।
सो देखि के राक्षसगण पराय दूरन्त॥
बैठी सीता देवी अशोक वन में।
देखि हनुमान को आनन्द भई मन में॥
गई उर विषाद देवी स्थिर दरशाय।
अमुक के सिर व्यथा पराय॥
अमुक के नहीं कुछ पीर नहीं कछु भार।
आदेश कामाख्या हरिदासी चण्डी की दोहाई॥

जिस व्यक्ति को सरदर्द हो, उसे दक्षिण की ओर मुख करके बिठायें। उसके मस्तक को हाथ से पकड़कर उपर्युक्त मन्त्र का उच्चारण करते हुए झाड़ें तो सिरदर्द की निवृत्ति होती है।

नेत्ररोग-निवारक मन्त्र

१. ॐ नमो वन में ब्याई बानरी जहाँ-जहाँ हनुमान अंखिया दीर कषावरि गिह्निया थने लाई चरिउ जाय भस्मन्तन गुरु की शक्ति मेरी भक्ति फुरो मन्त्र ईश्वरो वाचा।

२. शर्यातिं च सुकन्याञ्च च्यवनं शक्रमश्विनौ।
एतेषां स्मरणमात्रेण नेत्ररोगान् प्रणश्यति॥

इस मन्त्र का सात बार उच्चारण करके झाड़ें तो नेत्रपीड़ा दूर होती है। भोजन के बाद जल को इस मन्त्र से अभिमन्त्रित करके आँखों पर सात बार छींटा मारें तो नेत्रज्योति बढ़ती हैं और फूली हुई आँख में शान्ति मिलती है।

३. ॐ भाट भाटिनी निकली कहे चलि जाई उस पार, जाइब जाइब हम जाऊं समुद्र पार। भाटिनी बोली हम बिआइब उसकी छाली बिआइब हम उपस माछी पर मुंड़ा अंडासोहिला तारा तारा अजय पाल राजा उतर रहे पार, अजय पाल पानी भरत रहे मसकदार यह देख बाबा बोलाउ गोड़िया मेला उजाड़ तैकै हम अधोखी जांय रतौंधी ईश्वर महादेव की दुहाई उतरिं जाय।

उपर्युक्त मन्त्र का उच्चारण करते हुए नीम की डाली से झाड़ें तो रतौंधी का निवारण होता है।

४. ॐ नमः सूर्याय एक चक्र रथा, रूड़ाथ, सप्ताशु वाहनाय, चक्र, हस्ताय, ओं क्रां, क्रीं, क्रैं, क्रौं क्रां, क्लश, हस्ताय, आदित्याय नमः।

यह सूर्य मन्त्र है और नेत्ररोगों की निवृत्ति के लिए अत्यन्त उपयुक्त है। नीम की डाली से इससे २१ बार झाड़ना चाहिए।

५. ॐ झलमल जहर भरी तलाई अस्ताचल पर्वत से आई। जहाँ बैठा हनुमंता जाई फुटै न पाकै करै न पीड़ा। जती हनुमन्त हरे पीड़ा मेरी भक्ति गुरु की शक्ति फुरो मन्त्र ईश्वरो वाचा सत्य नाम आदेश गुरु को।

इस मन्त्र का ११ बार उच्चारण करते हुए नीम की डाली से झाड़ना चाहिए। तीन दिन तक निरन्तर अभिमन्त्रित करने से दर्द दूर हो जाता है।

६. ॐ हजार ज्वाला उज्जौहार धः धः।

प्रातःकाल १२ बार इस मन्त्र का उच्चारण करते हुए चाकू या छुरी से भूमि पर रेखा बनानी चाहिए। यह प्रक्रिया केवल रविवार या मंगलवार को ही हो सकती है। इससे नेत्रों के सूजन में लाभ होता है।

७. ॐ नमः झिलमिल करे गरल भरी तलइया।
पश्चिम गिरि से आई करन भलइया॥
तहं आय बैठेउ बीर हनुमन्ता।
न पीड़ै न पाके नहीं फूंहन्ता।
यती हनुमन्त राखे हीड़ा।

श्री हनुमानजी का ध्यान करते हुए नीम की डाली से सात बार मन्त्र का उच्चारण करते हुए सात दिन तक झाड़ें तो लाभ होता है।

८. उत्तर दिशि कूल कामाख्या सुन योगी की बाद्ध इस्माइल योगी की दुह बेटी एक के सिर चूल्हा दूसरी काटे माड़ी फूला लोना चमारी दुहाई शब्द सांचा फूली काछा पिण्ड कांचा फुरो मन्त्र ईश्वरो वाचा।

उपर्युक्त मन्त्र का २१ बार उच्चारण करते हुए चाकू से भूमि में रेखा करें और सात दिन तक निरन्तर झाड़ते रहें तो नेत्र के शमन में लाभ होता है।

९. ॐ नमो श्रीराम को धनुही लक्ष्मण का बाण।
आँख दर्द करे तो लक्ष्मण कुमार की आन॥

इस मन्त्र का उच्चारण करते हुए नीम की डाली से २१ बार झाड़ना चाहिए। इस प्रक्रिया को तीन दिन तक लगातार करें तो नेत्रों का कष्ट निवृत्त हो जाता है।

कर्णपीड़ा-निवारक मन्त्र

१. बनरा गांठ बानरी तो डांटे हनुमान कंठ। बिलारी बाधीनी थनैली, कर्णमूल सम जाई श्रीरामचन्द्र की बानी होई जाई।

उपर्युक्त मन्त्र का सात बार उच्चारण करते हुए विभूति से झाड़ें तो कर्णरोगों से निवृत्ति होती है।

२. ॐ कनक पर्वत पहाड़ धुंधुआर धार घुस लेकर डार-डार पात-पात झार-झार मार हुंकार ॐ क्लीं क्रीं स्वाहा।

उपर्युक्त मन्त्र से २१ बार सर्पबांबी की मिट्टी को अभिमन्त्रित करके लगावें तो कर्णरोगों की निवृत्ति होती है।

कमरदर्द-निवारक मन्त्र

चलता आवे उछलता जाय, भस्म करता डह डह जाय। सिद्धि गुरु की आन मन्त्र सांचा पिण्ड कांचा फुरो मन्त्र ईश्वरो वाचा।

कुंवारी कन्या के शुक्ल पक्ष में १०१ तार के काते हुए सूत को उपरोक्त मन्त्र से अभिमन्त्रित करें और कमर में बांध दें तो कमर का दर्द निवृत्त हो जाता है।

पेटदर्द शान्त करने का मन्त्र

१. ॐ नमो काली संकालिनी नदी पार बसै इस्माइल योगी लोहे का कछौठा काटि काटि लोहे का गोला काट-काट तो शब्द सांचा फुरो मन्त्र ईश्वरो वाचा।

रविवार अथवा मंगलवार को चाकू से पृथ्वी पर रेखा काटते हुए उपर्युक्त मन्त्र का उच्चारण करते हुए झाड़ें तो वायु-गोला से आरोग्य होता है।

२. ॐ नुन तूं सिन्धु नूल सिंधुवाय।
नुन मन्त्र पिता महादेव रचाया॥
महेश के आदेश मोही गुरुदेव सिखाया।
गुरु ज्ञान से हम देऊ पीर भगाया॥
आदेश देवी कामरू कामाक्षा माई।
आदेश हाड़ि सादी चण्डी दोहाई॥

तीन उँगलियों से सेंधा नमक लें और उसे ३ बार उपर्युक्त मन्त्र से अभिमन्त्रित करके खिलायें तो उदरपीड़ा से निवृत्ति होगी।

३. पेट व्यथा पेट व्यथा तुम हो बल बीर।
तेरे दर्द से पशु मनुष्य नहीं स्थिर॥
पेट पीर लेवों पल में निकार।
दो फेंक सात समुद्रपार।
आज्ञा कामरू कामाक्षा माई।
आज्ञा हाड़ि दासी चण्डी दोहाई॥

बाँयें हाथ से दर्द वाले भाग पर स्पर्श करें और सात बार उपर्युक्त मन्त्र का उच्चारण करते हुए झाड़ें।

४. ॐ वाहि, वाहि गुरु लोलम्बक शूल विशूल त्रां त्रां त्रां।

पहले इस मन्त्र को सिद्ध कर लिया जाय। इसका प्रयोग मंगलवार और रविवार को ही प्रभावशाली रहता है। मिर्च में गुड़ लपेटकर रोगी को खिलाया जाय और ७ बार इस मन्त्र से झाड़ा जाय तो लाभ प्रतीत होता है।

बवासीर-निवृत्ति मन्त्र

१. ॐ नमो आदेश कामरू कामाक्षा देवी को भीतर बाहर में बोलूं सुन देकर मन तूं काहे जलावत केहि कारण। रसहित पर तूं डूमर में विख्यात। रहे ता ऊपर अमुक के गात। नरसिंह देव तोसे बोले बानी। अब झट से हो जा तूं पानी। आज्ञा हाड़ि दासी फुरो चण्डी उवाच।

प्रातः व सायं ३ बार मन्त्र का उच्चारण करके झाड़ना चाहिए। निरन्तर १५-२० दिन तक करने से रोग-निवृत्ति होती है।

२. खुरशान की टोनी साव खूनी। वादी दोनों जांय इमती चल डमती चल स्वाहा।

लाल धागे में ३ गांठें लगायें और २१ बार उपर्युक्त मन्त्र का उच्चारण करके उसे अभिमन्त्रित करें। जिसे और अधिक कष्ट का अनुभव हो रहा हो, पांव के अंगूठे में अभिमन्त्रित करके गुदा का प्रक्षालन करें।

३. ईस ईसा ईसा कांच कपूर चोर के शीशा अलिफ अक्षर जाने नहीं कोई खूनी बादी दोनों न होई दुहाई तख्त सुलेमान बादशाह की।

जल को ३ बार अभिमन्त्रित करके गुदा का प्रक्षालन करने से अंश के कष्ट का निवारण होता है।

४. ॐ उमतो उमती चल चल स्वाहा।

एक लाख सूत का डोरा लें। उसे इस मन्त्र से २१ बार अभिमन्त्रित करके गांठ लगायें। इसी तरह से दूसरी और तीसरी बार २१-२१ बार मन्त्र का उच्चारण करते हुए डोरे में दूसरी और तीसरी गांठ लगायें। इस तीन गांठें लगे हुए अभिमन्त्रित लाल डोरे को रोगी के दाँयें पांव के अंगूठे में बांध दें। इससे खूनी बवासीर से आराम मिलता है। रक्तस्राव भी बन्द हो जाता है। इस मन्त्र को साधना के समय जपने से भी लाभ देखा गया है।

५. ॐ छइ छुइ छलक हुंलाई आहुं आहुं क्लं क्लं क्लीं हुं।

दाँयें हाथ की उंगुलियों से गुदा को चारो ओर से दबायें ताकि जो भी मल अन्दर चिपका हुआ है, वह बाहर निकल आये। कई बार करने से ही ऐसा हो पायेगा। शौच के जल को सात बार अभिमन्त्रित करें; इससे आंव-दस्त में या खूनी अथवा बादी दोनों तरह की बवासीर में भी लाभ होता है।

पीलिया-निवारक मन्त्र

१. ॐ नमः आदेश गुरु को श्रीराम सर साधा लक्ष्मण साधा बाण काला पीला रीता नीला थोथा पीली पीला पीला चारों गिर जहिं तो श्रीरामचन्द्र जी रहे नाम हमारी भक्ति गुरु की शक्ति फुरो मन्त्र ईश्वरो वाचा।

पीतल के पात्र में शुद्ध जल लेकर मन्त्र का उच्चारण करते हुए सुई से सात बार झाड़ना चाहिए। यह क्रिया केवल शनिवार को ही करनी चाहिए और निरन्तर सात शनिवार तक चलती रहनी चाहिए।

२. ॐ नमो वीरवैताल असराल नारसिंह देव खादी तुषार्दी पीलियाकूं भिदाती कारै झारै पीलिया रहै न नेक निशान जो कहीं रह जाय तो हनुमन्त की आन मेरी भक्ति गुरु की शक्ति फुरो मन्त्र ईश्वरो वाचा।

एक कांसे की कटोरी में तेल भर लें। उसे रोगी के सर पर रखकर मन्त्र का उच्चारण करते हुए कुशा से उसे चलाते रहें। मन्त्र के प्रभाव का प्रमाण यह रहेगा कि तेल धीरे-धीरे पीला होता जायेगा। जब तेल पीला हो जाय, तब उसे उतार लें। इस क्रिया को ३ दिन लगातार अपनायें तो पीलिया रोग निवृत्त हो जाता है।

मृगिरोग-निवारक मन्त्र

ॐ हलाहल सरगत मंडिया पुरिया श्रीराम जी फूंके मृगी वाई सूखे सुव होई ओं ङः ठः स्वाहा।

इस मन्त्र को भोजपत्र पर अष्टगंध से लिखकर गले में बांध देना चाहिए।

अण्डवृद्धि-निवारक मन्त्र

ॐ नमो आदेश गुरु को जैसे के लेहु रामचन्द्र कबूत ओसई करहु राध बिनि कबूत पवनपूत हनुमत धाउ हर-हर रावन कूट मिरावन श्रवइ अण्ड खेतहि श्रवइ अण्ड-अण्ड विहण्ड खेतहि श्रवण वाजं गर्भहि श्रवइ स्त्री कीलहि श्रवइ शाप हर हर जंबरि हर हर हर!!

इसका उपचार दो प्रकार से किया जा सकता है। एक तो बढ़े हुए अण्डकोष को धीरे-धीर हाथ से मलते हुए मन्त्र का उच्चारण करते रहना चाहिए। दूसरे रोगी को अभिमन्त्रित जल पिलाना चाहिए। इससे अण्डवृद्धि में लाभ होता है।

ज्वरनिवृत्ति मन्त्र

१. दोऊ भाई ज्वर सुरा महाबीर नाम।
दिन राति खटि मरे महादेव के ठाम॥
फूर छुदसे छत्तिस रूप मुहूर्त्त मों धराय।
नाराज नामूक के घर-दुआर फिराय॥
ज्वाला ज्वरपाला ज्वरापाला ज्वर विंशाकि।
दाह ज्वर उमा ज्वर भूमा ज्वर झूमकि॥
घोड़ा ज्वर भूता तिजारी ओ चौथाई।
सवन को भंगक घोटन शिव ने बुझाई॥
यह ज्वर ज्वर सुरा तूं कौन तकाव।
शीघ्र अमु अंग छोड़ तुम जाव॥
यदि अंगन में तू भूलि भटकाय।
तो महादेव के लागा तूं खाय॥
आदेश कामरू कामाख्या माई।
आदेश हाड़ी दासी चण्डी की दोहाई॥

हर प्रकार का विषम ज्वर इस मन्त्र से शान्त होता है। रोगी का मुख उत्तर की ओर होना चाहिए। सात बार मन्त्र का उच्चारण करके रोगी को झाड़ें। यह क्रम तीन दिन तक लगातार चलता रहे तो हर प्रकार के ज्वर की निवृत्ति होती है।

२. ॐ नमो भगवते छन्दी छन्दी अमुकस्य ज्वरस्य शर प्रज्वलित परशूपानिये परशाय फट्।

इस मन्त्र को कागज पर लिखकर ताबीज की तरह रोगी के गले में बांधना चाहिए। मन्त्र में जहाँ अमुक लिखा है, वहाँ रोगी का नाम लिखें। इससे हर प्रकार का ज्वर शान्त होता है।

३. ॐ विघ्न वानन हुं फट् स्वाहा।

पान पर चूने से इस मन्त्र को लिखकर रोगी को खिलावें तो ज्वर की निवृत्ति होती है।

४. ॐ केवरम् ते मुखं रुद्रङ्ग नन्दी माँ बहिन जो रङ्ग मृत्यु भ्यंग जो रङ्ग नाश्यते ध्रुवम्।

आम के पत्ते को घृत में डूबोकर अग्नि में आहुति देनी चाहिए। एक हजार आहुतियाँ देने से लाभ होता है।

५. श्रीकृष्ण बलभद्रश्च प्रद्युम्न अनिरुद्धकः।
तस्य स्मरणमात्रेण ज्वरो याति दशोदिशः॥

इस मन्त्र को रोगी यदि तीन बार पढ़े तो ज्वर अच्छा हो जायेगा।

६. ॐ भैरव भूतनाथे विकरालकाये अग्निवर्णाधाये सर्व्व ज्वर बंध मोचय त्र्यम्बकेति हुं।

सहदेई की जड़ को उपर्युक्त मन्त्र से ३ बार अभिमन्त्रित करके रोगी की दाँयीं भुजा में बांध दें। इससे ज्वर की निवृत्ति होती है। इसके लिए केवल बन्धन यह है कि इस प्रक्रिया को केवल मंगलवार या रविवार को ही किया जाता है।

७. सागरस्योत्तरे कूले कुमुदौ वरि बानरः।
एषा स्मरणमात्रेण ज्वरव्याधि विमुच्यते ॥

कुशा के माध्यम से उपर्युक्त मन्त्र का २१ बार उच्चारण करते हुए प्रत्येक बार रोगी को झाड़ें तो ज्वर शांत हो जाता है।

अस्त्रक्षत्र-निवारण मन्त्र

युद्ध किये राम लक्ष्मण दुई भाई।
वाल्मीकि ने मन्त्र पढ़ि बाण जन्माई ॥
बाण से बाण कटे होय बाण बरिषन।
बर्द्ध चन्द्रहास से कपै राम लछिमन ॥
आदेश मुनि वाल्मीकि की दुहाई।
'अमुक' की परिव्यथा कटि जाई ॥

भगवान् राम का श्रद्धालु उपासक इस मन्त्र के प्रयोग में अधिक सफल हो सकता है। भगवान् राम का स्मरण करते हुए इस मन्त्र का ३ बार उच्चारण करके फूंक मारें तो अस्त्र के घाव की पीड़ा में लाभ होगा। अमुक के स्थान पर रोगी का उच्चारण करना चाहिए।

अन्य मन्त्र

ॐ नमो सार मार विजय सार संसार बांधु सात बार कटे उङ्ग न उपजे घाव सिर राखे श्री गोरखनाथ।

योगीराज श्री गोरखनाथ पर अधिक इस मन्त्र के प्रयोग में सफल हो सकते हैं। घाव, चाकू, छुरी, तलवार आदि इसी प्रकार के किसी भी अस्त्र से हुआ हो तो उसको इस मन्त्र से सात बार अभिमन्त्रित करके फूंक मारें और निरन्तर कुछ दिनों तक प्रयोग करते रहें तो घाव भरना आरम्भ हो जाता है।

पशु क्रिमि-निवारण मन्त्र

ॐ नमो कीड़ा रे तूं कुण्ड कुंठिला।

लाल पूंछ तेरा मुंह काला।
हम तोसे पूंछ कहां से आया।
तोड़ि मांस तू सब काहे खाया।
अब जाय तू भस्म हो जाय।
गुरु गोरखनाथ बाबा के लागों पांय।
शब्द सांचा पिण्ड कांचा फुरो मन्त्र ईश्वरो वाचा।

नीम की डाली के द्वारा उपर्युक्त मन्त्र से प्रातः और सायं ७ बार रोगी पशु को झाड़ना चाहिए, परन्तु यह झाड़ा केवल सप्ताह में दो दिन रविवार और मंगलवार को ही करना चाहिए।

आत्मरक्षा मन्त्र

१. ॐ नमो परमात्मने परब्रह्म मम शरीरे पाहि पाहि कुरु-कुरु स्वाहा।

किसी शुभ तिथि को एक हजार मन्त्रजप करके इसे सिद्ध कर लें। फिर १०८ मन्त्र नित्य जप करने से शरीर की रक्षा होती है।

२. ॐ नमः वज्र का कोठा, जिसमें पिण्ड हमारा पैठा। ईश्वर कुंजी ब्रह्मा का ताला, मेरे आठों याम का यतो हनुमंत रखवाला।

१००० मन्त्र जप करने से इसे सिद्ध करने के बाद ३ बार मन्त्र के उच्चारण से कार्य सम्पन्न होता है।

मृतवत्सा दोष-निवृत्ति हेतु मन्त्र

१. ॐ परब्रह्मा परमात्मने अमुकी, गर्भ दीर्घजीवी सुतें।

मृतवत्सा दोष-निवारण के लिए ज्येष्ठ मास की पूर्णिमा को १००८ मन्त्र का विधिपूर्वक जप करें तो सिद्धि होती है।

२. ॐ अदिते दिते दिव्यां गति मासूति सुरि रस्मय गर्भा ठहः ठहः ठहः।

साधक को चाहिए कि वह स्नानादि से निवृत्त होकर उपर्युक्त मन्त्र का उच्चारण करते हुए काचनी के पेड़ के नीचे आये। सोमवार प्रदोष के दिन जब रात्रि में एक प्रहर रह जाय तो जाने का वही समय उपयुक्त रहेगा। धूप-दीप और नैवेद्य आदि से वृक्ष का पूजन करके पकी हुई पू-लीर तोड़ें। गाय के दूध में इसके बीजों से मिश्रित खीर बनावें। गर्भिणी स्त्री को स्नानादि से पवित्र करके सफेद मिट्टी से लीपे हुए चौके अथवा किसी परम पवित्र स्थान पर बिठायें और उसे आदेश दें कि अदिति माता का ध्यान करते हुए खीर का सेवन करे। खीर के केवल उसे ७ ग्रास ही खाने चाहिए। स्त्री को इन नियमों का पालन करना चाहिए कि जब तक शिशु उत्पन्न न हो जाय तब तक

किसी भी दूसरी स्त्री की छाया उस पर नहीं पड़नी चाहिए। उसे कुशा के आसन पर सोना चाहिए और दिन में एक बार ही भोजन करना चाहिए। इस प्रक्रिया से उत्पन्न होने वाले शिशु की सुरक्षा हो सकती है।

३. छोटी मोटी खप्पर। तूं धरती कितना गुण। जियके बल काट कू जान विज्ञान। दाहिनी ओर हनुमान रहे। बायीं ओर चील। चहुं ओर रक्षा करे वीर बानर नील। नील वानर की भक्ति लखि न जाय। जेहि कृपा मृतवत्सा दोष न आय। आदेश कामरू कामाख्या माई का। आज्ञा हाड़ि दासी चण्डी की दुहाई।

मृतवत्सा दोष से ग्रसित स्त्री का झाड़ा करने के लिए मछली पकड़ने वाला कांटा लायें और उसे इस मन्त्र से सात बार फूंकें। इसी मन्त्र को जपते हुए रोगिणी का झाड़ा करें और इस कांटे को ताबीज में भरकर कमर में पहनवा दें। निश्चित रूप से जीवित संतान उत्पन्न करें।

पशु रोग-निवारण मन्त्र

ॐ नमो वैली देहली बांधि, देहलीय नाम सारो-सटके पशु नीक हो जाये।

जहाँ गौशाला हो, वहाँ जाकर हाथ में कंकड़ लेकर ३ बार मन्त्र पढ़ें। रोगी पशु को स्पर्श कर ७ कंकड़ फेंकें। तीन दिन प्रयोग करने पर रोगों से मुक्ति मिल जाती है।

प्लीहा रोग-निवारण मन्त्र

कोखा का पूरा कोखा मारकर बहा दूं, मेरी भक्ति गुरु की शक्ति फुरो मन्त्र ईश्वरो वाचा।

प्लीहा वाले को सामने बिठाकर चाक खोलकर पृथ्वी पर लकीर करें, करते रहें। होलिका, दीपावली, ग्रहण आदि में १,२ माला जप करने से ही यह मन्त्र सिद्ध हो जाता है।

दुर्घटना-निवारण मन्त्र

अकाल मृत्युहरणं सर्व व्याधि विनाशनम्। विष्णु पादोदकं पीत्वा पुनर्जन्म न विद्यते।

विष्णु की मूर्ति का विधिवत् पूजन कर उपर्युक्त मन्त्र से तीन बार चरणोदक लें। आकस्मिक दुर्घटना का भय नहीं रहता।

प्रेतबाधा-निवारण मन्त्र

ॐ नमो आदेश गुरु को घोर-घोर इन घाजी की किताब घोर मुल्ला की बांध घोर, रेगर की कुण्ड घोर, धोबी की कुण्ड घोर, पीपल का पान

घोर, देव की दीवाल घोर, आपकी घोर बिखेरता चल, पर की घोर बैठाता चल, बज्र का किवाड़ तोड़ता चल, कुनकुनसो बंछ करता चल, भूत को पलीत को देव को, दानव को, दुष्ट को, मुष्ट को, चोट को, फेट को, मेले को, घरेले को, उलके को, बुलके को, हिडके को, भिडके को, औपरी को, पराई को, भूतनी को, पलीतनी को, डंकिनी को, स्यारी को, भूचरी को, खेचरी को, कलुए को, मलबे को, उनको मथबाय के ताप को, माथा मथबाय को, मगरा की पीड़ा को, सांस की कास को, मेरे को, मुसाण को, कुणकुणासा मुसाण, कचिया मुसाण, भूकिया मुसाण, चीड़ी चोपटा का मुसाण, नुहया मुसाण, इनन्हों को बंद करि एडी की एडी बंगु करि, पीड़ा की पीड़ी बंध करि, जांघ की जाडी बंध करि, कटया की कड़ी बंध करि, पेट की पीड़ा बंध करि, छाती शल बंध करि, सरिकी सिस बंधकरि, चोटी की चोटी बंधकरि, नौ नाड़ी बहत्तर कोठा रोमरोम में घर, पिण्ड में दखलकर, देश बंगाल का मनसारा मसेबड़ा, आकर मेरा कारज सिद्ध न करे तो गुरु उस्ताद से लाजे, शब्द साचा पिण्ड काचा, फुरो मन्त्र ईश्वरो वाचा।

रविवार को साधक साफ कपड़े पहनकर जंगल में या घर के एकान्त में दक्षिण की तरफ मुँह करके बैठ जाय। सामने लोबान का धूप लगा ले तथा अपने शरीर पर इत्र लगा ले। साधक किसी भी प्रकार के कपड़े पहन सकता है। तेल का दीपक बराबर लगाये रखे। तेल किसी भी प्रकार हो सकता है। इस प्रकार यह मन्त्र रविवार को करने पर सिद्ध होता है तथा प्रत्येक को २०१ माला इस मन्त्र की फेरनी चाहिए। जब ११ रविवार पूरे हो जायँ, तो उस दिन जंगल में जाकर भांग या सुलफा छोड़ देना चाहिए।

मन्त्र सिद्ध होने पर सात बार इस मन्त्र को पढ़े तो सभी प्रकार की बाधाएं, भूत-प्रेत आदि को दूर कर सकता है। सिद्ध होने पर साधक को चाहिए कि वह सामने उपद्रवग्रस्त व्यक्ति को बैठाकर हाथ में लोहे की कील लेकर इस मन्त्र को सात बार पढ़ें। यदि किसी भी प्रकार का बुखार हो तो वह उसी समय उतर जाता है।

खूनी बवासीर दूर करने का मन्त्र

ॐ उमती उमती चल स्वाहा।

एक लाख मन्त्र जप करने से यह मन्त्र सिद्ध हो जाता है। सिद्ध होने पर जब कोई बवासीर का मरीज सामने आवे, तब इस मन्त्र को २१ बार पढ़कर लाल सूत में गांठ देकर बवासीर के रोगी के दाहिने पैर के अंगूठे में वह लाल सूत बांध दे तो खूनी बवासीर समाप्त हो जाती है। इस प्रकार का विधान नियमित रूप से सात दिन तक करना चाहिए।

दन्त पीड़ा-निवारक मन्त्र

इमाम पकड़ी इमाम पकड़ी पकड़ो जानो इस्मिल्लाह बिस्मिल्लाह रहमान रहीम।

किसी भी शुक्रवार की शाम को नमाज के समय किसी कब्र या मजार पर अगरबत्ती, फूल, इत्र, चिरौंजी के दाने और मीठे तेल का दीपक लेकर जायें।

दीपक जलाकर अगरबत्ती लगा दें, फूल चढ़ा दें, इत्र की काड़ी लगाकर वहीं बैठकर उक्त मन्त्र का केवल एक माला मन्त्र की फेरें।

इस प्रकार केवल एक माला फेरने से ही मन्त्र सिद्ध हो जाता है। इसके बाद चिरौंजी के दाने कुछ चढ़ाने हैं, बाकी दस साल से कम उम्र के बच्चों में बाँट देने हैं।

जब किसी के दाँत में दर्द हो तो एक कागज पर किसी भी प्रकार की स्याही से मन्त्र लिखें। फिर इस कागज को चार तह में मोड़ लें। एक लोहे की कील लें। इस मन्त्र को सात बार पढ़ते हुए हर बार कील को कागज में थोड़ा-थोड़ा घुसेड़ते जायँ। सात मन्त्र हो जाने के बाद उस कील को किसी लकड़ी में कागजसहित ठोंक दें, तो दाँत का दर्द समाप्त हो जाता है। ठुकी हुई कील पर अगरबत्ती जलाकर चिरौंजी का प्रसाद बांटें।

बालज्वर-शमनक मन्त्र

ॐ नमो आदेश भगवती भवानी बालकष्ट, बाल रोग, बाल पीड़ा दूर कर सर्व विधि सुख दे, जो मेरा आदेश नहीं माने तो राजा राम की दुहाई।

सामग्री—शिशु स्वास्थ्य यन्त्र-सिद्ध व प्राण-प्रतिष्ठित घी का दीपक व अगरबत्ती। **माला**—मूँगे की माला। **समय**—दिन या रात का कोई भी समय। **आसन**—सफेद रंग का सूती आसन। **दिशा**—पश्चिम दिशा। **जपसंख्या**—तीन हजार। **अवधि**—तीन दिन।

सामने शिशयन्त्र, जो कि ताबीज की तरह होता है और मन्त्रसिद्ध होता है, उस पर केशर का तिलक लगाकर नित्य एक हजारमन्त्र जप करें। इस प्रकार तीन दिन करने पर वह यन्त्र विशेष प्रभावशाली हो जाता है। इसके बाद वह यन्त्र जिस बालक के गले में काले धागे में पहनाया जाय तो बालक का बुखार या अन्य किसी भी प्रकार का रोग दूर हो जाता है और वह स्वस्थ हो जाता है।

स्वस्थ होने पर वह यन्त्र किसी अन्य दूसरे बालक को पहनाकर उसका बुखार तकलीफ आदि भी दूर की जा सकती है। इस प्रकार यह यन्त्र कई बार प्रयोग में लाया जा सकता है। इस प्रकार का यन्त्र बालक के गले में पहनाया जा सकता है। यदि

इस प्रकार का यन्त्र बालक के गले में पहनाया हुआ रहे तो उसे नजर नहीं लगती या बालकों से सम्बन्धित कोई रोग नहीं होता, उनके दाँत आसानी से निकलते हैं और बालक हमेशा नीरोग बना रहता है।

एकान्तर ज्वरविनाशक मन्त्र

१. बज्रहस्तो महाकायो वज्रपाणिर्महेश्वरः ।
ताडितो वज्रदण्डेन भूम्यां गच्छ महाज्वर ॥

पान के बीड़ को १०८ बार उपर्युक्त मन्त्र से अभिमन्त्रित करें और रोगी को खिला दें। उसी दिन रोगी ज्वर-मुक्त हो जायेगा।

२. ॐ बाणबुद्धे महाघोरे द्वादशार्कसमप्रभे ।
जातोऽसौ सुमहावीर्यो मुञ्चत्वैकाहिको ज्वरः ॥

पीपल के पत्ते पर इस मन्त्र को लिखकर धारण करें। इससे एकान्तक ज्वर अच्छा हो जाता है।

३. ॐ गंगाया उत्तरे तीरे अपुत्रस्तापसो मृतः ।
तस्मै तिलोदकं दद्यान्मुंचत्वैकाहिको ज्वरः ॥

पीपल के पत्ते में तिल डालकर इस मन्त्र का उच्चारण करते हुए जल से तर्पण करना चाहिए।

तिजारीज्वर-विनाशक मन्त्र

१. ॐ नमो महा उच्छिष्ट योगिनी प्रकीर्ण दंष्ट्रा खादति थर्वति नश्यति भक्ष्यति ॐ ठः ठः ठः ठः।

अपामार्ग के पुष्प को तीन बार उपर्युक्त मन्त्र से अभिमन्त्रित करके दक्षिण बाहु पर बाँधें तो तिजारी ज्वर शान्त होता है। यह प्रयोग मंगल अथवा रविवार को किया जाता है।

२. काली कुतिया सात पिल्ला बिआई, सातो दूध पिलाई जिलाये वाय थनई लाका सचलाये तिनोके मन्त्रन से चोथिया जाये।

दाँयें हाथ के माध्यम से आंचलों द्वारा २१ बार मन्त्र का उच्चारण करते हुए झाड़ना चाहिए। ३ दिन झाड़ने से ज्वर में लाभ होता है। झाड़ा केवल मंगलवार और शनिवार को ही करना चाहिए।

३. ॐ नमः कामरू देश का कामाख्या देवी जहां बरै इस्मायल योगी, इस्मायल जोगी के तीन बेटी एक ताड़े एक पिछौड़े एक शीत तिजारी गोड़ै।

ज्वरपीड़ित रोगी को खड़ा कर लें। जहाँ से अधिक सर्दी लग रही हो, वहीं से उपर्युक्त मन्त्र का उच्चारण करते हुए २१ बार झाड़ना चाहिए। लाभ होगा।

सन्तान-प्राप्ति मन्त्र

क्लीं देवकी-सुत गोविन्द वासुदेव जगत्पते।
देहि मे तनयं कृष्ण त्वामहम् शरणं गतः।

(अथवा)

कौशल्या सश्रुवेयेन पुत्रणामित तेजसाः यथा वरेण देवनामि युक्त वज्र पाणिना।

इनमें से किसी मन्त्र का सवा लाख जप स्वयं करें या किसी विद्वान् से करवाएं और खीर, घी से दशांश हवन करें और हवन का दशांश से तर्पण और उसके दशांश से मार्जन की दशांश संख्या में भोजन करावें। संतान अवश्य होगी। परन्तु यह ध्यान रखना जरूरी है कि कार्य भक्ति-श्रद्धा से कराया जाए।

मासिक धर्मरोग-निवारण मन्त्र

ॐ नमो आदेश श्रीरामचन्द्र सिंह गुरु का। तोडूं गांठ औंगा ठाली। तोड़ दूं लाय, तोड़ दूं सरित। परित देकर पाय। यह देख हनुमन्त दौड़कर आये। अमुक की देह शांति पाये। रोग कूं वीर भगाये। रोग न नसै तो नरसिंह की दुहाई। फुरो हुकुम खुदाई।

एक सादा पान बनवाकर इस मन्त्र का उच्चारण करते हुए सात बार अभिमन्त्रित करें और रोगिणी को खिला दें तो उसका अनियमित मासिक धर्म ठीक और नियमित समय पर हो जायेगा।

ॐ नमो आदेश मनसा माता का। बड़ी-बड़ी अदरख। पतली पतली रेश। बड़े विष के जल फांसी दे। शेष गुरु का वचन न जाए खाली। पिया पंच मुण्ड के बाम पद ठेली। विषहरी राई की दुहाई।

थोड़ा-सा अदरक लेकर इस मन्त्र से सात बार फूंककर मासिक धर्म में होने वाली पीड़ाओं से ग्रसित स्त्री को खिलाने से मासिक-पीड़ा शान्त हो जाती है।

गर्भ-स्थापन मन्त्र

१. **ॐ नमो कामरू कामाख्या देवी जल बांधू जलबाई बांधू बांधि देऊं जल के तीर, पांचों दूत कलुआ बांधू बांधू हनुमत वीर। सहदेव की अनुआ औ अर्जुन का बाण, रावण रण को थाम ले नहीं तो हनुमन्त की आन। फुरो मन्त्र ईश्वरो वाचा।**

जिस स्त्री को गर्भ न रहता हो, उसे उपर्युक्त मन्त्र से अभिमन्त्रित करके १ गण्डा

पहनाना चाहिए। इसकी निर्माण-विधि यह है कि सूत कुमारी कन्या के हाथ काता हुआ होना चाहिए। इस सूत को स्त्री के सर से पैर तक नापें और इसका गण्डा बनायें। हनुमानजी का पूजन-अर्चन करके उनको सवा सेर रोट का भोग लगायें। इस साधना से लाभ होता है।

२. ॐ ह्रीं लज्जा जल्यं ठः ठः लः ॐ ह्रीं स्वाहा।

उपर्युक्त मन्त्र का १०८ बार उच्चारण करके स्त्री के कान में सुनायें। यह साधना तब करनी चाहिए जब स्त्री मासिक धर्म से पूर्ण रूप से निवृत्त होकर शुद्ध हो चुकी हो। किसी स्थान पर स्त्री को बिठाकर मन्त्र सुनाना चाहिए, इसका भी विशेष महत्त्व है। चौके को मिट्टी से लीप–पोतकर पवित्र करें और काले मृगासन पर स्त्री को बिठायें, शुभ मुहूर्त देख लें। नक्षत्र मृगशिरा होना उपयुक्त रहेगा। पंचमुखी हनुमानजी का पूजन करके उनका आशीर्वाद प्राप्त करें और सवा सेर रोट का भोग लगावें। इस भोग लगे रोट को बन्दरों को ही वितरित कर देना चाहिए। इस प्रक्रिया से गर्भ रहने की आशा करनी चाहिए।

३. देवकी सुत गोविन्द वासुदेव जगत्पते।
देही में तनयं कृष्ण त्वामहं शरण गता॥

इस मन्त्र का अनुष्ठान एक लाख मन्त्रजप से पूर्ण होता है। यह पति-पत्नी दोनों को ही करना चाहिए। अनुष्ठान के दिनों में दोनों पूर्ण ब्रह्मचर्य से रहें। भूमि पर शयन करें, पति बाल न कटावे, आचार व विचारों में सात्त्विकता हो, भोजन राजसी व तामसी न करें, फल व दुग्धाहार पर रह सकें तो अच्छा है। एक लाख जप पूर्ण होने पर दसवां भाग हवन तिल व शहद से करना चाहिए। अनुष्ठान के बाद दोनों पति-पत्नी एक माला (१०८ मन्त्र) नित्य प्रति जप करें।

सामग्री—मन्त्रसिद्ध प्राण-प्रतिष्ठायुक्त पुत्रेष्टि यन्त्र, केसर, जल-पत्र, दूध से बनी खीर। **माला**—स्फटिक माला। **समय**—दिन या रात का कोई भी समय। **आसन**—सफेद सूती आसन। **दिशा**—पूर्व दिशा। **जपसंख्या**—सवा लाख। **अविधि**—जो भी सम्भव हो।

सामने किसी भी पात्र में पुत्रेष्टि यन्त्र रख दें और उसे जल से धोकर, पोंछकर उस पर केसर से तिलक लगावें। सामने थोड़ी-सी दूध की बनी हुई खीर का भोग लगावें, फिर मन्त्र जप प्रारम्भ करें। उस दिन मन्त्रजप पूरा होने पर भोग लगाई खीर को पति-पत्नी थोड़ी-थोड़ी खा लें। इस प्रकार नित्य करें। जब तक मन्त्र का जप पूरा न हो जाए इसी नियम का पालन करते रहे। मन्त्रजप पूरा होने के बाद पुत्रेष्टि यन्त्र पत्नी के गले में पहना दें। यह यन्त्र सोने या चाँदी अथवा काले धागे में पिरोकर पहना जाता है। इससे शीघ्र पुत्रप्राप्ति होती है और उनकी इच्छापूर्ति होती है।

पुत्र प्राप्ति मन्त्र

ॐ ह्रीं श्रीं क्लीं ह्रीं आसिआउसा चुलु हुलु हुलु मुलु मुलु इच्छिय मे कुरु कुरु स्वाहा।

जब भी यह मन्त्र जपने बैठें तो धूप-दीप-अगरबत्ती कर दें और यह मन्त्र २४ हजार फूलों पर एक मन्त्र पर एक फूल जपते जायँ। इस प्रकार जप करें। नि:सन्देह साधक को पुत्र की प्राप्ति होती है। वंश चलता है, धन-दौलत-स्त्री-कामना पूर्ति होती है।

गर्भरक्षा मन्त्र

ॐ थं ठं ठिं ठीं ठूं ठें ठैं ठौं ठः ठः ॐ।

भोजपत्र पर अनार की कलम से उपर्युक्त मन्त्र को लिखकर ताबीज की तरह स्त्री की कमर में बांध दें। जिस सूत से ताबीज को बांधा जाय वह कुमारी कन्या के हाथ का काता हुआ होना चाहिए। इसके साथ ही अनुराधा नक्षत्र हर्षण योग में सोमवार को १०८ मन्त्र के उच्चारण के साथ स्त्री को झाड़ें तो गर्भ के गिरने का भय नहीं रहता है।

सुखप्रसव प्रयोग

गच्छ गौतम शीघ्र त्वं ग्रामेषु नगरेषु च।
अशनं वसनं चैव ताम्बूलं तत्र कल्पय॥

प्रसव में सुविधा प्राप्ति के लिए इस मन्त्र का प्रयोग किया जाता है। प्रयोग से पहले इसे सिद्ध करना आवश्यक होता है। सिद्धि का उपयुक्त समय सूर्य-चन्द्रग्रहण और होली, दीपावली की रात्रि में माना गया है। विधिपूर्वक १०८ मन्त्र-जप से यह सिद्ध हो जाता है। सिद्ध किये बिना इसका प्रयोग निष्फल हो जाता है। फिर जब-जब यह अवसर आवे तब-तब १०८ मन्त्र जप करते रहना चाहिए।

प्रवास में रुकने के स्थान पर पहुंचकर श्वेत दूर्वा के ३ टुकड़े हाथ में रखकर उपर्युक्त मन्त्र का सात बार उच्चारण करें और इन टुकड़ों को सर के बालों के साथ उलझा दें। इससे प्रसव सुविधाजनक व सुरक्षित रहेगा।

१. **ॐ मन्मथ मन्मथ वाहि वाहि लम्बोदरं मुंच मुंच स्वाहा। ॐ मुक्ताः पाशा विपाशाश्च मुक्ता सूर्य्येण रश्यमः। मुक्ता सर्व्व भयाद्गर्भ एहि मारिच स्वाहा। एतन्मन्त्रेणाष्टवारं जयमभि मनय पिवतम् तत्क्षणात् सुखप्रसवो भवति।**

एक गिलास में थोड़ा-सा जल लेकर उसे चार बार अभिमन्त्रित करें और जिस गर्भिणी स्त्री को प्रसवपीड़ा हो रही है, उसे पिला दें। शिशु का जन्म सुखपूर्वक हो जायेगा। परन्तु इस सम्बन्ध में यह सावधानी बरतें कि वह जल कुएं का हो और केवल

एक हाथ से ही खींचा गया हो और उसमें दूसरा हाथ न लगा हो। जल के पात्र को भूमि पर न रखा जाए। मन्त्र के प्रयोग से पहले उसको सिद्ध कर लेना चाहिए।

२. ऐं ह्रं ह्रां ह्रूं ह्रैं ह्रौं ह्रः।

केसर से भोजपत्र पर इस मन्त्र को श्रद्धापूर्वक लिखें और एक बार गर्भिणी स्त्री को दिखाकर उसके बिस्तर के नीचे रख दें। इस प्रक्रिया से शिशु का जन्म सुखपूर्वक हो जायेगा।

३. लंका खोलो रावण बांधो दुश्मन मुख आग लगावो सब देही के बांध खिलाऊं जैसे मातु कौशिल्या पुत्र रामचन्द्र जन्माया। देवी कामरू कामाख्या गुरु काली माई की दुहाई।

अपने निकटवर्ती किसी कुएं से एक हाथ का खींचा हुआ जल लायें। उसे १३२ बार अभिमन्त्रित करके गर्भिणी स्त्री को पिलायें और इसी जल से वह अपनी आंखों को भी धो ले तो इसके प्रभाव से शिशु का जन्म सुविधापूर्वक हो जाता है।

४. ॐ नमो भगवते मकर्कतवे पुष्य ध्वनिते प्रति चलितं समस्त सुरासुर चित्ताय युवति भगवासिने ह्रीं गर्भ चल चल स्वाहा।

इस मन्त्र को सिद्ध करने के बाद ही इसका प्रयोग करें। गाय के दूध को ७ बार अभिमन्त्रित करके गर्भिणी स्त्री को पिलाने से शिशु का जन्म बिना किसी व्यवधान के हो जाता है।

नजला-निवारक मन्त्र

ॐ नमो आदेश गुरु का। चार आटी, चार घाटी। नीख नीख है चौरासी। घाटी बहै नीर। भीजै चीर। नाथ नाक थमि हो। श्री नरसिंह वीर नाथ न थमे तो माता अंजनी का पिया दूध हराम करे। मेरी भक्ति। गुरु की शक्ति। फुरो मन्त्र ईश्वरो वाचा।

थोड़ी-सी साफ रूई लेकर और इस मन्त्र का जप करते हुए सात बार फूंकें तथा ठण्ढ़ से पीड़ित रोगी की नाक में लगावें तो उसकी बहती हुई नाक रुक जायेगी।

दन्तपीड़ा-निवारक मन्त्र

ॐ नमो आदेश गुरु का। बन में ब्याई अंजनी। जिन जाया हनुमन्त। कीड़ा मकुड़ा माकड़ा। ये तीनों भस्मन्त। गुरु की शक्ति। मेरी भक्ति। फुरो मन्त्र ईश्वरो वाचा।

एक नीम की टहनी लेकर दर्द के स्थान पर छुआते हुए इस मन्त्र को सात बार जपें। ऐसा करने से दाँत या दाढ़ का दर्द समाप्त हो जायेगा और पीड़ित व्यक्ति सुख का अनुभव करेगा।

बगली दर्द-निवारक मन्त्र

वात् वात्। अकाल वात्। अन्ध वात्। कुनकुने वात्। कुट कुटरे वात्। आभार प्रति चक्रे शीघ्र फाट्। तौमार डांके। पवनपुत्र हनुमान कार आज्ञाय। राज श्री रामेर आज्ञाय।

यह बंगाली मन्त्र है। देह में वातप्रकोप के कारण बगल में दर्द होने लगता है। ऐसे रोगी को इस मन्त्र का जप करते हुए सात बार फूंक मारें तथा हाथ में शुद्ध पीली सरसों का तेल लेकर दर्द वाले स्थान पर मर्दन करते रहें। शीघ्र ही रोगी दर्द से मुक्ति पाकर ठीक हो जाता है।

हिचकी-निवारण मन्त्र

ॐ सुमेरु पर्वत पर नोना चमारी। सोने की रांपी, सोने की सुतारी। हक चूक वाह बिलारी। धरणी नालि काटि कूटि समुद्र खारी बहावो। नोना चमारी की दुहाई। फुरो मन्त्र खुदाई।

जब हिचकी न थमे तो इस मन्त्र को जपते हुए रोगी को फूंक मारने से हिचकी थम जाती है।

स्मरण शक्तिवर्द्धक मन्त्र

ॐ नमो देवी कामाख्या। त्रिशूल खड्ग हस्त पाधा। पाती गरुड़। सर्व लखी तू प्रीतये। समांगन। तत्त्व चिन्तामणि। नरसिंह चल चल। क्षीन कोटी कात्यायनी तालब प्रसाद। के ॐ हों ह्रीं क्रूं त्रिभुवन चालिया। चालिया स्वाहा।

प्रात:काल के समय स्नान के पश्चात् तुलसी को जल चढ़ा करके इसके ग्यारह पत्ते तोड़ लें और इस मन्त्र का जप करते हुए खा लिया करें। यह क्रम कुछ दिन नित्य करने से स्मरण शक्ति तीव्र हो जाती है।

तिल्ली रोगनाशक मन्त्र

ॐ नमो हुताश परवत। जहां पर सुरह गाय। सुरह गाय के पेट मा तिल्ली। दबा दबा तिल्ली कटे। सरकण्डा बड़े। फीया कटे। फुरो मन्त्र ईश्वरो वाचा।

चाकू लेकर इस मन्त्र को जपते हुए रोगी के समक्ष धरती पर आठ रेखायें खींचें और फिर उन्हें काट दें। इस उपाय से तिल्ली से पीड़ित रोगी रोग से छुटकारा पा जायेगा और स्वास्थ्य लाभ करेगा।

वायु गोला-निवारण मन्त्र

कौन पुरवाई कहां चले। वन ही चले। वागहे के कोयला। कोयला का करवेह। सारी पत्र खण्ड कर वेहु। अष्टोत्तर दांत व्याधि काटे। सिर रावण का दश। भुजा रावण की बीस। कःकुही वर वटी। वायु गोला बांधूं। बांधूं

मैं गुल्म। दुहाई महादेव गौरा पार्वती नीलकण्ठ की फुरो मन्त्र खुदाई।

वायु गोला से पीड़ित व्यक्ति को इस मन्त्र के जप से झाड़ा करने पर वायु गोला ठीक हो जाता है।

दुर्बलता-निवृत्ति मन्त्र

ॐ तू है वीर बड़ा हनुमान। लाल लंगोटी मुख में पान। ऐर भगावै। वैर भगावै। अमुक में शक्ति जगावै। रह इसकी काया दुर्बल। तो माता अंजनी की आन। दुहाई गौरा पार्वती की। दुहाई राम की। दुहाई सीता की। लै इसके पिण्ड की खबर। न रहे इसपे कोई असर।

व्यक्ति अत्यधिक दुर्बल होता जा रहा हो और कारण भी समझ में नहीं आ रहा हो तो इस मन्त्र का जप करते हुए फूंक मारें तथा हनुमान के पांव का सिन्दूर लेकर तिलक कर दें। रोग कोई भी हो, अवश्य ही स्वास्थ्य-लाभ होगा।

सुखी प्रसव मन्त्र

१. अस्ति गोदावरी तीरे जम्भाका नाम राक्षसी।
तस्या स्मरणमात्रेण विशल्या गर्भिणी भवेत्॥

उपर्युक्त मन्त्र चक्रव्यूह तथा अर्जुन के दस नाम कांसे की थाली पर लिखकर धूप दें। तत्पश्चात् गर्भिणी को पिला दें। प्रसव शीघ्र होगा।

२. ऐं ह्रीं भगवती भ्रमालिनी चल चल भमाय पुष्पं विकासय-विकासय स्वाहा।

यदि कोई गभिणी स्त्री कष्ट से दुःखी हो और प्रसव नहीं हो रहा हो तो निम्नलिखित मन्त्र पढ़कर दूध को अभिमन्त्रित कर स्त्री को पिलावें तो तुरन्त प्रसव हो जाता है। यह मन्त्र २१ बार जपने से सिद्ध होता है और सिद्ध होने पर मात्र तीन बार मन्त्र पढ़कर दूध को अभिमन्त्रित कर गर्भिणी को पिला देने से कार्य सफल हो जाता है।

गर्भाशय कष्ट-निवारक मन्त्र

ॐ नमो कामरू कामाख्या देवी। जल बांधूं। जलबाई बांधूं। बांध दूं जल के तीर। पांचों दूत कलुवा बांधूं। बाधूं हनुमन्त बीर। सहदेव की अनवा। अर्जुन का बाण। रावण रण को थाम ले। नहीं तो हनुमन्त की आन। शब्द सांचा। पिण्ड कांचा। फुरो मन्त्र ईश्वरो वाचा।

इस मन्त्र का जप करते हुए स्त्री का झाड़ा करें। लाल धागा लेकर सिर से पांव तक नापें और इस मन्त्र को उच्चारित करते हुए उसके ऊपर २१ गांठें लगायें और स्त्री को धारण करवा दें।

साधन विघ्ननाशक मन्त्र

या हिसार या हिसार या हिसार परी जबर कुफ्फार एक खाई दूसरी अगिनपसार गिर्द बगिर्द भलायक असवार दायाँ दस्त रखे जिब्राइल, बायाँ दस्त रखे मिकाइल पीठ रखे इसराभील, पेट रखे इजराइल दस्त चय हसन दस्तरास्त हुसेन पेशवा मुहम्मद इर्द व गिर्द, अली लाइल्लाह का कोटि इलिल्लाह की खाई हजरत अली की चौकी बैठ मुहम्मद रसूलिल्लाह की दुहाई।

साधना के समय आसन पर बैठकर इस मन्त्र को सात बार पढ़कर अपने चारो ओर हाथ घुमाकर हवा में घेरा जैसा बनाकर चुटकी बजायें या फिर बैठने की जगह के चारो ओर जल छिड़कें। इससे साधनास्थल की विघ्न जाती है।

विघ्नबाधा-नाशक मन्त्र

ॐ सतनाम आदेस गुरु का आदेस पावन पानी का नाद अनाहद दुन्दभी बाजे जहाँ बैठी जोगमाया साजे चौंसठ योगिनी बावन वीर बालक की हरे सब पीर आगे जात शीतला जानिये बन्ध बन्ध बारे जाय मसान भूत बन्ध प्रेत बन्ध, छल बन्ध छिद्र बन्ध सबको मारकर भस्मन्त सतनाम आदेस गुरु को।

जिस समय सूर्य या चन्द्रग्रहण पड़ा रहा हो। इस समय १०८ बार इस मन्त्र को जपें और २१ बार लोबान की धूनी देकर सिद्ध करें। धूनी (आहुति) देते समय भी मन्त्र पढ़ते रहें। बाद में जब कभी आवश्यकता पड़े रोगी (कष्ट ग्रस्त व्यक्ति) को लोबान के धुएं से सेंककर उपर्युक्त मन्त्र पढ़कर सात बार झाड़ें। इस प्रयोग से वह अनेक प्रकार की बाधाओं से मुक्त हो जायगा।

भूतनिवारक मन्त्र

ॐ नमो ॐ ह्रां ह्रीं ह्रूं नमो भूतनायक समस्त भुवन भूतानि साधय साधय हूँ हूँ हूँ।

किसी शनिवार की रात प्रथम प्रहर के बाद, एकान्त शुद्ध स्थान में दीपक जलाकर बैठें। गुग्गुल की धूनी दें और कुछ फूल तथा बताशा रख लें। फिर उपरोक्त मन्त्र का जप आरम्भ करें। प्रतिदिन १४४ बार मन्त्र जपें और यह क्रिया लगातार सात दिनों तक करते रहें। इस क्रिया से मन्त्रसिद्ध हो जाता है। मन्त्रसिद्ध हो जाने पर कभी भी कहीं भी इसका प्रयोग कर सकते हैं। कहीं कोई रोगी, जो भूत-प्रेत की बाधा से ग्रस्त हो उसे सामने बिठायें, लोबान या गुग्गुल की धूनी दें और ऊपर लिखा मन्त्र पढ़ते हुए रोगी के शरीर पर मोरपंख फेरें। इस क्रिया से (सात बार करने पर) भूत का प्रभाव

शान्त हो जाता है। तीन दिनों या सात दिनों तक नित्य दोनों समय करने से भूत भाग जाता है।

जब रोगी अपनी स्वाभाविक मनोदशा में आ जाय, तो उसकी स्मृति, चेतना, विवेक-बुद्धि पहले जैसी हो जाय, तो समझना चाहिए कि अब यह प्रेतबाधा से मुक्त हो गया है। मन्त्र को सबल बनाये रखने के लिए बीच-बीच में शनिवार की रात को १४४ बार इस मन्त्र को जपते रहना चाहिये।

भूत-निवारण मन्त्र

ॐ नमो नरसिंहाय हिरण्यकशिपु वक्ष विदारणाय त्रिभुवन व्यापकाय भूत पिशाच शाकिनी डाकिनी कीलनोन्मूलनाय स्यंवाद भव समस्त दोषान् हन हन सर सर, चल चल, कम्प-कम्प, मथ-मथ हुँ फट् हुँ फट् ठः ठः महारुद्र जापियत स्वाहा।

ऊपर लिखे गये मन्त्र की तरह इसे भी किसी शनिवार की रात्रि में १४४ बार जपकर सिद्ध कर लें। इस मन्त्र के अधिष्ठाता देवता भगवान् नरसिंह जी का ध्यान करते हुए मन्त्र पढ़कर मोरपंख से रोगी का शरीर झाड़ें। प्रेतबाधा दूर हो जायेगी।

भूत-नाशक मन्त्र

ॐ नमो आदेस गुरु को हनुमन्त वीर बजरंगी बज्रधार डाकिनी शाकिनी, भूत-प्रेत, जिन्न खबीस को ठोंक-ठोंक मार-मार नहीं मारे तो निरंजन निराकार की दुहाई।

किसी शुभ शनिवार के दिन से हनुमान जी की पूजा आरम्भ करें। नित्य १२१ बार उपर्युक्त मन्त्र का जप करें। यह क्रम लगातार २१ दिनों तक चलना चाहिये। इक्कीसवें दिन गुग्गुल से २१ बार हवन करें। इस क्रिया से यह मन्त्रसिद्ध हो जाता है। बाद में जब कभी आवश्यकता पड़े, रोगी को सामने बैठायें और उड़द के दाने अथवा चौराहे से लायी हुई कङ्कड़ियों को १-१ करके मन्त्र पढ़-पढ़कर फूंक मारते हुए रोगी के शरीर पर मारें। इस क्रिया से रोगी के शरीर से उतर कर वह दुष्टात्मा (भूत-प्रेत जो भी हो) वहीं मृत, निष्क्रिय-पंगु अथवा समाप्त हो जाता है। रोगी चङ्गा हो जाता है और उस प्रेतात्मा के द्वारा फिर किसी के आक्रान्त होने की आशङ्का नहीं रहती।

प्रेत-बन्धक मन्त्र

बन्ध बन्ध शिव बन्ध शिव बन्ध।

किसी रविवार या मंगल से प्रारम्भ करके २१ दिनों तक नित्य इस मन्त्र का

१००० संख्या में जप करें। तदुपरान्त लोबान या गूगल की आहुति (२१ बार देकर) हवन करें। ऐसा करने से मन्त्रसिद्ध हो जाता है।

यह किसी भूत-ग्रस्त रोगी का प्रसङ्ग आये, तब उसे सामने बिठाकर उस पर उड़द के दाने (१-१ करके मन्त्र पढ़-पढ़कर फूंक मारने के बाद) मारें। इस विधि से रोगी चङ्गा हो जायेगा और प्रेत वहीं बंधा पड़ा रहेगा। वह इतना असहाय और शिथिल हो जायेगा कि फिर कभी किसी से छेड़-छाड़ नहीं करेगा।

और यदि चाहें कि यह बन्दी-भूत, जो कैदी जैसा पड़ा है मुक्त कर दिया जाय, तो नीचे लिखे मन्त्र को पढ़कर उस पर उड़द के दाने फेंकें। भूत वहाँ से बन्धन-मुक्त होकर भाग जायेगा। परन्तु ध्यान रहे कि यह (प्रेत-बन्धन-मुक्ति) वाला मन्त्र भी पूर्वोक्त विधि से सिद्ध कर लेना चाहिए। मन्त्र है—

या खालिस या मुखलिस या खल्लास ख्वाजे खिजर मेहतरलयास।

पुष्पमोहिनी मन्त्र

कामरू देस कामाख्या देवी तहाँ बसे इस्माइल जोगी इस्माइल जोगी ने लगायी फुलवारी फूल बीने लोना चमारी जो इस फूल की सूंघे बास, तिसका जीव हमारे पास घर छोड़े आँगन छोड़े लोक कुटुम की लज्जा छोड़े दुहाई लोना चमारी की, दुहाई धनन्तर की छू...।

किसी शुभ शनिवार की रात को इसका जप आरम्भ करें। जप के पूर्व स्नान करके शुद्ध एकान्त स्थान में दीपक जला लें और लोबान की धूप देकर मदिरा (शराब) का प्रसाद (नैवेद्य) चढ़ावें। तदुपरान्त मन्त्र जपें। प्रतिदिन १४४ बार यह मन्त्र जपना चाहिए। नियमित २१ दिनों तक लगातार साधना से यह मन्त्रसिद्ध हो जाता है। बाद में जब कभी आवश्यकता हो, कोई फूल लेकर उस पर सात बार यह मन्त्र पढ़कर फूंक मारें, फिर अभीष्ट व्यक्ति को सुँघा दें। वह व्यक्ति सम्मोहन के प्रभाव में आ जायेगा।

वशीकरण दूत मन्त्र

इन्ना आत्वेन शैताना मेरी शकल बन '...' के पास आना उसे मेरे पास लाना न लावे तो तेरी बहिन भानजी पर तीन-सौ-तीन तलाक।

जहाँ '...' रिक्त स्थान है, वहाँ अभीष्ट स्त्री या पुरुष का नाम बोलना चाहिए। जैसे कोई साधक 'मनोरमा' नाम की महिला के लिए साधना कर रहा है तो वह यहाँ ...मनोरमा....कहेगा।

साधक शनिवार की रात में नहा-धोकर एकान्त कमरे में अपनी चारपाई लगाये। दीपक जलाये और लोबान की धूनी दे। फिर चारपाई पर पायदाने की ओर बैठकर एक

भेली गुड़ हाथ में या किसी कटोरे में लेकर १०१ बार उपर्युक्त मन्त्र पढ़े। सम्भव हो तो और अधिक भी पढ़ता रहे। बाद में वह गुड़ चारपाई के नीचे रख दे। सबेरे उठकर नित्य-कर्म से निपट कर वह गुड़ प्रसाद के रूप में बच्चों को बाँट दे। परन्तु यह ध्यान रखना चाहिए कि मन्त्र जपते समय (और सोते समय) भी साधक अपने सारे कपड़े उतार कर बिल्कुल नग्न अवस्था में रहे।

यह प्रयोग वांछित महिला को, वह चाहे जहाँ हो, प्रभावित करके साधक के पास ले जाता है। यदि यह साधना लगातार कुछ दिनों (७ या २१ दिनों तक) की ज़ाय तो बहुत प्रभावशाली हो जाता है। परन्तु इस अवधि में साधक को संयम से रहना चाहिए।

पान मोहिनी मन्त्र

हाथ पसारूँ मुख मलूँ, काची मछली खाऊँ। आठ पहर चौंसठ घड़ी, जग मोह घर जाऊँ।।

१. किसी शुभ शनिवार से प्रारम्भ करके शनिवार तथा रविवार दोनों दिन और इस तरह ७ शनि और उसके बाद वाले ७ रवि तक प्रतिदिन इस मन्त्र को रात्रि में १०१ बार जपे। मन्त्रजप के समय दीपक जलता रहे और गूगल की धूनी भी दे। फूल तथा मिठाई भी प्रसादरूप में चढ़ाये। सात सप्ताह की यह साधना मन्त्र को सिद्ध कर देती है। बाद में अभीष्ट व्यक्ति को इस मन्त्र से सात बार अभिषिक्त करके पान खिला दें, तो वह वशीभूत हो जायेगा। इस विधि में कागज पर नाम लिखने की आवश्यकता नहीं है।

२. तीन समूचे (बिना काटे कतरे हुए) पान लेकर बीड़ा बनायें। इसमें सुपारी मसाला आदि डालें और इस मन्त्र से सात बार फूंक मारकर अभीष्ट व्यक्ति को खिला दें। तो वह वशोभूत हो जायेगा।

पानमोहिनी मन्त्र

कामरू देस कामाख्या देवी, तहाँ बसै इस्माइल जोगी इस्माइल जोगी के दोनों बीड़ा पहला बीड़ा आती जाती दूजा बीड़ा दिखावे छाती तीजा बीड़ा अङ्ग लिपटाय फुरो मन्त्र ईश्वरो वाचा दुहाई गुरु गोरखनाथ की।

किसी शुभ रविवार के दिन २१ दिनों तक लगातर इस मन्त्र को १४४ बार प्रतिदिन जपता रहे। जप के समय रात्रि में हो तथा जप के समय साधक दीपक जलाकर लाबान की धूनी भी दे तथा फूल और कोई मिठाई भी प्रसादरूप में अर्पित करे। दीपावली की रात्रि में भी १४४ बार जपकर यह मन्त्रसिद्ध किया जा सकता है।

मन्त्रसिद्ध कर लेने पर तीन पानों का मसालेदार बीड़ा बनाये। उसे ७ बार इस मन्त्र से सिद्ध करके जिसे भी खिला देंगे, वह समर्पित हो जायेगा।

पुष्पमोहिनी अन्य मन्त्र

ॐ नमो आदेस गुरु को एक फूल फूल भर दोना चौंसठ योगिनी ने मिल किया टोना फूल फूल वह फल न जानी हनुमन्त वीर घेर घेर दे आनी जो सूँघे इस फूल की वास उसका जी प्राण हमारे पास सूती होय तो जगाय लाव बैठी होय तो उठाय लाव और देखे जरे बरे, मोहि देखि मोरे पायन परे मेरी भक्ति, गुरु की शक्ति फुरो मन्त्र ईश्वरो वाचा वाचा वाची से टरे तो कुम्भी नरक में परे।

किसी शनिवार को आरम्भ करके २१ दिनों तक लगातार रात में शुद्ध होकर बैटें और दीपक जलाकर लोबान की धूनी देकर इस मन्त्र को १४४ बार जपें। इस तरह यह मन्त्र सिद्ध हो जाता है। बाद में किसी सोमवार के दिन कोई फूल लें और उस पर यह मन्त्र पढ़ते हुए २१ बार फूँक मारें। वह फूल अभीष्ट व्यक्ति को सुँघाने पर वह साधक के प्रति सम्मोहित हो जायेगा।

पुष्पमोहिनी अन्य मन्त्र

ॐ कामरू देस कामाख्या देवी तहाँ बसे इस्माइल जोगी, इस्माइल जोगी ने बोयी बारी फूल उतारे लोना चमारी एक फूल हँसे, दूसरा विगसे तीजे फूल में छोटा बड़ा नाहरसिंह बसे, जो सूँघे इस फूल की बास सो आवै हमारे पास और के पास जाय हियो फाट मर जाय मेरी भक्ति, गुरु की शक्ति फुरो मन्त्र ईश्वरो वाचा।

किसी शुभ रविवार को नहा-धोकर पूजा के लिए यह सामग्री संजोयें —सुपारी, पान, लौंग, फूल-मिठाई, दीपक, गूगल या लोबान अथवा अगरबत्ती, घी। सर्वप्रथम स्नान करके पूजा करें। ऊपर लिखा मन्त्र बराबर पढ़ते रहें। ऊपर लिखी चीजें एक-एक करके पान पर चढ़ावें और धूप-दीप देकर आग जलायें और उसके मन्त्र पढ़ते हुए ही १-१ फूल घी में डुबोकर हवन करते रहें। १०८ फूलों की आहुति देकर फिर मन्त्र का १०८ बार जप करें। यह क्रिया लगातार २१ दिनों तक की जानी चाहिए। बाईसवें दिन सामर्थ्य के अनुसार ब्राह्मणों को भोजन करायेम और दक्षिणा दें। पूरी साधना अवधि में ब्रह्मचर्य से रहें। इस प्रकार मन्त्रसिद्ध हो जायेगा।

बाद में जब कभी आवश्यकता हो, किसी को अपने प्रति अनुरक्त, सम्मोहित या वशीभूत करना हो तो कोई सुगन्धित पुष्प लें और उस पर सात बार मन्त्र पढ़कर फूँक मारें। इस तरह वह पुष्प मन्त्राभिषिक्त हो जायेगा। ऐसा मन्त्रसिद्ध पुष्प यदि अभीष्ट

व्यक्ति (नारी या पुरुष) की सुँघाया जाय तो वह साधक की ओर स्वभावत: आकृष्ट हो जाता है।

पुष्पमोहिनी अन्य मन्त्र

ॐ मूठी माता मूठी रानी गूठी लगावै आग .... के चटक लगाय बेधड़क कलह मचावै मुख न बोले, सुख न सोवे कहत मन्त्र उठाय, मार्‌यौ उरझै क्यों काचा सूत की आटी उरझै अब देखूँ नाहरसिंह वीर तेरे मन्त्र की शक्ति शब्द साँचा, पिण्ड काँचा, फुरो मन्त्र ईश्वरो वाचा।

(मन्त्र के रिक्त स्थान '......' पर उस व्यक्ति (स्त्री का नाम लेना चाहिए, जिस पर सम्मोहन का प्रयोग करना हो।)

शनिवार को (शाम को) लाल कनेर के पेड़ के पास जायँ, उसे न्यौता देकर फूल वाली टहनी में लाल रङ्ग का डोरा (कलावाँ) बाँध दें। दूसरे दिन रवि को प्रात: सूर्योदय के पूर्व वह डाली तोड़कर ले आयें। डाली के पास जाने के पूर्व स्नान करके शुद्ध हो लें। टहनी को किसी एकान्त शुद्ध स्थान पर रख दें। रात होने पर दीपक जलाकर वहाँ बैठें, लाल वस्त्र पर टहनी रखें और धूप-दीप से उसकी पूजा करें। तदुपरान्त १२१ बार ऊपर लिखे मन्त्र का जप करें। इस क्रिया से मन्त्र सिद्ध हो जाता है। बाद में टहनी का एक फूल तोड़कर या कनेर का ही कोई ताजा फूल लाकर (उस लाल रङ्ग वाले पेड़ से लायें) उस पर २१ बार मन्त्र पढ़कर फूँक मारें। यह फूल जिसे भेंट-उपहार में देंगे, वह व्यक्ति वशीभूत, सम्मोहित, अनुगत हो जायेगा।

मोहिनी मन्त्र (लौंग)

ॐ सत्त नाम आदेस गुरु को लौंगा लौंगा मेरा भाई इन ही लौंगा ने शक्ति चलाई पहली लौंग राती माती दूजी लौंग जोवन माती तीजी लौंग अन्न मरोड़े चौथी लौंग दौऊ कर जोड़े चारो लौंग जो मेरी खाय ....के पास सों .. कने आ जाये, मेरी भक्ति गुरु की शक्ति फुरो मन्त्र ईश्वरो वाचा।

इस मन्त्र में प्रथम......में उस व्यक्ति का नाम लें, जिसके अधीन वांछित स्त्री रहती है। दूसरे .... में उस व्यक्ति का नाम लेना चाहिए, जिसके पास उस स्त्री को बुलाने की इच्छा हो। (हालाँकि आज के युग में ऐसे प्रयोग विधिविरुद्ध हैं; अत: सामाजिक, शासकीय दृष्टि से अपराध माने जाते हैं।) उत्तम यही होगा कि ऐसे प्रयोग—'किसी की स्त्री को बलात् खींचकर अपने पास रखना—उचित नहीं होता। इनमें साधक के लिए सङ्कट की आशंका रहती है।

किसी शुभ शनिवार की रात में यह साधना आरम्भ करें। एकान्त में बैठकर दीपक जलाएं और लोबान की धूनी भी दें। फिर २१ बार यह मन्त्र पढ़ें। ऐसा २२ दिनों तक

करते रहें। इस अवधि में पूर्ण संयम से रहना चाहिए। २२ दिनों तक नियमित जप से यह मन्त्रसिद्ध हो जाता है। बाद में अभीष्ट नारी को किसी रवि या मंगल के दिन लौंग इसी मन्त्र से ७-७ बार फूँक कर दे दें। लौंग खाने के बाद उस स्त्री की मानसिकता में परिवर्तन हो जायेगा। वह प्रयोक्ता के प्रति अनुकूल एवं अधीर होकर उसके पास चली आयेगी।

मोहिनी (सुपारी) मन्त्र

ॐ नमो देव हराय, ठः ठः स्वाहा।

सूर्यग्रहण के दिन (ग्रहणकाल) में नहा-धोकर शुद्ध स्थान में बैठकर अथवा नदी, तालाब में कमर तक पानी में खड़े होकर इस मन्त्र को १०८ बार पढ़ें। यदि 'ग्रहण-योग' न मिल रहा हो तो किसी रविवार से आरम्भ करके २१ दिनों तक प्रतिदिन १०८ बार मन्त्र पढ़ें। मन्त्र-जप के पूर्व अच्छी साफ, समूची ७ सुपारियाँ लेकर उन्हें धोकर धूप-दीप से पूज लें। इस प्रकार ग्रहण के दिन अथवा सामान्य २१ दिनों तक उक्त मन्त्र के जप से प्रभावित की गयी सुपारियाँ पूर्णतः सम्मोहनकारी हो जाती हैं। बाद में आवश्यकता पड़ने पर अभीष्ट व्यक्ति (स्त्री अथवा पुरुष) को वही सुपारी (एक) लेकर १०८ बार पुनः मन्त्र पढ़कर फूँक दें, फिर खिला दें। यह प्रयोग उस व्यक्ति की मानसिकता को बदलकर प्रयोक्ता के अनुकूल कर देगा।

मोहिनी मिठाई मन्त्र

जल मोहूँ थल मोहूँ जङ्गल की हिरनी मोहूँ बाट चलत बटोही मोहूँ मोहूँ कचेहरी बैठा राजा कचहरी बैठा राजा मोहूँ पीढ़ी बैठी रानी मोहूँ मोहिनी मेरा नाम, मोहूँ सब संसार तरा तरीला तोतला, तीनों बसे कपाल दस्तक दे दी मौत के दुश्मन करूँ पमाल, मेरी भक्ति, गुरु की शक्ति फुरो मन्त्र ईश्वरो वाचा।

किसी शुभ शनिवार की सन्ध्या से यह साधना आरम्भ करें। स्नान करके शुद्ध स्थान पर बैठकर धूप-दीप के बाद आग जलावें और गूगल से इसी मन्त्र द्वारा १४४ आहुति दें। ऐसा लगातार ११ दिनों तक करते रहें। इस दीपक पर भी फूल, फल, बताशे आदि प्रसादरूप में चढ़ाकर इसकी पूजा करें। ग्यारह दिनों तक १४४ मन्त्रजप और हवन करते रहने से यह मन्त्र सिद्ध हो जाता है। पूजा समाप्त होने पर वह फल, मिठाई पुनः २१ बार मन्त्र द्वारा फूँककर अभीष्ट व्यक्ति को खिला देने से वह प्रयोक्ता पर मोहित हो जाता है। वैसे पूजा वाली मिठाई प्रसादरूप में बच्चों को बाँट भी सकते हैं। आवश्यकता पड़ने पर कभी भी ताजी मिठाई लायें और उसे २१ बार इसी सिद्ध मन्त्र द्वारा प्रभावित (फूँक) करके अभीष्ट व्यक्ति को (स्त्री या पुरुष) को खिला दें। वह सारा विरोध भूलकर अधीनता स्वीकार कर लेगा।

मोहिनी (तेल) मन्त्र

ॐ नमो मोहना रानी पलँग चढ़ बैठी मोह रहा दरबार मेरी भक्ति गुरु की शक्ति दुहाई लोना चमारी की दुहाई गौरा पार्वती की दुहाई बजरङ्गबली की।

(अथवा)

ॐ मोहिनी रानी मोहना रानी चली सैर को सिर पर धरे तेल की दोहनी जल मोहूँ थल मोहूँ, मोहूँ सब संसार मोहना रानी पलँग चढ़ बैठी, मोह रहा दरबार, मेरी भक्ति, गुरु की शक्ति, दुहाई गौरा पार्वती की दुहाई बजरङ्गबली की।

दीपावली की रात्रि में स्नान करके शुद्ध स्थान पर बैठकर दीपक जलावें। सुगन्धित तेल (इत्र), मिठाई, फूल आदि सहेज कर पहले से रख लें। दीपक जलाएं, लोबान की धूनी दें, दीपक को ही फूल, मिठाई अर्पित करें, फिर ऊपर लिखे मन्त्र में से किसी एक का जपें। मन्त्र की जपसंख्या २२ माला है। एक माला में १०८ मनके होते हैं। २२ माला जप करके लोबान की आहुति से ७ बार हवन करें। इस क्रिया से मन्त्रसिद्ध हो जाता है। मन्त्रसिद्ध हो जाने पर वहाँ रखा तेल (इत्र भी) प्रभावशाली हो जाता है।

'अतर-मोहिनी' या 'इत्र-मोहिनी' नाम के सम्मोहनकारी कई प्रयोग तांत्रिक ग्रन्थों में वर्णित हैं। यह भी उन्हीं में से एक प्रयोग है। आवश्यकता पड़ने पर पूजा वाला तेल या फिर कोई भी दूसरा तेल लेकर उस पर उपर्युक्त सिद्ध मन्त्र से सात बार पढ़कर लगाने से सम्मोहन का प्रभाव प्रत्यक्ष हो जाता है। यदि प्रयोक्ता व्यक्ति ऐसे तेल को सिद्ध करके स्वयं लगाये, माथे पर उसका टीका कर ले तो वह जहाँ जायेगा— राजसभा, समाज, गोष्ठी अथवा अन्य किसी समूह में—वहाँ का समस्त जन-समुदाय उसके प्रति आकर्षित रहेगा।

यदि प्रयोक्ता व्यक्ति किसी नारी को आकृष्ट करना चाहता है तो उसके नाम पर सम्मोहन की कामना करते हुए तेल को सात बार मन्त्र द्वारा फूँके, फिर उस स्त्री को लगाने के लिए दे दे। उस तेल को लगाने के बाद वह साधक के प्रति अनजाने ही संवेदित होकर उसके पास पहुंचने का हर सम्भव प्रयास करेगी।

मोहिनी मन्त्र (मुस्लिम)

अल्लाह बीच हथेली के, मुहम्मद बीच कपार। उसका नाम मोहिनी, मोहे जग संसार। मुझे करे मार मार उसे मेरे बाँये कदम तले डार जो न जाने मुहम्मद की आन उस पर बज्र का बाण बहक्क लाइल्लाह, अल्ला है मुहम्मद तेरा रसूलिल्लाह।

शनिवार की रात में एकान्त स्थान में बैठकर घी का दीपक जलायें, फूल-मिठाई

का प्रसाद चढ़ाकर दीपक की पूजा करें, लोबान की धूनी दें और १०१ बार यह मन्त्र पढ़ें। इसके बाद अगले शनिवार के दिन अभीष्ट स्त्री के बाँयें पैर की (या दोनों पैरों के तले की) थोड़ी-सी मिट्टी उठा लें और उस मिट्टी को सात बार उक्त मन्त्र द्वारा प्रभावित करके उस स्त्री पर छिड़क दें, वह वशीभूत हो जायेगी।

मोहिनी मन्त्र (कूपप्रयोग)

जती हनुमन्त कनेरी, मेरे घट पिण्ड का कौन है बैरी, छत्तीस पवन मोहि मोहि जोहि जोहि दह दह मेरी भक्ति, गुरु की शक्ति फुरो नाम ईश्वरो वाचा, सत्त नाम आदेश गुरु का।

शनिवार से प्रारम्भ करके अगले शनिवार तक प्रतिदिन हनुमान जी की धूप-दीप-नैवेद्य से पूजा करके यह मन्त्र प्रतिदिन १४४ बार जपें। साधना के दिनों में पूरे संयम से रहें। सातवें दिन गूगल से २१ बार हवन करें। फिर चौराहे से छोटी-छोटी ७ कङ्ड़ियाँ (मिट्टी के ढेले या सिटकरे) लायें। उन्हें धोकर कपड़े पर रखें, फिर एक-एक कङ्कड़ियों पर १-१ बार मन्त्र पढ़कर फूँक मारे। इसके बाद १४४ बार मन्त्र पढ़कर उन कङ्कड़ियों पर जल छिड़कें, फिर मन्त्र पढ़ते हुए ही उन्हें किसी कुएँ में डाल दें। जो भी व्यक्ति उस कुएं का पानी पियेगा, साधक के प्रति समर्पित रहेगा।

कूपप्रयोग मन्त्र

ॐ नमो आदेश गेरु को मोहिनी, जग मोहिनी मोहिनी मेरो नाम, ऊँचे टीले हूँ बसूँ, मोहूँ सगरो गाम। ठग मोहूँ ठाकुर मोहूँ, बाट का बटोही मोहूँ कुआँ की पनिहार मोहूँ महलों बैठी रानी मोहूँ जोहि-जोहि, वां-वां पग तरे देह गुरु की भक्ति मेरी शक्ति फुरो मन्त्र, ईश्वरो वाचा।

इस मन्त्र को या तो दीपावली की रात्रि में दीपक जलाकर धूप, फल, मिठाई आदि से उसकी पूजा करें, फिर १४४ बार मन्त्र पढ़ें अथवा किसी शुभ रविवार (रवि-पुष्य योग) से आरम्भ करके २१ दिनों तक लगातार प्रतिदिन २१ बार इस मन्त्र का जप करें। मन्त्रजप की समाप्ति पर गूगल की धूनी (२१ बार) दें। इस क्रिया से यह मन्त्रसिद्ध हो जायेगा।

बाद में किसी रविवार के दिन चौराहे की थोड़ी-सी धूल लाकर उस पर ७ बार मन्त्र पढ़कर फूँकें, फिर भस्म की तरह उसका टीका अपने माथे पर लगाएँ। इसके बाद गुड़ की एक भेली लेकर उस पर ७ बार मन्त्र पढ़ें। साथ ही यदि किसी विशेष व्यक्ति को मोहित करना है तो उसका नाम लेते हुए अपनी कामना व्यक्त करें, फिर वह गुड़ कुएं में डाल दें। अभीष्ट व्यक्ति उस कुएं का पानी पीने के बाद साधक की ओर आकृष्ट हो जायेगा।

सम्मोहन मन्त्र (शंखपुष्पी प्रयोग)

१. ॐ सांखाहूली वन में फूली। ईश्वर देख गवरजा भूली। जो याको सिर पर धरे। राजा प्रजा वाके चरणों परे। मेरी शक्ति गुरु की भक्ति, फुरो मन्त्र ईश्वरो वाचा।

२. ॐ सांखाहूली वन में फूली बैठी करै सिंगार, राजा मोहे, प्रजा मोहे सबने करे सिंगार, मेरी भक्ति गुरु की शक्ति, फुरो मन्त्र ईश्वरो वाचा।

शनिवार की सन्ध्या को उस स्थान पर जायें, जहाँ 'शंखाहूली' के पौधे हों। पौधे के पास पहुँचकर उसे प्रणाम करें, फिर उसे धूप-दीप देकर चावल-शक्कर प्रसाद की भाँति अर्पित करें। चलते समय उसे 'निमन्त्रण दें'—हे वनस्पति देवी! मैं कल प्रात: आकर आपको अपने घर ले चलूँगा। आप प्रसन्न मन से तैयार रहें। इस प्रकार उसे निमन्त्रण देकर घर लौट आयें। दूसरे दिन (रविवार को) प्रात: नहा-धोकर वहाँ जायें और पौधे को स्नान कराकर अक्षत-पुष्प चढ़ायें, धूप दें, घी का दीपक जलायें, नैवेद्य के रूप में गुड़ रखें और फिर आसन बिछाकर वहीं (पौधे के सामने) बैठें और १२१ बार मन्त्र का जप करें। जप पूरा हो जाने पर पौधे को प्रणाम करें और साथ चलने का निवेदन करते हुए उसे उखाड़ लें। ध्यान रहे कि पौधे की जड़ में पर्याप्त पानी डालकर जमीन को पहले ही तर रखें, ताकि उखाड़ते समय पौधे का कोई अङ्ग टूटे नहीं। जड़, तना, शाखाएं, फूल-पत्ती सभी सुरक्षित रूप से निकालना चाहिए। पूजा की सारी सामग्री पहले से सँजोकर साथ लेते जायें।

गोरोचन और काले साँप की केंचुली—ये दो वस्तुएं भी पहले से लाकर रखी रहें। 'शंखाहूली' को घर लाकर उसे इन दोनों वस्तुओं (केंचुली और गोरोचन) के साथ सील पर पीसकर एक कर लें। यह मिश्रण किसी शुद्ध पात्र में रखकर एकान्त में सुरक्षित रख दें। रात में प्रथम प्रहर बीतने के बाद नहा-धोकर शुद्ध स्थान पर बैठें। शंखाहूली का मिश्रण सामने रखें। दीपक जलायें और गूगल की धूनी दें। तत्पश्चात् मन्त्र का १२१ बार जप करें। यह प्रयोग नित्य २१ दिनों तक करते रहें। प्रतिदिन १२१ बार जप करना चाहिये। जप-काल में पूर्ण संयम से रहें। यह २१ दिनों की साधना उस मिश्रण में अद्‌भुत शक्ति भर देती है। बाद में यदि साधक कभी इस मिश्रण में से थोड़ा-सा चूर्ण लेकर अपनी पगड़ी, साफा, जेब कहीं भी रखे लें। ऐसा व्यक्ति सभा, समाज, दरबार, जहाँ भी जाता है—लोगों पर उसका सम्मोहक प्रभाव पड़ता है। लोग उसके वशीभूत हो जाते हैं। यदि वह चूर्ण पान या मिठाई में किसी स्त्री या पुरुष को खिला दें तो भी वह वशीभूत हो जाता है। उस चूर्ण को पानी में सानकर यदि किसी के माथे पर तिलक जैसी बिन्दी लगा दी जाये तो वह भी साधक के प्रति विनम्र हो जाता है।

सुपारी का एक अन्य मन्त्र

खरी सुपारी टामनगारी राजा प्रजा खरी पियारी मन्त्र पढ़ लगाऊँ तो रही या कलेजा लावे तोड़ जीवत चाटे पगथली धूये सेवे मसान या/शब्द को यारी न लावै तो जती हनुमन्त की आज्ञा न मानैं, शब्द साँचा पिण्ड काँचा, फुरो मन्त्र ईश्वरो वाचा।

सूर्यग्रहण के दिन सुपारियाँ लेकर आसन पर बैठें। स्नानादि पहले कर लें। सुपारियों को धोकर पान में रखें तथा गूगल की धूनी और घी के दीपक से पूजा करें। इसके बाद १०८ बार उक्त मन्त्र का जप करें। यदि ग्रहण का दिन नहीं मिल रहा तो किसी भी शनिवार से प्रारम्भ करके (अथवा रवि-पुष्य योग से) २१ दिनों तक नित्य उन सुपारियों की पूजा तथा १०८ बार दैनिक मन्त्र जप करें। इस क्रिया से वह सुपारियाँ मन्त्र-शक्ति से सम्पन्न हो जायेंगी। बाद में यदि किसी पर सम्मोहन का प्रयोग करना हो तो एक सुपारी निकालें। उसे १०८ बार मन्त्र से फूँकें। फिर पान के साथ या अन्य रूप में अभीष्ट व्यक्ति को वह सुपारी खिला दें। सुपारी खाने वाला व्यक्ति (स्त्री या पुरुष जो भी हो) साधक के वश में हो जायेगा। सम्मोहन-वशीकरण के लिए यह 'सुपारी-मोहिनी-प्रयोग' राजपूत-काल में बहुत प्रचलित था।

मोहिनी मन्त्र (गुड़प्रयोग)

ॐ नमो आदेश गुरु को गूगल की धूप का धुआँ धार देखूँ पलमा तेरी शक्ति तेरस रात को टूटा तारा ऐसा टूटै, भैरों बाबा का मन गाये गुड़ मन्त्र पढ़ उसको दे घर में चक्क न बाहर चक्क फिर-फिर देखे मेरा मुख जीवन सेवे जीव को, मूये सेवै मसान हमसे आकुल व्याकुल हो तो जती हनुमन्त की आन हमें छोड़ और के पास जाय पेट फाड़ तुरन्त मर जाये सत्य नाम आदेश गुरु को।

सर्वप्रथम इस मन्त्र की सिद्धि के लिए ये वस्तुएं पहले से लाकर पूजास्थल पर रख लें—शराब, गुड़ की बनी लपसी, कलेजी (मांस) और गुड़।

किसी शनिवार की सन्ध्या को स्नान करके एकान्त शुद्ध स्थान पर आसन बिछाकर बैठें। सामने उपर्युक्त सामग्री रख लें। दीपक जलाएं, लोबान की धूनी दें। शराब, लपसी और कलेजी—यह सब प्रसाद के रूप में दीपक के सामने रखें। पात्र में गुड़ भी रखा हो। इसके बाद उक्त मन्त्र का जप प्रारम्भ करें। प्रतिदिन १२५ बार मन्त्र जप करते हुए सात शनिवार तक (४९ दिन) लगातार रात्रि में यह पूजा करें। इस क्रिया से मन्त्रसिद्ध होकर प्रभावशाली हो जाता है। जब कभी आवश्यकता हो, पूर्वसिद्ध किये हुये गुड़ का टुकड़ा ७ बार मन्त्र पढ़कर फूँकने के बाद अभीष्ट व्यक्ति को खिला दें। वह वशीभूत हो जायेगा।

वशीकरण के अन्य मन्त्र

वशीकरण के कुछ विशिष्ट और अपेक्षाकृत सहज-साध्य मन्त्र इस प्रकार है—

१. ॐ मोंड़ी।

किसी शुभ रविवार या मङ्गलवार से इसकी साधना आरम्भ करें। प्रात: नित्यकर्म से निपटकर स्नान-पूजा करें, फिर गूगल की धूनी सुलगाकर इस मन्त्र का जप आरम्भ कर दें। ध्यान रहे कि बिना जप पूरा किये साधक कुछ खाये-पीये नहीं। इस मन्त्र की दैनिक जपसंख्या ५ माला (१०८ दाने की) है। मन्त्रजप के पूर्व अभीष्ट व्यक्ति को वशीभूत करने की प्रार्थना अपने इष्टदेव से करें; तदुपरान्त मन्त्र जपें। यह साधना २१ दिनों तक की जाय तो अभीष्ट व्यक्ति (नर-नारी) वशीभूत हो जायेगा।

२. ॐ ह्रीं मोहिनी स्वाहा।

दीपावली-ग्रहण अथवा अन्य किसी योग (गुरु-पुष्य) में शुद्धता-संयमपूर्वक इस मन्त्र का जप आरम्भ करें। इसकी कुल जपसंख्या १०,००० है, अत: यदि १० माला नित्य जपें तो दस दिन में पूरा हो जायेगा। जप समाप्ति के बाद १०८ आहुतियाँ गूगल से देकर हवन करें और तदुपरान्त किसी एक ब्राह्मण को भोजन-दक्षिणा दें। इस क्रिया से यह मन्त्रसिद्ध हो जाता है। आवश्यकता पड़ने पर कोई नया कपड़ा, फल-फूल, मिठाई अथवा अन्य कोई खाद्य वस्तु लेकर उस पर १०८ बार यह मन्त्र पढ़ें। वह वस्तु जिसे भी दी जायेगी और वह उसका प्रयोग करेगा तो साधक के वश में हो जायेगा।

३. ॐ भ्रीं वं वं वं भं भूतेश्वरी मम वश्यं कुरु कुरु स्वाहा।

यह प्रेतवशीकरण मन्त्र है। कहते हैं, कि गोस्वामी तुलसीदास जी को भी ऐसी कोई सिद्धि प्राप्त थीं। किसी भी प्रेत की सहायता से ही वे हनुमानजी के दर्शन कर सके थे। अस्तु, उपर्युक्त मन्त्र की साधना-पद्धति इस प्रकार है—

जिस दिन मूल नक्षत्र हो, प्रात: शौच के लिए नित्य की भाँति जायें। लोटे में थोड़ा-सा जल बचा रहने दें। लौटते समय किसी बबूल का पेड़ (पहले से खोज रखें) के पास जाकर वह शेष जल उस पेड़ की जड़ में डाल दें और ऊपर लिखे मन्त्र का १०८ बार जप करें, फिर हाथ जोड़कर घर लौट जायें और अपनी नित्य क्रिया करें। दोनों समय (प्रात:-सन्ध्या) यह क्रिया पूरे ४० दिनों तक करते रहें। अवधि पूरी होने पर वृक्षवासी प्रेत प्रकट होकर साधक से पानी की याचना करता है। अब यह बात अलग है कि उस समय वह प्रेत किस रूप में काम आये। प्रेतरूप में, पशु-रूप में, मानव रूप में अथवा अन्य किसी प्राणी के रूप में, नितान्त अदृश्य वायथ रूप में।

उस समय साधक सजग और सहज भाव से उस प्रेत को इस बात के लिए वचनबद्ध कर ले कि 'मैं जब भी बुलाऊँ, सेवा-सहायता के लिए तुम आ जाया करोगे।' यदि वह इस प्रतिबन्ध को स्वीकार कर ले तो उसे लोटे में भरा जल दे दें। वह चाहे जितना कुरूप, भयानक, घृणित अथवा दीन-दरिद्र दीख रहा हो, उससे भयभीत अथवा विरक्त न होकर सहज सेवक के रूप में उसे मानना होगा। इसके बाद भी नित्य उसे पूर्ववत् शौच का शेष जल देते रहें। वह सेवा में तत्पर रहेगा।

४. ॐ नमः काय सर्वजन प्रियाय सर्वजन सम्मोहनाय ज्वल, ज्वल, प्रज्वालय प्रज्वालय, सर्वजनस्य हृदयं मम वशं कुरु कुरु स्वाहा।

गुरु-पुष्य योग अथवा दीपावली या ग्रहण के दिन से इस मन्त्र का नियमित जप आरम्भ करें। जपसंख्या १० हजार है। जब यह संख्या पूरी हो जाय, तब १०८ बार गूगल की आहुति देकर हवन करें। आहुति देने में भी यही मन्त्र पढ़ना चाहिए। हवनोपरान्त एक ब्राह्मण को भोजन करायें। इस प्रकार यह मन्त्र सिद्ध हो जाता है। ध्यान रहे कि साधना-काल में साधक को पूर्ण संयम-नियम से रहना आवश्यक है। मन्त्र सिद्ध हो जाने पर आवश्यकतानुसार अभीष्ट व्यक्ति के पास जाकर १०८ बार यह मन्त्र पढ़ते हुए उस पर फूँक मारें। इस क्रिया से मन्त्र का प्रभाव उस व्यक्ति को साधक का वशवर्ती बना देगा और तब वह किसी प्रकार का बोध न करके सदैव सेवा-सहयोग हेतु प्रस्तुत रहेगा।

५. ॐ नमो भगवते वासुदेवाय त्रिलोचनाय त्रिपुर वाहनाय ... मम वश्यं कुरु कुरु स्वाहा।

किसी शुभ दिन जबकि सिद्ध योग पड़ रहा हो, स्नान-पूजा से निवृत्त होकर परम शान्त चित्त और पूर्ण पवित्रता के साथ एकान्त शुद्ध स्थान में (पूजा के स्थल पर ही) बैठकर (उसी सिद्ध योग की बेला में) इस मन्त्र को १०८ बार पढ़ें। उत्तम होगा कि समय का पता लगा लें। यदि सिद्ध योग अधिक देर तक चलता हो तो मन्त्र की जपसंख्या बढ़ाकर ५,७,९,११ अथवा २१ माला कर सकते हैं। जप पूरा हो जाने पर गूगल की १०८ आहुतियाँ देकर हवन करें। यह सारी साधना सिद्ध योग में ही पूरी होनी चाहिए। मन्त्र सिद्ध हो जाने पर जब कभी आवश्यकता पड़े, अभीष्ट व्यक्ति को कोई खाद्य वस्तु इस मन्त्र से १०८ बार प्रभावित करके दे दें। उसे खाने के बाद वह साधक के प्रति समर्पित हो जायेगा। वैसे इस मन्त्र के प्रयोग हेतु किसी भी खायी जा सकने वाली वस्तु (फल-मिठाई) को माध्यम बनाया जा सकता है; परन्तु सुपारी को विशेष महत्त्व दिया गया है। एक सुपारी को धोकर शुद्ध करें तदुपरान्त उस पर १०८ बार उक्त मन्त्र पढ़कर जल छिड़कें अथवा फूँक मारें। इस क्रिया से वह सुपारी

अभिमन्त्रित हो जायेगी और तब उसे खाने वाले व्यक्ति की मानसिकता में साधक के प्रति सहज ही सेवा-समर्पण की भावना आ जायेगी।

यहाँ यह तथ्य भी स्मरण रखने योग्य है कि मन्त्र में जहाँ...स्थान है, वहाँ अभीष्ट व्यक्ति (पुरुष अथवा स्त्री जिस पर प्रयोग करना हो) का नाम उच्चारण करना चाहिए। मान लें कि आपको 'कामिनी' नामक महिला पर यह प्रयोग करना है, तो मन्त्रजप में इस प्रकार पढ़ा जायेगा—

ॐ नमो भगवते वासुदेवाय, त्रिपुरवाहनाय 'कामिनी' मम वश्यं कुरु कुरु स्वाहा।

विशिष्ट वशीकरण मन्त्र

१. ॐ पिंगलायै नमः।

पंचांग अथवा स्थानीय पुरोहितों के द्वारा किसी शुभ मुहूर्त्त (सिद्ध-योग, ग्रहण-पर्व, गुरु-पुष्य अथवा अन्य योग) का पता लगायें। उस दिन इस मन्त्र की २१०० की संख्या में अर्थात् २१ माला १०८ दाने की जपें। जप के पूर्व स्नानादि से निवृत्त होकर किसी शुद्ध एकान्त स्थान में धूप-दीप अवश्य कर लें। जप पूरा हो जाने पर गूगल की १०८ आहुतियाँ देकर हवन करें। इस क्रिया से यह मन्त्र सशक्त हो जाता है। बाद में कोई भँवरा (कीड़ा) पकड़ें। ध्यान रहे कि उसके पंख टूटने न पायें। कहीं से (बहेलिये के माध्यम से) एक तोता मँगायें। (यह क्रिया हिंसात्मक होने से वीभत्स प्रतीत होगी, अत: जो साधक हिंसा और जुगुप्सा से भयभीत हों, वे यह प्रयोग न करें) भँवरा, तोते का मांस, अपनी दाहिनी अनामिका का थोड़ा-सा रक्त और कर्णमल (कान का मैल) यह चारो वस्तुएं मिलाकर एक में घोटें। साथ ही मन्त्र पढ़ते रहें। जब मिश्रण तैयार हो जाय तो उसे किसी काँच के पात्र में रख लें। धूप में सुखाकर इसे स्थायी बनाया जा सकता है।

फिर जब कभी आवश्यकता पड़े, इस मिश्रण में से थोड़ा-सा लेकर उसे ७ बार मन्त्र द्वारा अभिषिक्त करें और उस व्यक्ति को किसी भी प्रकार खिला दें। वशीकरण के लिए यह एक सबल प्रयोग माना गया है। यह भी ध्यान रखें कि यह पदार्थ एक रत्ती से भी कम मात्रा में खिलाया जाना चाहिए।

२. ॐ चामुण्डे जय जय वश्यंकरि जय जय सर्व सत्वात् नमः स्वाहा।

किसी शुभ अवसर (सिद्धि-योग, गुरु-पुष्य योग) पर पूर्णवर्णित विधि से शुद्धतापूर्वक एकान्त में इस मन्त्र को १०,००० जपसंख्या पूरी कर फिर १०८ बार आहुति देकर इसे सशक्त बनायें। ऐसा सिद्ध वशीकरण के लिए बहुत उपयोगी बनाया गया है। किसी भी रविवार या मङ्गलवार के दिन १०८ बार इस मन्त्र को पढ़कर फूल पर फूँक मारें। बाद में वह फूल जिसे भी सूँघने को देंगे, वह वशीभूत हो जायेगा।

३. ॐ नमो भगवति सूति चण्डालिनि नमः स्वाहा।

जिस व्यक्ति (स्त्री अथवा पुरुष) को वशीभूत करना हो, उसके आकार-प्रकार की कल्पना करके मोम की एक मूर्ति बना लें। मूर्ति के पैर खड़े हों तथा वह अंजलिबद्ध मुद्रा में हो। अन्य अङ्ग भी अपने स्थान पर सही बने होने चाहिए।

किसी ग्रहण, दीपावली या रवि-पुष्य योग के अवसर पर उस मूर्ति को स्नान कराकर धूप-दीप दें और उपरोक्त मन्त्र को १०,००० की संख्या में जपें। जप के उपरान्त १०८ गूगल की आहुति से हवन करें। तत्पश्चात् उसी हवन-कुण्ड की आँच में मूर्ति को सेकें। मोम होने के कारण वह पिघलकर उसी कुण्ड में भस्म हो जायेगी और अभीष्ट व्यक्ति जहाँ भी होगा, वहाँ किसी अज्ञात प्रेरणा द्वारा साधक के पास आ जायेगा।

४. ॐ नमो भगवते ईशनाय, सोम मे प्राय वशमानय स्वाहा।

सूर्यग्रहण की वेला में (कुछ विद्वानों का मत है कि चन्द्रग्रहण की वेला में भी यह प्रयोग किया जा सकता है) जल में स्थित होकर अथवा देव मन्दिर या पूजनगृह में बैठकर इस मन्त्र को १०,००० की संख्या में जपें, फिर १०८ बार गूगल की आहुति दें। आवश्यकतानुसार श्वेत गूँजा (सफेद घुँघुँची) की जड़ अथवा स्ववीर्य को १०८ बार इसी मन्त्र से प्रभावित करके पान में रखकर इच्छित व्यक्ति को खिला दें। यह प्रयोग उसे साधक के प्रति सम्मोहित, वशीकृत कर देगा।

५. (क्लं क्लीं ह्रीं) नमः।

ग्रहण वेला में इस मन्त्र को अधिकतम संख्या में जप लें। कम से कम दस माला तो होना ही चाहिए, वैसे १०० माला का नियमित जप द्वारा १००० माला जप कर लिया जाय तो मन्त्र का प्रभाव अमोघ हो जाता है। जप-संख्या पहले से निश्चित कर लें। उसकी पूर्ति हो जाने पर गूगल की १०८ आहुति देकर हवन करें। इस सिद्ध मन्त्र को पढ़कर फूँक मारने से इसके द्वारा अभिमन्त्रित जल, फल, मिष्ठान्न, पान का सेवन कराने से अभीष्ट व्यक्ति वशीभूत हो जाता है। यदि इसको एक लाख जप कर सिद्ध करें लें तो मानव ही नहीं, किसी भी योनि के किसी भी लोक के प्राणी को अपने अनुकूल किया जा सकता है।

६. ॐ नमो भगवति चामुण्डे महा हृदय कम्पिनि स्वाहा।

ग्रहण अथवा सिद्धयोग या गुरु-पुष्य योग के अवसर पर स्नानोपरान्त शुद्ध होकर शान्त एकान्त स्थान में पवित्रतापूर्वक इस मन्त्र का जप करें। जप की संख्या १०,००० होनी चाहिए। जप पूरा जाने पर १०८ बार गूगल या लोबान की आहुति देकर हवन करें। हवन करते समय भी मन्त्र का जप करते रहना चाहिए।

यह प्रयोग सम्मोहन, अनुकूलन और वशीकरण के लिए बहुत ही उपयोगी होता है। यहाँ यह तथ्य भी स्मरणीय है कि साधना-काल में साधक को बहुत संयम से रहना चाहिए। असंयम से साधना भङ्ग हो जाती है।

७. ॐ ऐं ह्रीं श्रीं क्लीं कालिके सर्वान् मम वश्यं कुरु, कुरु सर्वान् कामान् मे साधय साधय स्वाहा।

ग्रहण वेला में शुद्धतापूर्वक इस मन्त्र का जप आरम्भ करें। अधिकतम संख्या में जप करते हुए कम-से-कम समय में इसकी १०,००० संख्या पूरी कर लें। तत्पश्चात् १०८ बार इसी मन्त्र से लोबान द्वारा आहुति दें। इस क्रिया से मन्त्र पूर्णरूपेण शक्तिशाली हो जायेगा। किसी व्यक्ति (स्त्री या पुरुष) को अपनी ओर आकृष्ट सम्मोहित, वशीभूत करना हो तो नित्य प्रातःकाल यह मन्त्र जपते हुए उस व्यक्ति का नाम लेकर स्वच्छ जल में २१ बार अपना मुँह धोयें।

८. ॐ नमो भगवति पुर पुर वेशनि, सर्व जगत् भयङ्करि ह्रीं ह्रैं, ॐ रां रां रां क्लीं वालौ सः वच काम वाण सर्व श्री समस्त नर नारीणां मम वश्यं नम नम स्वाहा।

सिद्ध योग अथवा गुरु-पुष्य योग में इसे १०,००० जपकर प्रभावी बना लें। बाद में अपने चेहरे पर हाथ फेरते हुए इसे पन्द्रह बार पढ़ें। (मन्त्र पढ़ते हुए चेहरे पर हाथ फेरें, यह क्रिया १५ बार करें)। इसके प्रभाव से साधक का व्यक्तित्व कुछ ऐसा मोहक हो जायेगा कि वह जिधर भी मुँह घुमायेगा या जिधर देखेगा; वहाँ उपस्थित सभी लोग (नर-नारी) उसके प्रति अनुकूल/मुग्ध हो जायेंगे।

९. ॐ नमो भगवति मातंगेस्वरि सर्वमुखरंजिनि, सर्वेषां महामाये मातंगे कुमारिके नन्द नन्द जिह्वे सर्वलोक वश्यं कुरु कुरु स्वाहा।

ग्रहण, गुरु-पुष्य-योग, सिद्ध-योग अथवा दीपावली के अवसर पर शुद्धतापूर्वक इस मन्त्र का १०,००० जप करके १०८ आहुतियों से हवन करें। इस प्रकार यह मन्त्रसिद्ध हो जाता है। मन्त्रसिद्धि प्राप्त कर लेने पर जब कभी कहीं सम्मोहन अथवा वशीकरण का प्रसङ्ग उपस्थित हो, सादा पान (पत्ता) लाकर उसमें गोरोचन मिलाकर पीसें। पान लाने से लेकर उसे पीसने तक मन्त्र जपते रहें। मिश्रण तैयार हो जाने पर उसे ७ बार मन्त्र पढ़कर फूँकें, फिर अपने माथे पर टीका लगाकर अभीष्ट स्थान पर जायँ। वहाँ वांछित व्यक्ति पर इसका प्रभाव अवश्य पड़ेगा। मैनसिल, पान, गोरोचन—इन तीनों को पीसकर लेप-जैसा बनायें और माथे पर तिलक लगायें। परन्तु इसमें भी मिश्रण तैयार करने तथा टीका लगाने के पूर्व ७-७ बार मन्त्र पढ़कर उसे प्रभावित कर लेना चाहिए। पूर्णिमा के दो दिन पूर्व (शुक्ल पक्ष की तेरस के दिन), वत, गुंजा

की लता (जड़ सहित) लाकर उसे मन्त्र पढ़ते हुए पीसें। उसे भी ७ बार मन्त्र द्वारा प्रभावित करें। तत्पश्चात् वांछित व्यक्ति को उसमें से थोडी-सी लेकर पान के मध्य में मिला दें। वह अवश्य वशीभूत हो जायेगा। आशय यह है कि मन्त्र द्वारा अभिषिक्त पदार्थ का सेवन उस व्यक्ति की मानसिकता को प्रभावित करके साधक के अनुकूल बना देता है।

आयुध-स्तम्भन मन्त्र

१. माता-पिता गुरु बाँधो, धार बाँधों अस्त्रा वश्ये कटै मुनै बाँधों हनुमन्त सुर नव लाख शूद्रन पाके पाउँ रक्षाकर श्री गोरखराउ सन्ता देइ न वाचा नरसिंह के दुहाई हमारी सवति आ।

पहले किसी होला, दीपावली, ग्रहण-जैसे पर्व के अवसर पर या फिर गुरु-पुष्य, शिवरात्रि, विजयादशमी-जैसे अवसर पर इस मन्त्र को (अथवा कोई भी शाबर मन्त्र हो उसे) कम से कम ५ या ७ या ११ माला जपकर लोबान की २१-५१ आहुति देकर सिद्ध कर लें। बाद में जब कभी आवश्यकता पड़े, मन्त्र को ७ बार पढ़कर थोड़ी-सी धूल को अभिमन्त्रित करके (फूँक कर) अपने शरीर पर मल लें। ऐसा करने से वह अङ्ग शस्त्र की चोट से सुरक्षित रहता है। वहाँ चोट लगने पर भी असर नहीं होता, क्योंकि शस्त्र का वेग, उसकी धार या प्रहार की गति नष्ट हो जाती है।

२. ॐ नमो आदेश गुरु को, जल बाँधूँ, जलवाई बाँधू ताखी ताई सवा लाख अहेरी बाँधूँ, गोली चले तो हनुमन्त जती की दुहाई शब्द सांचा, प्रिण्ड काचा, फुरो मन्त्र ईश्वरो वाचा।

माय का दूध (एक घड़ा, हण्डी या अन्य किसी मिट्टी के पात्र में भरकर) लायें, उसे सात बार उस मन्त्र द्वारा फूँककर तोप के मुँह पर पटक दें। इस प्रयोग से तोप का स्तम्भन हो जायेगा। जब वह दगाई जायेगी, उससे गोला नहीं निकलेगा। (हालाँकि आज के युग में यह प्रयोग सम्भव नहीं है फिर भी प्रसङ्गपूर्ति के लिए लिख दिया गया है। प्राचीन-काल में ऐसे प्रयोग प्रचलित थे।)

३. बाँधों तूपक अवनि बार न धरै, चोट न परै, घाउ करै श्री गोरखनाथ।

यह मन्त्र पढ़ते हुए सर्वाङ्ग में धूल लगा लें या धूल में लोट जायें तो उस पर शस्त्राघात का प्रभाव नहीं पड़ता। शस्त्र-स्तम्भन के लिए प्रयोग अनेक ग्रन्थों में प्राप्त होता है। धूल-धारण के समय मन्त्र का सात बार उच्चारण करना चाहिए।

४. ॐ धार धार अधर धार धार बाँधू सात बार कटै न रोग, न भीजै पीर, खाँड़ा की धार ले गयो हनुमन्त वीर शब्द सांचा, पिण्ड कांचा, फुरो मन्त्र ईश्वरो वाचा।

इस प्रयोग को सात बार पढ़ें। थोड़ी धूल अभिमन्त्रित करके उसे सर्वाङ्ग में लगा लें। इस प्रयोग से शरीर पर तलवार की चोट असर नहीं करती।

५. ॐ काली देवी किलकिला भैरों चौंसठ जोगिनी बावन वीर ताँबे का पैसा बज्र की लाठी मेरा काला चले न साथी ऊपर हनुमन्त वीर गाजे, मेरा कीला पैसा चले तो गुरु गोरखनाथ लाजे शब्द सांचा, पिण्ड कांचा, फुरो मन्त्र ईश्वरो वाचा।

इस मन्त्र को पढ़ते हुए लकड़ी तथा ताँबे के पैसे पर ७-७ बार फूँक कर डाल पर मारें, इस प्रयोग से वह डाल स्तम्भित हो जायेगी। प्राचीन काल में युद्ध आमने-सामने होता था, उसमें ढाल-तलवार मुख्य होते थे। उस समय ढाल-तलवार के स्तम्भन हेतु ऐसे मन्त्रों का प्रयोग किया जाता था।

ज्वालास्तम्भन मन्त्र

ॐ नमो कोरा करवा जल सूँ भरिया ले गौरा के सिर पर धरिया ईश्वर ढालै, गौरा नहाय जलती आग शीतल हो जाय, शब्द सांचा, पिण्ड कांचा फुरो मन्त्र ईश्वरो वाचा।

कुम्हार के यहाँ से नया कुल्हड़ा अपना करवा लें आयें। उसमें शुद्ध जल भरकर सात बार इस मन्त्र को पढ़ते हुए प्रभावित करें। जहाँ कहीं आग फैल रही हो या फैलने की आशङ्का हो, वहाँ इस मन्त्रसिद्ध जल का छींटा मारें। जितनी दूर तक जितने क्षेत्र में पानी का छींटा पहुंचेगा, वहाँ आग की लपटें नहीं जायेंगी।

उपल-स्तम्भन मन्त्र

कभी-कभी पानी के साथ पत्थर भी बरसने लगते हैं। ऐसी ओला-वृष्टि (उपलवृष्टि) बहुत हानिकारक और कष्टप्रद होती है। ऐसी स्थिति में यदि इस मन्त्र का जप किया जाय तो उपल-वृष्टि थम जाती है।

ॐ नमो समुद्र, समुद्र में दीप, दीप में कूप, कूप में कुईं तहाँ ते चले हरि हर परे चारों तरफ बरावह चला हनुमन्त बरावत चला भीम, ईश्वर गौरी चाला भोला ईश्वर भीजि मठ में जाइ गौरा बैठी द्वारे नहाय टपके नउद, परे न ओला राजा इन्द्र की दुहाई मेरी भक्ति गुरु की शक्ति फुरो मन्त्र ईश्वरो वाचा।

पत्थर गिरने (उपल-वृष्टि) के समय इस मन्त्र को बार-बार जपते रहें।

कड़ाही बाँधने का मन्त्र

१. महि थांमो, महि अर थांमो थांमो माटी सार थांमनो आपनो वैसन्दर तेलहि करो तुषार।

यद्यपि यह प्रयोग सहज दृष्टि से दुष्कर्म है, अभिचार श्रेणी में आता है; फिर भी प्रासङ्गिक रूप में इसका उल्लेख किया जा रहा है। जहाँ चूल्हे पर कढ़ाही चढ़ी हो, कोई पदार्थ बन रहा हो, वहाँ यदि यह मन्त्र नमक के टुकड़े पर अथवा मिट्टी के ढेले पर सात बार पढ़कर उसे भट्टी में डाल दिया जाय तो कड़ाही का स्तम्भन हो जाता है। प्रकारान्तर से यह अग्नि-स्तम्भन का प्रयोग है। इसके प्रयोग से कढ़ाही गरम नहीं होती, चाहे जितना भी ईन्धन जला दिया जाय। ऐसी स्थिति में भोजन नहीं बन पाता। बाद में यदि कोई मर्मज्ञ व्यक्ति आकर दूसरे मन्त्र से इस स्तम्भन-प्रभाव को नष्ट कर दे तब आँच और कड़ाही की गर्मी सन्तुलित हो जाती है और भोजन स्वाभाविक रूप से बनने लगता है।

२. तेल थाँमो तेलाई थाँमो अग्नि वैसन्दर थाँमो पाँच पुत्र कुन्ती के, पाँचो चले केदार अग्नि चलते हम चले, अगिया परा तुषार।

तेली कोल्हू में नेलहन डालकर उसे पेरते हुए निकालते हैं। यदि उक्त मन्त्र पढ़कर कोई चीज ७ बार प्रभावित करके उस घानी में छोड़ दी जाय तो कोल्हू का स्तम्भन हो जाता है। यदि वह बलपूर्वक चलाया भी जाय तो उससे तेल नहीं निकलता। (यह मन्त्र अभिचार कर्म है।)

अग्निस्तम्भन मन्त्र

१. अज्ञान बाँधों, विज्ञान बाँधों बाँधों घोरा घाट आठ कोटि बैसन्दर बाँधों अग्नि हमारा भाइ। आनहि देखे भभके मोहे देखि बुझाइ। हनुमन्त बाँधों, पानन होइ जाय अग्नि भवेते के भवे। जस भतीं हाथी होय वैसन्दर बाँधों, नारायण सखि मेरी भक्ति, गुरु की शक्ति फुरो मन्त्र ईश्वरो वाचा।

जहाँ कहीं आग का प्रकोप हो, सात बार यह मन्त्र पढ़कर घेरे देने से आग आगे नहीं बढती। जलती हुई आग भी इस प्रयोग से शान्त हो जाती है।

२. काँची हाँड़ी, काँची पाली ताके ऊपर बज्र की थाली नीचे भैरों किल-किलाय ऊपर नरसिंह गाजैं, जो इस हाँड़ी को आँच लगै तो अंजनी पुत्र लाजै दुहाई हनुमन्त जती की दुहाई अंजनी के पुत्र की शब्द सांचा, पिण्ड कांचा फुरो मन्त्र ईश्वरो वाचा।

जहाँ कहीं अग्नि का प्रकोप हो, वह अनियन्त्रित होकर इधर-उधर बढ़ रही हो, हानि क़ी आशङ्का हो; वहाँ यह मन्त्र सात बार पढ़कर जल का घेरा बाँधने से अथवा ऐसे ही मन्त्र पढ़ते हुए उस क्षेत्र को घेर देने से अग्निवृद्धि रुक जाती है।

शयन-सुरक्षा मन्त्र

बाघ बिजली सर्प चोर चारिउ बाँधों एक ठौर धरती माता, आकाश पिता, रक्ष रक्ष श्री परमेश्वरी वाचा दुहाई महादेव की।

घर-बाहर, देश-परदेश, खेत-खलिहान या रात में कही भी सोना पड़े, उपर्युक्त मन्त्र पाँच बार पढ़ें और तीन बार ताली बजायें। ऐसा करके सोने से वहाँ रात में निर्विघ्न निद्रा आती है तथा चोर, साँप, बिजली और शेर-बाघ का भय नहीं रहता। यह बहुत ही प्रभावशाली और सुरक्षाकारी मन्त्र है।

वैभवदायक मन्त्र

१. ॐ नमो भगवती पद्मावती सर्वजन मोहिनी सर्वकार्य कारिणी मम विकट सङ्कट हरणी मम मनोरथ पूरणी, मम चिन्ता चूरणी ॐ नमो ॐ पद्मावती नमः स्वाह्ा।

विजयादशमी-दीपावली-ग्रहण, सिद्ध-योग, गुरु-पुष्य योग जैसे किसी शुभ अवसर से नित्य प्रातः स्नानोपरान्त शुद्ध एकान्त स्थान में देवी दुर्गाजी के किसी रूप का चित्र-प्रतिमा लाकर उसकी पूजा आरम्भ करें और नित्य इस मन्त्र की एक माला फेरते रहें। यह साधना बहुत ही सरल सात्त्विक और लाभकारी है। इसके प्रभाव से साधक की बेरोजगारी, निर्धनता, समस्यायें, रोगविकार, अभाव, तनाव—शब दूर होकर उसका जीवन सुख-शान्तिमय हो जाता है।

२. ॐ नमो भगवती पद्म पद्मावती ॐ ह्रीं श्रीं, ॐ पूर्वाय, दक्षिणाय, पश्चिमाय, उत्तराय आण पूरय सर्वजन वश्यं कुरु कुरु स्वाहा।

प्रातःकाल उठें किसी से बोले नहीं। पान, सुपारी, तम्बाकू, बीड़ी कुछ भी सेवन करें। सर्वप्रथम नित्य-कर्म से निपट लें और स्नान करके शुद्ध वस्त्र पहनकर घर के चारो कोनों में भीतर से और बाहर से भी उपर्युक्त मन्त्र १०-१० बार पढ़कर फूँक मारें। तदुपरान्त मुख्य द्वार पर आकर उस पर भी १० बार मन्त्र पढ़कर फूँक मारें। इस प्रकार नित्य प्रातः बिना किसी से बोले बिना कुछ खाये सूर्योदय के पूर्व ही घर के भीतरी-बाहरी चारो कोनों को और मुख्य द्वार को मन्त्राभिषिक्त करते रहें। इस प्रयोग से घर में चारो ओर से वैभव-समृद्धि आने लगती है।

यदि प्रातः स्नानादि सम्भव न हो सके तो सबेरे उठते ही सर्वप्रथम मन्त्र द्वारा उक्त क्रिया पूरी कर लें, घर के चारो कोनों और द्वार मन्त्र से अभिषिक्त कर लें। बाद में अपने दैनिक-कर्म में लग जायँ; परन्तु इसमें प्रतिबन्ध यह है कि उस रात साधक पवित्रता से रहा हो। स्त्री-प्रसङ्ग अथवा स्वप्नदोष की स्थिति में स्नान अवश्य करना चाहिए।

सिद्धिप्रद मन्त्र

ॐ आं अं स्वाहा।

किसी शुभ अवसर पर इस मन्त्र को प्रतिदिन जपना आरम्भ करें। १० माला प्रतिदिन जपें। इस प्रकार १२५ दिन तक नियमित साधना करें। तदुपरान्त १०८

आहुतियाँ देकर हवन करें और किसी ब्राह्मण को भोजन-दक्षिणा दें। साधना-काल में सत्य-भाषण, क्रोध-नियन्त्रण, ब्रह्मचर्य, सात्त्विक भोजन, दया, परोपकार, ईश्वर-चिन्तन आदि का विशेष महत्त्व है। अतः इन विषयों की ओर सजग रहना चाहिए।

विद्या-ज्ञानप्राप्ति का मन्त्र

ॐ ह्रीं श्रीं ह्रीं वद वद वाग्वादिनी भगवती सरस्वती ऐं नमः स्वाहा। विद्यां देहि मम, ह्रीं स्वाहा।

ग्रहण के अवसर पर इस मन्त्र का जप आरम्भ करें। प्रथम दिन १४४ बार जपें, फिर प्रतिदिन एक माला (१०८ बार) नित्य जपते रहें। यह साधना सदैव चलती रहे। इसके प्रभाव से साधक को ज्ञान, विद्या, स्मरण शक्ति और प्रभावपूर्ण वाणी प्राप्त होती है।

यदि उक्त मन्त्र में जटिलता प्रतीत हो तो निम्नलिखित मन्त्रों में से कोई भी एक लेकर पूर्ववत् उसका नित्य जप करते रहने से पर्याप्त लाभ होता है—

१. ॐ नमो ॐ ह्रीं श्रीं क्लीं वद वद वाग्वादिनी बुद्धि-वर्द्धिनी ह्रीं नमः स्वाहा।

२. ॐ ह्रीं ऐं ह्रीं ॐ सरस्वत्यै नमः।

३. ॐ सरस्वत्यै नमः।

भगवतीदेवी का मन्त्र

ॐ नमो भगवती रक्तपीठं नमः।

किसी शुभ मुहूर्त अथवा नवरात्र में नया लाल कपड़ा लाकर उस पर माला फेरते हुए प्रतिदिन इस मन्त्र की १० माला जपते रहें। सात दिनों तक यह साधना पूर्ण संयम और ब्रह्मचर्य से करें। जप पूरा हो जाने पर १०८ आहुतियों से हवन करें और एक ब्राह्मण को भोजन कराकर दक्षिणा दें। इसके पश्चात् इस वस्त्र को तहकर सुरक्षित रख दें और दैनिक पूजा के समय एक माला मन्त्र उस पर जपते रहें। उस वस्त्र को प्रतिदिन माथे और हृदय से लगायें। देवी की कृपा से समस्त सात्त्विक कामनाएं पूरी हो जाती हैं।

साधनारक्षक मन्त्र

साधना के समय अनेक प्रकार के विघ्न भी आते रहते हैं। इनके कारण साधना भङ्ग हो जाने की आशङ्का रहती है। साधना भङ्ग होने का अर्थ है—साधना का सारा प्रयास व्यर्थ हो जाना। इस स्थिति से त्राण पाने के लिए साधना के पूर्व जब मन्त्र का जप करने बैठें, अपने चारो ओर जल छिड़क लें अर्थात् जल की रेखा बना लें। उस वृत्त (जल-रेखा) के भीतर बैठकर साधना करने से किसी प्रकार का बाह्य विघ्न (कोई उपद्रव) नहीं सम्पन्न हो पाता और साधना शान्तिपूर्वक सम्पन्न होकर साधक के लिए फलवती सिद्ध होती है। मन्त्र है—

ॐ नमो सर्वार्थ साधिनी स्वाहा।

स्नानादि से निवृत्त होकर जब पूजा-साधना के लिए आसन पर बैठें, तब हथेली में थोड़ा जल लेकर अपने चारो ओर छिड़क लें। छिड़कते समय मन्त्र का स्पष्ट उच्चारण करते रहें। सात बार मन्त्र पढ़ें और हर बार जल की रेखा बनायें। तत्पश्चात् एक माला यही मन्त्र जपकर इष्टदेव का (वांछित मन्त्रजप अथवा हवन-पूजन जो भी करना हो) पूजा करें और उस पूजन के नियमानुसार अन्य कार्य सम्पन्न करें।

कामनापूरक मन्त्र

ॐ हर त्रिपुर हर भवानी बाला राजा मोहिनी सर्व शत्रु। विध्वंसिनी मम चिन्तित फलं देहि देहि भुवनेश्वरी स्वाहा॥

नवरात्र अथवा गुरु-पुष्ययोग अथवा दीपावली, दशहरा, ग्रहण सिद्धयोग जैसे किसी शुभ अवसर पर देवी दुर्गाजी की पूजा करके इस मन्त्र का नियमित रूप से एक माला जप करें। यह उनके भुवनेश्वरी रूप का मन्त्र है। इस मन्त्र का १०८ बार नियमित जप (हो सके तो अधिक भी) करते रहने से साधक की सभी सदिच्छाएँ पूरी हो जाती हैं।

क्लान्ति-निवारक मन्त्र

ॐ नमो विचण्डाय हनुमन्त वीराय पवनपुत्राय हुँ फट् स्वाहा।

यह पदार्थ प्रधान तान्त्रिक प्रयोग है। इसके लिए निम्नलिखित सामग्री आवश्यक है—अजा-दुग्ध (बकरी का दूध), वंशलोचन, भाँगरा (सफेद जाति वाला)।

इन तीनों वस्तुओं को रवि-पुष्ययोग में लाकर उक्त मन्त्र पढ़ते हुए एक में पीस लें। जब मिश्रण तैयार हो जाय, तब उसे किसी काँच के पात्र में रख लें और उसका धूप-दीप से पूजन कर १०,००० मन्त्र जपें। मन्त्रजप के पश्चात् गूगल की आहुति देकर २१ बार हवन करें। इस क्रिया से वह लेप और मन्त्र सिद्ध हो जाता है।

बाद में जब कभी यात्रा पर जाने का अवसर आये, उक्त लेप में से थोड़ा-सा लेकर (सूख गया हो तो पानी से तर करके) पैर के तलवों में चुपड़ लें। चुपड़ते समय भी मन्त्र पढ़ते रहे। लेप सूख जाने के बाद ७ बार मन्त्र पढ़कर यात्रा पर निकल पड़ें। फिर चाहे जैसी पैदल चढ़ाई, मरु भूमि, उबड़-खाबड़ यात्रा हो—थकान नहीं आयेगी।

श्रीराम मन्त्र

श्री रामाय नमः। रां रामाय नमः। 'रां'। श्री रामजी।

नया साफ सफेद कागज ले आयें। उसके समान आकार के १२५००० टुकड़े करें। १ कागज को कई तहों में मोड़कर मशीन से या कैंची से काटने पर ऐसे टुकड़े बन जायेंगे। कागज की तहों का हिसाब लगा लें तो सवा लाख टुकड़ों की गिनती सरलता से पूरी हो जायेगी।

किसी शुभ मुहूर्त्त में लाल चन्दन, कस्तूरी और केशर के मिश्रण से अथवा अष्टगन्ध से स्याही बनायें। अनार की टहनी की कलम बना लें। फिर प्रत्येक टुकड़े पर 'उसी कलम' स्याही से उक्त मन्त्रों में से कोई भी एक मन्त्र लिखना प्रारम्भ करें। प्रतिदिन स्नानोपरान्त नियमित रूप से थोड़े कागज लिखते रहें। प्रत्येक कागज की एक गोली बना लें। ये गोलियाँ सुरक्षित रखते जायें। जब सब कागज पूरे हो जायें अर्थात् सवा लाख राम-नाम की गोलियाँ तैयार हो जायें तो उन्हें धूप-दीप देकर १०८ बार पुनः मन्त्र पढ़ें और आटे में भरकर प्रत्येक कागज की एक गोली इस तरह सवा लाख आटे की गोलियाँ बना लें। ये गोलियाँ किसी बड़ी नदी में जहाँ मछलियाँ अवश्य हों, प्रवाहित कर दें। इस पूरी क्रिया में वह मन्त्र भी जपते रहें। गोलियों को जल में विसर्जित करने के बाद घर आकर किसी ब्राह्मण को भोजन कराकर दक्षिणा दें। दैनिक पूजा तथा अन्य कार्यों में भी मन ही मन उक्त मन्त्र का जप करते रहें। यह साधना तमाम भौतिक सङ्कटों को दूर करके साधक को बहुविध सौख्य प्रदान करती है। उस पर छायी हुई विपत्तियाँ और समस्याएं टल जाती हैं।

अक्षय भण्डार मन्त्र

ॐ नमो आदेश गुरु को गणपति वीर बसे मसान जो-जो माँगू सो-सो आन पाँच लड्डू सिर सिन्दूर हाट की माटी, मसान की खेप ऋद्धि-सिद्धि मेरे पास लावै शब्द सांचा पिण्ड कांचा फुरो मन्त्र ईश्वरो वाचा।

यह बहुत ही प्रभावशाली मन्त्र है। इसकी साधना से साधक के घर में धन-धान्य का भण्डार भरा रहता है। चाहे जैसा खर्च करे, भण्डार कभी रिक्त नहीं होता। 'भोज' जैसे अवसरों पर यह बहुत ही कल्याणकारी सिद्ध होता है। विशेष रूप से इसका ऐसे ही आयोजनों पर प्रयोग किया जाता है। मन्त्र की प्रयोगविधि इस प्रकार है—

भोज समारोह का जो भी सामान बना हो, वह सारी खाद्य वस्तुएं एक स्थान पर (भण्डार घर में) सुरक्षित रखें, उसे कोई जूठा न करे, उसमें से किसी को तनिक भी न दें। फिर पाँच लड्डू लेकर (यदि घर में नहीं बने हैं तो बाजार से लाकर) उन्हें शुद्ध पात्र (कटोरा) में रखें और उन पर सिन्दूर लगाते हुए मन्त्र पढ़ें। एक बार मन्त्र पढ़कर एक लड्डू पर इस तरह पाँच बार मन्त्र पढ़कर पाँचों लड्डू प्रभावित करें। फिर लोटा, डोरी, वह लड्डू का कटोरा—यह सब लेकर कुएं पर जायँ। मन्त्र बराबर पढ़ते रहें। पूर्व की ओर मुँह करके बैठें और कलश (छोटे आकार का लोटा) में एक लड्डू रख दें। उसे डोरी के सहारे (पानी भरने की तरह) कुएं में (जल की सतह पर) पहुँचा जायें। सावधानी से लोटा (कलश) भरकर बाहर खींच लें, ताकि लड्डू गिरे नहीं। लोटा बाहर आ जाने पर उसे डोरी से खोलकर (लड्डू और जलसहित) सुरक्षित रखें और कटोरे से दो लड्डू लेकर मन्त्र पढ़ते हुए एक-एक करके कुएं में डाल दें। फिर लोटा और

कटोरा लेकर घर आयें। कटोरे के शेष दो लड्डू भोज प्रारम्भ होने के पूर्व की जाने वाली पूजा में चढ़ाकर अपना पारम्परिक कृत्य पूरा करें।

इसके बाद लोगों को भोजन करायें। भण्डार-घर में रखे कलश (लड्डू और जल से पूर्ण लोटा) के प्रभाव से कोई कमी नहीं होगी। खाने वाले खाते रहेंगे और भण्डार यथावत् रहेगा।

उच्चाटन मन्त्र

१. ॐ नमो भीमास्याय....गृहे उच्चाटन कुरु कुरु स्वाहा।

पहले किसी शुभ मुहूर्त्त में इस मन्त्र को १०,००० जप लें। इस प्रकार यह सिद्ध हो जाता है। मन्त्रसिद्ध हो जाने के बाद ही उसका प्रयोग फलदायी होता है। प्रयोग के लिए दोपहर में कभी भूमि पर लेटे रहे गधे की खोज करें। दीख जाय तो वहीं खड़े रहें। यह कोई कठिन बात नहीं है। खुले चरने वाले गधे अक्सर दोपहर में लोट-पोट करते रहते हैं। जहाँ गधा लोटा है, वहाँ की थोड़ी धूल बाँयें हाथ से उठा लें। ध्यान रहे कि धूल उठाते समय साधक का मुँह पूर्व या पश्चिम की ओर होना चाहिए। यदि यह प्रयोग (धूलप्राप्ति) रवि या मङ्गल के दिन हो सके तो बहुत उत्तम है, अन्यथा शनिवार को या फिर जब भी समय मिले, किया जाना चाहिए। धूल लाकर उसे १०८ बार पूर्व-सिद्ध मन्त्र द्वारा प्रभावित करें—धूल को सामने रखकर उस पर १०८ बार मन्त्र पढ़कर फूँकें। यह भी स्मरण रहे कि मन्त्र जपते समय प्रारम्भ से ही रिक्त स्थान...पर उस व्यक्ति का नाम लेना चाहिए, जिसको उच्चाटन से ग्रस्त करना हो। मन्त्र-सिद्ध धूल में से थोड़ी-सी लेकर उस व्यक्ति के घर में फेंक आयें। यह क्रिया नित्य करें। सात दिनों तक लगातार उक्त मन्त्र को १०८ बार पढ़कर वह मन्त्रसिद्ध धूल फेंकी जाती रहे तो अभीष्ट व्यक्ति का उच्चाटन हो जाता है।

२. ॐ नमो भगवते रुद्राय दंष्ट्रा करालाय...सुपुत्र सबान्धव सह हन हन दह दह पच पच शीघ्र उच्चाटय उच्चाटय हुँ फट स्वाहा ठः ठः।

होली-दीपावली अथवा ग्रहण के दिन शुद्धतापूर्वक इस मन्त्र का १०,००० जप करें।

इसके बाद पूर्व मन्त्र में वर्णित गधे के लोटने की स्थान की धूल लाकर उसे १०८ बार इस मन्त्र से प्रभावित करके जिसके घर में डालेंगे, उसका उच्चाटन हो जायेगा। परन्तु यह स्मरण रखना चाहिए कि मन्त्रजप में उस व्यक्ति का नाम प्रयुक्त किया जाय।

उलूक-पंख (उल्लू पक्षी का पंख) को १०८ बार मन्त्र द्वारा प्रभावित करें, फिर शत्रु के घर कहीं गाढ़ दें। उसका उच्चाटन हो जायेगा।

इसी प्रकार नीचे लिखी कोई भी वस्तु लाकर उसे १०८ बार मन्त्राभिषिक्त करें, फिर शत्रु के घर में डाल दें, रख दें या गाढ़ दें (लेकिन वह वहाँ से हटाई-फेंकी न जाय) तो जिसके नाम से मन्त्र जपा गया है उसका उच्चाटन हो जायेगा।

प्रयोज्य वस्तुयें—इस प्रयोग के लिए निम्नाङ्कित वस्तुओं में से कोई भी एक ली जा सकती है। मन्त्र द्वारा प्रभावित करके उसे अभीष्ट व्यक्ति के घर में ऐसे रखना, डालना, फेंकना या गाढ़ना चाहिए कि उसे कोई उठाकर बाहर न फेंक दें। जब तक वह वस्तु वहाँ रहेगी, मन्त्र का प्रभाव अपना कार्य करता रहेगा अर्थात् उच्चाटन की स्थिति बनी रहेगी। वस्तुयें हैं—कौवे का पंख।

कौवे और उल्लू दोनों के पंख।

सरसों और शिवजी पर चढ़ाई गयी कोई भी पूजन-सामग्री, निर्माल्य। दोनों को एक साथ प्रयोग करें।

उल्लू का मैला (विष्ठा) सरसों और दोनों को एक साथ पीसकर चूर्ण (बुरादा) बना लें।

उदुम्बर-काष्ठ की एक छोटी-सी ४ अँगुल लम्बी कील बनाकर उसे प्रयोग करें। ध्यान रहे, उदुम्बर को प्रचलित भाषा में 'गूलर' कहते हैं। यह वृक्ष आसानी से गाँवों में खोजा जा सकता है।

कौआ और उल्लू के पंख एक में रखकर घी में तर करके, जपते हुए आग में डालें (हवन करें)।

मानव-अस्थि (मनुष्य की हड्डी) श्मशान से लायें। वह भी कम से कम ४ अंगुल लम्बी हो। उसे १०८ बार मन्त्र द्वारा प्रभावित करके वांछित व्यक्ति के द्वार पर गाढ़ दें।

विद्वेषण मन्त्र

१. ॐ नमो नरायणाय.... .....सह विद्वेषं कुरु कुरु स्वाहा।

ग्रहण-दीपावली, गुरु-पुष्य योग अथवा अन्य किसी शुभ अवसर पर इस मन्त्र को दस हजार की संख्या में जपकर सिद्ध कर लें। ध्यान रहे कि मन्त्र में रिक्त स्थान की पूर्ति उन लोगों के नाम से की जानी चाहिए, जिनके मध्य विद्वेष उत्पन्न करना हो। जैसे–श्यामा और बलदेव के बीच विद्वेषण का प्रयोग करना है तो उक्त मन्त्र का जप इस प्रकार होगा—**ॐ नमो नारायणाय बलदेवेन सह विद्वेषं कुरु कुरु स्वाहा।**

पूरी दस हजार की संख्या तक इसी प्रकार मन्त्र पढ़ा जायेगा। जप-संख्या पूरी हो जाने पर मन्त्र सिद्ध हो जाता है। इसके बाद निम्नलिखित विधि से तान्त्रिक प्रयोग करें। साथ ही मन्त्र भी जपते रहें। इस क्रिया से अभीष्ट व्यक्तियों के बीच विद्वेष उत्पन्न

हो जायेगा—कौआ और उल्लू दोनों के पंख लायें। उन्हें एक में मिलाकर काले रङ्ग के धागे से लपेटकर बाँध दें। यह पूरी क्रिया रविवार या मङ्गलवार के दिन करना अधिक प्रभावी रहता है। धागे से बँधे उन पंखों को लेकर नदी या तालाब जैसे किसी जलाशय के किनारे बैठकर १०८ बार उन्हीं पंखों के सहारे जल का तर्पण करें। स्मरण रहे कि पंख लाने से लेकर उन्हें आपस में मिलाकर बाँधने और जलाशय पर जाकर वहाँ तर्पण करने तक की पूरी क्रिया में मन-ही-मन उक्त मन्त्र को लगातार जपते रहना चाहिए। यदि लगातार सात दिनों तक उन पंखों से तर्पण (१०८ बार प्रतिदिन) किया जाय तो निश्चय ही प्रयोग सफल हो जाता है।

अभीष्ट दोनों व्यक्तियों के पाँव तले की मिट्टी रविवार या मङ्गलवार को लायें। कहीं से सिंह और हाथी के बाल प्राप्त करें। वह धूल और बाल—सबको मन्त्र पढते हुए एक पोटली (पैकेट) में बाँधकर कहीं (अपने घर में नहीं) गाड़ दें। फिर उस जगह पर आग जलायें और उक्त मन्त्र पढ़ते हुए चमेली के पुष्पों द्वारा १०८ आहुतियाँ दें। इस क्रिया से उन दोनों व्यक्तियों में परस्पर विरोध उत्पन्न हो जायेगा।

२. बारा सरसों, तेरह राई पाट की माटी, मसान की छाई पढ़कर मारूँ करद तलवार...कढ़ें, न देखे.... का द्वार मेरी भक्ति, गुरु की शक्ति फुरो मन्त्र ईश्वरो वाचा सत्त नाम आदेस गुरु का।

इस मान्यता के अनुसार कि 'शाबर मन्त्र साधना' सरल होती है, यहाँ विद्वेषण प्रयोग के कुछ अन्य मन्त्र भी लिखे जा रहे हैं। ये उच्चारण में तो सरल हैं ही, साधना में भी सहज-साध्य हैं।

ग्रहण या दीपावली में इस मन्त्र को १०,००० जपकर सिद्ध कर लें। कुछ विद्वान् कहते हैं कि केवल १००० या १०८ बार जपने से ही मन्त्रसिद्ध हो जाता है। मेरा अनुमान है कि कम से कम १००० तो अवश्य ही जपना चाहिए। अस्तु, रिक्त स्थान पर अभीष्टजनों के नाम बोलने चाहिए।

मन्त्र सिद्ध हो जाने पर किसी मङ्गलवार के दिन सरसो, राई और राख (कुछ लोग मसान की राख बताते हैं—यही ठीक भी है) बराबर-बराबर लाकर रखें। ढाक (पलाश) और आक (मदार) की लकड़ी भी पहले से (किसी रवि या मङ्गलवार को) लाकर रखें। एकान्त स्थान में शुद्ध होकर बैठें। लक़ड़ी जलायें और सरसों, राई, राख के मिश्रण से उससे आहुतियाँ देते रहें। इस पूरे प्रयोग में अन्त तक मन्त्र पढ़ते रहना चाहिए। आग में १०८ आहुतियाँ देनी आवश्यक है। आहुति पूरी हो जाने पर भी सात बात मन्त्र पढ़ें।

आग बुझ जाने पर राख समेट कर रख लें और अभीष्ट व्यक्तियों के बैठने मिलने

या सोने के स्थान पर थोड़ी-सी छिड़क दें। उनके घर, कमरे, बरामदे, जहाँ भी वे मिलते बैठते हों और दरवाजे पर भी थोड़ा राख डाल दें। यह प्रयोग इनके मध्य विघटन की मन:स्थिति उत्पन्न कर देगा। उनकी पारम्परिक सद्भावना समाप्त हो जायेगी और वे एक-दूसरे के विरोधी हो जायेंगे।

३. सत्य नाम आदेस गुरु को आक ढाक दोनों वन राई.... ....ऐसी करें जैसे कूकुर और बिलाई।

पहले किसी शुभ मुहूर्त्त में मन्त्र का जप करके इसे सिद्ध कर लें। बाद में शनिवार के दिन से यह प्रयोग लगातार सात दिनों तक करते रहें। एतदर्थ आक (मदार) के सात पत्ते लायें। उन पर काली (कोयले की) स्याही से उपर्युक्त मन्त्र लिखें। मदार की लकड़ी पहले से संजोये रहें। वह लकड़ी जलाकर उसमें १-१ करके सातों पत्ते मन्त्र पढ़ते हुए डालें। आँच तेज रहे ताकि पत्ते जल जायँ। सात दिनों तक यह प्रयोग करते रहने से उन दोनों व्यक्तियों में जिनके पास मन्त्र पढ़ा गया है—विद्वेषण (पारस्परिक कटुता) हो जायेगा।

४. ॐ नमो नारदाय........ सह विद्वेषणं कुरु कुरु स्वाहा।

इसे एक लाख की संख्या में जप कर सिद्ध करना चाहिए। प्रारम्भ के लिए कोई शुभ मुहूर्त्त ही ठीक रहता है। जब मन्त्र की संख्या पूरी हो जाय तो वांछित व्यक्तियों के प्रति इसका प्रयोग किया जा सकता है। ध्यान रहे कि मन्त्र में रिक्त स्थानों पर अभीष्ट व्यक्तियों के नाम बोलने चाहिए जैसे—ॐ नमो नारदाय 'प्रभाकरस्य' 'मंजुलेन' सह विद्वेषणं कुरु कुरु स्वाहा। यहाँ 'प्रभाकर' और मंजुला' के मध्य विघटन करना है, अत: मन्त्र का उच्चारण उक्त विधि से होगा।

मन्त्रसिद्ध हो जाने पर मङ्गलवार या रविवार के दिन कहीं से घोड़े और भैंस के बाल ले आयें। दोनों पर ७-७ उक्त मन्त्र पढ़कर फूँकें फिर उन्हें मिलाकर उस स्थान पर जलायें जहाँ अभीष्ट व्यक्ति बैठें हों। उन बालों के जलाते ही मन्त्र का चमत्कारिक प्रभाव उनमें विरोध-भावना उत्पन्न कर देगा।

इस प्रयोग के विषय में यहाँ तक कहा जाता है कि किसी गोष्ठी, सभा जैसे अवसर पर—जहाँ अनेक व्यक्ति उपस्थित हों—इस प्रयोग को किया जाय, तो उस सभा-गोष्ठी के सदस्यों में भी मतभेद उत्पन्न हो जाता है।

मारण प्रयोग

१. ॐ नमो कालरूपाय....भस्मी कुरु कुरु स्वाहा।

२. ॐ नमो ह्रीं.....हन् हन् स्वाहा।

३. ॐ नमो नरसिंहाय कपिलजटाय अमोघ वाचा सत्य वृत्ताय महाग्रे चण्ड-रूपाय ॐ ह्रीं ह्रीं क्षं क्षां क्षीं क्षीं फट् स्वाहा।

४. ॐ नमो आदेश गुरु को लाल पलङ्ग नौरङ्गी छाया काढ़ि काढ़ि कलेजा तू ही चख।

५. ऐं दूँ ऐं श्री मम शत्रून हानय घातय-घातय मारय मारय हुं फट् स्वाहा।

लोकहितार्थ न लिखना ही उत्तम है।

सवार्थ-साधन मन्त्र

सर्वार्थ साधना मन्त्र का जप करते समय ध्यान रखें कि इसका कोई भी शब्द, वर्ण या उच्चारण अशुद्ध न हो। मंत्र जैसा दिया गया है, वैसा ही जप करना चाहिए। मन्त्र है—

गुरु सठ गुरु सठ गुरु हैं वीर गुरु साहब सुमरौं बड़ी आंत सिंगीं टोरों बनकहौं भननाऊँ करतार सकल गुरु की हरभजे कहा पाकर उठ जाग चेत सम्हार श्री परमहंस।

इसके बाद गणेश जी का ध्यान करके निम्न मन्त्र का एक माला जप करें ध्यान इस प्रकार है—

वक्रतुण्ड महाकाय, कोटिसूर्य समप्रभम्।
निर्विघ्नं कुरु मे देव, सर्वकार्येषु सर्वदा॥

मन्त्र है—**वक्रतुण्डाय हुं।**

इसके बाद निम्न मन्त्र से दिग्बंधन करें—

वज्र क्रोधाय महादन्ताय दश दिशो बंध बंध। हूं फट् स्वाहा।

इस मन्त्र का जप करने से दसों दिशायें बंध जाती हैं और किसी भी तरह का विघ्न साधना में नहीं पड़ता। इसके बाद नाभि में दृष्टि जमाते हुए ध्यान लगायें और मन्त्र जपें। मन्त्रजप के लिए होली, दीपावली, ग्रहणकाल तथा शिवरात्रि उचित माने गये हैं।

शरीररक्षा का शाबर सुरक्षा मन्त्र

ॐ नमो होलक ठोल, जहां डाकी कंडी हमारी पिंड बैठा। ईश्वर कुंजी ब्रह्मा ताला। हमारा पिण्ड काचा। श्री गोरखनाथ रखवाला।।

शाबर सुमेरु मन्त्र

यहाँ दिये जा रहे शाबर सुमेरु मन्त्र शरीर की सुरक्षा के लिए होते हैं। इन मन्त्रों का एक हजार जप कर लेने से सिद्धि होती है। इसके बाद तीन बार मन्त्र जप करने से शरीर की रक्षा होती है।

शरीर रक्षा मन्त्र

१. ॐ नमः व्रज का कोठा, जिसमें पिण्ड हमारा पैठा। ईश्वर कुंजी, ब्रह्मा का ताला, मेरे आठों याम का, यती हनुमंत रखवाला।

२. उत्तर बाँधों, दक्खिन बाँधों, बांधों मरी मसानी, डायन भूत के गुण बाँधों, बांधों कुल परिवार। नाटक बांधों, चाटक बांधों, बांधों भुइयां बैताल, नजर गुजर देह बाँधों, राम दुहाई फेरों।।

३. जल बाँधों, थल बांधों, बांधों अपनी काया। सात सौ योगिनी बांधों, बांधों जगत की माया। दुहाई कामरु कमाक्षा, नैनायोगिनी की। दुहाई गौरा पारवती की, दुहाई वीर मसान की।

उपरोक्त सुरक्षा मन्त्रों में से कोई भी एक मन्त्र पर्वकाल में अधिक से अधिक जपकर सिद्ध कर लें। जब शरीररक्षा की आवश्यकता हो तब तीन बार उच्चारण कर हथेली पर नौ बार फूँक मारें और हथेली को पूरे शरीर पर फिरा दें। इससे शरीर की अनिष्टों से रक्षा होती है।

शाबर सुरक्षा कवच मन्त्र

शाबर सुमेरु मन्त्र का जप कर लेने के बाद शाबर सुरक्षा कवच का भी एक सौ आठ बार जप कर लेना चाहिए। इससे पूरी सुरक्षा हो जाती है। शाबर सुरक्षा कवच मन्त्र इस प्रकार है—

ॐ नमो आदेश गुरु को ईश्वरो वाचा। अजरी बजरी बाड़ा बजरी, मै बज्ञरी। बांधों दशो दुवार हवा, और को धालो। तो पलट हनुमंतवीर उसी को मारे। पहली चौकी मनपती, दूजी चौकी हनुमंत। तीजी चौकी में भेरो, चौथी चौकी देवी रक्षा करन को आवे। श्री नरसिंह देव जी, शब्द सांचा पिण्ड काचा, चले मन्त्र ईश्वरो वाचा।

उपरोक्त सिद्ध मन्त्र को जरूरत पड़ने पर सात बार जप करके अपने शरीर का स्पर्श करते रहें। इसके साथ इस मन्त्र से अभिमन्त्रित जल अपने ऊपर और आस-पास छिड़क लें और अपने चारो ओर जल से रेखा खींच लें। इससे साधना निर्विघ्न सफल होती है।

शाबर मन्त्र जाग्रत् करने की विधि

पहली विधि—एक अखण्डित व बड़ा भोजपत्र लें। अष्टगंध में गुलाबजल या गंगाजल मिलाकर स्याही बना लें। फिर अनार की कलम से भोजपत्र पर एक सौ आठ बार उस मन्त्र को लिखें, जिसे जाग्रत करना है। यदि मन्त्र बड़ा हो तो ३,५,७,९,११ बार लिखें। लिखते समय मन्त्रोच्चारण भी करते रहें। उसके बाद पटरे पर नया वस्त्र

बिछाकर मिट्टी का नया कलश रखें और मन्त्र लिखें। भोजपत्र को रखकर धूप-दीप-नैवेद्य से भोजपत्र की पूजा करें। पूजा करने के बाद मन्त्र का पुनः एक माला जप करें। ब्राह्मणों को भोजन करायें। गरीबों को दान-दक्षिणा दें। फिर कलश पर नया वस्त्र रखकर उस वस्त्र पर मन्त्र लिखा हुआ भोजपत्र रखकर कलश का मुँह बन्द करके नदी में प्रवाहित कर दें। प्रवाहित करते समय भी मन्त्रोच्चारण करते रहें। इसके बाद घर आकर सभी कार्य श्रद्धा से करें। सिद्ध किये जाने वाले मन्त्र का प्रभाव शीघ्र दिखाई पड़ेगा।

दूसरी विधि—रविवार की रात को असावरी देवी की पूजा करके कांसे की थाली को राख से साफ करके सामने रखें और प्रत्येक प्रहर के शुरू में जिस मन्त्र को जाग्रत करना हो, उसे एक सौ आठ बार जपें। चौथे प्रहर में मन्त्रजप के बाद खैर की डंडी से हिन्दी या जो भी भाषा बोलते हों, में कहें—हे मन्त्र देवी जाग्रत हों। ऐसा कहते हुए उस थाली को बजायें। इस तरह मन्त्र जाग्रत होकर फल देने लगता है।

सर्वसिद्धिदायक शाबर मन्त्र

हूः हूः यह मन्तर, देखो यह जन्तर, बड़ा हम धन्तर बाले अस्तवर, अच्छा है यह जन्तर। उछले समन्दर, काबिल यह तन्तर, फीके सब बन्दर, जेबी हय भणतर, सबही से बल तर, रमुज का मणतर, कप सा है सुन्दर। टाले जो दुख रोग, भगे वो नहीं भोग जमाया महाजोग, देखिये जीतम लोक बड़ा तमासा, मचाया खासा धूल और धमासा, बाजता यह तासा मारुं जो एक काल, धनेगी ऐसी ताल वो अगिया बेताल है और खतेर यार है। बड़ा जा हनुमान, करीम सुलेमान हकीम जी लुकमान और जीन परस्तान जादू का हफतखान देवो मजार दान जंगी के हेस्तान, वैसी ओ मस्तान सब वश हो जाये, सब गम खो जाये आवो जी देखो जी, हंसो और नाचो। ऐसा है साचो, नान कहे तमासो, सज्जने साध्यो नजर यहां फेंकों, सुख सम्पत्ति ने सन्तति सो कोई देखो। गुरु की शक्ति मेरी भक्ति, फुरो मन्त्र ईश्वरो वाचा सत्य गुरु का मन्त्र साचा।

प्रातःकाल दैनिक क्रिया से निवृत्त होकर सूर्यदेव को हाथ जोड़ते हुए खड़े होकर इस महामन्त्र का सात बार जप करें। इसके बाद ही अपने दिन भर के कर्मों को करें। इस मन्त्रजप के बाद जो भी मन में इच्छा की जाती है, वह सूर्यदेव की कृपा से अवश्य पूरी होती है। नियमित रूप से जप करते रहने से साधक की मनोइच्छा एक-एक करके पूरी होती जायेगी।

त्रिविध सिद्धिदायक मन्त्र

ॐ ह्रीं श्रीं ठं ठं ठं नमो भगवते मम कार्य कार्याणि साधय साधय मां रक्ष

रक्ष शीघ्रनां धनिनं कुरु कुरु हुं फट् श्रियं देहि, प्रज्ञां देहि, ममापत्तिं निवारय निवारय स्वाहा।

किसी पार्थिव शिवलिंग पर उक्त मन्त्र का सात बार जप करके त्रिदल बेलपत्र चढ़ायें। जब तक मनचाहा कार्यसिद्ध न हो, तब तक यह कार्य प्रतिदिन करते हैं। कार्य हो जाने के बाद मन्त्र का एक माला प्रतिदिन जप किया करें। यह मन्त्रजप मन्दिर या घर—कहीं भी किया जा सकता है। इस मन्त्रजप के प्रभाव से धन की प्राप्ति, सर्वकार्य सिद्धि और विपत्तिनाश—तीनों कार्य सिद्ध होते हैं।

हनुमत् सिद्धि मन्त्र

१. ॐ हनुमान पहलवान। वर्ष वा रहा का जवान। हाथ में लड्डू मुख में पान। आओ आओ बाबा हनुमान। शब्द सांचा, पिण्ड कांचा। फुरो मन्त्र ईश्वरो वाचा।।

इस मन्त्र का अनुष्ठान तीन महीने का है। इसे किसी भी मंगलवार या शनिवार के दिन से प्रारम्भ करें। इस दिन हनुमानजी का चोला, जनेऊ, लंगोट, खड़ाऊं, नारियल, लाल ध्वजा, सात लड्डू तथा ऋतुफल चढ़ाएं। मङ्गलवार के दिन हनुमानजी का व्रत करें और बच्चों को गुड़-चना बांटें। अनुष्ठान पूरा होने पर हनुमानजी साधक को प्रत्यक्ष दर्शन देकर उसकी मनोकामना पूरी करते हैं।

२. हनुमान जाग। किलकारी मार। तूं हुंकारे, राम काज संवारे। ओढ़ सिंदूर सीता मइया का। तूं प्रहरी रामद्वारे। मैं बुलाऊँ तूं अब आ। राम गीता तूं माता आ। नहीं आए हनुमान तो राजाराम। सीता मइया की दुहाई मंत्र सांचा फुरै खुदाई।

इस मन्त्र का अनुष्ठान किसी भी मङ्गलवार से प्रारम्भ करके पाँच मंगलवार तक करें। ब्रह्मचर्य का पूर्ण रूप से पालन करें। आधी रात को दो माला नित्य जप करें तो हनुमान जी किसी भी रूप में आकर साधक को दर्शन देकर उसकी मनोकामना पूरी करते हैं।

३. अजरंग पहनूं, बजरंग पहनूं। सब रंग रखूं पास। दाएं चले भीमसेन, बाएं हनुमन्त। आगे चले काजी साहब पीछे कुल बलारद। आतर चौकी कच्छ कुरान। आगे पीछे तू रहमान। धड़ खुदा, सिर राखे सुलेमान। लोहे का वोट, तांबे का ताला। कर ला हंसाबीरा, करतल बसे समुद्र तीर। लंक चले हनुमान की, निर्मल रहे शरीर।

इस मन्त्र का अनुष्ठान इक्कीस दिनों का है। इसका अनुष्ठान किसी भी मङ्गलवार की आधीरात से प्रारम्भ करें। रोजाना कम से कम दस माला जप करें। अनुष्ठान के

दिनों में ब्रह्मचर्य का पालन करें, सात्विक भोजन करें, भूमि पर शयन करें, यथासम्भव मौन धारण करें।

अनुष्ठान पूरा होने पर हनुमानजी किसी भी रूप में आकर साधक को दर्शन दे देते हैं। उस समय उन्हें श्रद्धापूर्वक दण्डवत् प्रणाम कर उनसे आशीर्वाद ग्रहण करें।

भैरवसिद्धि मन्त्र

ॐ गुरुजी! ॐ नमो आदेश गुरु को। काला भैरव काला केश, कानों मुंदरा। भगवा भेष मार-मार काली पुत्र। बारह बीस की मार भूतां हाथ कलेजी। खूं हां भेड़िया, जहाँ जाऊँ भैरव साथ बारह कोस की ऋद्धि ल्यावो चौबीस कोस की सिद्धि ल्यावो, खूत्यो होय तो जगाय ल्यावो। बैठ्या होय तो उठाय ल्यावो। अनंत केसर को भारी ल्यावो। गौरां पार्वती की बिछिया ल्यावो। गेले की रस्तान मोये, कुर्वे की पनिहारी मोय, छटा बैरया बणियां मोय, राजा की रजवाड़ मोय, महलां बैठी राणी मोय, डाकिनी को साकिनी को भूतणी को, पालीतणी को। ओपरी को, पराई को लागू कूं। लपट कूं, धूम कूं धमका कूं। अलीया को, पलीया को, चौड़ को, चौगट को। काचा को, कलवा को, भूत को, पलीत को। जिन को, राक्षस को, बैरियां से बरी कर दे नजरा जड़ ते ताला। इत्ता भैरव नहीं करे तो पिता महादेव की जय तोड़ तागड़ी करे, माता पार्वती का चीर-फाड़, लंगोट करे चल डाकिनी-शाकिनी चौडूं मैला बाकरा। देस्यूं मद की धार। सभी सभा में धू आने में कहाँ लगाई थी वार खप्पर में खाय, मुसाण में लोटे, ऐसे कुल काला, भैरुं की पूजा मेटे, राजा मेटे राज से जाय, प्रजा मेटे दूध-पूत से जाय, जोगी मेटे ध्यान से जाय, शब्द सांचा, ब्रह्म वाचा, चलो मन्त्र ईश्वरो वाचा।

यह भैरव-साधना इकतालीस दिन दिनों की है। किसी भी शनिवार के दिन रात के समय भैरवमंदिर या त्रिकोण पत्थर को भैरव का रूप मानकर तेल, पान, सिन्दूर, नारियल चढ़ाकर यह साधना की जाती है। साधनाकाल में सरसों के तेल का अखण्ड दीपक जलते रहना चाहिए। कपूर, केसर, लौंग, छार-छबीला की धूप दें। रोजाना एक निश्चित समय पर एक माला जप करें। जप के अंतिम दिन दशांश हवन करें। भैरव देव प्रसन्न होकर प्रत्यक्ष दर्शन देते हैं। उस समय साधक को भयभीत नहीं होना चाहिए। भैरवदेव को पुष्पमाला पहनाकर लड्डू, बाटी-वाकला, पान-सुपारी, बकरे की कलेजी, मदिरा भेंट करना चाहिये। यदि प्रत्यक्ष दर्शन न हो तो समस्त सामग्री भैरवदेव की प्रतिमा को समर्पित कर देनी चाहिये। साधनाकाल में काले कुत्ते को रोजाना भैरव की प्रिय वस्तुएं खिलानी चाहिये। काला कुत्ता भैरवदेव की सवारी है।

काली सिद्धि मन्त्र

१. ॐ काली-काली महाकाली। इन्द्र की बेटी ब्रह्मा की साली। कूचे पान बजावे ताली। चल काली कलकत्ते वाली। आल बाँधूं ताल बाँधूं और बांधूं तलैया। शिवजी का मंदिर बाँधूं। हनुमानजी की दुहाई। शब्द सांचा पिण्ड कांचा। फुरो मन्त्र ईश्वरो वाचा।

इस मन्त्र का अनुष्ठान इकतालीस दिनों का है। साधक किसी भी नदीतट पर एकान्त में शुद्ध घी का दीपक और सुगन्धित धूप जलाकर ऋतुफल, मिठाई भेंट करके प्रतिदिन मन्त्र का दो माला जप करें। जपकाल में जब मां काली दर्शन दें तो साधक एक पान उल्टा व एक पान सीधा रखकर उस पर कपूर जलाएं और अपने दाँयें हाथ की अनामिका अंगुली का जरा-सा रक्त जमीन पर गिराएं। इसके बाद मां काली से तीन वचन ले लें कि बुलाने पर हाजिर हों, जो कहा जाए वह काम करें और जनकल्याण का आशीर्वाद लें।

२. ॐ काली काली महाकाली। इन्द्र की बेटी ब्रह्मा की साली। हरी गोट पीरी सारी। मायके को बांधे सासरे को बांध। औघट को बांध मैल को बांध। बार-बार में से साते साते में से बत्तीसउ दांत में से ऐंचखैंच के न ल्यावे। तो फेद महाकाली न कहावे। तीन प्रहर तीन घड़ी में नीलो धुआँ। पीरी रज उड़ाके न आवे। तो काल भैरव की सेज पै पग धरै।

इस मन्त्र का प्रतिदिन इकतालीस दिनों तक एक माला जप करें। जप के लिए किसी निर्जन एकांत स्थान पर मां काली की प्रतिमा या विग्रह स्थापित करके उसके सामने जमीन को गाय के गोबर से लीपकर सिंदूर की गोल बिन्दी लगाएं। फिर उस जगह पर नौ लौंग, मदिरा, मुर्गी का अण्डा, बकरे की कलेजी, फल-फूल, मिठाई आदि रखें। सामने दीवार पर त्रिशूल से सिंदूर बनायें। बतायी गयी सभी सामग्री को त्रिशूल के नीचे रखकर उसकी पूजा करें। जप के बाद मांस-मंदिर से दशांश हवन करें। इससे मां काली प्रसन्न होकर साधक को प्रत्यक्ष दर्शन देती हैं। यह अनुष्ठान योग्य गुरु के निर्देशन में ही करना चाहिए।

३. ॐ सिंहो दत्तो विकोवा। घड़ित घड़ घड़ात। ध्यायमान भवानी दैत्यनाम। देहनाशनाम तोडयांति। सिरांसी रक्तां पिबंति। पिशाचा त्रिहाय त्रिहाय हसंति। त्रिरोष मम भद्रकाली, नौनाथ चौरासी सिद्धन। के बीच में बैठकर, काली मन्त्र स्वाहा।

यह भद्रकाली का मन्त्र है। इस मन्त्र का किसी एकान्त स्थान या श्मशान में आधी रात के बाद इकतालीस दिनों में सवा लाख जप करना चाहिए। जपकाल में धूप-दीप

नैवेद्य, मांस-मदिरा, बलि आदि की क्रिया की जाती है। जप करने से पहले साधक को अपने चारो ओर रक्षा घेरा बना लेना चाहिए। जप का दशांश हवन करने पर भद्रकाली प्रत्यक्ष दर्शन देती है। उस समय साधक को भयभीत नहीं होना चाहिए; बल्कि माँ से आशीर्वाद प्राप्त करना चाहिए।

वीरसिद्धि मन्त्र

१. काली काली महाकाली। इन्द्र की बेटी ब्रह्मा की साली। बालक की रखवाली, काले की जयकाली। भैरों कपाली, जप रातों खेंलें। चंद हाथ कैडी मठा। मसनिया वीर। चौहटे लड़ाक। समनिया वीर। बज्र-काया। जिह करन नरसिंह धाया। नरसिंह फोड़ कपाल चलाया। खोल लोहे का कुण्डा। मेरा तेरा वान फाटक। भूगोल बैठान, काल बाबा भैरों नाहर सिंह। अपनी चौकी बैठाना शब्द सांचा, फुरो मन्त्र ईश्वरो वाचा।

इस मन्त्र का जप किसी भी शनिवार या रविवार की रात से प्रारम्भ करना चाहिए। जब तक वीर से साक्षात्कार न हो, तब तक मन्त्र जपते रहना चाहिए। वैसे इस मन्त्र का अनुष्ठान इकतालीस दिनों का है। प्रतिदिन रात को दस माला जप करें। जपकाल में सरसों के तेल का दीपक और लोबान जलाएँ। जब वीर दर्शन दें, उनसे आशीर्वाद लें। इस मन्त्र को सिद्ध होने के बाद सात बार पढ़कर जिस पर भी फूँका जायेगा, वह साधक का दास बन जायेगा।

२. सोह चक्र की बावड़ी, डाल मोतियन का हार। पद्म निचानी निकरी, लंका करे निहार। लंका सौ कोट समुद्र की खाई, चले चौकी हनुमंत वीर की दुहाई। कौन कौन वीर चले, मरदाना वीर चले। सवा हाथ जमीन को सोखंत करना, जल को सोखंत करना। पथ को सोखंत करना, पवन को सोखंत करना। लाग को सोखंत करना, चूड़ी की सोखंत करना। पालन को। भूत को। पलीत को। अपने वीर को सोखंत करना। मेवत उपात भाकी चन्द्र क्ले नहीं। चलती पवन मदन सूतल करे। माता का दूध हराम करे। शब्द सांचा, फुरो मन्त्र ईश्वरो वाचा।

इस मन्त्र का अनुष्ठान वृहस्पतिवार के दिन से इक्कीस दिन तक रात-दिन जप करके किया जाता है। जप करते समय लोबान जलते रहना चाहिए। इक्कीसवें दिन रात के समय महावीर साधक को दर्शन देकर मनचाहा वर देते हैं।

पीर सिद्धि मन्त्र

१. बिस्मिल्लाह अर्रहमान निर्ररहीम। साहचक्र की बावड़ी, गले मोतियन की हार। लंका सौ कोट समुद्र सी खाई। जहाँ फिरे मोहम्मदा पीर की दुहाई।

कौन वीर आगे चले, सुलेमान पीर चले। दुर्शनीवीर चले, नादिरसाह पीर चले, मुट्ठी पीर चले। नहीं चले तो हजरत सुलेमान की दुहाई। शब्द सांचा, पिण्ड कांचा, चलो मन्त्र ईश्वरो वाचा।

यह मुट्ठी पीर का मन्त्र है। इसकी साधना तीस दिन में एक लाख मन्त्रजप करके की जाती है। मन्त्रजप किसी भी वृहस्पतिवार की रात से बबूल के वृक्ष के नीचे पश्चिम दिशा की ओर मुँह करके करना चाहिए। जप पूरा होने पर अथवा बीच में भी मुट्ठी पीर हाजिर हो जाते हैं। उस समय साधक उन्हें प्रसन्न करके वचन ले लें।

२. **पीर बिरहना। फूल बिरहना। धुं धुंकार सवा सेर का तोसा। वाय अस्सी कोस का धावा करें। सात सौ कुंतक आगे चले। सात सौ कुंतक पीछ चले। छप्पन सौं हुरी चले। बावन सौ वीर चले। जिसमें गढ़ गजनी का पीर चले। और की भुजा उखाड़ता चले। अपनी भुजा टेकता चले। सूते को जगावता चले। बैठे को उठावता चले। हाथों में हथकड़ी गेरे, पैरों में कड़ा गेरे। हलाल माहीं दीठ करे, मुरदार माही पीठ करे। बलवान नवी को याद करे, ॐ नमः ठः ठः स्वाहा।**

यह विरहना पीर का मन्त्र है। इस मन्त्र का सूर्यग्रहण काल में अधिक से अधिक जप करें। जप काल में सवा सेर मोहनभोग का हलवा सामने रखें और देशी घी का दीपक जलाए रखें। जब विरहना पीर प्रसन्न होकर साधक को दर्शन दें, तब उन्हें चमेली के फूलों की माला पहनाकर उनसे वार्ता भी कर सकते हैं। विरहना पीर साधक की मनोकामना पूरी करते हैं।

हाजरात सिद्धि मन्त्र

काल भैरों काला काल। कालाये ज्या चारों धाम। काल्या काला कहाँ गया। मैंने भेज्या वहाँ गया। कैन के दिखाए, भगे भगाए को रूठे रूठाय को। धरती में धनमाल को। देवदानव को। चोर चौपाये को। जहाँ के तहाँ को न बताए को माता कालिका के खप्पर में जरे। मेरी भक्ति गुरु की शक्ति, फुरो मन्त्र ईश्वरो वाचा।

इस सिद्धि में ८-१० वर्ष के बच्चे को भी शामिल किया जा सकता है। इसमें काजलविशेष को हथेली पर या नाखून पर एक रुपये के सिक्के जितने आकार में लगाया जाता है। शुरू में काजल के वृत्त में प्रकाश की किरणें निकलती हैं, फिर नाग देवता दर्शन देते हैं। उस समय साधक नाग देवता को प्रणाम करके अपनी इच्छा प्रकट करें। तब फिर नागदेवता चलता या उड़ता हुआ उस जगह पर जाएगा जिस जगह के बारे में साधक द्वारा जानकारी मांगी गयी है। हाजरात सिद्धि के बाद गड़े धन, खोये व्यक्ति के बारे में जानकारी की जा सकती है।

हजरत पैगम्बर अली की चौकी

याही सार-सार-सार, जिन्न देव पारी नवस्क फार, एक खाय दूसरे के फार, चहुँ ओर अमिया पसार, मलायक अस चार दुहाई दस्तखे जिब्राइल, बाई के रवैभि काइल, दाई दस्न दरन, हुसैन पीठ खेई खेई, आमिल कलेजे राखे इस्राइल दुहाई, मुहम्मद अलोल्लाह इलाहकी, कंगूर लिल्लाह की खाई, हजरत पैगंबर अली की चौकी, तख्त मुहम्मद रसूलिल्लाह की दुहाई।

यह एक श्रेष्ठ रक्षाकारी मन्त्र है। कोई भी साधना करने से पहले साधक इस मन्त्र को सात बार पढ़कर ताली बजाए अथवा अपने चारो ओर सुरक्षा रेखा खींच सकता है।

अगिया बैताल सिद्धि मन्त्र

ॐ नमो अगिया वीर वेताल। पैठि सातवें पाताल। लांघ अग्नि की जलती झाल। बैठि ब्रह्मा के कपालामहली, चील, कायली, गूगल, हरिताल। इन वस्तां कोलै चलि। नलै चलै तो माता कालिका की आन।

होली की रात को मछली, कायली, गूगल, हरिताल अपने पास रखकर निर्जन स्थान पर इस मन्त्र का अधिक से अधिक जप करें। जपकाल में धूप व चर्बी का दीपक जलाएं रखें। इससे प्रसन्न होकर अगिया बैताल साधक के सम्मुख आता है और मन्त्र-सिद्धि का आशीर्वाद देता है। मन्त्रसिद्धि होने पर साधक मन्त्र को कंकड़ पर १०८ बार पढ़कर उस कंकड़ को जहाँ फेंकेगा, वहीं आग लग जाएगी।

मसानसिद्धि मन्त्र

ॐ नमो आठ खाट की लकड़ी। मंजू बनी का कावा। मुवा मुर्दा बोले। न बोले तो महावीर की आन। शब्द सांचा, फुरो मन्त्र ईश्वरो वाचा।

यह मसान जगाने का मन्त्र है। मसान जगाने के लिए एक बोतल मदिरा, लोबान, छार-छबीला, चमेली के फूल, कपूर कचरी, लौंग, इत्र, चौमुखा दीपक आदि सामग्री लेकर रात को श्मशान में जायें। वहाँ जाकर लोबान की धूप व चौमुखा दीपक जलाकर एकाग्रचित्त से मन्त्र का जप करें। कुछ समय बाद ही मसान जागकर हा-हाकार मचाने लगेगा। उस समय धैर्य बनाये रखें और भयभीत न हों, बल्कि मसान पर इत्र छिड़कें और मदिरा से अर्ध्य दें। ऐसा करने पर मसान साधक के सामने साक्षात् प्रकट हो जाएगा। मसान के प्रकट होने पर साधक चमेली के पुष्प बरसा कर मसान का स्वागत करें और प्रणाम करके शेष सामग्री भी उसे अर्पित कर दें। प्रसन्न होने पर मसान साधक की मनोकामना पूरी करता है।

गो जोगिन सिद्धि मन्त्र

आगारी जो गुरु आगे। जोगिन गुरु डण्ड बतिया। करिया बलईयां। री जोगन

मुख अनरिता। गायति रही रतियां। गो जोगिन चल इन अकेलियां। गो भारो है तालियां। गो जोगिन बाँधऊँ नजरियां। गो जोगिन आपहियां। ना आए तो दोहाई मइया बनिता की। दोहाई सलिमा पैगम्बर की। दोहाई सलाई छू।

गो जोगिन को माँ काली का ही एक रूप माना जाता है। इसे साधक जो आदेश देता है, वह उसका पालन करती है। इस मन्त्र को साधक किसी भी शुक्रवार की रात में रात भर जपे। जपकाल में देशी घी का दीपक व लोबान की धूप जलाये रखे।

जप भी गो जोगिन प्रसन्न होकर साधक को दर्शन दे, तब साधक चमेली के पुष्प या पुष्पमाला गो जोगिन को पहना दे। यह माला साधक जप के समय अपने पास पहले से ही रख ले।

तन्त्रवापसी मन्त्र

ॐ एक ठो सरसों। सौला राई। मोरो पटवल की रजाई। खाय खाय पड़े मार। जै करें ते भरे। उलट विधाता ही पर परे। शब्द सांचा। पिण्ड काचा। हनुमान का मन्त्र सांचा। फुरो मन्त्र ईश्वरो वाचा।

यदि कोई किसी तन्त्र का प्रयोग करता हो तो जरा सी राई और नमक मिलाकर इस मन्त्र को जपते हुए सात बार तन्त्रबाधा से ग्रस्त व्यक्ति पर उतारा करके जलती भट्ठी में फेंक देने से न केवल तन्त्र का प्रभाव नष्ट होता जाता है; बल्कि तन्त्र, भी तन्त्रकर्ता के पास लौट जाता है।

साधना सुरक्षा मन्त्र

छोटी मोटी थमंतवार को वार बांधे, पार को पार बांधे मरघट मसान बांधे, टोना और खर बांधे, जादू वीर बांधे, दीठ और मूठ बांधे, विच्छू बांधे और सांप बांधे, भेड़िया-बाघ बांधे, लखूरी सियार बांधे, अस्सी-अस्सी दोष बांधे, कालिक लिलार बांधे, योगिनी संहार बांधे, ताड़िका कलेजा बांधे, उत्तर-दक्षिण-पूर्व-पश्चिम बांधे, मरी मसानी बांधे, और बांधे डायन के भूत के गुण, लाइल्लाह को कोट इल्लल्लाह की खाई, मुहम्मद रसूलिल्लाह की चौकी, हजरत अली की दुहाई।

यह मन्त्र किसी शुभ मुहूर्त्त या महानिशाकाल में एक हजार बार जपने से सिद्ध हो जाता है या इसे ग्रहणकाल में ग्रहण शुरू होने से ग्रहण समाप्त होने तक निरन्तर जप करके सिद्ध किया जा सकता है। इस मन्त्र का उपयोग किसी भी साधना को आरम्भ करने से पहले एक बार जप कर लेने से साधना बिना किसी विघ्न के सम्पन्न होती है।

सिन्दूर मोहन मन्त्र

ॐ हथेली तो हनुमंत बसे भेरु बसे कपाल नारसिंह की मोहिनी मोहे सब संसार मोह मोह हनुमंत। वीर सब वीरन में तेरा सीर सबकी दृष्टि बांध के मोहे तेल सिन्दूर चढ़ाऊं तोहि तेल सिन्दूर कहाँ से आया कैलाश पर्वत से आया कौन लाया अंजनि पुत्र हनुमान लाया गौरी पुत्र गणेश लाया गणेश ल्याया मैरु न दीन्हां कालां गोरा ताते ला तीनों बसे कपाल बिन्दी तेल सिन्दूर की दुश्मन मया पाताल दुहाई कीमिया सिन्दूर की दूजे को देख्यां बाल जले हमें देखतां शीतल हो जाए हमारी भक्ति गुरु की शक्ति फुरो मन्त्र ईश्वरो वाचा सत्यनाम आदेश गुरु को।

किसी भी नौचंदी जुमेरात से इस मन्त्र को चालीस दिन तक प्रतिदिन दो हजार बीस बार जप करें। मन्त्रसिद्ध होने पर कीमिया सिन्दूर सुवासित तेल में मिलाकर तैयार करके इस मन्त्र से इक्यावन बार अभिमंत्रित कर तिलक लगाकर साधक जिसके भी सामने जाएगा, वही वशीभूत हो जाएगा।

खाद्य वस्तु वशीकरण मन्त्र

१. अल्लाह बीच हथेली, मुहम्मद बीच कपार, उसका नाम मोहिनी मोहे जग संसार। मजे करे मार मार, उसे बाएं कदम तरे डार, जो न माने मुहम्मद की आन, उस पर पड़े बज्र का बान, बहक्के लइलाह, अल्लाह, है मुहम्मद मेरा रसूललिल्लाह।

इस मन्त्र को रविवार से शुरू करके अगले शनिवार तक प्रतिदिन ग्यारह सौ बार जप करें। जप का एक निश्चित समय रखें। जप के दौरान लोबान व अगरबत्ती जलाएं और मिठाई पास में रखें। फिर प्रयोग करते समय किसी भी खाने की वस्तु को उक्त मन्त्र से सात बार अभिमन्त्रित करके खिला देने से खाने वाला वशीभूत हो जाता है।

२. विस्मिल्लाहिर्रहमानिर्रहीम अलमोरि हो वल्लाह।

यह चमत्कारी शाबर मन्त्र है। किसी भी शुक्रवार के दिन शुरू करके चालीस दिन तक प्रतिदिन एक माला जप करने से यह सिद्ध हो जाता है। फिर प्रयोग करते समय किसी भी खाने वाली वस्तु को अभिमन्त्रित करके जिसे भी खिलाया जायेगा, वह वशीभूत हो जाएगा।

लौंग वशीकरण मन्त्र

ॐ नमो रुद्राय, कपिलाय, भैरवाय, त्रिलोकनाथाय। ॐ ह्रीं फट् स्वाहा।

किसी भी शुभ रविवार को गुग्गुल धूप, दीपक जलाकर इस मन्त्र को इक्कीस हजार बार जप करके सिद्ध कर लें। प्रयोग करते समय लौंग को एक सौ साठ बार अभिमन्त्रित करके जिसे खिलाया जाएगा, वही वशीभूत हो जाएगा।

फूल वशीकरण मन्त्र

ॐ नमो चामुंड जय जय वश्यमनाय जय जय सर्व सात्वा नमः स्वाहा।

इस मन्त्र को एक लाख बार जप करके पहले सिद्ध कर लें। फिर रविवार के दिन गुलाब के फूल पर सात बार पढ़कर जिसे भी देंगे, वही वशीभूत हो जायेगा।

पान वशीकरण मन्त्र

ॐ सर्वलोक वशकराय कुरु कुरु स्वाहा।

इस मन्त्र को किसी शुभ दिन एक सौ आठ बार जप करके सिद्ध कर लें। फिर काली गाय के दूध में लटजीरा के बीज पीसकर तिलक लगाएं तो देखने वाला वशीभूत हो जाता है।

हरताल, कुमकुम, मैनसिल, नागरमोथा, कूट को अनामिका अंगुली के रक्त में पीसकर सात बार उक्त मन्त्र से अभिमन्त्रित कर तिलक लगाने से देखने वाला साधक के वशीभूत हो जाता है।

वच, कूठ, ब्रह्मदण्डी अथवा छाया में सुखाई गई सहदेई को पीसकर जिस किसी को भी पान में रखकर खिलाया जाएगा, वही साधक के वश में हो जाएगा।

अँगूठी वशीकरण मन्त्र

मोहकम मोहकम कहाँ से आया, यह किसका संदेश लाया, किसको चंदन, किसको फूल बताशा अंजन, काल को भैरु, जोगिनी होड़ू, काल को माहू, मुख को माहू, सत्य वचन आदेश गुरु गोरखनाथ का।

साधक अपनी राशि के नंग की अँगुठी लेकर पीले वस्त्र पहनकर दक्षिण दिशा की ओर मुँह करके पीले रंग के आसन पर बैठे और अँगूठी को सामने रखकर एकटक उसे देखता हुआ तीन माला मन्त्र जपे। यह पाँच दिन तक करे। पाँच दिन बाद इस अँगूठी को बाँएँ हाथ की किसी भी अँगुली में धारण कर ले। फिर एक महीने बाद एक सफेद कागज पर काजल से जिसे भी वश में करना हो, उसका नाम लिखकर वह अँगूठी उस पर रखने से वह व्यक्ति साधक के वश में हो जायेगा।

प्रबल वशीकरण मन्त्र

ॐ मों ड्रों।

इस मन्त्र को प्रातःकाल बिना कुछ खाये-पीये एक हजार आठ बार जप करके सिद्ध कर लें। फिर प्रयोग करते समय पाँच सौ जपें और जिसे भी वश में करना हो, उसका ध्यान करें। यह अत्यन्त प्रभावशाली मन्त्र है। इससे किसी को भी वश में किया जा सकता है।

टीका वशीकरण मन्त्र

तेल से तेल राजा प्रजा पाऊँ मेल पोखरी जानी मसकौ आलगाय योनि मेरे पाय लगाय हाथ खड्ग विराज गले फूलों की माला जानि बिजाने गौरख जाने मेरी गति को कहें न कोय हाथ पठानों मुख धोऊं सुमिरौ निरंजनकर देव हनुमन्त यती हमारी वति राखै मोहिनी दोहिनी दोनों बहिनी आवौं मोहनी रावल चले मुख बोले तो जीभ मोहूं आस मोहूं पास मोहूं सब संसारे मोहूं, निसंरुं बंदी देह ललाट, शब्द सांचा फुरो मन्त्र ईश्वरो वाचा।

साधक होली या दीपावली की रात को सफेद तिलों का तेल तेली से उलटी घानी चलवाकर निकलवाए। फिर उस तेल को उपरोक्त मन्त्र द्वारा एक सौ इक्कीस बार अभिमन्त्रित करके टीका लगाए तो सभी आकर्षित होकर वशीभूत होते हैं।

विचित्र वशीकरण मन्त्र

१. ॐ चिटि चांडाली महाचांडाली अमुकं मे वश्यमानय स्वाहा।

इस मन्त्र को सात दिन तक लगातार जप करके सिद्ध करें। फिर प्रयोग काल में बेल के कांटे की कलम से मन्त्र को तालपत्र पर लिखकर तालपत्र को दूध में पकाकर कीचड़ में तीन दिन तक के लिए दबा दें। उसके बाद इसे कीचड़ से निकालकर दुर्गा पूजा महोत्सव स्थल में मण्डपद्वार पर दबा देने से साधक सबको वश में करने की शक्ति प्राप्त कर लेता है।

२. ॐ तालतुं वरी दह दह दरैमाल माल उनं ऊं हुं हुं हें हें हें काल कराली कोटि कोटिया अंठः ठः।

कोंचनी के फूल व राजहंस पक्षी के पंख को शनिवार के दिन प्रातः काली गाय के दूध से खीर बनाकर मन्त्रजप करते हुए उस खीर से एक सौ आठ बार अग्नि में आहुति दें। उस समय सर्वजन को वश में करने का विचार अपने मन में रखें। इससे सर्वजन वशीकरण होता है।

सर्वजन वशीकरण मन्त्र

ॐ शंखा हूली वन में फूली। बैठी करे सिंगार। राजा मोहे प्रजा मोहे। सबने करे सिंगार। मेरी भक्ति गुरु की शक्ति फुरो मन्त्र ईश्वरो वाचा।

किसी भी शनिवार की रात को चावल, धूप, मौली, मिठाई लेकर वन में जाकर शंखाहुली को निमंत्रण दे आयें। फिर अगले दिन प्रातःकाल स्नान करके समस्त सामग्री शंखाहुली को अर्पित कर मन्त्र का एक सौ ग्यारह बार जप करके उस बूटी को जड़- सहित उखाड़ लायें और घर आकर मन्त्र को ग्यारह सौ बार जप करके धूपादि

जलाकर सिद्ध कर लें। जब प्रयोग करना हो तो जड़ को जेब में रख लें। साधक जहाँ भी जायेगा, सब उसके वश में हो जायेंगे।

त्रैलोक्य वशीकरण मन्त्र

ॐ नमो भगवती मातंगेश्वरी सर्वमान रंजिनी सर्वेषां महातमे कुवरी के नन्द नन्द जिवहे जिवहे सर्वजगत वश्यमानय स्वाहा।

इस मन्त्र को पहले किसी शुभ दिन दस हजार बार जप करके सिद्ध कर लें। फिर चन्द्रग्रहण काल में श्वेत विष्णुकांता की जड़ लाकर तीन बार उक्त मन्त्र से अभिमन्त्रित करके आँखों में काजल की तरह लगाने से सबका वशीकरण होता है।

श्वेत घुंघची को शुक्लपक्ष की त्रयोदशी को सात बार उपरोक्त मन्त्र से अभिमन्त्रित करके जिसे भी खिलाया जायेगा, वह साधक के वशीभूत हो जायेगा।

शक्तिशाली वशीकरण मन्त्र

दुहाई, बाबा हनुमान की दुहाई, मरघट वाली की दुहाई, चौगानवाली की दुहाई, मुरदे खाने वाली की दुहाई, पाँचों पीरों की दुहाई, सैयद बादशाह की दुहाई, लाइलाहीलिल्लाह मोहम्मद उदरसूललिल्लाह, दुहाई पवन की, दुहाई बावरी की, मीरा साहिबा की दुहाई, कालका माई की दुहाई, नगर कोट वाली की दुहाई, बाबा बालकनाथ की दुहाई, गुरु गोरखनाथ की दुहाई, अलखिया बाबा की दुहाई, भैरों काली की दुहाई, बंगाली बाबा की दुहाई, पहवान की दुहाई।

इस मन्त्र को सूर्यग्रहण के अवसर पर ग्रहण शुरू होने से ग्रहण समाप्त होने तक लगातार जप कर सिद्ध कर लेना चाहिए। जब कभी प्रयोग करना हो तो किसी भी खाने वाली वस्तु को इक्कीस बार उक्त मन्त्र से अभिमन्त्रित करके जिस किसी को भी वह वस्तु खिला दी जायेगी, वह जीवनभर साधक के वशीभूत रहेगा।

जैन वशीकरण मन्त्र

ॐ नमो जिणाणां। जवायाण केवलजिणाणां। परमोहि जिणाणां। सर्वरोष प्रभामिनि। जंभिनि स्तंभिनी। मोहिनी स्वाहा।

किसी भी शुभ मुहूर्त में लकड़ी के नये पटरे पर इस मन्त्र को लिखकर पटरे को एकांत वृक्ष में रखकर भगवान पार्श्वनाथ की प्रतिमा बाँई ओर प्रतिष्ठापित करें और मोर की पूंछ का मूल भाग पटरे के आगे रखें। बिना सिले वस्त्र पहनकर मन्त्र की एक माला इक्कीस दिनों तक जप करने से यह मन्त्र सिद्ध हो जाता है। इसके बाद साधक जहाँ भी जाये, वहाँ मोर की पूँछ का मूलभाग अपने साथ रखे तो वहाँ के लोग उसके प्रति आकर्षित होते हैं और उसका सम्मान करते हैं।

स्त्रीवशीकरण मन्त्र

१. बड़, पीपल का थान जहाँ बैठा, अजामील शैतान मेरी शवीह मेरी सूरत बन 'अमुक' केजा रान जो राने तो धोबी की नाद चमार की खाल कुलाल की भारी पड़े जो राजा चाहे राजा का मैं चाहूँ अपने काज को मेरा कामन होगा तो आनसी में तेरा दामनगीर रहूँगा।

यह प्रभावशाली इस्लामी मन्त्र है। इसे सोच-समझकर प्रयोग करें। किसी भी मास के कृष्णपक्ष के रविवार से इसे इक्कीस दिन तक जप कर सिद्ध कर लें। जप आधी रात में करें। जप के समय राई के इक्कीस दाने लेकर उन्हें इक्कीस बार ही अभिमन्त्रित करके साध्य स्त्री का नाम लेकर अग्नि में डाल दें। चाहे कितनी भी जिद्दी स्त्री हो, अवश्य ही साधक के वश में हो जाती है।

२. ॐ नमः ह्लीं ह्लीं क्रां विकरालिनी ह्लीं क्ष्रीं फट् स्वाहा।

इस मन्त्र को श्मशान में सात दिन तक एस सौ आठ बार जप करें और माँ काली की पूजा करके काले धतूरे का फल पुष्य नक्षत्र में, फूल भरणी नक्षत्र में, पत्ते विशाखा नक्षत्र में, जड़ हस्त नक्षत्र में लायें और वृक्ष की जड़ कृष्णपक्ष की संक्रांति को लाकर कपूर, गोरोचन और कुमकुम के साथ पीसकर ललाट पर तिलक लगाकर जिस स्त्री के सामने जाया जायेगा, वह कैसे ही स्वभाव वाली क्यों न हो, शीघ्र ही वश में हो जाती है।

३. ॐ नमः कामाख्या देवी अमुकीं में वशंकरी स्वाहा।

इस मन्त्र को पहले किसी भी शुभ दिन एक सौ आठ बार जप करके सिद्ध कर लें। फिर चिता की राख और ब्रह्मदण्डी बूटी को अभिमन्त्रित कर जिस स्त्री पर फेंका जायेगा, वह सदा के लिए उसके वश में हो जायेगी।

नीलगाय व मनुष्य के दाँत को घिसकर उक्त मन्त्र से अभिमन्त्रित कर ललाट पर तिलक करने से भी स्त्री जीवनभर के लिए वशीभूत हो जाती है।

४. ॐ नमो कालभैरव काली रात काला आया आधी रात चले कतार बाँधूं तो बावनवीर करी सो राखै सीर छाती धरिके वाको लाओ सोती होय जगा के लाओ शब्द सांचा पिण्ड काचा फुरो मन्त्र ईश्वरो वाचा सत्यनाम आदेश गुरु का।

जिस वर्ष होली या दीपावली रविवार के दिन पड़े, तब लाल एरण्ड के वृक्ष की टहनी निर्वस्त्र होकर एक ही झटके में उखाड़ लायें। इसे बाँएं हाथ से उखाड़ें तथा उखाड़ते समय मन्त्र जपते रहें, फिर घर आकर इसके छोटे-छोटे टुकड़े कर लें। प्रयोग

करते समय इक्कीस बार अभिमन्त्रित करके जिस भी स्त्री को स्पर्श कराया जायेगा, वह जीवनभर के लिए साधक के वशीभूत हो जायेगी।

५. ॐ नमो धूली धूलेश्वरी मातु परमेश्वरी चलंती जय जयकार झारन चोप भरे छार छार तेमे हटे देता घरबार भरे तो मसान लोटे जीवे तो पांव लोटे वचन बांधौ अमुकी को धाई लाव मातु धूलेश्वरी फुरो मन्त्र ईश्वरो वाचा ठः ठः स्वाहा।

इस मन्त्र को सात शनिवार तक की रात में एक सौ चौवालीस बार जप करके सिद्ध कर लें। फिर सातवें शनिवार के बाद रविवार के दिन चिता की राख लाकर चौराहे की मिट्टी मिलाकर एक सौ चौवालीस बार अभिमन्त्रित करके जिस स्त्री पर डाला जायेगा, वह साधक के वशीभूत हो जायेगी।

६. पीर मैं नाथ प्रीत मैं माथ जिसे खिलाऊं वह मेरे साथ फुरो मन्त्र ईश्वरो वाचा।

सूर्यग्रहण काल में नदी पर जाकर नाभि तक जल में खड़ा होकर इस मन्त्र का सात बार उच्चारण करके साबुत सुपारी निगल लें। प्रातः जब मल त्यागते समय वह सुपारी निकल जाये तो उसे उठाकर धोकर पानी से साफ कर लें, फिर दूध से धोयें। ऐसा सात-सात बार करें।

फिर सात बार मन्त्र पढ़कर धूनी देकर उसके टुकड़े कर लें। यह सुपारी का टुकड़ा पान में रखकर जिस भी स्त्री को खिलाया जायेगा, वह साधक के वशीभूत हो जायेगी।

७. ॐ सत्यनाम आदेश गुरु का लौंग लौंग मेरा भाई इन्हीं लौंग ने शक्ति चलाई, पहली लौंग राती माती, दूसरी लौंग जीवन माती, तीसरी लौंग अंग मरोड़े, चौथी लौंग दोऊ कर जोड़े, चारों लौंग जो मेरी खाय फलाना के पास सों फलाना आ जाए। मेरी भक्ति गुरु की शक्ति फुरो मन्त्र ईश्वरो वाचा।

सूर्यग्रहण, चन्द्रग्रहण या दीपावली को इस मन्त्र को दस हजार बार जप करके सिद्ध कर लें। फिर चार फूल वाले लौंग हाथ पर रखकर नीचे लोबान जलाकर इस मन्त्र को ग्यारह बार लोगों पर फूँककर पीसकर जिस स्त्री को खिलाया जायेगा, वह सदा के लिए साधक के वशीभूत हो जायेगी।

८. ॐ चामुण्डे जय जय वशमानय जय जय सर्वसत्वान्नमः स्वाहा।

इस मन्त्र को पहले किसी भी दिन दस हजार बार जप करके सिद्ध कर लें। फिर रविवार या मङ्गलवार के दिन किसी भी फूल को उक्त मन्त्र से सात बार अभिमन्त्रित

करके जिस किसी भी स्त्री को दिया जायेगा अथवा सुंघाया जायेगा, वह साधक के वशीभूत हो जायेगी।

९. ॐ नमो कट विकट घोर रूपिणीं अमुकं मे वशमानय स्वाहा।

किसी भी ग्रहण के अवसर पर इस मन्त्र का दस हजार बार जप करके सिद्ध कर लें मन्त्रसिद्धि होने के बाद रविवार के दिन भोजन को उक्त मन्त्र से अभिमन्त्रित करके स्वयं उस भोजन को करें। भोजन करते समय जिस स्त्री को वश में करना हो, उसका ध्यान करें। वह स्त्री अवश्य ही साधक के वशीभूत हो जाती है।

१०. ऐं सहवल्लरि क्लीं कर क्लीं कर पिशाच अमुकी काम ग्रह्य स्वप्ने मम रूपें नखै विदारय विदारय द्रावय द्रावय रद महेन बंधय बंधय श्रीफट्।

यह मन्त्र पन्द्रह दिन जप करने पर सिद्ध होता है। इस मन्त्र का जप उत्तर दिशा की ओर मुख करके तथा निर्वस्त्र होकर करना चाहिये। मन्त्रजप करते समय मन में पूरी तरह से कामुकता का भाव होना चाहिए। मन्त्रजप रात के तीसरे पहर के अन्त में करना चाहिये। एक माला मन्त्र का प्रतिदिन जप करना चाहिये। मन्त्रजप करते समय उस स्त्री का नाम लेना चाहिये। जिसे वश में करना चाहते हैं, इससे मनचाही स्त्री को वशीभूत किया जा सकता है।

पति वशीकरण मन्त्र

१. ॐ नमो महायक्षिणी मम पति वशमानय कुरु कुरु स्वाहा।

इस मन्त्र को पहले एक हजार बार जप करके सिद्ध कर लें। फिर प्रयोग करते समय अनार का पंचांग लेकर श्वेत सरसों के साथ पीसकर सात बार अभिमन्त्रित करें। इस लेप को योनि पर लेप करके पति के साथ संभोग करने से उसका पति जीवनभर वशीभूत रहता है।

बृहस्पतिवार को केले के रस में सिन्दूर व योनि का रक्त मिलाकर सात बार उक्त मन्त्र से अभिमन्त्रित करके ललाट पर तिलक लगाने से पति वश में हो जाता है।

२. ॐ नमो आदेश गुरु का सिन्दूर कीमिया सिंदूर नाम तेरी पती कामाख्या सिर पर तेरी उत्पत्ती सिंदूर पढ़ि अमुकी लगावे बिन्दी लगावे हो वश अमुक होके रहे निर्बुद्धि महादेव की शक्ति गुरु की भक्ति न वशी हो तो कामरू कामाख्या की दुहाई आदेश घड़ी दासी चड़ी का अमुक का मन लाओ निकाल नहीं तो महादेव पिता का वाम पाद जाय लागे।

इस प्रयोग को दस हजार जप करके सिद्ध कर लें। फिर प्रयोग करते समय सरसों

के तेल में मालती के फूल डालें। कुछ दिनों बाद जब फूल सड़ जाय, तब उन्हें एक सौ आठ बार अभिमन्त्रित करके योनि पर लेप करके पति के साथ संभोग करने से पति सदा उसके वश में रहता है।

३. ॐ ह्रीं श्रीं क्रीं थिरिं ठः ठः पतिं वशं करोमि।

इस मन्त्र को पहले दस हजार बार जप करके सिद्ध कर लें। फिर प्रयोग करते समय शुक्लपक्ष की प्रतिपदा तिथि को गौरैया नामक चिड़ियाँ के मांस को इक्कीस बार बोलकर मन्त्र से अभिमन्त्रित करें। थोड़ा-सा मांस अपने पति को किसी भी तरह से खिला देने से पति जीवनभर दासवत् होकर रहता है।

वेश्या-वशीकरण

ॐ कनक कामिनी आढा वाढा शूलमलाका पाजल पंचाल ॐ यं यं यः यः।

विल्ववृक्ष के नीचे काले मृगचर्म के आसन पर बैठकर सफेद काचली के फूल और विल्वपत्र से मन्त्रोचारण करते हुए हवन करें तथा उस समय वेश्या की छवि को ध्यान में रखें। यदि वेश्या का नाम भी जानते हों तो उसके नाम का उच्चारण करें। इस प्रयोग से वेश्या निश्चित रूप से साधक के वशीभूत हो जाती है।

अधिकारी वशीकरण मन्त्र

ॐ नमो भास्कराय त्रिलोकात्मने अमुक महीपतिं में वश्यं कुरु कुरु स्वाहा।

इस मन्त्र को पहले एक हजार आठ बार जप करके सिद्ध कर लें। फिर प्रयोग करते समय तुलसी की पत्ती, कपूर व चन्दन को गाय के दूध में पीसकर ग्यारह बार मन्त्र से अभिमन्त्रित करके अधिकारी के पास जाने पर वह साधक के वशीभूत होकर उसकी इच्छानुसार कार्य करेगा।

स्वामी-वशीकरण मन्त्र

ॐ हुं हुं हुं हां हां हः।

सोमवार को जब अमावस्या पड़े, उस दिन कुभ घास खोदकर उसका आसन बनाएं। फिर सूर्यग्रहण के दिन नदी किनारे अंजनी वृक्ष के नीचे कुभ घास के आसन पर बैठकर मन्त्र के दस माला जप करने से स्वामी का वशीकरण होता है। मन्त्रजप करने के लिए मंघोलीफल की गुठलियों की बनी माला से ही जप करें।

वशीकरण-मन्त्र

ॐ कं हां हूं।

इस मन्त्र को दीपावली की रात में या ग्रहणकाल में ग्यारह हजार बार जप करके सिद्ध कर लें। प्रयोग करते समय किसी काम के लिए जाते समय इस मन्त्र का मन-

ही-मन जप करें तो वह व्यक्ति साधक के वशीभूत होकर उसकी इच्छानुसार कार्य करता है।

आकर्षण मन्त्र

१. ॐ नमः ह्रीं ठं ठः स्वाहा।

इस मन्त्र को मङ्गलवार के दिन दस हजार बार जप करके सिद्ध कर लें। फिर चूहे के बिल की मिट्टी, बिनौला व सरसो के दानों को तीन बार मन्त्र बोलकर अभिमन्त्रित कर लें। ये अभिमन्त्रित वस्तु जिस किसी भी स्त्री-पुरुष पर डाली जायेगी, वही साधक के प्रति आकर्षित हो जायेगा।

२. ॐ नमो देव आदिरूपाय अमुकस्य आकर्षणं कुरु कुरु स्वाहा।

इस मन्त्र को प्रयोग करने से पहले किसी शुभ दिन दस हजार बार जप करके सिद्ध कर लें। गुरु-पुष्य योग में गोरोचन में काले धतूरे का अर्क मिलाकर स्याही बनायें और सफेद कनेर की कलम से भोजपत्र पर जिस स्त्री-पुरुष को आकर्षित करना हो, उसका नाम लिखें तथा आग में जला दें। इच्छित चाहे कहीं भी हो, उसका अवश्य ही आकर्षण हो जायेगा। अपनी अनामिका अंगुली के रक्त से भोजपत्र पर उक्त मन्त्र और जिसका नाम आकर्षण करना हो, उसका नाम लिखें तो आकर्षण होता है।

३. ॐ चामुंह तरऊवतु अमुकायाकर्षय आकर्षय स्वाहा।

इस मन्त्र को नित्य एक हजार बार इक्कीस दिन तक जप करके सिद्ध कर लें। फिर उत्तर दिशा की ओर मुँह करके लाल चन्दन से लाल रंग के कपड़े पर मन्त्र लिखें और विधिपूर्वक पूजा करके जमीन में दबा दें। फिर इक्कीस दिन तक प्रतिदिन चावल के धोवन से उस जगह को सींचते हुए इक्कीस बार मन्त्र का जप करें। अमुकाय के स्थान पर जिस किसी स्त्री-पुरुष का आकर्षण करना हो, उसके नाम का उच्चारण करें। वह आकर्षित होकर साधक के पास चला आता है।

शत्रु-वशीकरण मन्त्र

ॐ नमो भगवते 'अमुकस्य' बुद्धिस्तंभन शत्रु फट् स्वाहा।

इस मन्त्र को वसन्त ऋतु की शनिश्चरी कृष्णपक्ष की चतुर्दशी को श्मशान में मुरदे की छाती पर काले वस्त्र पहनकर स्फटिक माला से ग्यारह हजार बार जप करके सिद्ध कर लें। फिर धतूरे के पत्ते और पीली सरसों से एक सौ आठ बार हवन करें। अमुकस्य की जगह शत्रु के नाम का उच्चारण करें। इससे शत्रु की बुद्धि पलट जायेगी और वह साधक के वशीभूत हो जायेगा।

प्रेत-वशीकरण मन्त्र

ॐ साल सलीला मोसल ववाई काग पठंता धाई आई ॐ लं लं लं ठः ठः।

पहले इस मन्त्र को किसी दिन एक हजार बार जप करके सिद्ध कर लें। इसके बाद वसन्त ऋतु की शनिवार की आधी रात को निर्वस्त्र होकर बबूल के पेड़ के नीचे आक की लकड़ी जलाकर काले तिल पका लें, उड़द की आहुति देते हुए हवन करें। हवन करते समय मन्त्रोचारण करते रहें। ऐसा करने से प्रेत साधक के सम्मुख होकर वार्ता करेगा। उस समय साधक भयभीत न हो; बल्कि अपनी अंगुली चीरकर सात बूँद खून भी टपका दे। इससे प्रेत साधक के वशीभूत हो जाता है।

जगत्-वशीकरण मन्त्र

१. ॐ नमो भगवते रुद्राय सर्व जगन्मोहनं कुरु कुरु स्वाहा।

इस मन्त्र को किसी शुभ मुहूर्त्त में दस हजार बार जप करके सिद्ध कर लें। मन्त्रसिद्ध होने पर केसर व गोरोचन को आंवले के रस में मिलाकर घोंटकर मन्त्र से अभिमन्त्रित करके ललाट पर तिलक लगाने से देखने से, साधक के प्रति सम्मोहित हो जाते हैं।

तोरई के बीजों का तेल निकलवाकर उसमें साफ कपड़ा भिगोकर बत्ती बनाकर उसका काजल तैयार करके उस काजल को लगाने से सभी जीव सम्मोहित हो जाते हैं।

२. ॐ नमो सर्व जीव वशंकराय कुरु कुरु स्वाहा।

सबसे पहले इस मन्त्र को एक लाख बार जप करके सिद्ध कर लें फिर प्रयोग करते समय पुष्य नक्षत्र में पुनर्नवा की जड़ उखाड़ कर लायें और सात बार मन्त्र से अभिमन्त्रित करके दाँयीं भुजा में बाँधने से साधक में सभी जीवों को सम्मोहित करने की क्षमता आ जाती है।

३. ॐ नमो अनरुठनी अशवस्यनी महाराज क्षनी फट् स्वाहा।

इस मन्त्र को एक हजार बार जप करके सिद्ध कर लें। फिर प्रयोग करते समय उल्लू के पंख की कलम से बकरे के खून से सादे कागज पर इस मन्त्र को एक सौ आठ बार लिखकर पगड़ी में रखकर जाने पर वहाँ के सभी व्यक्ति सम्मोहित हो जाते हैं।

गुड़वशीकरण मन्त्र

ॐ नमो आदेश श्री गुरु को यह गुड़ राती यह माती यह गुड़ आवे पड़ती जो मांगू वहाँ पाऊं सोवत तिरिया को जगाय लाऊं चल अगिया वैताल 'अमुक' हृदय पैठ धलावैचालनिशिला चैन न दिन को सूख, धूम फिर ताके मुख जवमकड़ा मकड़ा से टले तोयाधफार दो टूक पड़े। माला कुल्वा काली एक कल्वा सोई धाय चाटे मेरा तलवा आँख के पान कवारी इसे धन और यौवन से खरी पियारी रेन रंग गुड़ में लसे शीघ्र 'अमुक' आने फलाना पास हनुमंत जी की शक्ति फुरो ईश्वरो वाचा।

इस मन्त्र को प्रतिदिन इक्कीस बार सात दिनों तक जपें। जप शनिवार से शनिवार तक करें और हनुमान जी की विधिपूर्वक पूजा करने से मन्त्रसिद्ध हो जाता है। फिर प्रयोग करते समय थोड़े से गुड़ में अनामिका अँगुली के रक्त की कुछ बूँदें मिलाकर मन्त्र से इक्कीस बार गुड़ को अभिमन्त्रित कर वह गुड़ जिस-किसी भी स्त्री की खिलाया जायेगा, वह पूर्णतया साधक पर मोहित हो जायेगी।

मिट्टा-वशीकरण मन्त्र

काला कलुवा चौंसठ वीर तालभामी तोर जहाँ भेजूं वहीं को जाय मांस-मज्जा को शब्द बन जाए अपना मारा आप दिखाय चलत बाण मारुं उठत मूठ मारुं मार मार कलुवा तेरी आसा चौमुखा दीया मार बादी की छाती इतना काम मेरा न करे तो तुझे माता का दूध पिया हराम।

इस मन्त्र को पहले एक हजार आठ बार जप करके सिद्ध कर लें। फिर जिस स्त्री को मोहित करना हो, उसके बाँएँ पैर की मिट्टी लेकर सात बार अभिमन्त्रित करके उसके सिर पर डाल देने से वह स्त्री साधक पर पूरी तरह से मोहित हो जाती है।

नमक मोहन मन्त्र

ॐ भगवती भग भागदायिनी 'देवदत्ती' मम मोहय कुरु कुरु स्वाहा।

इस मन्त्र को किसी शुभ मुहूर्त्त में दस हजार बार जप करके सिद्ध कर लें। फिर प्रयोग करते समय बृहस्पतिवार को प्रसन्न होकर थोड़ा-सा नमक लेकर उसे सात बार मन्त्र से अभिमन्त्रित करके जिस स्त्री को मोहित करना हो, उसके खाने-पीने की वस्तु में वह नमक मिला दें। वह स्त्री साधक पर तन-मन-धन से मोहित हो जायेगी। देवदत्ती के स्थान पर साध्य स्त्री के नाम का उच्चारण करें।

विचित्र मोहन मन्त्र

ॐ नमो त्रिजट लंबोदर वद वद अमुकीं मोहय मोहय स्वाहा।

इस मन्त्र को किसी भी ग्रहणकाल में एक हजार आठ बार जप करके सिद्ध कर लें। फिर प्रयोग करते समय थोड़-सा पानी लेकर एक सौ आठ बार अभिमन्त्रित करके सोते समय अपने सिरहाने रखकर सो जायें। फिर आधी रात को उठकर वह पानी पी लें। ऐसा नियमित रूप से इकतालीस दिनों तक करें। अमुकी के स्थान पर साध्य स्त्री के नाम का उच्चारण करें।

जैन मोहन मन्त्र

ॐ नमो अरिहताणं। अरे अरिणी मोहिनी। 'अमुकीं' मोहय मोहय स्वाहा।

इस मन्त्र को किसी शुभ मुहूर्त्त में सवा लाख जप करके सिद्ध कर लें। फिर प्रयोग

करते समय फूल को एक सौ आठ बार अभिमन्त्रित कर जिस स्त्री के सिर पर डाला जायेगा, वह साधक पर पूरी तरह से मोहित हो जाती है। अमुकीं के स्थान पर साध्य स्त्री का नाम लें।

फूल मोहन मन्त्र

ॐ नमो आदेश गुरु को कामरु देश कामाक्षा देवी तहाँ बैठे इस्माइल जोगी, जोगी के आँगन फूल क्यारी फूल चुन-चुन लावे लोना चमारी फूल चल फूल-फूल बिगसे फूल पर बीर नरसिंह बसे जो नहीं फूल का विष कबहुं न छोड़ें मेरी आस मेरी भक्ति गुरु की शक्ति फुरो मन्त्र ईश्वरो वाचा।

इस मन्त्र को किसी शुभ मुहूर्त्त में यथाशक्ति जप कर सिद्ध कर लें। फिर प्रयोग करते समय शुक्रवार को फूल लेकर मन्त्र से सात बार अभिमन्त्रित करके जिस भी स्त्री पर फेंका जायेगा, वही मोहित हो जायेगी।

इलायची मोहन मन्त्र

ॐ नमो काला कलवा काली रात, निशकी पुतली माझी रात, काला कलुवा घाट चाट। सोती को जगाय लाओ। बैठी को उठाय लाओ। खड़ी को चलाय लाओ। मोहिनी योगिनी चला राज की ठाऊँ 'अमुकी' के वन में चटपटी लगाओ। जीया ले तोड़। जो कोई इलायची हमारी खावे। कभी न छोड़े हमारा साथ। घर को तजे बाहर के तजे। हमें तजे और कने जाई। तो छाती फाट तुरन्त भर जाई। सत्यनाम आदेश गुरु का। मेरी भक्ति गुरु की शक्ति। फुरो मन्त्र ईश्वरो वाचा।

इस मन्त्र को होली, दीपावली, ग्रहणकाल या गुरु–पुष्य, रवि-पुष्य योग में एक हजार आठ बार जप करके सिद्ध कर लें। जप का दशांश एक सौ आठ बार हवन करें। फिर प्रयोग करते समय इलायची को इक्कीस बार मन्त्र से अभिमन्त्रित करके जिस भी स्त्री को खिलाया जायेगा, वह साधक के प्रति पूर्णतया मोहित हो जायेगी। अमुकीं के स्थान पर साध्य स्त्री का नाम लेना चाहिये।

लौंग मोहन मन्त्र

१. **ॐ नमो आकाश की योगिनी पातालनाग, उठि हनुमंत जी 'फलानी' को लाग, परै न निद्रा बैठे न सुख, जोबो देखे न मेरो मुख, तब तक नहिं परै हिये में सुख, लाऊ जो वाकू पियो, मोहि दीखै ठण्डी हो जाय, आवत न काहू दिखाय, आउ आउ मेरे आगे लाउ, न लावै तो गुरु गौरखनाथ की आन।**

पहले यह मन्त्र ग्यारह सौ बार जप करके सिद्ध कर लें। फिर जब आँधी चल

रही हो तब एक लौंग मुँह में रखकर खुली जगह पर खड़ा होकर इस मन्त्र को एक ही सांस में सात बार जप कर हाथ फैलाकर आँधी की मिट्टी को मुट्ठी में भर लें। फिर इस मिट्टी में मुख में रखी लौंग को निकालकर पीस लें और मन्त्र से सात बार अभिमन्त्रित करके जिस भी स्त्री के सिर पर डाला जायेगा, वह जीवनभर के लिए साधक के प्रति मोहित हो जायेगी। फलानी के स्थान पर साध्य स्त्री का नाम लेना चाहिये।

२. **ॐ जल की योगिनी पालै कलका नामा। जिस पै भेजूं तिस पै लाग। सोते सुख ना बैठे सुख। फिर फिर देखो हमारा मुख। मेरी बांधी जो छूटे। तो बाबा नाहर सिंह की जटा टूटे।**

किसी भी सोमवार के दिन चार लौंग को किसी भी पेड़ के पत्ते में लपेटकर मुँह में रख लें। फिर किसी नदी या सरोवर में डुबकी लगायें। एक बार की डुबकी में ही इस मन्त्र को इक्कीस बार जपें और फिर बाहर निकलकर मुँह की लौंग निकालकर धूप देकर जिसे भी खिला दिया जायेगा, वह साधक के वश हो जायेगा।

३. **ॐ नमो आदेश गुरु का। कामरु देश कामाख्या देवी। जहाँ बसे इस्माईल जोगी ने दीन्हीं लौंग। एक लौंग राती माती। दूजी लौंग दिखावे राती। तीजी लौंग रहे ठहराया। चौथी लौंग भिलावे आया नहीं आवे तो कुआं बावड़ी घाट फिरे। रंडी कुआं बावड़ी पर छिटक मरे। ॐ नमो आदेश गुरु का। मेरी भक्ति गुरु की शक्ति। फुरो मन्त्र ईश्वरो वाचा।**

मन्त्र सिद्ध करने के लिए किसी भी ग्रहणकाल में मिट्टी का चौमुखा दीपक और चार लौंग लेकर पवित्र जगह पर बैठें। दीपक में चमेली का तेल डालें और चार बत्तियों को भिगोकर जलायें। दीपक इस तरह से रखें कि प्रत्येक बत्ती का मुँह प्रत्येक दिशा में हो। फिर बत्ती की ओर लौंग रखें। ग्रहण शुरू होने से ग्रहण-समाप्ति तक मन्त्रजप करते रहें। ग्रहण समाप्त होने पर चारो लौंग को ताबीज में भर लें। यह प्रयोग करना हो तो चार लौंग लेकर सात बार मन्त्र से अभिमन्त्रित कर व ताबीज से स्पर्श करके जिसे भी खिलाया जायेगा, वह साधक के वश में हो जायेगा।

काजल मोहन मन्त्र

ॐ नमो पद्मिनी अंजन मेरा नाम इस नगरी में जाय मोहूं। सर्वग्राम मोहूं राज करंता रामो हूं। फर्श में बैठाय मोहूं पनिघट पनिहारिनी मोहूं। इस नगरी के छत्तीस पवनिया मोहूं। जो कोई मार मार करतं आवे उसे नरसिंह वीरणामपद अंगूठा तर धरे और घेर लावे। मेरी भक्ति गुरु की शक्ति फुरो मन्त्र ईश्वरो वाचा।

किसी भी शनिवार या रविवार के दिन रात में नरसिंह भगवान का पूजन गूगल जलाकर घृत, शक्कर, पान-सुपारी अर्पित कर एक हजार आठ बार मन्त्र जप कर जप का दशांश होम करें। मन्त्र सिद्ध हो जाने पर रूई में चंदन और अपामार्ग को मिलाकर बत्ती बनाकर काजल तैयार करें। उस काजल को सात बार अभिमन्त्रित कर आँखों में लगाने से सभी लोग साधक पर मोहित होते हैं।

जलमोहन मन्त्र

ॐ यती हनुमंत यह जाय मरे घट पिण्डकर कैन है और छत्तीस भय बन पड़े जेहि दशमी हूं जेहि दशमोहूं गुरु की शक्ति फुरो मन्त्र ईश्वरो वाचा।

इस मन्त्र को रविवार से शनिवार तक रोजाना एक सौ चौवालीस बार हनुमान जी की मूर्ति के आगे जप करके सिद्ध कर लें। फिर प्रयोग करने के लिए चौराहे से सात कंकड़ लाकर उन्हें एक सौ चौवालीस बार अभिमन्त्रित कर कुएं के जल में डाल दें। जो भी व्यक्ति उस कुएं का पानी पीयेगा, वही साधक के प्रति मोहित हो जायेगा।

पान मोहन प्रयोग

१. हरे पान हरियाले पान। चिकनी सुपारी श्वेत खैर। दाहिने कर चूना मोही लेय पाना हाथ में दे हाथ रस ले, ये पेट दे, पेट रस ले। श्री नरसिंह वीर कारी शक्ति। मेरी भक्ति, फुरो मन्त्र ईश्वर महादेव की वाचा।

पहले इस मन्त्र का एक हजार आठ बार जप करें और जप का दशांश हवन करके सिद्ध कर लें। फिर जब प्रयोग करना चाहें तो पान के बीड़े को इक्कीस बार अभिमन्त्रित करके जिसे भी खिलाया जायेगा, वह साधक की आज्ञा का अवश्य ही पालन करेगा।

२. श्री राम नाम खेली अकनक बीरी। सुनिये नारी बात हमारी। एक पान संग मंगाय। एक पान सेज सौं लावे। एक पान मुख बुलावै। हमको छोड़ और को देखे। तो तेरा कलेजा, मुहम्मद वीर चक्खे।

साधक तीन पान का बीड़ा लेकर तीनों को इक्कीस-इक्कीस बार अभिमन्त्रित करे और एक-एक करके जिस भी स्त्री को खिलायेगा, पहला पान खाकर वह स्त्री मित्रता करेगी। दूसरा पान शारीरिक सम्बन्ध बनायेगी और तीसरा पान खा लेने के बाद साधक के अलावा कभी किसी के बारे में सपने में भी नहीं सोचेगी। यह अति प्रबल वशीकरण प्रयोग है।

तिलक मोहन प्रयोग

१. ॐ नमो आदेश गुरु को राजा मोहूं प्रजा मोहूं मोहूं ब्राह्मण बनियां हनुमंत रूप में जगत मोहूं तो रामचन्द्र परमानियां गुरु की शक्ति मेरी भक्ति फुरो मन्त्र ईश्वरो वाचा।

शनिवार के दिन हनुमानजी को सिन्दूर का चोला चढ़ाकर विधिपूर्वक पूजा करके प्रतिदिन एक माला के क्रम से इक्कीस दिन तक मन्त्र जपें। फिर प्रयोग करने के लिए मन्त्रजप करते हुए चौराहे की मिट्टी का ललाट पर तिलक लगाकर जिस भी व्यक्ति के सामने जायेगा, वह उसकी आज्ञा का पालन अवश्य करेगा।

२. माता अंजनी का हनुमान, मैं मनाऊं तू कहना मान। पूजा दे सिन्दूर चढ़ाऊं। 'अमुकं रिझाऊं' अमुक को पाऊं। यह तिलक तेरी शान का। वह आवे जब मैं लगाऊं। नहीं आवे तो राजा राम की दुहाई। मेरा काम कर। नहीं आवे तो अंजानी की सेज पड़।

सबसे पहले हनुमान जी की विधिपूर्वक पूजा करके मन्त्रजप करते हुए हनुमानजी की प्रतिमा से सिन्दूर का टीका लगाकर जिसके पास भी जाया जायेगा, वह साधक की आज्ञा का निश्चित रूप से पालन करेगा।

फूलमोहन मन्त्र

कामरू देश कामाख्या देवी जहाँ बसे इस्माइल जोगी इस्माइल जोगी ने लगाई फुलवारी फूल तोड़े लोना चमारी जो इस फूल को सूंघे बास तिस का मन रहे हमारे पास महल छोड़े घर छोड़े आंगन छोड़े लोक कुटुम्ब की लाज छोड़े दुहाई लोना चमारी की धन्वन्तरि की दुहाई फिरै।

किसी भी शनिवार को इस मन्त्र का जप शुरू करके इकतीस दिन तक प्रतिदिन एक हजार आठ जप करें। जपकाल में दीपक, लोबान जलाए रखें। पास में मदिरा रखें। प्रयोग करते समय इस मन्त्र से अभिमन्त्रित फूल जिसे भी दिया जायेगा, फूल सूंघते ही वह साधक के वश में हो जायेगा।

गुड़ मोहन मन्त्र

ॐ नमो गुड़, गुड़ रे तूं गुड़, गुड़ तामड़ा मसान केलिकरंताजा, उसका देग उमा सब हर्ष हमारी आस खसम को देखे जलै बसे। हमको देवै साकि रुचलै चालि चालि रे कालिका के पूत जोगी संगम और अवधूत सोती होय जगाय लाव, न लावै तो माता कालिका की शय्या पर पांव धरै। शब्द सांचा पिण्ड कांचा, फुरो मन्त्र ईश्वरो वाचा।

शनिवार की रात को भैरव देव की पूजा करके उक्त मन्त्र से गुड़ को इक्कीस बार अभिमन्त्रित कर जिसे भी खिलाया जायेगा, वही साधक के वश में हो जायेगा।

मुखस्तम्भन मन्त्र

ॐ ह्रीं रक्षके चामुंडे कुरु कुरु अमुक मुखं स्तम्भय स्वाहा।

इस मन्त्र को नदी के तट पर एकांत जगह पर एक लाख बार जप करके सिद्ध

कर लें। फिर प्रयोग करते समय पलाश की जड़ को एक सौ आठ बार अभिमन्त्रित करके तालु में रखकर शत्रु के सामने जाने पर शत्रु का स्तम्भन होता है। इसी तरह अर्जुन वृक्ष की छाल व जड़ को इक्कीस बार अभिमन्त्रित कर मुँह में रखकर जाने पर शत्रु का मुखस्तम्भन होता है।

बुद्धि स्तम्भन मन्त्र

१. ॐ नमो भगवते मम शत्रुं बुद्धिं विनष्टाय आगच्छ स्वाहा।

पहले इस मन्त्र का एक हजार बार जप करके सिद्ध कर लें। फिर प्रयोग करते समय हरताल व हल्दी को पानी में पीसकर भोजपत्र पर अनार की टहनी की कलम से मन्त्र लिखकर हरे कपड़े में ताबीज बनाकर शत्रु के मकान के दरवाजे पर दबा देने से शत्रु की बुद्धि स्तम्भित हो जाती है।

२. ॐ नमो भगवतो शत्रुणां बुद्धि स्तम्भय स्तंभय स्वाहा।

इस मन्त्र को एक लाख बार जप करके सिद्ध कर लें। प्रयोग करते समय उल्लू की बीट को छाया में सुखाकर एक रत्ती बीट को एक सौ आठ बार अभिमन्त्रित करके शत्रु को पान में खिला देने से उसकी बुद्धि भ्रष्ट हो जाती है।

गर्भ स्तम्भन मन्त्र

१. ॐ नमो थाथो मोथो। मेरा कहा कीजिये। 'अमुक' का गर्भ। जाते राखि लीजिए। गुरु की शक्ति, मेरी भक्ति फुरो मन्त्र ईश्वरो वाचा।

कीदृशी राक्षसी का पूजन कर काला धागा मन्त्र से इक्कीस बार अभिमन्त्रित कर गर्भवती स्त्री की कमर में बांधने से उसके गर्भ का स्तम्भन होता है अर्थात् गर्भ स्थिर रहता है।

२. ॐ नमो आदेश गुरु का। जय जय जय जयकार। गोरख बैठा धोरुवाराजव लग गोरख जाप जपै। जब लग राज विभीषण करे। गौरी कात्या कातना। ईश्वर बांध्या गंडा। राखु राखु श्री हनुमंत बजरंग। जो छिटका परता। अंडा दूध पूत। ईश्वर की माया। पड़ता गर्भश्री गोरनाथ जी राखया। मेरी भक्ति गुरु की शक्ति। फुरो मन्त्र ईश्वरो वाचा।

उपरोक्त मन्त्र से काला धागा इक्कीस बार अभिमन्त्रित करके प्रत्येक मन्त्र पर धागे में गांठ लगायें। धागा गर्भवती की कमर में बांधने से गर्भस्तम्भन होता है।

पतिस्तम्भन मन्त्र

ॐ नमो भगवते वासुदेवाय मम पतिं स्तंभयं कुरु कुरु स्वाहा।

पहले इस मन्त्र को सुनसान जगह पर दस हजार बार जप करके सिद्ध कर लें।

फिर प्रयोग करते समय शनिवार के दिन केसर, आलता, गोरोचन की स्याही बनाकर मन्त्र को भोजपत्र पर लिखकर ताबीज में बन्द करके गले में धारण करने से पति का स्तम्भन होता है।

आसन-स्तम्भन मन्त्र

ॐ नमो दिगंबराय अमुकासनं स्तंभनं कुरु कुरु स्वाहा।

सबसे पहले इस मन्त्र को नदी या सरोवर के एकांत तट पर दस हजार बार जप करके सिद्ध कर लें। फिर प्रयोग करते समय श्मशान से अग्नि लाकर नमक की आहुति देते हुए मन्त्र का एक सौ आठ बार जप करें। जप करते समय अमुक के स्थान पर साध्य व्यक्ति का नाम लें तो उसका आसन स्तम्भित हो जाता है।

इसी तरह श्मशान से कपाल लाकर उसमें श्वेत घुंघची के बीज बोएं और उसे रोजाना दूध से सींचते रहें। जब पेड़ तैयार हो जाय तब टहनी, लता और जड़ को एक सौ आठ बार अभिमन्त्रित करके जिस व्यक्ति के मुँह में डाला जायेगा, उसी का आसन स्तम्भित हो जायेगा।

जलस्तम्भन मन्त्र

१. ॐ नमो काला भैरो, कालिका का पूत। पगों खड़ाऊं हाथ, गुरु जी चलौ मन प्रभात। आक तू अगुरुं भरा तेरो न्यौती। मैं जहां करुं पूजा दिन सात। जो तू मन चीता कार्य कर दे मोहि। कुंकुम कस्तूरी केसर से पूजा करुं तुम्हारी। मोर मन चीत्यों। मेरा कार्य करहु। गुरु गोरखनाथ की वाचा कुरै। शब्द सांचा, पिण्ड काचा। फुरो मन्त्र ईश्वरो वाचा।

पुष्य नक्षत्र वाले रविवार से पहले शनिवार की शाम को सफेद आक को न्यौता दे आयें। फिर रविवार को प्रात: उसकी जड़ उखाड़ लाएं। उस जड़ की खड़ाऊ बनाकर उपरोक्त मन्त्र से एक सौ आठ बार अभिमन्त्रित करके पहनकर पानी पर चलने से वह पानी में नहीं डूबेगा, बल्कि ऐसे चलेगा जैसे भूमि पर चल रहा हो।

२. ॐ नमो भगवते रुद्राय।जलं स्तम्भय ठः ठः ठः।

पहले इस मन्त्र को एक लाख बार जप करके सिद्ध कर लें। फिर प्रयोग करने के लिए केकड़े के पैर, दाँत व रक्त, कछुए का दिल, सूंस की चर्बी तथा भिलावे के तेल को आग में पकाकर एक सौ आठ बार अभिमन्त्रित कर अपने शरीर में लेप करने से जल का स्तम्भन होता है अर्थात् पानी में शरीर गीला नहीं होता है।

तोरई व लिसोड़े के बीजों व फलों को पानी में पीसकर उपरोक्त मन्त्र से एक सौ आठ बार अभिमन्त्रित कर बहते पानी में डाल देने से पानी का स्तम्भन होता है। यदि पानी में नमक डाल दिया जाए तो पानी फिर से बहने लगता है।

३. ॐ नमो भगवते जल स्तम्भय स्तम्भय ठः ठः स्वाहा।

इस मन्त्र से पद्माक्ष के चूर्ण को सात बार अभिमन्त्रित करके जल में डाल देने से जल का स्तम्भन होता है।

४. ॐ अस्फोटपति धारा उल्मालूका क्रां क्रां क्रां।

रविवार के दिन खटकुली पक्षी का पंख लाकर उसे एक सौ आठ बार उक्त मन्त्र से अभिमन्त्रित कर बगल में दबाकर दरिया के ठीक बीच में खड़ा होने पर जल का स्तम्भन होता है।

अग्नि स्तम्भन मन्त्र

१. ॐ ह्रीं महिषमर्दिनी लह लह लह कठ कठ स्तम्भन स्तम्भन अग्नि स्वाहा।

यह सिद्ध मन्त्र है। साधक द्वारा खैर की लकड़ी को हाथ में लेकर अग्नि में प्रवेश करने पर अग्नि का स्तम्भन हो जाता है अर्थात् शरीर आग में नहीं जलता।

२. ॐ नमो अग्निरूपाय मम शरीरे स्तम्भनं कुरु कुरु स्वाहा।

इस मन्त्र को दीपावली की रात को दस हजार बार जप करके सिद्ध कर लें। फिर प्रयोग करते समय सोंठ, काली मिर्च और पीपल को एक सौ आठ बार अभिमन्त्रित करके चबाने से यदि मुख में जलता हुआ कोयला भी रख लें तो उसका मुख नहीं जलता। केले व ग्वारपाठे के रस को एक सौ आठ बार अभिमन्त्रित कर शरीर पर लेप करने से शरीर नहीं जलता।

३. अपार बांधौं विज्ञान बांधौं घोरा घाट अरु कोटी वैसंदरं बांधौं हस्त हमारे भाई आनाहि देखे झझ के मोंहि देखे बुझाइ हनुमंत बांधौं पानी हाई जाइ अग्नि भवने के भवै जस मदमाती हाथी हो वैसंदर बांधौं नारायणय भाषौ मेरी भक्ति गुरु की शक्ति फुरो मन्त्र ईश्वरो वाचा।

इस मन्त्र को पहले किसी शुभ दिन दस हजार बार जप करके सिद्ध कर लें। जब कभी अग्नि का स्तम्भन करना हो तो उक्त मन्त्र से जल को सात बार अभिमन्त्रित करके छींटे मारने से अग्नि शांत हो जाती है।

४. ॐ नमो अग्नये ज्वालामुखी सहाय, शंकर सहाय, अग्नि शीतल हो जाय, पार्वती जी की दोहाई, लोना चमारिन की दोहाई, गुरु गोरखनाथ की दोहाई, शब्द सांचा फुरो मन्त्र ईश्वरो वाचा।

इस मन्त्र को शीत ऋतु में बृहस्पतिवार के दिन एक हजार आठ बार जप करके सिद्ध कर लें। फिर आवश्यकता पड़ने पर पवित्र होकर एक लोटा कुएं का जल इस

तरीके से खींचे कि लोटे व रस्सी का भूमि से स्पर्श न होने पाये। इसके बाद लोटे को हाथ में लेकर मन्त्र पढ़ते हुए लोटे के जल से अग्नि पर छींटें देने से अग्नि शांत हो जाती है।

५. ॐ अहो कुम्भकर्ण महाराक्षस कैकसी गर्भ संभूतं पर सैन्य भंजन महारुद्रो भगवान रुद्र आज्ञा अग्नि स्तम्भय ठः ठः।

इस मन्त्र को शिशिर ऋतु में किसी शुभ मुहूर्त्त में दो लाख बार जप करके सिद्ध कर लें। आवश्यकता पड़ने पर जल को एक सौ आठ बार मन्त्र से अभिमन्त्रित करके आग पर छिड़कने से भड़कती हुई आग भी शांत हो जाती है।

मेघ स्तम्भन मन्त्र

१. ॐ थं थ थ थाहि थाहि।

शिशिर ऋतु के किसी शुभ बृहस्पतिवार को इस मन्त्र को दस हजार बार जप करके सिद्ध कर लें। फिर आवश्यकता पडने पर अग्नि व जल को इस मन्त्र से सात बार स्तम्भित कर जमीन में गाड़ देने से वर्षा नहीं होती है अर्थात् मेघ का स्तम्भन हो जाता है।

२. ॐ मेघान् स्तम्भनं कुरु कुरु स्वाहा।

श्मशान की भस्म में एक नई ईंट पर चार रेखाएं बराबर-बराबर खींचकर उस पर एक और ईंट रखकर उक्त मन्त्र से एक सौ आठ बार अभिमन्त्रित कर सुनसान जगह पर उन ईंटों को दबा देने से मेघ का स्तम्भन होता है।

अग्निशान्ति मन्त्र

१. ॐ नमो कोरा करिया, जल सौ भरिया, लै गोरा के सिर पर धरिया, ईश्वर बाले गौर न हाय, जलती अग्नि शीतल हो जाय, शब्द सांचा पिण्ड कांचा फुरो मन्त्र ईश्वरो वाचा सत्यनाम आदेश गुरु का।

इस मन्त्र को शीत ऋतु में किसी शुभ दिन एक लाख बार जप करके सिद्ध कर लें। जब प्रयोग करना हो तो मिट्टी के कोरे घड़े में जल से स्नान कर उसी कलश के जल को इक्कीस बार अभिमन्त्रित कर छींटे मारें। छींटे जितनी दूर तक जायेंगे, उतनी ही दूर तक की आग शांत हो जायेगी। अग्नि शांत होने पर इक्कीस ब्राह्मणों को भोजन करायें और मन्त्र की एक सौ आठ आहुतियों से हवन करें।

२. ॐ उत्तरस्यां दिग्वभोग मारीचौनाका राक्षसः तस्य मूत्रपुरीषाभ्यां हुतः वह्निः स्तंभय स्वाहा।

पहले इस मन्त्र को शीत ऋतु में किसी शुभ दिन दस हजार जप करके सिद्ध

कर लें। आवश्यकता पड़ने पर प्रयोग करते समय गरम पानी अंगुली में भरकर मन्त्र से अभिमन्त्रित करके आग के बीच में डालने से आग शान्त हो जाती है।

दृष्टिस्तम्भन मन्त्र

ॐ नमो काला भैरों घुंघुर वाला। हाथ खड्ग पुष्पों की माला चौंसठ योगिनी संग में चाला। देखो खोलि बजर का ताला। राजा परजा ध्यावै तो ही। सबकी दृष्टि बंधा दे मोही। मैं पूजा तुमको नित ध्याय। राजा परजा मेरे पांय लगाया। भरी अथाई सुमिरौं ताही। तेरा किया सब कुछ होय। देखूं भैरों तेरे मन्त्र की शक्ति। चले मन्त्र ईश्वरो वाचा। शब्द सांचा, पिण्ड कांचा, फुरो मन्त्र ईश्वरो वाचा।

इस मन्त्र को रविवार के दिन श्मशान में जाकर भैरव देव का पूजन करके एक हजार आठ बार जप करके सिद्ध कर लें। यदि साधक के भैरव देव इष्ट हों तो अति उत्तम है। इसके बाद एक चुटकी भस्म लाकर उसे इक्कीस बार मन्त्र से अभिमन्त्रित कर किसी सभा या व्यक्ति पर फूंक मारें तो दृष्टि स्तम्भित हो जाती है अर्थात् साधक द्वारा किया जाने वाला कार्य लोगों को दिखाई नहीं देता है।

कड़ाही स्तम्भन मन्त्र

ॐ नमो जल बांधूं जलवाई बांधूं बांधूं कुआ खाई, ना सौ गांव का नीर बुलाऊं बांधे तेल कड़ाही, जली हनुमंत की दुहाई, शब्द सांचा पिण्ड काचा, फुरो मन्त्र ईश्वरो वाचा, सत्यनाम आदेश गुरु का।

इस मन्त्र को दीपावली की रात में एक हजार आठ बार जप करके सिद्ध कर लें। फिर प्रयोग करते समय रास्ते से सात कंकड़ उठा लायें और प्रत्येक कंकड़ को सात-सात बार मन्त्र से अभिमन्त्रित करके कड़ाही पर मारा जाय तो कड़ाही का स्तम्भन होता है, अर्थात् कितनी ही तेज आग क्यों न जलाई जाय, कड़ाही गरम ही नहीं होगी।

बाघ-स्तम्भन मन्त्र

बैठी बैठा कहाँ चल्यौ। पूर्व देश चल्यौ आंखि बांधौ। तीन कान बाँधौ तीनों मुँह बांधौ। मुँह केत जिह्वा बांधौ। अधौ डांड बांधौ। चारिउ गोड बांधौ। तेरी पौछि बांधौ। न बांधो तो मेरी आन गुरु की आन। वज्र डांड बांधौ। दौहाई महादेव पार्वती के।

यदि साधक कोई सिद्धि कर रहा हो या निर्जन वन से गुजर रहा हो तो चार कंकड़ों को इस मन्त्र से सात बार अभिमन्त्रित करके अपने चारों ओर चारो दिशाओं में रखकर साधना करे तो बाघ का स्तम्भन होता है। अर्थात् बाघ साधक के आस-पास भी नहीं आ सकता।

सिंहस्तम्भन मन्त्र

१. ॐ ह्रीं ह्रीं ह्रीं श्रीं श्रीं स्वाहा।

इस मन्त्र को पहले दस हजार बार विधिपूर्वक जप करके सिद्ध कर लें। फिर प्रयोग करते समय किसी भी शस्त्र को एक सौ आठ बार मन्त्र से अभिमन्त्रित करके सिंह के सामने फेंकने से सिंह का स्तम्भन हो जाता है।

२. ॐ वं वं वं हं हं हं ध्रं ठः ठः।

इस मन्त्र को पहले नदी के तट पर एकांत में दस हजार बार जप करके सिद्ध कर लें। फिर प्रयोग करते समय रविवार या मंगलवार को निमोही के बीज लाकर इक्कीस बार मन्त्र से अभिमंत्रित कर सिंह के समक्ष फेंक देने से सिंह स्तम्भित हो जाता है।

सर्पस्तम्भन मन्त्र

१. बजरी बजरी बजर कीवाड़। बजरा की लूं आसपास। मेरे सांप होय खाक। मेरा कीला पत्थर कील। पत्थर फूटै न मेरा कीला छूटे। मेरी भक्ति, गुरु की शक्ति, फुरो मन्त्र ईश्वरो वाचा।

थोड़े से कंकड़ अथवा मिट्टी को इस मन्त्र द्वारा ग्यारह बार अभिमन्त्रित कर सांप पर फेंक दें तो सांप का स्तम्भन हो जाता है अर्थात् सांप रेंग नहीं पाता, उसी जगह स्थिर रहता है।

२. सर्पाय सरं भद्रं ते दूरम गच्छ महाविष।
जनमेजय यज्ञन्ते आस्तिक्यवचनं स्मर ॥
आस्तिक्यवचनं स्मृत्वा यः सर्पो न निवर्तते।
सप्तधा भिद्यते मूर्ध्नि शिंशवृक्षं फलं यथा ॥

इस मन्त्र को पहले एकान्त स्थल पर दस हजार बार जप करके सिद्ध कर लें। फिर प्रयोग करते समय इक्कीस बार मन्त्र का उच्चारण कर सांप पर फूँक मारने से सांप का स्तम्भन होता है।

३. ॐ नमो तक्षक कुलाये सर्प स्तंभनं कुरु कुरु स्वाहा।

दीपावली की रात को सुनसान जगह पर इस मन्त्र को इक्कीस हजार बार जप करके सिद्ध कर लें। फिर प्रयोग करते समय मिट्टी के सात ढेले लेकर इक्कीस बार मन्त्र से अभिमन्त्रित कर सांप की ओर फेंक देने से सांप का स्तम्भन होता है।

विष स्तम्भन मन्त्र

१. धरपटकि। धसनि धसनि सारा ऊपरे धसानि। विष नीचे जायो काहे विष तू इतना रिसायो क्रोध तो तोर नहीं पानी। हमरे थप्पड़ तोर नहीं

ठिकानी। आता देवी मनसा माता की। विषहरी राई की दुहाई।

सांप के डसने पर इस मन्त्र को सात या इक्कीस बार बोलकर सांप काटे व्यक्ति को थप्पड़ मारने से सांप के विष का स्तम्भन होता है।

२. थाला पड़ि चूलपड़ि। धां धीं बलिये, अमुकेर अंगेर विष पाला उड़िये। थालापड़ि धूल पड़ि। धां धीं स्वाहा। अमुकेर अंगे विषलाभे तलयै थारुमा। कार आज्ञा कंसासुरन्त पितर आज्ञै। धनपति स्वाहा।

काँसे की थाली लेकर इस मन्त्र से ग्यारह बार अभिमन्त्रित कर वह थाली सांप काटे हुए व्यक्ति की पीठ पर रखने से विष का स्तम्भन होता है। जब तक शरीर में विष रहेगा, थाली नहीं हटेगी।

विषस्तम्भन मन्त्र (बिच्छू विष)

परवत ऊपर सुरही गाई। ते करे गोवरे बीछी बिआई। छः कारी। छ; गौरी। छः को जोता उतारिकें। विद्या विहिठावाहिया। आठि माठि नवपोर। बीछी करे अजोर, बलि चलु चलाड़ी करवाऊ ईश्वर महादेव की दुहाई। जहाँ गुरु के पाँव सरके। तहदि गुरु के कुशक जुरी। तहदि विष्णुपुरी निर्भाजाई कै दुहाई। महादेव गुरु के ठावहिं ठाववीही पार्वती।

बिच्छू ने जिसे डंक मार दिया हो, उसके लिए उक्त मन्त्र को इक्कीस बार उच्चारित करते हुए झाड़ने से विष स्तम्भित होकर व्यक्ति स्वस्थ हो जाता है।

बिच्छू विषस्तम्भनमन्त्र

ॐ नमो समुद्र, समुद्र में कमल, कमल में विषहर, बिच्छू कहूं तेरी जात, गरुड़क हे मेरी अठारह जात, छह काला छह कांवरा, छह कूं-कूं बान, उतर रे उतर, नहीं तो गरुड़ पंख हंकारे आन, सर्वत्र विसन मिलई। उतर रे विच्छू उतर, मेरी भक्ति, गुरु की शक्ति, फुरो मन्त्र ईश्वरो वाचा।

जिस व्यक्ति को बिच्छू ने डंक मार दिया हो, उसके बिच्छू दंशित स्थान पर हाथ फेरते हुए उपरोक्त मन्त्र से ग्यारह बार झाड़ा देने से विष उतर जाता है और व्यक्ति स्वस्थ हो जाता है।

ततैया विषस्तम्भन मन्त्र

चूण चूण चूण विषरेपाणी। हाडेर मितर मासरे कूड़े। मर विष तुई चूणे पूड़े।

जिसे ततैये ने डंक मार दिया हो, उस दंशित जगह पर उक्त मन्त्र को इक्कीस बार जपते हुए फूंक मारने से विष का प्रभाव नष्ट होकर रोगी स्वस्थ हो जाता है।

पागल कुत्ते का विषस्तम्भन मन्त्र

ॐ नमो कामरु देश कामाक्षी देवी। जहाँ बसे इस्माइल जोगी। इस्माइल जोगी ने पाली कुत्ती। दश काली दश कांवरी। दश पीली दश लाल। रंग बिरंगी दश खड़ी। दश टीको दे माल। इनका विष हनुमंत हरै। रक्षा करें, गुरु गोरख वाला सत्यनाम आदेश गुरु को।

जिसे पागल कुत्ते ने काट लिया हो, उपरोक्त मन्त्र से उपले की भस्म को सात बार अभिमन्त्रित करके रोगी व्यक्ति के शरीर पर जहाँ काटने से घाव बन गया हो, लगाने से विष उतर कर रोगी व्यक्ति स्वस्थ हो जाता है।

जीव-जन्तु स्तम्भन मन्त्र

फकीर चले परदेश को। कुत्तक मन में भावे। बाघ बांधूं, बघाइन बांधूं। बाघ के सातों बच्चे बांधूं। सांपा चोरां बांधूं। दांत बंधाऊं, बाट बांध देऊ। दुहाई लोना चमारी की।

इस मन्त्र को एकान्त स्थान पर एक हजार आठ बार जप करके सिद्ध कर लें। फिर प्रयोग करते समय जब कभी हिंसक जीव-जन्तुओं से वन-जंगल में घिर जाय तो उपरोक्त मन्त्र को इक्कीस बार जप करके सभी दिशाओं में फूँक मारने से हिंसक जीव-जन्तुओं का स्तम्भन हो जाता है।

क्षुधा स्तम्भन मन्त्र

१. ॐ गाजु हद रूयां उन्मुख मुख मांसरु छिल वाली अहुम।

इस मन्त्र को रविवारीय हस्त नक्षत्र में किसी भी मन्दिर में जाकर एकाग्र भाव से दस हजार बार जप करके सिद्ध कर लें। फिर प्रयोग करते समय रविवार को चर्चिका के बीजों को इक्कीस बार अभिमन्त्रित कर सेवन करने से क्षुधा स्तम्भित होती है अर्थात् भूख नहीं लगती।

२. ॐ नमो सिद्धि रूप में देहि कुरु कुरु स्वाहा।

सूर्य या चन्द्रग्रहण काल में नदी के जल में बीच में खड़े होकर इस मन्त्र को दस हजार बार जप करके सिद्ध कर लें। फिर प्रयोग करते समय अपामार्ग के बीज को इक्कीस बार अभिमन्त्रित कर खीर बनाकर खाने से क्षुधा का स्तम्भन होता है।

निद्रा-स्तम्भन मन्त्र

अलक बांधूं पलक बांधूं सारा खलक बांधूं गुरु गोरखनाथ की दुहाई, मेरी निद्रा दे भगाई छू छू छू।

इस मन्त्र को सूर्यग्रहणकाल में नदी-किनारे निर्वस्त्र होकर दस हजार बार जप

करके सिद्ध कर लें। फिर प्रयोग करते समय ककड़ी व मछुवे की जड़ को पानी में पीसकर सूंघने से निद्रा का स्तम्भन होता है।

नकसीर-स्तम्भन मन्त्र

ॐ नमो गुरु का आज्ञा सारसार महागरे बांधूं सात बार फिर बांधूं तीन बार लोहे की सार बांधे हनुमंत वीर पाके न फूटे तुरत सूखे।

पहले किसी दिन इस मन्त्र को एक हजार आठ बार जप करके सिद्ध कर लें। फिर आवश्यकता पड़ने पर भस्म को सात बार उक्त मन्त्र से अभिमन्त्रित कर रोगी को झाड़ा देने से नकसीर का स्तम्भन होता है।

सैन्यस्तम्भन मन्त्र

ॐ नमः चंडिकायै अरि सैन्य स्तम्भनं कुरु कुरु स्वाहा।

इस मन्त्र को किसी भी नवरात्र के दिनों में दुर्गा मन्दिर में रात को इक्यावन हजार बार जप करके सिद्ध कर लें। जब शत्रुसैन्य के आक्रमण की आशंका हो तब सात लौंग के जोड़े उक्त मन्त्र से इकतीस बार अभिमन्त्रित कर आक्रमण के लिए आती शत्रु सेना पर फूँक देने से सेना का स्तम्भन होता है।

शस्त्रस्तम्भन मन्त्र

१. ॐ नमो आदेश गुरु का। जल बांधूं, जलवा बांधूं। बांधू खाती ताई। सवा लाख अहेड़ी बांधूं। गोली चले तो हनुमंत यती की दुहाई। शब्द सांचा, पिण्ड काचा, फुरो मन्त्र ईश्वरो वाचा।

किसी शुभ दिन इस मन्त्र को एक हजार आठ बार जप करके सिद्ध कर लें। फिर एक रंग वाली गाय के दूध को इक्कीस बार अभिमन्त्रित कर बंदूक, पिस्तौल, तोप आदि पर छिड़क देने से इनका स्तम्भन हो जाता है अर्थात् चलाने पर भी ये शस्त्र चल नहीं पाते।

२. ॐ नमो भगवते महाबले पराक्रमाय शत्रूणां शस्त्रस्तम्भनं कुरु कुरु स्वाहा।

इस मन्त्र को किसी शुभ मुहूर्त में एक लाख बार जप करके सिद्ध कर लें। फिर प्रयोग करने के लिए रविवारीय पुष्य नक्षत्र में अपामार्ग की जड़ को धोकर, पीसकर उक्त मन्त्र से इक्कीस बार अभिमन्त्रित करके शरीर पर लेप करने से शस्त्र का स्तम्भन होता है। किसी भी शुभ दिन खजूर की जड़ को अभिमन्त्रित कर हाथ-पैरों में बांध लेने से भी शस्त्रस्तम्भन होता है।

३. ॐ नमो भैरवे नमः। मम शत्रु शस्त्रस्तम्भने कुरु कुरु स्वाहा।

इस मन्त्र को सर्वार्थसिद्धि योग में श्मशान में निर्वस्त्र होकर इक्कीस हजार बार

जपकर, भैरव देव का पूजन कर, मांस-मंदिरा का भोग लगाकर तथा बलि देकर सिद्ध कर लें। फिर प्रयोग करने के लिए खरमंजरी के बीजों को उक्त मन्त्र से इकतीस बार अभिमन्त्रित कर शत्रु के सामने फेंक देने से शत्रु का शस्त्र उठाये हुए हाथ स्तम्भित होकर रह जाता है अर्थात् वह प्रहार नहीं कर पाता।

४. ॐ नमो धार धार, अधर धार। बांधौं सात बार। आनिबांधौं तीन बार। कटे रोम न मीजै चीर। खांडा की धार को ले गया यती हनुमंत वीर। शब्द सांचा पिण्ड काचा। फुरो मन्त्र ईश्वरो वाचा।

इस मन्त्र को किसी शुभ मुहूर्त्त में एक हजार आठ बार जप करके सिद्ध कर लें। फिर रास्ते में जाते समय जब किसी के चाकू, तलवार आदि से प्रहार का खतरा हो तो उक्त मन्त्र को सात बार जपकर फूँक देने से वह शस्त्र स्तम्भित हो जाते हैं।

५. बांधौ तूपक, अवनि वारन धरे, चोर न परे थाऊ, रक्षा करें श्री गोरखराऊ।

इस मन्त्र को पहले किसी दिन एक हजार आठ बार जप करके सिद्ध कर लें। फिर प्रयोग करते समय उक्त मन्त्र से जल को सात बार अभिमन्त्रित कर अपने शरीर पर छिड़क लेने से शस्त्र का स्तम्भन होता है यानी यदि कोई शस्त्र से प्रहार करे तो चोट नहीं लगती।

घाव-स्तम्भन मन्त्र

ॐ नमो आदेश कामाख्या देवी का। काली बैठी लिये कटारी। जिसे देख दुष्ट भयकारी। कटारी मुणतोरे बलिहारी जाई। कटारी के बंदन से घाव सुखाई। अमुक की पीड़ा। माँ काली के वरदान से न रहे। विहड़वन बस लुकान। आज्ञा घड़ी दासी चण्डी की दुहाई फिरै।

इस मन्त्र को किसी शुभ दिन में दस हजार बार जप करके सिद्ध कर लें। फिर प्रयोग करने के लिए कटोरी में जल लेकर मन्त्र से इक्कीस बार अभिमन्त्रित कर घाव पर छीटें मारें और थोड़ा-सा जल रोगी को पिला दें। घाव से खून बहना बंद हो जाता है। 'अमुक' के स्थान पर रोगी व्यक्ति का नाम लें।

मोच-पीड़ा स्तम्भन मन्त्र

ॐ नमो आदेश गुरु को। श्रीराम को कवच उड़ाई। इसके तन से तुरन्त पीर भागि जाई। न रहे रोग पीड़ा फूँक से हुई सब पानी। 'अमुक' की व्यथा छोड़ भाग तू मचकानी। न भागे पीड़ा तो महादेव की दुहाई। आदेश सियाराम लखन गुसांई।

इस मन्त्र को किसी शुभ मुहूर्त्त में दस हजार बार जप करके सिद्ध कर लें। फिर प्रयोग करने के लिए सरसों का तेल इक्कीस बार मन्त्र से अभिमन्त्रित कर मोच वाली

जगह पर मालिश करने से मोच-पीड़ा का स्तम्भन होता है। यानी मोच-पीड़ा मिटकर रोगी व्यक्ति स्वस्थ हो जाता है।

जलन-स्तम्भन मन्त्र

ॐ नमो आदेश गुरु को। कामरू देश कामाख्या देवी। जले तेल रेल तेव महातीरो 'अमुक' लहर पील मल में कारे। मन्त्र पढ़े नरसिंह देव कुटिया में बैठके। श्रीरामचन्द्र रहि रहि फूँक के। जाय 'अमुक' की जलन। एक एलन में जाय। खार सागर की नोर नान में। आज्ञा हाड़ि दासी की। फुरो मन्त्र चण्डी वाचा।

किसी भी जले हुए व्यक्ति की जलन स्तम्भन करने के लिए इस मन्त्र से सरसों का तेल अभिमन्त्रित कर जले हुए अंग पर लगाने से जलन का स्तम्भन होकर रोगी स्वस्थ हो जाता है। अमुक के नाम पर रोगी का नाम लें।

लंगोट स्तम्भन मन्त्र

ॐ अजर कर बजर कर। बजर को बंध कर। तलै धरती, ऊपर सिंधु। श्यामसुन्दर दोबाला। सात समुद्र एक ही प्याला। चौंसठ योगिनी कुमार कटका करे। रात की लंगोटी, संतोष का धागा। मूंज की आड़ बंध, कमर सौ लागा। नाग पहिरे नागमणि। हनुमान पहिरे लाल लंगोट। बाल गोपाल पहिरे कोपीन। नवनाथ चौरासी सिद्धन की ओट। पवन से डरे तो अग्नि की आन। खिसक जाय तो पृथ्वी की आन। चूक जाए तो लक्ष्मण यती की आन।

इस मन्त्र को पहले किसी दिन एक हजार आठ बार जप करके सिद्ध कर लें। फिर प्रयोग करते समय इक्कीस बार लंगोट को अभिमन्त्रित कर धारण करने से लंगोट का स्तम्भन होता है अर्थात् लंगोट की गांठ नहीं खुलती।

अखाड़ा स्तम्भन मन्त्र

ॐ नमो आदेश कामरू कामाख्या देवी को। अंग पहनूं भुजंग पहनूं, पहनूं लोह शरीर। आवते के हाथ तोहूं, चालते के पांव तोहूं। सहाय हो हनुमंतवीर, उठ अवनरसिंहबीर। तेरा सोलहा सौ श्रृंगार, मेरी पीठ लागे नहीं बार। हो मेरी हार तो हनुमंत बीर लजाने। तूं लेहू पूजा, पान सुपारी नारियल सिन्दूर। अपनी बेह, सकल मोही कर देहु। मेरी भक्ति, गुरु की शक्ति। फुरो मन्त्र, ईश्वरो वाचा।

साधक हनुमान जी की विधिवत पूजा करे, तेल का दीपक जलाये और हनुमान जी की प्रतिमा के आगे लंगोट रखकर उक्त मन्त्र को दस हजार बार जप करके सिद्ध कर ले। फिर प्रयोग करते समय सरसों के तेल को एक सौ आठ बार अभिमन्त्रित कर शरीर पर मालिश करे। फिर लंगोट पहनकर अखाड़े में उतरने पर अखाड़े का स्तम्भन होकर विजय प्राप्त होती है।

तुरही-स्तम्भन मन्त्र

ॐ नमो बादी आया वाद करता कूं बैठाया बड़ पीपल की छाया रहुरे वादी वादी न की जैबांधूं तेरा कंठ और काया बांधूं पूंगी और नाद बांधूं योगी और साधू बांधें कण्ठ की पूंगी और मसान की बानी अब तो रहरे पूंगी सुजान तलै बांधौ नरसिंह ऊपर हनुमंत गाजै मेरी बांधी पूंगी बाजै तो गुरु गोरखनाथ लाजै शब्द सांचा पिण्ड काचा, फुरो मन्त्र ईश्वरो वाचा।

इस मन्त्र को किसी दिन दस हजार बार जप करके सिद्ध कर लें। फिर प्रयोग करते समय उड़द के उक्कीस दानों को उक्त मन्त्र से एक सौ आठ बार अभिमन्त्रित कर तुरही पर मारें तो उसका स्तम्भन होता है यानी तुरही से स्वर निकलना बन्द हो जाता है।

बकरा-स्तम्भन मन्त्र

काले तिल कवेला तिल गुजरी बैठी वीर पसारे सुई न देय मघाई पीर न आवै काली करु इमती बारी दुष्य तिवुकिलार अवनी बांधौं सुई अवषांडे की धार आवे न लोहू, न फुटे घाउ रक्षा करे श्री गोरखराउ।

इस मन्त्र को पहले एक हजार आठ बार जप करके सिद्ध कर लें। फिर प्रयोग करते समय उड़द के दानों को इक्कीस बार अभिमन्त्रित करके बकरे पर फेंकने से बकरे का स्तम्भन होता है यानी चाहने के बाद भी कसाई बकरे का वध (हत्या) नहीं कर पाता।

सुअर-चूहा स्तम्भन मन्त्र

ॐ हनिवत धावति उदरहि ल्यावे बांधि अब खेत खाय सूअर घर मा रहे भूख खेत घर हांडि बाहर भूमि जाई दुहाई हनुमान कै जो अब खेत महं सूअर, घर महं मूस जाई।

इस मन्त्र को किसी शुभ दिन दस हजार बार जप करके सिद्ध कर लें। फिर प्रयोग करते समय पाँच गांठ वाली हल्दी के टुकड़े व थोड़े से चावल लेकर स्वच्छ होकर उक्त मन्त्र से इक्कीस बार अभिमन्त्रित कर वहाँ डालें, जहाँ सूअर व चूहे आते हैं। उनका स्तम्भन हो जाता है।

स्त्री-पुरुष विद्वेषण मन्त्र

आक टाक दोनों बगराई। अमुका अमुकीं ऐसे लरे। जस कुकुर बिलाई। आदेश गुरु सत्यनाथ को।

ढाक की सूखी टहनियाँ और धतूरे का ताजा पत्ता लाकर पत्ते पर काली स्याही से उक्त मन्त्र लिखें; फिर आधी रात को एकांत जगह पर ढाक की पत्तियाँ जलाएं और मन्त्रोच्चारण करते हुए धतूरे का पत्ता उस आग में डाल देने से स्त्री-पुरुष का विद्वेषण

होता है। जितने ज्यादा पत्ते डाले जायेंगे, उतनी जल्दी विद्वेषण होगा। अमुका-अमुकी के स्थान पर जिनमें विद्वेषण कराना हो, उन स्त्री-पुरुष का नाम लिखें।

मित्रों में विद्वेषण कराने का मन्त्र

१. राई राई तू महामाई। जारी है जरवीरी छाई। अमुकामुक में होय लड़ाई।

होली, दीपावली, ग्रहणकाल या किसी शुभ मुहूर्त्त में उपरोक्त मन्त्र को इक्कीस सौ बार जप करके सिद्ध कर लें। फिर प्रयोग करते समय रात को श्मशान में जाकर जलती चिता पर रूई में सरसों मिलाकर एक सौ आठ आहुतियाँ देने से दो मित्रों में विद्वेषण हो जाता है। अमुकामुक के स्थान उन मित्रों का नाम लेना चाहिये, जिनमें विद्वेषण कराना हो।

२. ॐ नमो आदेश गुरु सत्य नाम को। बारह सरसों तेरह राई। बारकी मीठी, मसान की हाई। पटक मारुकर जलवार। अमुक फूटे देखे न अमुक द्वार। मेरी भक्ति, गुरु की शक्ति, फुरो मन्त्र, ईश्वरो वाचा।

साधक पीली सरसों, राई, मेथी थोड़ी-थोड़ी सी लें। फिर आम व ढाक की सूखी लकड़ियाँ लाएं। इसके बाद श्मशान से जलती चिता की राख लाकर लकड़ियों की वेदी बनाकर उक्त मन्त्र बोलते हुए सामग्री से एक सौ आठ आहुतियाँ दें। अब जिनमें विद्वेषण कराना हो, उनके नाम बोलें और जहाँ पर वे उठते-बैठते हों, वहाँ हवन की राख डाल दें। इससे उनमें विद्वेषण हो जायेगा।

परिवार वालों के बीच विद्वेषण कराना

१. आं क्रीं क्रीं क्रीं क्रां क्रां क्रां स्फरें स्फरें धां धां ठः ठः।

अमावस्या की रात को श्मशान में जाकर साबुत उड़द को हांडी में पकाकर सुखाकर रख लें। फिर प्रयोग करने के लिए रविवार या मंगलवार को मन्त्र से एक सौ आठ बार अभिमन्त्रित करके जिसके भी घर में डाला जायेगा, वहाँ रहने वाले सभी सदस्यों के बीच विद्वेषण हो जायेगा।

२. ॐ नमो महाभैरवाय श्मशानवासिन्यै अमुकामुकयो विद्वेषे कुरु कुरु क्रुं फट्।

बिलौटे व चूहे के मल से दो पुतले बनाकर उन पर नीला कपड़ा लपेट दें। फिर जिन व्यक्तियों में विद्वेषण कराना हो, उनका नाम उच्चारण कर इस महाभैरव मन्त्र का एक सौ आठ बार जप करें। इससे अवश्य ही उनमें विद्वेषण हो जाता है। चाहे वह रिश्ते में कोई भी क्यों न हों।

३. ॐ नमो नारदाय अमुकस्य अमुकेन सह विद्वेषणं कुरु कुरु स्वाहा।

पहले किसी दिन इस मन्त्र को एक लाख बार जप करके सिद्ध कर लें। फिर प्रयोग करने के लिए बिल्ली के नाखून और कुत्ते के बाल लेकर उक्त मन्त्र का उच्चारण करके जहाँ पर डाला जायेगा, वहाँ रहने वालों में आपस में विद्वेषण हो जायेगा।

साही के कांटों पर इस मन्त्र को पढ़कर जिस जगह पर डाला जायेगा, वहाँ रहने वालों में विद्वेषण हो जायेगा।

शत्रु उच्चाटन मन्त्र

१. ॐ एक ही आदि है जगधारा। सदा स्मरण करुं ओंकारा। ओंकार से मैं काम चलाऊं। ठहरे पर्वत मैं हिलाऊं। ओंकार से उपजी वायु। वायु का बेटा है हनुमान। तेरा हूँ मैं एक ही दासा। सदा रहो रघुवर के पासा। पान बीड़ा तुझे चढ़ाऊं। देवदत्त को मैं भगाऊं। मेरा भागा न भगे। रामचन्द्र की दुहाई। सीता सतवंती की दुहाई। लक्ष्मण यती की दुहाई। गौरा पार्वती की दुहाई। शब्द सांचा, पिण्ड कांचा। फुरो मन्त्र ईश्वरो वाचा।

रामनवमी के दिन हनुमानजी की सिद्धि के लिए विशेष रूप से विधिवत् पूजा कर प्रतिदिन चालीस दिनों तक एक हजार मन्त्रजप करें। जपकाल में विचित्र अनुभूति होने पर धैर्य रखें, भयभीत न हों तथा ब्रह्मचर्य का पूरी तरह पालन करें और सात्विक भोजन करें। मन्त्र सिद्ध हो जाने पर काले उड़द को अभिमन्त्रित कर शत्रु पर मारने से उसका उच्चाटन हो जाता है।

२. ॐ तंगु स्फुलिंग बक्रिम चार्चिका विक्षहन मांथ बने स्फर स्फर ॐ ठः ठः अमुकं।

रविवासरीय या मंगलवासरीय अमावस्या की आधी रात को ऊँट के चर्म आसन पर बैठकर गुंजा की माला से दस माला जप करें। अमुकं के स्थान पर शत्रु के नाम का उच्चारण करने से अवश्य ही शत्रु का उच्चाटन हो जाता है

३. ॐ नमो अमुकस्याय अमुकस्य गृहे उच्चाटनं कुरु कुरु स्वाहा।

इस मन्त्र को एक हजार बार जप करके सिद्ध कर लें। प्रयोग करने के लिए मंगलवार के दिन जिस जगह पर गधा लेटा हो, वहाँ की मिट्टी उत्तर दिशा की ओर मुँह करके उठा लाएं तथा उस मिट्टी को इक्कीस बार उक्त मन्त्र से अभिमन्त्रित करके शत्रु के घर में डालने से निश्चित रूप से शत्रु का उच्चाटन होता है।

४. ॐ नमो भगवते रुद्राय हुं दंष्ट्राकरालाय अमुकं सपुत्र बांधवैः सह हन हन दह दह पच पच शीघ्रं उच्चाटय उच्चाटय हुं फट् स्वाहा ठः ठः।

उपरोक्त मन्त्र का उच्चारण करते हुए कौवे व उल्लू के पंखों से जिसका भी नाम लेकर एक सौ आठ बार हवन करेगा, उसका निश्चित रूप से उच्चाटन होगा।

५. ॐ श्रीं श्रीं श्रीं अमुक शत्रुं उच्चाटनं स्वाहा।

उत्तराफाल्गुनी नक्षत्र में सात अंगुल लम्बी कुमकुम की लकड़ी लेकर उसे एक सौ आठ बार अभिमन्त्रित करके शत्रु के घर के दरवाजे पर दबा देने से सप्ताह भर में ही शत्रु का उच्चाटन हो जाता है।

६. ॐ ह्रीं दंडिनीं ह्रीं महादंडी नमस्ते ठः ठः।

इस मन्त्र को पहले एक हजार बार जप करके सिद्ध कर लें। फिर प्रयोग करने के लिए सात अंगुल लम्बी मनुष्य की हड्डी को एक सौ आठ बार अभिमन्त्रित कर जिसके घर में गाड़ा जायेगा, उसका उच्चाटन हो जायेगा।

विषैले जीव-जन्तु का उच्चाटन

१. ॐ कारी कमरी मौनी रात, टेडो सरप अपनी वाट, जो सरप बिच्छा पर परे लात, वह सरप बिच्छा करे न घात, दुहाई ईश्वर महादेव की, गौरा पार्वती की।

प्रातः उठते ही इस मन्त्र का सात बार उच्चारण करने से विषैले जीव-जन्तु का उच्चाटन होता है। रास्ते में चलते समय इस मन्त्र का जप करने से विषैले जीव-जन्तु दूर हो जाते हैं।

२. फरीद चले परदेश को कुत्तक जी के भाव सांप। चोरां नाहरां तीनों दांत बंधान।

किसी भी पर्वकाल में इस मन्त्र को एक माला जप करके सिद्ध कर लें। फिर जब कभी वन-जंगल से होकर जाना पड़े तो इस मन्त्र को सात बार उच्चारण कर अपने ऊपर फूँक मारकर तीन बार ताली बजा देने से जंगली जीव-जन्तुओं का उच्चाटन होता है।

शत्रु उच्चाटन मन्त्र

१. ॐ लोहिते मुख स्वाहा।

इस मन्त्र को किसी दिन दस माला जप करके सिद्ध कर लें। फिर प्रयोग करते समय चार अंगुल चित्रक वृक्ष की टहनी पुनर्वसु नक्षत्र में लाकर सात बार अभिमन्त्रित करके जिसके घर में डाली जायेगी, उसी का उच्चाटन हो जायेगा।

२. ॐ धुं धूति ठः ठः स्वाहा।

इस मन्त्र को एक हजार आठ बार जप करके सिद्ध कर लें। फिर प्रयोग करते समय अरुवा वृक्ष की टहनी को एक सौ आठ बार अभिमन्त्रित करके जिसके घर में डाला जायेगा, उसी का उच्चाटन हो जायेगा।

३. ॐ हं हं वां हं हं ठः ठः।

इस मन्त्र को पहले दस माला जप करके सिद्ध कर लें। प्रयोग करते समय कौवे की चार अंगुल लम्बी हड्डी को एक सौ आठ बार अभिमन्त्रित करके ज़िसके घर में डाला जायेगा, उसी का उच्चाटन अवश्य हो जायेगा।

प्रबल उच्चाटन मन्त्र

ॐ वीर वीर महावीर सात समुद्र का सोखा नीर, देवदत्त के ऊपर चौकी चढ़ हियो फोड़ चोटी। चढ़े सांस न आवे षड्यो रहे कायामाहि जीव, रहे लाल लंगोट तेल सिन्दूर पूजा मांगे महावीर। अन्तर कपड़ा पर तेल सिन्दूर हजरत वीर की चौकी, रहे ॐ नमो आदेश। आदेश ! आदेश !!!

यह अत्यन्त घातक प्रयोग है। इसका प्रयोग बहुत सोच-विचारकर करना चाहिए। देवदत्त की जगह साध्य व्यक्ति का नाम लेना चाहिए।

मंगलवार के दिन हनुमान मन्दिर में रात को जाकर सिद्धि करें। हनुमान मंदिर किसी चौराहे पर होना चाहिए। सिद्धि के लिए किसी भी कपड़े पर तेल, सिन्दूर लगाकर शत्रु का चित्र बनाएं और प्राण-प्रतिष्ठा करके उस कपड़े को हंडिया में रखकर उसका मुँह बन्द करके जमीन में दबा दें। इससे शत्रु के श्वासों का उच्चाटन होगा। जब शत्रु को स्वस्थ करना हो तो हंडिया को बाहर निकाल लें। कंटीली या धारदार वस्तु का प्रयोग न करें; वरना शत्रु की मृत्यु भी हो सकती है।

शत्रुता उच्चाटन मन्त्र

ॐ हस्तअली हस्तौ का सरदार, लगी पुकार, करो स्वीकार। हस्तअली तेरी फौज चली, भूत-प्रेतों में मची खलबली। हस्त अली मेरे हाथों के साथ तेरे भूत-प्रेत करे मेरी सत्ता स्वीकार। पाक हस्त की सवारी, तड़फ़ता हुआ भागे जब मैंने चोट मारी। आकाश की ऊँचाइयों में, धरती की गहराइयों में लेना तू खोज खबर, सब पर जाए तेरी नजर। इन हाथों पर कौन बसे, नाहर सिंह वीर बसे। जाग-जागरे नाहर अली, हस्त अली की आन चली। मारुं जब भी मैं चोट, भूत-प्रेत किये-कराये लगे लगाये अला-बला की खोट। जादू गुड़िया, मन्त्र की पुड़िया, श्मशान की खाक, मुरदे की राख, सभी दोष हो जाए खाक। शब्द सांचा, पिण्ड कांचा। फुरो मन्त्र ईश्वरो वाचा।

इस मन्त्र को सूर्यग्रहण में निरन्तर जप करते रहें। उसी रात को लोबान जलाकर चमेली के फूल पास में रखें तो मन्त्र सिद्ध हो जाता है। सिद्धि साधक के हाथों में आ जाती है। फिर साधक अपने हाथ को ही मन्त्र अभिमन्त्रित करे। इस तरह वह जिसे भी मारेगा, उसके दोषों का उच्चाटन हो जायेगा। यदि वह हाथ से जिसे भी छू देगा, वह शत्रुता भूल जायेगा।

उच्चाटन मन्त्र

ॐ नमो आदेश गुरु को, सिद्धि सिद्धि करे सिद्धाई, कभी न होवे जग हंसाई। सिद्धि मेरी है रखवाली, सिद्धि है आसन, सिद्धि है बासन, सिद्धि है ताला, सिद्धि है चाबी। सिद्धि से मैं काम चलाऊं, भरकर प्याला खून पिलाऊं। रक्त का टीका, सिद्धि का वासी, मुझसे भागे सारे पुरवासी। जो मैं चाहूं बाण चलाऊं, बिना तीर-कमान के मैं काम चलाऊं। मेरा मारा ऐसा भागा, बिन कृपा मेरी वह कभी न छूंटा सिद्धि का चक्र मैंने चलाया, जिसको चाहा उसे मरवाया। मेरा चक्र न चले तो नवनाथ सिद्धों की दुहाई, माता वैष्णवी की दुहाई, काशी कोतवाल, भैरव की दुहाई, शब्द सांचा, पिण्ड कांचा, फुरो मन्त्र ईश्वरो वाचा।

इस मन्त्र को नवरात्रों में निर्वस्त्र होकर निरन्तर जप करके सिद्ध करें। फिर प्रयोग करते समय जिस कार्य का चिन्तन करके मन्त्र जपा जाता है, वह कार्य अवश्य ही पूरा होता है। उच्चाटन के लिए उड़द के इक्कीस दानों को अभिमन्त्रित कर वांछित व्यक्ति पर फेंकने से निश्चित रूप से उसका उच्चाटन हो जाता है।

उच्चाटन मन्त्र

सफेद कबूतर, काले कबूतर। काट काट कर मैं तुझे चढ़ाता। काली के बेटे तुझे बुलाता। लौंग सुपारी ध्वजा नारियल। मदिरा की मैं भेंट चढ़ाता। काली विद्या मैं चलाता। बावन भैरों चौंसठ योगिनी। बने इस काज सहयोगिनी। ॐ नमो आदेश! आदेश!! आदेश!!!

यह अत्यन्त प्रबल मन्त्र है। इसकी सिद्धि योग्य गुरु के निर्देशन में ही करनी चाहिए। इस मन्त्र को रात से सूर्योदय तक निरन्तर जप करें और होली के दिन श्मशान में जाकर काला कबूतर काटें। इसी तरह दीपावली की रात को पुन: निरन्तर जप करें और सफेद कबूतर काटें। उसका पंजा अपने पास रखकर शेष भाग श्मशान में ही छोड़ दें। फिर प्रयोग करते समय किसी भी शनिवार की कृष्णपक्ष की चतुर्दशी को श्मशान में जाकर जलती चिता के सामने बैठकर निरन्तर मन्त्र जपें और सुबह अंधेरे मुँह वहाँ से राख लेकर आ जाएं। वह राख उक्त मन्त्र से अभिमन्त्रित करके जिस पर भी डाल दी जायेगी, उसी का उच्चाटन हो जायेगा।

रोग उच्चाटन मन्त्र

ॐ नमो भगवते नारसिंहाय अतुलवीर पराक्रमाय धीर रौद्र महिषासुर रूपाये त्रैलोक्य डंवराय रौद्र क्षेत्रपालाय ह्रीं ह्रीं क्रीं क्रीं क्रमित ताड़य ताड़य मोहय मोहय द्रभि द्रभि क्षोभय क्षोभय आभि आभि साधय साधय ह्रीं हृदये आशक्तये प्रीति लल्यटे बंध यही हृदये स्तम्भन स्तम्भन किली किली ईं

ह्रीं डाकिनीं प्रच्छादय प्रच्छादय शाकिनीं प्राच्छादय प्राच्छादय भूतं प्राच्छादय प्राच्छादय अभूति अदूति स्वाहा राक्षसं प्राच्छादय प्राच्छादय ब्रह्मराक्षसं प्राच्छादय प्राच्छादय आकाशं प्राच्छादय प्राच्छादय सिंहनीपुत्रं प्राच्छादय प्राच्छादय ऐते डाकिनी ग्रहं साध्य साकय अनेन मंत्रेण डाकिनी शाकिनी भूत-प्रेत पिशाचादि एकाहिक द्वाहिक त्र्याहिक चातुर्थिक पंचानिक वाति पैत्तिक श्लेष्मिक सन्निपात केसरी डाकिनी ग्रहादि मुंचामुंच स्वाहा गुरु की भक्ति मेरी शक्ति फुरो मन्त्र ईश्वरो वाचा।

यह विलक्षण शाबर मन्त्र है। इस मन्त्र से इक्कीस बार अभिमन्त्रित कर जल जिस भी रोगी पर छिड़का जायेगा, उसके रोग का उच्चाटन हो जाता है अर्थात् रोग दूर हो जाता है। चाहे कैसा भी रोग हो। इस मन्त्र द्वारा रोगी को चाकू या मोरपंख से भी इक्कीस बार झाड़ा जा सकता है।

आंधी, ओला आदि का उच्चाटन

हुक्म शेख फरीद को, कमरिया निशि, अंधरिया आग, पानी पथरिया, तीनों से तोही बइचया।

इस मन्त्र को किसी भी शुभ मुहूर्त्त में एक हजार बार जप करके सिद्ध कर लें। फिर प्रयोग करते समय तीन बार ताली बजा देने से आंधी, ओलावृष्टि, जल जैसी प्राकृतिक विपदाओं का उच्चाटन होता है।

शैतान चढ़ाना

अल गुरु अल रहमान अमुक की छाती न चढ़े तो माँ-बहिन की। सेज पर पैर धरै, अली की दुहाई। अली की दुहाई !! अली की दुहाई !!!

इस मन्त्र के लिए शुक्रवार की रात को जनशून्य स्थान पर पीली मिट्टी से वृताकार घर बनाकर तिल के तेल का दीपक जलाएं। दीपक का मुँह उत्तर की ओर रखें और स्वयं दक्षिण दिशा की ओर मुँह करके मन्त्रजप करें। सत्रह हजार मन्त्र जप करें। मन्त्र-जप पूरा होने पर शैतान शत्रु पर हावी हो जायेगा। यदि शत्रु ने समय रहते इंसका उचित प्रबंध न किया तो कुछ ही दिनों में उसकी मृत्यु अवश्य हो जायेगी।

शत्रुमारण मन्त्र

१. ॐ ह्रीं फट् स्वाहा।

इस मन्त्र को एक हजार बार जप करके सिद्ध कर लें; फिर प्रयोग करते समय मनुष्य की चार अंगुल हड्डी की कील बनाकर पुष्य नक्षत्र में उक्त मन्त्र से एक सौ आठ बार अभिमन्त्रित करके शत्रु के घर में दबा देने से शत्रु का पूरा परिवार ही नष्ट हो जाता है।

२. ॐ सुरेश्वराय स्वाहा।

इस मन्त्र को किसी दिन दस हजार बार जप करके सिद्ध कर लें। फिर प्रयोग करने के लिए आश्लेषा नक्षत्र में एक अंगुल नाप की सर्प की हड्डी लाकर सात बार उक्त मन्त्र से अभिमन्त्रित करके शत्रु के घर में गाड़ देने से शत्रु की परिवारसहित मृत्यु हो जाती है।

शक्तिशाली मारण मन्त्र

ॐ नमो आदेश गुरु का हनुमंत बलवंता माता अंजनी का पूत हल हलेता आओ चढ़ चढ़ता आओ गढ़ किला तोड़ता आओ लंका जलंता बालेता भस्म करंता आओ ले लागूं लंगूर ते लिपटाए सुमिरते पटकाओ चंदी चंद्रबली भवानी मित गावै मंगलाचार जीते राम लक्ष्मण हनुमान जी आओ, आओ जी तुम आओ सात पान का बीड़ा चावत मस्तक सिन्दूर चढ़ाये आओ मंदोदरी सिंहासन डुलाते, आओ यहाँ आओ हनुमान आया जाग तेनरसिंह आया आगे भैरों किलकिलाय ऊपर हनुमंत भाजै दुर्जन को फाड़ अमुक को मार संहार हमारे सतगुरु हम सतगुरु के बालक मेरी शक्ति गुरु की शक्ति फुरो मन्त्र ईश्वरो वाचा।

यह मन्त्र इकतालीस दिन में सिद्ध होता है। मन्त्रसिद्धि के लिए किसी एकान्त हनुमान मन्दिर का चयन करें। मंगलवार के दिन बूँदी के सात लड्डू और सात पान लगे हुए हनुमानजी को अर्पित कर दस हजार मन्त्रजप करें। जप करने के बाद धूप-दीप, नैवेद्यादि अर्पित करें, चोला चढ़ाएं तो मन्त्र सिद्ध हो जाता है।

फिर प्रयोग करते समय श्मशान के कोयले से जमीन पर शत्रु का चित्र बनाएं। चित्र में सीने पर शत्रु का नाम लिखें और प्रत्येक अंग पर हनुमानजी का बीज मन्त्र लिखें। फिर सात बार मन्त्रोच्चारण कर चित्र के सिर पर जूते मारने से शत्रु पागल होकर एक सप्ताह में ही मृत्यु को प्राप्त हो जाता है।

चित्र के चारो ओर चार मोम की कीलें अभिमन्त्रित कर चारो कोनों में गाड़ें और हनुमानजी की पूजा कर बीज मन्त्र पूर्व दिशा की ओर मुँह करके लिखें तथा खीर का भोग लगायें।

शत्रुमारण मन्त्र

१. ॐ चांडलिनी का मारण्यावासिनी वन दुर्गे क्लीं क्लीं ठः ठः स्वाहा।

इस मन्त्र को पहले दस हजार बार जप करके सिद्ध कर लें। फिर प्रयोग करने के लिए शनिवार को कुमकुम और गोरोचन से भोजपत्र पर 'स्वाहा मारय हुं अमुकं ह्रीं फट्' मन्त्र लिखें। अमुक की जगह शत्रु का नाम लिखें। मन्त्र को अभिमन्त्रित कर गले में धारण करने से शत्रु की मृत्यु हो जाती है।

२. ॐ शु खले स्वाहा।

इस मन्त्र को किसी दिन दस हजार बार जप करके सिद्ध कर लें। फिर प्रयोग करने के लिए बिच्छू का डंक, हैबुदियां कीड़ा और तजकौच के बीजों को एक सौ आठ बार अभिमन्त्रित कर शत्रु के कपड़ों पर डाल देने से शत्रु एक सप्ताह में गुल्म रोग से पीड़ित होकर मर जाता है।

हवन द्वारा मारण

१. ॐ नमः काल भैरों कालिका तीर मार ताड़े वैरी की छाती ताड़े हाथ कलजो कढ़े बत्तीसी यदि यह काज न करे नोखिनी योगिनी का तीर टूटे मेरी भक्ति गुरु की शक्ति फुरो मन्त्र ईश्वरो वाचा।

काली कनेर के एक सौ आठ फूल व गूगल के छोटे-छोटे एक सौ आठ टुकड़े लेकर श्मशान में जाकर दक्षिणमुख होकर जलती चिता में गूगल व फूलों द्वारा हवन करने से शत्रु तीन सप्ताह के अन्दर मर जाता है।

२. ॐ ऐं ह्रीं महाविकराल भैरवाय ज्वालाक्तायमयशत्रु दह पच पच उन्मूलय उन्मूलय ॐ ह्रीं ह्रीं फट् स्वाहा।

श्मशान में जाकर भैंसे के चर्म के आसन पर बैठकर काले ऊन की माला से प्रतिदिन रात को एक सौ आठ बार मन्त्रजप करें और जप समाप्त होने पर सवा सेर सरसों से हवन करने पर शत्रु अवश्य ही मृत्यु को प्राप्त हो जाता है।

ज्वर द्वारा मारण

ॐ डं डां डिं डीं डुं डूं डें डैं डों डौं डं डः अमुकं गृहण गृहण हुं हुं ठः ठः।

मनुष्य की हड्डी की कील बनाकर इस मन्त्र से एक हजार बार अभिमन्त्रित कर जलती चिता में डालने से शत्रु असाध्य ज्वर से पीड़ित होकर मर जाता है।

यदि मनुष्य की हड्डी को उक्त मन्त्र से एक हजार बार अभिमन्त्रित कर शत्रु के घर या श्मशान में दबा दिया जाए तो शत्रु का परिवारसहित नाश हो जाता है।

कपालभग्न

इस्नामीन सलासमातिन।

इस मन्त्र को चालीस दिन तक प्रतिदिन एक हजार बार जप करके सिद्ध कर लें। फिर प्रयोग करने के लिए कुम्हार के चाक की मिट्टी या शत्रु के पैर के नीचे की मिट्टी लाकर शत्रु के रंग जैसा मिलाकर पुतला बना लें। श्मशान से छोटी-छोटी हड्डियाँ लाकर एक माला बना लें। उस माला पर उपरोक्त मन्त्र का जप करते हुए पुतले के सिर पर हर बार जूता मारें। चालीस दिन के प्रयोग से शत्रु का सिर फटकर उसकी मृत्यु हो जाती है।

प्रतिमा द्वारा मारण

खंग मारे कालिका भुंजग मारे भैरव झपट के मारे दुर्ग कहे अलमस्त वो ही पस्त जो मुझे सताये।

किसी भी शनिवार को श्मशान में जाकर निर्वस्त्र होकर जलती चिता के सामने बैठकर रातभर इस मन्त्र का जप करें और सूर्योदय से पूर्व चिता को प्रणाम कर कोयला व राख लेकर आ जाएं। राख में शत्रु के पैर की मिट्टी मिलाकर शत्रु का पुतला बनायें। फिर पुतले को कोयले के ढेर पर रखकर श्मशान से लाया हुआ कोयला पुतले की छाती पर रखकर कोयलों से पूरी तरह ढककर पुतले में आग लगाकर मन्त्रजप करें। जैसे-जैसे पुतला आग से घिरता जायेगा, शत्रु पीड़ा से ग्रस्त होता जायेगा। जब आग पूरी तरह जलकर चटकेगी तो शत्रु की मृत्यु हो जायेगी।

मूठ फेंकना

१. ॐ नमो काला भैरों मसान वाला चौंसठ योगिनी करैं तमाशा रक्त नान चल रे भैरो कालिया मसान मैं कहूँ तो सों समुझाय सवा पहर में धुनि दिखाय मुवा मुरदा मरघट वास माता छोड़े पुत्र की आस चलती लकड़ी घुकै मसान भैंरो मेरा बैरी तेरा खान सेली सिंगी रुद्रबाण मेरे वैरी को नहीं मारो तो राजा रामचन्द्र लक्ष्मण यती की आन शब्द सांचा पिण्ड काचा, फुरो मन्त्र ईश्वरो वाचा।

श्मशान आते मुरदे की हांडी प्राप्त करें। इसके साथ यह भी ध्यान रखें कि मुरदा कहाँ जलाया जा रहा है। फिर रात में जाकर मुरदे की चिता पर हांडी गरम करें। जब हांडी गरम हो जाय तो उसमें थोड़े से काले उड़द डालें। जब उड़द भुन जायें तो हांडी को एक जगह पर पलटकर फूले उड़द अलग और जले हुए उड़द अलग कर लें। जले हुए उड़द लेकर उक्त मन्त्र से इक्कीस बार अभिमन्त्रित करके शत्रु पर फेंकने से शत्रु मर जाता है। यह सब कार्य सुबह बासी मुँह ही करें। मन्त्र को पहले दस हजार बार जप करके सिद्ध कर लें।

२. ॐ नमो वीर तो हनुमंत वीर सूर्य का तेज शत्रु की काया अदीठ चक्र देवी कालिका चलायारे वादीन कर बाद मैं करिहौं तेरे जीव का घात मैं न डरूं तेरे गुरु पीर सूंमारूं ताने एक तीर सूंमेरा मारा ऐसा घूमे जैसे भुजंग की लहर पै तोहि गिरता मारूं बाण फेरि चलो तो यती हनुमान की आन शब्द सांचा पिण्ड काचा, फुरो मन्त्र ईश्वरो वाचा।

इस मन्त्र को पहले किसी दिन दस हजार बार जप करके सिद्ध कर लें। फिर प्रयोग करने के लिए शनिवार के दिन दाँयें हाथ में रात को काले उड़द लेकर सात बार अभिमन्त्रित कर शत्रु पर फेंकने से कुछ ही दिनों में अवश्य ही शत्रु मर जाता है।

३. ॐ नमो वीर तो हनुमन्त वीर भूरि मूठि चलावै तीर मैं की सूख नाखी तोड़ि लोहु सोखि मेरा वैरी तेरा भक्षिह तोड़ि कलेजा चाख सब धर्म की हाथई वजे धर्म की लालमें बलि तुम्हारे कहाँ गए भूरे बाल उलटि पछाड़ पछाड़े तो माता अंजनी की आन शब्द सांचा पिण्ड कांचा, फुरो मन्त्र ईश्वरो वाचा।

इस मन्त्र को दस हजार बार जप करके सिद्ध कर लें। फिर प्रयोग करने के लिए होली से पहली रात को निर्वस्त्रहोकर जनशून्य स्थान में मन्त्र का दस माला जप करके थोड़े से काले उड़द को अभिमन्त्रित करके शत्रु पर फेंकने से कुछ ही दिनों में शत्रु मर जाता है।

मारणमन्त्र विविध प्रयोग

ॐ नमः कालरूपाय अमुकं भस्म कुरु कुरु स्वाहा।

इस मन्त्र को पहले दस हजार बार जप करके सिद्ध कर लें। फिर आवश्यक होने पर मन्त्र को सात या ग्यारह बार अभिमन्त्रित कर निम्न प्रयोग करें—

१. मंगलवार को चिता की राख में धतूरे को पीसकर जिसके ऊपर डाला जायेगा, वह शीघ्र मर जाता है।

२. मंगलवार के दिन भरणी नक्षत्र में चिता की लकड़ी लाकर जिसके घर के दरवाजे पर गाड़ दी जायेगी, उस घर के मुखिया की शीघ्र मृत्यु हो जायेगी।

३. गिरगिट की चर्बी के तेल की एक बूँद शत्रु पर डालने से शत्रु की अवश्य मृत्यु हो जाती है।

४. उल्लू की बीट को विष में मिलाकर चूर्ण बनाकर शत्रु पर डालने से उसकी शीघ्र मृत्यु हो जाती है।

सर्वरोग-नाशक मन्त्र

१. ॐ नमो आदेश गुरु का। काली कमली वाला श्याम। उसको कहते हैं घनश्याम। रोगनाशे, शोकनाशे। नहीं तो कृष्ण की आन। राधा मीरा मनावे। अमुक का रोग जावे।

इस मन्त्र को पहले एक सौ आठ बार किसी शुभ दिन सिद्ध कर लें। इस मन्त्र से रोगी व्यक्ति को सात बार झाड़ा देने से रोगी स्वस्थ हो जाता है।

२. वन में बैठी वानरी, अंजनी आयो हनुमंत वाल डमरू ब्याही विलाई आँख की पीड़ा मस्तक पीड़ा चौरासी बाई बलि बलि भस्म हो जाए पके न फूटे पीड़ा करे तो गोरख यती रक्षा करे गुरु की शक्ति मेरी भक्ति फुरो मन्त्र ईश्वरो वाचा।

इस मन्त्र को किसी शुभ दिन एक हजार आठ बार जप करके सिद्ध कर लें। जब कोई रोग समझ में न आए तो इस मन्त्र को बोलकर इकतीस बार झाड़ा देने से रोगी का रोग दूर हो जाता है।

ज्वरनाशक मन्त्र

१. मनसामेदास नवमे कपट बसे कपाल हावके भले हनुमंत की आन सीसी जंग पाठान विचान मन्त्र शांती गायत्री नाम से न देवता मोहना राजा तिजाट एक ज्वरा तिन ज्वरा चारि ज्वरा पांच ज्वरा सात ज्वरा जोर है तो राजा अजय पाल का चक्र वह तैंतीस कोटि देवता मेरे मन्त्र की शक्ति से चलें चौंवन खण्ड में जाए चीर न मारे बाण न खाये क्षणे बाण क्षणे दक्षिण क्षणे आसे होर अचन सोरी स्मरिरे काया विख्यात हीर।

इस मन्त्र से सात बार झाड़ा दें। ऐसा तीन दिन तक नियमित रूप से करने से कैसा भी ज्वर हो उतर जाता है।

२. श्री कृष्ण बलभद्रश्च प्रद्युम्न अनिरुद्ध च।
उषा स्मरण मात्रेण ज्वरव्याधि विमुच्यते॥

इस मन्त्र को सादे सफेद कागज पर लिखकर धूप-दीप दिखाकर गले में धारण करने से ज्वर नष्ट हो जाता है। इस मन्त्र का जप करते रहने से भी ज्वर दूर हो जाता है।

३. ॐ नमो अजयपाल की दुहाई जो ज्वर रहे अमुक पिण्डे तो महादेव की दुहाई फुरो मन्त्र ईश्वरो वाचा।

ज्वर से पीड़ित व्यक्ति को उक्त मन्त्र से सात बार झाड़ा देने से ज्वर मिट जाता है।

तिजारा ज्वरनाशक मन्त्र

कारी कुकरी सात पिल्ला ब्याई सातों दूध पिआई जिआई बाघ थन इलो-कांश्चलाय के मन्त्र तीनों जारी।

रोग पर नजर जमाये हुए इस मन्त्र का उच्चारण करते हुए इक्कीस बार बोलते हुए, फूँक मारने से तीसरे दिन आने वाला ज्वर नष्ट हो जाता है।

एकतरा ज्वरनाशक मन्त्र

ॐ नमो भगवते रुद्राय शूलपाणये। पिशाचाधिपतये आवेशय कृष्ण पिंगल फट् स्वाहा।

इस मन्त्र को सादे कागज पर कच्चे कोयले से लिखकर ताबीज बनाकर बाँयीं भुजा में धारण करने से प्रतिदिन आने वाला एकतरा मिट जाता है।

तिजारा ज्वरनाशक मन्त्र

ॐ नमो कामरूप देश कामाख्या देवी जहाँ बसे इस्माईल जोगी इस्माईल जोगी के तीन पुत्री एक तोड़े एक पिछोड़े एक तिजोरी तोड़े।

जिस व्यक्ति को तिजारी ज्वर आता हो, उसे अपने सामने खड़ा करके उसके शरीर के उस भाग को अपने हाथ से पकड़े जहाँ शीत लगती हो। फिर इस मन्त्र से इक्कीस बार झाड़ने से तिजारी ज्वर नष्ट हो जाता है

नजरनाशक मन्त्र

वावति वावति छोटी वावति लम्बी केश वावति चललीं कामरूप देश कामरूप देश से आइल भगाना सिर लोट, पर चढ़े मसाना ठोकर मारी तीन क्षखलेब छीन सत्यनाम कामरूप के, बिद्यानोना योगिनी के सिद्ध गुरु के बंदौं पांव।

जिस बच्चे को नजर लग गई हो और वह रो रहा हो तो बच्चे के सिर पर हाथ रखकर सात बार मन्त्र पढ़ते हुए फूँक मार देने से नजर का दुष्प्रभाव नष्ट होकर बच्चा हँसने-खेलने लगता है।

बहती नाक रोकना

ॐ नमो आदेश गुरु का चार आटी चार घाटी कीख नीख है चौरासी घाटी बहैनीर मीजे चीर नायनाक थमि हो श्री नरसिंह वीर नाक न थमे तो माता अंजनी की पीया दूध हराम करे मेरी भक्ति, गुरु की शक्ति, फुरो मन्त्र ईश्वरो वाचा।

उक्त मन्त्र का उच्चारण करते हुए थोड़ी-सी रूई को लेकर सात बार मन्त्र से अभिमन्त्रित कर बहती हुई नाक में लगा देने से नाक बहना बन्द हो जाता है।

हिचकी रोग-नाशक मन्त्र

ॐ सुमेरु पर्वत पर लोना चमारी सोने की संपी सोने की सुतारी हक चूक बाह बिलारी धरणी नाल काटि कूटि समुद्र खारी बहावो लोना चमारी की दुहाई फुरो मन्त्र खुदाई।

उक्त मन्त्र से इक्कीस बार बोलते हुए झाड़ा देने से कुछ दिनों के प्रयोग से हिचकी रोग ठीक हो जाता है।

नाभि बैठाने का मन्त्र

ॐ नमो बाड़ी नाड़ी, नौ सौ नाड़ी, बहतर कोठा, चलै अगाड़ी डिगै न कोठा। चले नाड़ी रक्षा करे यती हनुमंत की आना शब्द सांचा, पिण्ड काचा। फुरो मन्त्र ईश्वरो वाचा।

पहले इस मन्त्र को किसी दिन एक हजार बार जप करके सिद्ध कर लें। फिर प्रयोग करते समय नौ गाँठ वाला बांस लेकर रोगी को सीधा लिटाकर उसकी नाभि पर बांस खड़ा करके इस मन्त्र को सात बार उच्चारित करते हुए बांस के छेद में जोर-जोर से फूँक मारने से उखड़ी या अपने स्थान से हटी नाभि अपनी जगह आ जाती है।

वायनाशक मन्त्र

१. कामरूप देश कामाख्या देवी जहाँ बसे इस्माईल जोगी इस्माईल जोगी के तीन पुत्र एक तोडे एक पिछोडे एक करेखन वाय को तोडे शब्द सांचा पिण्ड कांचा, फुरो मन्त्र ईश्वरो वाचा।

इस मन्त्र को पहले किसी शुभ दिन में दस हजार बार जप करके सिद्ध कर लें। फिर प्रयोग करते समय सात बार मन्त्र उच्चारित करते हुए रोगी को झाड़ा देने से वायु रोग दूर होता है।

२. ॐ नमो आदेश गुरु का वाल में कपाल में भेजा में कीड़ा, कीड़ा करे न पीड़ा सोना का सलावा रूपा का हथौड़ा ईश्वर माड़ै गोर्या तोड़े इनको शाप श्री महादेव तोड़े, शब्द सांचा पिण्ड कांचा, फुरो मन्त्र ईश्वरो वाचा।

उपरोक्त मन्त्र को सात बार उच्चारण करके गाय के उपलों की राख से झाड़ा देने से वाय रोग ठीक हो जाता है।

३. कौन पुरवाई कहाँ चले। वन ही चले वाजहे के कोयला। कोयला का करवे हेसारी। पत्रखण्ड कखेहु। अष्टोत्तर दाँत व्याधि काटे। सिर रावण का दश भुजा रावण की बीस ककुही वर वटी। वायुगोला बांधूं बांधूं मैं गुल्म। दुहाई महादेव गौरा पार्वती नीलकण्ठ की। लोना चमारिन की दुहाई, फुरो मन्त्र खुदाई।

उक्त मन्त्र को बोलते हुए सात बार झाड़ा देने से वायु रोग दूर हो जाता है।

बवासीर-नाशक मन्त्र

१. ॐ हाई हूई हलक हलाई आहुम क्लं क्लां क्लीं हुम्।

बवासीर खूनी हो या वादी, उक्त मन्त्र से जल को अभिमन्त्रित करके सात रविवार व सात मंगलवार में गुदा धोने से बवासीर का रोग ठीक हो जाता है।

२. ॐ नमो नमो सिद्ध नमो चौरासी उदर जड़ी रक्त सड़ी चूबे मत खड़ी पड़ी तोहे देख लोना चमारिन धूप गूगल की दी अग्यारी जो रहे बवासीर तो हजार हराम गुरु गोरखनाथ की शक्ति आन गौरा माई की।

इस मन्त्र को होली, दीपावली या ग्रहण के अवसर पर जप करके सिद्ध कर लें।

फिर काली मिट्टी को मन्त्र से ग्यारह बार अभिमन्त्रित करके पेडू पर बांधें और लाल रंग का धागा अभिमन्त्रित कर कमर में बांधें एवं शौच के जल को अभिमन्त्रित कर गुदा धोने से शीघ्र आराम हो जाता है।

३. ॐ काका कता क्रोरी कर्ता। ॐ करता से होय। भरसभा दश हूंस प्रकटे। खूनी बादी बवासीर न होय। मन्त्र जानके न बताए। द्वादश ब्रह्म हत्या का पाप होय। लाख जप करे तो उसके वंश में न होय। शब्द सांचा पिण्ड काचा। हनुमान का मन्त्र सांचा। फुरो मन्त्र ईश्वरो वाचा।

रात के बासी पानी को इस मन्त्र से इक्कीस बार अभिमन्त्रित कर गुदा धोने से खूनी व बादी दोनों तरह का बवासीर ठीक हो जाता है।

४. खुरासान की टेनीशाहा खूनी बादी दोनों जाहा उमती उमती। चल चल स्वाहा।

इस मन्त्र से पानी को तीन बार अभिमन्त्रित कर उस पानी से गुदा धोयें। फिर स्नान करने के बाद लाल कच्चा सूत व उसके पाँच तार लेकर मन्त्र से सात बार अभिमन्त्रित कर तीन गांठें लगायें और इक्कीस बार मन्त्र जपकर वह धागा रोगी के दोनों पैरों के अंगूठों में बांधने से आराम मिलता है।

५. ॐ नमो आदेश कामरू कामाख्या देवी को भीतर बाहर मैं बोलूं सुन देकर मन तूं काहे जलावत केहि कारण। रसहित पर तूं डूगर में विख्यात। रहेता ऊपर अमुक के गात। नरसिंह देव तोसे बोले बानी। अब झट से हो जा तूं पानी। आज्ञा हाड़ी दासी फुरो चण्डी उवाच।

सुबह व शाम को इस मन्त्र से तीन-तीन बार रोगी को झाड़ा लगाना चाहिए। २-३ सप्ताह के उपचार से रोग नष्ट हो जाता है।

६. ईस ईसा ईसा कांच कपूर चोर के शीशा अतिक अक्षर जाने नहीं कोई खूनी बादी दोनों न होई दुहाई तख्त सुलेमान बादशाह की।

उक्त मन्त्र से पानी को तीन बार अभिमन्त्रित करके गुदा धोने से बवासीर का रोग नष्ट होता है।

आधासीसी नाशक मन्त्र

१. ॐ नमो आदेश गुरु का। कालीचिड़ी चिग चिग करे। धौली आवै बासै हरै। जती हनुमंत हां कमारे। मथवाई और आधासीसी नासै। गुरु की शक्ति मेरी भक्ति। फुरो मन्त्र ईश्वरो वाचा।

उक्त मन्त्र को इक्कीस बार बोलते हुए रोगी व्यक्ति के झाड़ा देने से आधासीसी

और मथवाई का रोग ठीक हो जाता है। पूरी तरह लाभ पाने के लिए तीन दिन झाड़ा लगायें।

२. बन में जाई बांदरी जो आधाफ़ल खाई। खड़े मुहम्मद हांकतें आधासीसी जाई।

इस मन्त्र को सूर्यग्रहण या चन्द्रग्रहण के अवसर पर दस हजार बार जप करके सिद्ध कर लें। फिर इक्कीस बार इस मन्त्र से झाड़ा देने से आधासीसी का रोग ठीक हो जाता है।

स्मरणशक्तिवर्द्धक मन्त्र

१. ॐ नमो देवी कामाख्या। त्रिशूल खड्ग हस्त पाद्या। पातीगरुड़। सर्व-लखी तू प्रीतये। संमागना तत्त्व चिन्तामणि। नरसिंह काल चल। क्षीन कोटि कात्यायनी तालव प्रसाद। के ॐ ह्रों ह्रीं क्रूं त्रिभुवन चालिया। चालिया स्वाहा।

प्रात:काल स्नान करने के बाद तुलसी के पौधे में जल चढ़ाने के बाद ग्यारह पत्तियाँ तोड़कर ४० दिनों तक इस मन्त्र का जप करके खाने से स्मरण शक्ति की वृद्धि होती है।

२. ऐं बुद्धिवर्द्धय चैतन्य देहि ॐ नमः।

इस मन्त्र की छ: माला इक्कीस दिनों तक जप करने से स्मरणशक्ति बढ़ती है।

कण्ठबेल-नाशक मन्त्र

१. ॐ नमो कण्ठबेल महाबेल तुम दरद दियो अब हिलो चलो तुरतहि जाओ सात लोक सात समुन्दर पार जाके डूबो हमें बचाओ न जाओ तो बहत्तर हजार चमार की नांद में गिरो दुहाई बाबा महादेव की माता गौरा की।

इस मन्त्र को पहले नवरात्र के दिनों में प्रतिदिन एक माला जप करके सिद्ध कर लें। फिर प्रयोग करते समय मोर के पंख से रोगी को सात बार मन्त्र पढ़ते हुए झाड़ा दें। सोमवार से रविवार तक नियमित रूप से झाड़ा देने से कण्ठबेल सूखकर रोग मिनट जाता है।

२. ॐ नमो कण्ठबेल तुम द्रुम दुराली सिर पर जकड़ी वज्र की ताली गोरख-नाथ माजता आया बढ़ती बेल को तुरन्त घटाया जो कुछ बची ताही मुरझाया बाट गई बेल बढ़ नहीं पावै बैठा तहाँ उठ नहीं पावै फूटे और पीड़ा करे तो गोरखनाथ की दुहाई फिरै मेरी भक्ति गुरु की शक्ति फुरो मन्त्र ईश्वरो वाचा।

उक्त मन्त्र को इक्कीस बार बोलते हुए रोगी को झाड़ा लगाते हुए चाकू से जमीन पर लकीरें खींचता रहे। फिर आखिरी झाड़ा देते समय चाकू से सभी लकीरें काट देने से कण्ठबेल का रोग मिट जाता है।

नेत्ररोगनाशक मन्त्र

१. ॐ अगाली बगाली अवाल पताल गर्द मर्द अदार कटार फट् फट् उत कर ॐ हुं हुं ठः ठः।

इस मन्त्र को पहले किसी शुभ रविवार या मंगलवार को एक सौ आठ बार जप करके सिद्ध कर लें। फिर नेत्ररोगी को इकतीस बार झाड़ा देने से नेत्ररोग ठीक हो जाता है।

२. उत्तर काल काहु सुत योग का बाहा इस्माईल जोगी की दो बेटी। एक माथे चूल्हा, एक काटे फूला। दुहाई लोना चमारी की। शब्द सांचा, पिण्ड काचा। फुरो मन्त्र ईश्वरो वाचा।

इस मन्त्र को पहले किसी दिन दस माला जप करके सिद्ध कर लें। नेत्र में फूला होने पर लोहे की कील को इक्कीस बार मन्त्र से अभिमन्त्रित कर जमीन में ठोंकने से नेत्रों का फूला स्वत: ही कट जाता है।

३. सातौं रीदा सातौं भाई सातों मिल के आंख बराई दुहाई सातौं देव की, इन आंखिन पीड़ा करें तो धोबी की नांद चमार के चूल्है परै। मेरी भक्ति गुरु की शक्ति फुरो मन्त्र ईश्वरो वाचा।

होली या दीपावली की रात से शुरू करके इक्कीस दिन तक नित्य एक माला जप करके सिद्ध कर लें। फिर जिसकी आंखों में दर्द हो, उसे इक्कीस बार मन्त्र पढ़ते हुए झाड़ा देने से दर्द मिट जाता है।

४. ॐ नमो झलमल जहर भरी तलाई अस्ताचल पर्वत ते आई तहाँ बैठा हनुमंत जाई फूटै न पाकै करै न पीडा यती हनुमंत राखै हीड़ा शब्द सांचा पिण्ड काचा फुरो मन्त्र ईश्वरो वाचा।

पहले इस मन्त्र को रविवार या मंगलवार को दस माला जप करके सिद्ध कर लें। फिर नेत्ररोगी को नीम की हरी पत्तियों वाली टहनी से ग्यारह बार झाड़ा देने से नेत्र रोग दूर हो जाता है।

५. ॐ नमो आदेश गुरु का। समुद्रा समुद्र में खाई। इस मरद की आँख आई। पाकै, फूटै न पीड़ा करे। गुरु गोरख को आज्ञा करे। मेरी भक्ति, गुरु की शक्ति, फुरो मन्त्र ईश्वरो वाचा।

पहले किसी दिन मन्त्र को सिद्ध कर लें। फिर नमक की सात डली लेकर मन्त्रोच्चारण करते हुए सात बार झाड़ा देने से नेत्ररोग दूर हो जाता है।

६. ॐ नमो वन में ब्याई बानरी जहाँ-जहाँ हनुमान अंखिया दीर कषावरि गिहिया थने लाई चरिउ जाय भस्मन्तन गुरु की शक्ति मेरी भक्ति फुरो मन्त्र ईश्वरो वाचा।

उक्त मन्त्र का उच्चारण करते हुए सात बार झाड़ा देने से नेत्रपीड़ा दूर होती है। झाड़ा देने के लिए नीम की टहनी या मोरपंख का प्रयोग करना चाहिये।

७. शर्यातिं च सुकन्याञ्च च्यवनं शक्रमश्विनौ।
एतेषां स्मरणमात्रेण नेत्ररोगान् प्रणश्यति॥

खाना खाने के बाद पानी को इस मन्त्र से अभिमन्त्रित करके आँखों पर सात बार छींटा मारने से नेत्रज्योति में वृद्धि होती है और आँख का फूला दूर होता है।

८. ॐ हजार ज्वाला उज्जौहार घः घः।

सुबह के समय इस मन्त्र का बारह बार उच्चारण करते हुए रोगी को झाड़ा देते हुए चाकू से जमीन पर लकीर खींचनी चाहिए। अन्तिम बार झाड़ा देते हुए सारी लकीरें काट दें। यह झाड़ा केवल रविवार या मंगलवार के दिन ही करें। इससे नेत्रों की सूजन मिटती है।

९. ॐ नमः झिलमिला करे गरल भरी तलइया। पश्चिम गिरि से आई करना मलइया। तहं आप बैठेउ वीर हनुमंता। न पीड़ै न पाके नहीं फूहन्ता। यही हनुमंत राखे हीड़ा।

हनुमान जी का ध्यान करते हुए नीम की डाली से सात बार मन्त्र का उच्चारण करते हुए सात दिन तक झाड़ा देने से आँखों के रोग में लाभ मिलता है।

कानदर्द-नाशक मन्त्र

१. ॐ कनक प्रहार। धंधर द्वारा प्रवेश कर डाल डारापात झार झारा मार मार, हुंकार, हुंकार। शब्द सांचा, पिण्ड कांचा। ॐ क्रीं क्रीं।

इस मन्त्र को पहले किसी शुभ दिन दस माला जप करके सिद्ध कर लें। फिर प्रयोग करते समय सांप की बांबी की मिट्टी को इक्कीस बार अभिमन्त्रित कर पुनः सात बार मन्त्रजप करके रोगी व्यक्ति के कान से वह मिट्टी लगाने से दर्द मिट जाता है।

२. आसमीन नगोट वन्ही कर्ण पीड़ न जायते, दोहाई महावीर की जो रहे कान की पीर अंजनी पुत्र कुमारी वायुपुत्र महाबल को मारी ब्रह्मचारी हनुमंतई नमो नमो दोहाई महावीर की जो रहे पीर मुण्ड को।

इस मन्त्र को सात बार बोलकर कानदर्द से पीड़ित रोगी के कान व माथे पर फूँक मारने से दर्द मिट जाता है।

पसलीदर्द-नाशक मन्त्र

१. मंदिर के निकारे सुरहा गाय। गाय के पेट में बछड़ा। बच्छा के पेट में कलेजा। कलेजा के पेट में डब इवकर उमा बढ़े। दुहाई लोना चमारी की।

होली, दीपावली या ग्रहणकाल में लोबान जलाकर इस मन्त्र को दस माला जप कर सिद्ध कर लें। फिर प्रयोग करते समय एक किलो लकड़ी और उंगली भर सात तिनके लेकर इकतीस बार मन्त्र का उच्चारण करते हुए झाड़ा देने से पसली दर्द, पसली चलना ठीक हो जाता है।

२. ॐ सत्यनाम आदेश गुरु का डंकरवारी खंखरा कहाँ गया सवा लाख पर्वतो गया सवा लाख पर्वतो जाय क्या करेगा सवा भार का कोयला करेगा। सवा भार का कोयला क्या करेगा। हनुमंत वीर नवचन्द्र हास खड्ग घड़ेगा। नव चन्द्र हास खड़ग घड् क्या करेगा। जात बढ़ोख पसली कायकाल कूट खारो समुद्र बखेगा। जगद् गुरु की शक्ति, मेरी भक्ति, फुरो मन्त्र ईश्वरो वाचा।

इस मन्त्र को किसी शुभ दिन दस माला जप करके सिद्ध कर लें। फिर प्रयोग करते समय सात बार मन्त्र बोलकर तिल्ली के तेल व असली सिन्दूर से झाड़ा देने से पसली रोग मिट जाता है।

आंव रोगनाशक मन्त्र

झमकरि झमकरि झमकरि भूरिखण्डा विखंडा तो धूमकरि घूसघुमाइया हे स्फटिकेर मुंडिमूल करिमरल भावह ह्यानुकिक अति वड् भिड़िऐ ऐ वीर सो भट संभवे मरमहा धर्मेर आरा पेट समान बाप खान भूमि गमने न छाडि दे दान विभात् खानि सहोदर साकी माथेर हाथ बाड़ाइलिकानाजूम करि रत्नाकर समुद्रे दिले भाषाइया वात वात चाप धूप खाओ अवतार कहे मोर महि मड़ल भरकर एकंधे था किया पर कंधे पड़े मोरे बोले आसिवि मोर बोले चालिवि मोर बोले जावि क्रीं कारे हांड़ियां जावि महाकालि आज्ञा।

उक्त मन्त्र को सात बार उच्चारित करते हुए रोगी को सिर से पैर तक चुटकी बजाते हुए झाड़ा दें। तीन-चार दिन के नियमित प्रयोग से रोगी स्वस्थ हो जाता है।

दाद रोगनाशक मन्त्र

हाथ बेगे चलाई आदिनाथ पवन पूत हनुमंत कर मोर कत मेरु चाल मंदिर

चाल नवग्रह चाल दोष चाल पिनाई चाल डोरी चाल इन्द्रहि चाल चालर चाल हतंत विनासह काल उठि विषि तरुवर चाल हम हनुमंत मुगरे लिंडापरो रौवर्ध हले तरु परिधार परि हियब अष्टोत्तरशत व्याधि लावरे विशालाब अहरो पिश आह दुदु वाले को पाणी पिआइब।

इस मन्त्र को एक हजार आठ बार जप करके सिद्ध कर लें। फिर प्रयोग करते समय कटोरी में पानी लेकर सात बार मन्त्र से अभिमन्त्रित कर जहाँ-जहाँ दाद हो वहाँ पर लगा दें और पानी भी पिला दें, इससे दाद का रोग नष्ट हो जाता है।

शरीर दर्दनाशक रोग

लखकर फरा उन हरदी नीलगर्क शुब्द जहां।

उक्त मन्त्र को दही व पीली मिट्टी के मिश्रण से एक सौ आठ बार भोजपत्र या सादे कागज पर लिखकर सिद्ध कर लें। फिर प्रयोग करते समय पीली मिट्टी के बराबर वजन का गुड़ बच्चों में बाँट दें तो कैसा भी शरीरदर्द क्यों न हो, दूर हो जाता है।

बगली दर्दनाशक मन्त्र

वात वात अकाल वात अंध वात कुनकुने वात कुट कुटरे वात आभार प्रतिचक्रे शीघ्र फाट् तोमार डांके पवनपुत्र हनुमान कार आज्ञाय राजा श्री खेर आज्ञाय।

इस मन्त्र को किसी शुभ दिन एक हजार आठ बार जप करके सिद्ध कर लें। फिर प्रयोग करते समय ग्यारह बार मन्त्र का उच्चारण करते हुए रोगी को सरसों के तेल की मालिश कर दें तो बगली दर्द मिट जाता है।

कमर दर्दनाशक मन्त्र

चलता जाय उछलता जाय भस्म करंता डह डह जाय सिद्ध गुरु की आन महादेव की शान शब्द सांचा, पिण्ड कांचा, फुरो मन्त्र ईश्वरो वाचा।

इस मन्त्र को पहले एक सौ आठ बार जप करके सिद्ध कर लें। फिर रोगी के सिर से पैर तक नापकर काला धागा लेकर उसे इकतीस बार मन्त्र से अभिमन्त्रित कर रोगी के कमर में बांधने से दर्द दूर हो जाता है।

अण्डकोष वृद्धिनाशक मन्त्र

ॐ नमो आदेश गुरु का जैसे कैलेहु रामचन्द्र कबूत औसई करहु राघ बिन कबूत पवनपूत धाऊ हर हर रावण कूट भिरावन श्रवई अण्ड खेतहि श्रवई अण्ड अण्ड, तिहेड खेतहि श्रवई बाजं मर्म श्रवई स्त्री खीलहि श्रवई शाप हर हर जंबीर हर जंबीर हर हर हर।

इस मन्त्र का इकतीस बार उच्चारण करते हुए अण्डकोष को सहलाते हुए फूँक मारते जायँ। कुछ दिन के प्रयोग से रोग पूरी तरह से ठीक हो जाता है।

भूत-प्रेत बाधानाशक मन्त्र

१. हल्दी बाण बाण कोलिया उठाय।
हल्दी बाण से नील गिरी पहाड़ थर्राय।
यह सब देख बोलत गोरखनाथ।
डाइन योगिनी भूत-प्रेत मुण्ड कातेवाला।

उक्त मन्त्र से भूत-प्रेत बाधाग्रस्त व्यक्ति को इकतीस बार कच्ची हल्दी से सिर से पैर तक उतारा करके आग में डाल दें तो व्यक्ति भूत-प्रेतबाधा से मुक्त होकर स्वस्थ हो जाता है।

२. ॐ काला भैरव कपिली जटा।
रात दिन खेले चोपटा।
काला भस्म और मुसान।
जेहि भांग तेहि पकड़ी आना।
डाकिनी शाकिनी पट्ट सिहारी।
जरख चढ़ती गोरख मारी।
छोड़ि छोड़ि रे पाविनी बालक पराया।
गुरु गोरखनाथ का परवाना आया।

सूर्यग्रहण या चन्द्रग्रहण के अवसर पर इस मन्त्र को जप करके सिद्ध कर लें। फिर प्रयोग के लिए भूत-प्रेतबाधाग्रस्त रोगी को इकतीस या इक्यावन बार मन्त्रोच्चार करते हुए चाकू से झाड़ा दें तथा इतनी ही बार जल को अभिमन्त्रित करके रोगी को पिलाने से वह स्वस्थ हो जाता है।

३. ऐं सरसों पीला, सफेद और काला। तू चलना फिरना भाई सा चाला। तोहरे बाण से गगन फट जाय। ईश्वर महादेव के जटा कटाय। डाकिनी, योगिनी व भूतपिशाचा काला, पीला, श्वेत व सुसांचा सब मार-काट कुरुं खेत खलिहान, तेरे नजर से भागे भूत लै जान। आदेश देवी कामरु कामाख्या माई। आज्ञा घड़ी दासी चण्डी दोहाई।

थोड़ी-सी पीली सरसों हाथ में लेकर उक्त मन्त्र का सात बार उच्चारण करके भूत-प्रेत बाधाग्रस्त रोगी पर फेंकने और थोड़ी-सी आग में डाल देने से रोगी स्वस्थ हो जाता है।

४. जीरा जीरा महाजीरा जिरिया चलाया जिरिया की शक्ति से फलानी चलि जाया जीये तो रमटले मोहे तो मसान टले। हमरे जीरा भन्त्र सं अमुक अंग भ्त चले। जाय हुक्म पाडुआ पीर की दोहाई।

थोड़ा-सा जीरा लेकर ग्यारह बार अभिमन्त्रित करके भूत-प्रेतग्रस्त रोगी व्यक्ति के

शरीर से स्पर्श कराके उसे आग में डाल दें। रोगी को इस तरह से बैठायें कि उसका धुआं रोगी के मुँह के सामने आये। इससे भूत-प्रेत रोगी से उतर जाता है और व्यक्ति स्वस्थ हो जाता है।

५. ॐ नमो आदेश गुरु को ॐ अपर के या कटमेष खंब प्रति प्रहलाद राखे पाताल राखे पाँव देवी जांघ राखे काली का मस्तक राखे महादेव जी कोई या पिण्ड प्राण छोड़े छोड़े तो देव-दानव, भूत-प्रेत-डाकिनी-शाकिनी गंडा ताप तिजारी जूड़ी एक पहरू दो पहरू सांझ को सवेरे को किया को कराया को उलट वाही के पिण्ड परे इस पिण्ड की रक्षा श्री नरसिंह जी करे शब्द सांचा, पिण्ड कांचा, फुरो मन्त्र ईश्वरो वाचा।

इस मन्त्र को दीपावली, सूर्यग्रहण या चन्द्रग्रहण काल में जप कर सिद्ध कर लें। फिर प्रयोग करते समय भूत-प्रेतग्रस्त व्यक्ति को सात बार मोरपंख से झाड़ा देने से और अभिमन्त्रित जल पिलाने से भूत-प्रेतबाधा दूर होकर रोगी स्वस्थ हो जाता है।

६. ॐ चैतन्य गोरक्षनाताय नमः।

इस मन्त्र को पहले किसी पर्वकाल में जपकर सिद्ध कर लें। फिर रोगी व्यक्ति को सामने बैठाकर इकतीस बार मन्त्रोच्चारण करते हुए चाकू या मोरपंख से झाड़ा दें और अभिमन्त्रित जल पिलाने से भूत-प्रेतबाधा नष्ट होती है। इसके साथ विनौला, गोखरू, गोरखमुण्डी को गौ मूत्र में मिलाकर सुखाकर इसकी धूनी देने से भूत-प्रेतबाधा दूर होती है।

७. ॐ नमः भवे भास्कराय आस्माक अमुक सर्वग्रहणं पीड़ा नाशनं कुरु-कुरु स्वाहा।

इस मन्त्र को किसी शुभ दिन एक हजार आठ बार जप करके और जप का दशांश हवन करके सिद्ध कर लें। हवन के लिए जौ, तिल, सफेद सरसों, शमी, आम, गेहूँ, चावल, मूँग, धतूरा, अशोक, चना, कुश, डुम्बरक पत्ता आक व ओंगा की जड़ लेकर इनमें दुग्ध, घृत, मधु और गौ मूत्र मिलाकर हवन करें। इससे भूत-प्रेतों के उपद्रव शांत होते हैं।

८. ॐ ह्रीं भ्रीं फट् स्वाहा पखत हंस पखत स्वामी आत्मरक्षा सदा भवते, नौ नाथ चौरासी सिद्धों की दुहाई फुरे।

इस मन्त्र को पहले किसी भी पर्वकाल में एक सौ आठ बार जप करके सिद्ध कर लें। फिर प्रयोग करते समय गाय के गोबर के उपले की राख को अभिमन्त्रित करके तांबे के ताबीज में भरकर काले धागे की सहायता से भूत-प्रेत बाधाग्रस्त व्यक्ति के गले में पहनाने से भूत-प्रेत बाधा दूर हो जाती है।

९. गुजरे कुकाली हाथ मुरली मर्दन केश काली चलल देश विदेश पैसल जो खोखर ले आसर पेल माराकर फाड़ल पेड़ भूत पकड़ दुहाई ईश्वर महादेव गौरा पार्वती के छीः।

इस मन्त्र को पहले एक हजार आठ बार जप करके सिद्ध कर लें। फिर प्रयोग करते समय बाधाग्रस्त रोगी के बाल मुट्ठी में पकड़कर इकतीस बार मन्त्रोच्चारण करते हुए झाड़ा देने से रोगी स्वस्थ हो जाता है।

१०. तह कुठठ इलाही का बान। कूडुम की पत्तीचिरावन। भाग भाग अमुक अंग से भूत मारुं घुलावन कृष्णवर पूता आज्ञा कामरू कामाख्या हरि दासी चण्डी दोहाई।

एक मुट्ठी धूल लेकर उसे तीन बार उक्त मन्त्र से अभिमन्त्रित करके भूत-प्रेत बाधा-ग्रस्त रोगी पर फेंकने से भूत-प्रेतबाधा दूर होती है।

डायन-चुड़ैल बाधानाशक मन्त्र

बैर बैर चुड़ैल पिशाचिनी बैर निवासी। कहुं तुझे सर्व नासी मेरी गांसी। वर बैल करे तूं कितना गुमान। काहे नाहीं छोड़ती यह जान स्थान। यदि चाहै तूं रखना अपना मान। पल में भाग कलाश लै अपनो प्रान। आदेश देवी कामरू कामाख्या आई। आदेश हाडि दासी चण्डी की दुहाई।

इस मन्त्र को दशहरे वाले दिन एक सौ आठ बार जप करके सिद्ध कर लें। फिर डायन, चुड़ैल व प्रेतनी-ग्रस्त रोगी को सामने बैठाकर इकतीस बार मन्त्रोच्चारण करते हुए फूँक मारने से रोगी व्यक्ति स्वस्थ हो जाता है।

टोना प्रभावनाशक मन्त्र

१. ॐ नमो आदेश कामरू कामाख्या देवी लीनो सलोना योगिनो बांधे येना आवो राखि में जादू कौन देश फिर पहले अफुल फुलवारी ज्यों-ज्यों आवै बास त्यों-त्यों अमुक आवे हमारे पास, मोहिनी देवी की दुहाई फिरै।

रोगी व्यक्ति को सामने बैठाकर ग्यारह बार मन्त्रोचारण करते हुए झाड़ने से टोने का प्रभाव नष्ट हो जाता है।

२. ॐ नमो आदेश गुरु को नोना चमारिन जगत की चपली मोती हिलते चमके गम गम गम के पिण्डे में ज्यान विजुयान करे तो उस टोना ऊपर परे। दुहाई तख्त सुलेमान बादशाह की।

रोगी व्यक्ति को सामने बैठाकर मोरपंख से मन्त्रोच्चारण करते हुए इक्कीस बार झाड़ा देने से टोने का प्रभाव नष्ट हो जाता है।

जादू-टोनानाशक मन्त्र

जयकाली कलकत्ते वाली। जय हनुमान जय चालीस, तेरा वचन न जाए खाली। जो करे सो पाए खाली। अपना चीज अपना मिल जाए। धरती खोल सुरपाय नखमा लो अपना। सो पाई तेरे गुरु का वचन न सुहाई। इसी वक्त जादू-टोना यहाँ से भाग जाई। मारूं हांक गुरू गोरखनाथ की हांक। ईश्वर गौरा पार्वती महादेव की दुहाई।

इस मन्त्र को किसी पर्वकाल पर एक सौ आठ बार जप करके सिद्ध कर लें, फिर प्रयोग करते समय जादू-टोनाग्रस्त व्यक्ति को अपने सामने बैठाकर इकतीस बार उपले की राख का उतारा करके बहते जल में प्रवाहित कर देने से जादू-टोने का प्रभाव नष्ट हो जाता है।

मूठ लौटाने का मन्त्र

ॐ सी आई को लगाई। जट जट मट खटा उलट पुलट लुका झुका। को बार बार सिद्धि। गोरखनाथ की दुहाई। फुरो मन्त्र ईश्वरो वाचा।

किसी भी शुभ मुहूर्त्त में इस मन्त्र को दस माला जप करके सिद्ध कर लें। फिर जिस तरफ से मूठ आए उसी ओर काले उड़द इस मन्त्र से सात बार अभिमन्त्रित कर फेंक देने से जहाँ से मूठ आई हो, वहीं लौट जाती है।

विषनाशक मन्त्र

ॐ नमो आदेश गुरु गोरखनाथ का। केला अफूली माह खाली झूर झुरुया देवी की ज्योति से विष डंके मुँहे दिखलाया। तू कहाँ रे विष माया मनसा की दुहाई। शिव की आज्ञा हम कहीं जे भाई। कि कंपन से करे विष शीघ्र नीचे आया। शिव भोला बुलावें और मन सा माया आदेश विष हरि राई।

किसी शुभ मुहूर्त्त में इस मन्त्र को एक हजार आठ बार जप करके सिद्ध कर लें। फिर प्रयोग करते समय विषग्रस्त रोगी को सामने बैठाकर उक्त मन्त्र से इकतीस बार झाड़ा दें या फूँक मार दें तो विष का प्रभाव नष्ट हो जाता है।

मासिक धर्म पीड़ानाशक मन्त्र

ॐ नमो आदेश मनसा माता का। बड़ी-बड़ी अदरख। पतली पतली रेश। बड़े विष के जल फांसी दो शेष। गुरु का वचन न जाए खाली। पिया पंचा मुंड के बाम पद ठेली। विष हरी राई की दुहाई।

इस मन्त्र को पहले किसी दिन एक सौ आठ बार जप करके सिद्ध कर लें। फिर थोड़ी-सी अदरक को सात बार अभिमन्त्रित कर मासिक धर्म पीड़ा ग्रस्त स्त्री को खिलाने से मासिक धर्म की पीड़ा दूर होती है।

गर्भधारण मन्त्र

ॐ ह्रीं उलजाल्य ठः ठः ॐ ह्रीं।

जब ऋतुकाल हो तब स्त्री-पुरुष दोनों मृगचर्म के आसन पर बैठें। फिर पुरुष स्त्री के कान में इस मन्त्र को एक सौ आठ बार बोले। फिर रात में दोनों भगवान श्रीकृष्ण का ध्यान करते हुए सम्बन्ध बनायें तो अवश्य ही गर्भ ठहरता है।

गर्भरक्षा मन्त्र

१. ॐ नमो कामरूप कामाख्या देवी जल बांधूं, जलवाई बांधूं बांध दूं जल के तीर पांचों दूत का लुआ बांधूं बांधूं हनुमंत वीर सहदेव की धनुवा अर्जुन का बाण रावण रज को थामले नहीं तो हनुमंत की आन शब्द सांचा, पिण्ड कांचा, फुरो मन्त्र ईश्वरो वाचा।

पहले किसी शुभ दिन इस मन्त्र को एक हजार आठ बार जप करके सिद्ध कर लें। फिर रोगी स्त्री को झाड़ा देकर स्त्री के सिर से पैर तक नाप का लाल धागा लेकर मन्त्र का इकतीस बार उच्चारण करते हुए धागे में इकतीस गांठ लगाकर स्त्री को धारण कराने से गर्भाशय का विकार दूर होकर स्त्री गर्भ धारण करती है और गर्भ भी सभी तरह से सुरक्षित रहता है।

२. ॐ रुद्राभी द्रव हो हा हा ह ओ का।

किसी भी रविवार को गर्भवती स्त्री के पास गूगल जलाकर उसकी धूनी देते हुए एक सौ इक्यावन बार मन्त्रजप करने से गर्भ सुरक्षित रहता है।

३. ॐ नमः आदेश गुरु का। ॐ नमः आदेश अंग में बांधिराखा नार-सिंहयती मोसते बांधिराखा श्री गोरखनाथ कांखते बांधिराख। हपूलि का राजा सुंडो से बांधिराख बादृढ़ासन देवी यह मन पवन काया को राख। थमे गर्भ ओ बांधे घाव। थामे माता पार्वती यह गुंड़ों बांधूं ईश्वर यती। जब लग गुंडो कंठ पर रहे। तब लग गर्भ काया में रहे। फुरो मन्त्र ईश्वरो वाचा।

पहले किसी शुभ दिन इस मन्त्र को एक सौ आठ बार जप करके सिद्ध कर लें। फिर गर्भवती स्त्री के सिर से पैर तक नाप का धागा लेकर उक्त मन्त्र से इकतीस बार अभिमन्त्रित करें। फिर धागे में सात गांठें लगाकर पुनः सात बार मन्त्र का उच्चारण कर गर्भवती के गले में धारण कराने से गर्भ की रक्षा होती है।

४. ॐ नमो गंगा उकारे गोरख बहा घोरघी पार गोरख बेटा जाय जयद्रुत पूत ईश्वर की माया दुहाई महादेव की।

इस मन्त्र को पहले जप करके सिद्ध कर लें। फिर कुंवारी कन्या के हाथ से काते

हुए सूत को उक्त मन्त्र से इकतीस बार अभिमन्त्रित कर गर्भवती को धारण करा देने से गर्भ की रक्षा होती है।

५. ॐ थं ठं ठिं ठीं ठूं ठें ठैं ठौं ठः ठः ॐ।

भोजपत्र पर अनार की कलम से उक्त मन्त्र को लिखकर ताबीज की तरह स्त्री की कमर में सूत से बांध दें। जिस सूत से ताबीज को बांधें, वह सूत कुंवारी कन्या द्वारा काता हुआ होना चाहिए। इसके साथ अनुराधा नक्षत्र हर्षण योग में सोमवार को एक सौ आठ बार मन्त्रोच्चारण करते हुए स्त्री को झाड़ने से गर्भ सुरक्षित रहता है।

६. ॐ नमो भगवते महारौद्राय गर्भ स्तम्भनं कुरु कुरु स्वाहा।

पहले किसी शुभ मुहूर्त्त में इस मन्त्र को एक लाख बार जप करके सिद्ध कर लें। मन्त्रसिद्ध हो जाने के बाद निम्न प्रयोग करें—

१. रविवारीय पुष्य नक्षत्र काल में काले धतूरे की जड़ उखाड़कर लाएं और इकतीस बार मन्त्र से अभिमन्त्रित कर गर्भवती की कमर में बांध देने से गर्भ सुरक्षित रहता है।

२. इस मन्त्र से जल को एक सौ आठ बार अभिमन्त्रित कर प्रतिदिन पीते रहने से भी गर्भ सुरक्षित रहता है।

३. चौलाई की जड़ को चावलों के पानी के साथ सेवन करने और धतूरे की जड़ का चूर्ण पोटली में बांधकर योनि में रखने से गर्भ सुरक्षित रहता है।

४. कुम्हार के हाथ की मिट्टी में शहद मिलाकर बकरी के दूध के साथ सेवन करने से गर्भ सुरक्षित रहता है।

५. केसर, मिश्री, ग्यारपाठा, कुद को शहद के साथ गर्भवती स्त्री को सेवन कराने से गर्भ सुरक्षित रहता है तथा यदि गर्भ गिरता हो तो स्थिर हो जाता है।

मासिक धर्मनाशक मन्त्र

ॐ नमो आदेश श्री रामचन्द्र सिंह गुरु का। तो दूं गांठ औंगा ठाली। तोड़ू दू लाय। तोड़ दूं सरिता परित दे कर पाय। यह देख हनुमंत दौड़कर आये। अमुक की देह शांति पाये। रोग कूं वीर भगाये। रोग न नसै तो नरसिंह की दुहाई। फुरो हुकुम खुदाई।

एक सादा पान बनवा कर उसे उक्त मन्त्र से ग्यारह बार अभिमन्त्रित करे और रोगी स्त्री को खिला देने से अनियमित मासिक धर्म ठीक और नियमित समय पर होने लगेगा।

सुखद प्रसव मन्त्र

१. गंगा तीरे वसेत् काशी चरेतय हिमालये।
तस्याः पदाच्युत तोयं पापयेत् चैवक्षरणात्।

ततः प्रसूयते नारी काकरुद्रो वाचो यथा।

एक ही सांस में इस मन्त्र को जितनी भी बार जपा जा सके, जप लें। फिर इस मन्त्र से अभिमन्त्रित गरम दूध, गरम पानी या गुड़ गर्भवती को सेवन कराने से प्रसव बिना कष्ट के होता है।

२. अं ॐ हां नामस्त्रिमूर्त्तये।

इस मन्त्र का गर्भवती स्त्री को स्वयं जप करना चाहिए। वह जितना अधिक मन्त्र जप करेगी, उसे प्रसव के समय वेदना कम से कम सहनी पड़ेगी। यानी प्रसव सुखपूर्वक हो जायेगा।

३. ॐ नमो भगवते मकर्कतवे पुष्प ध्वनिते प्रति चलितं समस्त सुरासुर चिन्ताय युगति ममवासिने ह्रीं गर्भचल चल स्वाहा।

इस मन्त्र को पहले पर्वकाल पर एक सौ आठ बार जप करके सिद्ध कर लें। फिर प्रयोग करते समय गाय के दूध को सात बार अभिमन्त्रित करके गर्भवती स्त्री को पिलाने से प्रसव सुखपूर्वक हो जाता है।

४. लंका खोलो रावण बांधो दुश्मन मुख आग लगावो सब देही के बांध खिलाऊं जैसे मातु कौशल्या पुत्र रामचन्द्र जन्माया। देवी कामरू कामाख्या गुरु कालीमाई की दुहाई।

किसी कुएं से बिना दूसरे हाथ को लगाये यानी केवल एक हाथ से खींचा हुआ जल लाकर उसे एक सौ बत्तीस बार उक्त मन्त्र से अभिमन्त्रित कर गर्भवती को पिलायें और उसकी आँखों को भी धुलवायें तो प्रसव सुखपूर्वक होता है।

५. ॐ मन्मथवाहिनी लंबोदरं मुंच मुंच स्वाहा।

पहले किसी शुभ काल में इस मन्त्र को एक सौ आठ बार जप करके सिद्ध कर लें। फिर गर्म पानी को उक्त मन्त्र से इकतीस बार अभिमन्त्रित करके गर्भवती को पिलाने से प्रसव सुखपूर्वक होता है।

बंध्यात्व दोषनिवारण मन्त्र

ॐ मदन महागणपते रक्षा मृतमत्युतं देहि।

एक रुद्राक्ष व बीस ग्राम सर्पाक्षी को एक रंग वाली गाय के दूध में कुंवारी कन्या के हाथ से पिसवाकर यदि स्त्री उपरोक्त मन्त्र का जप करते हुए ऋतुकाल में सेवन करे तो निश्चित रूप से बांझपन दोष मिटकर पुत्रप्राप्ति होती है।

मृतवरसा दोषनाशक मन्त्र

१. छोटी-छोटी खप्पर तू धरती कितना गुण जियके बल काट कू जान विज्ञान

दाहिनी ओर हनुमान रहे बाईं ओर चील चहुं ओर रक्षा करें वीर वानर नील, नील वानर की भक्ति लखिन जाये जेहि कृपा मृतवत्सा दोष न आय आदेश कामरू कामाख्या माई का आज्ञा दासी चण्डी की दुहाई।

मृतवत्सा स्त्री वह होती है, जिसके संतान तो होती है, परन्तु वह जीवित नहीं रहती। ऐसी स्त्री के दोष को दूर करने के लिए मछली पकड़ने के कांटे को इस मन्त्र से ग्यारह बार अभिमन्त्रित कर झाड़ा देना चाहिए। झाड़ा देते समय भी इस मन्त्र का उच्चारण करते रहना चाहिए। इसके बाद अभिमन्त्रित कांटे को ताबीज में भरकर स्त्री की कमर में काले धागे की सहायता से धारण कराने से मृतवत्सा दोष दूर हो जाता है। यानी जिस बच्चे को वह जन्म देती है, वह दीर्घायु होता है।

२. ॐ परब्रह्म परमात्मने अमुकी गृहे दीर्घ जीवी सुतं कुरु कुरु स्वाहा।

सबसे पहले छः कोणों वाला यन्त्र बनाकर वाराही, ऐन्द्री, ब्राह्मी, माहेश्वरी, कौमारी, वैष्णवी आदि छः देवियों की सात दिनों तक पूजा करनी चाहिए। फिर आठवें दिन एक बालक व नौ बालिकाओं को भोजन करायें व दक्षिणा देकर संतुष्ट कर देवियों को प्रणाम करके यन्त्र को नदी में प्रवाहित कर दें।

यदि अनुष्ठान स्त्री स्वयं कर रही हो तो 'अमुकी' के स्थान पर अपने नाम का उच्चारण करे। यदि कोई अन्य कर रहा हो तब भी अमुकी के नाम पर साध्य स्त्री के नाम का उच्चारण करे।इससे स्त्री को अवश्य ही दीर्घायु पुत्र प्राप्त होता है।

काक बंध्यादोषनाशक प्रयोग

काकबंध्या उसे कहते हैं, जिसे केवल एक ही संतान हुई हो। ऐसी स्त्री किसी शुभ मुहूर्त्त में विष्णुकांता को जड़सहित उखाड कर ले आए और उसे भैंस के दूध में पीसकर ऋतु स्नान के बाद सात दिन तक भैंस के दूध के साथ सेवन करने और सात्विक भोजन करने से काक बंध्या दोष दूर होकर पुनः गर्भ धारण कर सकती है। रविवारीय पुष्य नक्षत्र में असगंध की जड़ लाकर एक चुटकी भैंस के दूध के साथ एक सप्ताह तक सेवन करने से वह पुनः गर्भ धारण कर सकती है।

कार्यसिद्धि मन्त्र

१. पहले नाम भगवान का दूजे नाम औतार तीजे नाम सद्‌गुरु का जिनका नाम गोरखनाथ। उनकी कृपा और उनकी दया इस ख्वाजा खिदर पूजने के लिए परसाद लेकर आया लोना चमारी खिरंत की दुहाई वैष्णो शाकुम्बरी और औतार-पीर-पैगम्बर इन सबकी दया के साथ दरिया के किनारे जिससे हमारी आत्महुंडी लोना चमारी की दुहाई वस्तम पेरुल युसूफ की तरह भूरे देव की तरह सत्यनारायण की तरह मैंने भी पैर बढ़ाया लोना चमारी की दुहाई हरि हरि शिव शिव जयंती भद्रकाली।

किसी भी महीने के शुक्लपक्ष को सायंकाल एक देशी पान अखण्डित, दो फूल वाले लौंग, सात बताशे लेकर नदी तट पर जाकर उक्त मन्त्र का एक सौ आठ बार जप करके सारी सामग्री को नदी के जल में बहा देने से सभी रुके कार्य पूरे हो जाते हैं।

२. सत्यनाम आदेश गुरु का, ॐ गुरु गोरखनाथाय नमः।

किसी भी आवश्यक काम के लिए घर से निकलने से पहले इस मन्त्र की तीन माला जप करके जाने से उस कार्य में अवश्य सफलता मिलती है। मन्त्र जपने के बाद इक्यावन बार हथेलियों पर फूँक मारकर चेहरे पर फेरकर साधक जिसके सामने जाता है, वह साधक का सम्मान करता है।

बंधा व्यापार खोलने का मन्त्र

१. ॐ नमो आदेश गुरु को बावन बार चौंसठ सातऊ कलवा पांचबाऊ बढ़वा जिन्न भूत परीत देव दानव दुष्ट मुष्ट मैली मसान इन्हीं को कील कील नजर दीठ मूठ टोना टारे लोना चमारी गाजे माधंधे दुकान की बरकत को बंधने न छुड़ावैं तो माता हिंगलाज की दुहाई।

यदि किसी ने दुकान या व्यापार को तन्त्र-प्रयोग द्वारा बांध दिया हो तो नवरात्र के दिनों में इस मन्त्र को एक हजार आठ बार जप करके सिद्ध कर लें। मन्त्रसिद्धि के बाद कन्याओं व छोटे बच्चों को भोजन करायें। फिर अपने दुकान एवं व्यापारस्थल पर पाँच नींबू इस मन्त्र से अभिमन्त्रित कर काले धागे में पिरोकर वहाँ पर लटका दें तथा थोड़ी पीली सरसों लेकर इक्कीस बार मन्त्र से अभिमन्त्रित कर दुकान एवं व्यापारस्थल पर बिखेर दें। तन्त्र-मन्त्र का प्रभाव नष्ट हो जाएगा।

२. ॐ ह्रीं व्यापार बंधं मोचय मोचय ॐ फट्।

किसी साफ-स्वच्छ पात्र में श्रीयन्त्र को प्रतिष्ठापित कर कुमकुम, अक्षतादि से उसका पूजन करें और शुद्ध घी का दीपक जलाकर उक्त मन्त्र का इक्कीस दिन तक एक सौ आठ बार प्रतिदिन जप करने से तन्त्र-मन्त्र का प्रभाव नष्ट होकर व्यापार खुल जाता है।

मनोकामना पूर्ति मन्त्र

मखनी हाथई जई अंबरी उस पर बैठी कमालखां की सवारी कमाल खां मुगल पठान बैठे चबूतरे पढ़े कुरान हजार काम दुनिया के करे एक काम मेरा मीन करे तो तीन लाख तैंतीस हजार पैगम्बरों की दुहाई।

यह शाबर मन्त्र स्वतःसिद्ध और अति प्रभावशाली है। इस मन्त्र को जितना ज्यादा तिदिन जपा जायेगा, उतना ही अधिक लाभ मिलेगा।

दरिद्रतानाशक मन्त्र

ॐ ऐं क्लीं क्लूं ह्रां ह्रीं ह्रुं सः वं अपदुद्धारणाय अजामल बद्धाय लोकेश्वराय स्वर्णाकर्षण भैरवाय नम दारिद्रयविद्वेषणाय ॐ ह्रीं महाभैरवाय नमः।

यह स्वर्णाकर्षण भैरव मन्त्र है। आधी रात के समय पश्चिम दिशा की ओर मुँह करके तेल का दीपक जलाकर इस मन्त्र का दस हजार जप करने से अवश्य ही दरिद्रता का नाश होता है।

सुख-शान्ति मन्त्र

१. **ॐ नमो आदेश गुरु की धरती में बैठ्या लोहे का पिण्ड राख लगाता गुरु गोरखनाथ आवंता जावंता हांक देत धार धार मार मार शब्द सांचा फुरो मन्त्र ईश्वरो वाचा।**

मृगचर्म के आसन पर बैठकर गाय के दूध से बनी खीर की उपरोक्त मन्त्र से एक सौ आठ बार आहुतियाँ दी जायँ तो घर में कलह-क्लेश, उपद्रव, ऊपरी ताकतों का प्रभाव नष्ट होकर सुख-शान्ति स्थापित होती है।

२. **बलवान बलबते बाबा हनुमान वीर हनुमान, वीर हनुमान आन करो यह कारज मोरो आन हरो सब पीर मोरी, आन हरो तुम इन्द्र का कोठा आन धरो तुम वज्र का कोठा दुहाई मच्छिन्दरनाथ की दुहाई गोरखनाथ की।**

किसी भी शुक्लपक्ष के शुक्रवार की रात को पीले स्वच्छ वस्त्र पहनकर पीले आसन पर बैठकर पीली ही माला से कम से कम इक्कीस माला उक्त मन्त्र का जप करें। इससे घर और बाहर दोनों ही जगह सुख-शान्ति का अनुभव होता है।

उन्नतिदायक मन्त्र

कालरूप, भैरव सतरूपा कंकड़ बना शंकर देवा जहां जाऊं कामाख्या चौरा बावन वीर चौरासी पूरा गुरु गोरखनाथ कहत सुन बूझा नाम रूप के काम सौ सूझा।

पीले रंग के स्वच्छ वस्त्र पहनकर, पीले रंग के आसन पर उत्तर दिशा की ओर मुँह करके बैठें, सामने तेल का दीपक जलाकर रखें, एक पात्र में नींबू पर सिन्दूर का तिलक लगाकर उसे अक्षतादि से पूजा कर मन्त्र का अधिकाधिक जप करें। इससे जीवन में उन्नति होती है।

विपदानाशक मन्त्र

शेख फरीद की कामरी निसि अस अंधियारी। चारों को यालिये अनल, ओला, जल, विष।

इस मन्त्र को ग्यारह बार उच्चारण करके तीन बार ताली बजाने से ओला, अग्नि, जल और विषादि का भय नहीं रहता है।

अचानक धनप्राप्ति का मन्त्र

ॐ ह्रीं श्रीं क्लीं नमः ध्वः ध्वः।

मृगशिरा नक्षत्र में मारे गये काले हिरन की चर्म के आसन पर नदी किनारे कनकां गुदी नामक पेड़ के नीचे बैठकर इस मन्त्र का इक्कीस दिनों में एक लाख जप करने से अचानक धन प्राप्त होने की संभावना बन जाती है।

गृहबाधा-नाशक मन्त्र

ॐ शं शं शिं शीं शुं शूं शें शैं शों शौं शं शः स्वः सं स्वाहा।

पलाश की एक लकड़ी लेकर उस लकडी पर यह मन्त्र एक हजार आठ बार पढ़कर वह लकड़ी घर के किसी भी कोने में गाड़ देने से उस घर में रहनेवालों को किसी भी तरह की बाधा का सामना नहीं करना पड़ता।

व्यापार बढ़ाने का मन्त्र

१. भंवर वीर तू चेला मेरा खोल दुकान कहा कर मेरा उठे जो डंडी बिके माल जो माल भंवर वीर की सौंह नहीं खाली जाय।

थोड़े से काले उड़द लेकर उक्त मन्त्र से एक सौ आठ बार अभिमन्त्रित करके रविवार के दिन दुकान या व्यापार पर बिखेर देने से बिक्री में वृद्धि होती है। यह उपाय तीन रविवार तक अवश्य करना चाहिये।

२. श्री शुक्ले महाशुक्ले कमलदल निवासिनी महालक्ष्म्यै नमः, लक्ष्मीमाई सत्य की सवाई आवो माई करो भलाई, ना करो तो समुद्र की दुहाई, ऋद्धि-सिद्धि खावोमीट तीनों नाथ चौरासी सिद्धों की दुहाई।

व्यापारिक कार्य शुरू करने से पहले उक्त मन्त्र का एक सौ आठ बार जप करने से व्यापार में बाधा पैदा नहीं होती और वृद्धि होती है। यह शीघ्र प्रभाव दिखाने वाला सिद्ध मन्त्र है।

३. ॐ नमो सात समुद्र के बीच शिला जिस पर सुलेमान पैगम्बर बैठा, सुलेमान पैगम्बर के चार मुवक्किल पहला पूर्व को धाया देव दानवों कूं बांधि लाया दूसरा मुवक्किल पश्चिम को धाया भूत-प्रेत को बांधि लाया, तीसरा मुवक्किल उत्तर को धाया। अयुत पितर को बांधि लाया, चौथा मुवक्किल दक्षिण को धाया डाकिनी-शाकिनी को बांधि लाया, चार मुवक्किल यहु दिशि धावें हल छिद्र कोऊ रहन न पावे रोग दोष को दूर भगावे शब्द सांचा, पिण्ड कांचा, फुरो मन्त्र ईश्वरो वाचा।

कपड़े के चार पुतले बनाकर उन्हें एक सौ आठ मन्त्र से अभिमन्त्रित करके व्यापारिक स्थल के चारो कोनों में चारो पुतले अलग-अलग दबाकर प्रतिदिन उक्त मन्त्र का एक माला जप करते रहने से व्यापारिक बाधाएं दूर होकर व्यापार में आश्चर्यजनक रूप से लाभ होने लगता है।

४. ॐ श्रीं श्रीं श्रीं परमां सिद्धीं श्रीं श्रीं ॐ।

प्रदोष व्रत करके एक हजार मन्त्रों का जप करें। जप के बाद अष्टगंध और नागौरी के फूलों से मन्त्र का दशांश हवन करें। इस तरह सात प्रदोष व्रत करने से व्यापार में बहुत वृद्धि होती है।

व्यापारबंध दूर करने का मन्त्र

ॐ दक्षिण में खाय भूत-प्रेत बंध, तंत्र बंध, निग्रहनी, सर्वशत्रु संहारिणी कार्य सिद्धि कुरु कुरु स्वाहा।

गुलाब, गोरोचन, छारछबीला और कपूरकचरी—समान मात्रा में लेकर पीसकर, उपरोक्त मन्त्र से इकतीस बार अभिमन्त्रित करके इस पाउडर को दुकान या व्यापार स्थल के सामने बिखेर दें। पाँच दिन प्रयोग करने से व्यापारबंध दूर होकर व्यापार चलने लगता है।

धनप्राप्ति मन्त्र

१. छिन्नमस्ता ने महल बनाया धन के कारण करम कराया तारा आई बैठकर बोली यह रही दुर्गा माँ की टोली गोरखनाथ कह सुन छिन्नी में मछिंदरनाथ की भाषा बोला।

बृहस्पतिवार के दिन पीले चमकीले आसन पर बैठकर पीले अर्क की माला से एक सौ आठ बार जप करें। इकतालीस दिन के नियमित जप से धनलाभ होता है।

२. या मुसब्बिव वल असवाल।

इस मन्त्र को कोरे सफेद कागज पर अष्टगंध से अनार की कलम द्वारा इक्यावन सौ बार लिखकर सिद्ध कर लें। फिर एक अन्य कागज पर इस मन्त्र को लिखकर पूजा स्थल पर रखने से धनप्राप्ति के साथ घर में सुख-शान्ति भी बनी रहती है।

३. ॐ ह्रीं श्रीं क्रीं क्लीं श्रीं लक्ष्मी मामगृहे धन पूरय चिन्ताम् तूरय स्वाहा।

प्रतिदिन सुबह दातुन करने के बाद उक्त मन्त्र का एक माला जप करते रहने से व्यापार या किसी अनुकूल तरीके से धन प्राप्त होता है।

४. ॐ नमो पद्मावती पद्मनेत्र बज्र बज्रांकुश प्रत्यक्षं भवति।

उक्त मन्त्र का आधी रात को मिट्टी के दीपक में घी भरकर जलायें और मिट्टी के मनकों की माला से ही एक माला इक्कीस दिनों तक जप करने से माँ लक्ष्मी की कृपा होकर धन-प्राप्ति होती है।

५. ॐ नमः काली कंकाली महाकाली मुख सुन्दर जिये व्यालीचार वीर भैरों चौरासी बात जो पूजूं मानए मिठाई अब बोलो काली की दुहाई।

प्रात:काल स्नानादि से निवृत्त होकर स्वच्छ वस्त्र धारण कर पूर्व दिशा की ओर मुँह करके एक माला नित्य जप करते रहने से कुछ ही दिनो में नौकरी अथवा व्यापार शुरू हो जाने का प्रबंध हो जाता है।

६. बैठ चबूतरे पढ़े कुरान, हजार काम दुनिया के करे, एक काम मेरा भी कर, न करे तो तीन लाख तैंतीस हजार पैगंबरों की दुहाई।

किसी शुभ दिन इस मंत्र को असगंध से कोरे कागज पर इक्यावन हजार बार लिखकर सिद्ध कर लें। जब भी कभी धनाभाव महसूस हो तो इसका विधिवत् रूप से प्रयोग करने से अचानक धनलाभ होता है।

यात्रा की सफलता का मन्त्र

शेख फरीद की कामरी अंधियारी निशा तीन चीज बराय ॐ नमो स्वाहा।

इस मंत्र को पहले किसी दिन ग्यारह हजार बार जप करके सिद्ध कर लें। फिर जब कभी यात्रा पर जाना हो तो घर से निकलने से पहले इस मंत्र का सात बार उच्चारण करके निकलें। यदि यात्रा के दौरान किसी तरह की बाधा आए तो इस मन्त्र को तीन बार बोलकर तीन बार ताली बजाने से बाधा दूर हो जाती है।

वचनसिद्धि का मंत्र

ॐ अंतरिक्षाय स्वाहा।

कृतिका नक्षत्र में से हुड़ वृक्ष का बांदा लाकर उक्त मंत्र से एक सौ आठ बार सिद्ध करके दाँएँ हाथ में बाधने से वचनसिद्धि प्राप्त होती है यानी साधक जो भी कहता है, वही बात सच हो जाती है।

भोजन शीघ्र पचने का मन्त्र

अन्न हाथ वज्र हाथ भस्म करे सब पेट का भात दुहाई हजरत शाह कुतुब आलम की।

यह मन्त्र स्वत:सिद्ध और अत्यन्त प्रभावशाली है। भोजन करने के बाद इकतीस बार मंत्रोच्चारण कर पेट पर हाथ फेरने से भोजन शीघ्र पच जाता है।

भूख बढ़ाने का मन्त्र

ॐ नमः सर्वभूताधिपतये हुं फट् स्वाहा।

भोजन को उक्त मंत्र से इकतीस बार अभिमन्त्रित करके भोजन करने से भूख से कई गुना भोजन खाया जा सकता है।

भूत-प्रेत के बोलने का मन्त्र

ॐ धों धों ध्यान करता, अलखयति हांक देते हांकार तथा लत बोल बोल शब्द सांचा।

भूत-प्रेत बाधाग्रस्त व्यक्ति को लहसुन के रस में हींग मिलाकर सूंघाने से रोगी व्यक्ति में स्थित भूत-प्रेत बोलने लगते हैं।

शत्रुदमन मन्त्र

असगंध का जोग गोरनाथ का चेला गुरु गोरख ने दांव खेला है अहतर बहतर तीन कमन्दर तीन महन्दर तीन कमन्दर पांच गुरु का पांच ही चेला एक गोरख का यह सब खेला शब्द सांचा, पिण्ड काचा, फुरो मन्त्र ईश्वरो वाचा।

साधना के लिए एक नींबू अपने सामने रखें और काली धोती पहनकर उत्तर दिशा की ओर मुंह करके उक्त मन्त्र का एक हजार आठ बार जप करें। जप करते समय तेल का दीपक जलते रहना चाहिए। जप आधी रात को करें। मन्त्र के प्रभाव से कैसा भी शत्रु क्यों न हो, मैत्री करने के लिए स्वयं ही तैयार हो जाता है।

संकटमोचन मन्त्र

इलाही बहुमति सईद मही अलदीन।
इलाही बहुमति शेख मही अलदीन।
इलाही बहुमति गौसमही अलदीन।
इलाही बहुमति ख्वाजा मही अलदीन।
इलाही बहुमति गरीब मही अलदीन।
इलाही बहुमति मसकीन मही अलदीन।
इलाही बहुमति लेख मही अलदीन।
इलाही बहुमति कुतुबमही अलदीन।
इलाही बहुमति मखदूम मही अलदीन।
इलाही बहुमति दरवेश मही अलदीन।
इलाही बहुमति बली मही अलदीन।

यह अद्‌भुत व शक्तिशाली मुस्लिम मन्त्र है। इसका नियमपूर्वक प्रतिदिन पन्द्रह पाठ करने से सभी मुसीबतों से छुटकारा मिलता है। इसमें सन्देह नहीं है।

घर बांधने का मन्त्र

घर बाँधौं द्वारा बांधौं बांधौं घर के द्वारे सोलहों डाकिनी बांधौं दो लोहे का हारे थाक थाकगे बेटी योगिनी मेरा बांधौं परो लरी सहचरी जनभाव चौको बांधौं दोहाय गोरखनाथ महादेव गौरा पार्वती की।

वेर की झाड़ी लेकर टहनी की चार कीलें बनाएं और उन सभी कीलों को चौंसठ बार उक्त मन्त्र से अभिमन्त्रित करें। फिर एक कील हाथ में लेकर इकतीस बार अभिमन्त्रित करके आग्नेय कोण में गाड़ देने से वह घर बंध जाता है।

शत्रुबंधन मन्त्र

ॐ काली काली महाकाली ब्रह्मा की बेटी इन्द्र की साली खावे पान बजावे ताली जा बैठी पीपल की डाली बांध 'अमुक' को बांध परिवार समेत बांध, ना बांधे तो तुझे गोरखनाथ की आन।

अमावस्या की रात को काली मन्दिर में जाकर महाकाली का पूजन करें। पूजन में देशी घी और कच्ची घानी के तेल का दीपक जलायें। फिर काले कम्बल के आसन पर बैठकर दस माला उक्त मन्त्र का जप कर सिद्ध कर लें। जब कभी शत्रु या किसी व्यक्ति को बांधना हो तो जरा-सी मिट्टी लेकर इकतीस बार मन्त्रोच्चारण करके उस मिट्टी को एक ही फूंक में उड़ा देने से शत्रु या वह व्यक्ति साधक के बन्धन में बंध जाता है। अमुक के नाम पर साध्य व्यक्ति का नाम लेना चाहिये।

बन्धनकारी मन्त्र

तेल थांमो तेलाई थांमो अग्नि बैसदंर थांमो पाँच पुत्र कुंती के पाँचों चले केदार अग्नि चलते हम चले अमिया परों तुषार।

तेली के कोल्हू के पास में खड़े होकर उक्त मन्त्र का इकतीस बार उच्चारण करने से कोल्हू से तेल निकलना बन्द हो जाता है।

घर की सुरक्षा का मन्त्र

घर चलते बार बांधें बार चलते घर बांधूं, स्वर्ग में राजा इन्द्र बांधूं, पाताल में वासुकी नाग बांधूं, शिकाली बाठान तोड़ के मछली मारुं टेंगरामा ही मारुं, माह फूटे डाल कारूं फूल उठे तार खाई वन, किए उजार आगे आये बांधूं पाहू आये बांधूं बाएं, दाएं बांधूं यह बंधन को बंधत ईश्वर महादेव, बांधूं देव हम घर में सहदेव हम सोच रहेऊं, अकेल लोहे के दो टोकड़ा मांस का पत्थर होवे, काटे कट बड़े, पिता की धर्म की दुहाई।

किसी शुद्ध जगह कीं साफ मिट्टी लेकर उक्त मन्त्र से मिट्टी को ग्यारह बार अभिमन्त्रित करके उस मिट्टी को घर के चारो ओर फेंक देने से घर सभी तरह से सुरक्षित रहता है।

धनवृद्धि मन्त्र

ॐ नमो भगवती पद्म पद्मावती ॐ ह्रीं ॐ ॐ पूर्वाय दक्षिणाय उत्तराय आष पूरय सर्वजन वश्य कुरु कुरु स्वाहा।

इस मन्त्र को दीपावली की रात को पूरी रात जप करके सिद्ध कर लेना चाहिए। फिर सबेरे बिस्तर पर से उठने से पहले मन्त्र का एक सौ आठ बार जप करके चारो दिशाओं में दस-दस फूँक मारने से सभी दिशाओं से साधक को धनप्राप्ति होने लगती है।

सौभाग्यवृद्धि मन्त्र

ॐ ह्रीं कपालिनी कुल कुंडलिनी मे सिद्धि देहि भाग्यं देहि देहि स्वाहा।

इकतीस दिनों तक प्रतिदिन मन्त्र का एक हजार जप करने से स्त्रियों के सौभाग्य में वृद्धि होती है और वह परिवार में सबकी प्रिय बन जाती है।

सर्वरोगनाशक मन्त्र

पर्वत ऊपर पर्वत और पर्वत ऊपर फटिक शिला फटिक शिला ऊपर अंजनी जिन जाया हनुमंत नेहला टेहला कंख की कखराई पीछे की आदरी कान की कनफटे रान की ब कंठे की कंठमाला घुटने का डंहरू डाढ़ की डढ़शूल पेट की ताप तिल्ली किया इतने के दूर करे भस्मंत नातर तुझे माता अंजनी का दूध पिया हराम मेरी भक्ति गुरु की शक्ति फुरो मन्त्र ईश्वरो वाचा सत्यनाम आदेश गुरु का।

सात शनिवार तक नियमपूर्वक हनुमान जी की पूजा करके उनकी प्रतिमा के सामने धूप-दीप जलाकर नैवेद्य अर्पित कर उक्त मन्त्र का एक माला जप करने से मन्त्र सिद्ध हो जाता है। फिर करवनारी, बद, कण्ठमाला, दाढ़ का दर्द, कनफेड़, नजर जैसे रोगों में मन्त्र से झाड़ा दें। पेट की ताप, तिल्ली जैसे रोगों को छुरी या चाकू से झाड़ें। रोगनिवृत्ति पर हनुमानजी को प्रसाद अवश्य चढ़ाएं।

क्रोध शान्त करने का मन्त्र

भूलभूल की तोलाभू की। उठमेल की पाताला कूंडे लाग। मेल की समा जुड़े। मेल की चले आगि। आगि जारि सलाम करि। मेल की लागे। तारे बेड़े। आंजरे पांजरे लाग चुके मुके लागा। होक सिद्धि गुरु कृपा दुहाड़ी काटर कामिक्षा रमा। हाडिर सिर आज्ञा, चंडिरूपा।

यदि कोई व्यक्ति बहुत ज्यादा गुस्से में हो तो उक्त मन्त्र का उच्चारण करते हुए तीन फूँक उस व्यक्ति पर मार देने से उसका क्रोध शान्त हो जाता है।

सिरदर्द दूर करने का मन्त्र

ॐ नमो आदेश गुरु का।
केश में कपाल कपाल में भेजा।
भेजा में कीड़ा न करे पीड़ा।
कंचन की हैनी रूपे का हथौड़ा।
पिता ईश्वर माड़ इन श्रापे।
को गोरखनाथ तोड़े।
शब्द सांचा पिण्ड कांचा फुरो मन्त्र ईश्वरो वाचा।

किसी भी शुभ योग वाले रविवार या मंगलवार अथवा अमावस्या से शुरू करके इकतीस दिनों तक प्रतिदिन एक सौ आठ बार मन्त्र जपें और इक्यावन बार मन्त्र की लोबान से आहुति देने से मन्त्र सिद्ध हो जाता है। प्रयोग करते समय इक्यावन बार मन्त्रोच्चारण करते हुए सिर पर सात बार फूँक मारने से सिरदर्द मिट जाता है।

पेटदर्दनाशक मन्त्र

ॐ नून तूं सिंधु नून सिंधु वाया।
नून मन्त्र पिता महादेव रचाया।
महेश के आदेश मोही गुरुदेव सिखाया।
गुरु ज्ञान से हम देऊं पीर भगाया।
आदेश देवी कामरू कामाक्षा माई।
आदेश घड़ी रानी चंड़ी की दुहाई।

सेंधा नमक की एक डली को सीधे हाथ की तीन अंगुलियों से पकड़कर इस मन्त्र को सात बार बोलकर वह नमक की डली पेटदर्द के रोगी को खिलाने से पेटदर्द मिट जाता है।

भूख-प्यास न लगने का मन्त्र

ॐ सा सं शरीर अमृत भाषाय स्वाहा।

उक्त मन्त्र को किसी शुभ मुहूर्त्त में दस हजार बार जप करके सिद्ध कर लें। फिर प्रयोग करते समय केसर लटजीरा के बीज समान मात्रा में लेकर पीसकर मीठी वस्तु गुड़ या शहद में मिलाकर गोली बना लें। उन्हें एक सौ आठ बार अभिमन्त्रित करके तांबे के ताबीज में बंद करके मुंह में रखने से भूख-प्यास नहीं सताती।

दाँतपीड़ा-नाशक मन्त्र

ॐ नमो आदेश गुरु को वन में ब्याई अंजनी जिन जाया हनुमंत कीड़ा मकूड़ा माकड़ा ये तीनों करे भस्मंत गुरु गोरख की शक्ति मेरी भक्ति फुरो मन्त्र ईश्वरो वाचा।

होली-दीपावली की रात में या ग्रहणकाल में इस मन्त्र को दो हजार सात बार जप करके सिद्ध कर लें तथा इतनी ही आहुति देने से मन्त्रसिद्ध हो जाता है। फिर प्रयोग करते समय शीशम की टहनी से इकतीस बार झाडा देने से दाँत की पीड़ा दूर हो जाती है।

क्रोधनाशक मन्त्र

ॐ नमः शांते प्रशांते ॐ ह्रीं ह्रां सर्व क्रोध प्रशमनी स्वाहा।

जिस व्यक्ति को अत्यधिक क्रोध आता हो, वह सबेरे नहा-धोकर इस मन्त्र को इकतीस बार जपे, तो इससे उसका क्रोध शान्त होता है तथा घर में भी सुख-शान्ति बनी रहती है साथ ही मन्त्रजप करने के साथ सायंकाल में पीपल की जड़ में मीठा जल चढ़ाकर धूप-दीप अवश्य जलाना चाहिये। बहुत लाभ होता है।

पीलिया-रोगनाशक मन्त्र

ॐ नमो वीर बैताल असराल, नारसिंह देव तुषादि पीलिया कूं मिटाती। कारै झारै पीलिया रहै न नेक निशान। जो कहीं रह जाय तो हनुमंत की आन मेरी भक्ति, गुरु की शक्ति, फुरो मन्त्र ईश्वरो वाचा।

इस मन्त्र को हनुमान जी की प्रतिमा के सामने धूप-दीप जलाकर इक्कीस दिनों तक एक हजार मन्त्र प्रतिदिन जप करके सिद्ध कर लें। फिर प्रयोग करते समय पीलिया के रोगी को सामने बैठाकर कांसे की कटोरी में तेल भरकर रोगी के सिर पर रखें और हाथ में कुशा लेकर उससे तेल को हिलाते हुए इकतीस बार मन्त्रोच्चारण करें। जब तेल पीला हो जाय तो कटोरी को रोगी के सिर से नीचे उतार लें। तीन दिन तक यह प्रयोग करने से पीलिया रोग नष्ट हो जाता है। रोग ठीक हो जाने पर रोगी से हनुमानजी को प्रसाद चढ़वायें और गायों को घास व पक्षियों को अनाज डलवायें।

शरीररक्षा मन्त्र

ॐ नमो आदेश गुरु को वज्र वज्री वज्र किवाड़ वज्री मैं बांधा दशों द्वार जो घाले घात उलट वेद वाही को खात पहली चौकी गणपति की दूजी चौकी हनुमंत की तीजी चौकी भैरव की चौथी चौकी राम रक्षा करने की श्री नरसिंह देव जी आए शब्द सांचा, पिण्ड काचा, फुरो मन्त्र ईश्वरो वाचा सत्यनाम आदेश गुरु को।

इस मन्त्र का किसी भी शुभ शनिवार से शुरू करके इक्कीस दिन तक जप करना चाहिए। साधक अपने सम्मुख तेल का दीपक, गुग्गुल जलाये और फल, मिष्ठान्न रखकर प्रतिदिन दो हजार अढ़सठ बार मन्त्रजप करे। मन्त्र सिद्ध हो जाने पर प्रयोग करते समय एक सौ आठ बार भभूत पढ़कर उस भभूत को शरीर पर मलने से शरीर हर तरह से सुरक्षित रहता है।

भयनाशक मन्त्र

या अली मुलखबीर।

बृहस्पतिवार के दिन सूर्यास्त होने के बाद किसी भी मजार पर जाकर हिना का इत्र और प्रसाद चढ़ाकर गुलाब की अगरबत्ती जलाकर उक्त मन्त्र को लाल हकीक की माला से इक्कीस हजार बार जपें। प्रयोग करते समय एक सौ आठ बार जपने से किसी भी तरह का भय नहीं रहता।

गड़ा धन दिखाई देने का मन्त्र

ॐ नमो विघ्न विनाशाय निधि दर्शन कुरु कुरु स्वाहा।

किसी भी शुभ दिन और शुभ नक्षत्र में उक्त मन्त्र का दस माला जप करके सिद्ध कर लें। फिर जिस जगह पर धन गड़ा होने की आशा हो, वहाँ धतूरे के बीज, सफेद घुंघची, हलाहल, मैनसिल, गंधक, उल्ली की बीट और शिरीष वृक्ष का पंचांग सभी समान मात्रा में लेकर सरसों के तेल में पकाएं। अब इसका धूप देकर मन्त्र का दस हजार जप करने से उस जगह से भूत-प्रेत-पितर दूर हो जाते हैं तथा गड़ा धन दिखाई देने लगता है।

बंधननाशक मन्त्र

ॐ नमोस्तु ते भगवते पार्श्व चंद्राधरेंद्र पद्मावती सहिताय मेऽभीष्ट सिद्धि दुष्ट ग्रह भस्म भक्ष्यं स्वाहा। स्वामी प्रसादे कुरु कुरु स्वाहा। हिलिहिलि मा तंग निस्वाहा। स्वामी प्रसादे कुरु कुरु स्वाहा।

नवरात्र के दिनों में प्रतिदिन उक्त मन्त्र का इक्कीस बार जप करने से अनिष्ट ग्रह के बन्धन के साथ यदि किसी ने तन्त्र द्वारा बन्धन किया हुआ हो तो वह भी दूर हो जाता है तथा साधक को सुख-शान्ति का अनुभव होता है।

अकाल मृत्युनाशक मन्त्र

ॐ अघोरेभ्यो घोरघोरतरेभ्यः स्वाहा।

किसी भी शुभ दिन और शुभ नक्षत्र में उक्त मन्त्र को दस हजार बार जप करके सिद्ध कर लें। फिर प्रयोग करते समय रविवारीय पुष्य नक्षत्र को प्रातः गुरमा वृक्ष की

जड लाकर गरम पानी में मथ लें और उसे एक सौ आठ बार अभिमन्त्रित कर आठ माशा प्रतिदिन सेवन करने से अकाल मृत्यु नहीं होती है।

निर्भीक होने का मन्त्र

ॐ क्षीं क्षीं क्षीं क्षीं क्षीं फट्।

इस मन्त्र का प्रतिदिन पाँच माला जप करते रहने से जप करने वाले को सभी तरह के सुख प्राप्त होते हैं। साथ ही वह निर्भीक भी हो जाता है।

मुकदमा जीतने का मन्त्र

ॐ क्रां क्रां क्रां ध्रूम सारी बदाक्षं विजयति जयति ॐ स्वाहा।

पुनर्वसु नक्षत्र वाली त्रयोदशी को सुरही के चर्म के आसन पर नदी तट के पास उक्त मन्त्र को मूंगे की माला पर दस माला जपकर सिद्ध करें। फिर आवश्यकता पड़ने पर मन्त्र को ग्यारह बार जप करके जाने से मुकदमे में विजय प्राप्त होती है।

ताली द्वारा रक्षामन्त्र

ॐ काली काली महाकाली।
इन्द्र की बेटी ब्रह्मा की साली।
उड़ बैठी पीपल की डाली।
दोनों हाथ बजावै ताली।
जहाँ जाये वज्र की ताली।
वहाँ न आवे दुश्मन की डाली।
दुहाई कामरू कामाक्षा नैना योगिनी की।
ईश्वर महादेव गौरा पार्वती की।
दुहाई वीर मसान की।

यह स्वत:सिद्ध मन्त्र है। इसको ग्यारह बार बोलकर तीन बार ताली बजा देने से साधक की सब प्रकार से सुरक्षा होती है।

जिन्न भगाने का मन्त्र

माँ बादशाह सब बादशाहों के सफेद घोड़ा, सफेद पाखर जिस पर चढ़े जिन्नो का बादशाह, बारह कोस अगाड़ी, बारह कोस पिछाड़ी, जो कुछ काम कहूं बजा लावे, मेरी भक्ति, गुरु की शक्ति, फुरो मन्त्र ईश्वरो वाचा।

इस मन्त्र को किसी भी शुभ दिन दस हजार बार जप करके सिद्ध कर लें। फिर जिन्न बाधाग्रस्त व्यक्ति पर इस मन्त्र से एक सौ आठ बार जल छिड़कने से जिन्न उस व्यक्ति को छोड़ देता है।

वीर मुहम्मद मन्त्र

अंतरकुशी खुदाय तिऊंगा कटोरा लोहे के कोट वज्र का ताला, अल्लाह नवी बैठे रखवाला हाथ पांव की उरिया धुरिया तैंतीस क्रोस की बुलाय जातर हे वीर मोहम्मद तेरी आन।

यह मन्त्र स्वत:सिद्ध होता है। इससे भूत-प्रेत-जिन्नादि ऊपरी बाधाओं से ग्रस्त व्यक्ति को बयालीस बार मोरपंख से झाड़ा देने से इन बलाओं से मुक्ति मिलती है।

नजरनाशक मन्त्र

१. ॐ नगो नजर जहाँ पद पीर न जानो बोले छलसों अमृत बानो कहो नजर कहाँ ते आई यहाँ की ठौर तोहि कैन बताई कौन जात तेरी कहाँ गम किसकी बेटी कहा तेरो नाम कहां से उड़ी कहाँ से उड़ी कहाँ की जाया अब ही बस कर ले तेरी माया मेरी जात सुनो चितलाय जैसी होय सुनाऊं आय तेलन, तमोलन, चुहड़ी, चमारी, कायथनी, खतरानी, कुम्हारी, महतरानी, राजा की रानी जाको दोष वाहि सिर पड़े जाहर-पीर नजर से रक्षा करे, मेरी भक्ति गुरु की शक्ति फुरो मन्त्र ईश्वरो वाचा।

इस मन्त्र को बोलते हुए रोगी के सिर से पैर तक पाँच बार झाड़ने से नजरदोष नष्ट हो जाता है।

२. ॐ नमो आदेश गुरु को अलटंत गोरख पलटंत काया भागभाग जमदूत गोरखनाथ आया लोहे की कोठरी वज्र की ताली आगे मेरे हरि बसे पीछे देव अनन्त रक्षा हे गोरखनाथ जी की चौकी है हनुमंत की।

इस मन्त्र को होली-दीपावली या ग्रहणकाल में रात को एक हजार आठ बार जप करके सिद्ध कर लें। फिर जरूरत पड़ने पर रोगी व्यक्ति को सात बार मन्त्रोच्चारण करते हुए झाड़ने से नजरदोष मिट जाता है।

भूत भगाने का मन्त्र

नह कुष्ठ इलाही का बान, कुडूम की पित्ती चिरावत भाग भाग अमुकं आग से भूत मारुं धनुधन कृष्ण वरपूत आज्ञा कामरू कामाख्या धड़ी दासी चंड़ी की दुहाई।

हाथ में मिट्टी लेकर उपरोक्त मन्त्र से बारह बार अभिमन्त्रित करके भूतग्रस्त व्यक्ति पर फेंकने से भूत रोगी को छोड़ चला जाता है और रोगी स्वस्थ हो जाता है।

मिरगी रोगनाशक मन्त्र

ॐ हलाहल सरगत मंडिया पुरिया श्रीराम जी फूंके। मृगीबाई सूखे सुख होई ॐ ठः ठः स्वाहा।।

इस मन्त्र को भोजपत्र पर अष्टगंध की स्याही और अनार की कलम से लिखकर मिरगी के रोगी के गले में बांधने से मिरगी रोग ठीक हो जाता है।

चुड़ैल बाधानाशक मन्त्र

१. बैर वर चुडैल पिशाचिनी बैर निवासी।
कहं तुझे सुनु सर्वनासी मेरी गांसी।

किसी भी शुभ रात को इस मन्त्र का दस माला जप करके सिद्ध कर लें। फिर प्रयोग करते समय जल को इक्कीस बार उक्त मन्त्र से अभिमन्त्रित कर रोगी व्यक्ति पर छिड़कने से वह चुड़ैलबाधा से मुक्त होकर स्वस्थ हो जाता है।

२. ॐ नमो आदेश गुरु का कवलाहरी बावनवीर कलू बैठनो जल के तीर तीन पान का बीड़ा खवाऊं जठै बैठे जतलाऊं मालीयर तोर मतबहाऊं वाचा चूके तो कंकाली की दुहाई मेरी भक्ति गुरु की शक्ति, फुरो मन्त्र ईश्वरो वाचा।

उक्त मन्त्र को ग्यारह बार पढ़ते हुए चुड़ैल बाधाग्रस्त व्यक्ति को झाड़ने से वह व्यक्ति चुड़ैलबाधा से मुक्त होकर स्वस्थ हो जाता है।

आधासीसी-नाशक मन्त्र

१. शंकर शंकर खोजा नाई शंकर बैठे लंगल माई भूत बैताल जोगिनी बचाय सब देवन की जय जय मनाय गोरखनाथ के पूजे पाप अधक-पारी दर्द छुड़ाय।

होली-दीपावली या ग्रहणकाल में इस मन्त्र का दस माला जप करके, जप का दशांश लोबान की आहुति से हवन करके सिद्ध कर लें। फिर प्रयोग करके समय इक्कीस बार मन्त्रोच्चारण करते हुए फूंक मारने से रोग नष्ट हो जाता है।

२. ॐ नमो बन में बिआई बांदरी खाय दुपहरिया कच्चा फल कांदरी आधी खायकै आधी देत गिराय हूंकत हनुमंत के आधासीसी चलि जाय।

रोगी व्यक्ति को सामने बैठाकर ग्यारह बार मन्त्र का उच्चारण करते हुये जमीन पर चाकू से लकीर खींचकर काटने से आधासीसी का दर्द दूर हो जाता है।

शीघ्र विवाह का मन्त्र

मक्खनो हाथी जर्द अंबारी। उस पर बैठी कमाल खां की सवारी। कमाल खां कमाल खां मुगल पठान। बैठे चबूतरे पढ़े कुरान। हजार काम दुनिया का करे। एक काम मेरा कर। न करे तो तीन लाख तैतीस हजार वीर पैगंबरों की दुहाई।

यह अत्यन्त प्रभावशाली मन्त्र है। इसका नियमित रूप से जितना अधिक जप किया जायेगा, विवाह उतनी ही जल्दी होगा। यह निश्चित है।

नेत्ररोगनाशक मन्त्र

१. ॐ नमो आदेश गुरु को श्रीराम की धुनी लक्ष्मण का नाम आँख बरद करे तो गुरु गोरखनाथ की आन मेरी भक्ति गुरु की शक्ति सत्यनाम आदेश गुरु को।

इस मन्त्र को दीपावली की रात को एक हजार नौ सौ बार जपकर और इतनी ही आहुति देकर सिद्ध कर लें। फिर प्रयोग करते समय इक्यावन बार मन्त्र का उच्चारण करते हुए झाड़ा देने से नेत्ररोग ठीक हो जाता है।

२. ॐ नमः झिलमिल करे ताल की तलइया। पश्चिम गिरि से आई करन मलइया, तहं आया बैठे ३ वीर वीर हनुमंता। न पीड़े न पाके नहीं फूहंता। यति हनुमंत राखे घोड़ा।

इस मन्त्र का सात बार उच्चारण करते हुए झाड़ा दें। सात दिन के नियमित प्रयोग से नेत्ररोग ठीक हो जाता है।

ऋद्धि-सिद्धिकारक मन्त्र

१. ॐ नमो आदेश श्री गुरु को गजानन वीर बसे मसान। अब दो ऋद्धि का वरदान। जो जो माथूं सो सो आना पाँच लड्डू शिर सिन्दूर घटबाट की। माटी मसान की। सवे ऋद्धि-सिद्धि हमारे साथ। शब्द सांचा, फुरो मन्त्र ईश्वरो वाचा।

भंडारा शुरू करने से पहले बूँदी के पाँच लड्डू निकालकर उन पर कामिया सिन्दूर लगाएं। गणेश जी की पूजा करें। फिर कलश के ऊपर एक लड्डू रखकर कुएं से जल भरें और मन्त्र बोलकर चार लड्डू कुएं में डाल दें। फिर कलशस्थापन कर मन्त्र का दस माला जप करके ब्राह्मणों को भोजन करायें। इससे भंडारे में कमी नहीं रहेगी।

२. ॐ नमो पद्मावती पद्मावती पद्मानने लक्ष्मीदायिनी बाहां भूत-प्रेत विंध्यवासिनी सर्वशत्रु संहारिणी दुर्जन मोहिनी सिद्धि ऋद्धि बुद्धिं कुरु कुरु स्वाहा ॐ नमः क्लीं श्रीं पद्मावत्यै नमः।

गोरोचन, गुग्गुल, छार-छबीला, कपूर, कचरी को समान मात्रा में लेकर मटर के आकार की गोलियाँ बना लें। शनिवार या रविवार की आधी रात में मन्त्रजप शुरू करें। बाईस दिनों तक प्रतिदिन एक माला जपें तथा हवन करें। पूजा में लाल वस्तुओं का प्रयोग करें, लाल वस्त्र पहनें। ऐसा करने से ऋद्धि-सिद्धि की प्राप्ति होती है।

प्रसव पीड़ानाशक मन्त्र

ॐ मन्मथ मन्मथ वाहि वाहि लम्बोदर मुंच मुंच स्वाहा ॐ मुक्ता पाशा विपाशश्च मुक्ता सूर्य्येण रश्मयः मुक्ता सहर्व फयादर्म एहिमारिच स्वाहा।

एक हाथ से कुएं का जल खींचकर लायें और उसे आठ या बारह बार मन्त्र से अभिमन्त्रित करके गर्भवती को पिलाने से प्रसव पीड़ा न होकर बच्चा सुखपूर्वक उत्पन्न होता है। ध्यान रहे कि इस जल को जमीन पर न रखें।

दूध बढ़ाने का मन्त्र

गुरु गोरखनाथ दुग्धं कुरु कुरु स्वाहा।

जिन स्त्रियों का बच्चा दूध पीता हो और उसके स्तनों में दूध सूख गया हो तो इस मन्त्र को इकतीस बार दूध में पढ़कर पिलाना चाहिए। तीन दिन के प्रयोग से दूध में वृद्धि हो जाती है।

मासिक धर्मपीड़ानाशक मन्त्र

आदेश श्रीराम चन्द्र सिंह गुरु को तोड़ूं गांठ औमा मली तोड दूं लाय तोड़ि देऊं सरित परित देकर पाययह देखि हनुमंत दौड़कर आय अमुक का देहि शांति वीर भगाय श्री गुरु नरसिंह की दुहाई फिरै।

पान के बीड़े को उक्त मन्त्र से पाँच बार अभिमन्त्रित करके स्त्री को खिला देने से मासिक धर्मसम्बन्धी सारे रोग मिट जाते हैं।

पशुओं की दूधवृद्धि का मन्त्र

ॐ नमो हुंकारिणी प्रसव ॐ शीतलाम्।

इस मन्त्र को प्रतिदिन एक माला जपकर पशुओं को चारा खिलाने से गाय-भैंसादि पशुओं का दूध बढ़ जाता है।

जुए में जीतने का मन्त्र

१. समुद्र, समुद्र के बीच टापू, टापू में द्वीप, द्वीप पै पाठौं, पाठे पे बैठी चाँद कुमारी। तिनया कही-सुनी हो राजा राम, जो कोई या मूठ जीते, हनुमंत करै सहाई, मेरी भगत गुरु की सकत फुरै मन्त्र ईश्वरो वाचा। वाचा ते कुवाचा होई तो कुम्भी पाक नरक में पड़े। धोबी की सोधनी चमार की छोहड़ में पड़े।

जुआ खेलने से पहले इक्यावन बार श्रद्धा-भक्तिपूर्वक इस मन्त्र का जप करने से अवश्य लाभ होता है।

२. ॐ नमः ठुं ठुं ठुं ठुं क्लीं क्लीं वानरी विजयपति स्वाहा।

दीपावली की आधी रात को पीपल के वृक्ष के नीचे इस मन्त्र का एक सौ आठ बार जप करें और एक सौ आठ बार कदम्ब के फूलों से हवन करें। जब भी प्रयोग करना हो तो एक कदम्ब का फूल लेकर उस पर ग्यारह बार मन्त्र पढ़कर उसे दाँएँ हाथ में बांधकर जुआ खेलने से अवश्य ही जीत होती है।

कुश्ती जीतने का मन्त्र

ॐ नमो आदेश कामरु कामाक्षा देवी अंग पहरु भुंजगा पहरु लोहे शरीर आवत हाथ तोड़ूं पांव तोड़ूं सहाय हनुमंत वीर उठ अब नरसिंह वीर तेरो सोलह सौ श्रृंगार मेरी पीठ लगे नाहीं तो वीर हनुमंत लजाने तू लेहु पूजा जान सुपारी नारियल सिंदूरी अपनी देहु स्ववल मोही पर देहु भक्ति गुरु की शक्ति फुरो मन्त्र ईश्वरो वाचा।

इस मन्त्र का मंगलवार से चालीस दिनों तक नियमित रूप से एक माला जप करें। जपकाल में गेरु का चौका लगाकर लाल लंगोट पहनें। हनुमानजी की प्रतिमा के सामने लड्डू का नैवेद्य रखें। फिर कुश्ती में जाने से पहले एक सौ आठ बार मन्त्र जपने से निश्चित जीत होती है।

चूहे भगाने का मन्त्र

पीत पीताम्बर मूसा आंधी ले जाईहु गोरख तु बांधी ए गोरख लंका के राउ एहि कोणे पैसेहु सहि कोठे जाऊ।

शनिवार को प्रातः स्नान करके स्वच्छ वस्त्र धारण करके पाँच साबुत हल्दी की गांठें और थोड़े से चावल लेकर उक्त मन्त्र सात बार पढ़ते हुए चूहों के बिल में छोड़ देने से चूहे भाग जाते हैं।

उदर पीड़ानाशक मन्त्र

पेट व्यथा पेट व्यथा तुम हो बलवीर। तेरे दर्द से पशु मनुष्य नहीं स्थिरा पेट पीर लम्बी पल में निकार दो फेंक सात समुद्र पार। आज्ञा कामरु कागाक्षा माई। आज्ञा दासी चंड़ी दोहाई।

उक्त मन्त्र का सात बार उच्चारण करते हुए बाँएँ हाथ से दर्द वाले भाग का स्पर्श करते हुए झाड़ा देने से दर्द शांत हो जाता है।

गठिया रोगनाशक मन्त्र

ॐ भ्रां भ्रां भ्रां भ्रां भ्रां भ्रां भस्मागते। सर्वांगे नमस्कारे नमस्तुते फट् स्वाहा।

कौआ का घोंसला उतारकर उसको जलाएं। उस भस्म पर उपरोक्त मन्त्र को एक सौ आठ बार पढ़कर रोगी व्यक्ति को खिलाने से गठिया रोग समाप्त हो जाता है।

चोर पकड़ने का मन्त्र

ॐ नमो इन्द्राग्नि वन्य वांधाय स्वाहा।

उक्त मन्त्र को भोजपत्र पर अष्टगंध की स्याही से लिखकर सफेद मुर्गे के गले में बांधकर मुर्गे को बड़े से टोकरे से ढक दें। अब जिन लोगों पर चोरी करने का शक हो, उनके हाथ उस टोकरे पर रखवायें। जो चोर होगा, उसके हाथ रखते ही मुर्गा बोल उठेगा।

चोरों से घर की सुरक्षा का मन्त्र

ॐ करालिनी स्वाहा ॐ कपालिनी स्वाहा चोर बांधय ठः ठः।

उक्त मन्त्र को पहले किसी शुभ दिन एक सौ आठ बार जप करके सिद्ध कर लें। फिर प्रयोग करते समय मिट्टी को ग्यारह बार अभिमन्त्रित करके उसे घर के मुख्य दरवाजे पर जमीन में दबा देने से चोरों से घर सुरक्षित रहता है।

रक्षाकारी मन्त्र

१. बाघ बिजुरी सर्प चोर चारिउ बांधौ एक ठौर धरती माता आकाश पिता रक्ष रक्ष श्री परमेश्वरी कालिका की वाचा दुहाई महादेव की।

किसी भी जगह पर सोते या रहते समय इनको बोलकर तीन बार ताली बजा देने से सांप, चोर, बिजली, जंगली जीवों का डर नहीं सताता।

२. खांट पहड धरती मरण या देहि नारायण आपके शरण, ईश्वर की चौकी ब्रह्मा का ताला जहाँ सावै वहाँ राम रखवाला आस्तिक, आस्तिक चोर, सर्प भय सब नास्तिक।

कहीं भी अनजान जगह पर रात बितानी पड़े तो उक्त मन्त्र को तीन या सात बार उच्चारण कर ताली बजा देने से चोर, सांप, जहरीले जीवों के काटने का डर नहीं रहता है।

३. ॐ नमः वज्र का कोठा जिसमें पिण्ड हमारा पैठा ईश्वर की कुंजी ब्रह्मा का ताला मेरे आठों याम का यती हनुमंत रखवाला।

किसी भी तरह का संकट उत्पन्न होने पर उक्त मन्त्र का इक्कीस बार उच्चारण करने से सब तरह से रक्षा होती है।

४. ॐ कालिका खड़ग खप्पड़ लिये ठोड़ी जाते तेरी है निराली पीली भरभर रक्त प्याली कर भक्तों की रखवाली न करे रक्षा तो महाबली भैरव की दुहाई।

उक्त मन्त्र का ग्यारह बार उच्चारण करते हुए अपनी छाती पर फूँक मारने से सब तरह से रक्षा होती है। इसका जप करते हुए दूसरे को झाड़ा भी जा सकता है।

५. झाड़ि झाड़ि कापड़पिंदि वीर मुष्टे वांकिवाल बुले सलाम मशान भूम होते भैरव काटार होते लोहार बाड़ी नाम होते चामदाड़ि आज्ञा दिल राजा चुड़े होते तो हार किलामुद्गरधिनि बिमलि घुंडिकर आज्ञे राजा चुडगंर आज्ञे। आज्ञे निग्लिघुंडि।

उपरोक्त मन्त्र को ग्यारह बार उच्चारित करके अपने चारो ओर रेखा खींचने से सुरक्षा होती है।

तन्त्र-नाशक मन्त्र

१. ॐ श्री आस्थापनता में करहु जायें राम भलाई मुणियां के जो गुण काटो तो इसमें नहीं मनाही दुहाई कामरू कामाक्षी नैना योगिनी की शब्द सांचा, पिण्ड कांचा, फुरो मन्त्र ईश्वरो वाचा।

उक्त मन्त्र का इकतीस बार उच्चारण करते हुए रोगी व्यक्ति को झाड़ा देने से वह तन्त्र-मन्त्र से मुक्त होकर स्वस्थ हो जाता है

२. अब पारीस संभ्रम कायवेध। छेदक ज्ञान विज्ञान फूटै। अमुकार माय हंका चंडी तो। हमारे माशिल पाथर पर। अमुकार मासे मारैस समारै मुमारै। रोड़ास उल्टाबोधे। विंरुपाक्ष विराली। उलटा बंधे पिंडोमानायै। मोरेपिंडे करोघा उल्टा बेधे। डांत्तुलखाः फोड फोड। दंडी विरुपादारे आज्ञा।

उक्त मन्त्र को प्रातः ग्यारह बार जपकर तीन घूंट पानी पीने से तन्त्र-मन्त्र का प्रभाव नष्ट हो जाता है।

डाकिनी दोषनाशक मन्त्र

ॐ नमो नारसिंह पाई हार भस्मना योगिनी बंध डाकिनी बंध चौरसी दोष बंध अष्टोत्तरशत ब्याधि बंध खेदी खेदी भेदी मारे मारे सोखे सोखे ज्वल-ज्वल प्रज्वल नारसिंहवीर की शक्ति फुरो।

उक्त मन्त्र का एक सौ आठ बार उच्चारण करते हुए डाकिनी-ग्रस्त रोगी के सिर से पैर तक झाड़ा देने से डाकिनी दोष नष्ट होकर रोगी स्वस्थ हो जाता है।

टोने-टोटके का नाशक मन्त्र

१. लोना सलोना योगिनी बांधे टोना आबहु सिखि मिलि जादू कवनु, कवनु देश कवनु फिर आदि अफूल फुलवाई ज्यों-ज्यों आवै बास त्यों-त्यों

अमुक आवै हमारे पास कवनु देवी की शक्ति मेरी भक्ति फुरो मोहनी ईश्वरो वाचा।

उक्त मन्त्र से इक्यावन बार झाड़ा देने या सरसों के दानों को अभिमन्त्रित कर रोगी पर फेंकने से टोने-टोटकों का प्रभाव नष्ट हो जाता है।

२. **सोम शनिश्चर भोम अगारी कहाँ चललि देई अंकारी चारि जटावज्र के वार दीनहि बांधो सोम दुबार उत्तर बांधो कोइला दानव दक्षिण बांधो क्षेत्रेफल चारि विद्याबांधिके देउ विशेषभवर-भवर दिघल भवर गए चलु उत्तरापथ योगिनी चलु पाताल से वासुकी चलु रामचन्द्र के पायक अंजनी के चीर लागे ईश्वर महादेव गौरा पार्वती की दुहाई जो टोना रहे एडी पिण्ड मन्त्र पढ़ि फूंके येना कइल न रहे।**

असाध्य रोगनाशक मन्त्र

ॐ ह्रीं ह्रीं क्ली क्लीं काली कंकाली। महाकाली स्लखफरवाली अमुकस्य अमुक व्याधि नाशय नाशय शमनय स्वाहा।

उक्त मन्त्र को किसी शुभ दिन ग्यारह सौ बार जप करके सिद्ध कर लें। जिस रोग में कोई औषधि काम न कर रही हो और रोगी मरणासन्न हो तो उक्त मन्त्र से तीन दिनों तक रोगी को एक सौ आठ बार मन्त्रोच्चारण करते हुए सिद्ध जल से झाड़ना चाहिए। इससे असाध्य रोग शांत हो जाता है।

कमर पीड़ानाशक मन्त्र

चलता आवे उछता जाये। मस्य करता उह उठ जायो सिद्ध गुरु की आन। मन्त्र सांचा फुरो मन्त्र ईश्वरो वाचा।

उक्त मन्त्र को पहले शुभ मुहूर्त में दो हजार आठ बार जप करके सिद्ध कर लें। फिर प्रयोग करते समय शुक्लपक्ष में कुंवारी कन्या के हाथ से काता हुआ सूत लेकर उस सूत के १०१ धागों को एक साथ लेकर इक्कीस बार अभिमन्त्रित करके रोगी की कमर में बांधने से सभी तरह की कमर पीड़ा दूर होती है।

बाधा-शान्ति का मन्त्र

ॐ क्लीं सर्वबाधाप्रशमनं त्रैलोक्यस्याखिलेश्वरि। एवमेव त्वया कार्यमस्मद्वैरि-विनाशनम् क्लीं नमः।।

प्रातःकाल स्नानादि से निवृत्त होकर किसी एकांत कमरे में बैठकर इस मन्त्र का प्रतिदिन जप करें। इस मन्त्र की सिद्धि ११०० जप के पश्चात् प्राप्त होती है। एक ढीले कपड़े पहनकर पूर्वमुख होकर निष्ठाभाव से मन्त्र का जप करें। धूप-दीप तथा

सामने जलते रहना चाहिए। इसके लिए समय निर्धारित है अर्थात् २१ दिन में इस जप की पूर्णाहुति आवश्यक है। यदि साधक निर्धारित समय में जप पूर्ण कर लेता है तो उसकी समस्त बाधाओं का नाश हो जाता है।

दारिद्रतानाशक मन्त्र

ॐ दुर्गे स्मृता हरसि भीतिमशेषजंतोः
स्वस्थैः स्मृता मतिमतीव शुभां ददासि।
दारिद्र्यदुःखभयहारिणी का त्वदन्या
सर्वोपकारकरणाय सदार्द्रचित्ता क्लीं नमः॥

प्रातःकाल स्नान आदि से निवृत होकर किसी एकांत कमरे में काष्ठ की चौकी पर माता दुर्गा की तस्वीर लगाकर नित्य २१ बार मन्त्र का जप करें। यदि चौकी उपलब्ध न हो तो जमीन को गाय के गोबर से लीपकर मन्त्र-जप प्रारम्भ करें। मन्त्र-जप के क्रम में घी का दीपक जलायें। धूप-अगरबत्ती भी जलते रहने चाहिए। मन्त्र की सिद्धि लगातार तीन महीने करने के बाद प्राप्त होती है। साधक पूरी निष्ठा से मन्त्र-जप करे। जप के क्रम में किसी प्रकार का शोरगुल सख्त वर्जित है। इसके पश्चात् साधक के दुःख-दारिद्रय का नाश हो जाता है।

विघ्नहरण मन्त्र

ॐ सतनाम आदेश गुरु का आदेश पावन पानी का नाद अनाहद दुंदुभी बाजे जहाँ बैठी जोगमाया साजे चौंसठ योगिनी बावन वीर बालक की हरे सब पीर आगे जात शीतला जानिये बंध बंध बारे जाय मसान भूत बन्ध प्रेत बन्ध छल बन्ध छिद्र बन्ध सबको मार कर भस्मन्त सतनाम आदेश गुरु को।

सूर्यग्रहण या चन्द्रग्रहण के दिन १०८ बार साधक को इस मन्त्र का जप करना चाहिए, इसके पश्चात् २१ बार लोबान की धूनी देनी चाहिए। यह किसी एकांत कमरे में करना ही श्रेयस्कर होता है। एकांत में जप करने से विघ्न-बाधा का वास नहीं रहता और सिद्धि मिल जाती है।

सामान्य जीवन में भूत-प्रेत, रोग, नजर, टोना, चलाव, अभिचार, वैर दुष्ट प्रभाव, कुप्रभाव, ग्रह-दोष, पारिवारिक कलह, पड़ोसी से अनबन, कटुता, अभाव, वैर आदि के कारण अनेक प्रकार की समस्याएं उत्पन्न हो जाती हैं। इन सभी बाधाओं के लिए यह उपयुक्त मन्त्र है। सिद्धि के पश्चात् इन सारी समस्याओं से छुटकारा मिल जाता है।

आपत्तिहारी मन्त्र

अइउण्, ऋलृक्, एओङ्, ऐऔच्, हयवरट्, लण्, ञमङणनम्, झभञ् घढधश्, जबगडदश्, खफछठथचटतव्, कपय्, शषसर, हल्।

भगवान् शिव के डमरू से प्राप्त १४ सूत्रों को एक श्वास से बोलने का अभ्यास करके १०८ मन्त्र का जप प्रतिदिन करें। यह प्रातःकाल से प्रारम्भ करें। शीघ्र सिद्धि प्राप्त होगी। किसी भी तरह की आपत्ति क्यूं न हो, इस मन्त्र के जप से समाप्त हो जाएगी। सांप-बिच्छू के काटने पर इस मन्त्र का जप करवाएं; विष उतर जाएगा। ज्वर, मिर्गी, उन्माद, तिजारी, चौथिया, भूत या प्रेत का प्रकोप भी किसी पर हो तो इस मन्त्र से झाड़ने पर समाप्त हो जाता है मगर यह तब होता है जब साधक सिद्धि प्राप्त कर चुका हो। उन्माद-मिर्गी में जल को मन्त्र से अभिमन्त्रित कर पिलाने तथा भोजपत्र पर लिखकर हाथ में बांधने से एवं भूत-प्रेत के प्रकोप में जल अभिमन्त्रित कर छींटे मारने से समाप्त हो जाता है।

अशांतिहारी मन्त्र

धां धीं धूं धूर्जटेः पत्नी वां वीं वूं वागधीश्वरी क्रां क्रीं क्रूं कालिका देवी शां शीं शूं मे शुभं कुरू।

इस मन्त्र की सिद्धि के लिए साधक को प्रातःकाल स्नान आदि से निवृत होकर घर में या मन्दिर में जाकर दुर्गा या काली की प्रतिमा पर लाल पुष्प चढ़ाना चाहिए। फिर दीप जलाकर धूप दिखाना चाहिए और उसके बाद १०८ बार उपरोक्त मन्त्र का जप पवित्र भाव से करना चाहिए। ऐसा इक्कीस दिन तक लगातार करने के पश्चात् सिद्धि प्राप्त होती है। जिसके घर में कलह हो, सुख-सम्पत्ति के बावजूद भी परेशानी हो तो इस मन्त्र के जप से राहत मिलती है; परिवार में सुख-शान्ति का वातावरण छा जाता है। सर्वत्र खुशियाँ छायी रहती हैं। इस मन्त्र की सिद्धि पति अथवा पत्नी कोई भी कर सकता है।

वायुरोगहारी मन्त्र

ॐ नमो अजब कंक्कोल गड़ीयो वाय फिरंग रगत वाय, चेपियो वाय, अनंत सर्वे वाय नाशय नाशय दह दह पच पच भख भख हन हन फट् स्वाहा।

पहले इस मन्त्र को साधक के द्वारा सिद्ध किया जाता है। इस मन्त्र की सिद्धि २१,००० मन्त्रजप के पश्चात् मिलती है। इस मन्त्र की सिद्धि के लिए साधक को प्रातःकाल स्नानादि के बाद एकांत कमरे में बैठकर एकाग्र भाव से मन्त्रजप करना पड़ता है। साधक को अपनी सुविधानुसार ही मन्त्र का जप करना चाहिए। वैसे इसका प्रत्येक दिन १०८ जप का विधान है। जब मन्त्र की निश्चित जप-संख्या पूर्ण हो जाए उसके पश्चात् पाँच रंग के रेशम के धागों को लेकर मन्त्र पढ़ते हुए ९ गांठ देना चाहिए। हरेक गांठ पर २१ बार धूप-दीप दिखाकर उतने ही बार मन्त्र का जप करना चाहिए। जब नौ गांठों की प्रक्रिया पूर्ण हो जाए तब गले में बांधना चाहिए। इससे हरेक प्रकार का वायुरोग मिट जाता है।

घाव-हरणकारी मन्त्र

सार सार बिजै सार बांधूं सात बार फूटे न न उपजे घाव सिर राखे श्री गोरखनाथ।

इस मन्त्र का प्रयोग घाव की पीड़ा में करने पर पीड़ा कम हो जाती है। जो इस मन्त्र की सिद्धि प्राप्त किये हों उनके द्वारा इस मन्त्र को पढ़ते हुए रोगी के घाव पर २१ बार सुबह-शाम फूंक मारने से घाव की पीड़ा कम हो जाती है तथा घाव भरने लगता है। कोई भी व्यक्ति इस मन्त्र को स्वयं सिद्ध करके ऐसी परिस्थितियाँ आने पर इसका प्रयोग कर लाभ उठा सकता है।

दद्रुनाशी मन्त्र

ॐ गुरुभ्यो नमः देव देव पुरी दिशा मेरुनाथ दलक्षणा भरे विशाहतो राजा वैरथिन आजा राजा वासुकी के आन हाथ वेगे चलाव।

जिस व्यक्ति के द्वारा इस मन्त्र की सिद्धि प्राप्त की गयी हो उसके द्वारा एक कटोरा पानी लेकर इक्कीस बार यह मन्त्र पढ़कर पिलाने से दाद दूर हो जाता है। कोई व्यक्ति स्वयं भी इस मन्त्र को सिद्ध कर सकता है। इसका कुल जप ११,००० है। यह प्रातःकाल प्रत्येक दिन स्नान आदि से निवृत्त होकर मन्त्र जप की संख्या पूर्ण होने तक २१ बार श्रद्धापूर्वक जपा जाता है।

पाचन मन्त्र

ॐ नमो आदेश गुरु को अगस्त्यं कुंभकरणं च शतिं च वडवानलः आहार-पाचनार्थाय स्मरद् भीमस्य पंचकम् स्फूरो मन्त्र ईश्वरो वाचा।

इक्कीस बार इस मन्त्र का पूरी तन्मयता से जप करते हुए पेट पर हाथ फिराना चाहिये। ऐसा करने से बेचैनी दूर हो जाती है और अधिक खाया हुआ भोजन भी बहुत जल्दी हजम हो जाता है।

बेचैनीहारी मंत्र

ॐ हंसः हंसः।

किसी भी स्त्री-पुरुष को जब किसी कारण से बेचैनी महसूस होने लगे तो इस मन्त्र का २१ बार जप करना चाहिए और किसी कटोरे या गिलास में जल लेकर सात बार इस मन्त्र से अभिमन्त्रित करना चाहिए; फिर उसके बाद इस जल को उस व्यक्ति अथवा औरत को पी लेना चाहिए। इसके पीने से बेचैनी तुरन्त दूर हो जाती है।

क्रोधहारी मन्त्र

ह्रीं ठीं ठीं क्रोध प्रशमन ह्रीं ह्रीं ह्रां क्लीं सः सः स्वाहा।

यदि कोई स्त्री या पुरुष क्रोध से तमतमा रहा हो, उसके पास जाने से भय उत्पन्न हो रहा हो; ऐसा अभ्यास हो रहा हो कि पता नहीं पास जाने पर वह क्या कर बैठे। इन परिस्थितियों में व्यक्ति को उपरोक्त मन्त्र का २१ बार जप करने के पश्चात् पहनने वाले कपड़े के किसी कोने में गांठ डालते हुए ११ बार मन्त्र को पढ़ना चाहिए। ऐसा करने पर क्रोधी व्यक्ति का क्रोध तुरन्त समाप्त हो जाता है और वह बिल्कुल सामान्य-सा दिखने लगता है।

बंदीगृह-मोचन मन्त्र

१. ॐ नमो जिणाणं मुत्ताणं मोयगाणं ज्मभ्व्यंु म्मभ्व्यंु ह्मल्व्र्यु क्ष्म्ल्व्र्यु असि आउ सा नमः बंधि मोक्षः कुरु-कुरु स्वाहा।

उपरोक्त मन्त्र का प्रत्येक दिन १०८ जप करते रहने से जेल, हवालात अथवा हरेक प्रकार के बंदीगृह से मुक्ति मिल जाती है लेकिन यह प्रक्रिया तीन महीने तक करते रहने के पश्चात् ही लाभ दृष्टि-गोचर होता है वह भी तब जब मन्त्रजप पूरी निष्ठाभाव से किया गया हो, साथ ही व्यक्ति निर्दोष हो।

२. बिस्मिल्लाहर्रहमान नीर रहीम ला यमल्हा अंता शुभाने का इनी कुंतो मिनह ज्वाला मीन।

यदि कोई जेल में हो, अपील में कोई सुनवाई न हो रही हो और सजा होने की पूरी सम्भावना हो तो उक्त मन्त्र का ३१ दिनों तक १०८ जप करने से सफलता अवश्य मिलती है; बशर्ते कि वह व्यक्ति वास्तव में कोई जुर्म न किया हो। कोई जुर्म या गुनाह करके जेल पहुंचा होगा तो फिर मन्त्र का यह प्रयोग कार्य नहीं करेगा।

मन्त्र में 'बिस्मिल्लाह' वाला पैरा केवल एक ही बार जपना चाहिए, शेष जप ऊपर के मन्त्रों का करना चाहिए।

वृक्ष हरा करने का मन्त्र

ॐ नमो आदेश गुरु कूं अघोर महा अघोर अजर अघोर वजर अघोर अंड अघोर पिण्ड अघोर सिव अघोर संगति अघोर चंद अघोर सूरज अघोर पवन अघोर पाणी अघोर जमी अघोर आकाश अघोर अनादि पुरुष बूजंत हो अलील ए घर पिण्ड का रखवाला, जल में न डूबना अगन में न बलणा सहस्त्रधारा न कटणा, जमीन के पेट होय लिप जाणा सूका रूंख हरिया होणा। ॐ अघोर गंव सोह्ल।

इस मन्त्र को पहले सिद्ध किया जाता है। सिद्धि के लिए ११,००० बार मन्त्र का जप करना पड़ता है। व्यक्ति को अपनी सुविधानुसार एक नियम के अन्तर्गत जप करना चाहिए। चाहे १०८ बार मन्त्र का जप करें या इक्कीस बार; लेकिन जप निष्ठा

के साथ किया जाना चाहिए। इसका जप प्रातःकाल किया जाता है। जब मन्त्र सिद्ध हो जाय, तब जो वृक्ष सूख रहा हो उसके पास जाकर पूर्व की ओर खड़े होकर पानी भरे हुए कांसे के प्याले में नौ बार मन्त्र पढ़कर पानी को वृक्ष के चारो ओर छिड़क दें। यह प्रक्रिया लगातार करते रहें, कुछ ही दिनों में वृक्ष हरा हो जायेगा।

जलभयनाशी मन्त्र

ॐ ह्रीं थंमेउ जल जलणं दुट्ठं थमेउ स्वाहा।

यह डूबने से बचने के लिए उपयुक्त मन्त्र है। इस मन्त्र को भी सिद्ध किया जाता है। इसका कुल जप १५,००० है। किसी शुभ मुहूर्त्त में इसका जप शुरू करके प्रत्येक दिन १०८ मन्त्र का जप करना आवश्यक है। जप की संख्या जिस दिन पूर्ण हो जाए, समझ लें कि मन्त्र सिद्ध हो गया। उसके बाद आवश्यकता हो तो मन्त्र को जपने मात्र से किश्ती, बोट आदि जल में डूबने से बच जायेगी।

दुग्धवर्द्धन मन्त्र

ॐ ह्रीं कराली पुरुष मुख रूपा ठः ठः।

जिस बच्चे की माता को दूध कम आ रहा हो, उसे एक कटोरा में जल लेकर २१ बार इस मन्त्र का जप करके जल को अभिमन्त्रित कर लेना चाहिए और उसके बाद अपने आंचल पर जल को छिड़ककर शेष जल से स्तन को धोना चाहिए। यह प्रक्रिया गाय-भैंस के दूध बढ़ाने के लिए भी की जाती है।

काकबंध्या मन्त्र

ॐ नमः शक्तिरूपाय मम गृहे पुत्रं कुरु कुरु स्वाहा।

जब किसी स्त्री को एक बार संतान हो जाने के बाद गर्भधारण न हो रहा हो या फिर गर्भधारण होने के पश्चात् नुकसान हो जा रहा हो तब उस स्त्री को इस मन्त्र का जप प्रतिदिन १०८ बार २१ दिनों तक करना चाहिए। जब यह अनुष्ठान पूर्ण हो जाय, तब पति से संसर्ग करना चाहिए। निश्चित ही उसके काकबंध्या का दोष दूर हो जाएगा और वह स्त्री गर्भ को धारण करेगी।

पुत्रप्रद द्वादशाक्षरी मंत्र

ॐ ह्रीं ह्रीं ह्रूं पुत्रं कुरु-कुरु स्वाहा।

आम के पेड़ के नीचे जगह को साफ कर लेना चाहिए फिर उसे गाय के गोबर से लीपकर स्वच्छ कर लेने के पश्चात् जमीन पर बैठकर प्रातःकाल स्नानादि के बाद इस मन्त्र का ्त्येक दिन १०८ जप करना चाहिए। २१ दिन पूर्ण हो जाने पर साधक की मनोकामना पूर्ण हो जाती है। बशर्ते कि जप पवित्र मन और एकाग्रता के साथ किया गया हो।

प्रेत-बाधाहारी मन्त्र

ॐ नमो नरसिंहाय हिरण्यकशिपु वक्ष विदारणाय त्रिभुवन व्यापकाय भूत पिशाच शाकिनी डाकिनी कीलनोन्मूलनाय स्वयं वाद भव समस्त दोषाण हन हन सर सर चल-चल कम्प कम्प मथ मथ हुं फट् हुं फट् ठः ठः महारुद्र जपियत स्वाहा।

इस मन्त्र को किसी भी शनिवार की रात्रि में १४४ बार जप करके सिद्ध कर लेना चाहिए। इस मन्त्र के अनुष्ठाता देवता नरसिंह हैं। इनका स्मरण मन्त्रजप करते समय ध्यान में लाना आवश्यक है। मन्त्र तभी सिद्ध हो सकता है, जब ध्यान पूर्णरूपेण केन्द्रित हो। मन्त्रसिद्धि के पश्चात् प्रेत-बाधा के शिकार व्यक्ति को मोरपंख द्वारा शरीर झाड़ने से प्रेत-बाधा दूर हो जाएगी।

श्मशान-पीड़ाहारी मन्त्र

सफेदा मसान गुरु गोरखनाथ की आन यमदंड मसान कालभैरों की आन गूकिया मसान लोना चमारिन की आन फुलिया मसान गोरे भैरों की आन हलदिया मसान ककोड़ा भैरों की आन पीलिया मसान दिल्ली की जोगिनी की आन कमोदिया मसान कालका की आन कीकड़िया मसान रामचन्द्र की आन मिचमिचिया मसान शिवशंकर की आन सिसलिया मसान वीर मुहम्मदापीर की आन।

कभी-कभी व्यक्ति किसी शवयात्रा में श्मशान जाने से कुछ भौतिक अथवा वायव्य दोषों, प्रेतादि अतृप्त आत्माओं का शिकार होकर कष्ट भोगने लगता है। इस स्थिति को श्मशानपीड़ा कहते हैं। चाहे जिस प्रकार की श्मशानपीड़ा का प्रभाव हो, उपरोक्त मन्त्र का जप करने से वह समाप्त हो जाती है।

इस मन्त्र को किसी भी शुक्रवार को ११ बार जपकर, लोबान की धूनी देनी चाहिए। यह जिस शुक्रवार को शुरू करे, उस दिन से अगले शुक्रवार तक प्रत्येक दिन ११ बार मन्त्रजप लोबान की धूनी के साथ अवश्य करना चाहिए। यह जप रात्रि में करना चाहिए। इस तरह मन्त्र सिद्ध हो जाता है। बाद में जब भी आवश्यकता पड़े इस मन्त्र को जप करके फूंक मारने, इर्द-गिर्द रेखा खींच देने, जल अभिषिक्त करके उसकी धारा चारो ओर गिराने या उस जल से स्नान करा देने पर हर प्रकार की श्मशानपीड़ा से मुक्ति मिल जाती है।

भूतनाशक मन्त्र

ॐ ह्रीं भ्रीं फट् स्वाहा परबत हंस स्वामी आत्मरक्षा सदा भवेत नौ नाथ चौरासी सिद्धिया की दुहाई हाथ में भूत, पांव में भूत, भभूत मेरा धारण

माथे राखो अनार की जोत सबको करो सिंगार गुरु की शक्ति मेरी भक्ति, फुरो मन्त्र ईश्वरो वाचा दोहाई भैरव की।

किसी भी प्रेतग्रस्त्र रोगी को उपरोक्त मन्त्र को सिद्ध करके इसके द्वारा फूंक मारकर, हाथ फेरकर, लोबान की धूनी के धुएं से शोधकर स्वस्थ किया जा सकता है। इस मन्त्र को दुर्गापूजा के अवसर पर सप्तमी की रात्रि से नवमी की रात्रि तक में श्मशान में जाकर सिद्ध किया जाता है। इसका कुल जप ५५१ मन्त्र का है। तीन दिन में जप समाप्त हो जाना चाहिए। जप के बाद २१ बार मन्त्र पढ़कर लोबान की ११ आहुतियाँ देकर हवन की क्रिया करनी चाहिए। इस तरह मन्त्रसिद्ध हो जाता है, फिर उसके बाद जब कभी आवश्यकता पड़े; इस मन्त्र का ग्यारह बार जप करते हुए रोगी का उपचार करें, वह पूर्णतः स्वस्थ हो जायेगा।

भूत झाड़ने का मन्त्र

सूत्र बनावें बन बीच आनन्दकंद रघुवीर लखे सिय संमुख मंह होय धीर मतिधीर तेहि समय लखन तहं आये पूछहि राम लखन बुलाये बोले हरि कवन कारण ठुम भाई इत आवन बहु विलम्ब लगाई लखन बोले गयऊं दूर पहारा देखेउ तहा भूतदल झारा तहां एको मानुज न दिखाये निज आश्रम को छोड़ पराये इतना हरि सुन वान चलायेऊ भागे भूत आनन्द गिरि भयेऊ 'अमुकं' के अंग नहिं भूत नहीं मार राम के नाम से भयो समुद्र पार आदेश श्री सीताराम की दुहाई।

भूत-प्रेत के प्रकोप बहुत ही कष्टदायक होते हैं। यह व्यक्ति को नाना प्रकार से कष्ट देते रहते हैं, व्यक्ति जीवित रहते हुए भी मृतक के समान हो जाता है। मन्त्र द्वारा झाड़ देने पर इनका दुष्प्रभाव शांत हो जाता है। इसके लिए उपरोक्त मन्त्र बहुत ही प्रभावशाली है।

यह मन्त्र विजयादशमी अथवा रामनवमी के दिन रात्रि में १०८ बार पढ़कर सिद्ध कर लेना चाहिए। जब १०८ बार जप हो जाय तो ११ बार लोबान की आहुति से उपरोक्त मन्त्र का जप करते हुए हवन करना चाहिए। यह मन्त्र इसी तरीके से सिद्ध किया जाता है। फिर जब कभी प्रयोग का अवसर आये तो रोगी को सामने बिठाकर मन्त्र पढते हुए उस पर फूंक मारें। मन्त्र में जहाँ 'अमुक' शब्द आया है, वहाँ रोगी का नाम लेना चाहिए।

चुड़ैल-नाशक मन्त्र

बैर बैर चुड़ैल पिशाचिनी बैर निवासी कहूं तुझे सुनु मेरी गांसी वर बैल करे तूं कितना गुमान काहे नहीं छोड़ती यह जन स्थान जो चाहे तू देखना

आपन मान पल में भाग कैलाश ले अपनो-अपनो सान आदेश देवी कामरू कामाक्षा माई आदेश हाड़ी दासी चण्डी की दुहाई।

क्वार सुदी दशमी के दिन विजयादशमी का पर्व माना जाता है। उसी दिन स्नानादि से निवृत्त होकर शुद्ध एकांत स्थान में बैठकर उपरोक्त मन्त्र का १०८ बार जप करना चाहिए। फिर २१ बार लोबान की आहुति से हवन करना चाहिए। इस क्रिया के द्वारा मन्त्रसिद्ध हो जाता है। कोई भी मन्त्र तब तक प्रभावी नहीं होता जब तक कि उसे सिद्ध न कर लिया जाए इसीलिए प्रत्येक मन्त्र को सिद्ध करने का विधान है। कुछ मन्त्र स्वयं सिद्ध भी होता है। जब उपरोक्त मन्त्र सिद्ध हो जाए तब आवश्यकता पड़ने पर इसका प्रयोग भूत-प्रेत से ग्रस्त अथवा चुड़ैल के शिकार व्यक्तियों पर किया जा सकता है। ग्रस्त व्यक्ति को सामने बैठाकर मन्त्र को २१ बार पढ़ते हुए उस पर फूंक मारना चाहिए। ऐसा करने पर चुड़ैल रोगी को छोड़ने पर बाध्य हो जाती है। उसकी कोई भी जोर-आजमाइश चल नहीं पाती है।

भूत-पिशाच-निवारण मन्त्र

१. ॐ ह्रीं असि उ सा सर्व दुष्टान् स्तंभय-स्तंभय मोहय मोहय जंभय-जंभय अंधय-अंधय वधिरय-वधिरय मूकवत् कारय-कारय कुरु-कुरु ह्रीं दुष्टान् ठः ठः ठः।

ईशान कोण की तरफ मुँह करके आधी रात्रि के समय आठ रात्रि तक इस मन्त्र की साधना करने से यह मन्त्र सिद्ध हो जाता है। इसमें साधक को आठ रात्रियों में १००१ जप करना आवश्यक होता है। जप के क्रम में धूप-दीप अवश्य जलते रहना चाहिए। दीप सरसों के तेल का हो।

मन्त्र सिद्ध हो जाने के पश्चात् जब शत्रु सामने आक्रमण करने आये तो मन-ही-मन मन्त्र का जप मुट्ठी बन्द करके करना चाहिए और मुट्ठी को शत्रु के सामने कर देना चाहिए ऐसा करने पर शत्रु परास्त हो जाएगा। किसी पर भूत-प्रेत, पिशाच आदि की छाया पड़ी हो तो उपरोक्त मन्त्र को २१ बार पढ़ते हुए झाड़ना चाहिए। इस क्रिया से उनका उपद्रव शांत हो जायेगा। यह बहुत ही सफल एवं प्रभावकारी मन्त्र है।

२. ॐ नमो दीप मोहे दीप जागे पवन चले पानी चले शाकिनी चले डाकिनी चले भूत चले प्रेत चले नौ सौ निन्यानवें नदी चले हनुमान वीर की शक्ति मेरी भक्ति फुरो मन्त्र ईश्वरो वाचा।

इस मन्त्र की सिद्धि ११,००० जप के बाद प्राप्त होती है। किसी भी साधक को हनुमानजी के मन्दिर में प्रातःकाल स्नानादि से निवृत होकर तेल का दीपक जलाकर प्रत्येक दिन १०८ जप करना चाहिए। जिस दिन निश्चित मन्त्र की संख्या पूर्ण हो, उस

दिन ११ बार उपरोक्त मन्त्र को ही पढ़ते हुए हवन करना चाहिए। हवन सामग्री में उसी सामान का प्रयोग किया जाता है, जो हवन में प्रयुक्त किया जाता है। इस तरह मन्त्र सिद्ध हो जाने के बाद किसी भी व्यक्ति को, जो प्रेतबाधा का शिकार हो, सिद्ध व्यक्ति के द्वारा १०८ बार मन्त्र पढ़ते हुए मोर के पंख से झाड़ने पर प्रेतबाधा दूर हो जाती है। यह महालाभकारी मन्त्र है।

३. ॐ काला भैरव कपिला जटा रात दिन खेले चो पटा काला भस्म मुसाण जेहि मांगूं तेहि पकड़ी आन डंकिनी शंकिनी पट्ट सिहारी जरख चढ़ती गोरख मारी छोड़ि-छोड़ि रे पापिनी बालक पराया गोरखनाथ का परबाना आया।

उपरोक्त मन्त्र का १५,००० जप करने के पश्चात् सिद्धि प्राप्त होती है। इसकी शुरुआत किसी सूर्य अथवा चन्द्रग्रहण के दिन किया जाता है। उक्त मन्त्र का ग्रहण के दिन से १०८ बार जप करना चाहिए। जप के क्रम में सरसों के तेल का दीपक जलाना चाहिए। निश्चित संख्या पूर्ण होने के पश्चात् उक्त मन्त्र से ही २१ आहुतियों का हवन करना चाहिए। हवन में उसी सामग्री का इस्तेमाल किया जाता है, जो हवन में प्रयुक्त की जाती है। यह मन्त्र-जप रात्रि में किया जाता है। मन्त्र-जप में ध्यान की एकाग्रता अनिवार्य होती है। इस जप में तरह-तरह के डरावने चेहरे नजर आ सकते हैं, लेकिन साधक को घबराना नहीं चाहिए। इस मन्त्र के सिद्ध हो जाने के पश्चात् इसका प्रयोग कारगर होता है। विशेष रूप से बच्चों पर प्रेत का प्रकोप होने पर इसका प्रयोग किया जाता है। प्रेतग्रस्त बच्चों को सामने जमीन पर लिटाकर मन्त्र-जप करते हुए चाकू से जमीन पर रेखा खींचनी चाहिए। २१ बार मन्त्रजप कर झाड़ने से बच्चा प्रेत-प्रकोप से मुक्त हो जाता है।

४. ॐ ह्रीं कुर कुले स्वाहा।

इस मन्त्र को १००८ बार जपने से ही यह सिद्ध हो जाता है। इसे रात्रि के समय सरसों के तेल का दीपक जलाकर १०८ बार जपना चाहिए। जप के बाद उपरोक्त मन्त्र के द्वारा ही हवन करना चाहिए। हवन में २१ आहुतियाँ देनी पड़ती हैं। हवन में प्रयुक्त होने वाली सामग्रियों का ही प्रयोग किया जाता है।

यह नागदमनी महाविद्या है। इसके शिकार व्यक्ति को रात्रि में २१ बार इस मन्त्र का जप करने अर्थात् सिद्ध व्यक्तियों के द्वारा झाड़ने से डाकिनी-शाकिनी, राक्षस आदि का प्रकोप नष्ट हो जाता है।

विपत्तिनाशक मन्त्र

ॐ ऐं ह्रीं श्रीं नमो भगवते हनुमते मम कार्येषु ज्वल ज्वल प्रज्वल-प्रज्वल असाध्यं साधय साधय मम रक्ष रक्ष सर्व दुष्टेभ्यो हुं फट् स्वाहा।

जब कोई व्यक्ति ऋण के बोझ से बुरी तरह दब चुका हो, शत्रु के द्वारा प्रताड़ित हो रहा हो, विभिन्न तरह की आपदाओं से त्रस्त हो तथा नाना प्रकार के रोग-व्याधियों का शिकार हो चुका हो तो इस मन्त्र के जप से उक्त सभी तरह की विपदाओं से मुक्ति मिल जाती है।

इसके शिकार व्यक्ति को किसी मंगलवार से उपरोक्त मन्त्र का जप प्रारम्भ करना चाहिए तथा अगले मंगलवार तक लगातार इस मन्त्र का जप प्रात:काल स्नानादि से निवृत होने के बाद करना चाहिए। यह प्रत्येक दिन १०८ बार जपना चाहिए। उसके बाद रात्रि में ७ बार इस मन्त्र को जपते रहने से समस्त बाधाओं से मुक्ति मिल जाती है।

सुरक्षाकारी मन्त्र

हुं खेचच्छे क्षः स्त्रीं हूं क्षें ह्रीं फट्।

उपरोक्त मन्त्र महा सुरक्षाकारी मन्त्र है। इस मन्त्र के जप से दुश्मनों के द्वारा किया जाने वाला कोई भी षडयंत्र काम नहीं कर सकता। इसे रात्रि में सोने के पूर्व प्रत्येक दिन १०८ बार जपना चाहिए एवं घर अथवा कहीं बाहर निकलने से पूर्व २१ बार मन्त्र को अवश्य जपना चाहिए। ऐसा करने पर हर प्रकार का खतरा टल जाता है।

सौभाग्यदायी मन्त्र

ॐ नमो भगवते सर्वेश्वराय श्रियः पतये नमः।

इस मन्त्र का जप साधक एवं साधिकाओं को नियमित करना चाहिए। इसके जप करने से सुख-सौभाग्य में वृद्धि होती है। इसे प्रात:काल नित्य क्रिया से निवृत होकर किसी एकांत कक्ष में बैठकर ही जपना चाहिए। २१ दिनों तक १०८ मन्त्र का लगातार जप के पश्चात् सुबह-शाम २१-२१ बार जपने से हर तरह के सुख-सुविधा के मार्ग प्रशस्त होने लगते हैं।

संकटनाशक मन्त्र

ॐ नमो भगवते आंजनेयाय महाबलाय हुं फट् धे धे धे धे धे धे स्वाहा।

इस मन्त्र का नियमित जप कर सिद्धि प्राप्त कर लेने से साधक एवं साधिकाओं के समस्त प्रकार के संकटों का नाश हो जाता है। इस मन्त्र को प्रात:काल स्नानादि के पश्चात् स्वच्छ वस्त्र धारण करके किसी एकांत स्थान में प्रतिदिन १०८ बार जपना चाहिए। ९० दिनों के बाद सिद्धि मिलती है। उसके बाद हमेशा पाँच बार स्नान के बाद जपते रहना चाहिए।

रक्षामन्त्र

ॐ नमो आदेश गुरु को।
बजरी-बजरी बज्र किवा।

बज्री पै बांधो दशों द्वार।
दशों द्वार को छाले यात।
उलट वेदी वाही को खात।
पहली चौकी भैरू की।
चौथी चौकी रोम-रोम की।
रक्षा करने को श्री नरसिंह देव आया।
शब्द सांचा, पिण्ड कांचा।
फुरो मन्त्र ईश्वरो वाचा।
सत्य नाम आदेश गुरु का।

इस मन्त्र का जप किसी भी शनिवार के दिन से प्रारम्भ किया जा सकता है। मन्त्र का जप रात्रि में किया जाता है। मन्त्र-जप के लिए उपयुक्त जगह है एकांत कक्ष, जहाँ किसी भी व्यक्ति का प्रवेश वर्जित हो। जिस शनिवार से इस मन्त्र का जप शुरू किया जाता है उस दिन से लगातार २१ दिनों तक जप किया जाता है। जप प्रतिदिन २१ बार करना आवश्यक है। जप के समय मिठाई का प्रसाद चढ़ाया जाता है। फूल को चढ़ाकर घी का दीपक जला दिया जाता है एवं गुग्गुल की धूनी दी जाती है, उसके पश्चात् ही मन्त्र-जप प्रारम्भ किया जाता है। २१ दिनों के पश्चात् किसी अष्टमी की रात्रि को बताशा प्रसाद के रूप में रखकर ११ बार मन्त्र पढ़ते हुए नरसिंह देव को भोग दिया जाता है, तदुपरान्त जल को उपरोक्त मन्त्र से सात बार अभिमन्त्रित कर प्रसाद को ग्रहण किया जाता है तथा जल को पीया जाता है। इस सम्पूर्ण प्रक्रिया के बाद किसी भी तरह की आपदा साधक का कुछ भी नहीं बिगाड़ पाती।

पीड़ाहारी मन्त्र

लश्कर फर ऊन दर रोदनी लगंर्क शुद।

पीली मिट्टी से जिस स्थान पर दर्द हो, उपरोक्त मन्त्र को तीन बार लिखकर मिट्टी के बराबर गुड़ का वजन करके लड़कों में बांट देने से पीड़ा समाप्त हो जाती है। जब तक पीड़ा की समाप्ति न हो जाय, उपरोक्त प्रक्रिया को प्रत्येक दिन करते रहना चाहिए। लाभ अवश्य होगा।

विवादजय मन्त्र

वादिनः प्रशमं यान्तु विजयो मे सदा भवेत्।

इस मन्त्र का जप भी उपरोक्त विधि से ही किया जाता है। १०८ मन्त्र का जप प्रतिदिन के हिसाब से ४५ दिनों तक करने पर सिद्धि की प्राप्ति होती है। मन्त्रसिद्ध हो जाने के पश्चात् मुकदमे के सिलसिले में घर से निकलने के पूर्व ११ बार जप करना

चाहिए तथा सुनवाई के दौरान मन-ही-मन ७ बार जप करके हनुमानजी का ध्यान लगाने से मनोकामना पूर्ण होती है।

नेत्ररोग-निवारक मन्त्र

ॐ नमो श्री राम की धनी लक्ष्मण का बाण आँख दर्द करे तो लक्ष्मण रूवर की आण मेरी भक्ति गुरु की शक्ति फुरो मन्त्र ईश्वरो वाचा सत्य नाम आदेश गुरु का।

दीपावली की रात्रि में घी का दीपक जलाकर गुग्गुल की धूनी लगाने के पश्चात् ५४४ बार उपरोक्त मन्त्र का जप करना चाहिए। उसके बाद प्रत्येक दिन ७ बार मन्त्र का जप करते हुए गुग्गुल की राख को उड़ाना चाहिए। सात दिनों के पश्चात् नेत्ररोग समाप्त हो जाता है।

पेट पीड़ाहारी मन्त्र

१. ॐ नमो आदेश गुरु का श्याम गुरु पर्वत श्याम गुरु पर्वत में बड़-बड़ में कुआं कुआं में तीन सुख्रा कौन-कौन सूवा वाय सूवा जहर सूवा पीड़ सूवा भाज भाजबे जहर आइगा जती हनुमंत मार करेगा अस्मंत फुरो मन्त्र ईश्वरो वाचा।

इस मन्त्र का इक्कीस दिनों तक ११ बार जप करना चाहिए। प्रत्येक दिन जप के बाद पानी लेकर उपरोक्त मन्त्र को ही ७ बार पढ़कर उसे अभिमन्त्रित करके पीना चाहिए। ऐसा ७ दिनों तक करने के पश्चात् कैसी भी पेट में पीड़ा क्यूं न हो, समाप्त हो जायेगी।

२. ॐ नमो आदेश गुरु गोविन्द में बपाये अंजन अंजन जाया करे हनुमंत शब्द मकड़ा माकड़ा तीनों भसमं मेरी भक्ति गुरु की शक्ति फुरो मन्त्र ईश्वरो वाचा।

दीपावली अथवा ग्रहण की रात्रि में इस मन्त्र का १००८ जप करके सिद्ध कर लेना पड़ता है उसके बाद जिस किसी भी व्यक्ति अथवा स्त्री के पेट में दर्द हो, उसे मन्त्र पढ़ते हुए झाड़ने से दर्द समाप्त हो जाता है। मन्त्र ११ बार पढ़ा जाता है।

कण्ठ-कष्टनिवारण मन्त्र

ॐ नमो नार संनहार आदेश गुरु का धाई कतराई का चलता करता बज्र वेदनभेदन ॐ ॐ ॐ।

उत्तर दिशा में बैठकर १०८ बार मन्त्र का जप क्ररने के पश्चात् कुएं के घास को उपरोक्त मन्त्र से ११ बार पढ़कर अभिमन्त्रित कर देना चाहिए और उसके बाद घास

को रोगी को दे देना चाहिए। रोगी घास को अपने गले से छुआता रहे। ऐसा करने पर कण्ठ या गले के कष्ट दूर हो जाते हैं।

कानदर्द का मन्त्र

ॐ कनक पसार वानुवर धारम प्रवेश कर डार-डार पात-पात मारे झार मार-मार हंकार शब्द सांचा आदेश गुरु का फुरो मन्त्र ईश्वरो वाचा।

सर्प की बांबी रज से २१ बार उपरोक्त मन्त्र को पढ़कर झाड़ना चाहिए तथा रज को कान से छुआ देना चाहिए। ऐसा करने से कान का दर्द समाप्त हो जाता है।

नकसीर-नाशक मन्त्र

ॐ मारवती लारती धौं दिशा धावती पार्वती करे खण्ड खण्ड उड़के देव दण्ड स्वाहा।

इसमें रोगी को प्रात:काल स्नान करके किसी बर्तन में शुद्ध जल भर लेना चाहिए। उसके बाद १०८ बार मन्त्र को पढ़कर जल को अभिमन्त्रित कर लेना चाहिए। तत्पश्चात् हाथ की अंजुली में जल भरकर मन्त्र को एक बार पढ़कर नाक से ऊपर की ओर खींचना चाहिए। ऐसा लगातार करते रहना चाहिए, जब तक कि नकसीर समाप्त न हो जाय।

जहर उतारने का मन्त्र

गंगा गोरी दोऊ रानी टाकन मारि काढ़े विष पानी गंगा बांटे गौरा खाय अठारा मार विष निर्विष हो जाय गुरु की शक्ति मेरी भक्ति फुरो मन्त्र ईश्वरो वाचा।

इस मन्त्र को सर्वप्रथम किसी भी रविवार को १०८ बार जप करके सिद्ध कर लेना चाहिए। प्रात:काल स्नानादि के बाद जमीन को शुद्ध जल से सींच कर पवित्र कर देना चाहिए। उसके बाद उस जमीन पर बैठकर ही जप प्रारम्भ कर देना चाहिए। मन्त्र सिद्ध हो जाने के पश्चात् सांप काटे हुए व्यक्ति को २१ बार उपरोक्त मन्त्र को पढ़ते हुए फूंक मारने से विष उतर जाता है और रोगी चंगा हो जाता है।

चेचक रोग-नाशक मन्त्र

ॐ श्रीं श्रीं श्रूं श्रैं श्र: ॐ खरस्थां दिगम्बरां विकटनयनां तोयस्थितां भजामि स्वाहा। सर्वागस्थां प्रचण्डरूपां नमाम्यातविभूतये।

जिस किसी व्यक्ति को चेचक या शीतला निकली हो, उसे उपरोक्त मन्त्र को २१ बार पढ़ते हुए चिमटे या मोर के पंख से झाड़ना चाहिए और उपरोक्त मन्त्र के द्वारा ही जल को सात बार अभिमन्त्रित करके रोगी को पिलाना चाहिए तथा बदन पर जल के छीट्रें भी देने चाहिए। इससे रोगी को आराम मिलेगा। चेचक जब तक पूर्णरूपेण

समाप्त नहीं हो जाय, तब तक प्रतिदिन सुबह-शाम दो बार यह क्रिया करते रहना चाहिए।

अग्नि बुझाने का मन्त्र

हिमालस्योत्तरे पार्श्वे मरीचो नाम राक्षसः तस्य मूत्रपुरीषाभ्यां हुताशस्त भयामि स्वाहा।

जब कहीं आग लग जाय और वह किसी भी तरह काबू में न आ पा रहा हो तब उपरोक्त मन्त्र से २१ बार जल को अभिमन्त्रित करके अग्नि पर डालना चाहिए। कैसा भी विकराल रूप क्यों न हो, आग बुझ जायेगी।

भूत उतारने का मन्त्र

ॐ नमो ऊं हां हीं हूं नमो भूतनायक। समस्त भुका भूता निसाध्य वहेउ।।

इस मन्त्र के जप की शुरुआत शनिवार के दिन करनी चाहिए। अर्द्धरात्रि में किसी एकांत निर्जन स्थान पर बैठकर १४४ मन्त्र का जप लगातार २१ दिनों तक करने के पश्चात् सिद्धि प्राप्त होती है। जप के समय सरसों के तेल का दीपक या गुग्गुल का धूप भी जला देना चाहिए और प्रसाद में बताशे का प्रयोग करना चाहिए। सिद्धि हो जाने पर मन्त्र पढ़ते हुए मोर के पंख से झाड़ने पर भूत उतर जाता है।

भूतमारण मन्त्र

ॐ नमो आदेश गुरु को हनुमंत बीर बजरंगी बज्र धार डाकिनी-शाकिनी भूत-प्रेत जिन्न खईश को ठीक ठीक मार मार नहीं मारे तो निरंजन निराकार की दुहाई।

किसी भी शनिवार को हनुमानजी की प्रतिमा स्नानादि करने के पश्चात् स्थापित करनी चाहिए। स्थान का चुनाव करते वक्त इस बात का ध्यान रहे कि वह पूर्णतः एकांत हो तथा वहाँ किसी बाहरी व्यक्ति का प्रवेश सम्भव न हो। उसी दिन से मन्त्र-जप प्रारम्भ कर देना चाहिए। नित्य १२१ मन्त्र का जप लगातार २१ दिनों तक करना चाहिए। मन्त्र सिद्ध हो जायेगा उसके पश्चात् चौराहे पर के कंकड़ अथवा उड़द को लाकर उपरोक्त मन्त्र से अभिमन्त्रित करके रोगी पर मारें। भूत का अन्त लगातार प्रयोग करने पर निश्चित है।

दाँत पीड़ा-नाशक मन्त्र

हे दंत! तुम क्यों कुलता हमें तुमें संजाइना हमरा कसर तुम हो बत्तीस हमरी-तुमरी कौन-सी रीति हम कमायं तुम बैठे खाओ मृत्यु की बिटियां संग ही जाओ।

प्रात:काल सूर्योदय से पहले उठकर नित्य-क्रिया से निवृत्त होने के पश्चात् जब मुँह धोने जाया जाता है, तब उपरोक्त मन्त्र का दाँत साफ करते वक्त २१ बार जप किया जाता है। उसके बाद जल लेकर उपरोक्त मन्त्र से ही ११ बार पढ़कर उसे अभिमन्त्रित किया जाता है और तब उस जल से कुल्ला करने के पश्चात् दाँत का दर्द समाप्त हो जाता है। हिलते हुए दाँत बैठ जाते हैं। यदि पहले दिन आराम न हो तब इस क्रिया को ११ दिन तक लगातार करते रहना चाहिए। निश्चित लाभ होगा।

विद्वेषण मन्त्र

बारह सरसों, तेरह राई पाट की माटी, मसाल की छाई पढ़कर मारूं, करद तलवार 'अमुकं' कढें, न देख 'अमुकं' का द्वार मेरी भक्ति, गुरु की शक्ति फुरो मन्त्र ईश्वरो वाचा सत्त नाम आदेश गुरु का।

यह विद्वेषण मन्त्र है। इसकी सिद्धि २१,००० मन्त्रजप के पश्चात् होती है। इस मन्त्र-जप के लिए सबसे उपयुक्त समय चन्द्रग्रहण अथवा सूर्यग्रहण होता है, परन्तु निकट समय में ग्रहण का कोई योग नहीं बन रहा हो, तब दीपावली या होली में भी इस मन्त्र के जप का अनुष्ठान किया जा सकता है। यह जप रात्रि के समय करना ही उत्तम होता है। इसमें जप करने वाले व्यक्ति को स्नानादि करके किसी एकांत कमरे में जमीन पर ठांव लगाना चाहिए अर्थात उसे लीप देना चाहिए। साधक को बदन पर हल्के-फुल्के लिबास ही धारण करना चाहिए। कपड़े का कलर लाल होना चाहिए। जप प्रारम्भ करने से पूर्व सरसों के तेल का दीपक अवश्य जला लेना चाहिए साथ ही इस बात का भी ध्यान रखना चाहिए कि उसमें तेल इतना पर्याप्त हो कि पूरे जप काल तक वह जलता रहे। इस जप में प्रत्येक दिन १०८ बार मन्त्र का जप अनिवार्य रूप से करना चाहिए। इस मन्त्र की निश्चित संख्या पूर्ण हो जाने पर मन्त्र सिद्ध हो जाता है। जब मन्त्र सिद्ध हो जाय, उसके पश्चात् किसी मंगलवार को श्मशान से राख लाकर उसके बराबर सरसों एवं राई को लेकर तीनों का मिश्रण कर लेना चाहिए और फिर स्नान करके उसी एकांत कमरे में जहाँ मन्त्रजप किया गया हो, ढाक और आक की समिधायें जलाकर सरसों, राई व राख के मिश्रण की आहुतियाँ देते रहनी चाहिए। इस पूरे प्रयोग में शुरू से अंत तक मन्त्र का जप करते रहना चाहिए। मन्त्र में जहाँ अमुकं लिखा हुआ है, उसकी जगह अभीष्ट व्यक्तियों का नाम लेना चाहिए, जिनके बीच विद्वेषण कराना चाहते हैं। १०८ आहुतियाँ पूर्ण हो जाने के पश्चात् ११ बार मन्त्र को और पढ़ना चाहिए। जब हवन की गई अग्नि बुझ जाय, तब उस भस्म (राख) को समेट कर रख लेना चाहिए। इसके एक चुटकी को किन्हीं दो व्यक्तियों के सिर पर डालने से मन्त्र के प्रभाव से उन दोनों व्यक्तियों में वैरभाव उत्पन्न हो जायेगा, जिसे आप करना चाह रहे हो।

स्त्री-पुरुषविद्वेषण मन्त्र

आक ढाक दोनों बग राई अमुका-अमुकी ऐसे लड़े जैसे कुकुर बिलाई आदेश गुरु सत्य नाम को।

आक के ताजे १०८ पत्ते एवं सुखी हुई ढाक की टहनियों को पहले एकत्रित कर लेना चाहिए। उसके बाद आक के सभी पत्तों पर काली स्याही से उपरोक्त मन्त्र को लिख देना चाहिए। अमुका-अमुकी की जगह पर उस स्त्री-पुरुष, प्रेमी-प्रेमिका का नाम लिखना चाहिए, जिसके बीच विद्वेष कराना हो, तत्पश्चात् आधी रात के समय एकांत जगह पर बैठकर ढाक की टहनियों को जला लेना चाहिए और जब उसमें आग पकड़ ले तब उपरोक्त मन्त्र का १०८ बार (विद्वेष कराने वाले स्त्री-पुरुष का अमुक-अमुकी की जगह नाम लेते हुए) जप करना चाहिए। प्रत्येक मन्त्र-जप की समाप्ति पर आक के एक पत्ते (जिस पर मन्त्र लिखा हो) को आग में डालते जाना चाहिए। ऐसा करने पर इच्छित स्त्री-पुरुष में परस्पर मनमुटाव अवश्यम्भावी है।

वैर कराने का मन्त्र

ॐ नमो नारायणाय अमुकं-आमुकीन सह विद्वेषं कुरु-कुरु स्वाहा।

पहली विधि यह है कि काग की पंख एवं घुघ्घू की पंख को लाकर दोनों को एक-दूसरे हाथ में रखकर काले सूत में दोनों को लपेटकर लपेटने के समय ११ बार उपरोक्त मन्त्र का जप करना चाहिए। उसके बाद किसी नदी अथवा तालाब के किनारे जाकर जल से तर्पण देते हुए १०८ मन्त्र का जप करना चाहिए। अमुकं-अमुकीन की जगह इच्छित व्यक्तियों का नाम लेते रहना चाहिए। जब १०८ मन्त्र का जप हो जाय, तो उसे जल में प्रवाहित कर देना चाहिए। इस प्रक्रिया को नियमित २१ दिनों तक करने पर दो मित्रों में आपसी वैर हो जायेगा।

दूसरी विधि यह है कि सिंह और हाथी के बाल को लाकर पहले रख लेना चाहिए। उसके बाद दोनों मित्र या पति-पत्नी या प्रेमी-प्रेमिका के पांव तले की मिट्टी ले आनी चाहिए, जिनके बीच विद्वेष कराना हो। तत्पश्चात् मिट्टी में सिंह और हाथी के बाल को मिला देना चाहिए अर्थात् पोटली बना लेना चाहिए और उस पोटली को मिट्टी में गाड़कर उसके ऊपर सुखी लकड़ियों की आग सुलगानी चाहिए। जब आग सुलग जाय तब चमेली के १०८ पुष्प की आहुति देनी चाहिए। प्रत्येक पुष्प की आहुति देने से पूर्व उपरोक्त मन्त्र का एक बार जप अवश्य करना चाहिए। इस क्रिया को रात्रि में किया जाता है। इसे २१ दिनों तक करने के पश्चात् विद्वेषण हो जाता है।

वशीकरण मन्त्र

१. ॐ हां ग जूं सः अमुकस्य मे वश्य वश्य स्वाहा।

जिसे वश में करने की इच्छा हो, उसकी तस्वीर को किसी एकांत कमरे में लगाकर रात्रि में १०८ बार इस मन्त्र का जप करना चाहिए। अमुक की जगह उस व्यक्ति का नाम लेते रहना चाहिए जिसे आप वश में करना चाह रहे हों। यह मन्त्र ४५ दिन के मन्त्र-जप के पश्चात् सिद्ध होता है। जब मन्त्र सिद्ध हो जाय, तब किसी भी वस्तु को उपरोक्त मन्त्र से २१ बार पढ़कर अभिषिक्त कर लेने के बाद उस व्यक्ति को खिला देना चाहिए, जिसे आप वश में करना चाहते हैं।

२. ॐ नं नां निं नीं नुं नूं नें नौं नं नः आकर्षय ह्रीं स्वाहा।

इस मन्त्र का जप भी उपरोक्त विधि से ही किया जाता है। इसमें २१,००० मन्त्रजप के पश्चात् सिद्धि की प्राप्ति होती है। मन्त्र सिद्ध हो जाने के उपरान्त इलायची या कसैली लेकर इस मन्त्र से ११ बार पढ़कर फूंक मारना चाहिए और फिर उस व्यक्ति को खिला देना चाहिए, जिसे आप वश में करना चाहते हों, वह निश्चित ही वश में हो जायेगा।

३. ॐ नमो चामुंडे जय-जय वश्यमानय जय-जय सर्व सत्तवा नमः स्वाहा।

किसी व्यक्ति से अपनी इच्छानुसार कार्य सम्पादित करवाने के लिए इस मन्त्र का जप बहुत ही उपयोगी होता है। इसके लिए इस मन्त्र की सिद्धि आवश्यक है। इस मन्त्र का जप भी रात्रि के समय ही किया जाता है। इस मन्त्र का २१ बार के हिसाब से ९० दिन लगातार जप करने के पश्चात् मन्त्र सिद्ध हो जाता है। उसके बाद इस मन्त्र को २१ बार पढ़कर बताशे को इच्छित व्यक्ति को खिला देने पर वह मनोनुकूल कार्य करने पर विवश हो जाता है।

४. ॐ णमो जिणाणं जावयाणं केवल जिणाणं परमोहिजिणाणं सर्व रोप जंमिनी मोहिनी स्वाहा।

किसी शुभ मुहूर्त्त में एक काष्ठपात्र पर इस मन्त्र को लिखना चाहिए और शुभ मुहूर्त्त में ही एक अलग कक्ष में उस काष्ठपात्र मन्त्र की स्थापना करनी चाहिए। फिर मयूर-शिखा मूल काष्ठ-पात्र के आगे रख देना चाहिए। उसके बाद स्नान करके साधक को बिना सिलाई किये हुए कपड़े पहनकर ९० दिन तक लगातार मन्त्र का जप करना चाहिए। इसमें प्रत्येक दिन १०८ मन्त्र का जप करना आवश्यक होता है, क्योंकि सिद्धि की प्राप्ति तभी होती है। जब मन्त्र सिद्ध हो जाय तो होम करना चाहिए। होम में जो मूलतया प्रयुक्त किये जाते हैं, वही सामग्री प्रयोग करना चाहिए। मन्त्र उपरोक्त ही पढ़ना चाहिए। ११ बार मन्त्र का जप कर आहुति देने के पश्चात् उस भभूत को शीशी में बन्द करके रख लेना चाहिए। उसके बाद जब साधक टीका करके जिस उद्देश्य से किसी के पास जायेगा तो मनोकामना पूर्ण होगी।

सर्ववशीकरण मन्त्र

ॐ नमो कट कट घोर रूपिणी अमुकं मे वशमानय स्वाहा।

इस मन्त्र का जप ग्रहणकाल में १००८ बार करना चाहिए फिर बाद में (रविवार को) भोजन बनाने से पूर्व अन्न को उपरोक्त मन्त्र से अभिमन्त्रित करके भोजन बनाना चाहिए। फिर जब भोजन कर रहे हों उस वक्त उस व्यक्ति का नाम लेते रहना चाहिए, जिसे आप वश में करना चाह रहे हों। वह शीघ्र वशीभूत हो जायेगा।

स्त्रीवशीकरण मन्त्र

ॐ णमो अरहंताणं अरे अरिणि मोहिणीं अमुकं मोहय मोहय स्वाहा।

इस मन्त्र को पहले ३१,००० जप करे सिद्ध कर ले। इसके जप का समय प्रात:काल है एवं १०८ मन्त्र का जप प्रत्येक दिन करना आवश्यक होता है। मन्त्र सिद्ध हो जाने के पश्चात् चावल या पुष्प को १०८ बार अभिमन्त्रित कर जिस स्त्री के सिर पर गिरायेंगे, वह वश में हो जायेगी। 'अमुक' के स्थान पर स्त्री का नाम लेना चाहिए, जिसे आप वश में करना चाह रहे हों; पर शादीशुदा स्त्री पर इसका प्रभाव निष्फल होता है।

राज्याधिकारी-वशीकरण मन्त्र

ॐ ह्रीं णमो भगवओ ॐ पासनाहस्स थंभय स्वाओ ई ई जिणाणए मा इह, अहि हवंतु, ॐ ह्रीं क्षूं क्षीं क्षः स्वाहा।

इस मन्त्र का कुल जप १२,५०० है। सबसे पहले साधक को इस मंत्र को सिद्ध कर लेना चाहिए तभी प्रयोग कारगर होता है। यह साधक के ऊपर निर्भर करता है कि वह भाव में कितना मन्त्र का जप प्रत्येक दिन एकाग्र होकर कर सकता है। अभीष्ट संख्या पूर्ण हो जाने पर मन्त्रसिद्ध हो जाता है। जब मन्त्र सिद्ध हो जाय तब सफेद पुष्प को उपरोक्त मन्त्र से ही १०८ बार अभिषिक्त करके जिस राज्याधिकारी-पदाधिकारी को सुंघायेंगे, वह वश में हो जायेगा और फिर वह वही करेगा, जो आप कराना चाहेंगे।

विद्रोही-वशीकरण मन्त्र

वी नोन तपयोग संरक्ता सतोप विष्टांग।
रक्त चंदन लिप्तांगा भक्तानां च शुभप्रदाम्॥

गोबर-मिट्टी से लिपी भूमि पर त्रिभुज बनाकर उसके मध्य जिसे वश में करना हो उसका नाम लिखकर सिन्दूर चढ़ाना चाहिए फिर कम्बल के आसन पर स्नान के बाद ढीले-ढीले वस्त्र धारण करके बैठ जाना चाहिए और प्रतिदिन १०८ मन्त्र का जप

करना चाहिए। २१ दिन तक जप करने के बाद हवन करना चाहिए। हवन में शुद्ध घी का प्रयोग करना चाहिए। इस प्रकार इस प्रयोग से महाविरक्त और विद्रोही बन्धु भी वशीभूत हो जाता है।

स्त्री वशीकरण मन्त्र

ॐ नमो आदेश गुरु का फूल-फूल फुलेश्वरी फूल लगले बंधावे से ली एक फूल हंसे एक फूल विकसे एक फूल में कलवो वीर कालका रो वीर पर नारी सूं हमारा सीर आवे तो बूटे नहीं तो काला भैरू नरसिंह छूटे खाय मेरी भक्ति गुरु की शक्ति फुरो मन्त्र ईश्वरो वाचा ठः ठः ठः स्वाहा।

जिस स्थान पर मन्त्र-जप करना हो, उसे साफ कर गोबर-मिट्टी से लीप दें। फिर बीच में एक ताजा पुष्प और दीप जलाकर रख दें। यह सब स्नान से निवृत्त होकर स्वच्छ वस्त्र धारण करके ही करें। अब मन्त्र का १०८ बार जप करें और दीपक से काजल तैयार कर पुष्प और कागज को २१ बार उपरोक्त मन्त्र से ही पढ़कर अभिमन्त्रित करें। जिस स्त्री को वशीभूत करना हो उसे पुष्प सुंघाएं और पहले स्थान पर उल्टा करके रख दें और काजल का दाग उसकी साड़ी या पहने हुए कपड़े के कोने पर लगा दें। फिर स्त्री के रात्रि में आने का आह्वान करें, निश्चित ही स्त्री रात्रि में दौड़ी आयेगी और वशीभूत हो आज्ञा का पालन करेगी; किन्तु किसी पतिव्रता स्त्री पर इस मन्त्र का प्रभाव निष्फल साबित होता है।

शत्रुसम्मोहन मन्त्र

ॐ वान रूद्रामी मुखी श्वेत श्वेतदामी पट्टिका कांचनी।
आलम्बिनी द्रव-द्रव ॐ धं धं वं वं ॐ ठः ठः।

किसी भी रविवार या मंगलवार के दिन शत्रु के दाँयें पैर के नीचे की मिट्टी उठाकर लें आयें, फिर उस मिट्टी का एक पुतला-सा बनाकर उसके ऊपर काला कपड़ा डाल दें और बाघ के चर्म पर बैठकर प्रतिदिन उपरोक्त मन्त्र का १०८ बार जप करें। यदि साधक जप में माला का प्रयोग करना चाह रहा हो, तब स्फटिक की माला का ही प्रयोग करें। ऐसा २१ दिन तक लगातार करने के पश्चात् मन्त्र सिद्ध हो जाता है और शत्रु भी सम्मोहित हो जाता है।

वस्तु-विक्रय मन्त्र

नट्ठ मयट्ठाने, पणट्ठ कमट्ठ नट्ठ संसारे।
परमट्ठ निट्ठियट्ठे, अट्ठगुणा धींसरं वंदे॥

इस म त्र का ११,००० जप होने पर मन्त्र सिद्ध होता है। इस मन्त्र के जप का अनुष्ठान कृष्ण पक्ष की चतुर्दशी के दिन रात्रि का एक प्रहर बीत जाने के बाद करना

चाहिए। जप शुरू करने से पहले स्नान कर लेना चाहिए। बदन पर स्वच्छ एवं ढीले वस्त्र धारण करना चाहिए। जप से पहले धूप दिखाकर दीपक जला देना चाहिए और फिर मन्त्रजप प्रारम्भ करना चाहिए। एक दिन में कम-से-कम १०८ मन्त्र का जप अवश्य करना चाहिए। निश्चित जप की संख्या पूर्ण हो जाय, उस दिन गुग्गुल का हवन करना चाहिए। मन्त्र सिद्ध हो जाने के पश्चात् साधक को जिस वस्तु की बिक्री बाजार में करनी हो उसे इस मन्त्र से २१ बार पढ़कर अभिषिक्त कर देना चाहिए और फिर बाजार जाना चाहिए। इसके बाद सामान अच्छी कीमत पर हाथों-हाथ गुड्डी उड़ जायेगी।

व्याख्यान देने का मन्त्र

ॐ ह्रीं श्रीं कीर्ति कौमुदी वागेश्वरी वरदे कीर्ति मुख मंदिरे स्वाहा।

उपरोक्त मन्त्र का स्नान के बाद प्रातःकाल नियमित १०८ बार जप करना चाहिए, ३१ दिन लगातार जप के पश्चात् मन्त्र सिद्ध हो जाता है। फिर जब मन्त्र सिद्ध हो जाए और साधक कहीं व्याख्यान देने जाना चाहें तो जाने से पूर्व ५ बार इस मन्त्र को पढ़ लें फिर न केवल श्रोता आपके व्याख्यान से प्रभावित होगा; बल्कि प्रशंसा, सम्मान और सफलता की प्राप्ति भी होगी।

ससुराल वापसी मन्त्र

ॐ नमो भोगराज भयंकर परिभूय उत उधरई जोई जोई देखै मारकर तासो सो दिखै पाव परंता ॐ नमो ठः ठः ठः स्वाहा।

यदि किसी व्यक्ति की पत्नी ससुराल से रूठकर मायके चली गयी हो। बार-बार मनाने या आग्रह के बावजूद भी जिद पर अड़ी हो कि हम किसी कीमत पर ससुराल नहीं जायेंगे, तब उसके पति को उपरोक्त मन्त्र का जप प्रारम्भ करना चाहिए। इस मन्त्र का २१ बार जप करना चाहिए। ४१ दिन के पश्चात् मन्त्र सिद्ध हो जाता है। उसके बाद सांभर (नमक) को १०८ बार इस मन्त्र से अभिमन्त्रित करके उस नमक को किसी बहाने अथवा किसी वस्तु में मिलाकर अपनी पत्नी को खिलवा देना चाहिए। नमक खाते ही वह स्त्री ससुराल वापस आ जायेगी और फिर कभी रूठकर नहीं जायेगी।

लवण वशीकरण मन्त्र

ॐ भगवती भग भाग यिनी। देवदन्तीं मम वश्यं कुरु-कुरु स्वाहा।।

इस मन्त्र का प्रयोग र को वश में करने के लिए किया जाता है। किसी रविवार के दिन से इस मन्त्र का जप प्रारम्भ किया जाता है। २१ दिनों तक प्रतिदिन १०८ मन्त्रों के जप से मन्त्र सिद्ध हो जाता है। मन्त्र-जप प्रातःकाल किया जाना चाहिए। देवदन्तीं के स्थान पर अभिलक्षित स्त्री के नाम का प्रयोग मन्त्र जपने के समय किया जाता है। इस तरह मन्त्र सिद्ध हो जाने के बाद किसी गुरुवार के दिन प्रसन्न मुद्रा में

नमक को लेकर उपरोक्त मन्त्र से २१ बार अभिमन्त्रित कर देना चाहिए और उसके बाद उस नमक को इच्छित स्त्री को खिला देना चाहिए। इस प्रयोग से निश्चित ही वह स्त्री वशीभूत हो जायेगी।

लौंग मोहन वशीकरण मन्त्र

ॐ नमो आदेश गुरु को। कामरू देश कामाख्या देवी। जहां बसे इस्माइल जोगी इस्माइल जोगी के दीन्हीं लौंग। एक लौंग राती माती। दूजी लौंग दिखावे राती। तीजी लौंग रहे ठहराय। चौथी लौंग मिलावे आय। नहीं आवे तो कुआं बावड़ी घाट फिरे। रंडी कुआं बावड़ी पे छिटक मरे। ॐ नमो आदेश गुरु को। मेरी भक्ति, गुरु की शक्ति। फुरो मन्त्र ईश्वरो वाचा।

इस मन्त्र को ग्रहणकाल में जप जाता है। ग्रहणकाल में लगातार जप से ही लौंग शक्तिकृत होता है। अत: जब ग्रहण लगे, तो एक मिट्टी का चौमुखा दीपक तथा चार लौंग ले लेना चाहिए। किसी स्वच्छ स्थान पर ठांव लगाकर चौमुख दीपक तथा लौंग को रख देना चाहिए। अब चौमुख दीपक में चमेली का तेल तथा चार बत्ती डालकर उसे इस प्रकार जलाना चाहिए कि दीपक की बत्ती चारो दिशाओं की ओर रहे। उसके बाद ठांव लगाये स्थान में बैठ जाना चाहिए तथा चारो लौंग को बाती के चारो दिशाओं के सामने नीचे एक-एक रख देना चाहिए और उसके बाद पूरे ग्रहणकाल तक उपरोक्त मन्त्र का जप करते रहना चाहिए। पर्वकाल समाप्त होते ही उठ जाना चाहिए तथा लौंग को किसी ताबीज में भरकर रख लेना चाहिए। अब जब जरूरत पड़े, लौंग को लेकर ताबीज से छुआ देना चाहिए तथा उपरोक्त मन्त्र से सात बात अभिमन्त्रित करके इच्छित पुरुष-स्त्री को खिलाने पर वह वश में हो जाता है।

हवन वशीकरण मन्त्र

ॐ गणपति वीर बसै मसान जो, मैं मंगौ, सो तुम आनु पांच, लडुवा सिर सिन्दूर, त्रिभुवन मांगे चम्पे के फूल। अष्ट कुलि नाग मोहु, जो नारी बहुत्तरी कोठा मोहु, इन्द्र की बेटी सभा मोहु, आवती-आवती स्त्री मोहु, जाता-जाता पुरुष मोहु, डांवा अंग बसे नृसिंह जीवने क्षेत्रपालाये। आवै मार मार करन्ता। सो जाई हमारे पाउ परन्ता। गुरु की शक्ति हमारी भक्ति। चलो मन्त्र आदेश गुरु को।

घृत, खांड, गुग्गुल आदि की व्यवस्था करके हवन के लिए वन में जाकर समिधा को ले आना चाहिए। उसके बाद किसी एकांत स्थान पर बैठकर हवन करना चाहिए। हवन में वन से जुटाये गये समिधा एवं घृत, खांड तथा गुग्गुल की ५०८ आहुतियाँ उपरोक्त मन्त्र से देनी चाहिए। इस तरह ११ दिन हवन करने पर सारे लोग वैर-भाव को भुलाकर साधक के वश में हो जाते हैं।

शत्रुदमन मन्त्र

ॐ नमो हनुमंत बलवंत माता अंजनी पुत्र हल हलंत आओ चढ़ंत, जाओ गढ़ किल्ला तोरंत आओ लंका जाल बाल भस्म करि आओ ले लांगू लंगूर ते लपटाय सुमिरते पटका ओचन्द्री चन्द्रावली भवानी मिल गावे मंगलवार जीते राम-लक्ष्मण-हनुमानजी आओ जी, तुम जाओ सात पान का बीड़ा चाबत मस्त सिन्दूर चढ़ो आओ मंदोदरी के सिंहासन डुलंता आओ यहं आओ हनुमान माया जागतें नृसिंह माया आगे भैरा किलकिलाय ऊपर हनुमंत गाजैं, दुर्जन को मार दुष्ट को मार संहार, राजा हमारे सत् गुरु हम सत्तगुरु के बालक मेरी भक्ति गुरु की शक्ति फुरो मन्त्र ईश्वरो वाचा।

उपरोक्त मन्त्र को श्रद्धा एवं नियमपूर्वक सिद्ध करके बहुत लाभ उठाया जा सकता है। मन्त्रसिद्धि के लिए सर्वप्रथम किसी मंगलवार के दिन (जो कि शुभ हो) नहा-धोकर, एकांत और पवित्र स्थान में हनुमानजी का चित्र रखकर उनकी पूजा करनी चाहिए। इस मन्त्र को साधक के द्वारा नित्य १०८ बार या एक माला जपना चाहिए। यह क्रम दैनिक पूजा के रूप में ४१ दिनों तक चलना चाहिए। इस अवधि में साधक को पूर्ण संयम, पवित्रता, ब्रह्मचर्य और निष्ठापूर्वक रहना चाहिए। उसे हर तरह से स्वयं को सात्त्विक विचारों में लीन और हनुमन्त-चिन्तन में मग्न रखना चाहिये। पूजा में प्रतिदिन सात लड्डू और सात पान के बीड़े नैवेद्य रूप में अर्पित करना चाहिए। चित्र या मूर्ति पर सिन्दूर का लेप करके पूजा में धूप-दीप का प्रयोग भी करना चाहिये। अवधि पूर्ण जो जाने पर यही मन्त्र पढ़कर २१ बार आहुति देते हुए हवन करना चाहिए। इस प्रकार यह मन्त्रसिद्ध हो जायेगा।

मन्त्र सिद्ध हो जाने पर और आवश्कता पड़ने पर शत्रुदमन हेतु इसका प्रयोग किया जा सकता है। प्रयोग इस प्रकार करना चाहिए। कहीं एकांत में भूमि पर मानवाकृति बनाकर, उसे शत्रु का चित्र मानकर बंधन में करने के लिए मोम की चार कीलें बनाकर, चित्र के चारो ओर जमा देना चाहिए। इस सबको करते हुए साधक को मन्त्र-जप भी करते रहना चाहिए। चित्र बन जाने और मोम की कीलें लगा चुकने पर हनुमानजी की पूजा करके नैवेद्य में खीर अर्पित करना चाहिए। इसके पश्चात् चित्र की छाती में शत्रु का नाम लिखकर मन्त्र-जप करते हुए उसके सिर पर जूते से ११ बार प्रहार करना चाहिए। यही इस मन्त्र की प्रयोगविधि है।

इस मन्त्र को और भी प्रभावी बनाने के लिए चित्र के चारो ओर एक बीजमन्त्र और लिख देना चाहिए। यह प्रयोग शत्रु को तन-मन सें शिथिल करके पंगु बना देता है। बीजमन्त्र है—

ॐ श्री हनुमन्ते नमः।

मृत्युसूचक मन्त्र

ॐ नमो बाहुली महा बाहुली अमुकस्यं शुभाशुभं कथन स्वाहा।

इस मन्त्र का ११,००० जप करके पहले सिद्ध कर लेना चाहिए। फिर रोगी मनुष्य के सिर से पैर तक के माप का एक सफेद वस्त्र या डोरी लेना चाहिए और उसको प्रात:काल ११ बार अभिमन्त्रित करना चाहिए। अभिमन्त्रित सूर्य के सामने खड़े होकर करना चाहिए। अमुकस्य के स्थान पर रोगी का नाम लेना चाहिए, फिर उस डोरी को रोगी के सिरहाने रख देना चाहिए। दूसरे दिन प्रात:काल वह कपड़ा या डोरी माप कर देखना चाहिए। परिमाण से छोटी निकले तो निकट भविष्य में मृत्यु होगी, यह समझना चाहिए।

शत्रुनाशक मन्त्र

ॐ ह्रीं श्रीं अमुकं दुष्टम् साधय-साधय अ सि आ उ सा नमः।

इस मन्त्र का २१ दिन तक प्रात:काल प्रतिदिन १०८ बार जप करना चाहिए। फिर जब काम पड़े तो १०८ बार मन्त्र का जप करने मात्र से शत्रु का भय, क्लेश व आपत्ति का निवारण होता है। अमुकं के स्थान पर शत्रु के नाम का उच्चारण करना चाहिए।

मारण मन्त्र

१. ॐ ह्रीं अमुकस्य हन-हन स्वाहा।

इस मन्त्रजप का अनुष्ठान रात्रिकाल में किया जाता है। इसके लिए कनेर के १००८ फूलों एवं सरसों तेल की जरूरत प्रत्येक दिन पड़ती है। इन दोनों सामग्रियों की व्यवस्था पहले ही कर ली जाती है। इस मन्त्र का कुल १०,००० जप करने के पश्चात् मन्त्र सिद्ध हो जाता है। इसका प्रत्येक अर्द्धरात्रि के समय १००८ बार जप किया जाता है। इसकी शुरुआत किसी भी दिन रात्रिकाल से की जा सकती है। शुभ दिन से ११ दिनों तक लगातार रात्रि के समय जप करना आवश्यक होता है। मन्त्र-जप किसी निर्जन स्थान अथवा श्मशान में किया जाता है। सूखी लकड़ी को सुलगाकर आग बना लेना चाहिए और उसके बाद मन्त्र-जप शुरू कर देना चाहिए। प्रत्येक मन्त्र-जप से पूर्व एक कनेर का फूल लेकर, तेल में डूबाना चाहिए और उसके बाद मन्त्र पढ़कर उक्त फूल को आग में डाल देना चाहिए। ऐसा प्रत्येक दिन १००८ बार करना चाहिए। अमुकस्य की जगह दुश्मन (शत्रु) का नाम लेते रहना चाहिए। इस मन्त्र की सिद्धि के पश्चात् शत्रु की मौत सुनिश्चित है। यह प्रयोग निन्दनीय तथा वर्जित है।

२. ॐ नमो हाथ फावड़ी। कांधे कामरी भैंरू बीर। मसाने खड़ा लोह काधनी। बज्र का बाण बेग न मारे, तो देवी का लंका का की आण गुरु की

शक्ति मेरी भक्ति। फुरो मन्त्र ईश्वरो वाचा। सत्य नाम आदेश गुरु का।

इस मन्त्र की सिद्धि के लिए दीपावली की रात्रि में किसी निर्जन स्थान पर चौका लगाया जाता है। फिर अर्द्धरात्रि के समय जप प्रारम्भ किया जाता है। उपरोक्त मन्त्र का १००८ जप प्रत्येक दिन रात्रिकाल में २१ दिनों तक किया जाता है। प्रत्येक रात्रिकाल में मन्त्र-जप करने से पूर्व चौका लगाना आवश्यक होता है। २१ दिनों तक जप करने के बाद २२वें दिन तिल के तेल का दीपक जलाकर गुग्गुल एवं उड़द को मन्त्र पढ़ते हुए दीपक की लौ पर मारा जाता है। यह क्रिया १०८ बार कर लेने के पश्चात् मन्त्र सिद्ध हो जाता है। फिर लौ पर मारे गये गुग्गुल एवं उड़द को बाहर कर किसी शीशी में बन्द करके रख दिया जाता है।

किसी शनिवार के दिन काले कुत्ते का बाल ऊपर एकत्र करके रखे गये सामग्री में मिला दिया जाता है। अब जिस पर प्रयोग करना हो उस व्यक्ति का नाम लेकर थोड़ी-सी सामग्री शीशी में से निकालकर उपरोक्त मन्त्र का १०८ बार जप कर उसे शक्तिकृत कर लिया जाता है और उसके बाद शत्रु के ऊपर मारने से उसकी मौत हो जाती है। यह प्रयोग भी वर्जित है।

३. ॐ नमो काल रूहाय मर्मुक भस्म कुरु-कुरु स्वाहा।

सर्वप्रथम किसी भी दिन रात्रि के समय निर्जन स्थान पर बैठकर उपरोक्त मन्त्र का १०८ बार जप किया जाता है। ऐसा २१ दिनों तक लगातार करने के बाद मन्त्र सिद्ध हो जाता है। मन्त्र सिद्ध हो जाने के बाद निम्न प्रकार से शत्रु के ऊपर प्रयोग किया जाता है।

१. मनुष्य की खोपड़ी में ताम्बूल रखकर १०८ बार मन्त्र का जप करके जिसे खिला दिया जाता है, उसकी मौत सुनिश्चित होती है।

२. मंगलवार के दिन शत्रु का चित्र जमीन पर बनाकर उस चित्र के मुँह में चिता का भस्म मन्त्र पढ़कर डाला जाता है। यह क्रिया १०८ बार करने पर शत्रु की मौत हो जाती है।

३. मंगलवार के दिन चिता की भस्म लेकर भरणी नक्षत्र में १०८ बार उपरोक्त मन्त्र का जप कर जिस व्यक्ति के दरवाजे पर गाड़ दिया जाता है उसकी मौत निश्चित हो जाती है।

उपरोक्त सभी प्रयोग निन्दनीय एवं वर्जित हैं।

४. जल की जोगिनी। पाताल का नाम। उठ अबीर जहां लगाऊं। तहां दौड़ के मार। दौड़कर मार। दुहाई मुहम्मद वीर की। तुर्कनी के पुत की। दुहाई भोला चक्रवी की। फुरो मन्त्र ईश्वरो वाचा।

इस मन्त्र को जल के अन्दर डुबकी लगा-लगाकर जपा जाता है। प्रात:काल किसी नदी अथवा तालाब में जाकर २१ दिनों तक लगातार प्रत्येक दिन १०८ मन्त्र के जप द्वारा मन्त्र सिद्ध होता है। सर्वप्रथम मन्त्र को अच्छी तरह याद कर लिया जाता है; ताकि डुबकी लगाने के समय मन्त्र-जप करने में कोई परेशानी न हो। इस मन्त्र का जप मन ही मन में किया जाता है। मन्त्र सिद्ध हो जाने के पश्चात् थोड़ा जल किसी शीशी में बन्द कर पुन: १०८ बार डुबकी लगाकर मन्त्र का जप कर शीशी वाले जल को शक्तिकृत कर लिया जाता है और उस जल को जब शत्रु पर डाला जाता है तो उसकी मौत निश्चित होती है। यह प्रयोग भी वर्जित है।

५. ॐ नमो काल रूपाय। अमुकं भस्मि कुरु-कुरु स्वाहा।

पहले उपरोक्त मन्त्र का जप करके मन्त्र को सिद्ध कर लिया जाता है। इसे भी रात्रि के समय ही जपा जाता है। जप के लिए एकांत स्थान का चयन किया जाता है, ताकि कोई भी व्यक्ति विघ्न-बाधा न पहुँचा सके। २१ दिनों तक नियमित १००८ मन्त्रों का जप प्रत्येक दिन करने के पश्चात् मन्त्र सिद्ध हो जाता है। इसका प्रयोग इस प्रकार किया जाता है—

१. भांग और नमक के चूर्ण को मिला देना चाहिए। उसके बाद किसी दीपक को एकांत कक्ष में नाक की सीध में रखकर भांग और नमक के मिश्रण को उपरोक्त मन्त्र के द्वारा १०८ बार पढ़कर शक्तिकृत कर लेना चाहिए। जब उक्त मिश्रण शक्तिकृत हो जाय तो शत्रु पर उसका प्रयोग करना चाहिए। मनोकामना पूर्ण होगी।

२. शत्रु का चित्र जमीन पर किसी मंगलवार को बनाकर चिता की भस्म एवं मसान की भूभर को १०८ बार उपरोक्त मन्त्र पढ़कर उसे चित्र के मुख में डालने एवं शेष को शत्रु के ऊपर डाल देने से उसकी मौत हो जाती है।

मारण कर्म को अति निन्दनीय कर्म माना गया है। इसका प्रयोग सर्वथा वर्जित है। एक-दो बार के प्रयोग के पश्चात् मारने की शक्ति भी समाप्त हो जाती है और पुन: उसे उपरोक्त विधि से ही सिद्ध किया जाता है। अच्छा यही है कि इस मन्त्र की सिद्धि साधक भले ही कर ले, किन्तु किसी पर प्रयोग भूलकर भी न करे।

मूठ मन्त्र

ॐ नमो वीर तो हनुमंत वीर। सूर्य का तेज, शत्रु की काया। अदीठ चक्र देवी कालिका चलाया। चल रे बादी न कर। बाद मैं करि हों तेरे जीव का घात। मैं न उरूं तेरे गुरु पीर सूं। मारूं ताने एक तीर सूं। मेरा मारा ऐसा घूमै। जैसा भुजंग की लहर परै। तोहि गिरता मारूं बाण। फेरि चलो तो यही हनुमान की आन। शब्द सांचा पिण्ड कांचा। फुरो मन्त्र ईश्वरो वाचा।

शनिवार की अर्द्धरात्रि में इस मन्त्र के जप का अनुष्ठान किया जाता है। साधक को श्मशान में जाकर अथवा किसी निर्जन स्थान पर बैठकर एकाग्र भाव से हनुमानजी का ध्यान लगाकर जप करना होता है। इसकी सिद्धि के लिये ९० दिनों तक प्रत्येक दिन १०८ मन्त्र का जप किया जाता है। मन्त्र सिद्ध हो जाने के पश्चात् शनिवार को दाहिने हाथ में उड़द लेकर उपरोक्त मन्त्र से २१ बार अभिमन्त्रित करके दुश्मन के ऊपर मारने से वह पछाड़ खाकर गिर जाता है और उसकी मृत्यु हो जाती है। इसका प्रयोग वर्जित है।

नींबू-कीलन मन्त्र

बार बांधो, बार निकले। जा काट धारणी सूजाये। लय बहरना चौं हाथ से, तो काट दांत से। दुहाई भाम हवा की।

इस मन्त्र की सिद्धि के लिए किसी निर्जन स्थान का चुनाव करना चाहिए, जहाँ निर्विघ्न होकर जप किया जा सके। जगह का चुनाव हो जाने पर चिकनी मिट्टी से चौका लगा देना चाहिए। जब चौका सूख जाए तो उसके ऊपर सफेद चादर बिछाकर पश्चिम की तरफ मुख करके बैठ जाना चाहिए। साधक को अपने सामने एक घी का दीपक जला देना चाहिए। यह दीपक सम्पूर्ण जप-काल तक जलते रहना चाहिए। भोग के लिए हलुवा, पुड़ी, गांजे की चिलम, मेवा, दो लौंग तथा नींबू की व्यवस्था पहले कर लेनी चाहिए। जप अर्द्धरात्रि में प्रारम्भ किया जाता है। जप प्रतिदिन १०८ बार किया जाना चाहिए। ४५ दिनों तक नियमित प्रत्येक दिन उपरोक्त मन्त्र का १०८ जप करने से मन्त्र सिद्ध हो जाता है। प्रत्येक दिन के जप में नींबू वही रहता है। इस तरह मन्त्र सिद्ध हो जाने पर नींबू पर उपरोक्त मन्त्र का एक सौ आठ जप करते हुए फूंक मारना चाहिए। जब यह क्रिया समाप्त हो जाय, तो नींबू में किसी कील से छिद्र करने पर दुश्मन तड़पने लगता है। सावधान, कील को आर-पार नहीं करना चाहिए, आर-पार हो जाने पर शत्रु की मृत्यु हो जाती है। यह प्रयोग भी वर्जित है।

प्रतिमा के द्वारा मारण मन्त्र

खंग मारे कालिका। भुजंग मारे भैरव। झपट के मारै दुर्गा। कहे अलमस्त। वो ही पस्त। जो मुझको सतायेगा।

इस मन्त्र की सिद्धि के लिए किसी भी शनिवार की रात्रि में जब किसी व्यक्ति की चिता जल रही हो तो श्मशान में जाकर जलती हुई चिता के समक्ष सारे कपड़े उतारकर बैठ जाना चाहिए। कुछ देर तक नंगे होकर चिता को घूरते रहना चाहिए। उसके बाद वहीं लगातार उपरोक्त मन्त्र का जप सूर्योदय होने से पूर्व तक करते रहना चाहिए। जब सूर्योदय होने लगे तो चिता को प्रणाम कर उसका कोयला और राख लेकर वस्त्र धारण कर वापस आ जाना चाहिए।

अब साधक को शत्रु के पांव तले की मिट्टी को ले आना चाहिए। उस मिट्टी में चिता की राख को मिलाकर पीली मिट्टी से शत्रु की प्रतिमा बनानी चाहिए। पीली मिट्टी की व्यवस्था पहले से करके रखनी चाहिए। अब प्रतिमा को कोयले के ढेर में रख देना चाहिए और शत्रु की प्रतिमा के हृदय पर श्मशान वाले कोयले को रखकर ऊपर से और कोयला डालकर प्रतिमा को अच्छी तरह से ढक देना चाहिए। इस क्रिया के बाद उसे सुलगाकर मन्त्र का जप पुनः प्रारम्भ कर देना चाहिए। जैसे-जैसे प्रतिमा तपती जायेगी, दुश्मन का शरीर भी ताप से पीड़ित होकर तड़पेगा। पूर्ण ताप के प्रभाव में आकर जैसे ही प्रतिमा चटकेगी, उसी समय शत्रु की मृत्यु हो जायेगी। यह प्रयोग भी निन्दनीय एवं वर्जित है।

भूतादिक दोष-निवारण मन्त्र

१. **ॐ नमो आदेश गुरु को हरि बायें हरि दाहिने हरि हावों विस्तार आगे-पीछे हरि खड़े राखे सिरजनहार चमकंत बिजुली गाजत श्री नृसिंह फटत खंभ आवता काल राखि-राखि च्यार चक्र ले श्रीनृसिंह के आगे मेलूं इतना सूं दूरि जय पड़े प्रातःकाल कंटक छलछिद्र खेचरी भूचरा भूत दाना नाटक चेतन मारी मारी लंठी का तीन सौ साठ उलटत नृसिंह पलटंत काया भक्ति हेतु श्री नृसिंह जी आया कपिल केरा उदर सप्र श्री नृसिंह बली सदा सहाय श्री गुरु गोविन्द के चर्णा विन्द नमस्ते मेरी भक्ति गुरु की शक्ति फुरो मन्त्र ईश्वरो वाचा।**

सर्वप्रथम इस मन्त्र को सिद्ध किया जाता है। सिद्ध करने के लिए साधक को रात्रि के समय उपरोक्त मन्त्र का १०८ बार जप करना चाहिए। २१ दिनों तक लगातार जप के पश्चात् ही मन्त्रसिद्ध होता है। मन्त्र सिद्ध हो जाने के उपरान्त भूतादिक दोष से पीड़ित व्यक्ति अथवा स्त्री को साधक के द्वारा मोरपंख से ७ बार मन्त्र पढ़कर झाड़ना चाहिए। ऐसा करने पर कैसा भी भूत क्यूं न हो, भाग जाता है।

२. **ॐ नमो आदेश गुरु को हनुमंत बीर बीरन के बीर तिहारे तरकस में नौ लाख तीर क्षण वाये क्षण दाहिने कबहुं आमे होय धनी गुसांई सबता अमुके की काया भंग न होय इन्द्रासन दो लोक में बाहर देखे मसान हमारी या असुकी की देही छल-छिद्र व्यापै तो जती हनुमंत की आन मेरी भक्ति गुरु की शक्ति फुरो मन्त्र ईश्वरो वाचा।**

मोर के पंख से उपरोक्त मन्त्र को पढ़ते हुए १०८ बार झाड़ने पर भूत-प्रेत, जिन्न एवं मसानादिक दोष से ग्रस्त रोगी तुरन्त मुक्त हो जाता है।

पशु रोगनिवृत्ति मन्त्र

स्थाने हषीकेश तव प्रकार्त्या जगत दृश्यत्यनुरज्यतेव।
रक्षांसि भीतानि दिशो द्रवन्ति सर्वे नमस्यन्ति च सिद्धसंघाः॥

इस मन्त्र को सिद्ध करने के लिए ७००० जप करने पड़ते हैं। साधक को प्रत्येक दिन १०८ मन्त्र का जप करना चाहिए। अब ७००० मन्त्र-जप पूर्ण हो जाय, तब मन्त्र सिद्ध हो गया समझें। उसके बाद आवश्यकता पड़ने पर किसी पर भी भूत-प्रेत का आवेश होने पर इस मन्त्र के द्वारा उसे मुक्ति दिलायी जा सकती है।

सर्वप्रथम मिट्टी के किसी शुद्ध पात्र में गंगाजल या कुएं का जल भर लेना चाहिए। उसके बाद ११ बार मन्त्र को पढ़ते हुए दाहिने हाथ की तर्जनी अंगुली से जल को चलाते हुए अभिमन्त्रित कर देना चाहिए। जब जल अभिमन्त्रित हो जाय तो उसमें से आधा जल रोगी को पिलाकर आधे को उसके बदन पर मालिश कर देना चाहिए। जब तक रोगी की प्रेतबाधा का नाश न हो जाय, इस क्रिया को प्रत्येक दिन दो बार करते रहना चाहिए।

इसी प्रकार अभिमन्त्रित जल को चारा के साथ मिलाकर या जल में मिलाकर पशु को खिलाने या पिलाने से पशुओं के रोग का भी नाश हो जाता है।

प्रवास में सुखप्राप्ति मन्त्र

गच्छ गौतम शीघ्र त्वं ग्रामेषु नगरेषु च।
अशनं वसनं चैय ताम्बूलं तत्र कल्पय॥

होली अथवा दीपावली की रात्रि में या चन्द्र-सूर्यग्रहण के समय उपरोक्त मन्त्र को १००८ जप कर सिद्ध कर लेना चाहिए। तत्पश्चात् जहाँ ठहरना हो उस स्थान की सीमा में पहुँचकर इस मन्त्र को ११ बार पढ़ना चाहिए। मन्त्र पढ़ते समय सफेद दूर्वा के तीन छोटे टुकड़ों को हाथ में रख लेना चाहिए। ११ बार मन्त्र पढ़ने से दूर्वा अभिमन्त्रित हो जाता है। उसके बाद उस दूर्वा को बालों में उलझा देना चाहिए। ठहरने के स्थान पर सभी तरह की सुख-सुविधा प्राप्त होने तक उस दूर्वा को बालों में ही उलझे रहने देना चाहिए। यदि प्रवास करने वाले को यह लगे कि अमुक स्थान पर दूर्वा प्राप्त करने में कठिनाई होगी तो उसे घर से ही अपने साथ लेते जाना चाहिए। मन्त्र सिद्ध हो जाने के पश्चात् भी प्रत्येक दिन ११ बार मन्त्र का जप करते रहना चाहिए। इससे मन्त्र का प्रभाव बरकरार रहता है।

हवन द्वारा शत्रुमारण मन्त्र

ॐ नमः काल भैरो। कालिका तीर मार। तोड़ बैरी की छाती। तोड़ हाथ।

काल जो काढ़े बत्तीसी। यदि यह काज न करे। नोखनी योगिनी का तीर छुटे मेरी भक्ति गुरु की शक्ति। फुरो मन्त्र ईश्वरो वाचा।

इस मन्त्र की सिद्धि श्मशान में जाकर ही की जाती है। इसको प्रारम्भ करने से पूर्व १०८ कनेर के फूल तथा १०८ गुग्गुल के छोटे-छोटे टुकड़ों को एकत्रित कर लिया जाता है। अब अर्द्धरात्रि के समय श्मशान में जाकर जलती हुई चिता के ऊपर की तरफ दक्षिण दिशा की ओर मुख करके खड़ा हो जाया जाता है। उसके बाद उपरोक्त मन्त्र का १०८ बार जप किया जाता है। उपरोक्त मन्त्र से उतनी ही बार कनेर के फूल एवं गुग्गुल के टुकड़ों से आहुति दी जाती है। यह क्रिया ७ दिन तक करने के पश्चात् सिद्धि मिलती है। प्रत्येक दिन मन्त्र में दुश्मन को ध्यान में लाना आवश्यक होता है, तभी दुश्मन प्रभावित होता है। यह भी वर्जित प्रयोग है।

श्मशान के कोयला द्वारा मारण मन्त्र

ॐ नमो आदेश गुरु का। हनुमन्त बलवन्ता। माता अञ्जनी का पूत। हल हलन्ता। आओ चढ़ चढ़न्ता। आओ गढ़ किला तोड़न्ता। आओ लंका जलन्ता, बालन्ता, भस्म करंता। आओ ले लागूं लंगूर। तें लिपटाये सुमिरते पटका। औ चन्दी चन्द्रावली भवानी। मिल गावे मंगलाचार। जीते राम-लक्ष्मण हनुमान जी आओ। आओ जी तुम आओ। सात पान का बीड़ा चाबत। मस्तक सिन्दूर चढ़ाये आओ। मंदोदरी सिंहासन डुलाते आओ। यहां आओ हनुमान। आया जागते नृसिंह। आया आगे भैरों किलकिलाय। ऊपर हनुमन्त गाजे। दुर्जन को फाड़। अमुक को मार संहार। हमारे सत्यगुरु। हम सत्यगुरु के बालक। मेरी भक्ति गुरु की शक्ति। फुरो मन्त्र ईश्वरो वाचा।

सर्वप्रथम किसी दिन श्मशान में जाकर जलती चिता का कोयला ले आना चाहिए। उसके बाद शत्रु का चित्र किसी दीवार पर बनाकर जहाँ पूर्ण एकांत हो और जप के समय किसी प्रकार का विघ्न-व्यवधान उत्पन्न होने का खतरा न हो, मन्त्र का १०८ बार जप करना चाहिए। यह जप आधी रात के समय किया जाता है। ९० दिनों तक लगातार प्रतिदिन १०८ जप करने के बाद मन्त्र सिद्ध हो जाता है। मन्त्रसिद्ध हो जाने के पश्चात् श्मशान से लाये कोयले को उपरोक्त मन्त्र से ही १०८ बार पढ़कर अभिमन्त्रित कर लेना चाहिए उसके बाद उस कोयले को सुलगाकर दुश्मन के चित्र से जहाँ-जहाँ छुआया जाता है, शत्रु का वह अंग जलता चला जाता है।

मूठ का मन्त्र

१. ॐ नमो वीर तो हनुमंत वीर। भूरि मूठि चलावै तीर। मैं की रूख नाखी तोड़ि। लोहु सोखि। मेरा वरी तेरा भक्षिह। तोड़ि कलेजा चाख। सब धर्म की हाथ ईबजे। धर्म की लाल में। बलि तुम्हारे कहां

गये भूरे बाल। उलटि पछाड़। पछाड़े तो माता अंजनी की आन। शब्द सांचा पिण्ड कांचा। फुरो मन्त्र ईश्वरो वाचा।

इस मन्त्र की साधना होली से एक दिन पूर्व अर्थात् पूर्णिमा की रात्रि में शुरू की जाती है। होलिका दहन की अर्द्धरात्रि को किसी निर्जन स्थान अथवा श्मशान में बैठकर उपरोक्त मन्त्र का १००८ बार जप किया जाता है। उसके बाद सात दिनों तक नित्य १०८ मन्त्र का जप प्रत्येक दिन करने से मन्त्र की सिद्धि हो जाती है। मन्त्र की सिद्धि हो जाने के बाद थोड़े से उड़द लेकर उपरोक्त मन्त्र से २१ बार अभिमन्त्रित करके जिसे मारा जाता है, वह मौत की भेंट चढ़ जाता है। यह प्रयोग भी वर्जित है!

२. ॐ नमो काला भैरो मसान वाला। चौंसठ योगिनी करे तमाशा। रक्त बाण। चल रे भैरो कालिया मसान। मैं कहूं तोसो समुझाय। सवा पहल में धुनि दिखाय। मूवा मुर्दा, मरघट बास। माता छोड़े पुत्र की आस। जलती लकड़ी धुकै मसान। भैरों मेरा बैरी तेरा। खान सेली सिंगी रुद्रबाण। मेरे बैरी को नहीं मारो। तो राजा रामचन्द्र लक्ष्मण यती की आन। शब्द सांचा पिण्ड कांचा। फुरो मन्त्र ईश्वरो वाचा।

किसी कंकाल की हड्डी को लेकर रख लेना चाहिए। जिस दिन श्मशान में मुर्दा जल रहा हो उसी रात्रि में श्मशान में जाकर उस हड्डी को चिता की आग में गर्म करते हुए १०८ बार उपरोक्त मन्त्र का जप करना चाहिए। फिर उस हड्डी में उड़द के दाने डालकर पुनः १०८ बार मन्त्र का जप करना चाहिए। जब १०८ बार जप हो जाय तो हड्डी में से उड़द को पलट देना चाहिए। जो उड़द साबुत बच जाय, उसे लेकर घर लौट आना चाहिए। अब उस उड़द को किसी शीशी में रखकर एकान्त स्थल पर रखकर २१ दिनों तक अर्द्धरात्रि में १०८ मन्त्र का प्रत्येक दिन जप करना चाहिए। इस तरह से मन्त्र की सिद्धि हो जायेगी तथा उड़द भी शक्तिकृत हो जायेगा। जब इसे प्रयोग करना हो तो ७ बार मन्त्र पढ़कर कुछ दानों को शत्रु के ऊपर मारने से उसकी मौत हो जाती है। शत्रु पर उड़द प्रातःकाल खाली पेट मारना चाहिए। यह प्रयोग भी वर्जित एवं निन्दनीय है।

शत्रुमारण मन्त्र

ॐ नमो आदेश हनुमंत का। फारि विदारि उदारि तने। हनुमान जू शत्रुन को तुम खाओ। एक न छाड़हू द्रोहिन को। जग में जब द्रोहिन को तुम पावो। आदेश तजे राजा राम का। मेरी भक्ति गुरु की शक्ति। फुरो मन्त्र ईश्वरो वाचा।

यह मन्त्र शत्रुता मिटाने का उपयुक्त मन्त्र है। इस मन्त्र का प्रयोग करने से पूर्व

इसे सिद्ध करना आवश्यक होता है। किसी अच्छे दिन प्रात:काल स्नान आदि के बाद किसी एकांत कक्ष में बजरंग बली की प्रतिमा को स्थापित करना चाहिए। यदि अनुष्ठान मंगलवार के दिन प्रारम्भ किया जाय तो और भी उत्तम है। प्रतिमा को स्थापित करने के पश्चात् उसके समक्ष स्वच्छ आसन पर बैठकर मन्त्र-जप प्रारम्भ कर देना चाहिए। मन्त्र का जप १०८ बार प्रत्येक दिन किया जाता है। ३१ दिनों के पश्चात् मन्त्रसिद्ध हो जाता है। अनुष्ठान के समाप्त होते ही शत्रु शत्रुता को छोड़कर सुलह करने की इच्छा व्यक्त करने लगता है। अनुष्ठान की भनक किसी भी सूरत में दुश्मन को नहीं होनी चाहिए।

अलौकिक शत्रु उच्चाटन मन्त्र

ॐ हस्त अली हस्तों का सरदार। लगी पूकार करो स्वीकार। हस्त अली तेरी फौज चली। भूत-प्रेतों में मची खलबली। हस्त अली मेरे हाथों के साथ। तेरे भूत-प्रेत करें मेरी सत्ता स्वीकार। पाक हस्त की सवारी। तड़पता हुआ भागे। जब मैंने चोट मारी। आकाश की ऊंचाइयों में। धरती की गहराइयों में। लेना तू खोज-खबर। सब पर जाये तेरी नजर। इन हाथों पर कौन बसे। नाहर सिंह वीर बसे। जाग-जाग रे नाहरा। हस्त अली की आन चली। मारूं जब भी मैं चोट। भूत-प्रेत किये कराये लगे लगाये। अला-बला की खोट। जादू गुड़िया मन्त्र की पुड़िया। श्मशान की खाक मुर्दे की राख। सभी दोष हो जायें खाक। मन्त्र सांचा पिण्ड कांचा। फुरो मन्त्र ईश्वरो वाचा।

यह अद्भुत उच्चाटन मन्त्र है। इस मन्त्र का निरन्तर जप करने से हाथों की माया सिद्ध होती है। इस मन्त्र-जप का अनुष्ठान सूर्यग्रहण के दिन उसी रात्रि में किया जाता है। सर्वप्रथम सूर्यग्रहण की रात्रि को जप प्रारम्भ करने से पूर्व चमेली का फूल एवं लोबान की व्यवस्था कर लेनी चाहिए, उसके बाद अर्द्धरात्रि में निर्जन-स्थान पर बैठकर लोबान को सुलगा दिया जाता है और मन्त्र-जप प्रारम्भ किया जाता है। मन्त्र का १०८ बार जप किया जाता है। एक चमेली का फूल उठाकर मन्त्र को प्रारम्भ करना चाहिए और जब मन्त्र समाप्त हो जाय तो उस फूल को लोबान की आग पर रख देना चाहिए। इस तरह १०८ चमेली के फूल को मन्त्र पढ़ते हुए अग्नि में समर्पित कर देना चाहिए। यह साधना २१ दिन लगातार करने के पश्चात् मन्त्र सिद्ध हो जाता है। मन्त्र-जप के समय विचित्र-विचित्र डरावनी शक्ल का आगमन होता है, उनकी हरकतों से घबराकर या डरकर विचलित नहीं होना चाहिए, अन्यथा मन्त्र सिद्ध नहीं हो पायेगा।

मन्त्र सिद्ध हो जाने के उपरान्त किसी व्यक्ति में कैसा भी दोष क्यूं न हो, साधक के द्वारा उपरोक्त मन्त्र का ७ बार जप करके हाथ पर फूंक मारने से हाथ शक्तिकृत

हो जाता है और उसके बाद उस व्यक्ति को मारने पर उसके सारे दोषों का नाश हो जाता है। साधक के हाथ से किये गये समस्त कार्य सफल होते हैं। यदि शत्रु के बदन से हाथ को छुआ दिया जाता है तो शत्रुता का नाश हो जाता है; लेकिन किन्हीं कारणों से यदि शत्रुता की जड़े गहरी हों तो शत्रु का उच्चाटन हो जाता है।

शत्रु उच्चाटन मन्त्र

ॐ एक ही आदि है जग धारा। सदा स्मरण करूं ओंकारा। ओमकार से मैं काम चलाऊं। ठहरे पर्वत मैं हिलाऊं। ओमकार की उपजी वायु। वायु का बेटा है हनुमान। तेरा हूं मैं एक ही दासा। सदा रहो रघुवर के पासा। पान-बीड़ा तुझे चढ़ाऊं। देवदत्त को मैं भगाऊं। मेरा भागा न भगे। रामचन्द्र की दुहाई। सीता सत्यवंती की दुहाई। लक्ष्मण यती की दुहाई। गौरा पार्वती की दुहाई। लक्ष्मण यती की दुहाई। गौरा पार्वती की दुहाई। शब्द सांचा पिण्ड कांचा। फुरो मन्त्र ईश्वरो वाचा।

इस मन्त्र का जप अनुष्ठान रामनवमी के दिन प्रारम्भ किया जाता है। रामनवमी की रात्रि में स्नानादि करके किसी निर्जन स्थान या नितांत एकांत कक्ष में हनुमान जी की प्रतिमा को स्थापित किया जाता है। साधक हल्के वस्त्र को धारण कर अर्द्धरात्रि के समय जमीन पर बैठकर सर्वप्रथम हनुमानजी की प्रार्थना करते हैं। प्रार्थना के उपरान्त १०८ बार उपरोक्त मन्त्र का जप किया जाता है। ९० दिनों तक उस दिन से लगातार नित्य १०८ मन्त्र का जप करने पर सिद्धि प्राप्त होती है। मन्त्र-जप के दिनों साधक को संयम से रहना पड़ता है। यह जटिल मन्त्रसाधना है। इसके जप के समय भी विचित्र-विचित्र तरह की आवाजें, आकृतियाँ, जो कि डरावनी होती हैं, हर तरह से जप को भंग करने का प्रयास करती हैं। साधक को धैर्यपूर्वक जप करते रहना चाहिए। किसी भी परिस्थिति में विचलित नहीं होना चाहिए। मन्त्रसाधना सफल होगी।

जब मन्त्रसिद्धि हो जाय तो काले उड़द के दाने को २१ बार मन्त्र का जप करके अभिमन्त्रित कर लेना चाहिए और उस दाने को किसी शीशी में बंद करके रख लेना चाहिए। उसके बाद जब जरूरत पड़े, उसमें से कुछ दाने लेकर तीन बार मन्त्र को पढ़कर शत्रु पर मारने से शत्रु का उच्चाटन होता है।

मूठ उच्चाटन मन्त्र

ॐ नमो आदेश गुरु को। आगे दो झिलमिली। पीछे दो नन्द। रक्षा सीता-राम की। रखवारे हनुमंत। हनुमान हनुमंता। आवत मूठ करो नवखण्डा। सांकर टोरो। लोह की फाये वज्र कीवाड़, अज्जर कीले। वज्जर कीले। ऐसे रोग हाथ से ठीले। मेरी भक्ति गुरु की शक्ति। फुरो मन्त्र ईश्वरो वाचा।

यह मन्त्र मूठ तथा मारण आदि प्रयोगों के उच्चाटन के लिए सर्वथा उपयुक्त मन्त्र है। सर्वप्रथम किसी भी शुभ दिन की अर्द्धरात्रि में किसी एकांत-निर्जन स्थान पर बैठकर एकाग्र भाव से उपरोक्त मन्त्र का १००८ बार जप करना चाहिए। यह जप ७ रात्रि तक नियमित करना चाहिए। प्रत्येक रात्रि में १००८ मन्त्र का जप करना आवश्यक है तभी मन्त्र की सिद्धि होगी। जब मन्त्र सिद्ध हो जाय तब जब कभी भी मूठ या हंडिया देखें तो ११ बार उपरोक्त मन्त्र का जप कर उसकी तरफ फूंक मार दें ऐसा करने पर वह फौरन वापस हो जायेगा।

भूतादिक उच्चाटन मन्त्र

ॐ नमो भगवते नारसिंहाय। अतुल वीर पराक्रमाय। घोर रौद्र महिषासुर रूपायै। त्रैलोक्य उम्बराय। रौद्र क्षेत्रपालाय। ह्रीं ह्रीं क्रीं क्रीं। क्रमितताड़य ताड़य। मोहय मोहय द्रभि-द्रभि। क्षोभय-क्षोभय आभि-आभि। साधय-साधय ह्रीं हृदये। आशक्तये प्रीति ललाटे बन्ध। यही हृदये स्तम्भय स्तम्भय। किलि-किलि। ई ह्रीं डाकिनीं। प्रच्छादय प्रच्छादय शाकिनीं। प्रच्छादय प्रच्छादय भूतं। प्रच्छादय प्रच्छादय अभूति अदूति स्वाहा। राक्षसं प्रच्छादय-प्रच्छादय। ब्रह्मराक्षसं प्रच्छादय प्रच्छादय। आकाशं प्रच्छादय प्रच्छादय। सिंहनी पुत्रम् प्रच्छादय प्रच्छादय। ऐते डाकिनी ग्रहं साधय-साधय। अनेन मंत्रेण डाकिनी-शाकिनी। भूत-प्रेत पिशाचादि। एकाहिक द्वयाहिक त्र्याहिक। चातुर्थिक पंचमिक। वातिक पैत्तिक श्लेष्मिक। सन्निपात केसरी। डाकिनी ग्रहादि। मुञ्च मुञ्च स्वाहा। गुरु की भक्ति मेरी शक्ति। फुरो मन्त्र ईश्वरो वाचा।

यह एक अत्यन्त शक्तिशाली, समस्त दोषादि को उच्चाटित करने वाला, विभिन्न भाषाओं का संगम, अद्‌भुत अलौकिक एवं चमत्कारी मन्त्र है। इसे पूर्ण एकाग्रता और निष्ठा के साथ सिद्ध करना पड़ता है। कोई भी व्यक्ति सीधे इस मन्त्र का जप कर किसी रोगी को स्वस्थ नहीं कर सकता। इसके लिए मन्त्र की सिद्धि करना साधक के लिए परम आवश्यक होता है। इस मन्त्र का जप अनुष्ठान आश्विन मास के सप्तमी शुक्ल पक्ष की तिथि को किया जाता है। अर्द्धरात्रि के समय श्मशान में जाकर या किसी एकांत निर्जन स्थान पर बैठकर साधक को मन्त्र-जप करना पड़ता है। इस साधना को सप्तमी से २१ दिनों तक किया जाता है। प्रत्येक दिन अर्द्धरात्रि से उपरोक्त मन्त्र का १०८ जप किया जाता है। जप-काल के समय भूत-प्रेत का आक्रमण अवश्यम्भावी होता है लेकिन साधक को इससे डरना नहीं चाहिए, निडर होकर जप करते रहने पर वह कुछ बिगाड़ नहीं पाता और धीरे-धीरे हारकर वे वापस चले जाते हैं। इस तरह मन्त्र सिद्ध हो जाने के पश्चात् जब कोई रोगी भूतादिक दोषों का शिकार हो जाय तो

साधक को एक फूल के कटोरे में जल भरकर उपरोक्त मन्त्र को २१ बार पढ़कर फूंक मारकर उसे अभिमन्त्रित करके उस जल से रोगी के ऊपर छींटा मारना चाहिए। इस क्रिया से समस्त रहस्यमयी बीमारी के कारणों का उच्चाटन हो जाता है। जल बारिश के समय किसी छप्पर का सहारा लिया जाता है। साधक को चाहिये कि इस प्रयोग के लिए बरसात के समय किसी शीशी में जल को भरकर रख लें; ताकि प्रयोग उसके बिना असफल न हो सके।

यदि किन्हीं कारणों से जल उपलब्ध न हो तो अभाव में मोर के पंख या लोहे के चाकू अथवा तीर का प्रयोग भी किया जा सकता है। इनके प्रयोग में भी २१ बार मन्त्र का जप किया जाता है। मोर के पंख से झाड़ने पर रोगी के बदन से मन्त्र पढ़ते हुए पंख को छुआते रहना चाहिए। यदि चाकू या तीर से झाड़ना हो तो जमीन पर मन्त्र पढ़ते हुए ऊपर से नीचे की तरफ रेखा खींचते रहना चाहिए। लाभ अवश्य होगा।

मसानी उच्चाटन मन्त्र

काली नागिन। शिर जटा ब्रह्मा खोपड़ी हाथ। मरी मसानी। न फिरे। गुरु हमारे साथ। दुहाई ईश्वर महादेव। गौरां पार्वती की। दुहाई नैना योगिनी की।

जब कोई व्यक्ति श्मशान की राख को लाकर किसी व्यक्ति अथवा स्त्री को क्रूर योग वाले दिन खिला देता है तो उस व्यक्ति अथवा स्त्री को 'मसानी रोग' हो जाता है। वैसे प्राय: इसका प्रयोग स्त्रियों पर किया जाता है। इसके शिकार रोगी प्राय: गुमसुम, खोया-खोया एवं उदास रहते हैं। इस रोग के कारण रोगी सूखते चले जाते हैं। इस रोग के शिकार रोगियों के लिए उपरोक्त मन्त्र बहुत लाभकारी होता है।

इस मन्त्र को किसी भी ग्रहणकाल में सिद्ध किया जा सकता है। इस मन्त्र का जप साधक को एकांत स्थान में बैठकर तब तक करते रहना चाहिए जब तक कि ग्रहण लगा हुआ हो। इस क्रिया से मन्त्र सिद्ध हो जायेगा। उसके बाद साधक के द्वारा मसान रोग के शिकार रोगियों के उपचार के लिए ही प्रयोग करना चाहिए तो लाभ होगा।

साधक गाय के उपले की राख को लेकर छानकर (कपड़े से) अपने पास रख लें, उसके बाद जब इस रोग के शिकार रोगी आयें तो उक्त राख को उपरोक्त मन्त्र के द्वारा २१ बार पढ़कर शक्तिकृत करने के बाद रोगी को खिला दें तथा पेट पर लगा दें। यह क्रिया तीन बार दोहरायें, ऐसा करने से मसानी का उच्चाटन हो जाता है।

काला उच्चाटन मन्त्र

सफेद कबूतर। काले कबूतर। काट-काट के मैं चढ़ाता। काली के बेटे तुझे बुलाता। लौंग, सुपारी, ध्वजा, नारियल। मदिरा की मैं भेंट चढ़ाता।

काली विद्या मैं चलाता। बावन भैरों चौंसठ योगिनी। बने इस काज सहयोगिनी। ॐ नमो आदेश, आदेश, आदेश।

इस मन्त्रसिद्धि का प्रयोग तमाम प्रयोगों में सबसे खतरनाक प्रयोग है। इसे कालरात्रि से सूर्योदय तक लगातार जप किया जाता है। यह मन्त्र-जप नियमित २१ दिनों तक किया जाता है। फिर जप के बाद होली के दिन रात्रि के समय श्मशान में जाकर काला कबूतर साधक के द्वारा काट दिया जाता है। उसके बाद दीपावली की अर्द्धरात्रि में पुन: मन्त्र का २१ बार जप किया जाता है तब उसी रात में उजले कबूतर को श्मशान में जाकर काटा जाता है। उसके पंजे को साधक अपने पास रखकर शेष को वहीं श्मशान में छोड़ देते हैं। अब इन समस्त क्रियाओं के बाद साधक किसी भी शनिवार को अथवा चतुर्दशी कृष्णपक्ष को श्मशान में रात्रि के समय जाकर जलती हुई चिता के समक्ष सुबह तक लगातार उपरोक्त मन्त्र का जप करते हैं। सबेरे चिता की राख लेकर साधक लौट आते हैं। इस तरह मन्त्र सिद्ध हो जाता है। अब साधक लाये हुए राख को कहीं सुरक्षित किसी डिब्बे या शीशी में बन्द कर रख लेते हैं। जरूरत पड़ने पर उपरोक्त मन्त्र को २१ बार पढ़कर राख को शक्तिकृत किया जाता है और उस राख से जिसे भी छुआ दिया जाता है, उसका तत्काल उच्चाटन होता है।

सिद्धिदायक उच्चाटन मन्त्र

ॐ नमो आदेश गुरु को। सिद्धि। सिद्ध करे सिद्धाई। कभी न होवे जग हंसाई। सिद्धि मेरी है रखवाली। सिद्धि है आसन। सिद्धि है बासन। सिद्धि है ताला। सिद्धि है चाबी। सिद्धि से मैं काम चलाऊँ। भरकर प्याला खून पिलाऊं। रक्त का टीका। सिद्धि का वासी। मुझसे भागे सारे पुरवासी। जो मैं चाहुं बाण चलाऊं। मेरा मारा ऐसा भागे। बिन कृपा मेरी, वह कभी न छूटे। सिद्धि का चक्र मैंने चलाया। जिसको चाहा उसे मरवाया। मेरा चक्र न चले तो। नवनाथ चौरासी सिद्धों की दुहाई। माता वैष्णवी की दुहाई। काशी कोतवाल भैरों की दुहाई। शब्द सांचा पिण्ड कांचा। फुरो मन्त्र ईश्वरो वाचा।

इस मन्त्र को नवरात्रि के दिनों में सिद्ध किया जाता है। इसकी साधना नवों रात को की जाती है। साधक को इस मन्त्र-जप के लिए नितांत निर्जन स्थान का चयन करना चाहिए। जब स्थान का चयन हो जाय तो उसके बाद अर्द्धरात्रि के समय उस निर्जन स्थान में नग्न बैठकर प्रति रात १०८ मन्त्र का जप करना चाहिए। नौ रातों के जप के बाद मन्त्र सिद्ध हो जाता है।

जब मन्त्र सिद्ध हो जाय तो आवश्यकता पड़ने पर इसका प्रयोग करना चाहिए, प्रयोग में जिस कार्य के लिए साधक चिन्तन करते हैं, अक्सर वह काम सफल हुआ

करता है। यदि किसी का उच्चाटन करना हो तो काले उड़द को लेकर उपरोक्त मन्त्र को पढ़ते हुए २१ बार पढ़कर शक्तिकृत करने के पश्चात् जिस किसी के ऊपर उड़द मारा जाता है, उसका उच्चाटन होता है।

सांस उच्चाटन मन्त्र

ॐ वीर-वीर महावीर। सात समुन्दर का सोखा नीर। देवदत्त के ऊपर चौकी चढ़े। हियो फोड़ चोटी चढ़े। सांस न आवे पड़यो रहे। काया माहि जीव रहे। लाल लंगोट तेल सिन्दूर। पूजा मांगे महावीर। अन्तर कपड़ा पर तेल सिन्दूर। हजरत वीर की चौकी रहे। ॐ नमो आदेश, आदेश-आदेश।

इस मन्त्र की सिद्धि के लिए उपयुक्त दिन मंगलवार का होता है। साधक को मंगलवार के दिन किसी भी चौराहे पर स्थित मन्दिर में जाकर अर्द्धरात्रि के समय जप करना पड़ता है। जप उपरोक्त मन्त्र का १०८ बार किया जाता है। यह जप मंगलवार से नियमित २१ दिनों तक करने के बाद ही मन्त्र सिद्ध होता है। इस मन्त्र के प्रयोग से आदमी मृतक के समान हो जाता है, उसमें जीवन तो होता है, पर हलचल नहीं होती अर्थात् जिन्दा होकर भी मरे हुए के समान होता है। इसके प्रयोग के लिए शत्रु के बदन का कोई भी वस्त्र ऊपर कर लेना चाहिए। उसके बाद उसपर तेल-सिन्दूर लगाकर देवदत्त के बदले उस व्यक्ति का नाम लेकर प्राण-प्रतिष्ठा करनी चाहिए। जब प्राण-प्रतिष्ठा हो जाय तो उपरोक्त मन्त्र का २१ बार जप करने के पश्चात् उस वस्त्र को किसी हंडिया में अच्छी तरह से रखकर मिट्टी से ढककर मिट्टी के अंदर ही दबाकर रख देना चाहिए। जब तक वह हंडिया मिट्टी के अन्दर दबी रहेगी, शत्रु मृतक के समान पड़ा रहेगा, उसमें कोई क्रियात्मक गति नहीं होगी। जब शत्रु को अच्छा करना हो तो हंडिया का मुख खोल देना चाहिए। शत्रु ठीक हो जायेगा। यह एक निन्दनीय कर्म है। इसका प्रयोग वर्जित है।

आपत्ति उच्चाटन मन्त्र

हुक्म शेख फरीद को। कमरिया निशि। अन्धरिया आग। पानी पथरिया। तीनों में तोही बचइया।

इस मन्त्र को रात्रिकाल में जप करके सिद्ध किया जाता है। प्रत्येक दिन अर्द्धरात्रि के समय १०८ बार मन्त्र का जप २१ दिनों तक लगातार करने पर मन्त्रसिद्ध हो जाता है। इस मन्त्र के प्रयोग में खासकर तीन वस्तुओं का उच्चाटन होता है। वह है— ओला, आंधी एवं पानी।

जब किसी कारणवश खुले आकाश के नीचे सोना पड़े और अचानक ओला पड़ने, आंधी-पानी आने की सम्भावना प्रबल हो जाय, दूर-दूर तक कहीं भी उससे

बचाव करने का ठौर दिखाई न पड़े तो उपरोक्त मन्त्र का ११ बार जप करके ताली बजा देने पर तीनों का उच्चाटन होता है और खतरे को टाला जा सकता है।

ग्राहक उच्चाटन मन्त्र

ॐ भंवर वीर तू चेला मेरा। बांध दूकान कहा कर मेरा। उठे न डंडी, बिके न माल। न भंवर वीर सो खेकर जाय।

इस मन्त्र को अर्द्धरात्रि काल में जपा जाता है। ११ दिनों तक १०८ बार प्रतिदिन जप करने से मन्त्र सिद्ध होता है। मन्त्र सिद्ध हो जाने के बाद काले उड़द के दाने को लेकर १०८ बार मन्त्र पढ़कर उसे शक्तिकृत करना चाहिए। यह क्रिया तीन दिनों तक करने के पश्चात् जब उस उड़द के दानों को किसी दुकान में डाल दिया जाता है तो दुकान की बिक्री समाप्त हो जाती है। दुकानदार उस दुकान से कुछ भी आमदनी नहीं कर पाता।

विषधर जन्तु उच्चाटन मन्त्र

ॐ कारी कमरी मौनी रात।
ढूंढो सरप अपनी बाट।
जो सरप-बिच्छा पर परे लात।
वह सरप-बिच्छा करे न घात।
दुहाई ईश्वर महादेव गौरा-पार्वती की।

इस मन्त्र का जप किसी एकांत कक्ष में शिव-पार्वती का ध्यान लगाकर किया जाता है। इसमें साधक को पूर्ण निष्ठा-भाव से मन्त्र का जप करना पड़ता है। २७ दिनों तक मन्त्र-जप करने के पश्चात् ही मन्त्र सिद्ध होता है। प्रतिदिन १०८ मन्त्र का जप किया जाता है।

मन्त्र सिद्ध हो जाने के पश्चात् विषैले जीव-जन्तु का उच्चाटन होता है। यदि राह चलते जाने-अनजाने कोई विषैले जीव मिल भी जाते हैं तो वह वार नहीं करते। साधक को इस मन्त्र को ११ बार पढ़कर ही घर से गमन करना चाहिए। ऐसा कर लेने पर किसी प्रकार का कोई खतरा नहीं रहता।

छलछिद्र उच्चाटन मन्त्र

ॐ महावीर हनुमन्त वीर। तेरे तरकश में सौ-सौ तीर। खिण बायें, खिन दाहिनें। खिण-खिण आगे होय। अचल गुसांई सेवता। काया भंग न होय। इन्द्रासन की बांध के। करे धूमे मसान। इस काया को छलछिद्र कांपे। तो हनुमन्त तेरी आन।

उपरोक्त मन्त्र हनुमान भक्तों के लिए एक सशक्त मन्त्र है। इसकी सिद्धि के लिए

किसी एकांत कक्ष में हनुमानजी की प्रतिमा स्थापित कर जप प्रारम्भ किया जाता है। प्रतिमा की स्थापना एवं जप का शुभारम्भ मंगलवार के दिन उपयुक्त होता है। साधक को प्रातःकाल स्नानादि के बाद हनुमानजी की प्रतिमा के समक्ष बैठकर हनुमानजी पर सम्पूर्ण ध्यान केन्द्रित कर १०८ बार मन्त्र का जप करना चाहिए। ३१ दिनों तक लगातार जप करने के पश्चात् ही सिद्धि प्राप्त होती है। जपकाल में किसी तरह की कोई भयावह आकृति या विचित्र आवाज से साधक को जरा भी विचलित नहीं होना चाहिए अन्यथा मन्त्र सिद्ध नहीं हो पायेगा।

इस मन्त्र की सिद्धि के पश्चात् आवश्यकता पड़ने पर ११ हाथ का लाल तागा लेकर पाँच तार के टुकड़ों में उपरोक्त मन्त्र का २१ बार जप करके लपेट देना चाहिए और उसके बाद छल-छिद्र से अशांत रोगी को वह पहना देना चाहिए। इस प्रयोग से छल-छिद्रों का उच्चाटन होता है।

प्रयोग उच्चाटन मन्त्र

काला कलुवा चौंसठ वीर। मेरा कलुवा मारा तीर। जहां को भेजूं वहां को जाये। मास अच्छी को छुवन न जाये। अपना मारा आप ही खाये। चलत बाण मारूं। मार-मार कलुवा तेरी आस चार। चौमुखा दीया न बाती। जा मारूं वाही को जाती। इतना काम मेरा न करे। तो तुझे अपनी माता का दूध हराम।

इस मन्त्र को अर्द्धरात्रि-काल में जपा जाता है। किसी भी दिन इस मन्त्र के जप की शुरुआत की जा सकती है। प्रतिदिन १०८ मन्त्र का जप करना चाहिए। नियमित ४१ दिनों के जप के पश्चात् मन्त्र सिद्ध हो जाता है।

तान्त्रिक प्रयोगादि के द्वारा मारण प्रयोगों में अनेक शरारतें की जाती हैं, जिसमें से बाण और मूठ मारना कुछ सरल तथा सशक्त होता है। इसे जब भेजा जाता है तो सिद्ध साधक के द्वारा देख लिया जाता है। जब यह बात प्रमाणित हो जाय कि यह प्रयोग मारने के लिए किया गया है तो उपरोक्त मन्त्र का लगातार जप करना चाहिए। लगातार जप करने से वह प्रयोग वापस चला जाता है।

बाघ-सर्पादि का उच्चाटन मन्त्र

फरीद चले परदेश को कुत्तक जी के भाव। सांपा-चोरा नांहरा। तीनों दांत बंधान।

इस मन्त्र को किसी पर्वकाल में जपना प्रारम्भ किया जाता है। जब कोई पर्व का दिन आये तो उसी रात्रि में १०८ बार मन्त्रों को जपना चाहिए। पर्वकाल में अनुष्ठान करने के बाद इसका ३१ दिनों तक लगातार जप किया जाता है। प्रत्येक दिन १०८ बार मन्त्र को जपा जाता है। इस प्रकार मन्त्र सिद्ध हो जाता है। यात्रा-काल में जब

भी किसी जंगल या निर्जन स्थान पर रुकना पड़े तब उपरोक्त मन्त्र को ११ बार जपकर अपने ऊपर फूंकना चाहिये और प्रत्येक बार मन्त्र के अन्त में ताली बजाना चाहिए। कोई भी खतरनाक जीव-जन्तु का खतरा नहीं रहेगा।

नगर उच्चाटन मन्त्र

ॐ नमो षटक गांव में आन दी गंगा। जहां धुं धुं साधनी का स्थान। नौ नगर। नौ नेहरा। नौ पटना नौ ग्राम। जहां दुहाई धुंध साधनी की। ॐ उलटंस वेद पलटंत काया। गरज-गरज बरसंत पत्थर। बरसन्त लोही। गरजन्त ध्रुवा बरसन्त। चलि-चलि चलाई। चकवा धुंधला धनी। ॐ धुंधला धनी। सव डाटंत फट् स्वाहा।

किसी भी दिन अर्द्धरात्रि के समय से मन्त्र-जप का शुभारम्भ किया जा सकता है। अनुष्ठान के दिन से ९० दिनों तक लगातार जप करने के पश्चात् ही मन्त्र सिद्ध होता है। प्रत्येक दिन १०८ बार मन्त्रों का जप किया जाता है। गहन एकाग्रभाव के अभाव में मन्त्र सिद्ध नहीं हो पाता है। अत: मन्त्र को सिद्ध करने के लिए एकांत स्थान का चयन किया जाता है, ताकि जप-काल में कोई विघ्न-बाधा नहीं हो। मन्त्रसिद्ध हो जाने के उपरान्त ही प्रयोग सार्थक होता है।

जब किसी नगर का उच्चाटन करना हो तो सिद्ध साधक के द्वारा एक मुर्गी का अण्डा लेकर उपरोक्त मन्त्र के १०८ जप के द्वारा उसे शक्तिकृत कर लेना चाहिए। अब उस अण्डे को लेकर जहाँ पर फेंकेंगे,वहाँ के निवासियों का उच्चाटन हो जायेगा।

विपत्तिनाशक मन्त्र

ॐ ह्रीं श्रीं ठं ठं ठं नमो भगवते मम सर्व कार्याणि साधय-साधय मां रक्ष रक्ष शीघ्रं मां धनिनं कुरु कुरु हुं फट् श्रियं देहि प्रज्ञां देहि ममापत्तिं निवारय निवारय स्वाहा।

किसी शिवलिंग पर उपरोक्त मन्त्र से सात बेल-पत्र चढ़ाने के पश्चात् उपरोक्त मन्त्र का २१ बार जप करना चाहिए। यह जप ९० दिनों तक करने के पश्चात् मन्त्र सिद्ध हो जाता है। जप घर के एकांत में या मंदिर आदि स्थल पर कहीं भी किया जा सकता है। यदि इसका प्रयोग श्रावण मास में किया जाय तो बहुत ही अच्छा होता है। कुछ ही दिनों के जप के बाद लाभ दृष्टिगत होने लगता है।

विशेष—किसी भी मन्त्र की सिद्धि में ध्यान एवं भावना की महत्त्वपूर्ण भूमिका होती हैं। मन्त्र का जप करते समय साधक को अपने इष्टदेवता के ध्यान में मग्न हो जाना चाहिये एवं यह भावना करनी चाहिए कि उसे व्यापार, नौकरी अथवा धन प्राप्त करने के किसी भी साधन में जो अवरोध उत्पन्न हो गये थे वे सब मिट गये हैं। सभी

प्रतिकूल स्थितियाँ अनुकूलता में परिवर्तित हो गई हैं। जो शत्रु थे, सभी मित्र हो गये हैं तथा भविष्य में सर्वदा सहयोग देंगे, ऐसा वचन दे रहे हैं। मेरे सौम्य व्यवहार से मेरे ग्राहक, मेरे अधिकारी आदि सभी लोग सर्वदा सहयोग देंगे ऐसा वचन दे रहे हैं। सभी मुझसे संतुष्ट हैं और अब मुझे अज्ञात स्त्रोतों से धन की प्राप्ति हो रही है—यह भावना जितनी दृढ़ होगी, मन्त्र भी उतना ही प्रभावशाली होकर कार्य सम्पन्न करेगा। यह भावना सभी मन्त्र में उसके कार्य के अनुरूप करनी चाहिए।

संकटनिवारण मन्त्र

ॐ ह्रीं श्रीं ऐं लोगस्स उज्जयोगरे। थम्म तित्थयरे जिणे, असहंते कित्त इस्सं, चउवी संपी केवली, मम मनोवांछितं कुरु कुरु ॐ स्वाहा।

उपर्युक्त मन्त्र संकटनिवारण में सर्वथा उपयुक्त मन्त्र है। किसी भी शुक्लपक्ष में सोमवार से इस मन्त्र का जप प्रारम्भ करना चाहिए। पद्मासन में एक माला या १०८ बार मन्त्र का जप करना चाहिए। इसका कुल जप ११००८ मन्त्र का है। सफेद वस्त्र, आसन तथा माला का प्रयोग करना चाहिए। साधक को पूर्व की ओर मुख करके आसन पर बैठना चाहिए। सात दिनों तक मौन धारण करके यदि ११००८ मन्त्र का जप एकांत स्थान में एकाग्रतापूर्वक सम्पन्न हो जाता है तो और भी उत्तम है; लेकिन यदि ऐसा नहीं हो पाता है तब साधक को पूर्णाहुति तक मौन धारण एवं सफेद पदार्थों का भोजन करना चाहिए—यह आवश्यक है। मन्त्र सिद्ध हो जाने पर मात्र तीन बार मन्त्र का स्मरण करने से संकट दूर होगा तथा मान-सम्मान बढ़ेगा।

शयन-सुरक्षा मन्त्र

बाघ बिजली सर्प चोर चारिउ बांधों एक ठौर धरती माता, आकाश पिता रक्ष-रक्ष श्री परमेश्वरी वाचा दुहाई महादेव की।

इस मन्त्र को भी सिद्ध करना पड़ता है। इसका कुल जप १३,००० मन्त्र का है। इसमें साधक को प्रातःकाल स्नानादि करके एकांत में बैठकर मन्त्र का जप करना चाहिए। वातावरण को शुद्ध बनाये रखने के लिए धूप-दीप जला देना चाहिए तथा प्रतिदिन १०८ मन्त्र का जप करना चाहिए। उक्त संख्या पूर्ण हो जाने पर मन्त्रसिद्ध हो जाता है। उसके बाद किसी वन या निर्जन स्थान में कभी भूमि आदि पर सोना पड़ जाय तो उपरोक्त मन्त्र को सात बार पढ़कर पाँच बार ताली बजानी चाहिए। ऐसा कर देने पर किसी प्रकार का हिंसक पशु, विषैले जन्तु आदि का कोई भय नहीं रहता और सुखद नींद आती हैं।

अनाज सुरक्षा मन्त्र

ॐ नमो भगवउ रिद्ध करो सिद्ध करी, वृद्धि करी, अणिमा, महिमा ए धान सुलै तो बालीनाथ अचल गुसांई की आण।

अनाज की सुरक्षा के लिए उपरोक्त मन्त्र को सिद्ध करना आवश्यक होता है। इस मन्त्र का जप किसी अच्छे दिन शुरू करना चाहिए। इसका जप प्रातःकाल स्नान के बाद १०८ बार करना चाहिए। ४५ दिन तक लगातार जप करने के बाद मन्त्र सिद्ध हो जाता है। जब साधक इसका प्रयोग अनाज पर करना चाहे, तब नदी किनारे जाकर पहले नदी में स्नान करके फिर २१ कंकड़ को उक्त मन्त्र से २१ बार पढ़कर अभिमन्त्रित कर लें, उसके पश्चात् उस कंकड़ को अनाज के ढेर में डाल दें, जिसकी सुरक्षा करनी हो। इस प्रक्रिया के बाद अनाज में किसी प्रकार का कोई भी कीड़ा नहीं लगेगा।

देहरक्षा मन्त्र

छोटी मोटी थमंत वार को बांधे पार को पार बांध, मराध मसान बांधे। जादू वीर बांधे टोना-टम्बर बांधे दोउ मूंठ बांधे गोरी छार बाधे भिड़िया और बाघ बांधे लखूरी स्यार बांधे, बिच्छू और सांप बांधे लाइलाह का कोट इलाइलाह की खाई रसूलिल्लाह की चौकी हजरत अली की दुहाई।

उपरोक्त मन्त्र का १०८ बार जप करके घर या जंगल कहीं भी सोने पर कोई खतरा नहीं होता। जमीन पर सोने से पूर्व २१ बार मन्त्र को पढ़ते हुए जमीन के चारो तरफ लकीर खींच दिया जाता है, इसमें कोई भी जीव-जन्तु जो जहरीला होता है, इस रेखा को पार नहीं कर पाता।

विद्या-प्राप्ति मन्त्र

ॐ ह्रीं श्रीं अहंवद अहंवद वार वादिनी भगवती सरस्वती ऐं नमः स्व विद्या देहि मम ह्रीं सरस्वती स्वाहा।

ग्रहणकाल के समय लगातार जप किया जाता है। जप सरस्वतीजी की प्रतिमा के समक्ष बैठकर किया जाता है। ग्रहणकाल में जितना जप उपरोक्त मन्त्र का हो सके उतना करना चाहिए। उसके बाद विधिपूर्वक नीले वस्त्र धारण कर २१ दिनों तक प्रतिदिन १०८ बार मन्त्र का जप करना चाहिए। इस तरह मन्त्र सिद्ध हो जाने के पश्चात् जो भी अध्ययन किया जाता है, वह कंठस्थ होता चला जाता है।

ऋणमुक्ति मन्त्र

ॐ आं ह्रीं क्रौं श्रीं श्रियै नमः ममालक्ष्मी नाशय-नाशय मामृणोतीर्ण कुरु-कुरु सम्पदं वर्धय वर्धय स्वाहा।

इस मन्त्र की सिद्धि के लिए कुल जपसंख्या १०,००० है, जो ४४ दिनों में पूर्ण कर लिया जाना चाहिए। ४३ दिनों तक प्रतिदिन २२८ मन्त्रों का जप करना चाहिए और ४४ वें दिन १९६ मन्त्र का। मन्त्र का जप रात्रिकाल में किया जाना चाहिए।

सर्वप्रथम स्नान करके माता लक्ष्मी की मूर्ति को एकांत स्थान या कक्ष में स्थापित कर लेना चाहिए उसके बाद स्वच्छ आसनों पर बैठकर हल्के वस्त्रादि धारण करके मन्त्र-जप प्रारम्भ करना चाहिए। कुल जप पूर्ण जाने के बाद हवन किया जाता है। हवन के लिए गाय के शुद्ध घी से हवन करना चाहिए। हवन भी ४४ दिनों तक किया जाना चाहिए। प्रतिदिन उपरोक्त मन्त्र से हवन की ७ आहुतियाँ देनी चाहिए। जैसे ही मन्त्र की सिद्धि के पश्चात् होम व चौवलीसवाँ दिन समाप्त होगा, ऋणमुक्ति के मार्ग प्रशस्त होने लगेंगे। आमदनी में वृद्धि हो जायेगी। साधना के दिनों में नियम-निष्ठा के साथ रहना चाहिए। स्त्रीसंसर्ग से दूर रहना चाहिए अर्थात् ब्रह्मचर्य नियम का पालन करना चाहिए। झूठ आदि का प्रयोग हरगिज नहीं करना चाहिए। सात्विक भोजन करना चाहिए तथा मन्त्र-जप में गहन एकाग्रता का भाव होना चाहिए।

जलस्तम्भन मन्त्र

ॐ नमो काला भैरो। कालिका का पूत। पगों खड़ाऊं हाथ। गुरुजी चलौ मन प्रभात। आकतू अगुरुं भरा तेरो न्यौति। मैं जहां करूं पूजो दिन सात। जो तू मन चीता कार्य कर दे मोहि। कुंकुम कस्तूरी केसर से पूजा करूं तुम्हारी। मोर मन चीत्यौ मेरा कार्य करहुं। गुरु गोरखनाथ की वाचा फुरै। शब्द सांचा पिण्ड कांचा। फुरो मन्त्र ईश्वरो वाचा।

पुष्य नक्षत्र युक्त रविवार से पहले शनिवार की शाम को जाकर सफेद आक को निमंत्रण दे आना चाहिए और रविवार की प्रातः उखाड़ लाना चाहिए। फिर उस उखड़ी जड़ का खड़ाऊं बनाकर उसपर १००८ बार उपरोक्त मन्त्र का जप करते हुए फूंक मारना चाहिए। इस क्रिया को २१ दिनों तक नियमित करने के पश्चात् यदि उस खड़ाऊं को पहनकर पानी के ऊपर चला जाय तो हरगिज नहीं डूबेंगे।

अखाड़ा-स्तम्भन मन्त्र

ॐ नमो आदेश कामरू कामाक्षा देवी को। अंग पहनूं भुजंग पहनूं। पहनूं लोह शरीर। आनते के हाथ तोड़ूं। सहाय हो हनुमंत वीर। उठ अब नृसिंह वीर। तेरो सोलहा सौ श्रृंगार। मेरी पीठ लागे नहीं वार। हो मेरी हार तो हनुमंत वीर लज्जाने। तूं लेह पूजा पान सुपारी नारियल सिंदूर। अपनी बेट। सकल मोहि कर देहु। मेरी भक्ति गुरु की शक्ति। फुरो मन्त्र ईश्वरो वाचा।

मंगलवार के दिन इस मन्त्र-जप का अनुष्ठान करना चाहिए। प्रात:काल उठकर स्नानादि से निवृत्त होकर किसी एकांत कक्ष में बजरंगबली की प्रतिमा को स्थापित कर देना चाहिए। उसके बाद ११ लंगोट जो कि नया हो तथा लाल कपड़े का हो, प्रतिमा के समक्ष रख देना चाहिए। एक कटोरी में शुद्ध सरसों का तेल लेकर १०८ बार उपरोक्त मन्त्र का जप करके उस तेल से सम्पूर्ण शरीर पर मालिश करवानी चाहिए।

इक्कीस दिनों तक नियमित जप करने के पश्चात् जब कहीं कुश्ती लड़ने जाना हो तो ५ बार उपरोक्त मन्त्र का जप कर उस लंगोट को धारण कर लेना चाहिए। ऐसा करने पर सभी का स्तम्भन होगा और विजयश्री की प्राप्ति होगी।

सर्पविष-स्तम्भन मन्त्र

घर पटकि धसनि धसनि सार। ऊपरे धसानि विष नीचे जाये। काहे विष तू इतना रिसाये। क्रोध तो तोर नहीं पानी। हमरे थप्पर तोर नाहीं ठिकानी। आज्ञा देवी मनसा माता की। विष हरी राई की दुहाई।

इस मन्त्र का नियमित १०८ बार जप लगातार २१ दिनों तक करने पर मन्त्रसिद्ध हो जाता है। उसके बाद कभी-कभी ऐसा होता है कि जब सर्प किसी व्यक्ति को काटता है तो उसकी सूचना लेकर दूसरा व्यक्ति पहुँच जाता है कि अमुक व्यक्ति को सांप ने काट लिया है। अब वहाँ से उस स्थान तक पहुँचने के लिए यदि लम्बा समय लगने की संभावना हो तो बुलाने आये संदेहवाहक को सर्वप्रथम ७ बार मन्त्र पढ़ते हुए थप्पड़ मार देना चाहिए। ऐसा कर देने पर विष का स्तम्भन हो जाता है और रोगी को नुकसान होने का कोई खतरा तत्काल टल जाता है। फिर रोगी के पास जाकर विष उतारने का कार्यक्रम शुरू कर देना चाहिए।

हिंसक जीव-जन्तु-स्तम्भन मन्त्र

फकीर चले परदेश को। कुत्तक मन में भावे। बघ बांधूं बघाइन बांधूं। बाघ के सातों बच्चा बांधूं। सांपा चोरा बांधूं। दांत बंधाऊं। बाट बांध देऊं। दुहाई लोना चमारी की।

कभी किसी ऐसे स्थान पर रुकने का मौका मिल जाता है, जहाँ हिंसक जीव-जन्तुओं के आक्रमण का खतरा प्रबल होता है। उन परिस्थितियों से निजात पाने के लिए व्यक्ति को इस मन्त्र का १०८ बार जप करके चारो दिशाओं को फूंक देना चाहिए। ऐसा कर देने पर सभी हिंसक जीव-जन्तुओं का स्तम्भन हो जाता है।

थाली-स्तम्भन मन्त्र

थाला पड़ि धूलि पड़ि। धां धीं बलिये। अमुकेर अगेर विष पाला उडिये। थाला पड़ि धूल पड़ि। धां धीं स्वाहा। अमुकेर अंगेविष लागे तलगै थारूगा। कार आज्ञा कंसासुर नृपितर अज्ञै। धनपति स्वाहा।

सर्प काटे हुए व्यक्ति अथवा स्त्री की पीठ पर फुलहा थाली को रखकर उपरोक्त मन्त्र का ११ बार जप करने से थाल का स्तम्भन तब तक उसकी पीठ पर बना रहेगा, जब तक कि विष का एक कतरा भी उस व्यक्ति अथवा स्त्री के शरीर में विद्यमान हो। विष सम होते ही थाल नीचे गिर जायेगा।

सूअर-चूहा स्तम्भन मन्त्र

हनिवन्त धावति। उदरहि ल्यावे बांधि। अब खेत खाय सुअर। घर मा रहे मूस। खेत-चर छाड़ि बाहर भूमि जाई। दोहाई हनुमान कै। जो अब खेत मंह सूअर, घर महं मूस जाई।

यदि घर एवं खेत में चूहों की संख्या अत्यधिक हो गयी हो, सूअरों के द्वारा फसल का नुकसान हो रहा हो, तब कुछ चावल एवं एक हल्दी की पाँच गांठ का टुकड़ा लेकर रख लेना चाहिए। उसके बाद स्नान करके हल्दी एवं चावल को उपरोक्त मन्त्र के द्वारा १०८ बार अभिमन्त्रित करके उन प्रत्येक जगहों पर डाल देना चाहिए, जहाँ-जहाँ चूहा एवं सूअर का आगमन होता हो। इस क्रिया से चूहा एवं सूअर का स्तम्भन हो जाता है।

बाघ स्तम्भन मन्त्र

बैठी बैठा कहां चल्यौ। पूर्व देश चल्यौ। आंखि बांध्यौ। तीनों मुंह बांधौ। मुंह केत जिह्वा बांधौ। अघौ डांड बांधौ। तेरी पोछी बांधौ। बांधो तो मेरी आन। गुरु की आन। वज्र डांड बांधौ। दोहाई महादेव पार्वती की।

यदि जंगली इलाके में सफर करना हो और रात्रि में कहीं जंगल में ही विश्राम करना पड़ जाय तो उपरोक्त मन्त्र के द्वारा ४ कंकड़ लेकर २१ बार अभिमन्त्रित करके चारो दिशाओं में फेंक देना चाहिए। इस क्रिया से बाघ के आक्रमण का खतरा टल जाता है अर्थात् बाघ का स्तम्भन हो जाता है।

तोप-बन्दूक स्तम्भन मन्त्र

ॐ नमो आदेश गुरु को। जल बांधूं, जलवायु बांधूं। बांधूं खाती ताई। सवा लाख अहेडी बांधूं। गोली चले तो हनुमंत यती की दुहाई। शब्द सांचा पिण्ड कांचा। फुरो मन्त्र ईश्वरो वाचा।

एक रंग वाली गाय का दूध ले करके उसे उपरोक्त मन्त्र से १०८ बार जप करके अभिमन्त्रित करने के पश्चात् किसी भी तोप या पिस्तौल के मुख पर छिड़क देने से वह चल नहीं पाता अर्थात् गोली नहीं चलती। यह क्रिया सात दिनों तक लगातार करनी पड़ती है।

पुंगी-तुरही-बांसुरी स्तम्भन मन्त्र

ॐ नमो बादी आया। बांद करता कूं बैठया। बड़ पीपल की छाया रहुरे। बादी-बादी न कीजै। बांधूं तेरा कण्ठ और काया बंधूं पुंगी और नाद। बांधू योगी और साधू। बांधूं कण्ठ की पुंगी और मसान की बाजी। अब तो रह रे पुंगी। सुजान तलै बांधे नृसिंह। ऊपर हनुमंत गाजै। मेरी बांधी

पूंजी बाजै तो गुरु गोरखनाथ त्याजै। शब्द सांचा पिण्ड कांचा। फुरो मन्त्र ईश्वरो वाचा।

रात्रि के समय एकांत स्थल पर बैठकर ११ दिनों तक उपरोक्त मन्त्र का १०८ जप प्रतिदिन करना चाहिए। मन्त्रसिद्ध हो जाने के पश्चात् २१ दाने उड़द के लेकर १०८ बार इस मन्त्र के द्वारा शक्तिकृत कर देने के बाद पुंगी पर मारने से पुंगी नहीं बजेगी।

मोच-पीड़ा स्तम्भन मन्त्र

ॐ नमो आदेश गुरु को। श्रीराम को मचक उड़ाई। इसके तन से तुरन्त पीर भागि जाई। न रहे रोग पीड़ा फूंक से हुई सब पानी। अमुक की व्यथा छोड़ भाग तूं मचकानी। न भागे पीड़ा तो महादेव की दुहाई। आदेश सिया-राम-लखन गोसाई।

प्रायः ऐसा होता है कि व्यक्ति के चलते-चलते अचानक पैर में मोच आ जाती है तथा मोच के कारण चलना-फिरना दूभर हो जाता है। मोच की पीड़ा से छुटकारा प्राप्त करने के लिए उपर्युक्त मन्त्र बहुत उपयोगी है। इस मन्त्र को अर्द्धरात्रि के समय नियमित १५ दिनों तक १०८ बार प्रतिदिन जप करने से मन्त्र सिद्ध हो जाता है। मन्त्र सिद्ध हो जाने के पश्चात् सरसों का तेल लेकर उपरोक्त मन्त्र के द्वारा ११ बार अभिमन्त्रित करके मोच के ऊपर मालिश करने से पीड़ा का स्तम्भन हो जाता है और मोच का दर्द समाप्त हो जाता है।

जलन-स्तम्भन मन्त्र

ॐ नमो आदेश गुरु को। कामरू देश कामाख्या देवी। जले तेल रेल तेव महातीरे। अमुक लहर पीर मल में काटे। मन्त्र पढ़े नृसिंह देव कुटिया में बैठके। श्री रामचन्द्र रहि रहि फूंक के। जाय अमुक की जलन। एक एलन में जाय। खाय सागर की नोर नान में। आज्ञा हाड़ि दासी की। फुरो मन्त्र चण्डी वाचा।

अर्द्धरात्रि के समय मां कामाख्या देवी का ध्यान लगाकार मन्त्र का जप करना चाहिए। १०८ मन्त्र का जप प्रतिदिन के हिसाब से ४१ दिनों तक करने पर मन्त्र सिद्ध होता है। मन्त्र सिद्ध हो जाने के पश्चात् जब कोई व्यक्ति जल जाता है तो सिद्ध साधक के द्वारा सरसों का तेल लेकर २१ बार उपरोक्त मन्त्र से शक्तिकृत किया जाता है। अमुक की जगह पीड़ित व्यक्ति का नाम लिया जाता है। जब तेल शक्तिकृत हो जाता है, तो उसके बाद उस तेल को रोगी के जले हुए स्थान पर लगाया जाता है। इससे जलन का स्तम्भन होता है और पीड़ा समाप्त हो जाती है।

ततैया दंश-स्तम्भन मन्त्र

चूण चूण चूण विषेरपानी। हाडरे मितर भासरे कुंडे। मर विष तुई चुणे पुड़े।

उपरोक्त मन्त्र का सर्वप्रथम नियमित १०८ जप के हिसाब से प्रतिदिन जप करना चाहिए। ३१ दिनों तक लगातार जप के पश्चात् जब मन्त्र सिद्ध हो जाय तब इस मन्त्र का प्रयोग प्रभावी होता है। यदि किसी व्यक्ति अथवा स्त्री को ततैया काट ले तो सिद्ध साधक के द्वारा इस मन्त्र का २१ बार जप करते हुए फूंक मारने से ततैया के विष का स्तम्भन हो जाता है और रोगी की परेशानी दूर हो जाती है।

घाव पीड़ा-स्तम्भन मन्त्र

ॐ नमो आदेश कामाख्या देवी का। काली बैठी लिये कटारी। जिसे देख दुष्ट भयकारी। कटारी गुण तोरे बलिहारी जाई। कटारी के बन्धन के घाव सुखाई। अमुक की पीड़ा। मां काली के वरदान से न रहे। बिहड़ वन बस लुकान। आज्ञाहारी दासी चण्डी की दुहाई।

रात्रि के समय एकांत स्थल पर इस मन्त्र का जप करना चाहिए। ध्यान मां कामाख्या देवी का लगातार प्रतिदिन १०८ बार मन्त्र का जप करना चाहिए। ४५ दिनों तक जप के बाद मन्त्र सिद्ध हो जाता है। यदि किसी व्यक्ति अथवा स्त्री के शरीर पर किसी चीज से घाव हो जाय या कट-फट जाय और खून का रिसाव होने लगे तो साधक के द्वारा किसी कटोरी में जल लेकर उपरोक्त मन्त्र का २१ बार जप करके जल को शक्तिकृत करके रोगी के कटे स्थान या घाव पर लगाने से खून का बहना बंद हो जायेगा तथा पिला देने से उसकी पीड़ा की समाप्ति हो जायेगी।

धारा से विषस्तम्भन मंत्र

तागा तागा तागा। ब्रह्मा विष्णु महेश्वर। तिन देव लागा। ऐ तागा नड़े चढ़े। ईश्वरी करतार करे।

किसी भी शुभ दिन से इस मन्त्र के जप का अनुष्ठान रात्रि के समय करना चाहिए। एकांत जगह पर बैठकर १०८ बार नित्यप्रति २१ दिनों तक जप करने से मन्त्र सिद्ध हो जाता है। यदि किसी व्यक्ति को सर्प काट ले तो मजबूत धागा लेकर उपरोक्त मन्त्र को ११ बार पढ़ते हुए धागे को शक्तिकृत कर लेना चाहिए और उसके बाद रोगी को जहाँ सर्प ने काटा हो, उससे थोड़ा ऊपर बांध देना चाहिए तथा मन्त्र पढ़ते हुए नये ब्लेड से चीरा लगा देना चाहिए। इन सारी क्रियाओं के क्रम में मन्त्र-जप करते रहना चाहिए। विष का स्तम्भन होगा और रोगी स्वस्थ हो जायेगा।

पागल कुत्ते का विष-स्तम्भन मन्त्र

ॐ नमो कामरू देश कामाक्षी देवी, जहां बसै इस्माइल जोगी। इस्माइल

जोगी ने पाली कुत्ती। दश काली, दश काबरी। दश पीली, दश लाल। रंग-बिरंगी दश खड़ी। दश टीको दे भाल। इनका विष हनुमंत हरै। रक्षा करै गुरु गोरख वाला सत्य नाम आदेश गुरु को।

उपरोक्त मन्त्र को नियमित ४१ दिनों तक प्रत्येक दिन १०८ बार जप करके सिद्ध कर लेना चाहिए। उसके बाद जब कभी किसी व्यक्ति को कोई पागल कुत्ता काट ले तो आरने-उपलों की राख लेकर यह मन्त्र ७ बार जपकर घाव के ऊपर लगा देने से विष का स्तम्भन हो जाता है और रोगी ठीक हो जाता है।

बिच्छू विष-स्तम्भन मन्त्र

ॐ नमो समुद्र। समुद्र में कमल। कमल में विषहर। बिच्छू कहूं तेरी जात। गरुड़ कहे मेरी अठारह जात। छह काला छह कांवरा। छह कूं कूं बान। उतर रे उत्तर। नहीं तो गरुड़ पंख हंकारे आन। सर्वत्र बिसन मिलई। उतर रे बिच्छू उतर। मेरी भक्ति गुरु की शक्ति। फुरो मन्त्र ईश्वरो वाचा।

किसी नदी अथवा तालाब के किनारे बैठकर नित्य १०८ बार मन्त्र को जपना चाहिए। ३१ दिनों तक लगातार जप के पश्चात् मन्त्र सिद्ध हो जाता है। उसके बाद ११ बार उपरोक्त मिन्त्र को जपते हुए बिच्छू के काटे स्थान पर हाथ रखकर झाड़ने से विष का स्तम्भन हो जाता है।

धार-स्तम्भन मन्त्र

ॐ नमो धार-धार अधर धार। बांधे सात बार। आनि बांधो तीन बार। कटै रोम न भीजे चीरा खांडा की धार को ले गया। यती हनुमन्त वीर। शब्द सांचा पिण्ड कांचा। फुरो मन्त्र ईश्वरो वाचा।

इस मन्त्र का नियमित २१ दिनों तक १०८ बार प्रत्येक दिन जप करने के पश्चात् मन्त्रसिद्ध हो जाता है। उसके बाद जब कभी सफर में चोर-लुटेरे घेर लें, चाकू से हमला करना चाहें तो सड़क की मिट्टी उठाकर तीन बार उपरोक्त मन्त्र को पढ़ते हुए चाकू की धार पर मारने से धार का स्तम्भन हो जाता है।

सर्पस्तम्भन मन्त्र

बजरी बजरी बजर कीवाड़ बजरा की लूं आस-पास। मरै सांप होय खाक। मेरा कीला पत्थर कीलै। पत्थर फूटे न मेरा कीला छूटै। मेरी भक्ति गुरु की शक्ति। फुरो मन्त्र ईश्वरो वाचा।

सर्वप्रथम इस मन्त्र को सिद्ध कर लेना चाहिए। मन्त्र को सिद्ध करने के लिए प्रत्येक दिन उपरोक्त मन्त्र का १०८ जप करना पड़ता है। २१ दिनों तक लगातार जप करने के बाद मन्त्र सिद्ध हो जाता है। उसके बाद राह चलते कहीं कोई सर्प नजर

आ जाय तो सड़क की मिट्टी अथवा कंकड़ लेकर उपरोक्त मन्त्र से सात बार अभिमन्त्रित करके सर्प के ऊपर मार देने से सर्प की गति रुक जाती है।

प्रसन्नतादायक मन्त्र

ॐ क्रां क्रीं ह्रां ह्रीं उत्तम मजियं च वंदे संभवमभिनंदणं च, सुमई च पउमप्पहं सुपासं, जिणं च चंदप्पहं वंदे स्वाहा।

किसी भी शुक्ल पक्ष में सोमवार से इसका जप प्रारम्भ करना चाहिए। पद्मासन में प्रतिदिन एक माला या १०८ मन्त्र का जप करना चाहिए। जप में सफेद वस्त्र स्नान के बाद धारण करना चाहिए। आसन पर पूर्व की ओर मुख करके बैठना चाहिए। जपकाल में सफेद पदार्थों का भोजन ग्रहण करना चाहिए तथा साधक को मौन रहना चाहिए। वैसे इसका कुल जप १३,५०० मन्त्र का है। यदि साधक १३ दिन में उक्त मन्त्रसिद्ध करने का साहस रखता हो तो अति-उत्तम नहीं तो १०८ मन्त्र का जप प्रत्येक दिन एकांत स्थान में एकाग्रतापूर्वक मन्त्र की कुल संख्या पूर्ण होने तक करना चाहिए। यह अत्यन्त प्रसन्नतादायक मन्त्र हैं।

कल्याणकारी मन्त्र

ॐ असि आउ सा नमः।

उपरोक्त मन्त्र सभी कार्यों में सफलता दिलाने वाला एक अचूक मन्त्र है। इसका कुल जप १,२५,००० का होता है। इसकी सिद्धि के लिए साधक को अपनी सुविधानुसार संकल्प कर लेना चाहिए कि उनके द्वारा इतने मन्त्रों का जप प्रत्येक दिन किया जायेगा। जप का समय प्रातःकाल है। जप प्रारम्भ करने से पूर्व स्नान करके धूप-दीप जला लेना चाहिए। जिस दिन उक्त मन्त्र का जप पूर्ण हो जाय, इसी मन्त्र से हवन करना चाहिए।

कामनापूर्ति मन्त्र

ॐ नमो भगवती रक्तपीठं नमः।

नवरात्रि या किसी शुभ मुहूर्त्त में थोड़ा-सा नया लाल रंग का कपड़ा लाकर उस पर माला फेरते हुए प्रतिदिन उपरोक्त मन्त्र का दस माला या १००८ मन्त्र जपते रहे। ७ दिनों तक यह साधना पूर्ण संयम और ब्रह्मचर्य से करें। जप पूर्ण हो जाने पर १०८ आहुतियों से उक्त मन्त्र द्वारा हवन करें और किसी भी एक ब्राह्मण को भोजन कराकर दक्षिणा दें। इसके पश्चात् उस लाल कपड़े को तह करके किसी स्थान पर सुरक्षित रख दें और दैनिक-पूजा के समय एक माला या १०८ मन्त्र उस पर जपते रहें। साथ ही कपड़े को प्रतिदिन मस्तक और हृदय से लगायें। देवी की कृपा से साधक की समस्त सात्विक कामनायें पूर्ण होंगी।

सर्वकामना-पूरण मन्त्र

ॐ ह्रीं श्रीं अर्हं असि आउसा नमः।

इस मन्त्र का प्रतिदिन १०८ बार जप करने से कल्पवृक्ष के समान यह मनुष्य की समस्त कामनायें पूरी करता है। यह जप प्रात:काल स्नान के बाद एकांत कमरे में एकाग्रचित होकर किया जाता है। ४५ दिन के पश्चात् लाभ दृष्टिगोचर होने लगता है।

मनोवांछित कार्यसिद्धि मन्त्र

ॐ ह्रां ह्रीं ह्रूं ह्रौं ह्रः असि आ उ सा स्वाहा।

इसका १,२५,००० जप करने से मनोवांछित कार्य पूर्ण होता है। किसी शुभ मुहूर्त्त में ही इस मन्त्र का जप प्रारम्भ करना चाहिए। वैसे तो प्रतिदिन १०८ मन्त्र का जप करना आवश्यक होता है परन्तु साधक अपनी सुविधा के अनुसार इसमें वृद्धि भी कर सकते हैं।

वैभवदायक मन्त्र

१. ॐ नमो भगवती पद्मावती। सर्वजन मोहिनी सर्व कार्यकारिणी मम विकट संकट हरणी मम मनोरथ पूरणी चिंता चूरणी ॐ नमो ॐ पद्मावती नमः स्वाहा।

विजयादशमी, दीपावली, होली, ग्रहणकाल, सिद्ध-योग, गुरु-पुष्य योगादि जैसे किसी शुभ अवसर के समय प्रात:काल स्नानोपरांत शुद्ध एकांत स्थान पर देवी दुर्गा के किसी रूप या चित्र या मूर्ति लाकर उसकी पूजा आरम्भ करें और नित्य इस मन्त्र का १०८ बार जप करते रहें। यह साधना बहुत ही सरल, सात्विक और लाभकारी है। इसके प्रभाव से साधक की बेरोजगारी, निर्धनता, समस्यायें, रोग-विकार, अभाव-तनाव सब दूर होकर उसका जीवन सुख-शान्तिदायक और वैभवयुक्त हो जाता है।

२. ॐ नमो भगवती पद्म पद्मावती ॐ ह्री श्रीं, ॐ पूर्वाय, ॐ दक्षिणाय, पश्चिमाय, उत्तराय आण पूरय सर्व जन्य वस्यं कुरु-कुरु स्वाहा।

प्रात:काल उठकर किसी से कुछ न बोलते हुए मौनता धारण कर लेना चाहिए। पान, सुपारी, तम्बाकू, बीड़ी आदि कुछ भी नशीले पदार्थ का सेवन नहीं करना चाहिए। प्रतिदिन के नित्यकर्म से निवृत होकर और शीतल जल से स्नान करके तथा स्वच्छ वस्त्र पहनकर घर के चारो कोने में उपर्युक्त मन्त्र को ११-११ बार पढ़कर फूंक मारना चाहिए। इस प्रकार नित्य प्रात: बिना किसी से बोले और बिना कुछ खाये-पीये सूर्योदय के पूर्व ही घर के चारो कोनों और मुख्य द्वार को अभिमन्त्रित करते रहना चाहिए। ४० दिन के इस प्रयोग से घर में चारो ओर वैभव-समृद्धि आने लगेगी।

सर्वसम्पत्तिदायक विद्या मन्त्र

ॐ ह्रीं श्रीं ह्रीं क्लीं असि आ उ सा चुलु-चुलु हुलु हुलु कुलु कुलु मुलु मुलु इच्छियं मे कुरु कुरु स्वाहा।

यह त्रिभुवन स्वामी का विद्या मन्त्र है। चमेली के २१,००० पुष्प लेकर साधक को प्रत्येक पुष्प पर एक-एक मन्त्र पढ़ते हुए भगवान् पार्श्वनाथ की मूर्ति पर अर्पित करते रहना चाहिए। जप पूरा होने से यह मन्त्र सिद्ध हो जाता है। इस मन्त्र का जप आधी रात्रि में किया जाता है। साधक को इसके जप के लिए किसी एकांत स्थान का चयन करना चाहिए, ताकि जप-काल में किसी के द्वारा विघ्न न होने पाये। यह जप १०८ बार प्रत्येक दिन किया जाना चाहिए। जप के समय गुग्गुल एवं धूप के धुएं उत्पन्न कर देना चाहिए। प्रतिदिन १०८ बार जप करने के पश्चात् २१,००० का जप पूर्ण हो जाने के बाद सम्पत्ति का लाभ एवं पुत्रादि की प्राप्ति होती है।

सर्वकामनापूरक मन्त्र

ॐ धीं श्रीं ङीं क्लीं।

किसी शुभ दिन इस मन्त्र का जप अनुष्ठान प्रारम्भ करना चाहिए। प्रातःकाल स्नान के बाद स्वच्छ वस्त्र धारण कर एकांत कमरे में प्रतिदिन १०८ मन्त्र का जप करना चाहिए। ९० दिनों तक जप करने के पश्चात् मन्त्र सिद्ध हो जाता है। मन्त्र सिद्ध हो जाने के पश्चात् हर तरह की मनोकामनायें पूर्ण होती हैं। साधक को मन्त्र सिद्ध हो जाने के बाद भी इस मन्त्र का नियमित २१ बार जप करते रहना चाहिए।

खोये सामान की प्राप्ति का मन्त्र

कार्तवीर्यार्जुनो नाम राजा बाहु सहस्त्रवान्।
आहार पाचनार्थाय स्मरेत् भीमं च पंचमम्॥

इसकी सिद्धि के लिए साधक को प्रत्येक दिन १०८ बार मन्त्र का जप करना चाहिए। १८० दिनों तक लगातार जप के बाद मन्त्र सिद्ध हो जाता है। उसके बाद जब सामान खो जाय तो ११ बार मन्त्र का जप करके सामान-प्राप्ति के लिए ध्यान लगाना चाहिए। ध्यान लगाने के बाद सामान किस जगह पर है,विचार आयेगा। अथवा वह व्यक्ति जो इसे प्राप्त करेगा, उस साधक के पास स्वयं सामान लेकर पहुँचा देगा।

कुबेर मन्त्र

ॐ यक्षाय कुबेराय वैश्रवणाय धनधान्य-समृद्धिं मे देहि दापय-दापय स्वाहा।

शुभ मुहूर्त्त में इस जप का प्रारम्भ करने के पश्चात् १११ दिनों तक लगातार १०८ मन्त्र का जप प्रत्येक दिन करने से मन्त्र की सिद्धि होती है। मन्त्र सिद्ध हो जाने पर प्रतिदिन प्रातःकाल स्नान के बाद मन्त्र का जप करने से धन-धान्य की प्राप्ति होती है।

मनोवांछापूर्ति मन्त्र

ॐ श्रीं क्लीं मम सर्व वांछितं देहि देहि स्वाहा।

उपरोक्त मन्त्र का नियमित १०८ बार जप करना चाहिए। जप प्रारम्भ स्नानादि के बाद प्रात:काल करना चहिए। १२१ दिनों तक नियमित जप करते रहने के पश्चात् ही मन्त्र सिद्ध होता है। किसी भी साधना के लिए जो प्रक्रिया अपनायी जाती है, वहीं प्रक्रिया इसमें भी अपनायी जानी चाहिए।

उन्नतिकारक मन्त्र

ॐ तत्पुरुषाय विद्महे महादेवाय धीमहि तन्नो रुद्रः प्रचोदयात्।।

इस मन्त्र का अनुष्ठान सोमवार को करना चाहिए। प्रात:काल स्नानोपरांत स्वच्छ वस्त्र धारण करके किसी एकांत कक्ष में शिवजी की मूर्ति को स्थापित करने के पश्चात् स्वच्छ आसनी (ऊनी अथवा बाघछाला) पर बैठकर मन्त्र-जप प्रारम्भ करना चाहिए। धूप-दीप दिखाना चाहिए एवं शिवजी के ऊपर बेलपत्र डालना चाहिए। इस मन्त्र का प्रत्येक दिन १०८ बार जप करना चाहिए। यह जप ९० दिनों तक करने के पश्चात् सिद्धि प्राप्त होती है। यह नाना प्रकार की बाधाओं को दूर कर उन्नति का मार्ग प्रशस्त करने का सर्वोत्तम मन्त्र है।

कार्यसिद्धि मन्त्र

कोदर तमसी राम सुख, पीथल मोती हीर। भोप दीप सुख श्याम जी, भिक्षु शिष्य बडवीरा।

किसी शुभ मुहूर्त्त में एक तेले की चौबिहार, तपस्या द्वारा इसे प्रारम्भ करना चाहिए। सफेद वस्त्र, सफेद आसन, सफेद माला का उपयोग करते हुए पूर्व की ओर मुखकर पद्मासन अवस्था में मन्त्र का जप प्रारम्भ करना चाहिए। प्रतिदिन १०८ बार मन्त्र-जप करना चाहिए। यह क्रम १८० दिनों तक जारी रखना चाहिए। इस तरह से यह मन्त्र सिद्ध हो जाता है। फिर जिस किसी भी कार्य के लिए जाना हो, पहले हाथ-मुँह धोकर दोनों हाथ मुँह के सामने कर ९ बार मन्त्र का उच्चारण कर हाथ, मुँह व शरीर पर फेर कर जायें, सफलता अवश्य ही प्राप्त होगी।

वस्तु-प्राप्ति मन्त्र

ॐ ह्रीं एवं मए अभिथुया विहूयरयमला पहीणजर मरणा चउवी संपी जिणवरा तित्थयरा मे पसीयंतु स्वाहा।

शुभ मुहूर्त्त में आकाश की ओर मुख करके ११ दिन में ५००० बार मन्त्र का जप करें। इन ग्यारह दिनों में एकाहार करना चाहिए तथा पूर्ण सात्विक भोजन के

साथ-साथ ब्रह्मचर्य नियम का पालन भी करते रहना चाहिए। इसी से यह मन्त्र सिद्ध हो जाता है। फिर जब भी कहीं जाना हो, मन में ११ बार इस मन्त्र का स्मरण कर दोनों हाथ मुँह पर फेरकर जायँ तो सभी तरह के कार्य सफल होंगे, जिस किसी के पास जाकर कोई वस्तु मांगेंगे और वह वस्तु उस व्यक्ति के पास होगी तो वह उसे अवश्य दे देगा। यह वल्लभदर्शी मन्त्र है।

यशकीर्ति-प्राप्ति मन्त्र

ॐ ह्री ऐं ॐ जीं जीं गीं गीं चंदेसु निम्मलयरा, आइच्चेसु अहियं पयासयरा सागरवरंग भीरा, सिद्धा सिद्धिं मम दिसंतु मनोवांछित पूरय पूरय स्वाहा।

दीपावली, नवरात्र या रवि-पुष्य नक्षत्र के दिन चौबिहार उपवास कर एकासन से चंदन की माला पर मन्त्र का १०८ जप नित्य ११ दिन तक करें, उसके पश्चात् नियमित स्नान के बाद ११ बार मन्त्र-जप करने से यश-कीर्ति बढ़ती है और प्रत्येक कार्य में सफलता की प्राप्ति होती है।

वाक्सिद्धि मन्त्र

ॐ नमो लिंगोद्भव रूद्र देहि मे वाचा सिद्धि बिना पर्वत गते द्रां द्रीं द्रूं द्रें द्रौं द्रः।

इस मन्त्र की सिद्धि के लिए साधक को प्रात:काल नित्य क्रिया से निवृत्त होकर स्नान करने के पश्चात् किसी एकांत कमरे में शिव की प्रतिमा या मूर्ति के समक्ष ऊनी आसनी पर बैठकर शुद्ध मन से मस्तक पर हाथ रखकर १०८ बार नित्य मन्त्र का जप करना चाहिए। ९० दिन के पश्चात् मन्त्र सिद्ध हो जाता है। उसके बाद वचनसिद्धि होती है और वाक्सिद्धि में प्रवीणता आती है।

आत्मविश्वास-प्राप्ति मन्त्र

ॐ हौं जूं सः ॐ भूर्भुवः स्वाहा ॐ त्र्यम्बकं यजामहे सुगंधि पुष्टिवर्द्धनम् उर्वारूकमिव वंधनान्मृत्योर्मुक्षीय मामृतात् ॐ स्वर्भुवः भूः ॐ सः जूं हों ॐ स्वाहा।

यदि कोई व्यक्ति आत्म-विश्वास की कमी महसूस कर रहा हों, मानसिक हीनता का शिकार हों, कोई भी निर्णय लेने में हिचकिचाहट का अनुभव करता हों तो उपरोक्त मन्त्र का जप करना चाहिए। किसी भी मंगलवार से १०८ बार प्रात: इस मन्त्र का ४५ दिनों तक नियमित जप करने से आत्म-विश्वास में निश्चय ही वृद्धि होगी। जीवन के प्रति मोह एवं ललक उत्पन्न होगी। मानसिक हीनता पास भी नहीं फटकेगी। सर्वत्र उल्लास का माहौल बना रहेगा।

विजय प्राप्त कराने वाला अमोघ मन्त्र

हाथ में बसें हनुमान, भैरों बसे लिलार जो हनुमंत को टीका करे, मोहे जग संसार जो आवे छाती पांव धरे, बजरंग वीर रक्षा करे महम्मदा वीर छाती तोर, जुगुनियां वीर सिर फोर उगुनिया वीर मार-मार भास्वंत करे भैरो बीर की आन फिरती रहे बजरंग वीर रक्षा करे जो हमारे उपर घात डाले, तो पलट हनुमान वीर उसी को मारे जल बांधे, थल बांधे, आर्या आसमान बांधे कुदवा और कलवा बांधे, चकचक्की आसमान बांधे वाचा साबि, साहिब के पूत धर्म के नाती, आसरा तुम्हारा है।

जीवन या समाज के किसी भी क्षेत्र में शत्रु-विरोधी, निंदक, प्रतिस्पर्धा, प्रतिद्वन्दी को परास्त करके साधक को विजय प्रदान करने में यह मन्त्र अमोघ है। इस मन्त्र की सिद्धि के लिए ३१,०००जप की आवश्यकता होती है। इसकी शुरुआत दीपावली, होली या ग्रहण की बेला में की जाती है। इसे रात्रि के समय जपा जाता है। साधक को स्नान के पश्चात् एकांत कमरे में हनुमानजी की मूर्ति के समक्ष एकांग्र भाव से प्रत्येक दिन १०८ मन्त्र का जप करना चाहिए। निश्चित मन्त्र की संख्या पूर्ण होने तक नियम-निष्ठा व संयम से रहना चाहिए। ब्रह्मचर्य नियम का पालन करते रहना चाहिए। सिद्ध हो जाने के पश्चात् जब भी आवश्यकता पड़े, इसका पाँच बार जप करके लाभ उठाया जा सकता है।

सफलतादायक मन्त्र

ॐ भूर्भुवः स्वः तत्सवितुर्वरेण्यं भर्गो देवस्य धीमहि धियो यो नः प्रचोदयात्।

कोर्ट-कचहरी या मुकदमे आदि की शिकायत हो, किसी अधिकारी या कर्मचारी ने काम रोका हुआ हो तो उन्हें अपने अनुकूल बनाने के लिए, अपना काम बनाने के लिए गायत्री मन्त्र का जप सप्त व्याहृतियों सहित करें। साथ ही जप में इस बात का ध्यान रखें कि यदि उस समय आपका बाँयाँ स्वर चल रहा है तो कल्पना में देवी के शरीर से निकल रही हरे रंग की ज्योति को देखें और जब दाहिना स्वर चलने लगे (यदि स्वर विज्ञान की जानकारी पहले से प्राप्त कर ली जाय तो बहुत अच्छा है) तो पीली ज्योति की कल्पना करें। जप करते समय दृष्टि उसी अंगूठे (हाथ के अंगूठा) पर केन्द्रित करें, जिस तरफ का स्वर चल रहा हो, बाँयें स्वर के समय बाँयाँ अंगूठा और दाहिने स्वर के समय दाँयाँ अंगूठा। जिस व्यक्ति से काम निकालना हो उसके पास जाते समय भी स्वर और अंगूठे का क्रम ध्यान में रखते हुए मानसिक जप करते रहें। इस क्रि या के प्रभाव से उस अधिकारी की सहानुभूति आपकी ओर हो जायेगी और आपका रूका हुआ काम बन जायेगा। मुकदमें के समय यह क्रिया करने से जीत मिलती है।

कुश्ती जीतने का मन्त्र

ॐ नमो आदेश गुरु को, अंगा पहरूं, भुजंगा पहरूं पहरूं लोटा सार। आते का हाथ तोडूं पैर तोडूं मैं। हनुमंत वीर उठ उठ नाहर सिंह वीर तूं जा उठ सोलह सौ सिंगार मेरी पीठ लोगे माही हनुमंत वीर लजावे तेहि पान-सुपारी नारियल अपनी पूजा लेहु अपना सा बल मोहि पर देहु मेरी भक्ति गुरु की शक्ति। फुरो मन्त्र ईश्वरो वाचा।

किसी भी मंगलवार को गेरू का चौका लगाकर लुंगी का लगोट बांधकर धूप-दीप जलाकर हनुमानजी की पूजा करें। फिर उसी दिन से ४० दिन तक प्रतिदिन १०८ की संख्या में मन्त्र का जप करें तथा मंगलवार के दिन पान, सुपारी एवं लौंग का भोग रखें। अन्य दिन भोग के लिए लड्डू रखा करें। इस तरह मन्त्र सिद्ध हो जाता है। मन्त्र के सिद्ध हो जाने पर आवश्यकता के समय अर्थात् कुश्ती लड़ने से पहले हनुमानजी को दण्डवत करके सात बार इस मन्त्र को अपने ऊपर पढ़कर अखाड़े में उतरें। इस क्रिया से प्रतिद्वन्दी पर विजय प्राप्त होगी।

स्मरणशक्तिवर्द्धक मन्त्र

ओंकार ओंकार ओंकार ॐ भूर्भुवः स्वः तत्सविुर्वरेण्य भर्गो देवस्य धीमहि धियो यो नः प्रचोदयात्।

नित्य प्रात:काल स्नानोपरांत सूर्याभिमुख होकर बैठें। मस्तक भींगा रहे और नेत्र अधखुले रहें। तीन बार 'ओंकार' का उच्चारण करके गायत्री मन्त्र का जप करें। अपनी सुविधा के अनुसार (१०१ बार या ५१ बार) जप करें, मूल मन्त्र का जप करते हुए दोनों हथेलियाँ परस्पर रगड़कर मस्तक, सिर, नेत्र, नाक, गले और मुँह आदि पर फेरें। इसके प्रभाव से ज्ञानतन्तु सतेज, सक्रिय होकर स्मरणशक्ति बढ़ जाती है। जो बच्चे स्कूल में पढ़ाये जाने वाले पाठ घर आते-आते भूल जाते हैं या जो लोग बुद्धि से काम नहीं ले पाते, उनके लिए यह प्रयोग बड़ा प्रभावशाली है।

कार्यसिद्धि में मार्गदर्शन मन्त्र

अस्मिन कार्य समुत्साहे प्रचिन्तय च दुत्तरम्।

उपरोक्त मन्त्र का जप नियमित करने से कार्यसिद्धि के लिए मार्ग प्रशस्त होता हैं। इस मन्त्र का नियमित १०८ बार जप करना चाहिए। जप प्रात:काल स्नानादि से निवृत्त होकर किया जाना चाहिए।

संदिग्ध कार्य में सफलतादायक मन्त्र

तस्मिन् कार्य निर्योगे वीरैवं दुरति क्रम।
किं पश्यसि समाधानं त्वं हि कार्य चिदांवर॥

यदि किसी कार्य के प्रति मन में शंका उत्पन्न हो रही हो कि इसे शुरू करने पर सफलता मिलेगी कि नहीं, तो उपरोक्त मन्त्र का जप करना चाहिए। इसके नियमित जप से सफलता मिलने की गारंटी होती है। जप प्रातःकाल प्रत्येक दिन स्नान के बाद २१ बार तथा रात्रि में सोने से पूर्व २१ बार करना चाहिए।

सर्वकार्यसिद्धि मन्त्र

१. सिद्धिं दिशन्तु मे सर्वे देवा सर्षिगणास्त्विह।
ब्रह्मा स्वयंभूर्भगवान् देवाश्चैव दिशन्तु मे॥
सिद्धिमग्निश्च वायुश्च पुरूहूतश्च वज्रभृत्।
वरुणः पाशहस्तश्च सोमादित्यौ तथैव च॥
अश्विनौ च महात्मानौ मरुतः सर्व एव च।
सिद्धिं सर्वाणि भूतानि भूतानां चैव च प्रभु॥
दास्यन्ति मम ये चान्येप्यदृष्टाः पथि गोचराः॥

किसी भी प्रकार के कार्य अथवा कामना की सफलता के लिए उपरोक्त मन्त्र का जप श्रेयस्कर होता है। प्रातःकाल स्नानादि से निवृत होकर प्रतिदिन २१ बार जप करने से साधक को अनेकानेक लाभ प्राप्त होते हैं, जैसे कोर्ट (कचहरी) का मामला हो, मार्केट हो या नौकरी प्राप्त करने के लिए आवेदन जमा करना हो, परीक्षा देना हो, ऋण लेना अथवा देना हो, अस्पताल में रोगी शय्या पर पड़ा हुआ हो, विवाह सम्बन्धी समस्या का समाधान ढूंढना हो, यह सभी प्रकार के कार्यसिद्धि के लिए उपयुक्त मन्त्र है।

२. ॐ ह्रीं मर्कटेश महोत्साह सर्वव्याधि विनाशन।
शत्रुन् संहार मां रक्ष श्रियं दापय देहि मे ह्रीं ॐ॥

यह मन्त्र भी सर्वकार्यसिद्धि के लिए उपयुक्त है। इसके जप से शत्रुनाश, रोगमुक्ति, आत्मरक्षा, लक्ष्मी की प्राप्ति तथा धन-वृद्धि होती है। इसे प्रातःकाल जपा जाता है। सूर्योदय से पूर्व उठकर नित्यक्रिया से निवृत हो जाने के पश्चात् एकांत कक्ष में हनुमानजी की प्रतिमा को स्थापित करके मन्त्र-जप प्रारम्भ करना चाहिए। नित्य १०८ मन्त्र का जप आवश्यक है। ९० दिनों तक लगातार जप करने से मन्त्र सिद्ध हो जाता है, उसके बाद साधक किसी भी समय मन्त्र का ११ बार जप करके लाभान्वित हो सकते हैं। प्रतिदिन जप के समाप्त हो जाने के बाद हनुमानजी को नैवेद्य आदि चढ़ाकर पूजा-आरती करनी चाहिए और निम्न मन्त्र को एक बार श्रद्धाभाव से पढ़ना चाहिए—

जीवितस्य प्रदाताः नः त्वमेको वानरोत्तम।
त्वत्प्रसादात् समेप्थानः सिद्धार्थं राघवेण ह॥

तव सत्वं बलं चापि विजानामि महाकपे।
वायोरिव गतिश्चापि तेजश्चाग्नेरिवाद्भुतम्॥
व्यवसायश्च शौर्यं च सूर्ये तेज इव ध्रुवम्॥

दुकान चलाने का मन्त्र

श्री शुक्ले महाशुक्ले कमलदल निवासे श्री महालक्ष्मी नमो नमः। लक्ष्मी माई, सत की सवाई, आओ चेतो करो भलाई, न करो सात समुन्दर की दुहाई, ऋद्धि-सिद्धि खगैतो नौ नाथ, चौरासी सिद्धों की दुहाई।

दुकान को सुचारू रूप से चलाने एवं लक्ष्मी-प्राप्ति के लिए यह मन्त्र अत्यन्त लाभदायक है। इसे अर्द्धरात्रि के समय जपा जाता है। एकांत कमरे में माता लक्ष्मी की प्रतिमा स्थापित कर एकाग्र भाव से नित्य १०८ मन्त्रों का जप करना चाहिए। यह जप ९० दिनों तक लगातार करने पर मन्त्र सिद्ध होता है। मन्त्र सिद्ध हो जाने के पश्चात् दुकान खोलकर साफ-सफाई के बाद इस मन्त्र के द्वारा जल को सात बार पढ़कर अभिमन्त्रित करने के पश्चात् दुकान में चारो ओर छिड़क देना चाहिए। ऐसा प्रत्येक दिन करने पर दुकान सुचारू रूप से चलने लगेगी।

स्वप्न द्वारा शुभाशुभ जानने का मन्त्र

ॐ नमो भद्राय चितकाय सिरि यारिति सिद्धि मम कार्य शुद्ध सपने मे दर्शनाय कुरु-कुरु स्वाहा।

इस मन्त्र का नित्य जप करने पर स्वप्न के द्वारा अपने मनोनुकूल का उत्तर प्राप्त किया जा सकता है। इस मन्त्र को ११ दिनों तक नियमित सुबह-शाम-दोपहर १०८ बार जपना चाहिए। जप के लिए दक्षिण दिशा में मिट्टी का चबूतरा बनाकर उस पर नहा-धोकर शुद्ध मन से बैठना चाहिए। दीप, धूप, नैवेद्य आदि चढ़ाना चाहिए। जप-काल के दिनों में ब्रह्मचर्य से रहते हुए जमीन पर सोना चाहिए। मन्त्र में जहाँ मम लिखा हुआ है, वहाँ जिस बात को स्वप्न में जानना हो या जिस व्यापार में कार्य से लाभ उठाना हो, उसका ध्यान करके रात में सोते वक्त २१ बार मन्त्र का जप करना चाहिए और उसके बाद सो जाना चाहिए। लेकिन यह कार्य ११ दिनों के पश्चात् मन्त्र सिद्ध हो जाने पर ही करना चाहिए। ऐसा करने पर स्वप्न में सारी बातों की जानकारी प्राप्त हो जायेगी।

घंटाकरणी स्वप्नेश्वरी मन्त्र

ॐ नमो यक्षिणी आकर्षणी घंटाकरणी महापिशाचिनी मम स्वप्ने दर्शन देहि देहि स्वाहा।

इस मन्त्र के जप से भी स्वप्न में अपने प्रश्नों का उत्तर प्राप्त किया जा सकता

है। इस मन्त्र का जप रात्रि में सोते वक्त २१ बार करना चाहिए और जप के बाद बगैर कुछ बोले सो जाना चाहिए और उसके बाद ही कुछ बोलना चाहिए। यह जप नियमित २१ दिनों तक किया जाता है। २१ दिनों के पश्चात् मन्त्र सिद्ध हो जाने के बाद ११ बार मन्त्र का जप करके जिस समस्या का समाधान ढूंढना हो, ध्यान में रखकर सो जाना चाहिए। सो जाने के उपरान्त स्वप्न में निश्चित रूप से उन प्रश्नों का उत्तर प्राप्त होगा कि इसे किस तरह से किया जाना चाहिए अथवा इसके करने से क्या लाभ-हानि हो सकती है। मन्त्र-जप के दिनों में ब्रह्मचर्य से रहना, जमीन पर सोना, शुद्ध भोजन करना तथा अनावश्यक बातों को बोलने से परहेज रखना चाहिए।

व्यापार एवं कारोबार में लाभदायक मन्त्र

ॐ नमः मायाय, ॐ नमः कामाक्षाय ॐ अं कं चं टं तं पं थं शं ह्रीं ह्रीं क्रीं क्रीं क्रीं श्रीं फट् स्वाहा।

दीपावली की रात को एकांत कमरे में आसन लगाकर सामने दीप- मालिका सजाकर उपर्युक्त मन्त्र का १०८ बार श्रद्धापूर्वक जप करने से मन्त्र सिद्ध हो जाता है। मन्त्र-जप प्रारम्भ करने से पूर्व स्नान करके स्वच्छ वस्त्र अवश्य धारण करना चाहिए। मन्त्र सिद्ध हो जाने के पश्चात् ११ बार प्रतिदिन मन्त्र का जप करना आवश्यक होता है। व्यापार या कारोबार शुरू करने से पूर्व २१ बार इस मन्त्र का जप अवश्य करना चाहिए। ऐसा करने पर व्यापार में सदा वृद्धि होगी।

नौकरी प्राप्ति का मन्त्र

ॐ नमः भगवती पद्मावती ऋद्धि-सिद्धिदायिनी दुःखदारिद्र्यहारिणी श्रीं श्रीं ॐ नमः कामाक्षाय ह्रीं ह्रीं फट् स्वाहा।

शनिवार के दिन शनिदेव की विधिवत् पूजा करने के बाद उपरोक्त मन्त्र का १००८ जप करना चाहिए। श्रद्धा-भाव से जप प्रारम्भ करने तथा निर्विघ्न समाप्त कर लेने के पश्चात् मन्त्र सिद्ध हो जाता है। नौकरी ढूंढने जाने से पूर्व ११ बार मन्त्र का जप करना चाहिए और चलते समय कपिला गाय को आटा और गुड़ खिलाकर प्रणाम करना चाहिए। ऐसा करके प्रस्थान करने पर निश्चय ही नौकरी की प्राप्ति होगी।

सन्तान प्राप्ति मन्त्र

देवकी सुत गोविन्द जगत्पते देहि मे तनयं त्वामहं शरणं गतः।

जिन दम्पत्ति को संतान न हो रही हो, उन्हें उपरोक्त मन्त्र का नियम-निष्ठा के साथ जप करना चाहिए। इस मन्त्र का कुल जप १,००,००० का होता है। यह जप पति-पत्नी दोनों को करना पड़ता है। पंडित से शुभ दिन एवं तिथि की जानकारी प्राप्त कर मन्त्र का अनुष्ठान करना चाहिए। मन्त्र-जप प्रातःकाल स्नानादि से निवृत होकर स्वच्छ

वस्त्र धारण करके करना चाहिए। यह प्रतिदिन १०८ बार किया जाता है। पूर्णाहुति के दिन उपरोक्त मन्त्र से ही हवन की १०८ आहुतियाँ देनी चाहिए। पति-पत्नी दोनों को ब्रह्मचर्य व्रत का पालन करना चाहिए। जप के दिनों में सात्विक भोजन करना चाहिए। १,००,००० जप पूर्ण हो जाने के पश्चात् हवन और उसके बाद पंडित को भोजन कराना चाहिए। तत्पश्चात् पति-पत्नी दोनों के शारीरिक सम्बन्ध बनाने पर मनोकामना पूर्ण होती है।

सर्वकामना सिद्धिदायक मन्त्र

१. ॐ पर मन्त्र पर यंत्र बन्धय-बन्ध्य मां रक्ष रक्ष हूं हूं हूं स्वाहा।

२. ॐ ठं ठः परकृतान बन्धय-बन्धय छेदय छेदय स्वाहा।

३. ॐ क्रौं ह्रौं वैरिकृत विकृतं नाशय नाशय उलटवेधं कुरु-कुरु स्वाहा।

४. ॐ परकृतमभिचारं घातय-घातय ठः ठः स्वाहा हुं।

५. ॐ नमो ह्रों पर विद्यां छिन्धि छिन्धि स्वाहा।

६. ॐ शत्रु कृतान मन्त्र यंत्र तंत्रान् नाशय-नाशय उद्बन्धय उद्बन्धय स्वाहा।

७. ॐ नमः परमात्मने सर्वात्मने सर्वतो मां रक्ष-रक्ष स्वाहा।

८. ॐ ॐ ॐ हुं हुं हुं अरिणा यत्कृतं कर्म तत्तस्यैव भवतु इति रुद्राज्ञापयति स्वाहा फट्।

उपरोक्त आठो मन्त्र क्रमबद्ध दिये गये हैं। ये सिद्ध मन्त्र हैं। जिन लोगों का कार्य नहीं चलता, नित्य परेशानियों का सामना करना पड़ता हो, व्यापार में रुकावट आ गयी हो, शत्रुओं से सदा आशंका बनी रहती हैं कि पता नहीं, कब कौन शत्रु हमारा बुरा कर बैठे आदि-आदि। इन तमाम परेशानियों से मुक्ति दिलाने में ये मन्त्र परम लाभकारी हैं। जो भी व्यक्ति इन मन्त्रों का २१-२१ बार जप नियमित श्रद्धा एवं भक्तिपूर्वक करते हैं उनकी समस्त परेशानियाँ कुछ ही दिनों के जप के पश्चात् दूर हो जाती हैं। मन्त्र का जप प्रातःकाल स्नान के बाद एकांत कक्ष में बैठकर करना चाहिए।

सर्वसिद्ध मन्त्र

ॐ नमो आदेश करो करले मत बीर बसे जो-जो मांगे सो सो इन पांच ला दो सर सिन्दूर डाट की मायी। अव्वल सिद्ध बरी लाये शब्द सांचा पिण्ड कांचा फुरो मन्त्र ईश्वरो वाचा।

उपरोक्त मन्त्र का १०८ बार जप करने के पश्चात् ११ ब्राह्मणों को आमंत्रित कर उनको ५ लड्डू चढ़ाकर पूजा करनी चाहिए। पूजा के बाद ब्राह्मणों को भोजन करवाकर उन्हें आदरसहित दक्षिणा आदि देकर विदा करने के बाद एक मिट्टी के कलश में एक

लड्डू रखकर कुएं में गिरा देना चाहिए। शेष बचे लड्डू को गोदाम, दुकान आदि जगहों पर डाल देना चाहिए। इस क्रिया को २१ दिनों तक करने के पश्चात् सर्वत्र भरा-पूरा रहता है।

जमीन के अन्दर का धन दिखने का मन्त्र

ॐ श्री परवंग क्लींग सर्प औ खंडी परंती नमो वह सब कर सादंग।

कौवे को पकड़कर उसकी जीभ निकालकर गाय के दूध में डाल देना चाहिए और फिर उस दूध को दही जमाकर घी निकाल लेना चाहिए। उस घी को १०८ बार उपरोक्त मन्त्र का जप कर अभिमन्त्रित करके आँखों में लगाना चाहिए तथा उपरोक्त घी का ही काजल भी पारना चाहिए। इक्कीस दिनों तक यह क्रिया करने के बाद जो व्यक्ति पैर की तरफ से उत्पन्न हुआ हो, उसकी आँखों में काजल लगायें (पारे हुए काजल) से तो उसे जमीन के अन्दर गड़ा हुआ धन दिखाई पड़ेगा।

कामनासिद्धि मन्त्र

कामः कामप्रदः कान्तः कामपालस्तथा हरिः आनन्दो माधवश्चैव कामसं-सिद्धये जपेत्।

अभीष्ट कामना की सिद्धि के लिए उपरोक्त मन्त्र का नियमित १०८ बार जप करना चाहिए। २१ दिनों के पश्चात् लाभ नजर आने लगेगा; परन्तु जप एकाग्रचित होकर नहीं करने पर कोई भी लाभ प्राप्त नहीं होगा।

जीविकाप्राप्ति का मन्त्र

विश्व भरन-पोषण कर जोई। ताकर नाम भरत अस होई।।

प्रातःकाल स्नान के बाद प्रतिदिन १० बार जप करना चाहिए। नियमित जप करने के पश्चात् जीविका-प्राप्ति का मार्ग निश्चित ही प्रशस्त होता है।

दरिद्रता-हरण मन्त्र

अतिथि पूज्य प्रियतम पुरारि के। कामद धन दारिद दवारि के।।

इस मन्त्र का जप भी प्रातःकाल स्नानादि से निवृत्त होकर किया जाता है। जप प्रतिदिन १०८ बार किया जाता है। ९० दिन के जप के बाद साधक इसे २१ बार जप सकते हैं। दरिद्रता दूर करने में यह सहायक मन्त्र है।

लक्ष्मीप्राप्ति मन्त्र

जिमि सरिता सागर महुं जाहीं। जद्यपि ताहि कामना नाहीं।। तिमि सुख-संपति बिनहिं बोलाएं। धरमसील पहिं जाहि सुभाएं।।

इस मन्त्र का जप भी प्रात:काल स्नानादि से निवृत्त होकर १०८ बार प्रत्येक दिन करना चाहिए। इसके नियमित जप से अनेकानेक लाभ प्राप्त होते हैं।

कार्यसूचनादायक स्वप्न मन्त्र

चउबीस तीर्थंकर तणी आण, पंच परमेष्ठी तणी आण, चउबीस तीर्थंकर तणी तेजी, पंच परमेष्ठी तणी तेजी, ॐ ह्रीं अर्हं उत्पत्तये स्वाहा।

रवि-पुष्य योग की संध्या में स्नान कर साधक अपने बदन पर कोई भी सुगन्धित तेल अथवा चंदन का लेप कर सुगन्धित पुष्पों की माला गले में धारण करे एवं उसके बाद स्वच्छ वस्त्र धारण करके पवित्र-स्थान पर पूर्व दिशा की ओर मुँह करके खड़े होकर २१ बार उपरोक्त मन्त्र का जप करे। इसी प्रकार चारो दिशाओं में २१-२१ बार जप करे। तत्पश्चात् जो कार्य मन में सोचा हो उसका चिन्तन कर भूमि पर सो जाये। दो घण्टे रात शेष रहने पर स्वप्न में उस कार्य के शुभाशुभ का ज्ञान हो जायेगा। उस दिन सफलता न मिलने पर निराश न हों फिर दो दिन तक यह प्रयोग करें। सफलता अवश्य मिलेगी। असफलता भी प्राप्ति होती है, यदि भाव में एकाग्रता की कमी हो।

शुभाशुभ फलदायक स्वप्नमन्त्र

ॐ णमो अरिहा ओम भगवउ बाहुबलीस्स्य इह समणस्स अमले विमले निम्मल नाण पयासिणी ॐ णमो सव्व भासई अरिहा सच्च भासई केवलीणं एं एवं सच्च वयणेणं सच्च होउ मे स्वाहा।

शुभाशुभ फल की प्राप्ति के लिए उपरोक्त मन्त्र को सिद्ध करना आवश्यक है। इस मन्त्र की सिद्धि नियमित ४१ दिनों तक प्रत्येक दिन १०८ मन्त्र-जप के पश्चात् प्राप्त होती है। यह जप रात्रि के समय स्नानादि के बाद एकांत जगह पर किया जाता है। जब मन्त्र सिद्ध हो जाय, तब रात्रि में इस मन्त्र का ध्यान खड़े-खड़े कार्योत्सर्ग में करें। जब निद्रा आने लगे तो भूमि पर ही कोई चादर बिछाकर सो जायें। इस क्रिया से शुभाशुभ का ज्ञान स्वप्न में होगा। अगर नहीं हो रहा हो तो लगातार सात दिन तक प्रयोग करें, आठवें दिन सफलता अवश्य मिलेगी।

भविष्यद्योतक स्वप्न मन्त्र

ॐ ह्रीं अर्हं क्ष्वीं स्वाहा।

२१ दिन यह प्रक्रिया करने के बाद मन्त्र की सिद्धि होगी और उसके बाद जब भी इच्छा करे कि भविष्य में अमुक प्रश्न का समाधान किस प्रकार होगा तब ७ बार मन्त्र को जपकर देवी दुर्गा को ध्यान में लाकर उनसे प्रार्थना करे कि मेरे प्रश्नों का उत्तर देने की कृपा करें और सो जायें; रात को स्वप्न में प्रश्न का उत्तर अवश्य मिल जायेगा।

ग्रहहारी मन्त्र

ॐ ऐं ह्रीं श्रीं क्लीं हां हूं हें हौं हः महाबलाय पराक्रमाय भूत-प्रेत, पिशाच, डाकिनी, शाकिनी, यक्षिणी, पूतना, मारी, महामारी, यक्ष, राक्षस, बेताल, ग्रह, भक्षणीं, राक्षसादिकम् हन भैजय भैजय मारय मारय शिक्षय शिक्षय महामारेश्वर गोरखनाथ हुं फट् स्वाहा। शब्द सांचा पिण्ड कांचा। फुरो मन्त्र ईश्वरो वाचा।

इसके साथ ही एक और अत्यन्त प्रभावी शाबर मन्त्र है—

ॐ नमो आदेश माया मच्छिन्द्र का काली चिड़ी चिंग चिंग रे, दौड़ा आवे गोरखनाथ यती रुद्र भूतनाथ हांक मारे अथवाई बाई जाय भंगाई हवा भरे गुरु की शक्ति मेरी भक्ती फुरो मन्त्र ईश्वरो वाचा।

इस प्रकार उपर्युक्त मन्त्रों को सविधि सिद्ध कर आप अपना उद्देश्य सिद्ध कर सकते हैं। शाबर मन्त्रप्रयोगों में जप भी अभीष्ट सिद्धि देता है। १००९ जप ४१ दिन तक करने से भूत-प्रेतादि का भय एवं रोगभय नष्ट हो जाता है।

पाचन मन्त्र

अगस्त्यं कुंभकरणं च शर्मि च बड़वानलम्।
भोजनपाचनार्थाय स्मरेद भीम च पंचकम्॥

भोजन करने के पश्चात् दाँयाँ हाथ पेट पर फेरते हुए ३ बार इस मन्त्र का उच्चारण करने से पाचन क्रिया में सुधार होता है।

सिरदर्द मन्त्र

१. हजार घर वाले एक घर खाय, आगे चले तो पीछे जाय, फुरो मन्त्र ईश्वरो वाचा।

रोगी के मस्तक को हाथ से पकड़कर सात बार उपरोक्त मन्त्र का उच्चारण करते हुए फूंकें तो सिर का दर्द समाप्त हो जाता है।

२. लंका में बैठ के माथ हिलावे हनुमन्त।
सो देखि राक्षसगण पराय दुरन्त।
बैठी सीता देवी अशोक वन में।
देखि हनुमान की आनन्द भई मन में॥
गई उर विषाद देवा स्थिर दरशाय।
आदेश कामाख्या हारिदासी चण्डी की दुहाई।

सिर पर हाथ रखकर उपरोक्त मन्त्र का सात बात उच्चारण कर फूंकने से सिर का दर्द समाप्त होता है।

आधासीसी-नाशक मन्त्र

ॐ नमो वन में बुवाई वानरी उछल वृक्ष पै जाए। कूद कूद शाखन पै कच्चे वन फल खाए। आधा तोड़ा आधा फोड़ आधा देय गिराय। हंकारत हनुमान जी आधा सीसी जाए। वन में ब्याई अंजनी, कच्चे वन फल खाए। डांक मारी हनुमंत ने इस पिण्ड से आधासीसी उतर जाए।। ॐ कामर देश कामक्षी देवी, तहां बसै इस्माइल जोगी। इस्माइल जोगी के तीन पुत्री, एक रोले, एक पक्षौले। एक ताप तिजारी एक्तरा मथवा आधा शीशी ठोरे, उतरे तो उतरो चढ़े तो मारो। ना उतरे तो गर्गुरूड मोर हंकारी, सबद सांचा, पिण्ड काचा। फुरो मन्त्र ईश्वरो वाचा।

उपरोक्त में से किसी भी मन्त्र का उच्चारण करते हुए भस्म से झाड़ना चाहिए। तो आधा सीसीदर्द शांत हो जाता है।

दाँत दर्दनाशक मन्त्र

काहे रिसियाये हम तो अकेला।
तुम हो बत्ती सवार हम जोला।।
हम लावै तुम बैठे खाव।
अंत काल में संग ही जाय।।

तीन बार यह मन्त्र बोलकर झाड़ें तो दाँतदर्द की निवृत्ति होती है।

दंतकीट-निवारण मन्त्र

१. ॐ नमो आदेश गुरु को, वन में बयाई अंजनी जिन जाए हनुमंत कीड़ा मकड़ा मांकड़ा ए तीनों भस्मन्त गुरु की शक्ति, मेरी भक्ति फुरो मन्त्र ईश्वरो वाचा।

इस मन्त्र को एक लाख जप करने से सिद्ध किया जा सकता है। इसका प्रारम्भ शुभ दिन में करना चाहिये। मन्त्र सिद्ध होने पर नीम की डाली से २१ बार झाड़ने पर दाँत का दर्द दूर हो जाता है।

२. ॐ नमो कीडरे तू कुडरकुंवाला लाल पूंछ तेरा मुंह काला। मैं तोहि पूछूं कहां कहां से आया, तोड़ मांस सबको क्यों खाया तू जाय भस्म हो। गोरखनाथ सांचा लागू पायं। शब्द सांचा पिण्ड कांचा फुरो मन्त्र ईश्वरो वाचा।

इस मन्त्र का २१ बार उच्चारण करते हुए नीम की टहनी से झाड़ें तो दाँत के कीड़े समाप्त हो जाते हैं।

नेत्ररोग-नाशक मन्त्र

१. ॐ नमो वन में ब्याई बानरी जहां जहां हनुमान अंखिय पीर कषवारी गेहिय थनै लाई चारिउ जाय भस्मन्तन फुरो मन्त्र ईश्वरो वाचा।

इस मन्त्र का सात बार उच्चारण करके झाड़ने से नेत्रों की पीड़ा शांत होती है।

२. ॐ नमो वन में ब्याई बानरी शर्य्याति च सुकन्याञ्च च्यवनं शक्रमश्विनौ एतेषां स्मरणमात्रेण नेत्ररोगान् प्रणश्यति।

भोजन के पश्चात् जल को अभिमन्त्रित करके इस मन्त्र का सात बार उच्चारण करते हुए आँखों पर अभिमन्त्रित जल के छींटे देने से नेत्ररोग दूर होता है।

३. ॐ भाट भाटिनी निकली कहै चलि जाए उस पार, जाइव जाइव हम जाऊं समुद्र पार भाटिनी बोली हम बिआइव उसकी छाली बिआइव हम उमस माछी मुंडा मुंडा अंडा सोहिल तारा तारा अजयपाल राजा रहें पार, अजयपाल यानी भरत रहे मसकदार, यह देख बाबा बोलउ गाडिया मेला उजाड़े तेके हम अधोखो जाय, रतौंधी ईश्वर महादेव के दुहाई उतरि जाए।।

इस मन्त्र का २१ बार उच्चारण करते हुए नीम की टहनी से झाड़ें तो रतौंधी रोग समाप्त हो जाता है।

४. ॐ नमो सूर्याय एकचक्ररथारूढ़ाय, सप्ताश्ववाहनाय चक्रहस्ताय औं क्रां क्रीं क्रूं क्रैं क्रीं क्रां कलशहस्ताय आदित्याय नमः।

यह सूर्य मन्त्र है तथा नेत्ररोगों के लिए विशेष फलदायी है। इस मन्त्र का नीम की डाली पर २१ बार उच्चारण करें तथा डाली द्वारा आँख को झाड़ें।

५. ॐ नमो श्रीराम की धनुहि लक्ष्मण का बाण। आँख दर्द करे तो लक्ष्मण कुमार की आन।

उपरोक्त मन्त्र का उच्चारण करते हुए २१ बार नीम की टहनी से आँख को झाड़ें। इस प्रक्रिया को तीन दिन तक निरन्तर करें।

६. ॐ झल झल जवर भरी तगाई अस्ताचल पर्वत के आई जहां बैठा हनुमन्ता जाई फूटे न पाके, कर न पीड़ा जती हनुमन्त मरे पीड़ा मेरी भक्ति, गुरु की शक्ति। फुरो मन्त्र ईश्वरो वाचा।

इस मन्त्र को ११ बार उच्चारित करते हुए नीम की टहनी पर जपें तथा टहनी से निरन्तर तीन दिन तक आँख झाडें।

कर्णरोग-निवारक मन्त्र

१. बनरा गांठि बनरि तो डांट हनुमान अकंटा विलारी वाधिनी धनेला, कर्णमूल जाई श्री रामचन्द्र जानी जलपथ होई।

उपरोक्त मन्त्र का सात बार उच्चारण करते हुए झाड़ें।

२. ॐ कनक पर्वत पहाड़ धुंधआर घार घुस लेकर डार-डार, पात-पात मार हुं हुंकार औं क्रीं क्लीं स्वाहा।

उपरोक्त मन्त्र से २१ बार सर्प की बांबी की मिट्टी को अभिमन्त्रित करके लगावें।

ज्वरनिवृत्ति मन्त्र

दोई भाई ज्वर सुरा महावीर नाम।
दिन रात खटि गैर महावीर के नाम ॥
फर छुद से छतीस रूप महूर्तमों धराय।
नाराज नामूर के घर दुआर फिराए ॥
ज्वाला ज्वरमाल ज्वर काला ज्वर झुमकि दार।
ज्वर, उमा ज्वर, भूता ज्वर झुमकि घोड़ा ज्वर ॥
भूमा तिजारी ओ चौथाई सवंग को
भंग घोटन शिव ने बुझाई।
यह ज्वर-ज्वर सुरा ते कौन और तकाव।
शीघ्र अमुक अंग छोड़ तुम जाव।
यदि आंगन में तू भूलि भटिकाय।
तो महादेव के लागा तू खाय।
आदेश कामरू कामाख्या माई।
आदेश हाड़ी दासी चण्डी की दोहाई ॥

ज्वर उतारने के लिए रोगी को उत्तर की ओर मुख करके बैठा दें। सात बार मन्त्र का उच्चारण करते हुए रोगी को झाड़ें।

पीलिया-नाशक मन्त्र

यदि किसी व्यक्ति को पीलिया हो गया हो तथा औषधि से भी उपचार संभव न हो तो इस मन्त्र का प्रयोग करें—

ॐ नमो वीर बेताल कराल नरसिंह देव नार कहे तू देव खादी तू बदी, पीलिया कूं बिदाती कारै झारै पीलिया रहै ना एक निशान जो कहिं रह जाय तो हनुमन्त जती की आन मेरी भक्ति, गुरु की शक्ति फुरो मन्त्र ईश्वरो वाचा।

पीलिया से पीड़ित व्यक्ति के सिर पर एक कांसे की कटोरी रखें तथा कटोरी में तिल का तेल डालें। अब कुशा से उस तेल को चलाते हुए इस मन्त्र का सात बार उच्चारण करें।

कण्ठबेल-नाशक मन्त्र

यदि कोई व्यक्ति कण्ठबेल से पीड़ित है तो वह व्यक्ति इस मन्त्र का प्रयोग करे—
ॐ नमो कण्ठबेल तू द्रुम दुमाली सिर पर जकड़ी वज्र की ताली गोरखनाथ जागता आया कण्ठबेल को तुरन्त भगाया जो कुछ बची ताहि मुरझाया घट गई बेल बढ़त नहीं बैठी तहां उठत नहीं पके फुटे पीड़ा, करे तो गुरु गोरखनाथ की दुहाई ॐ नमो आदेश गुरु को मेरी भक्ति, गुरु की शक्ति, फुरो मन्त्र ईश्वरो वाचा।।

रोगी को सात दिन तक चाकू से झाड़कर जमीन पर २१ लकीरें खींचें।

हैजानाशक मन्त्र

ॐ वासुदेव लक्ष्मी फट् स्वाहा।

इस मन्त्र से एक हजार बार अभिमन्त्रित जल व्यक्ति को पिलावें। मन्त्र के प्रयोग से हैजा उतर जाता है।

कोख में होने वाले फोड़े का निवारक मन्त्र

ॐ नमो कखलाई भरी तलाई जहां बैठ हनुमन्ता आई पके न फूटे न पीड़ा रक्षा करे हनुमन्त वीरा दुहाई गोरखनाथ की शब्द सांचा, पिण्ड कांचा फुरो मन्त्र ईश्वरो वाचा सत्यनाम आदेश गुरु को।

यदि किसी व्यक्ति की कोख में फोड़ा हो गया हो तथा औषधि के प्रयोग से भी रोग समाप्त न हो तो इस मन्त्र का प्रयोग करें।

इस मन्त्र को सिद्ध करके २१ बार नीम की डाली से झाड़ दें और उस भूमि की मिट्टी फोड़े पर लगा दें तो तीन दिन में फोड़ा समूल समाप्त हो जाता है।

अदीठ मन्त्र

ॐ नमो सिर कटा नख फटा विष कटा अस्थिमेद मज्जागत फोड़ा फनसो अदीठ हुंबल रैल्या व रोग रीघण बाय जाय, चौसठ जोगनी, बावन वीर छप्पन भैरव रक्षा कीजिये आय, शब्द सांचा पिण्ड कांचा। फुरो मन्त्र ईश्वरो वाचा।

ग्रहण में मन्त्र सिद्ध करके प्रयोग के समय मोर के पंख से पृथ्वी साफ कर सात बार झाड़ें और भूमि की मिट्टी सात बार फोड़े पर लगाएं। सात दिन निरन्तर करने से रोग समाप्त हो जाता है।

पसली-पीड़ाहारी मन्त्र

ओम् सत्यनाम आदेश गुरु को, डंख खारी खंखारा कहां गया, सवा

लाख पर्वतो गया, सवा लाख पर्वतो जाय कहा करेगा, सवा भार कोयला करेगा, सवा भार कोयला कर कहा करेगा। हनुमंतवीर नव चंद्रहास खड्ग गढ़ेगा, नव चंद्रहास गढ़ कहा करेगा, गातवाडोंख पसली बाय काट कूट खारी समुद्र नाखेगा। जगदगुरु की शक्ति मेरी भक्ति फुरो मन्त्र ईश्वरो वाचा।

छोटे बालको को सर्दी के दिनों में पसली चलने और पसली-दर्द की शिकायत हो जाती है। इसके लिए तिल के तेल में सिन्दूर मिलाकर उसे मन्त्र से २१ बार अभिमन्त्रित कर पसलियों पर मल देना चाहिए।

बवासीर-नाशक मन्त्र

ईशा ईशा ईशा कांच कपूर चोर के शीशा अलफ अक्षर जाने ना कोई खूनी बादी बवासीर दोनों न होई दुहाई तख्त सुलेमान बादशाह की।

किसी भी पर्वकाल अथवा ग्रहणकाल में मंत्र को सिद्ध करके जल को तीन बार उपरोक्त मन्त्र से अभिमन्त्रित करें और उस जल से गुदा को धोयें तो बवासीर का रोग जाता रहेगा।

वायदर्दहारी मन्त्र

ॐ नमो आदेश गुरु को, ओम् नमो कामरूपदेश कामाक्षादेवी जहां बसै इस्माइल जोगी। इस्माइल जोगी के तीन पुत्री। एक तोड़े, एक बिछोड़े एक रींघन बाय तोड़े। शब्द सांचा पिण्ड कांचा फुरो मन्त्र ईश्वरो वाचा।

दस हजार जप करके निम्न मन्त्र को पहले सिद्ध कर लें और फिर मंगलवार या शनिवार को मोगरी से मंत्रोच्चारण सहित २१ बार झाड़ दें।

शरीरस्थ रोगनिवारक मन्त्र

वन में बैठी वानरी अंजनी जायो हनुमंत, बाला डमरू ब्याहि बिलाई, आँख की पीड़ा मस्तक पीड़ा, चौरासी वाई, बली बली भस्म को जाय, पके न फूटे पीड़ा करे तो गोरख जती रक्षा करे, गुरु की शक्ति मेरी भक्ति फुरो मन्त्र ईश्वरो वाचा।

मन्त्र का ४१ दिन में सवा लाख जप करें और शरीरस्थ किसी भी रोग को नष्ट करने के लिए रोगी पर मोरपंख से १०८ बार झाड़ दें। हनुमान प्रतिमा के सामने बैठकर मन्त्रजप करें।

कुत्ते काटे का मन्त्र

ॐ कामरूप देश कामाक्षी देवी जहां बसे इस्माइल जोगी इस्माइल जोगी का झामरा कुत्ता, सोने की डाढ़ रूपे का कुंडा। बंदर नीचे रीछ बजाये,

चीता बैठा औषध बांटे, कूकर का विष भागे। शब्द सांचा पिण्ड कांचा फुरो मन्त्र ईश्वरो वाचा।

मन्त्र सिद्ध करके कुत्ते के काटे जाने पर कटे स्थान पर झाड़ा देने से पागल कुत्ते का विष उतर जाता है।

सिरदर्द-निवारक मन्त्र

१. हजार घर घालै एक घर खाय आगे चले तो पीछे जाय फुरो मन्त्र ईश्वरो वाचा।

किसी भी रविवार या मंगलवार के दिन सात बार उपरोक्त मन्त्र से सिर पर फूंकने से सिर का दर्द दूर हो जाता है।

२. ॐ नमो केतकी ज्वालामुखी काली दो बार रोग पीड़ा दूर कर सात समुद्र पार कर आदेश कामरू देश कामाख्या माई हाडि दासी चंडी की दुहाई यस्तेऽङ्कुशो वसुदानो ब्रह्मंनिद्र हिण्ययय:।।३।। तने जनीयते जायां मह्यं धेहि शचीपते।

कोई भी खाने की वस्तु उक्त मन्त्र से २१ बार अभिमन्त्रित करके रोगी को खिला दी जाय तो उसका सिरदर्द ही क्या, शरीर की समस्त पीड़ा दूर हो जाती है।

विषम ज्वरादि-नाशक मन्त्र

इस मन्त्र का श्रद्धापूर्वक जप करने से सब प्रकार के विषम ज्वर दूर होते हैं।

निःसख्यसारशरणं शरणं शरण्यमासाद्य सादितरिपु प्रथितावदातम्।
त्वत्पादपंकजमपि प्रणिधानवन्ध्यो वन्ध्योऽस्मि तद् भुवनपावन हा हतोऽस्मि ॥

ऋद्धि—**ॐ ह्रीं अर्हं णमो उण्हसीयबाहविणासयाणं मधुसवीणं।**

मन्त्र—**ॐ नमो भगवते झ्ल्व्य्रूं नमः स्वाहा।**

ॐ ह्रीं सर्वशान्तिकराय श्रीजिनाय चरणाम्बुजायः नमः।

ऋद्धि—**ॐ ह्रीं अर्हं णमा उण्ह सीयणासए।**

मन्त्र—**ॐ नमो भवते झ्ल्व्य्रूं नमः स्वाहा।**

इसके प्रभाव से एकतरा, तिजारा, चौथमा आदि विषम ज्वर दूर होते हैं।

एकांत स्थान में हरे रंग के आसन पर ईशान कोण की ओर मुंह करके बैठें तथा रुद्राक्ष की माला लेकर १४ दिनों तक नित्य १००० की संख्या में ऋद्धि मन्त्र का जप्र करें। अग्नि में गिरी एवं गुग्गुल धूप का निक्षेप करें। उक्त विधि से मन्त्र सिद्ध हो जाने पर आवश्यकतानुसार ज्वरादि में प्रयोग करें।

स्त्रीरोग नाशक मन्त्र

इस मन्त्र का १०८ बार श्रद्धापूर्वक जप करने स्त्रियों से सम्बन्धित समस्त कठिन रोग दूर होते हैं तथा समस्त सिद्धियाँ प्राप्त होती हैं।

यद्यस्ति नाथ भवदङ्घ्रिसरोरुहाणां, भक्तेः फलं किमपि सन्ततसंचितायाः।
तन्मे त्वदेकशरणस्य शरण्य भूयाः स्वामी त्वमेव भुवनेऽत्र भवान्तरेऽपि।

ऋद्धि—**ॐ ह्रीं अर्हं णमो इत्थिरत्तरो अणासयाणं अक्खीणमहाणसाणं।**

मन्त्र—**ॐ ह्रीं श्रीं क्लीं ऐं अर्हं असिआउसा भूर्भुवः स्वः चक्रेश्वरी देवी सर्वरोग भिदं भिदं ऋद्धि-वृद्धि कुरु कुरु स्वाहा। ॐ ह्रीं अशरण शरणाय श्रीं जिनाय नमः।**

ऋद्धि—**ॐ ह्रीं अर्हं णमो इत्थि रत्त रोअणासए।**

मन्त्र—**ॐ नमो भगवते स्त्री प्रसूत रोगादि शान्ति कुरु कुरु स्वाहा।**

इसके प्रभाव से स्त्रियों का प्रदर रोग दूर होता है, रक्तस्राव रुक जाता है तथा गर्भ का स्तम्भन होता है।

किसी एकांत स्थान पर चित्र-विचित्र (रंग-बिरंगे) आसन पर उत्तर की ओर मुँह करके बैठें तथा केले के फल की माला लेकर २१ दिनों तक नित्य १०८ की संख्या में ऋद्धि मन्त्र का जप करें। अग्नि में लौंग, कपूर, चंदन, इलायची, शिलारस एवं घी-मिश्रित धूप का निक्षेप करें। पद्मावती देवी की मूर्ति का कुसुंभी रंग के वस्त्राभूषणों से शृंगार करें। मन्त्र के सिद्ध हो जाने पर उसे आवश्यकतानुसार प्रयोग में लायें।

मस्तक पीड़ानाशक मन्त्र

यः संस्तुतः सकलवाङ्मयतत्त्वबोधा-दुद्भूत बुद्धि पटुभिः सुरलोक नाथैः।
स्तोत्रैर्जगत्त्रितय चित हरैरुदारैः स्तोष्ये किलाहमपि तं प्रथमं जिनेन्द्रम्॥

ऋद्धि—**ॐ ह्रीं अर्हं णमो ॐ ह्रीं जिणाणं झौं झौं नमः स्वाहा।**

मन्त्र—**ॐ ह्रीं श्रीं क्लीं ब्लूं नमः सकलार्थ सिद्धीणं।**

इस मन्त्र का १०८ बार श्रद्धापूर्वक जप करने से हर प्रकार की मस्तक- पीड़ा से छुटकारा मिलता है।

किसी एकांत स्थान में काले वस्त्र धारण कर काले आसन पर पूर्वाभिमुख हो आसन में बैठें तथा काली माला हाथ में लेकर २१ दिनों तक नित्य १०८ बार अथवा ७ दिनों तक १००० की संख्या में सिद्ध मन्त्र का जप करने से शत्रु नष्ट होते हैं तथा सिरदर्द दूर होता है।

नेत्ररोगहारक मन्त्र

सोऽहं तथापि तव भक्तिवशान्मुनीश कर्तु स्तवं विगतशक्तिरपि प्रवृत्तः।
प्रीत्याऽऽत्मवीर्यमविचार्य मृगी मुगेन्द्रं नाभ्येति किं निजशिशोः परिपालनार्थम्॥

ऋद्धि—**ॐ ह्रीं अर्हं णमो अणंतोहि जिणाणं झौं झौं नमः स्वाहा।**
मन्त्र—**ॐ ह्रीं श्रीं क्लीं क्रौं सर्वसंकट निवारणेभ्यः सुपार्श्वयक्षेभ्यो नमो नमः स्वाहा।**

किसी एकांत स्थान में पीले वस्त्र पहन कर पीले आसन पर बैठकर ७ दिनों तक नित्य १००० की संख्या में सिद्ध मन्त्र का जप करें तथा पीले रंग का पुष्प चढाएं। अग्नि में कुन्दरू मिश्रित धूप का निक्षेप करें।

मन्त्र के सिद्ध हो जाने पर आवश्यकता के समय जिस व्यक्ति की आँखें दुखती हों, उसे दिन भर भूखा रखकर सायंकाल २१ बताशों को उक्त मन्त्र से अभिमन्त्रित करें तथा बताशों को पानी में घोलकर रोगी व्यक्ति को पिला दें। बाद में अभिमन्त्रित जल के छीटें उसकी आँखों पर मारें। इससे दुखती आँखें ठीक हो जाती हैं। साधना-काल में यन्त्र को अपने समीप रखना चाहिए।

कुत्ता काटने के विष का निवारण

नात्यद्भुतं भुवन भूषण भूतनाथं भूतैर्गुणैर्भुवि भवन्तमभिष्टुवन्त।
तुल्या भवन्ति भवती ननु तेन किंवा भूत्याश्रित य इह नात्मसमं करोति ॥

ऋद्धि—**ॐ ह्रीं णमो सयं बुद्धीणं झौं झौं नमः स्वाहा।**
मन्त्र—**जन्मध्यानतो जन्मतो वा मनोत्कर्ष धृतावादिनोर्याना क्षांता भावे प्रत्यक्ष बुद्धान्मनो ह्म्ल्व्र्यू ॐ ह्रां ह्रीं ह्रौं ह्रः श्रां श्रीं श्रूं श्रः सिद्ध बुद्ध कृत्तार्थो भव भव वषट् संपूर्ण स्वाहा। ॐ ह्रीं अर्हं णमो शत्रु विनाशाय जय पराजय उपसर्ग हराय नमः वषट् सम्पूर्ण स्वाहा।**

किसी एकांत स्थान में पीले रंग के आसन पर बैठें तथा पीले रंग की माला लेकर ७ अथवा १० दिनों तक नित्य १०८ बार ऋद्धि मन्त्र का जप करें। पीले रंग के पुष्प चढ़ाये। अग्नि में कुन्दरू मिश्रित धूप का निक्षेप करें। मन्त्र सिद्ध हो जाने पर आवश्यकता के समय नमक की एक डली लेकर उसे १०८ बार मन्त्र से अभिमन्त्रित कर खिलाने से कुत्ता काटे का विष असर नहीं करता।

मानसिक भयनिवारण मन्त्र

वक्त्रं क्व ते सुरनरोग नेत्रहारि निःशेष निर्जित जगत् त्रितयोपमानम्।
बिम्बं कलंक मलिनं क्व निशाकरस्य यद्वासरे भवति पाण्डु पलाशकल्पम् ॥

ऋद्धि—**ॐ ह्रीं अर्हं णमो ऋजुमदीणं झौं झौं नमः स्वाहा।**
मन्त्र—**ॐ ह्रीं श्रीं हंसः ह्रौं ह्रां द्रां द्रीं द्रः मोहिनी सर्वजनवश्यं कुरु कुरु स्वाहा। ॐ भाना अष्ट सिद्धि क्रौं ह्रौं ह्ल्व्र्यूं युक्ताय नमः। ॐ नमो भगवते सौभाग्यरूपाय ह्रीं नमः**

किसी एकांत स्थान में बैठकर पीली माला लेकर ७ दिनों तक नित्य १००० की संख्या में ऋद्धि-मन्त्र का जप करें तथा निर्धूम अग्नि में कुन्दरू की धूप दें। मन्त्र के सिद्ध हो जाने पर आवश्यकता के समय ७ ककड़ियाँ लेकर उनमें से प्रत्येक को १०८ बार मन्त्र से अभिमन्त्रित कर चारो दिशाओं में फेंक दें। इसके प्रभाव से मार्ग में किसी प्रकार का भय नहीं रहता तथा चोर चोरी नहीं कर पाता।

वातव्याधिनाशक मन्त्र

सम्पूर्ण मण्डल शशाङ्क कलाकलाप शुभ्रां गुणास्त्रिभुवनं तव लङ्घयन्ति।
ये संश्रितास्त्रिजगदीश्वर नाथमेकं, कस्तान् निवारयति संचरतो यथेष्टम्॥

ऋद्धि—**ॐ ह्रीं अर्हं णमो विपुल मदीणं झौं झौं नमः स्वाहा।**

मन्त्र—**ॐ नमो भगवती गुणवती महामानसी स्वाहा।**

सात ककड़ियाँ लेकर प्रत्येक को मन्त्र द्वारा २१ बार अभिमन्त्रित करके चारो दिशाओं में फेंक दें। इसके प्रभाव से व्याधि, शत्रु आदि का भय नहीं रहता। वात रोग नष्ट होता है तथा लक्ष्मी की प्राप्ति होती है।

नास्तं कदाचिदुपयासि न राहुगम्यः स्पष्टीकरोषि सहसा युगपज्जगन्ति।
नाम्भोधरोदर निरुद्ध महाप्रभावः सूर्यातिशायिमहिमाऽसि मुनीन्द्र लोके॥

ऋद्धि—**ॐ ह्रीं अर्हं णमो अट्ठांग महाणिमित्त। कुशलाणं झौं झौं नमः स्वाहा।**

मन्त्र—**ॐ नमो णमि ऊण मट्ठे भट्ठे विघट्टे क्षुद पीड़ां जठर पीड़ां भंजय भंजय सर्व पीड़ा सर्व रोग निवारणं कुरु कुरु स्वाहा। ॐ नमो अजित शत्रु पराजयं कुरु कुरु स्वाहा।**

सफेद रंग की माला लेकर ७ दिनों तक नित्य १००० की संख्या में ऋद्धि-मन्त्र का जप करें। अग्नि में चंदन की धूप का निषेध करें। यन्त्र को समीप रखें। मन्त्र के सिद्ध हो जाने पर जल को २१ बार अभिमन्त्रित करके रोगी को पिलाने से पेट के असह्य पीड़ा, वायुशूल, गोला आदि रोग दूर हो जाते हैं।

संतान प्राप्ति का मन्त्र

ज्ञानं यथा त्वयि विभाति कृतावकाशं नैवं तथा हरिहरादिषु नायकेषु।
तेजः स्फुरन्मणिषु याति यथामहत्व नैवं तु काचशकले किरणाकुलेऽपि॥

ऋद्धि—**ॐ ह्रीं अर्हं णमो चारणाणं झौं झौं नमः स्वाहा।**

मन्त्र—**ॐ श्रां श्रीं श्रूं श्रः शत्रु भय निवारणाय ठः ठः नमः स्वाहा। ॐ नमो भगवते पुत्रार्थ सौख्यं कुरु कुरु स्वाहा। ह्रीं नमः**

उक्त मन्त्र को १०८ बार जपने से धन तथा सन्तान की प्राप्ति होती है। सौभाग्य एवं बुद्धि की वृद्धि होती है तथा विजय प्राप्त होती है।

शिरोरोगनाशक मन्त्र

त्वामव्ययं विभुमचिन्त्यमसंख्यमाद्यं ब्रह्माणमीश्वरमनन्तमनङ्गकेतुम् ।
योगीश्वरं विदितयोगमनेकमेकं ज्ञानस्वरूपममलं प्रवदन्ति सन्तः ॥

ऋद्धि—**ॐ ह्रीं अर्हं णमो दिह विसाणं झौं झौं नमः स्वाहा।**
मन्त्र—**स्थावर जंगम वाद्यकृतिमं सकल विषैयद्भक्तेः अप्रमणामितायये दृष्टिविषयान् मुनीन् ते वड्ढमाणस्वामी सर्व हित्तं कुरु कुरु स्वाहा। ॐ ह्रीं ह्रीं ह्रूं ह्रः असि आनुसा झौं झौं नमः स्वाहा।**

इस मन्त्र द्वारा २१ बार अभिमन्त्रित की गयी राख को दुखते हुए सिर पर लगाने तथा यन्त्र को रोगी व्यक्ति के पास रखने से सभी शिरोरोग दूर हो जाते हैं। मन्त्र का प्रतिदिन १०८ बार जप अवश्य करते रहना चाहिए।

दृष्टिदोष-निवारक मन्त्र

बुद्धस्त्वमेव विबुधार्चितबुद्धिबोधात् त्वं शंकरोऽसि भुवनत्रय शङ्करत्वात् ।
धातासि धीर शिवमार्गविधेर्विधानात्, व्यक्तं त्वमेव भगवन् पुरुषत्तमोऽसि ॥

ऋद्धि—**ॐ ह्रीं अर्हं णमो उग्गतवाणं झौं झौं नमः स्वाहा।**
मन्त्र—**ॐ ह्रां ह्रीं ह्रूं ह्रौं ह्रः असि आउसा झौं झौं नमः स्वाहा। ॐ नमो भगवते जय विजय अपराजिते सर्व सौभाग्यं सर्व सौख्यं कुरू कुरू स्वाहा।**

उक्त मन्त्र की इच्छित संख्या में आराधना करने से दृष्टि-दोष (नजर) उतर जाता है तथा आराधक पर अग्नि का प्रभाव नहीं होता।

अर्श निवारण मन्त्र

१. ॐ काकाकता क्रोरी कर्ता ॐ करता से होय। बरसना वंश हंस प्रकटे खूनी बादी बवासीर न होय। मन्त्र जान के न बतावे, द्वादशा ब्रह्महत्या का पाप होय। लाख जप करै तो उसके वश में न होय। शब्द सांचा पिण्ड कांचा तो हनुमान का मन्त्र सांचा फुरो मन्त्र ईश्वरो वाचा।

यह मन्त्र एक लाख जप करने के बाद सिद्ध हो जाता है। बाद में रोगी को अर्श रोग नहीं होता तथा बवासीर के रोगी इस मन्त्र से मन्त्रित जल का ही शौच होने के बाद प्रयोग करें तो लाभ मिलता है।

२. ओऽम् छई छलक कलाई आहुम आहुम कं कां कीं हूं फट् फुरो मन्त्र ईश्वरो वाचा।

मन्त्र से रविवार व मंगलवार के दिन जल को अभिमन्त्रित कर शौच के बाद व्यवहार करने से बवासीर का रोग ठीक हो जाता है।

३. ॐ छद छुह छलक छलाई अहुं अहुं क्लां क्लां क्लीं हूं।

खूनी बवासीर के लिए निम्न मन्त्र को ११०० बार जप कर पहले सिद्ध कर लेना चाहिए। सिद्धि दशहरा या दीपावली की शुभरात्रि में करनी चाहिए। फिर प्रयोग करते समय लाल रंग का धागा लेकर इस मन्त्र को इक्कीस बार पढ़कर धागे में एक गांठ लगानी चाहिए। तत्पश्चात् खूनी बवासीर के मरीज के दाहिने पैर के अंगूठे में धागे को बांध देने से लाभ मिलता है। मन्त्र है—**ॐ उमती उमती चल चल स्वाहा।**

अन्य उपाय—१. नागकेशर पुष्पचूर्ण २ ग्राम को मक्खन के साथ प्रातः सेवन करने से खूनी बवासीर में शीघ्र आराम मिलता है। रोग ज्यादा होने पर दवा दो बार की अपेक्षा तीन बार दी जा सकती है। २. बादी बवासीर का रोगी नित्यप्रति जिमीकन्द (सूरण) की सब्जी खाय तो आराम मिलता है।

वातवेदनानिग्रह मन्त्र

ॐ मूलनमः धुक्षतमः जाहि जाहि ध्वांक्ष तमः प्रकीर्ण अंग प्रस्तार प्रस्तार मुंच मुंत्त।

इस मन्त्र के द्वारा मंगलवार या रविवार के दिन मोरपंख से झाड़ना चाहिए। लाभ मिलता है।

यदि पेट में वायु का दोष बराबर बना रहता हो तो इस मन्त्र को पढ़ते हुए चाकू से २० पड़ी रेखाएं खींचकर उस पर फूंक मारने से लाभ देखा गया है। मन्त्र है—**ओंऽम् ए चाचा।**

कमरपीड़ा-निवारक मन्त्र

चलता आवे उछता जाये। मस्य करता उह उठ जाये।। सिद्ध गुरु की आन मन्त्र सांचा। फुरो मन्त्र ईश्वरो वाचा।।

निम्न मन्त्र को २००८ बार जप करने से सिद्ध हो जाता है। जरूरत पड़ने पर कुंवारी कन्या के हाथ का शुक्लपक्ष का काता हुआ सूत लेकर उस सूत के १०१ धागों को एक साथ लेकर मन्त्र से ११ बार अभिमन्त्रित करके रोगी की कमर में बांधने से सभी प्रकार की कमरपीड़ा दूर होती है।

शिरःशूल नाशक मन्त्र

१. निसुनीह रोई बद कर मेघ गरजहि निसु। न दीपक हलुधर फुफुनिबेरि फूकन डमरू न बजै निसुनहि कलह निम्न पुटु काच मईं।

यह मन्त्र दीपावली के दिन रात्रि की शान्त बेला में पवित्र होकर शुद्ध आसन पर बैठकर २१०० बार जप करने से सिद्ध होता है। इसे सिद्ध होने के बाद शिरःशूल

से पीड़ित रोगी को दक्षिण की तरफ मुँह करके बैठा दें। फिर उसके माथे पर अपने हाथ को फेरते हुए मन्त्र का उच्चारण करते हुए झाड़ना चाहिए। मन्त्र में 'अमुक' शब्द के स्थान पर रोगी का नाम लेना चाहिए। मन्त्र है—

२. लंका में बैठके माथ हिलावे हनुमन्त। सो देखिके राक्षसगण पराय दुरन्त। बैठी सीता देवी अशोक वन में। देखि हनुमान को आनन्द भइ मन में। गई उर विषाद देवी स्थिर दरसाय। 'अमुक' के सिर व्यथा पराय। 'अमुक' के नहीं कुछ पीर नहीं भार। आदेश कामाख्या हरिदासी चण्डी की दोहाई।

अधकपारी-नाशक मन्त्र

इस मन्त्र का उपयोग नि:स्वार्थ सेवाभाव से करें, तभी सफल होगा। इसकी सिद्धि किसी ग्रहण वाले दिन या दशहरा,दीपावली के दिन करते हैं।

१. वन में व्याई अञ्जनी, कच्चे वन फल खाय। हांकमारी हनुवन्त ने इस पिण्ड से आधासीस उतर जाय।

२. ॐ नमो वन में वसी वानरी उछल पेड़ पर जाय कूद-कूद डालन पर फल खाय आधी तोड़े-फोड़े आधाशीशी जाय।

मन्त्र को पढ़ते हुए पृथ्वी पर सीधी रेखा खींच कर उसे सात जगह काटें। इस प्रकार यह सीधी रेखा खींचना व सात बार काटना, सात बार रोगी के माथे पर फेंकना चाहिए। इससे अहंकारी का नाश होता है।

३. ॐ नमो आदेश गुरु का कली चली करबर ठेली चेली वीसा हनुमान जी की हाक वागे अर्ध शीशी नासे गुरु की शक्ति मेरी भक्ति चलो मन्त्र ईश्वरो वाचा।

मन्त्र को सिद्ध करने के बाद आवश्यकता पड़ने पर इस मन्त्र से भस्म को अभिमन्त्रित कर ललाट पर मलने से अधकपारी दूर होता है।

यह १००८ बार जप करने से सिद्ध हो जाता है। इस मन्त्र को सिद्ध कर लेने के पश्चात् आवश्यकता पड़ने पर रोगी को सामने बैठाकर मन्त्र पढ़ते हुए प्रत्येक मन्त्र के बाद एक फूंक अर्थात् २१ बार मन्त्र पढ़कर रोगी के माथे पर २१ बार फूंक मारनी चाहिए तथा सेंधा नमक को पानी में घिस कर ललाट पर लगाना चाहिए। इससे आधाशीशी की पीड़ा दूर हो जाती है।

४. ॐ नमः आधा सीसी तारी हुं हुं हुंकारी दुवहरी प्राचीनों आंखिया मूंद मुख पारल डारी अमुक के पीर रहै तो दुहाई गौरी की आदेश फुरो ॐ ठं ठं स्वाहा।

नेत्ररोग-निवारणार्थ मन्त्र

१. सातों रीदा सातों भाई मिलके आंख बराई दुहाई सातों देव की इन आखिन पीड़ा करै तो धोबी के नाद चमार के चुल्है पड़ें मेरी भक्ति गुरु की शक्ति फुरो मन्त्र ईश्वरो वाचा।

यह मन्त्र होली या दीपावली की शुभ रात्रि से २१ दिन तक निरन्तर प्रतिदिन २१ बार जप करने से सिद्ध हो जाता है तथा बाद में रोगी की आंख पर २१ बार मन्त्र पढ़कर फूंक मारने से कष्ट दूर हो जाता है।

२. ॐ नमो झल मल जहर नली तलाई अस्ताचल पर्वत से आई जहां जा बैठा हनुनान जाई फूटे न पाके न पीड़ा यती हनुमन्त की दोहराई।

नीम की पत्ती वाली डली से सात बार मन्त्र पढ़कर झारने से नेत्ररोग दूर होता है।

३. ॐ नमो श्रीराम की धनी का लक्ष्मण बाण आँख दर्द करे तो लक्ष्मण कंवर की आन। मेरी भक्ति गुरु की शक्ति फुरो मन्त्र ईश्वरो वाचा सत् नाम आदेश गुरु का।

यह मन्त्र दशहरा अथवा दीपावली की शुभ रात्रि में १००८ बार जप करने से सिद्ध हो जाता है। एक लोहे का छोटा-सा तीर बनाकर मन्त्र से अभिमन्त्रित कर रखते हैं। आवश्यकता पड़ने पर तीर को आँख पर फेरते हुए १४४ बार मन्त्र पढ़-पढ़कर फूंक मारने से रोगी की किसी भी प्रकार की नेत्रपीड़ा दूर होती है।

४. ॐ नमो आदेश गुरो सत्य नाम श्रीराम को काटे रतौंधी जाय रतौंधी ईश्वर महादेव की दुहाई-दुहाई कालका माई रतौंधी जाय फिर न आय आन महावीर की।।

दशहरा या दीपावली की शुभ रात्रि में इस मन्त्र को भी १००८ बार जप कर सिद्ध कर लिया जाता है। फिर जरूरत पड़ने पर इस मन्त्र से सात दिन तक प्रतिदिन ११ बार झाड़ने से रतौंधी दूर हो जाती है।

बालरोग-निवारक मन्त्र

१. ॐ केशवं पुण्डरीकाक्षमनिशम् हितथा जपेत्।

२. ॐ गं गणपतये नमः।

उक्त मन्त्रों का पाठ करने से बाल रोग का निवारण होता है।

इस मन्त्र को बार-बार पढ़कर बच्चे के ऊपर हाथ फेरने या कुश से जल छिड़कने से सभी प्रकार के ज्वर, दस्त व खांसी आदि अनेक बीमारियाँ दूर होती है।

३. ऐं ह्रीं क्लीं बालग्रहादि; भूतानां बालानां शान्तिकारकम्। संघातभेदे च नृणाम् मैत्रीकरणमुत्तमम् क्लीं ह्रीं ऐं।।

जिन बच्चों में खासकर पेट की बीमारी हो, उसके लिए इस मन्त्र को सात बार पढ़ते हुए भस्म को अभिमन्त्रित कर बच्चे के पेट पर मलने से लाभ होता है।

पीलिया व सुखड़ा रोग-निवारक मन्त्र

एक कांसे के चिकने पेंदेदार कटोरे में अच्छा सरसों का तेल लेकर रोगी के मस्तक पर चन्दन के लेप की तरह सात बार मन्त्र का उच्चारण करते हुए मले। मन्त्र है—

ॐ नमो वीर बैताल असुराल नाहर सिंह देव जी। स्वादी तुरवादी सुभाल सुभाल, पीलिया को काटे, झारे पीलिया रहे न नेक निशान जो रह जाये तो हनुमान की आन।

बच्चों को सूखा रोग हो जाने पर मंगलवार व रविवार के दिन मकोय के पत्तों को अच्छी तरह चबाकर रोगी की पीठ पर थूक कर मलने से कुछ समय पश्चात् रोगी की पीठ से रोयेंदार व भूरे रंग के छोटे-छोटे कीड़े निकलने लगते हैं। इस प्रकार चार-पाँच रविवार या मंगलवार को करने से बच्चा स्वस्थ हो जाता है।

रजोदोष-निवारणार्थ मन्त्र

मन्त्र १००८ बार जप करने से सिद्ध हो जाता है। जब यह प्रयोग किसी स्त्री पर करना हो तो केले को तीन बार निम्न मन्त्र से अभिमन्त्रित कर उस स्त्री को खिला देना चाहिए। इस प्रकार २१ दिन अभिमन्त्रित केला खिलाने से स्त्री के रजोधर्म-सम्बन्धी सभी दोष दूर होते हैं, जिससे गर्भधारण में सहायता मिलती है। मन्त्र है—

१. ॐ रि जय चामुण्डे घूम राम रमा तरुवर चढ़ि जाय यह देखत अमुक के सब रोग पराय। ॐ शिलं हुं फट् स्वाहा अमुको रजो दोष नाशय।

उपरोक्त मन्त्र में आये 'अमुक' के स्थान पर उस स्त्री का नाम उच्चारण किया जाना चाहिए। किसी-किसी स्त्री में देखने को यह मिलता है कि उसका मासिक धर्म ठीक समय तो हो रहा है, परन्तु रजोधर्म के समय स्त्री को असह्य वेदना का कष्ट उठाना पड़ता है। ऐसी महिलाओं को रजोधर्म होने से एक सप्ताह पूर्व से ही इस मन्त्र से अदरक को तीन बार अभिमन्त्रित करके खिलाने से रजोधर्म-सम्बन्धी सभी दोष व पीड़ा नष्ट होती है। इसे रजोधर्म में नहीं खिलाना चाहिए। इस प्रकार चार-पाँच रजोधर्म के पूर्व इसे सेवन करना चाहिए। इसे प्रयोग करने से पूर्व १००८ बार जप कर सिद्ध कर लेना चाहिए। मन्त्र है—

२. ॐ नमो आदेश दुर्गा माई बड़ी-बड़ी अदरख पतली रेश बड़े विष के

जल फांस दे शेव गुरु का वचन न जाय खाली पिया पंचमुण्ड के नाम ठेलो विष हरी राई की दुहाई फिरे।

गर्भरक्षा हेतु उपाय

गर्भधारण के पश्चात् गर्भ ठहरे (गर्भ न गिरे), इसके लिए अविवाहिता कन्या द्वारा काते गये सूत को निम्न मन्त्र से अभिमन्त्रित करके ताबीज बनाकर गर्भधारण की हुई स्त्री के गले में बांधने से गर्भ नष्ट नहीं होता तथा उस स्त्री के लिए भी लाभदायक है, जिसका कि बार-बार गर्भधारण के पश्चात् गर्भ गिर जाता है। मन्त्र है—

ॐ नमो गंगा उकारे गोरखवहा घो घी पार गोरख बेटा जाय जयद्रुत पूत ईश्वर की माया दुहाई शिवजी की।

इसके लिए रविवार के दिन स्त्री को बैठाकर गुग्गुल की धूनी देते हुए उसके कान में निम्न मन्त्र का १२१ बार जप करने से गर्भ पर कोई बुरा प्रभाव नहीं होता। मन्त्र है—

ॐ रुद्राभी द्रव हो हा हा ह ओ का।

मिर्गी रोगहारी मन्त्र

१. **ॐ हाल हलं स्मगत मंड़िका पुड़िया श्रीराम फुंकै मृगी वायु सुखे। ॐ ठः ठः स्वाहा।**

२. **ॐ हलाहल सरगत मंडिया पुड़िया श्रीराम जी फूंकै मृगी आई सुखे सुख होई ॐ ठः ठः स्वाहा।**

इन मन्त्रों को प्रयोग करने से पूर्व १००८ बार जप कर शुभ दिन में सिद्ध कर लेना चाहिए। फिर आवश्यकता पड़ने पर अष्टगंध से भोजपत्र पर लिखकर रोगी के गले में बांधना चाहिए।

नजर उतारने का मन्त्र

१. **ॐ नमो गुरु आदेश तुझया जावे भूत पले प्रेत पले खबिस पले सब पले अरिष्ट पले। मुरिष्ट पले न पले तर गुरु की गोरखनाथ की वीदमा ही चले गुरु की संगत मेरी भगत चला आप ईश्वरो वाचा।**

प्रयोग करने से पूर्व इस मन्त्र को दशहरा या दीपावली अर्थात् किसी शुभ रात्रि में १००८ बार ज़प कर सिद्ध कर लेना चाहिए। मन्त्र को सात बार पढ़कर अभिमन्त्रित किये हुए भस्म का सर्वांग लगाने से कुदृष्टि नष्ट हो जाती है।

२. **हरि हरि स्मरिक हम मन करूं स्थिर चाउर आदि के पायर आदि वीर डायन दूतिन दानवी देवी के आहार बालकगण पहिरे हाड़ गला हार राम लखन दूनो भाई धनुष लिए हाथ देख डायनी भागत छोड़ शिशु**

माथ गई पराय सब डायनी योगिनी सात समुद्र पार में खावे खारी पानी आदेश हाड़ी दासी चण्डी माई आदेश नैना योगिनी के दोहाई।

३. **ॐ नमो कामरू देश कामाक्षा देवी को आदेश नजर काटौ बजर काटौ मुहूर्त में देकर पाय रक्षा करें दुर्गा माई नरसिंह ओना होना होय। अमुक रोग सागर पार चला जाय अल्ला हाड़ी दासी डण्डी की दुहाई।**

प्रयोग करने से पूर्व इसे शुभ रात्रि में १००८ बार जप कर सिद्ध कर लेना चाहिए। मन्त्र को तीन बार पढ़कर प्रतिदिन तीन बार झाड़ना चाहिए। इस प्रकार निरन्तर तीन दिन तक झाड़ने से नजर व टोटके का प्रभाव पूर्णतया समाप्त हो जाता है।

सर्वांग पीड़ाहरण मन्त्र

ॐ नमो कोतकी ज्वालामुखी काली। दोबर रंग पीड़ा दूर सात समुद्र पार। कर आदेश कामरू देश कामक्षा माई हाड़ी दासी चण्डी की दुहाई।

यदि पूरा शरीर दर्द के कारण चूर-चूर हो रहा है, बहुत-सी दवाओं के सेवनोपरान्त भी कुछ लाभ नजर नहीं आता, रोगी कष्ट में है व चिकित्सा के प्रति निराश हो चुका है, उस समय इस मन्त्र को २१ बार पढ़कर मोरपंख से झाड़ने से समस्त शरीर की पीड़ा दूर होती है।

असाध्य रोगविनाशक मन्त्र

ॐ ह्रीं ह्रीं क्लीं क्लीं काली कंकाली महाकाली स्ल खप्पर अमुकस्य अमुक व्याधि नाशय नाशय शमनय स्वाहा।

यह मन्त्र ११०० बार जप करने से सिद्ध हो जाता है। जिस व्याधि में कोई औषधि काम न कर रही हो और रोगी मरणासन्न हो, ऐसा ज्ञात हो रहा हो तो मंत्रसिद्धि के बाद रोगी को तीन दिन तक प्रत्येक दिन १०८ बार मन्त्र पढ़कर सिद्ध किये गये जल से झाड़ना चाहिए। इससे असाध्य से असाध्य रोग भी शान्त हो जाता है।

'अमुकस्य अमुक व्याधि' शब्द मन्त्र में आया है; मन्त्र का रोगी पर व्यवहार करते समय अमुकस्य के स्थान पर रोगी का राशि नाम तथा अमुक के स्थान पर व्याधि का नाम लेना चाहिए।

सर्वरोगनाशक मन्त्र

शनिवार के दिन कुम्हार के घर से चौंसठ कोरे दिये चाक पर उल्टे घुमाकर घर ले आयें। उन सभी में शुद्ध घी की बत्ती लगानी चाहिए। फिर रोगी को उत्तर दिशा की तरफ मुख करके बैठाकर उस पर से सात दीपकों को उतारना चाहिए। तत्पश्चात् एक पात्र में दूध, भात और शक्कर लेकर रोगी से स्पर्श कराकर इन सबको चौराहों पर **ॐ ह्रीं स्वाहा** का सात बार उच्चारण कर रखकर सीधे घर वापस आ जाना

चाहिए। भूलकर भी पीछे मुड़कर नहीं देखना चाहिए। यदि कोई रास्ते में टोक भी दे, तो उसकी बातों का उत्तर नहीं देना चाहिए अर्थात् पूर्ण मौन रहना चाहिए। इससे सभी प्रकार की बीमारियाँ दूर होती हैं।

प्रयोग करने से पूर्व उपरोक्त कहे गये मन्त्र **ॐ ह्रीं स्वाहा** को १००८ बार जप कर सिद्ध कर लेना चाहिए।

(अथवा)

आक की जड़, एरण्डमूल को घर लाकर सिन्दूर से लपेट कर धूप, दीप दिखाकर निम्न मन्त्र से सात बार अभिमन्त्रित कर अपने बाँयें हाथ से उठाकर रोगी को दिखायें, फिर इसे आंगन अथवा दरवाजे की चौखट के नीचे गाड़ देना चाहिए। कुछ समय बाद रोगी स्वस्थ हो जायेगा। मन्त्र है—**ॐ श्रीं ह्रीं फट् स्वाहा।**

इसे पहले १००८ बार जप कर सिद्ध कर लेना चाहिए।

चुड़ैल भगाने का मन्त्र

बैर वर चुड़ैल पिशाचनी बैर निवासी कहुं तुझे सुनु सर्वनामी मेरी मांसी।

इस मन्त्र को पहले दीपावली, होली या दशहरा के दिन सिद्ध करना चाहिये। मन्त्र पढ़कर रोगी पर फूंक मारें। यह क्रम तब तक करें जब कि रोगी चुड़ैल बाधा से मुक्त न हो जाये। चुड़ैल प्रमुखतया गंदी रहने वाली औरतों को ही पकड़ती है। अत: रोगी को नित्य नियम से नहाना व पूजा-पाठ करना, साफ पवित्र वस्त्र पहनना व भक्तिभाव में ध्यान लगाना चाहिए।

भूतादि निवारण मन्त्र

१. **तह कुष्ठ इलाही का बान कुडूम की पत्ती चिरावत भाग भाग अमुक अंग से भत मारूं धुनवान कृष्णावर पूत आज्ञा कामरू कामाक्ष्या माई की हाड़ी दासी चण्डी की दुहाई।**

इस मन्त्र को तीन बार पढ़कर एक मुट्ठी धूल को अभिमंत्रित कर रोगी को मारने से अथवा दिशाओं में फेंकने से भूत का डर नहीं रहता। इसे भी पहले दीपावली, दशहरा या होली की रात में सिद्ध कर लेना चाहिये। अमुक के स्थान पर रोगी का नाम लेना चाहिये।

२. **बर बैल करे तू कितना गुमान काहे नहीं छोड़त यह जान स्थान यदि चाहे तू रखना आपन मान पल में भाग कैलाश: लै अपनो प्रान आदेश देवी कामरू कामक्षा माई आदेश हाड़ी दासी चण्डी की दुहाई।**

उपर्युक्त मन्त्र को दशहरा के दिन रात्रि में १०८ बार जप करके सिद्ध किया जाता

है। फिर रोगी पर इस मन्त्र को पढ़कर २१ बार फूंक मारने से डायन, पिशाचनी, कंकारी आदि जो भी पकड़ी होगी, छोड़कर चली जाती है।

३. ॐ ह्वं क्षं सः स्वाहा।

यह मन्त्र बीजाक्षर है, इन मन्त्रों का जप करते हुए हवन करना चाहिए तथा हवन के धुएं को प्रेतग्रस्त व्यक्ति के शरीर के ऊपर से नीचे तक स्पर्श कराने से प्रेतबाधा दूर होती है।

४. बांधो मत जहां तू उपजो छाड़ो गिरे पर्वत चढ़ाई सर्ग दुहेली तु जभि-झिलिमिलाहि हुंकार हनुवन्त पचारइ सीमा जारि जारि भस्म करे जौं चापें सी।

उक्त मन्त्र को सिद्ध करने के बाद प्रयोग करते समय इस मन्त्र को पढ़ते हुए मोरपंख से झाड़ने से अथवा इस मन्त्र से अभिमन्त्रित किया हुआ जल छिड़कने से या इसी मन्त्र द्वारा हवन का धुआं स्पर्श कराने से प्रेतबाधाएं दूर होती हैं।

फोड़े-फुन्सी निवारणार्थ मन्त्र

ॐ नमो आदेश गुरु को वन में व्यायी अञ्जनी बिन जाया हनुमन्त फोड़ा-फुंसी गूंगड़ी ये तीनों भस्मन्त।

यह मन्त्र १०८ बार जप करने से सिद्ध हो जाता है। तत्पश्चात् आवश्यकता पड़ने पर फोड़े-फुन्सी के रोगों को झाड़ने से आराम मिलता है।

अनिष्ट निवारण मन्त्र

ॐ ह्रीं ह्वीं ठीं ठीं अनिष्ट निवारय ह्वीं ह्वीं ह्वीं क्लीं सः सः स्वाहा।

यह मन्त्र ११ हजार बार जप करने से सिद्ध होता है। शरीर पर पहने वस्त्र में एक गांठ लगाकर इस मन्त्र से ११ बार आभिमन्त्रित कर क्रोधित स्त्री-पुरुष, जन-समूह में जाने से सभी शत्रुता का भाव त्यागकर पूर्ण मनोनुकूल हो जाते हैं।

वृश्चिक विषनाशक मन्त्र

निम्न दो मन्त्रों में से किसी से भी बिच्छू के काटे हुए अंग पर अपामार्ग या मदार की जड़ से झाड़ने से विष पाँच मिनट में उतर जाता है। इन मन्त्रों को भी सिद्ध करने के बाद ही प्रयोग करना चाहिए। मन्त्र है—

१. पर्वत पर सुरही गाई कारी गाई की चमरी पूछी तेकरे गोबरे बिछी बिआई विधि तोरे अठारह जाति छः कारी छः पीअरो छः भूमाधारी छः रत्नपवारी छ कं हुं कुं हुं छारी उतरू बिछी हाड़ हाड़ पोर पोर ते ऋसमारे नीलकण्ठ परमोर महादेव की दुहाई गौरा पार्वती की दुहाई अनीत टेहरी

शहर बन जाई उतरहिं बिछी हनुमन्त की आज्ञा दुहाई हनुमन्त की।

२. **कारो बिछिया कंगन हारो हरी सोंठ सोने को नारी मारो डंक फाटिगै देह विष बिखरो सारी देह उतर उतर बिछिया राजा रामचन्द्र की दुहाई।**

मूषक विषनाशक मन्त्र

चूहा काटने पर '**ॐ गेरिठः**' मन्त्र से भस्म फूंक कर झाड़ने पर उसका विष नष्ट हो जाता है।

ॐ ह्रीं ह्रीं हं ॐ स्वाहा गुरुड़ सं हुं फट् मन्त्र से झाड़ने से मकड़ी-मकोड़ों का विष नष्ट हो जाता है।

सभी प्रकार के कीड़ों का विष **ॐ नमो भगवते विष्णवे सर सर हन हुं फट् स्वाहा** मन्त्र से झाड़ने से नष्ट हो जाता है।

सांप-पलायन मन्त्र

ॐ नमो आदेश गुरु को जैसे के लेहु रामचन्द्र कबूत ओसई करहु राध विनि कबूत पवनपूत हनुमन्त। धाव हन हन रावन कूट मिरावन श्रवई अण्ड खेतही श्रवई अण्ड अण्ड विहण्ड खतहि श्रवई वाज गर्भ हो श्रवई स्त्री चीलही श्रवई शाप हर हर जंबीर हर जंबीर हर हर हर।

यदि कभी किसी मकान में, किसी स्थान में जो कि प्राणियों का रिहायशी है, उस स्थान पर सांप हों या सांप के रहने के बिल पर उक्त मन्त्र से मिट्टी का ढेला अभिमन्त्रित करके रखने से सर्प स्थान छोड़कर अन्यत्र चला जाता है।

पसलीदर्द निवारक मन्त्र

समुद्र किनारे पर सो रही गाय के पेट में कलेजा, कलेजा के पेट में डबडब करे खड़ा दोहाई नाना चमारी के।

रविवार की रात को नृसिंह का पूजन करें। धूप-दीप-चंदन, पुष्प, रोली, अक्षत, पान, सुपारी, लौंग लेकर १०८ बार मन्त्र का जप करें। जल्द ही पसलियों का दर्द दूर हो जायेगा।

बवासीर निवारक मन्त्र

खुरासानी की दोवसाई खूनी वादी तत्व जलाये।

पानी पर ६ बार पढ़कर आबदस्त में प्रतिदिन लें तो रोग अच्छा हो जाता है।

कंपकंपी-निवारक मन्त्र

कई बार बुखार में या अन्य किसी बीमारी में कंपकपी होने लगती है। कई बार तो अनेक गर्म कपड़ों से ढकने के बाद भी कंपकपी बन्द नहीं होती। ऐसी स्थिति में

निम्न मन्त्र का जप कर एक लौंग खिला दें। कंपकपी तुरन्त बन्द हो जायेगी। मन्त्र है—

ॐ ऐं ह्रीं हनुमते रामदूताय नमः।

रात के ज्वर के लिए मन्त्र

अधिकांश ऐसे रोगी होते हैं, जो दिन भर तो ठीक-ठाक रहेंगे, परन्तु रात्रि में बुखार में तपे रहेंगे। मध्य रात्रि के पश्चात् धीरे-धीरे कम होता हुआ ज्वर प्रातः तक बिल्कुल ठीक हो जाता है। इस प्रकार के ज्वर के लिए मकोय की जड़ लें और उस पर २१ बार निम्न मन्त्र का जप करें। जड़ को रोगी के हाथ पर बांध दें। मन्त्र है—

ॐ ह्रीं चामुण्डे ज्वल ज्वल स्वाहा।

आधा सिर का दर्द

लोग अपने आधे सिर के दर्द के कारण परेशान रहते हैं। कितना ही इलाज कर लें, फिर भी आराम नहीं मिलता। ऐसे में दर्द वाले व्यक्ति को एक छोटी-सी गुड़ की डली दे दें। प्रातःकाल या सायंकाल जब दोनों समय मिल रहे हों तो मन्त्र का जप करते हुए चौराहे पर जायें और दक्षिण की ओर मुँह करके गुड़ की डली को दाँतों के अग्रिम भाग से काटकर दो हिस्से कर लें। फिर उन दोनों हिस्सों को वहीं चौराहे पर एक अपने आगे और एक पीछे फेंककर चले आएं। दर्द शीघ्र दूर हो जायेगा। मन्त्र है—

ॐ छ फट् स्वाहा।

निम्न मन्त्र का उच्चारण करते हुए झाड़ना चाहिए, इससे भी आधा शीशी का दर्द तुरन्त अच्छा हो जाता है।

चाढ़े तो मारै। ना उतरै तो गुणंरूड मोर हक्डारो। सब्द सांचा, पिण्ड कांचा फुरो मन्त्र ईश्वरो वाचा।

हृदय विकार के लिए

सोमवार के दिन काले डोरे में पंचमुखी रुद्राक्ष का धारण करना हृदयरोग के लिए उत्तम रहता है। इसके अतिरिक्त जिन व्यक्तियों को कई बार दिल का दौरा पड़ चुका हो, वह निम्न प्रयोग करें—एक पंचमुखी रुद्राक्ष, एक लाल रंग का अकीक, आधा मीटर लाल कपड़ा एवं सात साबुत लाल मिर्च, इन सब वस्तुओं को ७ बार ऊपर से उठाकर किसी नदी में प्रवाहित करवा दें। सूर्य का प्रतिदिन मनन करना और जल अर्पण करना दिल के रोगियों के लिए लाभदायक होता है। हृदय विकार दूर करने के लिए गायत्री मन्त्र का जप करें। मन्त्र है—

ॐ भूः ॐ भुव ॐ स्वः ॐ तत्सवितुर्वरेण्यम्। भर्गो देवस्य धीमहि ॐ धियो यो नः प्रचोदयात्। ॐ लं ललित देवोभ्याम् नमः।

गंडमाला-नाश

ॐ नमो भगवते काश्यपस्ताप वासुकि सुवर्ण पक्षाय वज्र तुंडाय महागरूडाय नमः सर्वलोकनखांतर्गताय तघाता हन-हन हानि-हानि मन संबखूतान ग्रस ग्रस चर चर चिरि कुज कुज घोड़ा सान गृहण गृहण लोह लिंग भिदं, गण्डमाल कीटां भक्षे स्वाहा। तीक्ष्ण-शस्त्रेण उजयेत गंडमाला नश्यति।

कीट-विष नाश

पर्वत डुंगरू कर्कट षाडि तुसंकेरि वशं कुहा हाडी छिंद छिंद भिंद भिंद सापून केरि शक्ति ठः ठः स्वाहा।

इस मन्त्र-जप से विष काटा ठीक हो जाता है।

बिच्छू उतारना

जब कभी बिच्छू काट ले तो इस मन्त्र का जप करना चाहिए। इससे बिच्छू का जहर नहीं चढ़ता।

अट्ठारह जाति विछि यह अरूणार उदे बुल्लावई महादेव उ उला रइ खभाक देव केरी आज्ञा फुरतु देव उगरउ।

इस मन्त्र से १०८ बार हाथ फेरता जाय और मन्त्र पढ़ता जाय तो बिच्छू का जहर नहीं चढ़ता।

अड्ड गांड्डि नव फोडि तालि बिछलु ऊपरि मोरू उडिर जवार गरूड़ भक्खइ।

इस मन्त्र से ७ बार हाथ से झाड़ा देने से बिच्छू का जहर उतर जाता है।

सुयर वाले हिंगेरू येहिं अन्नु नेहिं फलेहिं अनुका (नाम) बिछि उलग्रउ उत्तरारिड्डइ एहिं।

इस मन्त्र से प्रथम कंपड़े को मोड़ता जाय, तो बिच्छू का जहर उतर जाता है। मन्त्र मन में ही पढ़ना चाहिये।

सिरदर्द उतारना

ॐ जः हः सः।

इस मन्त्र के जप से सिरदर्द समाप्त हो जाता है।

ॐ वैष्णवे हुं स्वाहा।

इस मन्त्र के जप से सिरदर्द समाप्त हो जाता है।

ॐ क्षं क्षूं शिरोवेदना नाशय नाशय स्वाहा।

इस मन्त्र को मात्र २१ बार जपने से सिरदर्द ठीक हो जाता है।

आधाशीशी दर्दहर्ता मन्त्र

ॐ पूं पूं हः हः दुं दः स्वाहा।

इस मन्त्र को केशर से भोजपत्र पर लिखकर कान में बांधने से आधाशीशी रोग शान्त हो जाता है।

अंध भेदकं सिरती नाशय नाशय स्वाहा।

इस मन्त्र को गोरोचन से भोजपत्र पर लिखकर कान में बांधने से आधाशीशी शान्त हो जाता है।

आवई आवई अर्द्ध फाटिउमीर सिजा सिजा चाउंड हवी आण जई हई।

इसको २१ बार जपने से सिरदर्द ठीक हो जाता है।

ॐ ह्रीं रां रीं रूं यः क्षः।

इस मन्त्र को २१ बार जपने से सिरदर्द ठीक हो जाता है।

ॐ महादेव नीलग्रीव जटाधर ठः ठः स्वाहा।

इस मन्त्र के जप से सिरदर्द ठीक हो जाता है।

ॐ ऋषमस्य किरु किरु स्वाहा।

इस मन्त्र के जप से भी सिर की पीड़ा शान्त हो जाती है।

विष काटा दूर होना

पर्वत डुंगरु कर्कट वाडि तसुंकेरि वंश कुहा हाडी छिन्द छिन्द भिंद भिंद सापून केरि शक्ति ठः ठः स्वाहा।

इस मन्त्र के जप से विषकाटा ठीक हो जाता है।

घोड़े के काटने पर

डूं वु कु कुरु भंभणूराअ पंचय मिलहितिपव्वय धाउ।

इस मन्त्र से २१ बार मिट्टी को अभिमन्त्रित करके घोड़े के काटे हुए स्थान पर डालने से और हाथ से झाड़ा देने से अच्छा हो जाता है।

पागल कुत्ते के काटने पर मन्त्र

वाग्धहिं रहोज्जुतो सहि हिं परिधारिऊ एरूभ्य नन्द गछा मोकु कुराणां मुखं बंधामि स्वाहा।

इस मन्त्र को २१ बार पढ़ा जाय और कपड़े में गांठ दें तो पागल कुत्ते का मुँह बन्द हो जाता है। फिर वह किसी को भी नहीं काटता है।

कृमिदोष-नाशक मन्त्र

उडक वेडि जागलि जाहठर ल्लइ पारिपरे ल्लह जाहः कालो कुरडी तु हु फिर काल काले सरी उग्र महेसरी पधारू साथणि शत्रु नाशिनी।

रविवार को गोबर से मण्डल करके उसके ऊपर खड़ा रहे, फिर दर्भ लेकर इस मन्त्र से २१ बार झाड़ा दें तो कृमि दोष मिटता है।

कांख बिलाई शमन मन्त्र

ॐ इटित्तिहि स्वाहा।

इस मन्त्र को १०८ बार जपकर ७ बार हाथ से झाड़ा दें तो कांख-बिलाई नष्ट होती है।

कुकहा नाम कु हाइड पलि छालि उपालाइस घडिउ भारि घडिउ भरसइ घडिउ सवरासवरी मंत्रेण तासु कुहाडेठा छिन्नवलि त्रुटें व्याधि।

इस मन्त्र को ७ बार जपने से कांग और काखबिलाई नष्ट हो जाता है।

ॐ क्षां क्षुं क्षैं क्षं क्षः।

गर्म पानी को २१ बार मंत्रित करके पीने से विसूचिका रोग नष्ट हो जाता है।

विषकंटक नष्ट होने का मन्त्र

ॐ धानि धानि तुह तो से वालि हाली वाली होई दुवन्नि दीहि बंधइस इ गांठिडउ गांठि गठि विष कटंउ पासइर असुर जिणे विवउ भइ भाणऊं।

इस मन्त्र से पानी को ११ बार मन्त्रित करके पीने से कंटक नाश हो जाता है।

दाद ठीक होने का मन्त्र

ॐ नमो द्राद्राय जस्य सरीरवेर कारिणी तस्य छंडती नमो नमः श्री हनुमंत की आज्ञा प्रवर्तते।

इस मन्त्र से थूक और भस्म दोनों को मंत्रित कर दाद के ऊपर लगाने से दाद ठीक हो जाता है।

फोड़े का मन्त्र

कम्प जाणइ धर्म्म जाणई राका गुरु कउ पातु जाणइ सूर्य देवता जाणइ जाई रे विष।

इस मन्त्र से फोड़ों को मंत्रित करने से फोड़ा ठीक हो जाता है।

मसूड़ा का मन्त्र

ॐ दघी चिकतु पुत्रु तामलि रिषि तोर उपित्ता गाखि जीभ वाटि मारियउ

हिशु वयंरितु लागउ लागड हंतु गावितुं हुं ब्राह्माणु धाड़ि धाड़ि न कीजए अइसा।

इस मन्त्र से जल को ३१ बार मंत्रित करके उस पानी को मुख में लेकर मुख में घुमाने से मसूड़े ठीक हो जाते हैं।

मलदोष-निवारण मन्त्र

ॐ घटा कर्ण महावीर सर्प व्याधि विनाशनः चक्षुः पदानां मले जाते रक्ष रक्ष महाबलः।

इस मन्त्र को सुगन्धित द्रव्यों से भोजपत्र पर लिखकर घण्टे में बांधें, फिर उस घण्टे को जोर से बजावें। जितने प्रदेश में घण्टे की आवाज आयेगी, उतने प्रदेश में मल-दोष नष्ट होंगे। सर्व व्याधि नष्ट होगी।

रिंगणी बाय का मन्त्र

ॐ चन्द्र परिश्रम स्वाहा।

एक हाथ के प्रणाम बाण (शर) को लेकर २१ दिन तक उक्त मन्त्र से झाड़ा देने से रिंगणी बाय नष्ट होती है।

कमलबाय का मन्त्र

ॐ कमले कमले अमुकस्य (नाम) कामलं नाशय स्वाहा।
ॐ रां रीं रौं रः स्वाहा।

इस मन्त्र से २१ बार ३४ दिन तक हाथ से झाड़ा दें तो कमलघात नष्ट होता है।

बच्चे के रोने का मन्त्र

ॐ नमो रत्नत्रायाय ॐ चलूठ्ठ चूजे स्वाहा।

इस मन्त्र को रोते हुए बच्चे के नाम से जपने से बच्चा चुप हो जाता है। वह रोता नहीं है।

मकड़ी का जहर उतारने का मन्त्र

१. ॐ मातंगिनी नाम विद्या उग्रदंडा महाबला लूतानां लोह लिंगानां यच्चं हलाहलविषं गरुड़ो ज्ञापयति।

इस मन्त्र के जप से मकड़ी का जहर निकल जाता है।

२. ॐ नमो भगवऊ, पार्श्व चंद्राय, पद्मावतीसहिताय सर्वलूतानां सर्वलूतानां शिरं छिंद-छिंद भिंद-भिंद मुंच मुंच जा जा मुख दह-दह पाचय पाचय हुं फट् स्वाहा।

यह मकड़ी-विष दूर करने का मन्त्र है।

फोड़ा ठीक होने का मन्त्र

१. ॐ चंद्राहंस खंगेन छिंद-छिंद भिंद-भिंद हुं फट् स्वाहा।

इस मन्त्र से फोड़े को मन्त्रित करने से फोड़ा ठीक होता है।

२. ॐ हं हां हीं हः महादुष्ट लूना, दुष्ट फोड़ी दुष्ट व्रण ॐ हां हीं सर्व नाशय नाशय प्रलिंत खगेंन छिंदि भिंदि भिंदि हुं फट् स्वाहा।

इस मन्त्र से १०८ बार फोड़ा-फुन्सी, मकड़ी-विष को मन्त्रित करने से शान्त होते हैं।

३. ॐ हठ होडि फोडि छिन्न तल होडि फोडि छिन्नडं दिट्ठा होडि फोडि छिन्न बाहोडि फोडि छिन्नंड सात ग्रह चऊ रासि फोंडि हणवतं कइ खांडइ छिन्नड जोहिरे फोडि वाप वुग होई।

कुंवारी कन्या द्वारा काते हुए सूत में इस मन्त्र से १४ गांठ दें। फिर गले में या हाथ में बाँधें तो सभी प्रकार के फोड़े-फुंसी इत्यादि दूर होते हैं तथा सब प्रकार की वायु नष्ट होती है।

वातरोग का मन्त्र

१. पपणु पवणु पुत्र, वायु, वायु पुत्र हणयंतु हणयंतु भणइ निगवाय अंगज्ज भराई।

इस मन्त्र से सभी प्रकार के वातरोग दूर होते हैं।

२. ॐ नील क्षीर वृक्ष कपिल पिंगल नारसिंह वायुस्स वेदनां नाशय नाशय फुट ही स्वाहा।

लावण दूर होने का मन्त्र

१. ॐ रक्त विरक्ते रक्तवाते हुं फट् स्वाहा।

इस मन्त्र से स्त्रियों की या पुरुषों की जो लावण पड़ जाती है, वह दूर हो जाती है।

२. ॐ महादेव आइ की दृष्टि दिकि सर्व लावण छिंद छिंद भिंदि भिंदि जुलि जुलि स्वाहा।

यह भी लावण उतारने का मन्त्र है।

कानदर्द दूर करने का मन्त्र

ॐ क्षां क्षं क्षं।

इस मन्त्र से कान का दर्द दूर हो जाता है।

प्रसव का मन्त्र

ॐ हीं श्रीं क्लीं द्रां द्रीं द्रुं द्रः द्राव्य हाव्य हुं फट् स्वाहा।

इस मन्त्र से तेल और चावल मन्त्रित करके देने से सुखपूर्वक प्रसव होता है।

वीर्यस्तम्भन मन्त्र

ह्वीं वीं श्रीं जीं लीं भ्रीं स्वाहा।

इस मन्त्र से कुंवारी कन्या द्वारा काते गये सूत को २१ बार अभिमन्त्रित करें, फिर सात बार उस मन्त्र को पढ़कर उस सूत को बांधें तो शुक्र का अर्थात् वीर्य का स्तम्भन होता है।

भूतादि-नाशक मन्त्र

ॐ ह्वीं सर्व कार्य प्रसाधिने भप्यारिके सव्वन्नु वमदार तस्य सम सव्वाऊ रिछिऊ सं पज्जतुं हां हां हुं क्रौ नमः सर्वार्थ साधिनी सौभाग्य मुद्रया स्म ॐ नमो भगवती दामये महा रौद्र काल पिहें चल चल भर भर धर धर क्रां क्रीं ब्रीं ब्रीं हुं य मालेनी हर हर ज्वीं ज्वीं हुं फट् स्वाहा।

इस मन्त्र के जप से भूतादि नष्ट होते हैं। १०८ बार नित्य जप करना आवश्यक है।

जहर-नाशक मन्त्र

ह्वीं हूं हः।

इस मन्त्र से १०८ बार झाड़ा दें तो किसी के द्वारा खिलाया गया जहर दूर हो जाता है।

चिन्तामुक्ति मन्त्र

ॐ ह्वीं कृष्ण वासेस शत वदते शत सहस सिंह कोटि वाहने पर विद्यां उद्यादेनं सर्व दुष्ट निकदेन सर्प दृष्ट भक्षण अपराजिते प्रापंगिरे महाबले शत्रु क्षेत्रं स्वाहा।

इस महामन्त्र का नित्य १०८ बार जप करने से सर्प इत्यादि का उपशमन होता है और सर्व मनचिंतित कार्य की सिद्धि होती है।

विष उतारने का मन्त्र

१. ॐ नमों इन्द्र भूद गण हरस्स सव्व लछि ममक्षणदि व्रज कृप स्वाहा।

इस मन्त्र को नित्य लाभ के लिए सदा स्मरण करना ही चाहिए। बकरे का मूत्र, हिंगु, वच—इनको पानी के साथ पीसकर पिलाने से यदि सर्प काट ले तो जातक विषहीन हो जाता है।

२. ॐ भाले शाले हर विषये वेगं हाहासरी अंवेलं चे सवेकिं पोत गेद्रः भारुद्र अरि मः हुंः लसः स्वाहा।

इस मन्त्र के जप से भी विष उतर जाता है।

उपद्रव-नाशक मन्त्र

१. ॐ अकलु स्वाहा।

२. मुहि चंद्रप्पह थइ जिणुम थइ पारस दश ईण इम्र छ इम्राछकिय कों ही लणह समुत्त।

३. ॐ शातें शातें पदे जाज्जीव द्रित शन्ति करें ॐ ही भय प्रशम प्रशंम भगवति शान्ति मम शान्ति कृण कुरु निरूप द्रव कुण कृण ॐ हों हीं ह्न शांत स्वाहा।

इस मन्त्र को तीनों समय जपने से सभी प्रकार के उपद्रव शान्त हो जाते हैं।

४. ॐ ह्वीं क्लीं हुं श्री गजमुख यक्षराज अगष्ट मम कार्य सिद्धि क्रण कुरु स्वाहा। ॐ ह्वां क्रों क्षीं क्लीं ब्लूं ह्वां ह्वी क्षम्दयूं भस्त्र्य सम्र्त्य शम्तस धम्ल्य सम्ल्यू धम्ल्यु खम्ल्यू बल्यू उम्यू ज्वालामालिनी सर्व कार्याणि कृण कृण स्वाहा।

इस मन्त्र का नित्य स्मरण करने से सभी उपद्रव शान्त हो जाते हैं।

५. ॐ वीर वीर महावीर आजिते अपराजित बलपराक्रम त्रैलोक्य रणरंग मल्ल गजित भवारि मल ॐ दुष्ट निग्रह कृण कुप मूदनि मा कम्य सर्प द्रष्ट ग्रह भूत पिशाच शाकिनी योगिनी रिपुयक्ष राक्षस गंधर्वे मर किन्नर महोरग दुष्ट व्यालगोनप, क्षेत्रप, दुष्ट, सख ग्रेहनि गृहण निग्र हीया निक्रान्ही छीपा ॐ चुम चुम मुम मुरू दह दह पाय पय मर्दय मर्दय त्राडय त्राडय। सर्प द्रष्ट सह ॐ अर्हहभग दहीरो अतुल बल वीरो निहियादत स्वाहा।

इस मन्त्र से अक्षत को २१ बार मंत्रित कर घर में डालने से घर में किसी भी प्रकार का उपद्रव नहीं होता है।

गंडादि दोषनाशक मन्त्र

ग छ ह उ कृपाउ छिंदउ महुछिंदउ पंछु छिंदउ छिंद भिंदि भिंदि ऋुटि ऋुटि जाहि जाहिर निसंतान।

इस मन्त्र को २१ बार जपें और हाथ से झाड़ा देते जायँ तो गंडदोष नष्ट हो जाता है।

ज्वर मुक्ति मन्त्र

ॐ पंचात्माय स्वाहा।

इस मन्त्र से २१ बार चोटी को मंत्रित करके चोटी में गांठ लगावें तो ज्वर से छुटकारा मिलता है।

घाव भरने का मन्त्र

सति देलागउ धाउ फुकिउ भजउ होउ जाउ।

इस मन्त्र से तेल को ७ बार मंत्रित करके २१ बार मन्त्र पढ़कर घाव पर लगाने से घाव भरने लगता है।

कुत्ते के काटने का मन्त्र

सोवन कंयोलउ राद्गुधु पियउ अउघाइ भस्मातं होंइ जाइ।

कुत्ते के काटने पर इस मन्त्र से भस्म को मंत्रित कर लगाने से अच्छा हो जाता है।

ज्वर-निवारण मन्त्र

१. सहि अकारणी पाहुआ धालिरे जपं जारे जरांलंकि लीजइ हणुआ नोउ हस्सं करयी अगन्या श्री महादेव भराडायी अन्या देव गुरुयी अगन्या जारें लोकि।

ताजे कते सूत में १० गांठ लगावें, ११० बार मन्त्र पढ़ें, फिर उस सूत को गले में या भुजा पर बांधें तो दिनान्तर ज्वर, एकांतर ज्वर, धावान्तर ज्वर, त्रयहर ज्वर, चतुर्थ ज्वर नष्ट हो जाता है। इसी प्रकार गुग्गुल जलाने से भी ज्वर का नाश हो जाता है।

२. ॐ चढ़ कजालिनी शेषान, ज्वर बंध सइलं बंधवेला ज्वर बंध विषम ज्वबंधवेला महा ज्वर बंध ठः ठः स्वाहा।

इस मन्त्र से कुसुम्बी रंग के डोरे से २१ बार मन्त्र पढ़ते हुए ७ गांठ लगावें, फिर गले में या हाथ में बांधें तो सभी प्रकार के ज्वरों का नाश हो जाता है।

स्तनपीड़ा-निवारक मन्त्र

सात पातालु सप्त पातालु छइ वालु ॐ चालिरे चालु इ लगी राम लाषण के वाणु धीनि धीतिय हिलउ।

इस मन्त्र से जंगली कण्डे की राख और अक्षत से मंत्रित कर देने से स्तन की पीड़ा दूर हो जाती है।

चक्षुरोग-निवारक मन्त्र

१. ॐ नमो भगवते आदित्याय सर पर आगष्ठ आगष्ठ इम चक्षु रोग नाशय नाशय स्वाहा।

कुंवारी कन्या द्वारा काते गये सूत को लेकर ७ लड़ी कर लें, फिर मयूरशिखा को केशर में रंग कर उस डोरे से मयूरशिखा बांधें, फिर इसे मन्त्र से २१ बार मंत्रित करके कान में बांधने से चक्षु रोग का नाश हो जाता है।

वीर्यस्तम्भन मन्त्र

ॐ ज्येष्ठ शुकुवारीणी स्वाहा।

इस मन्त्र से कुंवारी कन्या द्वारा काते गये सूत को लड़ा करके सात गांठ लगावें, फिर उस डोरे को कमर में बांधने से वीर्य का स्तम्भन होता है।

सर्व उन्नतिकारक सरभंगा मन्त्र

ॐ गुरुजी मैं सरभंगी सबका संगी, दूध मांस का इक रंगी, अमर में एक तमर दरसे, तमर में एक झांई, झांई में परछाईं, दर से वहां दर से मेरा सांई। मूलचक्र सरभंग का आसन, कुण सरभंग से न्यारा है, वांहि मेरा श्याम विराजे ब्रह्म तंत्र से न्यारा है, औघड़ का चेला फिरूं अकेला, कभी न शीश नवाऊंगा, पत्र पूर परत्रंतर पुरूं, ना कोई भ्रांत ल्यावूंगा, अजर बजर का गोला गेरूं परबत पहाड़ उठाऊंगा, नामी डंका करो सनेवा, राखो पूर्ण बरसता मेवा, जोगी जुग से न्यारा है, जुग से कुदरत है न्यारी, सिद्धां की मुंछयां पकड़ो गाड़ देओ धरणी मांही, बाबन भैरूं, चौंसठ जोगन, उलटा चक्र चलावे वाणी, पेडू में अटका नाड़ा, ना कोई मांगे हजरत भाड़ा, मैं भटियारी आग लगा दियूं, चोरी चकारी बीज बारी, सात रांड दासी म्हारी, बाना धारी कर उपकारी, कर उपकार चल्यावूंगा, सीवो दावो ताप तिजारी, तोडूं तीजी ताली, खट चक्र का जड़ दूं ताला, कदेई ना निकले गोरख बाला, डाकिनी-शाकिनी भूतां जा का करस्यूं जूता, राजा पकडूं, हाकिम का मुंह कर दूं काला, नौ गज पीछे ठेलूंगा, कुवें पर चादर घालूं, आसन घालूं गहरा, मंड मसाणा, धुनो धुकाऊं नगर बुलाऊं डेरा, यह सरभंग का देह, आप ही कर्ता आप ही देह, सरभंग का जाप सम्पूर्ण सही, संत की गद्दी बैठ के गुरु गोरखनाथ जी कही।

किसी एकांत स्थान में धुनी जलाकर उसमें एक चिमटा गाड़ दें। फिर उस धूनी में एक रोटी पकाकर पहले उसे चिमटे पर रखें। तत्पश्चात् किसी काले कुत्ते को खिला दें। धूनी के पास ही पूर्वाभिमुख आसन बिछाकर उस पर बैठ जाने के बाद उपरोक्त मन्त्र का इक्कीस बार जप करें। इक्कीस दिनों तक नित्य यह क्रिया करने से मन्त्र सिद्ध हो जाता है।

सांगलिया रक्षा मन्त्र

ॐ गुरुजी सेत घोड़ा सेत पलान चढ्या बाबा महमदा पठान कोल हिन्दू कोल मुसलमान, कोल का बांध्या जमीन आसमान, तारिया गुरु, जागिया मुसाण, मैं सेया बाबा रहमान, तले धरतरी धीरे धरावे ऊपर अमर सकल पर सोये, सरभंग पुन सकल पर वापे, सरभंग इन सकल पर गाजे,

सरभंग चंद सकल पर वापे, सरभंग सूरज सी किरण, सूरज सी जोत में, सरभंगी सबका संगी, सबको भेद बतावो, ऊंचा नीचा राजा पकड़ूं, भ्रांत कबहु न लाऊं, मैं ओघड़ का चेला, फिरूं अकेला, न कोई शीश निवाऊं, मैं भटियारी कामण गारी, घर घर लाय लगाघूं नारी, कामन टुमन करूं सनेवा, राखू बरसता मेहवा, शिवर चोढ़द्यूं वाणी पढ़ंता, कबहुं न मांगे पाणी, जोर करे तो जाने न द्यूं, इंद्री पकड़ निवाऊं, राजा करद्यूं काल मिंढा, हाकिम करद्यूं भैंसा, नौ नाथां मैं बोलूं ऊंचा ऊंचा कया त्यागी, कया वैरागी, कया भोपा भरडा भांड इतरे की तो मुंड माई मच्छेरी का माथा मुंड, मच्छेरण्डी का मुंडा माथा, मत बांध कूड़ कपट का गाथा, जोगी बड़ा जगत के भीतर, तां तक ध्यान धरिया, जोगसर कूख से करद्यूं न्यारा, उलटा चरखा चलाऊं, उल्टा साद समेटूं बाणी गोरखा बोल्या उल्टी वाणी, कुए ऊपर चादर टाणी, मड़ मसान धूनी घाली आसन डेरा डालूं, जगत् बुलाऊं डेरे, हरी लीरी बावन भेरूं, छप्पन कलवा, नौ नारसिंह, सात बायां बीच बायली, वा ही म्हारी दासी, उठ मूठ कामन, करतूत, छल, छतर, धक्का, धूम, भूत, पलीत, जीन, खयस, कचीया मुराण, जलोटिया, फलोटिया, डाकिनी, साकिनी, नजर, टपकार, छत्तीस रोग, बहत्तर बलाय, बंध करता लाय, मेरा हकाला कारज सही, नहीं करो तो राजा रामचन्द्र की करोड़ करोड़ दुहाई, फिर छठ सोद अन आसमान खोदूं तीजी ताली इतरे में अटकाऊं नाड़ा, कदेई न निकसे बाला, सूखा छोड़ गरब में राखे, तीजी घड़ी बदाऊं बाला, धीरी कर उपकार चलाऊं आखर आगे चाले न पाखर मारूं मेरख वजर को टाकर, मन्त्र उड़द के गोला बाऊं, पत्थर फोड़ के उड़ाऊं, सीधाई का मूसा पकड़, ठोकद्यूं धड़ माई टिकालीया मुसाण की छाई, लागे फकड़ की टकर, जंगी सा बादशाह होज्या सूख साक लकड़, सरभंग लीला जाप सम्पूर्ण सही, सत की गद्दी बैठ के बीजो आपो आप कही।

पूरे इकतालीस दिनों तक सुबह, दोपहर तथा शाम को किसी एकांत कुएं पर नित्य इक्यावन बार दिये गये मन्त्र का जप करने से मन्त्र सिद्ध हो जाएगा। मन्त्रजप के दिनों में केवल एक ही अन्न खाना चाहिए तथा एक ही समय खाना चाहिए। दक्षिण दिशा के अतिरिक्त तीनों कूटों (दिशाओं) में दीपक करना चाहिए तथा तीन बार भोग लगाना चाहिए। मन्त्रजप के पश्चात् उठते समय मदिरा, मिठाई और वाकलों का भोग लगाना अनिवार्य है। जितने कार्य मन्त्र में लिखे हैं, वे सब इससे सम्पन्न होते हैं। अब किसी कार्य में मन्त्र की आवश्यकता पड़े तो मन्त्र का इक्कीस बार जप करके फूंक मारें, कार्य सिद्ध हो जायेगा।

दरिद्रतानाशक मन्त्र

ॐ नमो आदेश गुरुन को ईश्वर वाचा अजरी बजरी बाड़ा बज्जरी मैं बज्जरी बांधा दशौ दुवार छवा और के घालों तो पलट हनुमंत वीर उसी को मारे पहली चौकी गनपती, दूजी चौकी हनुमंत तीजी चौकी में भैरों, चौथी चौकी देत रक्षाकरन को आवें श्री नरसिंह देवजी शब्द सांचा पिण्ड काचा, चले मन्त्र ईश्वरो वाचा।

सबसे पहले तो तो यह देखें कि आपके मकान में बाहर से अन्दर तक कुल कितने द्वार हैं। उनकी संख्या जितनी हो, उतनी ही नोकदार कीलें लें। वह कम या ज्यादा न हों। फिर एक मुट्ठी काले उड़द भी ले लें। अब मन्त्र को पढ़कर पाँच-पाँच बार कीलों और उड़द को अलग-अलग फूंक मारकर सिद्ध कर लें। एक बार मन्त्र पढ़कर फूंक मारें। यह एक फूंक हुई। इस प्रकार पाँच फूंक कीलों पर और पाँच फूंक उड़दों पर मारें; तत्पश्चात् कीलें, उड़द और हथौड़ी लेकर सबसे पहले मकान के आखिरी कमरे में मंत्रोच्चारण करते हुए प्रवेश करें। मंत्र पढ़कर उड़द के सात दाने कमरे में बिखेर दें। फिर उस कमरे की चौखट पर एक कील ठोंक दें। यह क्रिया सब कमरों और उनकी चौखटों में करें। मकान के मुख्य द्वार की चौखट में सबसे अंत में कील ठोकें। इस क्रिया को करते समय मंत्रोच्चारण लगातार करते रहें। यह प्रयोग इतना सबल और सुनिश्चित है कि उस स्थान (मकान) का दुष्प्रभाव शीघ्र ही नष्ट होकर चमत्कारी रूप में समृद्धि का वातावरण बन जाता है।

रक्षा मन्त्र

१. जय हनुमान बारा वर्ष का जवान हाथ में लड्डू मुख में पान हांक मारत आय बाबा हनुमान मेरी भक्ति गुरु की शक्ति फुरो मन्त्र ईश्वरो वाचा।

शत्रुओं से घिर जाने पर अथवा भूत-प्रेतादि से आक्रांत होने की आशंका से पहले इस मन्त्र को पाँच या सात बार जपने से आने वाली सारी आपदा पहले ही नष्ट हो जाती है। यदि अकस्मात आपदा आ गयी हो तो उससे भी मुक्ति मिल जाती है। यह मन्त्र हरेक संकट के समय अपने साधक की रक्षा करता है। कोई पैशाचिक विघ्न हो, वायव्य आत्माओं द्वारा उत्पीड़न का भय हो अथवा किसी तांत्रिक या ओझा आदि के द्वारा किया गया कोई अभिचार कृत्य पीड़ा दे रहा हो तो इस मन्त्र का जप साधक की सुरक्षा करता है। इसके जपने से उसके जीवन पर कोई संकट नहीं आता।

२. उत्तर बांधों, दक्खिन बांधों, बांधों भरी मसानी डायन, भूत के गुण बांधों, बांधों कुल परिवार नाटक बांधों, नाटक बांधों, बांधों भुइयां बैताल नजर गुजर देह बांधों, रामदुहाई फेरों।

दशहरा, होली, दीपावली अथवा ग्रहणकाल में इस मन्त्र को एक हजार आठ की संख्या (दस माला) में जपकर सिद्ध कर लें। अब जब भी शरीर के सुरक्षा की आवश्यकता पड़े तो मन्त्र का ग्यारह बार उच्चारण करके अपनी शिखा में गाँठ लगा लें। जिसकी शिखा न हो, वह अपने हाथों की हथेलियों पर ग्यारह बार मन्त्र पढ़कर ग्यारह ही बार फूंक मारें और उन हथेलियों को वह अपने पूरे शरीर पर फिरा दे। इस क्रिया से शरीर बंधकर हर बला से सुरक्षित हो जायेगा।

३. नमः वज्र का कोठा जिसमें पिण्ड हमारा बैठा ईश्वर कुंजी, ब्रह्मा का ताला मेरे आठों याम का यति हनुमंत रखवाला।

इस मन्त्र को सिद्ध करने के लिए किसी भी मंगलवार से इसका जप प्रारम्भ करके दस हजार जप द्वारा पुरश्चरण कर लें। पवनतनय श्री मारुतिनन्दन को सवाया रोट का चूरमा (गुड़, घी मिश्रित) अर्पित करें। कार्य के समय मन्त्र का तीन हजार जप करके शरीर पर हाथ फिराएं तो शरीर रक्षित हो जायेगा।

४. नोह बांधूं, नोहं सुर बांधूं बांधूं भौं लिलारी अस्सी अस्सी दोष बांधूं तब करौ पैसारी तखा बांधूं ताड़िका कलेज बांधूं कालिका लिलार बांधूं योगिनी सम्हार बांधूं कौलेसरी माई, जय जय जय हनुमान वज्र का कोठा जिसमें हमारे पिण्ड प्राण की करो रक्षा, श्रीसतगुरु के वन्दों पाओं कामरु कामाक्षा की। विद्या नैना योगिनी की दुहाई।

साधना स्थल को स्वच्छ, पवित्र कर लें। सर्वतोभद्र-चक्र का पूजन करें, कलश-स्थापन करें। आम की टहनी पत्तों के सहित रखें। कलश को जौ भरी तश्तरी से ढक दें। उसके ऊपर दीपक जलाएं। लाल ऊनी आसन पर पूर्वाभिमुख बैठकर रक्त चन्दन की माला से उपर्युक्त मन्त्र का जप आरम्भ करें। हरेक माला की समाप्ति पर अग्नि में गुग्गुल की आहुति देते रहें। दस हजार जप से यह मन्त्र सिद्ध हो जाता है। आवश्यकता के समय मन्त्र का उच्चारण करके शरीर पर हाथ फिराएं। इससे शरीर की सुरक्षा हो जाती है।

५. ॐ काली महाकाली, इन्द्र की बेटी ब्रह्मा की साली उड़ बैठी पीपल की डाली दोनों हाथ बजावै ताली जहां जाय वज्र की ताली, वहां ना आवे दुश्मन हाली दुहाई कामरू कामाक्षा नैना योगिनी की। ईश्वर महादेव, गौरा पार्वती की। दुहाई वीर मसान की।

आश्विन के दशहरे के दिन मन्त्र की एक सौ आठ माला जप करके इसे सिद्ध कर लें। जपक्रिया करते समय कंड़ों की अग्नि में गुग्गुल का धूप देते रहें। मन्त्र सिद्धि वाले दिन उपवास रखना आवश्यक है। अपने सामने भूमि पर आटे से एक चौकोर

खाना बनाएं और उसके बीच में सिन्दूर से एक लाइन खींच दें। उसके ऊपर कलश को स्थापित करके उसके ढकने को जौ से भर दें तथा उसके ऊपर दीपक जलाकर रखें। इस क्रिया को करते हुए भी मंत्रोच्चारण करते रहें तथा गूगल का धूप देते रहें। इस प्रकार सुरक्षाकारक मन्त्र प्रयोग के लिए सिद्ध हो जाता है।

६. **छोटी मोटी थमंत वीर को वार बांधे पार को पार बांधे, मरघट मसान बांधे टोना टंवर बांधे, जादू वीर बांधे दीठ मूठ बांधे, चोरी छीना बांधे, भेडिया बाघ बांधे, लखूरी स्यार बांधे, बिच्छू और सांप बांधे, लाइल्लाह का कोट इल्ललाह की खाई, मोहम्मद रसूलिल्लाह की चौकी हजरत अली की दुहाई।**

सूर्य, चन्द्रग्रहण अथवा किसी पर्वकाल में इस मन्त्र को सिद्ध कर लें। यों इसके लिए संख्या की कोई पाबंदी नहीं है, फिर भी जब तक ग्रहण या पर्वकाल रहे, इसका मन्त्र जपते रहें। इसी से मन्त्र सिद्ध हो जाता है। तत्पश्चात् मन्त्र को सात बार मन ही मन पढ़कर दाहिना हाथ घुटने पर मारें। इस क्रिया से ही शरीर सुरक्षित हो जाता है। यदि किसी खतरनाक जगह पर रात बितानी हो तो मन्त्र को नौ बार जपकर अपने चारो ओर एक रेखा खींच लें। जब तक इस गोल दायरे के अन्दर रहेंगे, शरीर सुरक्षित रहेगा।

७. **जल बांधों, थल बांधों, बांधों अपनी काया सात सौ योगिनी बांधों, बांधों अपनी काया दुहाई कामरू कामाक्षा, नैना योगिनी की दुहाई गौरा पार्वती की, दुहाई वीर मसान की।**

जब तक सूर्य या चन्द्रग्रहण रहे, इस मन्त्र का जप करते रहें। जब ग्रहण का समय समाप्त हो जाए तो मन्त्र का जपना बन्द कर दें; क्योंकि मन्त्र सिद्ध हो गया है। प्रयोग के समय मन्त्र को सात बार पढ़कर अपने हाथों पर सात बार फूंक मारें और तत्काल हथेलियों को चेहरे तथा सिर पर आगे से पीछे की ओर फिराएं। यह प्रयोग शरीर की रक्षा करेगा।

देहरक्षा का कवच मन्त्र

ॐ नमो परमात्मने, परब्रह्म मम शरीरे, पाहि पाहि कुरु कुरु स्वाहा।

यह मन्त्र एक ऐसा सुरक्षा कवच का कार्य करता है, जिसे आसानी से कोई भेद नहीं सकता। इसे सिद्ध व प्रयोग करना बहुत सरल है। शिवरात्रि, होली, दीपावली, किसी ग्रहण अथवा सायन संक्रांति के पुण्यकाल या क्रांति साम्य के समय ग्यारह माला (एक माला =१०८ दाने) मन्त्र का जप करें। इस प्रकार जब मन्त्र सिद्ध हो जाए तो प्रयोग के समय एक माला मन्त्र का जप कर लें।

सुरक्षा का दिग्बंधन मन्त्र

बज्रक्रोधाय महादंताय दशदिशो बंध बंध हूं फट् स्वाहा।

इस मन्त्र को पूरी निष्ठा और विश्वास के साथ जपने से दसों दिशाएं बंध जाती हैं (इसमें संख्या की कोई बंदिश नहीं है)। एक-दो बार जपने से भी काम चल जाता है। किसी भी दिशा से आकर न उस पर कोई आक्रमण कर सकता है और न ही किसी तांत्रिक का प्रयोग उस पर सफल हो सकता है। साधक हर प्रकार से सुरक्षित रहता है।

सुरक्षा का बीर चालन मन्त्र

जय हनुमान बारा वर्ष का जवान हाथ में लड्डू मुख में पान हांक मारत आय बाबा हनुमान मेरी भक्ति गुरु की शक्ति फुरो मन्त्र ईश्वरो वाचा।

इस शाबर मन्त्र के आराध्य देवता श्री हनुमानजी हैं। इसे सिद्ध करके कहीं भी आत्मरक्षा के लिए प्रयुक्त किया जा सकता है। शत्रुदल से घिर जाने पर अथवा भूत-प्रेतादि से आक्रांत होने पर इसका पाठ करते ही सारी आपदा दूर हो जाती है। इस मन्त्र का जप करना 'बीर चलाना' कहा जाता है। यदि कोई व्यक्ति इसे विधिवत् सिद्ध कर चुका है, तो वह कैसे भी संकट के समय इसकी सहायता से संकट-मुक्त हो सकता है।

कोई पैशाचिक विघ्न हो, प्रेतादि वायव्य आत्माओं का उत्पीड़न हो अथवा किसी के द्वारा किया गया कोई अभिचार-कृत्य पीड़ा दे रहा हो या शत्रुओं ने घेर लिया हो अथवा हिंसक पशुओं के बीच पड़ जाने से प्राण-संकट उत्पन्न हो गया हो तो ऐसे सभी अवसरों पर यह मन्त्र तुरन्त ही अपनी अमोघ शक्ति से आपदा का निवारण करके साधक को संकट-मुक्त कर देता है।

विशेष—जैसा कि कई बार इस बात को स्पष्ट किया जा चुका है कि किसी भी मन्त्र को प्रारम्भ में दीपावली या अन्य किसी शुभ तिथि को विधिवत् जपकर एवं हवन आदि क्रिया करके सिद्ध कर लेना चाहिए, क्योंकि सिद्ध मन्त्र ही प्रभावी होते हैं। सिद्ध किये जाने के बाद वे कभी भी पढ़े जाएं, तुरन्त अपना प्रभाव दिखलाते हैं। साधक को प्रतिवर्ष दीपावली की आधी रात में अपने उस मन्त्र को इसी प्रकार पुन: सिद्ध करके वर्ष भर के लिए सशक्त कर लेना चाहिए। वैसे यदि कोई व्यक्ति अपने मन्त्र को प्रत्येक मंगलबार और रविवार की रात्रि में लोबान की धूनी देते हुए एक सौ पाँच सौ या एक हजार बार जप लिया करे तो वह मन्त्र निश्चित रूप से इन्द्र के वज्र की भांति अचूक, सशक्त और त्वरित परिणाम देने वाला हो जाता है। प्राय: इस मन्त्र के सम्बन्ध में ग्रामीण-जनों में कहा जाता है कि किसी ने 'बीर चला दिया है', वस्तुत: बीर चलाना यही मन्त्र है। हनुमान जी स्वयं महावीर हैं, इसलिए उनका यह मन्त्र भी वीर की भांति चलकर अपना रहस्यमय एवं चमत्कारी प्रभाव दिखलाता है।

आजीविकादायक मन्त्र

काली कंकाली महाकाली मुख सुंदर जिये व्याली चार बीर भैरों चौरासी बात जो पूजूं पान मिठाई अब बोली काली की दुहाई।

यह शाबर मन्त्र उन व्यक्तियों के लिए हैं, जो रोजी-रोटी के लिए परेशानहाल रहते हैं। उनके पास आजीविका का कोई साधन नहीं होता, इस कारण वे रात-दिन चिंतित रहते हैं।

प्रात:काल नित्यकर्म से निवृत्त होने के पश्चात् स्नान आदि करके व साफ धुले हुए वस्त्र पहनकर पूर्व दिशा की ओर मुंह करके किसी ऊनी आसन पर बैठ जाएं और फिर उपर्युक्त मन्त्र को ४९ दिनों तक नित्य प्रात: पढें। यह शाबर मन्त्र बड़ा अद्‍भुत और प्रभावशाली है। इससे अत्यन्त चमत्कारी लाभ होता है।

व्यापारवर्धक मन्त्र

भंवरा भंवर करे मन मेरा। डण्डी खोल व्यापार बड़ेरा।। व्यापार बढ़ा और कारज कर। नहीं करे तो काली मैया, काल काल जो फोड़ खावे ठं ठं फट्।।

यदि आपका व्यापार ठीक नहीं चल रहा है और उन्नति भी नहीं हो रही है, तो आप इस शाबर मन्त्र का प्रयोग करें।

शनिवार के दिन की रात्रि में तीन मुट्ठी भर काली मिर्च तथा तीन गोमती चक्र लेकर किसी लाल पोटली में बांध लें। फिर सरसों के तेल का दीपक जलाकर अपने सामने पोटली रखकर मन्त्र का ग्यारह माला जप पोटली पर करें (मंत्रोच्चारण करते हुए उस पर फूंक मारते रहें)। अगले दिन प्रात: अपनी दुकान या व्यापारिक स्थल के द्वार पर पोटली बांध दें। जब तक वह पोटली बंधी और लटकी रहेगी, तब तक व्यापार में उन्नति होती रहेगी।

व्यापारवृद्धिकारक मन्त्र

श्री शुक्ले महाशुक्ले कमलदल निवासे महालक्ष्म्यै नमः लक्ष्मी माई सत्य की सवाई, आवो चेतो माई, करो भलाई, ना करो तो समुद्र की दुहाई, ऋद्धि सिद्धि न करे तो नौ नाथ नाथ चौरासी सिद्धों की दुहाई।

व्यापार का दैनिक कार्य आरम्भ करने से पहले यदि इस मन्त्र का एक सौ आठ बार उच्चारण करके दुकान/प्रतिष्ठान खोलें और व्यावसायिक कार्य आरम्भ करें तो उस दिन व्यापार में आशातीत वृद्धि होती है, इस मन्त्र को सिद्ध करने की कोई आवश्यकता नहीं है। नित्य कम से कम पाँच बार इस मन्त्र का जप अवश्य कर लिया करें।

व्यापारवर्द्धक सिद्ध मन्त्र

जय जय लक्ष्मी भण्डारी माई, सात द्वीप नव खण्ड दुहाई, ऋद्धि-सिद्धि के गुण लाई, ला व्यापार करावै ज्यूं चहु, त्युं कार्य करावें ओं ठ ओं।

यह सिद्ध मन्त्र है, अत: इसकी साधना की कोई आवश्यकता नहीं होती है। इस मन्त्र का जप नित्य प्रात: एक सौ आठ बार करने से व्यापार में अद्भुत वृद्धि होती है।

सर्वकार्यसिद्धि मन्त्र

ॐ नमो महादेवी सर्वकार्य सिद्धकरणी जो पाती पूरे ब्रह्मा, विष्णु, महेश तीनों देवतन, मेरी भक्ति गुरु की शक्ति, श्री गोरखनाथ की दुहाई, फुरो मन्त्र ईश्वरो वाचा।

उपर्युक्त मन्त्र का इकतीस माला जप करने पर यह सिद्ध हो जाता है, दीपावली की रात्रि में इस मन्त्र का प्रयोग अधिक सफल रहता है। माला का अर्थ संख्या निर्धारित करना है। एस सौ आठ मनकों की माला का अर्थ हुआ कि आपको तीन हजार तीन सौ अड़तालीस की संख्या में जप करना है। यदि माला पर जप किया जा रहा है तो किसी भी माला को प्रयुक्त किया जा सकता है। मन्त्र सिद्ध हो जाने पर मात्र ग्यारह या इक्कीस जप करने पर ही यह अपना प्रभाव दिखला देता है। नित्य जप करने से आर्थिक व व्यापारिक समस्या दूर हो जाती है।

सफलतादायक मन्त्र

ॐ नमो काली कंकाली महाकाली के पूत कंकाली भैरव हुक्मे हाजिर रहे, मेरा कार्य तुरन्त करे रक्षा करे। आन बांधूं, बान बांधू चलते-फिरते को औसान बांधूं, देशों दिशा मुखा बांधूं, नौ नाड़ी बहत्तर कोठा बांधूं, फुल में भेजूं फैल में जाय, काठे जो पड़ थर थर कांपे। हल हल हले गिर गिर पड़े, उठ उठ भगे बक बक बके, मेरा भेजा सवा घड़ी पहर सवा दिन सवा मास सवा बरस का बावला न करे तो काली माता की सैया पर पांव धरे। वचन जो चूके समुद्र सूखे। वाचा छोड़ कुबाचा करे तो धोबी की नांद चमार के कुण्डे में पड़े। मेरा भेजा बावला न करे तो रुद्र के नेत्र से अग्नि ज्वाला कढ़ै। सिर की जटा टूटी भूमि पर गिरे। माता पार्वती के सिर पे चोट। पड़े बिना हुक्म नहीं मरना हो। काली कंकाल भैरव फुरो मन्त्र ईश्वरो वाचा।

यह अत्यन्त प्रभावशाली मन्त्र है, जिसे दीपावली की रात्रि में सिद्ध किया जा सकता है। साधना के लिए भूमि पर हल्दी के रोली से एक त्रिकोण बनाएं और उसके बीच तेल का एक चौमुखा दीपक जलाकर रखें। अब दक्षिण की ओर मुख करके मन्त्र का जप करें। एक हजार जप करने से मन्त्र सिद्ध हो जाता है।

यदि साधनाकाल में भैरव देव का भयंकर रूप दिखाई दे तो घबराना नहीं चाहिए, अपितु उनके सम्मान में धूप-दीप, नैवेद्य प्रस्तुत कर पूरा करें और यदि वह साक्षात उपस्थित हो जाएं तो उनके गले में पुष्पहार डाल दें। इसके बाद कभी भी इस मन्त्र का एक माला फेरकर अपना कार्य सिद्ध कर सकते हैं।

बिक्री बढ़ाने का मन्त्र

भंवर वीर तू चेला मेरा, खोल दूकान कहा मेरा। उठे डंडी बिके जो माल, भंवर वीर सोखे नहिं जाय।।

दुकान व्यापार में बिक्री बढ़ाने का यह अत्यन्त प्रभावशाली एवं अचूक मन्त्र है। इसका प्रयोग केवल तीन रविवार के दिन किया जाता है। किसी भी रविवार को प्रात: उठकर अपने हाथ में काले उड़द लेकर व मन्त्र का इक्कीस जप करके उन उड़दों को व्यापारस्थल पर डाल दें और फिर प्रभाव अपनी आँखों से स्वयं देखें।

शान्तिदायक मन्त्र

ॐ नमो आदेश गुरु का, धरती में बैठ्या लोहे का पिण्ड, राख लगाता गुरु गोरखनाथ आवन्ता जावन्ता धावन्ता, हांक दे धार धार मार मार, शब्द सांचा फुरो वाचा।

कोई शुभ दिन देखें या फिर रविवार या मंगलवार के दिन प्रात:काल शौच, स्नानादि से निवृत्त होकर पूर्वाभिमुख ऊनी आसन पर बैठें और उपर्युक्त मन्त्र का एक माला जप करें। तदनन्तर आम के लकड़ी की अग्नि में पुन: इसी मन्त्र को एक सौ आठ (एक माला) बार उच्चारित करते हुए खीर की आहुति देकर हवन क्रिया सम्पन्न करें। इससे परिवार में हर ओर शान्ति का वातावरण स्थापित हो जायेगा।

धनलाभ मन्त्र

छिन्नमस्तिका ने महल बनाया। धन के कारण करम कराया।। तारा आयी बैठकर बोली। यह रही दुरगा मां की टोली।। गोरखनाथ कहत सुन छिन्नी। मैं मछेन्द्रनाथ की भाषा बोला।।

महीने के पहले गुरुवार के दिन इस मन्त्र का दस माला जप आरम्भ करें। इसी से यह मन्त्र सिद्ध हो जाता है। मन्त्रसिद्धि के पश्चात् व्यवसाय स्थल पर नित्य मन्त्र का एक माला जप अवश्य कर लिया करें। इससे धनलाभ अवश्य होगा।

धन-संपदाकारक मन्त्र

काल रूप भैरव सत रूपा। कंकड़ बना शंकर देवा।। जहां जाऊं कामाख्या चौरा। बावन वीर चौरसी पूरा।। गुरु गोरखनाथ यह कहत सुन बूझा। नाम रूप के काम सौ सूझा।

यदि कोई व्यक्ति अत्यधिक श्रम करने के बाद भी धन-संपदा एकत्र न कर पाता हो और इस कारण मानिसक रूप से ग्रस्त रहता हो तो उसे इस मन्त्र की साधना एवं प्रयोग अवश्य करना चाहिए।

साधक शुक्रवार की अर्द्धरात्रि में पीले रंग के वस्त्र धारण कर पीले रंग के ऊनी आसन पर पूर्व दिशा की ओर मुंह करके बैठ जाए और अपने सामने सरसों के तेल भरा मिट्टी का एक एकमुखा दीपक जलाकर रख ले। फिर मिट्टी की सकोरी में एक बेदाग नीबू सिन्दूर का टीका लगाकर रखे। तत्पश्चात् उपर्युक्त मन्त्र का एक हजार आठ जप करे। प्रातः उस नीबू को पीले कपड़े में बांधकर कारोबारी स्थल पर किसी पवित्र स्थान पर रख दे। इसके प्रभाव से धन-संपदा का संचय होने लगेगा।

भंडार भरा रखने का मन्त्र

ॐ नमो गुप्त वीरमंजन सबको ठाय ही तेरी आन, गंगा की लहर जमुना की प्रवाण या कुठार, राजा भण्डार राजा प्रजा लागे हैं, पांच राती ऋद्धि लाओ तो नवनाथ चौरासी आदि का पात्र भरो, हमारा जो पात्र ना भरो तो पार्वती का क्षीर चोखा हराम करो।

पानी वाला एक नारियल लें। उस पर सिन्दूर से आंख, नाक और मुंह बनाएं। थोड़ा कलावा भी उस पर लपेट दें। उसे स्वच्छ भूमि पर सीधा खड़ा कर दें। उस पर जो चेहरा आपने बनाया है, वह आपके सामने रहे। अब उपर्युक्त मन्त्र का एक सौ इक्यावन बार जप करें। जप के बाद नारियल को भंडारगृह में रख दें। इसके प्रभाव से वहा सदा भरा रहेगा।

व्यावसायिक सफलता का मन्त्र

ॐ अंग कलपीह हरिवर। आगिन बांधो हनुमंत वीर, नहि जरे हाथ, नहि जरे पाउं, अगिनी सो वाचा। हनुमंत वीर चले तारा चलेय, जीरा नहि जरेक रख, दोहाई माहा भदलि पीर का, दोहाई फिदाय साहेब का, दोहाई पांच पीर औलिया का।

किसी शुभ मुहूर्त अथवा दीपावली की रात्रि में महालक्ष्मी का धूप-दीप से पूजन करें और इस मन्त्र का ग्यारह हजार की संख्या में जप करें।

प्रतिदिन प्रातःकाल जब अपने व्यावसायिक स्थल पर जाएं तो सफाई आदि के पश्चात् हाथ-मुंह धोकर उपर्युक्त मन्त्र को इक्कीस बार पढ़कर अपनी गद्दी अथवा कुर्सी पर बैठें। इस मन्त्र के प्रभाव से व्यवसाय में सफलता मिलती है।

सुख-शान्तिदायक मन्त्र

बलवान बलवते बाबा हनुमान, वीर, परमवीर हनुमान, आन करो यह

कारज मेरो, आन हरो सब पीरा मोरो, आन हरो तुम इन्द्र का कोठा, आन धरो तुम बज्र का कोठा, दुहाई मच्छिन्दरनाथ की, दुहाई गोरखनाथ की।

जब भी मन अशांत हो और घर-बाहर अथवा कार्य आदि में कहीं भी मन न लग रहा हो तो उक्त मन्त्र को पाँच बार जप लें। मन शांत हो जाएगा और बड़ा सुख का अनुभव होगा। यदि किसी पर प्रयोग किया जाना हो तो पाँच बार मन्त्र पढ़कर पाँच बार उस पर फूंक मार दें।

मासिकधर्म पीड़ा-स्तम्भन मन्त्र

आदेश श्री रामचन्द्र।। सिद्ध गुरु को। तोड़ गांठ औगां ठाली।। तोड़ दूं लाय, तोड़ दूं लाय।। तोड़ देउं सरित। परित देकर पाय।। यह देखकर हनुमंत दौड़कर आय। अमुकी की देह शांत हो जाय। पीरा दे भगाय।। श्री गुरु नरसिंह की दुहाई। आदेश आदेश आदेश।।

इस मन्त्र को एक हजार आठ बार जपकर सिद्ध कर लें। फिर एक पान लेकर इस मन्त्र से इक्कीस बार शक्तिकृत करके रोगी स्त्री को खिला दें। इस प्रयोग से स्त्री के मासिक-धर्म तथा उसके कारण होने वाली पीड़ा की निवृत्ति हो जाती है। उपरोक्त मन्त्र का एक रूप इस प्रकार भी है—

ॐ नमो आदेश श्री रामचन्द्र सिंह गुरु का। तोडूं गांठ औंगा ठाली। तोड़ दूं लाय। परित देकर पाय। यह देख हनुमंत दौड़कर आये। अमुक की देह शांति पाये। रोक कूं वीर भगाये। रोग न नसै तो नरसिंह की दुहाई। फुरो हुक्म खुदाई।

इस मन्त्र में 'अमुक' की जगह स्त्री का नाम बोलना चाहिये। दोनों में से किसी भी एक मन्त्र का प्रयोग किया जा सकता है।

रजोदोष-निवारक मन्त्र

ॐ रि जय चामुण्डे धूप राम रमा, तरुवर चढ़ि जाय। यह देखते 'अमुकं' के सब रोग पराय। ॐ शिलं हुं फट् स्वाहा। यह देखते 'अमुकं' के सब रोग पराय। ॐ शिलं हुं फट् स्वाहा। 'अमुकं' रजो दोष नाशय।

उपर्युक्त मन्त्र को एक हजार आठ बार जप कर सिद्ध कर लें। फिर आवश्यकता के समय एक केले को इक्कीस बार मन्त्र से अभिमंत्रित करके स्त्री को खिला दें। तीन सप्ताह नित्य इस प्रयोग को करें। मन्त्र में 'अमुकं' के स्थान पर रोगी स्त्री का नाम बोलना चाहिए।

मृतवत्सा दोषनिवृत्ति मन्त्र

१. छोटी मोटी खप्पर तूं धरती कितना गुण जियके बल काट कू जान

विज्ञान दाहिनी ओर हनुमान रहे बायीं ओर चील चहुं ओर रक्षा करे वीर बानर नील नील बानर की भक्ति लखि न जाय जेहि कृपा मृतवत्सा दोष न आय आदेश कामरू कामाख्या माई का आज्ञा हाड़ि दासी चण्डी की दुहाई।

मृतवत्सा दोष से ग्रसित स्त्री को झाड़ा लगाने के लिए मछली पकड़ने वाला कांटा लें और उसे इस शाबर मन्त्र से सात बार शक्तिकृत करें। फिर इसी मन्त्र को जपते हुए रोगिणी स्त्री को झाड़ा लगाएं तथा इस कांटे को ताबीज मे भरकर कमर में बंधवा दें। इसके प्रभाव से स्त्री अवश्य ही जीवित संतान को उत्पन्न करेगी।

२. ॐ अदिते दिते दिव्यां गति मासूति सुरि रस्मय गर्भा ठहः ठहः ठहः।

स्त्री इस मन्त्र का जप करते हुए काचनी के वृक्ष के नीचे जाए। धूप-दीप और नैवेद्य आदि से वृक्ष का पूजन करके पकी हुई पूलीर तोड़े और घर आकर गाय के दूध में इसके बीजों से खीर बनाए और खीर के मात्र सात ग्रास खाकर शेष खीर गाय को खिला दे। फिर जब तक जीवित शिशु उत्पन्न न हो जाए, किसी दूसरी स्त्री की छाया अपने पर न पड़ने दे।

३. ॐ परब्रह्मा परमात्मने अमुकीं, गर्भ दीर्घजीवी सुते।

मृतवत्सा दोष-निवारण के लिए ज्येष्ठ मास की पूर्णिमा को उपरोक्त मन्त्र का एक हजार आठ जप करने से लाभ होता है यानी दोष मिट जाता है। मन्त्र में 'अमुकीं' की जगह स्त्री का नाम बोलना चाहिए। यदि स्त्री स्वयं जप करे तो 'अमुकीं' की जगह 'मम' बोले।

गर्भस्तम्भन मन्त्र

ॐ नमो आदेश गुरु को। जय-जय-जय-जय जयकार। गोरख बैठा घोर वार। जब लग राज विभीषण करै। गौरा कात्या कातना। ईश्वर बांध्या गण्डा। राखु राखु श्री हनुमंत बजरंग। जौ छिटका परता। अण्डा दूध पूत। ईश्वर की माया। पड़ता गर्भ श्री गोरखनाथ जी रखाया। मेरी भक्ति गुरु की शक्ति। फुरो मन्त्र ईश्वरो वाचा।

इस मन्त्र को किसी ग्रहणकाल में एक हजार आठ बार जप कर सिद्ध कर लें। फिर कभी भी काले रंग का धागा लेकर इस मन्त्र से एक सौ आठ बार अभिमन्त्रित करके गर्भवती स्त्री की कमर में बंधवा दें। गिरता हुआ गर्भ भी रुक जायेगा।

गर्भरक्षा मन्त्र

१. ॐ नमो गंगा उकारे गोरख वहां घोर घी पार गोरख बेटा जाय जयद्रुत पूत ईश्वर की माया दुहाई शिव जी की।

इस मन्त्र को पहले पाँच हजार की संख्या में जप कर सिद्ध कर लें। फिर किसी कोरे सफेद कागज पर अनार की कलम द्वारा इस मन्त्र को जाफरान से लिखकर स्त्री की कमर में धारण करा दें। इस क्रिया से उसके गर्भ की रक्षा हो जायेगी।

२. ॐ रुद्रावी द्रव हो हा हा हा ओ का।

सोमवार के दिन स्त्री को सामने बैठाकर गुग्गुल की धूनी देते हुए उसके कान में एक सौ इक्कीस बार इस मन्त्र को जपने से गर्भ की रक्षा हो जाती है।

३. ॐ थं ठं ठिं ठीं ठूं ठें ठैं ठौं ठः ठः ॐ।

अनुराधा नक्षत्र हर्षण योग में सोमवार के दिन इस मन्त्र के एक सौ आठ उच्चारण के साथ स्त्री को झाड़ें तो उसका गर्भ गिरने का भय नहीं रहता।

गर्भ सुरक्षाहेतु मन्त्र

ॐ नारसिंह वीर, एक पुत्र माड़ मर्द गर्भ जातो रहे, एक मासियों दो मासियों, तीन मासियों चौमासियों पंच मासियों, छठ मासियों, सत मासियों अठ मासियों, नव मासियों, दस मासियों मान मर्दे तेरी शक्ति फुरे।

पहले दस हजार की संख्या में जप कर इस मन्त्र को सिद्ध कर लें। फिर मौली (कलावा) या कच्चा सूत लेकर स्त्री के शरीर की लम्बाई जितना सात बार नापकर सतवेड़ा कर डोरा बनाकर मन्त्रोच्चारण करते हुए डोर में नौ गांठ देकर और एक सौ आठ मन्त्रों से डोरा को अभिमन्त्रित कर स्त्री के कमर में धारण करवा दें। गर्भ सुरक्षा का यह प्रभावकारी उपाय है।

गर्भ स्थिर रहने के मन्त्र

१. ॐ नमो आदेश गुरु। ॐ सतवर पुरुष पाया की रात्रि थम्बे गर्भ न छोड़े पाप उंदवा मास गर्भ वास, पुरा साहि निकास गोरि मास मात माता गर्भ को पूरा माथा हनमान तीन गर्भ की गंडी बांधो राखि दस मास वीर पाख फुरो आदेश गुरु गोरखनाथ को।

रविवार के दिन स्नानादि से निवृत्त हुई कन्या को सूर्य के सामने बैठाकर उससे चरखे पर सूत कतवाएं। उस सूत से सात बार डोरा बाँटें। फिर तीन-तीन गांठ के दो गंडे बनाएं और उपर्युक्त मन्त्र के इकतीस जप से उन्हें अभिमन्त्रित कर गुग्गुल की धूनी दें तथा स्त्री की कमर में धारण करवा दें। इससे गर्भ स्थिर रहेगा।

२. ॐ नमो आदेश गुरु को, ॐ नमः आदेश अंग में बांधि राख नृसिंह यति भोसते बांधि राख, गुरु गोरखनाथ कांखते बांधि राख, हशिलया राजा सुण्डो से बांधि दृढ़ासन देवी यह पवन काया को रख खम्भे ओ

बांधे घाव थामे माता पार्वती यह गण्डो बांधूं ईश्वर यति, जब लग गण्डो कठि कटि पर रहे, तब लग गर्भ काया में रहे, फुरो मन्त्र ईश्वरो वाचा।

इस मन्त्र को इक्कीस दिनों तक नित्य एक सौ आठ की संख्या में जपकर सिद्ध कर लें। फिर स्त्री के सिर से पांव तक का सात माप का कच्चा सूत लें और उपर्युक्त मन्त्र के इक्कीस जप से उस सूत में किसी कुमारी के हाथ से सात गांठ लगवाएं। इस विधि से तैयार गंडा जो स्त्री अपने कटिप्रदेश में बांधती है, उसका गर्भ सदा स्थिर रहता है। जब प्रसव का सम आये तो उस गंडे को खोलकर किसी वृक्ष की डाल पर लटका दें।

३. ॐ नमो आदेश गुरु का, हनुमंत वीर गंभीर धूजे धरती बंधाने, धीरे बांध बांध हनुमंता, वीर मास एक बांधूं, मास दोई बांधूं, मास तीन बांधूं, मास चार बांधूं, मास पांच बांधूं, मास छह बांधूं, मास सात बांधूं, मास आठ बांधूं, मास नौ बांधूं, अमुकी गर्भ गिरे नहीं ठांह रहे, ठांह का ठांह न रहे, मेरा बांधा बंध छटे तो ईश्वर महादेव गोरखनाथ जती हनुमंत वीर लाजें, मेरी भक्ति गुरु की शक्ति, फुरो मन्त्र ईश्वरो वाचा।

एक बंटे हुए सूती धागे को मन्त्र के एक सौ आठ जप से अभिमन्त्रित कर गर्भवती स्त्री की कमर में बांध दें। इससे गर्भ स्थिर हो जाता है। मन्त्र में जहाँ 'अमुकी' शब्द आया है, वहाँ प्रयोक्ता को अभीष्ट स्त्री का नाम बोलना चाहिए।

४. गोरा काते ब्रह्मा बुने ईश्वर गांठी देय बिन पाके फूटे भुइयां गिरे तो राजा रामचन्द्र तुम्हारे मेरी आन मेरे गुरु की आन ईश्वर गोरा गोरखनाथ महादेव की दुहाई।

सात तार बंटे सूत पर उपर्युक्त मन्त्र को पढ़कर (एक सौ आठ बार) सात गांठें लगाएं और स्त्री के गले या कमर में धारण करा दें। गर्भ में स्थिरता आ जायेगी।

५. ॐ नमो गंगा डाकरे गोरख बलाय धीपर गोरख यती पूजा जाये जयद्रथ पुत्र ईश्वर की माया।

किसी कन्या के हाथों काता हुआ सूत लें। इसे उक्त मन्त्र से इकतीस बार अभिमन्त्रित करें। यदि स्त्री का गर्भ गिरने की आशंका हो या रक्त प्रवाहित हो रहा हो तो इस गंडे को कटि प्रदेश में बंधवा देने से लाभ होता है।

थन-थनैला झाडा मन्त्र

कम्प विलारी वध थनैला पांच वान माहि भैरों दैल कम्प विलारी बघ थनैला डावा पलट जा घर अपने राजा मनैरी की दुहाई जोड़ावार है गुरु गोरखनाथ की दुहाई।

इस मन्त्र को पढ़ते हुए स्त्री का स्तन झाड़ने से थनैला रोग की समाप्ति हो जाती है। मन्त्र पढ़ते हुए स्तनों से कुछ ऊपर हाथ भी घुमाना चाहिए।

दूध उतारने का मन्त्र

अपटवीर झपटवीर हार हार के मरघट के मसान के नटखट ईशान के हाई हाड़कर रोम रोम कर नस नस कर कोठा कोठा कर चार सोत का दूध छान छानकर चार सोत से लायें तो माता काली का पूत काल भैरव न कहाये मेरी गुरु की आन ईश्वर गोरा पार्वती गोरखनाथ जी की दुहाई।

जिस स्त्री के स्तनों का दूध सूख गया हो या उतरता न हो तो उसके स्तानों पर से गंडों (उपलों) की राख उसारकर सात बार मन्त्र पढ़ते हुए इकतीस बार फूंक मारें। इस क्रिया से स्तनों में दूध पुन: उतर आयेगा।

जीवनदाता मन्त्र

ॐ आहूता मंदरश्म यजाज्वल्यं जम जम जम ॐ गाहि गाहि गाहि।

किसी मौलवी, ओझा या तांत्रिक द्वारा किये गए कृत्य (चलाव, चौकी, मूल या जादू) के प्रयोग से व्यक्ति को कभी-कभी जान के लाले पड़ जाते हैं। मृत्यु उसे साक्षात् सामने खड़ी दिखलाई देती है और वह यह सोचने को विवश हो जाता है कि अब उसका अंतिम समय आ गया है। इस अवस्था में इस मन्त्र का प्रयोग विधि-सहित करके व्यक्ति के जीवन की रक्षा की जा सकती है।

मंगलवार या रविवार के दिन इस मन्त्र को एक सौ आठ बार जपें और लोबान की आहुतियाँ देकर इतनी ही संख्या में मन्त्र पढ़ते हुए हवन करें। इस प्रक्रिया से मन्त्र सिद्ध हो जाता है। फिर जब कभी मन्त्र का प्रयोग करना हो तो छोटे से हवनकुण्ड के पास रोगी को बैठाकर अग्नि में थोड़े से धतूरे के बीजों की आहुति देते हुए सात बार मन्त्र का जप करें। यह क्रिया लगातार सात दिन करनी चाहिये। इसके प्रभाव से सारे उपद्रव शांत हो जाते हैं और व्यक्ति का जीवन सुरक्षित हो जाता है।

प्रकृति प्रकोपरक्षक मन्त्र

शेख फरियाद का कामरी, निसि अस अंधियारी, तीनों को टालिये अनल ओला जल विष।

जब प्रकृति का प्रकोप होता है तो मनुष्य के लिये अपनी जान बचाना कठिन हो जाता है। आंधी, तूफान, ओलावृष्टि और प्लेग जैसे रोग के कारण महामारी, भूचाल, बाढ़ और अग्निकाण्ड जैसी आपदा से जीवन असुरक्षित हो जाता है। ऐसी प्राकृतिक आपदा से सुरक्षा पाने के लिए यह शाबर मन्त्र बड़ी सहायता करता है।

पौषमासी की रात्रि में एवं एकांत में उपर्युक्त मन्त्र को एक सौ आठ (एक माला) बार जपकर और इक्कीस बार लोबान की आहुति देकर सिद्ध कर लें। प्राकृतिक प्रकोप हो या प्रकोप की आशंका हो तो मन्त्र को ग्यारह बार पढ़कर ताली बजाएं। इस साधारण-सी क्रिया से ही व्यक्ति का जीवन सुरक्षित हो जाता है। यह स्वयं पर किया जाने वाला प्रयोग है।

विपत्तिनिवारक मन्त्र

हाथ में बसे हनुमान भैरों बसे लिलार जो हनुमंत को टीका करे मोहे जग संसार जो आवै छाती पांव धरै बजरंग वीर रक्षा करैं मुहम्मदा वीर छाती टोर जुगुनियां वीर सिर फोर उगुनियां वीर मार मार भासवन्त करे भैरों वीर की आन फिरती रहे बजरंग वीर रक्षा करे जो हमारे ऊपर घात डाले तो पलट हनुमान वीर उसी को मारे जल बांधे थल बांधे आर्या आसमान बांधे कुदवा और कलवा बांधे चक चक्की आसमान बांधे वाचा साहिब, साहिब के पूत धर्म के नाती आसरा तुम्हारा है।

इस मन्त्र को होली, दीपावली या ग्रहणकाल में दस हजार की संख्या में जप कर सिद्ध कर लेना चाहिए। पहले मन्त्र को अच्छी तरह मुंह जबानी याद कर लेना है। उसे बोलने में किसी भी तरह की कोई त्रुटि न हो। याद हो जाने पर ही उसे सिद्ध करने की दिशा में आगे बढ़ना चाहिए। मन्त्र सिद्ध हो जाने पर रोगी को सामने बैठाकर (वह स्त्री या पुरुष जो भी हो) इक्कीस बार मन्त्र पढ़कर फूंक मारने से उसके ऊपर आई विपत्ति दूर हो जाती है।

जीवरक्षा मन्त्र

ॐ सतनाम आदेश गुरु का आदेश पावन पानी का नाद अनाहद दुन्दुभी बाजे जहां बैठी बैठी जोगमाया साजे चौंसठ योगिनी बावन वीर बालक की हरे सब पीर आगे जात शीतला जानिए बन्ध बन्ध वारे जाय मसान भूतबन्ध प्रेत बन्ध छल बन्ध छिद्र बन्ध।

जिस समय सूर्य या चन्द्रग्रहण पड़ा हो तो उपर्युक्त मन्त्र का एक हजार आठ बार जप करें और लोबान की इक्कीस आहुतियाँ देकर हवन-प्रक्रिया कर मन्त्र को सिद्ध कर लें। आवश्यकता पड़ने पर मन्त्र को पढ़ते हुए रोगी व्यक्ति को झाड़ा लगाएं। तीन या अधिकतम सात दिनों तक यह क्रिया करें। प्रत्येक दिन ग्यारह बार मन्त्र पढ़कर ग्यारह बार झाड़ा लगाएं। व्यक्ति का जीवन हर अला-बला से सुरक्षित हो जाएगा।

अग्निशामक मन्त्र

ॐ नमो कोरा करवा, जल सूं भरिया ले गौरा के सिर पे धरिया ईश्वर

डालै, गौरा नहाय जलती आग शीतल हो जाय। शब्द सांचा, पिण्ड काचा, फुरो मन्त्र ईश्वरो वाचा।

इस मन्त्र को प्रतिदिन एक हजार बार जपें। इक्कीस दिनों तक मन्त्र का जप करते रहने से यह सिद्ध हो जाता है। जप का प्रारम्भ होली, दीपावली या ग्रहणकाल के समय में करना चाहिए। जब कभी भीषण आग लगी हो तो मिट्टी के किसी बर्तन में जल भरकर उसे इक्कीस बार मन्त्र से अभिषिक्त करें। फिर उस जल के छींटे देने से अग्नि का प्रकोप, उसका प्रचण्ड वेग शांत हो जाएगा तथा कुछ ही देर में अग्नि धीमी होकर बुझ जाएगी।

वृक्ष सूखने से बचाने का मन्त्र

ॐ नमो आदेश गुरु को अघोर महा अघोर अजर अघोर वजर अघोर अंग अघोर पिण्ड अघोर सिव अघोर संगति अघोर चंद अघोर सूरज अघोर पवन अघोर पाणी अघोर जमीं अघोर आकाश अघोर अनादि पुरुष बूजन्त हो अलील ए घट पिण्ड का रखवाला जल में न डूबणा अगन में न बलणा सहस्त्रधारा न कटणा जमीन के पेट होय लिप जाना सूका रूंख हरिया होणा ॐ अघोर मन्त्र सोहं।

सर्वप्रथम ग्यारह हज़ार जप करके मन्त्र सिद्ध कर लें। फिर जो वृक्ष सूख रहा हो, उसके पास जाकर और पूर्व दिशा की ओर खड़े होकर पानी से भरे कांसे के नौ प्याले में नौ बार मन्त्र पढ़कर उस पानी को वृक्ष के चारो ओर छिड़क दें। वृक्ष हरा हो जाएगा।

शत्रु दमन मन्त्र

ॐ नमो हनुमंत बलवंत माता अजंनी पुत्र हल हलंत आशो चढ़ंत, आओ गढ़ किल्ला तीरंत आओ लंका जाल बाल भस्म करि आओ ले लांगू लंगूर ते लपटाय सुमिरते पटका ओचंद्री चंद्रावली भवानी मिल गावै मंगलवार जीत राम लक्ष्मण हनुमान जी आओ जी तुम जाओ सात पान का बीड़ा चाबत मस्त सिन्दूर चढ़ो आओ, मंददरी के सिंहासन डुलंता आओ यहं आओ हनुमान माया जाग तें नृसिंह माया आगे, भैरों किलकिलाय ऊपर हनुमंत गाजैं, दुर्जन को मार दुष्ट को मार संहार, राजा हमारे सत्त गुरु हम सत्त गुरु के बालक मेरी भक्ति गुरु की शक्ति फुरो मन्त्र ईश्वरो वाचा।

सर्वप्रथम किसी शुभ मंगलवार के दिन नहा-धोकर एकांत व पवित्र स्थान में हनुमानजी का चित्र (या मूर्ति) रखें और उनकी पूजा करें। तत्पश्चात् इस मन्त्र का एक माला जप करें। यह क्रम दैनिक पूजा के रूप में पूरे इक्कीस दिनों तक चलना चाहिए। इस अवधि में साधक पूर्ण संयम, पवित्रता, ब्रह्मचर्य और निष्ठापूर्वक रहे। उसे हर तरह से स्वयं को सात्विक विचारों में लीन और हनुमंत चिंतन में मग्न रखना चाहिए। पूजा

में प्रतिदिन सात लड्डू और सात पान बीड़े नैवेद्य रूप में अर्पित करने चाहिए। इस प्रकार इक्कीस दिनों तक (यदि हो सके तो इकतालीस दिनों तक) प्रतिदिन नियम-निष्ठा के साथ एक माला (एक सौ आठ दानों की) जप करते रहें। अवधि पूरी हो जाने पर यही मन्त्र पढ़कर इक्कीस बार आहुति देते हुए हवन करें। इस प्रकार यह मन्त्र सिद्ध हो जाएगा। मन्त्र सिद्ध हो जाने पर यदि कभी आवश्यकता पड़े तो शत्रु के दमन हेतु इसका प्रयोग किया जा सकता है। प्रयोग का नियम यह है कि कहीं एकांत में भूमि पर एक मानवाकृति बनाएं। उसे शत्रु का चित्र मानकर, उसे बंधन में करने के लिए मोम की चार कीलें बनाकर चित्र के चारो ओर जमा दें। ध्यान रहे, चित्र बनाने से लेकर अंत तक साधक मन ही मन उपर्युक्त मन्त्र को जपता रहे।

चित्र बन जाने और उस पर मोम की कीलें लगा देने के बाद हनुमानजी की पूजा करें और नैवेद्य में खीर अर्पित करें। इसके पश्चात् चित्र की छाती पर शत्रु का नाम लिखें और मन्त्रोच्चारण करते हुए उसके सिर पर जूते या चप्पल से दो बार प्रहार करें। इस प्रयोग से शत्रु का दमन हो जाएगा।

शयनसुरक्षा मन्त्र

बाघ बिजली सर्प चोर चारिउ बांधों एक ठौर धरती माता, आकाश पिता रक्ष रक्ष श्री परमेश्वरी वाचा दुहाई महादेव की।

घर-बाहर, देश-परदेश, खेत-खलिहान, रात्रिकाल में, कहीं भी शयन करना पड़े तो उपर्युक्त मन्त्र को पाँच बार पढ़ें और तीन बार ताली बजाएं। ऐसा करके सोने से वहाँ रात्रि में निर्विघ्न निद्रा आती है तथा चोर, सांप, बिजली और गैर-बाघ आदि का कोई भय नहीं रहता। यह बहुत ही प्रभावकारी और सुरक्षाकारी मन्त्र है।

वैभवप्रद मन्त्र

ॐ नमो भगवती पद्मावती सर्वजन मोहिनी सर्वकार्य कारिणी मम बिकट संकट हरणी मम मनोरथ पूरणी, मम चिंता चूरणी ॐ नमो ॐ पद्मावती नमः स्वाहा।

विजयादशमी, दीपावली, ग्रहणकाल, सिद्धयोग, गुरु-पुष्ययोग जैसे किसी शुभ अवसर से नित्य प्रातः स्नानोपरान्त शुद्ध एकांत स्थान में देवी दुर्गा जी के किसी भी रूप का चित्र या मूर्ति लाकर उसकी पूजा आरम्भ करें और नित्य इस मन्त्र का एक माला जप करते रहें। यह साधना बहुत ही सरल, सात्विक और लाभकारी है। इस मन्त्र को शाबर मंत्रों में सम्मिलित किया गया है। इस मन्त्र के प्रभाव से साधक की बेरोजगारी, निर्धनता, समस्याएं, रोग-विकार, अभाव-तनाव—सब दूर होकर उसका जीवन सुख-शान्ति और वैभवयुक्त हो जाता है।

मान-प्रतिष्ठादायक मन्त्र

राखी सनवन देखो साजन, सखी हुस्न मेहमान दीवान की चिलमन, पांच पारद में यार की सूरत यार गोरखनाथ की सीरत फुरो मन्त्र ईश्वरो वाचा।

किसी गुरुवार से साधना आरम्भ करें। दश हजार मन्त्र का जप करें। यह संख्या अगले गुरुवार तक पूरी हो जानी चाहिए। इसलिए कितनी संख्या में जप प्रतिदिन करने हैं, इस बात का निश्चय पहले से कर लें। इसी से उपर्युक्त मन्त्र सिद्ध हो जाता है। अब जब भी कहीं जाएं तो पहले मन्त्र का एक माला जप कर लें। इससे मान और प्रतिष्ठा प्राप्त होगी।

कार्यसिद्ध मन्त्र

पहला नाम भगवान का, दूजा नाम औतार का, तीजा नाम सतगुरु, जिनका नाम गोरखनाथ। उनकी कृपा और उनकी दया इस ख्वाजा खिदर पूजने के लिए परसाद लेकर आया। लोना चमारी दिरंत की दुहाई। वैष्णों शाकम्बरी और औतार पीर और पैगम्बर इन सबकी दया के साथ दरिया के किनारे जिससे हमारी आत्मा ठण्डी, लोना चमारी की दुहाई, वस्तम पेरूल युसूफ की तरह भूरे देव की तरह सत्यनारायण की तरह मैने भी पैर बढ़ाया, लोना चमारी की दुहाई, हरी शिव, हरी शिव, जय जयंती भद्रकाली।

ग्रहण के अवसर पर इस मन्त्र का जप आरम्भ करें। पहले दिन एक सौ चौवालीस की संख्या में जप करें, फिर नित्य एक माला जप करते रहें। इससे प्रत्येक कार्य सिद्ध हो जाता है। यदि कोई कार्य रुका हुआ हो तो वह भी पूर्ण हो जाता है।

सर्वबाधा-निवारण मन्त्र

कोडी लांघूं आंगन लांघूं, कोठी ऊपर महल छपाऊं, गोरखनाथ सत्य यह भाखै, दुआरिया पे मैं अलख जगाऊं। सतनाम आदेश गुरु का, आदेश पवन पानी का नाद अनाहद दुंदुभी बाजै जहां बैठी जोगमाया साजे, चौंसठ जोगनी बावन वीर बालक की हरै सब पीर आगे जात शीतला जानिये, बंध बंध बारे जात मसान भूत बंध प्रेत बंध छल बंध बंध सबको मारकर भसमंत, सतनाम आदेश गुरु का फुरो मन्त्र ईश्वरो वाचा।

होली, दीपावली अथवा ग्रहण के समय पहले उपर्युक्त मन्त्र को दस हजार आठ बार जपकर सिद्ध करें। फिर आवश्यकता के समय मन्त्र को एक सौ आठ बार जप कर ग्यारह बार फूंक मारें। इससे हर प्रकार की बाधा का निवारण हो जाएगा।

विजेता होने का मन्त्र

ॐ नमो गदाधारी हनुमंत वीर, स्वामी बड़ा तेज बड़ा शरीर अदृष्टि-चक्र मातु कालका का जन्म चड़ पैरी न कर थैर में करिहो।

होली, दीपावली, ग्रहणकाल अथवा किसी सिद्ध योग में मन्त्र को दस हजार आठ बार जप कर सिद्ध कर लें। फिर आवश्यकता के समय सात काले उड़द के दानों को मन्त्र के एक सौ आठ जप से सिद्ध करें और उस व्यक्ति को दें, जो किसी खेल में भाग लेने वाला हो। वह उड़द के इन दानो को अपने वस्त्र में छिपाकर रखे। अवश्य ही विजेता होगा।

कैदी की आजादी का मन्त्र

ॐ हनुमत वीर, वेग आवो अमुक बंदी को बंधन से छुड़ाओ। बेड़ी तोड़ो, ताला तोड़ो, सारे बंध तोड़ो, मोड़ो अमुक बंदी को बंध से छुड़ावो। मेरी भक्ति गुरु की शक्ति, फुरो मन्त्र ईश्वरो वाचा।

पानी में गुड़ भिगोकर एवं उसके रस में गेहूं का आटा मिलाकर तवे पर पुआ बनाएं। फिर उस पर हवालात या जेल में बन्द व्यक्ति का नाम लिख दें। यह नाम कुंकुम से लिखें। रात में प्रयोग करते समय सामने थाली में उस पुए को रखें। फिर उस पर फूल चढ़ाएं और उपर्युक्त मन्त्र का जप करें। मन्त्र के एक हजार आठ जप पूरे हो जाने पर वह पुआ किसी चौराहे पर रख आएं। ग्यारह दिन तक नित्य इस प्रयोग को करें। मन्त्र प्रतिदिन एक ही संख्या में जपना चाहिए तथा मन्त्र में जहाँ-जहाँ अमुक शब्द आया है, वहाँ अभीष्ट व्यक्ति का नाम बोलें। इस प्रयोग से बंदी जमानत आदि पर जल्दी ही कैद से आजाद हो जाता है।

मोहिनी शाबर मन्त्र

ॐ नमः पद्मनि अंजन मेरा नाम इस नगरी में जाय मोंह। सर्वग्राम मोहूं राज करन्ता। राज मोहूं फर्श पै बैठाय पंमोहूं। पनघट पनिहारि मोहूं। इस नगरी के छत्तीस पवनिया मोहूं जो कोई मार मार करन्त आवे। उसे नरसिंह वीर बाम पाद अंगूठा तर धरे और घेर लावे। मेरी भक्ति गुरु की शक्ति। फुरो मन्त्र ईश्वरो वाचा।

उपर्युक्त मन्त्र को सिद्ध करने के लिए रविवार या शनिवार को सर्वप्रथम नृसिंह भगवान् का पूजन करें तथा घृत, शक्कर, पान, सुपारी व गुग्गुल से श्रद्धापूर्वक एक सौ आठ आहुतियाँ दें। इसके पश्चात् रूई में अपामार्ग की लपटबत्ती बनाकर घृत का दीपक जलाएं और उससे काजल पारकर उसे मन्त्र से सात बार अभिमन्त्रित करके अपनी आंखों में लगाएं तो सभी सम्पर्क में आने वाले व्यक्ति मोहित हो जाते हैं। इस प्रयोग से साधक एक साथ बीसियों लोगों को मोहित कर सकता है।

ग्राम्य मोहिनी मन्त्र

तेल से तेल राजा प्रजा पाऊं मेल पोखरी पानी मसकौ आ लगाय योनि मेरे पाय लगाय हाथ खडग बिराज गलै फूलों की माला जानि बिजानै गोरख जानै मेरी गति को कहै न कोय हथ पछानों मुख धोऊं सुमिरौ निरंजन करदैव हनुमंत यती हमारी पति राखै मोहिनी दोहिनी दोनों बहिनी आवों मोहिनी रावल चलै मुख बोले तो जीभ मोहूं आश मोहूं पास मोहूं सब संसारे मोहूं निसरूं बंदी देह ललाट, शब्द सांचा फुरो मन्त्र ईश्वरो वाचा।

दीपावली की रात्रि को सफेद तिलों के तेल को उल्टी घानी से निकलवाएं। उस तेल को इक्कीस बार उपर्युक्त शाबर मन्त्र से अभिमन्त्रित करें। इस अभिमन्त्रित तेल का जो भी भी व्यक्ति तिलक करता है, वह सभी को मोहित करने की क्षमता प्राप्त कर लेता है।

कामिनी मोहन मन्त्र

अल्लाह बीच हथेली के मुहम्मद बीच कपार उसका नाम मोहिनी जगत मोहे संसार मोह करे जो मोर मार उसे बाएं पोत वार डार जो न माने मोहम्मद पैगम्बर की आन उस पर मुहम्मद मेरा रसूलिल्लाह।

जिस कामिनी को मोहित करना चाहे तो उसके पैरों के नीचे की मिट्टी उठाकर उसे सात बार उपर्युक्त मन्त्र से अभिमन्त्रित करके उसके सिर पर डाल देने से वह जी-जान से मोहित हो जाएगी।

सभामोहन मन्त्र

कालु मुंह धोई करूं सलाम मेरे नैन सुरमा बसे जो निरखे सो पायन पड़े गौसुल आजम दस्तगीर की दोहाई।

शुक्रवार के दिन सवा लाख गेहूं के दाने लेकर प्रत्येक दाने पर उपर्युक्त मन्त्र को एक-एक बार पढ़कर सिद्ध कर लें। आधे गेहूं को पीसकर, घी मिलाकर, उसका हलुवा बनाकर एवं गौसुल आजम को भोग लगाकर स्वयं खाएं। तत्पश्चात् मन्त्र को सात बार पढ़कर जिस किसी सभा में जाएं, वहाँ सात बार मन्त्र पढ़कर शेष गेहूं बिखरा दें, इससे वहाँ उपस्थित सभी लोग मोहित हो जाएंगे।

पुष्पमोहिनी मन्त्र

१. ॐ नमो कामरू कामाख्या देवी, जहां बसे इस्माइल जोगी। इस्माइल जोगी की फुलवारी, फूल लोढ़े लोना चमारी। एक फूल हंसे दूजे फूल मुसुक्याय, तीजे फूल में छोटे-छोटे नरसिंह आय। जो सूंघे इस फूल की बास, वह चल आवे हमारे पास। दुश्मन को जाई लिया फटै, मेरी भक्ति गुरु की शक्ति, फुरो मन्त्र ईश्वरो वाचा।

उपर्युक्त मन्त्र से किसी भी सुगन्धित पुष्प को अभिमन्त्रित करके जिस व्यक्ति भी सुंघा दिया जाए, वह मोहित हो जाता है। इसके सफल प्रयोग के पहले मन्त्र को सिद्ध कर लेना चाहिए। मन्त्रसिद्धि की साधना रविवार को आरम्भ करके निरन्तर इक्कीस दिन तक चलनी चाहिए और नित्य-प्रति एक सौ आठ मन्त्रों का जप करके पूजन-सामग्री से भली प्रकार पूजन करके सुगन्धित पुष्पों को घृत में मिश्रित करके नित्य एक सौ आठ आहुति देनी चाहिये।

२. ॐ नमो आदेश गुरु को एक फूल फूल भर दौना जोगिनी ने मिल मिया दोना फूल फूल दह फूल न जानी हनुमंत बैठि घेर घेर दे आनी जो सूंघे इस फूल वास उसका जो पहला प्रयोग कर सके पास सूती हुई तो जगा लाइ बैठी होय तो उठा लाइ और देखे जरे बरै मोह देख मेरे पायन परे मेरी भक्ति गुरु की शक्ति, फुरो मन्त्र ईश्वरो वाचा से टरे कुम्भी नरक में पड़े।

किसी भी शनिवार के दिन से आरम्भ करके इक्कीस दिनों तक घी का दीप जलाएं और दीपक का पूजन करके उपर्युक्त मन्त्र को एक सौ चौवालीस बार पढ़ें। जब मन्त्र सिद्ध हो जाए तो सोमवार को ग्यारह बार सुगन्धित पुष्प पर मन्त्र को पढ़कर वह पुष्प जिसे भी सुंघाया जाएगा, वह जी-जान से मोहित हो जाएगा।

३. कामरू देश कामाख्या देवी, जहां बसैं इस्माईल जोगी, इस्माईल जोगी ने बोई बाड़ी, फूल उतारे लोना चमारी। एक फूल हंसै, दूजा विहंसै, तीजै फूल में छोटा-बड़ा नाहर सिंह बसै जो सूंघे इस वास वो आवे, हमारे पास और के पास जाय हीयो फाटि मरि जाय, मेरी भक्ति गुरु की शक्ति फुरो मन्त्र ईश्वरो वाचा।

रविवार को स्नानादि से निवृत्त होकर लौंग, सुपारी, पान और मिठाई रखकर घी का दीपक जलाएं। फिर सुगन्धित पुष्पों को घी में सानकर उपर्युक्त मन्त्र के एक सौ आठ जप से अग्नि में आहुति दें। इक्कीस दिन की इस क्रिया से मन्त्र सिद्ध हो जाता है। इन दिनों में ब्रह्मचर्य से रहना आवश्यक है। मन्त्रसिद्धि के बाद ब्राह्मणभोजन कराकर दक्षिणा दें। फिर सुगन्धित पुष्प को सात बार मन्त्र से अभिमन्त्रित कर जिसे सुंघाएंगे, वह मोहित हो जाएगा।

४. ओंगूठी माता गूठी राती गूठा लगावे आग अमुका के चटक चनावे बेधड़क कलह मचावे मुखन न बोले सुख न सोवे कहत मन्त्र उठाई मारियो उरझिज्यों काचा सूत की आटी उरझे अब देखूं नाहर सिंह वीर तेरे मन्त्र की शक्ति शब्द सांचा पिण्ड कांचा फुरो मन्त्र ईश्वरो वाचा।

शनिवार की संध्या में कनेर की डाली को लाल डोरा (या मौली-कलावा) बाधें और न्योता दे आएं। फिर रविवार को प्रात:काल उस डाली को तोड़ लाएं। इसके पश्चात् रात्रिकाल में घी का एक दीपक जलाएं और उपर्युक्त मन्त्र का एक सौ इक्कीस जप करें। फिर इक्कीस दिनों तक नित्य इस क्रिया को करें। कनेर की डाली को केवल पहले दिन ही लाना है। इस क्रिया से मन्त्र सिद्ध हो जाएगा। फिर कनेर की डाली में लगे पुष्प को मन्त्र के इक्कीस जप से अभिमन्त्रित करें। इस पुष्प को आप जिसे भी देंगे या किसी के हाथों जिसके पास भी भेजेंगे वह मोहित होकर आपकी ओर खिंचा चला आएगा।

५. **कामरू देश कामाख्या देवी जहां बसे इस्माइल जोगी, इस्माइल जोगी ने लगाई बारी, फूल चुनै लोना चमारी। फूल राता फूल माता, फूल हंसा फूल बिहंसा, तहां बसे चम्पा का पेड़, चम्पा के पेड़ में रहे काला भैरूं और भूतप्रेत ये मरें मसान ये आवें किस के काम ये आवें टौना गमन के काम भेजूं काला भैरूं कुंलावे मुश्कें बांध बैठी हो तो वेगी लाव सूती हो तो उठा लाव, वह सोवे राजा के महलों प्रजा के महलों मुझसे होनी रानी फूल दें उसी के हाथ, वह उठा लागे मेरे साथ। हमको छा-छिपर जाय, छाती फाटि वहां मर जाय। मेरी भक्ति गुरु की शक्ति फुरो मन्त्र ईश्वरो वाचा चूके उमाह सूखे लोना चमारी बहरे जोगी के कुण्ड में वाचा छोड़ कुवाचा जाय तो नार खरवार में पडे।**

शनिवार को चम्पा के वृक्ष को कलावा बांध आएं। रविवार को प्रात: वहाँ जाकर उपरोक्त मन्त्र के सात जप करें और गुग्गुल का धूप दें। फिर उस डाली को तोड़ लाएं। अब रात्रि में तेल का दीप जलाकर भैरो का पूजन करें। इसके बाद नित्य इक्कीस दिनों तक मन्त्र का इक्कीस जप करें। अन्तिम दिन भैरो को भोग में शराब, उड़द के बड़े, तेल, गुड़ और दही अर्पित करें। अब चम्पा के पुष्प पर सात बार मन्त्र जपकर जिसको भी सुंघवा देंगे, भैरों उसको ला हाजिर करेगा।

तैल मोहिनी मन्त्र

१. **ॐ नमो मन मोहिनी रानी मोहिनी चला सैर को मस्तक घर तेल का दीपक जल मोहूं, सब जगत मोहूं और मोहूं मोहिनी रानी जा शय्या बैठी मोहर दरबार गौरा पार्वती की दुहाई फिरे नहीं हनुमंत की आन।**

दीपावली की रात्रि में मात्र तीन सौ बीस जप से यह शाबर मन्त्र सिद्ध हो जाता है। अब जिस किसी को मोहित करना हो, उसके शरीर पर सात बार सिद्ध मन्त्र का उच्चारण करते हुए अभिमन्त्रित तेल का छींटा दें तो निश्चित रूप से वह मोहित होता

है। यदि किसी पूरी सभा को मोहित करना हो तो चमेली के तेल को अभिमन्त्रित कर प्रयोग करें।

निम्नलिखित मन्त्र की प्रयोगविधि भी उपरोक्त मन्त्र के समान ही है। अन्तर केवल इतना है कि उक्त मन्त्र की सिद्धि तीन सौ बीस मन्त्र के जप से होती है, जबकि निम्न मन्त्र की सिद्धि दो सौ मन्त्रजप से ही हो जाती है।

२. ॐ नमो मन मोहिनी रानी सिंहासन बैठी मोह रही दरबार मेरी भक्ति गुरु की शक्ति दुहाई गौरा पार्वती बजरंग बली की आन नहीं तो लोना चमारी की आन लगे।

अभीष्ट स्त्री को मोहित करने का मन्त्र

ऐ सहवल्लरि क्लीं कर क्लीं काम पिशाच अमुकी काम ग्राहय ग्राह्य, स्वप्ने मम रूपे नखे विदारय विदारय, द्रावय द्रावय, रद मदेन बंधय बंधय श्री फट्।

रात्रि के मध्य काल में निर्वस्त्र होकर उत्तर दिशा की तरफ मुख करके उक्त मन्त्र का पाठ करें। पाठ करते समय 'अमुकी' के स्थान पर अभिलषित स्त्री का नाम लें (इस जप-काल में साधक को पूर्ण कामुक होकर जप करना चाहिए)। इस प्रयोग से अभीष्ट स्त्री शीघ्र ही मोहित हो जाती है। इस कार्य को पन्द्रह दिन तक प्रति रात्रि में करना है। एक बार में एक सौ आठ जप करें।

पुतली मोहन मन्त्र

बांधूं इन्द्र को, बांधूं तारा। बांधूं बांधूं लोहे का आरा। उठे इन्द्र न बोले बाबा। सूख साख धूनि हो जाये। तन ऊपर फेंकी, कड़े होय सुत। मैं तो बंधन बांध्यो, सास ससुर जाया पूत। मन बांधू, मन्त्र बांधूं विद्या के साथ। चार खूंट फिर आये, फलानी फलाने के साथ।

जिस युवती को मोहित करना हो, शनिवार के दिन उसके बाँएं पैर के नीचे की मिट्टी लेकर एक प्रतिमा बनाएं और आधी रात के समय एकांत कक्ष अथवा स्थान में वस्त्रहीन होकर उस प्रतिमा का पूजन करें और उपर्युक्त मन्त्र का दस हजार की संख्या में जप करें। जप के पश्चात् उस प्रतिमा पर कच्चा सूत लपेटकर कहीं सुरक्षित रख दें। इस प्रयोग का प्रभाव स्वयं अपनी आँखों से देखें।

सर्व ग्राम्यमोहिनी मन्त्र

जती हनुमंत कहे मेरे घटपिण्ड का कौन है वौरी छत्तीस पवन मोही मोही जोहि जोहि दह दह गुरु की शक्ति मेरी भक्ति फुरो मन्त्र ईश्वरो वाचा सतनाम आदेश गुरु का।

सर्वप्रथम सात शनिवार को हनुमान जी का पूजन धूप-दीप, नैवेद्य से करके, प्रत्येक बार उपर्युक्त मन्त्र का एक सौ चौवालीस जप करके मन्त्रसिद्धि प्राप्त करें। फिर किसी भी चौराहे से सात कंकड़ी लाकर तथा मन्त्र के एक सौ चौवालीस जप से अभिमन्त्रित कर उन्हें ग्राम के कुएं में डाल दें। अब जो उस कुएं का पानी पीयेगा, वह प्रयोक्ता पर मोहित हो जाएगा।

मोहिनी मन्त्र

१. ॐ नमो आदेश गुरु को, मोहिनी जग मोहिनी मोहनी मेरो नाम, ऊंचे टीबे हूं बसूं, मोहूं सगरो गाम ठग मोहूं, ठाकुर को मोहूं बाटका बटोही, मोहूं मोहूं कूवा की पनिहार मोहूं, महलों बैठी राणी मोहूं, जोई जोई बाबा पग तरै देहु, गुरु की शक्ति मेरी भक्ति, फुरो मन्त्र ईश्वरो वाचा।

पहले इक्कीस दिनों तक नित्य एक हजार आठ बार उपर्युक्त शाबर मन्त्र को जप कर उसे सिद्ध करें। अब गुड़ की पंसैरी पर मन्त्र का इक्कीस बार जप करके गांव के कुएं में डाल दें तथा चौराहे पर रात को जाकर सात बार मन्त्र पढ़कर मस्तक पर मिट्टी की बिन्दी लगाएं। अब उस कुएं का पानी पीने वाला जो भी व्यक्ति उसे देखेगा, मोहित हो जाएगा।

२. धूली धूलेश्वरी धूली माता परमेश्वरी थूली चंवती जय जयकारइन रत चोंप भरे अमुक छाती छार छारते न हटे देता घर बार मरे तो मसान लौटे जीवे तो पाव पलोटे वाचा बांध सूती होई तो जगाय लाव माता धूलेश्वरी तेरी शक्ति मेरी भक्ति फुरो मन्त्र ईश्वरो वाचा ठः ठः ठः स्वाहा।

रविवार को जो कोई मरा हो, उसकी तीन मुट्ठी राख लेकर आएं। फिर शनिवार से आरम्भ कर सात शनिवार नित्य उपर्युक्त शाबर मन्त्र का एक सौ चौवालीस जप करके धूप-दीप और नैवेद्य अर्पित करें। इस प्रकार मन्त्रसिद्धि हो जाने पर उस श्मशान की राख पर तेल का दीपक जलाकर रखें और राख पर इक्कीस बार मन्त्र पढ़कर वह जिसके ऊपर बुरक दी जाएगी, वही मोहित हो जाएगा। यकीन न हो तो पहले किसी भैंस पर परीक्षण करके देखें।

३. मन्त्र परि में नाथ पीर तू नाथ जिसको खिलाऊं तिसको वश करना फुरो मन्त्र ईश्वरो वाचा।

ग्रहण के समय नाभि तक जल में खड़े होकर एक छोटी साबुत सुपारी निगल जाएं। दो घूंट जल पी लें ताकि वह आसानी से पेट में उतर जाए। अगले दिन सुबह जब वह शौच के समय पेट से निकले तो उसे पानी में धोकर रख लें। फिर स्नानादि से निवृत्त होकर उस सुपारी को दूध से अच्छी तरह धोकर साफ कर लें। तदुपरान्त

उसे गुग्गुल की धीप देते हुए उपर्युक्त मन्त्र का सात बार जप करके किसी भी तरह जिस स्त्री या पुरुष को खिलाएंगे, वह पूरी तरह उस पर मोहित हो जाएंगे।

संखाहूली सभामोहिनी मन्त्र

१. ॐ संखाहूली वन में फूली ईश्वर देख गवर्जा भूली जो याकों सिर पर धरे राजा परजा वाके चरणों पड़े मेरी भक्ति गुरु की शक्ति फुरो मन्त्र ईश्वरो वाचा।

शनिवार को वन में जाकर संखाहूली पर चावल और शक्कर चढ़ाकर उसे धूपादि दें तथा रविवार को ले जाने के लिए न्यौत आएं। फिर रविवार को प्रात:काल वहाँ जाकर जल में स्नान कराकर रोली, चन्दन चढ़ाकर धूप दें, पुष्प चढ़ाएं। घी का दीपक जलाकर गुड़ का भोग रखें और उपर्युक्त मन्त्र को पढ़कर उसे मूल सहित उखाड़ लाएं। अब गोरोचन, सांप की केंचुली और संखाहूली—तीनों को पीस कर इक्कीस दिनों तक रात्रि में एक सौ इक्कीस बार मन्त्र का जप करें। इसी सिद्ध संखाहूली के चूर्ण को अपनी पगड़ी या टोपी में रखकर राजदरबार में जाय तो वहाँ उपस्थित राजा और सारी सभा मोहित हो जाएगी।

२. ॐ संखाहूली वन में फूली, बैठी करे सिंगार, राजा मोहे प्रजा मोहे, सबने करे सिंगार। मेरी भक्ति गुरु की शक्ति, फुरो मन्त्र ईश्वरो वाचा।

संखाहूली को उपर्युक्त मन्त्र के दस हजार जप से अभिमन्त्रित कर अपने कपड़ों में रखकर जिसके सामने भी जाएंगे, वही मोहित हो जाएगा।

३. ॐ नमो आदेश गुरु को, ॐ संखाहूली वन में फूली, ईश्वर देख गवर्जा भूली, आवभाव राजा प्रजा पांव पड़ाय मंगल मोहन बस करन मोहन मेरो नाम वे मोहन फलाना के अन्त सबको संग महेसुर गांव चल मोहनी राऊल चल चलती आग बुझावत चलती न खेत, आगे मोह तीन खेत, पीछे मोह तीन खेत, उत्तर मोह तीन खेत, दक्षिण मोह आवने की दृष्टि मोह, पट्टा बैठा राजा मोह, शय्या बैठी राणी मोह, दीवार मोह, गांव का मुकद्दमा मोह, काजी मोह काजी की कुरान मोहते तू नाहर सिंह वीर हमरा कारज ना करे तो आपकी माता का दूध पिया हराम करे ठः ठः ठः ठः ठः ठः स्वाहा।

शनिवार को न्योता देकर रविवार को सुबह पूजन कर इक्कीस बार मन्त्र को पढ़कर संखाहूली को लाएं। घर लाकर उसमें भगवान नृसिंह का आवाहन कर दो पेड़े एवं पान का बीड़ा अर्पित करें। फिर आम की लकड़ियाँ जलाकर अक्षत, घृत व शक्कर की आहुतियाँ अग्नि में देकर उपर्युक्त मन्त्र के एक सौ बाईस जप करके कपूर जलाकर आरती उतारें।

सात रविवार प्रतिदिन इस क्रिया को करें। अंतिम रविवार को उपवास भी रखें और केवल एक ही समय संध्या में शुद्ध और सात्विक भोजन करें। फिर संखाहूली को पीसकर एवं उसकी गोली बनाकर तथा बांधकर जहाँ भी जाएंगे, वहाँ जो भी देखेगा, वह मोहित हो जाएगा। संखाहूली के चूर्ण को मिष्ठान्न में मिलाकर, वह मिष्ठान जिस स्त्री को खिलाया जाएगा, वह किसी अन्य पुरुष का नाम भी जुबान पर नहीं लाएगी। यदि संखाहूली की गोली को घिसकर मस्तक पर उसकी बिन्दी लगाएं तो सभी मनोरथ सिद्ध हो जाते हैं।

गुड़ मोहिनी मन्त्र

१. ॐ नमो आदेश गुरु को, गूगल धूप की धुआंधार देखूं पलमा तेरी शक्ति तरस रात्रि को टूटा तारा, ऐसा टूटा भैरूं बाबा काम नगारा, गुड़ मन्त्र पढ़ उसको दे, घर में चक न बाहर चक, बाहर चक, बाहर चक, फिर फिर देखे हमारा मुक्त जीवन, सेवे जीवन को मुक्त सेवे, मसाण हमसे आकुल व्याकुल जती हनुमंत की आण, हमें छोड़ और पास जाय, पेट फाड़ तुरंत मर जाय, सत्यनाम आदेश गुरु का।

सात शनिवार प्रतिदिन एक सौ इक्कीस बार उपर्युक्त मन्त्र का जप करके शराब और बकरे की कलेजी रख धूप-दीप दें। इस क्रिया से मन्त्र सिद्धि हो जाएगी। फिर गुड़ की डली को मन्त्र से इक्कीस बार अभिमन्त्रित कर वह डली जिस किसी को भी खिलवा देंगे, वह मोहित हो खिंचा चला आएगा।

२. ॐ नमो आदेश गुरु को या गुड़ राता या गुड़ आवे पाया पड़ती जो मांगू प्रयोजन पाऊं सोती तिर्या जगाकर लाऊं चल चल अंगिया बेताल फलानी के पेट चलावे कालरात्रि को चैतन दिन को सुख फिर जोवे हमारा मुख जै मकड़ी मकड़ी से टले सीस काट दो हूक हो पड़े काला कलवा काली रात कलवा चाला आधी रात चाल-चाल रे काला कलवा साधना चोटि हमारा तलवा आक के पान कवारी बसे धन जीवन सो खरी पियारी रेतरगत गुड़ करे गिरास अमुकी आवे फलाना पास हनुमंत जी की शक्ति फुरो मन्त्र ईश्वरो वाचा।

गुड़ की दो डलियाँ लें। उन पर अपनी उंगली के रक्त का टीका करें। फिर उपर्युक्त मन्त्र के इक्कीस जप से उसे अभिमन्त्रित कर एक डली कुएं में डालें व दूसरी डली को स्वयं पर मोहित कराने के लिए अभीष्ट स्त्री को खिला दें।

सर्व रोगादि दोषनाशक मन्त्र

ॐ नमो आदेश गुरु को, गिरह बाज नटनी का जाया। चलती बेर कबूतर

खाया। पीवै दारू, खायजु मांस। रोग दोष को लावै फांस। कहां कहां से लावेगा। गुदा में सुं लावेगा। नौ नाड़ी बहत्तर कोठा, सुं लावेगा, मार मार बन्दी कर कर लावेगा ना लावेगा तो अपनी माता की शैया पर पांव धरेगा, मेरा भाई मेरा देखा दिखलाया तो मेरी भक्ति गुरु की शक्ति फुरो मन्त्र ईश्वरो वाचा।

इस मन्त्र को सवा लाख की संख्या में जप कर सिद्ध करें। अब जब भी कोई रोगी आए तो मन्त्र को जपते हुए इक्कीस बार रोगी को झाड़ा लगाएं। इससे उसके रोगों का शमन हो जाएगा।

सर्वरोगशान्ति दायक सिद्ध मन्त्र

पर्वत ऊपर पर्वत, पर्वत ऊपर स्फटिक शिला स्फटिक शिला पर अंजनी, जिन जाया हनुमंत नेहला टेहला, कांख की कंखराई पीछे की आदटी, कान की कनफेट राल की बद कंठ की कंठमाला, घुटने का डहरू दाढ़ की दाढ़शूल, पेट की ताप तिल्ली किया इतने को दूर करे, भस्मंत न करे, तो तुझे माता अंजनी का दूध पिया हराम मेरी भक्ति गुरु की शक्ति, फुरो मन्त्र ईश्वरो वाचा सत्य नाम आदेश गुरु का।

इस मन्त्र का प्रयोग ब्रह्मचारी लोग ही करें। प्रयोग के समय मन्त्र का जप करते हुए झाड़ा लगाने से रोगी के समस्त रोग शांत हो जाते हैं।

कमरदर्द दूर करने का मन्त्र

चलता आवै, उछलता जाय, भस्म करंता डह डह जाये, सिद्ध गुरु की आन, मन्त्र सांचा पिण्ड काचा, फुरो मन्त्र ईश्वरो वाचा।

राह चलते समय किसी गड्ढे में पैर पड़ जाने से अथवा भारी बोझ उठाने आदि के कारण कमर में दर्द हो जाता है। कभी-कभी वात-विकार के कारण भी ऐसा हो जाता है। इस कमरदर्द के कारण व्यक्ति को सीधा होने में भी पीड़ा होती है। उसके लिए सीधा लेटना, उठना और बैठना भी कठिन हो जाता है। वह असह्य वेदना के कारण बेचैन हो उठता है। इस रोग में उपर्युक्त शाबर मन्त्र लाभकारी सिद्ध होता है।

शुक्लपक्ष के रविवार या मंगलवार के दिन किसी कुंवारी कन्या के हाथ से काते गये सूत के एक सौ एक धागे लेकर उन्हें रस्सी की तरह बांट लें। सभी धागों को आपस में मिलाते समय उपर्युक्त मन्त्र का जप करते रहें। बांट लेने के बाद ग्यारह बार मन्त्र पढ़कर धागे पर फूंक मारें। यह धागा रोगी की कमर में बांधने से उसका कमरदर्द चनका आदि दूर हो जाता है।

बवासीरहारी मन्त्र

१. ॐ नमो आदेश कामरू कामाक्षा देवी को भीतर बाहर बोलूं सुन देकर सुन देकर मन तूं काले जलावत केहि कारण रसहित पर तूं डूमर में विख्यात रहे ना ऊपर अमुक के गात नरसिंह देव तोसे बोले बानी अब झट से हो जा तू पानी आज्ञा हाड़ि दासी, फुरो मन्त्र चण्डी उवाच।

इस मन्त्र को पढ़ते हुए पन्द्रह दिनों तक रोगी को नित्य तीन बार झाड़ें। इस शाबर मन्त्र के प्रभाव से चाहे जैसी बवासीर हो, नष्ट हो जाती है। मन्त्र में जहाँ अमुक शब्द आया है, वहाँ पर रोगी का नाम बोलना चाहिए।

२. ॐ छद छहु छलक छलाई हुं हुं क्लं क्लां क्लीं हुं।

एक लोटा जल लेकर इस मन्त्र के सात बार जप से उसे अभिमन्त्रित करें और रोगी को शौचक्रिया के पश्चात् गुदा धोने के लिए दें। इसके कुछ दिनों के नित्य प्रयोग से बवासीर में लाभ होता है।

३. ईसा ईसा ईसा कांच कपूर चोर के शीशा अलिफ अक्षर जाने नहिं कोई, खूनी बादी दोनों न होइ, दुहाई तख्त सुलेमान बादशाह की।

इसकी प्रयोगविधि भी तीसरे मन्त्र की भांति ही है। अन्तर केवल इतना है कि इस मन्त्र से अभिषिक्त जल को चालीस दिनों तक प्रयोग कराया जाता है।

४. उमती उमती चल चल स्वाहा।

इस मन्त्र को ग्रहणकाल में एक सौ आठ बार जपकर सिद्ध करें। बाद में इक्कीस बार जप करके लाल रंग के सूत में तीन गांठें लगाएं और रोगी के दाहिने पांव के अंगूठे में बांध दें। इससे बवासीर रोग में लाभ होगा।

५. खुरशान की टोली साव खूनी वादी दोनों जाय, इमती चल डमती चल स्वाहा।

लाल धागे में तीन गांठें लगाएं और उपर्युक्त मन्त्र का इक्कीस बार उच्चारण करके उसे अभिमन्त्रित करें। जिसे कष्ट अधिक हो, उसके पांव के अंगूठे में बांध या बंधवा दें और गुदा-प्रक्षालन के निमित्त जल को अभिमन्त्रित कर दें।

वायुगोला पीड़ा से मुक्ति का मन्त्र

कौन पुरवाई कहां चले, वन ही चले, वागहे के कोयला, कोयला का करवेह। सारी पत्र खण्ड कर वेहु, अष्टोत्तर दांत व्याधि काटे। सिर रावण का दश, भुजा रावण की बीस। ककुही वर वटी, वायुगोला बांधूं, बांधू में गुल्म। दुहाई महादेव गोरा पार्वती नीलकण्ठ की फुरो मन्त्र दुहाई।

वायुगोला से पीड़ित व्यक्ति को इस मन्त्र का जप करते हुए झाड़ा लगाने पर वायुगोला पीड़ा से मुक्ति मिल जाती है।

शिरोपीड़ा-निवारक मन्त्र

ॐ नमो आज्ञा गुरु को, केश में कपाल, कपाल भेजा बसै, भेजा में कीड़ा कीड़ा करे न पीड़ा, कंचन की छैनी, रूपै का हथौड़ा, पिता ईश्वर गाड़, इनके श्रापे को महादेव तोड़े, शब्द सांचा पिण्ड काचा, फुरो मन्त्र ईश्वरो वाचा।

किसी शुभ दिन अथवा रविवार या मंगलवार को इस मन्त्र का एक सौ आठ जप करके व इक्कीस बार लोबान की आहुति देकर सिद्ध कर लें। जब कभी शिरोपीड़ा का रोगी आये तो उसे सामने बैठाकर मन्त्र को पढ़ते हुए थोड़ी-सी राख जमीन पर बिछाकर उंगली से उसे सात बार काटें तथा सात बार फूंक कर रोगी के सिर पर मारें। दो-तीन दिन के प्रयोग से ही रोगी को आराम हो जाएगा। फिर आगे भी कभी शिरोपीड़ा नहीं होगी।

चेचक-शान्तिकारी मन्त्र

ॐ घट घट बैठी शीतला, फेरत आवै हाथ। ॐ श्रीं श्रीं श्रीं शब्द सांचा, फुरो वाचा।

चन्द्रग्रहण या दीपावली की रात्रि में इस मन्त्र को एक सौ आठ बार जपें और फिर एक सौ आठ आहुतियाँ देकर मन्त्र सिद्ध कर लें। अब जब भी कोई बच्चा या बड़ा चेचक का रोगी आए तो सात बार मन्त्र पढ़ते हुए उसके शरीर पर हाथ फिराएं। इसी से शीतला शांत हो जाती है और रोग भी धीरे-धीरे दूर हो जाता है।

मिरगी रोगनिवारक मन्त्र

ॐ हलाहल सरगत मंडिया पुरिया श्रीराम जी फूंकें मिरगी बाई सूखे सुख होई ॐ ठः ठः स्वाहा।

मुख्यतः शाबर मन्त्र का प्रयोग या शाबर मन्त्र की साधना रविवार या मंगलवार को ही की जाती है। ये दिन शाबर मन्त्रों के लिए श्रेष्ठ हैं। किसी रविवार या मंगलवार के दिन स्नानादि से निवृत्त होकर इक्कीस बार मन्त्र का जप करें। फिर इसे भोजपत्र पर अनार की कलम द्वारा अष्टगंध की स्याही से लिखें। तत्पश्चात् इसे लोबान की धूनी देकर किसी कपड़े या ताम्रपत्र के कवच में बंद करें और काले डोरे के सहारे रोगी के गले में लटका दें। इस प्रयोग से मिरगी का रोग सदा के लिए दूर हो जाता है।

कखौरी-नाशक मन्त्र

इसे 'कंखवार' भी कहते हैं। इस रोग की गांठ बगल में होती है। पक जाने पर

यह रिसने लगती है। इसके होने पर हाथ को ऊपर या नीचे ले जाने में भारी पीड़ा होती है। यदि यह पककर न फूटे तो शल्य चिकित्सा के द्वारा इसको निकालना पड़ता है। इस रोग को समाप्त करने के लिये निम्नलिखित शाबर मन्त्र बड़ा प्रभावी सिद्ध होता है—

ॐ नमो कांखबाई भरी तलाई जहां बैठे हनुमंत आई पके न फूटे चले न नाल रक्षा करे गुरु गुरुखनाथ।

किसी भी रविवार या मंगलवार को रोगी को सामने बैठाकर नीम की टहनी से झाड़ते हुए यह मन्त्र पढ़ना चाहिए। प्रतिदिन इक्कीस बार मन्त्र पढकर झाड़ा दें। तीन दिनों के इस प्रयोग से रोग शांत हो जाता है।

चिणक-निवारक मन्त्र

चण किली, मण किली, नीबी तीती, जीमती जीमा तीती 'अमुक' चिणक गमाय तीती भलो कियो म्हारी बाई।

दो कंकड़ लें। एक चिणक पर रखें और दूसरा हाथ में रखें। एक बार मन्त्र पढ़ें और हाथ वाला कंकड़ चिणक वाले कंकड़ से छुआ दें। इस प्रकार यह क्रिया सात बार करें। चिणक ठीक हो जाएगी।

खाखबिलाई-निवारक मन्त्र

ॐ नमो नलाई ज्यां बैठया हनुमंत आई। पके न फूटे, चले बाल जति रक्षा करे, गुरु रखवाला। शब्द सांचा पिण्ड काचा, चलो मन्त्र ईश्वरो वाचा सत्य नाम आदेश गुरु को।

इस मन्त्र को इक्कीस बार पढ़कर नीम की टहनी से इक्कीस बार झाड़ने से खाखबिलाई ठीक हो जाती है। यह प्रयोग अण्डकोष की वृद्धि हो जाने पर भी किया जा सकता है।

बाला (नहरवा) निवारक मन्त्र

ॐ नमो मर हर दे संक सारी गांव महामा सिधुर चौद से बालै कियो विस्तार बालो उपनो कपाल भांप या हुति यो गीहुं ओर तोड़ कीजै नै उबाला किया, पाके फूटे पीड़ा करे तो गोरखनाथ की आज्ञा फुरे।

किसी कुंवारी कन्या के हाथों कते सूत का धागा लेकर उस पर मन्त्र पढ़कर सात गांठ लगाएं और रोगी के पैर से बांध दें। इससे बाला रोग ठीक हो जाएगा।

नाभि टालने के मन्त्र

इसे धरण डिग जाना भी कहते हैं। जब नाभि अपने स्थान से हट जाती है तो

पेट में भयंकर पीड़ा होती है। किसी-किसी को दस्त की शिकायत हो जाती है। जब तक नाभि ठिकाने पर न आ जाए, तब तक यही दशा बनी रहती है। शाबर मन्त्र धारण रोग में बहुत लाभ करता है। मन्त्र इस प्रकार है—

१. ॐ नमो नाड़ी नाड़ी नौ सौ नाड़ी बहत्तर सौ कोठा, चले अगाड़ी, डगै ना कोठा चलै ना नाड़ी, रक्षा करे जती हनुमंत की आन, मेरी भक्ति गुरु की शक्ति फुरो मन्त्र ईश्वरो वाचा।

कच्चे सूत का एक धागा लेकर नौ बार उपर्युक्त मन्त्र को पढ़कर गांठ लगा लें तथा उसे छल्ला जैसा बनाकर रोगी की नाभि में रख दें। फिर नौ बार मन्त्र पढ़कर नौ ही बार उस छल्ले पर फूंक मारें। इस क्रिया से नाभि (धरण) अपने स्थान पर आ जाती है।

२. ॐ नाड़ी नाड़ी नवासी नाड़ी बहत्तर कोण चले आगे टिके न कोण चले नाड़ी रक्षा करे यती हनुमान की आन।

यह प्रयोग भी रविवार या मंगलवार के दिन करना चाहिए। बांस का एक ऐसा टुकड़ा लें, जिस पर नौ गांठें हों। उस बांस की नौ गांठों पर एक-एक बार मन्त्र पढ़कर फूंक मारें। अब रोगी को लिटा दें और वह बांस उसकी नाभि पर रखकर दोनों सिरों पर सात-सात बार मन्त्र पढ़कर फूंक मारें। इस प्रयोग से नाभि अपने ठिकाने पर आ जाती है।

३. ॐ ऊंची नीची धरनी, श्री महादेव सरनी। टली धरण आंनू ठौर सत सत भाखै श्री गोरख वाचा।

रोगी को सवा तीन माशे की अष्टधातु की अंगुठी उपर्युक्त मन्त्र से इक्कीस बार अभिमन्त्रित करके उंगली में धारण करा देने से नाभि कभी नहीं उतरती।

४. ॐ चरणी चरणी माणस तेरी सरणी माणस का आसा पासा छांड रे धरणी न छोड़े तो गुरु गोरखनाथ की आज्ञा फुरै ठःठः स्वाहा।

पहले सवा दस हजार जप करके व एक सौ एक आहुतियों से हवन करके मन्त्र सिद्ध कर लें। फिर जब कभी आवश्यकता पड़े तो धरण हटे व्यक्ति के पेट पर हाथ फेरते जाएं और मन्त्रोच्चारण करते रहें। जब तक धरण ठिकाने न आ जाए, यह क्रिया करते रहें।

हूक-निवारक मन्त्र

ॐ नमो सार की छुरी पर धार का बान, हूक न चल रे मुहम्मदा पीर की आन, शब्द सांचा पिण्ड काचा, फुरो मन्त्र ईश्वरो वाचा।

जिस व्यक्ति को हूक चलती हो, उसको सामने लिटाकर, उसका दाँयाँ हाथ हूक

वाले स्थान पर रखवा लें। फिर मन्त्र को इक्कीस बार पढ़कर चाकू से भूमि पर इक्कीस लकीरें खींचें। इस प्रयोग से हूक चलनी बंद हो जाती है।

घाव-नाशक मन्त्र

घाव जले का हो या कटे का, निम्नलिखित शाबर मन्त्र सभी में उपयोगी है—

१. ॐ नमो आदेश कामरू देश कामाख्या देवी जले राम रेल तेव महा तोरे 'अमुक' लहर पीर पल में टारे मन्त्र पदे नरसिंह देव कुटिया में बैठ के श्री रामचन्द्र रहित फूंक के। जाय अमुक के जलन, पीड़ा एक पलन में जाय खाय सागर की नीर नाव में आज्ञा हाड़ि दासी फुरो मन्त्र चण्डी वाचा।

मन्त्रजप में अमुक के स्थान पर रोगी का नाम बोलकर गोले के तेल को ग्यारह बार मन्त्र से अभिमन्त्रित करके जले हुए स्थान पर लगाएं तो जलने के घाव ठीक हो जाते हैं।

२. सार सार बिजै सार बांधूं सात बार फूटे अन न उपजै घावसीर राखे श्री गोरखनाथ।

इस मन्त्र को सात बार पढ़कर घाव पर फूंकने से घाव की पीड़ा कम हो जाती है तथा घाव शीघ्र भर जाता है।

अतिसार-नाशक मन्त्र

कभी-कभी अतिसार (दस्त) का रोग बहुत घातक हो जाता है। बार-बार दस्तों के कारण शरीर का पानी समाप्त हो जाता है, उस समय शरीर में यदि ग्लूकोज आदि न पहुंचाया जाए, तो मृत्यु अवश्यभावी हो जाती है। इस रोग से रोगी इतना दुर्बल हो जाता है कि अपने-आप उठ-बैठ नहीं सकता। निम्नलिखित शाबर मन्त्र के प्रयोग से रोगी शीघ्र स्वस्थ हो जाता है—

ॐ नमो कामरू देश कामाक्षा देवी तहां क्षीरसागर के बीच उपजा पानी अरे रक्त पेचिश तोर कौन ठिकाना अमुक के उदर खोंचा जो रहा चलाय नरसिंह बर से क्षण में चला जाये, अमुक अंग नहीं, रोग नहीं पीर गुरु ने बांध दिया जंजीर, आज्ञा हाड़ि दासी की, चण्डी की दुहाई।

किसी पीपल वृक्ष के पास जाकर मन्त्र पढ़ते हुए तीन पत्ते तोड़ लें। उन पत्तों को घर लाकर और प्रत्येक पत्ते को दोनों जैसा बनाते हुए उसमें थोड़ा-सा जल लें और मन्त्र से तीन बार अभिमन्त्रित करके वह जल रोगी को पिला दें। मन्त्र में अमुक-अमुक के स्थान पर रोगी का नाम लें। मात्र तीन दिन की क्रिया से अतिसार रोग का शमन हो जाता है।

रींधन बाय-नाशक मन्त्र

कभी-कभी व्यक्ति की पिंड़लियों आदि में खोंचा मारने जैसा दर्द होता है, इस रोग को निम्नलिखि शाबर मन्त्र से दूर किया जा सकता है—

ॐ नमो आदेश गुरु को ॐ नमो कामरूप देश कामाक्षी देवी, जहां बसे मछन्दर जोगी, अछन्दर जोगी के तीन पुत्री एक तोड़े एक बिछोड़े एक रींधन बाय तोड़े, शब्द सांचा पिण्ड काचा फुरो मन्त्र ईश्वरो वाचा।

इस मन्त्र को ग्रहणकाल में एक सौ आठ बार जपकर सिद्ध कर लें। फिर मंगलवार या शनिवार को मनिहारी की मोगरी से मन्त्र को पढ़ते हुए झाड़ा दें। दो-तीन बार के प्रयोग से ही रींधन की पीड़ा समाप्त हो जाएगी।

दाद-नाशक मन्त्र

ॐ गुरुभ्यो नमः देव देव पूरी दिशा मेरुनाथ दलक्षना भरे विशाहतो राजा वैरधिन आज्ञा राजा वासुकी के आन हाथ वेगे चलाव।

इस मन्त्र को पानी पर पढ़कर, वह पानी पिला देने से दाद दूर हो जाता है।

अनिद्रा रोगशामक मन्त्र

ॐ कुम्भकर्णाय नमः।

जिन्हें निद्रा न आने की शिकायत हो और नींद की गोलियाँ खाकर नींद लाने की उनकी विवशता बन गयी हो, वह बिस्तर पर लेटने के बाद श्वास रोककर अधिक से अधिक संख्या में उपर्युक्त मन्त्र का जप करें और धीरे-धीरे श्वास छोड़ें। कुछ दिनों की इस क्रिया से अनिद्रा रोग समाप्त हो जाएगा।

हिचकियाँ रोकने का मन्त्र

ॐ सुमेरु पर्वत पर लोना चमारी सोने की रांपी सोने की सुताही हक चूक वाह बिलारी धरणी नालि काटि कूटि समुद्र सारी बहावो लोना चमारी की दुहाई फुरो मन्त्र दुहाई।

हिचकियाँ अधिक और लगातार आने पर इस मन्त्र से अभिमन्त्रित जल पीने या पिलाने से तत्काल थम जाती हैं। अथवा एक पके केले पर काला नमक लगाकर मन्त्र से तीन बार अभिमन्त्रित कर खिला देने से हिचकियाँ रूक जाती हैं।

प्रेतबाधा शान्ति मन्त्र

आगे दो छिलमिली, पीछे दो नन्द रक्षा सीताराम की, रखबारे हनुमंत हनुमान हनुमंता आवत, मूठ करौ चौखण्डा सांकर टोरो लोह की फारो बजर किवार अज्जर कीलें, बज्जर कीलें, ऐसे रोग हाथ से ढीलें मेरी भक्ति गुरु की शक्ति फुरो मन्त्र ईश्वरो वाचा।

इस मन्त्र को पढ़ते हुए रोगी पर जल छिड़कें, भभूति मलें या छिड़क दें। शरीर पर (रोग-विकार वाले स्थान पर) हाथ फेरें अथवा मन्त्रोच्चारण करते हुए काले धागे में सात गांठें लगाकर उसे रोगी को धारण करा दें अथवा मन्त्रसिद्ध भभूत और लौंग किसी कवच में रखकर रोगी के गले में डाल दें या बाजू से बांधें तो लाभ अवश्य ही होता है। मन्त्र को पढ़ते हुए उपर्युक्त कोई भी विधि अपनायी जा सकती है। प्रत्येक उपाय रोगनिवारण की पूर्ण क्षमता रखता है।

दुष्प्रभाव निवृत्तिकारक मन्त्र

ॐ ह्रीं श्रीं फट् स्वाहा परबत हंस स्वामी आत्मरक्षा सदा भवेत नौ नाथ चौरासी सिद्धों की दोहाई हाथ में भूत, पांव में भूत, भभूत मेरा धारण माथे राखो अनाड़ की जोत, सबको करो सिंगार गुरु की शक्ति, मेरी भक्ति फुरो मन्त्र ईश्वरो वाचा, दोहाई भैरव की।

दीपावली की रात्रि अथवा ग्रहण के अवसर पर इस शाबर मन्त्र को एक हजार ग्यारह बार जपकर सिद्ध कर लें। मन्त्रसिद्धि के बाद एक सौ आठ बार मन्त्र पढ़कर लोबान की सात आहुतियाँ देकर हवन-क्रिया करें। इस प्रकार मन्त्र प्रभावशाली हो जाएगा। उपचार के निमित्त रोगी को लिटा दें। पास ही आम की लकड़ी की अग्नि में लोबान की आहुति देते हुए ग्यारह बार मन्त्र पढ़ें। हर बार मन्त्र की समाप्ति पर अग्नि में लोबान डालें। उसके धुएं से आसपास का वातावरण शुद्ध हो जाएगा। तत्पश्चात् उसी हवन का भस्म रोगी के शरीर, मस्तक व हृदय आदि पर लगा दें। भस्म लगाते समय भी मन्त्रोच्चारण करते रहें।

एक क्रिया यह भी है कि हवनोंपरान्त एक चुटकी भस्म लें और मन्त्र पढ़कर रोगी के सिर पर फूंक मारें। फिर उसके मस्तक, छाती, सिर, पीठ आदि स्थानों पर वह भस्म लगा दें। अधिक लाभ के लिए भोजपत्र पर रक्त चन्दन और अनार की कलम से यही मन्त्र लिखें। फिर मन्त्र पढ़ते हुए लोबान की धूनी के धुएं से इसे धूपित-शोधित करके लपेटें और तांबे के कवच में भरकर रोगी के गले में या भुजा पर धारण करा दें। इसका प्रभाव अधिक पड़ता है और लाभ शीघ्र होता है।

आकर्षण मन्त्र

१. ॐ कं हां हूं।

दीपावली या ग्रहण के अवसर पर इस मन्त्र का ग्यारह सौ की संख्या में जप करने के उपरान्त एक सौ आठ बार हवन करने मात्र से मन्त्र की सिद्धि हो जाती है। फिर आवश्यकता पड़ने पर इस मन्त्र को ग्यारह बार पढ़ें। अभीष्ट व्यक्ति अनुकूल हो जाएगा।

२. **ह्रीं ठः ठः स्वाहा।**

इस मन्त्र का ग्यारह माला जप पूरा करने के बाद निम्नलिखित मन्त्र को एक सौ आठ बार नित्य जपें—

३. **नमो भगवते रुद्राय रादृष्टि लेपिना हरः स्वाहा। दुहाई कंसासुर की, फुरो मन्त्र ईश्वरो वाचा।**

ग्यारह दिनों में ग्यारह जप से यह मन्त्र सिद्ध हो जाता है। इसके बाद बिनौला (कपास), पीली सरसों तथा चूहे के बिल की मिट्टी एक हाथ में लेकर तीन बार इस मन्त्र को पढ़कर फूंक मारें। इससे यह मिश्रित मन्त्र सिद्ध होकर अत्यधिक प्रभावी हो जाता है। जिस भी व्यक्ति पर आकर्षण का प्रयोग करना हो, उसका पहना हुआ कोई वस्त्र लेकर उस पर यह मन्त्रसिद्ध मिश्रित मन्त्र पढ़ते हुए छिड़क दें। अभीष्ट व इच्छित व्यक्ति जहाँ भी होगा, वहाँ से घर लौट आएगा।

चूहा भगाने का मन्त्र

पीत पीताम्बर मूसा गांधी, ले जावहु हनुमंत तु बांधी, ए हनुमंत लंका के राउ एहि कोणे पैसेहु एहि कोणे जाहु।

सर्वप्रथम किसी शुभ मुहूर्त में इस मन्त्र को एक सौ आठ बार जप कर इतनी ही बार हवन करें। ऐसा करने से मन्त्र सिद्ध हो जाता है। बाद में जब कभी आवश्यकता पड़े, खेत-खलिहान या दूकान-मकान जैसे स्थानों पर चूहों का उत्पात बढ़ रहा हो और उन्हें भगाने की समस्या हो तो इस मन्त्र का प्रयोग लाभ करता है। प्रयोग के लिए रविवार या मंगलवार के दिन स्नानादि से निवृत्त होर मन्त्र का इक्कीस बार जप करें। फिर हल्दी की पाँच गांठें और थोड़े से चावल हाथ में लेकर मन्त्र को पढ़ते हुए पाँच बार फूंकें और उस स्थान पर, जहाँ चूहों का उत्पात है, छिड़क दें। यह तांत्रिक प्रयोग चूहों को कुछ ऐसा भयभीत और भ्रमित कर देगा कि वे वह स्थान छोड़कर भाग जाएंगे।

मोहन कर्म मन्त्र

मोहन मोहन क्या करे मोहन मेरा नाम, भीत पर तो देवी खड़ी मोहों सारा ग्राम, राजा मोहों प्रजा मोहों मोहो गणपत राय, तैंतीस कोटि देवता मोहों नर लोग कहां जाय, दुहाई ईश्वर महादेव पार्वती नैना योगिनी कामरू कामाक्षा की।

आश्विनी दशहरे के दिन से इस मन्त्र का जप प्रारम्भ करना चाहिए। प्रतिदिन एक माला ज' दस दिन तक करना चाहिए। जपकाल में गुग्गुल और कपूर के मिश्रण को धूनी देते रहें। इसी से मन्त्र सिद्ध हो जाता है। गोरोचन को सिद्ध मन्त्र से सात बार आभिमन्त्रित कर, उसका तिलक लगाकर जिस किसी के भी सामने जाएंगे, वह मोहित

हो जाएगा। मोहन कर्म का यह सर्वाधिक प्रभावी मन्त्र है।

सर्प दूरीकरण मन्त्र

ॐ नमो आदेश गुरु को जैसे के लेहु रामचन्द्र कबूत ओसइ करहु राध बिनि कबूत पवनुत हनुमंत घाव हन हन रावन कूट मिरावन श्रवइ अण्डखेतहि श्रवइ अण्ड बिहण्ड खेतहि श्रवइ वाजं गर्भ हि श्रवइ स्त्री चीलहि श्रावहि शाप हर हर जम्बीर हर हर।

दीपावली की रात्रि में इस मन्त्र का एक माला जप करें। तत्पश्चात् इक्कीस आहुतियाँ देकर एवं हवन-क्रिया करके मन्त्र सिद्ध करें। अब जिस स्थान पर सर्प होने की संभावना हो, वहाँ मिट्टी का छोटा-सा ढेला मन्त्र को पढ़ते हुए सात बार फूंक मारकर रख दें। सर्प तुरन्त उस स्थान को छोड़कर चला जाएगा और फिर कभी लौटकर नहीं आएगा।

नजर झाड़ने का मन्त्र

१. **ॐ नमो सत्य आदेश गुरु को ॐ नमो नजर जहां पर पीर न जानी बोले छलसों अमृतवाणी कहो नजर कहां ते आई यहां की ठौर तोहि कौन बताई कौन जात तेरो कहां ठाह किसकी बेटी कहा तेरो नाम कहां से उड़ी कहां को जाया अब ही बसकर ले तेरी माया मेरी बात सुनो चित लाय जैसी होय सुनाऊ आय तेलन तमोलन चुहड़ी चमारी कायस्थनी खतरानी कुम्हारी महतरानी राजा की रानी जाको दोष ताही के शिर पड़े जाहर पीर नजर से रक्षा करे मेरी भक्ति गुरु की शक्ति फुरो मन्त्र ईश्वरो वाचा।**

जिस किसी बच्चे या बड़े स्त्री-पुरुष को नजर लगी हो, उसे सामने बैठाकर इस मन्त्र को पढ़ते हुए पीड़ित की अवस्था को देखकर पाँच, सात या ग्यारह बार मोरपंख से झाड़ दें।

२. **ॐ नमो आदेश गुरु को, उलटंत गोरख पलंटत काया भाग भाग जमदूत गोरखनाथ आया, लोहे की कोठरी वज्र की ताली, आगे मेरे हरि बसे पीछे देव अनन्त, रक्षा हे गोरखनाथ जी की चौकी है हनुमंत की।**

होली, दीपावली अथवा ग्रहणकाल में रात्रि के समय इस मन्त्र को एक हजार बार जपने तथा एक सौ आठ आहुति देने से यह मन्त्र सिद्ध हो जाता है। फिर मन्त्र को पढ़ते हुए झाड़ा लगाने से नजर उतर जाती है।

३. **अपने ही पापतें त्रितापतें कि सापतें कढ़ी है बांह बेदन कहीं न सारि जाति है औषध अनेक जन्म मन्त्र-टोटकादि किये बादि भये देवता मनाहे**

अधिकाति है करतार भरतार हरतार कर्म काल को है जगजाल जो न मानत इताति है चेरो तेरो तुलसी तू मेरो कहयो रामदूत।

यदि कोई नजर लग जाने के कारण व्याधि आदि से ग्रस्त हो गया हो तो उपर्युक्त मन्त्र को जपते हुए सात बार मोरपंख से झाड़ा लगा दें।

४. हरि हरि स्मरिके हम मन करूं स्थिर चाउर आदि फेंक के पाथर आदि वीर डायन दूतिन दानवी देवी के आहार बालक गण पहिरे हाड गला हार राम लखन दूनों भाई धनुष लिए हाथ देख डायनी भागत छोड़ शिशु साथ गई पराय सब डायनी योगिनी सात समुद्र पार में खावे खारी पानी आदेश हाड़ि दासी चण्डी माई आदेश नैना योगिनी की दुहाई।

इस मन्त्र को इक्कीस बार पढ़ें और झाड़ा लगाकर फूंक मारें तो कैसी भी नजर होगी, उसका प्रभाव नष्ट हो जाएगा।

नजरनाशक भस्म का मन्त्र

ॐ नमो आदेश तुझ्या नावे भूत पले प्रेत पलै खवीस पले सब पलै अरिष्ट पले मुरिष्ट पलै न पले तर गुरु की गोरखनाथ की वीदमा ही चले गुरु की संगत मेरी भगत चलो मन्त्र ईश्वरो वाचा।

इस मन्त्र को दीपावली या दशहरे की रात्रि में एक हजार आठ बार जपकर सिद्ध कर लें। फिर जब प्रयोग करने की आवश्यकता पड़े, तब सात बार मन्त्र से अभिषिक्त भस्म को रोगी के शरीर पर लगा देने से भयंकर नजर का भी अन्त हो जाता है।

पुष्प वशीकरण मन्त्र

१. ॐ नमो आदेश गुरु का एक फूल फूल भर दोना चौंसठ योगिनी ने मिल किया टोना फूल फूल वह फल न जानी हनुमन्त वीर घेर घेर दे आनी जो सूंघे इस फूल की बास उसका जी प्राण हमारे पास सोती होय तो जगाय लाव बैठी होय तो उठाय लाव और देखे जरे बरै, मोहि देखि मोरे पायन परे मेरी भक्ति गुरु की शक्ति फुरो मन्त्र ईश्वरो वाचा वाचा वाची से टरे तो कुम्भी नरक में परे।

किसी भी शनिवार को आरम्भ करके इक्कीस दिनों तक लगातार रात में शुद्ध होकर बैठ जाएं। फिर दीपक जलाकर और लोबान की धूनी देकर उपर्युक्त मन्त्र को एक सौ चौवालीस बार जपें। इस तरह मन्त्र सिद्ध हो जाता है। बाद में किसी भी सोमवार के दिन कोई पुष्प लेकर उस पर उपर्युक्त मन्त्र पढ़ते हुए इक्कीस बार फूंक मारें। वह फूल अभीष्ट व्यक्ति को सुंघाने पर वह साधक के प्रति अथवा साधक जिसके बारे में कहेगा, उसके प्रति सम्मोहित हो जाएगा।

२. मूठी माता मूठी रानी गूठी लगावे आग। 'अमुक' के चटक लगाय बेधड़क कलह मचावै मुख न बोले, सुख न सोवे कहत मन्त्र उठाय, मारयौ उरझै क्यों काचा सूत की आटी उरझै अब देखूं नाहसिंह वीर तेरे मन्त्र की शक्ति शब्द सांचा पिण्ड कांचा, फुरो मन्त्र ईश्वरो वाचा।

शनिवार की संध्या में लाल कनेर के वृक्ष के पास जायें और उसे न्योता देकर पुष्पों वाली टहनी में कलावा बांध दें। दूसरे दिन रविवार को प्रातः उस टहनी को तोड़कर ले आएं। रात होने पर दीप्क जलाकर ऊनी आसन पर बैठें। लाल वस्त्र पर उस टहनी को रख दें और धूप-दीप से उसकी पूजा करें। फिर उपर्युक्त मन्त्र का एक सौ इक्कीस की संख्या में जप करें। इस क्रिया से मन्त्र सिद्ध हो जाएगा। बाद में टहनी से पुष्प तोड़कर इक्कीस बार मन्त्र पढ़कर उस पर फूंक मारें। यह पुष्प जिसे उपहार में देंगे, वह वश में हो जाएगा।

वशीकरण मन्त्र

हाथ पसारूं मुख मलूं, काची मछली खाऊं। आठ पहर चौंसठ घड़ी, जग मोह घर जाऊं।।

महीने के किसी भी शनिवार की रात्रि में इस मन्त्र का एक सौ एक जप करें। मन्त्रजप के समय घी का दीपक जलता रहे। गुग्गुल की धूनी दें तथा पुष्प और मिठाई प्रसाद के रूप में चढ़ाएं। फिर उस मिठाई को मन्त्र से अभिषिक्त करके जिसे भी खिला देंगे, वह वशीभूत होकर कहना मानने पर बाध्य हो जाएगा।

सर्ववशीकरण मन्त्र

बांध इन्द्र की बांध तारा, बांधूं बिद लोही की धारा, उठे इन्द्र न बोले बाव, सूक साख पूंजी हो जाय, बन ऊपर लोकी कड़े हीय लपर लो सूत में, तो बंधन बांधयो सास-ससुर जाया पूत, मन बांधूं मंवन्त बांधूं विद्या दे साथ, चार खूंट लों फिर आब अमुकी अमुक के साथ रहे गुरु गुरो स्वाहा।

अंधेरी रात के शनिवार से इकतीस दिन तक नित्य रात के समय एक माला जप उपर्युक्त मन्त्र का करें। इस कृत्य से मन्त्र सिद्ध हो जाएगा। प्रयोग के समय यही मन्त्र ग्यारह बार पढ़कर एक-दो बताशे अभिमन्त्रित कर जिस स्त्री को खिला देंगे, वह वशीभूत हो जायेगी। मन्त्र में अमुकी के स्थान पर स्त्री का और अमुक के स्थान पर अपना नाम बोलना चाहिए।

स्त्रीवशीकरण मन्त्र

ॐ मोहना रानी, मोहना रानी, चली सैर को सिर पर धरे तेल की दोहनी जल मोहूं, थल मोहूं, मोहूं सब संसार मोहना रानी पलंग चढ़ बैठी, मोह

रहा दरबार मेरी भक्ति गुरु की शक्ति दुहाई गौरा पार्वती की, दुहाई बजरंगबली की।

दीपावली की रात्रि में स्नानादि से निवृत्त होकर साफ ऊनी आसन पर बैठ जाएं। कोई सुंगन्धित तेल, मिष्ठान्न एवं पुष्प पहले से सहेजकर रख लें। इसके बाद घृत का दीपक जलायें और आम की लकड़ी की अग्नि में लोबान की धूनी दें। फिर मिष्ठान्न व पुष्प अर्पित करें। तदुपरान्त उपर्युक्त मन्त्र का बाईस माला जप करके लोबान की आहुति से सात बार हवन करें। इस क्रिया से मन्त्र सिद्ध हो जाएगा।

यदि प्रयोक्ता किसी स्त्री को आकृष्ट करना चाहता है तो उसके नाम पर सम्मोहन की कामना करते हुए तेल को सात बार मन्त्र से अभिषिक्त करे। फिर वह तेल उस स्त्री को लगाने के लिए दे तो उस तेल को लगाने के बाद वह साधक के पास पहुंचने का हर संभव प्रयास करेगी।

मन्त्र द्वारा वशीकरण

ऐं भग भुगे भगानि भगोदरि भगमाले योनि भगनिपातिनी सर्वभगवशंकरि भगरूपे नित्यक्लैं भगस्वरूपे। सर्वं भगानि मे वशमानय। वरदे रेते सुरेते भगक्लिन्ने। क्लीं न द्रवे, क्लेदय द्रावय अमोघे। भगविघे, क्षुभ क्षोभय सर्वसत्वान्। भगेश्वरी ऐं क्लैं मैं ब्लूं मो ब्लूं हे क्लिन्ने। सर्वाधिक भगानि तस्मै नमः।

सर्वप्रथम स्नान-ध्यान से निवृत्त होकर कुश के आसन पर बैठें। अपने सामने एक बड़ा घी या तेल का दीपक जलाकर रखें। फिर उपर्युक्त मन्त्र का सवा लाख की संख्या में जप करें। समय चाहे जितना भी लग जाए, जब तक मन्त्र की संख्या पूरी न हो जाए, अपने स्थान से न उठें। दीपक भी लगातार जलते रहना चाहिए। इस प्रकार मन्त्र को सिद्ध कर लेना चाहिए। मन्त्रसिद्धि के पश्चात् योनि का ध्यान करके इसी मन्त्र का इक्कीस माला जप करने से इच्छित स्त्री का वशीकरण होता है।

मीठी वस्तु द्वारा वशीकरण मन्त्र

ॐ नमो भगवते मदन मोह मये पंच भूत मोहिनी। चतुर्विध जीव गलनु मोहिसु-मोहिसु। तन्नो नो उदकेण तुरित व्यतलित्रकाणा कालुकै। प्याऽदे कल बहु दिवोडि वरील वार विर्दरे। महा मायाणे काल भैरव-गणे ब्रह्मा-विष्णु, महेश्वरणे श्रीराम ईतनाणे। क्लीं मोहिनी मोहिसु मोहिसु। निगेगे निन्नाणे मोहिसु ॐ गुरु प्रसादं।

कोई भी मीठी वस्तु उपर्युक्त मन्त्र द्वारा एक सौ आठ बार अभिमन्त्रित करके इच्छित व्यक्ति को खिलाने से उसका वशीकरण हो जाता है।

प्रेमिका वशीकरण मन्त्र

सकोरे में, ताबे में, शीशे में, पानी में, सीपी में कीड़ा मरे वश में हरे। पारबती के वचन न टरें। अमुक को वश में करे नहीं तो महादेव के त्रिशूल की चोट न खा लें। जय शंकर भगवान सत् गुरु सत कबीर।

प्रेमिका के सामने खड़े होकर उपर्युक्त मन्त्र को दो सौ सोलह बार पढ़ें। वह वशीभूत होकर आपकी ओर आकर्षित हो जाएगी। मन्त्र में अमुक के स्थान पर प्रेमिका के नाम का जप करें।

पति को वश में करने का मन्त्र

या भुज ते महिषासुर मारि और शुम्भ-निशुम्भ दोऊ दल थम्बा आरत हेतु पुकारत हौं, जाइ कहां बैठी जगदम्बा खड्ग टूटो कि खप्पर फूटो कि सिंह थको तुमरो जगदम्बा आज तोहे माता भक्त शपथ बिनु शान्ति दिए जानि सोवहु अम्बा।

पति को वश में करने का यह मन्त्र सवा लाख बार जप करने पर सिद्ध हो जाता है। प्रयोग के समय इसका एक सौ आठ बार जप करें। किसी वस्तु को मंत्राभिषिक्त कर पति को खिला दें। वह सदा आज्ञाकारी बना रहेगा।

पत्नी-वशीकरण मन्त्र

पान पढ़ि खिलावे, त्रिया जोरि बिसरावे, क्षीरे त्रिया तोरा साथ नहि जावे, नाग वो नागिन फेन काढ़े, तोर मुख न हित जाए त्रो, रे नागा, दोहाई गुरु नानक शाही का, दोहाई डाकिन का।

उपर्युक्त मन्त्र को एक सौ आठ बार जप करके सिद्ध कर लें। फिर प्रयोगकाल में इस मन्त्र द्वारा पान को ग्यारह बार अभिमन्त्रित करके पत्नी को खिला दें। वह तुरन्त वश में हो जाएगी और आज्ञा मानने को बाध्य रहेगी। यदि वह पान न खाती हो तो मिठाई अभिमन्त्रित करके खिलाएं।

भूत-वशीकरण मन्त्र

ॐ श्रं श्रं कं वं भुं भूतेश्वरि मम त्रश्यं कुरु कुरु स्वाहा।

मूल नक्षत्र में चौके का जल बबूल वृक्ष की जड़ में डालकर इकतालीस दिनों तक नित्य इस मन्त्र का एक हजार एक सौ आठ बार जप करें। बयालीस दिन जल न डालने पर भूत सामने उपस्थित होकर जल मांगेगा। ऐसे में भूत से अपने किसी भी कार्य को सम्पन्न कराने का वचन लें। इस प्रकार वह आपके वश में हो जाएगा। जब तक आप बबूल के वृक्ष में जल देते रहेंगे, तब तक वह आपके वश में रहेगा। यह प्रयोग किसी योग्य तांत्रिक के निर्देशन में करना ही उचित है। प्रयोग के समय रक्षाकारी सुरक्षा का कवच मन्त्र अवश्य जप लें।

खिलाने मात्र से वशीकरण

१. जे भुज ते महिषासुर मारो, शुम्भ-निशुम्भ हत्यो बल थम्बा। सेवक को प्रण रख ले मात। भई पर मन्त्र तु ही अवलम्बा। आहत होय पुकारत हौं, कर ते तरवार गहो जगदम्बा। आनि तुम्हें शिव-विष्णु की, जनि शत्रु बधे बिन सोवहु अम्बा।

कटी हुई सुपारी के थोड़े से दाने लेकर दो माला मन्त्र के जप से अभिमन्त्रित कर जिसे भी खिला देंगे, वह वश में होकर आज्ञानुसार कार्य करेगा।

२. पान मंगाहूं, पनागर ले, सत लोक ले, जल बैकुण्ठ ले, श्रीफल मंगा के परवाना देथों, अस्थिर हो जा।

इस मन्त्र को एक सौ आठ बार जपकर व इससे एक पान का बीड़ा अभिमन्त्रित करके अभीष्ट स्त्री या पुरुष को खिलाने से उसका वशीकरण हो जाता है।

३. ॐ नमो सुपारी काम निगारी राजा प्रजा खरी पियारी, मन्त्र पढ़ि लगाऊं तोहि हिया कलेजा लावे तोहि जीवता चाहे पगतली मूवा संग मसान। सो वश्य न होय तो यती हनुमान की आन, शब्द सांचा, फुरो मन्त्र ईश्वरो वाचा, सत्य नाम आदेश गुरु का, ॐ ॐ ॐ।

सूर्य अथवा चन्द्रग्रहण में खाने की कोई भी वस्तु लेकर उपर्युक्त मन्त्र द्वारा एक हजार एक सौ आठ बार अभिमन्त्रित कर जिसको भी खिला देंगे, वह वश में हो जाएगा।

४. ॐ नमो अप्सरा उर्वशी सुपारी काम निगारी राजा परजा खरी पियारी मन्त्र पढ़ि लगाऊं तोहि हिया कलेजा लावै तोहि जीवता चाटे पगतली मूवा संग मसान जो अमुक वश्य न होय तो जती हनुमंत की आन, शब्द सांचा पिण्ड कांचा, फुरो मन्त्र ईश्वरो वाचा।

इस मन्त्र का सूर्य या चन्द्रग्रहण में बीस माला जप करें। इसी से यह मन्त्र सिद्ध हो जाएगा। प्रयोगकाल में एक छोटी सुपारी को गंगाजल से धोकर मन्त्र द्वारा उसे इकतीस बार अभिमन्त्रित करें। अब यह सुपारी किसी भी तरह से जिसे खिला दी जाएगी, वह वश में हो जाएगा। मन्त्र में अमुक की जगह पर अभीष्ट स्त्री या पुरुष का नाम बोलना चाहिए।

इलायची द्वारा वशीकरण

ॐ नमो काला कलबा काली रात जिसकी पुतली मांझा राख काला कलवा घाट बाट सोती को जगाई लाव, बैठी को उठाई लाव खड़ी को चला लाव, बेगी धर्या लाव मोहनी जोहनी चल राज की टांड 'अमुकी' हजार जाप करे।

एक छोटी इलायची पर इस मन्त्र का दल माला जप करें और इस अभिमन्त्रित इलायची को अभीष्ट स्त्री को खिला दें। इससे उसका वशीकरण हो जाएगा। फिर वह आपकी हरेक बात मानने को बाध्य होगी। मन्त्र में अमुकी की जगह उस स्त्री का नाम बोलना आवश्यक है।

ध्यान द्वारा वशीकरण मन्त्र

ॐ ताल तुम्बरी दह दह दरै झाल झाल आं आं आं हुं हुं हुं हें हें हें काल कमानी कोटा कमरिया ॐ ठः ठः।

राजहंस का स्वतः गिरा हुआ पंख, कोचनी का पुष्प एवं सफेद गाय का दूध—इन सबको मिलाकर खीर बनाएं। फिर उपर्युक्त मन्त्र द्वारा खीर की एक सौ आठ आहुतियाँ दें। इससे मन्त्र सिद्ध हो जाएगा। प्रयोग के समय नित्य ग्यारह दिनों तक इसी मन्त्र का एक सौ जप करके इच्छित स्त्री या पुरुष का ध्यान करें। जिसका भी ध्यान किया जाएगा, वह वश में हो जाएगा।

अभीष्ट को वश में करने का मन्त्र

ॐ वीर बैताल...अभीष्ट स्त्री/पुरुष का नाम...का मन फेर, मेरे वश में कर, चरणों में पड़े, कहियो करे, सौ ताला तोड़ हाजर होय, कहुं सो होय, ग्रं टं फट्।

होली की रात्रि में मिट्टी की हांडी लाकर उसमें साबुत हल्दी की एक गांठ, एक नीबू तथा सात काली मिर्च डाल दें। फिर उस हांडी पर लाल कपड़ा बांधकर उपर्युक्त मन्त्र का एक घण्टे जप करें। अब उस हांडी को घर से दूर वीराने में गाड़ दें और वापस आकर हाथ-मुंह धो लें। जिसके लिए भी प्रयोग किया गया है, वह वश में हो जाएगा।

वशीकरण के विविध मन्त्र

१. माता अंजनी का हनुमान। मैं मनाऊं तू कहना मान। पूजा दें, सिन्दूर चढ़ाऊं 'अमुक' को रिझाऊं और उसको पाऊँ। यह टीका तेरी शान का। वह आवे, मैं जब लगाऊं। नहीं आवे तो राजा राम की दुहाई। मेरा काम कर नहीं आवे तो अंजनी की सेज पड़।

मंगलवार के दिन सबेरे हनुमान मंदिर में जाकर पूजा-अर्चना करें। फिर उपर्युक्त मन्त्र को सवा लाख जपकर सिद्ध करें। इसके पश्चात् मस्तक पर चन्दन का तिलक लगाकर वहाँ से इसी मन्त्र का जप करते हुए इच्छित स्त्री या पुरुष के पास जाएं। इस क्रिया से वह आपके वश में हो जाएगा/हो जाएगी। अमुक के स्थान पर उसका नाम अवश्य लें।

२. **ॐ नमो काल भैरव काली रात काला आया आधी रात चलै कतार बांधूं तू बावन वीर पर नारी सो राखै सीर छाती धरिके वाको लाओ सोती होय जगा के लाओ बैठी होय उठा के लाओ शब्द सांचा पिण्ड काचा फुरो मन्त्र ईश्वरो वाचा सत्य नाम आदेश गुरु का।**

होली या दीपावली जब रविवार के दिन हो, तो एरण्ड के पौधे को उपर्युक्त मन्त्र का उच्चारण करते हुए बाँयें हाथ द्वारा एक झटके से उखाड़कर ले आएं। फिर इसके छोटे-छोटे टुकड़े करके मन्त्र से इक्कीस बार अभिमन्त्रित कर जिस स्त्री से स्पर्श करा देंगे, वह तत्काल वशीभूत हो जाएगी।

३. **काला कलुवा चौंसठ वीर ताल भागी तोर जहां को भेजूं वहीं को जाये मांस मज्जा को शब्द बन जाये अपना मारा, आप दिखावे चलत बाण मारूं उलट मूंठ मारूं मार मार कलुवा तेरी आस चार चौमुखा दीया मार बादी की छाती इतना काम मेरा न करे तो तुझे माता का दूध पिया हराम।**

जिस स्त्री का वशीकरण करना हो, उसके बाँयें पैर के नीचे की मिट्टी लेकर उसे इस मन्त्र द्वारा सात बात अभिमन्त्रित करके उसके सिर पर डाल दें। वह स्त्री वशीभूत हो जाएगी।

भूत-प्रेतादिनाशक मन्त्र

ॐ नमो आदेश गुरु को घोर घरे इनघेर काजी की किताब घोर मुल्ला की बांग घोर रेगर की कुंड घोर धोबी की कुंड घोर पीपल का पान घोर देव की दिवाल घोर आपकी घोर बिखरता चल पर घोर बिठाता चल वज्र का किवाड़ तोड़ता चल सार का किवाड़ तोड़ता चल कुन कुन सो बंद करता चल भूत को पलीत को देव को दानव को दुष्ट को पुष्ट को चोट के पेट का मेले को घरेले का उलके को, हिड़के को भड़के को, ओपरी को पराई को, भूतनी को, पलेतनी को, डंकनी को, स्यारी को, भूचरी को, खेचरी को, कलुवे को, मलयो को, उनके मघबाय के ताप को, तिजारी को, माया को, मतवाय को, मुगरा की पीड़ा को, पेट की पीड़ा को, सांस को, कांस को, मेरे को, मुसाण को, कुण-कुण सा मुसाण कचीया मुसाण भूकीया मुसाण कीटिया मुसाण चीड़ी चोपटी का मुसाण नुईसा मुण इन्हें, को बन्द करी ऐड़ी की ऐड़ी बंद करी पीड़ा की पीड़ी बंद करी, जांघ की झाड़ी बंद करी कटिया की कड़ी बंद करी, पेटी की पीड़ा बन्द करी, छाती की शूल बंद करी, शरीर की शीत बंद करी, चोटी बन्द करी, नौ नाड़ी बहत्तर कोठा रोम-रोम में घर पिण्ड में दखल

कर, देश बंगाल का मनसारा मसेवड़ा आकर मेरा कारज सिद्ध न करे तो गुरु उस्ताद से लाजे शब्द सांचा पिण्ड काचा फुरो मन्त्र ईश्वरो वाचा।

यह मन्त्र इसलिए महत्वपूर्ण है, क्योंकि अभी तक यह गोपनीय रहा है। भूत-ज्वर, ग्रह दोष, भूत-प्रेत, पिशाच आदि के उपद्रव को समाप्त करने तथा हर प्रकार की ऊपरी बाधा को दूर करने में यह पूर्ण रूप से सहायक है। रविवार को साधक घर में या जंगल में, एकांत में दक्षिण की ओर मुंह करके बैठ जाए। सामने लोबान की धूप और सरसों के तेल का दीपक जलाकर रखे। अपने कपड़ों पर थोड़ा इत्र लगा ले। यह साधना ग्यारह रविवार तक की जाती है तथा प्रत्येक रविवार को उपर्युक्त मन्त्र का एक सौ एक माला जप किया जाता है। जब ग्यारह रविवार पूर्ण हो जाय, तो जहाँ बैठकर मन्त्रसाधना की गयी है, वहाँ थोड़ी भांग, सुलफा या अफीम रखें और तुरन्त वह स्थान छोड़ दें। मन्त्र सिद्धि के पश्चात् साधक को चाहिए कि वह सामने उपद्रवग्रस्त व्यक्ति को बैठाकर हाथ में चाकू या झाड़ू लेकर रोगी के शरीर से स्पर्श कराए और सात बार मन्त्र पढ़कर झाड़ा लगाए। यदि हालत ज्यादा खराब हो तो कागज पर केसर के पानी या चन्दन के पानी से इस मन्त्र को लिखे और उसे कपड़े में सिलकर, मंत्राभिषिक्त कर रोगी के गले में या बाजू में बाध दे। इससे उसे आराम हो जाएगा।

प्रेतबाधा-मुक्ति मन्त्र

बांधो भूत जहां तु उपजो छाड़ों गिरे पर्वत चढ़ाइ सर्ग दुहेली तु जभि झिलमिलाहि हुंकारे हनुमंत पचारै सीमा जारि जारि भस्म करे, जौं चापें सींउ।

सर्वप्रथम होली या दीपावली की रात्रि में एकांत में बैठकर इस मन्त्र को एक सौ आठ बार जप कर और साधारण हवन-क्रिया कर सिद्ध कर लें। अव स्त्री या पुरुष, जिस पर भी भूत-प्रेत का प्रकोप हो गया है, उसे स्वस्थ करने के लिए इस प्रकार प्रयोग करें—

रोगी को अपने सामने बैठाकर आम की लकड़ी की अग्नि में लोबान द्वारा आहुति देकर, मन्त्र को धीमे स्वर में पढ़ते हुए ग्यारह बार हवन-प्रक्रिया करें। रोगी को ऐसी स्थिति में बैठना चाहिए कि लोबान का धुआं उसके शरीर को छूता और चेहरे से टकराता रहे। इससे प्रेतबाधा का शमन हो जाता है।

अथवा रोगी को सामने बैठाकर एक लोटे में जल लें और उस पर सात बार उपरोक्त मन्त्र पढ़कर फूंक मारें। तदुपरान्त मन्त्र पढ़ते हुए ही वह जल रोगी पर सात बार छिड़कें। इस क्रिया से भी भूत-प्रेतबाधा दूर हो जाती है। तीसरी क्रिया में रोगी को सामने बैठाकर मोरपंख से उसके शरीर को सिर से पांव तक मन्त्र का जप करते

हुए झाड़ा लगाएं। सात बार यह क्रिया करने से ही भूतोन्माद से ग्रस्त व्यक्ति रोगमुक्त हो जाता है।

भूत भगाने का मन्त्र

हाड़ के दिया चाम की बाती धरी पछाड़ो भूत की छाती चम्पा फूले फूले कचनार तेहि पर भूत करे सिंगार तर के उखरी उसकी बान मेरे गुन उठावे बान हमसे सरवर के करे सेयान मियां पोखर तीन अस्थान दुहाई बाबा मसान की गुन बान चक्कर बान मेरा धरती उठे बान मेरा बान ले के मेरा गुरु के बान छांड़ों छांड़ों दोनों जन लोहे का सिक्कड़ बज्जर के किवाड़ तहां राखौं पिण्ड प्राण दुहाई कामरू कामाक्षा की।

इस शक्तिशाली मन्त्र को इक्कीस बार पढ़कर इक्कीस बार मोरपंख से रोगी को झाड़ा दिया जाए तो निश्चित ही भूत भाग जाता है। यह प्रयोग रविवार या मंगलवार को अधिक प्रभावशाली सिद्ध होता है। यों आकस्मिक आपदा की स्थिति में रोगी की दशा को देखते हुए कभी भी इसका प्रयोग किया जा सकता है।

भूतरोग-विनाशक मन्त्र

ॐ ह्रीं भ्रीं फट् स्वाहा परबत हंस स्वामी आत्मरक्षा सदा भवेत् नौ नाथ चौरासी सिद्धों की दुहाई। हाथ में भूत, पांव में भूत, भभूत मेरा धारण माथे राखो अनाड़ की जोत, सबको करो सिंगार गुरु की शक्ति मेरी भक्ति फुरो मन्त्र ईश्वरो वाचा, दुहाई भैरव की।

सर्वप्रथम रोगी को सामने बैठाएं। तसले में आग की लकड़ियाँ जलाकर उसके अंगारों पर लोबान की आहुतियाँ देते हुए सात बार मन्त्र पढ़ें और हर बार मन्त्र की समाप्ति पर अग्नि में लोबान की बुरकी दें। फिर उसी हवन का भस्म रोगी के पूरे शरीर, हृदय और मस्तक पर लगा दें। भस्म को लगाते समय भी मन्त्र पढ़ते रहें। यदि स्थिति अधिक खराब हो तो अनार की कलम और रक्त चन्दन के पानी से भोजपत्र पर यही मन्त्र लिखें और कवच में बंद करके मन्त्र से ग्यारह बार अभिमन्त्रित करें और लोबान से धूपित कर रोगी के गले में बांध दें। इसका शीघ्र प्रभाव दिखाई देगा।

जादू-टोनानिवारक मन्त्र

ॐ नमो कामरू देश कामाक्षा देवी को आदेश। नजर काटो, बजर काटो मुहूर्त में देकर पाय, रक्षा करे जय दुर्गा माय नरसिंह ओना टोना बहाय। अमुक का रोग सागर पार चला जाय, आज्ञा हाडि दासी चण्डी की दुहाई।

रोगी को अपने सामने बैठाकर उपर्युक्त मन्त्र को तीन बार पढ़ते हुए उसके शरीर पर मोरपंख से झाड़ा लगाएं। यह क्रिया दिन में तीन बार करनी है। पाँच या सात दिन

की इस क्रिया से रोगी स्वस्थ हो जाता है। किसी भी प्रकार का जादू-टोना उस पर शेष नहीं रहता। किन्तु प्रयोग से पहले मन्त्र को पूर्वोक्त तरीके से सिद्ध अवश्य कर लेना चाहिए। तभी वह प्रभावी होता है।

चुड़ैल के झाड़े का मन्त्र

ॐ पूर्व पश्चिम उत्तर दक्षिण चारि का सर्ग पाताल आंगन द्वार घर मंझार, खाट बिछौना गड़ई सोवनार, सागलन और जेवनार विरासों धावै फुलैल लवंग सोपारीजे मुंह तेल उवटन अबटन और अवनहान पहिरण लहंगा सारी जान डोरा चोलिया चादर झीन मोट रुई झीन शंकर गोरा क्षेत्रपाल, पहले झारो बारम्बार काजर तिलक लिलार आंखि नाक कान कपार मुंह चोटी कण्ठ अवकंश कांध बांह हाथ गोड़ अंगुरी नख धुकधुकी अस्थल नाभि पेटी नीचे जोनि चरणि मत भेटी पीठ करि दाव जांघ पेंडुरी छूठी पावतर ऊषर अंगुरा चाम रक्त मांस डांड गुदी धातु, जो नहीं छडु अंतरी कोठरी करेज पित्त ही पित्त जिय प्राण सब वित बात अंकमने जागु बड़े नरसिंह की आनु कबहुं न लाग फांस, पित्तर रांग कांच, लोहरूप सोन साच पाट पट वशन रोग जोग कारण दीशन डीठि मूठि टोना थापक, नवनाथ चौरासी सिद्ध के सराप डाइन योगिनी चुरइन भूत व्याधि परि अरि जेतुत मनै मोरख नैन, साथ प्रगटरे विलाउ काली और भैरव की हांक, फुरो ईश्वरो वाचा।

चुड़ैल आदि का साया स्त्रियों पर ही अधिक पड़ता है। जब कभी कोई ऐसी स्त्री आये तो किसी एकांत में रोगी स्त्री को निर्वस्त्र करके नमक तथा पानी के साथ इस मन्त्र से इक्कीस बार झाड़ा लगा दें। कुछ दिनों के प्रयोग से चुड़ैल का साया उस पर से हट जाएगा।

डाकिनी दोष-नाशक मन्त्र

ॐ नमो नारसिंह पार्डहार भस्मना, योगिनी बंध डाकिनी बंध चौरासी दोष बंध अष्टोत्तर शत व्याधि वंध खेदी खेदी, भेदी, मारे मारे, सोखे सोखे, ज्वर, ज्वर, प्रज्वल प्रज्वल, नारसिंह वीर की शक्ति फुरो।

इस मन्त्र का उच्चारण करते हुए रोगिणी को सिर से पाँव तक एक सौ आठ बार झाड़ा लगाने से डाकिनी दोष समाप्त हो जाता है।

राक्षस दोष-नाशक मन्त्र

ॐ नमो आदेश गुरु को, सुरगुरु बेची एक मंडली आणि, दोय मंडली आणि, तीन मंडली आणि, चार मंडली आणि, पांच मंडली आणि, छह मंडली आणि, सात मंडली आणि, हलती आणि चलती आणि नंसती

आणि माजंती आणि सिहारो आणि उहारी आणि, उग्र होकर चढंती घाल वाय, सुग्रीव वीर तेरी शक्ति, मेरी भक्ति फुरो मन्त्र ईश्वरो वाचा।

यदि इस मन्त्र का उच्चारण करते हुए प्रभावित व्यक्ति को इक्कीस बार झाड़ा लगाएं तो वह शीघ्र ही राक्षससम्बन्धी दोषों से मुक्त हो जाता है।

प्रेतनी बाधा नाशक मन्त्र

बैर बैर चुड़ैल पिशाचिनी बैर निवासी कहूं तुझे सुनु सर्वनासी मेरी गांसी वर बैल करे तूं कितना गुमान काहे नहीं छोड़ती यह जन स्थान जो चाहे तू देखना आपन मान पल में भाग कैलाश ले अपनो सान आदेश देवी कामरू कामाक्षा माई आदेश हाड़ि दासी चण्डी की दुहाई।

सर्वप्रथम किसी विशेष अवसर (दीपावली की रात्रि अथवा ग्रहण के समय) पर उपर्युक्त मन्त्र को एक हजार ग्यारह बार जप कर सिद्ध कर लें। जप के बाद एक सौ आठ बार मन्त्र पढ़कर और लोबान की सात आहुतियाँ देकर हवन करें। इस प्रकार मन्त्र सिद्ध हो जाएगा। जब कोई व्यक्ति भूत-प्रेतनी बाधा से ग्रस्त हो तो उसे सामने बैठाकर मन्त्रोच्चारण करते हुए उस पर फूंक मारें। यह क्रिया इक्कीस बार करें तथा हवन की थोड़ी-सी राख चुटकी में लेकर मन्त्र से अभिमंत्रित कर रोगी के सिर पर डाल दें। यदि एक बार में आराम न हो, तो यह क्रिया नित्य कुछ दिनों तक करें।

ऊपरी बाधा-निवारण मन्त्र

तेली नीर तेल पसार चौरासी सहस्र डाकिनी हेल ऐत नेर भार मुंह तेल पढ़िया देई। अमुकं कार अंग अमुकं कार भर अड़ दल शूल यक्षा यक्षानी दैत्या दैत्यानी भूता भूती प्रेता प्रेती दावन दानवी निशाचरा सूचमुखा गाभर डलन बात भाइया नाड़ी मोगाई अंगेधा काल जटार माया खाउ ह्रीं फट् स्वाहा, सिद्ध गुरुर चरण राटेर कालिका चण्डीर आज्ञा।

दीपावली के दिन दस माला जप करके मन्त्र को सिद्ध कर लें। फिर जब भी आवश्यकता पड़े तो मन्त्र से सरसों का तेल सात बार अभिमन्त्रित करके रोगी के शरीर पर मालिश करने से ऊपरी बाधा का निवारण हो जाता है।

प्रेत भगाने का मन्त्र

ॐ नमो आदेश गुरु को हनुमंत बीर बजरंगी वज्रधार डाकिनी-शाकिनी भूत-प्रेत जिन-खब्बीस को ठोंक ठोंक मार-मार, नहीं मारे तो निरंजन निराकार की दुहाई।

पूर्वोक्त विधि से मन्त्र सिद्ध करके रोगी को सामने बैठाएं। फिर थोड़े से साबुत उड़द के दाने और चौराहे से उठाकर लाई गयी छोटी-छोटी कंकड़ियों को एक करके

और मन्त्र पढ़-पढ़कर फूंक मारते हुए रोगी के शरीर पर मारें। इस क्रिया से प्रेत रोगी को छोड़कर भाग जाता है।

शस्त्रस्तम्भन मन्त्र

ॐ काली देवी किलकिला भैरों चौंसठ जोगिनी बावन वीर तांबे का पैसा वज्र की लाठी मेरा काला चले न साथी ऊपर हनुमंत वीर गाजे मेरा कीला पैसा चले तो गुरु गोरखनाथ लाजे, शब्द सांचा पिण्ड काचा, फुरो मन्त्र ईश्वरो वाचा।

इस मन्त्र को पढ़ते हुए तांबे के सात पैसा पर सात बार फूंक मारकर शत्रु पर मारें। इससे उसके शस्त्र का स्तम्भन हो जाएगा अर्थात् उसका शस्त्र निष्क्रिय हो जाएगा।

प्रहार की गति नष्टकारी मन्त्र

माता-पिता गुरु बांधों, धार बांधों अस्त्रा वश्ये कटै मुनै बांधों हनुमंत सुर नव लाख शूद्रन पाके पाऊं रक्षा कर श्री गोरख राउ संता देइ न वाचा नरसिंह के दुहाई हमारी सवति आ।

पहले किसी होली, दीपावली, ग्रहण जैसे पर्व के अवसर पर या फिर गुरु-पुष्य, शिवरात्रि, विजयादशमी, जैसे अवसर पर इस मन्त्र को ग्यारह माला जपकर लोबान की इक्यावन आहुतियाँ देकर सिद्ध कर लें। बाद में जब कभी आवश्यकता पड़े तो मन्त्र को सात-सात बार पढ़कर थोड़ी-सी धूल को अभिमन्त्रित करके (फूंक कर) अपने शरीर पर मल लें। ऐसा करने से शरीर शस्त्र के वार से सुरक्षित रहता है। चोट लगने पर भी असर नहीं होता, क्योंकि शस्त्र का वेग, उसकी धार या प्रहार की गति नष्ट हो जाती है।

शत्रु शस्त्रस्तम्भन मन्त्र

बांधों तूपक अवनि बार न धरै चोट न परै, घाउ करै श्री गोरखनाथ।

यह मन्त्र पढ़ते हुए सर्वांग में धूल लगा लें या धूल में लोट जाएं। तो फिर शरीर पर शस्त्राघात का प्रभाव नहीं पड़ता। शस्त्रस्तम्भन के लिए यह प्रयोग अनेक ग्रन्थों में प्राप्त होता है। धूलधारण के समय मन्त्र का सात बार उच्चारण अवश्य करना चाहिए।

शस्त्रप्रहार बेअसर करने का मन्त्र

ॐ धार धार अधार धार धार बांधूं सात बार कटै न रोग, न भीजै पीर ख्वाण्डा की धार ले गयो हनुमंत वीर शब्द सांचा पिण्ड काचा फुरो मन्त्र ईश्वरो वाचा।

इस मन्त्र को पहले सवा लाख की संख्या में जप कर सिद्ध करें। फिर प्रयोग के समय मन्त्र को सात बार पढ़ें और थोड़ी धूल अभिमन्त्रित कर शरीर पर लगा लें। इस प्रयोग से तलवार आदि का प्रहार शरीर पर बेअसर हो जाता है।

ओलावृष्टि-स्तम्भन मन्त्र

ॐ नमो समुद्र, समुद्र में दीप, दीप में कूप, कूप में कुईं तहां ते चले हरि हर परे चारों तरफ बरावह चला हनुमंत बरावत चला भीम, ईश्वर गौरी चला।

कभी-कभी पहाड़ी इलाकों में पानी के साथ ओले और पत्थर भी बरसने लगते हैं। ऐसी ओलावृष्टि बहुत हानिकारक और कष्टप्रद होती है। ऐसी स्थिति में यदि उपर्युक्त शाबर मन्त्र का जप और प्रयोग किया जाए तो यह वृष्टि थम जाती है, ऐसा कहा गया है। (यद्यपि हमें इसमें संदेह है।) यदि इस वृष्टि के समय उपर्युक्त मन्त्र का लगातार जप किया जाता रहे तो इस आफत से बचाव हो जाता है।

अग्निस्तम्भन मन्त्र

महि थांमो, महि अर थांमो, थांमो मोटी सार थांमनो आपनो वैसन्दर, तेलहि करो तुषार।

यह प्रयोग सही दृष्टि से दुष्कर्म है और अभिचार कर्म की श्रेणी में आता है। फिर भी पाठकों के ज्ञानवर्धन के लिए इसका उल्लेख किया जा रहा है। यदि चूल्हे पर कोई दाल-सब्जी किसी पात्र में पक रही हो तो सात बार नमक की डली पर मन्त्र पढ़कर चुल्हे में डाल दें। इससे चूल्हे पर रखा पात्र गरम नहीं होगा।

शत्रुस्तम्भन मन्त्र

ॐ नमो चौंसठ योगिनी बावन वीर छप्पन भैरों सत्तर पीर आय बैठो डाल के बीच हाली हलै न चला चलै बाड़ शत्रु सो मिले डाल हलै चलै तो गुरखनाथ की दुहाई फुरो।

पहले किसी शुभ समय में मन्त्र का ग्यारह माला जप करके एवं मन्त्र के एक सौ आठ जप से साधारण हवन करके मन्त्र को सिद्ध करें। इसके बाद थोड़े से जल को मन्त्र से ग्यारह बार अभिमन्त्रित कर शत्रु के ऊपर छिड़क दें। इससे उसका स्तम्भन हो जाएगा और आपका कुछ भी बुरा या हमला करने के लिए उसका शरीर अक्षम हो जाएगा।

आसन-स्तम्भन मन्त्र

ॐ नमः दिगम्बराय 'अमुकं' आसनं स्तंभनं कुरु कुरु स्वाहा।

इस मन्त्र का जप श्मशान भूमि में किया जाता है। यह आवश्यक नहीं कि

मन्त्रसिद्धि रात में ही की जाए, दिन में भी इसकी सिद्धि की क्रिया की जा सकती है। इस मन्त्र का एक हजार आठ बार जप करके चिता की अग्नि में एक सौ आठ बार नमक (साबुत) से आहुति देने से मन्त्रसिद्धि हो जाती है। मन्त्र में 'अमुकं' के स्थान पर उस व्यक्ति का नाम बोलना चाहिए, जिससे आसन का स्तम्भन करना है। प्रयोग के समय थोड़ा जल हाथ में लेकर और उस पर ग्यारह बार मन्त्र पढ़कर आसन पर फेंकने से आसन का स्तम्भन हो जाता है।

विरोधी-स्तम्भन मन्त्र

अफल अफल दुश्मन के मुंहे कुफल, मेरे हाथ कुंजी रुपया तोर कर दुश्मन का जर कर।

इस मन्त्र का प्रयोग जिस अदालत में मुकदमें की सुनवाई अथवा फैसला हो रहा हो, वहाँ किया जाता है। सात शनिवार को सवा लाख मन्त्र का जप करके इसे सिद्ध किया जा सकता है। फिर अदालत में जाने से पहले एक सौ आठ बार मन्त्रोच्चारण करके विरोधी की ओर फूंकें तो विरोधी स्तम्भित हो जाएगा और अदालत में विरोध में कुछ भी नहीं कह पाएगा।

गर्भस्तम्भन मन्त्र

१. ॐ नमो आदेश गुरु को ॐ नमः आदेश अंग में बांधि राख, नरसिंह यती मोसते बांधि राख, श्री गोरखनाथ कांखते बांधि राख, हपूलिका राजा सुण्डो से बांधि राख, दृढ़ासन देवी यह मन पवन काया को राख, थंभे गर्भ औ बांधे घाव थांभै माता पार्वती यह गण्डौं बांधू ईश्वर यती, जल लग डांडो कट पर रहे ब लग गर्भ काया में रहे, फुरो मन्त्र ईश्वरो वाचा।

स्त्री की चोटी से एड़ी तक सात बार कच्चा सूत नापें और कुंवारी कन्या से इसे बटवाकर सात बार उपर्युक्त मन्त्र से अभिमन्त्रित करके सात बच्चों से इसमें एक-एक गांठ लगवाएं। फिर इसे स्त्री की कमर में धारण करवा दें। इससे उसके गर्भ का स्तम्भन हो जाएगा अर्थात् वह सुरक्षित रहेगा।

२. ॐ नमो गंगा डाकरे गोरख बलाय धीपर गोरख यती पूजा जाय, जयद्रथ पुत्र ईश्वर की माया।

किसी कुंवारी कन्या द्वारा काते सूत को ग्यारह बार इस मन्त्र से अभिमन्त्रित कर स्त्री की कमर में बंधवा दें। यदि गर्भ के गिरने की आशंका हो तो इससे गर्भ स्थिर हो जाता है।

३. ॐ नमो आदेश गुरु को जंभीर वीर ग्रधामा हरे अठोत्तर है गर्भ ही तीनों तने पाके न फूटे गिरे न पीर करे। करे तो जंभीर बीर की दुहाई, फुरो मन्त्र ईश्वरो वाचा।

स्त्री की लम्बाई जितने सूत के छः धागे लेकर उसे छः बार बाटें। फिर उसमें छः गांठें लगाएं और उपर्युक्त मन्त्र से छः बार अभिमन्त्रित कर स्त्री की कमर में बंधवा दें। यह प्रयोग छठे महीने करना चाहिए। इस प्रयोग से गर्भ का स्तम्भन हो जाता है।

दृष्टिस्तम्भन मन्त्र

ॐ नमो बटुमी चामुण्डी ठः ठः ठः स्वाहा।

पद्मनाल पर कन्या द्वारा काता गया सूत लपेटकर, उसे उपर्युक्त मन्त्र के एक सौ आठ जप से अभिमन्त्रित करें। फिर इस सूत को बंटकर घुमाएं। जो भी उसे देखेगा, उसकी दृष्टि का स्तम्भन हो जाएगा। अर्थात् उसकी दृष्टि बंध जाएगी।

स्त्री को रोकने का मन्त्र

ॐ नमो आदेश गुरु को, काला कलुवा सक्या बीर तलवा सिरसों चटै शरीर लट झाड़े, मुंह मटका वेरक्ता कलुया पैर चलावे चलाय चलाय मसाणी कलुवा अमुकीं उमें चाटे हमारा तलवा, लगा के फूल तंरा की साखी अमुकीं चलती को खड़ कर राखी, सत्त साहिब आदेश गुरु को।

घर में रोकने के प्रयोग के निमित्त सर्वप्रथम तांबे की एक सुई लें। उसमें नीला धागा पिरो दें। अब वह सुई-धागा और साबुत बेदाग नीबू हाथ में लेकर दक्षिण की ओर मुख करके बैठ जाएं। यह प्रयोग रात्रि हो जाने पर करें। उपर्युक्त मन्त्र के एक हजार आठ जप से उस सुई-धागे और नीबू को अभिमन्त्रित करें। आकाश में जब कोई तारा टूटे, तो उस नीबू में सुई द्वारा धारा पिरोकर, मुख्य द्वार की चौखट के बाहर भूमि में गाड़ दें। मन्त्र में अमुकीं के स्थान पर अभीष्ट स्त्री के नाम बोलें। इस प्रयोग से उसका स्तम्भन हो जाएगा और वह चाहकर भी घर से बाहर कदम न रख सकेगी।

दुर्घटना से बचाव का मन्त्र

पंथान सुपथा रक्षे मार्ग क्षेमंकरी तथा राजद्वारे महालक्ष्मी सर्वतः स्थिता।

आप पैदल जाने वाले हों या वाहनादि द्वारा, आसपास जाएं या लम्बी यात्रा पर उपरोक्त मन्त्र को ग्यारह बार जपकर ही घर से बाहर निकलें। आपके साथ कोई दुर्घटना नहीं घटेगी और आपका जीवन सदा सुरक्षित रहेगा।

हिंसक पशु से रक्षा का मन्त्र

ॐ नमो परमात्मने परब्रह्म मम शरीरे, पाहि पाहि कुरु कुरु स्वाहा।

जब कभी आपको किसी जंगल इत्यादि को पार कर जाना हो तो उपर्युक्त मन्त्र को लगातार जपते रहें। इस प्रकार के हिंसक जीवों से आप सुरक्षित रहेंगे।

बिच्छू काटे का मन्त्र

ॐ काला बिच्छू कंकड़ वाला सोने का डंक रूपे का प्याला मैं क्या जानूं

बिच्छू तेरी जात जंम्या चौदस-अमावस की रात चढ़ी को उतारो, उतरती को मारो साहब मकड़ी फुंकारो फुरो मन्त्र ईश्वरो वाचा।

पहले सूर्य या चन्द्रग्रहण में इस मन्त्र को दस हजार की संख्या में जप कर सिद्ध करें। मन्त्रसिद्धि के पश्चात् कुछ मीठा बच्चों में बाँट दें। जब मन्त्र का प्रयोग करना हो तो जहाँ बिच्छू ने काटा है उस स्थान पर सात बार मन्त्र पढ़कर सात बार फूंक मारें। फिर सात बार मन्त्र से कलावे को अभिषिक्त करके बिच्छू के काटे गए स्थान पर बांध दें। इससे दाह समाप्त होती है और विष का प्रभाव भी नष्ट हो जाता है।

पागल कुत्ते के काटे का मन्त्र

ॐ नमो सुरणहीं सुरणहां कुकरी, दाड़ उगती मारूं रे बाण चक्र चुगती। दुग्गल की वाचा फुरे गुरु की शक्ति तेरी भक्ति, फुरो मन्त्र ईश्वरो वाचा।।

गोबर से चौका लगाएं, थोड़े गेहूँ एक पैसा और सात साबुत सुपारी लें। कुत्ते के काटे गए व्यक्ति को सामने बैठाएं, रोली से टीका करें और एक सौ आठ बार झाड़ा नित्य तीन दिनों तक लगाएं। तीसरे दिन गेहूँ, पैसा और सुपारी किसी वृक्ष की जड़ में रख दें।

उच्चाटन मन्त्र प्रयोग

ॐ अंजनी पुत्र पवनसुत हनुमान वीर वैताल साथ लावे मेरी सौत (नाम) से पति को छुड़ावे, उच्चाटन करे करावे मुझे वेग पति मिले, मेरा कारज सिद्ध न करे तो राजा राम की दुहाई।

यह प्रयोग तब किया जाता है, जब किसी स्त्री का पति किसी अन्य स्त्री के फेर में गया हो। उस स्त्री के चंगुल से पति को छुड़ाने के लिए उपर्युक्त मन्त्र को पाँच हजार जप कर पहले मन्त्र को सिद्ध करें। फिर दो हकीक पत्थर और एक सियारसिंगी अपने सामने रखें। एक हकीक पत्थर पर अपने पति का व दूसरे पर अभीष्ट स्त्री का नाम लिखें। सात बार मन्त्र पढ़कर तीनों को अभिषिक्त करें। जिस हकीक पर स्त्री का नाम लिखा गया है, उसे घर से दूर किसी सुनसान स्थान पर जाकर भूमि में गाड़ दें। दूसरे हकीक को सियारसिंगी के साथ लाल कपड़े में बांधकर घर में किसी सुरक्षित स्थान पर रख दें। इसके प्रभाव से पति और अभीष्ट स्त्री के बीच मनमुटाव उत्पन्न हो जाएगा। इसी के साथ उनके बीच जो भी सम्बन्ध बना है, उसका अन्त हो जाएगा।

मित्र-उच्चाटन मन्त्र

ॐ नमो आदेश गुरु सत्य नाम को, बारहा सरसों तेरइ राई बाट की मीठी मसान की ठाई, पटक मारूं कर जल वार। अमुक फुटेन देख अमुक द्वार। मेरी भक्ति गुरु की शक्ति, फुरो मन्त्र ईश्वरो वाचा।

थोड़ी पीली सरसों, थोड़ी-सी राई, थोड़ी मेथी, आम तथा ढाक वृक्ष की सूखी लकड़ी ले आएं और फिर श्मशान में जाकर किसी बुझी हुई चिता की राख लाएं। अब आम और ढाक की लकड़ियों को जलाएं और सरसों, राई, मेथी और चिता की राख को परस्पर मिलाकर उपर्युक्त मन्त्र को पढ़ते हुए अग्नि में एक सौ आठ बार आहुतियाँ दें। मन्त्र में अमुक के स्थान पर मित्रों के नाम का उच्चारण करें। इस क्रिया से दोनों में परस्पर उच्चाटन हो जाएगा।

सम्बन्धी-उच्चाटन मन्त्र

ॐ नमो भगवते रुद्राय दंष्ट्राकरालाय 'अमुक' सुपुत्र सबांधव सह हन हन दह दह पच पच शीघ्रं उच्चाटय उच्चाटय हुं फट् स्वाहा ठः ठः।

होली, दीपावली अथवा ग्रहणकाल में शुद्धतापूर्वक इस मन्त्र का दस हजार की संख्या में जप करें। इसके बाद जहाँ गधा लोट रहा हो उसके नीचे की थोड़ी-सी मिट्टी उठाकर लाएं और उसे एक सौ आठ बार इस मन्त्र से अभिषिक्त करके (मन्त्र में अमुक के स्थान पर सम्बन्धी का नाम जपें) जिस सम्बन्धी के घर में डालेंगे, उसका उच्चाटन हो जाएगा।

विद्वेषण मन्त्रप्रयोग

बारह सरसों, तेरह राई, पाट की माटी, मसान की छाई, पढ़कर मारूं करद तलवार अमुक कढ़ें, न देखें अमुक का द्वार, मेरी भक्ति गुरु की शक्ति फुरो मन्त्र ईश्वरो वाचा, सत्तनाम आदेश गुरु का।

किसी शुभ मुहूर्त्त में मन्त्र को दस हजार जप कर सिद्ध कर लें। मन्त्रसिद्धि के पश्चात् किसी मंगलवार के दिन सरसों, राई, चिता की राख लाकर और मिलाकर रखें। फिर पलाश और आक की लकड़ियों की अग्नि में मन्त्रजप करते हुए उपर्युक्त मिश्रण की आहुति देते हुए हवन करें। मन्त्रोच्चारण में अमुक-अमुक के स्थान पर उन व्यक्तियों के नाम बोलते रहें, जिनके बीच विद्वेषण करना है। एक सौ आठ आहुतियों के बाद हवन की थोड़ी-सी रख वहाँ डाल दें, जहाँ वे दोनों व्यक्ति मिलते हों। इस क्रिया से उनकी पारस्परिक सद्भावना समाप्त हो जाएगी और वे एक-दूसरे के विरोधी हो जाएंगे।

अभिचार कर्ममन्त्र

एक ठो सरसों सौला राई मोरो पटवल को रोजाई खाय खाय पड़े भार जे करै ते मरे, उलट विद्या ताही पर परे शब्द सांचा पिण्ड काचा हनुमान का मन्त्र सांचा फुरो मन्त्र ईश्वरो वाचा।

यदि किसी के ऊपर किसी तांत्रिक या ओझा ने तांत्रिक अभिचार कर दिया हो

और बार-बार करता हो तो थोड़ी-सी राई, सरसों तथा नमक मिलाकर रख लें। इसके बाद इस मन्त्र का जप करते हुए सात बार रोगी का उसारा करें और फिर जलती हुई भट्ठी या चूल्हे की तेज अग्नि में वह सारी सामग्री एक झटके से डाल दें। इससे तांत्रिक का सारा किया-कराया वापस लौट जाएगा।

रक्षाकारी मन्त्र प्रयोग

याही सार सार जिन्न देव पारी नवस्कंफार एक खाये दूसरे को फार चहुं और अनिया पसार मलायक अस चार दुहाई दस्तखे जिबराइल बाई वे खैभि काइल दाईं दस्न दस्न हुसैन पीठ खदे खेई आमिल कलेजे राखे इजराइल दुहाई मुहम्मद अलोलाह की कंगूर लिल्लाह की खाई हजरत पैगम्बर अली की चौकी नख्त मुहम्मद रसूलिल्लाह की दुहाई।

यह सर्वश्रेष्ठ रक्षाकारी मन्त्र है। जब भी कहीं कोई तांत्रिक क्रिया प्रारम्भ करें तो इस मन्त्र को सात बार पढ़कर ताली बजा दें। उसका प्रयोग निष्फल हो जाएगा। यदि कोई तान्त्रिक क्रिया से आक्रांत व्यक्ति आये तो इस मन्त्र को सात बार पढ़कर मोरपंख से झाड़ दें। वह स्वस्थ हो जाएगा। श्मशान आदि साधना में बैठने से पहले इस मन्त्र को तीन बार पढ़कर अपने चारो ओर रेखा खींच दें। इससे शरीर सुरक्षित रहेगा।

चुड़ैल दोष-निवारण मन्त्र

ॐ नमो आदेश गुरु का कवलाछरी बावन वीर कलू बैठनो जल के तीर तीन पान का बीड़ा खवाऊं जैठे बैठा जत लाऊं मालीमर तोर गत बहाऊं वाचा चूके तो कंकाली की दुहाई मेरी भक्ति गुरु की शक्ति फुरो मन्त्र ईश्वरो वाचा।

इस मन्त्र को जपते हुए झाड़ा करने से स्त्री हो या पुरुष, चुड़ैल-सम्बन्धी समस्त दोषों से मुक्त होकर पुनः सामान्य जीवन जीने लगता है। इस मन्त्र को सिद्ध करने की आवश्यकता नहीं है। यदि एक बार में आराम न हो तो कुछ दिन नित्य इस प्रयोग को करना चाहिए।

भूतादि भयनिवारक मन्त्र

ॐ ह्रीं अ सि आ उ सा सर्व दुष्टान् स्तम्भय स्तम्भय मोहय मोहय जंभय जंभय अंधय बधिरय बधिरय मूकवत् कारय कारय कुरू कुरू ह्रीं दुष्टान् ठःठःठः।

जिस समय शत्रु आक्रमण करने आये तो मुट्ठी बन्द करके इस मन्त्र का एक सौ आठ बार जप करें। अब जैसे ही मुट्ठी शत्रु के सामने खोलेंगे तो वह स्वयं परास्त हो जाएगा। किसी को भूत, पिशाच, प्रेत व चुड़ैल की छाया पड़ी हो तो मुट्ठी बन्द

करके इस मन्त्र का एक सौ आठ बार उच्चारण करें व झाड़ें, तो उपद्रव शांत हो जाएगा। यदि ईशान कोण की तरफ मुंह करके आधी रात के समय, आठ रात्रि तक इस मन्त्र की साधना करें, धूप-दीप दें और मन्त्र का ग्यारह सौ की संख्या में जप करें तो व्यंतर देव का उपद्रव शांत हो जाएगा।

भूतमुक्ति मन्त्र

ॐ ह्रीं श्रीं कुंथुं अरं च मल्लि, वंदे मुणिसुव्वयं नमि जिणं च वंदामि रिट्ठेनेमि पासं तह वद्धमाणं च मम वांछितं पूरय पूरय ह्रीं स्वाहा।

पीला वस्त्र, पीला आसन और पीली माला का प्रयोग करते हुए पूर्व की ओर मुंह कर मन्त्रजप करना आरम्भ करें। ग्यारह हजार जप करने से मन्त्र सिद्ध हो जाता है। भूतादि बाधा के समय इस सिद्ध मन्त्र का एक माला फेरने से संकट टल जाएगा। यानी प्रेतबाधा हट जाएगी।

चुड़ैल बाधाशमन मन्त्र

वैर वर चुड़ैल पिशाचिनी बैर निवासी। कहुं तुझे सुनु सर्वनासी मेरी मांसी।।

इस मन्त्र को दीपावली, होली, दशहरा अथवा ग्रहण के समय ग्यारह हजार बार जप कर सिद्ध कर लें और आवश्यकता पड़ने पर मन्त्र को पढ़कर रोगी पर फूंक मारें। यह क्रिया तब तक करें, जब तक कि रोगी स्त्री या पुरुष चुड़ैलबाधा से पूरी तरह मुक्त न हो जाए।

प्रेतादि-निवारक मन्त्र

तह कुष्ठ इलाही का बान, कुडुम की पत्ती चिरावत भाग अमुक अंग से, भूत मारूं धुनवान कृष्णवर पूत आज्ञा कामरू कामाक्षा माई की, हाड़ि दासी चण्डी की दुहाई।

इस मन्त्र को तीन बार पढ़कर एक मुट्ठी धूल को अभिमन्त्रित कर रोगी को मारें और थोड़ी धूल चारो ओर दिशाओं में फेंक दें। इससे प्रेतादि के प्रकोप का कोई डर नहीं रहता, क्योंकि इस प्रयोग से प्रेतादि की छाया का निवारण हो जाता है। मन्त्र में अमुक के स्थान पर रोगी का नाम बोलें और होली की रात्रि में पहले दस हजार जप करके मन्त्र को सिद्ध अवश्य कर लें।

भूत झाड़ने का चमत्कारी मन्त्र

ॐ नमो आदेश गुरु का मन्त्र सांचा। काण्ठ काचा, दुहाई हनुमान वीर की जाने लंका जारी, पलका मंझारी आन लक्ष्मण वीर की जाने माने जाके तीर की, दुहाई मेंमना पीर की, बादशाह जादा काम में रहे आमाद दुहाई कालिका माई की, धौला गिरवारी चढ़े सिंह की सवारी जाके

लांगर है अगारी प्याला पिये रक्त की, चंडिका भवानी वेद पानी में बखानो, भूत नाचे, बेताल लज्जा रखे, अपने भक्त की काली महर काली आ कलकत्ते वारीं हाथ कंचन की थारी लिए ठाढ़ी भक्त बालिका दुष्टन प्रहारी सदा संतन हितकारी, उत्तर करै भक्त की सहाई आ तू अपने में माई तेरी जोति रही जाग के, पकड़ के पछाड़ भात कर मत अवार, तेरे हाथ से कृपाण भक्षण कर ले जल्दी आय जाय, नहीं भूत पकड़ मारे जायं, जूत उतर उतर तोय राम की दुहाई गुरु फुरौ गोरख का फंदा करेगा तोय अंधा, फुरौ फुरौ मन्त्र स्वाहा।

इस मन्त्र का जप करते हुए भूतबाधा से ग्रस्त व्यक्ति का इकतीस बार झाड़ा करें तो भूत से छुटकारा हो जाता है। यदि भूत सशक्त और आसानी से न जा रहा हो तो इस प्रयोग को लगातार ग्यारह दिन करना चाहिए।

भूतज्वर-नाशक मन्त्र

कई बार चौराहों पर फल, फूल, लड्डू, वस्त्र, नीबू, लौंग और जायफल आदि रखे दिखाई पड़ जाते हैं। ये वस्तुएं उसारा करके रखी जाती हैं। इनका प्रभाव बहुत शक्तिशाली होता है। इस सामग्री को लांघने वाला अथवा पैरों आदि से स्पर्श करने वाला व्यक्ति तुरन्त रोगग्रस्त हो जाता है। वह वायव्य आत्माओं का शिकार बन जाता है और किसी-किसी को तो इसके कारण ज्वर चढ़ आता है, जो किसी औषधि से नहीं जाता। इसी को भूतज्वर कहते हैं। निम्नलिखित शाबर मन्त्र इस ज्वर से छुटकारे का अच्छा उपाय माना जाता है—

ॐ नमो कामरू देश की कामाख्या देवी, जहां बसै इस्माइल जोगी, इस्माइल जोगी की तीन पुत्रियां, एक तोड़े, एक पिछौड़े, एक शीत ज्वर गोड़ै।

इस मन्त्र से रोगी को इक्कीस बार झाड़ा लगाएं। तीन दिन यह क्रिया करें और फिर उसके ऊपर से मुर्गी का एक उबला हुआ अण्डा उसार कर चौराहे पर रखवा दें। इससे उसे भूतज्वर से मुक्ति मिल जाएगी।

भीषण भूतज्वर निवृत्ति का मन्त्र

यदि भूतज्वर उपरोक्त मन्त्र के प्रयोग से न उतरे तो निम्नलिखित मन्त्र के प्रयोग से अवश्य ही उसकी निवृत्ति हो जाती है—

दोऊ भाई ज्वर सुरा महावीर नाम।
दिन रात्रि खटि मरे महादेव के ठाम।।
फूरे छुदसे छित्तस रूप मुहूर्त मों धराय।
नाराज नामूक के घर दुआर फिराय।।

ज्वाला ज्वरपाला ज्वर काला ज्वर विश्नाकि।
दाह ज्वर उमा ज्वर भूषा ज्वर बूवकि॥
घोड़ा ज्वर भूता तिजारी और चौथैया।
सवन को भंग घोटन शिव ने बुझैया॥
यह ज्वर ज्वर सुरा तूं कौन तकाव।
शीघ्र (अमुक) अंग छोड़ तुम जाव॥
यदि अंगन में तू भूलि भटकाय।
तो महादेव के लागा तूं खाये॥
आदेश कामरू कामाख्या माई।
आदेश हाड़ि दासी चण्डी की दुहाई॥

इस मन्त्र के जप से हर प्रकार का भूत ज्वरशांत हो जाता है। रोगी का मुख उत्तर दिशा की ओर होना चाहिए। इक्कीस बार मन्त्र का जप करके झाड़ा लगाएं। भूतज्वर से निवृत्ति हो जाएगी।

मेथी द्वारा भूतनिवारण मन्त्र

भूत सबका भाई काहे आनन्द अपार।
जिनको गुमान से 'अमुक' को मार॥
हमरे संई को पऊं करो सलाम हजार।
आते होय भूत आवेश किनार॥
जितनी मेथी छोड़ बड़े और आनि से अंत।
तस के धूम्र गंध ते मल में भूत भसम॥
'अमुक' अंग भूत नहीं यह मेथी के लाय।
उठि के आगे रत क्षण में जाय पराय॥
देवी कामरू कामाक्षा माई।
आज्ञा हाड़ि दासी चण्डी की दुहाई॥

थोड़ी-सी सूखी मेथी हाथ में लेकर रोगी को अपने सामने बैठाएं। फिर मन्त्र को सात बार पढ़ें और मन्त्र में 'अमुक' के स्थान पर रोगी का नाम बोलें। इसके बाद मेथी को रोगी के शरीर से स्पर्श कराकर एक झटके से उसे अग्नि में डाल दें। इससे भूतबाधा का निवारण हो जाएगा।

सरसों द्वारा भूतनिवारण मन्त्र

ऐं सरसों पीला सफेद और काला।
तू चलना-फिरना भाई सा चला॥
तोहर बाण से गगन फट जाए।
ईश्वर महादेव के जटा कटाय॥

डाकिनी योगिनी व भूत पिशाच।
काला पीला श्वेत सुसांच ॥
सब मार काट धरूं खेत खरिहान।
तेरे नजर में भागे भूत ले जान ॥
आदेश देवी कामरू कामाक्षा माई।
आज्ञा हाड़ी दासी की दोहाई ॥

इस मन्त्र से सूखी सरसों को इक्कीस बार पढ़कर रोगी को सरसों के दाने मारें और थोड़े दाने अग्नि में भी डाल दें। इससे भूत-प्रेतबाधा शांत हो जाएगी।

हल्दी द्वारा भूतनिवारण मन्त्र

हल्दी बाण बाण की लिया हाथ उठाये।
हल्दी बाण से नील गिरी पहाड़ थर्राये ॥
यह सब देख बोलत वीर हनुमान।
डाइय योगिनी भूत प्रेत मुण्ड काटो तान ॥
आज्ञा कामरू कामाख्या माई।
आज्ञा हाड़ि दासी की चण्डी की दुहाई ॥

एक साबुत हल्दी की गांठ लेकर उसे तेरह बार उपर्युक्त मन्त्र से अभिमन्त्रित करें। फिर तेरह ही बार रोगी के सिर से पैर तक उसार कर अग्नि में छोड़ दें। इस मन्त्र के प्रयोग से भी भूत-प्रेत का निवारण हो जाता है।

अभिचारनाशक मन्त्र

ॐ नमो आदेश गुरु का ऊपर केश विकट भेष खम्भ प्रति प्रह्लाद राखै पाताल राखे पांव देवी जंघा राखे कालिका मस्तक रखे महादेवजी कोई या पिण्ड प्रान को छोड़े छेड़े तो देव दानव भूत प्रेत डाकिनी शाकिनी गाड ताप तिजारी जूड़ी एक पहरूं दो पहरूं सांझ को संवारा को कीया को कराया को उलटा वाही के पिण्ड पर पड़े, दस पिण्ड की रक्षा श्री नृसिंह जी करें, शब्द सांचा पिण्ड काचा, फुरो मन्त्र ईश्वरो वाचा।

पहले इस मन्त्र का एक हजार आठ बार जप करके मन्त्र को सिद्ध करें। फिर जब कोई रोगी आए तो उसे सामने बैठाकर और मन्त्र को सात बार पढ़कर गेगी को झाड़ा दें। इससे उस पर जो कुछ भी किया कराया होगा, नष्ट हो जाएगा।

तांत्रिक कर्मनिवारण मन्त्र

ॐ नमो आदेश गुरु को बजरी बजरी वज्र किंवा बज्री पै बांधो दशों द्वार को घाले यात उलट वेदवाही कों खात पहली चौकी भैंरू की चौथी चौकी

रोम रोम की रक्षा करने कों श्री नृसिंह देव आया, शब्द सांचा पिण्ड काचा, फुरो मन्त्र ईश्वरो वाचा।

इस मन्त्र का शनिवार से प्रारम्भ कर इक्कीस दिन तक जप करें। इस समय में घृत का दीप जलाए रखें और पुष्प, मिष्ठान्न व गूगल से आहुति देकर हवन करें। इस प्रकार मन्त्र सिद्ध हो जाएगा। अब जिस व्यक्ति पर तांत्रिक कर्म किया गया है, उसे सामने बैठाएं और थोड़े जल को मन्त्र के सात जप से अभिमन्त्रित कर रोगी को पिला दें या थोड़ा उसके शरीर पर भी छिड़क दें। इस कृत्य से तांत्रिक कर्म का निवारण हो जाएगा।

भूत बुलाने और नष्ट करने का मन्त्र

ॐ नमो भगवते भूतेश्वराय किल तरवाइ संदंष्ट्र कराल वक्ताय त्रिनैन भूषिताद धग धग तपश्टंग ललाट नेत्राय तीव्र को पान लाय मिते तजपात शूल खड़ांग डमरूक धनुर्बाणा मुद्गर भूपदंड त्रास मुद्रा वेगदश दौर दण्ड मंडि तायकपिल जटाजूट कूटार्द्ध चन्द्र धारणे भस्मराग रंजित विगहाथ उग्र फणपति घटाटोप मंडित कण्ठ देशाय जय जय भूत डामरस आतम रूपम् दर्शे दर्शे सर सर चलसाशोन बंध बंध हुंकारेन त्रासय त्रासय वज्र दंडेन हन हन निशितिखण्डेन छिद छिद शूलाग्रेण भिंध मुद्गरेण चूर्णय चूर्णय सर्वग्रहाणां आवेशय आवेशय।

यदि किसी पर भूत सवार हो गया हो तो पहले इस मन्त्र को पढ़कर गाय के घृत में गुग्गुल, नीम की पत्ती और सांप की केंचुली मिलाकर उस पर कपूर डालकर जलाएं और उड़द के दाने उस पर से घुमाकर रोगी को मारें। इससे व्यक्ति पर सवार भूत बोलने लगेगा। तब शीघ्रता से निम्न मन्त्र को पढ़ें—

ॐ नमो आदेश गुरु को नारी जाया नारसिंह अंजनी जाया हनुमंत वाने जारी बीज भवंताबा तोड़ी कढ़लंक तेरी पाखरी कोन भरे नाहरसिंह बलवंत बन में फिरे अकेलड़ा भंवर खिलाये के खरा माटी मर्द की पीवे बारा बकरा खाय न धापे तोतू नाहरसिंह दौड़ि मसाण जाय सात पांच ने मारि खाय सात पांच ने चरब खाय देखूं नाहरसिंह बीर तेरे मन्त्र की शक्ति हाड़ हाड़ में सूं चाम चाम में सूं नख नख में सूं रोम रोम में सूं अमुकी के नौ नारी बहत्तर कोठा में सूं पेद का पकड़ आन हाजिर ना करे तो माता नाहरी का चूंखा दूध हराम करे राजा रामचन्द्र की पीढ़ी भंपड़े शब्द सांचा पिण्ड कांचा।

इस मन्त्र को पढ़कर दो लौंग रोगी के ऊपर से उसार कर कपूर में जलाएं। फिर एक नीबू उस पर उसार कर चाकू से दो टुकड़े में काट दें। तदनन्तर रोगी को दो-

तीन काली मिर्च खाने को दें। फिर दो लौंगों पर यही मन्त्र पढ़कर कपड़े में कर उसके बाजू से बांध दें। इस क्रिया से ऊपर सवार भूत नष्ट हो जाएगा।

मूठ रोकने का मन्त्र

ॐ नमो आदेश गुरु को चण्डी चड़ी तो ऊपर आवत मूठ करे नवखण्डी चकर ऊपर धरूं चार चकर ले कहा कहूं श्री नृसिंह का मुंह आगे धरूं मदमांस की करूं अग्यारी माकों चाचि मेरे साथ काकों चाचि तौ मूंठ फिराऊं तीन सौ साठ मेरी भक्ति गुरु की शक्ति फुरो मन्त्र ईश्वरो वाचा।

मूठ जिस पर चलाई जाती है, उसका बचना नामुमकिन होता है इसलिए उसे बीच में ही रोकना अच्छा होता है। जब उपर्युक्त मन्त्र के जप के प्रभाव से मूठ रुक जाए तो बकरे की कलेजी और शराब का भोग देकर कहें कि जिसने भी मूठ चलाई है, उसी के पास वापस चली जा, उसी को जाकर मार। अपना भोग लेकर मूठ वापस लौट जाएगी।

परियों का खलल दूर करने का मन्त्र

ॐ मह कूब कुवमह विमलमह बड़ी नदी में चार देव कौण कौण अहंकार महंकार मुहम्मदा वीर ताइया सिलार बजाऊं खाजे मुअय्युद्दीन तुम्हारी खुशवोई में चढ़ी कमाण सुलैमान परी लंक परी को हुक्म कीजे कौन कौन परी स्यह परी सबज परी हूर परी अर्स कुर्स की लाउली बीबी फातमा कीली झीली आयना पाना फल आय लेना सवा सेर शर्बत का प्याला आय ले आय हाजिर होना मीर मुहीयुद्दीन मखदूम जहानी या शेख सरफ अहिया पठाण आय हाजिर न हो तो रोज कयामत के दामन गीर हूगां।

जो व्यक्ति परियों के फेर में पड़ गया हो उसे परियों के चंगुल से छुटकारा दिलाने के लिए आटे का एक चौमुखा दीपक बनाएं, आठ पान के बीड़े और मिट्टी के एक कच्चे प्याले में चीनी का शर्बत लेकर रोगी-सहित किसी चौराहे पर जाएं। संध्या ढले का समय इसके लिए उपयुक्त रहता है। रोगी को चौराहे के बीच बैठाएं। चौमुखा तेल का दीप जलाएं। फिर पान के बीड़े और शर्बत का प्याला हाथ में लेकर उपर्युक्त मन्त्र को पढ़ते हुए सब रोगी के ऊपर से उसार कर जलते हुए दीपक के सामने रखें और रोगी के साथ लौट आएं। चाहे जैसी परिचित आवाजें आएं, लेकिन एक बार भी पलट कर न देखें। घर लौटकर मुँह-हाथ धो लें। एक बार की इस क्रिया से ही रोगी परियों के चुंगल से छूट जाएगा।

ऊपरी हवा-निवारक मन्त्र

ॐ नमो आदेश गुरु को लोना चमारी जगत की बीजुरी मोती हेल चमके

अमुके के पिण्ड में ज्यान करे बिज्यान करे तो उस लंड़ी के ऊपर पारो दुहाई तल सुलेमान पैगम्बर की मेरी भक्ति गुरु की शक्ति फुरो मन्त्र ईश्वरो वाचा।

यदि किसी बच्चे या बड़ों को ऊपरी हवा परेशान कर रही हो तो रोगी को सामने बैठाकर उपर्युक्त मन्त्र का तीन बार जप करके मोरपंख से सात बार झाड़ दें। ऊपरी हवा का प्रभाव नष्ट हो जाएगा।

जिन्नादि प्रभाव-निवृत्ति मन्त्र

ॐ नमो आदेश गुरु को हनुमंत वीर वीरन के वीर तिहारे तरकस में नौलख तीर क्षण बायें क्षण दाहिने कबहूं आमें होय धनी गुसांई सबता अमुक की काया भंग न होय इन्द्रासन दो लोक में बाहर देखे मसान हमारी या अमुकी की देही छल छिद्र व्यापै तो जती हनुमंत की आन मेरी भक्ति गुरु की शक्ति फुरो मन्त्र ईश्वरो वाचा।

जिन्नादि की छाया से ग्रस्त व्यक्ति को स्वस्थ करने के निमित्त इस मन्त्र को पढ़ें और अमुक की जगह रोगी पुरुष का तथा अमुकी की जगह रोगी स्त्री का नाम बोलें। एक बार पूरा मन्त्र पढ़ जाएं। फिर मन्त्र पढ़ते हुए रोगी स्त्री या पुरुष को सात बार झाड़ा दें तथा पीपल के एक पत्ते पर मन्त्र लिखकर वह पत्ता उसके गले में लटका दें। दो-तीन बार के प्रयोग से ही रोगी स्वस्थ हो जाएगा।

कामण दोषनाशक मन्त्र

ॐ नमो दुग्ध दुग्ध धवलेश्वरी आदि मूल परमेश्वरी तोहि देखि बालक कम्पै तख्त बैठा राजा कम्पै न रन को करे जा कम्पै आप चक्र फेरि पर चक्र स्थिर रक्ष रक्ष गोरखनाथ डाकिनी शाकिनी कुलदेव का मणा दे प्रगास आइ इह हंसे प्रकाश दे स्वाहा।

सोलह तेल का दीपक रखें। फिर सोलह छोटे-छोटे कागज के टुकड़ों पर क्रमशः डाकिणी, शाकिनी, भूतनी, प्रेतनी, जड़ली, अऊत, पितल, नाहरसिंह, कामण, कुलदेवी, जलदेवी, क्षेत्रपाल, काली, क्षेत्रपाली, कर्म रोग, शीत दोष, मुण्डी—ये सोलह नाम लिखें। जब एक-एक दीपक के नीचे एक-एक कागज का टुकड़ा रख लें तब फिर सारे दीपक जला दें।

जब सारे दीपक जल जाएं तो उस पर एक कूंडा उलटा रखें और फिर उपर्युक्त मन्त्र को पढ़कर सोलह बार उड़द कूंडे पर मारें। अब कूंडा हटाकर देखें, जिस कामण का दोष होगा, उसका दीपक जलता रहेगा और बाकी सब बुझे मिलेंगे। इस प्रकार यह ज्ञात हो जाएगा कि किस कामण का दोष हैं। जब यह पता चल जाए कि किस कामण का दोष है तो उसकी निवृत्ति का उपाय करें। मन्त्र इस प्रकार है—

ॐ वज्र का कोटा व्रज में ताला वज्रा में बंध्या दसों द्वारा जहां सू आयौ जहां ही जाय जाने भेजा जाहि कूं खाय चटपंटति असधान खखितिः तत्र इस पिण्ड की मूठी टोणा चामण बीर बेताल ज्ञान परिज्ञान से इस पिण्ड कूं कुछ करें तो ईश्वर महादेव की आज्ञा फुरै श्री गोरखनाथ की आज्ञा फुरै।

सर्वप्रथम पीपल वृक्ष के इक्कीस पत्ते, इक्कीस कुओं (या नल) का पानी, सड़कें तिराहे की मिट्टी, थोड़ा-सा कच्ची घानी का तेल और मिट्टी का एक घड़ा आदि मंगाकर रखें। घड़े में कुओं अथवा नल का पानी भरें और वृक्ष के पत्तों को धागे द्वारा घड़े के गले में बांध दें। फिर उस घड़े पर सकोरी रखकर उसमें थोड़ा-सा गेहूँ का आटा डालें और आटे पर तेल का दीपक जमाकर रख दें। यह क्रिया रात में करें। एक दाने में पंचमेल मिठाई भी रखें। अब रोगी को सामने बैठाकर मन्त्र का जप आरम्भ करें। जब मन्त्र के इक्कीस जप पूरे हो जाएं तो घड़ा और मिठाई रोगी के ऊपर से उसार कर चौराहे पर रखवा दें। इस क्रिया से रोगी कामण दोष से मुक्त हो जाएगा।

विजयप्राप्ति मन्त्र

हाथ में बसे हनुमान भैरों बसे लिलार जो हनुमंत को टीका करें मोहे जग संसार जो आवे छाती पांव धरे बजरंग वीर रक्षा करें मुहम्मदा वीर छाती ते र जुगुनियां वीर सिर फोर उगुनिया वीर मार मार भास्वंत करे भैरों वीर की आन फिरती रहे बजरंग वीर रक्षा करे जो हमारे ऊपर घात डाले तो पलट हनुमान वीर उसी को मारे जल बांधे थल बांधे आर्या आसमान बांधे कुदवा और कलवा बांधे चक चक्की आसमान बांधे वाचा साबि साहिब के पूत धर्म के नाती आसरा तुम्हारा है।

इकतीस हजार जप करने से इस मन्त्र की सिद्धि हो जाती है। जीवन या समाज के किसी भी क्षेत्र में शत्रु-विरोधी, निंदक, प्रतिस्पर्धा, प्रतिद्वन्दी को परास्त करके साधक को विजय प्रदान करने में यह शाबर मन्त्र अमोघ है। आवश्यकता के समय मन्त्र का एक सौ की संख्या में जप किया जाना चाहिए।

संदिग्ध कार्य में सफलतादायक मन्त्र

तस्मिन् कार्यनिर्योगे वीरैवं दुरतिक्रमः।
किं पश्यसि समाधानं त्वं हि कार्यं चिदांवर ॥

यदि किसी कार्य के प्रति मन में संदेह हो कि वह पूरा नहीं हो सकेगा तो उपर्युक्त मन्त्र का जप इक्कीस की संख्या में करके कार्य में लग जाएं, वह कार्य अवश्य ही पूरा होगा।

उत्तम वरप्राप्ति का मन्त्र

हे गौरि शंकरार्धाङ्गि यथा त्वं शंकरप्रिया।
तथा मां कुरु कल्याणि कांतकांता सुदुर्लभम्॥

जिस कन्या का विवाह न हो पा रहा है, वह अपने सामने भगवती गौरी का चित्र स्थापित कर ले। पंचोपचार से चित्र की पूजा करें और उपर्युक्त मन्त्र को पाँच बार जपे। यह क्रिया इक्कीस या इकतीस दिन करने से उत्तम वर की प्राप्ति होती है।

वैवाहिक बाधा-निवारक मन्त्र

ॐ गौरि आवै शिवजि व्यावै अमुक को विवाहि तुरंत सिद्ध करे, देर न करे, जो देर होय तो शिव त्रिशूल पड़े।

यदि किसी कारण लड़के या लड़की का विवाह न हो रहा हो तो उनका पिता होली के दिन मिट्टी की एक छोटी-सी हांड़ी लाए और संध्या ढले उसमें बिल्ली की जेर (नाल), सात साबुत सूखी लाल मिर्चें और सात नमक की डाले और फिर हांड़ी का मुंह लाल कपड़े के ढांक कर बांध दे। यदि प्रयोग लड़की के लिए किया जा रहा है तो हांड़ी पर सांत कुंकुम की बिंदिया लगाएं और यदि लड़के लिए के किया जाना है तो रोली के टीके लगाए। तदनन्तर उपर्युक्त मन्त्र का जप एक घण्टे तक करें। मन्त्र में अमुक के स्थान पर लड़के या लड़की का नाम बोलें। जब एक घण्टे का जप पूरा हो जाए तो उस हांड़ी को चुपचाप किसी चौराहे पर रख आयें। इस कृत्य से विवाह से सम्बन्धित बाधाएं दूर हो जाती हैं तथा लड़का या लड़की के विवाह की सम्भावनाएं प्रबल बन जाती हैं।

टूटा सम्बन्ध पुनः बनाने का मन्त्र

मखनो हाथी जर्द अम्बारी उस पर बैठी कमाल खां की सवारी कमाल खां कमाल खां मुगल पठान बैठे चबूतरे पढ़े कुरान हजार काम दुनिया के करे एक काम मेरा कर ना करे तो तीन लाख तैंतीस हजार पैगम्बरों की दुहाई।

जिस लड़की का विवाह न हो पा रहा है या सम्बन्ध टूट गया है, वह उपर्युक्त मन्त्र का पाँच माला जप नित्य इक्कीस दिनों तक करें। इक्कीस दिनों का चयन वह इस प्रकार करें कि बीच में महीना होने की कोई समस्या सामने न आए। इससे टूटा सम्बन्ध पुनः बन जाता है।

शीघ्र विवाहकारक मन्त्र

तब जनक पाई वशिष्ठ आयसु ब्याह लाज संवारि कै। माण्डवी, श्रुतकीर्ति, उर्मिला कुंआरि लई हंकारि कै।।

जिस कन्या के विवाह में देरी हो रही हो, वह हल्दी की सात गांठें पीले कपड़े में लपेट कर धारण करे तथा उपर्युक्त मन्त्र का एक हजार आठ जप करे तो विवाह की समस्या शीघ्र हल हो जाती है तथा विवाह शीघ्र हो जाता है।

संक्रामक ज्वरनाशक मन्त्र

ॐ नमो अप्रति चक्रे महाबले महावीर्ये अप्रतिहत्त शासने ज्वाला मालोद्वांत चक्रेश्वरे ए ह्वे हि चक्रेश्वरि भगवति कुल कुल प्रविश प्रविश ह्रीं आविश आविश ह्रीं हन हन महाभूत ज्वारार्ति नाशिनि एकाहिक द्वाहिक त्राहिक चातुर्थिक ब्रह्मराक्षस ताल अपस्मार उन्माद ग्रहान् अपहर ह्रीं शिरो मुंच मुंच ललाटं मुंच मुंच भुजं मुंच मुंच उदरं मुंच मुंच नाभिं मुंच मुंच कटिं मुंच मुंच जंघां मुंच मुंच भूमिं गच्छ मुंच हूं फट् स्वाहा।

संक्रामक (मलेरिया) ज्वर के रोगी के सिरहाने बैठकर इस मन्त्र का ग्यारह माला जप उस समय तक करें, जब तक कि रोगी इस ज्वर से मुक्त न हो जाए। इस मन्त्र का जप कोई भी कर सकता है।

भगंदर निवारक मन्त्र

ॐ काका करता क्रोरी करता ॐ करता से होय, यरसना दश हंस प्रकटे खूनी गुदा न होय, मन्त्र जानके न बतावे द्वादश ब्रह्महत्या का दोष होय, लाख जप करे तो उसके वश में न होय, शब्द सांचा पिण्ड कांचा तो हनुमान का मन्त्र सांचा फुरो मन्त्र ईश्वरो वाचा।

किसी भी रविवार या मंगलवार के दिन उपर्युक्त शाबर मन्त्र का जप आरम्भ करें। एक लाख जप हो जाने पर मन्त्र सिद्ध हो जाता है। इसके बाद आवश्यकता के समय सात बार यही मन्त्र पढ़कर थोड़ा-सा जल अभिमन्त्रित करके रोगी को पिला दें। यदि यह जल भगंदर, गुदाभ्रंश एवं बवासीर का रोगी शौर्च कर्म में प्रयोग करे तो वह शीघ्र रोगमुक्त हो जाता है।

बहती नाक रोकने का मन्त्र

ॐ नमो आदेश गुरु का चार आटी, चार घाटी नीख नीख है चौरासी घाटी बहै नीर भीजै चीर नाथ नाक थमि हो श्रीनरसिंहवीर नाथ न थमे तो माता अंजनि का पिया दूध हराम करे मेरी भक्ति गुरु की शक्ति फुरो मन्त्र ईश्वरों वाचा।

थोड़ी-सी साफ रुई लेकर इस मन्त्र का जप करते हुए सात बार फूंकें तथा सर्दी से पीड़ित रोगी की नाक में लगाएं तो उसकी बहती हुई नाक रुक जाएगी।

तिल्ली पीड़ा-निवृत्ति मन्त्र

ॐ नमो हुताश परवत जहां पर सुरह गाय सुरह गाय के पेट मा तिल्ली दबा दबा तिल्ली कटे सरकण्डा बड़े फीया कटे फुरो मन्त्र ईश्वरो वाचा।

चाकू लेकर इस मन्त्र का उच्चारण करते हुए रोगी के समक्ष भूमि पर आठ रेखाएं खींचें और उन्हें काट दें। इस उपाय से तिल्ली से पीड़ित व्यक्ति कष्ट से मुक्त हो जाएगा।

वशीकरण मन्त्र

ॐ श्री सीर सिंदुर कन्या कुंवारी मन पियारी, चौंसठ जोगिणी मोड़े अगास अस्त्री पुर्य मिलाए संगा। कालो गंगा से तो पाट छोड़ि दे। गोरी मैति सौरासी वाट चली आ गोरी। हमारी वाट तीहि जन लागो। दोसरी जगा की माया औ चाट चलाई 'अमुक' बोलाई आंकुड़ी। जैसी रीडति आकूल जैसी धलकंतिः स्वाय। जैसे बलकंति आ, पौन जैसी सरकंति आ। जोहि मोहि मेरा पिण्ड पैतला भया सरा। नकरि न आवे तो हणुमंता वीर तेरी आण पड़े। जैसे काम त्वीले रामचन्द्र को सुदारो, तैशो काम मेरा नि सुदरो, तो माता अंजनी चली हात लावै। सवा सेर का रोटा न पावै। राजा रामचन्द्र को आरुणन नि पावै। फुरो मन्त्र ईश्वरो वाचा।

रविवार को रात्रि में एक पटरे पर काला कपड़ा बिछाकर उस पर जलता हुआ एक दीपक रखें। धूप-अगरबत्ती भी जला लें। फिर उत्तराभिमुख आसन पर बैठकर मूंगे की माला से उपर्युक्त मन्त्र का एक सौ आठ जप करें। अमुक के स्थान पर इच्छित व्यक्ति का नाम बोलें। इस प्रयोग से इच्छित व्यक्ति वश में हो जाता है।

अनुकूल करने का मन्त्र

कालू कालू बाबा जपैं, भैरों जपै मसान। देवी करै अंधेरी रात। चौंसठ जोगिनी, बावन भैरों, लोहे का लाट, बज्जर का केला। जहां पहुंचाऊँ, वहां जाय खेला। एक बाण मस्तक मारूं, दूजा बाण छाती, तीजा बाण कलेजा मारूं। जबान को खींच ले, हंसे को निकाल दें। काल भैरो! कपाल फलां...पर जा बैठ, फलां..की छाती छप्पर खाए। मसान में लोटे, फलां...को मार के फौरन आओ। अगर तूने मेरा यह काम नहीं किया तो अपनी मां पिया दूध हराम करे। सत्य नाम आदेश गुरु को, फुरो मन्त्र ईश्वरो वाचा। मेरे गुरु का वचन सांचा। मेरे गुरु का वचन चूके तो लोना चमारी के गन्दे नरक कुण्ड में गले-सड़े।

एक बेदाग कागजी नीबू तथा ग्यारह साबुत फूलदार लौंग लेकर इन्हें कुंकुम और कामिया सिन्दूर से रंगकर उन लौंगों को नीबू में चारो ओर घुसेड़ दें। फिर उपरोक्त मन्त्र

को एक सौ नौ बार जपें (मन्त्र में फलां के बाद उसका नाम बोलें, जिसे अनुकूल करना है) और फिर उस नीबू को किसी वीराने में जाकर गाड़ दें। वह व्यक्ति आपके वश में हो जाएगा और आपके अनुकूल कार्य करने को प्रेरित होगा।

वशीकरण मन्त्रप्रयोग

गेले के रस्तान मोय, कुर्वे की पणियारी मोय। हटा बैठया बणियां मोय, घर बैठी बणियाणी मोय, राजा की रजवाड़ मोय, महलां बैठी राणी मोय। डकणी को, सकणी को, भूतणी को, पलीतणी को, ओपरी को, पराई को, लाग कूं, धूम कूं, धकमा कूं। अलीया को, पलीया को, चौड़ को, चौगट को, काचा को, कलवा को, भूत को, पलीत को, जिन्न को, राक्षस को, बैरियां से बरी कर दे। नजरां जड़ दे ताला 'अमुक' को वश में करे, दुहाई गुरु गोरखनाथ की।

रुई की तीखे नैन-नक्श वाली एक गुड़िया बनाकर (या किसी से बनवाकर), उसके स्तनों के स्थान पर दो फूल वाली अखंडित लौंग लगा दें। नाक में पीला जिरकान चिपका दें। इसके बाद उपर्युक्त मन्त्र का तीन माला जप करें। मन्त्र में अमुक के स्थान पर अभीष्ट स्त्री या पुरुष का नाम बोलें। यह प्रयोग इकतीस दिनों तक करने से जिसका नाम मन्त्र में बोला जाएगा, उसका वशीकरण हो जाएगा।

राशि उड़ाने का मन्त्र

ॐ हुंकालूं चौंसठ जोगिनी बावन वीर कार्तिक अर्जुन बीर बुलाऊं आगे चौंसठ वीर जल बंध बल बंध आकाश बंध पौन बंध दीन देश की दिशा बंध, उतरे तो अर्जुन राजा दक्षिणे तो कार्तिक वीर्य असमान भो बावन वीर गाजें नीचे तो चौंसठ जोगिनी विराजें परितो पासि चल्यावें छपन्या भैरूं राशि उड़ावें, एक बंध आसमान में दूजा बंध राशि घर में ल्याया, शब्द सांचा पिण्ड काचा, फुरो मन्त्र ईश्वरो वाचा। सत्य नाम उपदेश गुरु का।

दीपावली की रात्रि में निर्जन जंगल में जाकर सुस्सा की मेंगनी ढूंढ़कर लाएं और उसे इस मन्त्र से इक्कीस बार अभिमन्त्रित करके जिसके घर में डाल देंगे, उस घर की सब राशि चली जाएगी। यह प्रयोग तभी करना चाहिए, जब किसी ने धन के बल पर आपको बहुत परेशान किया हुआ हो।

व्यक्तिबंधक मन्त्र

ॐ काली काली महाकाली ब्रह्मा की बेटी इन्द्रकी साली, खावे पान बजावे ताली जा बैठी पीपल की डाली, बांध बांध 'अमुक' को बांध परिवार समेत बांध ना बांधे तो तुझे गुरु गोरखनाथ की आन।

पहले होली, दीपावली या ग्रहण के समय उपर्युक्त मन्त्र को एक हजार आठ बार जप कर सिद्ध करें। फिर जब किसी व्यक्ति को बांधना हो तो हाथ में सड़क की थोडी-सी मिट्टी लेकर इकतीस बार मन्त्र से अभिमन्त्रित कर, उस मिट्टी को फूंक मारकर उड़ा दें। मन्त्र में अमुक के स्थान पर जिस व्यक्ति का नाम पढ़ा जाएगा, उसका बंधन हो जाएगा।

छिपा धन देखने का मन्त्र

ॐ श्रीं ह्रीं क्लीं सर्वोषधि प्रणते नमो बिच्चे स्वाहा।

किसी मृत कौवे की जिह्वा को जलाकर और गाय के दूध में अच्छी तरह औटाकर दही जमा दें। फिर उसे बिलोकर व घृत निकालकर आँखों में लगाएं अथवा उसे दीपक में जलाकर उसका काजल पारें। जो व्यक्ति पैरों की तरफ से जन्मा हो, उसके नेत्रों में वह काजल लगाएं। इससे पृथ्वी में गड़ा धन दिखाई दे जाएगा।

लम्बी दूरी तय करने का मन्त्र

ॐ नमो विचण्डाय हनुमंत वीराय पवन पुत्राय हुं फट्।

वंशलोचन, श्वेत भांगरा और बकरी का दूध—इन सबको पुष्य नक्षत्र में उपर्युक्त मन्त्र के एक हजार आठ जप से अभिषिक्त कर लें। फिर उन सबको पीस और मिलाकर मन्त्रोच्चारण करते हुए अपने पैरों के तलुवों में लगा लें। जब वह सूख जाए तो चाहे जितनी दूरी तय कर लें, थकेंगे नहीं।

आपदा-निवारक मन्त्र

शेख फरीद की कामरी और अंधियारी निशि तीनों चीज बराइये आग ओला पानी विष।

मार्ग में सर्प आदि दिखलाई पड़े या पानी बरसे, ओले पड़ें या आग लगे तो उपर्युक्त मन्त्र को तीन बार पढ़कर ताली बजाएं। आप सुरक्षित हो जाएंगे। अर्थात् हरेक आपदा का निवारण हो जाएगा।

बाघ भय-निवारक मन्त्र

मंत्रा बांधूं वधाई निबांधूं बाघ के सातों बच्चा बांधूं राह बाट मैदान बांधूं, दुहाई वासुदेव की, दुहाई लोना चमारी की, शब्द सांचा पिण्ड काचा, फुरो मन्त्र ईश्वरो वाचा।

सात मंगलवार के दिन इस मन्त्र को सात बार जपें और बेधड़क वनादि में जाएं तो वहाँ बाघ आदि का कोई भय नहीं रहेगा।

देह समस्या निवारक मन्त्र

बंध को बंध मौला मुर्त्तजा अली का बंध, कीड़े और मकोड़े का बंध, ताप और तिजारी का बंध, जूड़ी और बुखार का बंध, नजर और गुजर का बंध, दीठ और मूठ का बंध, कीये और कराये का बंध, भेजे और भिजाये का बंध, नावत पर हाथन का बंध तो बंध मौला मुर्त्तजा अली का बंध, राह और बाट का बंध, जमीन और आसमान का बंध, घर और बाहर का बंध, पवन और पानी का बंध, वांपनि हारी का बंध, लौह कलम का बंध, बंध को बंध मौला मुर्त्तजा अली का बंध।

एड़ी से चोटी तक कच्चा डोरा नापकर सात गांठें लगाएं तथा सवा पाव मिठाई मंगाकर मुर्त्तजा अली के नाम से बच्चों में बांट दें और डोरा लोबान की धूनी से धूपित कर गले में बांध दें और इस समय में मन्त्र जपते रहें। देह से सम्बन्धित सभी समस्या का निवारण हो जाएगा। कोई रोग-शोक, आपदा और अभिचार कर्म उस समय तक प्रभावी नहीं होगा, जब तक डोरा गले में बंधा रहेगा।

विष उतारने का मन्त्र

गंगा गोरी दोऊ रानी टाकन मारि काड़े विष पाणी गांगा बांटे गौरा खाय अठारा मार विष निर्विष हो जाय, गुरु की शक्ति मेरी भक्ति फुरो मन्त्र ईश्वरो वाचा।

रविवार को सात बार यह मन्त्र पढ़कर किसी चीज से झाड़ दें तो खाया या दिया गया विष का प्रभाव नष्ट हो जाएगा।

कीड़ा-निवारक मन्त्र

जा दिन गरते चाली रानी सहज कोटि लपच्यार वोट काली कावली सबै एक उनहार मंदिर माहीं घर करे प्रजा ने बहुत सतावे दुहाई जती की जो हमारी गैल में आवे लंका सो कोट समुद्र-सी खाई जे कीड़ा नगरो रहें तो जती हनुमान वीर की दुहाई। शब्द सांचा पिण्ड काचा फुरो मन्त्र ईश्वरो वाचा सत्य नाम आदेश गुरु का।

घर, बाहर या खेत-खलिहान जहाँ से भी कीड़े निकलते हों तो काले तिलों पर सात बार मन्त्र पढ़कर उस स्थान पर डाल दें। सात दिनों तक यह प्रयोग करें। कीड़े निकलने बन्द हो जाएंगे।

पशु कीड़ा झाड़ने का मन्त्र

ॐ नमो की डारे तू कुंड़ीला लाल पूंछ तेरा मुँह काला में तोहे पूछूं कहाँ ते आया तोड़ मांस तैं सब क्यों खाया अब तू जाय भस्म हो जाय गुरु

गोरखनाथ के लागूं पाय शब्द सांचा पिण्ड काचा फुरो मन्त्र ईश्वरो वाचा।

यदि किसी पशु के खुरों या शरीर में अन्य कहीं कीड़े पड़ गए हों तो उपर्युक्त मन्त्र को पढ़ते हुए नीम की टहनी से सात बार झाड़ा दें। यह प्रयोग तीन से पाँच दिन करें।

शत्रु को कष्ट पहुँचाने का मन्त्र

ॐ काल भैरूं झंकाल का तीर मार तोड़ दुश्मन की छाती घोट चलै तो खरा जोगिनी का तीर छूटै मेरी भक्ति गुरु की शक्ति फुरो मन्त्र ईश्वरो वाचा सत्य नाम आदेश गुरु का।

यदि शत्रु बहुत ज्यादा परेशान कर रहा है तो कनेर के इक्कीस पुष्प तथा गूगल की इक्कीस गोलियाँ लेकर एवं प्रत्येक बार के मन्त्र जप के साथ एक पुष्प और एक गोली तेल में भिगोकर अग्नि में डाल दें। इस समय में शत्रु का ध्यान करते रहें। ग्यारह दिन अथवा अधिकाधिक इक्कीस दिन के इस प्रयोग से शत्रु स्वयं कष्ट में होकर परेशान करना छोड़ देगा।

पीर हाजिर होने का मन्त्र

बिस्मिल्लाह अर्रहमान अर्ररहीम साह चक्र ती बावड़ी, गले मोतियन का हार लंका सो कोट समुद्र-सी खाई जहां फिरे मोहम्मदा पीर की दुहाई कौन पीर आगे चले, सुलेमान वीर चले नादिरशाह वीर चले, मुट्ठी पीर चले नहीं चले तो हजरत सुलेमान की दुहाई शब्द सांचा पिण्ड काचा चलो मन्त्र ईश्वरो वाचा।

इस मन्त्र को बृहस्पतिवार के दिन से रात्रि के समय बबूल के वृक्ष के नीचे पश्चिममुख बैठकर इस भांति जपें कि तीन दिन में मन्त्र का जप एक लाख की संख्या में पूरा हो जाए। मन्त्रजप के काल में या जप की पूर्णता पर मुट्ठी नामक पीर हाजिर हो जाएगा। तब भयभीत न हों और उन्हें खीर, बताशे अर्पण कर प्रसन्न करें। अब किसी भी प्रयोग के समय मन्त्र का पाँच बार जप करें और अपना अभीष्ट कहें, पीर की कृपा से आपका हर कार्य पूरा होगा।

शैतान चढ़ाने का मन्त्र

अल्प गुरु अल्प रहमान। अमुक की छाती न चढ़ै तो माँ बहिन की सेज पै पग धरै। अली की दुहाई। अली की दुहाई। अली की दुहाई।

शुक्रवार की रात्रि को किसी निर्जन स्थान पर पीली मिट्टी का गोल चौका लगाकर एक दीपक रखें, जिसमें तिल का तेल हो। उसमें रुई की बत्ती ऊपर की ओर करके जला दें और स्वयं दक्षिण की तरफ मुंह करके उपर्युक्त मन्त्र का जप करें। जो शत्रु है, उसका नाम मन्त्र में अमुक की जगह लें। सत्रह हजार मन्त्र पूरे होने पर शत्रु के ऊपर शैतान चढ़ जाएगा।

स्त्री की प्राप्ति का मन्त्र

ॐ नमो धूलि धूलि विकट चाँदनी पर मारूं धूलि धूली लगे दीवानी घर तजे बाहर तजे ठाड़ा तजे भर्तार दिवानी, एक सठी बलवान तूं नाहरसिंह वीर अमुक को उठाये लाय, न लाये तो हनुमान वीर की दुहाई। मेरी भक्ति गुरु की शक्ति, फुरो मन्त्र ईश्वरो वाचा।

शनिवार के दिन श्मशान में जाकर किसी स्त्री की चिता की राख ले आएं और इस मन्त्र से फूंककर (मंत्र में जिस स्त्री का नाम बोला जाएगा) जैसे ही स्त्री के मस्तक से लगाएंगे या उसके सिर पर डाल देंगे, वही प्राप्त हो जाएगी।

गृह भूतबाधा-निवारक मन्त्र

ॐ नमो भगवते रुद्राय नमः कोशेश्वस्य नमो ज्योति पतंगाय नमो रुद्राय नमः सिद्धि स्वाहा।

यदि घर में भूत-प्रेतबाधा का निवास हो तो इस मन्त्र का प्रतिदिन प्रातः और सायं अपनी सामर्थ्य भर से अधिक संख्या में जप करते रहने से घर से भूत-प्रेतबाधा दूर हो जाती है।

मुहम्मदा पीर का मन्त्र

बिस्मिल्लाहिर्रहेमानिर्रहीम पाय घूंघरा कोट जंजीर जिस पर खेले मुहम्मदा पीर सवा मन का तीर जिस पर खेलता आवे पीर मार मार करता आवे बांध बांध करता आवे डाकिनी को बांध कुवा बावड़ी लाओ सोती को लावो पीसती को लावो पकती को लावो जल्द जावो हजरत हमाम हुसौन की जांघ से निकालकर लावो बीवी फातिमा के दामन सूं खोलकर लावो नहीं ल्यावो तो माता माचूरवा दूध हराम करे, शब्द सांचा फुरो मन्त्र ईश्वरो वाचा।

इस मन्त्र को सिद्ध कर लेने से समस्त इच्छाओं की पूर्ति होती है। मुहम्मदा पीर का यह मन्त्र नौचंदी जुमेरात की शाम में जपना शुरू करके रोजाना दस बार पढ़कर लोबान की धूप दें। इस क्रम को पूरा करते हुए जब इक्कीस जुमेरात पूरी हो जाय तो इक्कीसवें जुमेरात को ही मुहम्मदा पीर प्रकट हो जाता है। उस समय उससे जो कुछ मांगा जाए और आदेश दिया जाए, उसे वह अवश्य पूरा करता है।

क्रोधाग्नि शांत करने का मन्त्र

हथेली तो हनुमंत बसै भैरूं बसै कपाल, नाहरसिंह की मोहनी मोहा सब संसार, माहन रे मोहंता बीर सब बीरन में, तेरा सीर सब दृष्टि बांधि दे मोहि तेल सिंदूर चढ़ाऊं तोहि तेल सिंदूर कहाँ से आया कैलाश पर्वत से

आया कौन लाया अंजनी का हनुमंत, गौरी का गणेश, कौरा गोरा तोतला तीनों बसैं कपाल, बिंदा तेल सिंदूर का दुश्मन गश पाताल, दुहाई कामियाँ सिन्दूर की हमें देखि शीतल हो जाए, मेरी भक्ति गुरु की शक्ति फुरो मन्त्र ईश्वरो वाचा सतनाम आदेश गुरु का।

यदि कोई बड़ा अफसर आदि क्रोधित हो तो रविवार को नृसिंह का विधिवत् पूजन करके उपर्युक्त मन्त्र का एक सौ इक्कीस बार जप करें। जप के समय में तेल का दीपक जलाए रखें तथा लोबान आदि जलाकर वातावरण को सुगंधमय बनाए रखें। सात रविवार यह क्रिया करने से मन्त्र सिद्ध हो जाता है। मन्त्र सिद्ध हो जाने पर एक सौ इक्कीस बार सिन्दूर को अभिषिक्त कर, उसका मस्तक पर तिलक कर अफसर के सामने जाएं। अफसर का क्रोध शांत हो जाएगा और वह बड़ी प्रसन्नता के साथ पेश आने लगेगा।

ढाल स्तम्भन का मन्त्र

ॐ चौंसठ जोगिनी बावन वीर, छप्पन भैरूं सत्तर पीर, आजा बैठ ढाल के तीर, हाली हलै न चाली चलै, बादी बाद शत्रु सों मेले या ढाल ले चले तो जाहर पीर की दुहाई फिरे। शब्द सांचा पिण्ड काचा फुरो मन्त्र ईश्वरो वाचा।

शत्रु ने जिसे ढाल बनाया हो, तो इस मन्त्र को एक हजार आठ बार पढ़कर पहले मन्त्र को सिद्ध करें। फिर कंकड़ी पर एक सौ आठ बार मन्त्र पढ़कर वह कंकड़ी ढाल पर मारें तो शत्रु के ढाल का स्तम्भन हो जाएगा।

नकसीर रोकने का मन्त्र

ॐ नमो आदेश गुरु को सार सार महासागर बाँधूं सात बार आणी बांधूं तीन बार लोही की सार बांधूं हनुमंत वीर पाके न फूटे तुरन्त सूखे शब्द सांचा।

इस मन्त्र को एक सौ आठ बार पढ़कर फूंक मारने से नाक से रक्त गिरना बन्द हो जाता है।

टिड्डी उड़ाने का मन्त्र

ॐ नमो आदेश गुरु को आकाश की जोगिनी पाताल का देव आदि शक्ति माई पश्चिम देश सों आई गोरखनाथ आकाश को चलाई पश्चिम देश मांझ में कुआ जहाँ भवानी जन्म तेरा हुआ टिड्डी उपजी स्वर्ग समाई सब टिड्डी गोरख ने बुलाई एक जाई तांबा वैसी एक जाइ रूपा वैसी वैसी एक जाई घोई धड़नी बकरा दंत मेंडक दंत सर्प दंत दिदंत अब छोड़ वन

को खाव धूल छोड़ आकाश लग जाव खेत कूकड़ों मद्य की धार टिड्डी चली समंदर पार हुंकारे हनुमंत बुलावे भीम जा टिड्डी पैलाका सींव नीचे भैरूं किलकिले ऊपर हनुमंत गाजे मेरी सींव में अन्न पानी खाइ तो गुरु गोरखनाथ लाजे मानो भव भवानी का धड़ कूजे जो मेरी सींव में अन्न पानी भखैगी तो दुहाई जैपाल चक्क वै की फिरेगी।

एक सफेद मुर्गा और शराब की एक बोतल पर सात बार मन्त्र पढ़कर खेत की सीमा के बाहर छोड़ें तो खेतों पर मंडराता टिड्डी दल वहाँ से उड़ चला जाएगा।

तन्त्र अभिचार से मुक्ति का मन्त्र

उलटंत वेद पलटंत काया उतर आव बच्चा गुरु ने वेग बुलाया सतनाम आदेश गुरु का।

यदि किसी व्यक्ति पर तांत्रिक ने कोई अभिचार कर्म कर दिया है तो चौराहे पर जाकर वहाँ बीचो-बीच एक बताशा रखें और उस पर शराब की धार छोड़कर तथा एक सौ आठ बार मन्त्र जपकर एवं चौराहे से सात कंकड़ी उठाकर इक्कीस बार मन्त्र से अभिमन्त्रित करके चार कंकड़ी तो चार दिशाओं में फेंक दें और तीन को अभिचारयुक्त व्यक्ति के शरीर पर मारें। इससे उस पर जो भी किया-धरा होगा, नष्ट हो जाएगा।

रोजी व धन की वृद्धि का मन्त्र

ॐ नमो भगवती पद्मावती सर्वजन मोहनी सर्व कार्य करनी मम बिकल संकट हरणी भय मनोरथ पूरणी मम चिंता चूरणी ॐ नमो पद्मावती नमः स्वाहा।

तीनों कालों में एक-एक माला मन्त्र का जप करें तो धन की वृद्धि होती है और पच्चीस का एक यन्त्र लिखकर धूप-दीप से पूजन कर उसे सामने रखकर मन्त्रजप करें तो शीघ्र कार्यसिद्धि होती है हो तथा रोजी मिलता है।

व्यापार द्वारा धनलाभ का मन्त्र

ॐ ह्रीं श्रीं क्रीं श्रीं क्रीं क्लीं श्रीं लक्ष्मी मम गृहे धन पूरय पूरय चिंताय दुरय दुरय स्वाहा।

नित्य प्रातः शौच व स्नानादि से निवृत्त होकर एक सौ आठ बार मन्त्र का जप करें तो व्यापार में तेजी आ जाएगी, जिससे अच्छा धन का लाभ होगा।

पढ़ा हुआ याद रखने का मन्त्र

ॐ नमो भगवति सरस्वति परमेश्वरि वाग्वादिनि मम विद्या देहि भगवति हंस वाहिनी समारु का बुद्धि देहि प्रज्ञा देहि देहि विद्यां देहि देहि परमेश्वरि सरस्वति स्वाहा।

किसी रविवार से आरम्भ कर इक्कीस दिनों तक नित्य एक सौ आठ बार इस मन्त्र का जप करें, ब्रह्मचर्य से रहें और एक समय सात्विक भोजन करें तो पढ़ा-लिखा सब याद रहेगा।

स्वप्न में प्रश्नोत्तर मिलने का मन्त्र

ॐ नमो मणिभद्रा चेटकाय सर्वार्थ सिद्धि कर जापम स्वप्ने दर्शनाय कुरु कुरु स्वाहा।

कनेर के लाल पुष्प को एक सौ आठ बार मन्त्र से अभिषिक्त करके सिरहाने तकिये के नीचे रखकर सोएं। सात दिन इस प्रयोग को करें। फिर आठवें दिन जिस प्रश्न को सोचकर सोएंगे, उसका उत्तर आपको स्वप्न में मिल जाएगा।

गृहकीलन मन्त्र

घर बांधों कक्ष बांधों, बांधों घर के द्वार, सोलहों डाकिनी बांधों, बांधों लोहे का हारे, थाग थाकगे बेटी योगिनी मेरा बांधों परो, लरी सहचरी, जन भाव चौकों बांधों दुहाई महादेव गोरा पार्वती की।

यदि आपके मकान में किन्हीं वायव्य आत्माओं (भूत-प्रेतों) ने कब्जा जमाया हुआ है तो चार कीलें लेकर सभी पर इक्वायन बार मन्त्र पढ़ें। तदनन्तर उन कीलों को मकान के चारो कोनों में भूमि में गाड़ दें। इससे आपका मकान कीलित हो जाएगा। पहली कील गाड़ते ही वहाँ मौजूद आत्माएं निकल भागेंगी और चारो कीलों के गड़ जाने के बाद फिर कोई आत्मा या भूत-प्रेत उसमें प्रवेश करने का साहस नहीं करेंगे।

पुरुष को वश में करने का मन्त्र

ॐ ह्रीं क्लीं जंहिये जंहिये 'अमुक' अमुकी' के वश्यं कुरु कुरु मोह कुरु कुरु स्वाहा।

स्त्री द्वारा पुरुष को वश में करने का यह एक सिद्ध प्रयोग है। इसके लिए किसी शुभ दिन, शुभ पर्व अथवा शुभ मुहूर्त में गीली मिट्टी द्वारा एक पुतला बनाकर, उस पर शुद्ध केसर, कामिया सिन्दूर तथा गोरोचन से मन्त्र लिखकर धूप द्वारा उसका सामान्य पूजन करें। फिर खैर की लकड़ी की अग्नि में उस पुतले को तपाते हुए उपर्युक्त मन्त्र का एक माला जप करें। साथ ही गूगल की समिधा एवं कनेर के लाल पुष्प शुद्ध देशी घी में मिलाकर अग्नि में डालें। मन्त्र में अमुक की जगह पुरुष का नाम व अमुकी की जगह अपना नाम बोलें। इस प्रयोग से कुछ ही दिनों में इच्छित पुरुष आपके वश में हो जाएगा।

मसान जगाने का मन्त्र

ॐ नमो आठ खाट की लाकड़ी, मूंज बनी का कावा, मुवा मुरदा बोले, न बोले तो महावीर की आन, शब्द सांचा फुरो मन्त्र ईश्वरो वाचा।

इस मन्त्र के अनुष्ठान से मसान जाग्रत हो जाता है। इसके लिए शराब की एक बोतल, चमेली के पुष्प, लोबान, छारछबीला, लौंग, कपूर, काचरी, इत्र और आटे से बना चौमुखा दीपक लेकर किसी श्मशान में जाएं। लोबान की धूप करें, चौमुखा दीपक जलाकर रखें। घी-तेल न हो तो उसमें कपूर डालकर जलाएं। इसके बाद एकाग्रचित होकर उक्त मन्त्र पढ़ें। इस क्रिया से कुछ ही देर बाद मसान जाग जाएगा और हाहाकार मचाने लगेगा। तब आप शान्ति से काम लें और घबराएं या भयभीत न हों। आप तत्काल इत्र के छींटे दें, शराब चढ़ाएं। तब मसान प्रकट होगा। अब आप चमेली के पुष्पों की वर्षा करते हुए उसका स्वागत करें और शेष सामग्री उसे अर्पित करके उसे प्रणाम करें। आगे वह आपके किस काम आएगा, यह बात आप उसी से जान लें।

अगिया बेताल-सिद्धि मन्त्र

ॐ नमो अगिया वीर बेताल पैठि सातवें पाताल लांघ अग्नि की जलती झाल बैठी ब्रह्मा के कपाल मछली चील कागली गूगल हरिताल इन वस्तां को लै चलि न लै चलै तो माता कालिका की आन।

होली या दीपावली की रात्रि को मन्त्र में उल्लिखित सामग्री लेकर किसी निर्जन, एकांत स्थान पर बैठकर उपर्युक्त मन्त्र का जप करें। जप के समय धूप तथा मृत बकरे की चर्बी का दीपक जलता रहे। पूरी श्रद्धा-विश्वास और तन्मयता से मन्त्र जपते रहें। जप में कोई त्रुटि या अशुद्धि न हो। इस प्रकार जब आपकी साधना और मन्त्रजप से प्रसन्न होकर अगिया बेताल आए तो उसे वर्णित सामग्री प्रदान कर दें। इसके पश्चात् वहाँ से कुछ कंकड़ी उठाकर इसी मन्त्र से एक सौ आठ बार फूंककर उन्हें जहाँ भी मारोगे, वहीं आग लग जाएगी।

धन पाने का मन्त्र

ॐ नमो हंकालो चौंसठि योगिनी हंकालो बावना वीर, कार्तिक अर्जुन वीर बुलाऊं आगे चौंसठि वीर, जल बंधि बल बंधि आकाश बंधि पवन बंधि तीन देश की विद्या बंधि, उत्तर तो अर्जुन राजा दक्षिण तो कार्तिक विराजै आसमान लौं वीर गाजै, नीचे चौंसठि योगिनी विराजैं, पी तो पास चलि आवै छप्पन भैरों राशि उड़ावै, एक बंध आसमान में लगाया दूजै बंधि राशि में लाया।

इस मन्त्र को पहले ग्यारह बार पढ़कर सिद्ध कर लें। फिर उस स्थान पर जाएं, जहाँ से आप धन की प्राप्ति करना चाहते हैं। वहाँ पहुंचकर एक बार फिर मन्त्र पढ़ें और अंतिम लाइन पढ़ते समय उस वस्तु को हाथ लगाएं। वह वस्तु आपको अवश्य ही प्राप्त हो जाएगी। जुआ खेलते समय दूसरों के पैसों को, लॉटरी का टिकट लेते

समय टिकट बेचने वाले के गल्ले को, इनाम में कोई वाहन आदि वस्तु रखी है, तो उस वस्तु को हाथ लगाएं। जिस स्थान पर आपको खजाना छिपा होने की आशा है, उस जगह मन्त्र पढ़कर भूमि को हाथ लगाएं। वह खजाना आपको मिल जाएगा।

तन्त्रशास्त्र की पुस्तकों में कहा गया है कि दीपावली की रात्रि में निरन्तर इस मन्त्र का जप करते हुए चूहों की मेंगनियाँ अर्थात् चूहों की विष्ठा एकत्र कर ली जाए। इन मेंगनियों को सामने रखकर और तेल का दीपक जलाकर एक सौ आठ बार इस मन्त्र को पढ़ें और सुरक्षित रख लें। आगे एक मेंगनी ले जाकर और एक बार मन्त्र पढ़कर आप उसे जिस वस्तु पर भी रख देंगे, वह किसी न किसी प्रकार आपकी हो जाएगी।

प्रभावशाली वशीकरण मन्त्र

ॐ नमो आदेश गुरुजी को नमस्कार, सिन्दूर सिन्दूर महासिन्दूर नु कहां से आयो कौन ल्यायो गरुड़ पर्वत से आयो, गौरी का पुत गनेस ल्यावा, पैली सिंदुर माता अंजनी को चडायो आनि कासै कर ल्यायो, रिदसिद रीली भर ल्यायो दूसरी सिन्दुर किसको चढ़ाऊं, अंजनी को पूत हनुमां कौ चडायो, हौ-हंकार हनुमंकौ तेसरी सिन्दुर किसो चडायो बिल जति गोरखनाथ को चडायो, मन रिक्षा पुन वडो सिधि वर पायो चौथो सिंदुर किसको चडायो, चतुर्भुज गनेश को चडायो पांचों सिंदुर किसको चडायो तारा त्रिपुरा तोतला को चडायो, जो करै सिंदुर की निन्दा, उसको पाशै माया रजीदास दो रजडावै, श्रीगास्णा पावै त्रिपुरा सुंदरी संग पावै, षड-काली मनाऊं काली वाशै संतुरी को विजडा पै, कालिका माता मन इच्छा पूरन कर सिद्धि करका। ॐ अपीलियि अली आगां काली आप्रगां कुरु कुरु कालीकायौ फट् स्वाहा, फुरो मन्त्र ईश्वरो वाचा, ऐं मन्त्र ले सिंदुर मंतणौ सिर लगाणौ विन्दी अमुक वश में हो।

किसी भी शनिवार में रात्रि ग्यारह बजे के बाद पवित्रतापूर्वक पश्चिमाभिमुख होकर किसी आसन पर बैठें। सामने लकड़ी के एक पटरे पर रेशमी लाल वस्त्र बिछाएं और उस पर प्रियंगु की ढेरी बनाकर उस पर हरा हकीक स्थापित कर इच्छित स्त्री या पुरुष का नाम काजल द्वारा कागज पर लिखकर कपड़े पर रख दें। फिर कामिया सिंदूर और अक्षतों से उसका पूजन कर देशी घी का दीपक जलाएं और उपर्युक्त मन्त्र का एक सौ आठ जप करें तथा मन्त्र में अमुक के स्थान पर स्त्री या पुरुष नाम बोलें। प्रत्येक बार मन्त्रजप के बाद दीपक की लौ को अवश्य देखें। इच्छित स्त्री या पुरुष का वशीकरण हो जाएगा।

शत्रु को पीड़ा पहुंचाने का मन्त्र

ॐ नमो आदेश गुरु का, हनुमंत बलवंता माता अंजनी का पूत हलंता

आओ चढ़ चढ़ंता आओ गढ़ किला तोड़ंता आओ लंका जलंता बालंता भस्म करंता, आओ ले लांगू लंगूर, ते लिपटाये सुमिरते पटका, औ चंदी चन्द्रावली भवानी मिल गावें मंगलाचार, जीते राम लक्ष्मण हनुमान जी आओ, आओ जी तुम आओ, सात पान की बीड़ा चाबत मस्तक सिंदूर चढ़ाये आओ, मंदोदरी का सिंहासन डुलाते आओ, यहां आओ हनुमान, आया जागते नरसिंह, आया आगे भैरों किलकिलाय, ऊपर हनुमान गाजे दुर्जन को फाड़ अमुक को मार संहार, रमारे सम्य गुरु हम सत्य गुरु के बालक मेरी भक्ति गुरु की शक्ति फुरो मन्त्र ईश्वरो वाचा।

श्मशान में जाकर जलती चिता के सिरहाने से एक कोयला ले आएं। फिर दीवार पर अपने शत्रु का चित्र बनाएं और उपर्युक्त मन्त्र का एक हजार एक संख्या में जप करें। मन्त्र में अमुक के स्थान पर शत्रु का नाम अवश्य बोलें। इसके बाद श्मशान से लाया गया कोयला शत्रु के चित्र से जहाँ-जहाँ स्पर्श कराएंगे, शत्रु श्मशान की अग्नि के ताप से वहीं-वहीं जलेगा।

श्मशान जाग्रत् मन्त्र

ॐ नमो आठ काठ की लाकड़ी मन जवानी, मुवा मुरदा बोले नहीं तो माया महावीर की आन, शब्द सांचा पिण्ड काचा, फुरो मन्त्र ईश्वरो वाचा।

कपूर, कचरी, इत्र, बालछड़, छबीला, मिष्ठान्न, जातीपुष्प तथा धूप—सबको समान मात्रा में लेकर व शराब की एक बोतल लेकर आधी रात के समय पूरी निडरता के साथ किसी श्मशान में जाएं और किसी शव के पास जाकर उस पर सबसे पहले शराब की धारा डालें, फिर धूप देकर फूलों को उसके ऊपर बिखरा दें। इसके बाद इत्र व अन्य सुगन्धित द्रव्यों को चढ़ाएं। इस क्रिया के बाद शव से दूर हटकर उपरोक्त मन्त्र का ग्यारह माला जप करें। प्रत्येक माला की समाप्ति पर बोतल से शराब की धार गिराते रहें। इस विधि से श्मशान हाहाकार करता हुआ जाग्रत हो जाता है तथा प्रकट होकर साधक की मनोकामना पूछकर पूरी करता है। ऐसे समय में साधक को भयभीत नही होना चाहिए। बल्कि उसकी पूजा कर, शराब और मिष्ठान्न अर्पित करना चाहिए। प्रसन्न हो जाने पर साधक की समस्त सांसारिक इच्छाओं को वह पूरा करता है।

डाकिनी-सिद्धि मन्त्र

नमो चढ़ौ सूखार धरती चढ़ाया कुण कुण वीर हनुमंत वीर चढ़ैया धरती चढ़ पग पात चढ़ों गोंडा चढ़ी जांघ चढ़ी कटि चढ़ी कटि कटि पेट चढ़ी पेट सूं धरणी चढ़ी, धरणी सूं पासली चढ़ी, पासली सूं हिया चढ़ी, हिया सों छाती चढ़ी सौ खवा चढ़ी, वाखस सौ कंठ चढ़ी, कंठ सौ मुख चढ़ी, मुख सौ जिह्वा चढ़ी, जिह्वा सौ कान चढ़ी, कान सौ आँख चढ़ी, आँख

सौ ललाट चढ़ी, ललाट सौं शीश चढ़ी, शीश सौं कपाल चढ़ी, कपाल सौं चोटी चढ़ी, हनुमान नरसिंह चले, वीर समदवीर दीठवीर आज्ञावीर सौ संतावीर चढ़ें।

ग्रहणकाल की रात्रि में किसी एकांत स्थान पर शुद्ध पवित्र भूमि को गाय के गोबर से लीपकर वहाँ घी का एक दीपक जलाकर व एक पैर पर खड़े होकर शुद्ध रूप से मन्त्र का एक सौ आठ जप करें। मन्त्र पूरा हो जाने पर (यदि साधना में कोई त्रुटि न हुई हो तो) डाकिनी प्रसन्न होकर दर्शन देती है। उस समय साधक को भयभीत नहीं होना चाहिए, बल्कि डाकिनी का पूजन कर उसे नैवेद्य आदि अर्पित करना चाहिए। अब साधक अपने जिस किसी भी कार्य को डाकिनी के समक्ष रखेगा, वह उसे तत्काल पूरा कर देगी।

वीर विरहना-सिद्धि मन्त्र

वीर विरहना फूल विरहना धुं धुं करै सवा सेर का तोसा खाय अस्सी कोस का धावा करे सात के कुतक आगे चले सात सै कुतक पीछे चले, जिसमें गढ़ गजना का पीर चले और ध्वजा टेकात चले, सोते को जगावता चले, बैठे को उड़ावता चले, हाथों में हथकड़ी गेरे पैरों में बेड़ी गेरे, मांही पाठ करे मुरदार मांही पीठ करे, कलाबोन नवी कूं याद करे। ॐ ॐ ॐ नमः ठः ठः ठः स्वाहा।

वीर विरहना साधना द्वारा सिद्ध कर लिए जाने पर वह साधक की समस्त इच्छाओं की पूर्ति करता है और सदैव उसके समीप रहकर उसकी रक्षा करता हुआ हर प्रकार के सुख प्रदान करता रहता है। उपर्युक्त मन्त्र का ग्रहण की रात्रि में एक सौ आठ बार जप करके चमेली के पुष्प आदि चढ़ाने की प्रक्रिया करें तथा नैवेद्य धूप में सवा सेर आटे का शुद्ध देशी घी से बना हुआ हलुवा अर्पित करें। इस प्रकार चालीस दिन के जप के बाद वीर विरहना साधक के सामने प्रकट हो जाता है। उस समय साधक हाथ जोड़कर प्रणाम करे, मन की इच्छा को प्रकट करे। वीर विरहना उसकी सभी इच्छाओं को पूर्ण कर देता है।

दुष्टात्मा-निवारक मन्त्र

जल बांका, जल बांका, 'अमुक' काया बांका, डाइन रे दृष्टि पढ़न पानी, सुनो गोमाया अधर कहानी, समन काटि के माता दिहली, बार उज्जान छोड़े भाठी, घर धूला बान, धूसर बान, शब्द भेदी महाबान, ऐहि मन्त्र पढ़े से, ॐ हानिः श्री राम हुंकारे।

यदि कोई बच्चा या बड़ा किसी दुष्टात्मा के फेर में पड़ गया है तो पहले इस मन्त्र

का एक सौ आठ जप करें तथा मन्त्र में अमुक के स्थान पर रोगी का नाम लें। फिर धूल, राख अथवा सरसों को मन्त्र से पाँच बार अभिमन्त्रित कर रोगी के शरीर पर मारें। इस क्रिया से रोगी का दुष्टात्मा से पिण्ड छूट जाता है और वह पुनः स्वस्थ हो जाता है।

आकर्षित करने का मन्त्र

ॐ नमः आदिपुरुषाय अमुकस्याकर्षणं कुरु कुरु स्वाहा।

इस मन्त्र का एक लाख की संख्या में जप करने से यह सिद्ध हो जाता है। तदनन्तर प्रयोग से पूर्व इस मन्त्र का एक सौ आठ बार जप करके कार्य सिद्ध किया जा सकता है। यथा—काले धतूरे का रस निकालें। फिर उसमें गोरोचन मिलाएं और स्याही बना लें। इस स्याही और कनेर की कलम से भोजपत्र पर आकर्षित किए जाने वाले का नाम लिखकर, उसके चारो ओर मन्त्र भी लिख दें और एक सौ आठ की संख्या में मन्त्र पढ़ते हुए खैर की लकड़ी की अग्नि से उसे तपाएं। इस क्रिया से जिसके लिए यह प्रयोग किया गया है, वह हजार मील दूर होगा तो भी शीघ्र लौट आएगा।

मोहनकारक मन्त्र

ॐ नमो भगवते कामदेवाय यस्य यस्य दृश्यो भवामि यश्च यश्च मम मुखं पश्यति तं तं मोहयतु स्वाहा।

सर्वप्रथम रुई की बत्ती बनाएं और उस बत्ती को नवनीत से जलाएं। जलती हुई बत्ती की लौ से काजल पारें। फिर उपर्युक्त मन्त्र को दस हजार की संख्या में पढ़कर पहले सिद्ध करें, फिर पाँच बार मन्त्र को जपकर काजल को अभिषिक्त करें और आँखों में अंजन लें। इस काजल को लगाने से सारे जगत् को मोहित किया जा सकता है। ऐसा सिद्ध किया गया काजल हर किसी को नहीं देना चाहिए, ऐसा माना जाता है कि यह काजल देवताओं तक के लिए भी दुर्लभ है।

कलहकारक मन्त्रप्रयोग

ॐ नमो नारदाय अमुकस्यामुकेन सह विद्वेषणं कुरु कुरु स्वाहा।

पहले इस मन्त्र को एक लाख की संख्या में जपकर सिद्ध करें। फिर साहिल का एक कांटा लें और उस पर एक सौ आठ बार मन्त्र पढ़ें। अमुक के स्थान पर अभीष्ट व्यक्ति का नाम लें। तदनन्तर उस साहिल के काटे को अभीष्ट व्यक्ति के गृहद्वार पर गाड़ दें। उस घर में रहने वाले सभी लोगों में विद्वेषण हो जाएगा अर्थात् उनके बीच कलह उत्पन्न हो जाएगा।

निधिदर्शन मन्त्र

ॐ नमो विघ्नविनाशाय निधिदर्शनं कारय कारय स्वाहा।

जहाँ भूमि में धन होने की संभावना हो, वहाँ शिरीष और कनेर के पंचांग, धतूरे के बीज, विष, श्वेत गुंजा, उल्लू की विष्ठा, गंधक और मैनसिल को समान भाग में लेकर कटु तेल में पकाएं। पक जाने पर उसका गड़े हुए धन के स्थान पर धूप दें और उपर्युक्त मन्त्र का दस हजार की संख्या में जप करें तो उस स्थान पर रहने वाले राक्षस, भूत, बेताल, देव, दानव, गंधर्व व सर्पादि सहज ही उस स्थान को छोड़कर चले जाते हैं। तब उस जगह की खुदाई करके निधि प्राप्त कर सकते हैं।

रसायनसिद्धि मन्त्र

ॐ नमो रुद्राय स्वर्णादिनां दोषाय रसायनस्य सिद्धिं कुरु कुरु फट् स्वाहा।

गोमूत्र, हरताल, गंधक और मैनसिल को समान मात्रा में लेकर जब तक ये सूख न जाएं, तब तक इन्हें खरल करें। विशेषत: यह ध्यान रखें कि लाल रंग वाली गाय का मूत्र और लाल रंग का गंधक इसमें ग्राह्य है। इन्हें ग्यारह दिन तक उपर्युक्त मन्त्र का पवित्रता से जप करते हुए खरल में घोटें। बारहवें दिन पूरी सामग्री का गोला बनाकर उसे लाल वस्त्र में लपेट दें। फिर उस पर चार अंगुल मोटी चिकनी मिट्टी की परत चढ़ाकर सुखा लें। अब पाँच हाथ गहरा गड्ढा खोदकर उसमें खांखरे की लकड़ी के कोयले रखकर बीच में वह गोला रख दें और ऊपर भी वैसे ही कोयले डालकर उसमें आग जला दें। जब अग्नि जलकर भस्म बन जाए और शीतल हो जाए तब उसे निकाल लें और अग्नि में तपे हुए ताम्रपत्र पर उस भस्म को डाल दें। इससे तत्काल उस ताम्रपत्र से एक रत्ती भर सुवर्ण बन जाता है।

सिया मन्त्रप्रयोग

ॐ नमो कामरू देश कामाख्या देवी, जहाँ बसै इस्माइल जोगी, इस्माइल जोगी के तीन पुत्र, एक तोड़े एक पिछोड़े, एक तोते जरी तोड़े।

रोगी को खड़ा करें, जहाँ उसे ठण्ड लग रही हो, वहाँ अपना हाथ रखकर इक्कीस बार मन्त्र को पढ़ें और फूंक मारें। इससे सिया जाता रहेगा।

पसली डबिका का मन्त्र

समुद्र के किनारे सुरहमान सुरहगाय के पेट में बच्चा, बच्चे के पेट में कलेजे, कलेज के पेट में डब डब करेस खड़े दुहाई लोना चमारी की।

होली, दीपावली अथवा ग्रहणकाल में इस मन्त्र को एक सौ चौवालीस बार पढ़कर और लोबान की आहुति देकर सिद्ध करें। फिर रामेसर की लकड़ी और सींक को सात-सात अंगुल की काटकर उपर्युक्त मन्त्र से झाड़ा दें। जब लकड़ी और सींक से झाड़ा दिया जाएगा तो उनकी लम्बाई बढ़ती जाएगी और जब रोग नष्ट हो जाएगा तो वह अपने पूर्व आकार में आ जायेगी। यही रोग जाने की निशानी होगी।

बाबरे कुत्ते का मन्त्र

ॐ नमो कामरू देश कामाक्ष्या देवी जहाँ बसै इस्माइल जोगी, इस्माइल जोगी ने पाली कुत्ती, दस कारी दस कद बरी, दस पाली दस लाल, इसको विष हनुमान हरे रक्षा करे गुरु गोरख बाल, शब्द सांचा पिण्ड कांचा फुरो मन्त्र ईश्वरो वाचा।

थोड़ी राख लेकर इस मन्त्र से तीन बार झाड़ दें। यदि विष का प्रभाव होगा तो वह नष्ट हो जाएगा।

कारागार से मुक्ति का मन्त्र

हरि मर्कट मर्कट वाम करे परिमुंचित मुंचित श्रृंखलि काम्।

यदि किसी निर्दोष व्यक्ति को कारागार में डाल दिया गया है तो उसे चाहिए कि वह इस मन्त्र को अपने दाहिने हाथ की उंगली से बाएं हाथ के हथेली पर लिखे और मिटा दे। इस कृत्य को वह सात दिन तक नित्य एक सौ आठ बार करे। इसके प्रभाव से वह इक्कीस दिन में कारागार से छूट जाएगा।

व्यावसायिक कार्य में सफलता का मन्त्र

ॐ ह्रीं श्रीं ठं ठं ठं नमो भगवते मम सर्व कार्याणि साधय साधय मां रक्ष रक्ष शीघ्रं मां धनिनं कुरु कुरु हुं फट् श्रियं प्रज्ञां देहि ममापत्तिं निवारय निवारय स्वाहा।

किसी भी शिवलिंग पर इस मन्त्र से सात बिल्वपत्र चढ़ाने के पश्चात् मन्त्र की न्यूनतम एक माला का जप अवश्य करना चाहिए। जप घर के एकांत कोने में या शिवालय में कहीं भी किया जा सकता है। अधिक अच्छा रहेगा कि इस प्रयोग को श्रावण मास से प्रारम्भ करें। इस प्रकार नित्य जप करने से धनप्राप्ति के साधन जुड़ते हैं तथा व्यावसायिक कार्यों में सफलता प्राप्त होती है। समस्त विपत्तियों का नाश हो जाता है।

कष्टों से मुक्ति का मन्त्र

ॐ नमो भगवते महाबल पराक्रमाय भूत प्रेत पिशाच शाकिनी डाकिनी यक्षिणी पूतना मारी महामारी यक्ष राक्षस भैरव बेताल ग्रह राक्षसादिकम् क्षणेन हन हन भंजय भंजय मारय मारय शिक्षय शिक्षय महामारेश्वर आज्ञा हाड़ि दासी की दुहाई फुरो मन्त्र ईश्वरो वाचा।

शौच-स्नानादि से निवृत्त होकर नित्य उपर्युक्त मन्त्र का एक सौ आठ जप पैंतालीस दिनों तक करें। किसी तांत्रिक, ओझा या मौलवी के फेर में न पड़ें; श्रद्धा

और विश्वास बनाए रखें। नजर व भूत-प्रेतादि से सम्बन्धित सभी प्रकार के कष्टों से मुक्ति मिल जाएगी।

वशीकरण के अतिप्रभावी मन्त्र

१. ॐ नमो भगवते श्री सूर्याय ह्रीं सहस्त्रकिरणाय ऐं अतुल बल पराक्रमाय नवग्रह वश दिक्पाल लक्ष्मी देवाय धर्म कर्म सहितायै अमुक नाथय नाथय मोहय मोहय आकर्षय आकर्षय दासानुदासं कुरु कुरु वश्यं कुरु कुरु स्वाहा। आदेश कामरू कामाक्षा माई, हाड़ि दासी चण्डी की दुहाई।

किसी भी रात्रि को स्नानोपरांत उपर्युक्त मन्त्र का एक सौ आठ बार जप करने से मनचाहे स्त्री या पुरुष का वशीकरण हो जाता है। मन्त्र में अमुक के स्थान पर मनचाहे स्त्री या पुरुष का नाम बोलना चाहिए।

२. ॐ नमो मोहिनी महामोहिनी अमृतवासनी ऐं नमो सिद्धि गुरु के पाय जानुं अर्जुन के वान, धनेश्वरी की माटी बंधो घाउन बंधो पाटि मेरि, गुरु की शक्ति मेरी भक्ति फुरो मन्त्र ईश्वरो वाचा।

किसी भी स्त्री या पुरुष को मोहित, आकर्षित अथवा अपने वश में करना है तो नित्य सायं एक सौ आठ बार उपर्युक्त मन्त्र का जप करें।

३. ॐ नमो भगवति पुर पुरु वेशनि सर्वजगत भयंकरि ह्रीं ह्रैं ऊं रां रां रां क्ली वालौ सः वच काम बाण सर्वश्री समस्त नर नारीणां मम वश्यं नमो नमः स्वाहा।

पहले इस मन्त्र को दस हजार की संख्या में जप कर प्रभावी बना लें। तदुपरान्त अपने चेहरे पर हाथ फिराते हुए इस मन्त्र को पन्द्रह बार पढ़ें। इसके प्रभाव से साधक का व्यक्तित्व ऐसा मोहक हो जाएगा कि वह जिधर भी देखेगा, वहाँ मौजूद सभी लोग मुग्ध हो जाएंगे।

४. बड़ा पीपल का थान जहाँ बैठा आजाजील शैतान शबीह मेरी शक्ल बन अमुकी को न जाने तो अपनी बहन भानजी के सिर जान पग चलता अभिरान जो राने तो धोबी की नांद चमारी की खाल कुलाल की पाटी पड़े जो राजा चाहे तो राजा का मैं चाहूँ तो अपने काम को मेरा काम न होगा तो आनसी में तो तेरा दमनगीर रहूंगा।

शनिवार की रात्रि में राई के इक्कीस दानें लें और प्रत्येक दाने पर इक्कीस-इक्कीस बार उपर्युक्त मन्त्र को पढ़कर अग्नि में हवन करें। इस प्रकार सात शनिवार को यह प्रयोग करने पर इच्छित स्त्री का वशीकरण हो जाएगा।

मानक जिन्न उतारने का मन्त्र

१. ॐ पूर्व पश्चिम उत्तर दक्षिण चारिका सर्ग पाताल आंगन द्वार मंझार खाट बिछौना गडई सावनार सागलन ओ जवनार विरा सो धावे फुनेल लग्वेग सुपारी जे मुंह तेल उबटन अबटन और अबहान पहिन लंहगा साड़ी जान डोरा चोलिया चादरि ज्ञान मोह रुई ओढन झीन संकर गोरा क्षेत्रपाला पहिले झारो बारम्बार काजल तिलक लिलार आँख नाक कान कपाल मुँह चोटा कण्ट अबर्कष कांध बांह गोड अंगुली नख धुकधुकी अस्थल नाभि नेटी नीचे जोनि चरणि कत भेटी पोटि करि दाव जांघ पेडरी घूटा पावकर ऊपर अंगुरा चाम रक्त मांस डांड गुदा धातुओं जो नहिं छोडु अण्डरी कोठरी करेज पित ही पित जिय प्रान सब रांग कांच लोह रूप सोन साच पार पठ वशन रोज जोग कारण दशन डोठि मूठ टीना टापक नौ नाथ चौरासी सिद्ध के सराप डाइन योगिनी चुड़ैल भूतप्रेत व्याधिपरि जिन्न अर जेजत साच प्रकट औ भैरव की हांक, शब्द सांचा, पिण्ड काचा फुरो मन्त्र ईश्वरो वाचा सत्य नाम गुरु का।

कोई व्यक्ति यदि मानक वीर आदि जिन्न के प्रभाव से ग्रस्त हो गया है तो उपर्युक्त मन्त्र से इक्कीस बार झाड़ा देते हुए गंगाजल रोगी पर छिड़क दें। कुछ दिनों के प्रयोग से ही व्यक्ति मानक वीर के प्रभाव से मुक्त हो जाएगा। यदि इस प्रयोग से अधिक लाभ होता दिखाई न दे तो निम्नलिखित उपाय अवश्य ही कारगर सिद्ध होगा—

२. ॐ स्यार की खवासिनी समंदर पार धाई आव बैठी हो तो आव ठाड़ी हो तो ठाड़ी आव चलती आ, छलती अव, न आये जोगिन तो जालंधर पीर की आन शब्द सांचा पिण्ड काचा फुरो मन्त्र ईश्वरो वाचा।

किसी निर्जन एकांत स्थान पर अथवा अपने निवास के एकांत कक्ष में पूर्णत: निर्वस्त्र होकर चर्मासन पर बैठें। मांस और मदिरा भोग के लिए रख लें। चर्बी का दीपक जलाएं और उपर्युक्त मन्त्र का जप करते रहें। जब एक हजार आठ जाप पूरे हो जाएं तो हाथ में पीली सरसों लेकर और एक बार मन्त्र पढ़कर उन्हें सभी दिशाओं में फेंक दें। इससे जोगिन उस पर आकर बोलने लगेगी। तब उसे मांस मदिरा का भोग देकर अपना अभीष्ट कहें। जोगिन उससे वादा कर चली जाएगी। इसके बाद मानक जिन्न से ग्रस्त व्यक्ति को अपने सामने बैठाएं। अब कपूर जलाकर जोगिन का मन्त्र पढ़ें, कपूर जलाकर मांस-मंदिर का भोग दें और लगातार मन्त्र का जप करते हुए दो लौंग रोगी पर से उसारकर कपूर में जला दें। जोगिन अपना भोगादि लेकर मानक जिन्न को अपने साथ खींच ले जाएगी। इस प्रकार रोगी स्वस्थ हो जाएगा और शरीर में जो भी दुर्बलता आ गयी होगी, वह कुछ ही दिनों में दूर हो जाएगी।

आधासीसी-निवारक मन्त्र

शंकर शंकर खोजा जाई शंकर बैठे जंगल माई भूत बैताल जोगिनि नचाय सब देवन की जय जय मनाय गोरखनाथ के पूजे पाय, अधकपारी दर्द छुड़ाय।

यह मन्त्र दीपावली, ग्रहण या होली की रात्रि को दस माला जपकर १०८ बार लोबान की आहुति देने से सिद्ध होता है। आधासीसी दर्दनिवारण के लिए ३१ मन्त्रों से फूंक देने से पीड़ा का शमन होता है।

नेत्र पीड़ा-निवारक मन्त्र

ॐ नमो आदेश गुरु को श्रीराम की धुणी लछमण का बाण आँख वरद करे तो गुरु गोरखनाथ की आण मेरी भक्ति गुरु की शक्ति, सत्यनाम आदेश गुरु को।

उपरोक्त मन्त्र दीपावली की रात्रि में ११०९ बार जप कर इतनी ही संख्या में मन्त्रों की आहुति देने से सिद्ध होता है। प्रयोग करते समय लोहे के तीर से ३१ मन्त्रों द्वारा झाड़ने से नेत्रपीड़ा दूर होती है।

देहरक्षा मन्त्र

ॐ नमो आदेश गुरु को पग राखे पद्‌मिनी पीण्डी राखे परमेश्वरी जांघ राखे जंघेश्वरी पेट राखे परमेश्वरी सीस राखे सरदन्ती, रोम रोम की रक्षा इसी घड़ी इसी ताल नहीं करे तो योगी गोरखनाथ की कार शब्द सांचा, पिण्ड कांचा फुरो मन्त्र ईश्वरो वाचा।

केवल ग्रहणकाल में ११०९ मन्त्रों से आहुति देने पर यह मन्त्र प्रयोग के लिए सिद्ध हो जाता है। दुर्गम, निर्जन अथवा भयकारी स्थान पर केवल २१ बार जप करने से सुरक्षा होती है।

नजर झाड़ने का मन्त्र

ॐ नमो आदेश गुरु को, उलटंत गोरख पलटंत काया भाग भाग जमदूत गोरखनाथ आया, लोहे की कोठरी वज्र ताली आगे मेरे हरि बसे पाछे देव अनन्त, रक्षा हे गोरखनाथ जी की चौकी है हनुमन्त की।

ग्रहणकाल, होली अथवा दीपावली की रात्रि में १००८ आहुति देने से यह मन्त्र सिद्ध हो जाता है। इस मन्त्र को पढ़ते हुए झाड़ा देने से नजर दूर हो जाती है।

दन्तपीड़ा-नाशक मन्त्र

ॐ नमो आदेश गुरु को वन में ब्याई अंजनी, जिन जाया हनुमन्त कीड़ा-मकूड़ा-

माकड़ा ये तीनों करे भस्मन्त गोरख की शक्ति मेरी भक्ति फुरो मन्त्र ईश्वरो वाचा।

दीपावली अथवा होली की रात्रि अथवा ग्रहणकाल में २००७ बार मन्त्रोच्चार से आहुति देने पर मन्त्र सिद्ध हो जाता है। प्रयोगों में ३१ बार मन्त्र जप करते हुए नीम की टहनी से झाड़ें।

सिरदर्दनिवारक मन्त्र

ॐ नमो आदेश गुरु का, केश में कपाल, कपाल में भेजा भेजा में कीडा, कीड़ा करे न पीड़ा कंचन की छेनी, रूपे का हथौड़ा पिता ईश्वर गाड़ इन श्रापे को गोरखनाथ तोड़े शब्द सांचा पिण्ड कांचा फुरो मन्त्र ईश्वरो वाचा।

अमावस्या रविवार अथवा मंगलवार को पड़ने वाले शुभ योग से प्रारम्भ कर ३१ दिन तक प्रतिदिन १०८ की संख्या में जप करके ३१ मन्त्रों से लोबान की धूप देने पर यह मन्त्र सिद्ध होता है। प्रयोगों में ५१ बार मन्त्रोच्चार के साथ सात बार सिर पर फूंक देने से सिरदर्द में आराम मिलता है।

धनलाभ मन्त्र

अगर आप धन की कमी अनुभव करते हों तो इस प्रयोग को अवश्य करें। साधक चमकीले पीले आसन पर, बृहस्पतिवार के दिन बैठकर अभिमन्त्रित पीले हकीक की माला से इस मन्त्र का १००८ बार जप करें। इस प्रयोग को ४१ दिन करना है। मन्त्र इस प्रकार है—

छिन्नमस्तिका ने महल बनाया, धन के कारण करम कराया, तारा आयी बैठकर बोली, यह रही दुर्गा मां की टोली, गोरखनाथ कहत सुन छिन्नी, मैं मछेन्द्रनाथ की भाषा बोला।

शत्रुदमन मन्त्र

इस प्रयोग को सम्पन्न करने के इच्छुक साधक या साधिका को चाहिए कि वह एक नीबू प्राप्त कर प्रयोग के दिन अपने सामने रखे तथा काली धोती पहनकर उत्तर दिशा की ओर मुख कर तेल का एक बड़ा-सा मिट्टी का दीपक जलाकर निम्न मन्त्र का १००८ जप करे। यह रात्रिकालीन साधना है तथा इसमें किसी विशेष विधि-विधान की आवश्यकता नहीं है। यह केवल तीन दिवसीय साधना है। मन्त्र इस प्रकार है—

असगंध का जोता गोरखनाथ का चेला, गुरु गोरख ने दांव है खेला, अछतर बछतर तीर कमंदर, तीन मछंदर तीन कमंदर, पांच गुरु का पांच ही चेला, एक गोरख का यह सब खेला, सबद सांचा पिण्ड कांचा फुरो मन्त्र ईश्वरो वाचा।

मन्त्रजप के पश्चात् दीपक को एक ही फूंक मारकर बुझा दें तथा वहीं सो जाएं।

वशीकरण मन्त्रप्रयोग

अपनी राशि के रत्न की अंगूठी लें, फिर पीले वस्त्र पहन कर दक्षिण दिशा की ओर मुँह करके, पीले आसन पर बैठें तथा सामने मुद्रिका को रख उस पर दृष्टि को केन्द्रित करते हुए तीन माला निम्न मन्त्र का जप करें। इसमें जो आवश्यक है वह मात्र इतना ही कि सम्पूर्ण मन्त्रजप के काल में मुद्रिका पर ध्यान केन्द्रित रहे। यह केवल पाँच दिवसीय प्रयोग है। प्रयोग के पश्चात् मुद्रिका को बाएं हाथ की किसी भी उंगली में धारण कर लें और इसके एक माह पश्चात् किसी कागज पर काजल से उस स्त्री या पुरुष का नाम लिखकर उसके ऊपर पारद मुद्रिका को स्थापित कर मन्त्रजप सम्पन्न करें। मन्त्र इस प्रकार हैं—

मोह कम मोह कहां से आया, यह किसका संदेसा लाया, किसको रोली किसको चंदन किसको फूल बतासा अंजन, काल को भेरू जोगनि छोडूं, काल को मोडू मुख को जोडू, सत्य वचन आदेश गुरु गोरखनाथ का।

सम्मानवर्द्धक मन्त्रप्रयोग

इस प्रयोग को सम्पन्न करने के इच्छुक साधक को चाहिए कि वह गुरुवार की प्रात: अपने सामने किसी पीले रंग के वस्त्र पर तुलसीदल के साथ चावलों की ढेरी स्थापित करे तथा स्वयं भी लाल रंग के वस्त्र पहन कर लाल रंग के आसन पर बैठकर मीठे तेल का दीपक जलाकर गुड़ का भोग १५ के मन्त्र पर अर्पित करें, फिर निम्न मन्त्र का जप करें, मन्त्र इस प्रकार है—

राखी सनवन देखो साजन, सखी हुस्न मेहमान दीवान की चिलमन, पांच परद में यार की सूरत यार गोरखनाथ की सीरत।

उन्नतिकारक मन्त्र

काल रूप भैरव सत रूपा, कंकड बना शंकर देवा जहां जाऊं कामाख्या चौरा बावन वीर चौरसी पूरा, गुरु गोरख यह कहत सुन बूझा, नाम रूप के काम सौ सूझा।

शान्तिप्रद मन्त्र

किसी भी शुक्रवार की रात पीले वस्त्र पहनकर अभिमन्त्रित पीली माला से पीले ही आसन पर बैठकर निम्न मन्त्र का यथाशक्ति अधिक-से-अधिक जप करें। मन्त्र इस प्रकार है—

बलवान, बलवते बाबा हनुमान, वीर हनुमान वीर हनुमान, आन करो यह कारज मोरो, आन हरो सब पीरा मेरो, आन हरो तुम इन्द्र को कोठा, आन धरो तुम ब्रज का कोठा, दुहाई मच्छिद्रनाथ की, दुहाई गोरखनाथ की।

चैतन्यतादायक मन्त्र

ॐ स्व गोरखनाथ ॐ मह मच्छेन्द्रनाथ ॐ चरपटीनाथ आदेश।

किसी भी शुक्लपक्ष के सोमवार को शिव मंदिर में प्रात: सफेद वस्त्र पहनकर ललाट पर विभूति लगाकर उपरोक्त मन्त्र का अधिक-से-अधिक जप करें। अभिमन्त्रित माला पाँच मुखी रुद्राक्ष की होनी परम आवश्यक है।

शीघ्र विवाह हेतु मन्त्र

मखनो हाथी जर्द अम्बारी उस पर बैठी कमाल खां की सवारी कमाल खां कमाल खां मुगल पठान बैठे चबूतरे पढ़े कुरान हजार काम दुनिया का करे एक काम मेरा कर न करे तीन लाख तैंतीस हजार वीर पैगम्बरों की दुहाई।

इस साबर मन्त्र का जप करने से विवाह शीघ्र हो जाता है। चाहे विवाह के पूर्व उसके विवाह में कैसा ही विघ्न पड़ रहा हो।

सुरक्षा हेतु मन्त्र

महम्मदा वीर छाती टोर जुगुनियां वीर शिर फोर उगुनिया बीर मार मार भास्वन्त करे गोरखनाथ की आन फिरती रहे बजरंग बीर रक्षा करे जो हमारे ऊपर घाव छाले तो पलट हनुमान वीर उसी को मारे जल बांधे थल बांधे आर्या आसमान बांधे कुदवा और कलवा बांधे चक चक्की असमान बांधे वाचा साहिब साहिब के पूत धर्म के नाती आसरा तुम्हारा है।

उपर्युक्त मन्त्र को १००८ बार जपकर और २१ आहुति देकर सिद्ध कर लें। इसके पश्चात कभी भी, कहीं भी सुरक्षा हेतु प्रयोग करें।

भूत-प्रेत बाधानाशक मन्त्र

हल्दी बाण-बाण को लिया हाथ उठाये हल्दी बाण से नील गिरी पहाड़ थर्राये यह सब देख बोलत गोरखनाथ डाइनयोगिनी भूतप्रेत मुंड काटोतान।

अगर कोई व्यक्ति पिशाचादि बाधा से ग्रस्त हो, तो कच्ची हल्दी लेकर २१ बार रोगी के सिर से पांव तक फिराकर मन्त्र के साथ अग्नि को समर्पित कर दें।

शान्तिमन्त्र

ॐ नमो आदेश गुरु का धरती में बैठया लोहे का पिंडराख लगाता गुरु गोरखनाथ आवन्ता जावन्ता धावन्ता हांक देत धार धार मार मार शब्द सांचा फुरो वाचा।

उपद्रव निवारण के लिए यह मन्त्र बहुत प्रभावशाली है, कभी-कभी कुछ कारणों से किसी घर में अनेक प्रकार के उपद्रव, कलह, भय, अघटित घटनाएं घटने लगती

हैं। ऐसे उपद्रवों की शान्ति के लिए मृगचर्म पर बैठकर इस मन्त्र से खीर की १०८ आहुति देने से उपद्रवों का शमन होता है।

बवासीर-नाशक मन्त्र

ॐ छाई छूई छलक छलाई आहुम आहुम, क्लं क्लां क्लीं हूं।

खूनी या बादी किसी भी प्रकार के बवासीर को नष्ट करने के लिए इस मन्त्र से जल को फूंक कर रविवार और मंगलवार को आबदस्त लिया जाए। ७ रवि, ७ मंगल तक यह प्रयोग करना चाहिए।

रोगनिवृत्ति मन्त्र

ॐ घट घट बैठी गौराव फेरत आवे हाथ। ॐ श्री श्रीं श्रीं शब्द सांचा फुरो वाचा।

किसी को भयंकर रोग हो तो इस मन्त्र को पढ़ते हुए रोगी के शरीर पर ७ बार हाथ फेरने से प्रकोप शान्त होता है। यह प्रयोग सात दिन तक करना चाहिए।

सुखण्डी मन्त्र

गुरु गोरखनाथ दुग्धं कुरु कुरु स्वाहा।

जिनकी गोद में दूध पीता बच्चा और उसका दूध किसी कारणवश सूख जाए, तो दूध उतारने में यह मन्त्र बहुत ही सफल है। दूध को इस मन्त्र से ३१ बार फूंककर पिला देने से दूध आ जाता है। अधिक-से-अधिक तीन दिन तक यह प्रयोग करना पड़ता है।

नेत्ररोगनाशक मन्त्र

ॐ अंगाली बंगाली अताल पताल गर्द मर्द अदार कदार फट फट उत कट ॐ हुं हुं ठः ठः।

रविवार या मंगलवार को इस मन्त्र से १०८ बार हवन कर इसे सिद्ध कर लिया जाए। इसके बाद जिसका नेत्रविकार दूर करना हो, उसे रवि और मंगल को ३१ बार मन्त्र पढ़ने के बाद झाड़ देने से नेत्रविकार दूर हो जाते हैं।

भूतनाशक मन्त्र

ॐ ह्रीं भ्रीं फट् स्वाहा। परबत हंस परबत स्वामी आत्मरक्षा सदा भवेत नौ नाथ चौरासी सिद्धियों की दुहाई फिरे।

इस मन्त्र से भस्म फूंककर यन्त्र (ताबीज) में भरकर स्त्री के गले में पहनाये।

मृतात्मा से सम्पर्क का यन्त्र

ॐ नमो मसाणं बरसिने प्रेतनां कुरु कुरु स्वाहा।

यह एक विलक्षण यन्त्र है, जिसे भी मृतक आत्मा से सम्पर्क करना हो, इस यन्त्र को बार-बार भोजपत्र के टुकड़ों पर लाल चन्दन से लिखकर हिना इत्र की लौ में एक-एक दिन में एक-एक टुकड़ा जलाएं तो जिस आत्मा का ध्यान कर शयन करेंगे, स्वप्न में उसी से सम्पर्क होगा।

८	१	६	२६	१९	२४
३	५	७	२१	२३	२५
४	९	२	२२	२७	२०
३५	२८	३३	१७	१०	१५
३०	३२	३४	१२	१४	१६
३१	३६	२९	१३	१८	११

मूषक-पलायन मन्त्र

रविवार के दिन स्नान करके हल्दी की पाँच साबुत गाँठ और साबुत चावल को लेकर इस मन्त्र को पढ़ते हुए चूहों के स्थान पर छोड़ दें। चूहे भाग जाएंगे। मन्त्र है—

पीत पीताम्बर मूशा गांधी ले जाइहु गोरख तु बांधी ए गोरख लंका के राउ एहि कोणै पैसेहु एहि कोणे जाऊ।

शाबर वशीकरण यन्त्र

८	१०	१३	१
७४	२	७२	७१
२	७५	६८	६
३९	५	४	१४

ॐ श्रीं श्री ॐ ॐ श्री श्रीं हूं फट् स्वाहा।

रक्षामन्त्र

प्राणों का भय, संकट, बाधा उपस्थित होने पर निम्न मन्त्र का इक्कीस बार उच्चारण कर लेने से रक्षा होती है। मन्त्र इस प्रकार है—

ॐ नमो वज्र का कोठा जिसमें पिण्ड हमारा पैठा। ईश्वरी कुंजी ब्रह्म का ताला मेरे आठो याम का यती हनुमन्त रखवाला।

वशीकरण मन्त्र

स्त्री कोई वशीकरण के लिए नये खिले मालती के फूल, सरसों के तेल में औट लें। स्मरण रखें, आंच मध्यम होनी चाहिए। तेल, स्पिरिट, केरोसीन का तेल, कपूर आंच पर न पकाएं। जब तक तेल मध्यम आंच में औंटे, आप निम्न मन्त्र का जप करती रहें। मन्त्र इस प्रकार है—

पीर मैं नाथ पीर तू नाथ जिसकी लगाऊं तिसको वश करना फुरो मन्त्र ईश्वरो वाचा।

उपरोक्त मन्त्र से अभिमन्त्रित तेल को योनि पर लगाकर सहवास कराएं, प्रबल वशीकरण होगा।

देवदर्शन प्रयोग

एक नई व एक पुरानी कब्र की थोड़ी मिट्टी दोनों हाथों में अलग-अलग लेकर बन्द कर लो। मन्त्र को ३३३ बार जप कर अलग-अलग दो थैलियों में दोनों मुट्ठियों की मिट्टी डाल दो। इन्हीं दोनों थैलियों में ३३३-३३३ साबुत काली उड़द के दाने भी डालो। उड़द के दानों से ही मन्त्र का जप करें। यह प्रयोग तब किया जाता है, जब व्यक्ति दुश्मन से त्रस्त होकर स्वयं कोई निर्णय न ले सके। प्रयोग रात्रि के समय करना चाहिये। प्रयोगकर्ता सोते समय उन दोनों थैलियों को सिरहाने रखें। इस प्रयोग के प्रभाव से समस्याग्रस्त व्यक्ति को सही मार्गदर्शन किसी प्रत्यक्ष शक्ति के द्वारा चमत्कारिक ढंग से प्राप्त होता है। कब्र की मिट्टी को अगले दिन वापस कब्रिस्तान में डाल देना चाहिए। अगर यह प्रयोग एक बार में सफल न हो, तो चार बार करना चाहिये। मन्त्र इस प्रकार है—

तोते तयियाना।

व्यक्तिबन्धक मन्त्र

अमावस्या की रात्रि में काली मन्दिर जाकर श्री महाकाली का पूजन करें। शुद्ध घी और कच्ची घानी के सरसों के तेल का दीपक जलाएं। काले कम्बल पर बैठकर निम्न मन्त्र को १००८ बार जप कर सिद्ध कर लें। जब कभी किसी व्यक्ति को बांधना हो तो हाथ में थोड़ी-सी मिट्टी लेकर ३१ बार मन्त्र को पढ़ें और उस मिट्टी को एक ही फूंक में उड़ा दें तो वह व्यक्ति बंध जाएगा। मन्त्र इस प्रकार है—

ॐ काली काली महाकाली, ब्रह्मा की बेटी इन्द्र की साली। खावे पान, बजावे ताली, जा बैठी पीपल की डाली। बांध बांध (अमुक) को बांध, परिवार समेत बांध। ना बांधे, तो तुझे गुरु गोरखनाथ की आन।

विद्वेषण मन्त्र

किसी भी शुभ पर्व, होली, दीपावली अथवा ग्रहणकाल में इस मन्त्र को २१ मालाएं जप लें, मन्त्र सिद्ध हो जाएगा। जब प्रयोग करना हो तो श्मशान में रात्रि में जाकर जलती हुई चिता पर राई में सरसों का तेल मिलाकर १०८ आहुतियाँ दें। अमुका-अमुक के स्थान पर उन दो व्यक्तियों के नाम लें, जिनमें विद्वेषण कराना है। मन्त्र इस प्रकार है—

राई राई तू है महा-माई, जारी है जखीरी छाई। (अमुका-अमुकी) में होय लड़ाई।

कार्यसिद्धिप्रद मन्त्र

किसी भी शुक्ल पक्ष के दिन सायं ६ बजे एक देशी पान, दो साबुत लौंग, सात बताशे लेकर नदी के किनारे जाकर मन्त्र १०८ बार पढ़ें। उसके पश्चात् प्रसाद को जल में प्रवाहित कर दें। सात दिन तक ऐसा करें, तो रुके कार्य बन जाते हैं। मन्त्र है—

पहिले नाम भगवान का। दूजे नाम औतार का। तिजे नाम सत्-गुरु,जिनका नाम गोरखनाथ। उनकी कृपा और उनकी दया। इस ख्वाजा-खिदर पूजने के लिए परसाद लेकर आया। लोना चमारी दिरन्त की दुहाई। वैष्णों शाकुंबरी और औतार पीर और पैगम्बर इन सबकी दया के साथ दरिया के किनारे, जिससे हमारी आत्मा ठण्डी। लोना चमारी, दुहाई। वस्तम पेरूल युसूफ की तरह, भूरे देव की तरह, सत्य-नारायण की तरह मैंने भी पैर बढ़ाया। लोना चमारी की दुहाई। हरी-हरी, शिव-शिव, जयंती भद्रकाली।

भूत-बन्दीकरण मन्त्र

गुजरे कुकाली, हाथ मुरली, मर्दन केश काली। चलल देश-विदेश पैसल, जो खोखरले आसार, पेस माराकर फाड़ल पेड़, भूत पकड़। दोहाय ईश्वर महादेव गौरा पारवती के छी।

भूत-प्रेतबाधाग्रस्त व्यक्ति के बाल पकड़कर उक्त शाबर मन्त्र का ३१ बार जप करना चाहिये।

सुरक्षा हेतु गृहबन्धन का मन्त्र

बेर की लकड़ी की सवा हाथ की चार कीलें हाथ में लेकर सभी पर एक साथ ५४ बार मन्त्र पढ़ें। फिर एक कील हाथ में लेकर अग्निकोण के पास आकर २१ बार मन्त्र पढ़कर उस कील को धरती में गाड़ दें। इससे घर का बन्धन हो जाता है। मन्त्र इस प्रकार है—

घर बान्धो, द्वारा बान्धो, बान्धो घर के द्वारे, सोलहो डाकनी, बान्धो दो लोहे

का हारे, थाक थाकगे बेटी योगिनी, मेरे बान्धो परो, लरी सहचरी, जन भाव चौको बान्धो, दोहाय गोरखनाथ महादेव-गौरा-पारवती की।

भूत आवाहन मन्त्र

हिना का इत्र एवं चमेली के चार अधखिले पुष्पों को निम्न मन्त्र से ३१ बार अभिमन्त्रित करके सात बार सुंघाएं। अभिमन्त्रित करते समय उक्त मन्त्र बोलकर 'फूल' या 'इत्र' को फेंक मारें या सामने अथवा हाथ में रखकर मुँह के सामने करते हुए मन्त्र फूंके। मन्त्र है—

ॐ नमो हनुमन्त वीर वज्र-धारी, डाकिनी, शाकिनी घेर मारी। गंगा, जमना हमारा बाण बोले। बकरे नहीं, तो राजा रामचन्द्र, लक्ष्मण कुमार, गोरखनाथ की आन। शब्द सांचा, पिण्ड कांचा, फुरो मन्त्र ईश्वरो वाचा।

भंडार-पूरण मन्त्र

निम्न मन्त्र का सवा लाख जप करें। भंडारगृह में से अछूती सामग्री निकालकर श्री अन्नपूर्णा माता को भोग लगाकर ब्राह्मण को भोजन कराएं। फिर भोग का एक भाग कुएं में डालकर, एक हाथ से एक लोटा जल भर लायें। भंडारगृह में दीप जलाकर अन्नपूर्णा और वरुण का पूजन करें। पुन: निम्न मन्त्र १०८ बार जप कर भंडारा करें। इससे भंडारगृह में कमी नहीं होगी। मन्त्र इस प्रकार है—

ॐ नमः अन्नपूर्णा अन्न पूरे। घृत पूरे गणेश जी। पाती पूरे ब्रह्मा-विष्णु-महेश तीनों देवतन। मेरी भक्ति, गुरु की शक्ति। श्री गुरु गोरखनाथ की दुहाई। फुरो मन्त्र, ईश्वरो वाचा।

ऋद्धि-सिद्धिप्रद मन्त्र

ॐ नमो आदेश श्री गुरु को। गजानन वीर बसे मसान। अब दो ऋद्धि का वरदान। जो जो मांगूं, सो-सो आन। पांच लड्डू, शिर सिन्दूर हाट बाट की। माटी मसान की। सेष ऋद्धि-सिद्धि हमारे साथ। शब्द सांचा, फुरो मन्त्र, ईश्वरो वाचा।

भोज-भंडारा सबको खिलाने से पहले पाँच बूंदी के लड्डू निकालकार, उन पर कामिया सिन्दूर लगाएं। श्री गणपति का पूजन करें। एक कलश में एक लड्डू रखकर कुएं पर जाकर जल भरें और मन्त्र पढ़कर चारों लड्डू कुएं में छोड़ दें। फिर 'कलश स्थापन' कर उपर्युक्त मन्त्र को एक हजार बार जपकर ब्राह्मणों को भोजन खिलाएं, तो भंडारा में अन्न की कमी नहीं होती।

विपदानाशक मन्त्र

हुक्म शेख फरीद् कमरिया, निशि-अन्धियरिया, आग-पानी पथरिया तीनों से तोही बचाइया।

सुनसान मैदान में जब ओला गिरे, बुरी तरह आंधी-पानी बरसे तो यह मन्त्र २१ बार पढ़कर जोर से ताली बजाएं।

श्मशान-जागरण मन्त्र

कारो करूवा कारी रात, तोय चलाऊं काली रात। कारो पहने चोलना कारी बांधे ढाल।। कारी ओढ़े कासनी, लए लुहांगी हाथ। हांकों देव सनीचरा, फेरत आवे सांग।। पेट फूले आंत सड़े, हुड़क लगावे नार। सवा हाथ धरती, खून में बोर के आवे, तो सच्चा वीर कलुआ, बहालिया अगवान कहावे।।

विद्वेषण, उच्चाटन, मारण सभी इस एक मन्त्र से संभव है। श्मशान ले जाने वाले पुरुष के शव को मार्ग में ही कच्ची हल्दी से रंगे चावलों से न्यौता दें। फिर जब श्मशान से लोग लौट आएं, तब वहाँ जाकर एक देशी अण्डा और कच्ची शराब २१ बार मन्त्र पढ़कर अर्पित करें। अब एक सफेद कोरे कपड़े में कच्ची हल्दी, एक सुपारी और चिता के बुझे कोयले का एक टुकड़ा बांधकर मिट्टी के कोरे बर्तन में रखकर चिता के समीप ही दबा दें। उसी दिन रात के अंतिम प्रहर में पुनः श्मशान में जाएं और पुन: अण्डे तथा मदिरा को ७ बार मन्त्र से अर्पित करें। फिर गाड़े हुए बर्तन को निकालें। कपड़े में बंधी सारी सामग्री वहीं फेंक दें और उस चिता की एक मुट्ठी राख उस कपड़े में बांधकर ले आयें। श्मशान जाते समय यथा संभव किसी से बोले नहीं और लौटते समय पीछे मुड़कर कदापि न देखें, अन्यथा विपत्ति आ सकती है। श्मशान से लाई राख की पोटली को घर के भीतर कभी न रखें, अन्यत्र सुरक्षित स्थान पर रखें। एक चुटकी राख ३१ बार अभिमन्त्रित करके जहाँ डाली जाएगी, वहाँ उत्पात होने लगेंगे। इस अभिचार प्रयोग को अत्यन्त आवश्यकता होने पर ही करना चाहिये।

वशीकरण मन्त्र

ॐ नमो रुद्राय, कपिलाय, भैरवाय, त्रिलोक नाथाय। ॐ ह्रीं फट् स्वाहा।

सर्वप्रथम किसी रविवार को गुग्गुल, धूप, दीपक सहित उपर्युक्त मन्त्र का २१ बार जप कर उसे सिद्ध करें। फिर आवश्यकतानुसार इस मन्त्र का १०८ बार जप कर एक अखण्डित लौंग को अभिमन्त्रित करें। इस अभिमन्त्रित लौंग को जिसे वशीकरण करना हो, उसे खिलाएं।

मुवक्किल (हाजरात) **प्रत्यक्षीकरण मन्त्र**

या यैययल अलअु ईन्नी कलकिया इलैलया किताबून करिम। ईन्न अन्नुहु मिन सुलैमाना मिन्न हु बिसमिल्लाहि रहिमाने रहिम।

गुरुवार की अमावस्या को शुक्रवार को प्रतिपदा के दिन चंद्रोदय के पश्चात् शहर

से बाहर जाकर लोबान धूप जलाकर १०८ बार मन्त्रजप करें। ऐसा ५-६ दिन करने से मुवक्किल प्रत्यक्ष होता है। उससे ३ बार वचन लेकर जाने देना चाहिये। भविष्य में मन्त्र-जप द्वारा उसे बुलाकर मनचाहा उचित कार्य सम्पन्न करा सकते हैं।

भयनाशक मन्त्र

या अली मुलख वीर।

बृहस्पतिवार के दिन सूर्यास्त को किसी मजार पर जाकर प्रसाद व हिना का इत्र चढ़ाएं। गुलाब की अगरबत्ती जलाकर उक्त मन्त्र का अभिमन्त्रित लाल हकीक की माला से २१ हजार जप करें। मन्त्र सिद्ध हो जाएगा। मन्त्र का १०८ बार जप करने से किसी प्रकार का भय नहीं होगा।

हनुमान बीरसिद्धि

गणा गणा कमरी गणा, पायामधीं सोन्या सुवर्णाच्या बहाणा। हाण गेली अग्नि निघाली, ओटयावर होता कोल्हासर दैत। जागती ज्योत जागत रहो। खेत देव दैत चले रे हनुमान, बीर, सिध्यांशी गुरु छू।

पहले दिवस एक डाली वाले 'आक' का पेड़ ढूंढें। फिर किसी भी शुभ दिन में उस पौधे के पास जाकर कच्ची हल्दी, कुंकुम, गुलाब की अगरबत्ती, नारियल, देशी कपूर आदि से उसका पूजन करें। फिर हाथ में जल लेकर मन्त्र पढ़कर पौधे की जड़ में छोड़ दें। इस प्रकार ३१ बार करें। तदनन्तर गुरुमन्त्र का जप करें।

इसी प्रकार ३१ दिनों तक करें। तीसरे ही दिन से हनुमान बीर जाग्रत होने लगता है। ३१वें दिन वह साधक के सामने आकर खड़ा हो जाएगा। जब हनुमान बीर प्रत्यक्ष हो, तब मन्त्र का उच्चारण करें। इससे वह बोलने लगेगा।

तब आशीर्वाद मांगकर आवश्यकता पड़ने पर आने का वचन उससे ले लेना चाहिए। ३१वें दिन मीठा भोजन देकर आक का पौधा उखाड़ लें और उसकी जड़ का यन्त्र बनाकर गले में धारण करें। फिर जब कभी आवश्यकता हो तो मन्त्र पढ़ें। हनुमान बीर आ जाएगा और काम करेगा।

शाबरी सिद्धि यन्त्र

'शाबर मन्त्रों' के अनुष्ठान में सफलता के लिए 'शाबरी यन्त्र' को सिद्ध करना चाहिए। इसके लिए अपने सामने लकड़ी की एक चौकी रखें। उस पर पीला रेशमी वस्त्र बिछाएँ। रेशमी वस्त्र पर तीन या पाँच मुट्ठी चावल रखें। चावल के सामने सर्व-सिद्धिदायक 'शाबर यन्त्र' रखें। 'यन्त्र' को स्वच्छ वस्त्र से पोंछ दें। फिर उस पर चन्दन, रोली आदि लगाएं। यन्त्र के सम्मुख दीप जलाएं और गुलाब की अगरबत्ती-

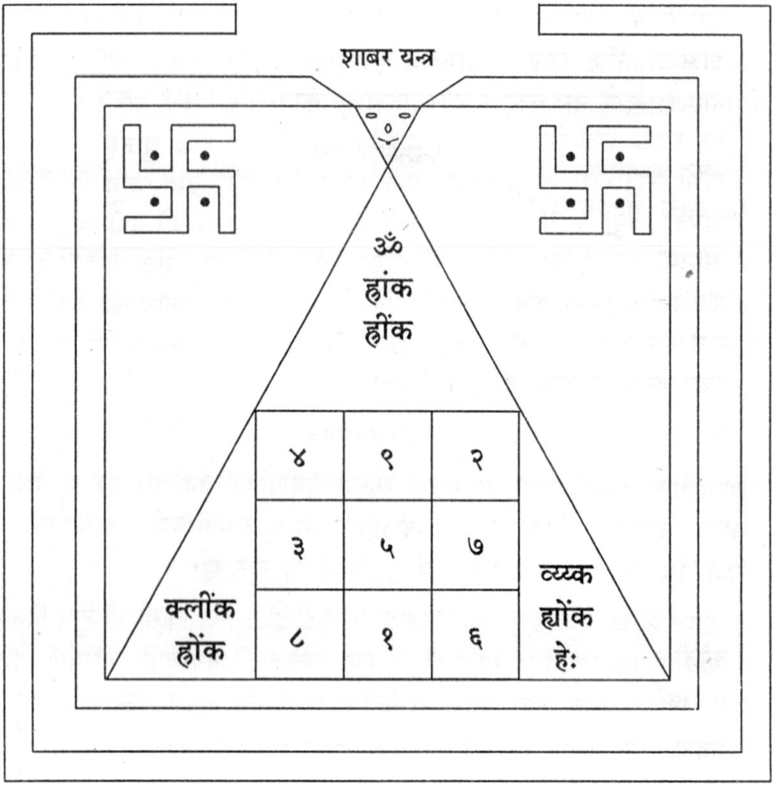

धूपादि से सुगंधित करें। पुष्प और बिल्वपत्रादि चढाएं। तब यन्त्र के सम्मुख हाथ जोड़कर निम्नांकित मन्त्र पढ़ें—

ॐ ह्रांक ह्रींक क्लींक ह्रोंक व्य्यक हेः।

उक्त मन्त्र पढ़ने के पश्चात् दो माला इस मन्त्र का जप करें—

ॐ नमो शाबरी-शक्ति। मम अरिष्ट निवारय, मम सर्वकार्य सिध्यं, सिद्धं कुरु कुरु स्वाहा।

जप के पश्चात् 'यन्त्र' को प्रणाम कर चाँदी के खोल (यन्त्र) में अपने पास रखें। इससे सभी कार्य शीघ्र सिद्ध होंगे। संकटों का निवारण होगा। दु:ख-दारिद्रय की निवृत्ति होगी और धन की प्राप्ति होगी। 'यन्त्र' जहाँ भी होगा या स्थापित होगा, वहाँ की सभी प्रकार की अला-बला, उपद्रव स्वत: नष्ट हो जाते हैं।

प्रेत आदि का टोना दूरीकरण मन्त्र

ॐ पूर्व पश्चिम उत्तर दक्षिण चारिका सर्ग पाताल-आंगन द्वार मंझार खाठ विचौना गडई सावनार सागलन ओ जवनार विरा सोधांवे फुनेल लक्वेग

सोपारी जो मुंह तेल अवटन उवटन और अवहान पहिरणलहगा सारी जान डोरा चोलिया चादरि ज्ञानमोह रूई ओढ़न झींन शकर गोरा छेत्रपाला पहिले झारो बारम्बार काजर तिलक लिलार आंखि नाक कान कपार मुंह चोटा कंठ अबर्कष कांध बांहगिंथ गोड अंगुरी नख धुकधुकी अस्थल नाभी नेटी नीचे जोनि चरणि कत भेटी पोटि करि दाव जांघ पेडरी घूटा पावतर ऊपर अंगुरा चाम रक्त मांस डांड गुदा धातुओं जो नहीं छाडु अंतरी कोठरी करेज पित ही पित जिय प्राण सब बित बात अंक मने जागु बड़े नरसिंह की आनु कबहुन लागु फांस पितर रांग कांच लोह रूप सोन साच पार पठ वशन रोज जोग कारण दशन डोठि मूट टीना थापक नवनाथ चौरासी सिद्ध के सराप डाइन योगिनी चुरइलि भूत व्याधि परि अर जेजत भनै गोरख बैन साच प्रगट रे बिलउकाली औ भैरव की हांक फुरो ईश्वरो वाचा।

रोगी से पर्दा करवाकर जादू-टोनाग्रस्त स्त्री को नमक और गंगाजल से झाड़ा देते हुए उपर्युक्त मन्त्र का उच्चारण करें तो टोना तुरन्त उतर जाता है। यह प्रयोग किसी अनुभवी तांत्रिक की देख-रेख में ही सम्पन्न करना चाहिए।

सर्वबाधानाशक प्रयोग

कोडी लाघूं, आंगन लाघूं, कोठी ऊपर महल छवाऊं।
गोरखनाथ सत्य यह भाखै। दुआरिया पै मैं अलख जगाऊं॥

सतनाम आदेश गुरु का आदेश पवन पानी का नाद अनाहद टुनटुभी बाजै जहां बैठी जोगमाया साजे चौंसठ जोगनी बावन वीर बालक की हरै सब पीर आगे जात शीतला जानिये बंध बंध बारे जात मसान भूत बंध प्रेत बंध छल बंध छिद्र बंध सबको मारकर भसमन्त सतनाम आदेश गुरु का फुरो मन्त्र ईश्वरो वाचा।

उपर्युक्त मन्त्र को पहले ग्रहण अथवा होली पर १,१०८ बार जपकर सिद्ध कर लें। फिर मन्त्र द्वारा झाड़ा देने से समस्त बाधाएं दूर होती हैं।

श्मशान बाधानाशक प्रयोग

सफेदा मसान गुरु गोरखनाथ की आन, यमदण्ड मसान काल भैरों की आन, सुकिया मसान नुनिया चमारी की आन, फुलियां मसान गारे भैरों की आन, हलदिया मसान ककोड़ा भैरों की आन, पीलिया मसान दिल्ली की जोगिनी की आन, कमेदिया मसान कालका की आन, कीकड़िया मसान रामचन्द्र की आन, मिचमिचिया मसान भोलेनाथ की आन, सिलसिलया मसान मोहम्मदा पीर की आन।

उपर्युक्त मन्त्र को ग्रहण अथवा होली पर जप करके सिद्ध कर लें। इसके बाद

श्मशान बाधा से ग्रस्त रोगी को इस मन्त्र पढ़कर झाड़ा लगाने से श्मशानबाधा शांत होती है।

शस्त्रस्तम्भन मन्त्र

बैरी जोते एक, मैं जोतों बारा। पड़ा के ताकत देना। भूरी भैंसासुर, काला मुँह कर देवेगा। मार दे, फेंक दे, गिरा दे, जब मैं जानों ठीक। गुरु की दुहाई।।

उपरोक्त मन्त्र को पढ़कर गंगाजल, मिट्टी अथवा काले उड़द शत्रु की तरफ उछालने से शत्रु का मुख बन्द और शस्त्र स्तम्भित होता है।

ज्वर का झाड़ा

ॐ ह्रीं ह्रां रीं रां विष्णु-शक्तये नमः। ॐ नमो भगवती विष्णुशक्तिमेनां ॐ हर हर, नय नय, पच पच, मथ मथ, उत्सादय, दूरे कुरु स्वाहा। हिमवन्तं गच्छ जीव, सः सः सः चन्द्रमण्डलं गतोऽसि स्वाहा !

उपर्युक्त मन्त्र को ग्रहण अथवा होली पर सिद्ध कर लें। इसके बाद इस मन्त्र को पढ़कर ज्वर से ग्रस्त रोगी को झाड़ा लगावें।

गर्भ स्थिर रहने का मन्त्र

ॐ नमो आदेश गुरु। ॐ सतवर पुरुष पाया की रात्रि थम्बे गर्भ न छोड़े पाप उदवा मास गर्भ वास, पुरा साहि निकास गोरि मास मात माता गर्भ को पूरा माथा हनुमान तीन गर्भ को गंडी बांधो राखि दस मास वीर पाख फुरो मन्त्र आदेश गुरु गोरखनाथ को।

कुंवारी कन्या को स्नान कराकर रविवार के दिन सूर्य के सामने बैठाकर सूत कतावें। उस सूत से सात तार का डोर बांटें, फिर तीन-तीन गांठ के दो गण्डे बनावें। फिर उपरोक्त मन्त्र ३१ बार अभिमन्त्रित कर गुग्गुल की धूनी देकर कमर में बांधें तो गर्भ स्थिर रहेगा।

स्तम्भन मन्त्र

ॐ नमो चौसठ योगिनी, बावन वीन, छप्पन भैरो, सत्तर पीर आय बैठो डाल के बीच हाली हलै न चाली चलै, बड़ शत्रु सो मिले डाल हलै चलै तो गोरखनाथ की दुहाई फुरे।

उपरोक्त मन्त्र को ग्रहण अथवा होली पर सिद्ध कर लें। इसके बाद मन्त्र पढ़कर जिस पर भी गंगाजल के छीटें देंगे, वह स्तम्भित होगा।

सुरक्षामन्त्र

ॐ नमो भगवते त्र्यम्बकायो पश-मयो पश-मय! चुलु-चुलु मिलि-मिलि, भिदि-भिदि, गोमानिनि चक्रिणी हूं फट्।

उपरोक्त मन्त्र को पढ़कर प्रामाणित अनार की टहनी से वृत्त खींचने से सुरक्षा होती है।

कुश्ती जीतने का मन्त्र

ॐ नमो गदाधारी हनुमन्त वीर, स्वामी बड़ा तेज बड़ा शरीर अदृष्टिचक्र मातु कालका का जन्म चड़े पैरी न कर थैर में करिहो तेरे जीव का भ्रात मैं करूं तेरे गुरु मोर से मारूं तुझे एक ही तो तीर से मेरा मारा ऐसे घूमे जैसी मंजनी सर्प की लहर पर तोहि हिरत मारूं बाण फरे को गुरु गोरखनाथ की आन।

उपरोक्त मन्त्र को होली अथवा ग्रहण पर सिद्ध कर लें। इसके बाद साबुत काले उड़द पर १०८ बार पढ़कर दे दें। कुश्ती के समय अखाड़े में उपस्थित उन्हें एक मित्र के पास रखवा दें, कुश्ती में जीत होगी।

मूठ लौटाने का मन्त्र

ॐ रुद्र भूत-नाथाय षट्-भुत वशं कुरु-कुरु, आज्ञा पालय पालय, रुद्राय हुं हुं फट्।

उपरोक्त मन्त्र को पहले किसी भी शुभ मुहूर्त में सिद्ध कर लें। इसके बाद जिस ओर से भी मूठ आये, उस ओर साबुत काले उड़द पढ़कर मारें। मूठ तरन्त वापस लौट जाएगी।

कीड़े झाड़ने का मन्त्र

ॐ नमो कीड़ा रेकुंडूकु डालो लाल पूंछ तेरा मुंह काला। मैं तोहि पूछा कहां से आया, तूने सब मांस खाया। अब तू जाय भस्म हो जाय। गुरु गोरखनाथ करे सहाय।

नीम की डाली से ५१ बार मन्त्र पढ़ते हुए झाड़ें। घाव के सारे कीड़े मर जाएंगे। इस मन्त्र को होली, दीपावली, ग्रहण पर सिद्ध करना परम आवश्यक है।

बिच्छू, सांप भगाने का मन्त्र

ॐ नमो भूल मधु ममु खबना तेरा कमल का फल सरपा तेरी बांधूं दानी जिसने तू गोद खिलाया और बांधूं स्तन कटोरा जिसमें दूध पिलाया बीन की तली ऐसी करे जो घास तेरी दाढ़ भस्म हो जाय गुरु गोरखनाथ भी जाय जलाय। आदेश गुरु मेरी भक्ति, गुरु की शक्ति, फुरो मन्त्र ईश्वरो वाचा।

इस मन्त्र को पहले सिद्ध करें, फिर उपले की राख पर ३१ बार पढ़कर सांप के ऊपर डालें तो वह बंध जायेगा।

वशीकरण मन्त्र

जंगल की योगिनी पाताल में नाग उठ गए मेरे वीर लाओ मेरे पास जहाँ-जहाँ जाए मेरे सहाई तहाँ तहाँ आव कजभरी कजभरी अन्तासों अगरी तक नफे तक एक फुरो मन्त्र ईश्वरो वाचा, मेरे गुरु का वचन सांचा जो न जाय वीर गुरु गोरखनाथ की दुहाई।

शुक्ल पक्ष के शनिवार पुष्य नक्षत्र में चौराहे की मिट्टी की पुतली बनाकर उसके वक्ष पर साध्य स्त्री का नाम लिखें, इसके पश्चात् उपरोक्त मन्त्र की तीस माला जपें। इस प्रकार करने पर प्रबल वशीकरण होता है।

शस्त्रस्तम्भन मन्त्र

ॐ सिंहो दत्तो बिकोवा धड़ित धड़धड़ात ध्यायमान भवानी दैत्यानाम देह-नाशनम तोड़यान्ति। सिरांसी रक्तां पिबन्ति। घुटत घुट-घुटात घुटेयान्ति। पिशाचा त्रिहाप त्रिहाप हसन्ति। खदत खद-खदात त्रिरोष मम भद्रकाली नौ नाथ, चौरासी सिद्धन के बीच में बैठकर। काली मन्त्र स्वाहा।

उपर्युक्त मन्त्र को पहले होली, अथवा ग्रहण में सिद्ध कर लें। इसके बाद मन्त्र पढ़कर गंगाजल शत्रु की तरफ फेंकें, तो शस्त्र नहीं चलेगा।

गणेशसिद्ध मन्त्र

जय गणेश, जय गणेश, जय गणेश पाहि माम्। जय गणेश, जय गणेश, जय गणेश रक्ष माम्।। जय सरस्वती, जय सरस्वती, जय सरस्वती पाहि माम्। जय अम्बे, जय अम्बे, जग जननी, जय जगदीश्वरी, माता सरस्वती, मोह-विनाशिनी।

जब अम्बे, जय अम्बे, जय-जय जननी, जय-जय अम्बे। जय जगदीश्वरी माता सरस्वती मोह-विनाशिनी जय अम्बे।। जय दुर्गे, जय दुर्गे, जय-जय दुर्गति-नाशिनी, जय दुर्गे। आदि-शक्ति पर-ब्रह्म-स्वरूपिणि भव-भय-नाशिनी जय दुर्गे।।

अम्बा की जय-जय, दुर्गा की जय-जय, सीता की जय-जय, राधा की जय-जय। गायत्री की जय-जय, सावित्री की जय-जय, गीता की जय-जय, माता की जय-जय। जपु जगद्-अम्बा ग्रहि कर माला, बसो हृदय में बहु-चर बाला।।

इस मन्त्र को केवल सूर्यग्रहण में और केवल गंगा के तट पर ही सिद्ध करना चाहिए। तीन ओर से चौका लगाकर दक्षिण की ओर मुख करके बैठ जाएं। इस मन्त्र की २१ माला जपें। सामग्री और भोग में बूंदी के लड्डू, लाल कनेर के फूल, थोड़ा

कामिया सिन्दूर, फूलदार लवंग का जोड़ा और एक चौमुखा दीपक प्रज्वलित कर लें। जप के पश्चात् दशांश का हवन करें। हवन सामान्य सामग्री से ही करें। जाप के मध्य अगर भैरव प्रकट हो जायें तो उनके गले में फूल की माला डाल दें और भोग भेंट करें।

बिच्छू डंसहारी मन्त्र

१. ॐ नमो कामरू देश कामाक्षा देवी जहाँ बसे इस्माइल जोगी योगी ने पाली कुत्ती। दस काली दस कावरी दस पीली दस लाल। रंग-बिरंगी दस खड़ी दस टिकावे भाल। इसका विष हनुमत हरे रक्षा करे गुरु गोरखनाथ।

इस मन्त्र को १,००१ बार जपें। तेल का दीपक जलाएं, मीठे का भोग करें। इस प्रकार जिसको कुत्ते ने काटा हो, उसके घाव के चारों ओर उपलों की राख ३१ बार पढ़कर लगा दें तो आराम हो जाएगा। निम्न मन्त्र से झाड़ भी सकते हैं—

२. दुबरा रे दुबरा, दुबरा रे दुबरौला, तिनका रे तिनका, तिनका रे तिनकौरा, राम राव राज रंक राणा प्रजा वीर जोगी सबका सिधौला नाम गुरु का काम गुरु का ढिंढौला।।

दाढ़ दर्द का मन्त्र

ॐ नमो कामरू देश कामनी देवी जहाँ बसे इस्माइल योगी योगी न पाली गाय, नित उठ चरने वन में जाये, चरे सूखी घास जाये जिसने गोबर किया जा मैं उपजा मुताला पूंछ पूछाला धड़ है पीला, मुँह है काला, दांत मसूड़ा पीड़ करे। तो गुरु गोरखनाथ की दुहाई फुरे।

उपरोक्त मन्त्र को लोहे की कील पर पढ़कर बबूल के पेड़ में ठोंक दें तो दाढ़ की पीड़ा दूर होती है।

पैर चलाने का मन्त्र

उलटा बीर बजरंग का पावकर, नींसम कवटाल खाय। बारा कोस आघाड़-सम तेरा कोस। पिच्छाड-सम। आन पोहोंच रे उलटा, बीब बजरंग का पांव। जहाँ है, वहाँ से घाव। इस काया-पिण्ड के बालाकू नव-नाडी से, बहत्तर कोठडी से, रोम-रोम से, चाम-चाम से, गुद-गुद से, पकड़ के लाय। मेरी भक्ति, गुरु की शक्ति। स्फुरो मन्त्र, ईश्वरो वाचा।

किसी भी शनिवार की रात को श्मशान की ग्यारह लकड़ियाँ लेकर ३१ बार मन्त्र पढ़कर जिसके ऊपर डालें, उसी पर पैर चला है।

पैर बांधने का मन्त्र

बावीस बीराचे लोह मारे। आम्या बेताल! सुनो मेरी बात। बीर हनुमान

रखे मेरी पीठ। हनुमान की चले सवारी। श्री कड-कडीत मन्त्र चले। पकड़ ले चुड़ेलीन को। आसन बांधूं, मसान बांधूं, साती आसन बांधूं। चौसट जोगिनी बांधूं। चौसष्ठ योगिनी बांधूं। सात आसरा बांधूं। आठवां म्हासूर बांधूं। नववा भिक्सन बांधूं। सब भुतावाल पलित बांधूं। चिञ्चीवरील लावटीण बांधूं। झोटीन बांधूं। ना बांधूं, तो हनुमान गुरुकी दुहाई। गुरु की शपथ, मेरी भगत। चलो मन्त्र ईश्वरो वाचा।

उपरोक्त मन्त्र को ५१ बार ५१ दिन तक जपें तो सिद्ध होता है। इसके पश्चात् ही प्रयोग करें।

धनहानि से सुरक्षा का मन्त्र

श्री शुक्ले महाशुक्ले कमल दल निवसिन्यै महालक्ष्म्यै नमो नमः लक्ष्मी माई सत्य की सवाई आवो माई करो भलाई ना करो तो सात समुन्दर की दुहाई ऋद्धि-सिद्धि खावोगी तो नौ नाथ चौरासी की दुहाई।

व्यापार अथवा दैनिक कार्य प्रारम्भ करने से पूर्व उपर्युक्त मन्त्र को २०८ बार जप करें तो धन-हानि से सुरक्षा होती है और व्यापार-वृद्धि का लाभ भी प्राप्त होता है।

स्त्री वशीकरण

मोहिनी मोहिनी कहाँ चली बरा खुदाई मका कांचली ओर देखें, जले बलै मेरे देख मेरे पायन पड़े छूमत काया बाचा गोरख का सबक सब सांचा सतनाम आदेश गुरु का।

रविवार के दिन प्रातःकाल खस का शर्बत बनाकर पिएं। रात को गुग्गुल की धुनी दें। बरफी और देशी पान का भोग रखें। फिर इलायची, लौंग और सुपारी इन चीजो का चूर्ण बनाकर उसके ऊपर २४४ बार उपर्युक्त मन्त्र को पढ़कर फूंकें। जब जिस स्त्री को वश में करना हो, उसके पाँव के नीचे की धूलि लाकर उसमें थोड़ा-सा तैयार चूर्ण मिलाकर ५१ बार अभिमन्त्रित कर स्त्री के ऊपर डालें तो वह वशीभूत हो जाती है।

विषबन्धन मन्त्र

गोरखनाथ तुम गुरु हम तोहार चेला 'अमुक' अंग के विषय बांधूं तेरी आन।। आवो रे विष हमारे कपड़े में आय। बांधूं विष बांधते घटि जाय।। आदेश देवी मनसा माई। दुहाई विषहरि राई।।

उपरोक्त मन्त्र को ३१ बार पढ़कर अपनी चादर के खूंट में एक गांठ लगा लें तो विष कम हो जाता है। उपरोक्त मन्त्र को प्रयोग में लाने से पहले सिद्ध करना आवश्यक है।

फोते छिटकाने का मन्त्र

पूर्व दिशा में उत्पन्न सम्हालू की जड़ बच्चों के गले में 'जय गुरु गोरखनाथ तू ही जान' कहकर पहना देने से फोते स्वयं अपनी जगह बैठ जाते हैं। मन्त्र इस प्रकार है—

ॐ धूतिधूरेश्वरी धूली माता परमेश्वरी जहाँ-जहाँ लगाऊँ तहाँ-तहाँ लगे नहीं लगे तो राजा रामचन्द्र की आन।।

आरोग्य-दायक मन्त्र

ॐ नमो आदेश गुरु की। गिरह-बाज नटनी का जाया, चलती बेर कबूतर खाता, पीवे दारू, खाय जो मांस, रोग-दोष को लावे फांस। कहाँ-कहाँ से लावेगा? गुदगुद में सद्रावेगा, बोटी-बोटी में से लावेगा, चाम-चाम में से लावेगा, नौ नाड़ी बहत्तर कोठा में से लावेगा, मार-मार बन्दी कर-कर लावेगा। न लावेगा, तो अपनी माता की सेज पर पग रखेगा। मेरी भक्ति, गुरु की शक्ति, फुरो मन्त्र ईश्वरो वाचा।

शिव का स्मरण करते हुए ३१ बार इस मन्त्र का उच्चारण करके फोड़े पर हाथ फेरकर फूंक मारनी चाहिए। इससे शीघ्र लाभ होगा।

पत्थरचूर की जड़ को तांबे के पात्र में भरवाकर चमकीले लाल डोरे से बांधकर बच्चे के गले में लटका देने से दाँत निकलने में कष्ट नहीं होता और हरे-पीले रंग के पतले दस्त होना बन्द हो जाता है। गले में बांधने से पहले ५१ बार 'जय गुरु गोरखनाथ तेरी आन' अवश्य कहना चाहिये।

अन्नपूर्णा मन्त्र

ॐ नमो गुप्त वीर मंजन सबको ठा यही तेरी आन गंगा की लहर जमुना की प्रवाण या कुठार राजा भण्डार राजा प्रजा लागे है पांव राती ऋद्धि लाओ तो नव नाथ चौरासी आदि का पात्र भरो हमारा जो पात्र भरो हमारा जो पात्र ना भरो तो पार्वती का क्षीर चोखा हराम करो।

दीपावली की रात को नग्न स्त्री की काली मिट्टी से मूर्ति बनाकर ऊपर कामिया सिन्दूर चढ़ाकर धूप, दीप, पुष्प इत्यादि से पूजन करके उपर्युक्त मन्त्र का ५,१२१ बार जप करने से भण्डार भरा रहता है।

अन्य वशीकरण मन्त्र

ॐ नमो उर्वशी काम निगारी शुभी प्रजा सब रहे पियारी। 'अमुक' को मन्त्र पढ़ हृदय लगाऊं उठती-बैठती निज दासी बनाऊं मेरे पर उसकी जान जाय मशान, बस न होवे तो गुरु गोरखनाथ की आन।

किसी भी ग्रहण में उपर्युक्त मन्त्र का १०,००० बार जप करें, फिर सुपारी इक्कीस बार पढ़कर जिसे खिलायेंगे वह वश में होगा।

पागल कुत्ता डंस-निवारण मन्त्र

ॐ नमो आदेश गुरु को। राजा मोहूं प्रजा मोहूं, ब्राह्मण बनिया। हनुमन्त-रूप से जगत मोहूं, तो रामचन्द्र पर मनिया। गुरु की शक्ति, मेरी भक्ति। फुरो मन्त्र, ईश्वरो वाचा।

उपर्युक्त मन्त्र का उच्चारण करते हुए कुत्ते ने जहाँ पर काटा हो, वहाँ पर झाड़ें विष उतर जाता है।

कार्यसाधक मन्त्र

ॐ ह्रीं बगलामुखी। जगद्-वंशकरि। मां बगले पीताम्बरे। प्रसीद प्रसीद, मम सर्वमनोरथान् पूरय पूरय ह्रीं ॐ।

किसी भी प्रकार के कार्य पर जाने से पहले उपर्युक्त मन्त्र की तीन माला जप लेने से कार्य सिद्ध होने की प्रबल सम्भावना होती है। इसके अतिरिक्त ५१ बार सस्वर जप कर दोनों हथेलियों पर फूंक मारने और उन्हें मुख पर फेरकर कहीं जाने पर सम्मान प्राप्त होता है। वशीकरण के लिए मन्त्र के बाद लड़की अथवा लड़के का नाम लेने से वशीकरण होता है।

जादू-टोना झाड़ने हेतु मन्त्र

ॐ नमो कामरू देश कामाक्षा देवी को आदेश नजर काटो बजर काटो मुहूर्त में देकर पाप रक्षा करें जय दुर्गा माई नरसिंह ओना टोना बहाय (अमुक) रोग सागर पार चला जाय आज्ञा हाड़िदासी चण्डी दुहाई। फुरो मन्त्र गुरु गोरखनाथ वाचा।

सर्वप्रथम उपरोक्त मन्त्र को ग्रहण, होली अथवा किसी अन्य शुभ नक्षत्र में सिद्ध कर लें। इसके पश्चात् भूत-प्रेतबाधाग्रस्त व्यक्तियों को पढ़ते हुए नीम की टहनी से ३१ बार झाड़ें। इस प्रयोग से वह ठीक हो जाएगा।

मासिक धर्म कष्टहारी मन्त्र

अथ कृत्वां-नी कृत्वा भी ह्रीं किए-ह्रीं किम-ह्रीं भीं किम ह्रीं किम गुरु गोरखनाथ की दुहाई।

रात्रि के १२ बजे मूल नक्षत्र में बरकी हरताल से अखण्डित भोजपत्र पर उपर्युक्त मन्त्र लिखें और स्त्री को पहना दें, मासिक धर्म के समय कष्ट होना बन्द हो जाएगा।

भण्डार-वृद्धिकारक मन्त्र

ॐ नमो अन्नपूर्णा अन्नपूरे, धूत पूरे गणेश, जो पार्ती पूरे ब्रह्मा-विष्णु महेश।

तीनों देवतन मेरी भक्ति गुरु की शक्ति श्री गुरु गोरखनाथ की दुहाई फुरो मन्त्र ईश्वरो वाचा।

इस मन्त्र का चालीस दिन तक प्रतिदिन १०८ जप कर सिद्ध करें, फिर भोज समारोह का जो भी सामान बना हो, वे सब खाद्य वस्तुएं एक स्थान पर भण्डारघर में थोड़ी-सी अछूती भोजनसामग्री निकालकर सुरक्षित रखें तथा माता अन्नपूर्णा व भगवान् शंकर को भोग लगाकर उस सामग्री में से सभी थोड़ी-थोड़ी वस्तुयें लोटा, डोरी यह सब लेकर कुएं पर जाएं। मन्त्र को बार-बार पढ़ते रहें, पूर्व दिशा की ओर मुँह करके थोड़ी सामग्री कुएं में अर्पित कर दें। फिर लोटे को डोरी के सहारे कुएं में पहुंचाकर एक हाथ से एक लोटा पानी भरकर बाहर निकालें, डोरी को खोलकर लोटे सहित सामग्री को लेकर घर लौट आएं। अब लोटे को भण्डारघर में रख दें व बची थोड़ी-सी सामग्री भोजरूप होने से पूर्व जाने वाली पूजा में चढ़ाकर अपना पारम्परिक कृत्य पूरा कर अखण्ड दीपक जलावें, फिर इस मन्त्र का १०८ बार जप करें। इसके बाद लोगों को भोजन कराएं। इस प्रयोग से भण्डारघर में कोई कमी नहीं होगी।

दांत दर्द-निवारक मन्त्र

भैंसासुर के इमली, अलग-बिलग गए डार। ऊपर मोती कर है, नीचे कर भैंसा रखवार। वो भैंसा न जानिए, जो जोते तेली कलार। बारा भाटी मद पिए, सोलह बुकरा खाय। इतने में न माने, तो खेत के भूत खाय। खेत उढ़ना, खेतै दसना, खेतै करै अहार। जै दिन करुवा भूत न पावैं, तै दिन करै उपास। पकड़ भूत पछाड़ें, तब गोड़े तले दाबै। तब करुवा वीर कहलावे। भाग भूत, मोरी हांक पड़ी भैंसासुर की दुहाई।।

उपरोक्त मन्त्र का जप करते हुए दाँत-दाढ़दर्द के रोगी को झाड़ें तो दाँत-दाढ़दर्द में आराम मिलता है।

विवाहकारी मन्त्र

ॐ गोरी आवे शिवजी ब्यावे अमुक को विवाह तुरन्त सिद्ध करे, देवन करे जो देर होय तो शिव को त्रिशूल पड़े, गुरु गोरखनाथ की दुहाई फुरे।

शुभ मुहूर्त में एक कच्ची मिट्टी की हंडिया लेकर आवें और उसमें एक लाल वस्त्र, सात काली मिर्च तथा सात सेंधा नमक की साबुत डलियाँ रख दें और इसका मुँह अन्य कपड़े से बांधने के पश्चात् हंडिया पर सात कुमकुम की बिन्दियाँ लगावें तथा उपर्युक्त मन्त्र की पाँच माला जप करें।

पाँच माला जप के बाद उस हंडिया को चौराहे पर रख दें। इससे विवाह में आने वाली बाधाएं दूर होकर विवाह की सम्भावना बन जाती है।

उपद्रवनाशक मन्त्र

ॐ नमो आदेश गुरु का, धरती में बैठया लोहे का पिण्ड राख लगाता गुरु गोरखनाथ जावन्ता धन्वता हांक देत धार-धार मार-मार शब्द सांचा पिण्ड कांचा फुरो मन्त्र ईश्वरो वाचा।

मंगलवार या रविवार में प्रातःकाल स्नानादि से निवृत्त होकर पूर्वाभिमुख होकर १०८ जप करें, फिर आम की लकड़ी में इस मन्त्र का १०८ बार उच्चारण करते हुए खीर की आहुति देकर हवन करें। इसके प्रभाव से कलह, विद्वेष, दुर्घटनाएं आदि समाप्त होकर वातावरण शान्तिमय हो जाता है। यह प्रयोग केवल ग्यारह दिन तक करना चाहिये।

अनाजरक्षक मन्त्र

आगिन थामो, आगिनी थामो। सेतवान रामेश्वर थामो। कालि काल थामो। विरं कां थामो। वार हनुमान का थामो। दोहाई विष्णु का, दोहाई ब्रह्मा का।

२१ दिन तक १०८ जप कर सिद्ध करें। नदी के किनारे २१ कंकड़ों को अभिमन्त्रित कर अनाज में रखें तो कीड़े नहीं पड़ेंगे।

व्यापारवर्द्धक शाबर मन्त्र

ॐ अंग कल-पीह हरि-वर! आगिन बांधो, हनुमन्त वीर! नहि जरे हाथ, नहि जरे पाउं। अगिनी सो वाचा। हनुमन्त वी चले, तारा चलेय, जीरा नहि जरे, क रख। दोहाई माहा भदलि पीर का, दोहाई फिदाय साहेब का, दोहाई पांच पीर औ लया का।

उपरोक्त मन्त्र को आरम्भ कर कम-से-कम ११ हजार जप अवश्य करें। महालक्ष्मी का धूप-दीप-नैवेद्यादि से पूजन करें। दुकान जब खोलें तो गद्दी पर बैठकर उपरोक्त मन्त्र की एक माला जप कर लें।

उपद्रव रोगहारी मन्त्र

गंगापार बबुर के गाछी। झड़े कीड़ा झड़े रसोई।। ईश्वर महादेव, पार्वती गुरु गोरखनाथ की दुहाई। अद्धौदय बेला सात गोटि पड़ी मारे न रहे।

उपरोक्त मन्त्र पढ़ते हुए मोरपंख के गुच्छे अथवा चाकू से झाड़ा लगाएं। इस मन्त्र के प्रभाव से अनेक प्रकार के रोगों एवं उपद्रवों की शान्ति होती है।

थनैलानाशक मन्त्र

कंप विलारी वध थनैला पांचवान माहि भैरों दैल कंप विलारी बध थनैला डावा पलट जा घर अपने राजा मनैरी की दुहाई जोड़ावार है गुरु गोरखनाथ की दुहाई।

उपर्युक्त मन्त्र को पढ़ते हुए स्त्री के स्तन को झाड़ने से थनैला रोग समाप्त होता है। मन्त्र पढ़ते हुए धीरे-धीरे स्तनों पर हाथ भी फेरना चाहिये।

आई आँखें झाड़ने का मन्त्र

काली कलकत्ते वाली जय हनुमान जय हनुमान जय चालीसा मेरे गुरु गोरखनाथ की दुहाई। इसी वक्त आँख का रोग चला जाये मेरी आन मेरे गुरु की आन ईश्वर गौरा महादेव की दुहाई।

उपरोक्त मन्त्र से ३१ बार फूंक मारें तो दुखती आँखें ठीक हो जाएंगी।

पुतली मन्त्र

जंगली की योगिनी पाताल के नाग उठ गए मेरे वीर (उस स्त्री का नाम) लाओ मेरे पास जहाँ-जहाँ जाए मेरे सहाई तहाँ-तहाँ आब कजभरी नजभरी अंतासों अगरी तक नफे एक फूंक फिरो मन्त्र ईश्वरो वाचा। मेरे गुरु का वचन सांचा जो न जाए वीर गुरु गोरखनाथ की दुहाई।

उपरोक्त मन्त्र का पुतली पर १,१०८ बार जप करें और प्रत्येक बार मन्त्र पर पुतली में एक फूंक मारें तो कार्य सिद्ध होगा। कार्य सिद्ध होने के पश्चात् पुतली को श्मशान में ही गहरे दबा दें।

जादू-टोना-निवारक मन्त्र

जय काली कलकत्ते वाली जय हनुमान जय चालीसा तेरा वचन न जाए खाली, अपनी चीज अपना मिल जाए, धरती खोल सुर पाय नखमा खो अपना सो पाई तेरे गुरु का वचन न सुहाई, इसी वक्त जादू-टोना यहाँ से भाग जाई, मारूं हांक गुरु गोरखनाथ की हांक ईश्वर गौरा-पार्वती महादेव की दुहाई।

बाधाग्रस्त के ऊपर से उपले की राख ३१ बार उतारकर उपरोक्त मन्त्र पढ़ते हुए बहते जल में प्रवाहित कर दें।

तलवार बांधने का मन्त्र

ॐ नमो धार अधर धार बांधूं सात बार कटे न रोम न भीजे चीर खड़े की धार लेकर हनुमान शब्द सांचा पिण्ड कांचा फुरो मन्त्र गोरखनाथ उवाचा।

रास्ते की धूल पर मन्त्र पढ़कर तलवार पर मारें तो धार समाप्त हो जायेगी।

शरीर-रक्षामन्त्र

डिव न डं।हारि बान्हो, तीनों कोन प्रीथी बान्हो, चौठे कोण जलप्वा बान्हो। सर सह प्रमेश्वर सहस्त्र पर रक्ष्या करे। उदन्त काठी पुदन्त देस। कालि गेल्नि

कमक्ष्या देश। गोहरि वासिखे गेलि। इन्द्र के बेटी, ब्रह्मा के शालि, मसान चट्टी। बजावे तालि। थारि थूरी, सर्व खुरी उक्षिदैए, परा पराए, हम नहि बान्हेक्षी। हमरि भै गौरा पार्वती बान्हेक्षी। दोहाई महादेव का, दोहाई रोहिना का, चमार दोः अधोरि डोम जघ क्षोड़ी के जाई।

उपरोक्त मन्त्र से साधक की रक्षा होती है। मन्त्र को पढ़ते समय शरीर पर बार-बार फूंक मारें।

भूत भगाने का मन्त्र

कंकाली-कंकाली कहाँ चल कजरी वन कजरी वन काहे का चंदन वृक्षा काटे का चंदन वृक्षा काहे का काला कोयला करेगा काला कोयला काहे का छप्पन छुरी गढ़ेगा। छप्पन छुरी काहे का नजर काट टोना काट टायर काट मटिया मसान जादू-टोना भूत-प्रेत अलाय बलाय और 'अमुक' रोग को काटकर कूटकर खारी समुद्र में न बहाए तो माता काली कंकाली न कहाए दुहाई गुरु गोरखनाथ बंगाल खण्ड कामरू कामाक्षा देवी की आन।

इस मन्त्र को पढ़ते हुए मोरपंख अथवा खुले चाकू से १०८ बार झाड़ें।

शत्रुता-शमन मन्त्र

ॐ नमो आदेश, कामरू देश कामख्या देवी। जले तेल-तेल, महातेल तारे। अमुक लहर पीर पल में टारे। मन्त्र पढ़े नरसिंह देव कुटिया में बैठ के, श्री रामचन्द्र जी रहि रहि फूंक के। जाय अमूक जलन एक पलज में, जाय खाय सागर की नीर नोन में। आज्ञा हाडि दासि। फुरो मन्त्र, चण्डी वाचा।

इस मन्त्र को मंगलवार के दिन से आरम्भ करना चाहिए और ३१ दिन तक प्रतिदिन १,१०८ बार जप करें। प्रतिदिन मोतीचूर के लड्डुओं का भोग लगाकर बच्चों में बांटें। इस प्रकार करने से शत्रु स्वयं ही झुकेगा।

विषनाशक मन्त्र

ॐ नमो आदेश गुरु का क्यों रे बीछ तें को काट्यो गोद गिरी मुख चाख्यों में काठाने पानी प्याऊं का क्यों उत्तर जाए उतरे तो उतारूं चढ़े तो उतारूं चढ़े तो मारूं नातर गरुड़ मोर हंकारूं लंका सी कोट समुद्र-सी खाई उतर रे बीछ गोरखनाथ की दुहाई शब्द सांचा पिण्ड कांचा फुरो मन्त्र ईश्वरो वाचा।

उपरोक्त मन्त्र द्वारा पानी को ३१ बार अभिमन्त्रित करके उसे पृथ्वी पर गिरा देने से किसी भी तरह के विष का प्रभाव समाप्त हो जाता है।

भूत-प्रेत वार्तालाप मन्त्र

ॐ धों धों ध्यान करता अलख यति हांक देते हां कार तथा लत बोल-बोल शब्द सांचा।

लहसुन के रस में हीरा हींग मिलाकर जिसको भूत-प्रेत लगा हो, उसको लगाएं तो वह बोले।

देहरक्षा का मन्त्र

१. ॐ नमो आदेश गुरु को ओं अपर केस विकट भेस खंव पत प्रह्लाद राखे महादेवजी कोई इह पिण्ड प्राण को छड़ छेवे तो देवदाना भूत-प्रेत डाकिनी-शाकिनी गंडताप। तिजारी जूडी एक पहरू द्वे पहरू शांक को सवारा को काजा को कराया, कराया को उलट वाही के पिण्ड पर पड़े इस पिण्ड की रक्षा श्री नृसिंह जी करें शब्द सांचा पिण्ड कांचा फुरो मन्त्र गोरखनाथ वाचा।

इस मन्त्र से गंगाजल को ३१ बार अभिमन्त्रित करके पिला दें, सब प्रकार के रोग-शोक आदि से रक्षा होती है। इसके अतिरिक्त निम्न मन्त्र भी पढ़ सकते हैं—

२. आकाश बांधो, पाताल बांधों, बांधो तावा ताई। धरती माता तोहे बांधो। दोहाई भैरो बाबा की।। सामा तु आर बांध, सामा तु चारों कोना बांध। सामा के संग, सामा को जला दिया।। सामा तु भूत बांध, सामा तु पिशाच बांध। सामा तु दानो बांध, सामा तु अकिन बांधा।। सामा तु चुड़ैल बांध, सामा तु बैताल बांध।। सामा तु संसार बांध, सामा तु आसमान बांध। दोहाई कामरू कमक्ष्या, नैना योगिनि की।।

विषहरण मन्त्र

धर पकड़ धसनि सार, ऊपर धसनि विष नीचे जाय, काहे विष तू इतना रिसाय, क्रोध तो तोर होय पानी हमारे थप्पर तोर नहीं टिकाना आज्ञा मनसा माई की दुहाई मारूं हांक गुरु गोरखनाथ की हांक ईश्वर गोरा पार्वती महादेव की दुहाई।।

उपरोक्त मन्त्र पढ़ते हुए एक थप्पड़ मारें तो सर्प काटे व्यक्ति के विष की शान्ति हो जाती है। इसके पश्चात् चिकित्सा हेतु अवश्य लें जाएं।

वर्रे पीड़ा-नाशक मन्त्र

आन ततैया मान ततैया कोदन की दुहाई ततैया हनुमान ने कही मेरी आन मेरे गुरु की आन ईश्वर गौरा गोरखनाथ महादेव की दुहाई।

लोहे की कील से ३१ बार झाड़ा देवें, ठीक हो जायेगा।

थकानहारी मन्त्र

तैल थामो तैलाई थाबों अग्नि वैसदर थांभो पाँच पुत्र कुन्ती के पाँच चले केदार अग्नि चलेते हम चले गोरखनाथ के द्वार।

उपर्युक्त मन्त्र का ११,००० जप करें, तो मन्त्र सिद्ध होगा। फिर सरसों का तेल आंच में पकावें। उस तेल को सिर में, नाक में, कान में और पूरे शरीर में लगाने से चलने में कभी भी थकान नहीं होगी।

सर्पभय रक्षामन्त्र

गोरख चले परदेश कुतक मन में भावे बांध बांधू वधाइन बांधू बांध के सातों बच्चा बांधू सोंपा चोरा बांधू दांत बंधाऊ। वाट बांधि दऊ दुहाई गुरु गोरखनाथ की।

प्रयोग से पूर्व इसकी सिद्धि आवश्यक है, जो १,१०८ मन्त्र के जप से मंगलवार को होती है। फिर मार्ग में जहाँ भी सर्प या व्याघ्र मिले, उपरोक्त मन्त्र का ९ बार उच्चारण करके फूंक मारें। हिंसक पशु अपना मार्ग बदल देंगे।

पीड़ाहारी मन्त्र

१. उस पार आती बुढ़िया छुतारी तिसके कंधे पै सरके पेटारी बह पेटारी कौन-कौन शर वाण सु-शर, कु-पोरा शर समान। 'अमुक' के अंग को व्यथा तन पीर। लवटि गिरे उसके कलेजे तीर आज्ञा पिता ईश्वर महादेव की दुहाई फुरो मन्त्र गोरखनाथ वाचा।

अमुक के स्थान पर रोगी का नाम लेकर अनामिका अंगुली से सेंधा नगर से ३१ बार अभिमन्त्रित करके फूंक मारें और रोगी को खिलावें तो पीड़ा शांत हो जाएगी।

इसके अतिरिक्त अधोलिखित मन्त्र भी पढ़ सकते हैं—

२. ॐ नमो, सत्तर सौ पीर, चौंसठ सौ योगिनी, बावन सौ बहत्तर भैरव, तेरह सौ तंत्र, चौदह सौ मन्त्र, अठारह सौ पर्वत, नौ सौ नदी, निन्यानवें सौ नाला, हनुमान यति गोरखनाथ रखवाला, कांसे की कटोरी अंगुल साठ चौड़ी कहो वीर कहाँ ते चलाई गिरनार पर्वत से चलाई अठारह भार वनस्पति चले सोना चमारी को वाचा फुरो कानो कुम्हारी चाक ज्यों फिरे कहाँ-कहाँ जाय चोर के जाय चांडाल के जाये गड़ी धन बताय चाल चालरे हनुमंत बीर जहाँ चले तहाँ रहे न चले तो गंगा-यमुना उल्टी बहें।

कण्ठबेल मन्त्र

ॐ नको कण्ठबेल तू दुम दुमारी। सिर पर जकड़ी वज्र की ताली। गोरखनाथ गाजता आया। बढ़ी बेलि को तुरन्त घटाया। जो कुछ बचो ताहि मुरझाया। घाटि गई बेल बढ़े नाहि पावे। बैठि तहाँ उठन नाहि पावे पके फटे पीड़ा करे तो गुरु गोरखनाथ की दुहाई फिरे। शब्द सांचा पिण्ड कांचा फुरो मन्त्र ईश्वरो वाचा।

इस मन्त्र को इक्कीस दिन तक प्रतिदिन १,१०८ बार जप धूप-दीप-नैवेद्य सहित एकाग्र मन व श्रद्धाभाव से करें। इस मन्त्र का ३१ बार उच्चारण करते हुए रोगी को मोरपंख के गुच्छे से झाड़ना चाहिए।

पीलिया-नाशक मन्त्र

ॐ नमो वीर बेताल इसराल, नार कहे तू देव खदी वादी। पीलिया कूं भिदाती कारें, झाड़े पीलिया रहे न नेक। जो कहीं रह जाये तो हनुमंत की आन। मेरी भक्ति गुरु की शक्ति फुरो मन्त्र गोरखनाथ वाचा।।

एक कांसे की धातु की कटोरी में तेल लेकर रोगी के सिर पर रखें और कुशा से उस तेल को चलाते हुए उपर्युक्त मन्त्र को ३१ बार पढ़ें। इस प्रकार पीलिया ठीक हो जाएगा।

उपल वर्षा-निवारक मन्त्र

काली बिलइया लजबत पूंछ, उस पर बैठा हनुमंत वीर इसी वक्त पहाड़ ही पहाड़ नदी ही नदी चली जा मेरी आन मेरे गुरु की आन ईश्वर गौरा गुरु गोरखनाथ महादेव की दुहाई।

जब कभी ओले गिरने लगें तो सात ओले उठाकर और अपनी अनामिका उंगली का रक्त निकालकर उपरोक्त मन्त्र से ओलों को बांधकर नदी की ओर फेंक दें, तो फिर ओले नहीं गिरेंगे।

रोग-शोकनिवारक मन्त्र

महादेव कुक्कर लुटे-लुटे कान मोरे निकट आवहु सुनि आये लोहनपह रक्षा करें गोरखनाथ गुरु।

उपर्युक्त मन्त्र से रेत को अभिमन्त्रित करें। उस मन्त्र का कम-से-कम इक्कीस माला जप करें इसके बाद रेत से सारे शरीर का स्पर्श करावें। रोग-शोक का निवारण होगा।

आंचल फोड़ा-निवारक मन्त्र

ऊंची-नीची टेकड़ी किसन चरावे गाय, आंचल झाड़े आपनो पीर पराई आये इसी वक्त 'अमुक' बाईं का स्तर का कोड़ा सूख साख भस्म हो मेरी आन मेरे गुरु की आन ईश्वर गौरा गोरखनाथ महादेव की दुहाई।

जिस स्त्री के आंचल में फोड़ा हो गया हो, उसका नाम पूछ लें। फिर अमुक के स्थान पर उस स्त्री का नाम लेकर अपने विपरीत आंचल से राख उतारकर ३१ फूंक मार दें, आराम हो जाएगा।

स्तन फोड़ा-नाशक मन्त्र

ऊँची पीपर जरजरों गैया चरै नौ सौ साठ आंचल का फोड़ा सूख साख इसी दम भस्म हो मेरी आन मेरे गुरु की आन ईश्वर गौरा गोरखनाथ महादेव की दुहाई।

जिस स्त्री के किसी स्तन में फोड़ा हो गया हो और अगर उसका दाँयाँ स्तन है तो उसके दाँयें स्तन के ऊपर से उपले की राख उतरवाकर अपने विपरीत स्तन यानी बाँयें स्तन से उतारकर उपरोक्त मन्त्र पढ़ते हुए उस राख में ३१ बार फूंक मार दें, सूख जाएगा।

सर्प-विषनाशक मन्त्र

परछले बदरिया अन्धेरी रतिया, सांप-सांपिन तू कौन-कौन जतियां। डड्नी खेले झाडू बाई और जितना बिष सब रहे पांव की ओर। आदेश विषहारी गौरा गोरखनाथ महादेव की दुहाई।

उपले की राख से सर्प काटे व्यक्ति को ३१ बार उपरोक्त मन्त्र को पढ़कर झाड़ें। जहर उतर जायेगा।

टिड्डी बांधने का मन्त्र

अन्न बांधूं बज्र बांधूं बांधू दशो द्वार लोहे का कोडा ठोके हनुमान, गिरे धरती लागे घाव सब टिड्डी भस्म हो जायें, बांधूं नाला ऊपर ठोकू बज्र का ताला नीचे भैरव किलकिलाय ऊपर हनुमन्त गाजें जो हमारे सीऊं में दाना-पानी खाबे तो दुहाई राजा अजय पाल की फिर हांक गुरु की हांक ईश्वर गौरा गोरखनाथ महादेव की दुहाई।

उपरोक्त मन्त्र से बासमती चावलों को अभिमन्त्रित कर खेत और खलिहान में छींटे मारें और लोहे की कीली को अभिमन्त्रित करें, चारों कोनों में गाड़ दें तो टिड्डी भाग जाती है।

सर्पबन्धन मन्त्र

बज्र किकर बजरा कीलू आस-पास सर्पा मेरे होय छार मेरा बांधा पत्थर बंधे पत्थर फूटे न बाधा छूटे दुहाई गुरु गोरखनाथ बंगाल खण्ड कामरू कामाक्षा देवी की आन।

उपरोक्त मन्त्र को सात बार पढ़कर अपने बाँयें पैर से कंकरी उठाकर सर्प की तरफ फेंकें तो सर्प बंध जाता है और वह वार नहीं कर पाता है।

भूत-प्रेत बाधाहारी मन्त्र

निम्नलिखित मन्त्र का जप करें और समय-समय पर इस मन्त्र से झाड़ा देवें और

अभिमन्त्रित जल भी पिलावें। मन्त्र इस प्रकार है—

हरि ओम तत्सत् जय गुरुदत्त।

घाव भरने का मन्त्र

सार सार विजय सार, सार बांधूं सात बार फूटने बन्न प उपजे घाव सीर राखे श्री गोरखनाथ शब्द सांचा पिण्ड कांचा फुरो मन्त्र ईश्वरो वाचा।

उपरोक्त मन्त्र पढ़ें, फिर घाव पर फूंक दें तो घाव भरेगा, पीड़ा नहीं होगी।

बगल की गांठ को बैठाने का मन्त्र

उपर्युक्त मन्त्र को ग्रहण के समय १०१ माला जप करके सिद्ध कर लेना चाहिए तथा जहाँ बैठकर झाड़ा दिया हो उस स्थान की मिट्टी बांध देना चाहिए। तीन दिन में कंखराई की गांठ बैठ जाएगी।

ॐ नमो कंखराई भरी तलाई जहाँ बैठा हनुमन्ता आई पके न फूटे न फूटे न पीड़ा रक्षा करे हनुमन्त वीर दुहाई गोरखनाथ की शब्द सांचा पिण्ड कांचा। फुरो मन्त्र ईश्वरो वाचा। सत्यनाम आदेश गुरु का।

ॐ नमो आदेश गुरु गोरखनाथ का ॐ ऊपर के सविकट भेष स्वभपति प्रह्लाद खावे पाताल राखे पाँच देवी जंघा राखे कालिका मस्तक राखे महादेवी जी कोई ये पिण्ड प्रण को बेधे तो देव-दानों भूत-प्रेत डाकिनी-शाकिनी गंडमाला तिजारी एक पहरू सांझ को सवेरे के लिए कराये को वाहि के पेड़ इसकी रक्षा गोरखनाथ करेंगे, शब्द सांचा फुरो मन्त्र ईश्वरो वाचा।

उपरोक्त मन्त्र को ३१ बार पढ़कर रोगी को झाड़ दें तो अच्छा हो जाएगा।

पशुओं के कीड़े झाड़ने का मन्त्र

ॐ नमो कीड़ारे तू कुण्ड कुण्डाला, लाल पूँछ तेरा मुँह काला। मैं तोय बूझा कहाँ से आया, लो ही मैंने सबका खाया, अब तू आप भस्म हो जाय, गुरु गोरखनाथ कर सहाय।

उपरोक्त मन्त्र द्वारा नींम की टहनी से ३१ बार झाड़ा लगाने से कीड़े मर जाएंगे।

नजरदोषहारी मन्त्र

ॐ नमो सत्य नाम आदेश गुरु का। ॐ नमो नजर जहाँ पर पानी जानी बोले छलसों अमृत वानी कही नजर कहाँ से आई, यहाँ की ठोंर तोय कौन बताई कौन जाति तेरी कहा ठान, किसकी बेटी कहाँ तेरो नाम, कहाँ से उड़ी कहीं की जाय अब ही वास कर ले तेरी माय मेरी जात सुनो

चितलाय जैसे होय सुनाऊं आय तेलिन तमोलिन चूहड़ी चमारी कायस्थी खतरानी कुम्हारी महतरानी राजा को रानी जाको दोष वाहे के सिर पड़े गोरखनाथ रक्षा करें, मेरी भक्ति गुरु की शक्ति फुरो मन्त्र ईश्वरो वाचा।

उपरोक्त मन्त्र को पढ़ते हुए मोरपंख के गुच्छे से रोगी को सिर से पैर तक ३१ बार झाड़ा लगावें।

व्रणपूरक मन्त्र

ॐ नमो सार सार विजयसार संसार बांधूं सात बार बैड़े अंग न उपजे घाव सिर राखे श्री गोरखनाथ।

किसी भी शस्त्र से घाव हो गया हो तो उपरोक्त मन्त्र का ३१ बार उच्चारण करके फूंकें, तो घाव भरने लगता है।

कष्टनिवृत्ति मन्त्र

ॐ नमो खों खंगारन खंगारन कहाँ गइले नन्दन वन चन्दन वन काट के। किसके सत्ताइस दुअरिआ गढ़े किसके सत्ताइस दुआरिया गढ़ के हूंक काटो फोड़। काटो फुट की काटो काशा काटो बांसा काटो करो काट कूट के पिता ईश्वर महादेव की शक्ति गुरु की भक्ति से झारों बलाई जात नहीं तो गोरखनाथ की दुहाई फिरै।।

उपरोक्त मन्त्र का ३१ बार उच्चारण करके चोट के स्थान पर फूंक मारते हुए धीरे-धीरे हाथ फेरें।

सर्षप वशीकरण मन्त्र

कामरू देश कामाक्षा देवी जहाँ बसे इस्माइल योगी चल रे सरसों कामरू जाइ जहाँ बैठी बुढ़िया छुतारी माई भेजूं सरसों उसके खप्पर कर रे सरसों अमुकी को वश कर न करे तो गुरु गोरखनाथ बंगाल खण्ड कामरू कामाक्षा देवी इस्माइल योगी लजाये।

उपरोक्त मन्त्र से ३१ बार सरसों को अभिमन्त्रित कर जिस स्त्री पर मारें, वह वशीभूत हो जाती है।

धूलि वशीकरण मन्त्र

धूल-धूल तू धल की रानी जगमोहन सुन मोरी बानी जल से धुला आन पढ़ूं तब पार्वती के वरदान धूलि पढ़ दूं, अमुको अंग आकर रहें फलाने संग मेरी आन मेरे गुरु की आन ईश्वर गौरा पार्वती गोरखनाथ की दुहाई।

जिसे वश में करना हो उस स्त्री के बाँयें पैर की धूल और श्मशान की भस्म

उपरोक्त मन्त्र से अभिमन्त्रित कर किसी स्त्री के शरीर पर डाल देने से वह वशीभूत हो जाती है।

रतौंधी-निवारक मन्त्र

ॐ भाट-भाटिनी निकली कहे चलि जायो उस पार जाइब जाइब हम जाऊ समुद्र पार। भाटिनी बोली हम बिआइब उसको छाली विजाइव हम उपस माछी पर मुंडा-मुंडा अंडा सोहिला तारा तारा अजय पाल राजा उतर रहे पार, अजय पाल रानी भरत रहे मसकतार यह देख गोरखनाथ बोला बोढ़िया मेला उजाढ़ तैके हम अधोखी जाय रतौंधी ईश्वर महादेव के दुहाई उतरि जाय।

उपरोक्त मन्त्र को पढ़ते हुए रतौंधी के रोगी को झाड़ने से रोगी को काफी आराम मिलता है।

दन्त कीटनाशक मन्त्र

ॐ नमो आदेश गुरु को वन में। ब्याही अंजनी, जिन जाया हनुमन्त।। कीड़ामकड़ा माकड़ा, से तीनों भस्मन्त। गुरु की शक्ति मेरी भक्ति फुरो मन्त्र गोरखनाथ वाचा।

इसका शुभारम्भ दीपावली से करना चाहिए। मन्त्र सिद्ध होने पर नीम की टहनी से झाड़ने पर कष्ट समाप्त हो जाते हैं। अगर इस मन्त्र का उपयोग करते हुए कटाई के बीजों का धुआं दातों में दें तो कीड़ी भी निकल जाते हैं।

टिड्डी बैठाने का मन्त्र

अगर उड़ती हुई टिड्डियों को बैठाना हो तो निम्नलिखित मन्त्र का प्रयोग करना चाहिए—

ॐ नमो आदेश गुरु को अजर कीलनी वज्र का ताला, कीलू टीडी धरू मसान, धर मार धरती सों मार सवा अंगुल पांख धरती में गड़े, ऊपर मोहम्मद वीर की चढ़े, पथ धरता चाटे खाई, बाएं हाथ में ल्हे हाथ में उठाव, मेरा गुरु उठावे तो उठावे और चक्रसों उठे तो दुहाई गोरखनाथ की फिरे आदेश गुरु को।

गलारोगहारी मन्त्र

आकाश तेल पाताल तेल मुंह में बाप लगाये तेल सियाल सिन्दूर सिग्गी हीरे फिराये आशा देवी मन्सामाई, आशा विषहारी राई की दुहाई, इसी वक्त गल गण्ड रोग चला जाए मेरी आन गुरु गोरखनाथ की आन ईश्वर गौरा महादेव की दुहाई।

उपरोक्त मन्त्र से ३१ बार शुद्ध नारियल के तेल को अभिमन्त्रित कर गले में लगाएं तो गले का रोग नष्ट हो जाता है।

कड़ाही-स्तम्भन मन्त्र

बन बांधो बन में दिनि बांधो बांधो कंठाधार तहां थां भी तेल तेलाई और थां भी बैसंदर छार। बन में प्लुवीतल ताते लावे जय पार ब्रह्मा-विष्णु-महेश तीनि अचलकेदार देवी-देवी कामाक्षा की दुहाई, पानी पंथ होई जाइ।

उपरोक्त मन्त्र को पढ़ते हुए कोई वस्तु कड़ाही पर धीरे-धीरे मारें। स्तम्भन होगा।

मुखबन्धन मन्त्र

तागा तागा तागा। ब्रह्मा, विष्णु, महेश्वर-तिन देव लागा एक तागा नडे-चडे। ईश्वर करतार करे।

उपर्युक्त मन्त्र को ३१ बार पढ़कर शत्रु की ओर फूंक मारें तो उसका मुख-बंधन हो जायेगा।

चौकी का मन्त्र

दिन की रक्षा करें सूर्य देव रात की धरती माई, लोहे का कोट तांबे की खाई, अब चौकी बजरंग की आई, दुहाई गुरु गोरखनाथ बंगाल खण्ड कामरू कामाक्षा देवी की आन।

जहाँ भी चौकी देनी हो, वहाँ राई को अभिमन्त्रित कर जितनी जगह में चौकी देनी हो उतनी जगह के चारो ओर डाल देंवे तो कोई भय नहीं रहेगा। इसके पश्चात् उपरोक्त मन्त्र को पढ़ते हुये चौकी देंवें।

दूध उतारने का मन्त्र

अपटवीर झपटवीर हार-हार के मरघट के मसान के नटखट ईशान के हाई हाड़कर, रोम-रोम कर, नस-नस कर, कोठा-कोठा कर चार सोत का दूध छान छानकर चार सोत से व लायें तो माता काली का पूत काल भैरव न कहाये मेरी गुरु की आन ईश्वर गौरा पार्वती गोरखनाथ जी की दुहाई।

जिस औरत का या पशु का दूध सूख गया हो, उसके ऊपर से कण्डों की राख को उतार कर सात बार मन्त्र पढ़ते हुए ३१ फूंक मारे तो पुनः दूध उतर आता है, दिन में तीन समय झाड़ा देंने से प्रभाव दिखलाता है।

रक्त उतरने का मन्त्र

सींक फाड़ धनुआ करौ सीचौं कारा नाग खून का दूध बुहारो सोये देव पटकाप अर्जुन जैसे बाणा मारी, झाड़े झूरा बाण दुहाई अर्जुन पण्डा की गुरु गोरखनाथ बंगाल खण्ड कामरू कामाक्षा देवी की आन।

उपले की राख को रोगी के ऊपर से उतार कर उपरोक्त मन्त्र को पढ़कर २१ बार

फूंक मारें तो फिर से दूध आ जाएगा और खून का आना बन्द हो जाएगा। इसका तीन दिन दोनों समय झाड़ा देवें।

बच्चों की डोकी बांधने का मन्त्र

तागा तागा तागा। ब्रह्मा, विष्णु, महेश्वर-तिन देव लागा। श्मशानेर घाटेर श्रगाल का डेरा। आय विष तुई लागा, छिडे भस्म हयेजा।

बच्चे के ऊपर से कण्डों की राख उतार कर मन्त्र पढ़ते हुए सात बार उस राख को बच्चे की तरफ मन्त्र पढ़ते हुए फूंक मारें, तो तुरन्त ही डोकी बन्द हो जाएगी।

हांडी बन्धन मन्त्र

खनाह की माटी चरी का पानी गंध चढ़ि भीख चलानीकाची पाली ऊपर जड़ी वज्र की ताली तुले भरो किलकिले ऊपर नरसिंह गाजे मेरी बांधे हांडी उकल तो गुय गोरखनाथ की लाज, शब्द सांचा पिण्ड कांचा फुरो मन्त्र ईश्वरो वाचा।

मार्ग में से ७ कंकड़ी लेकर, एक-एक कंकड़ी पर २१-२१ बार मन्त्र पढ़कर हांडी में मारने से चाहे जितनी आग लगाई जाए फिर भी हांडी गरम नहीं होगी।

व्यापारवर्द्धक लक्ष्मीमन्त्र

ॐ शुक्ले महाशुक्ले कमल दल निवास श्री महालक्ष्मी नमो नमः लक्ष्मी माई सत की सवाई आवा चेतो करो भलाई, ना करो तो सात समुद्र की दुहाई ऋद्धि-सिद्धि खग तो नौ नाथ चौरासी सिद्धों की दुहाई।

इस मन्त्र को पूर्वोक्त विधि द्वारा धूप-दीप-नैवेद्यादि सहित ५५ दिन में सवा लाख जप नियमों का पालन करके फिर एक माला प्रतिदिन जप करें तो साधक को अक्षय सुख प्राप्त होता है।

बाघ भगाने का मन्त्र

महादेव की कुक्कर लटै लुटे कान मोरे निकट आबहु मुनि आवे लोहनपह पाठ रक्षा करें श्री गोरखनाथ।

उपर्युक्त मन्त्र को ३१ बार पढ़कर अपने से स्पर्श कराने से बाघ से रक्षा होती है।

पीलिया रोगनाशक मन्त्र

ॐ नमो वीर बैताल विकराल नरसिंह देव, खादी पिमिया कूं मिदाती कारे भार पीलिया रह न नेक निशान। जो कही रह जायें तो गुरु गोरखनाथ की आन मेरी भक्ति गुरु की शक्ति फुरो मन्त्र ईश्वरो वाचा।

एक कटोरे में तेल लेकर रोगी के मस्तक के ऊपर रखें और फिर उपरोक्त मन्त्र

को पढ़ते हुए तेल को चलाते जाएं। जब वह तेल एकदम पीला हो जाए, तब उसे उतार लें। इस प्रकार तीन दिन तक करें।

सूचीछेदन पीड़ाहारी मन्त्र

धार-धार महाधार वार बांधूं सात बार अणी बांधूं तीन बार मेरी भक्ति गुरु की शक्ति फुरो मन्त्र ईश्वरो वाचा, दुहाई गुरु गोरखनाथ की छः।

इस मन्त्र से सूई को ३१ बार अभिमन्त्रित करके गाल में छेदें तो पीड़ा नहीं होगी। छेदने से पूर्व परीक्षा करनी आवश्यक है। परीक्षा न करने पर अहित सम्भव है।

गागर छेदने का मन्त्र

नारा धार बांधो नक्षवार न बहै धाऊ न फूटे धार रक्षा करें श्री गोरखनाथ।

उपर्युक्त मन्त्र को पढ़ने से गागर में कभी छेद नहीं होता है।

श्वान विष-निवारक मन्त्र

ॐ नमो कामरू देश कामाक्षा देवी जहाँ बसे इस्माइल जोगी इस्माइल जोगी ने पाली कुत्ती दल काली दस पीली दस लाल दस काबरी रंग-बिरंगी दस खड़ी दस माल ठिकाने रक्षाकर इसका विष हरे गुरु गोरखनाथ व शब्द सांचा पिण्ड कांचा फुरो मन्त्र ईश्वरो वाचा।

इस मन्त्र को ग्रहण की रात्रि में १,१०८ बार जप कर शुद्ध घी का दीपक जलाकर भोग रखें। इसके पश्चात् इक्कीस दिन तक १,१०८ बार जप कर सिद्ध करें। इसके बाद कुत्ते के काटे रोगी के घाव के चारो ओर गोईठा की राख या विभूति लेकर ३१ बार मन्त्र पढ़ते हुए वह विभूति लगाते जाएं।

शस्त्रास्त्र-स्तम्भन मन्त्र

बांधो तूपक अवनि बार न धरै न परै घाउ करें श्री गोरखनाथ।

उपर्युक्त मन्त्र को ३१ बार पढ़कर धूलिस्पर्श करने से शस्त्र का स्तम्भन होता है।

सूचीबन्धन मन्त्र

धार-धार बांधो सात बार न लागे न फूटे न आवे घाव रक्षा करें श्री गोरखनाथ मेरी भक्ति गुरु की शक्ति हनुमन्त वीर रक्षा कर फुरो मन्त्र ईश्वरो वाचा।

सूई हाथ में लेकर उपर्युक्त मन्त्र को ३१२ बार पढ़ें, फिर जहाँ बांधेंगे वहाँ छेदेगी।

शस्त्र की धार बांधने का मन्त्र

माता-पिता गुरु बांधो धार बांधो अस्त्रा वश्ये कटे मुने बांधा हनुमन्तसुर नव-लाख शूद्रनपाके पाउ रक्षा कर श्री गोरखनाथ एता देइन वाचा नरसिंह के दुहाई हमारी सर्वात आ।

उपरोक्त मन्त्र को ३१ बार पढ़ने पर शस्त्र घाव नहीं करता है।

सर्पस्तम्भन मन्त्र

ॐ नमो सवरि भूल मधु ममु खबना तेरा कमल का सरपा तेरी बांधूं दानी जिसने तू गोद खिलाया और बांधूं तन कटोरा जिसमें दूध पिलाया। बीन की तली ऐसी करें जो तेरी डाढ़ भस्म हो जाय गुरु गोरखनाथ भी जाग्र जलाय। आदेश गुरु मेरी भक्ति गुरु की शक्ति फुरो मन्त्र ईश्वरो वाचा।

इस मन्त्र को शिवरात्रि से प्रारम्भ करके वर्ष भर तक जप करें, सिद्धि हो जाने के पश्चात् उपले की राख लेकर सात बार सांप के ऊपर डालें तो वह स्तम्भित हो जाएगा।

चोरी का पता लगाने का मन्त्र

ॐ नमो नाहर सिंह वीर, जन-जन तू चाले, पवन चाले, पानी चाले, चोर का चित्त चाले, चोर मुख लोही चाले, काया धम वे माया परा करे वीर का या गोरखनाथ की पूजा पाई टले, गोरखनाथ की आज्ञा मेरे नौ हाथ चौरासी सिद्ध की आज्ञा।

चावलों को उक्त मन्त्र से १,१०८ बार अभिमन्त्रित करें। फिर कटोरी द्वारा चोर का पता लगावें।

चोर का पता लगाने का मन्त्र

ॐ नाहर सिंह वीर हरे कपड़े ॐ नाहर सिंह वीर चावल चुपड़े सरसों के फक-फक करे शाह को छोड़े चोर को पकड़े आदेश गुरु गोरखनाथ को।

चौकोर सिक्का जिसमें छिद्र न हो, लें। मंगलवार को उसे गाय के दूध से धुएं तथा लोबान की धूनी दें। फिर सवा पाव चावल लाकर उन्हें पानी में धोकर गोमूत्र में भिगोकर सुखावें। फिर शनिवार की प्रातः धरती को लीपकर उस पर सफेद कपड़ा बिछावें और कपड़े के ऊपर चावलों को रखकर लोबान की धूप दें, फिर उन चावलों को ३१ बार अभिमन्त्रित कर सिक्के के बराबर चावल तौलकर उन लोगों को चबाने के लिए दें, जिन पर चोरी का सन्देह हो। इस विधि से चोर का पता चल जाएगा।

प्रेत-निवारक मन्त्र

ॐ नमो आठ खाट की लकड़ी भुजबनी का मुर्दामुरादा नहीं तो गोरखनाथ की आन।

चमेली के फूल, लोबान की छाल, छबीली लवंग, देशी कपूर, बच आदि लेकर मसान में जाएं और साधना करें तो श्मशान सिद्ध होता है।

विद्वेषण मन्त्र

हनुमन्ता-गुणवन्ता, कुडली कपाट से कमान। बैठे आगलट पालगट बांध।

कनेरी का घाट। जल बांध, थल बांध। फिरती कैकण्ड बांध, आग्या बीर बांध, बावन कुध्या बांध, बावन मेसका बांध। कौन बांधी, हनुमान वीर बांधी। ना बांधी, तो गुरु वस्ताद हनुमन्ता की आन। गुरु की शक्ति, मेरी भक्ति। चलो मन्त्र, ईश्वरी वाचा।

सरसों, राई, मेथी और चिता की भस्म लावें और आम की लकड़ी का चूर्ण बनाकर १,१०८ बार मन्त्र पढ़कर हवन करें। फिर जहाँ मित्र बैठते हों अथवा रहते हों वहाँ राख को डालें तो दोनों का विद्वेषण हो जाएगा।

डाकिनी भगाने का मन्त्र

ॐ नमो लोह सिहाय लोह लाऊ सिसनांद नशतर मंडा रासवीर ने नस्तर गढ़ाया लक्ष्मण वीर ने सबसे बजिया मुंड तेरी डाकिनी भाई जिसने दिया। तुझे जनमा और मुंड तेरा गुरु पीर जिन दिया मास कर मुंड तेरा पिता गोरखनाथ से आवो जा लंका जारी मारी मुडिकातग्मिहावीर ध्वजा धीवती देख्या सिर मुंडिरे छप्पड़ भैरों गांव वापर संग लेहरू मुंडेर हनुमन्त वीर जाका जियो धरे न धरे घर बैठा में गींडा मुंह गात बन काहे को ढंडय मन्त्र से मुंडप डाकिनी सिहार हनुमन्त यती आन तुम्हारी।

उपरोक्त मन्त्र का निरन्तर जप करते रहने से डाकिनी भाग जाती है।

कखलाई मन्त्र

काली काली, महा-काली। ज्यावे सीपी, वलके डाहोली। दोनों हात से बजावे टाली। बांएं याट ज्या बसे, काल-भैरव। उसका काट-काट। कौन रख कनकाला तोहू, म्हसासूर येऊ का उज्याला कर आला। मछिन्द्र का सोटा, काल-भैरव का पाव तुटा। दूरालाजी लूखा। किया हाला सती सके का बांधूं। काल राखे गोरखनाथ सिंहनाथ। फुरे अडबंगी। बोले, फुरो मन्त्र ईश्वरी वाचा।।

३१ बार मन्त्र पढ़कर नीम की डाली से झाड़ा देने तथा कखलाई वाले स्थान पर मिट्टी लगा देने से वह शीघ्र बैठ जाती है।

नारी-पदबन्धन मन्त्र

मोरी गाद्दे ईश्वर दे गया वाचा महादेव आप घर गया हुआ शब्द या सांचा। दस स्त्रियों को चिन्ता भेदी दस मांस दहपाछ बीस पंख बाबू इनका पैर अगर खिसे तो गुरु गोरखनाथ की दुहाई फिरे ईश्वरो गौरा दिबाताला या गट पिण्ड का गुरु गोरखनाथ रखवाला शब्द सांचा पिण्ड कांचा फुरो मन्त्र ईश्वरो वाचा। मेरी भक्ति गुरु की शक्ति सत्यनाम आदेश गुरु का।

इस मन्त्र को ३१ बार इक्कीस दिन तक जपें तो औरत का पैर थम जाता है। यह परीक्षितं मन्त्र है।

घाव भरने का मन्त्र

सार-सार विजैसार सार बांधू सात बार, फूटे अन्न उपजे घाव, सार राखे श्री गोरखनाथ।

इस मन्त्र को ३१ बार पढ़कर घाव पर फूंक मारने से पीड़ा नहीं होती तथा घाव भी भरने लगता है।

नकसीर-निवारक मन्त्र

ॐ नाम आदेश गुरु को सार-सार महासार सार बांधूं सातवार अणी बांध तीन बार लोही की सीर बांधूं सीर बांधे गोरखनाथ पाके न फूटे तुरत सूखे शब्द सांचा पिण्ड कांचा फुरो मन्त्र गोरखनाथ वाचा।

ग्रहण के दिन ११,००० की संख्या में जप करने से मन्त्र सिद्ध हो जाता है। उक्त मन्त्र से विभूति (भस्म) को ३१ बार अभिमंत्रित कर रोगी को नाक पर लगाने से रक्त बन्द हो जाता है।

पसली का मन्त्र

सत्य नाम आदेश गुरु को ॐ संखारी-संखारो कहाँ गया सब पर्वतों गजा सवा लाख पर्वतों जाए कहाँ करेगा सवा भार कोयला कर रहा करेगा हनुमंत वीर नव चन्द्रहास खण्ड खड़ग नव चन्द्रहास खंडगढ करेगा जातया डरू पसली बाय काय कूट खारी नाखैया तगत गुरु शक्ति मेरी शक्ति फुरो मन्त्र गोरखनाथ वाचा।

पहले ३१ हजार जप कर सिद्ध करें, फिर तिल का तेल लेकर उससे झाड़ा लगावें।

योगिनी वशीकरण मन्त्र

जंगल की योगिनी पाताल के नाम उठ गढ़ मेरे वीर उस स्त्री का नाम आओ मेरे पास जहाँ-जहाँ जाए मेरे सलाई तहाँ-तहाँ अब कजभरी नजभरी अगरी तक नफ एक फूंक मन्त्र ईश्वरो वाचा। मेरे गुरु का वचन सांचा जो न जाए वीर गुरु गोरखनाथ की दुहाई।

इस मन्त्र का काली मिट्टी की पुतली पर १,१०८ बार जप करें, हर मन्त्र पर पुतली में एक फूंक मारे तो वशीकरण अवश्य होगा।

शत्रु वशीकरण मन्त्र

ॐ नमो महापंखेश्वरी आगच्छ-आगच्छ अतुल बल पराक्रमाय सर्वकामना मम वश कुरु-कुरु मंत्रेश्वरी औता छः फट् स्वाहा।।

उपर्युक्त मन्त्र को शुक्लपक्ष के सोमवार के दिन उल्लू की चोंच पर १,१०८ बार जपकर दुश्मन के मस्तक पर डाल दें। दुश्मन बड़ी-से-बड़ी शत्रुता भूला कर वश में हो जायेगा।

गुप्त धनप्राप्ति मन्त्र

ॐ नमो सत्तर सौ पीर, चौंसठ सौ योगिनी। बावन सौ वीर, बहत्त सौ भैरों। तेरह सौ तन्त्रा, चौदह सौ मन्त्रा। अठारह सौ परबत, सत्तर सौ पहार। नौ सौ नदी, निन्यानबे सौ नाला। यति हनुमन्त गोरखनाथ रखवाला। कांसे की कटोरी, चार अंगुल चौड़ी, कहौ वीर! कहाँ से चलाई? गिरनार परवत से चलाई। अठारह भार वनस्पता, चल लोना चमारिन-वाचा फूटे। काली कुम्हारी चाक ज्यों-ज्यों फिरे, कहाँ-कहाँ जाय? चण्डाल के घर जाय, चोर के घर जाय। तिहां लावे चोर को, चण्डाल को। गड़ा धन बताय। चल-चल रे हनुमन्त वीर जहाँ चले, वहाँ रहे। न चले, तो गंगा-जमुना उल्टी बहे। न चले, सो सीता माता की छाती, अञ्जनी मैया के सिर पर पैर रखे। सत् के हनुमान होबे, तो चोर के गाड़े धन के पास ठहरावे। दुहाई रामचन्द्र के।

सर्वप्रथम एक चाँदी की कटोरी ले लें। कटोरी की विधिवत् प्राण-प्रतिष्ठा करें। २५० ग्राम काले उड़द (साबुत) प्राणप्रतिष्ठित करें। इसके पश्चात् अभिमन्त्रित साबुत काले उड़द को कटोरी पर मारें। कटोरी धीरे-धीरे खिसकने लगेगी, उड़द मारते रहें, जहाँ कटोरी रुके, वहीं पर गड़ा धन होगा। इस प्रयोग को करने से पहले मन्त्र, उड़द और कटोरी तीनों को सिद्ध कर लें, प्रयोगकर्त्ता सुरक्षा कवच पहनकर रहे, सुरक्षा के लिए निम्न मन्त्र का प्रयोग किया जा सकता है—

मोहम्मद चले दिसावरा, चारो रस्ते चाक-चौबन्द। बिच्छू-ततैया, सांप-कुत्ते, चोर-जार, ठग-लुटेरे, दुर्घटना वगैरा सबका रास्ता और मुँह बन्द-'अमुक' दिन के लिए। कहैं 'कबीर' धर्म पास से संग जिनके सत्य पुरुष हों। दुहाई सांचे नाम की है।

शत्रु उच्चाटन मन्त्र

ॐ हस्त अली हस्तों का सरदार। लगी पुकार करो स्वीकार। हस्त अली तेरी फौज चली। भूत-प्रेतों में मची खलबली। हस्त अली, मेरे हाथों के साथ। तेरे भूत-प्रेत। करे मेरी सत्ता स्वीकार। पाक हस्त की सवारी। तड़पता हुआ भागे। जब मैंने चोट मारी। आकाश की ऊंचाइयों में। धरती की गहराइयों में। लेना तू खोज-खबर। सब पर जाये तेरी नजर। इन हाथों पर कौन बसे। नाहर सिंह वीर बसे। जाग-जाग रे नाहरा। हस्त अली की

आन चली। मारूं जब भी मैं चोट। भूत-प्रेत किये कराये लगे लगाये। अला-बला की खोट। जादू गुड़िया। मन्त्र की पुड़िया। श्मशान की खाक। मुर्दे की राख सभी दोष हो जायें खाक। मन्त्र सांचा पिण्ड कांचा। फुरो मन्त्र ईश्वरो वाचा।

यह अद्‌भुत उच्चाटन मन्त्र है। इस मन्त्र का निरन्तर जप करने से हाथों की माया सिद्ध होती है। इस मन्त्र-जप का अनुष्ठान सूर्यग्रहण के दिन उसी रात्रि में किया जाता है। सर्वप्रथम सूर्यग्रहण की रात्रि को जप प्रारम्भ करने से पूर्व चमेली का फूल एवं लोबान की व्यवस्था कर लेनी चाहिए, उसके बाद अर्द्धरात्रि में निर्जन स्थान पर बैठकर लोबान को सुलगा लिया जाता है और मन्त्र-जप प्रारम्भ किया जाता है। मन्त्र का १०८ बार जप किया जाता है। एक चमेली का फूल उठाकर मन्त्रजप प्रारम्भ करना चाहिए और जब मन्त्रजप समाप्त हो जाए, तो उस फूल को लोबान की आग में रख देना चाहिए। इस तरह १०८ चमेली के फूल को मन्त्र पढ़ते हुए अग्नि को समर्पित कर देना चाहिए। यह साधना २१ दिन लगातार करने के पश्चात् मन्त्र सिद्ध होगा। मन्त्र-जप के समय विचित्र-विचित्र डरावनी शक्लों का आगमन होता है उसकी हरकतों से घबराकर या डरकर विचलित नहीं होना चाहिए अन्यथा मन्त्र सिद्ध नहीं हो पाएगा।

मन्त्र सिद्ध हो जाने के उपरान्त किसी व्यक्ति में कैसा भी दोष क्यूं न हो, साधक के द्वारा उपरोक्त मन्त्र का ७ बार जप करके हाथ पर फूंक मारने से हाथ शक्तिकृत हो जाता है। साधक के हाथ से किये गये समस्त कार्य सफल होते हैं। यदि शत्रु के बदन से हाथ को छुआ दिया जाता है तो शत्रुता का नाश हो जाता है; लेकिन किन्हीं कारणों से यदि शत्रुता की जड़ें गहरी हों तो शत्रु का उच्चाटन हो जाता है।

शत्रु उच्चाटन मन्त्र

ॐ एक ही आदि है जग धारा। सदा स्मरण करूं ओंकारा। ओमकार से मैं काम चलाऊं। ठहरे पर्वत मैं हिलाऊं। ओमकार की उपजी वायु। वायु का बेटा है हनुमान। तेरा हूं मैं एक ही दासा। सदा रहो रघुवर के पासा। पान-बीड़ा तुझे चढ़ाऊ। देवदत्त को मैं भगाऊं। मेरा भागा न भगे। रामचन्द्र की दुहाई। सीता सत्यवंती की दुहाई। लक्ष्मण यती की दुहाई। गौरा पार्वती की दुहाई। शब्द सांचा पिण्ड कांचा। फुरो मन्त्र ईश्वरो वाचा।

इस मन्त्र का जप अनुष्ठान रामनवमी के दिन प्रारम्भ किया जाता है। रामनवमी की रात्रि में स्नानादि करके किसी निर्जन स्थान या नितांत एकांत कक्ष में हनुमानजी की प्रतिमा को स्थापित किया जाता है। साधक हल्के वस्त्र को धारण कर अर्द्धरात्रि के समय जमीन पर बैठकर सर्वप्रथम हनुमानजी की प्रार्थना करते हैं। प्रार्थना के उपरान्त १०८ बार उपरोक्त मन्त्र का जप किया जाता है। ९० दिनों तक उस दिन

से लगातार नित्य १०८ मन्त्र का जप करने पर सिद्धि प्राप्त होती है। मन्त्र-जप के दिनों में साधक को संयम् में रहना पड़ता है। यह जटिल मन्त्रसाधना है। इसके जप के समय भी विचित्र-विचित्र तरह की आवाजें, आकृतियाँ, जो कि डरावनी होती हैं, हर तरह से जप को भंग करने का प्रयास करती हैं। साधक को धैर्यपूर्वक जप करते रहना चाहिए। किसी भी परिस्थिति में विचलित नहीं होना चाहिए। मन्त्रसाधना सफल होगी। जब मन्त्र सिद्ध हो जाए तो काले उड़द के दाने को २१ बार मन्त्र का जप करके अभिमन्त्रित कर लेना चाहिए और उस दाने को किसी शीशी में भर करके रख लेना चाहिए। उसके बाद जब जरूरत पड़े, उसमें से कुछ दाने लेकर तीन बार मन्त्र को पढ़कर शत्रु पर मारने से शत्रु का उच्चाटन होता है।

मूठ उच्चाटन मन्त्र

ॐ नमो आदेश गुरु को। आगे दो झिलमिली। पीछे दो नन्द। रक्षा सीताराम की। रखवारे हनुमंत। हनुमान हनुमंता। आवत मूठ करो नवखण्डा। सांकर टोरो। लोहे की फाये वज्र कीवाड़। अज्जर कीले। पज्जर कीले। ऐसे रोग हाथ से ठीले। मेरी भक्ति। गुरु की शक्ति। फुरो मन्त्र ईश्वरो वाचा।

यह मन्त्र मूठ तथा मारण आदि प्रयोगों के उच्चाटन के लिए सर्वथा उपयुक्त मन्त्र है। सर्वप्रथम किसी भी शुभ दिन की अर्द्धरात्रि में किसी एकांत निर्जन स्थान पर बैठकर एकाग्र भाव से उपरोक्त मन्त्र का १००८ बार जप करना चाहिए। यह जप ७ रात्रि तक नियमित करना चाहिए। प्रत्येक रात्रि में १००८ मन्त्र का जप करना आवश्यक है, तभी मन्त्र की सिद्धि होगी। जब मन्त्र सिद्ध हो जाय तब जब कभी भी मूठ या हंडिया देखें, तो ११ बार उपरोक्त मन्त्र का जप कर उसकी तरफ फूंक मार दें, ऐसा करने पर वह फौरन वापस हो जाएगा।

मसानी उच्चाटन मन्त्र

काली नागिन। शिर जटा। ब्रह्म खोपड़ी हाथ। मरी मसानी न फिरे। गुरु हमारे साथ। दुहाई ईश्वर महादेव। गौरां पार्वती की। दुहाई नैना योगिनी की।

जब कोई व्यक्ति श्मशान की राख को लाकर किसी व्यक्ति अथवा स्त्री को क्रूर योग वाले दिन खिला देता है, तो उस व्यक्ति अथवा स्त्री को 'मसानी रोग' हो जाता है। वैसे प्राय: इसका प्रयोग स्त्रियों पर किया जाता है। इसके शिकार रोगी प्राय: गुमसुम, खोये-खोये एवं उदास रहते हैं। इस रोग के कारण रोगी सूखते चले जाते हैं। इस रोग के शिकार रोगियों के लिए उपरोक्त मन्त्र बहुत लाभकारी होता है।

इस मन्त्र को किसी भी ग्रहणकाल में सिद्ध किया जा सकता है। इस मन्त्र का जप साधक को एकांत स्थान में बैठकर तब तक करते रहना चाहिए, जब तक कि

ग्रहण लगा हुआ हो। इस क्रिया से मन्त्र सिद्ध हो जाएगा। उसके बाद साधक के द्वारा मसान रोग के शिकार रोगियों के उपचार के लिए ही प्रयोग करना चाहिए, तो लाभ होगा।

साधक गाय के उपले की राख को लेकर छानकर (कपड़े में) अपने पास रख लें, उसके बाद जब इस रोग के शिकार रोगी आयें तो उक्त राख को उपरोक्त मन्त्र के द्वारा २१ बार पढ़कर शक्तिकृत करने के बाद रोगी को खिला दें तथा पेट पर लगा दें। यह क्रिया तीन बार दोहरायें, ऐसा करने से मसानी का उच्चाटन हो जाता है।

काला उच्चाटन मन्त्र

सफेद कबूतर। काले कबूतर। काट-काट के मैं चढ़ाता। काली के बेटे तुझे बुलाता। लौंग, सुपारी, ध्वजा नारियल। मदिरा का मैं भेंट चढ़ाता। बावन भैरों चौंसठ योगिनी। बने इस काज सहयोगिनी। ॐ नमो आदेश, आदेश, आदेश।

इस मन्त्रसिद्धि का प्रयोग तमाम प्रयोगों में सबसे खतरनाक प्रयोग है। इसका कालरात्रि में सूर्योदय तक लगातार जप किया जाता है। यह मन्त्र-जप नियमित २१ दिनों तक किया जाता है। फिर जप के बाद होली के दिन रात्रि के समय श्मशान में जाकर काला कबूतर साधक के द्वारा काट दिया जाता है। उसके बाद दीपावली की अर्द्धरात्रि में पुन: मन्त्र का २१ बार जप किया जाता है तब उसी रात उजले कबूतर को श्मशान में जाकर काटा जाता है। उसके पंजे को साधक अपने पास रखकर शेष को वहीं श्मशान में छोड़ देते हैं। अब इन समस्त क्रियाओं के बाद साधक किसी भी शनिवार को अथवा चतुर्दशी कृष्णपक्ष को श्मशान में रात्रि के समय जाकर, जलती हुई चिता के समक्ष सुबह तक लगातार उपरोक्त मन्त्र का जप करते हैं। सबेरे चिता की राख लेकर साधक लौट आते हैं। इस तरह मन्त्र सिद्ध हो जाता है। साधक लायी हुई राख को कहीं सुरक्षित किसी डिब्बे या शीशी में बन्द कर रख लेते हैं। जरूरत पड़ने पर उपरोक्त मन्त्र को २१ बार पढ़कर राख को शक्तिकृत किया जाता है और उस राख से जिसे भी छुआ दिया जाता है, उसका तत्काल उच्चाटन होता है।

सिद्धिप्रद उच्चाटन मन्त्र

ॐ नमो आदेश गुरु को। सिद्धि, सिद्ध करे सिद्धाई। कभी न होवे जग हंसाई। सिद्धि मेरी है रखवाली। सिद्धि है आसन। सिद्धि है बासन। सिद्धि है ताला। सिद्धि है चाबी। सिद्धि से मैं काम चलाऊं। भरकर प्याला खून पिलाऊं। रक्त का टीका। सिद्धि का वासी। मुझसे भागे सारे पुरवासी। जो मैं चाहुं बाण चलाऊँ। मेरा मारा ऐसा भागे। बिना कृपा मेरी। वह कभी न छूटे। सिद्धि का चक्र मैंने चलाया। जिसको चाहा उसे मरवाया।

मेरा चक्र न चले तो। नवनाथ चौरासी सिद्धों की दुहाई। काशी कोतवाल भैरों की दुहाई। शब्द सांचा पिण्ड कांचा। फुरो मन्त्र ईश्वरो वाचा।

इस मन्त्र को नवरात्रि के दिनों में सिद्ध किया जाता है। इसकी साधना नवों रात को की जाती है। साधक को इस मन्त्र-जप के लिए नितांत निर्जन स्थान का चयन करना चाहिए। जब स्थान का चयन हो जाए, तो उसके बाद अर्द्धरात्रि के समय उस निर्जन स्थान पर नग्न बैठकर प्रति रात १०८ मन्त्र का जप करना चाहिए। नौ रातों के जप के बाद मन्त्र सिद्ध हो जाता है। जब मन्त्र सिद्ध हो जाये तो आवश्यकता पड़ने पर इसका प्रयोग करना चाहिए। प्रयोग में जिस कार्य के लिए साधक चिन्तन करते हैं, अक्सर वह काम सफल हुआ करता है। यदि किसी का उच्चाटन करना हो तो काले उड़द को लेकर उपरोक्त मन्त्र पढ़ते हुए २१ बार पढ़कर शक्तिकृत करने के पश्चात् जिस किसी के ऊपर भी उड़द मारा जाता है, उसका उच्चाटन होता है।

सांस उच्चाटन मन्त्र

ॐ वीर-वीर महावीर। सात समुन्दर का सोखा नीर। देवदत्त के ऊपर चौकी चढ़े। हियो फोड़ चोटी चढ़े। सांस न आवे पड़यो रहे। काया माहि जीव रहे। लाल लंगोट तेल सिन्दूर। पूजा मांगे महावीर। अन्तर कपड़ा पर तेल सिन्दूर। हजरत वीर की चौकी रहे। ॐ नमो आदेश, आदेश-आदेश।

इस मन्त्र की सिद्धि के लिए उपयुक्त दिन मंगलवार का होता है। साधक को मंगलवार के दिन किसी भी चौराहे पर स्थित मंदिर में जाकर अर्द्धरात्रि के समय जप करना पड़ता है। जप उपरोक्त मन्त्र का १०८ बार किया जाता है। यह जप मंगलवार से नियमित २१ दिनों तक करने के बाद ही मन्त्र सिद्ध होता है।

इस मन्त्र के प्रयोग से आदमी मृतक के समान हो जाता है उसमें जीवन तो होता है पर हलचल नहीं होती अर्थात् जिन्दा होकर भी मरे हुए के समान होता है। इसके प्रयोग के लिए शत्रु के बदन का कोई वस्त्र ऊपर कर लेना चाहिए। उसके बाद उस पर तेल-सिन्दूर लगाकर देवदत्त के बदले उस व्यक्ति का नाम लेकर प्राण-प्रतिष्ठा करनी चाहिए। जब प्राण-प्रतिष्ठा हो जाए तो उपरोक्त मन्त्र का २१ बार जप करने के पश्चात् उस वस्त्र को किसी हंडिया में अच्छी तरह रखकर मिट्टी में ढककर, मिट्टी के अन्दर दबाकर रख देना चाहिए। जब तक वह हंडिया मिट्टी में दबी रहेगी, शत्रु मृतक के समान पड़ा रहेगा, उसमें क्रियात्मक गति नहीं होगी। जब शत्रु को अच्छा करना हो, तो हंडिया का मुख खोल देना चाहिए। शत्रु ठीक हो जाएगा। यह एक निन्दनीय कर्म है। इसका प्रयोग वर्जित है।

आपत्ति उच्चाटन मन्त्र

हुक्म शेख फरीद को। कमरिया निशि। अन्धरिया आग। पानी पथरिया। तीनों में तोही बचइया।

इस मन्त्र को रात्रिकाल में जप करके सिद्ध किया जाता है। प्रत्येक दिन अर्द्धरात्रि के समय १०८ बार मन्त्र का जप २१ दिनों तक लगातार करने पर मन्त्र सिद्ध हो जाता है। इस मन्त्र के प्रयोग से खासकर तीन वस्तुओं का उच्चाटन होता है। वह है—ओला, आंधी एवं पानी।

जब किसी कारणवश खुले आकाश के नीचे सोना पड़े और अचानक ओला पड़ने, आँधी-पानी आने की सम्भावना प्रबल हो जाए, दूर-दूर तक कहीं भी उससे बचाव करने का ठौर न दिखाई पड़े तो उपरोक्त मन्त्र ११ बार जप करते हुए ताली बजा देने पर तीनों का उच्चाटन होता है और खतरे को टाला जा सकता है।

ग्राहक उच्चाटन मन्त्र

ॐ भंवर वीर तू चेला मेरा। बांध दूकान कहा कर मेरा। उठे न डंडी, बिके न माल। न भंवर वीर सो खेकर जाय।

इस मन्त्र को अर्द्धरात्रि काल में जपा जाता है। ११ दिनों तक १०८ बार प्रतिदिन जप करने से मन्त्र सिद्ध होता है। मन्त्र सिद्ध हो जाने के बाद काले उड़द के दाने को लेकर १०८ बार मन्त्र पढ़कर उसे शक्तिकृत करना चाहिए। यह क्रिया तीन दिनों तक करने के पश्चात् जब उस उड़द के दानों को किसी दुकान में डाल दिया जाता है तो दुकान को बिक्री समाप्त हो जाती है। दुकानदार उस दुकान से कुछ भी आमदनी नहीं कर पाता।

विषैले जन्तु का उच्चाटन मन्त्र

ॐ काली कमरी मौनी रा। ढूंठो सरप अपना बाट। जो सरप-बिरछा पर परे लात। वह सरप-बिरछा करे न घात्। दुहाई ईश्वर महादेव। गौरा-पार्वती की।

इस मन्त्र का जप किसी एकांत कक्ष में शिव-पार्वती का ध्यान कर किया जाता है। इसमें साधक को पूर्ण निष्ठा-भाव से मन्त्र का जप करना पड़ता है। २७ दिनों तक मन्त्र-जप करने के पश्चात् ही मन्त्र सिद्ध होता है। प्रतिदिन १०८ मन्त्र का जप किया जाता है।

मन्त्र सिद्ध हो जाने के पश्चात् विषैले जीव-जन्तु का उच्चाटन होता है। यदि राह चलते जाने-अनजाने में कोई विषैले जीव मिल भी जाते हैं तो वह वार नहीं करते। साधक को इस मन्त्र को ११ बार पढ़कर ही घर से गमन करना चाहिए। ऐसा कर लेने पर किसी प्रकार का कोई खतरा नहीं रहता।

छल-छिद्र उच्चाटन मन्त्र

ॐ महावीर। हनुमन्त वीर। तेरे तरकाश में सौ-सौ तीर। खिण बायें, खिण दाहिनें। खिण-खिण आगे होय। अचल गुसांई सेवता। काया भंग न होय।

इन्द्रासन की बांध के। करे धूमे मसान। इस काया को छलछिद्र कांपे। तो हनुमन्त तेरी आन।

इसकी सिद्धि के लिए किसी एकांत कक्ष में हनुमानजी की प्रतिमा स्थापित कर जप प्रारम्भ किया जाता है। प्रतिमा की स्थापना एवं जप का शुभारम्भ मंगलवार का दिन उपयुक्त होता है। साधक को प्रात:काल स्नानादि के बाद हनुमानजी की प्रतिमा के समक्ष बैठकर हनुमानजी पर सम्पूर्ण ध्यान केन्द्रित कर १०८ बार मन्त्र का जप करना चाहिए। ३१ दिनों तक लगातार जप करने के पश्चात् ही सिद्धि प्राप्त होती है। जायफल में किसी तरह की कोई भयावह आकृति या विचित्र आवाज से साधक को जरा भी विचलित नहीं होना चाहिए अन्यथा मन्त्र सिद्ध नहीं हो पाएगा।

इस मन्त्र की सिद्धि के पश्चात् आवश्यकता पड़ने पर ११ हाथ का लाल धागा लेकर पाँच तार के टुकड़ों में उपरोक्त मन्त्र का २१ बार जप करके लपेट देना चाहिए और उसके बाद उसके छल-छिद्र से अशांत रोगी को वह पहना देना चाहिए। इस प्रयोग से छल-छिद्रों का उच्चाटन होता है।

प्रयोग उच्चाटन मन्त्र

काला कलुवा चौंसठ वीर। मेरा कलुवा मारा तीर। जहां को भेजूं वहां को जाये। मास अच्छी को छुवन न जाये। अपना मारा आप ही खाये। चलत बाण मारूं। मार-मार कलुवा तेरी आस चार। चौमुख दीया न बाती। जा मारू वाही को जाती। इतना काम मेरा न करे। तो मुझे अपनी माता का दूध हराम।

इस मन्त्र को अर्द्धरात्रि काल में जपा जाता है। किसी भी दिन से इस मन्त्र के जप की शुरुआत की जा सकती है। प्रतिदिन १०८ मन्त्र का जप करना चाहिए। नियमित ४१ दिनों के जप के पश्चात् मन्त्र सिद्ध हो जाता है।

तान्त्रिक प्रयोगादि के द्वारा मारण प्रयोगों में अनेक शरारतें की जाती हैं, जिसमें से बाण और मूठ मारना कुछ सरल तथा सशक्त होता है। इसे जब भेजा जाता है तो सिद्ध साधक के द्वारा देख लिया जाता है। जब यह बात प्रमाणित हो जाए कि यह प्रयोग मारने के लिए किया गया है तो उपरोक्त मन्त्र का लगातार जप करना चाहिए। लगातार जप करने से वह प्रयोग वापस चला जाता है।

बाघ-सर्पादि का उच्चाटन मन्त्र

फरीद चले परदेश को। कुत्तक जी के भाव। सांपा-चोरा नांहरा। तीनों दांत बंधान।

इस मन्त्र को किसी पर्वकाल में जपना प्रारम्भ किया जाता है। जब कोई पर्व का

दिन आए, तो उसकी रात्रि में १०८ बार मन्त्रों को जपना चाहिए। पर्वकाल में अनुष्ठान करने के बाद इसका ३१ दिनों तक लगातार जप किया जाता है। प्रत्येक दिन १०८ बार मन्त्र को जपा जाता है। इस प्रकार मन्त्र सिद्ध हो जाता है।

यात्राकाल में जब भी किसी जंगल या निर्जन स्थान पर रुकना पड़े, तब उपरोक्त मन्त्र को ११ बार जपकर अपने ऊपर फूंकना चाहिए और प्रत्येक बार मन्त्र के अन्त में ताली बजाना चाहिए। कोई भी खतरनाक जीव-जन्तु का खतरा नहीं रहेगा।

विपत्तिनाशक मन्त्र

ॐ ह्रीं श्रीं ठं ठं ठं नमो भगवते मम सर्व कार्याणि साधय-साधय मां रक्ष रक्ष शीघ्रं मां धनिनं कुरु कुरु हुं फट् श्रियं देहि प्रज्ञां देहि ममापत्तिं निवारय निवारय स्वाहा।

किसी शिवलिंग पर उपरोक्त मन्त्र से सात बेलपत्र चढ़ाने के पश्चात् उपरोक्त मन्त्र का २१ बार जप करना चाहिए। यह जप ९० दिनों तक करने के पश्चात् मन्त्र सिद्ध हो जाता है। जप घर के एकांत में या मंदिर आदि स्थल पर कहीं भी किया जा सकता है। यदि इसका प्रयोग श्रावण मास में किया जाए तो बहुत ही अच्छा होता है। कुछ ही दिनों के जप के बाद लाभ दृष्टिगत होने लगता है।

किसी भी मन्त्र की सिद्धि में ध्यान एवं भावना की महत्वपूर्ण भूमिका होती है। मन्त्र का जप करते समय साधक को अपने इष्टदेवता के ध्यान में मग्न हो जाना चाहिए एवं यह भावना करनी चाहिए कि उसे व्यापार, नौकरी अथवा धन प्राप्त करने के किसी भी साधन में जो अवरोध उत्पन्न हो गये थे, वे सब मिट गये हैं तथा भविष्य में सर्वदा सहयोग देंगे, ऐसा वचन दे रहे हैं। सभी मुझसे संतुष्ट हैं और अब मुझे अज्ञात श्रोतों से धन की प्राप्ति हो रही है। यह भावना जितनी दृढ़ होगी, मन्त्र भी उतना ही प्रभावशाली होकर कार्य सम्पन्न करेगा। यह भावना सभी मन्त्रों में उसके कार्य के अनुरूप करनी चाहिए।

संकट-निवारण मन्त्र

ॐ ह्रीं श्रीं ऐं लोगस्स उज्जयोगरे, थम्स तित्थयरे जिणे, असहंते कित्त। इस्सं, चउवी संपी केवली, मम मनोवांछित कुरु कुरु ॐ स्वाहा।

उपर्युक्त मन्त्र संकट-निवारण में सर्वथा उपयुक्त मन्त्र है। किसी भी शुक्लपक्ष में सोमवार से इस मन्त्र का जप प्रारम्भ करना चाहिए। पद्मासन में बैठकर एक माला या १०८ बार मन्त्र का जप करना चाहिए। इसका कुल जप ११००८ मन्त्र का है। सफेद वस्त्र, आसन तथा माला का प्रयोग करना चाहिए। साधक को पूर्व की ओर मुख करके आसन पर बैठना चाहिए। सात दिनों तक मौन धारण करके यदि ११००८

मन्त्र का जप एकांत स्थान में एकाग्रतापूर्वक सम्पन्न हो जाता है तो और भी उत्तम है; लेकिन यदि ऐसा नहीं हो पाता है, तब साधक को पूर्णाहुति तक मौन धारण एवं सफेद पदार्थों का भोजन करना चाहिए; यह आवश्यक है। मन्त्र सिद्ध हो जाने पर मात्र तीन बार मन्त्र का स्मरण करने से संकट दूर होगा तथा मान-सम्मान बढ़ेगा।

शयनकक्षक-सुरक्षा मन्त्र

बाघ बिजली सर्प चोर चारिउ बांधों एक ठौ धरती माता, आकाश पिता रक्ष-रक्ष श्री परमेश्वरी वाचा दुहाई महादेव की।

इस मन्त्र को भी सिद्ध करना पड़ता है। इसका कुल जप १३,००० मन्त्र का है। इसमें साधक को प्रातःकाल स्नानादि करके एकांत स्थान में बैठकर मन्त्र का जप करना चाहिए। वातावरण को शुद्ध बनाए रखने के लिए धूप-दीप जला देना चाहिए तथा प्रतिदिन १०८ मन्त्र का जप करना चाहिए। उक्त संख्या पूर्ण हो जाने पर मन्त्र सिद्ध हो जाता है। उसके बाद किसी वन या निर्जन स्थान में कभी भूमि आदि पर सोना पड़े तो उपरोक्त मन्त्र को सात बार पढ़कर पाँच बार ताली बजाना चाहिए। ऐसा कर देने पर किसी प्रकार का हिंसक पशु, विषैले जन्तु, चोर आदि का कोई भय नहीं रहता और सुखद नींद आती है।

मूठ मन्त्र

ॐ नमो काला भैरों मसान वाला। चौंसठ योगिनी करे तमाशा। रक्त बाण। रक्त रे भैरो कालिया मसान। मैं कहूं तोसो समुझाय, सवा पहल में धुनि दिखाया सूवा मुर्दा, मरघट बास। माता छोड़े पुत्र की आस। जलती लकड़ी धुकै मसान। भरों मेरा बैरी तेरा। खान सेली सिंगी रुद्र बाण। मेरे बैरी को नहीं मारो। तो राजा रामचन्द्र लक्ष्मण यती की आन। शब्द सांचा। पिण्ड सांचा। फुरो मन्त्र ईश्वरो वाचा।

किसी कंकाल की हड्डी को लेकर रख लेना चाहिए। जिस दिन श्मशान में मुर्दा जल रहा हो, उसी रात में श्मशान में जाकर उस हड्डी को चिता की आग में गर्म करते हुए १०८ बार उपरोक्त मन्त्र का जप करना चाहिए; फिर उस हड्डी में उड़द के दाने डालकर पुनः १०८ बार मन्त्रजप करना चाहिए। जप १०८ जप हो जाए, तो हड्डी में से उड़द को पलट देना चाहिए, जो उड़द साबुत बच जाए उसे लेकर घर लौट आना चाहिए। अब उस उड़द को किसी शीशी में रखकर एकांत स्थल पर रखकर २१ दिनों तक अर्द्धरात्रि में १०८ मन्त्र का प्रत्येक दिन जप करना चाहिए। इस तरह से मन्त्र की सिद्धि हो जाएगी तथा उड़द भी शक्तिकृत हो जायेगा।

अब जब इसे प्रयोग करना हो, ७ बार मन्त्र पढ़कर कुछ दानों को शत्रु के ऊपर

मारने से उसकी मौत हो जाती है। शत्रु पर उड़द प्रातःकाल खाली पेट मारना चाहिए। यह प्रयोग वर्जित एवं निन्दनीय है।

शत्रुता-मारण मन्त्र

ॐ नमो आदेश हनुमंत का। फरि विदारि तने। हनुमान जू शत्रुन को तुम खाओ। एक न छाड़हु द्रोहिन को। जग में जब द्रोहिन को तुम पावो। आदेश तजे राजा राम का। मेरी भक्ति। गुरु की शक्ति। फुरो मन्त्र ईश्वरी वाचा।

यह मन्त्र शत्रुता मिटाने का उपयुक्त मन्त्र है। इस मन्त्र का प्रयोग करने से पूर्व इसे सिद्ध करना आवश्यक होता है। किसी अच्छे दिन प्रातःकाल स्नानादि के बाद किसी एकांत कक्ष में बजरंग बली की प्रतिमा को स्थापित करना चाहिए। यदि अनुष्ठान मंगलवार के दिन प्रारम्भ किया जाए तो और भी उत्तम है। प्रतिमा को स्थापित करने के पश्चात् उसके समक्ष स्वच्छ आसन पर बैठकर मन्त्र-जप प्रारम्भ कर देना चाहिए। मन्त्र का जप १०८ बार प्रत्येक दिन किया जाता है। ३१ दिनों के पश्चात् मन्त्र सिद्ध हो जाता है। अनुष्ठान के समाप्त होते ही शत्रु को छोड़कर सुलह करने की इच्छा व्यक्त करने लगता है। अनुष्ठान की भनक किसी भी सूरत में दुश्मन को नहीं होनी चाहिए।

सुगन्धमोहिनी मन्त्र

कामरू देश कामाख्या देवी तहाँ बसे इस्माइल जोगी इस्माइल जोगी ने लगाई फुलवारी फूल बीने लोना चमारी जो इस फूल की सूंघे वास, तिसवा जीव हमारे पास घर छोड़े, आंगन छोड़े लोक-कुटुम्ब की लज्जा छोड़े दुहाई लोना चमारी की दुहाई धनन्तर की छूट 'अमुकं'।

किसी भी प्रकार की सुगंध (सेंट इत्यादि) या सुगंध-प्रदायक पुष्प को उपरोक्त मन्त्र से अभिषिक्त करके जिसे भी सुंघाया जाएगा, वह वशीभूत होगा और साधक की इच्छानुसार कार्य करने को विवश होगा।

किसी भी शनिवार की रात्रि में इस मन्त्र का जप आरम्भ करना चाहिए। जप किसी शुद्ध, स्वच्छ एवं एकांत स्थान में करना चाहिए। सबसे पहले स्नानादि करके जहाँ जप करना हो, वहाँ दीपक जलाकर, लोबान की धूप दिखाकर मद्य का प्रसाद चढ़ाना चाहिए और उसके बाद मन्त्रजप प्रारम्भ करना चाहिए। प्रतिदिन १२१ बार उपरोक्त मन्त्र को जपना आवश्यक होता है। नियमित ३१ दिनों की लगातार साधना से यह मन्त्र सिद्ध हो जाता है। बाद में जब कभी आवश्यकता हो, इत्रादि कोई सुगंध या सुगंधित पुष्प लेकर उस पर सात बार मन्त्र फूंक कर मारें, फिर अभीष्ट स्त्री या पुरुष को सुंघा दें, वह वशीकरण के प्रभाव में आ जाएगा। मन्त्र में जहाँ 'अमुक' लिखा

हुआ है, अभीष्ट स्त्री या पुरुष का नाम उस समय बोलें, जब प्रयोग किया जा रहा हो, मन्त्रसिद्धि के समय नहीं।

राज्याधिकारी वशीकरण मन्त्र

ॐ ह्रीं णमो भगवओ ॐ पासनाहस्स, थंभय सव्वाओ ई ई जिणाणए मा इह, अहि हवंतु, ॐ ह्रीं क्षूं क्षीं क्षः स्वाहा।

इस मन्त्र का कुल जप १२,५०० का है। सबसे पहले साधक को इस मन्त्र को सिद्ध कर लेना चाहिए, तभी प्रयोग कारगर होता है। यह साधक के ऊपर निर्भर करता है कि भाव में कितने मन्त्र का जप प्रत्येक दिन एकाग्र होकर कर सकता है। अभीष्ट संख्या पूर्ण हो जाने पर मन्त्र सिद्ध हो जाता है। जब मन्त्र सिद्ध हो जाए तब सफेद पुष्प को उपरोक्त मन्त्र से ही १०८ बार अभिषिक्त करके जिस राज्याधिकारी-पदाधिकारी को सुंघाएंगे, वह वश में हो जाएगा; फिर वह वही करेगा, जो आप कराना चाहेंगे।

विद्रोही वशीकरण मन्त्र

वी नोन तपयोग संरक्ता सतोप विष्टांग रक्त चन्दन लिप्तांगा भक्तानां च शुभ-प्रदाम्।।

गोबर-मिट्टी से लिपी भूमि पर त्रिभुज बनाकर, उसके मध्य जिसे वश में करना हो उसका नाम लिखकर सिन्दूर चढ़ाना चाहिए, फिर कम्बल के आसन पर स्नान के बाद ढीले-ढाले वस्त्र धारण करके बैठ जाना चाहिए और प्रतिदिन १०८ मन्त्र का जप करना चाहिए। २१ दिन तक जप करने के बाद हवन करना चाहिए। हवन में शुद्ध घी का प्रयोग करना चाहिए। इस प्रकार इस प्रयोग से महा विरक्त और विद्रोही बंधु भी वशीभूत हो जाता है।

स्त्री-वशीकरण मन्त्र

ॐ नमो आदेश गुरु का फूल-फूल फुलेश्वरी फूल लगले बंधावे से ली एक फूल हंसे एक फूल विकसे एक फूल में कलवो वीर कालका रो वीर पर नारी सूं हमारा सीर आवे तो बूटे, नहीं तो काला भैरू नरसिंह छूटे खाय मेरी भक्ति गुरु की शक्ति फुरो मन्त्र ईश्वरो वाचा ठः ठः ठः स्वाहा।

जिस स्थान पर मन्त्र-जप करना हो, उसे साफ कर गोबर-मिट्टी से लीप दें। फिर बीच में एक ताजा पुष्प और दीप जलाकर रख दें। यह स्नान से निवृत्त होकर स्वच्छ वस्त्र धारण करके ही करें। अब मन्त्र का १०८ बार जप करें और दीपक से काजल तैयार कर, पुष्प और काजल को २१ बार उपरोक्त मन्त्र से ही पढ़कर अभिमन्त्रित करें। जिस स्त्री को वशीभूत करना हो, उसे पुष्प सुंघायें और पहले स्थान पर उल्टा करके रख दें और काजल का दाग उसकी साड़ी या पहने हुए कपड़े के कोने पर लगा दें।

फिर स्त्री के रात्रि में आने का आह्वान करें, निश्चित ही स्त्री रात्रि में दौड़ी आएगी और वशीभूत हो आज्ञा का पालन करेगी, किन्तु किसी पतिव्रता स्त्री पर इस मन्त्र का प्रभाव निष्फल साबित होता है।

शत्रुसम्मोहन मन्त्र

ॐ वान रुद्रामी मुखी श्वेत श्वेतदामी पट्टिका कांचनी आलम्बिनी द्रव-द्रव ॐ धं धं वं वं ॐ ठः ठः।।

किसी भी रविवार या मंगलवार के दिन शत्रु के दाँएं पैर के नीचे की मिट्टी उठाकर लें आएं, फिर उस मिट्टी का एक पुतला-सा बनाकर उसके ऊपर काला कपड़ा डाल दें और बाघ के चर्म पर बैठकर प्रतिदिन उपरोक्त मन्त्र का १०८ बार जप करें। यदि साधक जप में माला का प्रयोग करना चाह रहा हो, तब स्फटिक की माला का ही प्रयोग करे। ऐसा २१ दिन लगातार करने के पश्चात् मन्त्र सिद्ध हो जाता है और शत्रु भी सम्मोहित हो जाता है।

वस्तु-विक्रय मन्त्र

नट्ठ मयट्ठाने, पणट्थ कमट्थ नट्थ संसारे परमट्ठ निट्ठियट्ठे अट्ठगुणा धीसरं वंदे।।

११,००० जप होने पर यह मन्त्र सिद्ध होता है। इस मन्त्र के जप का अनुष्ठान कृष्णपक्ष की चतुर्दशी के दिन-रात्रि का एक प्रहर बीत जाने के बाद करना चाहिए। जप शुरू करने से पहले स्नान कर लेना चाहिए। बदन पर स्वच्छ एवं ढीले वस्त्र धारण करना चाहिए। जप से पहले धूप दिखाकर दीपक जला लेना चाहिए और फिर मन्त्र का जप प्रारम्भ करना चाहिए। एक दिन में कम-से-कम १०८ मन्त्र जप अवश्य करना चाहिए। निश्चित जप की संख्या जिस दिन पूर्ण हो जाए, उस दिन गुग्गुल का हवन करना चाहिए। मन्त्र सिद्ध हो जाने के पश्चात् साधक को जिस वस्तु की बिक्री बाजार में करनी हो, उसे इस मन्त्र को २१ बार पढ़कर अभिषिक्त कर लेना चाहिए और फिर बाजार में जाना चाहिए। इसके बाद सामान अच्छी कीमत पर हाथों-हाथ गुड्डी उड़ जायेगी।

व्याख्यान-सिद्धि मन्त्र

ॐ ह्रीं श्रीं कीर्ति कौमुदी वागेश्वरी, वर दे कीर्ति कुछ मंदिरे स्वाहा।

उपरोक्त मन्त्र का स्नान के बाद प्रात:काल नियमित १०८ बार जप करना चाहिए। ३१ दिन लगातार जप के पश्चात् मन्त्र सिद्ध हो जाता है। फिर जब मन्त्र सिद्ध हो जाय और साधक कहीं व्याख्यान देने जाना चाहे, तो जाने से पूर्व ५ बार इस मन्त्र को पढ़ लें, फिर न केवल श्रोता आपके व्याख्यान से प्रभावित होगा; बल्कि प्रशंसा, सम्मान और सफलता की प्राप्ति भी होगी।

मृत्युसूचक मन्त्र

ॐ नमो बाहुली महा बाहुली अमुकास्यं शुभाशुभं कथन स्वाहा।

इस मन्त्र का ११,००० जप करके सिद्ध कर लेना चाहिए। फिर रोगी मनुष्य के सिर से पैर तक के माप का एक सफेद वस्त्र या डोरी लेना चाहिए और उसको प्रातःकाल ११ बार अभिमन्त्रित करना चाहिए। अभिमन्त्रित सूर्य के सामने खड़े होकर करना चाहिए। अमुकस्य के स्थान पर रोगी का नाम लेना चाहिए, फिर उस डोरी को रोगी के सिरहाने रख देना चाहिए। दूसरे दिन प्रातःकाल वह कपड़ा या डोरी माप कर देखना चाहिए। परिणाम से छोटी निकले, तो निकट भविष्य में मृत्यु होगी, यह समझना चाहिए।

शत्रुनाशक मन्त्र

ॐ ह्रीं श्रीं अमुकं दुष्टम् साधय-साधय अ सि आ उ सा नमः।

इस मन्त्र का २१ दिन तक प्रातःकाल प्रतिदिन १०८ बार जप करना चाहिए। फिर जब काम पड़े, तो १०८ बार मन्त्र का जप करने मात्र से शत्रु का भय, क्लेश व आपत्ति का निवारण होता है। अमुकं के स्थान पर शत्रु के नाम का उच्चारण करना चाहिए।

मारण मन्त्र

१. ॐ ह्रीं अमुकस्य हन-हन स्वाहा।

इस मन्त्र-जप का अनुष्ठान रात्रिकाल में किया जाता है। इसके लिए कनेर के १००८ फूलों एवं सरसो के तेल की जरूरत प्रत्येक दिन पड़ती है। इन दोनों सामग्रियों की व्यवस्था पहले ही कर ली जाती है। इस मन्त्र का कुल १०,००० जप करने के पश्चात् मन्त्र सिद्ध हो जाता है। इसका प्रत्येक अर्द्धरात्रि के समय से १००८ बार जप किया जाता है। इसकी शुरुआत किसी भी दिन की रात्रिकाल को की जा सकती है। शुरू किये गये दिन से ११ दिनों तक लगातार रात्रि के समय जप करना आवश्यक होता है। मन्त्र-जप किसी निर्जन स्थान अथवा श्मशान में किया जाता है। सूखी लकड़ी को सुलगाकर आग बना लेना चाहिए और उसके बाद मन्त्र जप शुरू कर देना चाहिए। प्रत्येक मन्त्र-जप से पूर्व कनेर का फूल लेकर तेल में डुबोना चाहिए और उसके बाद मन्त्र पढ़कर उक्त फूल को आग में डाल देना चाहिए। ऐसा प्रत्येक दिन १००८ बार करना चाहिए। अमुकस्य की जगह दुश्मन का नाम लेते रहना चाहिए। इस मन्त्र की सिद्धि के पश्चात् शत्रु की मौत सुनिश्चित है। यह प्रयोग निन्दनीय तथा वर्जित है।

२. ॐ नमो हाथ फावड़ी। कांधे कामरी भैंरू बीर। मसाने खड़ा लोह काधनी। बज्र का बाण बेग न मारे, तो देवी का लंका की आण गुरु की शक्ति। मेरी भक्ति। फुरो मन्त्र ईश्वरो वाचा। सत्य नाम आदेश गुरु का।

इस मन्त्र की सिद्धि के लिए दीपावली की रात्रि में किसी निर्जन स्थान पर चौका लगाया जाता है। फिर अर्द्धरात्रि के समय जप प्रारम्भ किया जाता है। उपरोक्त मन्त्र का १०८ जप प्रत्येक दिन रात्रिकाल में २१ दिनों तक किया जाता है। प्रत्येक रात्रिकाल में मन्त्र-जप करने से पूर्व चौका लगाना आवश्यक होता है। २१ दिनों तक जप करने के बाद २२वें दिन तिल के तेल का दीप जलाकर, गुग्गुल एवं उड़द को मन्त्र पढ़ते हुए दीप की लौ पर मारा जाता है। यह क्रिया १०८ बार कर लेने के पश्चात् मन्त्र सिद्ध हो जाता है। फिर लौ पर मारे गये गुग्गुल एवं उड़द को बाहर कर किसी शीशी में बन्द करके रख दिया जाता है।

किसी शनिवार के दिन काले कुत्ते का बाल एकत्र करके रखी गयी सामग्री में मिला दिया जाता है। अब जिस पर प्रयोग करना हो, उस व्यक्ति का नाम लेकर थोड़ी-सी सामग्री शीशी से निकालकर उपरोक्त मन्त्र का १०८ बार जप कर उसे शक्तिकृत कर लिया जाता है और उसके बाद शत्रु के ऊपर मारने से उसकी मौत हो जाती है। यह प्रयोग भी वर्जित है।

३. ॐ नमो काल रूपाय अमुकं भस्म कुरु-कुरु स्वाहा।

सर्वप्रथम किसी भी दिन को रात्रि के समय निर्जन स्थान पर बैठकर उपरोक्त मन्त्र का १०८ बार जप किया जाता है। ऐसा २१ दिनों तक लगातार करने के बाद मन्त्र सिद्ध हो जाता है। मन्त्र सिद्ध हो जाने के बाद निम्न प्रकार से शत्रु के ऊपर प्रयोग किया जाता है—

१. मनुष्य की खोपड़ी में ताम्बूल रखकर १०८ बार मन्त्र का जप करके जिसे खिला दिया जाता है, उसकी मौत सुनिश्चित है।

२. मंगलवार के दिन शत्रु का चित्र जमीन पर बनाकर उस चित्र के मुँह पर चिता की भस्म मन्त्र पढ़कर डाली जाती है। यह क्रिया १०८ बार करने पर शत्रु की मौत हो जाती है।

३. मंगलवार के दिन चिता की भस्म लेकर भरणी नक्षत्र में १०८ बार उपरोक्त मन्त्र का जप कर जिस व्यक्ति के दरवाजे पर गाड़ दिया जाता है, उसकी मौत निश्चित हो जाती है।

४. जल की जोगिनी पाताल का नाम। उठ अबीर जहां लगाऊं। तहां दौड़ के मार। दौड़कर मार। दुहाई मुहम्मद वीर की। तुर्कनी के पुत की। दुहाई भोला चक्रवी की। फुरो मन्त्र ईश्वरो वाचा।

इस मन्त्र को जल के अन्दर डुबकी लगा-लगाकर जपा जाता है। प्रात:काल किसी नदी अथवा तालाब में जाकर २१ दिनों तक लगातार प्रत्येक दिन १०८ मन्त्र के जप द्वारा सिद्ध होता है। सर्वप्रथम मन्त्र को अच्छी तरह याद कर लिया जाता है, ताकि डुबकी लगाने के समय मन्त्र-जप करने में कोई परेशानी न हो। इस मन्त्र का जप मन-ही-मन किया जाता है। मन्त्र सिद्ध हो जाने के पश्चात् थोड़ा जल शीशी में बंद कर पुन: १०८ बार डुबकी लगाकर मन्त्र का जप कर शीशी वाले जल को शक्तिकृत कर लिया जाता है और उस जल को शत्रु पर डाल दिया जाता है तो उसकी मौत निश्चित होती है। यह प्रयोग भी वर्जित है।

प्रभावी विद्वेषण मन्त्र

बारह सरसों, तेरह राई पाट की माटी, मसाल की छाई पढ़कर मारूं, करद तलवार 'अमुक' कढ़ें, न देख 'अमुक' का द्वार मेरी भक्ति गुरु की शक्ति। फुरो मन्त्र ईश्वरो वाचा सत्त नाम आदेश गुरु का।

यह विद्वेषण मन्त्र है। इसकी सिद्धि २१,००० मन्त्रजप के पश्चात् होती है। इस मन्त्र-जप के लिए सबसे उपयुक्त समय चन्द्रग्रहण अथवा सूर्यग्रहण होता है, परन्तु निकट समय में ग्रहण का कोई योग नहीं बन रहा हो, तब दीपावली या होली में भी इस मन्त्र के जप का अनुष्ठान किया जा सकता है। यह जप रात्रि के समय करना ही उत्तम होता है। इसमें जप करनेवाले व्यक्ति को स्नानादि करके किसी एकांत कमरे में जमीन पर ठांव लगाना चाहिए अर्थात् उसे लीप देना चाहिए। साधक को बदन पर हल्के-फुल्के लिबास ही धारण करना चाहिए। कपड़े का कलर लाल होना चाहिए। जप प्रारम्भ करने से पूर्व सरसों के तेल का दीपक अवश्य जला लेना चाहिए, साथ ही इस बात का ध्यान रखना चाहिए कि उसमें तेल इतना पर्याप्त हो कि पूरे जपकाल तक वह जलता रहे। इस जप में प्रत्येक दिन १०८ बार मन्त्र का जप अनिवार्य रूप से करना चाहिए। इस मन्त्र की निश्चित संख्या पूर्ण हो जाने पर मन्त्र सिद्ध हो जाता है। जब मन्त्र सिद्ध हो जाए, उसके पश्चात् किसी मंगलवार को श्मशान से राख लाकर उसके बराबर सरसों एवं राई को लेकर तीनों का मिश्रण कर लेना चाहिए और फिर स्नान करके उसी एकांत कमरे में जहाँ मन्त्र जप किया गया हो, ढाक और आक की समिधाएं जलाकर, सरसों, राई व राख के मिश्रण की आहुतियाँ देते रहना चाहिए। इस पूरे प्रयोग में शुरू से अंत तक मन्त्रजप करते रहना चाहिए। मन्त्र में जहाँ अमुक लिखा हुआ है, उसकी जगह अभीष्ट व्यक्तियों का नाम लेना चाहिए, जिनके बीच विद्वेष कराना चाहते हैं। १०८ आहुतियाँ पूर्ण हो जाने के पश्चात् ११ मन्त्र और पढ़ना चाहिए। जब हवन की गई अग्नि बुझ जाए, तब उस भस्म को समेट कर रख लेना चाहिए। इसके एक चुटकी को किन्हीं दो व्यक्तियों के सिर पर डालने से इसके प्रभाव से दोनों व्यक्तियों में वैरभाव उत्पन्न हो जाएगा, जिसे आप करना चाह रहे हों।

दो मित्रों में वैर कराने का मन्त्र

ॐ नमो नारायणाय अमुकं-आमुकीन सह विद्वेषं कुरु-कुरु स्वाहा।

१. काग की पंख एवं घुग्घु की पंख को लाकर, दोनों को एक-दूसरे हाथ में रखकर, काले सूत में दोनों को लपेटकर ११ बार लपेटने के समय उपरोक्त मन्त्र का जप करना चाहिए। उसके बाद किसी नदी अथवा तालाब के किनारे जल से तर्पण देते हुए १०८ मन्त्र का जप करना चाहिए। अमुकं-आमुकीन की जगह इच्छित व्यक्तियों का नाम लेते रहना चाहिए। जब १०८ मन्त्र का जप हो जाए, तो उसे जल में प्रवाहित कर देना चाहिए। इस प्रक्रिया को नियमित २१ दिनों तक करने पर मित्रों में आपसी वैर हो जायेगा।

२. सिंह तथा हाथी के बाल को लाकर पहले रख लेना चाहिए। उसके बाद दोनों मित्र या पति-पत्नी या प्रेमी-प्रेमिका के पांव तले की मिट्टी ले आनी चाहिए, जिसके बीच विद्वेष कराना हो। तत्पश्चात् मिट्टी सिंह और हाथी के बाल को मिला लेना चाहिए, अर्थात् पोटली बना लेना चाहिए और पोटली को मिट्टी में गाड़कर उसके ऊपर सूखी लकड़ियों की आग सुलगानी चाहिए। जब आग सुलग जाए तब चमेली के १०८ पुष्प की आहुति देनी चाहिए। प्रत्येक पुष्प की आहुति देने से पूर्व उपरोक्त मन्त्र का एक बार जप अवश्य करना चाहिए। इस क्रिया को रात्रि में किया जाता है। इसे २१ दिनों तक करने के पश्चात् विद्वेषण हो जाएगा।

३. जिन व्यक्तियों के बीच विद्वेषण कराना हो, उनके पैर के नीचे की मिट्टी लाकर रख लेनी चाहिए, उसके बाद बिल्ली और कबूतर दोनों की विष्ठा को प्राप्त कर लेना चाहिए। जब तीनों सामग्रियाँ उपलब्ध हो जाएं, तो बिल्ली एवं कबूतर की विष्ठा को मिला देना चाहिए और मिट्टी को सानकर पुतला बना लेना चाहिए। जब पुतला बन जाए तब उसे नीले कपड़े में लपेटकर १०८ बार उपरोक्त मन्त्र को पढ़कर उस पोटली को श्मशान में गाड़ आना चाहिए। ११ दिनों तक लगातार इस क्रिया को करने के पश्चात् मनोकामना पूर्ण होगी। जप में अमुका अमुकेन की जगह इच्छित व्यक्तियों का नाम लेते रहना चाहिए।

४. नेवले का बाल, सर्प का दांत तथा चिता की भस्म इकट्ठा कर लेना चाहिए। तीनों को मिलाकर पानी से सानकर गोली बना लेनी चाहिए। गोली की संख्या १०८ अवश्य हो। अब उन गोलियों को लेकर किसी वीराने में जाना चाहिए और वहाँ एक गड्ढा खोदकर प्रत्येक गोली को उस गड्ढे में डालने से पूर्व उपरोक्त मन्त्र का एक बार जप करना चाहिए। मिट्टी रखकर ढक देना चाहिए। मन्त्र में दुश्मनी कराने वाले दोनों मित्रों का नाम अवश्य लेते रहना चाहिए। ३१ दिनों तक बिना किसी से कुछ बताए इस क्रिया को कर लेने के पश्चात् निश्चय ही दो मित्रों में दुश्मनी हो जाती है।

बन्दीगृह मुक्ति का मन्त्र

१. ॐ नमो जिणाणं मुत्ताणुं मोयगाणं ज्मभ्वंर्यु म्मभ्वंर्यु ह्यल्व्र्यु क्षम्ल्व्र्यु असि आउ सा नमः बंधि मोक्षः कुरु-कुरु स्वाहा।

उपरोक्त मन्त्र का प्रत्येक दिन १०८ जप करते रहने से जेल, हवालात अथवा हरेक प्रकार के बंदीगृह से मुक्ति मिल जाती है, लेकिन यह प्रक्रिया तीन महीना तक करते रहने के पश्चात् ही लाभ दृष्टिगोचर होता है, वह भी तब जब मन्त्र-जप पूरी निष्ठा और भाव में केन्द्रित किया गया हो, साथ ही व्यक्ति निर्दोष हो।

२. बिस्मिल्लाहर्रहमान नीर रहीम ला यमल्हा अंता शुभाने का इनी कुंतो मिनह ज्वाला मीन।

यदि कोई जेल में हो, अपील में कोई सुनवाई न हो रही हो और सजा होने की पूरी संभावना हो, तो उक्त मन्त्र का ३१ दिनों तक १०८ जप करने से सफलता अवश्य मिलती है। बशर्ते कि वह व्यक्ति वास्तव में जुर्म न किया हो, कोई जुर्म या गुनाह करके जले पहुंचा होगा तो फिर मन्त्र का यह प्रयोग कार्य नहीं करेगा।

मन्त्र में 'बिस्मिल्लाह' वाला पैरा केवल एक ही बार जपना चाहिए; शेष जप ऊपर के मन्त्रों का करना चाहिए।

वृक्ष हरा करने का मन्त्र

ॐ नमो आदेश गुरु कूं अघोर महा अघोर अजर अघोर वजह अघोर अंड अघोर पिण्ड अघोर सिव अघोर संगति अघोर चंद अघोर सूरज अघोर पवन अघोर पाणी अघोर जमी अघोर आकाश अघोर अनादि पुरुष बूजंत हो अर्लाल ए घर पिण्ड का रखवाला, जल में न डूबना अगन में न बलणा सहस्त्रधारा न कटणा, जमीन के पेट होय लिप जाणा सूका रूंख हरिया होणा। ॐ अघोर गंव सोह्य।

इस मन्त्र को पहले सिद्ध किया जाता है। सिद्धि के लिए ११,००० मन्त्र का जप करना पड़ता है। व्यक्ति को अपनी सुविधानुसार एक नियम के अन्तर्गत जप करना चाहिए। चाहे १०८ बार मन्त्र का जप करे या इक्कीस बार; लेकिन जप निष्ठा के साथ किया जाना चाहिए। इसका जप प्रात:काल किया जाता है। जब मन्त्र सिद्ध हो जाए, तब जो वृक्ष सूख रहा हो उसके पास जाकर पूर्व की ओर खड़े होकर पानी भरे हुए कांसे के प्याले में नौ बार मन्त्र पढ़कर पानी को वृक्ष के चारो ओर छिड़क दें, यह प्रक्रिया लगातार करते रहें, कुछ ही दिनों में वृक्ष हरा हो जाएगा।

डूबने से बचने का मन्त्र

ॐ ह्रीं थंमेउ जलणं दुट्ठं थमेउ स्वाहा।

यह डूबने से बचने के लिए उपयुक्त मन्त्र है। इस मन्त्र को भी सिद्ध किया जाता है। इसका कुल जप १५,००० है। किसी शुभ मुहूर्त्त में इसका जप शुरू करके प्रत्येक दिन १०८ मन्त्र का जप करना आवश्यक है। यह जप की संख्या जिस दिन पूर्ण हो जाए, समझ लें मन्त्र सिद्ध हो गया। उसके बाद जब आवश्यकता हो तो मन्त्र को जपने मात्र से किश्ती, बोट आदि जल में डूबने से बच जाएगी।

दुश्मन मारण इस्लामी मन्त्र

बिस्मिल्लार्हिरहमार्निरहीम कहर नायिल कहर्की कहर-कहर काया कहा हारो !

(मन्त्र के आदि-अंत में प्रत्येक ११ बार दरुद् पढ़ें)

इसे पश्चिम की ओर मुंह करके इस्लामी तरीके से पूर्ण एकाग्रचित्तता से जप करें। यह मन्त्र प्रतिदिन रात्रि या सुबह की पहली नमाज के समय एक हजार बार जप करें और सजदा करें।

शत्रु के बालों को एकत्रित करके मोंम का एक पुतला बनाएं। मोम में कपूर मिलाएं। इस पुतले पर बाल स्थापित करके १०८ बार मन्त्र से अभिपूरित करें। यह जब हो जाए तो झाड़ू की सींक का तीर कमान बनाकर १००० बार मन्त्र से अभिपूरित करें।

अब पूर्ण मन्त्र पढ़कर ध्यान लगाकर शत्रु की छवि केन्द्रित करें और यह स्मरण करते हुए मन्त्र पढ़ें कि शत्रु का कलेजा तीर से घायल हो रहा है। तीर पुतले पर चलाएं; तीर जहाँ लगेगा वहाँ शत्रु को भीषण पीड़ा प्रारम्भ हो जाएगी।

मारण प्रयोग

१. ॐ ह्रीं अमुकस्य हन् हन् हन् स्वाहा।

इस मन्त्र को कृष्णपक्ष की प्रथम रात्रि से प्रतिदिन ध्यानमग्न होकर एक हजार बार जप करें। यह मन्त्र २१ दिन में सिद्ध हो जाता है।

२. ॐ नमो हाथ पावड़ी कांधे कामरूप भैरव वीर मसाने खड़ा, लौह धनी। वज्रं का वाण वेग न मारे तो तुझे देवी की आन।

३. ॐ नमः काल रुद्राय अमुक भस्म कुरु-कुरु स्वाहा।

ये भी मन्त्र उपर्युक्त प्रकार से ही सिद्ध होते हैं।

वांछित व्यक्ति के शरीर के पसीने से सिक्त किसी वस्तु, बाल, कटे हुए नाखून, मूत्र-सिक्त मिट्टी, रक्त आदि को इकट्ठा करें। इसे इत्र से तर कर लें। (प्राचीन समय में देशी मदिरा का प्रयोग होता था।) किसी अमावस्या की रात्रि में पवित्र एकांत स्थान में बैठकर आक एवं ढाक की लकड़ी लेकर अग्नि जलाएं। अब ईथर से सिक्त सामग्री में गुग्गल और काली उड़द को मिलाएं और १०८ बार आहुति देते हुए मन्त्र-जप करें।

मारण प्रयोग

किसी मनुष्य की हड्डी का अल्पांश मात्रा को पीसकर पान में डालकर १०८ बार मन्त्रपूरित करके किसी व्यक्ति को खिला दें तो वह मृत्यु को प्राप्त होगा।

मारण (मौत का पुतला) प्रयोग

किसी व्यक्ति के कपड़े (पसीने से सिक्त), बाल, नख, रक्त, मूत्र को एकत्रित करें। रक्त-मूत्र से आटे को सानकर उस व्यक्ति की आकृति के समान एक पुतला बनाएं। इस पुतले के शरीर में बालों को इस तरह स्थापित करें कि जड़ पुतले के अन्दर हो और शिरा बाहर। इसे पसीने से सिक्त कपड़े से लपेटें। लोहे की एक सूई लें। इसे ईत्र में २४ घण्टे तक छोड़ दें। तत्पश्चात् उसे निकालकर आक के पत्ते पर रखें।

अमावस्या की रात्रि में पुतले और सूई को एक लाख बार मन्त्र में अभिपूरित करें। मन्त्र-पाठ के समय उस व्यक्ति की छवि पर ध्यान केन्द्रित रखें। ध्यान न टूटने पाए। तत्पश्चात् उस पुतले के किसी अंग में सूई चुभो दें। तत्क्षण उस व्यक्ति के उस अंग में भाले के चुभने जैसा दर्द होगा और वह तड़पने लगेगा। यदि सूई पुतले के मर्मस्थान में चुभो दी जाए, तो व्यक्ति तड़प-तड़प कर मर जाएगा।

यह अफ्रीकन कबाइलियों का काला जादू है। इसे 'गुड्ड विद्या' भी कहते हैं।

हाजरात प्रयोग

जिसका जन्म पैरों की तरफ से हुआ हो अथवा जुड़वां (भाई-बहन अथवा दो बहनों का एक साथ) पैदा हुआ हो, ऐसी आठ वर्ष की कुंवारी कन्या को स्नान कराकर शुद्ध वस्त्र पहनाकर बाद में उसके दोनों हाथों के अंगूठों के नखों पर यह प्रयोग करें। नखों पर लगाने के लिए जहाँ तक सम्भव हो, मालकांगनी का तेल अथवा कोई अन्य सुगन्धित तेल लगातार उसे 'ॐ जं नमः' इस मन्त्र को २० बार जप कर अभिमन्त्रित करें। फिर दूर्वा को भी इसी मन्त्र से अभिमन्त्रित करके दूर्वा से नखों पर तेल लगाएं; फिर आगे लिखे मन्त्रों का २० बार जप करें—

१. ॐ चामुण्डे आसुखि धुर्म्मुष्टिवज्रपाने स्वाहा।

२. ॐ क्षौं ह्वीं श्रीं ईं विं शिं शं शं स्वाहा।

३. ॐ आगच्छ स्वाहा।

४. ॐ सोघट्टाय स्वाहा।

इस प्रकार जप करके कन्या के नखों में ध्यानपूर्वक देखने के लिए कहें। जब तक उसे चोर अथवा इच्छित व्यक्ति, वस्तु आदि नहीं दिखाई दें तब तक ऊपर लिखे मन्त्र का कन्या के सिर पर हाथ रखकर अथवा फूंक मारते हुए जप करते रहें और कांसे के पात्र की आवाज करें। ऐसा करने पर नखों में इच्छित वस्तु दिखाई देगी।

हाजरात मन्त्र और साधनाविधि

ख्वाजा खिज्र जिन्द पीर मदर दस्तगीर मदत मेरा पीरान पीर करो घोड़े पर भीर चढ़ो हाजर सो हाजर।

इस मन्त्र का शुक्रवार की रात्रि में साधक नीली मणियों की माला को उल्टी फिराते हुए अर्थात् मनकों को सामने की ओर चलाकर १०८ बार मन्त्र का जप करें। जप के समय लौंग, इलायची तथा लोबान की धूप जलाएं। इसी प्रकार प्रयोग के समय भी धूप जलाना आवश्यक है।

मसानसिद्धि मन्त्र

ॐ नमो आठ खाट की लाकड़ी। मूंज बनी का कावा। भुवा मुर्दा बोले। न बोल तो कालवीर की आन। शब्द सांचा, फुरो मन्त्र ईश्वरो वाचा। ॐ नमः ह्रीं क्रीं श्रीं फट् स्वाहा।

इस सिद्धि से वशीकरण-सहित अनेक प्रकार की शक्तियाँ प्राप्त होती हैं। एक बोतल शुद्ध देसी मदिरा, चमेली का फूल एवं तेल, लोबान, लौंग, कपूर, कचरी, अतर, आटे से बना चौमुखा दीपक—इन्हें लेकर श्मशान में जाएं। किसी जलती चिता के सामने दक्षिण की ओर मुख करके बैठें। चमेली के तेल की बाती से तेल डालकर चौमुखा दीपक जलाएं और एकाग्र होकर मन्त्र का जप करें। कुछ समय बाद श्मशान में शोर मच जाएगा। तरह-तरह की डरावनी आवाजें सुनाई देंगी। लेकिन डरें नहीं और मन्त्र का जपना प्रारम्भ रखें। ११८८ मन्त्र जप कर इत्र के छींटे दें और धरती पर सुरा चढ़ाएं। इसके बाद एक आकृति प्रकट होगी। उसका चमेली के फूलों से स्वागत करके प्रणाम करें और वचन लें कि वह आपके द्वारा बताए जाने पर आपकी इच्छा का पालन करेगा और कभी आपको हानि नहीं पहुंचाएगा। इसके बाद मन्त्र पढ़कर जिस कामिनी को वश में करना हो, लौंग हवा में फेंके।

बिरहना पीरसिद्धि मन्त्र

पीर बिरहना। फूल बिरहाना। धुं धुंकार सवा सेर का तोसा। वाय अस्सी कोस का धावा करे। सात सौ कुन्तक आगे चल। सात सौ कुन्तक पीछे चल। छप्पन सौ छूरी चले। छप्पन सौ वीर चले। जिसमें गढ़ गजनी का पीर चले। और भी भुजा उखाड़ता चले। ॐ नमः गुरुदेव ह्रीं क्रीं श्रीं फट् स्वाहा।

दक्षिण की तरफ मुख करके निर्वस्त्र होकर बैठें। सामने चर्बी का दीप जलाएं। चर्बी सांप की हो तो और उत्तम है, वरना काले बकरे की लें। ११८८ मन्त्र का जप करके पीली सरसों लेकर इस मन्त्र को पढ़कर सभी दिशाओं में फेंक दें। पुनः १०८ मन्त्र का जप करें। जिस युवती पर सरसों पढ़कर फेंकेंगे, वह वशीभूत होकर आपकी सेवा करेगी। इस सिद्धि से अन्य मनोकामनाएं भी पूर्ण की जा सकती हैं।

गे जोगिन-सिद्धि मन्त्र

आगरी जो गुरु यागे। जोगिनी गुरु, डण्ड बतियां। करिया बलाइयां। री जोगन मुख अनरिता। गायत रही रतियां। गे जोगिन चल इन अकेलियां। गे मारो हैं तालियां। गे जोगिन का पहियां। ना आये तो दोहाई मइया बनिता की। दोहाई सलिमा पैगम्बर की। दोहाई सलाई छू।

यह मन्त्र शुक्रवार की अर्द्धरात्रि में निर्वस्त्र होकर जपना प्रारम्भ करें और सारी रात जपें। सामने घी का दीपक एवं लोबान जलाकर रखें। जप समाप्त कर चमेली के फूल या माला अर्पित करके प्रणाम करें।

यह भी एक आदेश पालित करने वाली शक्ति है। इसे काली का ही एक रूप माना जाता है। मन्त्र पढ़कर जो आदेश देंगे, करेंगी। यह इच्छित कामिनी को आपके पास आने के लिए विवश कर देगी। स्त्री भी प्रयोग कर सकती है।

मुट्ठी पीरसिद्धि मन्त्र

बिस्मिल्लाह अर्रहमान निर्रहीम। साहचक्र की बावड़ी। गले मोतियान की हार। लंका सौ कोट समुद्र की खाई। जहां फिरे मोहम्मदा वीर की दुहाई। कौन वीर आगे चले सुलेमान वीर चले। नादिरशाह वीर चले। मुट्ठी पीर चले। नहीं चले तो हजरत सुलेमान की दुहाई। शब्द सांचा पिण्ड कांचा। चलो मन्त्र ईश्वरो वाचा।

यह मन्त्र गुरुवार की रात्रि से बबूल के वृक्ष के नीचे बैठकर ४१ दिन तक प्रतिदिन २७०० की संख्या में जपें। आसन पश्चिम की ओर मुख करके लगाएं और सामने सरसों तेल का दीपक जलाएं। इस मन्त्र का प्रयोग भी हर तरह के वशीकरण में किया जा सकता है।

वीरों की जंजीरसिद्धि मन्त्र

लाइलाहा इल्लिलाह। हजरत वीर की सल्तनत को सलाम। वी आजम जेर जाल मश्वल कर। तेरी जंजीर से कौन-कौन चले। बावन भैरों चले। चौंसठ योगिनी चलें। देव चलें। विशेष चलें। हनुमंत की हांक चले। नरसिंह की धाक चले। नहीं चले तो सुलेमान की बखत की दुहाई। एक लाख अस्सी हजार पीर पैगम्बर की दुहाई। मेरी भक्ति, गुरु की शक्ति। फुरो मन्त्र ईश्वरो वाचा।

यह मन्त्र शुक्रवार की रात्रि में पश्चिम की ओर मुख करके सफेद वस्त्रों में जपें। सामने घी का दीपक चलाएं। लोबान जलाये रखें। ११८८ मन्त्र प्रतिदिन के हिसाब से २१ दिनों तक जप करें। इसके बाद वीरों को प्रणाम करके कवचबद्ध करें। इस मन्त्र का उपयोग वशीकरण में भी किया जा सकता है।

शोहावीर-सिद्धि मन्त्र

सोहचक्र की बावड़ी। डाल मोतियन की हार। पद्म नियानी नीकरी। लंका करे निहार। लंका सौ कोट समुद्र सी खाई। चले चौकी हनुमंत वीर की दुहाई। कौन कौन वीर चले। मरदाना वीर चले। सवा हाथ जमीन को सोखन्त करना। जल को सोखन्त करना। पय का सोखन्त करना। पवन का सोखन्त करना। लाग को सोखन्त करना। चुड़ी को सोखन्त करना। पालना को। भूत को। पलीत को। अपने वरी को सोखन्त करना। मेवत उपात भाकी चन्द्र कले नहीं। चलती पवन मदन सूतल करे। माता का दूध हराम करे। शब्द सांचा, फुरो मन्त्र ईश्वरी वाचा।

यह मन्त्र भी 'वीरों की जंजीर' की तरह' सिद्ध किया जाता है।

मुहम्मदा पीरसिद्धि मन्त्र

ॐ नमो टॉकत युगराज फाटंत काया। जिस कारण युगराज मैं तो को ध्याया। हुंकारत युगराज भाया। पाजंत आया। घोरंत आया। सिर के फूल बिखेरंत आया। और की चौकी उठावंत आया। अपनी चौकी बैठावंत आया। और का किवाड़ तोड़ता आया।अपना किवाड़ भेड़ता आया। बांधि-बांधि, किसको बांधी भूत को बांधी। प्रेत को देव-दानव को बांधी। उड़न्त-गड़न्त योगिनी बांधी। चौर-चिरणागार को बांधी। तिरसठ कलुआ को बांधी। चौंसठ योगिनी को बांधी। बावन वीर को बांधी। द्वार को बांधी। हाट को बांधी। गले को बांधी। गिरारे को बांधी। किया को बांधी। कराय को बांधी। अपनी को बांधी। पराई को बांधी। मैली को बांधी। कुचैली को बांधी। पीली को बांधी। स्याह को बांधी। सफेद को बांधी। काली को बांधी। लाली को बांधी। बांधी-बांधी रे गढ़ गजनी के मुहम्मदा पीर। चलै तेरे संग सत्त सौ बीर। जो बिसरि जायें, तो सौ राजा इलाल जायें। उलटी मार। पलटी मार। पछाड़ मार।

यह मन्त्र २१००० बार कब्रिस्तान या निर्जन में जपने से सिद्ध होता है। धुनी से लोबान का धुआं उठता रहे। घी, लोबान और गुग्गुल की धूप जलती रहती है। इसे १०८ दिन में बाँटकर सिद्ध करना चाहिए। इससे परिश्रम सहनीय हो जाएगा।

यह एक ऐसी शक्ति है कि सिद्ध हो जाए तो मन्त्र पढ़ते ही वशीकरण वाले को धकियाते पकड़कर लाए। वास्तव में यह वशीकरण नहीं है। यह जादू की ताकत से पकड़वाकर मंगवाना है।

बाल से वशीकरण-साधना

ॐ नमो महामोहिनी माया-शक्ति जग मोहिनी शक्ति धारिणी...को वश में कर।

(खाली स्थान पर इच्छित नारी का नाम उच्चारण करें)

जिस नारी की कामना हो, उसके बाल का एक गुच्छा प्राप्त करें। उस बाल को ईथर या शुद्ध मदिरा में एक पात्र में डालें। बालों की जड़ मदिरा में और सिरा बाहर होना चाहिए। इस मदिरा में १० ग्राम कपूर डालें; ईथर में नहीं।

आसन बिछाकर उस दिशा की ओर मुख करके निस्तब्ध रात्रि में बैठें, जिस दिशा में वंछित नारी का घर हो या उस समय रह रही हो। इसके पश्चात् मदिरापात्र को अपने लिंग के नीचे रखें और लिंग का मुँह मदिरा में डुबो दें। तत्पश्चात् ध्यान एकाग्र करके उस नारी की छवि ध्यान में लाएं। त्राटक के द्वारा भृकुटी के मध्य में उस नारी की छवि लाएं। यदि वह छवि चमकीली और स्पष्ट है, तो यह अनुष्ठान सिद्ध होगा, नहीं तो नहीं। इसलिए यह आवश्यक है कि पहले आप उस नारी की छवि को ध्यान में लाने का अभ्यास कर लें। जब वह छवि ध्यान में आ जाए तो मन्त्र पढ़ते हुए जप करें। इससे पूर्व किसी एकान्त स्थान में मन्त्रजप करके सिद्धि कर लें। यह मन्त्र १४४ बार प्रतिदिन २१ दिन तक जपने पर सिद्ध होता है।

अनुष्ठान में मन्त्र १२१ बार पढ़ा जाता है। इस समय उस नारी की छवि टूटनी नहीं चाहिए। जब अनुष्ठान समाप्त हो जाए तो मन-ही-मन कहें—'हे देवी! इस परमप्रिय पुरुष का प्रेमनिवेदन स्वीकार करें।' यह क्रिया सात दिन तक करें। वह नारी स्वयं बहाना बनाकर आपके पास आएगी।

यह प्रयोग पुरुष पर भी किया जा सकता है। इसके लिए नारी को मदिरा से योनि धोकर उसमें पुरुष का बाल डालना चाहिए। पात्र को ईथर या मदिरा से भीगे लाल कपड़े से ढक देना चाहिए। नारी भी उपयुक्त विधि से ही अनुष्ठान करे।

पुतली द्वारा वशीकरण मन्त्र

ॐ नमो कामाख्या देवी..नमे वशे कुरु-गुरु स्वाहा।

सर्वप्रथम इस मन्त्र को शनिवार की अर्द्धरात्रि में दक्षिण की ओर मुख करके लाल आसन पर बैठकर १४४ बार जपें। इसकी साधना दो प्रकार से की जाती है—

१. उड़द के आटे की एक पुतली बनायी जाती है, जिसकी आकृति उस महिला या पुरुष जैसी होती है; जिस पर वशीकरण करना है। इसके सिर एवं गुप्तांगों में उसी स्त्री या पुरुष के बालों के टुकड़े लगाये जाते हैं। इसे नीले कपड़े से सजाया जाता है और सिद्ध मन्त्र का १०८ बार जप करके ब्राह्ममुहूर्त्त में इस पर अपना पहला मूत्र त्याग किया जाता है। इसके बाद इसे किसी बबूल के पेड़ की जड़ में गाड़कर प्रतिदिन वहाँ अपने स्नान का जल डालकर धूप-अगरबत्ती दिखाएं। यह २१ दिन में फलीभूत होता है।

२. किसी शनिवार के दिन इच्छित स्त्री के सिर के बाल (योनि का बाल मिले तो और भी अच्छा है) एवं बाँएं पैर के नीचे की धूल प्राप्त करें। धूल में बराबर मात्रा में जौ का आटा मिलाएं। उसे पानी से सानकर उस लुगदी की एक पुतली बनाएं, जिसकी आकृति उस स्त्री के समान हो। इस लुगदी में सभी अंग स्पष्ट होने चाहिए।

पुतली के समस्त शरीर पर उस स्त्री के बालों को जड़ की तरफ से लगायें, बाल कम हों तो उसे एकसार करके एक इंच के टुकड़े बना लें। इस पुतली को नीली साड़ी, ब्लाउज या अन्य वस्त्र पहनाएं। इसके नेत्र के स्थान पर शीशे या पत्थर के चिकने टुकड़े को लगाएं। जो चमकीली हो।

शनिवार की रात में एकान्त कमरे में लाल आसन पर दक्षिण की ओर मुँह करके बैठें। सामने पुतली को स्थापित करें। एक पात्र में देशी मदिरा भरकर रखें, यह मदिरा उच्च कोटि की तथा शुद्ध होनी चाहिए। मदिरा का प्रयोग नहीं करना चाहते हों तो इत्र ले लें। आक के पत्ते को पात्र में डालकर उपर्युक्त मन्त्र पढ़ते हुए उस पुतली की आँखों में इस तरह झांके, जैसे वह युवती की आँखें हों। इस तरह एकाग्रचित हो जाएं कि आप भूल जाएं कि वह पुतली है। जबतक ध्यान एकाग्र नहीं हो, प्रयत्न करते रहें। जब हो जाए, तो पढ़ते हुए आक के पत्ते से पुतली पर मदिरा से छींटा दें। यह क्रिया २०१ बार करें। आँखों से चाहत, कामना का तीव्र भाव पुतली की आँखों में पड़ना चाहिए।

अन्त में अपना लिंग निकालकर पुतली पर मूत्रत्याग करें। यह क्रिया ७ रात करें। मूत्रत्याग के स्थान पर शरीर से निकला ताजा पसीना भी डाला जा सकता है; किन्तु यह इतना होना चाहिए कि पुतली के कपड़ों में सर्वत्र फैल जाए। वांछित युवती बहाने बनाकर आपके पास आयेगी। उसे प्रेम से वश में करें।

नजर उतारने का मन्त्र

१. ॐ नमो गुरु आदेश तुझया जावे भूत पले प्रेत पले खबिस पले सब पले अरिष्ट पले मुरिष्ट पले न पले तर गुरु की गोरखनाथ की वीदमा ही चले गुरु की संगत मेरी भगत चला आप ईश्वरो वाचा।

प्रयोग करने से पूर्व इस मन्त्र को दशहरा या दीपावली अर्थात् किसी शुभ रात्रि में १००८ बार जप कर सिद्ध कर लेना चाहिए। मन्त्र को सात बार पढ़कर अभिमन्त्रित किये हुए भस्म की सर्वांग लगाने से कुदृष्टि नष्ट हो जाती है।

२. हरि हरि स्मरिक हम मन करूं स्थिर चाउर आदि के पायर आदि वीर डायन दूतिन दानवी देवी के आहार बालकगण पहिरे हाड़ गला हार राम लखन दूनो भाई धनुष लिए हाथ देख डायनी भागत छोड़ शिशु माथ

गई पराय सब डायनी योगिनी सात समुद्र पार में खावे खारी पानी आदेश हाड़ी दासी चण्डी माई आदेश नैना योगिनी के दोहराई।

३. ॐ नमो कामरू देश कामाक्षा देवी को आदेश नजर काटौ बजर काटौ मुहूर्त में देकर पाय रक्षा करें दुर्गा माई नरसिंह ओना होना होय। अमुक रोग सागर पार चला जाय अल्ला हाड़ी दासी चण्डी की दुहाई।

प्रयोग करने से पूर्व इसे शुभ रात्रि में १००८ बार जप कर सिद्ध कर लेना चाहिए। मन्त्र को तीन बार पढ़कर प्रतिदिन तीन बार झाड़ना चाहिए। इस प्रकार निरन्तर तीन दिन तक झाड़ने से नजर व टोटके का प्रभाव पूर्णतया समाप्त हो जाता है।

पीड़ाहरण मन्त्र

ॐ नमो कोतकी ज्वालामुखी काली। दोबर रंग पीड़ा दूर सात समुद्र पार। कर आदेश कामरू देश कामक्षा माई हाड़ी दासी चण्डी की दुहाई।

यदि पूरा शरीर दर्द के कारण चूर-चूर हो रहा है, बहुत-सी दवाओं के सेवनोपरान्त भी कुछ लाभ नजर नहीं आता, रोगी कष्ट में है व चिकित्सा के प्रति निराश हो चुका है तो उस समय उपर्युक्त मन्त्र से २१ बार पढ़कर मोरपंख से झाड़ने से समस्त शरीर की पीड़ा दूर होती है।

असाध्य रोग-विनाशक मन्त्र

ॐ ह्रीं ह्रीं क्लीं क्लीं काली कंकाली महाकाली स्ल खप्पर वाली अमुकस्य अमुक व्याधि नाशय नाशय शमनय स्वाहा।

यह मन्त्र ११०० बार जप करने से सिद्ध हो जाता है। जिस व्याधि में कोई औषधि काम न कर रही हो और रोगी मरणासन्न हो, ऐसा ज्ञात हो रहा हो तो मंत्रसिद्धि के बाद रोगी को तीन दिन तक प्रत्येक दिन १०८ बार मन्त्र पढ़कर सिद्ध किये गये जल से झाड़ना चाहिए। इससे असाध्य से असाध्य रोग भी शान्त हो जाता है।

'अमुकस्य अमुक व्याधि' शब्द मन्त्र में आया है। मन्त्र का रोगी पर व्यवहार करते समय अमुकस्य के स्थान पर रोगी का राशिनाम तथा अमुक के स्थान पर व्याधि का नाम लेना चाहिए।

सर्वरोग-नाशक मन्त्र

शनिवार के दिन कुम्हार के घर से चौंसठ कोरे दिये चाक पर उल्टे घुमाकर घर ले आयें। उन सभी में शुद्ध घी की बत्ती लगानी चाहिए। फिर रोगी को उत्तर दिशा की तरफ मुख करके बैठाकर उस पर से सात दीपकों को उतारना चाहिए। तत्पश्चात् एक पात्र में दूध, भात और शक्कर लेकर रोगी से स्पर्श कराकर इन सबको चौराहों पर मन्त्र 'ॐ ह्रीं स्वाहा' का सात बार उच्चारण कर रखकर सीधे घर वापस आ जाना

चाहिए। भूलकर भी पीछे मुड़कर नहीं देखना चाहिए। यदि कोई रास्ते में टोक भी दे, तो उसकी बातों का उत्तर नहीं देना चाहिए अर्थात् पूर्ण मौन रहना चाहिए। इससे सभी प्रकार की बीमारियाँ दूर होती हैं। प्रयोग करने से पूर्व उपरोक्त कहे गये मन्त्र **ॐ ह्रीं स्वाहा** को १००८ बार जप कर सिद्ध कर लेना चाहिए।

(अथवा)

आक की जड, एरण्डमूल को घर लाकर सिन्दूर से लपेट कर धूप, दीप दिखाकर अधोलिखित मन्त्र से सात बार अभिमन्त्रित कर अपने बाँयें हाथ से उठाकर रोगी को दिखायें, फिर इसे आंगन अथवा दरवाजे की चौखट के नीचे गाड़ देना चाहिए। कुछ समय बाद रोगी स्वस्थ हो जायेगा। मन्त्र है—

ॐ श्रीं ह्रीं फट् स्वाहा।

इसे पहले १००८ बार जप कर सिद्ध कर लेना चाहिए।

चुड़ैल-निवारण मन्त्र

बैर वर चुड़ैल पिशाचनी बैर निवासी कहुं तुझे सुनु सर्वनामी मेरी मांसी।

इस मन्त्र को पहले दीपावली, होली या दशहरे के दिन सिद्ध करना चाहिए। मन्त्र पढ़कर रोगी को फूंक मारें। यह क्रम तब तक करें जब तक रोगी चुड़ैल की बाधा से मुक्त न हो जाए। चुड़ैल प्रमुखतया गन्दी रहने वाली औरतों को ही पकड़ती है; अत: रोगी को नित्य नियम से नहाना व पूजा-पाठ करना, साफ पवित्र वस्त्र पहनना व भक्तिभाव में ध्यान लगाना चाहिए।

भूतादि-निवारक मन्त्र

१. **तह कुष्ठ इलाही का बान कुडूम की पत्ती चिरावत भाग भाग अमुक अंग से भूत मारूं धुनवान कृष्णवर पूत आज्ञा कामरू कामाक्ष्या माई की हाड़ी दासी चण्डी की दुहाई।**

इस मन्त्र को तीन बार पढ़कर एक मुट्ठी धूल को अभिमंत्रित कर रोगी को मारने से अथवा दिशाओं में फेंकने से भूत का डर नहीं रहता। इसे भी पहले दीपावली, दशहरे या होली की रात में सिद्ध कर लेना चाहिए।

(अमुक के स्थान पर रोगी का नाम लेना चाहिए)

२. **बर बैल करे तू कितना गुमान काहे नहीं छोड़त यह जन स्थान यदि चाहे तू रखना आपन मान पल में भाग कैलाश लै अपनो प्रान आदेश देवी कामरू कामक्षा माई आदेश हाड़ी दासी चण्डी की दुहाई।**

उपर्युक्त मन्त्र को दशहरे के दिन रात्रि में १०८ बार जप करके सिद्ध किया जाता

है। फिर रोगी पर इस मन्त्र को पढ़कर २१ बार फूंक मारने से डायन, पिशाचिनी, कंकारी आदि जो पकड़ी होगी, छोड़कर चली जाती है।

३. ॐ ह्नं क्षं सः स्वाहा।

यह मन्त्र बीजाक्षर है, इन मन्त्रों को जप करते हुए हवन करना चाहिए तथा हवन के इस धुएं को प्रेतग्रस्त व्यक्ति के शरीर के ऊपर से नीचे तक स्पर्श कराने से प्रेतबाधा दूर होती है।

४. बांधो मत जहां तू उपजो छाड़ो गिरे पर्वत चढ़ाई सर्ग दुहेली तु जिभि-झिलिमिलाहि हुंकार हनुवन्त पचारइ सीमा जारि जारि भस्म करे जौं चापें सी।

उपर्युक्त मन्त्र को सिद्ध करने के बाद प्रयोग करते समय इस मन्त्र को पढ़ते हुए मोरपंख से झाड़ने से अथवा इस मन्त्र से अभिमन्त्रित किया हुआ जल छिड़कने से या इसी मन्त्र द्वारा हवन का धुआं स्पर्श कराने से प्रेतबाधाएं दूर होती है।

५. ॐ नमो भगवते रुद्राय नमः कोशेश्वस्य। नमो ज्योति पतंगाय नमो रुद्राय नमः सिद्धि स्वाहा।

उपर्युक्त मन्त्र को अपनी क्षमता से अधिक से अधिक संख्या में जप करते रहने से भूत-प्रेतबाधा दूर होती है।

६. ॐ नमो काली कापाली दहि देहि स्वाहा।

उपर्युक्त मन्त्र को १०८ बार पाठ करके सरसों का तेल अभिमन्त्रित कर इस तेल को भूत-प्रेतबाधाग्रस्त व्यक्ति के शरीर में मालिश करने से शीघ्रताशीघ्र वह भूत-प्रेत-बाधा से मुक्त हो जाता है।

७. तेली नीर तेल पसार चौरासी सहस्त्र डाकिनी हेल एत नेर भार मुंह तेल पढ़िया देईं। अमुककार अग अमुकार भर झल दल शूले यक्षा यक्षानी दैत्या दैत्यानी भूता-भूती प्रेता-प्रेती, दानव-दानवी निशाचरा सूचमुखा, गाभर डलन वात भाइया नाड़ी मोगाई चामु पिशाचा अमुकार अगेधा काल जटार माया खाउ ह्रीं फट् स्वाहा, सिद्ध गुरुर चरण राटेर कालिका चण्डीर आज्ञा।

उपर्युक्त मन्त्र दीपावली के दिन १०८ बार जप कर लेने से सिद्ध हो जाता है। इस मन्त्र से सरसों का तेल सात बार अभिमन्त्रित कर मालिश करने से भूत-प्रेतबाधा दूर होती है।

मानसिक भय-निवारण मन्त्र

किसी एकांत स्थान में बैठकर पीली माला लेकर ७ दिनों तक नित्य १०००

की संख्या ऋद्धि-मन्त्र का जप करें तथा निर्धूम अग्नि में कुन्दरू की धूप दें। मन्त्र के सिद्ध हो जाने पर आवश्यकता के समय ७ कंकड़ियाँ लेकर उनमें से प्रत्येक को १०८ बार मन्त्र से अभिमन्त्रित कर चारो दिशाओं में फेंक दें। इसके प्रभाव से मार्ग में किसी प्रकार का भय नहीं रहता तथा चोर चोरी नहीं कर पाता।

वक्त्रं क्व ते सुरनरोग नेत्रहारि निःशेष निर्जित जगत्त्रितयोपमानम्। बिम्बं कलंक मलिनं क्व निशाकरस्य यद्वासरे भवति पाण्डु पलाशकल्पम्।

ॐ ह्रीं अर्हं णमो ऋजुमदीणं झौं-झौं नमः स्वाहा।

ॐ ह्रीं श्रीं हंसः ह्रौं ह्रां द्रां द्रीं द्रः मोहिनी सर्वजनवश्यं कुरु-कुरु स्वाहा। ॐ भाना अष्ट सिद्धि क्रौं ह्रौं हल्व्र्यूं युक्ताय नमः ॐ नमो भगवते सौभाग्य रूपाय ह्रीं नमः।

सर्वरोगनिवृत्ति मन्त्र

ॐ सा सां सीं सु सू सों सौ सं सः वां वि वीं तुं वूं वे व वो वं बां सह अमृत वरचे स्वाहा।

एक पात्र में जल लेकर इस मन्त्र से १०८ बार अभिमन्त्रित करें तथा उस जल पान करें।

शरीरपीड़ा-नाशक मन्त्र

ॐ नमो कौतकी ज्वाल मुखी काली, तु नमो चामुण्डा रोग पीड़ा दूर कर। सात समुद्र पार कर आदेश कामरूप देश कामाख्या माई हाड़ि दासी चण्डी की दुहाई।

इस मन्त्र से २१ बार झाड़ा देने पर शरीर की पीड़ा समाप्त हो जाती है।

अंगपीड़ा-नाशक मन्त्र

ॐ नमो काली कंकालिनी नदी पार पसे इस्माल, योगी लोहे का काटा काटि काटि लोहे का गोला काट-काट तो शब्द साचा फुरो मन्त्र ईश्वरो वाचा।।

अमुक के स्थान पर रोगी का नाम लेकर बाँयें हाथ की अनामिका अंगुली से सेंधा नमक को तीन बार अभिमन्त्रित करके फूंक मार कर रोगी को खिलायें।

उदरपीड़ाहारी मन्त्र

१. **ॐ नमो काली कंकालिनी नदी पार बसे इस्माल, योगी लोहे का काटा काटि काटि लोहे का गोला काट-काट तो शब्द साचा फुरो मन्त्र ईश्वरो वाचा।**

रविवार अथवा मंगलवार को चाकू से पृथ्वी पर रेखा काटते हुए उपरोक्त मन्त्र का उच्चारण करते हुए झाड़ें।

२. ॐ नुन तूं सिंधु नुन सिंधुवाय।
नुन मन्त्र पिता महादेव रचाया।
महेश के आदेश मोहि गुरुदेव सिखाया।
गुरु ज्ञान से हम देऊ पीट भगाया।
आदेश देवी कामरु कामाक्षा माई।
आदेश हाड़ि चण्डी की दुहाई।

तीन अंगुलियों से सेंधा नमक लेकर अभिमन्त्रित करके खिलायें तो उदर पीड़ा से मुक्ति मिलती है।

३. पेट व्यथा पेट व्यथा तुम हो बलवीर। तेर दर्द से पशु मनुष्य नहीं स्थिर। पेट पीर लेवी पल में निकार। दो फेंक सात समुद्र पार। आज्ञा कामरु कामाक्षा माई।

सात बार मन्त्र पढ़ते हुए पीड़ा वाले स्थान को बार-बार छूएं।

पशुस्तम्भन मन्त्र

ॐ नमः भैरवाय नमः।

इस मन्त्र को सिद्ध करें। इसके लिये प्रतिदिन १०८ के हिसाब से १०८ दिन तक जप करें। यह जप अर्द्धरात्रि को भैरवजी का ध्यान करके किया जाता है।

२१ बार मन्त्र पढ़कर ऊंट की पसली की हड्डी की चार कीलों को किसी स्थान पर चारो कोने पर गाड़ दें तो वहाँ मौजूद या गया हुआ पशु बाहर नहीं निकलता है।

नौका-स्तम्भन मन्त्र

उपर्युक्त मन्त्र से अभिमन्त्रित गूलर की लकड़ी की कील (पांच अंगुल की) यदि नौका में लगा दी जाए, तो वह नदी में आगे नहीं बढ़ेगी।

मेघस्तम्भन मन्त्र

ॐ नमः भगवते रुद्राय जल स्तम्भय-स्तम्भय ठः स्वाहा।

इस मन्त्र को प्रतिदिन सायंकाल १०८ के हिसाब से १०८ दिन तक जप करके सिद्ध करें। फिर श्मशान का कोयला सुलगाकर कागज पर एक मन्त्र नीचे लिखकर एक ऊपर लिखकर कहीं मार्ग में डाल दें, तो वर्षा बन्द हो जायेगी।

जल-स्तम्भन मन्त्र

ॐ नमो काला भैरों। कालिका का पूत। पगों खड़ाऊं हाथ। गुरुजी चलौ मन

प्रभात। आकतू अगुरुं भरा तेरो न्यौति। मैं जहां करूं पूजो दिन सात। जो तू मन चीता कार्य कर दे मोहि। कुंकुम कस्तूरी केसर से पूजा करूं तुम्हारी। मोर मन चीत्यौ। मेरा कार्य करहु। गुरु गोरखनाथ की वाचा फुरै। शब्द सांचा। पिण्ड कांचा। फुरो मन्त्र ईश्वरो वाचा।

पुष्य नक्षत्रयुक्त रविवार से पहले शनिवार की शाम को सफेद आक को जाकर निमंत्रण दे आना चाहिए और रविवार की प्रातः उखाड़ लाना चाहिए। फिर उस उखड़ी जड़ का खड़ाऊं बनाकर उसे १००८ बार उपरोक्त मन्त्र का जप करते हुए फूंक मारना चाहिए। इस क्रिया को २१ दिनों तक नियमित करने के पश्चात् यदि उस खड़ाऊं को पहनकर पानी के ऊपर चला जाये, तो हरगिज नहीं डूबेंगे।

अखाड़ा-स्तम्भन मन्त्र

ॐ नमो आदेश कामरू कामाक्षा देवी को। अंग पहनूं भुजंग पहनूं। पहनूं लोह शरीर। आनते के हाथ तोडूं। सहाय हो हनुमंत वीर। उठ अब नृसिंह वीर। तेरो सोलहा सौ श्रृंगार। मेरी पीठ लागे नहीं वार। हो मेरी हार तो हनुमंत वीर लज्जाने। तूं लेह पूजा पान सुपारी नारियल सिंदूर। अपनी बेट। सकल मोहि कर देहु। मेरी भक्ति गुरु की शक्ति। फुरो मन्त्र ईश्वरो वाचा।

मंगलवार के दिन इस मन्त्र-जप का अनुष्ठान करना चाहिए। प्रातःकाल उठकर स्नानादि से निवृत्त होकर किसी एकांत कक्ष में बजरंगबली की प्रतिमा को स्थापित कर देना चाहिए। उसके बाद ११ लंगोट, जो कि नया हो तथा लाल कपड़े का हो, प्रतिमा के समक्ष रख देना चाहिए। एक कटोरी में शुद्ध सरसों का तेल लेकर १०८ बार उपरोक्त मन्त्र का जप करके उस तेल की सम्पूर्ण शरीर पर मालिश करवानी चाहिए। इक्कीस दिनों तक नियमित जप करने के पश्चात् जब कहीं कुश्ती लड़ने जाना हो तो ५ बार उपरोक्त मन्त्र का जप कर उस लंगोट को धारण कर लेना चाहिए। ऐसा करने पर सभी का स्तम्भन होगा और विजयश्री की प्राप्ति होगी।

देहरक्षा मन्त्र

छोटी मोटी थमंत वार को बांधे पार को पार बांध, मराध मसान बांधे। जादू वीर बांधे टोना-टम्बर बांधे दोउ मूंठ बांधे गौरी छार बांधे भिड़िया और बाघ बांधे लखूरी स्यार बांधे, बिच्छू और सांप बांधे लाइलाह का कोट इलाइलाह की खाई रसूलिल्लाह की चौकी हजरत अली की दुहाई।

उपरोक्त मन्त्र का १०८ बार जप करके, घर या जंगल कहीं भी सोने पर कोई खतरा नहीं होता। जमीन पर सोने से पूर्व २१ बार मन्त्र को पढ़ते हुए जमीन के चारो तरफ लकीर खींच दिया जाता है, इससे कोई भी जीव-जन्तु जो जहरीला होता है, इस रेखा को पार नहीं कर पाता।

विद्याप्राप्ति मन्त्र

ॐ ह्रीं श्रीं अहंवद अहंवद वार वादिनी भगवती सरस्वती ऐं नमः स्वः विद्या देहि मम ह्रीं सरस्वती स्वाहा।

ग्रहणकाल के समय लगातार जप किया जाता है। जप सरस्वतीजी की प्रतिमा के समक्ष बैठकर किया जाता है। ग्रहणकाल में जितना उपरोक्त मन्त्र का हो सके, उतना जप करना चाहिए। उसके बाद विधिपूर्वक नीले वस्त्र धारण कर २१ दिनों तक प्रतिदिन १०८ बार मन्त्र का जप करना चाहिए। इस तरह मन्त्र सिद्ध हो जाने के पश्चात् जो भी अध्ययन किया जाता है, वह कंठस्थ होता चला जाता है।

हिंसक जीव-जन्तुस्तम्भन मन्त्र

फकीर चले परदेश को। कुत्तक मन में भावे। बध बांधूं। बधाइन बांधूं। बाघ के सातों बच्चा बांधूं। सांपा चोरा बांधूं। दांत बंधाऊं। बाट बांध देऊं। दुहाई लोना चमारी की।

कभी किसी ऐसे स्थान पर रुकने का मौका मिल जाता है, जहाँ हिंसक जीव-जन्तुओं के आक्रमण का खतरा प्रबल होता है, उन परिस्थितियों से निजात पाने के लिए व्यक्ति को इस मन्त्र का १०८ बार जप करके चारो दिशाओं को फूंक देना चाहिए। ऐसा कर देने पर सभी हिंसक जीव-जन्तुओं का स्तम्भन हो जाता है।

थाली-स्तम्भन मन्त्र

थाला पड़ि धूलि पड़ि। धां धीं बलिये। अमुकेर अंगेर विष पाला उडिये। थाला पड़ि धूल पड़ि। धां धीं स्वाहा। अमुकेर अंगेविष लागे तलगै थारूगा। कार आज्ञा कंसासुर नृपितर आज्ञै। धनपति स्वाहा।

सर्प काटे हुए व्यक्ति अथवा स्त्री की पीठ पर फुलहा थाली को रखकर उपरोक्त मन्त्र का ११ बार जप करने से थाल का स्तम्भन तब तक उसकी पीठ पर बना रहेगा, जब तक कि विष का एक कतरा भी उस व्यक्ति अथवा स्त्री के शरीर में विद्यमान हो। विष समाप्त होते ही थाल नीचे गिर जायेगा।

बाघ-स्तम्भन मन्त्र

बैठी बैठा कहां चल्यौ। पूर्व देश चल्यौ। आंखि बांध्यौ। तीनों मुंह बांधौ। मुंह केत जिह्वा बांधौ। अघौ डांड बांधौ। तेरी पोछी बांधौ। बांधौ तो मेरी आन। गुरु की आन। वज्र डांड बांधौ। दोहाई महादेव पार्वती की।

यदि जंगली इलाके में सफर करना हो और रात्रि में कहीं जंगल में ही विश्राम करना पड़ जाय, तो उपरोक्त मन्त्र के द्वारा ४ कंकर लेकर २१ बार अभिमन्त्रित करके चारो दिशाओं में फेंक देना चाहिए। इस क्रिया से बाघ के आक्रमण का खतरा टल जाता है अर्थात् बाघ का स्तम्भन हो जाता है।

वाक् सिद्धि मन्त्र

ॐ नमो लिंगोऽभव रूद्र देहि मे वाचा सिद्धि बिना पर्वत गते द्रां द्रीं द्रूं द्रें द्रीं द्रः।

इस मन्त्र को सिद्धि के लिए साधक को प्रातःकाल नित्य क्रिया से निवृत्त होकर स्नान करने के पश्चात् किसी एकांत कमरे में शिव की प्रतिमा या मूर्ति के समक्ष ऊनी आसन पर बैठकर शुद्ध मन से मस्तक (माथे) पर हाथ रखकर १०८ बार नित्य जप करना चाहिए। ९० दिन के पश्चात् मन्त्र सिद्ध हो जाता है। उसके बाद वचनसिद्धि होती है और वाक्सिद्धि में प्रवीणता आती है।

विजय-प्राप्ति मन्त्र

हाथ में बसे हनुमान भैरों बसे लिलार जो हनुमंत को टीका करे मोहे जग संसार जो आवे छाती पांव धरे बजरंग वीर रक्षा करें महम्मदा वीर छाती तोर जुगुनियां वीर सिर फोर उगुनिया वीर मार मार भास्वंत करे भैरों बीर की आन फिरती रहे बजरंग वीर रक्षा करे जो हमारे उपर घात डाले तो पलट हनुमासन्न वीर उसी को मारे जल बांधे, थल बांधे, आर्या आसमान बांधे कुदवा और कलवा बांधे, कचकक्की आसमान बांधे वाचा साबि साहिब के पूत धर्म के नाती, आसरा तुम्हारा है।

जीवन या समाज के किसी भी क्षेत्र में शत्रु-विरोधी, निदंक, प्रतिस्पर्धा, प्रतिद्वन्द्वी को परास्त करके साधक को विजय प्रदान करने में यह मन्त्र अमोघ है। इस मन्त्र की सिद्धि के लिए ३१,००० जप की आवश्यकता होती है। इसकी शुरुआत दीपावली, होली या ग्रहण की बेला में की जाती है। इसे रात्रि के समय जप । जाता है। साधक को स्नान के पश्चात् एकांत कमरे में हनुमानजी की मूर्ति के समक्ष एकाग्र भाव से प्रत्येक दिन १०८ मन्त्रजप करना चाहिए। निश्चित मन्त्र की संख्या पूर्ण होने तक, नियम-निष्ठा व संयम से रहना चाहिए। ब्रह्मचर्य नियम का पालन करते रहना चाहिए। सिद्ध हो जाने के पश्चात् जब भी आवश्यकता पड़े, इसका पाँच बार जप करके लाभ उठाया जा सकता है।

घंटिका रोग-निवारण मन्त्र

ॐ द्रा द्रीं खीं खूं क्ष।

इस मन्त्र से भस्म को मन्त्रित करके खाने से घंटिका रोग नष्ट हो जाता है।

भूतादिक नाश करने का मन्त्र

ॐ मातांगाद्य प्रेत रूपाय विहंगमाय धून-धन ग्रस ग्रस आकर्षक-आकर्षक हूं फट् स्वाहा सिरि सूल चंडा घर प्रचंड सुग्रीवो अज्ञापयति स्वाहा।

सरसों लेकर इस मन्त्र से १०८ बार ताड़ित करने से ग्रह, भूत, डाकिनी आदि शीघ्र दूर होते हैं। कनेर के फूलू, धतूरे के फूल, अश्वगंध, अपामार्ग—इन वस्तुओं का धूप बनाकर जलाने से भूत बाधा नष्ट होती है।

गण्डादि दोषनाशक मन्त्र

ग छ ह उ कृपाउ छिंदउ महुछिंददउ पंछु छिंदउ छिंद भिंदि-भिंदि त्रुटि त्रुटि जाहि जाहिर निसंतान।

इस मन्त्र को २१ बार जपें और हाथ से झाड़ा देते जाएं तो गण्डा दोष नष्ट हो जाता है।

ज्वरहारक मन्त्र

ॐ पंचात्माय स्वाहा।

इस मन्त्र से २१ बार चोटी को मन्त्रित करके चोटी में गांठ लगावें तो ज्वर से छुटकारा मिलता है।

घाव भरने का मन्त्र

साति देलागउ धाउ फुकिउ भजउ होउ जाउ।

इस मन्त्र से तेल को ७ बार मन्त्रित करके तेल को घाव पर लगाने से घाव भरने लगता है।

कुत्ते के काटने पर मन्त्र

सोवन कंयोलउ राद्घुधु पियउ अउधाइ भस्मातं होइ जाइ।

कुत्ते के काटने पर इस मन्त्र से भस्म को मन्त्रित कर लगाने से अच्छा हो जाता है।

ज्वरहारी मन्त्र

१. सहि अकारणी पाहुआ धालिरे जपं जारे जरांर्लकि लीजइ हणुआ नोउ हस्सं करयी अगन्या श्री महादेव भराडायी अन्या देव गुरुयी अगन्या जारें लोकि।

ताजे कते सूत में १० गांठ लगावें, ११० बार मन्त्र पढ़ें फिर उस सूत को गले में या भुजा पर बांधें तो दिनान्तर ज्वर, एकांतर ज्वर, धावान्तर ज्वर। त्रयहर ज्वर, चतुर्थ ज्वर नष्ट हो जाता है। इसी प्रकार गुग्गुल जलाने से भी ज्वर का नाश होता है।

२. ॐ चढ़ कजालिनी शेषान, ज्वर बंध सइलं बंधवेला ज्वर बंध विषम ज्वरबंधवेला भहा ज्वर बंध ठः ठः स्वाहा।

इस मन्त्र से कुसुंभी रंग के डोरे से मन्त्र २१ बार पढ़ते हुए ७ गांठ लगावें फिर गले में या हाथ में बांधें तो सभी प्रकार के ज्वरों का नाश हो जाता है।

मलदोष-निवारक मन्त्र

ॐ घटा कर्ण महावीर सर्प व्याधि, विनाशनः चक्षुः पदानां मले जाते रक्ष-रक्ष महाबलः।

इस मन्त्र को सुगन्धित द्रव्यों से भोजपत्र पर लिखकर घण्टे में बांधें, फिर उस घण्टे को जोर से बजावें। जितने प्रदेश में घण्टे की आवाज जायेगी, उतने प्रदेश में मलदोष नष्ट होंगे एवं समस्त व्याधि नष्ट होगी।

रिंगणी बाय नाशक मन्त्र

ॐ चन्द्र परिश्रम स्वाहा।

एक हाथ के प्रमाण बाण (शर) को लेकर २१ दिन तक उक्त मन्त्र से झाड़ा देने से रिंगणी वाय नष्ट होती है।

कमलवाय नाशक मन्त्र

'ॐ कमले कमले अमुकस्य (नाम) कामलं नाशय स्वाहा।' 'ॐ रां रीं रौं रः स्वाहा।'

इस मन्त्र से २१ बार ३४ दिन तक हाथ से झाड़ा दें तो कमलवाय नष्ट होता है।

बच्चे के रुदन दूर करने का मन्त्र

ॐ नमो रत्नत्रायाय ॐ चलूठ्ठ चूजे स्वाहा।

इस मन्त्र को रोते हुए बच्चे के नाम से जपने से बच्चा चुप हो जाता है। वह रोता नहीं है।

भूत कैद करने का मन्त्र

बंध बंध शिव बंध शिव बंध शिव बंध शिव बंध शिव बंध शिव बंध शिव बंध शिव बंध शिव।

शिवलिंग, तांबे या पीतल की परात, बेलपत्र, धतूरे का फल, अकवन (आक) का फूल, अड़हुल का फूल, कनेर का फूल, भांग की पत्तियाँ (सूखी या हरी), दूध एक लीटर, आसन रंग का कम्बल, उड़द और शुद्ध जल संकलित करें।

किसी एकांत कमरे में दक्षिण की ओर मुंह करके आसन विछाकर बैठ जाएं। सामने परात रखकर शिवलिंग स्थापित करें और मन्त्र का जप करते हुए उस पर उड़द, फूल एवं पत्तियाँ एक-एक करके चढ़ाएं। १२१ बार मन्त्र का जप करें। तत्पश्चात् शिवलिंग पर जल चढ़ाएं। इसके बाद मन्त्रजप करके दूध चढ़ाएं। परात की सामग्री को जल एवं दूध के साथ उबालें। जब इसकी चाशनी खीर की तरह बन जाए, तो उसे किसी पीपल के पेड़ के नीचे जड़ में डाल दें। यह क्रिया २१ दिनों तक करे।

भूत मारने व मुक्त करने का मन्त्र

ॐ नमो आदेश गुरु को हनुमंत वीर बजरंगी बज्रधार डाकिनी-शाकिनी भूत-प्रेत खईस को ठीक-ठीक मार-मार। नहीं मारे तो निरंजन निराकार की दुहाई।

हनुमानजी का विधिपूर्ण अनुष्ठान शनिवार से प्रारम्भ करके २१ दिन तक करें। इसके बाद निम्न कार्यों में प्रयोग करें—

इस मन्त्र को पढ़कर ध्यान एकाग्र करके वशीभूत प्रेतात्मा को बुलाएं तो वह फौरन हाजिर होगा। उससे उसकी शक्ति के अनुसार कार्य करने के लिए कह सकते हैं।

इस मन्त्र को सरसों या उड़द पर पढ़कर रोगी को मारें। यह क्रिया करते जाएं। कुछ देर में भूत भाग जाएगा।

इस मन्त्र से उड़द पढ़कर रोगी के सिर पर चेहरे पर शक्ति से मारें। भूत चीखने-चिल्लाने लगेगा। चाहे तो उसे छोड़ दें चाहे तो निरन्तर मन्त्र पढ़ते रहें और एक खाली शीशे की बोतल में मिट्टी की हांडी को लाल कपड़े से ढककर रखें। मन्त्र पढ़ते समय इसे खोल दें। बोतल में धुआं दिखे तो डॉट बन्द करके लाल कपड़े में लपेटकर मिट्टी में दबा दें या गंगा में प्रवाहित कर दें।

उड़द पढ़कर रोगी पर मारें। भूत चीखेगा-चिल्लाएगा या तो उसे जाने दें या उसे जला दें अर्थात् लगातार उड़द फेंकते रहें।

शैतान चढ़ाने का मन्त्र

अल्प गुरु अल्प रहमान। अमुक की छाती ना चढ़ै तो माँ बहिन की सेज पे पग धरै। अली की दुहाई। अली की दुहाई। अली की दुहाई।

शुक्रवार की रात्रि को किसी निर्जन स्थान पर पीली मिट्टी का गोल चौका लगाकर एक दीपक रखें, जिसमें तिल का तेल हो। बाती उत्तर की तरफ करके जला दें और स्वयं दक्षिण की तरह मुँह करके इस मन्त्र का जप करें। सत्तरह हजार मन्त्र पूरे होने पर शत्रु के ऊपर शैतान चढ़ जायेगा। शत्रु ने उचित समय पर उसका प्रबन्ध न किया तो कुछ ही दिनों में शत्रु की जीवनलीला समाप्त हो जाएगी।

नींबू मन्त्र

बार बांधो, बार निकले। जा काट धारनी सूजाये। लय बहरना चौं हाथ से। तो काट दाँत से। दुहाई भामहवा की।

इस प्रयोग के लिए एक स्थान का चुनाव करें और वहाँ पर चिकनी मिट्टी का चौका लगावें। जब चौका सूख जाय तो उसके ऊपर सफेद चादर बिछा दें और उसके

ऊपर पश्चिम दिशा की तरफ मुख करके बैठें। सामने एक घी का दीप जला लें। भोग के लिए हलुवा तथा पूड़ी भी रखें। गांजे की चिलम, इत्र, मेवा, दो लौंग तथा नींबू भी सामने रख लें। अब आप इस मन्त्र का जप करें और जप के पश्चात् दीपक तथा नींबू के अलावा सारी सामग्री जल में प्रवाहित कर दें। यह प्रयोग ४० दिन तक करना चाहिये। ४० दिन पूर्ण होने पर नींबू को १०८ बार इसी मन्त्र से फूंकें और किसी कील से उसे छेद दें तो आपका शत्रु तड़पने लगेगा। यदि आपने कील आर-पार कर दी तो उसकी मृत्यु हो जाएगी।

प्रतिमा मारण मन्त्र

खंग मारै कालिका। भुजंग मारै भैरव। झपट के मारै दुर्गा। कहे अलमस्त। वो ही पस्त। जो मुझको सतायेगा।

श्मशान में जाकर किसी शनिवार की रात्रि को कोई जलती हुई चिता देखकर समस्त वस्त्र उतार कर उसके समक्ष बैठ जाएं और इस मन्त्र का जप करें। सूर्योदय से पहले उस चिता को प्रणाम करें और उसका कोयला तथा राख लेकर आ जाएं।

अपने शत्रु के पाँव तले की धूल लेकर उसमें राख मिलाकर पीली मिट्टी की शत्रु की प्रतिमा बनाएं। इसको कोयले के ढेर पर रखकर श्मशान वाला कोयला इसके हृदय पर रख दें और पुनः कोयलों से ढक कर उसे सुलगा दें; साथ-ही-साथ ऊपर बताए गये मन्त्र का जप करते रहें। जैसे-जैसे प्रतिमा ताप पायेगी, वैसे-वैसे शत्रु ताप से पीड़ित होकर तड़पेगा। जैसे ही पूर्ण ताप पाकर प्रतिमा चटकेगी, शत्रु भी मृत्यु को प्राप्त हो जायेगा।

हवन मन्त्र

ॐ नमः काल भैरों। कालिका तीर मार। तोड़ वैरी की छाती। तोड़ हाथ। काल जो काढ़े बत्तीसी। यदि यह काज न करे। नोखनी योगिनी का तीर छूटे। मेरी भक्ति गुरु की शक्ति फुरे मन्त्र ईश्वरो वाचा।

काली कनेर के १०८ पुष्प, गुग्गुल के छोटे-छोटे १०२ टुकड़े लेकर किसी श्मशान में जाकर जलती हुई चिता के ऊपर की तरफ दक्षिण मुख करके खड़े हो जाएं और यह मन्त्र जपते हुए उपरोक्त सामग्री से १०८ आहुति दें। इच्छा अवश्य ही पूर्ण होगी।

मूठ मन्त्र

१. ॐ नमो वीर तो हनुमन्त वीर। सूर्य का तेज, शत्रु की काया। अदीठ चक्र देवी कालिका चलाया। चल रे बादी न कर। बाद मैं करिहों तेरे जीव का घात। मैं न डरूं तेरे गुरु पीर सूँ। मारूँ ताने एक तीर सूँ। मेरा मारा

ऐसा घूमै। जैसा भुजंग की लहर परै। तोहि गिरता मारूं बाण। फेरि चलो तो यती हनुमान की आन। शब्द साँचा पिण्ड काँचा। फुरो मन्त्र ईश्वरो वाचा।

शनिवार को दाहिने हाथ में उड़द लेकर इस मन्त्र से अभिमन्त्रित करके शत्रु को मार दें तो शत्रु पछाड़ खाकर गिर पड़ेगा।

मूठ मन्त्र

२. ॐ नमो वीर तो हनुमन्त वीर। भूरि मूठि चलावै तीर। मैं की रुख नाखी तोड़ि। लोहु सोखि। मेरा वैरी तेरा भक्षिह। तोड़ि कलेजा चाख। सब धर्म की हाथई बजे धर्म की लाल में। बलि तुम्हारे कहाँ गए। भूरे बाल। उलटि पछाड़। पछाड़े तो माता अञ्जनी की आन। शब्द साँचा। पिण्ड काँचा। फुरे मन्त्र ईश्वरो वाचा।

होली खेलने से पहले वाली रात अर्थात् पूर्णिमा की रात को नग्न होकर किसी निर्जन स्थान में इस मन्त्र को दस माला जपें। इसके बाद थोड़े से उड़द लेकर इस मन्त्र से अभिमन्त्रित करके जिसे मारेंगे, वही पछाड़ खाकर गिर पड़ेगा।

३. ॐ नमो काला भैरों मसान वाला। चौंसठ योगिनी करैं तमाशा। रक्त बाण। चल रे भैरों कालिया मसान। मैं कहूँ तोसों समुझाय, सवा पहल में धुनि दिखाय, मूवा मुर्दा, मरघट बास। माता छोड़े पुत्र की आस। जलती लकड़ी धुकै मसान। भैरों मेरा बैरी तेरा। खान सेली सिंगी रुद्रबाण। मेरे बैरी को नहीं मारो तो राजा रामचन्द्र लक्ष्मण यती की आन। शब्द साँचा पिण्ड काँचा। फुरै मन्त्र ईश्वरो वाचा।

श्मशान आते हुए मुर्दे की हांडी प्राप्त कर लें और ध्यान रखें कि मुर्दा कहाँ फेंका जा रहा है। रात्रि में वहाँ जाकर उसकी चिता की आग पर वह हांडी गर्म करें। जब हांडी गर्म हो जाय तो उसमें कुछ उड़द डाल दें। यह उड़द भुन जाएंगे। हांडी किसी साफ जगह पर उलट कर जले हुए उड़द अलग कर लें और फूले हुए उड़द अलग कर लें। जले हुए उड़द लेकर इक्कीस बार मन्त्र से अभिमन्त्रित करें और फिर शत्रु को मारे। यह सारी क्रिया प्रातः बासी मुख ही करें।

कपालभग्न मन्त्र

इम्नामीन। सलास मातिन।

इस मन्त्र का एक हजार जप प्रतिदिन करें और ४० दिन तक निरन्तर करें। इसके बाद कुम्हार के चाक की मिट्टी या शत्रु के पांव तले की मिट्टी ले आएं। इस मिट्टी में थोड़ा-सा रंग मिला करके शत्रु के त्वचा वाला रंग बना लें और फिर मिट्टी की एक

प्रतिमा बना लें। श्मशान से हड्डियाँ प्राप्त करके छोटी-सी एक माला बना लें। इस माला पर एक बार मन्त्र का जप करके प्रतिमा के सिर पर एक जूता मारें। इसके बाद फिर जप करें और फिर एक जूता मारें। यह क्रिया करते रहें। इससे शत्रु के सिर पर चोट लगेगी। यदि यह प्रयोग ४० दिन तक निरन्तर किया गया तो शत्रु का सिर फूटकर उसकी बोलो राम हो जाएगी।

श्मशान का कोयला मन्त्र

ॐ नमो आदेश गुरु को। हनुमन्त बलवन्ता। माता अञ्जनी का पूत। हल हलन्ता। आओ चढ़ चढ़न्ता। आओ गढ़ किला तोड़न्ता। आओ लंका जलन्ता बालन्ता भस्म करन्ता। आओ ले लागूँ लंगूर। ते लिपटाये सुमिरते पटका। औ चन्दी चंद्रावली भवानी। मिल गावें मंगलाचार। जीते राम लक्ष्मण। हनुमान जी आओ। आओ जी तुम आओ। सात पान का बीड़ा चाबत। मस्तक सिंदूर चढ़ाये आओ। मंदोदरी सिंहासन डुलाते आओ। यहाँ आओ हनुमान। आया जागते नरसिंह। आया आगे भैरों किलकिलाय। ऊपर हनुमन्त गाजे। दुर्जन को फाड़। अमुक को मार संहार। हमारे सत्यगुरु। हम सत्यगुरु के बालक। मेरी भक्ति। गुरु की शक्ति। फुरे मन्त्र ईश्वरो वाचा।

श्मशान से कोयला ले आयें। फिर किसी दीवार पर अपने शत्रु का चित्र बनायें और वहाँ पर इस मन्त्र का जप करते रहें। मन्त्र का एक-हजार-एक जप जिस समय पूरा हो, श्मशान के कोयले से जली आग का कोयला शत्रु के शरीर से जहाँ-जहाँ छुवाएंगे; शत्रु भी अग्नि के ताप से वहीं-वहीं जलेगा।

निवेदन मन्त्र

ॐ नमो आदेश हनुमन्त का। फारि विदारि उदारि तने। हनुमान जू शत्रुन कोतुम खावो। एक न छाडहु द्रोहिन को। जग में जग द्रोहिन को तुम पावो। आदेश तने राजा राम का। मेरी भक्ति। गुरु की शक्ति। फुरो मन्त्र ईश्वरो वाचा।

जब शत्रु बहुत ही परेशान करने लगे तब इस मन्त्र का अनुष्ठान पूर्ण सावधानी के साथ करें। अनुष्ठान की पूर्ति होते-होते शत्रु शत्रुता छोड़ सुलह की स्वयं इच्छा करने लगेगा।

हिचकी रोकने का मन्त्र

ॐ सुमेरु पर्वत पर नोना चमारी। सोने की रांपी, सोने की सुतारी। हक चूक वाह बिलारी। धरणी नालि काटि कूटि समुद्र खारी बहावो नोना चमारी की दुहाई। फुरो मन्त्र खुदाई।

जब हिचकी न थमे तो इस मन्त्र को जपते हुए रोगी को फूंक मारने से हिचकी थम जाती है।

विचित्र मन्त्र

ॐ नमो आदेश गुरु को। हो हनुमन्त वीर। बसती नगरी। कल करता। जेहु कहु। जेहु चेतु। जेहु मांगु। ॐ जो न करै। जो न करावै। अंजनी का सीधा पाँव धरेगा। अंजनी का चूसा दूध हराम करेगा। नेलती खेलती की वाचा चूके। गौतम रूखै। सर का कमण्डला पानी सूखै। चलो मन्त्र गौतमी का वाचा।

यह अत्यधिक भयप्रद प्रयोग है; अतः पूर्ण सोच-विचार करके ही इसे करना चाहिये।

आपत्ति उच्चाटन मन्त्र

हुक्म शेख फरीद को। कमरिया निशि। अन्धरिया आग। पानी पथरिया। तीनों से तोही बचइया।

मन्त्र में तीन कथित आपत्तियों का इस मन्त्र से उच्चाटन होता है। जब भी किसी कारण से खुले आकाश के नीचे रहना पड़े तब इसे तीन बार पढ़कर ताली बजाने से ओला गिरने तथा आंधी, पानी से रक्षा होती है।

श्वास उच्चाटन मन्त्र

ॐ वीर वीर महावीर। सात समुद्र का सोखा नीर। देवदत्त के ऊपर चौकी चढ़े। हियो फोड़ चोटी चढ़े। साँस न आवे पड़यो रहे। काया माहि जीव रहे। लाल लंगोट तेल सिन्दूर। पूजा माँगे महावीर। अन्तर कपड़ा पर तेल सिन्दूर। हजरत वीर की चौकी रहे। ॐ नमो आदेश, आदेश आदेश।

इस प्रयोग से मारण नहीं होता; परन्तु मारणतुल्य स्थिति कर देता है। देवदत्त अर्थात् केन्द्रिय व्यक्ति का शरीर स्थिर रहता है; परन्तु सांसों का क्रम अनुभव में नहीं आ पाता। इस प्रयोग को करने के लिए मंगलवार की रात्रि में किसी चौराहे पर स्थित हनुमान मन्दिर में जाकर उनकी पूजा करें। तत्पश्चात् शत्रु के किसी वस्त्र पर तेल-सिन्दूर लगाकर देवदत्त के बदले उस व्यक्ति का नाम लेकर उसमें शत्रु की प्राण-प्रतिष्ठा करें। इसके बाद कपड़े को किसी हंडिया में रखकर उसका मुख बंद कर मिट्टी से उसे भली प्रकार बन्द करके कहीं पर दबा देते हैं। जब शत्रु को अच्छा करना हो तब इसे निकालकर हंडिया खोल देते हैं; परन्तु ध्यान रहे कि इसे लोहे की कील, बबूल का कांटा या विषैली टहनी से न छेदें; अन्यथा शत्रु मर जायेगा।

ग्राहक उच्चाटन मन्त्र

ॐ भंवर वीर तूं चेला मेरा। बांध दुकान कहा कर मेरा। उठे न डंडी। बिके ने माल। न भंवर वीर सो खेकर जाय।

इस मन्त्र को एक सौ आठ बार पढ़कर काले उड़दों को शक्तिकृत करके जिस दुकान में या फड़ पर डाल देंगे तो उसकी बिक्री बन्द हो जाती है। दुकानदार उस दुकान से कुछ भी आमदनी नहीं कर पाता।

प्रयोगनाशक मन्त्र

काला कलुवा चौंसठ वीर। मेरा कलुवा मारा तीर। जहाँ को भेजूं वहाँ को जाये। मास मच्छी को छुवन न जाये। अपना मारा आप ही खाये। चलत बाण मारूं। उलट मूठ मारूं। मार मार कलुवा तेरी आस चार। चौमुखा दिया न बाती। जा मारूं वाही को जाती। इतना काम मेरा न करे। तो तुझे अपनी माता का दूध हराम।

तांत्रिक प्रयोगादि के द्वारा मारण प्रयोगों में अनेक शरारतें की जाती हैं, जिसमें से बाण और मूठ मारना कुछ सरल तथा सशक्त है। इसे जब भेजते हैं तो दिखाई देते हुए जाते हैं। तब या जब मारने के लिए यह प्रयोग प्रत्यक्ष हो तब इस मन्त्र को लगातार जपने से वह प्रयोग वापस चला जाता है।

छलछिद्र उच्चाटन मन्त्र

ॐ महावीर। हनुमन्त वीर। तेरे तरकश में सौ सौ तीर। खिण बायें खिण दाहिने। खिण खिण आगे होय। अचल गुसांई सेवता। काया भंग न होय। इन्द्रासन दी बांध के। करे घूमे मसान। इस काया को छलछिद्र कांपे। तो हनुमन्त तेरी आन।

रामभक्त हनुमानजी के साधकों तथा प्रयोगकर्ताओं के लिये यह एक सशक्त प्रयोग हैं। इसे सर्वप्रथम सिद्ध करना चाहिये। इसके लिए सर्वप्रथम हनुमानजी को पूजा दे आये तथा किसी एकान्त स्थान में इसके प्रतिरात्रि में कम से कम १०८ मन्त्र पढ़ें। इसे लगातार इक्कीस दिन तक करते रहें तथा सावधान रहें। यदि कोई विशेषता प्रत्यक्ष हो तो उससे भय न खायें; अपितु अपने कार्य के प्रति दृढ़ रहें। इस मन्त्र की साधना के बाद जब आवश्यकता हो तब लाल रंग का धागा लेकर पाँच तार में लपेटकर इस मन्त्र को पढ़ते हुए क्रम से सात गांठें लगायें और पहना दें तो समस्त छल-छिद्रों का उच्चाटन हो जाता है।

विषैले जन्तु का उच्चाटन मन्त्र

ॐ कारी कमरी मौनी रात। ढूँढो सरप अपनी बाट। जो सरप बिच्छा पर परे लात। वह सरप बिच्छा करे न घात। दुहाई ईश्वर महादेव। गौराँ पार्वती की।

इस मन्त्र के प्रयोग से विषैले जीव-जन्तुओं का उच्चाटन होता है। किसी कारण यदि जीव मिल भी जाता है तो घाव नहीं किया करता। प्राय: इसे पढ़ते हुए या पढ़कर गमन करने से उपरोक्त लाभ मिलता है।

शत्रु उच्चाटन मन्त्र

ॐ एक ही आदि है जग धारा। सदा स्मरण करूं ओंकारा। औमकार से मैं काम चलाऊं। ठहरे पर्वत मैं हिलाऊं। ओमकार से उपजी वायु। वायु का बेटा है हनुमान। तेरा हूं मैं एक ही दासा। सदा रहो रघुवर के पासा। पान बीड़ा तुझे चढ़ाऊं। देवदत्त को मैं भगाऊं। मेरा भागा न भगे। रामचन्द्र की दुहाई। सीता सत्यवंती की दुहाई। लक्ष्मण यती की दुहाई। गौरा पार्वती की दुहाई। शब्द सांचा। पिण्ड कांचा। फुरो मन्त्र ईश्वरो वाचा।

सर्वप्रथम रामनवमी वाले दिन हनुमानजी की सिद्धि के लिए पूजा प्रदान करें; तदुपरान्त इसे एक हजार बार नित्य पढ़ें। यह प्रयोग चालीस दिनों तक लगातार करें। संयम से रहें। भय न खायें। जब यह मन्त्र सिद्ध हो जाये तब काले उड़द को इससे शक्तिकृत करके मारने से शत्रु का उच्चाटन होता है।

जलन मन्त्र

ॐ नमो आदेश गुरु को। कामरू देश कामाख्या देवी। जले तेल रेल तेव महा तीरे। अमुक लहर पील मल में कारे। मन्त्र पढ़े नरसिंह देव कुटिया में बैठके। श्री रामचन्द्र रहि रहि फूंक के। जाय अमुक की जलन। एक एलन में जाय। खाय सागर की नोर नान में। आज्ञा हाड़ि दासी की। फुरो मन्त्र चण्डी वाचा।

यदि कोई जल गया हो तो सरसों का तेल लेकर इस मन्त्र से शक्तिकृत करके जले हुए स्थान पर लगा दें तो जलन ठीक हो जाती है। मन्त्र में 'अमुक' के स्थान पर रोगी का नाम लेना चाहिये।

बकरा मन्त्र

काले तिल। कवेला तिल। गुजरी बैठी वीर। पसारे सुई। न देधे माधाई। पीर न आवै। काली करुइमती भारी। दुष्य तिबुकिलार। अवनी बांधों सुई। अवषांडे की धार। आवे न लोहू। न फूटे घाउ। रक्षा करे श्री गोरखराउ।

इस मन्त्र से शक्तिकृत करके कुछ उड़द बकरे को मारे जायँ तो कसाई का हथियार उसका वध नहीं कर पाएगा।

सर्प कीलन मन्त्र

बजरी बजरी बजर कीवाड़। बजरा कीलूं आस पास। मरै सांप होय खाक। मेरा कीला पत्थर कीलै। पत्थर फूटै न मेरा कीला छूटै। मेरी भक्ति। गुरु की शक्ति। फुरो मन्त्र ईश्वरो वाचा।

थोड़ी-सी मिट्टी या कुछ कंकड़ लेकर इस मन्त्र के द्वारा सात बार शक्तिकृत करें और सर्प पर हल्के से मार दें तो सर्प हरकत करना बन्द कर देगा।

दृष्टिस्तम्भन मन्त्र

ॐ नमो काल भैरों घंघरा वाला। हाथ खड़ग फूलों की माला। चौंसठ सौ योगिन संग में चोला। देखो खोलि नजर का ताला। राजा परजा ध्यावै तोहीं। सबकी दृष्टि बांधि दे मोहीं। मैं पूजौं तुमको नित ध्याय। भरी अथाई सुमिरौं तोहि। तेरा कीया सब कुछ होय। देखूं भैरों तेरे मन्त्र की शक्ति। चलै मन्त्र ईश्वरो वाचा।

रविवार के दिन श्मशान में जाकर एक चुटकी राख लायें। भैरों जी का पूजन करें। आपके इष्ट ही यदि भैरों जी हों तो अधिक उत्तम रहेगा। यह मन्त्र जपते हुए २१ बार राख को फूंक मारें और कहीं पर भी सभा में जाकर पुन: इस मन्त्र को जपते हुए राख को वातावरण में फूंक कर उड़ा दें। इससे सभी की दृष्टि बंध जाएगी।

कालिका मन्त्र

कीं कालिका षोड़स वर्षीय जवान। हाथ में खड़ग खप्पड़ तीर कमान। गले नर मुण्ड माला रहे श्मशान। आओ आओ माँ कालिके मेरा कहना मान। नहीं आये कालिका तो काल भैरव की दुहाई। शब्द सांचा फुरो मन्त्र खुदाई।

इस मन्त्र का शुभारम्भ शनिवार की अर्द्धरात्रि में निर्वस्त्र होकर करें। इस मन्त्र का लाभ कालिका देवी के भक्तों को ही प्राप्त होता है।

वीरदर्शन मन्त्र

काली काली महाकाली। इन्द्र की बेटी, ब्रह्मा की साली। बालक की रखवाली। काले की जय काली। भैरों कपाली। जटा रातों खेलें। चन्द हाथ कैड़ी मठा। मसनिया वीर। चौहटे लड़ाक। समानिया वीर। बज्रकाया। जिह करन नरसिंह धाया। नरसिंह फोड़ कपाल चलाया। खोल लोहे का कुण्डा। मेरा तेरा बान फटक। भूगोल बैठान। काल भैरों बाबा नाहर सिंह। अपनी चौकी बठान। शब्द सांचा फुरे मन्त्र ईश्वरो वाचा।

किसी एकान्त स्थान में शनिवार या रविवार को रात्रि में जप का शुभारम्भ करें। उस रात यह जप तब तक करें जब तक वीर दर्शन न दे दें।

वीरों की जंजीर

लाइलाहाइल्लिल्लाह। हजरत वीर की सल्तनत को सलाम। वी आजम जेर जाल मश्चल कर। तेरी जंजीर से कौन-कौन चले। बावन भैरों चलें। चौंसठ योगिनी चलें। देव चले। विशेष चलें। हनुमन्त की हाँक चले। नरसिंह की धाक चले। नहीं चले तो सुलेमान के बखत की दुहाई। एक लाख अस्सी हजार पीर पैगम्बर की दुहाई। मेरी भक्ति गुरु की शक्ति फुरो मन्त्र ईश्वरो वाचा।

इसकी साधना अकेले न करें। शुक्रवार या गुरुवार के दिन से पश्चिम की ओर मुख करके, सफेद वस्त्र धारण करके बैठें और दस माला प्रतिदिन जपें। बारह दिन में मन्त्र सिद्ध हो जाएगा। प्रयोग काल में लोबान जलता रहे। वीर उपस्थित हों तब उसे शपथ में बांध लें।

हनुमान मन्त्र

ॐ हनुमान पहलवान वर्ष बारहा का जवान। हाथ में लड्डू मुख में पान। आओ आओ बाबा हनुमान। न आओ तो दुहाई महादेव गौरा पार्वती की। शब्द सांचा। पिण्ड कांचा। फुरो मन्त्र ईश्वरो वाचा।

इस मन्त्र का अनुष्ठान मंगलवार या शनिवार से प्रारम्भ करें। हनुमानजी को सिन्दूर का चोला, जनेऊ, खड़ाऊं, लंगोट, दो लड्डू और ध्वजा चढ़ावें। इसके बाद प्रत्येक मंगलवार को व्रत रखें। लाल वस्त्र धारण करें तथा लाल चन्दन की माला से जपादि कर्म करें। शनिवार को चने तथा गुड़ का वितरण करें। इस मन्त्र की दस मालाएं प्रतिदिन जपें। यह कर्म तीन महीने तक करें। सदा पवित्र रहें। हनुमानजी दर्शन देंगे। उस समय जो चाहें मांग लें।

मुट्ठीपीर-सिद्धि मन्त्र

बिस्मिल्लाह अर्रहमान निर्ररहीम। साह चक्र की बावड़ी। कले मोतियन का हार। लंका सौ कोट समुद्र सी खाई। जहाँ फिरे मोहम्मदा वीर की दुहाई। कौन वीर आगे चले। सुलेमान वीर चले। दुर्शनी वीर चले। नादिरशाह वीर चले। मुट्ठी पीर चले। नहीं चले तो हजरत सुलेमान की दुहाई। शब्द सांचा। पिण्ड कांचा। चलो मन्त्र ईश्वरो वाचा।

इस मन्त्र को गुरुवार के दिन रात्रि के समय बबूल के वृक्ष के नीचे पश्चिमाभिमुख बैठकर इस भाँति जपें कि ३० दिन में १०,०००० जप पूर्ण हो जाए। जप के काल में या जप की पूर्णता पर मुट्ठी पीर हाजिर होंगे, उन्हें प्रसन्न कर लें।

शौहावीर-सिद्धि मन्त्र

सोह चक्र की बावड़ी। डाल मोतियन का हार। पद्म नियानी नीकरी। लंका करे निहार। लंका सो कोट समुद्र सी खाई। चले चौकी हनुमन्त वीर की दुहाई। कौन-कौन वीर चले। मरदाना वीर चले। सवा हाथ जमीन को सोखन्त करना। जल का सोखन्त करना। पय का सोखन्त करना। पवन का सोखन्त करना। लाग को सोखन्त करना। चूड़ी को सोखन्त करना। पलना को। भूत को। पलीत को। अपने वरी को सोखन्त करना। मेवत उपात भाकी चन्द्र कले नहीं। चलती पवन मदन सूतल करे। माता का दूध हराम करे। शब्द सांचा फुरो मन्त्र ईश्वरो वाचा।

इस मन्त्र का प्रयोग गुरुवार से करके एक माला प्रतिदिन फरें। लोबान जलाए रखें। २१ दिन में वीर दर्शन देगा; जो चाहे मांग लें।

अनाज चुराने का मन्त्र

ॐ नमो हंकालो चौसठि योगिनी।
हंगालो बावना वीर।
कार्तिक अर्जुन वीर बुलाऊं।
आगे चौंसठि वीर।
जल बन्धि बल बन्धि आकाश बन्धि।
पवन बन्धि तीन देश की विद्या बन्धि।
उत्तर तो अर्जुन राजा।
दक्षिण तो कार्तिक विराजै।
आसमान लौं वीर गाजै।
नीचे चौंसठि योगिनी विराजैं।
पी तो पास, चलि आवै
छप्पन भैरों राशि उड़ावे।
एक बन्ध आसमान में लगाया।
दूजे बांधि राशि घर में लाया।

दीपावली की रात्रि में इस मन्त्र को पढ़ते हुए वन में जाएं और चूहे की विष्ठा ले आएं। उसे इसी मन्त्र से शक्ति सिद्ध करके जिस अनाज के ऊपर रख आएंगे, वही अनाज घर आ जाएगा।

अग्नि बैताल मन्त्र

ॐ नमो अगिया वीर बैताल।
पैठि सातवें पाताल।
लांघ अग्नि की जलती झाल।
बैठि ब्रह्मा के कपाल।
मछली, चील, कायली, गूगल, हरिताल।
इन वस्तां को लै चलि।
न लै चलै तो माता कालिका की आन।

मन्त्र में कही गयी सामग्री को लेकर होली की रात में किसी एकांत स्थान में बैठकर इस मन्त्र का जप करें। जप के समय धूप तथा चर्बी का दीपक जलता रहे। आपके जप से प्रसन्न होकर जब अग्नि बैताल आये तो उसे उपरोक्त सामग्री दे दें। इसके बाद कुछ कंकड़ी लेकर इसी मन्त्र से १०८ बार फूंककर जहाँ मारोगे, वहीं आग लग जाएगी।

कल्याणप्राप्ति हेतु मन्त्र

सातों सती शारदा बारहा वर्ष कुमार।
एक माई परमेश्वरी चौदह भुवन द्वार।
द्वि पक्ष का निरमली तेरहा देवी देव।
अष्ट भैरों तेरी पूजा करें ग्यारहों रुद्र कर सेव।
सोलह कला सम्पूर्णी त्रिलोकी वश करे।
दश अवतारा उतरी पांचों रक्षा करें।
नौ नाथ षट दर्शनी पन्द्रह तिथि जान।
चार युग में सुमरू माता कर पूर्ण कल्याण।

इस मन्त्र का जप किसी भी अनुष्ठान के प्रारम्भ में या प्रतिदिन प्रातःकाल के समय करने से देवी की कृपा बनी रहती है और कल्याण होता रहता है।

तांत्रिक मायाजाल वापिस करने का मन्त्र

ॐ एक ठो सरसों सौला राई।
मोरो पटवल को रोजाई।
खाय खाय पड़े भार जे करै ते मरे।
उलट विद्या ताही पर परे।
शब्द सांचा पिण्ड कांचा।
हनुमान का मन्त्र सांचा।
फुरो मन्त्र ईश्वरो वाचा।

यदि किसी के ऊपर किसी ने तांत्रिक अभिचार कर दिया हो और बार-बार करता हो तो थोड़ी-सी सरसों तथा नमक मिलाकर रख लें। इसके बाद इस मन्त्र का जप करते हुए सात बार रोगी का उतारा करें और फिर जलती हुई भट्ठी में यह सामग्री झटके से झोंक दें तो सारा मायाजाल वापस चला जाएगा।

मसान जागृत करने का मन्त्र

ॐ नमो आठ खाट की लाकड़ी।
मूंज बनी का कावा, मुवा मुर्दा बोले।
न बोले तो महावीर की आन।
शब्द सांचा फुरे मन्त्र ईश्वरो वाचा।

इस मन्त्र के अनुष्ठान से मसान जागता है। इसके लिए सुरा एक बोतल, चमेली के पुष्प, लोबान, छाड़छबीला, लौंग, कपूर, कचरी, अतर, आटे से बना चौमुखा दीपक लेकर श्मशान में जाएं। लोबान का धूप करें। चौमुखा दीपक जलाकर रखें। इसके बाद एकाग्रचित होकर यह मन्त्र पढ़ें। कुछ समय पश्चात् मसान जग जाएगा और

हा-हाकार मचायेगा। आप धीरज रखें और डरें नहीं। अतर के छींटे दें और सुरा का अर्घ्य दें। इसके बाद मसान प्रकट होगा। अब आप चमेली के पुष्पों की वर्षा करते हुए उसका स्वागत करें और शेष सामग्री उसे अर्पित करके प्रणाम करें।

मुहम्मदा पीरदर्शन मन्त्र

ॐ नमो हांकत युगराज फाटंत काया।
जिस कारण युगराजा मैं तोको ध्याया।
हुंकारत युगराज आया, गाजंत आया।
घोरंत आया, शिर के फूल बखेरंत आया।
और की चौकी उठावंत आया।
अपनी चौकी बैठावंत आया।
और का किवाड़ तोड़ता आया।
अपना किवाड़ भेड़ता आया।
बाँधि बाँधि किसको बाँधी।
भूत को बाँधि, प्रेत को देव-दानव को बाँधी।
उड़न्त गड़न्त योगिनी बाँधी।
चौर चिरणागार को बाँधी।
तिरसठ कलुवा को बाँधी।
चौंसठ योगिनी को बाँधी।
बावन वीर को बाँधी।
द्वार को बाँधी, हाट को बाँधी।
गले को बाँधी गिरारे को बाँधी।
किया को बाँधी कराय को बाँधी।
अपनी को बाँधी पराई को बाँधी।
मैली को बाँधी कुचैली को बाँधी।
पीली को बाँधी स्याह को बाँधी।
सफेद को बाँधी काली को बाँधी।
लाली को बाँधी।
बाँधी बाँधी रे गढ गजनी के महमदा पीर।
चलैं तेरे संग सत्तर सौ वीर।
जो बिसरि जाएँ तो सौ राजा हलाल जाएँ।
उलटी मार पलटी मार पछाड़ मार।
धर मार कब्जा चढ़ाय सुड़िया हलाय।
शीश खिलाय शब्द साँचा।
फुरे मन्त्र ईश्वरो वाचा।

इस मन्त्र को सूर्य ग्रहण के समय किसी नदी के किनारे निर्जन वन या उपवन में बैठकर जपें तो मुहम्मदा पीर दर्शन देंगे।

बिरहना पीर-सिद्धि मन्त्र

पीर बिरहना, फूल बिरहना।
धुँ धुँकार सवा सेर का तोसा।
वाय अस्सी कोस का धावा करे।
सात कौ कुन्तक आगे चले।
सात सौ कुन्तक पीछे चले।
छप्पन सौ छुरी चले।
बावन सौ वीर चले।
जिसमें गढ़ गजनी का पीर चले।
और की भुजा उखाड़ता चले।
अपनी भुजा टेकता चले।
सूते को जगावता चले।
बैठे को उठावता चले।
हाथों में हथकड़ी गेरे।
पैरों में पैर कड़ा गेरे।
हलाल माहीं दीठ करे।
मुरदार माहीं पीठ करे।
बलवान नबी को याद करे।
ॐ नमः ठः ठः स्वाहा।

सवा सेर मोहनभोग का हलवा समक्ष रख करके लोबान जलायें। शुद्ध घी का दीप जलाकर सूर्यग्रहण के समय इसे जपें। बिरहना पीर आयेंगे। इन्हें चमेली के सफेद पुष्पों की माला पहनावें और उनसे वार्ता करें।

डाकिनी-सिद्धि मन्त्र

ॐ स्यार की खवासिनी।
समन्दर पार धाई।
आव, बैठी हो तो आव।
ठाड़ी हो तो ठाडी आव।
जलती आ, उछलती आ।
न आये डाकिनी तो जालंधर पीर की आन।
शब्द सांचा, पिण्ड कांचा।
फुरे मन्त्र ईश्वरो वाचा।

किसी निर्जन चौराहे पर या अपने निवास पर पूर्णत: निर्वस्त्र होकर आसन पर बैठें। मांस और मदिरा भोग के लिए रख लें। चर्बी का दीपक जलायें और इस मन्त्र का पाठ करते रहें। जब दस मालायें हो जाएं तो अपने हाथों में पीली सरसों लेकर इस मन्त्र से सिद्ध करके सभी दिशाओं में फेंक दें और पुन: मन्त्र का जप आरम्भ कर दें; आसपास की सभी डाकिनियाँ दौड़ती हुई आ जायेंगी।

गौ जोगिन-सिद्धि मन्त्र

आगारी जो गुरु यागे, योगिन गुरु डण्ड बतियाँ।
करिया बलईयाँ, री जोगन मुख अनरिता।
गायति रही रतियाँ, गो जोगिन चल इन अकेलियाँ।
गो मारो है तालियां, गो जोगिन बाँधऊं नजरियां।
गो जोगिन आ पहियाँ।
ना आये तो दोहाई मइया बनिता की।
दोहाई सलिमा पैगम्बर की। दोहाई सलाई छू।

इस मन्त्र को शुक्रवार की रात्रि में रात भर जपें और सावधान रहें। धूप-दीप जलता रहे। चमेली की पुष्पमाला भी रखें और जैसे ही गौ जोगिन दर्शन दे तो यह माला उसे पहना दें।

कार्य-सिद्धि मन्त्र

ॐ नमो सात समुद्र के बीच शिला।
जिस पर सुलेमान पैगम्बर बैठा।
सुलेमान पैगम्बर के चार मुवक्किल।
पूर्व को धाया देव दानवों को बाँधि लाया।
दूसरा मुवक्किल पश्चिम को धाया।
भूत-प्रेत कू बाँधि लाया।
तीसरा मुवक्किल उत्तर को धाया।
अयुत पितृ को बाँधि लाया।
चौथा मुवक्किल दक्षिण को धाया।
डाकिनी शाकिनी को पकड़ि लाया।
चार मुवक्किल चहुँ दिशि धावें।
छलछिद्र कोऊ रहन न पावें।
रोग दोष को दूर भगावें।
शब्द साँचा पिण्ड काँचा।
फुरे मन्त्र ईश्वरो वाचा।

लाबान जलाकर इस मन्त्र का एक माला जप करें। कपड़े के चार पुतले बनायें और इस मन्त्र से फूंक मारें। इसके बाद स्थान के चारो कोनों में एक-एक पुतला गाड़ दें और इस मन्त्र का एक माला पुनः जप करें तो कार्य सिद्धि होती है अर्थात् सभी विघ्नों का नाश हो जाता है।

चुड़ैल झाड़ा मन्त्र

ॐ पूर्व पश्चिम उत्तर दक्षिण।
चारि का स्वर्ग पाताल।
आँगन द्वार घर मंझार।
खाट बिछौना गड़ई सोवनार।
सागलन औ जेवनार।
विरासों धावै फुलैल।
लवंग सोपारीजे मुँह तेल।
अबटन उबटन औ अवनहान पहिरण।
लहंगा सारी जान।
डोरा चोलिया चादर झीन।
मोट रुई ओढ़न झीन।
शंकर गौरा क्षेत्रपाला।
पहिले झारो बारम्बार।
काजल तिलक लिलार।
आँखि नाक कान कपार।
मुँह चोटी कण्ठ अवकंश।
काँध बाँह हाथ गोड़।
अंगुरी नख धुकधुकी अस्थल।
नाभी पेटी के नीचे जोनि चरणि।
कत भेटी पीठ करि दाव।
जाँघ पेडुरी छूठी पावतर ऊसर अंगुरा चाम।
रक्त माँस डाँड गुदी धातु।
जो नहीं छडु अन्तरी कोठरी।
करेज पित्त ही पित्त।
जिय प्राण सब वित्त।
बात अंकमने जागु बड़े।
नरसिंह की आनु कबहुं न लाग फाँस।
पित्तर राँग काँच।

लोहरूप सोन साच पाट पट वशन।
रोग जोग कारण।
दीशन डीठि मूठि टोना।
थापक, नवनाथ चौरासी सिद्ध के सराप।
डाइन योगिन चुरइन भूत व्याधि।
परि अरि जेजुत मनै गोरख नैन।
साथ प्रगटरे विलाउ।
काली औ भैरव की हाँक।
फुरो मन्त्र ईश्वरो वाचा।

किसी एकान्त में रोगिणी को निर्वस्त्र करके नमक तथा पानी के साथ उपरोक्त मन्त्र से झाड़ा करें।

डाकिनी दोषनाशक मन्त्र

ॐ नमो नारसिंह पार्ईहार भस्मना।
योगिनी बन्ध, डाकिनी बन्ध, चौरासी दोष बन्ध।
अष्टोत्तर शत व्याधि बन्ध।
खेदी खेदी, भेदी भेदी, मारे मारे।
सोखे सोखे, ज्वल ज्वल, प्रज्वल, प्रज्वल।
नारसिंह वीर की शक्ति फुरो।

इस मन्त्र का उच्चारण करते हुए रोगिणी को सिर से पाँव तक १०८ बार झाड़ा करें।

बालक दोष-निवारक मन्त्र

ॐ सतनाम आदेश गुरु का।
आदेश पवन पानी का।
नाद अनाहद दुन्दुभी बाजै।
जहाँ बैठी जोगमाया साजै।
चौंसठ योगिन बावन वीर।
बालक की हरै सब पीर।
आठों जात शीतल जानिये।
बन्ध-बन्ध बारे जात मसान।
भूत बन्ध, प्रेत बन्ध, छल बन्ध।
छलिद्र बन्ध सबको मारकर भस्मन्त।
सतनाम आदेश गुरु का।

इस मन्त्र के द्वारा रोगी बालक को मोरपंख से झाड़ा करने पर बालक के सभी दोष समाप्त होकर बालक स्वस्थ हो जाता है।

जलशान्ति मन्त्र

प्पानी तीनि पानी।
ब्रह्मा विष्णु महेश्वर जानी।
शिव शक्ति आदि कुमारी।
अब छार मार सब तोही।
की ताइ कहहुँ कतहुं का होउ थैले आउ।
बालक के तोके मोके पुण्य जब होय।
महादेव के जटा परे पार्वती के आँचर।
जो यह बालक दुःख पावै।

एक काँसे की कटोरी में शुद्ध जल लेकर इस मन्त्र से सात बार अभिमन्त्रित करके रोगी बालक को पिलाने से बालक स्वस्थ हो जाता है।

हवा आदि दोष-निवारण मन्त्र

ॐ नमो आदेश गुरु का।
काली चिड़ी चिग चिग करे।
धौला आवे वाते आवे हरे।
यती हनुमान हाँक मारे।
मथवाई और बाई जाये भगाई।
हवा हरे गुरु की शक्ति मेरी भक्ति।
फुरो मन्त्र ईश्वरो वाचा।

इस मन्त्र को पढ़ते हुए पृथ्वी पर रेखा खींचे। यह क्रिया २१ बार करें; फिर रोगी को घुटनों के बल बैठाकर इन रेखाओं के ऊपर उसके दोनों हाथ रखवा लें और पुन: ७ बार इस मन्त्र से उसका झाड़ा करें। इस क्रिया को करते समय रोगी यदि वास्तव में मथवाई, बाई, हवा आदि से पीड़ित होगा तो अनजाने में ही आगे की तरफ खिसक पड़ेगा तथा स्वस्थ हो जाएगा।

हजरत पैगम्बर अली की चौकी मन्त्र

याही सार सार सार।
जिन्न देव पारी नवस्कंफार।
एक खाये दूसरे को फार।
चहुं ओर अमिया पसार।
मलायक अस चार।
दुहाई दस्तखे जिब्राइल।
बाईं वे खैभि काइल।

दाईं दस्न दस्न।
हुसैन पीठ खदे खेई।
आमिल कलेजे राखे इस्राइल।
दुहाई मुहम्मद अलीलाह इलाह की।
कंगूर लिल्लाह की खाई।
हजरत पैगम्बर अली की चौकी।
नख्त मुहम्मद रसुलिल्लाह की दुहाई।

यह इस्लामी सर्वश्रेष्ठ रक्षामन्त्र है। जब भी कहीं कोई करतब प्रारम्भ करें तो इसे ७ बार पढ़ करके ताली बजायें। श्मशान-साधना या अन्य प्रयोग में अपने चारो तरफ रेखा भी खींची जा सकती है। रोगी को झाड़ने हेतु भी सात बार पढ़कर झाड़ा करें।

गृहसुरक्षा मन्त्र

हाट चलते बाट बांधू।
बाट चलते घाट बांधू।
स्वर्ग में राजा इन्द्र बाँधू।
पाताल में वासुकी नाग बाँधूं।
शिकाली बाणन तोड़के मछली मारूँ।
टेंगरामाछी मारूँ गाछ फूटे।
डाल कारूँ फूल उठे तार।
खाई बन किये उजार।
आगे आये बांधूं, पाछू आये बांधूं।
बाएँ दाएँ बांधूं।
यह बन्धन को बाँधते ईश्वर महादेव।
बांधूं देव, हम घर में सहदेव।
हम सोय रहेऊं अकेल।
लोहे के दो कड़ा।
मांस कर पत्थर होवे काटे कूट।
बड़े पिता की धर्म दुहाई।

दाहिने हाथ में मिट्टी लेकर सात बार यह मन्त्र पढ़ें और अपने घर के चारो तरफ बिखरा दें। इसके प्रभाव से सभी प्रकार के खतरों से बचे रहेंगे।

मसान दोषनाशक मन्त्र

सपेदा मसान, गुरु गोरख की आन।
मयदण्ड मसान, काल भैरों की आन।

सुकिया मसान, नोना चमारी की आन।
फुलिया मसान, गौरे भैरों की आन।
हलदिया मसान, ककोड़ा भैरों की आन।
पीलिया मसान, दिल्ली की योगिनी की आन।
कमेदिया मसान, कालिका की आन।
कीकड़िया मसान, रामचन्द्र की आन।
सिलसिलिया मसान, वीर मोहम्मदा पीर की आन।

यह दोष बालकों को बहुधा हो जाता है। इस मन्त्र का उच्चारण करते हुए झाड़ा करने से बालक का मसान का दोष समाप्त हो जाता है।

औपरे कष्ट का झाड़ा मन्त्र

ॐ नमो आदेश गुरु को।
मन्त्र साँचा, कण्ठ साँचा।
दुहाई हनुमान वीर की।
जो जावे लंका जारी, लंका मझारी।
आन लक्ष्मण वीर की।
आन माने जाके तीर की।
दुहाई मेमना पीर की।
बादशाह जादा, काम में रहे आमादा।
दुहाई कालिका माई की।
धौलागिरि वारी, चढ़ै सिंह की सवारी।
जाके लंगूर है अगारी।
प्याला पिये रक्त का चंडिका भवानी।
वेदवाणी में बखानी।
भूत नाचे, बेताल नाचे।
राखे अपने भक्त की लाली।
मैहर वाली, काली कलकत्ते वाली।
हाथ कंचन की थाली।
लिए ठाड़ी, भक्त बालिका दुष्टन प्रहारी।
सदा सन्तन हितकारी।
उतर भूतराज जल्दी कर।
नहीं तो खाय तोको कालिका माई।
उन्हीं की दुहाई, भक्त की सहाई।
सारे संसार में माई।

तेरी ज्योति रही जाग।
पकड़ के, पछाड़ के।
मात, मत अबार कर।
तेरे हाथ में कृपाण।
भक्षण कर ले जल्दी आइके।
जाय नाहीं भूत, पकड़ मात।
जाय भूत उतर उतर उतर।
न उतरे तो राम की दुहाई।
गुरु गोरखनाथ का फन्दा।
करेगा तोय अन्धा।
फुरो मन्त्र हुं फट् स्वाहा।

यह मन्त्र ओझाओं का परम प्रिय मन्त्र है। इस मन्त्र को पढ़ते हुए यदि ओपरे से ग्रसित रोगी को नीम की पत्ती वाली टहनी से सात बार झाड़ा करें तो रोगी स्वस्थ हो जाता है।

टोना–टोटका-विनाशक मन्त्र

लोना सलोना, योगिनी बाँधे टोना।
आवहु सखि मिलि जादू कवनु।
कवनु देश कवनु फिर आदि।
अफूल फुलवाई, ज्यों ज्यों आवै बास।
त्यों त्यों अमुक आवै हमारे पास।
कवरु देवी की शक्ति, मेरी भक्ति।
फुरो मोहिनी ईश्वरो वाचा।

इस मन्त्र को पढ़ते हुए यदि झाड़ा करें या सरसों मारें तो टोना-टोटके की व्याधि समाप्त हो जाती है।

रक्षा मन्त्र

झाड़ि झाड़ि कापड़पिन्दि।
वीर मुष्टे बांधिबाल।
बुले एलाम मशान भूम होते भैरव।
काटार हाते, लोहार बाड़ी।
बाम हाते चामदड़ि।
आज्ञा दिल राजा चुड़ं होते।
लोहार किला, मुदगर धिनि।

विगलि घुँडिकार आझे।
राजा चुडंगर आझे, विग्लि घुँड़ि।

इस मन्त्र के प्रभाव से शरीर की समस्त प्रकार की उपाधियों से रक्षा होती है। ओझाओं के द्वारा वापसी करतब का मारण करतब, हांडी, मूठ आदि से पूरी तरह सुरक्षा प्राप्त करने हेतु इस मन्त्र का सात बार उच्चारण करके अपने चारो तरफ रेखा खींच लें। लाभ अवश्य मिलेगा।

समस्त दोष-निवारक मन्त्र

ॐ अ क्रीं हुं मार हस्तं ह्रीं ह्रीं।
करे समस्त दोषान् हर हर।
विसर विसर, हुं फट् स्वाहा।

यद्यपि यह शाबर मन्त्र नहीं है; परन्तु सिद्ध होने के कारण इसे यहाँ पर प्रस्तुत गया किया है। काँसे की एक कटोरी में शुद्ध जल लेकर मन्त्र से अभिमंत्रित करें और रोगी को पिलायें तथा कुछ जल मन्त्र का उच्चारण करते हुए रोगी पर छिड़क दें। यदि सम्भव हो सके तो काली नीम के हरे पत्ते जलते हुए उपले पर डालकर रोगी को धूनि दें। इस प्रकार करने से रोगी दोष से मुक्ति पा जाएगा तथा स्वास्थ्यलाभ करेगा।

किए-कराए दोष का नाशक मन्त्र

१. ॐ नमो आदेश गुरु का।
अपर कोष बिगड़ कोष।
प्रह्लाद राख पाताल राख।
पांव दे बीज जंघा देवे कालिका।
मस्तक राखे महादेव।
जो कोई इस पिण्ड-प्राण को छेदे छेदे।
देव, देवता, भूत, प्रेत, डाकिनी, शाकिनी।
कण्ठमाला, तिजारी।
एक पहर, दोपहर, साँझ सवेरे को।
किये-कराये को स्वाहा पड़े।
इसकी रक्षा नरसिंह जी करे।

इस मन्त्र का जप करते हुए रोगी को सात बार झाड़ा करें या फूंक मारें। सिर से पांव तक धागा नाप कर इस मन्त्र का उच्चारण करते हुए सात गांठ लगाकर और गुग्गुल की धूनि देकर रोगी के कण्ठ में पहना दें। इस प्रकार उपाय करने से किये-कराये के सभी दोष समाप्त होकर उल्टे टोना करवाने वाले की हानि होती है।

२. ॐ नमो आदेश गुरु का। हरिवा में हरि दाहिने। हरि हावो विस्तार। आगे पीछे हरि खड़या। राख्या सिरजन हार। चमक बीजुरी। गाजन्त नरसिंह। फटत खंभ। आवता काल राख। चार चक्र लै नरसिंह जी के आगे मेल। इतना सूं दूर जाय पड़े। प्रातःकाल कटक, छलछिद्र खेचरा, भूचरा, जलचरा, थलचरा, भूतदाना, नाटक, चेटक मार मार, रंडी का तीन सौ साठ। उलटंत नरसिंह। पलटंत काया। भगत हेतु श्रीनरसिंह आया। कपिल के सउदर रूप श्रीनरसिंह बली। सदा सहाय। श्री गोबिन्द के चरणारविन्द नमस्ते। मेरी भक्ति, गुरु की शक्ति। फुरे मन्त्र ईश्वरो वाचा।

इस मन्त्र का जप करते हुए रोगी को झाड़ा करने पर किये-कराये के सभी दोष समाप्त हो जाते हैं, रोगी रोग से निदान पाता है।

चुड़ैल दोष-निवारण मन्त्र

ॐ नमो आदेश गुरु का।
कवलाछरी बावन वीर।
कलू बैठनो जल के तीर
तीन पान का बीड़ा खवाऊं।
जेठे बैठा जतलाऊं।
मालीमर तोर गत बहाऊं।
वाचा चूके तो कंकाली की दुहाई।
मेरी भक्ति गुरु की शक्ति।
फुरे मन्त्र ईश्वरो वाचा।

इस मन्त्र का जप करते हुए झाड़ा करने से रोगी चुड़ैल-सम्बन्धी समस्त दोषों से निदान पाता है और फिर से सामान्य जीवन जीने लगता है।

राक्षस-दोषनाशक मन्त्र

ॐ नमो आदेश गुरु का।
सुरगुरु बेची एक मण्डली आणि।
दोय मण्डली आणि।
तीन मण्डली आणि।
चार मण्डली आणि।
पाँच मण्डली आणि।
छः मण्डली आणि।
सात मण्डली आणि।

हलती आणि, चलती आणि।
नसंती आणि, माजंती आणि।
सिहारी आणि, उहारी आणि।
उग्र होकर चढंती घाल वाय।
सुग्रीव वीर तेरी शक्ति।
मेरी भक्ति फुरे मन्त्र ईश्वरो वाचा।

यदि इस मन्त्र का उच्चारण करते हुए प्रभावित व्यक्ति का २१ बार झाड़ा करें तो वह राक्षस-सम्बन्धी सभी दोषों से मुक्ति पा जाता है।

रोगादि दोषनाशक मन्त्र

ॐ नमो आदेश गुरु को।
गिरह बाज नटनी का जाया।
चलती बेर कबूतर खाया।
पीवै दारु, खायजु माँस।
रोग दोष को लावै फाँस।
कहाँ-कहाँ से लावेगा।
गुदा में सुं लावेगा।
नौ नाड़ी बहत्तर कोडा सुं लावेगा।
मार-मार, बन्दी कर-कर लावेगा।
न लावेगा तो अपनी माता की
शैय्या पर पाँव धरेगा।
मेरा भाई, मेरा देखा-दिखलाया
तो मेरी भक्ति गुरु की शक्ति,
फुरे मन्त्र ईश्वरो वाचा।

इस मन्त्र का जप करते हुए रोगी को झाड़ा करें तो रोगी के सभी रोग समाप्त हो जाते हैं।

ओपरा हटाने का मन्त्र

उलटंत देह, पलटंतं काया।
उत्तर आव गुरु ने बुलाया।
शेष सत्य नाम आदेश गुरु को।

इस मन्त्र का जप करते हुए प्रभावित व्यक्ति का २१ बार झाड़ा करें तो रोगी रोग से निदान पाकर स्वस्थ हो जाता है।

ताली द्वारा रक्षा मन्त्र

ॐ काली काली महाकाली।
इन्द्र की बेटी, ब्रह्मा की साली।
उड़ बैठी पीपल की डाली।
दोनों हाथ बजावै ताली।
जहाँ जाये वज्र की ताली।
वहाँ न आवे दुश्मन हाली।
दुहाई कामरू कामाक्षा नैना योगिनी की।
ईश्वर महादेव गौरा पार्वती की।
दुहाई वीर मसान की।

इस मन्त्र का सात बार जप करके तीन बार ताली बजाने से सब प्रकार की रक्षा होती है।

किया कराया बताने का मन्त्र

ॐ औंकार सदगुरु प्रसादि।
दुहाई खुदा दी, दुहाई रसूल दी।
दुहाई पीर पैगम्बर की।
दुहाई हजरत अली की।
दुहाई अम्बर की।
दुहाई मुहम्मद हनी फकीर की।
दुहाई इक लख अस्सी हजार पैगम्बर दी।
दुहाई बावन वीर की।
दुहाई चौंसठ योगिनी।
चौरासी सिध नवनाथ की।
साहापरी बुबपरी तखतपरी।
हूर परी नूर परी लाल परी सफेद परी।
साहा की दुहाई कौन कौन पकड़ चले।
आगे कलुवा वीर चले।
पीछे मुहम्मद वीर चले।
हनुमन्त वीर चले लंकु ढीपा वीर चले।
अंगद चले, बावण वीर, चौंसठ योगिनी।
सीध नौ नाथ हजरत साह भी।
मके बान नदी नाव का पुरा।
देव भूत जिन खवीसा।

देवणी भूतणी जिननी खवीसनी।
चुड़ैल के लागे तीर।
अट्ठाइस ठाम नौ सुता जाऊं।
मढी मसानी रक्खेविरख वेग से।
पकडिली आऊ।
सिद्ध भैरों श्री बाला जती।
भैरों जती, लक्ष्मण जती।
कुमार जती, डोडा जती।
शुक्र जती, हणवंत जती।
अंगद जती, भैरों अवाल क्षेत्रपाल।
कालका माई का पूत।
चढ़ी भट्ठी का जैतवार रौसा चले।
जैसे नदी नाव का तीर।
जिन, भूत को, देव को, पलीत को।
खवीस को, डाकिणि को, डाकिणी को।
सिहारी को चार खूंट सैहं कारिलि आऊं।
बंद करे सिर चढ़ खेले।
मुख चढ़ बोले, गुरु की शक्ति।
हमारी भक्ति।
फुरो मन्त्र ईश्वर महादेव तेरी वाचा फुरै।

इस मन्त्र को उच्चारित करते हुए फूंक मारने पर रोगी पर सभी किया-कराया अपना सही-सही परिचय देता है। यह मन्त्र पंजाबी शब्दों से युक्त है और हमें हिन्दी भाषा में हस्तलिखित कागज से प्राप्त हुआ है। इस मन्त्र का शुभारम्भ इसे पंजाबी भाषा में होना प्रमाणित करता है।

रक्षा सूत्र

१. आय तुल कुरसी, विच फुरआन।
आगे पीछे तू रहमान।
लाइल्लाह का कोट, इल्ललाह की खाई।
मोहम्मद रसूलिल्लाह की दुहाई।
नजर को बांधूं, डाकन को बांधूं।
भूत को बाँधूं, योगिनी डेरा सब बला को बाँधूं।
ब हक्क या बुद्दूह, मदद मेरे पीर की।
शब्द साँचा, पिण्ड काँचा।
फुरो मन्त्र ईश्वरो वाचा।

एक धागा लेकर उसके ऊपर सात गांठें लगाएं। प्रत्येक गांठ पर इस मन्त्र का जप करके फूंक मारें और उस धागे को रोगी को धारण करवाएं तो प्रत्येक बाधा का शमन हो जाएगा। इसे पहने रहने से सर्वत्र रक्षा होती है।

२. ॐ कालिका खड़ग खप्पड़ लिये ठाढी।
जोत तेरी है निराली।
पीती भर भर रक्त पियाली।
कर भक्तों की रखवाली।
न कर रक्षा तो महाबली भैरव की दुहाई।

यह रक्षामन्त्र अपने-आप में अनेक रहस्य समेटे हुए है। इस मन्त्र का जप करते हुए झाड़ा करने से सभी समस्याओं का हल हो जाता है। इसका स्तोत्र निवेदन की भाँति भी पाठ करते हैं। इसका उच्चारण करके अपनी छाती पर फूंक मारने से सभी ओर से रक्षा होती है।

झाड़ा लगाने का मन्त्र

ॐ नमः वीर। वज्र हनुमन्त। रामदूत चल बैग। लोहे की गदा। वज्र का सोटा। पान का बीड़ा। तेल सिन्दूर की पूजा। हँ हँ हुंकार। पवन कुमार काल। चं चं चं चक्र भैरव। कील चामुण्डा कील मसान। कील राक्षस। कील डाकिनी। कील शाकिनी। कील वारै जात बाघ। कील नव कोट नाग। कील छल छिद्र भेद। कील भोंदरा भोधरा। कील बावन वीर। कील वारै जगत बाध। कील डांड अचल चला पृथ्वी। कील कल सिंह। कील अपघात करे। उलट ताके ऊपर परे। खंक खंक खाय खाय स्वाहा।

इस मन्त्र को उच्चारण करते हुए रोगी को झाड़ा करने से सभी दोषों का शमन हो जाता है। इस मन्त्र का जप करते हुए धागे को फूंककर बांधने से रोगी के दोषबन्ध भी कट जाते हैं।

क्रोधशान्ति का मन्त्र

भूल भूल की तोला मूकी। उठ मेल की पातास। कूंडे लाग। भेल की सभा जुड़े। भेल की चले आगे। आइ जारि सलाम करि। भेल की लागे। तारे बेड़े। आजरे पांजरे लाग। चुके मुके लाग। होक सिद्धि गुरुरपा दुहाई। काटर कामिक्षा रमा। हाडिर झिर आज्ञा। चण्डिरपा।

अत्यधिक क्रोध करते हुए व्यक्ति पर इस मन्त्र का उच्चारण करते हुए तीन बार फूंक मार देने से उसका क्रोध शान्त हो जाता है।

सिद्धि-सहायक मन्त्र

ॐ काली घाटे काली माँ। पतित पावनी काली माँ। जवा फूले। स्थुरी

जले। सेई जवा फूल में सीआ बेड़ाए। देवीर अनुर्बले। एहि होत करिवजा होइवे। ताही काली धर्मेर। वले काहार आज्ञे राठे। काली का चंडीर आसे।

इस भगवती कालिका का बंगला भाषा में शाबरी मन्त्र को तीन बार जप कर दाँयें हाथ पर फूंक मारें और जो चाहें, वह करें; निश्चय ही सफलता प्राप्त होगी।

रक्षा मन्त्र

ॐ अईकली पुरु सिद्धेश्वरी अवतर अवतर स्वाहा। ॐ दशांगुली भीन्दलि। विरुद्ध हारि भैरुण्ड भैरवी विद्याराणी। रोला बन्ध। मुष्टि बन्ध। बाण बन्ध। कृत्य बन्ध। रुद्र बन्ध। नेख बन्ध। ग्रह बन्ध। प्रेत बन्ध। भूत बन्ध। यक्ष बन्ध। कंकाल बन्ध। बेताल बन्ध। आकाश बन्ध। पूर्व पश्चिम उत्तर दक्षिण एवं सर्व दिशा बन्ध। ये और ये आछि कह। हस हस अवतर अवतर अवतर। दशाविप्राराणी दशांगुली। शतास्त्र बंदिनी। बंदासि हूँ फट् स्वाहा।

इस मन्त्र का जप करते हुए अपने चारो तरफ लक्ष्मण रेखा की भाँति एक रेखा खींच लें, उस रेखा के अन्दर रहते हुए किसी भी प्रकार के किये-कराये टोने-टोटके से रक्षा होती है।

तांत्रिक माया-भंग हेतु मन्त्र

ॐ श्री अस्थापन। तामें करहु जामें राम भलाई। गुणियाँ के जो गुण काटो। तो इसमें नहीं मनाही। दुहाई कामरू कामाक्षा नैना योगिनी की। शब्द साँचा। पिण्ड काँचा। फुरे मन्त्र ईश्वरो वाचा।

यदि किसी के द्वारा फैलाए गए मायाजाल से दुःख पहुँच रहा हो तो इस मन्त्र का जप करते हुए रोगी को झाड़ा करने से रोगी रोग से निदान पा जाता है।

सभी ओपरे हटाने का मन्त्र

ॐ नमो दीप मोहे। दीप जागे। पवन चाले। पानी चाले। शाकिनी डाले। डाकिनी चाले। भूत चाले। प्रेत चाले। नौ सौ निन्यानवे नदी चाले। हनुमान वीर की दुहाई। मेरी भक्ति। गुरु की शक्ति। फुरे मन्त्र ईश्वरो वाचा।

सरसों के तेल का एक दीपक जला लें और रोगी से उसकी लौ पर देखने को कहें। इसके बाद उसके पीछे बैठकर इस मन्त्र का उच्चारण करते हुए उस रोगी को सात बार फूंक मारें तो सभी ओपरे उस दीपक की लौ में भस्म हो जाएंगे।

तांत्रिक बन्धन-खण्डन मन्त्र

अब पारीस संभ्रम कायवेध। छेद का ज्ञान विज्ञान फूटै। अमुकार गाय हंका चण्डी तो। हमारे माशिल पाथर परे। अमुकार गासे मारैस समारै मुमारै। रोडाँब

उलटा वेधे। विरूपाक्ष विराली। उल्टा वेधे पिण्डोमानायै। मोरे पिण्डे करे। घा उल्टा वेध। डाँक्तुलखाः फोड़ फोड़। दण्डी विरूपाक्षरे आज्ञा।

प्रातःकाल के समय प्रतिदिन इस मन्त्र का जप करते हुए तीन घूंट जल पीने से शरीर पर लगाया गया तांत्रिक बन्धन टूट जाता है।

डायन तथा दृष्टि हटाने का मन्त्र

जल बाँका। थल बाँका। अमुकेर काया बाँका। डाइनेर दृष्टि पढ़न पानी। सुनो गोमाया अधर कहानी। समन काटि के माता दिहली। बर उज्जान छोड़े भाठी। धर धूला बान। धूसर बान। शब्द भेदी महाबान। ऐहि मन्त्र पढ़े से। ॐ हानिः श्रीराम हुँकारे।

इस मन्त्र का उच्चारण करते हुए थोड़ी-सी धूल, राख, सरसों पीड़ित व्यक्ति को मारने से रोगी ठीक हो जाता है।

आसनरक्षा मन्त्र

ॐ आसन ईश्वर आसन इन्द्र।
आसन बैठे गुरु गोविन्द।
अज्र आसन वज्र कपाट।
अज्र जुड़ा पिण्ड सोहं द्वार।
जो धाले अज्र पर घाव।
उलट वीर वाही को खाव।
आसन बैठे गुरु रामानन्द।
दोऊ कर जोड़ आसन की रक्षा करें।
देव तैंतीस कोटि देवता रक्षा करें।
काया आसन बैठे लक्ष्मण यती।
सोहं गोविन्द पढ़ि आसन पर।
ॐ रँ सोहं मन की भर्मना दूरि खोये।
रात्रि राखे चन्द्रमा, दिन को राखे भानू।
धरती माता सदा राखै।
कालि कंटक दूरी भागे।
करेगा सो भरेगा।
भक्त जनों की रक्षा वीर हनुमान करेगा।

कोई भी कार्य करते समय आसन पर बैठने से पहले अपने आसन पर इस मन्त्र का जप करते हुए फूंक मारकर बैठने पर कोई भी बाधा कार्य को तथा साधक को तंग नहीं करती।

सर्पवशीकरण मन्त्र

ॐ रींग रींग, रोख्यो रोख्यो, बामन्ते-बामन्ते, तोरू-तोरू, बसुमान्य-बसुमान्य स्वाहा।

यदि वह घर में है या रास्ते में; खेत-खलिहान में मिल जाय तो मिट्टी उठाकर उक्त मन्त्र सात बार पढ़कर सर्प के ऊपर मिट्टी को फेंक देने से सर्प वश में हो जाता है। उसका क्रोध शान्त हो जाता है तथा वह किसी का अनिष्ट नहीं करता। मन्त्र पढ़कर मिट्टी फेंकने वाले मनुष्य की बात को वह आज्ञाकारी सेवक के समान मानता है। ऐसा व्यक्ति अगर उसे घर, आँगन या खलिहान में चले जाने का आदेश देगा, तो वह चला जाएगा।

सर्पबन्धन मन्त्र

रामचन्द्रो जोखन कटक-बन्धन करीलो,
जय नेगुड़ दिए हनुमान कुण्डली दिलो,
कुण्डली-कुण्डली जिभेरे तोर मुण्डली,
जोलो स्थोले नाँय रे तोर वास,
सधर्मे सापन्या शमेर कुण्डली नाँय होइस पार,
कार आज्ञाय-सीता श्रीरामेर आज्ञाय बाँधा थाक।

कैसा भी विषधर सर्प क्यों न हो, उक्त मन्त्र को पढ़ते हुए उसके चारो ओर घूमकर किसी भी लकड़ी से धरती में घेरा बना दिया जाय तो उस गोल घेरे से वह सर्प तब तक बाहर नहीं जाएगा जब तक मन्त्र से घेरे को काटा नहीं जाएगा। यदि घेरे में उसे छोड़ दिया जाय, तो वह जब तक जिन्दा रहेगा तब तक बाहर नहीं निकलेगा, किन्तु घेरे में उसे बाँधकर मरने के लिए छोड़ नहीं देना चाहिए। यह महापाप है तथा मन्त्र का अपमान है।

सर्पमुखबन्धन मन्त्र

माँ गो मनोशा, केनो मुनीरा आस्ति केर दुहाई बेत ना मिलीबी आर, जोदि बेत लाडूस-चाडूस जीह्वा बार करूस, तबे आस्तिक मुनीर माथा खास।

हाथ में एक चुटकी धूल या मिट्टी लेकर सात बार उक्त मन्त्र पढ़कर सर्प के ऊपर फेंकें; सर्प का मुँह बन्द हो जाएगा। न वह मुँह खोलेगा, न जिह्वा बाहर निकालेगा। काटने का प्रशन ही नहीं उठता। यदि मुँह बाँधकर अधिक दिनों तक छोड़ दिया जाय, तो वह भूखा-प्यासा रहकर मर जाएगा। अपना बन्द मुँह नहीं खोलेगा। इस तरह मुँह बाँध कर किसी सर्प को मरने के लिए छोड़ नहीं देना चाहिए। यह पाप है और ऐसा करने से मनुष्य नर्क में जाता है।

रक्षपाल मन्त्र

माता भेखलिया दे ढकें जन्म लेया। ताम्ब कुण्डें सिङ्ग लेया, बारह माह खेल खिलाया। अज वडेरा, कल वडेरा, पत्थाया पत्थया। घुंघयां सरलियां जोतां गांदा। ढाकें तेरी रम्भी विराजे, सिरें तेरें लम्बा टोप विराजे। पिट्ठी तेरिया किरलू। हत्थें तेरें नरेलू सोहन्दा, चिट्ठा चोला लम्बा डोरा। मण्डिया-दा, मण्डियाल कुल्लेए-दा कोली चम्वे-दा, चम्वलाय मणि महेशे-दा, चेला सिमरिया ओखिया वेला दर्शन देने गुरु मेरे। मेहरा दिया घडिया औणा। सदेयां औणा भेजेयां जाणा, मैं बार-बार गुलाम तेरा।

जल, गन्ध, अक्षत, फूल, धूप, ज्योति, नैवेद्य के रूप में हलुवा और हाथ से काता हुआ सूत—यह आठो सामग्री लेकर रात्रि एक प्रहर बाद (सबेरे तीन और चार बजे के बीच) पीपल के वृक्ष के नीचे जाए। पीपल के चारो तरफ प्रदक्षिणा कर जल दे। जनेऊ के रूप में तीन धागे पीपल के चारो ओर बाँधे; पत्तों पर पूजन सामग्री रखे। धूप-ज्योति जलाये। फिर गुरु व गणेशजी का सुमिरन करके पीपल के नीचे एक माला जप करे। जप के बाद ज्योति लेकर घर वापस आ जाय और अपने पूजन-कक्ष में पूजनोपरान्त फिर एक माला जप करे। रविवार के दिन सुबह-शाम घर पर दो माला जप करें। ४१ दिन के भीतर ही रक्षपाल प्रकट होकर वर प्रदान करते हैं।

रक्षण मन्त्र

१. वज्र ओढूँ, वज्र पहनूँ, वज्र लैणा थल्लें बिछाई।
वज्र की वणी चौखण्डी, चारों तरफ समुद्र की खाई।
बजरंग वीर की चौकी, राज रामचन्द्र की दुहाई।
२. वज्र बाँधों, वज्र-तार बाँधों, दूत-भूत के छाया।
वज्र बाँधों अपनी काया, बाँएँ नरसिंह, दाँएँ हनुमन्त।
पीछे हनुमन्त, आगे काली, सब देवता करें रखवाली।
नौ नाथ चौरासी सिद्धन की दुहाई फुरे।

पहले ग्रहण अथवा होली या दीपावली के अवसर पर उक्त मन्त्र को एक हजार जप कर सिद्ध कर लें। फिर 'प्रयोग' करते समय मन्त्र पढ़कर रोगी के चारो तरफ चाकू से रक्षा का घेरा बनाएँ। इससे सभी प्रकार के तान्त्रिक अभिचार से रक्षा होती है।

पंचपीर-सिद्धि मन्त्र

विस्मिल्लाह रहमाने रहीम, मियाँ गाजी पीर, जिन्द पीर खवाजा खिज्र पीर, शेख फरीद पीर, पीर बदर घोड़े पर भीड़ चढ़ो, मदद मेरी पञ्ज करो। जो मेरा काम न करो, तो मुहम्मद रसूल अल्लाह की दुहाई।

रविवार के दिन, शुक्ल पक्ष की द्वितीया में सूर्यास्त के बाद पश्चिम की तरफ मुँह

करके हकीक की माला से उक्त मन्त्र का जप करें। तेल का चौमुखा दीपक जलायें, जिसमें चारो तरफ चार बत्तियाँ तथा बीच में एक खड़ी बत्ती हो। प्रसाद के रूप में देशी घी और शक्कर से बना चूरमा रक्खे। लोहबान का धूप जलायें। इक्कीस दिन तक प्रतिदिन एक माला जप करें।

अहमद पठान का मन्त्र

काठ की घोड़ा, काठ का पलाण,
उस पर चढ़ेया अहमद पठान।
नौ सौ पलटण आगे चले,
नौ सौ पलटण पीछे चले।
नौ सौ पलटण दाँएँ चले,
नौ सौ पलटण बाँएँ चले।
साथ में अहमदा पठान चले।
समुद्र बन्द कर, नदी-नाले बन्द कर।
राह-चौराह बन्द कर, मड़ी मसानी बन्द कर।
नौ नाहर सिंह, चौदह डेरे बन्द कर।
बत्तीस भूत, छत्तीस बलियाँ बन्द कर।
बूंजा वीर चौंसठ जोगन बन्द कर।
अस्सी मसान, नब्बे भैरों बन्द कर।
नौ नाथ, चौरासी सिद्ध बन्द कर।
कित्ता कराया बन्द कर, नौती-धोती बन्द कर।
रण्डी-सुहागन का मन्त्र बन्द कर।
बारह जाति का मन्त्र बन्द कर।
नेगुरे-बेईमान का मन्त्र बन्द कर।
चले मन्त्र, फुरे वाचा।
देखूँ अहमदा पठान, तेरे इल्म चोट का तमाशा।

किसी अच्छे मुहूर्त में किसी लम्बे-चौड़े मैदान में जिसमें कोई वृक्ष न हो—वीरान साफ-सुथरी जगह पर बैठकर उक्त मन्त्र का एक माला जप २१ दिन तक करें। आंधी-तूफान आए तो डरे नहीं। अपने पास कपड़ा बिछाकर लोहबान की धूप, बूंदी का प्रसाद, लौंग तथा एक काला तहमद रक्खे। मन्त्र सिद्ध होने के बाद रक्षा कार्य में विभूति, डोरा, जल मन्त्र से अभिमन्त्रित करके दें।

अभिचार उलटने का मन्त्र

१. चण्डी-चण्डी महा-चण्डी,
आवत मूठ करे नव खण्डी।

अष्टादश भुजा, शस्त्रधारी।
हाकिनी-डाकिनी घेर मारी।
जादू-टोना, टोटका मोहे न सतावे,
जहाँ से आया वहीं को जाए।
जिसने भेजा, उसको खाय।
चले मन्त्र, फुरे वाचा।
देखूँ माई चण्डिके, तेरे इल्म का तमाशा।

२. **काला कलवा, चौंसठ वीर।**
मेरा कलवा मङ्गा तीर।
चलत वाण मारूँ, उलट वाण मारूँ।
जहाँ को भेजूँ, तहाँ को जाए।
मांस-मच्छी को छुओ न जाए।
जिसने भेजा, उसको खाय।
हमको फिर न सूरत दिखाए।
दुश्मन के हाथ को, पाँव को, नाक को,
कान को, सिर को, पीठ को, कमर को,
जितना जोखिम पहुँचा सको, उतना पहुँचावो,
नहीं तो माँ का चूसा दूध हराम कहावे।
मेरी भक्ति, गुरु की शक्ति।
चले मन्त्र ईश्वरो वाचा।

उपर्युक्त मन्त्रों को पहले होली-दीपावली या ग्रहण के समय एक हजार बार जप कर सिद्ध करें। फिर आवश्यकता पड़ने पर मन्त्र पढ़कर मद्य की आहुति अग्नि में देने से परकृत अभिचार का विपरीत चालन होता है और शत्रु को ही नुकसान होता है।

जंगी माता का मन्त्र

आई जङ्गी, गई फिराकी। मद पिए, मांस खाए, काली कहाए। भरी कड़ाही, लङ्का डाई, जहाँ धुआँ रोल मचाई। चौकी वणी हनुमान की, राजा रामचन्द्र की दुहाई।

पीपल के वृक्ष के नीचे जल, गन्ध, फूल, बताशे, धूप, गुग्गुल, गाय के घी की ज्योति तथा काँसे का एक साफ खाली कटोरा रखकर उक्त मन्त्र की एक माला सायं एक प्रहर रात्रि के बाद २१ दिन तक जप करें। जिस दिन अग्नि की बहुत बड़ी ज्वाला-सी आती दिखाई दे और उसके बीच छाया-सी दिखाई दे तथा वह पास आकर जब आवाज दे तो जप को बीच में रोक कर कहें कि फलां व्यक्ति ने बकरियाँ पाली हैं,

वहाँ से अपनी मन-पसन्द की बकरी भेंट ले लें। यदि बकरी स्वीकार कर ली जाए, तो मन्त्र सिद्ध हो गया। लोक-भलाई के लिए मन्त्र का प्रयोग करें। मन्त्रसाधना गुप्त रक्खे।

रोड़का काली का मन्त्र

सोने की सङ्गली, रूपे की कड़ी। ले माई, कड़क कालका खड़ी। गुरवन्ती-गुरदन्ती, गुरु के छुटे ढ़ाई वाण। फुटे लहु चले मसाण। ढाईयाँ घड़ियाँ-दी औणी करिकें औए, ताँ रोड़का कहाए। चले मन्त्र, फुरे वाचा। देखूँ रोड़का, तेरे इल्म का तमाशा।

ऐसे श्मशान-घाट के पास जहाँ नदी बहती हो वहाँ नदी के किनारे बैठकर उक्त मन्त्र को जपें। मांस, मद्य तथा आटे का पेड़ा पास रक्खें। २१ दिन तक एक माला जप करें। आते समय सभी सामान को जल में प्रवाहित कर दें। अच्छे और बुरे दोनों कार्यों के लिए प्रयोग होता है।

तान्त्रिक बाधानाशक भैरव मन्त्र

ॐ आदि भैरव, महा-भैरव, काल-विकराल भैरव, प्रचण्ड, अति-प्रचण्ड भैरवाय हुं फट् स्वाहा।

कालरात्रि, दीपावली, भैरवाष्टमी इत्यादि से प्रारम्भ कर दस दिन तक जप करें। रात्रि ग्यारह बजे से तीन बजे तक जप करें। दस दिन में १०८ माला जप करें। ग्यारहवें दिन उड़द की दाल के बड़ों और मद्य से दशांश हवन करें। लौंग, इलायची, जायफल, धान की खिल्लां (लावा), भूँजा चना, शहद, गंगाजल, खट्वाङ्ग, दो नारियल के खप्पर, दो मीठे रोट, दो लगे हुए पान—यह सामग्री अपने पास रक्खें, प्रतिदिन सामान बदल दें।

गाय-भैस के दुग्ध-वृद्धि हेतु मन्त्र

वग्गी विल्ली, लोहा पाखर।
गुरां सिखाए, ढाई आखर।
ढाई अखरां-दा एह स्वभाओ।
ना घटे दुध, ना जाए घियो।
सोने दी चाटी, रूपे दी मदानी।
दुध रिड़के गौरजाँ रानी।
गौरजाँ रानी, पाया फेरा।
इस गाय-मझी-दा दुध घियो मेरा।
चले मन्त्र, फुरे वाचा।
देखूँ गौरजाँ, तेरे इल्म का तमाशा।

बहती नदी के किनारे २१ दिन तक उक्त मन्त्र का एक माला जप करें। आटे की गोलियाँ बनाकर मछलियों को खिलाएँ; फिर आवश्यकता पड़ने पर विभूति बनाकर पशु को लगाएँ। कुछ पानी इत्यादि में पशु को खिलाएँ।

थनैली रोगनाशक मन्त्र

उच्ची लम्भी चौकड़ी, भैरों गाय चराय।
दुद्धी अपनी ठाकां, पीड फलानी की जाय।
मेरी भक्ति, गुरु की शक्ति।
चले मन्त्र, ईश्वरो वाचा।

ग्रहण, होली या दीपावली के समय उक्त मन्त्र एक हजार जप कर सिद्ध कर लें। किसी स्त्री को स्तन में दर्द हो, तो उससे उलटी दिशा वाले अपने स्तन पर विभूति से उक्त मन्त्र द्वारा झाड़ने से उस स्त्री को आराम आ जाएगा।

कीलक मन्त्र

जमीं कीलों, आसमान कीलों, सर्व-कीलों।
तेरा बाबा माई कीलों, तेरा ताऊ ताई कीलों।
जिन तू गोद खिलाया कीलों।
तेरी बहिन भानजी कीलों।
जिन सङ्ग तू खेला-खिलायां कीलों।
तेरी राह-वाट, जहाँ से तू फिर आया कीलों।
कीलों तेरी ताल पोखरी, जहाँ से जल पी आया।
दुहाई गोरखनाथ की।
रानी कज्जरा के श्राप मारे जाओ,
जो फिर मुँह फैलाओ।

ग्रहण इत्यादि में उक्त मन्त्र १००० बार जप कर सिद्ध कर लें। फिर भूतबाधाग्रस्त व्यक्ति के ऊपर नींबू में मन्त्र से कील ठोकने से लाभ होता है।

बन्दूक-पिस्तौलबन्धन मन्त्र

इन्द्र की कूची, ब्रह्मा का तड़ी। रक्षा करे देवक सारी, आगे चले कतरसेन, पीछे चले गोरखनाथ का वाण। न घाव फूटे, न लहू छूटे। सुलेमान पीर पैगम्बर की दुहाई। मेरे मन्त्र से वज्र वाण न चले।

पहले उक्त मन्त्र को दस हजार बार जप कर सिद्ध करें। बाद में बन्दूक या पिस्तौल की तरफ देखते हुए मन्त्र फूँक मार देने से बन्दूक-पिस्तौल इत्यादि बन्द हो जाते हैं, काम नहीं करते।

सिद्ध सैय्यद मियाँ पहलवान प्रयोग मन्त्र

बिस्मिल्ला रहीमान रहीम। अमरोहा शहर अजब खाना। जहाँ थान-मकान, वहाँ शेख सिद्ध का आना। जहाँ मियाँ जी की चौकी तक्त लगाई, वहाँ मियाँ जी की चौकी आई। काला बकरा, लौंग, सुपारी। ये मियाँ जी, भेंट तुम्हारी। आसो के लाडले, पहाड़ी के पोते, चले को बाँध। चढ़ाऊँ को बाँध। चनुचुट को बाँध। जिन्द को बाँध। मसान को बाँध। देव को बाँध। दाने को बाँध। नजर को बाँध। खवाजर को बाँध। ३६ कौम की विद्या को बाँध, बाँध, बाँध। हजार नाजर न करे, तो अपनी माता का दूध हराम करे। बिस्मिल्ला रहीमान रहीम।

उक्त मन्त्र का ४० दिन तक १००८ बार जप करें। जप करते समय घी या तेल का दीपक जलाएँ। लोबान की धूनी और अगरबत्ती भी जलाएँ। दीपक के तेल का प्रयोग कहीं अन्यत्र न करें।

आजीविका-दायक मन्त्र

१. ॐ नमः काली-कंकाली-महाकाली। मुख सुन्दर, जिए ब्याली। चार वीर, भैरो चौरासी। बीतती पूजूँ, पान-ए-मिठाई। अब बोलो काली की दुहाई।

प्रात:काल ७ बार या ४९ बार पूर्व की ओर मुख कर जपें। काम-धन्धा की खोज भी करें। कुछ ही दिनों में काम-धन्धा मिलेगा।

२. काली-कंकाली-महाकाली। मरे सुन्दर, जिए काली। चार बीर, भैरूँ चौरासी। तब तो पूजूँ, पान-मिठाई। अब बोलो, काली की दुहाई।

प्रतिदिन ४९ बार जप करें। ४९ दिन तक जप करें। श्रद्धा से करने पर काम-धन्धा मिलता है। अनुभूत है।

३. काली-कंकाली-महाकाली। सकल सुन्दरी, जीहा ब्हालो। चार विर, भैरव चौरासी। तदा तो पूजूँ पान-मिलाई। अब बोलो काली की दुहाई।

नित्यकर्म के बाद ४९ बार जप करें। धूप, दीप रक्खें। काम-धन्धा मिलेगा या व्यापार में वृद्धि होगी।

४. ॐ काली-कंकाली-महा-काली। सर्व सुन्दरी, जिए व्हाली। चार वीर, भैरूँ चौरासी। तण तो पुज्जूँ, पान-मिठाई। अब बोलो, काली की दुहाई।

नित्यकर्म से निवृत्त होकर धूप-दीप देकर प्रतिदिन १ माला जप करें। जब तक काम न मिले तब तक जप करें। काम-धन्धा मिलेगा या व्यापार में वृद्धि होगी, विश्वास से करें।

५. काली-कंकाली-महाकाली। मुख सुन्दर, जिए ज्वाला। बीर बीर, भैरू चौरासी। बता, तो पूजूँ पान-मिठाई।

प्रतिदिन ७ बार आजीवन जप करें। जप पूर्वमुख होकर सुबह से करें। काम-धन्धा मिलता है। व्यापार में वृद्धि होती है।

विशेष—एक-दूसरे से मिलते हुए उपर्युक्त पाँचों मन्त्र भिन्न-भिन्न ग्रन्थों से उद्धृत हैं। किसी एक मन्त्र को चुनें और कम-से-कम १०८ बार नित्य जपें। उत्तम योग में, दीपावली में, ग्रहणकाल में १००८ जप प्रतिवर्ष करें। सामने रेशमी वस्त्र के टुकड़े पर कुछ चावल रक्खें। चावल के ऊपर एक सुपारी रखकर पूजन करें। धूप-दीप, फूल से पूजन कर १० माला जप करें। बाद में सुपारी व चावल को एक पुड़िया में बाँधें। पुड़िया के ऊपर नाड़ा-छड़ी या पञ्चवर्णी धागा बाँधकर उसे घर में या दूकान में, गल्ले में, तिजोरी में या कबाट में रख दें। बाद में यथाशक्ति मन्त्रस्मरण करते रहें। उन्नति होगी, ऐसी श्रद्धा रक्खें।

यदि आप साधन-सम्पन्न हों तो शुद्ध चाँदी का सिक्का या गिन्नी (सोने की) रखकर भी उनके ऊपर मन्त्र-अभिमन्त्रण कर सकते हैं। इससे व्यापार न हो, तो मिलेगा और यदि व्यापार हो, तो व्यापार में वृद्धि होगी।

यदि आपको लाभ हो, तो यथाशक्ति परमार्थ करें। यदि आप ब्राह्मण हों या कर्म-काण्डी हों, तो आप अपने यजमानों को लाभ देने के लिए यह प्रयोग करें और अभिमन्त्रित सुपारी, चाँदी का सिक्का, गिन्नी देकर यजमान की प्रसन्नता प्राप्त करें।

मुकदमा जीतने का मन्त्र

अफल-अफल-अफल, दुश्मन के मुँह कुलुफ। मेरे हाथ कुञ्जी रुपया तोड़कर जर कर।

शनिवार की रात से प्रयोग आरम्भ करें। ७ दिन में नित्य १०-१० माला जप करें, प्रचलित द्रव्य से आहुति देते रहें। इष्टदेव का धूप-दीप-फल-फूल-नैवेद्य से पूजन कर प्रयोग आरम्भ करें। ७ दिन लगातार करने पर एक अनुष्ठान होगा। ऐसे कई अनुष्ठान करें। लघु अनुष्ठान में १० माला जप के स्थान पर १ माला जप और आहुति दें। आहुति का भस्म अपने पास रक्खें। कोर्ट-कचहरी जाने के पहले सब कागज तैयार कर उसके ऊपर उक्त मन्त्र पढ़कर फूँकें। अभिमन्त्रित कागज-फाइल को कोर्ट-कचहरी में दाखिल करें। बाद में कोर्ट-कचहरी से जब-जब तारीख मिले तब भस्म अपने साथ रक्खें। प्रतिवादी के सामने स्वयं या किसी अन्य से भस्म को युक्ति से फेंकें या फिंकावें। यदि प्रतिवादी पहले से कोर्ट-कचहरी में दाखिल हो तो भी वैसा ही करें। प्रतिवादी की कार्यवाही रुक जाएगी। बाद में नई अरजी अभिमन्त्रित कर कोर्ट-कचहरी

में दें। कोर्ट-कचहरी का परिणाम आपके पक्ष में रहेगा। विवाद के समय मन्त्र का स्मरण खाली समय में करते रहें। इससे अपने पक्ष को बल प्राप्त होगा। प्रतिवादी से मनमुटाव दूर होकर समाधान भी सम्भव है।

शत्रुनाशक मन्त्र

ॐ शत्रु-दमनम् हुं फट् स्वाहा।

प्रतिदिन १ माला जप किसी भी दिन से किसी मन्दिर में करें। मन्त्र का जप तब तक करते रहें जब तक शत्रु की कुचेष्टा का दमन न हो जाए। शत्रु के सामने युक्ति से मन्त्र पढ़कर अथवा मन-ही-मन मन्त्र का स्मरण कर फूँक देवें। शत्रु के घर के सामने, शत्रु के रास्ते में, शत्रु के आने-जाने की दिशा में, शत्रु के व्यापार या नौकरी के स्थान के सामने, शत्रु के वाहन के सामने भी फूँक देवें। शत्रु यदि कोर्ट-कचहरी गया हो, तो वहाँ भी ऐसा ही करें। धीरे-धीरे शत्रु अनुकूल हो जाएगा। तब मन्त्रजप बन्द कर दें। जहाँ स्वयं रहें वहाँ मन्त्र का जप न करें। मन्दिर या किसी अन्य बाहरी स्थान पर ही जप करें, श्रद्धा से करें, शत्रु का दमन अवश्य होगा।

आकर्षण मन्त्र

१. ॐ मोममोन सरोवर माहि पानी। जल की जोगणी, पाताल का नाग। जिसको लगाऊँ, उससे लाग। न सूता सुख, न बैठा सुख। फिर-फिर देखे, हमारा मुख। शब्द साचा, पिण्ड काचा। फुरो मन्त्र, ईश्वरी वाचा।

पहले धनत्रयोदशी, काली चौदस (चतुर्दशी) और दीपावली—इन तीन पर्व दिनों में उक्त मन्त्र का १२५ माला जप विधिवत् करें। बाद में नित्य जप एवं स्मरण करते रहें। जब आवश्यकता हो, तब प्रयोग करें। प्रयोग में साध्य या साध्या का चित्र अपने सामने रक्खें। चित्र के अभाव में मिट्टी का पुतला बनाकर प्राण-प्रतिष्ठा कर रक्खें। प्राण-प्रतिष्ठा स्वयं न कर सकें तो किसी योग्य ब्राह्मण से करायें। फिर ७ कंकड़ लेकर सबके ऊपर उक्त मन्त्र २१ बार पढ़कर सामने रक्खे हुए चित्र या पुतले पर फेंकें। ऐसा ३ दिन करें। साध्य का आकर्षण होगा और वह पास आएगा; किन्तु उसे जाने दें। उसे बुलाने का प्रयास बार-बार न करें; अन्यथा स्वयं को भी कष्ट होगा। प्रयोग के बारे में उससे बात न करें, न ही दूसरों से चर्चा करें।

२. ॐ झां झां झा। हां हां हा। हैं हैं हैं।

दीपावली की रात्रि, ग्रहणकाल या उत्तम योग में उक्त मन्त्र का ५० माला जप करें। मन्त्र सिद्ध हो जायेगा। जप के साथ-साथ प्रचलित द्रव्यों से होम भी करें। अपने इष्टदेव के सामने धूप, दीप आदि रखकर 'जप' करें। बाद में जब किसी को बुलाना हो, तब उसका चित्र अपने सामने रखें। चित्र के अभाव में उसका नाम लिखकर अपने

सामने रखें। उसकी प्रबल स्मृति के साथ ५०० बार उक्त मन्त्र का 'जप' करें। 'जप' करते समय उससे तन्मय होने की भावना न करें। इच्छित व्यक्ति आपके पास आ जायेगा। प्रयोग केवल शुभ कार्य से ही करें। दुरुपयोग करने से सिद्धि जायेगी और कष्ट भी होगा। जब इच्छित व्यक्ति पास आए, तब उसके साथ उचित वाणी एवं सभ्य व्यवहार करें। कार्य पूर्ण होने के बाद प्रयोग-स्मृति समाप्ति करें; अन्यथा साधक का पतन हो जायगा।

३. ॐ नमो भगवते रुद्राणि चामुण्डानि....मम वश्यं कुरु कुरु स्वाहा।

रिक्त स्थान में जिसका वशीकरण करना हो उसका नाम जोड़ें; किन्तु इसके पूर्व मन्त्र सिद्ध करने के लिए बिना नाम का जो मन्त्र ऊपर दिया है, उसे ही जपें। प्रयोग के समय नाम जोड़कर 'जप' करें। मन्त्रसिद्धि के लिए धूप-दीप-फल-फूल-नैवेद्य से पूजन करें और इष्टदेवी के सम्मुख बैठकर 'जप' करें। यम-नियम का पालन करें।

दीपावली, होली या ग्रहणकाल से प्रयोगारम्भ करें। सवा लाख जप करें। यदि न कर सकें तो कम-से-कम १२,५०० 'जप' करें; अन्यथा कार्यसिद्धि नहीं होगी। प्रचलित द्रव्यों से आहुति भी देवें। जिस व्यक्ति को वश में करना हो उसका नाम जोड़कर मन्त्रजप करें और उसके सामने फूँक देवें। यदि वह सामने न हो तो उसकी दिशा में, उसके घर के सामने, उसके व्यापार-स्थान के सामने फूँक करते रहें। कितना भी बलवान हो, वश में आ जाएगा। तब समय का महत्त्व समझकर जो कार्य हो उसे पूरा करें। मन्त्र-स्मरण करते रहें। सावधान भी रहें। दुरुपयोग कदापि न करें।

४. ॐ नं नां निं नीं नुं नूं नें नैं नों नौं नं (....) आकर्षय स्वाहा।

यह मातृका आकर्षण वशीकरण शाबर मन्त्र है। रिक्त स्थान में जिसका आकर्षण या वशीकरण करना हो उसका नाम जोड़कर मन्त्रसिद्धि करें। दीपावली की रात को ११ माला जप करें और १ माला और जप करके प्रचलित द्रव्यों से आहुति दें। बाद में प्रयोग करें।

'प्रयोग' में उदुम्बर वृक्ष की ७ अंगुल प्रमाण की एक टहनी लायें। टहनी के ऊपर गेरू से साध्य या साध्या का नाम लिखें। साध्य या साध्या के घर जाकर उसके घर की दिवाल में वह टहनी रख दें। यदि सम्भव न हो तो घर के छप्पर के ऊपर या घर के अगल-बगल की दिवाल में रखें अथवा उसके रास्ते में गड्ढा खोदकर जमीन में रख दें। थोड़े ही दिनों में साध्य या साध्या पास आएँगे। मनमुटाव दूर कर अपना कार्य पूरा करें। सदुपयोग की भावना से करें; अन्यथा कार्य नहीं होगा।

पीरानी शाबर मन्त्र

पीरानी साधना के लिए निम्नलिखित नियमों का पालन आवश्यक है—

१. पाक-साफ होना चाहिए।

२. साधना-समय में मांसाहार-शराब-नारी-संग से बचना चाहिए।

३. आत्मरक्षा मन्त्र का जप करके साधना करनी चाहिए।

४. गरीब-अनाथ के बच्चों को दान-पुण्य करें।

५. मन्त्र के लिए 'आशीर्वाद' आवश्यक है। माँ-बाप, घर के सभी लोगों, फ़कीर-सन्त-गुरु को सहमत करके 'साधना' करें। यदि किसी के साथ कलह हुआ हो, तो भी उसका कृपापात्र बनकर ही 'साधना' करें।

६. पहले बिस्मिल्लाह करें। 'मूलमन्त्र' के आगे-पीछे 'दरुद शरीफ' का पाठ यथाशक्ति करें।

७. पीरानी 'साधना' में कोई भी व्यक्ति किसी भी मन्त्र का जप कर सकता है। जातिभेद नहीं है; लेकिन जो करना है, उसका पूर्ण ज्ञान होना चाहिए। यदि स्वयं सन्तुष्ट न हों तो प्रयोग न करें।

पीर-प्रयोग

'पीर-साधना' के प्रस्तुत प्रयोग हेतु एक अलग कमरा होना आवश्यक है। कमरे को स्वच्छ और सुन्दर बनाना चाहिए। फिर कमरे में लकड़ी का तख्त रक्खें। तख्त कमरे के माप के अनुसार ही हो, न बहुत ऊँचा, न बहुत नीचा नहीं होना चाहिए। तख्त के ऊपर चावल की चार 'कबर' बनाएँ। प्रत्येक 'कबर' के ऊपर नीले कपड़े का गिलाफ या 'सेज' पढ़ाएँ। गिलाफ 'कबर' की माप के अनुसार होना चाहिए और उसे अच्छी तरह सजाना चाहिए, जिससे वह मनमोहक लगे। गिलाफ के चारो कोनों के ऊपर शुद्ध गुलाब के इत्र की एक-एक शीशी ढ़क्कन खोलकर रक्खें। प्रत्येक 'कबर' के पास एक नारियल भी रक्खें। 'कबर' के ऊपर गुलाब के फूल, घी का दीपक और लोबान का धूप रक्खें। यह सब तैयारी इस प्रकार पूरी करें कि तैयारी पूरी होने के बाद 'नवचंदी गुरुवार' पड़े। प्रति-मास चन्द्रदर्शन होता है। चन्द्रदर्शन के बाद जो पहला गुरुवार आए, वह 'नवचंदी गुरुवार' कहलाता है। 'नवचंदी गुरुवार' की रात को ११ बजे से प्रयोग आरम्भ करें और सुबह होने से पहले समाप्त करें। पहले स्नान कर स्वच्छ वस्त्र पहनें। पश्चिम की ओर मुँह करके बैठें। आसन ऊन का या कम्बल का लें। हकीक की माला लें।

जप प्रारम्भ करने से पहले 'बिल्मिल्लाह हिर्र रेहमानिर्र रहीम' बोलें। फिर दरुद शरीफ का २१ पाठ कर मूल-मन्त्र का बारह हजार जप करें। मूलमन्त्र के १२,००० जप के बाद २१ बार 'दरुद शरीफ' का पुनः पाठ करें। 'दरुद शरीफ' का पाठ इस प्रकार है—

अल्लाहमा सल्ले अला सैयदना व मौलाना मोहम्मदीव वबारीक वस्सल्लीम।

मूल मन्त्र इस प्रकार है—**कालु शाह, लाल शाह, मान शाह, सुब्हान शाह।**

इस प्रकार ४० दिनों तक प्रतिदिन प्रात: होने तक १२ हजार जप कर लें। ४० दिन में मन्त्र सिद्ध हो जाएगा। यदि ४० दिन के भीतर साधक की मनोकामनाएँ पूर्ण हो जाएँ तो भी प्रयोग निश्चित क्रम से पूर्ण करें। ४१वें दिन शाबर का विसर्जन कर दें। इसके बाद जब आवश्यकता हो तब केवल मूलमन्त्र का १२,००० जप कर 'प्रयोग' करें। सभी कार्य अच्छे ढङ्ग से पूर्ण हो जाएँगे। मन में जो भी शुभ मनोकामनाएँ होंगी, वह पूर्ण होंगी।

शाबर सिद्धि मन्त्र

१. ॐ नमः मन्त्र सिद्धि का। समुद्र, समुद्र दीप में टापू, टापू में फटिक-शिला। फटिक-शिला ऊपर कुकवा का वृक्ष। उसके नीचे वज्रयोगिनी की गुफा। वज्र-योगिनी की गुफा में बाघनी व्याई। बाघनी के पुत्र दो हुए। एक का नाम नृसिंह, एक का नाम हरसिंह। हरसिंह विद्या उपाई, नृसिंह लिया बुलाई। एक खील खुटेवा पठाया, एक खील चौदिसा का गुलाया। कौन-कौन गुलाया, नवीन गुलाया। खूरासान बुलाया। दीन सिंह शार्दूल, तीन श्वेत सुनहरी, चार जटाल, पाँच लटाल, सहा पटाल, सात उटीया, आठ लौहिय, नवु-पोहिया, दस रोजिया, ग्यारह गहौया, बारा मेडिया, तेरा अधलेडिया, चौदा चीतिया, पन्धरा बारह जात।

२. अठारह कुली के सिंह। एक कोस का बुलाया, दो कोस का आया। दो कोस का बुलाया, चार कोस का आया। चार कोस का बुलाया, आठ कोस का आया। आठ कोस का बुलाया, छेदनी बारह कोस का आया। बारह कोस पूर्व, बारह पश्चिम। बारह दखिन, बारह उत्तर। नदी-नाले का आया। खेजु-खोचर का आया। गिरि-पर्वत का आया। डरे-डावरे का आया। सडे-मसान का आया। वाट-घाट का आया। गडी-गुफा का आया। रूख-वृक्ष का आया। बाँस के बीड़े का, घाँस के कूचे का आया। गोबर की चौथी का आया। जहाँ-जहाँ से आया, हाथ-पाँव उपाडता आया। मुख बावला आया। सव्वा हाथ धरी भिजोवता आया।

३. जा-जा मार पटक पछाड़। मार के कलेजा चाखना। चोखे ता कुमारी कन्या के पातक में पाव डालेगा। लोना चमारी के कुण्ड में पड़े। धोबी की नाँद में पड़े। ढेढ के खप्पर में खाय। गोरख का दण्ड तोड़े। ब्रह्मा का जनेऊ तोड़े। महारूद्र का त्रिशूल तोड़े। विष्णु का खड्ग मोड़े। अगला पाँव, पिछला पाँव से कुलु। पुलट-उलट की डाढ। तले की डाढ से कीलू।

४. जो मोसे करेगा रार, मेरे चेले से करेगा रार, जो मेरे गुरु से करे रार,

मेरे जाति से करे रार, तो कारी कन्या के पातक में पाँव डाले। गोरख दण्डा तोड़ेगा, ब्रह्मा का जनेऊ तोड़ेगा। विष्णु का खड्ग तोड़ेगा, शिव का त्रिशूल तोड़ेगा। वाचा चूके, तो खड़ा हुआ सूखे। वाचा चूके, तो बाघनी का दूध हराम। बाघनी की सज्या पे पग धरे। सिताबी न आवै, तो माता का दूध हराम। सिताबी न आवै, सो नऊ नाथ, चौरासी सिद्ध की वाचा चूक झूँठी पड़े। गुरु की शक्ति, मेरी भक्ति। फूरो मन्त्र, ईश्वरी वाचा। छू।

उक्त मन्त्र २१ दिन २१,००० जपें। सउ की मूर्ति बनाए। पूर्व को मूर्ति का मुख कर दीपक आगे रक्खे। धूप आदि से पूजा कर 'जप' करे। 'जप' कर माथे पर तिलक करे। सभी प्रकार के भूत-प्रेतों पर यह प्रयोग चलता है। मन्त्र सिद्ध होने पर अनेक प्रकार की सिद्धि मिलती है।

शाबर रक्षा मन्त्र

निम्नांकित शाबर मन्त्र रक्षा हेतु उपयोगी हैं। सभी मन्त्र 'ग्रहणकाल' में जपने से सिद्ध हो जाते हैं। फिर आवश्यकता पड़ने पर उपयोग करना चाहिये।

१. **जाग रे जाग हनुमान बली। घट-पिण्ड की करी रखवाली, दोनों हात से बजावे ताली। दन्दि-दुश्मन की तोड़ नली। ये दुखकानी वारा करे, हनुमान बली। आला-आला हनुमन्ता। खांक्ष्यावर भाले दूरुन उड़ाले। जाऊन कावलासात पडल ल्याची मोउ कंबर। आरे-आरे वीर हनुमन्ता, तुझ्या कपाली म्हसीचा टिला। तुमको नमती बुधकुमारा, या दुःख-दरद का भुतपली रक्ता। जादू, जंत्राच्या भारी मस्तकी खिला। आटा की सटाकी खीव-खीव। चवर उता गङ्गागीर जाचे हाउ तुटो। महादेव का चक्र पडो। सुखदेव की पोथी पडो। भिम की गदा पडे। नारसिंग जेपाल, अब देखो तेरे मन्त्र की सङ्गत। मेरी भक्ती, गुरु की शक्ति। फूरे मन्त्र, ईश्वरी वाचा।**

२. **पाव कू राखे पायेला। पिठ कू राखे काल-भैरव। क्षेत्रपाल शिर को राखे। हनुमन्त रखवाल सिलकरे, राज करे, प्रधान करे, अकल करे, सही करे। टोना करे, बुध-घात करे, केस-घात करे, जो करे वही मरे। फूरो मन्त्र, गुरू महादेव का। गुरू की शक्ती, मेरी भक्ती। फूरो मन्त्र, ईश्वरी वाचा। छू।**

३. **हनुमन्ता-गुणवन्ता, कुडली कपाट से कमान। बैठे आगलट पालगट बाँध। कनेरी का घाट। जल बाँध, थल बाँध। फिरती कैकण्ड बाँध, आग्या बीर बाँध। बावन कुय्या बाँध, बावन मेसका बाँध। कौन बाँधी, हनुमान वीर बाँधी। ना बाँधी, तो गुरू वस्ताद हनुमन्ता की आन। गुरू की शक्ती, मेरी भक्ती। चलो मन्त्र, ईश्वरी वाचा।**

४. बहेर सोने की छडा, कान फाडे की धूनी जलाना। मुङ्गी पै बैठा, सैय्यद मोहम्मदा वीर। जिसकी करणी, उस पर चलेगी। कापर सयेलना दूर कर, ना करे तो गुरू वस्ताद गीरी की आन। मेरी भक्ती, गुरू की शक्ती। फूरो मन्त्र, ईश्वरी वाचा। छू।

५. वहाँ से मोहम्मदा विर कहाँ से आया? गडी-गड से आया। कौन का पूत, जो कौन का पूत बाँध। चौरासी लाख भूत बाँध। सात से बाँध। हसन-हूसेन कपाली जायचे हज चले। मोहम्मदा वीर चले। हनुमान विर चले। अठरा कोटी विद्या चले। नवसे चले। अर्जून के वाण चले। भाव की गदा चले।

६. काली-काली महाकाली। ज्यावे सीपी, वलके डाहोली। दोनों हात से बजावे टाली। बाँएँ याट ज्या बसे, काल-भैरव। उसका काट-काट। कौन रखा कनकाला तोहू, म्हसासूर येऊ का उज्याला कर आला। मछिन्द्र का सोटा, काल-भैरव का पाव तुटा। दूरालाजी लूखा। किया हाला सती सके का बाँधु। काल राखे गोरखनाथ सिंहनाथ। फूरे अडबङ्गी। बोले, फुरो मन्त्र, ईश्वरी वाचा।

७. क्षेत्रपाल शिर कू राखे। हनुमन्त रखवाल सील करे, राज करे, प्रधान करे, आकल करे, सही करे। टोना करे, दोना करे, द्रिष्ट घात करे, केश घात करे, जो करे, तोच भरे। फूरो मन्त्र, गुरू महादेव का मन्त्र साँचा।

८. बिसमिल्लाह रहिमाने रहिम। आव रे आव। कहाँ से आवे? पाताल से आवे। कहाँ लग आली? ब्रह्मा का हूकुम तोड़। कर ज्योती उसके दिल का सहेरा। महावीर तुमने लाभ। हूकुम गुरू महाराज का। उसकू मह चलाऊँगा। उसका हूकुम उठा देना। अपना हूकुम बैठा देना। गरीब का शब्द छुडा देना। कच्चा-कच्चा गुरू का। मूठया लहू, सूलास देश में भेजूँ। ना भेजूँ, तो काल-भैरव को कहाँ भेजूँगा। उसके दिल का सन्देशा तुमने लेना, ना लावे तो विर हनुमान वहाँ भेजूँगा। मोहम्मद वीर वहाँ से चलाऊँगा। आग्या वेताल वहाँ से उड़ा लूँगा। उसके सर पर पड, उसके पिठ पर पड, उसके कलीजे पे पड, ना पडे तो तेरे कू सौगन्द डालूँगा। कौन-सी सौगन्द, राम-लक्ष्मण-सीता जानकी-हनुमान जता। गुरू की सङ्गत, मेरी भगत। फूरो मन्त्र, ईश्वरी वाचा। छू।

९. बिसमिल्लाह रहिमाने रहिम। किने छोडी, किने घाडी। किधर जाती, किधर आती। वहाँ से बैठूँगा, वहाँ से उठूँगा। उलट लाव, पलट भेजूँगा। तेरे नाम का टाक मैं तोडूँगा। गुरू महाराज के चरणों का

ईलम चलाऊँगा। ना चलाऊँगा, तो तेरे कू वहाँ हनुमान का हूकुम डालूँगा। बिना हूकुम चले, तो सिता माता की सेज पर पाँव धरेगा। ना धरे तो हनुमान की लटी तूट पडे। गुरू की सङ्गत, मेरी भगत। फुरो मन्त्र, ईश्वरी वाचा।

१०. बिसमिल्लाह रहिमाने रहिम। चार चौकी भारले, होली किली करु, बीर नरसिंग के आगे धरु। मेरी क्रिया, मेरी हात, मेरा गुरू जोगीनाथ। मेरे घर पर वीर नारसिंह की चौकी। मोहम्मदा वीर की चौकी। आग्या वेताल की चौकी। कालभैरव की चौकी। कालभैरव काशी के कोतवाल, मेरे पिण्ड प्राण कू वीर नरसिंग तू रखवाल। ना रखवाल तो तेरे कू महादेव पार्वती की आन। राम-लक्ष्मण, सिता-जानकी की आन। हनुमान-जती की आन। गुरू की सङ्गत, मेरी भगत। फूरो मन्त्र, ईश्वरी वाचा, कावउ देश का इलम साचा। छू।

११. बीर हनुमान बड़ा प्रतापी। वहाँ भेजूँ बाजे चौघडा, चार घडा। कहाँ-कहाँ का चार घडा, चार विरोकर पहिला वीर कौन-सा? पहिला काल-भैरव, दुसरा विर महावीर तिसरा मोहम्मदा वीर, चौथा वीर आग्या वेताल। ज्या रे, कहा ज्या, जील घठानी ज्या। पीलु आना। दूसरा हूकुम किने बटाया। किने उठाया। तिसरा हूकुम किने बुलाया, किने चलाया। चौथा हूकुम वीर हनुमान का वहा लग जाना, मेरा दिल का हूकुम बज्याकर। आ रे हनुमन्ता, अ रे गुणवन्ता, कुण्डी कोठ कमाल वर हनुमान वसला। ताप बाँध, तीजारी बाँध। आलकट बाँध, पलकट बाँध। कनेस का घाट बाँध, आवटा बाँध। चव्हाटा बाँध, हल बाँध। घल बाँध, जनकी-चुड़ेल बाँध। साती आसरा बाँध, म्हसासूर बाँध। मुण्डयावत खईस बाँध, दिठ बाँध, मुठ बाँध। ना बाँधे, तो विर वेतालाची आन। गुरू की शक्ती, मेरी भक्ती। फूरो मन्त्र, ईश्वरी वाचा। छू।

१२. निंबू काटकर भूई में गाडू, निंबू लागे हनुमान के हात। हनुमान अञ्जनी का पूत। ठीक ठोक करती कालो दूस के देहि का भूत। इती घडी, इता पहर। छत्तीस कुराना छोड़ देना। नर छोड़े, इसके मापरडा घर गाड। हव चडे काल, उहेस दूसलय साचा, फूरो मन्त्र, ईश्वरी वाचा। छू।

१३. आगे देखु तर आग्याचे ताल बसे। पिछे देखू तर नारसिंग बुआ बसे। डावे हात कू हनुमन्त बीर बसे। सिर राखे गोरखनाथ। बसे दूर से

भूत को बाँधु। सवा मन का जञ्जीर पाँव में डालो। मुन्ज्या झोटिङ्ग की खाननी धालू। हमको करे खरा मन्तर करे। दिठ करे, मुठ करे। जन्तर करे, मन्तर करे। जो करे, वही मरे। एक लाख अस्सी हजार पिर पैगम्बर की दुहाई। फिरे मन्त्र, ईश्वरी वाचा।छू।

१४. बाजत गाजत, हनुमन्त आला। पहाड़-पर्वत, फोडीत आला। भूत बाँध, पलीत बाँध। चेडा बाँध, चमेट बाँध। आकाश का बाँध, अड़ोसी का बाँध, पड़ोसि का बाँध, पाताल का वीर बाँध। ना बाँधे, तो माँ का दूध हराम करे। फूरो मन्त्र, ईश्वरी वाचा। छू।

१५. ॐ नमो आदेश गुरू को। ॐ नमो हनुमन्त जती। पाके मूखान फूटे, खूरी गुरू गोरख की वाचा। फूरो मन्त्र, ईश्वरी वाचा। ब्रह्म वाचा, रुद्र वाचा। विष्णु वाचा, सारे उखाचा। जाए तेच हयार-कूर, पडेलाल गोपाल। गोरखनाथ तुम्हारी वाचा। फूरो मन्त्र, ईश्वरी वाचा। गुरू की वाचा। छू।

स्त्री वशीकरण मन्त्र

१. कामरूप देस कामाख्या देवी, जहाँ बसे इस्माइल जोगी। इस्माइल जोगी की लगी फुलवारी, फूल तोड़े लोना चमारी। जो इस फूल की सूँघे बास, तिस का मन रहे हमारे पास। महल छोड़े, घर छोड़े। आँगन छोड़े, लोक-कुटुम्ब की लाज छोड़े। दुहाई लोना चमारी की। धनन्तरी की दुहाई फिरै।

शनिवार से आरम्भ करके २१ दिनों तक नित्य १४४ बार उक्त मन्त्र का जप करें। धूप, दीप, नैवेद्य और मद्य से दीपक में नित्य पूजन भी करें। प्रयोग के समय उक्त मन्त्र से ७ बार अभिमन्त्रित पुष्प जिस साध्या को सूँघाया जायगा, वह वशीभूत होगी।

२. धूली-धूली विकट चन्दनी पर मारूँ धूली। फिरै दिवानी, घर तजे, बाहर तजे, ठाड़ा भरतार तजे। देवी एक सठी कलवान तू। नाहरसिंह वीर अमुकी ने उठा ल्याव। मेरी भक्ति, गुरू की शक्ति। फुरो मन्त्र, ईश्वरी वाचा।

पहले किसी शुभ मुहूर्त्त में उक्त मन्त्र का १०,००० जप करें; फिर प्रयोग करें। शनिवार को जिस स्त्री की मृत्यु हुई हो, उसकी चिता से पैरों की तरफ का एक अङ्गार लेकर अलग मिट्टी के कशोरे में रखकर उक्त मन्त्र से ७ बार अभिमन्त्रित करें। फिर उस अङ्गारे को पीसकर चूर्ण कर लें। यह चूर्ण साध्या के सिर पर डालने से उग्र वशीकरण होगा।

३. आकाश की जोगनी, पाताल का नाम। उड़जा अबीर, तू फलानी के लाग। सूते सुख न बैठे सुख, फिर-फिर देखै मेरा मुख। हमकूँ छाँड़ि

दूसर कने जाय, तो काढ़ कलेजा नाहरसिंह वीर खाय। फुरो मन्त्र, ईश्वरो वाचा।

अबीर को गुग्गुल की धूप देकर एक पत्ते में रखकर अपने मुँह में रक्खें। फिर नदी या तालाब में डुबकी लगाकर उक्त मन्त्र सात बार पढ़ें। पानी से बाहर आकर पत्ते को मुँह से निकालकर पुनः अबीर को गुग्गुल की धूप दें। इस अबीर को साध्या के मुँह पर या मस्तक पर तिलक लगाने से वह वशीभूत होगी।

४. नमो जल की जोगनी, पाताल नाम जिस पर भेजूँ, तिस के लाग। सोने ने पावै, सुख से बैठन न पावै, फिर-फिर ताके मुरा मुख। जो बाँधी छूटे, तो बाबा नरसिंह की जटा टूटे।

चार लौंग एक पत्ते में लपेटकर गुग्गुल की धूप देकर मुँह में रखें और नदी या तालाब में डुबकी लगाकर उक्त मन्त्र सात बार पढ़ें। फिर बाहर आकर पत्ते में से लौंग निकालकर पुनः गुग्गुल की धूप देकर रख लें। एक लौंग साध्या को खिलाने से उसका वशीकरण होगा।

कतिपय उपयोगी टोटके

१. रविवार के दिन पुराना बिजली का तार (ऐसा ताम्बे का तार जिसमें कई वर्ष तक विद्युत-प्रवाह हो चुका हो) थोड़ा-सा नीले या काले कपड़े में लपेटकर बच्चे के गले में बाँधने से दाँत आसानी से निकलते हैं।

२. निर्गुण्डी की जड़ मङ्गलवार को बच्चे के गले में बाँधने से दाँत आसानी से निकलते हैं।

३. थोड़ी-सी राई, नमक, आटा या चोकर और ३,५ या ७ लाल सूखी मिर्च लेकर जिसे नजर लगी हो, उसके सिर पर सात बार घुमाकर आग में डाल दें। नजर उतर जाएगी। नजर-दोष होने पर मिर्ची जलने की गन्ध नहीं आती।

४. पुराने कपड़े की सात चिन्दियाँ लेकर सिर पर सात बार घूमाकर आग में जलाने से नजर उतर जाती है।

५. कुम्हार के हाथ में लगी मिट्टी तथा कुम्हार के चाक पर लगी मिट्टी, दूध या पानी के साथ लगभग एक तोला पिलाने से गर्भपात रूक जाता है।

६. प्रसवपीड़ा हो रही हो और बच्चा न हो रहा हो, तो साँप की केंचुल स्त्री के नितम्ब पर बाँधें। प्रसव शीघ्र होगा।

७. बच्चे का पहला दाँत जब गिरे तब उसे जमीन पर न गिरने दें। इसे चाँदी के ताबीज में भरकर बच्चे की माँ को बाँएँ हाथ, गले या कमर में बाँध दें। जब तक ताबीज शरीर पर रहेगा, दुबारा गर्भस्थिति नहीं होगी।

आत्मरक्षा मन्त्र

ॐ नमः वज्र का कोठा, जिसमें पिण्ड हमारा पैठा। ईश्वर कुञ्जी, ब्रह्मा ताला, मेरे आठो याम का यती हनुमन्त रखवाला।

तीन बार उक्त मन्त्र को पढ़ने से शरीर की सदा रक्षा होती है।

अङ्गबन्धन मन्त्र

जाँघ बाधो जङ्घश्रीः, काया बान्धो परमेश्वरी।
सिर बान्धो चौरासिः त्रिपुर राखे पहरूदारः॥
काशि कोतवाल हनुमान, राखो पहरूदारः।
जियान खबरदार, दोहाई सति सीता क॥
राम-लक्ष्मन क नरसिङ्घ नाथ क गौरा।
पार्वति क ईश्वर, महादेव क कामरू कमख्या माई कः॥

शरीर बाँधने का मन्त्र

ॐ वज्र क सीकड़, वज्र क किवाड़, वज्र बांधे दसो द्वार। वज्र क सीकड़ से पी बोल, गहे दोष हाथ न लगे।। आगे वज्र किवाड़ भैरो बाबा, पसारी चौसठ सौ योगिनि रक्षाकारी। दोहाई ईश्वर, महादेव, गौरा पार्वती की।

दिशा-बन्धन मन्त्र

१. आकाश बाँधो, पाताल बाँधो, बाँधो तावा ताई।
धरती माता तोहे बाँधो। दोहाई भैरो बाबा की।
२. सामा तु आर बाँध, सामा तु चारो कोना बाँध।
सामा के सङ्ग, सामा को जला दिया॥
सामा तु भूत बाँध, सामा तु पिशाच बाँध।
सामा तु दानो बाँध, सामा तु अकिन बाँध॥
सामा तु चुड़ैल बाँध, सामा तु वैताल बाँध।
सामा तु संसार बाँध, सामा तु आसमान बाँध।
दोहाई कामरू कमक्ष्या, नैना योगिनि की॥

डीह बाँधने का मन्त्र

डिव न डीहारि बान्हो, तीनों कोन प्रीथी बान्हो, चौठे कोण जलप्वा बान्हो। सर सह प्रमेश्वर सहस्त्र सर रक्ष्या करे। उदन्त काठी पुदन्त देस। कालि गेलि कमक्ष्या देश। गोहरि वासिखे गेलि। इन्द्र के बेटी, ब्रह्मा के शालि, मसान चट्टी। बजावे तालि। थारि थूरी, सर्व खुरी उक्षिदैए, परा पराए, हम नहि बान्हेक्षी। हमरि भै गौरा पार्वति बान्हेक्षी। दोहाई महादेव का, दोहाई रोहिना का, चमार दोः अघोरि डोम जघ क्षोड़ी के जाई।

भण्डार भराने का मन्त्र

आए देवि दक्षिणि ! तिन वर्ण की लक्ष्मी। गे लक्ष्मी ब्रह्मा क माय। रिद्ध-सिद्ध हमारे हाथ। आव लक्ष्मी कर जाप, जन्म-जन्म के हर पाप। अन्न पूरावे अन्नपूर्ना। प्रीत पुरावे महेश। नीलेश्वर के नेउँता दिन्हा। दस पावे पञ्च दृह होए जाए। दोहाई सिद्ध पुरुष काहा, लक्ष्मी काः।

गो-रक्षक मन्त्र

१. धिर चलै, वनविर चले, धरती आकाश उन्ड़ाता चलै, नग्र अयोध्या विश्वमय को चलै, चौसठ सो विर्क्षा तोड़ते चले। माई तेरे गुनिआ, आपु बान्धो, क्षआ बान्धो, दोख बान्धो, विष बान्धो, गज बान्धो, धरती बान्धो, एतना बान्धि बौधने लाव। झोका मटका, हरना विरना, ठरि आधरि, आतो विवि जमा, लोक दूधहर मकरे। दोहाई कामरू कमक्ष्या का।

२. गङ्गा-यमुना-सरस्वती निर्मल राखें गोरख जति। मुख फटे पस्त धा मोर पक्षि ले झारै। सर्व-विध पराए। दोहाई पाँचों पण्डव के, दोहाई अरजून के। इति मोर-पङ्ख, नव ढफना। धूमनाक धूप देव। रात्रि के, निशा रात के, धूप गाई क मुख क सामने देवई।

दूसरे मन्त्र में 'इति' शब्द मन्त्र का समाप्ति-सूचक है। मोर-पङ्ख, ९ ढपना लेकर रात्रि में गाय के मुख के सामने धूप देने की विधि है।

फूला काटे का मन्त्र

सोना क लोकी, रूपा की पाटी। फूला काटे, ब्रह्मा के बेटी। दोहाई राजा रामचन्द्र का शील।

नजर-टोना झारने का मन्त्र

कालि देवि ! कालि देवि ! सेहो देवि ! कहाँ गेलि, विजूवन खण्ड गेलि, कि करे गेलि, कोइल काठ काटे गेलि। कोइल काठ काटि कि करति। फलाना का धैल धराएल, कैल कराएल, भेजल भेजायल। डिठ मुठ गुण-वान काटि कटी पानि मस्त करै। दोहाई गौरा पार्वति क, ईश्वर महादेव क, कामरू कमक्ष्या माई इति सीता-राम-लक्ष्मण-नरसिंघनाथ क।

किसी को नजर, टोना आदि सङ्कट होने पर उक्त मन्त्र को पढ़कर कुश से झारें।

अग्नि को थामने का मन्त्र

आगिन थामो, अगिनी थामो। सेतवान रामेश्वर थामो। कालि काल थामो। विरं कां थामो। वार हनुमान का थामो। दोहाई विष्णु का, दोहाई ब्रह्मा का।

धूरा पर उक्त मन्त्र पढ़कर अग्नि पर छिड़कना चाहिए।

अग्नि बाँधने का मन्त्र

ॐ अङ्ग कल-पीह हरि-वर! आगिन बाँधो, हनुमन्त वीर! नहि जरे हाथ, नहि जरे पाँउ। अगिनी सो वाचा। हनुमन्त वीर चले, तारा चलेय, जीरा नहि जरे, क रख। दोहाई माहा भदलि पीर का, दोहाई फिदाय साहेब का, दोहाई पाँच पीर औलया का।

मन्त्र पढ़कर अग्नि पर धूरा छिड़कें।

आपत्ति टालने का मन्त्र

शेख फरीद की कामरी, निशि अस अँधियारी। तीनों को टालिए— अनल-ओला-जल-विष।

उक्त मन्त्र को पढ़कर ताली देने से आग, पानी और पत्थर का भय दूर होता है।

अधकपारी झाडने का मन्त्र

ॐ नमो वन में बियाई बन्दरी। खाय दुपहरिया कच्चा फल कन्दरी। आधी खाय के, आधी देती गिराय। हूँकत हनुमन्त के आधा शीशी चलि जाय।

रोगी को सामने बैठाकर भूमि पर छूरी से सात रेखाएँ खींचते हुये उक्त मन्त्र पढ़ें।

वशीकरण कारक शाबर मन्त्र

१. ॐनमो फूल-फूल की वारी-वारी, चौसठि नारी दरबार-यारी, नारसिंह शक्ति तुम्हारी। यो फूल सूँघै, सो दास हमारी। मेरी भक्ति, गुरु की शक्ति। फुरो मन्त्र ईश्वरो वाचा।

२. ॐ आदेश गुरु को। हाँथ पकरि मुख मलूँ। कच्ची मछरी खाउँ। आठ पहर बत्तीस घरी। जगमोहन मेरा नाम। और देखै, जरै, मरै। मोहि देखे पाइन परे। मेरी भक्ति, गुरु की शक्ति। फुरो मन्त्र ईश्वरो वाचा।

३. ॐ आदेश गुरु को। लवङ्ग सराई, लवङ्गा भैरव। तहाँ जो जाइ पढ़िकै लवङ्ग। देउगा हाँथ पाइ परै। डिठी लागे सात घर। तन पीठी, लवङ्ग डीठी। चतौल लैना भरि, तुरन्त परे लवङ्ग। भैरो प्रकट फुरै। मेरी भक्ति, आदेश गुरु को, अ क्षा भू टां हुं फट्।

४. ॐ दक्षिण देश वीर हनुमन्त चला। एक जटा आकाश, एक जटा पाताल। बाँएँ हाँथ गदा, दाहिने हाँथ छड़ी। गर्जन्ता चलै, घोरन्ता चलै, नदी-नाला सोखन्ता चलै। चलै भोहड़ा नारसिंह। आदि-भैरव, काल-भैरव, भूरा-भैरव, सेत भैरव, सवा लक्ष लैकै वीर चलै। चौसठि योगिनी चलै। चौरासी लक्ष क्षेत्रपाल चले। जलथे तुलसी चले। महादेवनी

कन्या चले। तुरत चले। तुरत न चलै, तौ सती सीतानी सेज पग देइ। रामचन्द्र की पूजा पाइ करि ठेलै। जो तुरत न चलै, तौ मेरी भक्ति। गुरू की शक्ति, फुरो मन्त्र, ईश्वरो वाचा।

५. आदेश गुरू को। सम्मोह भैरव, मोहनी वेश, हाँथ पाश, सिद्ध-सिद्ध को आदेश। राजा मोहु, प्रजा मोहु, मोहु ब्राह्मण-वाणियों चारो खूँट। पृथ्वी मोहु, समीप सम्मोह। भैरव जानिए मेरी भक्ति, गुरु की शक्ति, फुरो मन्त्र ईश्वरो वाचा।

६. ॐ भैरवो देवो! नगर मोहु, राजा मोहु, नगर-नायक मोहु, देव मोहु, श्री भैरव की शक्ति। फुरो मन्त्र, ईश्वरो वाचा।

७. ॐ आदेश गुरु को। पानी खेलै, पानी दौड़ै, विष का पानी। भैरव खासा, मारी हासा। हाँथ धरो राजा-रानी। पानी ते यारी, पानी की क्वारी। पानी को सागर। हाँथ पानी की झारी। पानी मारो, फूको, हरो। इन्द्रदेव की रानी। अजय पाल जोगी, जल केलि नाथ भोगी। मेरी भक्ति, गुरु की शक्ति। फुरो मन्त्र, ईश्वरो वाचा।

८. ॐ आदेश गुरू को। पानी को प्यासा, आया पानी तमासा। पानी बैठे, पानी दौड़ै, पानी बोले, पानी खेले, पानी जाले। जल केलि-नाथ हाँथ मले। तहाँ होई आगी। पानी आवन्ता, वन्ता। इसमाइल रानी। शत्रु तोड़ो, आकाश फोड़ो, ब्रह्म-विष्णु को गाड़ो, सब देवता को छोड़ो, भक्तन को पाउ न छोड़ो। मेरी भक्ति, गुरु की शक्ति। फुरो मन्त्र ईश्वरो वाचा।

९. ॐ नमो कैलाश पर्वत पर गौरा देई। जे मन माहे चाहूँ, ते आवै धाई। मेरी भक्ति, गुरु गोरखनाथ की शक्ति। फुरो मन्त्र, ईश्वरो वाचा।

१०. ॐ कामरू देश। तेकर फूल बिनै लोना चमारिनि। यो वास फूल की आवै वास, तो अमुकी आवे हमारे पास। मेरी भक्ति, गुरु की शक्ति। फुरो मन्त्र ईश्वरो वाचा।

११. ॐ मोहनी जोहनी दोनों बहिन। चलगे मोहनी कबरू के देश। चलत में हाट में, वाट में, मोहै कुवना पनिहारिन। मोहै सिंहासन चढ़ि कै राजा। मोहै डोला चढ़िकै रानी। मोहै से मोहन मोहनी, अमुक को अमुकी के वश कर (या अमुकी को मेरे वश कर या अमुक को मेरे वश कर)। मोहनी रोम-रोम भीजि जाय। दोहाई ईश्वर महादेव की। दोहाई गौरा पार्वती माता की। दोहाई नैना जोगिन की। दोहाई। सतगुरु के। बन्दौं पाउ।

१२. नोना नोन बजाड़ा। नोन अवसि नून है गुनवन्ता। हाला जावा तावा,

जल में डारै। मच्छली वाछै। गाई देइ पियावे वाछ। स्त्री को देइ, तो लागै साथ। ईश्वर महादेव गौरा पार्वती की दोहाई। सतगुरु के बन्दौं पाव।

मन्त्र रवि या भौमवार, दीपावली या ग्रहण में १०८ बार जप लें। गाय-भैंस जो भी रकरा (बच्चे) छोड़ दे, उसे अपने हाथ में नमक लगाकर जप करता हुआ चटावें। रकरा (बच्चा) को भी नमक लगा दें। चारा-भूसा में भी नमक लगा दें। इस बीच मन्त्र पढ़ते रहें। गाय-भैंस रकरा (बच्चा) अवश्य लेगी। स्त्री को पान, लौंग, गरी आदि मन्त्र पढ़ते हुये दें, तो वह साथ देगी।

१३. मोर मोहनी, मोर मोहनी। रानी मोहै राजा मोहै, ऊपर के इन्द्रौ मोहै, तरी के वासुकि नाग मोहै। मोर मोहनी, मोहिजा ओकर मोहनी। उड़सि जा आधी नदिया। रङ्ग बहै आधी नदिया, तङ्ग बहै। जे लेय फूलन का वास, ते आवै मेरे पास। दोहाई ईश्वर महादेव की।

मन्त्र को दीपावली या ग्रहण में जप कर सिद्ध कर लें। फिर अच्छे फूल लेकर नाम सहित मन्त्र का जप करते हुए फूल को फूँकते जायँ। फिर अभिमन्त्रित फूल उस व्यक्ति को दे दें।

१४. ऐसा सेन्दुर-बीज बिसौध। सेन्दुर की आवै वास, चलै हमारे पास घर छोड़ै, बखरी छोड़ै पिया परे का पलँगा छोड़ै। आन का देखि जर मरै। मोरे अङ्ग कइति चितवै, मोहि लावै नारसिंह। दोहाई नारसिंह कै।

१५. ॐ ह्रीं क्रीं जम्भ जम्भ, मोहय मोहय, अमुकी आकर्षय आकर्षय मम वश्यं कुरु कुरु स्वाहा।

रात्रि में प्रतिदिन ११ माला ४२ दिन तक स्फटिक की माला से जपें। कार्य अवश्य होगा।

१६. ॐ ह्रीं मोहिनी स्वाहा। अमुकं नरं मे वशी कुरु (या श्री प्रकाशं मे वशी कुरु या उमादेवीं मे वशी कुरु)।

मन्त्र को दीपावली, डिठवन, चन्द्र या सूर्यग्रहण में १०,००० जप कर सिद्ध कर लें। जब इससे कार्य लेना हो, १०८ बार 'साध्य' का नाम लेकर जप कर पान, सुपारी, लौंग, इलायची, गरी या खाने की कोई चीज फूँककर खिला दें। कार्य सिद्ध होगा।

१७. अलहम्दो गवानीवो, मेरे पर हो दीवानी। जो न हो दीवानी, तो सैयद कादर अब्दुल जलानी! चुट्टा पकड़ कर करो दीवानी।

बढ़िया इत्र शीशी में डालकर १० माला प्रतिदिन मन्त्र जपें। २१ दिन प्रति-माला जप से इत्र की शीशी पर फूँकते जायँ। २१ दिन में शीशी का इत्र घूमने लगेगा। यदि न घूमे, तो ४० दिन तक जप करें।

रक्षा-मन्त्र

१. बाघ बाँधौ, बाघिनि बाँधौ, एक सौ आठ सौ कला बाँधौ, हार चोर मुख बाँधौ, जीभ लै आकाश बाँधौ। मुँह फारै, डङ्क करै, तौ महादेव की आज्ञा फुरै। सती सीता आन, जती हनुमन्त की आन, लक्ष्मण कुमर की आन, श्री रामचन्द्र की आन, चौदह योगिनी की आन, अठारह भावनस्पती की आन। वाचा ते कुवाचा करै, तो कुम्भी-पाक नरक में परै। मेरी भक्ति, गुरू की शक्ति। फुरो मन्त्र, ईश्वरो वाचा।

२. ॐ भ्रां भ्रीं भ्रूं ज्रां ज्रीं ज्रूं जल-केलि बड़वानल-भैरवाय, सकल शत्रु-संहारकाय, ब्रह्मास्त्र, पाशुपतास्त्र-प्रदर्शनाय, घोर-स्त्री-दितेजाहरणाय, भक्त-कार्य-करणाय, भू-भू कारकाय, भ्रे हुं फट् ठः ठः, जारय जारय, तापय तापय, खं फ्रं स्वाहा।

३. ॐ आ वीर वेताल पैठी पाताल। खेलत वाल वायु वंवुल फेरि। लंगुल चीन चाहुँ। हाकी दीव दे देउ। स्त्री को चीर जारे। पुरुष को पाग जारि। पातशाह को तखत जारि। पालकी बैठी रानी जारि। उमराव की हवेली जारि। पर्वत पहाड़ जारि कै भस्म करि। न करै, तो हनुमन्त वीर की आन। हनिवन्त मारि, करै भस्माभूक। माया मारै, धी धरै, गाइ वाछी खाय। ब्रह्म को अलि, सुरा पी, जहाँ भेजौं तहाँ जाइ। शिव वाचा, ब्रह्म वाचा, रुद्र वाचा। चूकेउ वासुकी सीस फारी। मेरी वाचा छोड़ि कुवाचा करै, तौ लोना चमारिनि के छोरी परी। मेरी भक्ति देखो, हनुमन्त वीर। मेरे गुरू की शक्ति। फुरो मन्त्र, ईश्वरो वाचा।

४. ॐ काल-रूप भैरव! वहाँ कर चले वज्र कपाट, तो उत चले सार की कत्ती। लोहे की कमान, तहाँ बैठा कालिका-पुत्र। भैरव वाण चल चल। भैरव-कालिका माता की आन। ब्रह्म वाचा, विष्णु वाचा, शिव वाचा छोड़ि कुवाचा करै, तो धोबी के कुण्ड में परै। मेरी भक्ति, गुरू की शक्ति। फुरो मन्त्र, ईश्वरो वाचा।

बलि देकर दस हजार जपें। साध्य के घर में पुतली बनाकर मूँज की लकड़ी के धनुषबाण से उसे बींधे, तो साध्य के शरीर में पीड़ा होगी।

५. ॐ काला भैरव कल-कल करै, रक्त-माँस का भोजन करै। आवत जात

दुई घड़ी धरै। लौट मूठ पलट घर जाय। जिसका करतब, उसी को खाय। मेरी भक्ति, गुरू की शक्ति। फुरो मन्त्र ईश्वरो वाचा।

पूर्ववत् सिद्ध कर लें। फिर प्रति-दिन प्रातः चुल्लू में पानी लेकर सात बार मन्त्र पढ़कर अपने सिर से उतार कर जमीन पर फेंक दें। कभी कोई बाधा नहीं होगी।

कटोरा चलाने का मन्त्र

ॐ नमो विस्मिल्लाह रहिमाने उल रहीम। महम्मदा वीर अलेकुम सलाम। हरी टोपी, हरी कमान, हरा घोड़ा, हरा पलान। तिस उपर बैठा महम्मदा वीर पठान। नदी को चलाव, वादी को चलाव, भूत-प्रेत को चलाव, चौसठि योगिनी को चलाव, पीठ-पञ्जर पाउ दे। हनुमन्त वीर को चलाव, इन्द्र को चलाव, थाली को चलाव, वेली को चलाव, कटोरा को चलाव। जहाँ चोर तहाँ चलाव। जहाँ वस्तु तहाँ चलाव। जहाँ द्रव्य तहाँ चलाव। इस बालक का कहा न करै, तौ तीसौ रोज हिन्दू के हाँथ धरै। हराम करै। इस बालक का कहा न करै, तौ कपिला मारी हराम करि खाइ। इस बालक का कहा न करै, तौ कङ्कार-पावत्तराहे सिरजन-हार की वाचा चूकै। इस बालक का कहा न करै, तो पृथ्वी को पाप तेरे माथे। लाइलाह इल्लिल्लाह महम्मदा वीर पठान, तुरकिनि के जाए। तेरी शक्ति मेरी भक्ति। फुरो मन्त्र, ईश्वरी वाचा।

जप १०,०००। पायस-होम। शनिवार की रात्रि में १०८ बार जप कर मण्डल बनायें। उसके मध्य में वाटी रखें। वाटी के मध्य में कनेर का फूल रखें। वाटी चलेगी।

ओला-पत्थर-निवारण मन्त्र

१. देवी शारदा सात बहिनिया। सातो वारि कुमारि, न पर नदिया, न पर नारे। न पर हमरे काव डरारे। ऊँच खेर औंधी कुवाँ, राम-लखन खेलैं जुवाँ। अर्जुन मारिन वान, जहाँ परा राम से काम। हाँकै हनू, वरावै भीम। ओर न परै हमारे सीम। ईश्वर महादेव की दुहाई। ॐ नमः शिवाय।

२. आदल चलै, बादल चलै। जाय परा सीता के वारी। सीता दीहिन शाप। जाय परा समुद्र के पार। वाचे महुआ, वाचे चार, हाँकै हनू, वरावै भीम। ओर न परै हमारे सीम। ईश्वर महादेव की दोहाई। ॐ नमः शिवाय।

३. पश्चिम दिशा ओर कै कुवाँ, जहाँ अर्जुन खेलै जुवाँ। आदल चले, बादल चले, चले छतीसों वायु। लङ्का ते रावण चला। ओर कहाँ भर जाय। हाँकै हनू वरावै भीम। ओर न परै हमारे सीम। ईश्वर महादेव की दोहाई। ॐ नमः शिवाय।

४. सामनि मन-भावनि, कुवाँ का पानी। जाय सिर कै गागरि फूटिगै। बाती कहत लजाय, पत्थर कै पानी। पानी कै घूरि, घोरि-घारि वरषावै इन्द्र। हाँकै हनू, बरावै भीम। ओर न परे हमारे सीम। ईश्वर महादेव की दुहाई। ॐ नमः शिवाय।

५. उत्तर दिशा मोहिनी वारी, जहाँ रहै हेम कै ठारी। हाँकै हनू, बरावै भीम। ओर न परे हमारे सीम। ईश्वर महादेव की दुहाई। ॐ नमः शिवाय।

जब जाने कि ओले गिरने वाले हैं, तो जोर-जोर से चिल्ला कर ऊपर लिखे मन्त्रों को पढ़ना चाहिए। ओले नहीं गिरेंगे। यदि गिरेंगे भी तो हानि नहीं करेंगे। सभी मन्त्रों को डिठवन या दीपावली में सात बार पढ़कर तथा लौंग-लोबान की धूनी देकर सिद्ध कर लेना चाहिये।

उपद्रवकारक शाबर मन्त्र

कारो करुवा कारी रात, तोय चलाऊँ काली रात।
कारो पहने चोलना कारी बाँधै ढाल॥
कारी ओढ़े कासनी, लए लुहाँगी हाथ।
हाँकों देव सनीचरा, फेरत आवे साँग॥
पेट फूले आँत सड़े, हुड़क लगावे नार।
सवा हाथ धरती, खून में बोर कै आवे,
तो सच्चा वीर कलुआ बङ्गालिया अगवान कहावै॥

श्मशान ले जाने वाले शव को मार्ग में ही हल्दी से रंगे चावलों से न्योता दें। फिर जब श्मशान से शव के साथ के लोग लौट आएँ तब वहाँ जाकर एक 'अण्डा' और 'मदिरा' ७ बार मन्त्र पढ़कर अर्पित करें। अब एक सफेद कोरे कपड़े में हल्दी, एक सुपारी और चिता के बुझे कोयले का एक टुकड़ा बाँधकर मिट्टी के कोरे बर्तन में रखकर चिता के समीप ही गाड़ दें। उसी दिन रात के चौथे पहर में पुनः श्मशान जायँ और पुनः अण्डे तथा मदिरा को ७ बार मन्त्र से अर्पित करें। फिर गाड़े हुए बर्तन को निकालें। कपड़े में बंधी सारी सामग्री वहीं फेंक दें और उस चिता की एक मुट्ठी राख उस कपड़े में बाँधकर ले आयें।

श्मशान जाते समय यथासम्भव किसी से बात नहीं करें और लौटते समय पीछे मुड़कर कदापि न देखें; अन्यथा अनर्थ हो सकता है। श्मशान से लाई राख की पोटली को घर के भीतर न रखें; अन्यत्र किसी सुरक्षित स्थान पर रखें। एक चुटकी राख ७ बार मन्त्रित करके जहाँ छोड़ी जायेगी, वहाँ घोर उत्पात होने लगेंगे। इस अभिचार प्रयोग को अत्यन्त आवश्यक होने पर ही करना चाहिये तथा कर्ता को अत्यधिक साहसी होना चाहिए। कायर या निर्बल हृदय वाले इसे न करें।

त्रिविध फलदायक शाबर मन्त्र

१. तेइस जवा खत्र भैरों, करिया भैरव भूरे जटा।
रुण्ड-मुण्ड खेलें मरघटा, काँसे का धनुआ, बाँस का तीर॥
चल-चल रे मसान, पाँजर के पीर।
सोलह नदी अठारह नारे, जहाँ काल-भैरव रखवारे॥
राम-राम कह भैरव चले, तुरन्त काल बैरी को करे।
बैरी मारे, भूमा डारे, फोड़ करेजो खाय।
लास भूँज क्यौरा करै, धुँआ देख घर आवे॥
इतनी करनी जो करे, तो वीर भैरव बङ्गालिया साँचो कहावै
बिना करै फिर आवे, तो माँ का दूध हराम करावै॥

सरसों के तेल का दीपक जलाकर सामने रखें और घी की आहुति देते हुए १०८ बार जप करके जगावें। प्रयोग करते समय 'काँस' का धनुष और 'बाँस' का तीर बनाकर पूजा करें। जौ को घृत-सिक्त कर शत्रु के नाम से हवन करें, तो कुछ ही दिनों में शत्रु नहीं रहेगा।

यह प्रयोग अत्यन्त उग्र है। विशेष परिस्थिति में ही प्रयोग करें। आत्मरक्षा का विशेष प्रबन्ध रखें। शाबर मन्त्रों के प्रयोग उग्र होते हुए भी सरलता से वापस लौटाए जा सकते हैं। विपरीत चालन की स्थिति में ये अत्यधिक मारक होकर साधक को ही सङ्कट में डाल देते हैं। अतः विशेष सावधानी रखें।

२. या भुज ते महिषासुर मारि, औ शुम्भ-निशुम्भ दोऊ दल थम्बा।
आरत हेतु पुकारत हौं, जाई कहाँ बैठी जगदम्बा? ॥
खड्ग टूटो कि खप्पर फूटो कि सिंह थको, तुमरो जगदम्बा!
आज तोहे माता भक्त शपथ, बिनु शान्ति दिए जनि सोवहु अम्बा! ॥
३. जे भुज ते महिषासुर मारो, शुम्भ-निशुम्भ हत्यो बल-थम्बा॥
सेवक को प्रण राख ले मात! भई पर-मन्त्र तुही अवलम्बा॥
आरत होय पुकारत हौं, कर ते तरवार गहो जगदम्बा!।
आनि तुम्हें शिव-विष्णु की, जनि शत्रु बधे बिन सोवहु अम्बा! ॥

उक्त दोनों मन्त्रों की विधि एक ही है। नवरात्र में नित्य भगवती का पूजन कर एक हजार जप करें। फिर प्रयोग करें। यथा—

१. सायंकाल दक्षिणाभिमुख होकर पीपल (अश्वर्त्थ) की डाल हाथ में लेकर हाथ ऊँचा उठाकर नित्य २१ बार पढ़ने से शत्रु परास्त होंगे।

२. रात्रि में पश्चिमाभिमुख होकर उक्त क्रिया-सहित २१ बार पाठ करने से पुष्टि-कर्म की सिद्धि होगी।

३. ब्राह्म मुहूर्त्त में पूर्वाभिमुख होकर हाथ में कुश लेकर उक्त क्रियापूर्वक ७ बार पाठ करने से शान्ति-कर्म की सिद्धि होगी।

स्तम्भनकारक शाबर मन्त्र

१. ॐ अङ्ग आसो मेहतरानी। आट बाँधे, खाट बाँधे, मैलिया मसान बाँधे। गैल-घाट को बाँधे, जादू-टोना को बाँधे, चोट-मूठ को बाँधे। जमीन-आसमान बाँधे, नौ नारी बहत्तर कोठा बाँधे। आकाश-पाताल वायुमण्डल को बाँधे, तैंतीस कोटि देवी-देवताओं को बाँध। बाँध वाचा में राखे, तो बङ्गाले की आसो मेहतरानी कहावे। वाचा चूके, कुवारा करे, तो बगूदिया धोबन की नाँद में पड़े।।

देवोत्थानी एकादशी (कार्तिक शुक्ल ११) की रात्रि में 'अण्डा-दारू' से पूजन करें तथा 'घिटलिया' (सुअर का ऐसा बच्चा, जिसकी जन्म के बाद आँख न खुली हो) की बलि दें। झाड़ू से झाड़ा दें। मन्त्रोक्त कार्य होंगे। विकट स्तम्भन-कारक मन्त्र है।

२. सात समुद्र आड़े, सात समुद्र ठाड़े। समुन्दर में टापू, जे पै बनी काँच की मढ़ी। जे में रहे आसो रानी। काहे की डलिया, काहे की झाड़ू? सोने की डलिया, रूपे का झाड़ू। रोम-रोम हड्डी-हड्डी, चाम-जाम, नौ नारी, बहत्तर कोठा में से भूत-परीत, उड़ैल-चुड़ैल, अब्बीस-खब्बीस, नजर मन दीठ को बाँध-बाँध। वाचा में ल्यावे, तो बङ्गाले की आसो मेहतरानी कहलावे। वाचा चूके कुवाचा चले, तो गूँदिया धोबन की नाँद में पड़े। मेरी भगत, गुरू की सकत। फुरे मन्त्र ईश्वरी वाचा।

गोबर से गोल चौका लगाकर अण्डा-शराब, अठवाई (छोटी-छोटी पूड़ियाँ), गुलाब के इत्र की काड़ी, पाँच प्रकार की मिटाई (सवा पाव) से पूजन करें। एक फूल पर एक बार मन्त्र पढ़ें। एक मास में सिद्धि होगी। भूत-प्रेतादि तत्काल बाँधकर लाती है और बात कराती है। यह भी भूत-प्रेतादि का उत्कट 'स्तम्भन' है।

बजरङ्ग की कैंची (प्रयोगों की काट)

फजले बिस्मिल्ला रहमान, अटल खुरजी तेज खुरान। घड़ी-घड़ी में निकलै बान। लाली लाल कमान, राखवाले की जबान। खाक माता, खाक पिता। त्रिलोकी की मिसैली। राजा-प्रजा पड़ै मोहिनी। जल देखै, जल कतरै। थल देखे, थल कतरै। राजा इन्द्र की आसन कतरै। तलवार की धार कतरै। आकाश-पाताल, वायुमण्डल को कतरै। तैंतीस कोटि देवी-देवताओं को कतरै। शिव-शङ्कर को कतरै। भीमसेन की गदा को कतरै। अर्जुन को बाण कतरै। कृष्ण को सुदर्शन कतरै। सोला हंसा को कतरै। पेट में के बावरे को कतरै। दौलतपुर के डोमा को कतरै। ब्राह्मण के ब्रह्मराक्षस को

कतरै। धोबी के जिन को कतरै। भङ्गी के जिन को कतरै। रमाने के जिन को कतरै। मसान के जिन को कतरै। मेरे नरसिंह से कतरै। गुरू के नरसिंह से कतरै। बौलातन चुड़ैल को कतरै। जहाँ खुरी नौ खण्ड, बारह बङ्गाले की विद्या जा पहुँचे। अञ्जनी के पूत हनुमान ! तोहे एक लाख अस्सी हजार पीर-पैगम्बरों की दुहाई, दुहाई, दुहाई।

हनुमानजी का पूजन कर नित्य १०८ बार जप करें। २१ दिन जप किया जाए। २१वें दिन हनुमानजी को सिन्दूर, लङ्गोट, सवा सेर का रोट, नारियल अर्पित करें। इस विद्या से अभिमन्त्रित नीम्बू जहाँ लटका दिया जाएगा, वहाँ किसी भी प्रकार का अभिचार, भूत-प्रेतादि नहीं ठहर सकते। दूकान में लटकाने से धन्धा अच्छा चलेगा। भूत-प्रेत लगे व्यक्ति को ३-५ या ७ बार अभिमन्त्रित जल छिड़कने से व्यक्ति स्वस्थ होगा। सर्वत्र रक्षा होती है। जिस व्यक्ति के नाम से मन्त्र पढ़कर लौंग अभिमन्त्रित कर उसे खिला दें तो उसकी विद्या नष्ट हो जाती है।

मोहिनी शाबर मन्त्र

१. रँजेखुरा सिर हिरदै लावे। मेरी लीला को जग मोहे। जप मोहे देवी काला नरसिंह की आस्ति नरसिंह, नये ठग मोहिनी। हाट मोहे, बाट मोहे, दौरे दीवान मोहे, भैया बन्धु मोहे, बैरी दुश्मन मोहे, रूठो भाखता यो काल मोहे। वैरी शत्रु देहरी बैठ बात बनाई। बाट सिंहा है निर्मल कला कामती की विधि। भीष्म की गदा की दुहाई। नरसिंह तेरे मन्त्र की शक्ति। आई नरसिंह बैठ-बैठ। वर नाल बाट हरे। मोहे ठाकुर, मोहे परजा। मोहे महो, पालकी बैठो राजा मोहे, पीढ़ा बैठी रानी मोहे। बैरी देख जरै मरै, मोहे देख ठौठा करै। पाई लगे धरी पल माँहीं। हनुवीर आप पाइन-पाइन तर डार। मेरी भक्ति, गुरू की शक्ति। अब देखों हनुवीर, तेरे मन्त्र की शक्ति। वाचा छोड़, कुवाचा करै, कुम्भी-नरक में पापी परै। हनुवीर नरसिंह मोहनी रहो, न सत्य गह्यो।।

स्त्री के बाँयें तथा पुरुष के दाँयें पैर के नीचे की धूल तथा श्मशान की राख सात बार अभिमन्त्रित कर स्त्री के सिर पर तथा पुरुष के पैरों पर छोड़ें। वशीकरण होगा।

सात बार अभिमन्त्रित की हुई कोई भी खाने-पीने की वस्तु खिलाने-पिलाने से वशीकरण होगा।

२. कहे कमिख्या सुनहु ललजार जर ! पेड़ पात सब तुमरो मलिनौ, पाल पात जराय के भस्मत कीरो। पुन वह क्षार महादेव ने लई। अब तुमको प्रतिष्ठा भई। ग्रह-विचार वेगे तुम आए, जिमि क्षार लगावो धाए। छिन

इक में बस होय हमारे, तन-मन ते पग परत विचारे। मेरी भगत, गुरू की सकत। फुरै मन्त्र ईश्वरो वाचा।

वशीकरण-हेतु प्रशस्त दिन, तिथि तथा नक्षत्र देखकर लाजवन्ती का पौधा लाकर उसे सुखाकर जलाकर भस्म बनावें। इस भस्म को सात बार मन्त्रित कर जिसे लगा दिया जाएगा, वह वशीभूत होगा, चाहे स्त्री हो या पुरुष। पौधा जलाते समय मन्त्र का लगातार जप करते रहें।

३. **हेरो सरसुआ फेरो बहिनी, जब देखों तो बाँस के रहनी, नथे बैल बनियन बँधो, परके तेल माथे पे लगाऊ रहिया, मोहनी धुँआ धरनी, जरवा जोहनी भैया मोहनी, कहाँ की मोहनी, भेड़ा-घाट की मोहनी, लग जाय री मोहनी, उस्ताज मोहनी, चल रे मोहनिया। फिर जहाँ फटकारों, तहाँ वचन न परै खाली। जैसे लवाई गाय अपने बच्छा के लानै दौरे, वैसे मेरे लाने मनख दौरे। उसका का मोह, तरुआ मोहो, पिंडरी मोहो, जाँघ मोहो, करीय मोहो, छतियाँ मोहो, छींकन की नाक मोहो, देखन की आँख मोहो, माथे की चँदिया मोहो। सिर पै बैठ पकर ला, जरे बन्द कर ला मेरे पास, जब मैं जानों ठीक, गुरू की दुहाई।।**

ढाई पाव आटे के रोट का मलीदा, लङ्गोट, चमोटा, नारियल और गाँजे की चुङ्गी (चिलम) से सिद्ध बाबा की पूजा करके नित्य १०८ बार जप ४९ दिनों तक करें तो मन्त्र सिद्ध हो जाता है। फिर खाने-पीने की वस्तु पर ७ बार मन्त्र पढ़कर खाने-पीने में दें, तो वशीकरण होता है।

काल-भैरव, भेंसासुर, बाजीगर, मरही माता मन्त्र

१. **कर-कर बोले। काल भैरों रकत माँस के भोजन करे। छाती-तोड़ कलेजा खाय, मूड़-तोड़ भेजा खाय। नैनन बैठ पानी पिए। मार आ, तोड़ आ, जार आ, फूँक आ, लौट दिवाले आ। नीचे देहों वाच को मुरगा, ऊपर मद की धार। जार बार बैरी की खबर ला। मेरा नाम छिपा, दूसरे का नाम बता। किसी के कहने में मत आना। लौटत आना कारी घटिया, तोह देऊँ जोत बरत बराई। ऊपर चले मसान, मिर्गा औखर खाय।**

२. **ढाई अक्षर मन्त्र की दुहाई। छोट-मोट इमली, छिचल-बिचल गई डार। जोतें तेली, जोतें कलार। अम्बे भैंसासुर माता के कोरे, सिकन्दर बाजा करुवा। का बजा, गुरू कौन, अघोर मन्त्र की दुहाई।**

३. **बाजी चला बाज को, नौ सौ डङ्क बजाय। बाजी की माता बोली, हे पुत्र बङ्गाले मत जाय। बङ्गाले की चञ्चल तिरियाँ, लेहें बान छीन। फूल की डारी डारिए तोड़, फल फले न दैए डार। इतना काम जो कहे, सो करके न आवे, तो बाजीगीर न कहाय।**

४. **भैंसासुर के इमली, अलग-विलग गए डार। ऊपर मोती कर है, नीचे कर भैंसा रखवार। वो भैंसा न जानिए, जो जोते तेली कलार। बारा माटी मद पिए, सोलह बुकरा खाय। इतने में न माने, तो खेत के भूते खाय। खेतै उढ़ना, खेतै दसना, खेतै करै अहार। जै दिन करुवा भूत न पावै, तै दिन करै उपास। पकड़ भूत पछाड़ै, तब गोड़े तले दावै। तब करुवा वीर कहलावे। भाग भूत, मोरी हाँक पड़ी, भैंसासुर की दुहाई।**

५. **बैरी जोते एक, मैं जोतों बारा। पड़ा के ताकत देना। भूरी भैंसासुर, काला मुँह कर देवेगा। मार दे, फेंक दे, गिरा दे, जब मैं जानों ठीक। गुरू की दुहाई।**

एक मुर्गी, नारियल, ढाई पाव आटे की रोटी, मलीदा (चूरमा), अण्डा, गाँजे की चिलम। उक्त दोनों मन्त्रों (४-५) की यही पूजन-सामग्री है।

६. **कारो करवा, कारी रात। वैरी सोवे, निस्सोम रात। जा वैरी की छाती में बैठ, छाती तोड़ कलेजा खा। मूड़ तोड़, भेजा खा। नाक-कान से निकल जा। चार पञ्च बुला ले। उलट-पलट, मरघट भेज। तब मैं जानों ठीक, गुरू की दुहाई।**

मुर्गी, शराब, नारियल, ढाई पाव रोट, मलीदा से पूजा करनी चाहिये।

७. **काली महा-काली इन्द्र की बेटी ब्रह्मा की साली। खाय मसान, बजावे ताली। जा बैठ, बैरी की खाट। मरघट की मर-घटिया मसान। धुँआँ देख जार-बार। पहुँचो काली, तेरा आखरी मन्त्र, फुरै वाचा।**

८. **चण्डी परचण्डी, आऊत मूठ करों नौ खण्डी। लौट-पौट फड़की हो जा त्यार। जा बैठ बैरी की खाट। बैरी मार मरघट ले जाय। मरघट की मरघटिया मसान। धुआँ देख जार-बार। पहुँचो री चण्डी, तेरे आखिरी मन्त्र फुरै वाचा।**

९. **रूपे को पलँग, सोने की खील। जी में छाए जमराज वीर। चार जम बारा काल। मेड़ो बाँध, मड़इया बाँध। घर बाँध, घर के चारों कोने बाँध। बाड़न गुनी को गुन बाँध। जातई दैहों मुरगा, लौटत मद की धार। पहुँचो जमराज, तेरे आखरी मन्त्र की दुहाई, फुरै वाचा।**

१०. **रथ राथ, कान कडी, हरा परै तुसा। आगे मोरे भाई, लोहे के ताई। भाई को तवा, बरा पकावे भीमसेन। हेर-हेर खाई, गौरा पार्वती की दुहाई। जैसा ऊपर से ओला गिरता है, ठण्डा हो जाई। गुरू की दुहाई।**

नारियल, ढाई पाव आटे की रोट के मलीदा से पूजन करें।

११. उत्तर बाँधों, दरिया दानों। दक्षिण बाँधों छत्तर-पाल। पूरब बाँधों नैना जोगनी। पश्चिम बाँधों राय-दुआर। तब बाँधों मैं आपन काया। डायन के चक्कर, टोना-मोना दोनों बहिनी। चलो री बहिनी, कामरू तोर। जो आवे हा-हा करते, जो आसो पाँव पकरते। जब बोले, छाती चढ़ बैठे। उरी चले गली, चढ़ बैठे। आओ छुरी, परखें तलवार। लँगरा ला हम्मू भलुआ राग फिरी। फिरी के पुतरी ओरा सम पनहार। हराई के तीनों कुले बताओ। नह बाँधों या अस्तुल बाँधों। बाँधों बत्तिस दाँत। हित गुरु बाँधों, मित गुरू बाँधों। सिद्ध-गुरु लेऊँ माथ चढ़ाय। चलत-फिरत सिमना बाँधों। अरनी मसाना मही बाँधों। बीच पेस गुन-चक्कर काटों। आस बाँधों, पास बाँधों, जोगनी अकास बाँधों। जहाँ मन होय तहाँ जाओ। आस बांधों, पास बांधों, जोगनी आकाश बांधों। माई डीहा, डाइन बाँधों। बाप-पूत ओझा बाँधों। मसान गुने, डाइन बाँधों। धोके में को, बजर किवार टूट जाय। दोहाई महादेव की, लाख दोहाई।

दशहरा, दीपावली, देव-उठनी ग्यारस (कार्तिक शुक्ल एकादशी) या होली के दिन १०८ बार जप कर सिद्ध कर लें। आवश्यकता होने पर एक या तीन बार मन्त्र पढ़कर अपने सीने पर फूँक मारें। सब प्रकार से रक्षा होगी।

अघोर शाबर मन्त्र

ॐ नमो आदेश गुरू। घोर-घोर महा-घोर, काजी की कुरान घोर, मुल्ला की बाँग घोर, रेगर की कूण्ड घोर, धोबी की चूण्ड घोर, पीपल का पान घोर, देव की दीवाल घोर। आपकी घोर बिखेरता चल, पर की घोर बैठाता चल। वज्र की कीवाड़ जोड़ता चल, सार का कीवाड़ तोड़ता चल। कुण-कुण को बन्द करता चल-भूत को, पलीत को, देव को, दानव को, दुष्ट को, मुष्ठ को, चोट को, फेट को, मेले को, धरले को, उलके को, बुलके को, हिड़के को, भिड़के को, ओपरी को, पराई को, भूतनी को, डङ्कणी को, सियारी को, भूचरी को, खेचरी को, कलुवे को, मलवे को, उन को, मतवाय को, ताप को, तिजारी को, माथा की मतवाय को, मँगरा की पीड़ा को, पेट की पीड़ा को, साँस को, काँस को, मरे को, मुसाण को। कुण-कुण-सा मुसाण-काचिया मुसाण, भुकिया मुसाण, कीटिया मुसाण, चीड़ी चोपड़ा का मुसाण, नुहिया मुसाण—इन्हीं को बन्ध कर, ऐड़ी की एड़ी बन्द कर, जाँघ की जाड़ी बन्द कर, कटि की कड़ी बन्द कर, पेट की पीड़ा बन्द कर, छाती की शूल बन्द कर, सर की सीस बन्द

कर, चोटी की चोटी बन्द कर। नौ नाड़ी, बहत्तर रोम-रोम में, घर-पिण्ड में दखल कर। देश बङ्गाल का मनसा राम सेबड़ा आकर मेरा काम सिद्ध न करे, तो गुरू उस्ताद से लाजे। शब्द साचा, पिण्ड काचा, फुरो मन्त्र, ईश्वरो वाच।

रविवार के दिन सायंकाल भगवान् शिव के मन्दिर में जाकर सुगन्धित तेल का दीपक जलाकर लोबान-गुग्गुल का धूप करें और नैवेद्य अर्पित करें। किसी धूणे या शिव-मन्दिर के साधु को गाँजे या तम्बाकू से भरी एक चिलम भेंट करें। तदुपरान्त मन्त्र का २७ बार जप करें। यह जप २७ दिनों तक नियमित रूप से करना चाहिए। फिर आवश्यकता पड़ने पर अर्थात् मन्त्र में वर्णित कोई रोग-बाधा दूर करने हेतु पीड़ित व्यक्ति को लोहे की छुरी या मोरपङ्ख से सात बार मन्त्र पढ़ते हुए झाड़ना चाहिए। इससे रोगी का रोग शान्त होता है। यह क्रिया तीन दिन तक प्रात: और सायंकाल करने से रोगी पूर्ण स्वस्थ हो जाता है।

भैरवसिद्धि शाबर मन्त्र

ॐ गुरू, ॐ गुरू, ॐ गुरू ॐकार, ॐ गुरू भूमसान, ॐ गुरू सत्य गुरू। सत्य नाम काल-भैरव। कामरू जटा चार पहर खोले चौपटा। बैठे नगर में। मुमरो तोय। दृष्टि बाँध दे सबकी। मोय हनुमान बसे हथेली। भैरव बसे कपाल। नरसिंह जी को मोहिनी, मोहे सकल संसार। भूत मोहूँ, प्रेत मोहूँ, जिन्द मोहूँ, मसान मोहूँ। घर का मोहूँ, बाहर का मोहूँ। बम-रक्कस मोहूँ, कोढ़ा मोहूँ, अघोरी मोहूँ, दूती मोहूँ, दुमनी मोहूँ, नगर मोहूँ, घेरा मोहूँ, जादू- टोना मोहूँ, डङ्कनी मोहूँ, सङ्कनी मोहूँ, रात का बटोही मोहूँ, बाट का बटोही मोहूँ, पनघट की पनिहारी मोहूँ, इन्द्र का इन्द्रासन मोहूँ, गद्दी बैठा राजा मोहूँ, गद्दी बैठा बणिया मोहूँ, आसन बैठा योगी मोहूँ। और को देखे जले-भूने। मोय देख के पायन परे। जो कोई काटे मेरा वाचा, अन्धा कर, लूला कर, सिड़ी वोरा कर, अग्नि में जलाय दे। धरी को बताय दे, गढ़ी को बताय दे, हाथ को बताय दे, गाँव को बताय दे, खोए को मिलाय दे, रूठे को मनाय दे, दुष्ट को सताय दे, मित्र को बढ़ाय दे। वाचा छोड़ कुवाचा चले, तो माता क चोंखा दूध हराम करे। हनुमान की आण, गुरून को प्रणाम। ब्रह्मा विष्णु साख भरे, उनको भी सलाम। लोना चमारी की आण, माता गौरा पारवती महादेव जी की आण। गुरू गोरखनाथ की आण, सीता रामचन्द्र की आण। मेरी भक्ति, गुरू की शक्ति। गुरू के वचन से चले, तो मन्त्र ईश्वरो वाच।

उक्त मन्त्र का अनुष्ठान शनि या रविवार से प्रारम्भ करना चाहिए। एक पत्थर का

तीन कोने वाला टुकड़ा लेकर उसे एकान्त में स्थापित करें। उसके ऊपर तेल-सिन्दूर का लेप करें। पान और नरियल भेंट में चढ़ायें। नित्य सरसों के तेल का दीपक जलायें। दीपक अखण्ड रहे तो अधिक उत्तम फल होगा। मन्त्र को नित्य २७ बार जपें। चालीस दिन तक जप करें। इस प्रकार उक्त मन्त्र सिद्ध हो जाता है। नित्य जप के बाद छार-छबीला, कपूर, केसर और लौंग की आहुति देनी चाहिए। भोग में बाकला, बाटी रखनी होती है। जब भैरव दर्शन दें तो डरे नहीं; भक्ति-पूर्वक प्रणाम करें और उड़द के बने पकौड़े, बेसन के लड्डू तथा गुड़ मिला दूध बलि में अर्पित करें। मन्त्र में वर्णित सभी कार्य सिद्ध होते हैं।

स्मरण शक्तिवर्धक शाबर मन्त्र

ॐ देवी कामाक्षा। त्रिशूल, खड्ग-हस्त, पाधा-पाती गरुड़, सर्व लखी तू। प्रीतये समाङ्गम, तत्त्व-चिन्तामणि नरसिंह ! चल-चल, क्षीन कोटी कात्यानी, तालव प्रसाद के। ॐ ह्रों ह्रीं क्रूं त्रिभवन चालिया-चालिया स्वाहा।

उक्त मन्त्र को १४ तुलसी की पत्तियों पर १०८ बार बोलकर खा लिया करें। प्रारम्भ शुक्ल पक्ष के 'रोहिणी' नक्षत्र से करें और अगले 'रोहिणी' नक्षत्र तक करते रहें। इसके बाद प्रतिदिन तुलसी की ७ पत्तियाँ लेकर एक-एक बार मन्त्र बोलते हुए एक-एक करके सातो पत्तियों को खाया करें। इससे स्मरण-शक्ति तीव्र होती है।

गणेश शाबर गायत्री मन्त्र

ॐ गुरू जी, चक्र को कर लो पाक। परसो परम ज्योति प्रकाश। गणपत स्वामी सन्मुख रहे, शुद्धि-बुद्धि निर्मली गहे। गम को छोड़, अगम की कहे। सतगुरु शब्द-भेद पर रहे। ज्ञान-गोष्ठी की काया धर्मी, सद्‌गुरु दियो लखाय। मूल महल में पिण्डक जड़िया, गगन गरजियो जाय। ॐ गणेशाय विद्महे महा-गणपतये धीमहि तन्न एकदन्तः प्रचोदयात्। इति गणेश-गायत्री-जाप सम्पूर्ण भया। अनन्त कोटि सिद्धों में श्रीनाथ जी गुरू जी ने कहा। नौ नाथ, चौरासी सिद्धों को आदेश-आदेश।

भद्रकाली शाबर मन्त्र

ॐ सिंहो दत्तो बिकोवा धड़ित धड़धड़ात ध्यायमान भवानी दैत्यानाम देह-नाशनम तोड़यान्ति। सिराँसी रक्तां पिवन्ति। घुटत घुट-घुटात घुटेयान्ति। पिशाचा त्रिहाप त्रिहाप हसन्ति। खदत खदखदात त्रिरोष मम भद्रकाली नौ नाथ, चौरासी सिद्धन के बीच में बैठकर। काली मन्त्र स्वाहा।

४१ दिनों में श्मशान या एकान्त स्थान में रात में १२ बजे के बाद सवा लाख जप करें। जप करते समय वहाँ न कोई आए, न बोले। धूप-दीप-नैवेद्य से पूजा करें।

रुद्राक्ष की माला होनी चाहिये। अन्तिम दिन अथवा तीस दिन के बाद जब भी देवी प्रत्यक्ष हों, अर्घ्य देकर धूप-दीप से पूजा कर मद्य-मांस-नैवेद्य का अर्पण करें और उड़द का बना बकरा काट दें। बहुत भयङ्कर रूप में आती हैं; अतः डरें मत एवं उक्त मन्त्र से ही अपने चारो ओर घेरा बाँध लें। उसके बाद जो भी इच्छा हो, माँग लें।

असावरी शाबर मन्त्र

'शाबर' का एक विशेष अङ्ग 'असावरी देवी' हैं। इनको बिना पूजे 'शाबर' का काम पूरा होना कठिन हो जाता है। इसे लोग 'झुमरी शाबर' कहते हैं। यह 'झुमरी शाबर' भजन के ढङ्ग से धीमे स्वर में गाकर काम में लाया जाता है। महिलाएँ प्रायः इसे जाँता पीसते समय सीखती हैं और सिद्ध हो जाती हैं। 'धामी' अथवा 'ओझा' भी इस 'शाबर' का प्रयोग करते हैं। 'झुमरी शाबर' की अधीश्वरी असावरी देवी हैं। इसका पूजन विशेष कर नेपाल में होता है। पहले 'चक्र-पूजन' फिर मन्त्र को पढ़ना—यह कार्य दिन में नहीं किया जाता। सबसे उत्तम समय है—दस बजे से बारह बजे रात्रि तक। इसी समय इसका प्रयोग किया जाता है। इसके द्वारा किसी को देवी का उत्पात लगा देना या देवी के उत्पात से किसी को छुड़ा देना, अनायास आग लगा देना, गाय-भैंस के बथान में दूध कम कर देना आदि अधिकाधिक कार्य देवी द्वारा किए जाते हैं। मन्त्र है—

श्री देवी, काली देवी, बावन्ती देवी, दूनू मिल देवी, झूलना झुमरी, रिचार चिरूप, हसत कमल फूल के पटोर। एक दिस देवी काली, एक दिस बावन्ती देवी। बीच में सार-सावर के लागे डोरी। झुमरी देखने आए श्रीभगवती जगदम्बा भवानी, ज्वालामुखी देवी, अष्टाङ्गी दुर्गा, सहसर देवी। देखो, झुमरी गावे सारी निसा-राति। गीत सम्हारि मारि के चली मिरतुक लोक। घर-घर खोजे सेवक, भगती करै—पुरावे देवी, काली देवी, बावन्ती देवी। रे रे सेवक ! निर्भय से झुमरी साबर-सबद-बान, कमर कसि के चलावे बान। बेटा आवे हनुमन्त, भैरवनाथ धावे। ऐनी के बान्हो, डैनी को बान्हो। राखो ओ झाकै मूसक बान। लागे सुनी के गुन, उड़ावे देवी काली, देवी बावन्ती। देवी न ओसे बिधना देवा, देवी नाम जा पर। मेरा नजरि हसन चलाए, तकरा पहिने मारे। भुजङ्गी देवी के दोहाय। जा पर मेरा नजरि, ताकर देवी करै रक्षा सम्हार। दोहाय देवी ! काली देवी दोहाय, तावन्ती देवी दोहाय।

असावरी देवी अदूल फूल (गुड़हल) और मधुर नैवेद्य (मिठाई) से प्रसन्न होती हैं। कुमारी भोजन करायें। प्रातः-सायं पूजन करें। सरल काठ या अन्य धूप आदि सभी उपचारों से असावरी देवी का पूजन करें। मारण, सम्मोहन, दूर गए आदमी को बुलाना या कोई भी कार्य इस 'झुमरी शाबर' द्वारा किया जा सकता है; किन्तु योग्य साधक ही इसका प्रयोग कर सकते हैं।

कीलनी आदि मन्त्र

१. कीलनी—**धरती बाँधूँ, अम्बर बाँधूँ, बाँधूँ कण्ठ कपाली, बोलता की जिह्वा बाँधूँ। कण्ठ कोकला वाणी हमारा बांध्या जोरी करे, जबरी करे, उलट करे। सुलट करे, माता कङ्काली की करोड़-करोड़ दुहाई फिरे। शब्द सांचा-पिण्ड काचा, सतनाम आदेश गुरू का, फुरो मन्त्र ईश्वरो वाचा।**

२. बन्ध—**बन्ध-बन्ध सकर बन्ध, मैं दिया धूल का बन्ध, गुरू दिया दाख का बन्ध। मेरा बन्ध खु-ट, तो वीर हनुमान का शीश टू-टू। सतनाम आदेश गुरु का, फुरो मन्त्र, ईश्वरो वाचा।**

३. मशानकीलन—**लौह का कोट, ताम्बा का फ्याण, मैं कीलूँ जागता मशान। हमारा कील्या उलट करें, सुलट करें, जोरी करें, जबरी करें। माता कङ्काली की करोड़-करोड़ दुहाई फिरे शब्द साँचा, पिण्ड काचा, सतनाम आदेश गुरु का, फुरो मन्त्र, ईश्वरो वाचा।**

४. कीलनी—**भैं कीलूँ, भैंसा सर कीलूँ, कीलूँ अपनी काया, हमारा कील्या उलट करें, सुलट करें, जोरी करें, जबरी करें, माता कङ्काली की करोड़-करोड़ दुहाई फिरें, सतनाम आदेश गुरु का, शब्द साँचा पिण्ड काचा, फुरो मन्त्र, ईश्वरो वाचा।**

५. कार्यसिद्धि—**बाँएँ हाथ भैंरू बसे, दाहिने वीर हनुमान। हृदय बीच दुर्गा बसे, मेरा मन का सारे काज। शब्द साँचा पिण्ड काचा। फुरो मन्त्र, ईश्वरो वाचा।**

६. शरीररक्षा—**धरती माता-आकाश पिता। रक्षा करें परमेश्वरी कालका। दुहाई महादेव की।**

७. रक्षा—**बाँएँ हुसैन, दाहिने नदी। पीठ पे अली, सर पे खुदा। तेरी पनाह, तेरी पनाह तेरी पनाह।**

क्रमाङ्क ६ के मन्त्र को प्रतिदिन प्रातः या रात्रि में पूर्व या उत्तरमुख बैठकर १ माला जप करें—३१ दिनों तक।

क्रमाङ्क ७ के मन्त्र को पश्चिम-मुख बैठकर अगरबत्ती जलाकर हकीक माला से नित्य १ माला जप करें—३१ दिनों तक। इन मन्त्रों की सिद्धि से सर्व सङ्कटों से साधक की रक्षा होती है। विश्वास व धैर्य से ही सफलता और सिद्धि मिलती है।

८. इत्रमोहिनी—**काला भैंरू, बावन वीर, पर-त्रिया से कर दे सीर। परत्रिया छः अगन कँवारी, पर जोवन में लागे प्यारी। चम्पा के फूल जू आवे बास, घर का धणी की छोड़ दे आस। कपड़ा से बाद भरावे, अङ्ग से अङ्ग**

मिलावे। तीजी घड़ी-तीजी शाद। अङ्ग से अङ्ग न मिलावे, तो माता कङ्काली की सेज पे काला भैंरू पग धरे। शब्द साँचा-पिण्ड काचा। फुरो मन्त्र ईश्वरो वाचा।

उक्त मन्त्र उग्र प्रकृति का है। वशीकरण में तत्काल कार्य करता है। परोपकार व धर्म के मार्ग हेतु इसकी साधना साहसी व्यक्ति ही करें। कामान्ध व्यक्ति दुरुपयोग करने का साहस न करें; दुष्परिणाम भुगतना पड़ेगा।

श्मशान में स्थित भैरव-मन्दिर में या श्मशान में चिता के पास बैठकर रक्षा-विधान रचकर मध्य रात्रि में श्रेष्ठ मुहूर्त में साधना करें। ९ दिनों तक ३०० जप करें।

पूजा-सामग्री—१ हिना इत्र की शीशी, जिसे नित्य अभिमन्त्रित किया जाएगा, २ चमेली की माला, ३ पञ्चमेवा, ४ बाटी, ५ लौंग जोड़ा, ६ बताशा, ७ शराब, ८ धूप, ९ कलेजी बकरे की। यह सामग्री भैरवदेव के लिए नित्य नौ दिनों तक अर्पित की जाएगी।

हिना इत्र सिद्ध होने के बाद सत्य मार्ग या कार्य के लिए थोड़ा-सा इत्र रुई में लगाकर साध्या स्त्री के शरीर पर कहीं भी सावधानी से लगा दें।

उत्तम खेती के लिए मन्त्र

ॐ नमो आदेश। गुरु जी को आदेश। आनिल देवी। आगच्छ आगच्छ। साईं गोरखनाथ की द्वाही। गुरू की शक्ति, मेरी भक्ति। चले मन्त्र, ईश्वरी वाचा। गुरू गोरखनाथ का शब्द सच्चा।

किसी भी शुभ मुहूर्त पर श्वेत गुञ्जा की जड़ प्राप्त कर उसके ९ भाग करें। प्रत्येक भाग पर उक्त मन्त्र का १०८ बार जप करें। साथ ही निम्न नवनाथ मन्त्र का जप भी कर सकते हैं—

गोरक्ष-जालन्दर-चर्पटाश्च, अडबङ्ग-कानिफ-मच्छिन्द्र-आद्याः।
चौरङ्गी-रेवाणक-भर्त्रि-संज्ञा, भूम्यां बभूवुर्नवनाथसिद्धाः॥

अब सभी अभिमन्त्रित जड़ लेकर खेत में जायें। खेत के मध्य में एक जड़ गाड़ दें; फिर पूर्व, पश्चिम, दक्षिण, उत्तर, आग्नेय, नैर्ऋत्य, वायव्य, ईशान आदि दिशाओं में भी एक-एक जड़ गाड़ें। कुछ समय शान्त बैठकर नवनाथों से प्रार्थना करें कि—जीव-ब्रह्म-सेवा हेतु इस साल इस खेत में फसल अच्छी हो, बहुत हो। इस साल किसी भी प्रकार का अकाल, अवर्षण न हो। किसी भी प्रकार से फसल का नुकसान न हो। श्रावण मास में 'श्रीनव-नाथ भक्ति-सार' का पारायण करें। 'नव-नाथ' की कृपा अवश्य होगी। इस प्रकार हर साल उक्त मन्त्रानुष्ठान तथा पारायण करें। खेती में अवश्य उन्नति होगी।

दूसरी विधि यह है कि श्वेत गुञ्जा की जड़ पर उक्त मन्त्र २१ बार पढ़ें। इस जड़ को पानी में एक दिन रखें। यही जल ले जाकर खेत में सर्वत्र छिड़कें। जड़ को घर में ही रखें। 'नव-नाथ' की कृपा से खेती उत्तम होगी।

विघ्नों का निवारक मन्त्र

ॐ नमो आदेश। गुरु जी को आदेश। पहिला गण गणपती। चौदा विद्यांचा सारथी। जती सती कैलासपती। बल भीम मारुती। आले विघ्न निवारी। साईं गोरखनाथ की द्वाही। गुरू की शक्ति-मेरी भक्ति। चले मन्त्र, ईश्वरी वाचा। पिण्ड कच्चा, गुरू गोरखनाथ का शब्द सच्चा।

मात्र १०८ बार मन्त्र का जप करें। सभी विघ्न दूर होंगे।

गाय की चोरी होने पर मन्त्र

ॐ नमो आदेश। गुरु जी को आदेश। गुरू की क्रिया भण्डारी। धनञ्जय देवेन्द्रनाथ उतारी। बाबा हमदे। गाय गुरु के परि सुखे। नदी को चलवे तीर। गाय गोरख की। बखरी मच्छिन्द्र की। भय से राजा बारसव की। दूध ना उतरे, तो द्वाही वीर हनुमान की। द्वाही साईं गोरखनाथ की। गुरू की शक्ति, मेरी भक्ति। करे मन्त्र, ईश्वरी वाचा। पिण्ड कच्चा, गुरू गोरखनाथ का शब्द सच्चा।

यदि किसी ने गाय चुराई हो तो उक्त मन्त्र से वापस मिलती है। रोटी, निम्ब, भस्म या कपास के बीज को अभिमन्त्रित कर सम्बन्धित व्यक्ति को दे दें। उसे गाय बाँधने के स्थान पर रखें। गाय अवश्य वापस मिलेगी।

चोर-भय निवारण मन्त्र

ॐ करालिनी स्वाहा। ॐ कपालिनी स्वाहा। ह्रीं ह्रीं ह्रीं ह्रीं चोर बन्ध ठं ठं ठं।

पहले किसी शुभ पर्व पर १०८ जप कर मन्त्र सिद्ध करें। फिर आवश्यकता के अनुसार प्रयोग करें। जैसे हाथ में भस्म या मिट्टी लेकर उसे ७ बार अभिमन्त्रित कर द्वार के बाहर गाड़ दें। चोर का भय नहीं रहेगा।

धन-धान्य की समृद्धि मन्त्र

ॐ ह्रीं श्रीं श्रीं श्रीं श्रीं श्रीं श्रीं श्रीं लक्ष्मी, मम गृहे मम पुरे। चिन्ता दूरे दूरे स्वाहा।

खेती, खेती से सम्बन्धी व्यापार या अन्य किसी व्यवसाय अथवा नौकरी आदि के क्षेत्र में उन्नति हेतु उक्त मन्त्र का १०८ बार जप करें। नित्य कुछ जप करते रहें।

पागल कुत्ते का विष-निवारण मन्त्र

ॐ कामरू देश कामाक्षा देवी। जहाँ बसै इस्माइल जोगी। इस्माइल जोगी का झामरा कुत्ता। सोना डाढ़, रूपा का कुण्डा। बन्द नाचे, रीछ बजावे। सीता बैठी, औषध बाँटे। कूकर का विष भाजे। शब्द सांचा, पिण्ड कांचा। फुरो मन्त्र ईश्वरो वाचा।

जहाँ पागल कुत्ते ने काटा हो, वहाँ मन्त्रोचारण-पूर्वक झारें।

नाथ-पन्थीय टोटके

१. चूहे का उपद्रव बन्द करना—ऊँट के बाँयें पैर का नाखून अनुराधा, पुष्य या उत्तरा नक्षत्र में लाकर घर में जलाएँ। सभी चूहे भाग जाएँगे।

२. खोए पशु हेतु—गाय, भैंस, बकरी आदि पशु खो जाय या रास्ता भूल कर घर तक न आए, तो जहाँ उसे बाँधा जाता है वहाँ की रस्सी में लोहे का चम्मच बाँध दें। इससे पशु कितनी भी दूर हो, अवश्य वापस आएगा। हाँ, कहीं किसी ने उसे बाँध कर न रखा हो।

३. दाँत का दर्द—करवन्दी (काली मैना, डोंगर मैना) की जड़ पानी में पीसकर उसका लेप दाँतों पर करें या दाँतों से जड़ को चबाते हुए कुछ समय तक उसका रस दाँतों पर रहने दें। इससे दाँतों का दर्द दूर होगा। दाँतों में सड़न हुई हो तो भी यह उपाय लाभप्रद होगा।

४. सर्प को भगाना—अच्छी 'हींग' और 'वेखण्ड' पानी में पीसकर हाथ में लगा लें। इस हाथ से झटके के साथ सर्प की गर्दन पकड़ें और उसे कहीं दूर छोड़ आयें। उक्त लेप से सर्प-दंश नहीं करता।

५. सांप के काट लेने पर—कड़वे 'दोडके' के फल का काढ़ा बनाकर शुद्ध घी के साथ पिलाने से सर्प-दंश का विष उतर जाता है या उक्त फूल के अन्दर की जाली पानी में पीसकर इस पानी को दंशपीड़ित को पिलायें।

६. सर्प-दंश से रक्षा—श्वेत गुञ्जा की जड़ ग्रहणकाल में ले आयें। धूप देकर ताबीज में बन्द कर धारण करें। सर्प-दंश का भय नहीं रहेगा।

७. मिर्गी, चक्कर आदि का निवारण—काले धतूरे का रस ९ माशा तिली के ९ माले तेल में मिलाकर मिरगी, चक्कर आदि आने पर रोगी को पिलाएं। आराम होगा।

गुप्त त्रिकालदर्शी देवी मन्त्र

ॐ लिङ्ग सर्वनाम शक्ति भगती कर्ण-पिशाचनी चण्ड-रूपी सच-सच मम वचन दे स्वाहा।

पान, सुपारी, लौंग, सिन्दूर, नारियल, अगर-ज्योति, लाल वस्त्र, जल का लोटा, लाल चन्दन की माला।

एक लाख। स्थान एकान्त कमरा। एक बटुकसहित कुमारी भोजन। तर्पण-मार्जन।

नवरात्र। यदि ग्रहणकाल में प्रारम्भ करें तो स्पर्श से पन्द्रह मिनट पूर्व से प्रारम्भ करें और मोक्ष के पन्द्रह मिनट बाद तक करें। ग्रहण में नदी के किनारे या श्मशान में जप करें। सभी सामग्री अपने साथ रक्खें।

सफेद चन्दन चूरा, लाल चन्दन चूरा, लोहबान, गुग्गुल प्रत्येक ५-५ छटाँक, कपूर ५ पैकेट, लौंग १० ग्राम, अगर ५० ग्राम, तगर ५० ग्राम, केशर ढ़ाई ग्राम, कस्तूरी १ ग्राम, बादाम ५०ग्राम, काजू ५० ग्राम, अखरोट ५० ग्राम, गोला ५० ग्राम, छुहारे ५० ग्राम, मिसरी १ कुज्जा लें—इन सबको कूटकर मिला लें। इसमें घी भी मिला लें। फिर खीर बनाए। चावल कम दूध ज्यादा रक्खें। खीर में ५ मेवे डालें। देशी घी, शहद, चीनी-त्रिमधु डालें।

नवरात्र में भूत-शुद्धि, स्थान-शुद्धि, गुरु-स्मरण, गणेश-पूजा, नव-ग्रह पूजा से पूर्व एक चौकी पर लाल वस्त्र बिछायें। उस पर ताँबे का लोटा या कलश स्थापित करें। कलश पर नारियल रक्खें। लोटे या कलश के चारो ओर पान, सुपारी, सिन्दूर, २ लड्डू इत्यादि वस्तुएँ रक्खें। कलशपूजन करें। साष्टाङ्ग-प्रणाम करें। फिर कन्धे पर लाल परना रखकर जप करें। जप पूर्ण होने पर पहले सामग्री से, फिर खीर से तथा अन्त में त्रिमधु से हवन करें। पहले क्षमा-प्रार्थना कर साक्षात् देवी-रूपी कलश को लेटकर दण्डवत् करें।

मन्त्र का चमत्कार अनुष्ठान करके देखा जा सकता है। अनुष्ठान के दिनों में ब्रह्मचर्य, एकान्त-वास करें। झूठ न बोलें।

शिशु रोगनिवारक 'श्रीराम-रक्षा झारा'

ॐ रोग-रोम की रक्षा रामजी करें। हाडन की रक्षा हर जी करें। टकान की रक्षा टीकम जी करें। पिण्डरी की रक्षा मोहन जी करें। गोड़न की रक्षा गोवर्धन जी करें। जाँघन की रक्षा जनार्दन जी करें। इन्द्री की रक्षा इन्द्र जी करें। कमर की रक्षा केशव जी करें। पेट की रक्षा पुरुषोत्तम जी करें। खंवान की रक्षा गरुड जी करें। कण्ठ की रक्षा कृष्ण जी करें। ओडन की रक्षा हनुमन्त जी करें। जिहवा की रक्षा पार्वती जी करें। नाक की रक्षा नरसिंह जी करें। नेत्र की रक्षा नारायण जी करें। ब्रहमाण्ड की रक्षा श्री सकलदेवी शास्त्र सहाय करें। चोटी की रक्षा चतुर्भुज जी करें। आकाश की रक्षा ज्योति-स्वरूप जी करें। रैन की रक्षा चन्द्रमा जी करें। दिन की रक्षा श्रीसूर्यनारायण जी करें। धरती माता सदा रक्षा करवो

करें। अनहद नाद बाजे, धन तृण माल जञ्जाल-भय व्यापै न पीरा। अण्डे सो ब्रह्मण्ड परख डोलै। खण्डे-खण्डे झल होय, तो झल को मारूँ। घाव होय, तो घाव कूँ मारूँ। छल-छिद्र होय, तो छल-छिद्र को मारूँ। जल में, थल में, फूल में, दठकर बाँधो। पाल बीज जमानन दे गया। श्रीब्रह्मा-विष्णु-मुरार तल झडै, पिण्डवा पडै। जहाँ बैठे, बाबा हनूमन्त हुँकार करे। हाट हौड काया, जामें शब्द समाया। राख-राख हो निरञ्जना सरनाई तेरी। आल जञ्जाल भय व्यापैं न पीडा। चौकी फिर गए बावना बीरा। इत के राम-रक्षा सत्य करे। भाषी सत्य-नाम सत्य-बीर सत्यनाम आदेश गुरू का। शब्द साँचा, पिण्ड काचा। फुरो मन्त्र ईश्वरो वाचा।

पर्वकाल या ग्रहणकाल में उक्त मन्त्र का १०८ बार जप करके सिद्धि करें। बाद में उक्त मन्त्र को २१ बार पढ़ते हुए किसी रोग-युक्त शिशु या बालक को मोरपङ्ख से झारें। इससे बालक के सभी रोग शान्त हो जाते हैं और वह नीरोग होता है। यथाशक्ति परमार्थ करें।

महामदा पीर के चढ़ाव का मन्त्र

ॐ नमो हाकान्त, युगराज कारन्त काया। जिस तरह कारण युगराजा मैं तोका ध्याया, हङ्कारत युगराज आया। गाजन्त आया, घोरन्त आया। सिर के फूल बखेरन्त आया, और की चौकी उठावन्त आया। आपकी चौकी बैठावन्त आया। और का किवाँड तोडता आया। आपका किवाँड भेडता आया। बाँधि-बाधि ! किसको बाँधि? भूत को बाँधि, प्रेत को, देव-दानव को बाँधि। उडन्त गडन्त योगिनी बाँधि, चौर चिरणागार को बाँधि। तिरसठ कलुवा को बाँधि, चौंसठ योगिनी को बाँधि। बावन वीर को बाँधि, आकाश की परियों को बाँधि। डाकिनी-शाकिनी को बाँधि, चेटक को बाँधि। छल को बाँधि, छिद्र को बाँधि। द्वार को बाँधि, हाट को बाँध। गलो को बाँध, गिरारे को बाँध। किया को बाँधि, कराय को बाँधि। अपनी को बाँधि, पराई को बाँधि। भली को बाँधि, कुचली को बाँधि। पीली को बाँधि, स्याह को बाँधि। सफेद को बाँधि, कालि को बाँधि। लीली की बाँधि, बाँधि रे गढ़ गजनी के। महमदा पीर, चलै तेरे सङ्ग सत्तर सो बीर। जो बिसारी जाय, तो सौ राजा हलाल जाय। उलटी मार, पलटी मार, पछाड़ मार, घर मार। कब्जा चढ़ाय, सुडिवा हलाय, शीश खिलाय। शब्द साचा, पिण्ड काचा। स्फुरो मन्त्र, ईश्वरो वाचा।

ग्रहण की रात्रि में उक्त मन्त्र का १००० जप करें। मांस-मंदिरा का भोग लगायें। महमदा पीर हाजिर होता है। उस समय साधक को घबराना नहीं चाहिए। जो-जो कार्य

हो, उसके लिए प्रार्थना करें। उसकी कृपा से मनचाहा कार्य सिद्ध हो जाएगा। 'प्रयोग' करने के पूर्व आत्म-रक्षा व 'हींसार' करके बैठना चाहिए।

मुहम्मदा पीर साधने का मन्त्र

बिस्मिल्लाहेर्रहेमानिर्रहीम ! पाँच घूघरा कोट जञ्जीर, जिस पर खेले मुहम्मदा पीर। सवा मन का तीर, जिस पर खेलता आवे मुहम्मदा वीर। मार-मार करता आवे, बाँध-बाँध करता आवे। डाकिनी को बाँधूँ (बाँधि) कुवा बावडी लावो। सोती को लावो, पीसती को लावो। पकाती का लावो, जल्द जावो। हजरत इमाम हुसेन की जाँघ से निकाल कर ल्यावो। बीबी फातमा के दामन सू खोलकर ल्यावो। नहीं लावे, तो माता का चूखा दूध हराम कहलावे। शब्द साचा, पिण्ड काचा। फुरो मन्त्र ईश्वरी वाचा।

उक्त मन्त्र को नौचन्दी जुमेरात की सन्ध्या से जपना प्रारम्भ करके प्रतिदिन १० बार पढ़ें। लोहबान की धूप दें। इक्कीस जुमेरातों में मुहम्मदा पीर हाजिर होगा। जिस काम की विनती करेंगे, वह काम कर देगा। केवल लोक-कल्याण के कार्यों के लिए ही उनसे विनती करें। बुरे कामों में वे कभी मदद नहीं करते। सिद्धि के बाद रोगी के ऊपर उक्त मन्त्र फूँक दें, तो रोगी अच्छा हो जाता है।

मुहम्मदा पीर का हाजरात का मन्त्र

बिस्मिल्लाहेर्रहेमानिर्रहीम ! महम्मदा ताहया सिला, रनवलखता जी का असवार यहाँ चलन्ता। कौन-कौन चलया? आजैगिर पर पर्वत चले, हाजी चले, गाजी चले। ढोल बाजन्त, भेरी बाजन्त। अहेमदा चलन्त, महेमदा चलन्त। सत्तर सिला चलन्त, बहत्तर बल्लभ चलन्त। एक लाख अस्सी हजार पीर पैगम्बर चलन्त, बावन वीर चलन्त। चौसठ जोगनी चलन्त, नौ नारसिंह चलन्त। बारह रावण चलन्त। चौसठ मूसा चले सूलेमान। पेगम्बर का तखत चलन्त। ईसा पेगम्बर का तखत चलन्त, बहत्तर खान वज्राईल पेगम्बर का तखत चलन्त। लाल परी चली, सुपेद परी चली। जरद परी चली, श्याम परी चली। सबज परी चली, हूर परी चली। जूर परी चली, अलोल परी चली। आसमान परी चली, सुपेद परी चली। आकाश से उतरी बराय खुदा, मेरे काम कूँ सिताबी उतार लयावणा। एक चलन्ता, एक सौ चलया। दोय चलन्ता, दोय सौ चलया। तीन चलन्ता, तीन सौ चलया। बडे बेग सूँ चलया, उडा फुडा देव चलया। मन्दाऊ कालेश्वरी चली, लङ्का पैर रावण चलया। हनुमन्त चले घूमन, गरसूँ देवी धूमा चली, नदी नालेषु चली। मन्दोदरी रावनपुरी सूँ चली। उलटी पाखर, सूलटी लागी, जो कोई कहे हमारी बूरी। उलटी सोमरली देखूँ, ते ताल मन्त्र तेरी शक्ति। विस्मिलाहेर्रहेमा-

निर्रहीम! उत्तर का बाजा बजा, उत्तर का बादशाह आया। पश्चिम का बाजा बजा, पश्चिम का बादशाह आया। पूरब का बाजा बजा, पूरब का बादशाह आया। काले-काले के असवार। जपनी अपनी जमात सिताबी लेकर आवणा। जहाँ हकालूँ, जहाँ हाजिर रहेना। दे खुदा महम्मदा की सुखीर पीर। नीर-नीर लीला घोड़ा, नीला जीन, जिस पर चढ़ि आया महम्मदा पीर। रोजा करे, निवाज गुजारे। अन्न-पानी के कने न आवै, खाय-खाय अखज पर हरे। सौ मुसलमान बिहिस्त में जाय। सवा मन लोहे को जञ्जीर तोडतो जाई, तोडतो आव। हाथ कुदाडी, गले जञ्जीर। ऐसी कही, सुनो महम्मदा पीर। अपनी मुदारा पेश करी, पराई मुद्रा तोड़ डाल। हमारी हकार, तुम्हारी पुकार। किले नारसिंह, किले की असवारी ठः ठः स्वाहा।

ग्रहणकाल में जितना हो सके, उतना उक्त मन्त्र का जप करें। बाद में प्रयोग करें। प्रयोग के लिए सवा हाथ सफेद कपड़ा लें। गुग्गुल और लोन (नमक) की धूप दें। फिर सवा सेर चावल की मस्जिद बनाकर एक थाली पानी भर कर रक्खें। मस्जिद के ऊपर चौमुखा 'दीपक' जलायें। तब किसी कुमारी कन्या को स्नान कराकर नवीन वस्त्र पहनाकर सामने बैठायें और गुड़ की गोली को १४ बार उक्त मन्त्र से अभिमन्त्रित करके कन्या को खिलायें। कन्या को मस्जिद के ऊपर रक्खे हुए दीपक के ऊपर दृष्टि जमाने का आदेश दें। जब कन्या उसके ऊपर बराबर एकचित्त से देखती रहे, तब जो पूछना हो, वह पूछें। कन्या उत्तर देगी और सत्य-सत्य कहेगी।

प्रयोग के बाद चावल की बनाई हुई मस्जिद को नमस्कार कर विसर्जन करें। चावल फकीर को दें। आवश्यकता पड़ने पर यथाशक्ति परमार्थ करें।

हजरत या हाजरात का इस्लामी शाबर तेल-दर्शन मन्त्र

बिस्मिल्लाहुर्रहेमानुर्रहीम, खुदाई बड़ा, तू बड़ा जैनुदीन। पेगम्बर दुनी तेरा सादात, कुरो वादना मुरादी बेबुनियादी। तुर्क मापरि, तायिया सिलार, देखूँ तेरी शक्ति। बेगी बाँधी ल्याव, नौ नारसिंह-चौरासी कलवा, बारा ब्रह्मा, अठारह सौ शाकिनी। कामन दुरामन छल-छिद्र, भूत-प्रेत चोर-चाखर, अङ्गीया बैताल—बेगी बाँधि लाव। जो न बाँधि लावै, तो दुहाई सुलेमान पैगम्बर की।

प्रति शुक्रवार को तेल, इत्र, लौंग, धूप, मिठाई इत्यादि से पूजन करें। बाद में १०८ बार उक्त मन्त्र पढ़ें। ४० दिनों तक इस प्रकार पाठ करने से मन्त्र की सिद्धि हो जाती है। बाद में जब प्रश्न का उत्तर प्राप्त करना चाहें तब मन्त्र के देव का आवाहन करें। इसके लिए मिट्टी से चौका लगाकर उस पर चावल की मस्जिद बनायें। मस्जिद का आकार हो—ऐसा लगना चाहिए। एक पट्टे के ऊपर त्रिशूल का चित्र बनायें या

त्रिशूल लिखें। इस पट्टे के ऊपर कुँवारी कन्या को स्नानादि करवा कर स्वच्छ वस्त्र पहना कर बैठा दें। कन्या के सामने तेल का दीपक जलाकर रख दें। स्वयं मन्त्र-पाठ करें और चावलों को कन्या के मस्तक पर मारते रहें। साथ ही प्रश्न करते रहें, तो सही उत्तर मिलेगा। जो प्रश्न पूछेंगे, उसका उत्तर प्राप्त हो जायगा। कन्या को यह उत्तर दीपक में देखने से मिलता रहेगा। हिंसार या आत्म-रक्षा अवश्य करें।

पीर विरहना का मन्त्र

पीर विरहना, फूल विरहना, घुघुं करे। सवा सेर का तोसा खाए, अस्सी कोस का धावा करे। सात सै कुतक आगे चले, सात सै कुतक पीछे चले। छप्पन सै छूरी चले। बावन से वीर चलें। जिनमें गठ गजना का पीर चले। और की ध्वजा उखाड़ता चले, अपनी ध्वजा टेकता चले। सोते को जगावता चले, बैठे को उठाता चले। हाथों में हाथकडी गेरे, पैरों में परे बेडी गेरे। हलाल माही दीठ करे, मुरदार मारी पीठ करे। कलवान नवी कूँ याद करे। ॐ ॐ ॐ नमः ठः ठः स्वाहा।

ग्रहण की रात्रि से प्रयोगारम्भ करें। नित्य १०८ बार जपें। चमेली के पुष्प चढ़ाएँ। हलवे का सवा सेर भोग लगाएँ। ४० दिनों में पीर विरहना उपस्थित होगा। उस समय यदि डरे नहीं, तो जो काम उससे कहा जायेगा वह काम वह कर देगा। आपके समक्ष वह उपस्थित रहेगा। वह आपकी सहायता सदा के लिए करता रहेगा।

पीर की साधना में पाक-साफ रहना अनिवार्य है। उक्त प्रयोग के बाद दूसरा प्रयोग संरक्षण-सम्वर्धन हेतु दिया गया है। उसमें कुछ शब्द-भेद, पाठ-भेद और विधि-भेद है। दोनों में से किसी एक प्रयोग को करें। अशुभ कार्य हेतु प्रयोग कदापि न करें।

विरहना पीर का संरक्षण-मन्त्र

वीर विरहना, फूल विरहना, धुँ धुँ करै। सवा सेर का तोसा खाए, अस्सी कोस का धावा करे। सात से कुतक आगे चले। सात से कुतक पीछे चले, जिसमें गठ गजना का पीर चले और ध्वजा टेकता चले। सोते को जगावता चले, बैठे को उडावता चले। हाथों में हथकडी गेरे, पैरा में बेडी गेरे। माँही पाठ करे, मुरदार माँही पीठ करे। कलाबोन नवी कूँ याद करे। ॐ ॐ ॐ नमः हूँ ठः ठः स्वाहा।

'ग्रहण' की रात्रि से प्रयोगारम्भ करें। १०८ बार उक्त मन्त्र का जप करते-करते चमेली के १०८ फूल चढ़ायें। सवा सेर आटे का शुद्ध घी से बनाए हुए हलुए का भोग लगायें। ऐसा ४० रात्रि करें। ४१ वें दिन फिर से यह साधना करने से विरहना पीर साधक के सामने आकर दर्शन देता है। विरहना पीर को प्रणाम करके इच्छित

कार्य बताना चाहिए। उसकी कृपा और प्रसन्नता से साधक अपनी मनोकामनाएं पूर्ण करता है। पूरा प्रयोग ४१ दिनों का है। निर्भयता-पूर्वक 'प्रयोग' करें। मन्त्र-जप या स्मरण करते रहने से वीर सदैव साधक के आस-पास रहकर उसकी रक्षा भी करता है।

सर्वकार्य साधक जञ्जीरा

ॐ नमो, सात समुद्र के बीच शिला, शिला के ऊपर सुलेमान पैगम्बर बैठा। सुलेमान पैगम्बर के चार मवक्किल, तारिया-सारिया-जारिया-जमारिया। एक मवक्किल पूर्व को धाया, देव-दानव को बाँधि लाया। दूसरा मवक्किल पश्चिम को धाया, भूत-प्रेत बाँधि लाया। तीसरा मवक्किल उत्तर को धाया, अयुत पितृ को बाँधि लाया। चौथा मवक्किल दक्षिण को धाया, डाकिनी-शाकिनी को पकड़ि लाया। चारि मवक्किल चहुँ दिशि धावैं। छल-छिद्र कोऊ रहन न पावैं। रोग-दोष को दूर बहावैं। शब्द साचा, पिण्ड काचा। स्फुरो मन्त्र, ईश्वरो वाचा।

कपड़े के चार पुतले बनायें। चारो पुतलों को अर्धरात्रि के समय चार कोनों पर गाड़ दें। बाद में धूप-दीप करके उक्त मन्त्र का १०८ बार जप करें। इससे सभी कार्यों में सिद्धि होती है।

ऋद्धि-साधन मन्त्र

ॐ नमः शङ्ख-वादनी। मम करती धरनी उघर। इन चण्डी सवा पहर होय। हाथ-प्रक्षालि, मुख धोऊँ। अपनो जो चीतो, सोई फल पाऊँ। पग बन्ध, भुज बन्ध, मुझ समान बन्धन। चार लाडु शिर सिन्दूर। ऋद्धि-सिद्धि देवो। बाबा नन्द को बैठो होय, सोऊ लाय। पास उठाय सो ले आवै। न ल्याव, तो लाज गौरी माय। या मन्त्र को ईश्वर पार्वती जाने, घर बैठी ऋद्धि-सिद्धि जो आने। ईश्वरी मारी चटका घाव, दे गणपति राय। शब्द साचा, पिण्ड काचा। फुर मन्त्र, ईश्वरो वाचा।

ब्रह्मभोज करने की सामग्री को एक कमरे में कपड़े से ढँक कर रखें। इस सामग्री में से चार लड्डू लेकर कुएँ पर जायें। साथ में एक कोरा कलश भी ले जायें। कलश में एक लड्डू रखें और उस लड्डू को कुएँ में गिरा दें। फिर एक लड्डू कलश में और रखकर उसे निकाल कर बाहर लुढ़का दें। इस तरह दो लड्डू कुएँ के भीतर गिराएँ और दो लड्डू बार लुढ़काएँ। फिर कलश को कुएँ के जल से भर कर अपने घर ले आयें तथा उसे भोजन-सामग्री वाले कमरे में एक कोने में रक्खें। कमरे के कोने में 'कलश' स्थापित करके सामग्री में से कुछ नैवेद्य-स्वरूप खायें। शेष सामग्री अलग खूँटी पर टाँग दें। बाद में उस टँगी हुई सामग्री के पास बैठकर मन्त्र का जप करें। भोजन बाँटने में नियुक्त व्यक्ति उस सामग्री में से कुछ सामग्री निकाल भोजन-भोज हेतु वितरित करें।

इससे सामग्री में कभी कमी नहीं होगी। कमरे में नियुक्त व्यक्ति को ही जाना चाहिए और किसी को नहीं आना-जाना चाहिए। मन्त्र को ग्रहणकाल में सिद्ध करने के बाद प्रयोग करना चाहिए।

वीरसिद्धि मन्त्र

ॐ नमो देव-लोक दिविंख्या देवी, जहाँ बसै इस्माईल योगी। छप्पन भैरों, हनुमन्त वीर। भूत-प्रेत-दैत्य को मारि भगावें, पराई माया ल्यावें। लाडू, पेडा, बर्फी, सेव, सिंघाडा, पाक बतासा, मिश्री, घेवर, बालूसाई, लौंग, डोडा, इलायची दाना। तले देवी कालिका, ऊपर हनुमन्त गाजैं। ऐवी वस्तु मैं चाही (चाहि) लाव, न तो तैंतीस कोटि देवता लाजैं। मिरची, जावित्री, जायफल, हरडे, जङ्गी हरडे, बदाम, छुहारा, मुकरै रामबीर तो बतावै। वस्ती लक्ष्मण वीर पकडावै। हाथ भूत-प्रेत के चलावै, हाथ हनुमन्त वीर को। सौ कोऊ जावे, सो कोसाँ की बस्ता लावे। न ल्यावै, तो एक लाख असी हजार पीर पैगम्बर लाजैं। शब्द साचा, पिण्ड काचा। स्फुरो मन्त्र, ईश्वरो वाचा।

यदि गाँव के बाहर कोई अन्धा कुआँ हो तो वहाँ जायें। हनुमानजी की एक मूर्ति बनायें। उसके सम्मुख बैठकर धूप-दीप देकर पूजा करें। फिर उक्त मन्त्र का २१ बार जप करें। सवा पाव का रोट, घी-चीनी के साथ श्रीहनुमान जी को भोग लगायें। भोग लगाकर आचमन करायें। बाद में नैवेद्य-स्वरूप उसे स्वयं ग्रहण करें। ऐसा २१ दिन तक करें। आकाशवाणी होगी तब आप जो माँगेंगे, वह सब आपको मिलेगा।

नाहरसिंह वीर मन्त्र

ऊँचा परबत ऊँचे टीले, उस पर गणवीरे के चोले। नाहरसिंह महाबीर के मन्त्र के टीले। वीर आवे, पुष्प सुगन्धित पावे। गुरु गोरखनाथ मछन्दर की दुहाई। मेरा रक्षा करो, वीरों की माई। नाहरसिंह वीर की चली सवारी आई। शब्द साँचा, पिण्ड काचा। फुरो मन्त्र, ईश्वरो वाचा।

उक्त मन्त्र की साधना करने से पहले सुरक्षा-हेतु रक्षा-प्रयोग करें। उदाहरणार्थ, श्रीहनुमान-चालीसा का १०,००० पाठ करें। इससे हनुमानजी की सिद्धि हो जाएगी। उसके बाद नाहरसिंह वीर का उपर्युक्त प्रयोग करें। हनुमान-चालीसा की सिद्धि किए बिना प्रयोग का आरम्भ न करें। यदि ऐसा न हो सकें तो उक्त प्रयोग न करें।

नाहरसिंह वीर की साधना रात्रि के समय में स्वच्छ होकर स्वच्छ वस्त्र धारण कर करना चाहिए। काले हकीक की माला से जप करें। प्रतिदिन दूध और पेड़े का भोग लगायें। कम-से-कम १२,५००० जप करें।

'साधना-काल' में यदि डरावने दृश्य दिखाई दें तो डरे नहीं। बिना डरे 'हनुमान

चालीसा' का पाठ करें। इससे स्व-सुरक्षा होगी। मन्त्र-सिद्धि के बाद सभी कष्ट दूर होंगे। मुसीबतें दूर होंगी। रोगों की शान्ति होगी और भूत-प्रेत बाधा की शान्ति होगी। इस 'साधना' को कुछ लोग जटिल कहते हैं। अनुभवी साधकों के मार्गदर्शन में ही यह साधना करनी चाहिए।

श्रीज्वालामुखी देवी का मन्त्र

ॐ ह्रीं श्रीं क्लीं सिंहेश्वरी ज्वालामुखी, जृम्भिणी, स्तम्भिनी, मोहनी, वशीकरणी, पर-धन-मोहनी, सर्वारिष्ट-निवारणी, शत्रुगण संहारिणी, सुबुद्धिदायिनी। ॐ आं फ्रौं ह्रौं त्राहि-त्राहि अक्षोभय-अक्षोभय, अमुकं मे वश्यं कुरु कुरु स्वाहा।

दीपावली की रात्रि में उक्त प्रयोग आरम्भ करें। दीपावली रात्रि में जितना अधिक जप कर सके, करें। चमेली के फूल चढ़ायें। बर्फी इत्यादि का भोग लगायें और दशांश हवन प्रचलित द्रव्य से करें। दीपावली रात्रि के बाद प्रतिदिन जप, पूजन करें। सिद्ध होने पर साधक जो-जो इच्छा करेगा, वह सब मिलेगा। देवी की सहायता से कामनाएँ पूर्ण होंगी। मन्त्र में जो-जो कार्य निर्दिष्ट हैं, वे सभी पूर्ण होते हैं। नित्य १ माला जप अवश्य करें। इससे एक वर्ष में 'ज्वालामुखी देवी' सिद्ध हो जाती है।

श्रीनीलवर्णी काली मन्त्र

ॐ नमो आदेश गुरु को। प्रगटी जोत जब आदि मस्तक ते, हल-चल मच भई उदय-अस्त ते। काँपे तीन लोक, जल-थल सब पर्वत। छूटा ध्यान तबै कैलास पर, चन्द्र-सूरज सब ही डर पावै। ब्रह्मलोक सब होवै हैरान, यदि कड़की आन रब मण्डन। गर्भ जान के गर्भ गए सब, जब शत्रु पकड़ तै चलावै। किर गगन मध्य अजहूँ लौ न आए। सखत बीज को रुद्र को पान कीओ। सेना समेत तिसे नाश कियो। तेरी है जय–तेरी ही जय। पडी जङ्ग भीतर जब, नमो नमो अक्षर तैंतीस तब। नमस्ते-नमस्ते ध्यावै, मनवाञ्छित सगले फल पावै। नमो जय, नमो जय, नील-वरनी ऐं नमः।

माघ मास की संक्रान्ति में मध्याह्न (दोपहर) में उक्त मन्त्र का जप प्रारम्भ करें। नदी के किनारे जपें। प्रतिदिन १ से १० माला जपें। ऐसा ४० दिनों तक करें। देवी का ध्यान कर आहुति भी दें। अन्त में काली माई को एक नारियल 'हवन-कुण्ड' में अर्पित करें। काले वर्ण के बकरे को, जो चारा खाता हो और छोटी उम्र का हो, खरीद कर जङ्गल में छोड़ें। अन्तिम दिन हवन-सामग्री के साथ दाहिने हाथ की अनामिका से स्वयं के खून की आहुति भी दें और देवी को उससे टीका भी करें।

४० दिनों में देवी के दर्शन अथवा कृपाप्राप्ति होती है। बाद में देवी के स्मरण से रोगों की शान्ति, मुसीबतों की समाप्ति और अप्रतिम सिद्धि की प्राप्ति होती है।

श्रीकाली का चेटक मन्त्र

ॐ कङ्काली महा-काली केलिक लाभ्या स्वाहा।

शुभ दिन ब्रह्मचर्य व्रतपूर्वक मन्त्र का जप करें। काले वस्त्र, काला आसन और काले रङ्ग की माला का प्रयोग करें। देवी के चित्र के सामने बैठकर शुद्ध घृत का दीपक जलायें। धूप, सुगन्धित अगरबत्ती का प्रयोग करें। अच्छे फल, फूल-माला चढ़ायें। मिठाई का भोग लगायें। चमेली के १००० फूलों में घृत का मिश्रण यथाशक्ति करें और मन्त्र बोलकर एक-एक फूल से आहुतियाँ दें। १००० मन्त्र व १००० आहुतियों से मन्त्र-सिद्धि होगी। ऐसा केवल एक बार ही करें। बाद में नित्य १ माला जप करते रहें। साधना से अर्थ-लाभ, आपत्ति या कष्ट की समाप्ति, ग्रह-बाधा की शान्ति होती है। 'ब्रह्मचर्य' का पालन आवश्यक है, अन्यथा हानि हो सकती है।

नौकरी या जीविका प्राप्त करने का मन्त्र

ॐ नमो नगन चीटी महाबीर, हूँ पूरो तोरी आश, तूं पूरी मोरी आश।

उक्त मन्त्र का जप ४० दिनों तक लगातार करें। प्रातःकाल नित्य कार्य से मुक्त होकर जितना जप हो सके, उतना करें। साथ ही प्रतिदिन प्रातः भुने हुए चावल, शर्करा व घृत का यथाशक्ति मिश्रण करें। उसे चीटी के बिलों के आस-पास डालें। डालते समय मन्त्र का स्मरण भी करें।

उत्तम फल-प्राप्ति के लिए उक्त कार्य पूर्ण श्रद्धा से करें। ऋतु अनुकूल हो न हो तब भी यह करें। इस प्रकार प्रयोग करने से शुभ मनोकामनाएँ पूर्ण होंगी, ग्रह बाधाओं से मुक्ति होगी, बेरोजगार को काम मिलेगा, भाग्योदय होगा और उन्नति भी होगी।

व्यापारवर्धक मन्त्र

भँवरा भँवर करे मन मेरा, डण्डी खोल-व्यापार बडेरा। व्यापार बड़ा और कारज कर, नहीं करे तो काली मैया—काल कालजो फेड खावे ठं ठं फट्।

पहले मन्त्र को सिद्ध करें, बाद में प्रयोग करें। व्यापार में वृद्धि हेतु-रुके हुए व्यापार को फिर से आरम्भ करने के लिए या मन्द व्यापार को तेज करने के लिए उक्त प्रयोग बहुत उपयोगी है। मन्त्र-सिद्ध कर प्रयोग इस प्रकार करें—किसी भी शनिवार की रात को ३ मुट्ठी काली मिर्च तथा ३ गोमती-चक्र लें। मिर्च और चक्र को एक लाल वस्त्र के टुकड़े में बाँधकर पोटली बनायें। उसके सामने तेल का दीपक जलायें। उक्त मन्त्र का १ माला जप करें। हो सके तो अधिक माला जप करें। बाद में रविवार को प्रातः दूकान पर जायें। दूकान साफ करें। गङ्गाजल या गौ-मूत्र का प्रोक्षण करें। दीपक जलायें, गुग्गुल की धूनी दें और पोटली को दूकान के दरवाजे

पर बाँध दें। इस प्रकार करने से व्यापार में वृद्धि होगी। पोटली को सदैव वहीं बँधा रहने दें। यथाशक्ति मन्त्र का स्मरण भी करते रहें। गोमती-चक्र कों पूजा-पाठ की सामग्री बेचने वालों के पास से लिया जा सकता है।

व्यापारमन्दी दूर करने का मन्त्र

ॐ ह्लीं ह्लीं ह्लीं ह्लीं श्रीमेव, कुरु कुरु वाञ्छितमेव ह्लीं ह्लीं नमः।

पहले शाबर-प्रयोग विधि से मन्त्र को सिद्ध करें। बाद में आवश्यकता पड़ने पर प्रयोग करें। दूकान या पूजा स्थान में लक्ष्मी देवी के चित्र के सामने धूप, दीप और पुष्प रखकर ४० दिनों तक नित्य १ माला उक्त मन्त्र का जप करें। जप के बाद नमस्कार करके प्रार्थना भी करें। ४० दिनों में कुछ परिवर्तन होगा। बिक्री में परिवर्तन होने पर यथाशक्ति दान-पुण्य करें। कुलदेव या कुलदेवी की भी पूजा करें। एक बार में लाभ न मिले तो दुबारा प्रयोग करें। व्यापार में कुछ नई व्यवस्था सोचें व करें। इस तरह करने से व्यापार में वृद्धि होगी। शुभवाणी बोलें। बड़े लोगों से आशीर्वाद लें। शाप या बददुवा से बचें।

व्यापारबन्धन दूर करने का मन्त्र

ॐ दक्षिण-भैरवाय, भूत-प्रेत-बन्ध तन्त्र-बन्ध निग्रहनी, सर्व-शत्रु-संहारणी, कार्य-सिद्धिं कुरु कुरु स्वाहा।

कभी यदि ऐसा लगे कि व्यापार को किसी ने बाँध दिया है या किसी ने उसका स्तम्भन कर दिया है, तब यह 'प्रयोग' करने से सभी बन्धन छूट जायेंगे और व्यापार में वृद्धि होगी।

पहले उक्त मन्त्र को शाबर-विधि से सिद्ध करें। बाद में प्रयोग करें। अथवा पहले मन्त्र-सिद्धि हेतु २१ माला जप करें। फिर प्रयोग हेतु जप करें। असली गुलाब, गोरोचन, छार-छबीला पीसकर मिश्रित कर लें। उसमें कपूर-काचली को मिला दें। इस मिश्रण को सामने रखकर, उसके ऊपर हाथ रखकर १० बार मन्त्र जपें। बाद में व्यापार स्थान में या दूकान पर मन्त्र का स्मरण करते हुये जायें और उक्त अभिमन्त्रित मिश्रण को उस स्थान से चारो ओर छिड़कें। ऐसा ५ या ७ दिनों तक करें। व्यापार के बन्धन समाप्त होंगे। व्यापार की वृद्धि होगी। श्रद्धा और विश्वास से करें। ग्राहकों के साथ शुभ वाणी से व्यवहार करें। मानवीय कमी या त्रुटियों को दूर करें। बिना घबराहट उक्त प्रयोग करें। प्रमाद न करें। व्यवस्थित आयोजन सहित काम-काज करें तथा यथाशक्ति परमार्थ करें।

शत्रु पछाड़ने के मूठिका मन्त्र

१. ॐ नमो वीर, तो हनुमन्त वीर ! सूर्य का तेज, शत्रु की काया। अदीठ चक्र

देवी कालिका, चलाया चल रहे। बादी न कर, बाद मैं करिहौं। तेरे जीव को घात मैं न डरूँ, तेरे गुरु पीर सूँ, मारूँ ताने एक तीर सों। मेरा मारा ऐसा घूमै, जैसे भुजग की लहर परे। तोहि गिरता मारूँ बाण, फेरि चलौ तो यती हनुमन्त की आन। शब्द साँचा, पिण्ड काँचा। फुरो मन्त्र, ईश्वरो वाचा।

उक्त मन्त्र को शाबर की विधि से सिद्ध करें। बाद में 'प्रयोग' करें। मन्त्र-सिद्धि के बाद उड़द को १०८ बार मन्त्र पढ़कर अभिमन्त्रित करके मारने से शत्रु परास्त होता है। प्रयोग बिना बोले और युक्तिपूर्वक करें। दुरुपयोग न करें। अपने पक्ष में सत्य हो, तभी प्रयोग करें।

२. **ॐ नमो वीर। तो हनुमन्त वीर! भूरी मूठि चलावै, तीर में की रूख नाखी। तोडि लोहू सोखि, मेरा बैरी तेरा भषहि। तोडि कलेजा चराव, सब धर्म की हाथई बजे। धर्म की लाल में बलि तुम्हारे, कहाँ गए भूरे बाल? उलटि पछाड न पछाडै, तो माता अञ्जनी की आनी। शब्द साँचा, पिण्ड काँचा। स्फुरो मन्त्र, ईश्वरो वाचा।**

उक्त मन्त्र को शाबर की विधि से सिद्ध करें। अथवा होली की रात में उक्त मन्त्र से पूजा करके उक्त मन्त्र का १० माला जप करें। ऐसा करने से मन्त्र सिद्ध होगा। बाद में प्रयोग करें। जिस शत्रु को परास्त करना हो, उसे एक मुट्ठी काले उड़दों से मन्त्र पढ़ते हुए मारें। यह बिना बोले युक्तिपूर्वक करें। पहले प्रयोग में उड़द से मारने का निर्देश है। शरीर के किसी भी अङ्ग पर मार सकते हैं; किन्तु दूसरे प्रयोग में छाती के ऊपर मारने का निर्देश है। अतएव यह अच्छी तरह सोच-समझ कर करें; अन्यथा प्रयोग न करें।

३. **ॐ ह्रीं हूँ फट्।**

पहले तो उक्त मन्त्र को शाबर या अन्य विधि से सिद्ध करें। बाद में प्रयोग करें। सर्वप्रथम जहाँ पर गधा लेटता हो उस स्थान की धूल लायें। धूल को सामने रखकर उक्त मन्त्र का १०८ बार जप करें और गुग्गुल की धूनी दें। बाद में धूल को शत्रु के मस्तक के ऊपर या उसके घर में या शत्रु के आने-जाने के मार्ग में डालें। यह कार्य युक्ति से करें। इससे शत्रु के यहाँ कलह होगा।

४. **बारह सरसों, तेरह राई। पाट की माटी, मसान राकी। छाई पढ़कर मारूँ, कर-तलवार। अमुक का फुटै न देखे, अमुकी का द्वार। मेरी भक्ति, गुरु की शक्ति। फुरो मन्त्र, ईश्वरो वाचा। सत्यनाम, आदेश गुरु का।**

१२ दाने सरसों के, १३ दाने राई के, चाक की माटी, मसान की राख तथा खैर

की लकड़ी में घी मिलाकर उक्त मन्त्र से हवन करें। जब हवन की अग्नि ठण्ढ़ी हो जाए या बुझ जाए, तब हवन का भस्म एकत्रित करके रख लें। जब किन्हीं दो शत्रुओं के बीच कलह कराना हो, तब मन्त्र में 'अमुक का' और 'अमुकी का' के स्थान पर दोनों के नाम जोड़कर मन्त्र जपें और भस्म को अभिमन्त्रित करके उनके बीच में युक्तिपूर्वक डाल दें। इससे दोनों के बीच में कलह हो जाएगा। प्रयोग का दुरुपयोग कदापि न करें। द्वेष-भावना से किसी का बुरा न करें। जब परिस्थितियाँ अत्यन्त विषम हों, तभी प्रयोग करें।

गुरु-दर्शन मन्त्र

ह्रीं हुँ गुरो ! प्रसीद ह्रीं ॐ।

जब कभी मङ्गलवार को अमावस्या हो तब प्रयोग करें। रात्रि को अकेले श्मशान जाएँ और वहाँ गुरु के चरणों का ध्यान करें। उक्त मन्त्र का १० हजार बार जप करें। मन्त्र सिद्ध होने पर ध्यान में गुरु के साक्षात् दर्शन होंगे। श्मशान जब जायें तब 'आत्म-सुरक्षा कवच' अथवा 'ह्रीं-सार' का पाठ करके जायें।

मुकदमों में विजय प्राप्ति मन्त्र

ॐ वट वरदाय विजय गणपतये नमः।

जिस मन्दिर में गणपति स्थापित हों, वहाँ प्रयोग करें। विधिवत् पूजन करके प्रयोगारम्भ करें। अथवा निवास-स्थान में गणपतिजी की मूर्ति या चित्र के सामने बैठकर प्रयोग करें।

प्रयोग किसी भी बुधवार से आरम्भ करें। पाँच दिन में सवा लाख जप करें। यदि ऐसा न हो सके तो एक-दो दिन और लगातार जप करके गणना पूरी करें। जप के समय पूर्वाभिमुख बैठें। चन्दन की माला, लाल आसन का प्रयोग करें। मूर्ति हो तो उसको स्नान करवाकर सिन्दूर लगायें। धूप-दीप-नैवेद्य सहित २१ माला फूल कनेर के चढ़ायें। २१ फूल चढ़ाते समय जिस कार्य के लिए प्रयोग कर रहे हों, उसका निवेदन करें। जो मनोकामना या कष्ट या आपत्ति हो, उसको कहें। पूर्ण भक्तिभाव से प्रार्थना करें। पाँच दिन यम-नियम इत्यादि का पालन करें। ५ दिन के बाद ५ कन्याओं को मीठा भोजन, दान-दक्षिणासहित कराए।

बाद में जब तक मुकदमा पूरा न हो तब तक गणपतिजी का दर्शन-पूजन करते रहें और नित्य संख्या में उक्त मन्त्र का जप यथाशक्ति करते रहें। नित्य १ माला या ५ माला, जितना हो सके, उतना जप करें। जब कोर्ट-कचहरी जायें तब उक्त मन्त्र का स्मरण करें। विजय-प्राप्ति के लिए अन्य मानवीय प्रयास में असावधानी न करें। श्रद्धा न छोड़ें। ऐसा करने से विजय मिलेगी और जो भी जटिल समस्याएँ होंगी, उनका भी निवारण होगा।

रोग-आपत्ति-निवारक मन्त्र

ॐ शान्ते ! शान्ते ! सर्वारिष्ट-नाशिनी ! स्वाहा।

(अथवा)

ॐ नमो शान्ते ! प्रशान्ते ! सर्व-क्रोधोपशमनी ! स्वाहा।

ग्रहणकाल में एक लक्ष जप करने से उक्त मन्त्र की सिद्धि होती है। बाद में जब आपत्ति हो या किसी भी प्रकार का घोर सङ्कट हो तब १० बार उक्त मन्त्र का स्मरण करने से आपत्ति या सङ्कट का निवारण होता है। रोगों की शान्ति के लिए रोगी को उक्त मन्त्र से अभिमन्त्रित जल पीने को देना चाहिए। अथवा रोगी के अङ्गों पर मन्त्र का स्मरण कर हाथ फेरना चाहिए। जब आपत्ति या रोग का निवारण हो जाए तब ब्रह्म-भोज करना चाहिए। ऐसा करने से सिद्धि चिरकालीन रहेगी। श्रद्धा से मन्त्र का स्मरण करने से सभी प्रकार की शान्ति मिलती है।

क्रोध शान्ति मन्त्र

ह्रीं ह्रीं ह्रीं क्रोधप्रशमन ह्रीं ह्रीं ह्रीं क्लीं सः सः स्वाहा।

ग्रहणकाल में उक्त मन्त्र का १ से १० माला जप करें। इससे मन्त्र सिद्ध होगा। बाद में उक्त मन्त्र को ७ बार पढ़कर, पहने हुए वस्त्र में एक कोने में एक गाँठ लगाकर उस पुरुष या स्त्री के पास जायें, जो क्रोधित हो। इस मन्त्र के प्रभाव से क्रोधित व्यक्ति का क्रोध शान्त हो जाता है। क्रोध से बचने के लिए यह प्रयोग उत्तम है।

गृहबाधा-निवारक मन्त्र

ॐ ह्रीं चामुण्ड-भृकुटि अट्टहासे भीम-दर्शने ! रक्षः रक्षः चोरेभ्य वज्रुर्वेभ्यः अग्निभ्यः श्वापदेभ्यः दुष्ट-जनेभ्यः सर्वेभ्यः सर्वोपद्रवेभ्यः गण्डी ह्रीं ह्रों ठः ठः।

ग्रहणकाल में उक्त मन्त्र का ११ हजार जप करने से मन्त्र सिद्ध होता है। बाद में उक्त मन्त्र का १ माला जप करके अपने निवास के चारो ओर रेखा खींचें। इससे उस स्थान में रहनेवालों को मलिन दुष्ट आत्माओं, भूत-प्रेत इत्यादि का भय नहीं होता। मकानों की सुरक्षा के लिए उक्त मन्त्र अत्यन्त उपयोगी है। अभिमन्त्रित जल से रेखा खींचें तो भी सुरक्षा बनी रहेगी।

दूसरी विधि यह है कि पहले १० हजार जप करके मन्त्रसिद्धि करें। बाद में यथाशक्ति मन्त्रस्मरण करें। जिस स्थान में मन्त्र का स्मरण होगा, वहाँ मलिन तत्त्वों का प्रवेश बन्द हो जायेगा। वहाँ रहनेवालों को किसी प्रकार की आपतियों से कष्ट नहीं होता। रेखा अथवा जल-रेखा खींच देने से वह स्थान भूत-प्रेत आदि से मुक्त हो जाता है।

ग्रह-दोषनिवारक मन्त्र

ॐ ॐ ह्रीं ह्रीं ह्रः ह्रः फट् स्वाहा।

पहले उक्त मन्त्र को विधिपूर्वक सिद्ध करें। बाद में ग्रह-दोष या ग्रहदोष जन्य रोग से ग्रसित व्यक्ति के शरीर के ऊपर अभिमन्त्रित सरसों मारें या डालें। इससे ग्रह-दोषों का निवारण होता है। रोगी को शान्ति प्राप्त होती है। इससे मकान व उसमें रहने वाले व्यक्तियों की सुरक्षा होती है, प्रगति होती है। रोग-शोक की समाप्ति होती है।

सर्व-सुरक्षा मन्त्र

ॐ क्षीं क्षीं क्षीं क्षीं क्षौं फट्।

उक्त मन्त्र का ५०० बार जप करने से मन्त्रकर्ता की सभी प्रकार की सुरक्षा होती है। धन-धान्य, पुत्र, मित्र इत्यादि की भी वृद्धि होती है। प्रतिदिन जप करने से मन्त्रकर्ता को चतुर्दिक लाभ होता है। सुरक्षा एवं प्रगति के लिए यह एक श्रेष्ठ मन्त्र है।

वनवासी-सुरक्षा मन्त्र

ॐ मचल गुसाई बन-खण्डे। राय चोरन झँके बाघ न लाय। सूते सर्वत घाले घाय। शिण बाँया, खिण दाहिना। फिर-फिर बाया होय अबल गुसाई। सपर्ता मेरी काया नाश न होय। केशोराय सदा सहाय, तीन लोक को माखन खाय। कीडा-काँटा दिया बहाय। अलेख अलेख बजरङ्गी सदा सतसङ्गी। ॐ स्वाहा।

भूसा गूगल की २१ गोलियों को उक्त मन्त्र से अभिमन्त्रित करके अग्नि में हवन करें। ऐसा सात रविवार तक करने से मन्त्र सिद्ध होता है। बाद में उसका उपयोग करें। आवश्यकता के समय उक्त मन्त्र को तीन बार जपें और अपने आपके ऊपर फूँक मारें। इससे मार्ग में चोर-बाघ-सर्प आदि का भय नहीं रहता।

कु-कृत्या-शान्ति मन्त्र

ॐ सं सां सिं सीं सुं सूं सें सैं सों सौं सं सः। वं वां विं वीं वुं वूं वें वैं वों वौं वं वः। हसः अमृत-वर्चसे स्वाहा।

यदि यह शङ्का हो कि कोई दुष्ट या अभिचारकर्ता कु-कृत्य से कष्ट दे रहा है या रोगकारक स्थिति पैदा कर रहा है या बुरी नजर करके सभी कार्य बिगाड़ रहा है, तो उक्त मन्त्र का जप करके शान्ति प्राप्त की जा सकती है। पहले एक नए घड़े मिट्टी के कलश में स्वच्छ जल भरें। उक्त मन्त्र द्वारा जल को १०८ बार अभिमन्त्रित करें। फिर जल को रोगी को पिलावें। इससे सभी प्रकार की कु-कृत्या से छुटकारा होगा।

ग्रहणकाल में उक्त मन्त्र का १० माला जप करके प्रयोग करें। उत्तम फल-प्राप्ति के लिए मन्त्र का नित्य जप करें। नित्य जप करने से उत्तम परिणाम मिलेंगे।

जादू-प्रभाव दूर करने के मन्त्र

१. ॐ बज्र में कोटा, बज्र में ताला। बज्र में बँध्या दसौ द्वारा। जहाँ सूँ आयौ, जहाँ ही जाय। जाने भेजा, जाही कूँ खाय। चटपटन्ति असघान सखिंति ! तत्र इस पिण्ड की मूठि। टोणा चामण, बीर बैताल, ज्ञान-परिज्ञान जे इस पिण्ड कूँ कूछ करें, तो ईश्वर महादेव की आज्ञा फुरे। श्री गोरखनाथ की आज्ञा फुरै।

२१ वृक्षों की पत्ती, २१ कुओं का पानी, तिराहे की धूलि, कच्ची घानी का तेल और सन का चून—इन्हें कोरे घड़े में डालकर पानी भरकर रख दें। फिर मन्त्र का जप करते हुए इसी मन्त्र को कागज या भोजपत्र के ऊपर लिखकर कण्ठ में बाँधें और रात्रि में हवन करें। प्रातःकाल छान की चैत कर नीचे स्नान कराए। तेल, धूल और चून को मिलाकर औटावें तथा १०८ बार अभिमन्त्रित कर सिर पर डालें और अपने नाम का उच्चारण करें तो दूसरे के चलाये हुये जादू आदि के कारण हुए रोगादि, कामण-टूमण आदि टोने-टोटके के दोष दूर हो जाते हैं।

२. ॐ बज्र में कोटा, बज्र में ताला। बज्र में बँध्या दसौ द्वारा। जहाँ सूँ आयौ, जहाँ ही जाय! जाने भेजा, जाही कूँ खाय। चटपटति अस घान सखिति ! तत्र इस पिण्ड की मूठि। टोणा-चामण, वीर बैताल, ज्ञान-परिज्ञान जे इस पिण्ड कूँ कूछ करें, तो ईश्वर महादेव की आज्ञा फुरे। श्री गोरखनाथ की आज्ञा फुरै।

२१ वृक्षों की पत्ती, २१ कुओं का जल, तिराहे की धूलि, कच्ची घानी का तेल और सन का चून लेकर कोरे घड़े में पानी तथा उपर्युक्त जल और पत्ती डालें। माला बँटकर घड़े के कण्ठ से बाँधकर रात्रि को हवन करें। प्रातःकाल के समय पानी को छानकर किसी छान के नीचे रोगी को स्नान करायें तथा तेल, धूलि और चून मिलाकर औटावें। फिर उसे १०८ बार उक्त मन्त्र से अभिमन्त्रित कर रोगी के मस्तक पर डाले अथवा रोगी का नाम लें, तो जादू-टोने-टोटके के दोष दूर होकर शरीर निर्मल हो जाता है।

दोनों मन्त्रों में एवं उनकी विधियों में न्यूनतम अन्तर है किसी भी एक मन्त्र को प्रयोग किया जा सकता है।

चार कार्यों के लिए एक मन्त्र

ॐ नमो आदेश गुरु को। जैसे फैले हु रामचन्द्र के बूत, ओईसह कर राघ विनी कबूत पवन-पूत हनुमन्त ! वाड हर-हर रावन फूट निरावन श्रवई, अण्ड से ताहि श्रवई, अण्ड-अण्ड विहण्ड खेतहि श्रवई। वा जङ्गर्भहिं श्रवई, स्त्री पी लहि श्रवहि। शाप हर-हर जम्बीर, हर जम्बीर, हर-हर-हर !

उक्त मन्त्र को २१ बार पढ़कर जल को अभिमन्त्रित करें। यह जल चार प्रकार से उपयोगी है—(१) गर्भवती स्त्री को पिलायें तो दो-तीन महीने में गर्भ गिर जाता है। (२) पुरुष को पिलाएँ तो अण्ड-वृद्धि का रोग मिट जाता है। (३) मिट्टी का एक ढेला २१ बार अभिमन्त्रित कर साँप के बिल के ऊपर रख दें और स्वयं दूर होकर देखें, तो वहाँ से साँप निकल जाएगा। (४) गिट्टी के तीन ढेले लेकर प्रत्येक के ऊपर २१-२१ बार मन्त्र जप कर उन्हें अभिमन्त्रित करें। फिर उन्हें खेत के तीन कोनों में जो तीन-चार दिन का ही बोया हो फेंक दें। ऐसा करने से उसकी फसल सूख जाएगी।

दस रोगों को झाड़ने के दो मन्त्र

१. पर्वत-ऊपर पर्वत और पर्वत-ऊपर फटिक-शिला। फटिक-शिला पर अञ्जनी, जिन जाया हनुमन्त। मेहला टेहला काँख की कखराई, पीछे की आदरी। कान की कनफेर, शल की बद, कण्ठ की कण्ठ-माला। घुटने का डहरु, डाढ़ की डाढ़-शूल। पेट की ताप-तिल्ली किया, इतने को दूर करे भस्मन्त। नातर तुझे माता अञ्जनी का दूध हराम ! मेरी भक्ति, गुरु की शक्ति। फुरो मन्त्र, ईश्वरो वाचा। सतनाम, आदेश गुरु का।

सात शनिवार को धूप-दीप-नैवेद्य के साथ हनुमानजी का पूजन करें। साथ ही प्रतिदिन उक्त मन्त्र का १-१ माला जप भी करें। ऐसा करने से मन्त्रसिद्धि होगी। प्रयोग या मन्त्रकाल में ब्रह्मचर्य व्रत रखकर साधना करें।

मन्त्रानुष्ठान के बाद जब होली, दीपावली या ग्रहण हो तब मन्त्र का १०८ बार जप कर लिया करें। इस प्रकार करते रहने से मन्त्र की सिद्धि और बढ़ेगी तथा प्रयोग करने में सफलता मिलेगी और यश-वृद्धि होगी। झाड़ने की विधि निम्न प्रकार है—

१. कखराई, अदीठ, कनफेर, बद, कण्ठ-माला, दाढ़-शूल को राख से झाड़ें।

२. डहरु को, ताप-तिल्ली को छूरी से झाड़ें। (शेष दर्दों के झाड़ने की विधि नहीं बताई गई है। प्रचलित रीति से सूझ-बूझ के अनुसार झाड़ें)। दर्द आराम हो जाये तब हनुमानजी को प्रसाद चढ़ायें और उसे बाँटें।

२. परबत-ऊपर परबत, परबत-ऊपर फटिक-सिला। फटिक-सिला पर अञ्जनी, जिन जाया हनुमन्त। नेहला, टेहला, काँख की कखलाई, पीछी की अदीठ। कान की कनफेर, रान की बद, कण्ठ की कण्ठ-माला। घुटरने का डहरुँ, हाड की हड-शूल, पेट की ताप-तिल्ली-किया। इनको दूर करे भस्मन्त, नातर तुझे अंजनी माता का दूध पिया हराम ! मेरी भक्ति, गुरु की शक्ति। फुरो मन्त्र ईश्वरो वाचा। सतनाम, आदेश गुरु का।

शनिवार से आरम्भ कर प्रतिदिन हनुमानजी का विधिपूर्वक पूजन कर २१ दिनों तक नित्य १०८ बार उक्त मन्त्र का जप करें, मन्त्र सिद्ध हो जाएगा। तब उसका उपयोग करें। मन्त्र से रोगी को झाड़ने की विधि निम्न प्रकार है—

(१) आक से डहरु को, (२) छूरी से ताप-तिल्ली को, (३) राख या भस्म से कखलाई, अदीठ, कनफेर, बद तथा कण्ठमाला को, (४) नीम की डाली से हड-शूल को झाड़ना चाहिए और (५) शेष रोगों को स्वयं की सूझ से प्रचलित साधनों से झार दें।

मन्त्रसिद्धि करने के बाद भी जब होली, दीपावली या ग्रहण हो तब उक्त मन्त्र की १-१ माला का जप कर उसे चैतन्य करते रहें। इससे अति-प्रभावी परिणाम सदा मिलता रहेगा।

दस रोगों को झाड़ने के लिए उक्त दोनों मन्त्रों को ठीक-ठीक समझ लें। कुछ पाठ-भेद और कुछ विधि-भेद है, उसे जान लें। बाद में आवश्यकता होने पर किसी भी एक से कार्य करें।

डमरु पसली-वायु झारने का मन्त्र

ॐ सत्य-नाम आदेश गुरु को। ॐ खबारी खेबारा कहाँ गया? सवा लाख पर्वतों गया। सवा लाख पर्वतों जाय कहा करेगा? सवा भार कोयला करेगा। सवा भार कोयला कर कहा करेगा? हनुमत बीर नव-चन्द्र-हास खड्ग गढ़ेगा कहा। नव-चन्द्र-हास खड्ग गढ़ कहा करेगा? जानवा डोरु पसली वाय काट-कूट खारी समुद्र नाखेगा। जगद्-गुरु की शक्ति, मेरी भक्ति। फुरो मन्त्र, ईश्वरो वाचा।

यथाविधि सिद्ध कर प्रयोग का अनुभव करें। बाद में तिल का तेल व सिन्दूर से झाड़ें तो प्रयोग में कथित रोगों की शान्ति होगी।

प्रेतिनी या चुड़ैल भगाने का मन्त्र

१. **बैर-बैर चुड़ैल पिशाचिनी बैर निवासी। कहूँ तुझे सुनु सर्वनासी मेरी गाँसी (माँसी)।। पर वैल करे तू कितना गुमान। काहे नहीं छोडती यह जान स्थान।। यदि चाहे तूँ रखना अपना (आपन) मान। पल में भाग कैलाश लै अपने प्रान।। आदेश देवी कामरू कामाक्षा माई। आदेश हाँडी दासी चण्डी की दुहाई।।**

२. **ॐ नमो आदेश गुरु का। कवला छरी, बावन वीर। कलू बैठनो जल के तीर। तीन पान का बीड़ा खवाऊँ, बैठे-बैठा बतलाऊँ। वाचा चुके, तो कङ्काली की दुहाई। मेरी भक्ति, गुरु की शक्ति। स्फुरो मन्त्र, ईश्वरो वाचा।**

विजयादशमी के दिन या रात को उक्त मन्त्र का कम-से-कम १० माला जप करें। फिर आवश्यकता पड़ने पर उक्त मन्त्र को २१ बार पढ़कर फूँकें तो प्रेतिनी, चुड़ैल, डाइन या पिशाचिनी आदि चली जाती है। शाबर-विधि से मन्त्र कभी भी सिद्ध किया जा सकता है। ३ या ७ दिन तक ११ या २१ बार मन्त्र पढ़कर झाड़ें। अथवा जब तक चुड़ैल-पीड़ा रहे, तब तक झाड़ें।

डायन की नजर झारने का मन्त्र

१. हरि-हरि सुमरि के, हम मन करूँ स्थिर। चाउर आदि फेक के पाथर आदि वीर, डायन दूतन (दूतिन) दानिवी (दानवी) देवी के आहार। बालक-गण पहिरे हाँड गलाहार। राम-लषण दोनों (दूनो) भाई (भाइ), धनुष लिए हाथ। देखि डायनी भागत (मागत), छोड़ि (छोड़) शिशु माथ। गई पराय सब डायनी (डाहनी)-योगिनी। सात समुन्दर पार में, खावें खारी पानी। आदेश हाडी-दासी चण्डी माई। आदेश नैना योगिनी की दुहाई।

विजयादशमी को सायंकाल से मन्त्रानुष्ठान प्रारम्भ करें। १०० माला जप करें। यदि पूरा न हो तो दूसरे-तीसरे दिन करें। १०० माला जप करने से मन्त्र की सिद्धि होगी। बाद में प्रयोग करें। डाइन आदि की नजर लगे हुए व्यक्ति या बालक को नीम की टहनी या मोरपङ्ख से झारें। ३ से ७ दिन तक झारने से बुरी नजर से छुटकारा हो जाता है।

२. जल बांका, थल बांका, अमुक के काया बांका। डायनेर दष्टि पढ़न पानी, सुनो गोमाया अधर कहानी समन काटि के माता दिहली। बर उज्जान छोडे भाडी। धर धूला बान, धूसर बान, शब्द-भेदी महा-बान। एहि मन्त्र पढ़ेंसे, ॐ श्रीराम हुङ्कारे।

पहले शाबर-विधि से मन्त्र को सिद्ध करें। बाद में धूल या भस्म या सरसों से अभिमन्त्रित करके बाधा-ग्रस्त को झारें तो लाभ होगा।

डाकिनी साधने का मन्त्र

ॐ नमो चढ़ौ-चढ़ौ सूर-वीर धरती चढ़या। पाताल चढ़ पगा पाली चढ़या। कुण-कुण वीर हनुमन्त वीर चढया। धरती चढ़, पग-पात चढ़ी। एडी चढ़ी, मुरचे चढ़ी। मुरचे चढ़ी, पिण्डी चढ़ी। पिण्डी चढ़ी, गोड चढ़ी। गोंडा चढ़ी, जांघ चढ़ी। जाँघ चढ़ी, कटि चढ़ी। कटि चढ़ी, पेट चढ़ी। पेट सूँ धरणी चढ़ी, धरणी सूँ पांसली चढ़ी। पांसली सूँ हिए चढ़ी, हिया सूँ छाती चढ़ी। छाती सूँ खम्बा चढ़ी, खम्बा सूँ कण्ठ चढ़ी। कण्ठ सूँ मुख चढ़ी, मुख सूँ जिह्वा चढ़ी। जिह्वा सूँ कान चढ़ी, कान सूँ आँख चढ़ी। आँख सूँ

ललाट चढ़ी, ललाट सूँ सीस चढ़ी। सीस सूँ कपाल चढ़ी, कपाल सूँ चोटि चढ़ी। हनुमान नरसिंह चलै, वीर समद वीर, दीठ वीर। आज्ञा वीर, सों सन्ता वीर चढ़े।

ग्रहण की रात्रि में गोबर का चौका लगाकर घी का दीपक जलायें। एक पैर से खड़ा होकर उक्त मन्त्र का १०८ बार जप करें। इतने जप से डाकिनी सामने आ जाती है। उसको देखकर डरे नहीं तो वह बात करेगी। जिस काम के लिए उसे कहा जायगा, वह उसे अवश्य करेगी।

अग्नि को शीतल करने का मन्त्र

ॐ नमो कोरा करुआ, जल सों भरिया, ले गौरा को शिर पर धरिया। ईश्वर ठोले, गौरा न्हाय। शब्द साँचा, पिण्ड काँचा। फुरो मन्त्र ईश्वरो वाचा।

उक्त मन्त्र को सिद्ध करने के लिए एक लाख जप करें। फिर आवश्यकता होने पर अग्नि का शमन करने के लिए मिट्टी का एक कोरा कलश लें। उसमें जल भरकर अभिमन्त्रित करें। बाद में मन्त्र-स्मरण कर जोर-जोर से छीटें मारें। जहाँ-जहाँ छीटें लगेंगे, वहाँ अग्नि का शमन होगा। बाद में मन्त्र से १०८ आहुतियाँ दें और २१ ब्राह्मण को भोजन करायें।

आगिया वैताल का मन्त्र

ॐ नमो अगिया वैताल, वीर वैताल। पैठी सातवें पाताल, लांव अग्नि की जलती झाल। बैठ ब्रह्मा के कपाल, मछली-चील-कागली गूगल हरताल। इन बस्तां लै चोलि न चले, तो माता कालिका की आन। शब्द साँचा, पिण्ड काचा। फुरो मन्त्र ईश्वरो वाचा।

होली की रात में उक्त मन्त्र का एक लाख जप करें। चील्ह, कागली तथा मछली का भोग लगायें। गुग्गुल-हरताल का धूप बनायें और धूप करें। इस प्रकार मन्त्र सिद्ध हो जाने पर २१ कङ्कड़ी को उक्त मन्त्र से अभिमन्त्रित कर जहाँ भी डाला जाएगा, वहाँ अग्नि प्रकट होगी।

एक ही रात में एक लाख जप करने का यद्यपि विधान है; फिर भी सूझ-बूझ से करें। मूल-देवता की पूजा कर साधना करनी चाहिए।

सर्व-कार्य-सिद्धि हेतु महाकाल भैरव मन्त्र

ॐ ह्रीं महा-काल-भैरवाय नमः। ॐ ह्रीं महा-विक्राल-भैरवाय नमः।

सवा मुट्ठी चावल शनिवार की रात्रि में हल्दी व मीठा डालकर बना लें। प्रातः रविवार को इन मीठे चावलों को एक सौ आठ बार अभिमन्त्रित कर लें और छत पर

रख दें। कुछ समय पश्चात् दो कौए आकर चावल खाएँगे। उनमें लड़ाई होगी। लड़ाई के समय इन कौओं में से किसी एक का पङ्ख गिरेगा। उसी समय वह पङ्ख उठाकर सुरक्षित रख लें। यात्रादि व कठिन कार्यों के लिए साथ ले जायें तो कार्य सिद्ध होगा। यदि पहले रविवार को इस प्रकार की घटना नहीं होती तो पुनः विश्वास के साथ प्रयोग करें।

भूत-प्रेत टोना-नाशक मन्त्र

निम्न मन्त्रों की सिद्धि हेतु विजयादशमी अथवा ग्रहण, दीपावली, होली, भौमवार-युक्त अमावस्या की रात्रि में शुद्ध होकर घृत या तेल का दीपक जलायें। खीर का भोग लगायें। पूर्वाभिमुख होकर यथा-निर्दिष्ट संख्या में अथवा संख्या-निर्देशाभाव में १०८ या १००८ बार जपें। जप रुद्राक्ष या मिट्टी की माला से करें। तत्पश्चात् मन्त्र का प्रयोग करें। मन्त्र-जप से पूर्व 'शाबर-सुमेरु' मन्त्र का जप ७ बार करें और आत्म-रक्षा मन्त्र से आत्म-रक्षा कर मन्त्र द्वारा आसन-स्थान का बन्धन भी करें। जप के समय लोबान की धूप करें। जप के पश्चात् खीर बच्चों में बाँटें।

१. पृथ्वी तथा देह बाँधने का मन्त्र

जल बाँधो, थल बाँधो। चाट खूट की पृथ्वी बाँधो, माई धिया डायन बाँधो। बापा-पूता गुणी दुनिया को गुण बाँधो। दुहाई ईश्वर महादेव गौरा-पार्वती क। जीरिया बङ्गालीन क छू।

उक्त मन्त्र को सात बार पढ़कर चाकू से अपने चारो तरफ रेखा खींचें।

२. आसन बाँधने का मन्त्र

आसन बाँधो, पासन बाँधो। दश दुआर राम। सात नौका चरन बाँधो, गुरू बाँधे राम। अगुआर बाँधो, पछुआर बाँधो। बाँधो आपन काया, कान्हे कुण्डल योगिनी बाँधो। किसके दुहाई, गोरखनाथ की दुहाई।।

उक्त मन्त्र को सात बार पढ़कर अपने ऊपर फूँक मारें।

३. बाधा जानने का मन्त्र

जन्म भूमि नासिका नदी, तहाँ से वीर हनुमन्त। कवने नक्षत्र, कवने वार। भादों महीना मङ्गलवार। भरनी नक्षत्र, ज्ञान गुरू पटना स्वामी अर्द्ध। रोरी चले, नील चले। अष्ट-कुली नाग चले, नव कोट इच्छा चले। पश्चात् कष्ट कालिका चले, भूत-प्रेत-पिशाच चले। ब्रह्म-राक्षस चले, शाकिनी-डाकिनी चले। न चले, तो माता अञ्जनी के दूध मिथ्या-मिथ्या। फुरो मन्त्र, ईश्वरो वाचा।

रविवार या मङ्गलवार को रोगी को साफ-सुथरे स्थान पर स्वच्छ कर बैठायें। तत्पश्चात् कागज के सात छोटे-छोटे टुकड़े कर, उन पर क्रम से १ भूत, २ पिशाच,

३ ब्रह्मराक्षस, ४ डाकिनी, ५ कुलदोष, ६ बाह्यदोष ७ दैवीदोष लिखकर लपेट कर अलग-अलग सात जगह रख दें। फिर रोगी के दोनों हाथों के ऊपर रामरज मिट्टी लगा दें एवं रोगी के दोनों हथेलियों को जमीन से स्पर्श करायें। उक्त मन्त्र को पढ़ते हुए रामरज मिट्टी को रोगी के हाथ पर फेंकें। जो दोष होगा, उस दोष के समीप उसका हाथ चला जायेगा।

४. भूत बाँधने का मन्त्र

जहाँ आए जो प्रेता, जो जादो वहाँ उलटे-उल्टे जाओ। विद्या पलटे जाय ॐॐॐ। दुहाई कामाक्षा की, मेरी मन्त्र फुर होय। नोना चमारी क दुहाई, मेरी भक्ति, गुरू की शक्ति। शति बन्दौ गुरू के पाँव, इतनी बेर से जादो न रहे, घीले आवो। मोही दुहाई, ईश्वर महादेव, गौरा पार्वती क दुहाई।।

उक्त मन्त्र पढ़कर एक हजार बासठ बार झाड़ें। कैसा भी भूत होगा, बँध जायेगा।

५. सकल-कष्ट-निवारण मन्त्र

चलु-चलु रे बर-खण्डी राय, चोर न मुख से बाघ खाय। अचल गइलचा राम के, अचल राम के बान। चक्र-सुदर्शन रक्षा करे, चौकी करे हनुमान। सत्य राम का मन्त्र है, सकल कष्ट गिरि जाय। कैसा हु कष्ट, श्वानादि भूतादि नष्ट।।

उक्त मन्त्र को पढ़कर २१ बार झाड़ें।

६. डायन-भूत-ब्रह्म आदि को झारने का मन्त्र

इन्द्र रसी जल बान करे, झरा झाटी देवता गन्धेश्वर पलाय। दरवरी महा-धर्म ब्रह्म-भूत खोजे, गर गुड़ी अहङ्कार भूत पलाय। दुर्गे सात वारि बुके भरसाई, मुई फेलिल भवान डाइनेरे। सब डाइन के बोले, कून मालो वा सलाम बठे। जतक जीन जीवे, ततक जा कवरू कमइछा क दुहाई।

उक्त मन्त्र को २१ बार पढ़कर कुशा से झाड़ें। यदि सदैव के लिए लाभ चाहें तो एक कबूतर (बनैला) लेकर उक्त मन्त्र को २१ बार पढ़कर सिन्दूर से टीका करें। कामरू-कामाक्षास्थान अथवा किसी सिद्ध देवी के स्थान पर उसे छोड़ दें।

७. टोना झारने का मन्त्र

लोरवा झोरवा, जादू हाक। चल-चल गुरू क वै कराव। जहाँ लगा हो तहाँ लागो। मोर न विद्या, कवरू कमछाइ नैना जोगिन क सीख। जहाँ-तहाँ छार करे, उलटी वेग जाके परे, वा मती मसान काल-भैरव की दुहाई।।

उक्त मन्त्र को २१ बार पढ़कर कुशा से झाड़ें।

८. भगवती काली की कृपा-प्राप्ति का मन्त्र

आश्विनी शुक्ला-प्रतिपदा से नवमी तक देवी का व्रत करें। निम्न मन्त्र का १०८ बार जप करें यथा—

काली-काली महा-काली कण्टक-विनाशिनी रोम-रोम रक्षतु सर्वं मे रक्षन्तु ह्रीं ह्रीं छा चारक।

जप के बाद उक्त मन्त्र पढ़कर १०८ बार आहुति दें। घी, धूप, सरल काष्ठ, सावाँ, सरसों, चन्दन भूरा (सफेद), तिल, सुपारी, कमलगट्टा, जौ (यव), लायची, बादाम, गरी, छुहारा, चिरौंजी, खाड़ मिलाकर साकल्प बनायें। सम्पूर्ण हवन-सामग्री को नई हाड़ी में रखें। भूमि पर शयन करें। समस्त जप-पूजन-हवन रात्रि में ११ से २ बजे के बीच करें। देवी की कृपाप्राप्ति होगी।

गाछ हाँकने का मन्त्र

१. **गुलबरन देवी, लोमा सूर्य वरण देवी। कङ्काली सेर से सरमङ्गी चलल। असमाने चलेय, नाले चल। गाछे चल, माथे चल। जहाँ चलावे, तहाँ चल। (अमुक स्थान) अमुक लाभी अस्त्रमारीला बान्धा करेजा खाए। रक्त क टोपी देह चिवाए। जाहि मारे, ताहि घर जाए। हाके मन्त्र करे, गुरु मारि। गुरु-विद्या लेती।**

२. **वह छौड़ा रोना-भोना खुर-खुर आवे, खुर-खुर जाए। काढ़ कलेजा खाए। रक्तक टोपी देह चिवाए। जाहि घर मारे, ताहि घर जाए। हाके पर करे खोटी, गुरु-मारि गुरु-विद्या लेती।**

पहले शाबर-विधि से मन्त्र सिद्ध करें। फिर सावधानीपूर्वक किसी वृक्ष के निकट जायें और वृक्ष को स्पर्श करें उक्त मन्त्र का कम-से-कम २१ बार जप करें।

भूत पकड़ने का असावरी शाबर मन्त्र

गुजैर कु काली, हाथ मुरली, मदेन केश काली। चलल देश-विदेश। पैसल जो खोखरले आसार, पेस माराकर फाड़ल पेड़। भूत पकड़ दोहाय, ईश्वर महादेव, गौरा-पारवती के छी।

सावधानी-पूर्वक उक्त मन्त्र पढ़कर भूत-बाधा-ग्रस्त व्यक्ति को कुशा से अथवा बाल पकड़कर झाड़ें। कम-से-कम २१ बार मन्त्र पढ़कर झाड़ें।

वस्तु मँगाने का मन्त्र

ओ मसान, कुरु कुरु, कुरु कुरु कुर्वः, सम्यता आसन समेत, ओ मसान! हस्तेन।।

श्मशान में या किसी निर्जन स्थान में श्मशान भस्म को वृत्ताकार जमीन पर

फैलाकर बैठने का आसन बना लें। तत्पश्चात् आसन के सामने श्मशान भस्म से ही एक आयत बनायें। आयत के चारो कोनों पर गो-घृत का दीप जलायें और दीप जलाते समय उक्त मन्त्र पढ़ें। फिर आँखें बन्द कर एकाग्रचित्त से उक्त मन्त्र का जप प्रारम्भ करें। मन्त्र-जप की अवधि में दिव्य ज्योतियों का दर्शन एवं अनेकों आवाजें सुनाई देंगी, उनसे डरे नहीं, निर्भय रहें। यदि कोई माँगने को कहें, तो कहे कि—सदा साथ रहो और मेरा कार्य करो। इससे इष्ट-सिद्धि होगी। फिर जब कभी कोई वस्तु मँगानी हो तो पवित्र होकर शुद्ध स्थान पर बैठ जायँ और एक शुद्ध चादर से अपना शरीर ढँकें। हाथ चादर के भीतर रखें। उक्त मन्त्र पढ़कर ईप्सित (मनचाही) वस्तु का नाम लें। वह वस्तु हाथ में आएगी। यदि कोई बड़ी वस्तु या कीमती वस्तु मँगानी हो तो उसकी कीमत चादर के एक कोने में लपेट कर मन्त्र पढ़ें और इष्ट से ईप्सित वस्तु खरीद कर लाने को कहें। इष्ट चादर से कीमत ले लेगा और कुछ देर बाद वह वस्तु आपके इच्छानुसार गुप्त स्थान में रख देगा। गुप्त स्थान बगल का कोई कमरा होना चाहिए, जिसमें किवाड़ बन्द हो। उक्त मन्त्र द्वारा अनेक चमत्कार किये जा सकते हैं। जैसे भोजन की सामग्री में वृद्धि या इच्छानुसार अन्य चमत्कार।

कतिपय टोटके

१. मोहन मन्त्र—दाँयें हाथ की कनिष्ठिका का रक्त और कस्तूरी मिलाकर माथे पर तिलक करे। तत्पश्चात् जिस व्यक्ति के पास जाएँगे, वह मोहित होगा।

२. मृगी निवारक—शहद या केले में एक-दो खटमल एक सप्ताह तक मृगी के रोगी को खिलायें। मृगी दूर हो जाएगी।

३. मासिक-धर्म नियमित करना—मासिक धर्म की अनियमितता में पुरानी ईंट की नोनी एक सप्ताह प्रातः-सायं स्त्री को खिलायें। मासिकधर्म नियमित हो जाएगा।

४. गर्भपात—कभी-कभी गर्भपात कराना भी अत्यावश्यक हो जाता है। इसके लिए यह टोटका लाभदायक है। कबूतर की बीट छः ग्राम की मात्रा में प्रातः-सायं खिलायें। एक सप्ताह तक प्रतिदिन एक खुराक दें।

५. पक्षाघात (लकवा)—यदि पक्षाघात एक सप्ताह के अन्तर्गत हो तो यह नुस्खा बहुत लाभ करता है; अन्यथा धीरे-धीरे और अधिक दिन औषधि देनी पड़ती है।

खैनी १०० ग्राम, गुड़ ५० ग्राम और सरसों का तेल २५ ग्राम एक में मिलाकर अच्छी तरह घोट लें; ताकि काफी महीन लेप बन जाए। इस लेप का पक्षाघात से प्रभावित अङ्ग पर मालिश करें। लाभ होगा।

भूत-प्रेत-बाधानाशक मन्त्र

१. बिसमिल्ला रहमान रहीम। नमो सत्य नाम आदेश गुरू कुँ। आव आव मम्मम्दा पीर, दिल्ली के पीर। गढ़ गजनी के पीर, तुरकणी के पूत ! एक लाख असी हजार जञ्जीर बँधो। बँधो भूत-प्रेत बँधो। वोत्तर चाल के परैत बँधो। सोल से हाक मार बँधो। चोस्ट योगनी बँधो। बावन वीर बँधो। नव से नारसिंह बँधो। छपन से कलवा बँधो। एक लाख मुसाण मुसाणियाँ कुँ बंधो। चौरासी सिध बँधो। दानव बँधो, राक्षस बँधो, पीर बँधो। अष्ट कोट भैरव बँधो। रावण चँडे, महरावण बँधो। चोरासी चाल के छल-छेपर-छाया बँधो। डाकणी-साकणी बँधो। जन्त्र-मन्त्र-तन्त्र कु बाँधो। द्रीठ-मुठ कु बँधो। भैंसासुर दानव कुँ बाँधो। मम्मम्दा पीर, गढ़ गजनी के पातसाह, तुरकणी के पूत ! खेड़े-खेड़े बँधो, गाँव-दर-गाँव बँधो। मुलक-दर-मुलक, देश-परदेश बँधो। या गाँव की शीव बँधो। या गाँव नखासा समेत चहु खुण बँधो। या भोला की गली कुञ्चली बँधो। या घर का नीकास समेत आगा-पीछा बँधो। या घर का बाँया-दाहिणा बँधो। या घर का चाउ खुण बँधो। ये मानवी का पीण्ड बँधो। ईश मानवी का पीण्ड में छल-छेदर-छाया बँधो। बेग बँधो, बँधो मम्मम्दा पीर, गड गजनी के पातसाह, तुरकणी के पूत ! एक लाख अस्सी हजार जञ्जीर बँधो। एक लाख अस्सी हजार पीर आग चलै। एक लाख अस्सी हजार पीर पीछ चलै। एक लाख अस्सी हजार पीर दस्त पर चलै। एक लाख अस्सी हजार पीर दीस्त चुर चलै। वेग चलै, हमारा चलाया वेग चलै। मम्मम्दा पीर, गढ़ गजनी के पातसाह, तुरकणी के पूत ! एक लाख अस्सी हजार पीर ओर मका-मदीना सु चढ़ै। एक लाख अस्सी हजार पीर ओर त्रीया राज सु चढ़ै। एक लाख अस्सी हजार पीर ओर पीछिम देश सु चढ़ै।एक लाख अस्सी हजार पीर ओर कावरू सु चढ़ै। कुण कुण पीर चढ़ै। खाजे पीर चढ़ै। हसन-हुसैन चढ़ै। मरदान अली चढ़ै। शेरे अली चढ़ै। शेख सुलतानी चढ़ै। सैयद अहमन्द कवीर चढ़ै। हाक-मारता चलै, तगत उठाता चलै। समसेर करता चले। खुदा के अर, खुदाई के रसूल, शीजदा करता चलै। अपणे गुरु उस्ताद को सिजदा करता चलै। अपणे देन-ईमान कुँ सीजदा करता चलै। धरती धुँधकार करता चलै। भूत-प्रेत कूँ पकड़ता चलै। जीन्द-खवीस कुँ पकड़ता चलै। देन-दानव कुँ पकड़ता चलै। डाकणी-साकणी कुँ पकड़ता चलै। ओपरी-पराई कुँ पकड़ता चलै। स्यारी स्यीकोतरी कुँ पकड़ता चलै। जादु-टुणा कुँ पकड़ता चलै। हमारा कडाया वेग काडो।

हमारा कडाया वेग न काडो, तो दुहाई खुदा कीर खुदा की, रसूल की। हमारा कडाया वेग काडो। हमारा कडाया वेग न काडो, तो दुहाई भानु सुलतान की। हमारा कडाया वेग काडो। हमारा कडाया वेग न काडो, तो दुहाई सलेमान पेगम्बर की। हमारा कडाया वेग काडो। हमारा कडाया वेग न काडो, तो दुहाई सैयद अहम्मद पीर की। हमारा कडाया वेग काडो। हमारा कडाया वेग न काडो, तो दुहाई एक लाख अस्सी हजार सहवा की। ईल्ला ईल्लाह ईल्लीलाह मम्मम्द रसुलुला है।

उक्त जञ्जीरा मन्त्र को वृहस्पतिवार से आरम्भ कर ४१ दिन तक नित्य १०१ बार पश्चिमाभिमुख होकर जपें। लोबान का धूप दें। ब्रह्मचारी रहें। ४१ दिन के जप के आदि और अन्त में सवा पाव चावल, सवा पाव शक्कर, सवा पाव घी का मलीदा चढ़ाकर फकीर को दें। इससे मन्त्र सिद्ध हो जाएगा। फिर आवश्यकतानुसार प्रयोग करें।

२. **बिसमल्ला रहमान रहीम। सैयद वीरानावाला, भोला नङ्गी पीठ पीलाण गोड़ा। उलटा घोड़ा, उलटा जीण, उलटा चल वीराने पीर। सवा सेर का तोसा खाय, अस्सी कोस का घाव जाय। अग्र भेजूँ, अगर जाय। मग्र भेजूँ, मग्र जाय। पुरब भेजूँ, पुरब जाय। पछिम भेजूँ, पछिम जाय। उत्तर भेजूँ, उत्तर जाय। दखण भेजूँ, दखण जाय। तम चलता कोण चल। शीत्तर से लार चल। वत्तर सव लीन चलै। वाई सै खाजा चल। सवा लाख सैयद चल। काँहाँ कुँ चलै? कावरू देश कमक्षा देवी को बन्द करने कुँ चल। क्या-क्या ले चल? सित्तर समण की बेड़ी ले चल। सवा समण की हतकड़ी ले चल। हात डाल हतकड़ी, पग डाल बेड़ी, गल डाल जञ्जीर। सत्तर स बेलीयाँ कुँ पकड़ कर ल्याव रै वीराना पीर। भागा नाटा भूत कुँ, पलीत कुँ, जीन्द कुँ, खईस कुँ, देवी कुँ, परी कुँ, मड़ा कुँ, मसाण कुँ, डङ्कणी-सङ्कणी कुँ, चुडी कुँ, चुड़ैल कुँ, काला-गोरा सेतर पाल कुँ, खटखट टङ्क पीछाड़। बेग कर बन्ध ल्याव। ईस गड़ी, ईस सायत जाहाँ ईस काया का चोर होय, जासु ल्याव हमार हाजर करो। सीस खीलावो, मुख बोलावो, तो बीबी फातमा का दुध पीया पखाण ख्वार तुमारी कार। जो लोप तुमारी कार, जाकु वाल-जाल भसम कर राल। रहीम-करीम मुरान-मुरतज्या अली मददगार वा हक कलमा अजमत अल्ला हो अल्ला मम्मम्द पाक रसुलील्लाह।**

उक्त मन्त्र को गुरुवार से गुरुवार तक ८ दिन १०१ बार नित्य जपें। सवा पाव चावल, मिश्री और गरी के गोला-सहित चढ़ायें। पूजा के बाद और अन्त में फकीरों

को चना दें। घृत का दीपक जलायें। पान, फल, लोबान का धूप दें। लौंग, इलायची, बताशा रखकर मन्त्र जपें। इससे मन्त्र सिद्ध हो जायेगा। फिर आवश्यकतानुसार कार्य करें।

भू-गर्भस्थ धनप्राप्ति का मन्त्र

बिसमिल्ला रहमान रहीम। या वसीर खुदा कामील। पिर हस्न वसरी रा रहम कर, मुज पर अली मोहम्मद मुस्तफा के वास्ते। मैं होता हूँ, मेहनत के आसीर, खोल दे मुज पर खजाने ख्वाजा वसीर दिन किब्रिया के वास्ते।

उक्त मन्त्र का जप गुरुवार से आरम्भ करें। पश्चिममुख होकर सायंकाल किसी नदी या तालाब के किनारे १०८ बार जपें। प्रत्येक मन्त्र पर पानी में फूँक मारें। लोबान का धूप ४१ दिन तक करें। जेब में रेवड़ी रखें, अगर कोई मन्त्रजप कर घर वापस आते समय माँगे तो रेवड़ी दे दें। जल से आवाज आती है अथवा जल में कोई खड़ा हुआ दिखता है। जिस पर कृपा होती है, उसी को दिखाई देता है। आवाज आती है कि अमुक स्थान से निकाल लो।

डाकनी, सीमारी, भूत-प्रेत-बाधानिवारक हनुमान मन्त्र

ॐ नमो आदेश गुरू को। डाकिनी-सीमारी कीन्ने मारी? यति हड़मन्त ने मारी। कहाँ जाय? दवकी किनोने देखी? यति हनुमान ने देखी, सातवें पाताल गई। सातवें पाताल से कोन पकड़ ल्याया? यति हड़मन्त पकड़ ल्याया। यति हड़मन्त वीर पकड़ ल्याय के एक ताल दे। एक कोठा तोड़े, दो ताल दे। दो कोठा तोड़े, तीन ताल दे। तीन कोठा तोड़े, चार ताल दे। चार कोठा तोड़े, पाँच ताल दे। पाँच कोठे तोड़े, छः ताल दे। छः कोठे तोड़े, सातवाँ कोठा खोल देखे, तो कोन-कोन खड़े हैं? डाकिनी, सीमारी, भूत-प्रेत चले। यति हनुमन्त तेरे झारे से चले। ॐ नमो आदेश गुरू को। गुरू की शक्ति, मेरी भक्ति। फुरो मन्त्र ईश्वरो वाचा।

उक्त मन्त्र को २१ दिन नित्य १०८ बार हनुमानजी के मंदिर में जपें। घी का दीपक और अगरबत्ती जलायें। २१वें दिन १ नारियल चढ़ायें। मन्त्र सिद्ध हो जायेगा। फिर आवश्यकतानुसार कार्य करें।

श्मशान-जागृति मन्त्र

१. **दैत खड़ा, भूत खड़ा, मनी मशान खड़ा। चौथे कीले पे निशान कौन लगाया? तालन की माला, बल की विद्या फेर दो। गुरू की शपथ, मेरी भगत। चलो मन्त्र, ईश्वरो वाचा।**

२. **भुली मशान ठिकाळा। दैत ताल जगमऊ, मशान जगाऊ। गुरु की शपथ, मेरी भगत। चलो मन्त्र, ईश्वरी वाचा।**

उक्त दोनों मन्त्र प्रेत-जागृति व श्मशान-जागृति के हैं।

श्मशान-धक्का-निवारण मन्त्र

काळ-भैरव! कपिला जड़ भैरव! चौखड श्मशान में भोजन कर। राजा राज करी। काळ-भैरव! बता तेरा रूप। तेरे कू बताऊँगा गुगुल की धूप। जात-जोड़ी। जहाँ भेजे, वहाँ जाना। बन्द मा की बाहत्तर कोठड़ी में घुस जाना। जञ्जीरवाले की जञ्जीर खोलना। भूत-पलित का चौखा उखाड़ना। चुड़ेल दासीन माते की चौकी उखाड़ना। बड़े-बड़े-देवी-देवताओं की चौकी उखाड़ना। ताल-भिवेरी पैकी घर फेक देना। न फेक दे, तो सख्खे माँ के खाट पर जाएगा। गुरू की शपथ, मेरी भगत। चलो मन्त्र, ईश्वरी वाचा।

प्रेत गिराने का मन्त्र

चण्डी, चण्डी, महा-चण्डी। मी करीन मेल्यावर वात। अन् तुला नेऊन दावीन श्मशानान्त।

पहले उक्त चारो मन्त्र किसी भी ग्रहणकाल में १०८ बार जप कर ग्रहण-सिद्धि करें। जागृति का यह विधान शनिवार या मङ्गलवार को करते हैं। इसके लिए पहले श्मशान में जाकर एक महीने के अन्दर गड़े हुए प्रेत की जगह देख आयें। प्रेत का पोस्टमार्टम (शव-विच्छेदन) न हुआ हो। जागृति की पूर्व तैयारी निम्न प्रकार करें—

१. श्मशान में गड़े प्रेत के आस-पास एकाध पेड़-पौधा होगा। उसकी एक डाली ले आयें या श्मशान में जाकर खापर-खुरी (खप्पर का एक टुकड़ा) ले आयें।

२. श्मशान बेरड—यह अत्यन्त महत्त्वपूर्ण चीज है। बकरा काटते समय आधा किलो काले उड़द उसकी गर्दन के नीचे इस प्रकार रखें कि बहने वाला रक्त उड़द पर गिरे। यह रक्त में भिगोये उड़द ही श्मशान-बेरड कहलाते हैं।

श्मशान-बेरड शीघ्र ही खराब हो जाते हैं। अत: जिस दिन जागृति करनी हो, उसी दिन इन्हें प्राप्त करें।

३. चना आधा किलो और मद्य की एक बोतल।

४. १०-१५ नीम्बू

५. हल्दी, कुंकुम, अगरबत्ती, अक्षत आदि।

जिस दिन जागृति करनी हो उस दिन श्मशान से लाई खापर-खुरी (पेड़ की डाली) मन्त्र १ एवं २ से इक्कीस-इक्कीस बार अभिमन्त्रित करके रखें।

श्मशान-बेरड को भी मन्त्र १ एवं २ द्वारा २१-२१ बार अभिमन्त्रित करें। इसे करने में कुछ कठिनाई होती है; क्योंकि मन्त्र-जप कर बेरड पर फूँक मारने से दुर्गन्ध को सहना पड़ता है।

जागृति के समय जितने व्यक्ति उपस्थित हों, उन सबके लिए १-१ नीम्बू मन्त्र ३ (श्मशान-धक्का निवारण मन्त्र) से २१ बार अभिमन्त्रित करें। प्रत्येक व्यक्ति को ऐसा १ नीम्बू जेब में रखने को देना चाहिए। यह नीम्बू जमीन पर नहीं गिरना चाहिए, यह बात प्रत्येक व्यक्ति को बता दें। स्वयं भी एक नीम्बू साथ में रखें।

(प्रेत गिराने का मन्त्र) से २१ बार अभिमन्त्रित एक नीम्बू अलग से अपने साथ रखें। इसे जागृत प्रेत पर फेंकने से वह वापस चला जाता है।

उक्त सभी वस्तुएँ श्मशान में रात्रि ९ बजे के बाद ले जायें। 'श्मशान-बेरड' की थाली अपने पास न रखें; अन्य व्यक्ति के हाथ में दे। यदि अपने पास ही रखना हो, तो ब्रेड पूर्णतया बन्द होना चाहिए। प्लास्टिक के बैग में उसे पूर्णत: बन्द कर सकते हैं।

अब खापर-खुरी (डाली) द्वारा गड़े हुए प्रेत को घड़ीवत (क्लॅक-वाइज) क्रमश: इस प्रकार रिङ्गण (वृत्त) मारें कि थोड़ी-सी जगह खुली रहे? यदि पूरा श्मशान जागृत करना हो, तो सम्पूर्ण श्मशान को वृत्त मारें।

अब हल्दी, कुंकुम, अक्षत, अगरबत्ती आदि से प्रेत की पूजा करें। फिर वहाँ से थोड़ी दूर जाकर बैठें और वहाँ से प्रेत की ओर श्मशान बेरड के ८-१० दाने फेंकें। इससे पहले हवा जोर से आँधी-जैसी बहने लगती है। पेड़ों के पत्ते हिलने लगते हैं। पौधे डोलने लगते हैं। बाद में 'सूँऽऽसूँऽऽऽघऽर्रऽऽ' जैसी भयप्रद आवाजें आती हैं। साथ ही जमीन में से प्रेत उग्र रूप में उठकर खड़ा होकर प्रयोगकर्त्ता के सामने आ जाता है। उसके सामने आते ही उससे उसका नाम पूछना चाहिए। नाम बताने पर उससे तीन बार यह वचन ले कि तीन तालियाँ बजाकर इस नाम से जब पुकारूँ, तब प्रत्यक्ष होकर बताया हुआ कार्य पूर्ण करना। वचन लेने के बाद आधा किलो चना और मद्य की बोतल उसे दे दें। यह सारी क्रिया कितनी रोमाञ्चक और भयप्रद है यह बताने की आवश्यकता नहीं है।

जब तक प्रेत को कब्जे में रखें, उसे नित्य आधा किलो चना और बोतल देते रहें। सभी कार्य प्रेत करेगा। जब भी उसे गिराकर वापस भेजना हो, तब मन्त्र ४ या श्रीराम-रक्षा से अभिमन्त्रित नीम्बू उसे मारें—प्रेत गिरकर स्व-स्थान में सदा के लिए चला जायेगा। यदि प्रेत मुक्ति चाहे तो उसे किस प्रकार मुक्ति मिल सकती है—यह बात उसी से पूछ लें। प्रेत को गिराने के बजाय उसे मुक्ति दिलाना उत्तम है।

पशुओं के (गाय, भैंस आदि) **दूध अचानक बन्द होने पर**

पहिला गण गण्या गणपती। चौदा विद्यांचा सारथी। ॐ नमो आदेश गुरु जी को। कापूर कस्तुरी शेन्दराचा चारा। बसल्या गाई उठल्या पारा। गुराख्यांना विनन्ती करा। चारी सडाच्या कर मोकल्या धरा।

उक्त मन्त्र को ग्रहण-काल में १०८ जप से सिद्ध करें। फिर समस्या निवारण हेतु पानी, घास, आदि अभिमन्त्रित कर पशु को खिलायें-पिलायें। पानी से मार्जन भी करें। कुछ ही दिनों में सुफल प्रकट होगा।

इस मन्त्र का प्रारम्भ 'ॐ नमो आदेश... ' से ही है, परन्तु प्रयोग के पहले (गण चलाना) होता है। पहली पंक्ति का उच्चारण करना ही गण चलाना है।

पालतू पशु की बीमारी का मन्त्र

ॐ नमो बली देहली, वावी देहली पराया। सारी साटकी, पशू निको हो जाय।।छू।।

पहले ग्रहणकाल में १०८ बार जप कर मन्त्र सिद्ध करें। फिर जहाँ पशु बाँधे जाते हैं, वहाँ द्वार पर खड़े होकर उक्त मन्त्र से जल को अभिमन्त्रित करें। इसे पीड़ित पशु को पिलायें। कुछ दिनों में ही पीड़ा दूर होगी।

टोटका हंसिनी कवड़ी

यह सफेद रङ्ग की छोटी, हल्की व कोमल होती है। यदि प्राप्त हो, तो उसे शुद्धोदक से स्वच्छ कर उसमें पारद (पारा या मर्करी) व ताम्बा (कॉपर) भरें। 'लाख' द्वारा उसका मुँह बन्द करें। यह कवड़ी मुँह में रखकर जो भी कार्य करेंगे, सफल होगा। सर्पदंश होने पर विष जल्दी नहीं चढ़ता।

अस्त्रविद्या मन्त्र

१. श्रीगुरु द्वारा दीक्षित होने के बाद ही अस्त्र-विद्या फलीफूत होती है। गुरु शिष्य की योग्यता देखकर ही अस्त्र-विद्या प्रदान करते हैं।

२. गुरु द्वारा अस्त्र-विद्या प्राप्त होने पर गुरु शिष्य को उसके प्रयोग करने की अनुमति कुछ विशिष्ट परिस्थितियों में ही देते हैं।

३. एक ही अस्त्र-विद्या के अलग-अलग विधान होते हैं। जैसे सुदर्शन-चक्रास्त्र का वैदिक विधान और नाथ पन्थी विधान अलग-अलग है। इसी प्रकार पाशुपतास्त्र, 'ब्रह्मास्त्र' आदि 'अस्त्र-विद्या' के भी भिन्न-भिन्न विधान हैं। यहाँ पर केवल नाथ-पन्थीय विधान ही दिए जा रहे हैं।

४. अस्त्र–विद्या का दुरुपयोग कदापि नहीं करना चाहिए; अन्यथा स्वयं का ही अहित होता है।

श्री सुदर्शन-चक्र मन्त्र

ॐ नमो सुदर्शन-चक्राय, महा-चक्राय, शीघ्र आगच्छ आगच्छ, प्रगटय प्रगटय, मम (अमुकं) शत्रु काटय काटय, मारय मारय, ज्वालय ज्वालय, विध्वंसय विध्वंसय, छेदय छेदय, मम सर्वत्र रक्षय रक्षय, हुँ फट्।।

किसी भी ग्रहण में १०८ बार जप करने से उक्त मन्त्र की सिद्धि होती है। फिर गुरु के निर्देशानुसार विशेष परिस्थितियों में इसका प्रयोग करें मन्त्रजप करते हुए एक मुट्ठी मिट्टी शत्रु पर फेंकें। शत्रु दूर हो, तो उसकी तरफ देखते हुए अथवा उसका नाम लेकर फेंकें।

श्री महा-पाशुपतास्त्र

ॐ नमो पाशुपतास्त्र ! स्मरण-मात्रेण प्रकटय प्रकटय, शीघ्र आगच्छ आगच्छ, मम सर्वशत्रु-सैन्यं विध्वंसय विध्वंसय, मारय मारय हुँ फट्।।

ब्रह्मास्त्र

ॐ नमो ब्रह्माय नमः। स्मरण-मात्रेण शीघ्र आगच्छ आगच्छ, प्रकटय प्रकटय, मम सर्वशत्रुं नाशय नाशय, शत्रुसैन्यं नाशय नाशय, घातय घातय, मारय मारय हुं फट्।।

उक्त दोनों अस्त्रों के सिद्धि-विधान तथा प्रयोग 'श्री सुदर्शन चक्र मन्त्र' जैसे ही हैं। ध्यातव्य है कि नव-नाथों का जब भी किसी से युद्ध होता था, तब वे भस्म की झोली बगल में रखते थे तथा भस्म को अभिमन्त्रित कर अस्त्र-प्रयोग करते थे। मिट्टी भस्म की तरह ही है।

यमास्त्र

ॐ नमो यम-देवताय नमः। स्मरण-मात्रेण प्रकटय प्रकटय। 'अमुकं' शीघ्र मृत्युं हुँ फट्।।

आग्नेयास्त्र

ॐ नमो अग्नी-देवाय नमः। शीघ्रं आगच्छ आगच्छ मम 'अमुकं' शत्रुं ज्वालय ज्वालय, नाशय नाशय हुँ फट्।।

उक्त दोनों मन्त्रों की विधि एक ही है। किसी ग्रहण में १०८ बार जप करें। फिर 'अमुकं' की जगह शत्रु का नाम लेकर १०९ बार मन्त्र-जप करें। शत्रु-बाधा की समाप्ति होगी। शत्रु को अत्यधिक क्लेश होगा।

शक्ति साधना मन्त्र

ब्राह्म-मुहूर्त प्रातः ४ बजे से ६ बजे तक। पहले मन्त्र को कण्ठस्थ करें। मङ्गलवार की पूर्णिमा में साधना प्रारम्भ कर ५१ दिनों तक करें। यह 'साधना' नदी के किनारे करनी चाहिए।

(१) लाल जासौन की ६ फीट लम्बी डालियाँ—२। (२) सफेद जासौन की ६ फीट लम्बी डालियाँ—२। (३) रक्त-गुञ्जा—५१। (४) केले का एक पत्ता। (५) तीन या चार हाथ लम्बा-चौड़ा कम्बलासन। (६) काली मिट्टी। (७) पटकल के सात पत्ते।

मङ्गल-पूर्णिमा के पहले अर्थात् सोमवार की रात्रि में नदी-किनारे जहाँ साधना करनी है, जायें। ५१ रक्त-गुञ्जा साथ में रखें। जिस स्थान पर उपासना करनी है, वहाँ से ६ हाथ बाहर गोलाकार में एक-एक गुञ्जा रेती में गाड़ें। पूर्व, पश्चिम और उत्तर दिशा में १३-१३ और दक्षिण दिशा में १२ गुञ्जा गाड़ें। प्रत्येक गुञ्जा गाड़ते समय एक-एक भैरव का नाम लें। यथा—संहार-भैरव, उन्मत्त-भैरव।

अब दूसरे दिन अर्थात् मङ्गलवार की पूर्णिमा को स्नानादि के बाद माता-पिता, गुरु गुरु-बन्धु और इष्ट को प्रणाम करें। जासौन की डालियाँ अपने साधनास्थल के चारो ओर निम्न प्रकार गाड़े—

१. श्वेत जासौन की डालियाँ पूर्व व पश्चिम दिशा में १-१।

२. लाल जासौन की डालियाँ दक्षिण व उत्तर दिशा में १-१।

साधना पूर्ण होने तक उक्त डालियाँ ऐसे ही गड़ी हुई रहनी चाहिए। अब साधनास्थल पर आसन बिछाएँ। उसके मध्य में केले का पत्ता रखकर उस पर मिट्टी रखें। उस मिट्टी से इष्टदेवता (श्री काली, तारा, बाला, श्रीविद्या आदि) की मूर्ति स्वयं बनायें। साधक मूर्तिकार न हो, तो भी हाथ-पाँव, सिर आदि अङ्ग यथाशक्ति बनाये। एक बात ध्यान में रहे कि नाभि में 'विमला' शक्ति होती है। अत: मूर्ति में नाभि बनाना न भूलें। इस मूर्ति को आसन के मध्य से दो हाथ (३ फीट) पर पूर्व दिशा में रखें और यथाशक्ति 'सोऽहं'-भाव से उसका पूजन करें अर्थात् पूजन के समय इष्ट से अभिन्न भावना रखें। 'पटकल' के ७ पत्ते मूर्ति के चरणों पर रखें। अर्घ-पद्मासन में साधक इस प्रकार बैठें कि बाँयाँ पैर नीचे व दाहिना पैर ऊपर रहे। साधिका इसके विपरीत अर्ध पद्मासन में बैठे। पूर्वाभिमुख बैठना चाहिए। फिर निम्न मन्त्र २१ बार पढ़कर शान्ति-स्तवन करें और प्रणाम करें—

सर्व-मङ्गल-माङ्गल्ये, शिवे सर्वार्थसाधिके।
शरण्ये त्र्यम्बके गौरि, नारायणि नमोऽस्तु ते॥

तदनन्तर मूर्ति की नाभि पर 'त्राटक' करते हुए निम्न शाबर-मन्त्र का ५१ बार जप करें—

श्री ॐ रिशीमानी दाबी रीक्षी कृण्ड ह्री द्रा या ना क्ष्मी कं वृ क्रि प्र हू जृ ह्या मृ स्व प्र ह्रा स्त्रोस्तो प्र त्र स्ते क्ष् णु भ्र द्र हिं गोस्ती मां गल्ये चंण्डी स्तु त्रें स्था णु।।

फिर 'पटकल' के ५ पत्तों को उठाकर स्वयं खा लें और शेष दो पत्ते नदी में अर्पित कर दें।

इस प्रकार ५१ दिन उपासना करें। अन्तिम दिन मूर्ति की नाभि में से खद्योत के

समान प्रकाशमय बिन्दु बाहर निकलता हुआ दिखेगा। बाद में वह मूर्ति के पीछे जायेगा। तब निम्न मन्त्र का एक बार उच्चारण करें—

आपत्सु मग्नः स्मरणं त्वदीयं, करोमि दुर्गे करुणार्णवेशि! ।
नैतच्छठत्त्वं मम भावयेथाः, क्षुधा-तृषार्त्ता जननीं स्मरन्ति ॥

उक्त मन्त्र का उच्चारण् होते ही शक्ति-माता इष्ट-रूप में प्रत्यक्ष होंगी और निरन्तर बढ़ती जायेंगी, यहाँ तक कि आकाश तक व्याप्त दिखने लगेंगी। यह बड़ा ही भयप्रद दृश्य होगा। फिर भी डरें नहीं, भागें नहीं। तुरन्त निम्न मन्त्र का एक बार उच्चारण करें—

श्री स्वा स्ती प्री अनवन्ते नमस्तु ते।

तुरन्त ही स्तोत्र भी पढ़ें। यथा—

प्रचण्ड-चण्ड-मुण्डयोः, महा-बलैक-खण्डिनी ।
हे न करुण्ड मुण्ड युग्रणे बलेक-दायिनी ॥
क्वचित्त्व शक्ति-कारणी, रमा-विलास-दायिनी ।
सुदेस्तु कालिका समस्त-पाप-हारिणीत् ॥

इससे शक्ति-माता इष्ट-रूप में ही सौम्य एवं शान्त होकर सात्विक रूप में सामने खड़ी रहेंगी। यह भयप्रद नहीं होगा, परन्तु उनके तेज से चौंधिया कर आँखें बन्द न करें। उक्त वरदान—इच्छित वर-प्रसाद माँग लें।

शक्ति के किसी भी एक रूप में यह साधना की जा सकती है। यदि साधक दीक्षा-प्राप्त है, तो अपने गुरु से प्राप्त क्रमानुसार ही मूर्तिपूजन करे। सर्वश्रेष्ठ कौलाचार का पालन करने वाले शाक्त बन्धुओं के लिए यह साधना त्वरित फलदायिनी है। अपने पूज्य गुरुदेव की अनुमति से इसे करना चाहिये। पूजन में मांस-मद्यादि 'म' कार पूर्णतः वर्ज्य है।

शंखपुष्पी मन्त्र

शाखा होली बन में फूली। ईश्वर देख, गोरजा भूली। जो कोई शाखा होली, आओ भाओ। राजा-प्रजा लागे पाव। सुते को जगा ले, जाते को मोड़ ले। नहीं मोड़े, तो शङ्कर महादेव की जटा टूट, धरती पड़े। शब्द साचो, पिण्ड काचो, फुरो मन्त्र, ईश्वर वाचा।

शुभ मुहूर्त में आरम्भ कर नियमित रूप से २१ दिनों तक ग्राम से बाहर एवं 'शङ्खा होली' (शङ्खपुष्पी) का क्षुप (पौधा) देखकर उसके पास आसन लगाकर उक्त मन्त्र का जप एक माला (रुद्राक्ष) नित्य करें। प्रतिदिन, शङ्खपुष्पी के पौधे पर सोलह शृङ्गार चढ़ाएँ (काजल, चूड़ी, बिन्दी, सिन्दूर, कलाया, फीता (रिबन), प्रसाद आदि)।

पहने अपनी देह की सुरक्षा के लिए (रक्षामन्त्र) पढ़ें, तब जल शङ्खपुष्पी पर चढ़ाएँ। उसके बाद सोलह शृङ्गार चढ़ाएँ। तब मन्त्र का जप करें। इस प्रकार २१ दिनों तक साधना करें। २२ वें दिन शङ्खपुष्पी के उस पौधे को जड़सहित उखाड़ लायें।

जड़ को काटकर अलग कर लें। पौधे की लताओं पर कपास की रुई लपेट कर दीपक में चमेली का तेल डालकर काजल बना लें।

जब भी राज्य (कोट, कचहरी, अधिकारी) के समक्ष जायें और अपना कार्य न हो रहा हो तब शङ्खपुष्पी की जड़ को तोड़कर उसका टुकड़ा दाँत के नीचे रखकर जायें, तो कार्य अवश्य सिद्ध होगा। काजल का उपयोग यह है कि उसे एक दाँईं आँख में लगाकर जाने से समस्त लोग सम्मान करेंगे, अर्थलाभ होगा, मान-प्रतिष्ठा बढ़ेगी।

शाबर भैरव साधना

ॐ काली कङ्काली महा-काली के पुत्र कङ्काल-भैरव! हुक्म है—हाजिर रहे, मेरा कहा तुरन्त करे। नेरा भेजा रक्षा करे। लान बाँधूँ बान चलते के–फिरते के औसान बाँधूँ। दश दिशा, दसों सूर नव-नाथ बहत्तर वीर बाँधूँ, पाँच हाथ की काया, कुबेर की माया बाँधूँ। फूल में भेजूँ—फूल में जाय। मेरे 'अमुक' शत्रु का कलेजा खाय। थर-थर काँपे, हल-हल हिले, गिर-गिर पड़े। मेरा भेजा सवा मास, सवा दिन, सवा पहर 'अमुक' को बावला न करे, तो माता काली की शय्या पर पग धरे। वाचा छोड़ कुवाचा करे, तो धोबी की नाँद, चमार के कुण्ड में पड़े, रुद्र की नेत्र की ज्वाला पड़े, पारबती के चीर पर चोट पड़े। दुहाई काली माई की। कामरू कामाक्षा की। गुरू गोरखनाथ की।

गाय के गोबर का चौका (लीपकर) देकर दक्षिण की तरफ मुख करके बैठें। 'कालरात्रि' में यह साधना करना उत्तम है। पूजन में लाल कनेर का फूल, सिन्दूर, नीबू, लौंग और लड्डू आदि रखें। चार मुख का दिया, फूलों की माला भी रखें। १०८ बार मन्त्र का जप करें और इतनी ही बार चीनी और घी मिलाकर हवन करें। हवन की समाप्ति पर यदि भैरव जी प्रकट हों, तो उन्हें फूलों की माला अर्पित करें, लड्डू का भोग दें और प्रणाम कर उनसे कार्य सिद्ध करने की प्रार्थना करें।

१. मन्त्र सिद्ध हो जाने पर एक नींबू पर शत्रु का नाम सिन्दूर से लिखें। २१ बार मन्त्र का जप कर उस नींबू में २ सुइयाँ चुभो दें और एक मिट्टी की छोटी-सी हण्डी में उसे रखकर श्मशान में गाड़ दें। जब तक यह गड़ा रहेगा, शत्रु को भयानक पीड़ा होगी।

२. शत्रु के पहनने का कोई कपड़ा प्राप्त कर उस पर श्मशान के कोयले से शत्रु का चित्र बनायें। चित्र में प्राण-प्रतिष्ठा करें और शत्रु का नाम लिखें। फिर इस कपड़े

पर उक्त मन्त्र का १०८ बार जप करें। खैर या आक की लकड़ी जलाकर इस वस्त्र को आग में तपायें। कपड़ा जलने न पाये। शत्रु पागल हो जायेगा। अच्छा करने के लिए गधे के मूत्र से उस कपड़े को धोकर सुखा दें।

मोहम्मद पीर की साधना

बिस्मिल्लाहे रहेमानिर्रहीम ! पाँय घूधरा कोट जञ्जीर। जिस पर बैठा मोहम्मद पीर, सवा मन का तीर। खेलता आवे मोहम्मद पीर। मार-मार करता आवे, बाँध-बाँध करता आवे। डाकिनी को बाँध, चुड़ैल को बाँध, शाकिनी को बाँध, मरी को बाँध, मसान को बाँध, चारों दिशा की श्मशान को बाँध, भूत-प्रेत को बाँध, नौ नरसिंह बावन भैरों को बाँध, आकाश बाँध, पाताल बाँध, जातका मरता गूगिया, धौलिया मसान बाँध, बाँध कुँआँ बावड़ी। सोती को लावौ, बैठी को लावौ, चलती को लावौ, पीसती को लावौ, पकाती को लावौ, जल्दी लावौ। हजरत इमाम हुसैन की जोध से लावौ, बीबी फातिमा के दाम से लावौ। नहीं लावौ, तो अपनी माता को चोट मारो। दुहाई रसूलिल्लाह की।

मन्त्र यद्यपि कुछ बड़ा है, किन्तु इसका फल और लाभ अवश्य ही मिलता है। इस मन्त्र की साधना के समय कुछ असामान्य और विचित्र प्रकार के दृष्टान्त और घटनाएं होती हैं। इसलिए इसे किन्हीं जानकार और अनुभवी व्यक्ति के सान्निध्य में ही करें। नौचन्दी जुमेरात की रात्रि से प्रारम्भ करें। कब्रिस्तान या निर्जन एकान्त स्थान में इसकी साधना करनी चाहिए। पहले आवश्यक रक्षा-विधान आदि करें; फिर कान में गुलाब के इत्र का फाहा और अपने सामने गुलाब के फूलों की माला रखें। लोहबान का धूप देते रहें। नित्य १०८ बार उल्टी माला जप करें। २१ वें दिन जब पीर प्रकट हों तो उन्हें प्रणाम कर गुलाब के फूलों की माला गले में पहना दें और उनसे सभी कार्य करने का वचन ले लें। किसी का अहित न करें। मन्त्र सिद्ध हो जाने पर इस मन्त्र द्वारा बीमारी, नजर, टोना, आसेब, भूत-प्रेत, पागलपन आदि दूर किये जा सकते हैं।

कर्ण-पिशाचिनी साधना

कर्ण-पिशाचिनी का प्रयोग लोकसिद्धि के लिए बहुत ही प्रभावी है। यह साधना उग्र श्रेणी में आती है। अत: किन्हीं सिद्ध गुरुदेव का सहारा लेना चाहिये; अन्यथा सङ्कट में पड़ सकते हैं। कर्णपिशाचिनी की उग्रता को कम करने के लिए घीकुवाँर या घृत-कुमारी नामक पौधे की जड़ और उसके पत्तों का गूदा बहुत उपयोगी है। जड़ को विधिवत् उखाड़कर सिद्ध कर अपने पास रखने से और उसके पत्तों के गूदे या रस को सारे शरीर तथा मस्तक में लगाने से उग्रता सौम्यता में बदल जाती है। कर्ण पिशाचिनी का मन्त्र इस प्रकार है—

ॐ नमः कर्ण-पिशाचिनी अमोघ सत्य-वादिनी ! मम कर्णे अवतरावतर, अतिता नागत वर्तमनानी दर्शय, मम भविष्यं कथय कथय, ह्रीं कर्ण-पिशाचिनी स्वाहा।

लोहे का एक त्रिशूल बनाकर पञ्चोपचारों या षोडशोपचारों से उसका पूजन कर साधनास्थल में जमीन में गाड़ दें। दिन में घी का दिया जलाकर मन्त्र का ११०० जप करें। फिर आधी रात को त्रिशूल का पूजन कर घी और तेल के दीपक जलाकर ग्यारह दिन तक ग्यारह सौ मन्त्रजप करें। अन्त में 'कर्णपिशाचिनी' प्रकट होकर वर प्रदान करेंगी, जिससे किसी भी प्रकार के प्रश्नों का उत्तर ज्ञात होने लगेगा। यह अति उग्र साधना है। अत: सिद्ध गुरुदेव के सान्निध्य में ही करें।

टोना-नाशक मन्त्र

१. दूध के धार धरों, सूत के ताग उतारों। हाथ का छप्पन छुरी, छाती चीर कलेजा खाँव। तेलाई में खाँव, कराही में खाँव। खप्पर में खाँव, खून के पूजा पाबे। जब टोनही के कलेजा ला खाबे, टोना ला पाँगन करबे। मोर फूँके, मोर गुरू धरमदास के फूँके। शङ्कर-पार्वती के फूँके। जा रे टोनही के टोना, पाँगल होजा।

२. अरघट्टी खाँव, मरघट्टी खाँव। टोनही के खाँव पूत, टोनही के टोना झारों और मारों भूत। काकर कहें, पारबती दाई के कहे। सत् के पारबती के मन्त्रा होबे, तो टोनही के टोना फिर जाबें।

उक्त दोनों मन्त्रों का प्रयोग करते समय थोड़ी-सी राख और सरसों को मिलाकर सात बार मन्त्र पढ़कर फूँक मारें। यह क्रिया शनिवार, रविवार और मङ्गलवार को करें।

मूठ लौटाने का मन्त्र

अरघट्टी झन खा, मरघट्टी झन खा। झन खा पर के पूत—कारी-पीरी चाऊर, मूठ झन मार। मूँठ माँ ठेस लगाँव, नदिया पार नहकाँव। जाकर चलाए, वही ला खाए। उलट मूठ, पलट टोना। काकर कहे, पारबती के कहे। सच के पारबती के मन्त्रा होबे, तो जा रे मूठ ! पलट जा।

एक मुट्ठी काले और पीले चावल लेकर सात बार मन्त्र पढ़कर अभिमन्त्रित करे तथा सात बार सिर के चारो ओर घुमाकर दक्षिण दिशा की ओर फेंक दें। मूठ उलटकर चलाने वाले पर ही पड़ेगी।

मसान-भगाने का मन्त्र

काली-काली महा-काली, इन्द्र की बेटी, ब्रह्मा की साली। हाँक पड़े महादेव के, पूजा देहुँ रक्त के। भूत-प्रेत, मरी-मसान। आवत हे पञ्च-मुखा हनुमान।

गदा ला चलाही, तोर गोदी ला खाही। सत् के महादेव होबें, तो मसान ला भगाबें। दुहाई गौरा-पार्बती के।

एक मुट्ठी पीली सरसों लेकर उक्त मन्त्र से २१ बार अभिमन्त्रित करें। ३ बार पीड़ित व्यक्ति के सिर से घुमाकर आग में डाल दें। यदि मांस-जैसे जलने की गन्ध आए तो समझें मसान, प्रेत आदि जल गये।

भूत-प्रेत भगाने का मन्त्र

भाग-भाग भूत, भाग-भाग मसान। आवत हे पञ्च-मुखा हनुमान। गदा ला चलाहि, तोर करेजा ला खाही, आगी में जलाही, तेल में पकाही। मन के राव, मन का दुआ करे। भूत-प्रेत के पीरा ला हरे। सत् के महादेव होबे, तो 'अमुक' के रक्षा करबे। मोर अरजी-विनती ला सुनबे। दुहाई पारबती दाइ के।

इसकी प्रयोग विधि पूर्व मन्त्र के सदृश दी है।

टोना बाँधने का मन्त्र

जल बाँधों, थल बाँधों, जल के बाँधों कीरा। नौ नगर के राजा बाँधों, हाथ मा बाँधों जँजीरा। भूत-प्रेत-मसान बाँधों, टोनही के बाँधों टोना। मोर बाँधे, मोर गुरू के बाँधे, मँड़वा रानी के बाँधे, सर्व-मङ्गला दाई के बाँधे, जा रे भूत बँधा जा। जा रे टोना बँधा जा। जे दिन बिन पानी, बिना कपसा फूटे, वो दिन ये बन्धन छूटे। सत्यनाम कबीरदास की।

भभूत लेकर सात बार मन्त्र पढ़कर फूँक मारे और माथे पर टीका लगा दें। नित्य प्रति ३ बार पढ़ने से शरीर की रक्षा होती है।

बान झारने का मन्त्र

खत-खत कुन-कुन बान, आगे बान, पीछे बान। मोर पीछे है अर्जुन के बान। कौन चलाया है जादू-बान? काट के रख दे, फार के रख दे। बैरी के बान पलटा के रख दे। सत् के अर्जुन के बान होबे, तो बैरी के बान काट डार—चीर डार, नहीं तो कुन्ती माता के आँचल पर चोट पड़े। दुहाई कबीरदास की।

बाँस की लकड़ी से एक तीर-कमान बनायें। इस तीर पर सात बार मन्त्र पढ़कर फूँक मारें। बान लगे व्यक्ति की सात बार परिक्रमा करके तीर को कमान पर चढ़ाकर दक्षिण दिशा की ओर छोड़ दें या हाथ में भभूत लेकर सात बार मन्त्र पढ़कर फूँक मारें।

खाट-पलँग बाँधने का मन्त्र

झन छुबे आरी, झन छुबे बारी। झन छुबे पालँग हमारी, दास कबीर हे रखवारी। महादेव के त्रिशूल भारी, पार्वती की महिमा न्यारी। खाट

बाँधु, बाट बाँधु। बाँधु पलँग-चौकी। काकर बाँधे? मोर गुरू के बाँधे, महादेव-पार्वती के बाँधे। सत् नाम कबीरदास के, बाँधे जा रे खाट ! बँधा जा।

पहले मन्त्र को किसी पर्वकाल में १०८ बार गुग्गुल की धूप देकर सिद्ध कर लें। रात को सोते समय ४ बार मन्त्र को पढ़कर पलँग या खाट के चारो कोने में फूँक मारें। दुःस्वप्न, दुष्ट जीव का भय निद्रा में नहीं होगा।

भूत-प्रेत-निवारण मन्त्र

१. ना मयो हो, रेन गे कयो।

शनिवार के दिन घोड़े की नाल की पञ्चोपचार पूजा कर उक्त मन्त्र का ११ माला जप करें। फिर नाल को घर के मुख्य द्वार के बीचो-बीच टाँग दें या ठोंक दें। इससे घर में कभी भूत-प्रेतों का आक्रमण नहीं होगा और यदि होगा भी तो नाल के प्रभाव से वे भाग जायेंगे।

२. टूरी-टुरी तैं कहाँ जाथस? छप्पन छूरी, छूरी लाए। वो मा काय काटबे? भूत काटे, प्रेत काटबे, टोना-टामर मरी-मसान काटबे, नजर-गुजर, चुड़ैल-डायन काटबे, पीरा-बीरथा ला काटबे। काकर काटे? मोर काटे। मोर गुरू के काटे, सत-नाम कबीरदास के काटे। जा, कट जा।

पीड़ित व्यक्ति को सामने बैठाकर पहले एक छुरी से आड़ी रेखाएं खींचें। फिर ७ बार मन्त्र पढ़ते हुए प्रत्येक बार आड़ी रेखा को काटें। इससे नजर-टोना, भूत-प्रेत और बच्चे का रोना दूर हो जायेगा।

३. अर्जुन काटे लकड़ी, बरजुन बहोरे जाय। भूत-प्रेत ला बाँध दे, यति हनुमन्त के आन। मोर बाँधे, मोर गुरू धरमदास के बाँधे, सत-नाम कबीरदास के बाँधे। जा रे भूत ! बँधा जा, या भाग जा।

गोबर के कण्डे की राख को सात बार उक्त मन्त्र से अभिमन्त्रित करें। तब मन्त्र पढ़ते हुए दरवाजों के चौखट पर खिड़कियों के नीचे राख की ३ रेखाएँ खींच दें। भूत-प्रेत घर के अन्दर प्रवेश नहीं कर सकेंगे। यदि घर में होंगे तो भाग जायेंगे या बँध जायेंगे।

शत्रु दमन प्रयोग यन्त्र

अमावास्या के दिन उक्त मन्त्र को भोजपत्र या साफ कागज पर श्मशान के कोयले से लिखें। प्रथम खण्ड में शत्रु का नाम लिखें। रात्रि के समय श्मशान में या सूनसान स्थान में इसे गाड़ कर एक नीबू की बलि देकर मद्य अर्पित करते हुए यह कहें कि मेरे अमुक शत्रु को शान्त करे। शत्रु का दमन हो जाएगा, कभी तङ्ग नहीं करेगा। इस यन्त्र का प्रयोग एक बार में एक ही शत्रु के लिए करें।

ॐ ह्रीं ॐ नाम—	ॐ ह्रीं ॐ	ॐ ह्रीं ॐ
ॐ ह्रीं ॐ	ॐ ह्रीं ॐ	ॐ ह्रीं ॐ
ॐ ह्रीं ॐ	ॐ ह्रीं ॐ	ॐ ह्रीं ॐ

वशीकरण मन्त्र

हाय मीन शीन काफ, हा या ऐन शीन काफ।

अमावास्या के दिन एक कोरी ईंट पर श्मशान के कोयले से उक्त मन्त्र और यन्त्र को लिखकर उसी दिन उस ईंट को श्मशान में या कब्र के नीचे गाड़ दें। एक नीम्बू की बलि दें और मद्य का नैवेद्य चढ़ायें। मद्य चढ़ाते समय कहें कि—अमुक स्त्री या पुरुष को मेरे वश कर। वशीकरण के लिए यह अचूक प्रयोग है।

३०	३०	३०	३०	३०	३०	३०
३०	३०	३०	३०	३०	३०	३०
३०	३०	३०	३०	३०	३०	३०
३०	३०	३०	३०	३०	३०	३०
'अमुक को काबू कर'						

नवनाथ स्मरण

आदि-नाथ ओ स्वरूप ! उदय-नाथ उमा-महि-रूप। जल-रूपी ब्रह्मा सत-नाथ, रवि-रूप विष्णु सन्तोष-नाथ। हस्ती-रूप गनेश भतीजै, ताकु कन्थड-नाथ। कही जै। माया-रूपी मछिन्दर-नाष चन्द-रूप चौरङ्गी-नाथ। शेष-रूप अचम्भे-नाथ, वायु-रूपी गुरु गोरख-नाथ। घट-घट व्यापक घट का राव, अमी महा-रस स्रवती खाव। ॐ नमो नव-नाथ-गण, चौरासी गोमेश। आदि-नाथ आदि-पुरुष, शिव गोरख आदेश। ॐ श्रीनव-नाथाय नमः।।

उक्त स्मरण का पाठ प्रतिदिन करें। इससे पापों का क्षय होता है, मोक्ष की प्राप्ति

होती है। सुख-सम्पत्ति-वैभव से साधक परिपूर्ण हो जाता है। २१ दिनों तक २१ पाठ करने से इसकी सिद्धि होती है।

नवनाथ स्तुति

आदि-नाथ कैलास निवासी, उदय-नाथ काटै जम-फाँसी। सत्य-नाथ सारनी सन्त भाखै, सन्तोष-नाथ सदा सन्तन की राखै। कन्थडी-नाथ सदा सुख-दाई, अञ्चति अचम्भे-नाथ सहाई। ज्ञान-पारखी सिद्ध चौरङ्गी, मत्स्येन्द्र-नाथ दादा बहुरङ्गी। गोरख-नाथ सकल घट-व्यापी, काटै कलि-मल, तारै भव-पीरा। नव-नाथों के नाम सुमिरिए, तनिक भस्मी ले मस्तक धरिए। रोग-शोक-दारिद नशावै, निर्मल देह परम सुख पावै। भूत-प्रेत-भय-भञ्जना, नव-नाथों का नाम। सेवक सुमरे चन्द्र-नाथ, पूर्ण होंय सब काम।।

प्रतिदिन नव नाथों का पूजन कर उक्त स्तुति का २१ बार पाठ कर मस्तक पर भस्म का तिलक लगायें। इससे नव नाथों की कृपा मिलती है। साथ ही सब प्रकार के भय-पीड़ा, रोग-दोष, भूत-प्रेत बाधा दूर होकर मनोकामना, सुख-सम्पति आदि अभीष्ट कार्य सिद्ध होते हैं। २१ दिनों तक २१ बार पाठ करने से सिद्धि होती है।

भूत-मसान भगाने का हनुमान जँजीरा

ॐ नमो आदेश गुरू की। मन्त्र साँचा, कण्ठ काँचा। दुहाई हनुमान वीर की। जो जावे लङ्का जारि। लक्ष्मण वीर की तीर की आन। मेमना-पीर की बादशाह, ज्यादा काम में रहे अमादा। दुहाई काली माई, धौला-गिरी वारि, चढ़े सिंह की सवारी। जाके लँगूर अगारी, प्याला पीए रक्त की। चण्डिका भवानी, वेद-वानी में बखानी। भूत नाचे, बेताल नाचे। राखो अपने भक्त की वाणी। मैहर-वाली कलकत्ते-वाली, हाथ कञ्चल की थाली। सदा भक्त-हित-कारी। उतर भूत, जल्दी जाई, नहीं तोके खाए कालिका माई। तेरी ज्योति, सदा जलाई। पकड़ के पछाड़ के, मात कर। भूत-प्रेत पर घात कर। हाथ में कृपाण, भक्षण कर ले आन। गोरखनाथ का फन्दा, करेगा तोय अन्धा। उतर भूत, भाग। नहीं तो हनुमान तुझे पकड़ खाय। फुरो मन्त्र हूँ फट् स्वाहा।

पहले मन्त्र को कण्ठस्थ करके सिद्ध कर लें। भूतग्रस्त रोगी को सामने बैठाकर समूचे लाल मिर्च, सरसों और सूअर की विष्ठा की धूनी देकर सात बार उक्त मन्त्र पढ़कर नीम की टहनी से झारें। धूनी का धुआँ रोगी को सुँघायें। भूत तुरन्त रोगीं को छोड़कर भाग जायेगा।

पेट दर्द या बाय-गोले का मन्त्र

अल्लाह ! अल्लाह की कोट, अल्लाह-अल्लाह की बाई। गोला-बाय ठिकाने नहीं आवे, तो पीर पैगम्बर हजरती अली की दुहाई।

नौचन्दी जुमेरात से ७ दिनों तक २ माला प्रतिदिन जप करें। मन्त्र-जप के समय कमरे में लोहबान जलता रहे। प्रयोग के समय पेट पर हाथ फेरते हुए २१ बार उक्त मन्त्र पढ़कर पेट पर फूँक मारें। पेट का दर्द और बाय-गोला ठीक हो जायेगा।

नजर, पेटदर्द, सिरदर्द मिटाने का मन्त्र

बिस्मिल्लाहे रहेमानिर्रहीम, अल हम्दो लिल्लाहे रबील, आलेमीन हर रहेमा-निर्रहीम, मालेकीयो यामा नाम बदोयामानस्ताहीन। अहवई नसरातल मुस्तकी मासरातल गेरील मगदुबेलन दुवालीन आमीन।

इसकी विधि भी पूर्ववत है।

भय दूर करने का मन्त्र

बाबा फरीद की कामरी, अब अँधियारी निशा। तीन चीज बाँधूँ—नाहर, प्रेत, विष। दुहाई बाबा फरीद की।

रात को सोते समय या रात्रि में यदि भय लगे तो उक्त मन्त्र को तीन बार पढ़कर अपने शरीर पर फूँक मारकर तीन ताली बजा दें। चोर, प्रेत और सर्प पास नहीं आयेंगे।

यात्रा-भय दूर करने का मन्त्र

लाहा अला ऊवा आला, कुवालाई हलाविहल हिल, आलियल आजिम।

यात्रा के समय यदि मार्ग में भय लगे तो थोड़ी-सी धूल या जल लेकर तीन बार उक्त मन्त्र पढ़कर फूँक मारें और अपने ऊपर छिड़क लें। यात्रा निर्विघ्न पूरी होगी।

वशीकरण मन्त्र

१. बिस्मिल्लाहे रहेमानिर्रहीम, आलमोती होवल्लाह।

शुक्रवार से जप प्रारम्भ करें, लोहबान की धूप दें। कान में गुलाब के इत्र का फाहा लगायें। ४० दिनों तक रात्रि के समय नित्य एक माला जप करें। प्रयोग के समय सात बार किसी खाने-पीने की वस्तु पर फूँक मारकर खिलायें। इससे किसी को भी वश में किया जा सकता है।

२. बिस्मिल्लाहे रहेमानिर्रहीम सलामुन, कौलुनमिनरर्विवरहीम तनजोलुल अजिजुर्रहीम।

उक्त मन्त्र को क्रमांक पूर्व मन्त्र के अनुसार प्रयोग के समय एक बार बिस्मिल्लाह पढ़कर अपने हाथों की दोनों हथेलियों पर फूँक मारकर अपने चेहरे पर इन हथेलियों को फेरें। जहाँ जायेंगे, लोग वशीभूत होंगे।

३. बिस्मिल्लाह हवाना कुलु अल्ला, हथगाना दिल है सख। तुम हो दाना, हमारे बीच फलाने/फलानी को करो दिवाना।

शुक्रवार से प्रारम्भ करें। लोहबान जलता रहे। २१ बार बिनौला लेकर प्रत्येक बिनौले पर २१ बार उक्त मन्त्र पढ़कर फूँक मारें। 'फलाने/फलानी' की जगह जिसे वश में करना है, उसका नाम लें। फिर उन बिनौलों को आग में डाल दें। ऐसा सात शुक्रवार तक करें। यह मन्त्र उसी दशा में काम करेगा, जब एक-दूसरे को जानते-पहचानते हों। 'अनजान' और अनदेखे लोगों पर असर नहीं करेगा।

मन्त्र में अक्षर या पंक्ति छूटने का दोष-निवारण

सिरों सरस्वती, लछमन धारी। तिरिया बन्दो जय-जय काली। तरासों भई, गजमत हारी। जैसे बिन्ध्या दिल भण्डारी, जैसे मालन गूँथे फूल, वैसे विद्या मेरी हो सन्तूल। गौरी-पूत गणपति, मोर अच्छर बिसरो। कण्ठ चढ़ावो, हे माँ परमेश्वरी !

जब हमारे पास अनेक मन्त्र इकट्ठे हो जाते हैं तो कभी-कभी किसी अक्षर के छूट जाने की शङ्का रहती है। कभी-कभी तो पूरी-की-पूरी पंक्ति ही छूट जाती है। ऐसी दशा में भी भगवान् गणेश की कृपा से कोई अक्षर या पंक्ति नहीं छूटती। पहले उक्त मन्त्र का १० हजार जप कर सिद्ध कर लें। प्रयोग से पहले इसका उच्चारण करें, तो किन्हीं अक्षरों या पंक्ति के छूटने का दोष नहीं लगेगा और प्रयोग में सफलता मिलेगी।

बाय का मन्त्र

पर्बत पर बाइल काग। कै अण्डे, कै बच्चे? सात अण्डा, सात बहिन। कोन-कोन बहिन? दाँत चमोकनी, मुँह चमोकनी, आँख चमोकनी, पैर चमोकनी, हाथ चमोकनी, बाय-बाय री हरहुल्ला ! आवेगा हनुमान बाबा, मारेगा लोहा का सोटा। भाग-भाग रे बहनचोद बाय, सात समन्दर पार हुई जाय।

पहले किसी पर्व या ग्रहण में मन्त्र की सिद्धि करें। फिर प्रयोगकाल में किसी धारदार औजार से २१ बार झाड़ें।

टूटे अङ्ग पर तेल का मन्त्र

हाड़ जोड़ों, मांस काढ़ो। रकत करो पानि, सोने की चिड़िया। रूपे का पङ्ख, पच जाय सूज। दोहाई ईश्वर महादेव, गौरा पार्वती की।

सरसों तेल में सेंधा नमक मिलाकर उस पर १०८ बार उक्त मन्त्र पढ़ें। इस तेल को लगाने से टूटा हुआ—सूजा हुआ अङ्ग अच्छा हो जायेगा, चाहे वह पशु हो या मनुष्य।

धनप्राप्ति का मन्त्र

ॐ क्रां क्रीं ह्रां ह्रीं, उसभमजियं च वन्दे। सम्भव मभिणं दणं च सुमइं, पउयप्पह सुपोस चिणं च। पंदप्पहं वन्दे स्वाहा।।

प्रातः स्नान कर मौन रहकर उत्तर की ओर मुँह कर पद्मासन में बैठकर कमलगट्टे की माला से उक्त मन्त्र का एक माला जप शुभ-मुहूर्त में करें। सात दिनों में सिद्धि प्राप्त होगी। भोजन में दूध, दही, चावल, खोवा लें, भूमि पर सोयें। ब्रह्मचर्य व सत्य का पालन करें। इस प्रयोग से धन-वृद्धि, ऐश्वर्य, ऋद्धि-सिद्धि, मनो इच्छा, रुका, खोया, दिया हुआ धन प्राप्त होता है। यह जैन मत का मन्त्र है।

देहरक्षा मन्त्र

दे बानों, दे बन्दन बानों। बानों आपन छाती, माय धिये डायन बानों। बापे पूते, ओझा बानों। मारी ताली, जहाँ जाय ताली, वहाँ तक लागे बज्र किवाड़ी। एक सो सिरसों तेरे राय, सौ तिल चुबावे तुगनी माय। से तिल किकर कालिका, उठो काली! करो पुकार। घड़ी-घड़ी हमरो पर खबरदार।।

पहले सिद्धयोग—'रवि' या 'गुरु-पुष्य' योग में या किसी पर्व पर उक्त मन्त्र को सिद्ध करें। फिर जहाँ कहीं किसी भयानक स्थान पर रुकना पड़े, तो तीन बार ताली बजायें और मन्त्र पढ़तें जायें। इससे सभी प्रकार की सुरक्षा मिलेगी।

कामना-सिद्धि मन्त्र

ॐ गुरू जी! जल तू, जलाल तू। तू कातिर, तू कुर्बानी। साहब करके कमाल, तू मुश्किल के वक्त को सँभाल। आई बला को टाल, तू जो 'अमुक' काम करे, वो ही सतगुरू हमारा। पिण्ड काचा, शब्द साँचा। फुरो मन्त्र ईश्वरो वाचा। मेरे गुरू का शब्द साँचा। देखूँ सिद्ध गुरू गोरख! तेरी शक्ति का तमाशा।

३ दिनों तक व्रत रखें। केवल चाय-दूध ही लें। १००० प्रतिदिन रात्रि में उक्त मन्त्र को एक हजार जपें। 'अमुक काम करे' के स्थान पर किसी अच्छे कार्य की कामना करें। बुरे काम की कामना कदापि न करें।

ज्वाला माई का मन्त्र

चार पहर, चार दीपक जलते। आठ पहल ज्वाला माई दुख-दरिद्र दूर कर दे। शिव भोलेनाथ।

यह मन्त्र आध्यात्मिक है। इसका जप यथाशक्ति करने से आनन्द की प्राप्ति होती है।

परी हाजिर करने का मन्त्र

हाथ में चुट्टा, बगल में सोटा। मारे ताल, भागे काल। सात सो परी लगे, आकाश बोले। परी देई, जवाब सुन! चेला वचन हमार बोले, चेला देई जवाब। पढ़ल अच्छर, दे बताय। बोले परी, देई जवाब। पढ़ल अच्छर, देव बताय। गुरू की सिखनी, कामरू के सिखनी। सत-गुरू के बन्दो पाँव, बँगला गुरू जी के दुहाय।।

नौचन्दी जुमेरात से प्रारम्भ करें। पाक-साफ बदन में इत्र लगा कर एक दिया, लोबान, अगरबत्ती जलायें। पश्चिम-मुख होकर १०८ बार उक्त मन्त्र जपें। चालीस दिन नागा करें। चालीसवें दिन एक उम्दा कुर्सी पास में रखें। जब परी हाजिर हो तब उसे फूलों की माला पहना दें। जो काम कहे, वह करते रहें।

शत्रु को परास्त करने का मन्त्र

ॐ बैरी-नाशक दोष दूरय हुं फट् स्वाहा।

पहले एक कसोरा मिट्टी का लेकर उसे आक के दूध से भर लें। उस पर शत्रु का नाम लिखें। फिर उसे १०८ बार उक्त मन्त्र से अभिमन्त्रित कर चौराहे पर रखें। शत्रु कभी सफल नहीं होगा।

वशीकरण हेतु कामदेव मन्त्र

ॐ नमः काम-देवाय। सहकल सहद्रश सहमसह लिए वन्हे धुनन जनममदर्शनं उत्कण्ठितं कुरु कुरु, दक्ष दक्षु-धर कुसुम-वाणेन हन हन स्वाहा।

कामदेव के उक्त मन्त्र को तीनों काल एक-एक माला एक मास तक जपें, तो सिद्धि हो जायेगी। प्रयोग करते समय जिसे देखकर जप करेंगे, वही वश में होगा।

सर्वकार्य-साधक मन्त्र

ॐ वाङ्-मायाये नमः।

कुशा की जड़ पर बैठकर उक्त मन्त्र का जप करें तो सम्पूर्ण कार्य सिद्ध होगा।

अशुभ-नाशक यक्षिणी मन्त्र

ॐ ऐं क्लीं नमः।

आँवले की जड़ पर बैठकर उक्त मन्त्र का एक लक्ष जप करें तो सिद्ध हो जायेगा। अशुभों को दूर करेगा।

गद्दी का मन्त्र

ॐ नमो आदेश, गुरू को आदेश। आ आसन पूजूँ, सिंहासन पूजूँ, पूँजूँ गुरू के पाँव। पाँच भूत आज्ञा दो, तो लागूँ गुरू के पाँव। मन मारे, मिट्टी करूँ—करूँ चकनाचूर। पाँच भूत आज्ञा दो, तो आसन करूँ भरपूर।

शुभ योग में उक्त मन्त्र को जप कर सिद्ध कर लें। फिर तीन बार गद्दी या कुर्सी पर फूँक कर बैठें तो व्यापार में वृद्धि होती है।

मन-वचन की गति रोकने का मन्त्र

ॐ नमो हुण्डने ! अमुकस्य मुखं गतिं स्तम्भय। ज्वाला-मयी भाग्रिमुत्काधिक बन्ध-बन्ध, स्तम्भय, कुरूष्व च ममेप्सितानि। ठः ठः, हुँ फट् स्वाहा।

रिपु का नाम लेकर सात दिनों तक उक्त मन्त्र का जप करें या भोजपत्र पर हल्दी से उक्त मन्त्र को लिखकर पीले डोरे से लपेट पीले फूल से रँगे। फिर इस भोजपत्र को पत्थरों के बीच में दबा दें। इससे उस शत्रु के मन-वचन का स्तम्भन होगा।

देह खोलने का मन्त्र

जल खोलों, जल-नीर खोलों। खोलों अपना शरीर का काया। अञ्जीर खोलों, जञ्जीर खोलों। खोलों काल-करैया। दुहाई ईश्वर महादेव, गौरा-पार्वती की। दुहाई नैना योगनी, कामरू-कामाक्ष्या की।

किसी पर्व में उक्त मन्त्र को सिद्ध करें। प्रयोग में मन्त्र से देह पर फूँक लें, तो देह खुल जाएगी।

हूक मन्त्र

ॐ नमो सार की छुरी, धार का बान। हूक न चले रे, मुहम्मदा ज्वान की आन। शब्द साँचा, पिण्ड काचा। फुरो मन्त्र ईश्वरो वाचा।

एक पैनी छुरी लेकर उक्त मन्त्र को ३१ बार पढ़ते जायँ और पृथ्वी पर लकीर खींचते जायँ। हूक बन्द हो जायेगी।

जिन्न बाबा से सर्वकामनापूर्ति मन्त्र

बिस्मिल्लाहेरहिमानिर्रहीम—या अलि मूल फत्ताहो नम्बरी, अल्लिमनी विस्सीद की बस्साऊ अति।

उत्तर या पश्चिमाभिमुख होकर आसन पर बैठें। अगरबत्ती या लोबान या दोनों की धूनी करें। ४१ दिनों तक नित्य ११०० बार उक्त मन्त्र का जप करें। १० वें या २५वें दिन यदि विशालकाय 'जिन्न बाबा' के दर्शन हों तो पूर्ण श्रद्धा एवं निर्भयता के साथ गुलाब का फूल या चमेली का इत्र, बताशा, जलादि देकर मन की बात कहें। साथ ही प्रार्थना करें कि याद करने पर पधारने की कृपा करें। प्रसन्न होने पर जिन्न बाबा सभी कार्य पूरा करेंगे। साधना ४१ दिनों तक पूरी करें।

सर्वकार्य-साधक मोहम्मद मौलाना

काला घोड़ा सफेद बाना, उस पर बैठे मोहम्मद मौलाना। मेरे सामने हाजिर होकर, मेरी मदद करो।

चाँद की पहली तारीख से उक्त मन्त्र का जप प्रारम्भ करें। तीसरे दिन रोटी का मीठा मलीदा बनाकर भोग लगायें। लोबान की धूनी व अगरबत्ती जलायें। अच्छे इत्र का फाहा भी रखें। उक्त मन्त्र का १२१ बार जप २१ दिनों तक नित्य करने से घोड़े पर सवार बुजुर्ग के दिखाई पड़ने पर उन्हें सलाम कर अपनी मंशा कहें। सभी कार्य पूरे होते हैं। निरन्तर जपते रहने पर तुरन्त हाजिर होकर कार्य करते हैं।

हाजिरात का मन्त्र

१. मौलानन्द जब्बार कश, इन्नामा आकूम बिल फजले, इत अमाकुम्। नफ्सन, चन्दन, वस्सरा मा आकुम् अन्तल हकीम। इल्म रुहानी दीन वो देवता, मुलाकात रुहानात करो।

जो बच्चा उल्टा पैदा हुआ हो उसे शीघ्र दिखाई देतें हैं। ४१ दिनों तक ३,१२५ बार नित्य जप से सवा लाख जप होता है। इससे मन्त्र सिद्ध हो जाता है। प्रयोग के समय प्याज, लहसुन, मांस-मदिरा, स्त्री-सङ्ग वर्जित है। पश्चिम की ओर मुख करें। तेल का चिराग, अगरबत्ती, बताशा, पानी, गुलाब का फूल चढ़ायें। स्थान निर्जन एकान्त होने पर पीर या फकीर के दर्शन होते हैं। प्रार्थना करने पर वे किसी भी समस्या का समाधान कर देते हैं या बता देते हैं। बीच में बोलना नहीं चाहिये।

२. अव्वल जारोब कश, जारोब कशी करो।

किसी बृहस्पतिवार को रात्रि १० बजे उक्त मन्त्र का जप प्रारम्भ करें। उत्तर या पश्चिमाभिमुख होकर आसन पर बैठें। अगरबत्ती जलाएं और कोरे दीये में आग पर लोबान की धूनी दें। ११ माला जप नित्य २१ दिनों तक करें। अनेकानेक पीरों, फकीरों के दर्शन होंगे। कठिन-से-कठिन कार्य होता है। किसी भी प्रकार का, कैसा भी बन्धन हो वह दूर होता है। पूर्ण श्रद्धा और विश्वास के साथ ६ महीनों तक निरन्तर जप करने से मात्र पुकारने से पीर व फकीर प्रकट होते हैं और सभी कार्य कर देते हैं।

३. जल बान्धु थल बान्धु, बान्धु वाकी काया। ३ त्रिलोक पर थामी बान्धु बरमा अन्त लुभाया। बाबोरिगन बदन अपना काल मत सुनाना। वाचा बरम, वाचा कन्या। १० के आगे, १० के पाछे। ८० कोस के दाता को मारे। मेरा काम फौरन करे। दुहाई बङ्गालेवाले स्वामी विद्यानन्द की।

प्रयोग करते समय पूर्व की ओर मुँह कर बैठें। शुद्ध घी का दीपक, अगरबत्ती, पुष्प, बताशे, जल रखकर जप करें। ५ माला नित्य ४१ दिनों तक करने से बहुत वृद्ध संन्यासी या बुजुर्ग के दर्शन होने पर विनीत भाव से उन्हें प्रणाम कर अपनी आवश्यकता बताएँ और कष्ट के लिए क्षमा माँग लें। दैहिक-दैविक-भौतिक कैसा भी कठिन कार्य हो, तीन दिनों में पूरा कर देते हैं; किन्तु साधक का अभिचार-कर्म से बचना ही श्रेयस्कर है। यदि साधक आभिचारिक प्रयोजन से दुबारा बुलायेगा तो नहीं आएंगे। अतः सदैव कार्य लेना हो तो सौम्य कर्म ही करने की प्रार्थना करें।

स्वप्न-सिद्ध मन्त्र

१. ॐ नमो स्वप्न-मातङ्गिनी, सत्य-भाषिणी ! स्वप्नं दर्शय स्वाहा।

२. ह्रीं नमो स्वप्न-वाराहि, अघोरे ! स्वप्नं दर्शय दर्शय ठः ठः ठः।

३. ॐ ह्रीं नमो स्वप्न-वाराहि, अघोरे, कालि! स्वप्ने कथयोच्चरेत क्रीं स्वाहा।

पहला मन्त्र मातङ्गी माता का है। यदि एक दिन में ही शुभा-शुभ जानना हो तो निराहार रहकर ११ माला जप कर सो जायँ। सब कुछ स्वप्न में दिखाई देगा। ५ माला नित्य जपते रहने से जब आवश्यकता हो, सभी शुभ-अशुभ ध्यान में या स्वप्न में दिखाई देने लगता है। प्रत्येक अष्टमी को कभी खीर, कभी हलुआ और कनेर या गुड़हल के फूल, कमलगट्टा, गुग्गुल आदि से जप का दशांश होम करते रहना चाहिये। तीनों मन्त्रों की विधि समान है। सदैव श्रद्धा से जप करने से 'वीणावादिनी' या 'वाराही' दोनों में से कोई नित्य दर्शन देती हैं और सभी कार्यों को पुत्रवत् बताती रहती हैं।

मसान-सिद्धि मन्त्र

कड़-कड़ बोले कालिका, भड़-भड़ जले मसान। हरुफ दड़े की आवाज दे माता, तुझे जाने सकल जहान। माथा टेकता हूँ।

उक्त मन्त्र लाटरी या सट्टे का नम्बर जानने में बढ़िया काम करता है। सर्वप्रथम अपने इष्ट एवं गुरुदेव का स्मरण-पूजन करें। तदनन्तर गुग्गुल, लोबान, पान, छः लौंग, इलायची, बताशे, सरसों का तेल, शहद, अदरख, अण्डे, मांस और शुद्ध घी का दीपक लेकर श्मशान में जायँ और जलती चिता में उक्त मन्त्र से एक माला जप का होम करें। फिर निर्वस्त्र होकर मुँह में 'मद्य' भर लें और मन में मन्त्र जपते हुए उस चिता की परिक्रमा करें। इसके बाद जलती चिता में से 'चितास्थि' निकाल कर उस पर मुँह में भरी 'मदिरा' का कुल्ला कर दें। 'चिता' के ठण्ढ़ी हो जाने पर शहद, अदरख, दही, तेल, बताशे और लोबान की अलग-अलग आहुति देकर काले कपड़े में शवास्थि को बाँध कर चिता को माथा टेकें। इस प्रकार प्रणाम कर ले आयँ और उस शवास्थि को एकान्त व निर्जन मकान के पूजा-स्थल में रख लें। नित्य ११ माला का जप व सभी वस्तुओं से दशांश होम करने पर प्रेत सिद्ध होकर मनोवाञ्छित कार्यों को करता या बताता है; परन्तु केवल निर्भय एवं दीक्षित साधक ही इस मन्त्र की साधना करें। अन्यथा यदि आपमें इष्टबल नहीं है तो आप स्वयं भूत-प्रेतों के दास बन जाएंगे।

पीड़ित व्यक्ति की बाधा को जानने का मन्त्र

कण्ठे बसे कण्ठेश्वर, बागे बसे बागेश्वर। बागे बाग बुला दे, अङ्गो अङ्ग चिन्हा दे। जवन चोर चोरी करता, ओही के खोजत बानी। तमशगीर के खोंजन इखे, गाँव के गौरा। गाँव के डीह जस के बीरा उठा ले। जस तोरा के होई,

इ जस हमरा के ना होई। गुनी गुन साधता, साधि ले। ओझा बना दे, भेंड़ा डाइन बना दे। बिलार तब जानूँ, पर टूट पहार चले। समे रथ बाली, तोर रथ टूट के चकनाचूर होई जाइ। यहाँ क विद्या, ना कवरू कमइछा क विद्या। नयना योगिनी क सीख, सत्य गुरु।

पहले पीड़ित व्यक्ति अपने अभीष्ट देवता के नाम से कुछ अक्षत (चावल) प्रयोगकर्ता के हाथ पर दें। इसके बाद प्रयोगकर्ता अपने पूज्य देवी-देवताओं की दुहाई देते हुए उक्त मन्त्र को पढ़ते हुए पीड़ित व्यक्ति के हाथ के अक्षत (चावल) को अपने दाहिने हाथ से लेकर बाँयें हाथ पर रखें। फिर उस अक्षत के ऊपर अपना दाहिना हाथ फेरें। उक्त मन्त्र में जहाँ ऐसा चिन्ह है, वहाँ बाधा के नाम पर यदि ब्रह्मदोष हो तो 'एक तोर रथ टूट के चकनाचूर हो जाई' कहें। यदि पितृ (खानदानी) दोष हो, तो दो रथ टूट के चकना-चूर हो जाई', दैवी दोष हो, तो तीन रथ' कहें, यदि गृह-दोष हो, तो 'चार रथ' कहें। यदि भूत-प्रेत पिशाच दोष हो, तो 'पाँच रथ', मरी-दोष में 'छः रथ', मसान में 'सात रथ' चुरइल-डाकिनी-शाकिनी में 'आठ रथ' देवी-दुर्गा-दोष में 'नौ रथ चूर हो जाई' कहें। ऐसा कम-से-कम २१ बार कहें। तत्पश्चात् जो दोष होगा, उतने चावल टूट जाएंगे। उसी के अनुसार बाधा को दूर करें। इसी प्रकार दोष घर का है या बाहर का अथवा नैहर, सासुर, टोला, पड़ोस, दुश्मन, मित्र के घर के दोष का ज्ञान होता है।

पीड़ित व्यक्ति टूटे हुए चावलों को घर न लाए। प्रयोगकर्ता मन्त्र की सिद्धि शाबर-मन्त्रों की सिद्धि-विधि के अनुसार करें। बाधाओं को जानने के पश्चात् बाधाओं को दूर करने का उपाय करें। जिस प्रकार का दोष हो, उसी प्रकार के दोषों के निवारण के मन्त्रों का प्रयोग करें। प्रयोगकर्त्ता को अपने शरीर की रक्षा कर प्रयोग करना चाहिए। संस्कृत के ज्ञाता 'दुर्गाकवच' या 'हनुमत्-कवचादि' से शरीर का बन्धन करें। हनुमत्-कवचों में रुद्रयामलोक्त 'एकादश-मुखी हनुमत्-कवच' आत्म-रक्षार्थ अमोघ है। अपनी रक्षा करने के बाद अपने घर का बन्धन करना चाहिये। यदि घर पहले से कीलित है तो अत्युत्तम; क्योंकि कभी-कभी प्रेतात्माएँ क्रोधित होकर प्रयोगकर्ता अथवा उसके परिवार के सदस्यों पर आक्रमण करती हैं।

गृहबन्धन मन्त्र

काली जपि, निसि-रात काली। काली की माता। अढ़ाई आखर के भोर। मैं हारो, परची के घावो, अण्डा खसै। सवा भरि विय्या सोट। सम्हारि-सम्हारि क धाव। उनठ बान्ह, बनठ बान्ह। देवता-देवी लुकेसरी, काँसा के पेरी। तम्बोक बेड़ी, बेड़ी-पर-बेड़ी। बारह बरस, ३६ युग के भाषा देत छियो। गुरु खोलो, तब न खुले। हम ही खोली, तबहीं खुले। दोहाई ईश्वर महादेव, गौरा-पारवती के सत वचन के प्रमाण के।

यह 'अढ़ैया शाबर' मन्त्र है। इस मन्त्र को पढ़ते हुए घर के चारो ओर रेखा खींचें अथवा सात बार घर के चारो ओर घूम कर धूर फेंक दें।

गुणी व्यक्ति जब भूत-प्रेत झारने के लिए किसी के घर जाता है तो भूत-प्रेतादि उस पीड़ित व्यक्ति के शरीर एवं घर को छोड़कर भाग जाते हैं, जिससे उस पीड़ित व्यक्ति को स्थायी लाभ नहीं हो पाता। इसीलिए घर से चलने के पूर्व गुणी व्यक्ति को निम्न मन्त्र का २१ बार जप करना चाहिये—

दर से दुआर बाँधो। तिन कोन मेदिनी बाँधो। चार कोन जालपा बाँधो। आकास-कामिनी बाँधो, पाताल वासुकीनाग बांधो। इन्नर के इन्नरासन बान्हो, दोहाई जालबालगीर के। पाँच परी, छत्तीसों मसान। दोहाई गङ्गा बहेलिया के। चोर-मोर सभ बाँधि लाव।

प्रेत योनि में ब्रह्मराक्षस बहुत ही उग्र होते हैं। यदि आभास हो, तो सर्वप्रथम ब्रह्मराक्षसों में शिरोमणि 'हरसू ब्रह्म', 'हरीराम ब्रह्म' और कामरूप कामाक्षा के द्वारपाल शिवदत्त ब्रह्म एवं असम प्रदेशनिवासी 'नँगटू ब्रह्म' का ध्यान कर इस प्रकार निवेदन करें—

पीड़क ब्रह्म प्रसन्न हों और मेरा तथा रोगी का कल्याण करें।

यदि इनका कुछ हक-पद हो, तो विनम्रतापूर्वक दिलवायें। यदि ब्रह्म निर्दोष व्यक्ति को परेशान कर रहे हों तो निम्न 'ब्रह्मराक्षस दूरीकरण' मन्त्र का प्रयोग करें—

ॐ क्रां कनक की कपाल में बसे वीर कङ्काल। दूर धरन्ता आगी को, पानी को। झोरी में रहै। वीर योगी बैताल पकड़ लाता। भूत को, प्रेत को, डाकिनी को, ब्रह्मराक्षस को। बन्ध-बन्ध, मन्त्र साँचा, फुरो वाचा।।

मङ्गलवार को अर्द्धरात्रि में लाल लँगोट पहन कर पीपल के नीचे १०८ बार उक्त मन्त्र का जप करें। जप के अन्त में चाकू से दाहिना हाथ चीर कर रक्त की बलि दें। फिर उक्त मन्त्र को सात बार पढ़कर सात लौंग रोगी को खिला दें तो भूत-प्रेत, डाकिनी-शाकिनी एवं ब्रह्मराक्षस दूर हो जाएँगे।

सकल रोग-दोष एवं बाण मन्त्र के दुष्प्रभाव को दूर करने का मन्त्र

ॐ काली-काली महा-काली ! गुन उड़ गया, पीपर की डारी। गुनी के गुन, गुनी के पास। मेरा गुन, मेरा गुन पास। फेर दोहाई, कवरू कमइक्षा, नयना योगिनी की।

उक्त मन्त्र को २१ बार पढ़कर कुशा से झारें तो सभी रोग-दोष दूर होंगे। यदि किसी ने किसी के ऊपर वाण-मन्त्र का प्रयोग कर दिया हो तो २१ बार पढ़ते हुए रोगी की पीठ पर हाथ फेरें।

दोष पहचानने का मन्त्र

यदि कभी दोष पहचानने के मन्त्रों से अथवा भूत-प्रेतादि बकुराने के मन्त्रों से भी बाधा का ज्ञान न हो, तो घबराए नहीं। प्रातः-काल या सायंकाल शुद्ध होकर सामने अगियारी रखकर मन एकाग्र कर २१ बार निम्न मन्त्र को पढ़ते हुए लोहबान की २१ आहुतियाँ डालें। यह क्रिया ४० दिनों तक करें। इसी बीच पीड़ा पहुँचाने वाली आत्मा या देवता मन्त्रज्ञ से साक्षात् या स्वप्न में सारी बात बताता है एवं मन्त्रज्ञ को उचित निर्देश देता है।

पहिले गुरु के दया, पाछे चेला। मन्त्र ठीक दिया, गुरु पहिचान। जइसे चेला कर लिया, तइसे गुरु के किरिपा से। चेला कोई दुःखी आली हो गइल, उसका मुदई जौने रहे, गुरु की किरिपा से आगे पहिचान ली। आज इसे कोई सुरत से बरियरा हो, तइसे चेला के मालूम हो। जे बड़िअरा हाइ त उपर न परे, जौल बलीन दुःखीया हो जाई, त गुरु क दआ से लखाइले। कौनों सुरत ले चेला, पर जोखिम न आवे। ब्रह्म हो, भूत हो, जीन हो–सब चिन्हाइ दे। दोहाई नैना योगिन के, दोहाई गौरी कन्ता के।

भूत-प्रेतादि झारने के लिए काँस बाँधने का मन्त्र

एक सौ सरसों, सवा सौ राई। कास बान्हो, कवरूआ माई ! ईश्वर महादेव गौरा-पार्वती क दोहाई। नैना योगिनी की दोहाई। नटीनिया माई की दोहाई। अस्कामिनी माई की दोहाई।

एक साफ की हुई शुद्ध काँसे की थाली लेकर रोगी की पीठ पर रखें। उक्त मन्त्र पढ़ते हुए चूहे के बिल की मिट्टी एवं पीली सरसों थाली पर फेंकें। थाली पीठ से सट जाएगी। यह क्रिया भूत-प्रेतादि झारने के लिए देहातों में ओझा करते हैं।

भूत-प्रेतादि आदि को बाँधकर थाली में रखने का मन्त्र

गुन काटे गुन मिलावे, सावा अक्षर भीतर काटे। काँचे खा, पाके खा ! माछी-रूप से उड़ जा। पाजर बैठ काट करेजा। खा मस्तक। जा तालु फुर, गुदी खा। खुने नहा, खुन खा। खुन खा के, नयना योगिनी नाक नीचे से फिर गुरु के स्थाने जा। दोहाई कवरू कमइछा क।

काँसे की थाली में हाथ में लवङ्ग या उर्द के दाने लेकर उक्त मन्त्र को पढ़ते हुए रोगी के सिर से सात बार उतार कर थाली में रखें तो रोगी के ऊपर स्थित समस्त भूत-बँध जायेंगे।

भूत-प्रेत से ग्रस्त व्यक्ति से मनचाहा कहलाने का मन्त्र

सहजा, सहजा। कहा जाले, का करेले। मोरे गुन लावे ले, पराया गुन छोड़ावे

ले। पर-गुनिया गुन क बाँध, मोरा गुन आगे करेले सी। गउरा-पार्वती क दोहाई।।

जिस व्यक्ति के ऊपर भूत-प्रेतादि आकर बोलते हों, उस पर उक्त मन्त्र को २१ बार पढ़कर फूँक मारें तो भूत-प्रेतादि अनुकूल हो जाते हैं और जो कुछ पूछेंगे उसका ठीक उत्तर मिलेगा।

बीमार स्त्री को भूत-प्रेतादि या परी से छुड़ाने का मन्त्र

वीर-वीर ! उठि, जाग। सतगुरु चरनी लाग। राजा सिगरे राज को पावे। योगी सिगरे योग को पावे। फुर मन्त्र, ईश्वर महादेव ! तेरा वाचा फुरे। कार्य सो जो कार्य, सच्चा साहिब आय करे।

उक्त मन्त्र से रुग्ण स्त्री को झाड़ें तो ऊपरी बाधा दूर होगी।

बँधे हुए भूत को छुड़ाने का मन्त्र

जल काटो, जलधर काटो। काटो जल की काई। तीस कोस भूत बान्हा। भूत काटो, जाने जल की माई। ओहङ्कार की दुहाई। गुरु क लाखों बार वचन न जाय खाली, भूत कट जाय।

यदि कोई गुणी मन्त्रबल से भूत को बाँध दे तो उक्त मन्त्र पढ़ते हुए गुणी के सामने धूर फेंक दें। बँधे हुए भूत छूट जायेंगे।

भूत बाँधने का मन्त्र

ऐठक बान्हो। बैठक बान्हो। बान्हो आपन काया। सवा हाथ धरती बान्हो। नरसिंह की दाया, गोरखनाथ डाइन क पूत। मार-काट अप धूर-भूत सरेपे, डाइन परेते, चारो क मुख बान्हा। झारखण्ड क जाया। कामाक्षा क दोहाई। जा रे, लग जाय। भूत बन्द हो जाय।

उक्त मन्त्र को लौंग आदि पर २१ बार पढ़ते हुए रोगी के सिर पर सात बार घुमायें। बाद में अपने विवेकानुसार उस भूत को पिशाच-मोचनादि में बैठायें।

श्मशान-साधना

जिस प्रकार व्यक्ति अन्धकार में बिना प्रकाश के सुविधापूर्वक नहीं चल सकता, उसी प्रकार 'मन्त्रज्ञ' साधक इष्टदेवता के मन्त्रों के बिना साधना में अपूर्ण रहता है। उसके लिए इष्ट-देवता प्रकाश का कार्य करता है। यद्यपि 'शाबर' मन्त्र स्वयं प्रकाशमान हैं, तथापि साधकों की प्रकृति के अनुसार कुछ साधनाएँ यहाँ दी जा रही हैं। 'प्रेत-बाधा' को श्मशानादि-साधना से सामान्य साधक भी सरलता से दूर कर सकता है। लोकोक्ति है—'कण्टकं कण्टकेनैव' अर्थात् काँटे से काँटा निकलता है। अतः 'श्मशान-सिद्धि' का विधान यहाँ प्रस्तुत है—

दीपावली के दिन गूलर के वृक्ष के नीचे जाकर निम्न मन्त्र पढ़ते हुए निर्भय होकर हवन करें। तब श्मशान-स्थित आत्मा का आगमन होगा और वह कहेगी कि 'वर माँगो'। तब साधक कहे कि 'जब मैं तुझे बुलाऊँ, तुम आना एवं मैं जो कहूँगा, उसे करना।' इसके बाद जब वह 'एवमस्तु' कहे तब घर आयँ। जब कोई काम पड़े तब एकान्त में उसका ध्यान करते हुए निम्न मन्त्र को २१ बार पढ़ें। साधक जो कहेगा, उसे श्मशान स्थित आत्मा करेगी। उससे लोकोपकार का काम लें। यह साधना रात्रि १२ बजे से प्रात: ३ बजे तक करें।

सुनु सुनु रे तेलिया मसान ! तोके पूजे नयना योगिनी, सेवै लोना चमारी। आव रे, आव रे ! मसान तोके मय रोक। दोहाई, चलु वेगु, चलु वेगु चलु।

वर्तमान-भूत-भविष्य का कथन

बामत देविया, बड़ उदवेगिया। ग्रसे पुरुष के माला वामत चलुए, टोना सिख। मङ्गर बुध के रात, इ ठोना मोर अवना भवना। कुकुरे क चान, बिलारे क छौना। कुकरे क चान पे दिअना जरउबे। पुट मार खउबे, भतार मार खउबे। तब लरिकवा खेलउ रे ! मरखा मसान जगावे। तब टोनमत कहावे। सैयद का नली चलावे। तब टोनयत कहावे। दोहाई ईश्वर-महा-देव, गौरा-पार्वती क दोहाई।

कुआँ या तालाब के किनारे रात्रि में २१ दिनों तक प्रतिदिन ११०० बार उक्त मन्त्र को जपें। सामने अगियारी में धूप दें। २१ दिनों के भीतर वामत आएगी और एक हड्डी देगी। उस हड्डी को कान में सटाते हुए मन्त्र को पढ़ें तो वर्तमान, भूत, भविष्य की बात कान में सुनाई देगी। घर से साधना-स्थल के बीच धोबी के कपड़ा धोने का कोई घाट नहीं पड़ना चाहिए।

भूत-बाधानाशक मन्त्र

१. सतनाम आदेश गुरू का। पवन-पानी का नाद अनाहद दुन्दुभी बाजै, जहाँ बैठी जोग-माया साजे। चौंसठ जोगनी, बावन वीर, बालक की हरै सब पीर। आगे जात शीतला जानिए बन्ध बन्ध, बारे जात मसान भूत बन्ध, प्रेत बन्ध, छल बन्ध, छिद्र बन्ध, सबको मार कर भसमन्त। सतनाम आदेश गुरू का। फुरो मन्त्र, ईश्वरी वाचा।।छू।।

२. ॐ पूर्व-पश्चिम-उत्तर-दक्षिण चारिका सर्ग-पाताल, आँगन-द्वार मंझार खाट बिचौना गउई सावनार सागलन।। ओ जेवनार बिरा सोधावे फूनेल लकवेग सोपारी जे मुँह तेल अवटन सवटन। औ अवनहान पहिरण लहगा सारी जान डोरा चोलिया चादरि झान-मोट रुई ओढ़न झीन शङ्कर गौरा छेत्रपाला पहिले झारो बारम्बार। काजर तिलक लिलार आँखि,

नाक, कान, कपार, मुँह, चोटा, कण्ठ, अबर्कष, काँध, बाँह, हाथ, गोड़, अँगुरी, नख, धुकधुकी, अस्थल, नाभि, पेटी, नीचे, जोनि, चरणि कत भेटी, पोठि करि दाव, जाँघ, पेउरी, घूँटा, पावतर, ऊपर अँगुरा चाम रक्त, मांस, डाँड, गुदा, थातुओ, जो नहीं, छाडू अन्तरी कोठरी करेज, पित ही पित, जिय प्राण सब बित बात, अङ्क मने। जागु बडे नरसिंह कि आनु। कबहु न लागु फाँस पितर राँग, काँच, लोह रूप सोन साथ पार मठ वशन रोग जोग कारण दशन डोठि, मूठ टोना। थापक नव-नाथ चौरासी सिद्ध के सराप डाइनि योगिनी, चूरइलि, भूत, व्याधि, परि अर, जेजत, भनै गोरख बैन साच, प्रगट रे बिलडकाली ओं। भैरव की हाँक फुरो, ईश्वरी वाचा।।छू।।

३. **ॐ ह्रीं श्रीं फट् स्वाहा। परबत हंस, परबत स्वामी। आत्म-रक्षा सदा भवेत। नव-नाथ, चौरासी सिद्धया की दुहाई। हाथ में भूत, पाँव में भूत। भभूत मेरा धारण माथे राखो। अनाड़ की जोत, सबका करो सिङ्गार। गुरू की शक्ती, मेरी भक्ती। फुरो मन्त्र ईश्वरी वाचा। दुहाई भैरव की।**

रोगी को उक्त मन्त्र पढ़कर मोरपङ्ख से झारें और भस्म को अभिमन्त्रित कर ताबीज बनाकर गले में धारण करें। भूत-बाधा नष्ट होगी।

४. **ॐ नमो आदेश। गुरू का धरती में बैठाया, लोहे का पिण्ड राख लगाया। गुरू गोरखनाथ आवन्ता, जावन्ता, धावन्ता। हाँक देता धार-धार, मार-मार। शब्द साँचा, फुरो वाचा।।**

मृगचर्म पर बैठकर उक्त मन्त्र से खीर की १०८ आहुतियाँ ३ दिन देने से घर के सभी ग्रह-भूत उपद्रवों की शान्ति होती है।

विशेष—श्वेत अपरजिता के मूल का चूर्ण करके नीम के पत्ते के रस में मिलाकर उसका नस्य दें अथवा श्वेत अपराजिता-मूल के चूर्ण में निम्ब-पत्र की भावना देकर उसको सुखाकर नस्य करें। इससे डाकिनी, पितृ, ब्रह्मराक्षस, ग्रहों से मुक्ति मिलती है।